Die Bibel

Hubertus Halbfas

Die Bibel

erschlossen und kommentiert
von Hubertus Halbfas

PATMOS

Die Deutsche Nationalbibliothek verzeichnet diese Publikation in der Deutschen Nationalbibliografie;
detaillierte bibliografische Daten sind im Internet über http://dnb.d-nb.de abrufbar.

5. Auflage 2007
Printed in Italy
ISBN 978-3-491-70334-6

www.patmos.de

Inhalt

Die Jüdische Bibel

Die Christliche Bibel

Vorwort

Noch eine Bibel? Es gibt schon so viele. Und dazu eine unüberseh-bare Bibelliteratur: erbauliche wie wissenschaftliche Bücher, allzu einfache, allzu schwierige. Die großen Kommentarwerke addie-ren sich auf ein paar Meter Länge. Niemand hat alle gelesen, nie-mand kann alle lesen. Was aber fehlt, ist eine Bibelausgabe in Grund-zügen, die gleichzeitig die heutigen Ergebnisse ihrer Erforschung vermittelt. Selbst wenn die Bibel das meist verbreitete Buch ist, so ist sie doch zugleich das am wenigsten bekannte und noch weniger verstandene. Man mag eine Bibel im Haus haben, aber man liest sie kaum oder findet die Lektüre unbefriedigend, weil sich auf Schritt und Tritt Hindernisse und Probleme einstellen, die ohne Hinter-grundinformationen nicht lösbar sind.

Solches Wissen ist zudem dringlich, weil Predigt und Religions-unterricht gerne übergehen, was das traditionelle Glaubensverständ-nis irritiert. Bereits 1959 stellte der Neutestamentler Hans Conzel-mann fest: »Die Kirche lebt praktisch davon, daß die Ergebnisse der wissenschaftlichen Leben-Jesu-Forschung in ihr nicht publik sind.« Gewiß entziehen deren Erkenntnisse manchen Einrichtungen und Traditionen die beanspruchte Legitimation; aber zugleich sind sie Grund und Maßstab für erneuernde Reformen.

Im Prozeß seiner Selbstfindung hat sich das Christentum bereits in den Jahren, in denen die neutestamentlichen Schriften entstanden, vom jüdischen Wurzelgrund schrittweise gelöst und seine weitere Entwicklung unter die Vorherrschaft griechischer und lateinischer Denk- und Lebensformen gestellt. Die darin eingeschlossene Proble-matik wird in jüngerer Zeit erkannt. Inzwischen gibt es Ansätze, sich dem Judentum, aus dem das Christentum hervorgegangen ist, wieder zu stellen. Es hat der Christenheit sehr geschadet, fast zweitausend Jahre lang auf jüdische Auslegungshilfe im Umgang mit der bibli-schen Tradition verzichtet zu haben. Von dieser Quelle und Korrektur getrennt, unterlag die Christentumsgeschichte Einflüssen, die dem biblischen Erbe fremd sind. Greifbar wird dies insbesondere in einer

Welch ein Buch!

Heinrich Heine

Das verbindende Urdokument der Menschheit.

Goethe

Eine Menschheitschronik. Ein aus dem Gestein verschiedener geologi-scher Zeitalter zusammengewachse-nes Buchgebirge.

Thomas Mann

Die Mutter der Dichtung, dessen Bedeutung nicht nur für die Religion, sondern für die Literatur unseres Abendlandes einzigartig ist.

Hilde Spiel

Ich begann die Geschichten der Bibel zu lesen: Ein Riß; und der Abgrund Mensch klaffte auf.

Franz Fühmann

1

Ein Buch?
Mehr noch: Eine Bücherei!
66 verschiedene Bücher
von nicht nur 66 verschiedenen Autoren,
denn manch eines enthält
(nach Art der hölzernen Babuschkas)
in sich wiederum
drei, vier kleinere Bücher verschiedener
Autoren.

2

Nicht zu vergessen
die namenlosen Scharen
späterer Bearbeiter, Ergänzer,
Verknüpfer,
der fromme Fleiß
ihrer minutiösen Text-Finissage
während rund eines Jahrtausends
jüdisch-urchristlicher Geschichte.

3

Allmählich entstand so:
ein Bücherbuch vieler Stimmen,
die nacheinander,
nebeneinander,
durcheinander,
gegeneinander,
miteinander
reden, singen, murmeln, beten.

Dissonanzen? Jede Menge.
Widersprüche? Noch und noch.
Kein ausgeklügelt Buch.
Hundert Stimmen Strom
(selbst Schriftgelehrte ermessen ihn
nicht) –
wohin will er tragen?
Über Schwellen, Klippen, Katarakte
heimzu, heilzu (hoff ich).

4

Merklich oder unmerklich nämlich
strömen die verschiedenartigen,
die verschiedenzeitlichen Stimmen
denn doch
und stets wieder
zu EINER Stimme zusammen:
»Das Wunder dieses
Zusammenfließens
ist größer als das Wunder
eines einzigen Autors.«
(Emanuel Levinas)

5

Viel-Stimmen-Buch also,
geselliges Buch
(geselligstes der Weltliteratur!):
in ihm wird
die EINE,
die verläßliche Stimme
der geselligen Gottheit laut.

Kurt Marti

Christologie, die den Juden Jesus in der Wahrnehmung ausblendet. Wie der in der westlichen Welt unübersehbare Traditionsabbruch deutlich macht, wird es zu einer Frage von Sein oder Nichtsein, ob die Christenheit zur Geisteswelt der Bibel zurückfindet oder nicht. Ohne diesen Prozeß ist eine genuine Erneuerung aus dem fundamental bleibenden Erbe nicht zu erwarten.

Die Bibel gehört nicht nur den »Gläubigen«. Sie ist ein Grunddokument unseres Geschichtsraumes, den sie tiefgreifend geprägt hat. In Sprache, Denken, Literatur, Bildender Kunst, in der Weise, wie wir soziale Verantwortung verstehen und alltäglich miteinander umgehen, wirkt sie nachhaltig fort, heute vielleicht sogar mehr als in früheren Zeiten, weil wir sie nicht mehr durch die Brille dogmatischer Deutungen sehen (müssen), sondern aus ihren eigenen Bedingungen heraus verstehen können. Das ist ein bedeutsamer Wandlungsprozeß, dessen Folgen als einschneidend erlebt werden.

Die jüdische Tradition erzählt die Legende von Mose, der den Rabbi Akiba die Tora auslegen hörte und seine eigene Tora nicht wiedererkannte. Man war sich bewußt, die Bibel immer wieder neu schaffen zu müssen. Dieser Aufgabe, die Bibel unserer Zeit zugänglich zu machen, geht auch das vorliegende Buch nach: Zunächst erfahren die biblischen Texte eine prägnante Kommentierung. Wer den Stand der Forschung kennenlernen will, findet hier verständliche und breite Information. Zugleich wird der alte Text von Stimmen begleitet, die ihn neu befragen, neu beleuchten und neu verstehen lassen. Literarische Zitate fordern zu eigenen Stellungnahmen heraus, religionsgeschichtliche Parallelen erlauben fruchtbare Vergleiche. Mal wird einer Position widersprochen, manchmal eine geläufige Sicht gegen den Strich gebürstet. Ein starkes Buch wie die Bibel lebt darunter auf. Sie gewinnt durch Kritik, fordert aber nicht minder kritisch heraus. »Wenn das Buch, das wir lesen, uns nicht mit einem Faustschlag auf den Schädel weckt, wozu lesen wir dann das Buch?« fragt Franz Kafka.

Auch die zahlreichen Abbildungen wollen einem tieferen Verständnis dienen. Sie wiederholen nicht, was der Text schon sagt, sondern stiften neue Sichtweisen oder verknüpfen mit Vorgängen der biblischen Wirkungsgeschichte, wie sie bis heute andauert. Mehrfach werden zentrale Themen durch »Bildsynopsen« dargestellt: Im Vergleich von Gottes-, Christus- und Osterbildern zeigt sich die geschichtliche Entwicklung und oft auch die Problematik visualisierender Vorstellungen, die Christen mit Nichtchristen in verblüffender Gemeinsamkeit teilen. Historische Bilddokumente belegen den biblischen Zeithintergrund.

Die dieserart kommentierte Bibelausgabe ist auf kontinuierliche Lektüre hin angelegt. Zwar kann man nachschlagen, was im Moment interessiert, kann sich von der Vielfalt der Themen und Aspekte gefangen nehmen lassen, kann kreuz und quer die Bibel durchstöbern und wird immer wieder Neues dabei erfahren. Doch hat der Leser am meisten Gewinn, wenn er das Buch von vorne nach hinten liest, weil der Text dem Gang der Geschichte folgt. Um den historischen Zusammenhang anschaulich zu wahren, stehen die biblischen Bücher nicht immer in ihrer kanonischen Reihenfolge. Das erlaubt es, Propheten oder Psalmen geschichtlich einzugliedern.

Aus dem gleichen Grund beginnt der christliche Teil der Bibel mit dem Markusevangelium und läßt die anderen in der Reihe ihrer Entstehung folgen. Alle Evangelien kommen in einer begrenzten Textauswahl zur Sprache, die ein je charakteristisches Profil darzustellen erlaubt. Für die anspruchsvollen Paulusbriefe wurde eine Wahl getroffen, welche die Geschichte der Jesusbewegung im Römischen Reich veranschaulicht und zugleich die besondere Leistung des Paulus erkennen läßt. Die darauf folgende Generation mit ihrer bereits »verbürgerlichenden« Briefliteratur wird deutlich davon abgehoben.

Die getroffene Textauswahl findet ihre äußere Grenze an einem noch handlichen Umfang des Buches. Deshalb konnten so reizvolle aber umfangreiche Erzählungen wie die Josefsgeschichte oder die Bücher Rut, Ester, Judit und Jona nicht aufgenommen werden.

Die Übersetzung der Jüdischen Bibel stützt sich auf unterschiedliche Ausgaben. Sie greift deren Stärken auf, um sie in einem Text zu vereinen. Die Übertragung des Neuen Testaments folgt der Übersetzung von Fridolin Stier, die sich eng an den griechischen Urtext anlehnt. Gelegentlich wurden fremd anmutende Wendungen überarbeitet.

Statt vom »Alten Testament« zu sprechen, was gegenüber dem »Neuen Testament« abwertend erscheint, als würde das Alte vom Neuen überboten, ist hier von der »Jüdischen Bibel« die Rede. Das wird der Geschichte und Eigenart dieser großen Tradition am besten gerecht. Die neutestamentlichen Schriften werden unter den Titel der »Christlichen Bibel« gestellt. Das Buch macht in seiner Gesamtheit deutlich, daß sie in der Jüdischen Bibel ihr nicht überholbares Fundament hat.

Neben aktualisierenden Texten finden sich in der Randspalte erläuternde Informationen. Dazu gehören Quellen, die einen Blick in Nachbarkulturen gestatten, sowie ein lexikalischer Teil, der Sachen, Personen und Völker erklärt. Die je kommentierten Begriffe können über das Register aufgefunden werden.

Daß sich die vorgelegte Bibelauslegung als ein Werk zusammenfassender Vermittlung auf die Arbeit vieler Generationen stützt und in der Dankesschuld unzähliger Wissenschaftler steht, versteht sich. Die geschichtliche und soziale Ausrichtung der Jüdischen Bibel, wie sie hier vorgestellt wird, folgt in besonderer Weise der »Religionsgeschichte Israels in alttestamentlicher Zeit« von Rainer Albertz, der damit Neuland eröffnet hat. Im neutestamentlichen Teil hat der rezeptionsgeschichtliche Ansatz, wie er im Matthäus-Kommentar von Hubert Frankemölle realisiert wurde, Impulse gegeben. Insgesamt folgt die vorliegende Auslegung keiner einzelnen Schule, sondern bemüht sich, den erzielten Konsens der Bibelwissenschaften aufzunehmen.

Hubertus Halbfas

Sie müssen das Licht der Bibel nicht so unter den Scheffel stellen. Da sind nicht nur ein paar Elemente drin, die man heute vielleicht noch gnädig gebrauchen kann. Die Bibel ist und bleibt das wichtige Erfahrungsbuch der Menschheit ... Die Bibel ist das erste große Kompendium, in dem alle Erfahrungen, die wir Menschen miteinander, untereinander und mit der Welt haben können, dargestellt sind, auch ohne lieben Gott. Deswegen gehört mir die Bibel genauso wie Ihnen.

Wolf Biermann

Die Hauptfrage der Theologie ist vortheologisch; sie betrifft die gesamte Situation des Menschen und seine Einstellung zum Leben und zur Welt ... Wenn wir unser Empfinden für das Unsagbare nicht beständig pflegen, wird es uns schwerfallen, offen zu bleiben für die Bedeutung des Heiligen. Bevor wir das Wort »Gott« aussprechen, müssen wir jedesmal unseren Geist aus dem Gefängnis der Platitüden und Etiketten befreien, müssen wir ein ehrliches Gefühl haben allein schon für das Geheimnis, lebendig sein zu dürfen und der Welt gegenüberzustehen. Die Vorstufen des Glaubens schließen eine bestimmte Weltsicht ein, bestimmte letztlich entscheidende Fragen, geistige Traditionen und hart erkämpfte persönliche Erkenntnisse und Augenblicke der Teilhabe am religiösen Leben der Gemeinschaft. In der westlichen Welt gehen fast alle diese Voraussetzungen auf ein Buch zurück, auf die Bibel.

Abraham Joshua Heschel

Der Alte Orient und die Bibel

*B*is ins 19. Jahrhundert galt die Bibel als das älteste Buch der Menschheit. Seitdem aber Archäologen und Historiker die Länder des Alten Orient – Ägypten und die Reiche Mesopotamiens – mit wissenschaftlicher Akribie erforschen, hat sich der geschichtliche Raum um Dimensionen vergrößert. Begann die überschaubare Zeit früher mit Ägypten, Griechenland und Rom, so gehen diesen Epochen heute Sumer und Akkad, Babylonien, Assyrien, Neubabylonien und Iran voraus. Diese Erweiterung unseres Wissens führt noch einige Jahrtausende hinter die Bibel zurück. Deren Grundbestand liegt von den Anfängen der Hochkulturen ebenso weit entfernt wie die Zeit, die unsere Welt von der Jüdischen Bibel trennt – jeweils rund 2500 Jahre.

Die Tontafel aus dem 6./5. Jh. wird auf eine Vorlage aus der 1. Dynastie von Babylon zurückgeführt. Die vom kreisrunden Ozean umspülte Erde zeigt im Norden (oben) ein Gebirge, aus dem der durch zwei parallele Linien angedeutete Euphrat entspringt. Er mündet im Süden (unten) teils in Sümpfen, teils in einem Arm des Bitterstroms (Persischer Golf). Der Tigris wird nicht dargestellt. Oberhalb des Kreiszentrums ist Babylon durch ein liegendes Rechteck angezeigt. Die kleinen Kreise links und rechts davon deuten Städte oder Landschaften an; der rechts von Babylon gelegene meint Assur. Die runde Gestalt der Erde und des umgebenden Ozeans ist nicht empirisch gewonnen, sondern eine intuitiv-symbolische Sicht. Die spitzen Dreiecke, die mit ihrer Basis auf dem Ozean aufruhen, sind als Berge zu verstehen. Insgesamt liegt eine Kombination von Grundriß und Aufriß vor: Die Erde wird im Grundriß, die Berge sind im Aufriß dargestellt.

Doch hat die Bibel ihre Wurzeln und Bedingungen in allem, was voraufging. Sie kann ohne das Traditionsgefüge des Vorderen Orients nicht verstanden werden. Allein die Kenntnis ihrer Umwelt gestattet, das Gemeinsame und das unterscheidend Eigenständige der Religion Israels sichtbar zu machen.

	3000 v. Chr. Frühbronzezeit	2000 v. Chr.	1000 v. Chr.	900 v. Chr.
Kanaan **Palästina** **Syrien**	Semiten bewohnen Mesopotamien schon in den voraufgehenden Jahrtausenden Frühe Siedlungen wie Jericho und Meggido sind kanaanäisch Kleinkönigtümer (Stadt-staaten), die keine politi-sche Einheit bilden, bestimmen das Gesicht der Region	Das nördliche Kanaan steht im frühen Jt. unter mesopotamischem Einfluß Gegen Mitte des Jt. nimmt ägyptischer Einfluß zu Das Eindringen der Philister (um 1200) und semitischer Völker (Edomiter, Moabiter, Ammoniter) erschütterte die Region Die Exodusgruppe kommt im 13. Jh. nach Kanaan und vermischt sich mit der dortigen Bevölkerung Vorstaatliche Zeit Israels Saul ca. 1012–1004	Vereinigtes Reich: David König von Israel und Juda ca. 1004–965 Unterwerfung der Philister Eroberung Jerusalems Salomo ca. 965–926 Bau des Tempels Nach dem Tod Salomos Teilung des Reiches in Israel und Juda *Könige Israels:* Jerobeam I. ca. 926–907 Nadab 907–906 Bascha 906–883 *Könige Judas:* Rehabeam ca. 926–910 Abija ca. 910–908 Asa ca. 908–868	Herrschaft Omris über Juda und Moab Kampf Elijas für den Jahwe-Kult Jehus Staatsstreich *Könige Israels:* Ela 883–882 Simri 882 Omri 882–871 Ahab 871–852 Ahasja 852–851 Joram 851–845 Jehu 845–818 Joahas 818–802 *Könige Judas:* Joschafat 868–847 Joram 847–845 Ahasja 845 Atalja 845–840 Joasch 840–801
Ägypten	Staatsgründung Frühdynastische Zeit 2952–2575 Altes Reich 2575–2134	Mittleres Reich 2040–1640 Zwischen 1700–1550 Herrschaft der Hyksos über Ägypten Neues Reich 1550–1070 Echnatons Monotheismus 1352–1333 Ramses II. 1290–1224		
Mesopotamien **Persien** **Römisches Reich**	Nichtsemitische Sumerer gründen Stadtstaaten (Ur, Uruk, Eridu, Lagasch, Kisch, Nippur) Um 3000 Entwicklung der Keilschrift Weiterentwicklung der sumerischen Kultur durch die semitischen Babylonier Im 24. Jh. gewinnen Semiten die Herrschaft in Mesopotamien. Sargon I. (2350–2295) gründet das akkadische Reich	Anfang des 2. Jt.s entsteht das altbabylonische Reich Um 1300 Aufstieg Assurs zur Weltmacht		Ahab von Israel beteiligt sich an der syr.-palästin. Koalition zur Abwehr der assyr. Bedrohung

800 v. Chr.	600 v. Chr.	400 v. Chr.	100 v. Chr.	100 n. Chr.
Amos kämpft um 750 für soziale Gerechtigkeit Jesaja kritisiert die Bündnispolitik des Nordreiches Israel 722 Fall von Samaria (Israel) 701 Der assyr. König Sanherib dringt nach Juda vor	Unter Manasse wird Juda von Assyrien abhängig Joschijanische Reform in Juda Joschija wird von Ägypten besiegt und getötet Jeremia kämpft gegen Judas Bündnispolitik 587 Eroberung Jerusalems durch Nebukadnezzar II. von Babylon 586 Zerstörung des Tempels Exilierung der Bildungsschicht nach Babylon; Deuterojesaja und Ezechiel Ab 530 Rückkehr aus dem Exil, Neuanfang und 515 Weihe des wiedererrichteten Tempels Entstehung des Pentateuch	Nehemia reorganisiert ab 445 als Statthalter Persiens das judäische Gemeinwesen Alexander d. Gr. (336–323) beendet 333 die persische Herrschaft 332 Beginn der hellenistischen Herrschaft über Judäa 198 Beginn der Seleukidenherrschaft 167 Schändung des Tempels und Verbot der jüdischen Religion durch Antiochus IV. Beginn des Makkabäeraufstands	*Makkabäische (hasmonäische) Herrscher:* Alexander Jannäus 103–76 Salome Alexandra 76–67 Aristobul II. 67–63 63 Einzug des Pompeius in Jerusalem Beginn der römischen Herrschaft Johannes Hyrkanus II. Seit 64 v. Chr. gehört Palästina als Provinz Syrien zum Röm. Reich Herodes der Große 40–4 In der Nachfolge Herodes d. Gr. teilen sich seine Nachkommen die Herrschaft:	28/29 Öffentliches Wirken Jesu 30 Kreuzigung Jesu unter Pontius Pilatus um 48/49 Apostelkonvent in Jerusalem um 56/58 Paulus als Gefangener in Rom; nach längerer Gefangenschaft hingerichtet 66–73 jüdisch-römischer Krieg 68 Zerstörung der Essenergemeinde Qumran 70 Titus erobert Jerusalem und zerstört den Tempel 132–135 Zweiter jüdischer Aufstand unter Bar Kochba. Völlige Zerstörung Jerusalems und Vertreibung der Juden aus Judäa Jerusalem wird als heidnische Stadt mit einem Jupitertempel neu errichtet
Könige Israels: Joasch 802–787 Jerobeam II. 787–747 Menahem 746–737 Pekachja 736–735 Pekach 734–733 Hosea 732–723 *Könige Judas:* Amazja 801–773 Usija 787–736 Jotam 759–741 Ahas 741–725 Hiskija 725–697	*Könige Judas:* Manasse 696–642 Amon 641–640 Joschija 639–609 Joahas 609 Jojakim 609–598 Jojachin 597 Zidkija 597–587	*Makkabäische (hasmonäische) Herrscher:* Judas Makkabäus 166–160 Jonatan 160–143 Simon 143–134 Johannes Hyrkanus I. 134–104 Aristobul I. 104–103	Philippus 4 v. Chr. – 34 n. Chr. Herodes Antipas 4 v. Chr. – 39 n. Chr. Agrippa I., 4 v. Chr. – 44 n. Chr. ca. 6-4 Geburt Jesu	

| | Ägypten unter persischer Herrschaft 525–404; 343–332 | Ägypten unter Alexander d. Gr. 332–323 und unter den Ptolemäern Gründung von Alexandria 332 Ptolemäus I. 304–284 | Caesar entschied 47 v. Chr. den ptolemäischen Thronstreit für Kleopatra 30 Ägypten wird römische Provinz | Von den ca. 2 Millionen Juden in der hellenistischen Welt leben 1 Million in Ägypten |

| Unter Salmanassar III. expandiert Assyrien im 9. Jh. bis zum Mittelmeer Israel und Juda werden abhängig Der Babylonier Nabopolassar erobert 612 die assyr. Hauptstädte Assur und Ninive Aufstieg des neubabylonischen Reiches | Kyrus II. (559–529) erobert Babylonien und gründet das Reich der Perser | Alexander besiegt Persien bei Issus 333 und gliedert Syrien, Palästina und Ägypten in sein Reich ein Die Feldherren Alexanders, Ptolemäus und Seleukos, teilen dessen Erbe Ptolemäus übernimmt Ägypten, Seleukos I. Syrien und Palästina Im 2. Jh. werden die Seleukiden in den makkabäischen Kriegen aus Palästina verdrängt | Kleopatra VII. versucht vergeblich, ihre Herrschaft auf das Reich des Herodes auszudehnen. Sie unterstützt Marc Anton gegen Augustus Kaiser Augustus (31 v. – 14. n. Chr.) | *Römische Kaiser:* Tiberius 14–37 Caligula 37–41 Claudius 41–54 Nero 54–69 Vespasian 69–79 Titus 79–81 Domitian 81–96 |

Mesopotamien

Das Kernland des Alten Orient ist Mesopotamien, »zwischen den Flüssen«. Hier wurden aus unsteten Jägern und Sammlern seßhafte Bauern. Hier entstanden die ersten Dörfer, Städte und Tempel, und hier bildeten sich die ersten Staaten, Großreiche und Hochkulturen der Menschheit. Nahezu unser gesamtes Wissen über mehr als zehntausend Jahre dieser Region wurde in den letzten 150 Jahren erarbeitet. Es revolutionierte das bisherige Bibelverständnis.

Die Reihe der Völkerschaften, die in Mesopotamien zu Hause waren, ist bunt. Während Ägypten über 3000 Jahre seine nationale und kulturelle Einheit durchweg bewahren konnte, wurde Mesopotamien von verschiedenen Völkern – Sumerern, Akkadern, Assyrern, Babylo-

Mesopotamien im 3. Jahrtausend v. Chr.

Auf den Knien Gudeas (etwa 2143–2124), des sumerischen Königs von Lagasch, liegt der Bauplan eines Tempels. Der Text auf dem Gewand darunter erinnert an Gudeas Anstrengungen, Holz, Steinblöcke, Kupfer und Gold für den Tempel zu beschaffen. Den Plan zu diesem Tempel empfing der König im Traum: Bauherr und Architekt ist die Gottheit, die den Traum sendet und in diesem Tempel Wohnung nimmt, Gudea ist nur ausführendes Organ. So kündet der Tempel auch nicht dessen Ruhm, sondern die Größe der Stadtgottheit von Lagasch. »Wo du nichts festsetzt, baut der Mensch kein Haus, baut er keine Stadt, baut er keinen Palast ...«, heißt es in einem sumerischen Lied.

Mesopotamien (griech. »[das Land] zwischen den Strömen«), Gebiet des mittleren Euphrat und Tigris, meist Name für das gesamte Assyrien und Babylonien.

niern und Persern – besiedelt, ganz zu schweigen von nomadisierenden Völkern, die sich dazwischendrängten und zeitweilig die Herrschaft übernahmen. Im vierten Jahrtausend ereignete sich eine urbane Revolution: Die Menschen lernten es, auf dichtestem Raum in Städten zusammenzuleben. Sie entwickelten eine hochgradige Arbeitsteilung und komplexe Organisationsformen: die Grundlage für kulturelle Höchstleistungen. Entsprechend vielgestaltig entfalteten sich Religion und Kultur. Rechtswesen, Medizin, Mathematik und Astronomie haben hier ihren Ursprung. Der Bauziegel, das Rad und die Alphabet-Schrift wurden in dieser Region erfunden und noch heute gilt die sumerische Einteilung des Kreises und der Zeit.

Sumer und Akkad

Am Anfang stand die Erschließung des Schwemmlandes an Euphrat und Tigris. Die Kultivierung des Sumpfdickichts war eine technische, aber mehr noch eine soziale Leistung. Damit wurde zum erstenmal eine regionale Zivilisation geschaffen. Diese Leistung erbrachten die Sumerer, ein Volk unbekannter Herkunft. Sie waren keine Semiten wie alle übrigen Völker, die später ins Land kamen. Ihre Kultur hat kein Vorbild. Das kultivierte fruchtbare Schwemmland erlaubte ihnen als der ersten Gemeinschaft der Alten Welt, über das jährliche Existenzminimum hinaus einen Mehrertrag zu erwirtschaften, der zwar nur einer privilegierten Minderheit zugute kam, aber zugleich Voraussetzung für die Geburt der Zivilisation war.

Die Sumerer hatten eine einheitliche Sprache und Religion, bildeten anfangs aber noch keinen Staat. Ihre kulturelle Einheit ging – wie später in Israel – der politischen voraus. Die sumerische Sprache ist mit keiner anderen Sprachgruppe verwandt. Mit ihr verbinden sich die frühesten Aufzeichnungen in Keilschrift. – Die anfänglichen Jahrhunderte der sumerischen Geschichte (von 3100–2500) scheinen friedlich gewesen zu sein. Die dem Sumpfland abgerungenen Städte, umgeben von berieselten Feldern und Weiden, trennten immer noch verbliebene Sümpfe von den Nachbarstädten. Jede Kommune betrieb ihre eigene Wasserwirtschaft, ohne die Interessen anderer zu berühren. Als sich die städtischen Bereiche aber erweiterten und schließlich trafen, entstanden Konflikte. Anders als in Ägypten, das sich unter *einer* Herrschaft am Nil zu radikaler Einigung entschloß, beharrten die sumerischen Stadtstaaten auf ihrer Selbständigkeit und verstrickten sich in Händel und Kriege wegen der Wasserrechte. Die bedeutendsten sumerischen Städte waren Ur, Eridu, Lagasch und Uruk. Unter ihnen setzte sich der Stadtkönig aus Umma, Lugalzaggesi (um 2350 v. Chr.) durch, doch wurde ihm das erstmals geeinte Reich bald darauf von Sargon von Akkad entrissen.

Während Sumer im Süden Mesopotamiens von Eridu bis Nippur reichte, war Akkad eine nördlich davon gelegene Stadt heute unbekannter Lage. Zur Zeit der Herrschaft Sargons I. (um 2350–2295 v. Chr.) wurde Akkad der Name für das nördlich von Sumer entstandene Reich, das sich bis zum oberen Rand der Schwemmlandebene ausdehnte. Dessen semitische Sprache, die auch die späteren Babylonier und Assyrer sprachen, heißt akkadisch. Vermutlich waren die Akkader aus Arabien gekommen, denn dies ist die Region, aus der in der Folgezeit immer wieder semitisch sprechende Scharen nach Mesopotamien, Syrien und Palästina drangen. Um 2230 wurde die Dynastie der Sargoniden von dem Bergvolk der Gutäer aus dem Nordosten gestürzt. Unter deren etwa bis 2100 währenden Herrschaft zogen semitisch sprechende Amoriter aus der arabischen Wüste nach Akkad ein und gründeten Babylon.

Sumer, im 4. Jt. im südl. Mesopotamien von Menschen weder semitischer noch indoeuropäischer Sprache begründete erste Hochkultur der Welt. Das altsumer. Reich erlag um 2300 den semit. Akkadern.

Akkad, Hauptstadt des mächtigen Reiches von A., des ersten semit. Großreiches in Mesopotamien. Das Reich wurde um 2350 von Sargon I. gegründet, und 2150 von dem iran. Bergvolk der Gutäer zerstört.

Babylonien, um die Stadt Babylon im 18. Jh. v. Chr. entstandener semit. Staat, der unter Hammurabi (1728–1686) bis Assyrien reichte. Im 1. Jt. unter assyr. Herrschaft, bis Nabupolassar 610 Assyrien vernichtete und das neubabylon. Reich begründete.

Assyrien, Land am Tigris (heute Irak) in Nordmesopotamien, dessen Aufstieg zur Weltmacht um 1300 v. Chr. begann. Es unterwarf sich Babylonien, wurde aber selbst unterwandert und gewann erst im 9. Jh. als neuassyr. Reich die Vormachtstellung zurück. Das Reich wurde 610 von den Babyloniern und Medern vernichtet.

König Sargon I. (2350–2295) oder Naram-Sin (2254–2218), 2. Hälfte des 3. Jt.s v. Chr. Der Bronzekopf wurde im Ischtar-Tempel in Ninive gefunden.

Ägypten

Sind die Sumerer die Begründer der ersten regionalen Zivilisation, so haben die Ägypter die zweitälteste regionale Zivilisation geschaffen. Wie die Sumerer das Schwemmland des Euphrat und Tigris kultivierten, erschlossen die Ägypter das Sumpfgebiet am Unterlauf und im Delta des Nils. Offensichtlich boten dafür die Sumerer den Anstoß, wie Ziegelbauten und die Konstruktion der Schiffe erkennen lassen. Aufgefundene Rollsiegel deuten darauf hin, daß die sumerische Keilschrift auch die Entwicklung der Hieroglyphen in Ägypten beeinflußt hat. Doch war dieser Einfluß nur kurz; er endete mit der politischen Einigung Ägyptens. Oberägypten und das Nildelta kamen bereits in den Anfängen der pharaonischen Zivilisation um 3000 unter nur einer Herrschaft zusammen.

Verglichen mit der Kultivierung des Niltals, war die Verwandlung des Sumpfgebietes an Euphrat und Tigris die größere Leistung. Aber Ägypten hatte für den Aufbau einer Zivilisation die besseren Voraussetzungen, vor allem Steine bester Qualität und in beliebiger Menge. Auch konnten die Pharaonen – mehr als dies Mesopotamien beschieden war – ihrem Land kontinuierliche Friedenszeiten sichern. Insgesamt währte die Einheit Ägyptens und die Pharaonenzivilisation dreitausend Jahre.

Das Alte Reich (etwa 2575 – 2134) ist das Reich der Pyramiden. Nach einer Zwischenphase des Niedergangs entstand das Mittlere Reich (2040–1640), in dem die Beziehungen in die Levante (Syrien, Palästina) ausgebaut wurden. Der Einfall der Hyksos, einer vorderasiatischen Völkergruppe, die etwa zwischen 1700 und 1550 über Ägypten herrschte, öffnete das Land für die angrenzenden Völker. Nach ihrer Vertreibung begann mit der 18. Dynastie das Neue Reich (etwa 1550–1070). Mehrere Feldzüge sicherten die Herrschaft über Syrien und Palästina, brachten das selbstbewußte Heer aber auch in Gegensatz zur konservativen Priester- und Beamtenschaft. Pharao Amenophis IV. (Echnaton) entmachtete die Priester der Hauptstadt Theben zugunsten seiner neu gegründeten Residenz El-Amarna. Doch war Echnatons Gott nur eines einzigen Mannes Gott (→ S. 241). Es gelang ihm nicht, über die eigene Lebenszeit hinaus, die traditionelle Priestermacht zu brechen, wenngleich er der Literatur und den bildenden Künsten neue Impulse gab.

Im 13. Jahrhundert regierte Ramses II. (→ S. 106 f.). Seine Kämpfe mit den Hetitern und die des späteren Ramses III. mit den Seevölkern (Philister: → S. 141) konnten das Aufkommen der syrisch-palästini-

Ägyptische Grabstele, um 800 v. Chr.

Eine Verstorbene tritt dem Gott Atum gegenüber, dem »Undifferenzierten«, »der anfangs alles war«, der auch Erscheinungsform der universalen Sonnengottheit ist und in Menschengestalt abgebildet wird.

Die große weibliche Figur, die sich bergend über diese Begegnung wölbt, ist die Himmelsgöttin Nut. Ihr Körper, mit dem Sternenzelt bemalt, symbolisiert das Himmelsgewolbe, das gleichzeitig Bahn der Sonne ist, die im Osten vor ihrer Scham aufgeht und vor ihrem Haupt im Westen untergeht: Allmorgendlich gebiert sie die Sonne und verschlingt sie wieder am Abend.

Die ägyptischen Götter entziehen sich jeder endgültigen Bestimmung. Sie bewahren, ohne verschwommen zu sein, stets etwas Fließendes und Veränderliches.

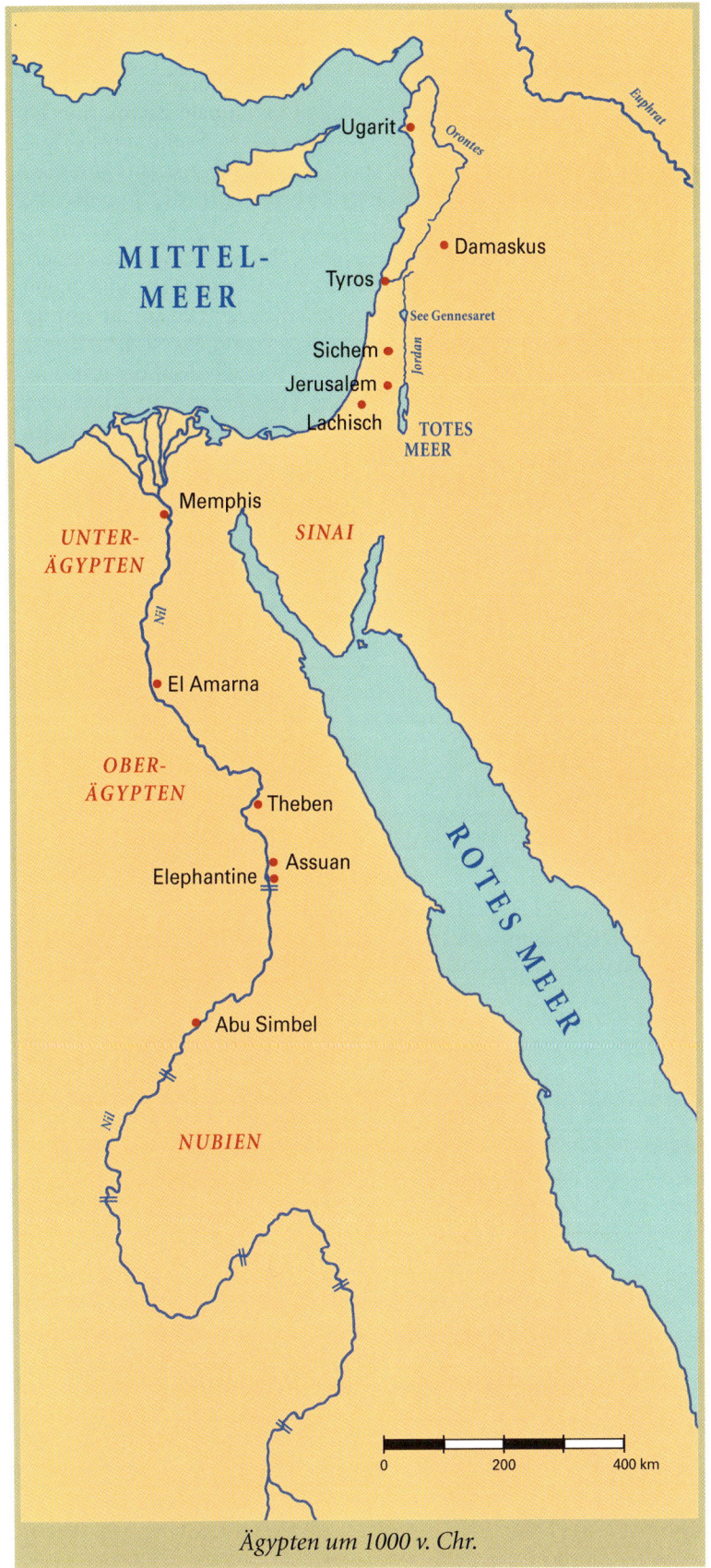

Ägypten um 1000 v. Chr.

Zur biblischen Welt gehört nicht nur das Land Kanaan, sondern auch Ägypten, Mesopotamien, Persien, Syrien, Kleinasien, Griechenland, das östliche Mittelmeer und schließlich sogar noch Rom. Israels Stammvater Abraham kommt aus Ur in Chaldäa, Mose trägt einen ägyptischen Namen und führt die Exodus-Gruppe aus Ägypten, die Bildungsschicht des Reiches Israel wird nach Assyrien verpflanzt, die Propheten Ezechiel und Deuterojesaja wirken unter den Exilierten in Babylonien, die Makkabäer schließen ein Militärbündnis mit Sparta, Paulus missioniert in Kleinasien und Griechenland, nach Rom schreibt er einen Brief ...

Besonders groß war der ägyptische Einfluß. Schon im 3. Jt. wurde Palästina zur »Dritten Welt« Ägyptens: Die Ägypter holten sich von hier Kupfer, Bauholz und Olivenöl. Im Gegenzug lernten die Stadtfürsten Kanaans – es mögen bis zu 25 gewesen sein – bei den Ägyptern. Sie wollten alle gerne kleine Pharaonen sein. Darum übernahmen sie auch die ägyptische Idee, der König sei Sohn des höchsten Gottes, was sich im Erbe Kanaans über die Psalmen 2 und 110 bis in die Deutung Jesu auswirkt.

Assyrien und Babylonien

Das neuassyrische Reich erweiterte ab 935 durch Eroberungszüge sein Herrschaftsgebiet nach allen Seiten. Unter Tiglat-Pileser III. (745–727) erreichte es eine Blütezeit. Babylonien wurde vollständig unterworfen, das syrisch-palästinische Gebiet tributpflichtig. Mit der Eroberung Samarias endete 722 das Nordreich Israel. In der Folgezeit schwächten Thronstreitigkeiten das assyrische Reich, so daß es der Babylonier Nabupolassar im Jahr 610 mit Hilfe der Meder besiegen konnte. Dessen Sohn Nebukadnezzar II. entwickelte Babylonien noch einmal zur Großmacht. Es übernahm die Herrschaft in Palästina und vernichtete 587 das Königreich Juda. Aber sein Tod führte in Babylon zu Unruhen, die auch in den folgenden Jahrzehnten nicht befriedet werden konnten. Als die dem Königshaus feindlich gesinnte Priesterschaft Babylons den Perserkönig Kyrus II. zum Einmarsch in Babylon aufforderte, fand das neubabylonische Reich kampflos sein Ende.

schen Staaten nicht verhindern (→ David, S. 155 ff.). Der israelitische König Salomo knüpfte freundschaftliche Beziehungen zum schwächer gewordenen Ägypten; eine seiner Frauen war pharaonischer Herkunft (→ S. 170). Ausländische Herrscher aus Libyen (950), Äthiopien (730) und Assyrien (671) übernahmen in den folgenden Jahrhunderten die Königswürde. Zwar erlangte der Pharao Psammetich die Selbständigkeit zurück, seinem Nachfolger Necho (609–594) gelang sogar aufgrund der Schwäche Assyriens die erneute Herrschaft über Israel und Syrien (→ S. 246). Dennoch war der Machtverfall Ägyptens nicht aufzuhalten: 525 geriet es unter persische Oberhoheit. Auf die zwischenzeitlich wiedererlangte Selbständigkeit folgte die Herrschaft Alexanders des Großen und die seiner ptolemäischen Nachfolger (→ S. 317). Anschließend unterstand Ägypten der Herrschaft Roms.

Eine Stele des Pharao Merenptah erwähnt Israel (etwa 1219) zum erstenmal, und zwar als eine vernichtete Gruppe in Palästina. Gegen den Versuch Jerusalems, Ägypten gegen Babylonien auszuspielen, wendete sich der Prophet Jeremia (→ S. 249–256). In der persischen Zeit siedelten Juden auf der Nilinsel Elephantine, in hellenistischer Zeit in ganz Ägypten, vor allem in Alexandria.

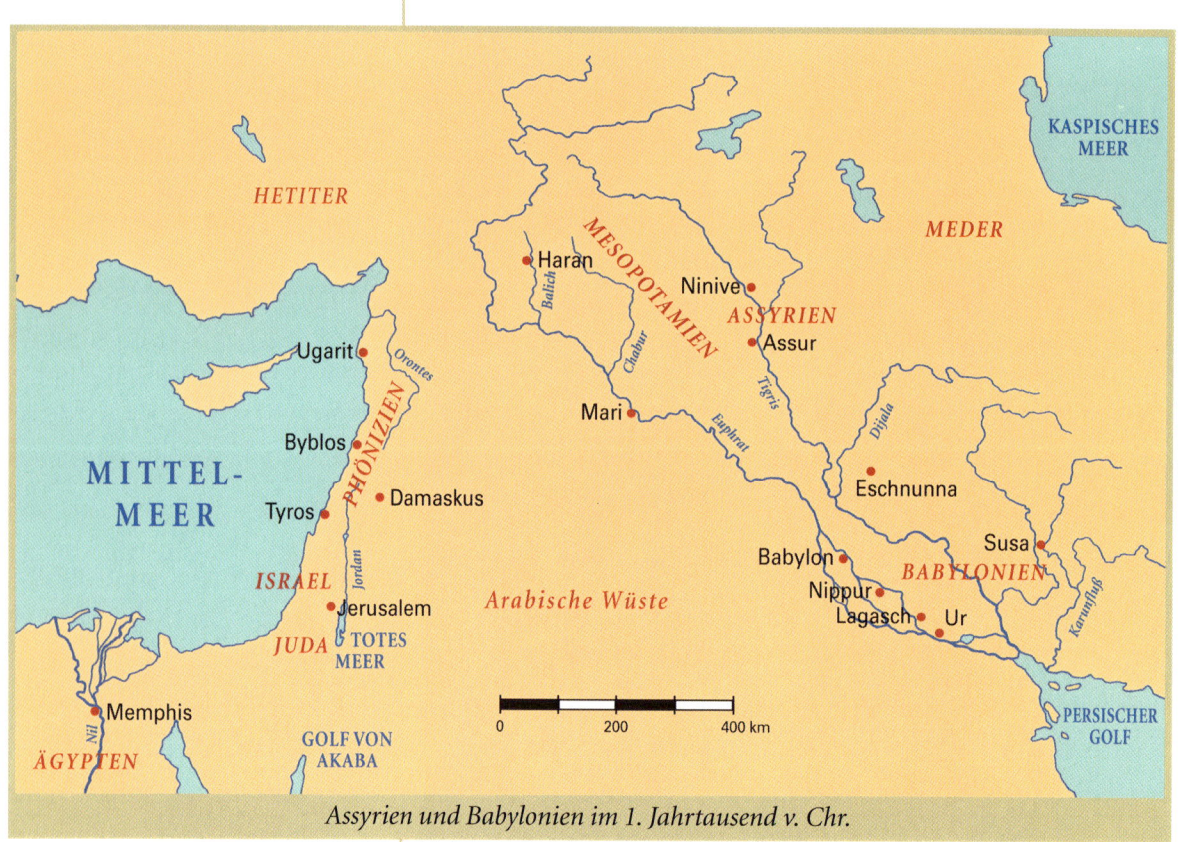

Assyrien und Babylonien im 1. Jahrtausend v. Chr.

Babylonien und Assyrien

Geographisch ist Babylonien der südliche Teil des Schwemmlandes zwischen Euphrat und Tigris, der Bereich des alten Sumer. Assyrien ist dessen nördlicher, ehemals akkadischer Teil. Die Namen beider Länder leiten sich von den Städten Babylon und Assur ab. Als politische Herrschaftsräume reichten Babylonien und Assyrien weit über ihre geographischen Grenzen hinaus.

Nach dem Verfall des sumerischen und akkadischen Reiches zerrütteten am Anfang des 2. Jahrtausends erneut Auseinandersetzungen von Kleinstaaten das Land. Diese »Zwischenzeit« endete mit dem Aufstieg der 1. Dynastie von Babylon, als deren bedeutendster Herrscher Hammurabi (1728–1686) herausragt. Fast gleichzeitig erstarkte auch Assyrien, unterlag aber Hammurabi. Dem altbabylonischen Reich machten die Hetiter um 1530 ein Ende, konnten eine längere Herrschaft in Babylon aber nicht aufrecht erhalten. Statt ihrer eroberte das Bergvolk der Kassiten die Macht und behauptete sie bis ins 12. Jahrhundert. Während dieser Zeit war der politische Einfluß Babyloniens und Assyriens gering.

Nach 1300 begann der Aufstieg Assyriens zur Weltmacht. König Tiglat-Pileser I. (1115–1077) eroberte die Staaten des Euphratgebietes, kam bis zum Mittelmeer – sogar Sidon und Byblos wurden

Palästina liegt – zwischen Mesopotamien und dem Mittelmeer, Syrien und Ägypten – an der Schnittstelle unterschiedlicher Kulturen. Hier entfaltete sich neben der israelitischen Kultur der Königszeit, der frühjüdischen und frühchristlichen Zeit auch die ägyptische, babylonische, assyrische, phönizische, hetitische, persische, hellenistische und römische Kultur. Nacheinander und jeweils einander überlagernd entwickelten diese Kulturen ein beeindruckendes religiöses, zivilisatorisches und politisches Panorama.

Israel hat zu keiner Zeit in einem Getto gelebt. Es stand immer unter dem Eindruck von Weltreichen, deren Glanz und Selbstbewußtsein schwächere Traditionen zum Erliegen brachten. Das bedrohte die Identität Israels nicht selten aufs äußerste. Es ermöglichte dem Volk aber auch, seine eigenen

tributpflichtig – unterwarf schließlich Babylonien und schuf so das assyrische Großreich, das etwa 300 Jahre lang stärkste Macht im Vorderen Orient blieb. Zahlreiche Feldzüge führten immer wieder nach Palästina und Syrien; Israel und Juda gerieten in assyrische Abhängigkeit (→ S. 218 ff.).

Stier vom Ischtar-Tor, Babylon, 6. Jh. v. Chr.

Gotteserfahrungen an denen seiner Nachbarn zu überprüfen und zu läutern. So sind die religiösen Vorstellungen Israels zu jener reifen Fülle gekommen, die jeden erstaunt, der zum Beispiel die Psalmen mit altorientalischen Gebetssammlungen vergleicht.

Alexander-Sarkophag (Ausschnitt), letztes Viertel des 4. Jh.s v. Chr.

Der in Sidon gefundene Sarkophag schildert den Kampf zwischen Alexander und dem Perserkönig Darius. Die Darstellung belegt die Popularität des Alexandermythos in den Jahrzehnten nach seinem Tod, selbst in einer Stadt mit phönizischer Tradition. Die Eroberung durch Alexander führte in der gesamten Levante zu einer kulturellen Neuorientierung: weder Ägypten noch Mesopotamien behaupteten ihre geistige Dominanz; von jetzt an kam der bestimmende Einfluß aus dem Westen: aus dem hellenistischen Griechenland und schließlich von Rom.

Erst im 7. Jahrhundert v. Chr. gelang es dem babylonischen König Nabopolassar (625–606) Babylonien von der assyrischen Oberherrschaft zu befreien. Im Bündnis mit den Medern aus dem iranischen Hochland eroberte er 612 die assyrischen Hauptstädte Assur und Ninive. Damit trat das »neubabylonische Reich« das assyrische Erbe an. Unter Nebukadnezzar II. (605–562) erreichte es den Gipfel seiner Macht. Babylon wurde prachtvoll ausgebaut. Im Westen schlug Nebukadnezzar Aufstände nieder und beendete nach einer ersten Eroberung Jerusalems 597 die Eigenstaatlichkeit Judas und die Existenz des Tempels 586. Den gebildeten Teil des Volkes führte er ins Exil. Doch hatte auch dieses Großreich keinen Bestand. Es unterlag einem Ansturm der Perser unter Kyrus im Jahr 539.

Kyrus II. der Große (559–529) hatte das persische Großreich begründet, indem er zunächst den Iran, dann Kleinasien und schließlich mit Babylonien auch Assyrien und Syrien-Palästina unterwarf. Nach der Eroberung Babylons erlaubte Kyrus den deportierten Judäern die Rückkehr in ihre Heimat und den Wiederaufbau des Tempels in Jerusalem. Unter dem Nachfolger des Kyrus, Kambyses II., wurde 525 auch Ägypten dem persischen Weltreich einverleibt. Darius I. (522–486) förderte den Wiederaufbau des Jerusalemer Tempels.

Das Persische Reich fand wiederum sein Ende durch den mazedonischen König Alexander den Großen (336–323), der von Griechenland aus ein Weltreich bis Indien und Ägypten eroberte. Damit ging erstmals die politische und kulturelle Strömung vom Westen aus, griechische Sprache und Kultur eroberten den Alten Orient. Die Völker und Staaten in Mesopotamien hörten auf, das Schicksal Israels zu bestimmen. Unter der Herrschaft der seleukidischen Nachfolge-Reiche Alexanders aber löste die spätere griechische Lebensart heftigste Religionskonflikte in Judäa aus (→ S. 321 ff.).

Die Religionswelt des Alten Orients

Die Religionen des Alten Orients gehören zu den ältesten der Menschheit. Die ersten Berichte über ihre Vorstellungen und Einrichtungen vermitteln sumerische Texte. Sie reichen bis ins dritte Jahrtausend zurück, reflektieren aber noch ältere Traditionen (Enuma elisch: → S. 44 f.; Gilgamesch-Epos: → S. 64 f.). Für sie war das Naturgeschehen dauerhafter Ausdruck alles Göttlichen. Die kosmische Ordnung galt den Göttern unterstellt, die den geregelten Gang der Dinge verantworten: Indem der Mensch ihren Befehlen – den Gesetzen des Kosmos – folgt, sichert er das Funktionieren der Welt und der

Beter aus Eschnunna,
sumerisch, 1. Hälfte des 3. Jt.s

menschlichen Gemeinschaft. Doch wird die kosmische Ordnung einerseits von der »Großen Schlange« bedroht, von der chaotische Wirkungen ausgehen, andererseits von menschlichen Verbrechen und Verirrungen, die durch Sühnehandlungen wieder ausgeglichen werden müssen. Die wichtigste kultische Regeneration der Welt vollzog sich am Neujahrsfest. Der sumerische Name dafür bedeutet »Kraft, durch die die Welt wieder auflebt«. Er formuliert das Gesetz der ewigen Wiederkehr, das in allen archaischen Religionen begegnet.

Auch im Bau der Tempel wiederholt sich symbolisch die Weltschöpfung. Der Tempel als »Haus« der Gottheit gilt als Bild der Welt. Die mandalaförmigen Kosmogramme der indischen Tempelanlagen konkretisieren diese Vorstellung bis zum Tage. Der sumerischen Tradition zufolge gründete einer der Götter nach der Erschaffung des Menschen fünf Städte, »gab ihnen ihre Namen und bestimmte sie als Kultzentren«. Eine spätere Zeit beschränkte das Wirken der Götter darauf, den Königen die Pläne von Städten und Heiligtümern mitzuteilen. Die Institution des Königtums galt gewissermaßen als »vom

Das Denken Mesopotamiens ist sich der menschlichen Grenzen bewußt. Der Abstand zu den Göttern erweist sich als unüberwindbar. Dennoch ist der Mensch nicht in seiner Einsamkeit isoliert, sondern einbezogen in ein mit den Göttern verbundenes Universum: Er lebt in Städten, die »das Ganze« repäsentieren; ihre Tempel und Zikkurate sind »Mitte der Welt«, angeschlossen an den Himmel. Babylon war Bâb-ilâni, »Tor der Götter«. Ähnlich verstanden sich viele andere Städte als »Band zwischen Himmel und Erde« (vgl. S. 53 ff.).

Himmel herabgestiegen«. Ebenso wie der Tempel entsprach auch die Stadt der himmlischen Ordnung (vgl. die kosmographische Gestalt des Paradieses: → S. 53 ff.).

Die Religionen der semitischen Völker knüpften an die älteren sumerischen Strukturen an. »National«-Gott von Babylon war Marduk, der des assyrischen Reiches Assur. Neben ihnen wurden viele andere Gottheiten verehrt. In einem babylonischen Gebet heißt es: »O Gott, den ich nicht kenne, groß sind meine Sünden! ... O Göttin, die ich nicht kenne, groß sind meine Sünden! ... Nichts weiß der Mensch; er weiß nicht einmal, ob er gegen ein Gebot verstößt oder ob er das Gute tut.« Durch Riten und Gebete hoffte der Mensch den Segen der Götter zu erlangen. Vor allem aber wußte er sich eingebunden in einen Kosmos, dessen naturhaftes Geschehen die ewigen Gesetze des Himmels abbildet. Für die archaischen Völker und ihre Religionen vollzog sich alles Leben in einem Kreislauf der ewigen Wiederkehr. Die Zeit wurde nicht geschichtlich, sondern zyklisch verstanden. Insofern gab es nichts wirklich Einmaliges. So wie Sonne und Mond Tag und Jahr bestimmen, wie Werden und Vergehen stets von neuem beginnen, müssen die Gründungen der Menschen – Tempel, Stadt und Haus, auch Geburt und Hochzeit – diesen kosmischen Gesetzen entsprechen und sie zugleich abbilden.

Zu den Göttern gebetet haben die Menschen Mesopotamiens in allen Jahrtausenden, aber nirgendwo geschah dies in der Vertraulichkeit eines »Herrgottswinkels«. Unnahbare Erhabenheit und Strenge umgab sie; mit ehrfürchtiger Scheu sah der Mensch zu ihnen auf – hier der König Ikunschamagan von Mari (1. Hälfte des 3. Jt.s).

Die dem israelitischen Jahwismus voraufgegangene kanaanäische Religion entsprach ebenfalls diesem Denken. Sie war kein geschlossenes dogmatisches System und gegenüber den benachbarten Religionen Ägyptens und Mesopotamiens für Impulse erstaunlich offen. Doch während die Religionen der großen Flußtäler von Nil, Euphrat und Tigris vor allem die Himmelsgestirne als Symbole ihrer Gottheiten verehrten, waren in Kanaan die segensreichen Mächte vor allem der Regen und die Erde, die in ihrem Zusammenspiel alles Leben ernähren. In dieser Sicht verkörperte sich die tiefste Wurzel der kanaanäischen Religionswelt in weiblichen Gottheiten. Die Göttin schenkte die Fruchtbarkeit der Erde und des Lebens. Der männliche Gott tauchte erst nach der Göttin auf und blieb auf die Göttin bezogen: Als ihr Befruchter war er Wettergott, aktiver Herrscher und Beschützer des Lebens. Die mit den Jahrhunderten sich steigernden Kolonialinteressen der Ägypter, Assyrer, Babylonier und Perser verliehen den Göttern im Gang der Zeit – deren mannigfache Namen nur unterschiedliche Aspekte ihrer Wirksamkeit anzeigen – zunehmend kriegerische Attribute. Die gesellschaftlichen Institutionen wie Königtum und Staat mußten auch hier die Intaktheit der kosmischen und menschlichen Ordnung garantieren.

Die Jüdische Bibel hat ihre heutige Fassung erst nach dem Babylonischen Exil erhalten. Zu dieser Zeit setzten die daran beteiligten Gruppen den Monotheismus als Norm voraus und korrigierten nach diesem Maßstab die gesamte voraufgegangene Tradition. Dabei werden sie massiv störende Texte übergangen haben; alle übrigen interpretierten sie im Sinne des Jahwe-Monotheismus. Dieses Bemühen, Israel gewissermaßen eine neue Geschichte zu geben, als sei diese von ihren Anfängen her auf den Monotheismus gerichtet oder gar in ihrem Wesen monotheistisch gewesen, ging zu Lasten der kanaanäischen Religion. Sie geriet unter ausschließlich negative Vorzeichen – ein Vorgang, der sich in der Ablösung des Christentums vom Judentum später wiederholte.

Die Entwicklung des biblischen Monotheismus schloß auch eine Verwerfung des Mythos der ewigen Wiederkehr in sich ein, wie er in den Religionen des Alten Orients und den archaischen Religionen insgesamt begegnet. Das Denken Israels brach dieses zyklische Modell durch eine lineare Zeitvorstellung und geschichtliches Denken auf. Dazu trug der Freiheitsimpuls der Exodus-Tradition wesentlich bei. Er verband die eigene Gotteserfahrung nicht mehr mit Naturkräften, sondern mit einer geschichtlichen Erfahrung, die sich als revolutionärer Faktor in der Geschichte Israels auswirkte. Der Glaube an den einen und einzigen Gott, der den Menschen nach seinem »Bild und Gleichnis« schuf, förderte die Personalität und Individualität des Menschen. Dagegen ist in einer zyklischen Welt nichts einmalig und vergeht nichts wirklich. Erst der biblische Gottesglaube hat mit seiner Alternative zu den archaischen Religionen eine neue Weise der Wirklichkeitserfahrung begründet. Will man das Spezifikum der biblischen Religion innerhalb der Religionsgeschichte finden, muß man hier ansetzen.

Die permanente Beschäftigung mit der Bibel, nicht zuletzt mit Gestalten wie Abraham, Mose und den Propheten, hat dem abendländischen Bewußtsein vor Augen geführt, wie Menschen für ihr Leben und ihre Geschichte verantwortlich sind. Die Religion Israels erschloß dafür ein Vokabular, das Thomas Cahill so verdeutlicht: »Wir können kaum am Morgen aufstehen oder die Straße überqueren, ohne uns als Juden zu fühlen. Wir träumen jüdische Träume und haben jüdische Hoffnungen. Viele unserer besten Begriffe sind eine Gabe der Juden: das Neue, Abenteuer, Überraschung; einmalig, Individuum, Person, Berufung; Zeit, Geschichte, Zukunft; Freiheit, Fortschritt, Geist; Glaube, Hoffnung, Gerechtigkeit.«

Die Religionsgeschichte Israels, soweit sie in den Schriften des Alten Testaments greifbar wird, ist ein einziger Prozeß der allmählich immer klareren und schärferen Auskristallisierung von Formen, die keimhaft schon in einer Art Initialzündung angelegt sind. In den biblischen Schriften selbst wird dieser Rückbezug auf etwas Ursprüngliches, das immerfort von Verdrängung, Verfälschung und Vergessen bedroht ist, mit dem Begriff der Erinnerung bezeichnet und als einer der Kernpunkte der religiösen Bindung herausgestellt. Ich meine, daß wir den Texten besser gerecht werden, wenn wir dieses Motiv ernst nehmen und davon ausgehen, daß es hier tatsächlich etwas zu erinnern gab, das zwar immer wieder drohte, vergessen und verdrängt zu werden, aber sich andererseits in der Folge der geschichtlichen Ereignisse auch immer wieder bestätigte und dadurch immer klarere und schärfere Umrisse gewann.

Jan Assmann

Die Jüdische Bibel

Die Entstehung der Jüdischen Bibel

Über die mündliche Überlieferung

Lange Zeit gab es nur Bilderschriften. Eine großartige Idee änderte alles: An Stelle der Bildzeichen versuchten kluge Menschen, die Sprachlaute aufzuschreiben. Sie zählten die verschiedenen Laute, die sie beim Sprechen hörten. Es waren kaum zwei Dutzend. Hätten sie Zeichen für diese Laute, so ließe sich damit alles aufschreiben!

Sie wählten kurze Wörter mit verschiedenen Anfangslauten, für jeden Laut eines. Hier sind vier Beispiele:

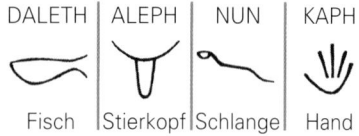

DALETH	ALEPH	NUN	KAPH
Fisch	Stierkopf	Schlange	Hand

Zu diesen häufigen Wörtern waren die Bildzeichen geläufig; man kann sie selbst heute leicht erraten. Doch jetzt standen die Bildzeichen nur noch für die Anfangslaute:

D	A	N	K

Diese Bildzeichen ließen sich nun zu verschiedenen Wörtern zusammensetzen.

Die Menschen vereinfachten die Zeichen. Hauptsache, sie ließen sich gut unterscheiden und bequem schreiben:

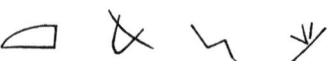

Andere Völker lernten die kostbaren Zeichen kennen. Sie veränderten die Form nach ihrem eigenen Geschmack:

Die ursprüngliche Bedeutung der Bildzeichen ging verloren.

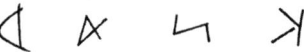

Dann kehrten die Griechen Schreibrichtung und Buchstaben um:

Juden und Araber machten diese Kehrtwendung nicht mit. Sie schreiben und lesen bis heute von rechts nach links.

Die Jüdische Bibel ist kein einheitliches Buch, sondern eine Sammlung von Schriften, die im ersten vorchristlichen Jahrtausend entstanden sind. Viele dieser Texte haben ihre Wurzeln in Zeiten, die noch keine Schriftkultur kannten. Nur eine mündliche Tradition hat die zunächst kleinen Formen weitergegeben.

In heutigen Gesellschaften unterliegen mündlich tradierte Inhalte baldigen Veränderungen und Verfälschungen. Das war in der Alten Welt anders. Die volkskundliche Forschung weiß, daß die Erzähler früherer Zeiten und Völker ein so gutes Gedächtnis hatten, daß sie eine große Zahl langer Geschichten wortgetreu behalten und wiedergeben konnten. Ihre Zuhörer kontrollierten dabei, wie es heute noch Kinder tun, eine unveränderte Wiedergabe.

Unverzichtbar für orale Traditionen war es, alle Inhalte in ihrer je spezifischen Form weiterzugeben. Das räumt bei jeder Gattung unterschiedliche Freiheiten ein. Märchen dürfen individueller nacherzählt werden als Mythen. Genealogien, Listen, Lieder und Gesetzestexte stellen besonders hohe Ansprüche an Überlieferungstreue. Allein die große Wiedergabegenauigkeit erlaubt es, im heutigen Bibeltext noch Listen, Lieder, Sprüche, Kultlegenden, Sagen, geschichtliche Notizen und Erzählungen unterscheiden zu können. Die Verarbeitung dieser ursprünglich eigenständigen Formen in einen größeren Textbestand vermengte sie nicht zu einem Einheitstext »biblische Geschichte«, bewahrte vielmehr jeder sprachlichen Form ihre überlieferte Gestalt.

Die mündlichen Traditionen Israels beginnen in der vorstaatlichen Zeit. Dazu gehören Genealogien, die Mitteilungen zum Lebenslauf einzelner Personen machen; Itinerare mit Angaben zum Wanderweg verschiedener Gruppen, sowie Familien- und Stammeserzählungen. Diese Formen begegnen besonders in den Vätergeschichten. In den späteren Traditionen des seßhaften Volkes verlieren Familienerzählungen ihre alte Bedeutung; statt dessen entfalten sich nun Volkserzählungen in einem breiten Spektrum: Stammeserzählungen, Rettererzählungen, Heiligtumserzählungen, Erzählungen von Gotteserscheinungen. Mit beginnender Staatsbildung entwickeln sich schließlich Geschichtsberichte, welche die Königszeit hindurch begleiten und mit deren Untergang enden. Listen erhalten erhöhten Wert. Erst nach dem Ende des Königtums, dem Ruin und Ratlosigkeit folgten, tritt die Geschichtsdeutung in den Vordergrund, die alle bis dahin vorliegenden Formen der Geschichtsdarstellung durchdringt und verändert.

Mündliche Tradition und Gebrauch der Schrift lösten sich nicht in zeitlicher Aufeinanderfolge ab. Auch nachdem die Schrift in Gebrauch war, blieb die mündliche Überlieferung intakt und angesehen – eine wichtige Voraussetzung für die Entstehung der Evangelien. Als nach der Staatenbildung Israels das Volk in die politische Welt des Alten Orients hineinwuchs, gab es dort bereits in vielen Lebensbereichen eine Schriftkultur. Davon zeugen Tausende von Inschriften und Tontafeln. Auch das vorisraelitische Kanaan hatte eine ausgeprägte Schriftkultur, wie das aus der Echnaton-Zeit (1352–1333) erhalten gebliebene Archiv von El-Amarna mit seiner

Mit der Schrift beginnt die Geschichte. Die Erfindung von Zeichen, um Worte festzuhalten, ist eine der größten und grundlegenden Leistungen der Menschheit. Es war ein langer Weg bis zum Alphabet.

Zunächst konnte man Worte nur in Bilderfolgen darstellen.

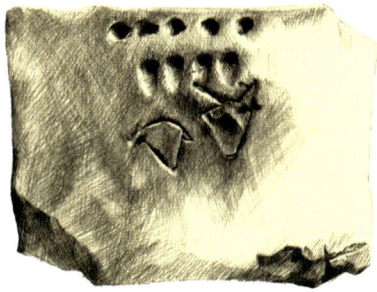

Diese Tontafel ist 5000 Jahre alt. Auf ihr steht zu lesen: »54 Kühe und Stiere«.

Die Felszeichnung eines mexikanischen Indianers warnt den Reiter: Nur Bergziegen finden hier einen Pfad.

Auch die Ägypter benutzten eine Bilderschrift. Jedes Zeichen bedeutete ein bestimmtes Wort oder eine Silbe. Nur wenige Leute konnten die vielen Zeichen lesen und schreiben. Schreiber waren deswegen von vornehmem Stand.

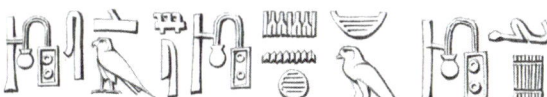

Die Ägypter nannten ihre Schriftzeichen »Gottesworte«. Heute heißen sie Hieroglyphen, »heilige eingemeißelte Zeichen«.

Ägyptischer Schreiber bei der Arbeit. Mit der linken Hand hält er die Schreibunterlage und die Palette. Zwei Reservepinsel hat er hinters Ohr gesteckt. Am oberen Bildrand Hieroglyphen. Zuerst das Wortzeichen für »Schreiber«: ein Schreibzeug. Daneben der Name des Schreibers; für jede Silbe steht ein Zeichen. Dieser Text aus Giza, um 2600 v. Chr. sagt: »Der Schreiber Renecha«.

Das Schreibmaterial für die biblischen Bücher war Papyrus, zwar preiswert, aber auch leicht vergänglich. Darum sind die Originalhandschriften nicht erhalten geblieben. Das Wort Bibel hängt mit dieser Schriftwerdung zusammen: Die Griechen benannten nämlich ihre Bücher nach dem syrischen Hafen Byblos, weil von dort ihr Schreibmaterial, das Papyrus (»Papier«) kam. So bedeutete (die Stadt) Byblos, zu *Biblos* und lateinisch *Biblia* umgestaltet, bald soviel wie *Buch.*

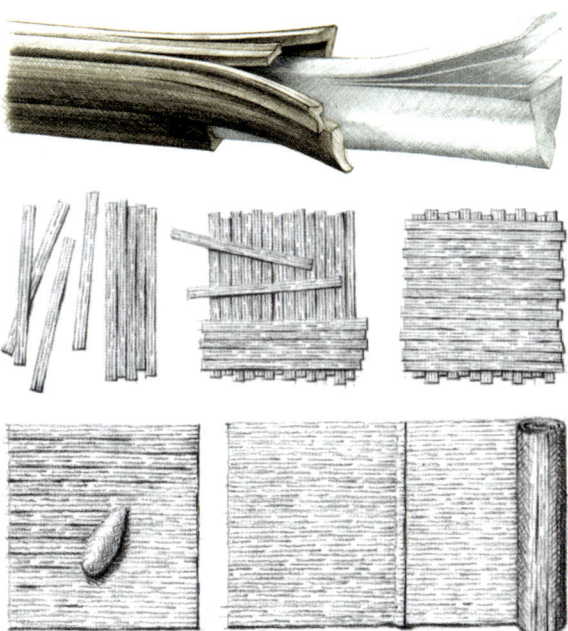

Papyrusschilf wächst im Wasser. Die armdicken Stengel werden 3 bis 5 m hoch. Um aus Papyrusschilf beschreibbares »Papier« zu gewinnen, mußte das frische Papyrusmark in etwa 40 cm lange Streifen geschnitten werden. Diese legte man, leicht überlappend, zu quadratischen Blättern zusammen. Auf eine erste Schicht aus senkrecht gestellten Streifen kam eine zweite, waagerechte Schicht. Die Blätter wurden gepreßt und an der Sonne getrocknet. Dann schnitt man die Kanten gerade und glättete die Oberfläche mit einer Muschel oder einem Stück Elfenbein. Etwa zwanzig Blätter wurden zu einem Band zusammengeklebt, das mit der Schreibfläche nach innen aufgerollt wurde.

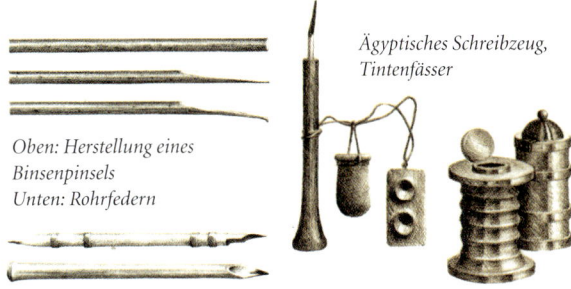

Ägyptisches Schreibzeug, Tintenfässer

*Oben: Herstellung eines Binsenpinsels
Unten: Rohrfedern*

Geschrieben wurde mit Pinseln oder Rohrfedern aus Schilf. Dafür schnitt man etwa 20 cm lange Binsenstengel an einem Ende schräg an und kaute die Spitze, bis die Fasern einen Pinsel bildeten.

Mündlich – Schriftlich

Ich habe gehört, zu Naukratis in Ägypten habe es einen der alten Götter des Landes gegeben, dem auch der heilige Vogel, den sie Ibis nennen, geweiht war. Der Name dieses Gottes sei Theuth gewesen. König über das gesamte Ägypten war damals Thamus. Zu diesem kam Theuth und führte ihm seine Künste vor. Zu jeder dieser Künste habe Thamus dem Theuth manches dafür und manches dagegen gesagt. Als nun aber die Reihe an den Buchstaben war, sagte Theuth: »Diese Kenntnis, o König, wird die Ägypter weiser und ihr Gedächtnis besser machen, denn als Heilmittel für das Gedächtnis und für die Weisheit habe ich sie erfunden.«

Der König aber erwiderte: »Kunstreicher Theuth, der eine hat die Fähigkeit, kunstvolle Dinge zu erfinden, der andere hat die Gabe, zu beurteilen, welches Maß an Schaden oder Nutzen sie denen bringen, die sie gebrauchen wollen. Du, der Vater der Buchstaben, sagtest nun aus Voreingenommenheit gerade das Gegenteil von dem, was sie bewirken. Denn diese Erfindung wird die Lernenden in ihrer Seele vergeßlich machen, weil sie dann das Gedächtnis nicht mehr üben; denn im Vertrauen auf die Schrift suchen sie sich durch fremde Zeichen von außen, aber nicht von innen her durch eigene Kraft zu erinnern. Also nicht ein Heilmittel für das Gedächtnis, sondern eines für das Wiedererinnern hast du erfunden. Deinen Schülern weist du nur den Schein der Weisheit, nicht die Weisheit selbst. Sie bekommen nun vieles zu hören, ohne eigentliche Belehrung, und meinen nun, vielwissend geworden zu sein, während sie doch meistens unwissend sind und zudem schwierig zu behandeln, statt weise zu sein.«

Wer also glaubt, seine Kunst in Buchstaben hinterlassen zu können, und wer sie annimmt, als wenn aus Buchstaben etwas Klares und Festes zu gewinnen sei, der überbietet sich in Einfalt.

Platon, Phaidros 274 B

---

diplomatischen Korrespondenz belegt. Ebenso spricht der Name der kanaanäischen Stadt Kirjat-Sefer, »Buchstadt«, für die Einbindung schriftlicher Kommunikation in das Leben des Landes.

Aber erst nachdem die Tontafel gegen das Papyrus ausgetauscht worden war, Keilschrift und Hieroglyphe gegen die leicht erlernbare Alphabetschrift, wurde eine weite Verbreitung der Schriftkenntnis möglich. Für Israel war die Entwicklung einer ausgeprägten Schriftkultur von der Einrichtung staatlicher Strukturen abhängig, die sich seit Beginn der Königszeit in den Schreibstuben an Hof und Tempel etablierten. Die Könige ließen Annalen, später Chroniken schreiben. Für Rechtsgeschäfte wurden von jetzt an schriftliche Urkunden verfaßt. Seit Jesaja (in der 2. Hälfte des 8. Jahrhunderts) schrieben Propheten kurze Orakel nieder, um ihnen »Fernwirkung« zu geben (Jes 8,1 f.; 30,8; Jer 51,60). Spätestens seit dem 7. Jahrhundert gab es Gesetzbücher (Dtn 17,18 f.; 31,24). Bei wichtigen Anlässen wurden Briefe ausgetauscht (2 Sam 11,14 ff.; 1 Kön 21,8 ff.; 2 Kön 10,1 f.). Insgesamt entwickelte sich schrittweise ein Zwang zur Schriftlichkeit. Bedeutsam dafür war die Mächtigkeit, die dem geschriebenen Wort beigemessen wurde, wie dies Jer 36 besonders klar erkennen läßt: Der König Jojakim zerstörte die Schriftrolle des Propheten, um den Unheilsworten ihre Wirkung zu nehmen; Jeremia aber schrieb die Rolle neu, um das Gewicht seiner Worte wiederherzustellen (→ S. 254 ff.).

Die Frage, wie sich mündliche und schriftliche Überlieferung nebeneinander behauptet haben, ist für jede Textsorte eigens zu stellen. Zu beachten ist, daß eine mündliche Weitergabe nicht beliebigen Menschen, sondern einem bestimmten Personenkreis anvertraut war, je nachdem, mit welcher Institution und welchem Anlaß sich eine Überlieferung verband. Dies ist für kultische Traditionen unmittelbar verständlich. Sprichwörter und Sagen galten demgegenüber als »Volksgut« und blieben außerhalb einer institutionellen Kontrolle. Die volkstümlichen Erzählungen, die heute in den Büchern Genesis bis Könige zu finden sind, wurden anfangs zu kleineren Erzählfolgen, später zu »Büchern« zusammengefaßt. Mit deren Schriftwerdung und Redaktion befassen sich komplizierte Hypothesen, die nachfolgend vorgestellt werden.

Bis zum Zusammenbruch des Staates im Jahre 587 haben Bücher in der Religion Israels nur eine untergeordnete Rolle gespielt. Die vorhandenen Schriften fanden noch keine Verwendung im Tempel. Auch hatte sich bis dahin ein strenger Monotheismus nicht durchsetzen können. Neben Jahwe wurden andere Götter und Göttinnen verehrt. Seit Hosea (um 750) erhob sich dagegen eine prophetische Kritik, unter König Joschija entstand sogar eine Jahwe-allein-Bewegung, die allerdings mit Joschijas Tod im Jahre 609 scheiterte. Erst nachdem das Königtum zusammengebrochen und der Tempel zerstört war, führte die im Babylonischen Exil lebende Volksgruppe die erfahrene Katastrophe auf die praktizierten Götterkulte zurück und begann nun, die gesamte bisherige Geschichte unter diesem Gesichtspunkt neu zu deuten. Die alten Traditionen Israels wurden unter die Beleuchtung und Beurteilung des sich nunmehr voll etablierenden Monotheismus gerückt. Das führte auch zur Aufwertung der Bücher. Die Schriften bekamen eine tragende Bedeutung für den Gottesdienst. Und damit begann eine neue Zeit in der Religionsgeschichte Israels.

Der Pentateuch oder Die fünf Bücher Mose

*I*m Jahre 398 vor Christus brachte der Priester Esra (→ S. 284 ff.) eine Schrift alter Überlieferungen nach Jerusalem, die er der Gemeinde als Tora (»Gesetz«, »Weisung«) vorstellte. Diese Schrift war während des Babylonischen Exils (586–536/521) bearbeitet worden. Wir kennen sie heute unter dem Namen »Die fünf Bücher Mose«. Das Werk erhielt diesen Namen, weil im Mittelpunkt die durch Mose verkündete Gottesweisung vom Sinai steht.

Da in jener Zeit wichtige Dinge auf Pergament geschrieben wurden, gab es nicht »Bücher« sondern Rollen. Für eine einzige Schriftrolle war die Tora jedoch zu umfangreich und schwer. Darum teilte man sie in fünf Rollen auf, so daß der Name Pentateuch entstand, das heißt Fünfrollenwerk oder Fünferbuch (von griech. *pente* = fünf und *teuchos* = Gefäß). Die so entstandenen Teile des Pentateuch heißen: 1. Genesis, 2. Exodus, 3. Levitikus, 4. Numeri, 5. Deuteronomium.

Als man in neuerer Zeit begann, die Schriften der Bibel kritisch zu lesen, wurde der Name »Die Bücher Mose« zum ersten Hindernis. Der niederländische Philosoph Baruch Spinoza (1632–1677) machte eine Liste aller Stücke des Pentateuch, die Mose nicht geschrieben haben konnte, weil sie von Vorgängen nach seinem Tod erzählen. Das hat die Menschen damals verwirrt. Spinoza wurde aus der Synagogengemeinschaft ausgeschlossen, zweimal entkam er mit knapper Not einem Mordanschlag. Zwar schloß Spinoza nicht aus, daß Mose als »Gesetzgeber« und »Schriftsteller« wirkte, doch sei der uns vorliegende Pentateuch so komplex und uneinheitlich, daß er allenfalls eine von Esra besorgte Zusammenstellung alter Überlieferungen und Sammlungen sein könne. Heute ist klargestellt, daß die Bezeichnung »Bücher Mose« tatsächlich keine Verfasserangabe ist. Der Pentateuch trägt Moses Namen, weil er die zentrale Gestalt darin ist und alle späteren Zeiten sich ihm unterordnen (→ S. 114).

Ein vielschichtiger Entstehungsprozeß

*I*m Jahr 1735 veröffentlichte der Franzose Jean Astruc eine eigenartige Entdeckung, die er beim genauen Lesen der Hebräischen Bibel gemacht hatte: Ihm war aufgefallen, daß im Buch Genesis in einer Reihe von Texten Gott immer nur Elohim genannt wird, während andere Texte ihn ausschließlich Jahwe nennen. Die Elohim- und die Jahwe-Texte waren jedoch in manchen Stücken miteinander verflochten. Als Astruc dann einige Textreihen trennte und jede für sich hintereinander aufschrieb, entstand zweimal ein sinnvoller Zusammenhang. Man konnte beide Reihen für sich lesen, dabei erzählte jede für sich eine geschlossene Geschichte (vgl. die Sintfluterzählung: → S. 64-66 und die Erzählung von der Rettung Israels am Meer: → S. 107-109). Jean Astruc folgerte, jede der beiden Reihen müsse einmal selbständig existiert und einen je eigenen Verfasser gehabt haben.

Damit war ein weiterer Anstoß zur Untersuchung des Pentateuch gegeben. In den folgenden Generationen haben sich viele Forscher mit seiner Entstehung befaßt. Sie fanden heraus, daß der Pentateuch nicht wie ein heutiges Buch geschrieben wurde, sondern aus unterschiedlichen Quellen besteht. Die schließlich erarbeitete Hypothese,

Die Juden hatten durch zwei Jahrtausende nur ein Gemeinsames: ihr Buch. Dieses Buch war ihnen Staat, Land, Geschichte, Sinn ihres Leidens, einziger Zusammenhalt, dies Buch, nur dies, machte sie zum Volk. Was Wunder, daß sie es kommentierten, jeden Buchstaben hin- und herwendeten, ihr Leben darauf bezogen? Daß Menschen, deren Sinn, Inhalt, Leben ein Buch war, literarisch wurden? An seinem höchsten Feiertag ruft der Jude zu seinem Gott: »Nichts ist uns geblieben, nur dieses Buch.«

Lion Feuchtwanger

die im vergangenen Jahrhundert zu allgemeiner Anerkennung kam, ging von vier zunächst selbständigen Quellenschriften aus:

– Als älteste Quelle des Pentateuch wurden jene Texte ausgemacht, die den Gottesnamen Jahwe ausweisen. In Kurzform nennt man den oder die unbekannten Verfasser dieser Quellenschrift Jahwist und bezeichnet das in den Pentateuch eingegangene Material mit dem Kürzel J.

Diese Titelseiten zu den 5 Büchern Mose stammen aus einer deutschen jüdischen Bibel des 13. Jahrhunderts. Der erste hebräische Buchstabe des jeweiligen Buches wurde als aufwendige Initiale gestaltet in einer Mischung aus jüdischem Symbolismus und christlicher Konvention (von links nach rechts: Genesis, Exodus, Levitikus, Numeri, Deuteronomium). Von besonderem Reiz ist die Gestaltung der Numeri-Initiale. Die überkreuz in Wachhäuschen stehenden Ritter vertreten die vier Lager der Israeliten: Juda, Ruben, Efraim und Dan. Deren Embleme zeigen die Fahnen. In den vier Quadranten sind unterschiedliche Mischwesen abgebildet (→ Engel/Serafen: S. 226).

– Entsprechend wird jene Quellenschrift, die den Gottesnamen Elohim führt, E genannt. Ihren unbekannten Verfasser bzw. die Verfassergruppe nennt man Elohist.

– Die nach J und E wesentlich jüngere Schrift, in der frühen Zeit nach dem Exil entstanden, wurde Priesterschrift genannt, weil sie das Denken priesterlicher Kreise spiegelt, das zum Wiederaufbau des Tempels und einem neuen Glaubensverständnis geführt hat. Als Kürzel für diese Quellenschrift steht der Buchstabe P.

– Eine vierte Quellenschrift trägt den Buchstaben D, nach dem Buch Deuteronomium. Sie ist unabhängig von den übrigen Quellenschriften.

Die Unterscheidung der Quellenschriften J, E und P ist ein Resultat alttestamentlicher Forschung, an der anderthalb Jahrhunderte gearbeitet haben. Mit unendlichem Fleiß, Scharfsinn und genial verknüpften Kenntnissen haben zahllose Gelehrte ihre Lebensarbeit dieser Analyse gewidmet. Dabei wurde näherhin erkannt, daß am Anfang der schriftlichen Überlieferungsbildung kleine Erzählungen stehen mit je unterschiedlicher örtlicher Verwurzelung.

Seit den 1970er Jahren ist diese lange Zeit unangefochtene Quellenhypothese, die in großen Teilen auf Julius Wellhausen (1844–1918) zurückgeht, wieder heftig umstritten. Man gesteht dem Erklärungsmodell zu, für das Buch Genesis und die erste Hälfte des Buches Exodus überzeugen zu können, aber ab Ex 19 nicht mehr zu greifen. Daneben wird eingewandt, die in J vorausgesetzte Alleinverehrung Jahwes entspreche nicht dem dieser Quelle unterstellten Alter

und die in J zu findende Geschichtstheologie setze ein übergreifendes »Staatsbewußtsein« voraus, wie dies vor oder zu Beginn der Königszeit noch nicht existierte. Zu fragen ist auch, seit wann überhaupt die Bedingungen für eine Schrift- und Lesekultur in Israel vorliegen, um eine so umfassende Konzeption, wie sie J darstellt, zu ermöglichen.

Die aufgeworfenen Fragen und Zweifel haben zu neuen Hypothesen-Bildungen geführt: Statt der Quellen J, E und P geht man nun von einer größeren Vielfalt im Überlieferungsprozeß aus, zumal manche Texte im Pentateuch keiner der klassischen Quellen zugewiesen werden können. Dennoch erkennt man weiterhin drei große Überlieferungsströme, die aber je in sich von großer Komplexität sind: Nichtpriesterliche Texte = J, priesterliche Texte = P und deuteronomische Texte = D. Diese Quellen haben eine je eigene Geschichte durchlaufen, ehe sie in einem Werk, das wir Pentateuch nennen, zusammengefaßt wurden:

– Die erste dieser übergreifenden Geschichtsdarstellungen – der nichtpriesterliche Textbestand – wird als Reflex auf den Untergang des Nordreiches 722 angesehen. – Man nimmt an, er sei nach der Rettung Jerusalems aus assyrischer Bedrohung (im Jahr 701) unter dem

deuteronomisch (abgekürzt *dtn*), den Gedanken und Vorstellungen des Buches Deuteronomium entsprechend.

deuteronomistisch (abgekürzt *dtr*), den Gedanken und Vorstellungen der exilisch-nachexilischen Überarbeitung des Buches Deuteronomium entsprechend. Die in den biblischen Büchern vorliegenden dtr Phänomene besetzen ein breites Spektrum. Sie müssen nicht einer geschlossenen Regie unterstellt werden. Im Exil entwickelte sich die dtr Denkweise und Theologie, so daß sie trotz sonstiger Differenzen bald alle führenden Schichten miteinander verband.

Einfluß der Propheten Amos, Hosea und Jesaja in Jerusalem entstanden. Darum nennt man dieses Werk das Jerusalemer Geschichtswerk. Es ist eine Art spätdatierter Jahwist (J) und enthält die bis dahin entstandenen und tradierten Erzählkränze über die Anfänge Israels. – Als dann 587 auch das Südreich Juda mit Tempel und Stadt Jerusalem zugrunde ging, wurde dieses Geschichtswerk als Antwort auf die jüngste Katastrophe in der Exilszeit erneut bearbeitet und erweitert. Die so entstandene Version kann man Exilisches Geschichtswerk nennen.

– Daneben entstand um 520 eine zweite übergreifende Geschichtsdarstellung im Exil in Babylon. Wegen ihrer priesterlichen Denkweise und Sprache gilt sie als Priesterliche Grundschrift. Sie ist teilweise ein Gegenentwurf zum Exilischen Geschichtswerk, orientiert sich aber auch an den Propheten Ezechiel, Jeremia und dem Werk des Deutero-Jesaja. Dieses Werk kam mit den Rückkehrern aus dem Exil nach Jerusalem und wurde dort – im Kontext der Wiedererrichtung des Tempels – mit kultischen Materialien erweitert. Diese neue Bearbeitungsstufe wird erweiterte Priesterschrift genannt.

– Als dritte Quelle zählt jener Überlieferungsstrom, der im Buch Deuteronomium zusammengefaßt ist. Auch dieses Buch ist unter den geschichtlichen Erfahrungen Israels gewachsen. Die älteste Fassung ist eine Gesetzessammlung aus der Zeit des Königs Hiskija ohne erzählerische Einbindung. Man nennt sie deswegen Hiskijanisches Deuteronomium. Der Text wurde unter König Joschija erweitert (→ S. 236 ff.) und war schließlich in der Exilszeit Bestandteil des umfassenden Deuteronomischen Geschichtswerks, das von Dtn 1 bis 2 Kön 25 reicht.

– Um 450 wurden zunächst der nichtpriesterliche und der priesterliche Textbestand zusammengeführt. Der Pentateuch, wie er heute in der Bibel vorliegt, dürfte etwa um 400 unter Einfügung des nochmals leicht bearbeiteten Deuteronomiums entstanden sein.

Zur weiteren Entwicklung der biblischen Bücher: → S. 126; 204; 236; 265; 286.

Die Urgeschichte

Was die Kapitel Gen 1-11 erzählen, ist universale Menschheitsthematik. Die jahwistischen Textanteile reichen bis ins 10.–9. Jahrhundert v. Chr. zurück. Die davor liegenden Überlieferungswege verbinden noch wesentlich weiter mit der älteren Religionsgeschichte der Menschheit.

Gefragt wird nach der Entstehung der Welt, der Erschaffung des Menschen, seinen Mängeln und Grenzen, nach großen Katastrophen und dem Anteil, den Menschen daran haben – und in all dem nach dem Verhältnis des Menschen zu den Göttern. Immer geht es um Dinge, die überall geschehen. Trotz der unübersehbaren Fülle von Urzeit-Erzählungen ist ihre Thematik jedoch begrenzt. Darum gibt es in den Traditionen der Völker viele Entsprechungen, selbst dort, wo unmittelbare Beeinflussungen fehlen.

In Patagonien finden sich in einer Felshöhle diese vorgeschichtlichen Handabdrücke. Sie unterscheiden sich nicht vom Handabdruck heutiger Menschen und erlauben keine ethnischen Urteile. Wie sehr sich auch das Leben früher Zeiten vom heutigen abhebt, die biblische Urgeschichte erzählt von Erfahrungen, die alle Menschen miteinander verbinden.

Es war die Absicht der Redaktoren, in ihren Konzeptionen der Urgeschichte Menschheitstraditionen aufzugreifen, die älter als Israel sind. Sie wollten, daß diese Traditionen in der Jahwegemeinde gehört und bedacht werden. Darum entspricht es nicht dem Sinn der Erzähler, mit den Texten von Gen 1-11 nur israel-spezifische Intentionen zu verbinden. Ebenso soll zu Wort kommen, was die Traditionen der Völker überliefern: Erfahrungen und Einsichten, die alle Menschen miteinander machten und immer noch machen.

Die Erzählungen der Urgeschichte sind also nicht primär Kunde über Ereignisse der Vergangenheit, sondern ein Wort, das die Gegenwart der Adressaten meint. Die Namen der Menschen, von denen die Urgeschichte erzählt, kennzeichnen auch keine historischen, sondern kollektive Gestalten, deren Strebungen und Schwächen allen Menschen gemeinsam sind. »Urzeit« meint nicht »vergangene Vergangenheit«, sondern jenen Zeitengrund, der in aller geschichtlichen Zeit weiterwirkt. Die Erzählungen der Urgeschichte sind Geschichten eines »mitlaufenden Anfangs«, der jeder Zeit gleichzeitig bleibt.

Der mitlaufende Anfang

Adam und Eva, Abraham oder Jakob sind mehr kollektive als individuelle Gestalten. In ihrem Schicksal verdichtet sich die Erfahrung vieler Generationen. Sie erzählen von einem Anfang, der gegenwärtig bleibt, der *principium* ist, kein *initium*, in Zeit und Raum zurückbleibender Anfang. Die »Urgeschichten« und viele Vätergeschichten erzählen von der menschlichen Grundbeschaffenheit, handeln in *einer* Zeit von *allen* Zeiten, in *einem* Menschen von *aller* Menschen Geschick und Auftrag.

Die Schöpfungserzählungen

Evolution, die Entwicklung des Lebens von niederen Formen zu höheren. Schon ein Jahrhundert vor Darwin zweifelten andere Naturforscher daran, daß jede Art Leben einzeln entstanden sei. Doch erst der Engländer C. R. Darwin (1809–1882) belegte die Entwicklung der pflanzlichen und tierischen Arten, einschließlich die des Menschen, aus jeweils einfacheren Lebensformen. Mit seinem Buch »Die Entstehung der Arten« (1859) eröffnete er eine Kontroverse, die auch heute noch fundamentalistisches Denken erbost. Während Darwin »etwas Großartiges« darin sah, »daß das Leben mit seinen mannigfaltigen Kräften vom Schöpfer ursprünglich nur wenigen Formen oder gar nur einer eingehaucht worden ist ...«, wollten viele darin einen Angriff auf die Glaubwürdigkeit der Bibel erkennen.

Der Wandteppich aus Gerona/Spanien, etwa um 1100 entstanden, zeigt zentral im Bild Christi den Schöpfergott (→ S. 118/119). Im obersten Segment verkörpert die Taube den Gottes Geist über den Wassern. Links daneben der Engel der Finsternis mit einer brennenden Fackel. Ihm fehlt der Nimbus. Gegenüber als Pendant der Lichtengel. Auch die nächsten zwei Felder sind einander symmetrisch zugeordnet. Auf der linken Seite die Schöpfung des Firmamentes, auf der anderen teilt das Firmament mit Sonne und Mond die Wasser der Höhe und der Tiefe. Die untere Kreishälfte gliedert sich in drei Felder. Im mittleren wird die Erschaffung der fliegenden und schwimmenden Tierwelt gezeigt. Rechts davon die Erschaffung der Landtiere und des Menschen. Links Adam, aus dessen Seite die Eva kommt.

Schöpfung ist ein theologischer Begriff. Die Naturwissenschaften sprechen von Evolution. Das Wort Schöpfung schließt den Glauben an Gott als Schöpfer der Welt ein. Der Evolutionsbegriff verbindet naturgesetzliche Vorgänge mit der Entstehung des Universums. Beide Aspekte schließen einander nicht aus. Nach Gen 2,4 hat Gott »Himmel und Erde« erschaffen; gemeint ist damit nicht nur die physikalische, empirisch erreichbare und manipulierbare Welt, sondern zugleich die unverfügbare Wirklichkeit.

Die zwei biblischen Schöpfungserzählungen sind von den Vorstellungen des Alten Orients beeinflußt. Der Gen 1,1-2,4a vorliegende priesterschriftliche Text gehört zu einer jüngeren Schicht der biblischen Tradition, um 500 v. Chr. entstanden, als es darum ging, nach dem Zusammenbruch der staatlichen und sakralen Ordnung eine neue religiöse und gesellschaftliche Ordnung aufzubauen.

Der priesterschriftliche Schöpfungstext

1 Im Anfang schuf Gott Himmel und Erde; 2 die Erde aber war wüst und wirr, Finsternis lag über dem Urmeer, und Gottes Geist schwebte über den Wassern. 3 Da sprach Gott: Es werde Licht! Und es ward Licht. 4 Und Gott sah, daß das Licht gut war. Und Gott schied das Licht von der Finsternis. 5 Und Gott nannte das Licht Tag, und die Finsternis nannte er Nacht. Und es wurde Abend, und es wurde Morgen: ein Tag.

6 Und Gott sprach: Ein Gewölbe werde inmitten der Wasser und scheide Wasser von Wasser. 7 Und Gott machte das Gewölbe und schied die Wasser unterhalb des Gewölbes von den Wassern oberhalb des Gewölbes. Und so geschah es. 8 Und Gott nannte das Gewölbe Himmel. Und es wurde Abend, und es wurde Morgen: ein zweiter Tag.

9 Dann sprach Gott: Es sollen sich die Wasser unterhalb des Himmels an einem Ort sammeln, damit das Trockene sichtbar werde. Und so geschah es. 10 Und Gott nannte das Trockene Land, die angesammelten Wasser nannte er Meer. Und Gott sah, daß es gut war. 11 Dann sprach Gott: Das Land lasse Gras sprossen, Pflanzen, die Samen tragen, und Bäume, die Früchte mit ihren Samen bringen nach ihrer Art. Und so geschah es. 12 Das Land brachte Gras hervor, alle Arten von Pflanzen, die Samen tragen, alle Arten von Bäumen, die Früchte bringen mit ihrem Samen darin. Und Gott sah, daß es gut war. 13 Und es wurde Abend, und es wurde Morgen: ein dritter Tag.

14 Dann sprach Gott: Lichter sollen an der Wölbung des Himmels werden, um Tag und Nacht zu scheiden. Sie sollen dienen als Zeichen und zur Bestimmung von Festzeiten und Tagen und Jahren; 15 sie sollen als Lichter an der Wölbung des Himmels sein, über die Erde zu leuchten. Und so geschah es. 16 Gott machte die beiden großen Lichter, das größere Licht zur Beherrschung des Tages, und das kleinere zur Beherrschung der Nacht, und die Sterne. 17 Und Gott setzte sie an die Wölbung des Himmels, damit sie über die Erde hin leuchten, 18 und über Tag und Nacht herrschen und das Licht von der Finsternis scheiden. Und Gott sah, daß es gut war. 19 Und es wurde Abend, und es wurde Morgen: ein vierter Tag.

20 Dann sprach Gott: Es sollen wimmeln die Wasser von lebendigen Wesen, und Vögel sollen über dem Land fliegen am Gewölbe des

Was mich am meisten erstaunte, war die Stille. Eine unvorstellbare Stille, wie sie auf Erden niemals vorkommt. Eine Stille – so tief und vollständig, daß man den eigenen Körper zu hören beginnt: wie das Herz kämpft und die Adern pulsieren; man vernimmt sogar das Rauschen von Muskelbewegungen. Und am Himmel gab es mehr Sterne, als ich mir hatte vorstellen können. Der absolut schwarze Himmel wurde vom Widerschein der Sonne leicht erhellt ... Die Erde war so klein, blau und rührend einsam – unsere Heimstatt, die wir erhalten müssen ... Sie erschien vollkommen rund. Ich glaube, mir ist nie so recht klar geworden, was »rund« heißt, bis ich die Erde aus dem Kosmos gesehen habe.

Aleksej Leonow, Astronaut

Himmels. 21 Und Gott schuf die großen Seeungeheuer und alle Lebewesen, von denen die Wasser wimmeln, und alle Arten von gefiederten Vögeln. Und Gott sah, daß es gut war. 22 Gott segnete sie und sprach: Seid fruchtbar und vermehrt euch, und erfüllet das Wasser in den Meeren, und auf dem Land sollen sich die Vögel vermehren. 23 Und es wurde Abend, und es wurde Morgen: ein fünfter Tag. 24 Dann sprach Gott: Das Land bringe lebende Wesen hervor nach ihrer Art: Vieh und Kriechtiere und Tiere des Landes. Und so geschah es. 25 Gott machte die Tiere des Landes nach ihrer Art und das Vieh nach seiner Art und alle kriechenden Tiere auf dem Erdboden. Und Gott sah, daß es gut war. 26 Dann sprach Gott: Laßt uns Menschen machen nach unserem Bild, uns ähnlich. Sie sollen herrschen über die Fische des Meeres, über die Vögel des Himmels, über das Vieh, über die ganze Erde und über alle Kriechtiere am Boden. 27 Und Gott schuf den Menschen nach seinem Bild; nach dem Bild Gottes schuf er ihn; als Mann und Frau schuf er sie. 28 Gott segnete sie, und Gott sprach zu ihnen: Seid fruchtbar und vermehrt euch, bevölkert die Erde und macht sie euch untertan, und herrscht über die Fische des Meeres, über die Vögel des Himmels und über alle Tiere, die sich auf dem Lande regen. 29 Dann sprach Gott: Seht, ich habe euch alle Pflanzen auf der ganzen Erde gegeben, die Samen tragen, und alle Bäume mit samenhaltigen Früchten zu eurer Nahrung. 30 Allen Tieren des Feldes, allen Vögeln des Himmels und allem, was sich auf der Erde regt, was Lebensatem in sich hat, gebe ich alles Grünkraut zur Nahrung. Und so geschah es. 31 Und Gott sah alles an, was er gemacht hatte und siehe, es war sehr gut. Und es wurde Abend, und es wurde Morgen: der sechste Tag.

2,1 So wurden Himmel und Erde vollendet und all ihr Heer. 2 Und Gott vollendete am siebten Tag sein Werk, das er gemacht hatte, und er ruhte am siebten Tag von all seinem Werk, das er geschaffen hatte. 3 Und Gott segnete den siebten Tag und heiligte ihn, denn an ihm ruhte er von all seinem Werk, das er geschaffen hatte. 4a Dies ist die Entstehungsgeschichte von Himmel und Erde, als sie erschaffen wurden.

Gen 1,1-2,4a

Dieser priesterschriftliche Schöpfungstext geht auf sehr alte, heute unbekannte Traditionen zurück. Ihre Wurzeln reichen über Israel hinaus in die frühen Kulturen und Religionen des Alten Orients. Aber während im babylonischen Schöpfungsmythos *Enuma elisch*, der nur einer unter anderen war, die Schöpfung einem dramatischen Kampf entspringt, vollzieht sich in Gen 1 die Schöpfung durch das Wort. Auch liegt kein ausgedehntes Epos vor, sondern eine knappe, wohlgegliederte Schilderung. Die Sprache ist genau, sparsam und rhythmisch. Sie läßt die Helle klarer Gedanken durchscheinen: eine Kraft, die Vernunft und Handeln im biblischen geprägten Kulturraum mitbestimmt hat.

Aus der Vorgeschichte des Textes sind zwei konkurrierende Schemata noch erkennbar: Dem Schema »und Gott sprach« steht

Der altbabylonische Weltschöpfungsmythos *Enuma elisch* stellt die Schöpfung als Kampf dar. Zunächst gab es nur eine gestaltlose Masse, das Urgewässer. Aus diesem Chaos lösten sich Apsu, der unterirdische Süßwasserozean, als männliche Schöpferkraft gedacht, und Tiamat, weiblich aufgefaßt, der Salzwasser-Ozean. Indem sich beide vermischten, entstand das Embryo der Welt, aus dem alle Geschöpfe hervorgingen.

das andere Schema »und Gott machte« gegenüber, einer »Schöpfung durch das Wort« eine »Schöpfung durch Tun«. Insgesamt besteht das Kapitel aus einer »höchst eigentümlichen Mischung ältester und jüngster Züge« (Hermann Gunkel). Die Redaktoren des 6. Jahrhunderts haben älteste Traditionen aufgenommen und in ihrem Sinne bearbeitet.

Der Anfang des priesterschriftlichen Werkes hat den Charakter einer feierlichen Ouvertüre. Die Sprachgestalt, der Rhythmus immer gleicher Sätze, bewirkt eine Monotonie, die Würde mit Konzentration verbindet. Der vorangestellte erste Satz ist in seiner Kompaktheit von einer Monumentalität, die in den Schöpfungsgeschichten der Völker ohne Parallele bleibt. Was die Erzählung danach entfaltet, ist in diesem Satz schon enthalten.

Wer heute das Wort Gott zu Beginn dieses Textes liest, hört und versteht es immer schon anders, als es hier gemeint ist. Im neuzeitlichen Denken fragen wir nach der Gottesvorstellung; es gibt für uns den Zweifel, ob es Gott gibt oder nicht. Die Bibel kennt solche Gedankengänge nicht. Gott ist für sie kein Seiender, sondern ein Wirkender. In ihrem Reden von Gott steht fraglos sein Wirken vor Augen.

*Als droben der Himmel
noch nicht benannt war,
unten die Erde
noch keinen Namen hatte,
als der Ozean, der Uranfängliche,
der Erzeuger der Götter,
Apsu und Tiamat
noch in eins vermischte,
als noch kein Schilf gebildet,
kein Fels zu sehen war,
da von den Göttern
kein einziger entstanden,
ihre Namen noch unbekannt,
ihr Geschick unbestimmt war,
da wurden die Götter aus dem Schoß
von Apsu und Tiamat geboren ...*

Indischer Schöpfungshymnus

Im indischen Rigveda äußert sich das Bewußtsein der Unfähigkeit des menschlichen Geistes, das Geheimnis der »Welt in Gott« zu ergründen. Die Hindu-Philosophen erkennen dieses Geheimnis an und akzeptieren einen »weisen Agnostizismus«:

Da war nicht Nichtsein,
und da war auch Sein nicht.
Nicht war das Luftreich
noch der Himmel darüber.
Was regte sich dort? Wo?
In wessen Obhut?
Gab es das Wasser
und den tiefen Abgrund? ...

Daraus erhob zuvörderst
sich die Liebe, sie,
die des Geistes erste Samenkraft war.
Des Seins Verwandtschaft
fanden in dem Nichtsein
die Weisen,
einsichtsvoll im Herzen suchend. ...

Wer weiß in Wahrheit,
wer vermag zu künden,
woher sie ward,
woher sie kam die Schöpfung?
Die Götter reichen nicht
in jene Ferne –
wer ist's, der weiß,
der Allbeschauer droben
am höchsten Himmel –
oder weiß auch er's nicht?

Rigveda, berühmtester und ältester Teil einer literarischen Sammlung in Sanskrit, zwischen 1500–600 v. Chr. in Indien abgefaßt und vorher nur mündlich tradiert. Dem orthodoxen Hinduismus gilt der Veda (»Heiliges Wissen«) als Offenbarung. Der Rigveda besteht aus 1028 Hymnen, die im Rahmen einer Opferhandlung rezitiert wurden, um die Götter herbeizurufen.

Die christliche Tradition hat Gen 1 durchweg für eine »Schöpfung aus dem Nichts« in Anspruch genommen. Aber eine solche Vorstellung ist dem Text fremd. Er spricht nur vom Schöpfer und verbindet damit kein Kausalitätsdenken. Die Aussage »Gott hat die Welt geschaffen« sagt alles, was Menschen sagen können. Wer mehr wissen will, kann dies nicht aus der Bibel erfahren. Es gibt auch Ausleger, die meinen, nach der Bibel habe Gott zuerst die Materie geschaffen, deren chaotischer Zustand dann geordnet werde. Dieser Begriff ist dem Text ebenfalls fremd, da er eine Abstraktion voraussetzt, die im Umfeld der P-Redaktoren nicht gegeben war. Für sie gab es entweder so etwas wie Tohuwabohu oder das Geschaffene, aber noch nicht so etwas Neutrales wie Materie.

Die Darstellung beginnt mit den drei Scheidungen. Ihnen geht die Erschaffung des Lichtes voran. Das ermöglicht einen Rhythmus zeitlicher Ordnung und damit die Darstellung der Schöpfung in einer Tagesfolge. So wird der Wechsel von Tag und Nacht an den Anfang der Schöpfung gestellt.

In den alten Schöpfungsmythen war die Erschaffung der Vegetation neben der Erschaffung von Himmel und Erde und der Erschaffung des Menschen eine Geschichte für sich. Hinter dem Wort: »Die Erde bringe hervor ...« steht die in allen Völkern über die ganze Welt verbreitete Vorstellung von der »Mutter Erde« als der Gebärerin alles Lebendigen.

Die Erschaffung der Gestirne wird breiter erzählt. Sonne und Mond waren in der Umwelt Israels Gottesgestalten von höchster Bedeutung. Darum legt der Text großen Wert darauf, die dienende Funktion dieser »Leuchten« herauszustellen und damit ihre Geschöpflichkeit eindeutig zu bestimmen. Im babylonischen *Enuma elisch* heißt es:

Er ersann Standorte für die großen Götter.
In Sternbildern ordnete er ihre Entsprechungen, die Sterne.

In solcher Rede sind die Götter von den Sternen und Sternbildern, die sie repräsentieren, nicht zu trennen.

Mit der Erschaffung der Wassertiere und Vögel (V 20-23) tritt mit dem Segen etwas Neues hinzu. Die Schöpfung lebendiger Wesen ist etwas anderes als die bisherigen Werke. Hier ist der Segen noch kein kultischer Akt, sondern die Weise des Schöpfers, seinen Geschöpfen Lebenskraft, Fruchtbarkeit, Mehrung und Fülle zu verleihen.

Der sechste Tag faßt die Erschaffung der Landtiere und die des Menschen zusammen. Dennoch wird das zweite Werk durch einen neuen und feierlichen Einsatz hervorgehoben: »Laßt uns Menschen machen ...« Damit liegt der Beginn einer einmal selbständigen Erzählung noch vor. Der auffällige Plural »Laßt uns ...«, ist eine Stilform der Selbstberatung. Er wird für die semitischen Sprachen als eine »zunächst im Selbstgespräch aufgekommene Redeweise« erklärt (vgl. Gen 11,7).

Mehr als alle anderen fand schon immer der Satz Beachtung, daß Gott die Menschen nach seinem Bild geschaffen hat. Die Literatur hierzu ist unüberschaubar. Zwar hat diese Formel im babylonischen Raum keine Vorgänger, wohl aber in Ägypten. Dort ist der Pharao »das auf Erden lebende Abbild Gottes« oder »Abbild des Re«. Was in

Ägypten aber nur für den König gilt, überträgt V 1,26 f. auf alle Menschen und kommt so zu einem »demokratisierten« Grund-Satz: Jeder Mensch ist Gottes »Bild«, weil er Gottes Schöpfung ist. War in Ägypten das Wort für »Mensch« noch identisch für »Ägypter«, so strebt der priesterschriftliche Schöpfungstext ins Universale – ein erster Schritt auf dem langen Weg zur Allgemeinen Erklärung der Menschenrechte.

Die in V 29 f. erfolgende Unterstellung von Flora und Fauna unter die Herrschaft des Menschen findet in Ps 8,7-9 eine genaue Entsprechung: »Alles hast du unter seine Füße getan.« Der Ausdruck begegnet immer dann, wenn die altorientalische Königsideologie nachklingt (Ps 110,1; 72,8; Jes 14,6; Ez 34,4). Was das Beherrschen der Tiere hier meint, muß im Zusammenhang mit V 16 und 29 gesehen werden. V 29 schließt das Töten der Tiere zum eigenen Lebensunterhalt aus. Die Rede von der Herrschaft in V 16 (des Tages durch die Sonne, der Nacht durch den Mond) verweist auf eine Rangstellung: Gegenüber den Tieren behauptet der Mensch unbedingten Vorrang. In dieser Akzentuierung kann die Erinnerung nachklingen, daß der Mensch einmal den Tieren unterlegen war; daß aber die Herrschaft über das Tier zum Menschsein des Menschen hinzugehört. Herrschaft ist aber nicht als Ausbeutung zu verstehen. Der Mensch würde seine »königliche« Stellung gegenüber der tierischen und pflanzlichen Kreatur sogar verlieren, wäre sie ihm nur noch Anlaß, diese zu versklaven. Eine Herrschaftsordnung zwischen Mensch und Tier existiert nur, sofern sie den Tieren ihr artgerechtes Leben gestattet. Wenn es heute noch heißt, daß jemand eine Kunst, eine Technik oder eine Sprache »beherrscht«, klingt diese Bedeutung von Herrschaft nach: nicht Willkür, sondern tiefste Übereinstimmung wird verlangt.

»Als Mann und Frau erschuf er sie« schließt V 27, um die Zweigeschlechtlichkeit des Menschen zu betonen. Hier ist die Frau nicht zweitrangig, dem Manne nicht nach- und nicht untergeordnet, sondern mit ihm zusammen »der Mensch«. Wenn der griechische Philosoph Platon erzählt, einst hätten die Menschen als Mann und Frau eine gemeinsame »runde Gestalt« gehabt, um ihrem göttlichen Schöpfer zu gleichen, so gilt diese Metapher hier in dem Sinne, daß Mann und Frau, je für sich nur der halbe Mensch sind, getrennt und in sich isoliert.

Der V 28 anschließende Segen gilt den Menschen wie allem Lebendigen: Er ist die Lebenskraft, die Fruchtbarkeit und Fülle spendet und die Erhaltung der Art gewährt.

In den abschließenden Versen 2,1-3 findet das Sechstagewerk sein Ziel. Der siebte Tag ist eine Gabe an die Menschen, die den Auftrag eingrenzt, durch Arbeit das Geschaffene zu »beherrschen«. Das schafft einen Rhythmus, der auch für die Geschöpfe gültig ist. Zweifellos scheint hinter diesen Versen der Sabbat der nachexilischen Ordnung durch. Er wird aber nicht genannt und auch nicht auf das spätere Israel bezogen. Im Rahmen der Schöpfungsgeschichte geht es um die Menschheit insgesamt. Die Schöpfung ist in einer Weise angelegt, daß nicht ein Tag wie der andere sei. Vielmehr soll die Folge einer Reihe von Arbeitstagen in einem gesonderten, geheiligten Tag ihr Ziel finden. Diesem geheiligten Tag verleiht der Segen Gottes eine Kraft, die ihn für das Menschendasein fruchtbar macht.

Im Ei

Wir leben im Ei.
Die Innenseite der Schale
haben wir mit unanständigen Zeichnungen
und den Vornamen unserer Feinde bekritzelt.
Wir werden gebrütet.

Wer uns auch brütet,
unseren Bleistift brütet er mit.
Ausgeschlüpft eines Tages,
werden wir uns sofort
ein Bildnis des Brütenden machen.

Wir nehmen an, daß wir gebrütet werden.
Wir stellen uns ein gutmütiges Geflügel vor
und schreiben Schulaufsätze
über Farbe und Rasse
der uns brütenden Henne.

Wann schlüpfen wir aus?
Unsere Propheten im Ei
streiten sich für mittelmäßige Bezahlung über
die Dauer der Brutzeit.
Sie nehmen einen Tag X an.

Aus Langeweile und echtem Bedürfnis haben
wir Brutkästen erfunden.
Wir sorgen uns sehr
um unsern Nachwuchs im Ei.
Gern würden wir jener, die über uns wacht,
unser Patent empfehlen.

Wir haben ein Dach überm Kopf.
Senile Küken,
Embryos mit Sprachkenntnissen
reden den ganzen Tag
und besprechen noch ihre Träume.

Und wenn wir nun nicht gebrütet werden?
Wenn diese Schale
niemals ein Loch bekommt?
Wenn unser Horizont nur der Horizont
unserer Kritzeleien ist und auch bleiben wird?
Wir hoffen, daß wir gebrütet werden.

Wenn wir auch nur noch vom Brüten reden,
bleibt doch zu befürchten, daß jemand,
außerhalb unserer Schale, Hunger verspürt,
uns in die Pfanne haut und mit Salz bestreut –
Was machen wir dann, ihr Brüder im Ei?

Günter Grass

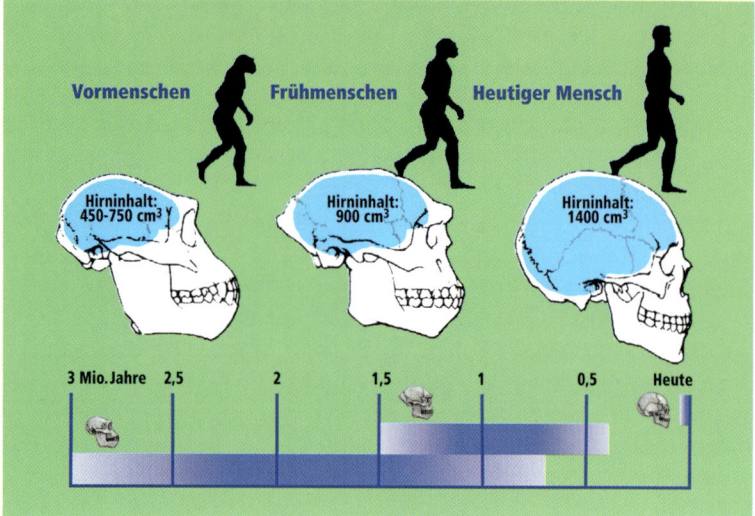

Dem mythischen Kupferstich »Adam und Eva« von Albrecht Dürer (1504) steht ein Evolutionsschema gegenüber. Beide Sichtweisen haben ihr je eigenes Recht. Das Schema stützt sich auf wissenschaftliche Erkenntnisse und informiert über die langen Zeiträume der Entwicklung zum aufrechten Gang, die Veränderung des Schädels (und der Physiognomie) und einen wachsendem Hirninhalt. Von all dem weiß die Bibel nichts. Ihr Thema ist die Gottesbeziehung des Menschen.

Urknall. Als der Wissenschaftler Fred Hoyle zum ersten Mal vom Big Bang, dem »Großen Knall« sprach, meinte er das als Scherz. Diese Theorie geht von einem Zustand aus, in dem sich sämtliche Materie und Energie in einem einzigen Punkt konzentrierte, dessen Dimension Null und dessen Dichte unendlich war. Da es noch keinen »Raum« gab, gab es auch keine »Zeit«. Ein Begriff wie »vorher« ist also verfehlt. Doch in dem »Moment«, als dieser Punkt explodierte, verwandelte er sich im winzigen Bruchteil einer Sekunde in Raum und Zeit. – Was die Wissenschaft über diesen Vorgang weiß, erklärt nicht, warum es zum Urknall kam; es belegt nur das Faktum selbst.

Das heute maßgebliche wissenschaftliche Modell vom »Urknall« rechnet mit einem Anfang des Universums vor 15 bis 20 Milliarden Jahren. Alle Materie konzentrierte sich auf einen unendlich kleinen Raum von unvorstellbarer Dichte und Temperatur. Nach dieser Vorstellung hat der sogenannte Urknall die Materie explosionsartig auseinandergetrieben. Danach gab es zunächst nur Strahlung und Elementarteilchen. Wasserstoff- und Heliumatome bildeten sich nach etwa 1 Million Jahren. Galaxien und Sterne entstanden rund 1 Milliarde Jahre nach dem Urknall, das Sonnensystem vor etwa 4 bis 5 Milliarden Jahren. Unsere Erde gehört zu einer unter 100 Milliarden Galaxien, von denen jede wiederum viele hundert Milliarden Sterne zählt.

Solche Kenntnisse entfalten das evolutive Weltbild. Sie verbinden mit der Entstehung des Universums naturgesetzliche Vorgänge. Schöpfung hingegen ist ein theologischer Begriff. Beide Aspekte, Schöpfung wie Evolution, sind auf unterschiedlichen Ebenen angesiedelt, die Spannungen und Fragen nicht ausschließen.

Der priesterschriftliche Schöpfungstext will weder das erste noch das letzte Wort zur Schöpfung sagen. Er knüpft an ältere Traditionen an, weiß um die Tiefendimension der früheren Stimmen und stellt seine Leser oder Hörer vor die Unerreichbarkeit dessen, wovon er spricht. Im Begriff des Segens geht es um das Weiterwirken des Schöpfers an seiner Schöpfung.

Wenn Gen 1 ältere Vorstellungen von der Schöpfung aufnimmt, so liegt in dieser Offenheit zugleich die Bereitschaft, auch spätere, weitergehende Erforschungen der Anfänge zu respektieren, zumal der Text an vielen Stellen auf eigene Antworten verzichtet. Indem die Bibel die Mythisierung von Sonne und Mond aufhob, hat sie die Welt dem menschlichen Fragen und Forschen zugänglicher gemacht, was letztlich zum naturwissenschaftlichen Denken führte. Darum läßt sich dieser Text auch nicht auf einen simplen Gegensatz zur naturwissenschaftlichen Forschung festlegen. Grundsätzlich gilt: die Bibel ist kein naturwissenschaftliches Lehrbuch. Sie spricht zu Menschen, die das wußten, was man zu ihrer Zeit von der Welt wissen konnte. Sie zielt auf das Verhältnis von Welt und Mensch zu Gott, nicht auf Physik und Biologie.

Die jahwistische Schöpfungserzählung

Mit Gen 2,4-3,24 liegen zwei je in sich selbständige Erzählungen vor: In der ersten Geschichte geht es um die Erschaffung des Menschen, die erst in der Erschaffung der Frau ihren Abschluß erhält. Die zweite Geschichte erzählt von dem Garten, der den Menschen gegeben war und aus dem sie gewiesen wurden, nachdem sie von dem Baum in der Mitte gegessen hatten. Die Verschmelzung dieser beiden Erzählungen zu einer einzigen ist eine geniale Leistung. Dabei ist sicher, daß J mehrere Traditionen der Menschenschöpfung gekannt hat und diejenige auswählte, die seiner Gartengeschichte am besten entsprach. In die Gartenerzählung hat er die Verse 10-14, die aus einer anderen Überlieferung stammen, noch eingefügt. Auch das Verhör und die angereihten Strafsprüche sind als eine Erweiterung aus Motiven anzusehen, die einmal selbständige Erzählungen bildeten.

Insgesamt wurde die J-Erzählung etwa 400 Jahre früher aufgeschrieben als die P-Tradition. Die Erzählstücke, die hier ineinander gefügt wurden, haben eine noch ältere mündliche Überlieferungsgeschichte. Ihrem höheren Alter entspricht eine unbekümmertere Erzählweise, die Gott nach Menschenweise handeln läßt: Er formt den Menschen aus Erde; führt ihm die Tiere zu; will sehen, wie er sie benennt; nimmt eine Rippe des Menschen, baut daraus eine Frau und so weiter. Dennoch ist der Erzählmodus nicht naiv, sondern durchdacht und hintergründig.

Die Erschaffung des Menschen

4b Als Gott, Jahwe, Erde und Himmel machte, 5 – noch gab es kein Gesträuch des Feldes auf der Erde und war all das Kraut des Feldes nicht gewachsen; denn noch hatte Gott, Jahwe, nicht auf die Erde regnen lassen, und noch gab es keine Menschen, den Erdboden zu bebauen; 6 aber Feuchtigkeit stieg von der Erde auf und tränkte die ganze Fläche des Erdbodens – 7 da formte Gott, Jahwe, den Menschen aus Staub vom Erdboden und hauchte in seine Nase Atem des Lebens. So wurde der Mensch ein lebendiges Wesen.
8 Und Gott, Jahwe, pflanzte einen Garten in Eden im Osten und setzte den Menschen, den er gebildet hatte, dorthin. 9 Und Gott, Jahwe, ließ aus dem Erdboden allerlei Bäume wachsen, verlockend anzusehen und gut zur Nahrung, und in der Mitte des Gartens den Baum des Lebens und den Baum der Erkenntnis von Gut und Böse. 10 Und ein Strom geht von Eden aus, der den Garten bewässert; dort teilt er sich

In welch ferne Zonen der Mensch seinen Kopf auch steckt, er bleibt im Gefängnis der eigenen Sinne. »Der Gegenstand der Forschung ist nicht die Natur an sich, sondern die der menschlichen Fragestellung ausgesetzte Natur, und insofern begegnet der Mensch auch hier wieder sich selbst« (Werner Heisenberg). Durch eine »Nabelschnur« bleibt Edward H. White bei einem Forschungsauftrag dem Raumschiff verbunden (1965); was immer er tut oder läßt, unterliegt den Bedingungen und Grenzen des irdischen Lebens.

Marc Chagall (1887–1985), Gott erschafft den Menschen.

Die Gouache erzählt anders als der jahwistische Text. Ein Engel trägt den bewußtlosen Menschen ins Dasein. Wenn er auf die eigenen Füße zu stehen kommt, wird er fragen: Woher komme ich? Wohin gehe ich? Wozu lebe ich? Über dem Boten und dem Menschen die Gottessonne.

und wird zu vier Armen. ¹¹ Der Name des ersten ist Pischon; er fließt um das ganze Land Chawila, wo es Gold gibt. ¹² Das Gold jenes Landes ist gut; dort gibt es auch Balsamharz und Karneolsteine. ¹³ Der Name des zweiten Flusses ist Gichon; er umfließt das ganze Land Kusch. ¹⁴ Der Name des dritten Flusses ist Tigris; er fließt östlich von Assur. Und der vierte Fluß ist der Euphrat. ¹⁵ Und Gott, Jahwe, nahm den Menschen und setzte ihn in den Garten von Eden, damit er ihn bebaue und bewahre. ¹⁶ Und Gott, Jahwe, gebot dem Menschen und sprach: Von allen Bäumen des Gartens darfst du essen, ¹⁷ doch vom Baum der Erkenntnis des Guten und Bösen darfst du nicht essen; denn an dem Tage, da du davon ißt, mußt du sterben.

¹⁸ Dann sprach Gott, Jahwe: Es ist nicht gut, daß der Mensch allein bleibt. Ich will ihm eine Hilfe machen, die ihm entspricht.

¹⁹ Und Gott, Jahwe, bildete aus dem Ackerboden alle Tiere des Feldes und alle Vögel des Himmels und er brachte sie zum Menschen, um zu sehen, wie er sie benennen würde. Und wie der Mensch jedes lebendige Wesen benannte, so sollte es heißen. ²⁰ Und der Mensch gab Namen allem Vieh, den Vögeln des Himmels und allen Tieren des Feldes. Aber eine Hilfe, die dem Menschen entsprach, fand er nicht. ²¹ Da ließ Gott, Jahwe, einen tiefen Schlaf auf den Menschen fallen, so daß er einschlief, nahm eine von seinen Rippen und verschloß ihre Stelle mit Fleisch. ²² Und Gott, Jahwe, baute aus der Rippe, die er vom Menschen genommen hatte, eine Frau und brachte sie zum Menschen. ²³ Da sprach der Mensch: Das endlich ist Gebein von meinem Gebein und Fleisch von meinem Fleisch. Frau *(ischa)* soll sie heißen; denn vom Mann *(isch)* ist sie genommen. ²⁴ Darum verläßt der Mann Vater und Mutter und hängt seiner Frau an, und sie werden ein Fleisch.

²⁵ Und sie waren beide nackt, der Mann und seine Frau, aber sie schämten sich nicht voreinander.

Gen 2,4b-25

*H*inter den Anfangssätzen stehen unterschiedliche Quellen, die in ihrer Eigenart nicht identifizierbar sind. Zusammen mit Gen 1 lassen sie erkennen, wie zahlreich Schöpfungsmythen im Alten Orient verbreitet waren. Die jahwistische Konzeption will aber keine Weltschöpfung, sondern die Erschaffung des Menschen erzählen. Wenn in der biblischen Urgeschichte vom Menschen gesprochen wird, geschieht dies in größter Allgemeinheit. Letztlich deckt sich der hebräische Ausdruck nur teilweise mit unserem Wort Mensch, insofern er nicht den Einzelmenschen meint, sondern die Gattung oder die Menschheit insgesamt.

Hinter Vers 7, der vom Bilden des Menschen aus dem Staub der Erde spricht, steht ein weit verbreitetes Motiv (Ijob 10,9; Ps 119,73; Jes 29,16), das schon in frühen primitiven Kulturen begegnet. Auch das Einhauchen des Lebensatems war eine lange herrschende Vorstellung. Sie meint die Lebendigkeit des Menschen, nichts weiter; keine geistige Lebenskraft und keine Seele. Der Mensch wird in seinem Lebendigsein ganzheitlich verstanden. Das griechische Modell von Leib und Seele ist diesem Denken fremd.

Der Garten, in den der Mensch nach seiner Erschaffung gesetzt wird (V 8), dient seiner Versorgung. Als die Erzählung von der Menschwerdung noch selbständig war, schloß sich daran unmittelbar das Stück 18-24 an. Hier beginnt nun aber eine dramatische Handlung, denn Gott urteilt, daß es »nicht gut« sei, wenn der Mensch alleine lebt. So faßt er als neuen Schöpfungsbeschluß, »ihm eine Hilfe zu machen, die zu ihm paßt«. Dahinter stehen ältere Traditionen, die von einem »mißlungenen ersten Versuch« zum gelungenen Resultat führen. Der Erzähler bedient sich dieses naiven Zweierschritts, ohne selbst solcher Naivität anheimzufallen. Die Konfrontation mit den erschaffenen Tieren soll zu der Erkenntnis führen, daß ein Lebendigsein für den Menschen nicht ausreicht – dann wäre das Zusammensein mit den Tieren genug. Erst die menschliche Gemeinschaft macht den Menschen zum Menschen. Die Benennung der Tiere ist aber weniger Herrschaftsausdruck als Ausdruck der Fähigkeit, wahrnehmen zu können, was alle Kreatur in ihrer Art ist. Indem jedes Tier in seiner Art erkannt wird, wird es in seinem Wesen und Recht erkannt. Gleichzeitig entsteht im Akt der Namengebung die Menschenwelt.

In Gen 2 ist Adam zunächst kein Eigenname, sondern ein Kollektivum, das einfach Mensch bedeutet – das von der *adama*, der Erdkrume, genommene Geschöpf. Erst mit der Erschaffung der Frau wurde »Adam« zum Mann. So wie der Ackerboden als Metapher zu verstehen ist, gilt dies auch für die Rippe, wobei das hebräische Wort für Rippe auch »Seite« bedeuten kann. Sinngemäß heißt dies: Aus der Substanz des *isch* stammt die *ischa*. Luther hat diese hebräische Entsprechung zu Mann mit »Männin« wiederzugeben versucht – sachlich richtig, wenngleich der deutschen Sprache wenig angemessen.

Der Handlungsaufbau der Erzählung reiht (V 23) ein dreifaches »diese« oder »die da« aneinander, wobei zu sagen ist, daß im Hebräischen das Demonstrativpronomen eine größere Intensität hat als in den modernen Sprachen. Jauchzendes Willkommen: »Diese ist endlich Gebein von meinem Gebein und Fleisch von meinem Fleisch!« In einem tieferen Verständnis handelt die Erzählung nicht von der

Als Er den ersten Mann gemacht,
nahm Er dazu der Teile acht:
Das Fleisch Er von der Erde nahm,
vom Tau Er den Schweiß bekam,
vom Steine nahm Er wohl das Bein,
die Adern mußten Wurzeln leihn,
und von dem feinen Gras daneben
ließ Er ihm wohl die Haare geben;
vom Meere gab Er ihm das Blut,
und von den Wolken flüchtgen Mut;
auch hat Er ihm begonnen
die Augen von der Sonnen,
und haucht ihm seinen Atem ein,
daß Er stets sollte in ihm sein.

Ezzo (um 1060)

Stachel

es lobt
die lust eines vogels
im sturzflug den falter zu pflücken
den vater aller geschöpfe

lobt
der falter
ihn auch?

es lobt
die lust einer katze
im spiel das mäuschen zu killen
den gott allen lebens

lobt
das mäuschen
ihn auch?

es lobt
die lust eines seesterns
das muscheltier lebendig zu schlürfen
den lenker aller geschicke

lobt
das muscheltier
ihn auch?

Kurt Marti

Marc Chagall (1887–1985), Hommage à Appollinaire, 1911–12.

Das zwei-einige Menschenpaar. Nur Mann und Frau zusammen bilden den Menschen. Verbunden und getrennt, gefallen und doch aufrecht, die eigene Welt bestimmend und vom Tode schon gezeichnet, sind sie ein Zeigerpaar auf der kosmischen Weltenuhr.

Erschaffung der Frau, sondern von der Erschaffung des Menschen, die in der Zweigeschlechtlichkeit und im Miteinander von Mann und Frau erst zu ihrem Abschluß kommt.

Insgesamt spiegelt sich hier ein kulturelles Niveau, dem die unverzichtbare Bedeutung der Frau für das Menschsein des Menschen bewußt war. Das hebt die Erzählung über vergleichbare Texte des Altertums hinaus. »Unter den Mythen von der Menschenschöpfung ist Gen 2 im gesamten Vorderen Orient einzigartig« (Claus Westermann).

Genesis

Der Garten Eden

Der Garten, von dem in der Genesiserzählung die Rede ist, wird in der griechischen Übersetzung der Bibel mit Paradies wiedergegeben. Dieses altiranische Lehnwort meint einen »umzäunten Raum« und hat damit die gleiche Grundbedeutung wie der Garten im Hebräischen. Dieselbe Bedeutung verbindet sich mit dem Wortstamm *gart* in allen indogermanischen Sprachen. Er bezeichnet einen umhegten, eingefriedeten Bezirk, einen Lebensraum, der den Frieden sichert. Althochdeutsch verbindet sich *gart* mit Kreis. Im Englischen ist *yard* eine Umfriedung oder ein Hof. Im Keltischen heißt *garz* Hecke oder Zaun. Als vor über zweitausend Jahren Kelten auf einem Landrücken, der dreiseits vom Inn umflossen wird, und den auf der Zugangsseite ein Verhau abriegelte, eine Siedlung gründeten, gewannen sie einen *gart*, einen gesicherten Wohnplatz, der mit seinem Namen heute noch auf diesen Anfang zurückweist: die oberbayrische Stadt *Gars* am Inn. Ähnlich ist es mit Stutt*gart*: Die Anfänge verweisen auf eine Stutenweide, eine umfriedete Pferdekoppel, die in ihrer Talkessellage die Herde zusammenhielt. Der *Rugard* bei Bergen auf Rügen ist ebenso zu verstehen.

Die Grundbedeutung von Garten zielt also auf einen umhegten, geschützten Lebensraum. Verwandt damit sind die Wörter »Gurt« und »Gürtel«. Demnach erschließt sich *gart* als ein behütendes Symbol. Es läßt an mütterliche Obhut denken und begegnet darum auch in Frauennamen wie Hildegard, Imgard, Edelgard, Friedgard, Luitgard ... Dies gestattet, den zunächst real und räumlich gedachten Garten symbolisch zu verstehen: als ein Aufgenommensein in Gottes Hut. Dann verdeutlicht der Garten eine Beziehung, die Heimat und Geborgenheit vermittelt.

Der Paradiesgarten ist aber kein Zaubergarten und kein Schlaraffenland. Er ist an Arbeit gebunden, muß »bebaut und bewahrt« (V 15) werden. Das griechische und islamische Paradies nur »seligen Genießens« ist der Bibel fremd. – Nach den aus einer anderen Quelle eingeschobenen Versen 10-14 entspringt in diesem Garten ein Strom, der sich in vier Arme teilt und den Garten bewässert. Die hier vorliegende mythische Geographie entwirft ein Kosmogramm mit den vier Enden der Welt, den strukturgebenden Weltachsen: von Ost nach West, von Nord nach Süd. Sie entspringen in einer Mitte, die Leben und Fruchtbarkeit spendet. Diese Mitte ist zugleich Weltachse, welche die Erde mit dem Himmel verbindet, und darum letzthin dem menschlichen Zugriff entzogen ist. Der Garten – ein Symbol der Weltganzheit.

Hinter dieser Vorstellung steht eine weltweite Tradition, die am Beispiel einer etruskischen Stadtgründung veranschaulicht werden kann: Der heilige Akt beginnt mit dem Ausheben einer Grube als Mitte der künftigen Stadt. Sie ist deren Nabel und Zentrum und heißt *mundus*, »Welt«, weil im symbolischen Denken der Völker in jeder Mitte stets das Ganze enthalten ist. An diese Weltachse wird die Meßschnur der Welt gebunden, an deren Ende Stier und Kuh einen Astpflug ziehen, mit dem man den Grundriß des Himmels auf die Erde zeichnet. Wo die vier Weltachsen die Kreisgestalt teilen, wird der Pflug über die Erde getragen, um freien Raum für die späteren Tore zu lassen. So wird dem ungerichteten Chaos ein Kosmos einbeschrieben. Jede nach diesem Ritus gegründete Siedlung heißt *urbs* (»Stadt«); sie steht in innerer Beziehung zum *orbis*, dem Weltganzen. Der wortge-

Alle Kulturkreise der Welt kennen eine mythische Geographie in den mandalaförmigen Grundstrukturen des Kosmos. Sie entfalten sich aus der unverfügbaren Mitte, die als Achse oder Nabel der Welt Himmel und Erde verbindet.

Aus dem Gefäß dieser assyrischen Gottheit quellen die vier Ströme, die den gesamten Erdkreis bewässern und fruchtbar machen. (Elfenbeineinlage, Assur, Neuer Palast, um 1500 v. Chr.).

Der Lebensbaum in der Weltmitte, flankiert von Mann und Frau. Diese Darstellung findet sich mehrfach auf israelitischen Siegeln des 10. und 9. Jahrhunderts. Der Baum wächst aus einem Gefäß, das die Quelle darstellt, der das »Wasser des Lebens« in die vier Weltrichtungen entströmt.

Der Lebensbaum inmitten einer von Tieren bunt belebten Welt. Ein Mann ist staunender Verehrer dieser paradiesischen Schöpfung. Die Frau vor ihm steht auf dem Boden der Dinge, ihm zugewandt. Rollsiegel aus Megiddo, um 1400 v. Chr.

Das heutige Luftbild der Stadt Ardashirs zeigt noch das riesige Kosmogramm, das in die Landschaft gebaut wurde: Mit einem Durchmesser von fast zwei Kilometern wurde der »Grundriß des Himmels« auf die Erde übertragen. Neben den deutlicheren heutigen Trampelpfaden sind die alten Erdachsen zu erkennen. Sie durchbrechen an den Stellen der ehemaligen Tore den Ringwall zu allen vier Himmelsrichtungen hin.

schichtliche Zusammenhang zwischen *urbs* und *orbis* verdeutlicht den kosmologischen Charakter dieser Gründungen. Städte ohne kultische Gründung sind lediglich *oppida*.

Eine eindrucksvolle Veranschaulichung dieses Kosmogramms findet sich in der Ebene von Firuzabad, 100 km südlich von Schiraz im Zentrum der Landschaft Persis. Das breite Tal dort ist eine Schwemmebene zwischen steil aufragenden Gebirgszügen. Hier entstand unter dem Sassanidenkönig Ardashir (224–241) eine Stadt, die auf den Erdkreis hin ausgelegt war. Das heutige Luftbild zeigt noch

das riesige Kosmogramm, das hier in die Landschaft gebaut wurde: Mit einem Durchmesser von fast zwei Kilometern wurde der »Grundriß des Himmels« auf die Erde übertragen. Neben den deutlicheren heutigen Trampelpfaden sind die alten Erdachsen noch zu erkennen. Sie durchbrechen an den Stellen der ehemaligen Tore den Ringwall zu allen vier Himmelsrichtungen hin. Im Zentrum der Anlage steht der *tirbal*, Fragment des ehemals gewaltigen Turms. Ihm führte ursprünglich ein Aquädukt Wasser zu, damit es hier im Zentrum als Lebensquelle in die vier Weltteile fließe. In der Mitte der Welt, dem Sitz des »Königs der Könige von Iran«, sollte sich das Wasser des Lebens nach Ost, West, Nord und Süd über die Stadt, den umfriedeten *gart* hinaus über den Erdkreis ergießen und Fruchtbarkeit gewähren. So war die ganze Stadt ein Abbild des Kosmos. Dieser Vorstellung entsprachen auch die iranischen Königstitel: »Achse der Welt«, »Pol der Welt« und »Herr der vier Weltviertel«.

Die Seele des Wals und das brennende Herz

Es war einmal ein dummer und gespreizter Rabe, der zum Meer flog, weit, weit hinaus. Er flog und blieb am fliegen, weit und immer weiter, und als er müde wurde und nach Land ausspähte, da war kein Land mehr da. Zuletzt war er so müde, daß er sich nur noch etwas über Wasser halten konnte. Und als plötzlich ein großer Wal dicht vor ihm auftauchte, wurde er so verwirrt, daß er diesem geradewegs in den Schlund hinein flog. Einen Augenblick blieb es dunkel um ihn herum. Es sauste und plätscherte, und als er schon glaubte, sterben zu müssen, taumelte er in ein Haus hinein, in dem es hell und warm war. Auf der Schlafbank saß eine junge Frau und machte sich an einer brennenden Lampe zu schaffen. Sie erhob sich, ging freundlich auf den Raben zu und sagte: »Du bist mir als Gast willkommen, wenn du mir nur einen einzigen Wunsch zu erfüllen gelobst: du darfst niemals meine Lampe anrühren.« Der Rabe war glücklich, daß er sein Leben gerettet hatte und beeilte sich, ihr zu versichern, daß er die Lampe niemals anrühren werde. Dann setzte er sich auf die Schlafbank und wunderte sich, wie fein und rein es in dem kleinen Haus war. Es war ein Haus aus Walfischknochen, gebaut wie die Wohnungen der Menschen, und alles darin war so eingerichtet wie bei den Menschen. Aber eine seltsame Unruhe lag über der jungen Frau; sie saß niemals längere Zeit still; in kurzen Abständen erhob sie sich von der Schlafbank und schlüpfte zur Tür hinaus. Es dauerte nur einen Augenblick, dann kam sie wieder herein; aber gleich danach war sie wieder fort.

»Was macht dich so unruhig?« fragte der Rabe.

»Das Leben«, antwortete die Frau, »das Leben und mein Atemzug.« Aber diese Antwort verstand er gar nicht. Der Rabe, der nun zur Ruhe gekommen war und seine Angst vergessen hatte, fing an, neugierig zu werden.

Die Symbolgestalt dieser Königsstadt gibt auch dem biblischen Paradiesgarten eine neue Sprache, denn Stadt wie Garten haben die Grundstruktur eines Kosmogramms. Es ist kein Teil der Welt, sondern das symbolische Bild der Welt selbst.

Nun kennzeichnet den Paradiesgarten aber noch mehr als das Wasser des Lebens der Baum des Lebens, der zweimal als »der Baum in der Mitte« bezeichnet wird (2,9; 3,3). Er ist *axis mundi*, Weltachse als Weltenbaum und Lebensbaum. Seine Wurzeln, die tief in die Erde greifen, der aufragende Stamm, der zum Himmel führt, die Krone, die mit ihrem Astwerk den Himmel einfängt, lassen ihn als ein Symbol des Universums sehen. Heilige Mächtigkeit kommt ihm insbesondere zu, weil er die Mitte der Welt bezeichnet, wo die Weltachsen sich schneiden, die vier Weltquadranten sich treffen und die drei kosmischen Zonen von Himmel, Erde und Unterwelt durch eine Achse oder Nabelschnur verbunden sind.

Nun gibt V 16 den ganzen Garten mit all seinen Bäumen den Menschen frei; sie sollen Nahrung im Überfluß haben. Einzig der Baum in der Mitte bleibt davon ausgenommen. Dadurch, daß dieser Baum in V 9 und 17 einen zusätzlichen Namen bekam, ist ein irritierendes Element in die Erzählung gekommen, das sich besser verstehen läßt, wenn zuvor die entscheidende Qualität der Mitte, die diesen Baum auszeichnet, bedacht wird.

Ohne Verständnis der Mittensymbolik in alten Kulturen scheitert ein Verständnis des göttlichen Verbotes. Das etruskische Gründungsritual zeigt bereits, daß sich mit dem *mundus* die Welt insgesamt verbindet. Bei den Griechen hieß diese Mitte *omphalos*, »Nabel der Welt«. Mit ihnen dachten viele andere Völker, Israel eingeschlossen, daß sich von der Mitte her die Welt entfaltet habe. Die Weltachse wurde auch als Nabelschnur gesehen, die Himmel und Erde verbindet. Darum galt den alten Kulturen (selbst in Asien und Amerika) die Mitte als jener heilige Ort, an dem sich Himmel und Erde, Diesseits und Jen-

»Was kann das sein, daß ich die Lampe nicht anrühren darf?« dachte er; und jedesmal, wenn die Frau hinausschlüpfte und er allein blieb, bekam er immer größere Lust, sein Versprechen zu brechen und hinzugehen, um die Lampe – nur ein ganz klein wenig – zu betasten. Zuletzt konnte er seine Neugier nicht länger zügeln, und als die Frau wieder zur Tür hinausschlüpfte, sprang er hin und berührte den Docht der Lampe. Im selben Augenblick taumelte die Frau kopfüber zur Tür hinein, fiel aufden Boden und blieb da liegen, während die Lampe erlosch.

Zu spät bereute der Rabe, was er getan hatte. Er wankte umher in schwarzer Finsternis. Das schöne, helle Haus war nicht mehr da. Er war nahe daran zu ersticken. Und so heiß wurde es zwischen Blut und Speck, daß seine Federn abfielen. Nun erst begriff er, was geschehen war. Die junge Frau war die Seele der Walin. Sie schlüpfte zur Tür hinaus, wenn die Walin Atem holen mußte, und ihr Herz war eine Lampe, die mit reiner, ruhiger Flamme brannte. Der Rabe hatte aus bloßer Neugier das Herz der jungen Frau berührt, und darum war sie gestorben. Er wußte nicht, daß das Feine und Schöne auch zerbrechlich, vergänglich und leicht zu vernichten ist, denn er selbst war dumm und von zähem Leben. Alles, was zuvor schön und rein war, war nun häßlich und übelriechend geworden. Endlich glückte es ihm, auf dem gleichen Wege hinauszuschlüpfen, auf dem er auch hineingekommen war, und nun saß er da, ein halbnackter Rabe, beschmiert und besudelt, auf dem Rücken eines toten Wals. Hier blieb er sitzen und lebte vom Aas, während Wind und Wellen ihn hin und her warfen. Seine Flügel waren zerbrochen, und so konnte er nicht mehr fliegen. Endlich trieb ein Sturm ihn dem Lande zu. Als die Menschen den toten Wal entdeckten, ruderten sie in ihren Booten hinaus, um Speck und Fett zu bergen. Als der Rabe sie sah, verwandelte er sich augenblicklich in einen Mann, in einen kleinen, häßlichen, zerzausten und struppigen Mann, der oben auf dem Wale stand. Er sprach gar nicht davon, daß er aus lauter Neugier ein Herz angerührt und etwas Feines und Schönes zerstört hatte. Er prahlte nur überheblich: »Ich bin es, der den Wal getötet hat! Ich bin es, der den Wal getötet hat!« Und er wurde ein großer Mann unter den Menschen.

seits berühren. Zugleich war sie das Konzentrat der »ganzen Welt«, von wo her alles, was ist, lebt und webt. Der Baum, der hier steht, ist aus innerer Notwendigkeit Lebensbaum.

Streng genommen ist die Mitte ausdehnungslos, jener unvermeßbare Ort, in dem sich Diesseits und Jenseits verschränken, Erde und Himmel, Tod und Leben. Wenn auch die Mythen der Völker diese Mitte räumlich beschreiben, ist sie im eigentlichen Sinne ein symbolischer Ort: Weltnabel, *axis mundi*, daran angebunden zu sein, zu leben alleine gestattet. Zugleich ist dieser Ort unverfügbar. Das Essen vom Baum in der Mitte erscheint somit als Verletzung einer Dimension, die der menschlichen Eigenmächtigkeit entzogen ist. Wer sich dennoch des Unverfügbaren bemächtigt, verletzt das Gesetz des Lebens und zerstört, wovon Menschen in Übereinstimmung mit sich selbst, mit der Schöpfung und mit Gott leben.

Diese Deutung ist dem Wortlaut des Jahwisten allein nicht zu entnehmen. Sie liegt jener Symbolik zugrunde, die mit dem Garten als Kosmogramm gegeben ist und welche die Paradieserzählung in den weltweiten Strom der Religionsgeschichte einbindet. Diese Symbolik gehört auch heute noch zur inneren Seelenkarte des Menschen. »Trägt doch jedes menschliche Sein, sogar in seinem Unbewußten, die auf ein Zentrum sich richtende Spannung in sich – auch wenn es das ihm selber eignende Zentrum ist« (Mircea Eliade). Aber nirgendwo ist die Mitte verfügbar und im endlichen Dasein ganz einzuholen. Sie ist nur asymptotisch erreichbar, d. h. im Unendlichen. Die hier mit dem Lebensbaum besetzte Mitte bezeichnet also jene unverfügbare Dimension, welche die Welt trägt und »im Innersten zusammenhält«. Wer glaubt, sie sich verfügbar machen zu können, zerstört die eigenen Lebensmöglichkeiten. So betrachtet, hat das biblische Verbot seine zwingende Logik, wenn es den Lebensbaum mit dem Tod verbindet. Diese Erfahrung spiegelt auch eine eskimoische Mythe, die der dänische Forscher Knud Rasmussen von einer Hundeschlittenexpedition (1921–1924) mitgebracht hat (→ S. 55 f.).

Was in der biblischen Welt im Symbol des Gartens begegnet, erscheint dort, wo Baum und Strauch zurückgeblieben sind, im Bild eines bergenden Hauses. Und was die Bibel den Baum in der Mitte nennt, symbolisiert in der Arktis die leuchtende und wärmende Lampe. Baum wie Lampe bezeichnen jene Mitte, die dem selbstmächtigen Zugriff entzogen ist. Es ist eine sensible Mitte, die keinen gegenständlichen Ort hat, die aber letztlich in allen zwischenmenschlichen Beziehungen vorkommt. Wenn das Verhältnis der Menschen untereinander intakt bleiben soll, muß eine Dimension des Unverfügbaren gewahrt bleiben. Das helle, warme Haus, in dem gut zu leben ist, wandelt sich in erstickende Zersetzung, sofern das brennende Licht der Eigenmächtigkeit unterzogen wird. Und der bergende Garten geht verloren, wenn der Baum des Lebens in der unverfügbaren Mitte geplündert wird. So zeigt sich, daß weder die biblische noch die eskimoische Erzählung die Verhältnisse einer vergangenen Welt beschreiben. Es sind Geschichten des »mitlaufenden Anfangs« (→ S. 41), in der jede Zeit und jeder Mensch einen eigenen Ort haben. Darum geht das Paradies immer noch und immer wieder verloren. Die Paradiesgeschichte ist eine Urgeschichte, die in jede Menschengeschichte neu hineinspielt.

Die Vertreibung aus dem Paradies

1 Die Schlange war listiger als alle Tiere des Feldes, die Gott, Jahwe, gemacht hatte. Sie sprach zu der Frau: Hat Gott wirklich gesagt: Von keinem Baum des Gartens dürft ihr essen? 2 Da antwortete die Frau der Schlange: Von den Früchten der Bäume im Garten dürfen wir essen; 3 nur von den Früchten des Baumes, der in der Mitte des Gartens steht, hat Gott gesagt: Davon dürft ihr nicht essen, und daran dürft ihr nicht rühren, damit ihr nicht sterbt. 4 Da sagte die Schlange zur Frau: Keineswegs werdet ihr sterben!

5 Sondern Gott weiß, daß an dem Tag, da ihr davon eßt, euch die Augen aufgehen und ihr wie Gott sein werdet, erkennend Gutes und Böses.

6 Da sah die Frau, daß es köstlich wäre, von dem Baum zu essen, und eine Lust für die Augen und dazu verlockte, weise zu werden. Sie nahm von seinen Früchten und aß; sie gab auch ihrem Mann neben ihr, und auch er aß. 7 Da gingen beiden die Augen auf, und sie erkannten, daß sie nackt waren. Sie hefteten Feigenblätter zusammen und machten sich Schurze.

8 Als sie Gott, Jahwe, im Garten beim Windhauch des Tages gehen hörten, versteckten sich der Mann und seine Frau vor dem Angesicht Gottes, Jahwes, zwischen den Bäumen des Gartens. 9 Gott, Jahwe, rief Adam zu und sprach: Wo bist du? 10 Der antwortete: Ich habe dich im Garten kommen hören; da scheute ich mich, weil ich nackt bin, und versteckte mich. 11 Darauf fragte er: Wer hat dir gesagt, daß du nackt bist? Hast du von dem Baum gegessen, von dem zu essen ich dir verboten habe? 12 Adam antwortete: Die Frau, die du mir zur Seite gegeben hast, hat mir von dem Baum gegeben, und so habe ich gegessen. 13 Da sprach Gott, Jahwe, sprach zu der Frau: Was hast du da getan? Die Frau antwortete: Die Schlange hat mich getäuscht, und so habe ich gegessen. 14 Da sprach Gott, Jahwe, zur Schlange: Weil du das getan hast, sollst du verflucht sein unter allem Vieh und allen Tieren des Feldes. Auf dem Bauch sollst du kriechen und Staub fressen alle Tage deines Lebens. 15 Feindschaft setze ich zwischen dir und der Frau, zwischen deinem Samen und ihren Samen. Er wird dir den Kopf zertreten, und du triffst ihn an der Ferse. 16 Zur Frau sprach er: Die Mühsal deiner Schwangerschaften werde ich mehren. Unter Schmerzen sollst du Kinder gebären. Nach deinem Mann wirst du Verlangen haben; er aber wird über dich herrschen. 17 Zu Adam sprach er: Weil du auf die Stimme deiner Frau gehört und von dem Baum gegessen hast, von dem zu essen ich dir

Marc Chagall (1887–1985), Das Paradies (Ausschnitt).

Die Zeichnung unter Chagalls Paradiesbild verweist auf das rauhe Dasein der frühen Menschheit. Das mythische Bild bleibt gültig, weil es ein Leben feiert, dessen Wahrheit die Zeiten übergreift.

verboten hatte, sei verflucht der Ackerboden um deinetwegen. Unter Mühsal sollst du von ihm essen alle Tage deines Lebens. ¹⁸ Dornen und Disteln läßt er dir wachsen, und Kraut des Feldes mußt du essen. ¹⁹ Im Schweiße deines Angesichts sollst du dein Brot essen, bis du zurückkehrst zum Ackerboden; von dem du genommen bist. Denn Staub bist du, zum Staub mußt du zurück.

²⁰ Und Adam nannte seine Frau Eva (Leben), denn sie wurde die Mutter aller Lebenden. ²¹ Und Gott, Jahwe, machte Adam und seiner Frau Röcke aus Fellen und bekleidete sie.

²² Dann sprach Gott, Jahwe: Seht, der Mensch ist geworden wie wir; er erkennt Gutes und Böses. Daß er jetzt nicht seine Hand ausstrecke und auch vom Baum des Lebens nehme und davon ißt und ewig lebe! ²³ Und Gott, Jahwe, schickte ihn aus dem Garten von Eden hinaus, damit er den Ackerboden bebaue, von dem er genommen war. ²⁴ Er vertrieb den Menschen und ließ östlich des Gartens Eden die Cheruben sich lagern und die Flamme des lodernden Schwertes, den Weg zum Baum des Lebens zu bewachen.

Baum der Erkenntnis, Buchmalerei, Elsaß, nach 1235.

Hier wird unterstellt, daß Eva bereits gegessen hat, da sie ihre Blöße bedeckt. Sie hält ihren rechten Arm noch ausgestreckt, aus dem Adam gerade einen Apfel entgegennahm, um ihn zu essen. Indem er mit der anderen Hand gleichzeitig nach einem weiteren Apfel im Maul der Schlange greift, zeigt sich, daß er nicht weniger eigenständig in seinem Tun ist als die Eva. Diese ungewöhnlicht Sicht ist wahrscheinlich die Interpretation einer Frau, die damit der gängigen Schuldzuweisung einer Männerkirche entgegentritt.

Gen 3,1-24

D ie Weiterführung der Erzählung 3,1-7 entstammt einem vordem selbständigen Erzählelement, das sich märchenhafter Motive bedient: Ein Tier, hier ist es die Schlange, beginnt zu sprechen; eine Frucht soll weise machen. Alles, was darauf folgt, findet sich bereits im Garten mit dem »Baum in der Mitte« angelegt. Der Jahwist hat aus einem breiteren Spektrum älterer Traditionen jene ausgewählt, die ihm geeignet schienen, die Vertreibung aus dem Paradies darzustellen. Da von den ersten Menschen erzählt wird, dem Urpaar, in dem sich alle Menschen wiederfinden, konnte kein anderer Mensch das verführende Gespräch aufnehmen. Allein dieser Umstand kann bereits den Rückgriff auf die Schlange erklären. Sie wurde gewählt, weil sie als klug gilt (vgl. Mt 10,16). In der Erzählung hat sie lediglich die Funktion, das Gespräch zu führen. Sie wird nicht dämonisiert, verkörpert nicht den Teufel, ist kein Widerpart Gottes, sondern dessen Geschöpf (V 1). Daß es überhaupt Verführung zum Unrechten gibt, bleibt als Rätsel stehen.

Die Formel von »gut und böse« zielt auf eine Ganzheit. Gut und Böse zu erkennen, heißt, knapp gesagt, Weisheit erwerben, durch Unterscheidung des Förderlichen vom Abträglichen lebenstüchtig werden. Die theologischen und philosophischen Lasten, die dieser Formel im Laufe der Geschichte aufgeladen wurden, bleiben dem Charakter der Erzählung fremd. Das Versprechen, durch ein Essen von den Früchten des Baumes, zu »sein wie Gott« (V 5), läßt sich aus dem Wesen des »Baumes in der Mitte« erklären: er verkörpert die Dimension des Unverfügbaren. Die Übertretung der gesetzten Grenzen trägt zugleich den »Verlust der Mitte« in sich.

Wenn die Frau »dem Mann bei ihr« auch zu essen gibt, so ist dies keine Verführung. Die Auslegungsgeschichte hat diesen Aspekt über

Hunger-Flüchtlinge in der Sahelzone – »jenseits von Eden«.

Gebühr herausgestellt. Die Erzählung ergänzt schlicht: »und er aß«, was heißen soll: Es bedurfte gar keiner »Verführung«, er machte einfach mit. Die Gemeinschaft von Mann und Frau kann wie im Guten auch eine Gemeinschaft in der Verfehlung sein. Doch in der Folge »schämen sie sich voreinander«. Was hat sich damit verändert? Verlo-

Max Klinger (1857-1920), Adam, aus dem Zyklus »Eva und die Zukunft«, 1880.

ren ging die Unbefangenheit, in der sie sich ihrer Nacktheit nicht bewußt waren. Was bislang richtig war, ist nun falsch. Aber daß sie dies nun wissen, ist zugleich etwas Positives. Die Erkenntnis von Verfehlung und Sünde kann auch zu größerer Reife und Weisheit führen.

Wurde 3,1-7 von einem Vergehen erzählt, so schließt sich nun ein zweiter Teil an, der von dessen Ahndung handelt (3,8-24). Bis zum V 19 ist die Erzählung kompakt, der Schluß 20-24 dagegen nicht einheitlich, sondern aus verschiedenen Fragmenten zusammengesetzt. In der christlichen Auslegungsgeschichte hat die Frau in Gen 3 eine sehr belastende Deutung gefunden. Besonders der Strafspruch V 16, daß sie unter Schmerzen Kinder gebären soll, wurde jahrhundertelang so aufgefaßt, daß diese Schmerzen eine verdiente Strafe für den »Sündenfall« seien (wenngleich der Text selbst weder von Sünde noch Sündenfall spricht). Man

hat diese Worte – als auch das Wort von der Herrschaft des Mannes über die Frau – sogar als Gebot aufgefaßt, statt als Beschreibung eines Unheilszustandes, der überwunden werden muß. So galten unter Berufung auf Gen 3,16 bis in die neueste Zeit Bemühungen um eine schmerzarme Geburt als der göttlichen Ordnung widersprechend. Aber man hat sich nicht gleichzeitig unter Berufung auf V 17-19 gegen die Einführung von Traktoren und Motorsägen gewandt, die den dort vorgesehenen Schweiß verringern.

Hinter der gesamten Komposition Gen 2-3 steht die Problematik der menschlichen Existenz: Warum ist der von Gott geschaffene Mensch ein von Verfehlung, Sünde, Mühe, Leid und Tod begrenzter Mensch? Die biblische Antwort zielt auf Existenzerhellung, nicht auf ein Geschehen, das sich zu Beginn der Menschheitsgeschichte ereignete und alle späteren Zeiten »erbsündig« gemacht hätte. Das hier handelnde Menschenpaar verkörpert die Menschheit insgesamt; dessen Geschichte ist eine Geschichte, die sich zu allen Zeiten und in allen Menschenleben immer wieder ereignet.

Adam trägt seine Frau Eva in fragloser Solidarität aus dem Paradies. An dessen Eingang steht in winziger Gestalt der Cherub mit dem Flammenschwert. Hier erfolgt nicht Ausstoßung und Vertreibung, sondern rettende Flucht, verstanden als Befreiung von den Verboten und Zwängen des Paradieses, wohl auch als Überwindung eines ersten noch unmündigen und räumlich beschränkten Naturzustandes. Nun führt der Weg »in die riskante Freiheit der Selbstbestimmung« (Werner Hofmann). Adam und Eva sind nackt. Auf die von Gott für sie angefertigten Kleidungsstücke haben sie verzichtet. Ihr Exodus aus dem Garten Eden läßt nicht Scham, Reue und Furcht erkennen, sondern die Entschlossenheit, eine gemeinsame Zukunft zu wagen.

Verbrechen entstehen oft aufgrund von Zugehörigkeiten, bzw. der daraus resultierenden Freund-Feind-Beziehung. Aber noch mehr Verbrechen werden guten Gewissens begangen. Gott ist nicht für alle Menschen da; er soll die Meinen schützen und den – selbstverständlich schuldigen – Gegner schlagen, und dann kann ich in aller Ruhe grausame Psalmen singen: »Erhebe dich, Herr, tritt entgegen dem Frevler und wirf ihn zu Boden, mit deinem Schwert entreiße ihm seine Seele!« (Ps 17,13).

Alfred Grosser

Alle Formen der öffentlichen Hinrichtung hängen an der alten Übung des Zusammen-Tötens. Der wahre Henker ist die Masse, die sich um das Blutgerüst versammelt. Sie billigt das Schauspiel; in leidenschaftlicher Bewegung strömt sie von weither zusammen, um es vom Anfang bis zum Ende mitanzusehen. Sie will, daß es geschieht, und sie läßt sich das Opfer nicht gern entgehen ... Das Gericht, das sich für gewöhnlich vor einer beschränkten Gruppe von Menschen abspielt, steht für eine große Menge, die dann der Hinrichtung beiwohnt. Das Todesurteil, das, im Namen des Rechtes abgegeben, abstrakt und unwirklich klingt, wird wahr, wenn es vor der Menge ausgeführt wird. Denn für sie wird eigentlich Recht gesprochen, und mit der Öffentlichkeit des Rechtes meint man die Masse.
Der Abscheu vor dem Zusammentöten ist ganz modernen Datums. Man überschätze ihn nicht. Auch heute nimmt jeder an öffentlichen Hinrichtungen teil durch die Zeitung. Man hat es nur, wie alles, viel bequemer. Man sitzt in Ruhe bei sich und kann unter hundert Einzelheiten bei denen verweilen, die einen besonders erregen. Man akklamiert erst, wenn alles vorüber ist, nicht die leiseste Spur von Mitschuld trübt den Genuß.

Elias Canetti

Kain und Abel

1 Adam erkannte Eva, seine Frau; sie wurde schwanger und gebar Kain. Da sagte sie: Ich habe einen Mann hervorgebracht mit Jahwes Hilfe. 2 Sie gebar ein zweites Mal, nämlich Abel, seinen Bruder. Abel wurde ein Schafhirt und Kain Ackerbauer. 3 Und es geschah nach einiger Zeit, da brachte Kain Jahwe ein Opfer von den Früchten des Feldes dar; 4 und auch Abel brachte eines dar von den Erstlingen seiner Herde und von ihrem Fett. Jahwe schaute auf Abel und seine Opfergabe, 5 aber auf Kain und seine Opfergabe schaute er nicht. Da wurde Kain ganz zornig, und sein Blick senkte sich. 6 Und Jahwe sprach zu Kain: Warum bist du zornig, und warum senkt sich dein Blick? 7 Ist es nicht so, wenn du recht tust, kannst du aufblicken; wenn du nicht recht tust, lauert die Sünde an der Tür. Nach dir wird ihr Verlangen sein, doch du sollst Herr über sie werden! 8 Hierauf sprach Kain zu seinem Bruder Abel: Gehen wir aufs Feld! Als sie auf dem Feld waren, stürzte sich Kain auf seinen Bruder Abel und erschlug ihn. 9 Da sprach Jahwe zu Kain: Wo ist dein Bruder Abel? Er entgegnete: Ich weiß nicht. Bin ich der Hüter meines Bruders? 10 Und er sprach: Was hast du getan? Horch! Das Blut deines Bruders schreit zu mir vom Ackerboden. 11 Und nun, verflucht sollst du sein, verbannt vom Ackerboden, der seinen Mund aufgerissen hat, das Blut deines Bruders aus deiner Hand aufzunehmen. 12 Wenn du den Ackerboden bebaust, wird er dir fortan seine Kraft nicht mehr geben. Unstet und ruhelos sollst du auf Erden sein. 13 Da sagte Kain zu Jahwe: Zu groß ist meine Schuld, als daß ich sie tragen könnte. 14 Siehe, du hast mich heute vom Ackerland verjagt, und ich muß mich vor deinem Angesicht verbergen; unstet und ruhelos werde ich auf Erden sein, und wer mich findet, wird mich erschlagen. 15 Jahwe aber sprach zu ihm: Nicht so! Jeder, der Kain erschlägt, siebenfach soll er gerächt werden! Und Jahwe machte dem Kain ein Zeichen, damit ihn keiner erschlage, der ihn finde. 16 So ging Kain von Jahwe weg und ließ sich im Land Nod nieder, östlich von Eden.

Gen 4,1-16

Auf die Vertreibung des ersten Menschenpaares folgt die Erzählung vom Brudermord. Da wir es hier mit »Urgeschichte« zu tun haben, d.h. einem Geschehen, in dem alle Menschheit sich erkennen kann, will der Jahwist, nachdem er das Verhältnis von Mann und Frau als wechselseitige Hilfe beschrieben hat, nun auch die Möglichkeit des Gegeneinanders und der Feindschaft aufzeigen. In jeder Partnerschaft wurzelt immer ja auch ein Keim von Konkurrenz, Rivalität und Feindschaft. Diese erwachsen am häufigsten aus dem Verhältnis Gleichgestellter, wenn sie unter ungleiche Bedingungen geraten.

Da es sich bei »Adam« und »Eva« nicht um reale historische Personen handelt, ist die in V 1 und 2 angeknüpfte Genealogie als Hinweis auf menschliche Zusammengehörigkeit zu sehen. Der Name Kains kommt aus der Wurzel »gestalten, formen« und bezeichnet nicht nur den Schmied, sondern den Handwerker insgesamt. Der Name des Bruders, der in der Erzählung nur als Opfer begegnet, wird Abel genannt, als »Hauch« oder »Nichtigkeit« zu übersetzen; es ist

Genesis

eher eine Wesensbeschreibung als ein Eigenname. Abel wird als Klein-
viehhirt, Kain als Ackerbauer vorgestellt. In diesem Nebeneinander
spiegelt sich die Arbeitsteilung, die geschichtlich geurteilt den Anfang
aller kulturellen Entwicklung kennzeichnet.

Der Konflikt zwischen den Brüdern entsteht aber nicht aus der
Verschiedenheit ihrer Berufe, sondern aus der Annahme und Nicht-
annahme der Opfer, die sie aus den verschiedenartigen Erträgen ihrer
Arbeit bringen. Es handelt sich um ein Erstlingsopfer der Gaben, von
denen man lebt. Die wichtigste Bedeutung dieses Opfers besteht darin, daß der Strom des Lebens weiterfließt. Natürlich schuf der Mensch
seinen Lebensunterhalt immer durch eigene Anstrengung. Er wußte
aber auch, daß er den Segen dafür einer höheren Macht verdankt, und
dies brachte er in einer Opfergabe zum Ausdruck. Hier wird nun der
Ertrag der Feldarbeit und der Viehwirtschaft als der gewährte Segen
betrachtet, den anzuerkennen ein Gebot der Selbsterhaltung ist. Den
Ertrag der Arbeit anzunehmen, ohne eine Gabe der Anerkennung, gilt
als noch nicht denkbar. Das eine gibt es nicht ohne das andere.

Wird nun das Opfer »angesehen«, so bedeutet das eine Förderung; wird es nicht angesehen, so ist darin ein Nichtgedeihen, eine
Schädigung ausgedrückt. Es betrifft die diesseitigen Lebensmöglichkeiten. Die Frage, woran Kain das Nicht-Ansehen Gottes erkannt habe, beantwortet sich damit von selbst: Indem für ihn der
Segen ausblieb, was nicht allein
den Mißerfolg seiner Arbeit,
sondern auch andere Formen
der Zurücksetzung einschließen konnte.

Machen nun zwei Brüder
derart gegensätzliche Erfahrungen, die als göttliches Votum
unabänderlich sind, so zeigt
sich darin zunächst eine Ungleichheit, für die es keine Erklärung gibt. Der Text erlaubt
nämlich nicht die Unterstellung
unterschiedlicher »Gesinnun-
gen«, wie dies frühere Ausleger
meinten – eine hier zu moderne
Eintragung. Es verbietet sich
überhaupt, nach einem Grund
für das ungleiche Ansehen
Gottes zu fragen. Er bleibt für
den Erzähler der menschlichen
Einsicht entzogen. Um so mehr
weiß er, daß es zu schweren
Konflikten in jeder Gemeinschaft führt, wenn der eine
mehr hat als der andere; dem
einen alles gelingt, dem anderen
alles mißlingt. Dann treten
Spannungen auf, die soziale
Konflikte auslösen.

*Wolf Vostell (geb. 1932),
»Miss America«, 1968.*

*Die Collage verbindet das
Foto von der Erschießung
eines wehrlosen Vietcong-
Gefangenen durch den
Polizeichef von Saigon mit
einem amerikanischen
Werbemotiv.
Zwei kleinere Fotos dar-
unter halten den Augenblick
nach der Erschießung als
Straßenszene fest.
Links der Täter, wie er den
Revolver in seiner Gürtel
zurücksteckt, rechts stehen
Soldaten mit Gewehr
und Fotoapparat um den
Erschossenen herum.
Über der Szene die ganz
andere Welt des Vergnügens,
die sich mit blutroter Maske
den Blick für die Realitäten
ihrer Zeit genommen hat.*

So »entbrennt« bei Kain der Neid; er will seinen Bruder nicht
mehr ansehen. Das »Erheben des Gesichtes« bedeutet freundliche Zuwendung; ein »Senken des Gesichtes« Abwendung (V 5). Die Verse 6-
7 zu erklären, ist bisher nicht gelungen; sie sind nachträglich der alten
Erzählung eingefügt worden, in ihrer vorliegenden Form aber nicht
»intakt«. Auf dem Felde – wo es keine Zeugen gibt – »erhob« sich Kain
gegen seinen Bruder und erschlug ihn. Eine Mitteilung von äußerster
Knappheit, die nicht erschüttern will, sondern nur sagen: So ist der
Mensch!, nicht: So ist Kain. Hier wird kein Urteil über eine Einzelper-
son gegeben, sondern eine grundsätzliche Feststellung über mensch-

liche Möglichkeiten getroffen. Aus dem Neben- und Miteinander von
gleichberechtigten Menschen resultieren Ungleichheiten: Der eine
wird angesehen, der andere nicht.

Die Erzählung schließt ein, daß der von Gott erschaffene Mensch
zum Verbrechen fähig ist; als Verbrecher und Mörder bleibt er dennoch Gottes Geschöpf. Er verliert seine Würde nicht, wird weiterhin
von Gott angesprochen – wenngleich zur Verantwortung gezogen.
Die Frage: »Wo ist dein Bruder?« weist Kain in schroffer Weise ab. Er
hat darin recht, wenn er meint, daß ein Bruder nicht ständig der Hüter des anderen zu sein habe. Er hat darin unrecht, weil er mit seiner

Antwort die Situation verdeckt und zugleich ausklammert, daß in bestimmten Situationen ein Bruder für den anderen voll verantwortlich wird. Zum Mord tritt hier die Lüge und ein Verbergen der Tat.

Die Antwort Gottes führt in einer dramatischen Weise auf die Rückseite des Geschehens: Das Blut deines Bruders schreit zu mir vom Ackerboden! Ein monumentaler Satz, der keiner Erklärung bedarf und der durch die Jahrtausende für jede Generation seine Geltung bewahrt. Das »zu mir« dieses stummen Schreis gibt dem Satz sein eigentliches Gewicht: Es ist einer da, zu dem das vergossene Blut schreit. Darum nutzt kein Verbergen der Tat und keine Flucht. Der »perfekte Mord« wird ausgeschlossen. Was immer auch vertuscht werden kann, bei Gott ist der Täter gestellt. Auch dies ist ein »Urgeschehen«. Fortan steht Kains Leben unter einem Fluch. Wenn auch der Strafspruch über Adam mit dem über Kain in Parallele steht, so wurde doch Adam nicht verflucht. Als Verfluchter gilt Kain als gemeingefährlich. Sein Ausschluß vom bebauten Land trennt ihn von allen Mitmenschen. Verfluchung kommt einer Verbannung gleich, sie schließt den Tod mit ein, denn einem Verfluchten sind die Lebensgrundlagen entzogen. Wenn Kain klagt: »Vor dir muß ich mich verstecken«, steht dahinter der Gedanke, dem Zorn Gottes ausgesetzt zu sein, was der Friedlosigkeit entspricht, in die Kain verbannt ist.

Andererseits schützt ihn dieser Fluch. Die Klage: »Jeder, der mich trifft, kann mich töten«, wird mit einem Rechtssatz beantwortet, der es unterbindet, daß ein Mensch, und sei es ein Mörder, zum Freiwild für andere Menschen wird: »Jeder, der Kain tötet, siebenfach soll er gerächt werden.« Das »siebenfach« hat abschreckenden Sinn; insgesamt will diese Rechtssatzung die Blutrache unterbinden. Und damit niemand in das alleinige Recht Gottes eingreift, »setzt« Gott dem Kain ein Zeichen.

Dieses Kainszeichen ist in der Vergangenheit durchweg als eine Tätowierung kenitischer Nomaden gedeutet worden, so daß man die Erzählung insgesamt nicht anthropologisch sondern stammesgeschichtlich verstand. Ob dies nun so oder anders gilt, in jedem Fall führt der heutige Erzählzusammenhang über Stammesgrenzen hinaus. – Der Text endet mit einer Bemerkung, welche die Entfernung von Gott als die weitere Entwicklung der Menschheit andeutet.

Die Kain-und-Abel-Erzählung thematisiert grundlegend den Menschen und seine Mitmenschlichkeit. »Der Mensch« ist nicht nur Adam und Eva; der Mensch ist auch Kain und Abel. Die traditionelle christliche Theologie hat alle Menschheitsgeschichte vom »Sündenfall« in Gen 2-3 abgeleitet. Der Brudermord wurde daneben nur noch als eine Steigerung der Sünde gesehen. Die Erzählung gewinnt aber ein ganz neues Gewicht, wenn Kain nicht von vornherein als »böse« gilt, vielmehr bis zur Erfahrung seines »Nicht-angesehen-Seins« positiv beurteilt wird. Damit fällt auch die Deutung Abels als Prototyp des Gerechten. Erzählt wird von der Möglichkeit des Menschen, den Mitbruder ermorden zu können, weil die Erfahrung ungleichen Schicksals und ungleicher Lebensbedingungen soziale Spannungen schürt, die den Menschen aus dem Lot bringen. Das rückt die Geschichte in den Zusammenhang der sozialen Anklage, wie sie die Propheten Israels geführt haben.

wurde. »Ich bringe Pest, Todesgestank, ich komme vom Rand der Erde, und wo ich ausspucke, wächst Feuer, Tod und Sklaverei« (so seine Gedanken). Und wie er dasitzt und seitwärts auf den Zuschauer sieht, ist Gehässigkeit, Furcht und Mißtrauen in seinem Blick. Die größere, halb-begrabene Figur stellt symbolisch seinen Bruder dar. Diese absichtlich in kleinerem Maßstab ausgeführte Figur bedeutet: die hinterrücks durch das Ungetüm »Faschismus« ermordete »Menschlichkeit«. Im Hintergrund die Spuren des Ungeheuers: zerbombte, brennende Städte, die seine ausgefallenen, Nietzsche-haften Weltvorstellungen dekorieren und seinen ehrgeizigen, überheblichen Rassenwahn unter ihrem Schutt begraben.

Dies ist kein »realistisches Bild«, und doch ist es historisch. Es ist eine Dokumentation unserer Zeit für künftige Generationen – vielleicht ein Alptraum, und trotzdem: wie wahr. Und später einmal, vielleicht viel später als wir jetzt annehmen, wird dieses Bild sich als Dokument unserer Innenwelt abheben – als Abbild dieser qualvollen »apokalyptischen« Jahre. Es steht den mittelalterlichen Malern Grünewald, Breughel und Hieronymus Bosch van Aiken nahe.

George Grosz

Elie Wiesel sagte in seiner Nobelpreisrede 1986:

»Ich habe geschworen, niemals zu schweigen, wenn Menschen verfolgt und erniedrigt werden. Aber ich dachte, es würde genügen, von der Flutwelle des Hasses zu erzählen, die über das jüdische Volk hereingebrochen war, und die Menschen überall würden entscheiden, daß ein für allemal ein Ende sei mit dem Haß – ein Ende mit dem Haß gegen die Juden, gegen die Araber, gegen die Asiaten, gegen die Immigranten, gegen die Fremden, gegen die anderen, mit dem Haß gegen die anderen. War das naiv?«

Er antwortete, seine Naivität habe darin gelegen, zu glauben, Auschwitz befände sich im Zentrum der Leiderfahrung der Menschen. Warum aber sollte eine kurdische Familie, die mit Verbrennungen am Körper und ihren toten Kindern in den Armen einen Gasbombenangriff überlebt, den Versuch, die Juden auszurotten, bedenken? Hingegen müßte das Andenken an Auschwitz jeden Juden dazu veranlassen, sich um das Schicksal der Kurden zu sorgen, seine Regierung dazu zu bewegen, alles zu tun, damit derartige Bombenangriffe sich nicht wiederholen.

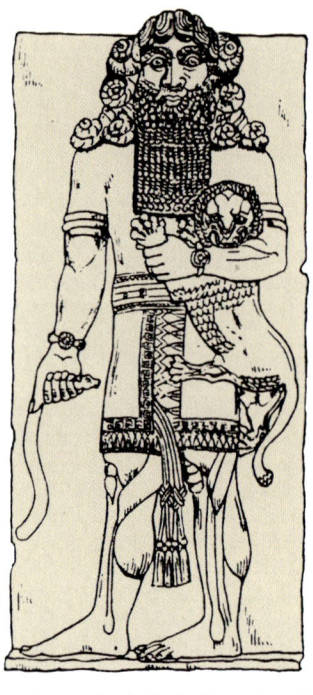

Gilgamesch, Flachrelief aus Chorsabad, Ende 8. Jh. v. Chr.

Gilgamesch-Epos, babylonisches Epos, nach Gilgamesch, dem Herrscher der südmesopotamischen Stadt Uruk benannt. Im 19. bis 18. Jh. v. Chr. entstand eine literarische Gestaltung mythischer Erzählungen, deren vollständige Fassung (zwölf Tafeln mit ca. 3000 Versen) aus der Bibliothek des Assyrerkönigs Assurbanipal (7. Jh. v. Chr.) in Ninive erhalten blieb. Ihr Thema ist die Suche des Gilgamesch nach bleibendem Ruhm. Als Gilgamesch plötzlich mit dem Tod des Freundes Enkidu konfrontiert wird, wechselt er das Ziel und begibt sich auf die Suche nach »immerwährendem Leben«.

Die Flutgeschichte des Gilgamesch-Epos erzählt eingangs von dem Gott Ea, der im Rat der Götter gesessen und den Beschluß zur Vernichtung der Menschheit mitbekommen hat. Weil er das Geheimnis der Götter nicht verraten darf, teilt er es einer Hütte aus Rohr mit, in der Utnapischtim es vernimmt:

»Reiß ab das Haus, erbau ein Schiff,
Laß fahren Reichtum, dem Leben jag nach!
Besitz gib auf, dafür erhalt das Leben!
Heb hinein allerlei beseelten Samen ins Schiff!
Das Schiff, welches du erbauen sollst –
Dessen Maße sollen abgemessen sein,
Gleichermaßen seien ihm Breite und Länge;
Du sollst es wie das Apsu bedachen.«

5 Jahwe sah, daß die Bosheit des Menschen auf der Erde zunahm und daß alles Sinnen und Trachten immer nur böse war. 6 Da reute es Jahwe, den Menschen auf der Erde gemacht zu haben, und es bekümmerte ihn bis ins Herz hinein. 7 Und Jahwe sprach: Ich will den Menschen, den ich erschaffen habe, vom Erdboden vertilgen, mit ihm auch das Vieh, die Kriechtiere und die Vögel des Himmels, denn es reut mich, sie gemacht zu haben. 8 Nur Noach fand Gnade in den Augen Jahwes.

9 Dies ist die Geschlechterfolge Noachs: Noach war ein gerechter, untadeliger Mann unter seinen Zeitgenossen; Noach ging seinen Weg mit Gott. 10 Und Noach zeugte drei Söhne, Sem, Cham und Jafet. 11 Die Erde aber war verdorben in Gottes Augen, sie war erfüllt mit Gewalttat. 12 Und Gott sah die Erde an, und siehe, sie war verdorben; denn alle Menschen auf Erden lebten verdorben. 13 Da sprach Gott zu Noach: Das Ende aller Lebewesen ist da; denn die Erde ist von ihnen voller Gewalttat. Nun will ich sie vertilgen von der Erde. 14 Mache dir eine Arche aus Nadelholz! Statte sie mit Kammern aus, und verpiche sie innen und außen mit Pech! 15 Und so sollst du sie bauen: Dreihundert Ellen lang, fünfzig Ellen breit und dreißig Ellen hoch. 16 Mache der Arche ein Dach, und hebe es um eine Elle nach oben an! Die Tür der Arche bring an der Seite an! Ein unteres, ein zweites und ein drittes Stockwerk sollst du einrichten! 17 Denn siehe, ich lasse eine Wasserflut über die Erde kommen, um alle Lebewesen unter dem Himmel, alles, was Lebensgeist in sich hat, zu vernichten. Alles auf Erden soll umkommen. 18 Mit dir aber will ich meinen Bund schließen. Geh in die Arche, du, deine Söhne, deine Frau und die Frauen deiner Söhne! 19 Von allem, was lebt, von allem Fleisch, nimm je zwei in die Arche mit, damit sie mit dir am Leben bleiben; je ein Männchen und ein Weibchen sollen es sein. 20 Von allen Vogelarten, von allen Vieharten, von allen am Boden kriechenden Tieren sollen je zwei zu dir kommen, damit sie am Leben bleiben. 21 Auch nimm dir von aller Speise mit, und leg dir einen Vorrat an, daß es ihnen und dir zur Nahrung diene. 22 Und Noach tat alles so, wie es ihm Gott geboten hatte.

7,1 Darauf sprach Jahwe zu Noach: Geh in die Arche, du und dein ganzes Haus, denn ich habe dich vor mir gerecht gefunden unter diesem Geschlecht. 2 Von allen reinen Tieren nimm dir je sieben mit, ein Männchen und ein Weibchen, und von allen unreinen Tieren je zwei, ein Männchen und ein Weibchen; 3 auch von den Vögeln des Himmels je sieben, Männchen und Weibchen, um Nachwuchs auf der ganzen Erde am Leben zu erhalten. 4 Denn noch sieben Tage dauert es, dann lasse ich auf die Erde regnen, vierzig Tage und vierzig Nächte lang, und tilge vom Erdboden alle Wesen, die ich gemacht habe. 5 Und Noach tat alles, was ihm Jahwe geboten hatte.

6 Und Noach war sechshundert Jahre alt, als die Flut über die Erde kam. 7 Und Noach ging mit seinen Söhnen, seiner Frau und den Frauen seiner Söhne in die Arche vor den Wassern der Flut. 8 Von den reinen und unreinen Tieren, von den Vögeln und allem, was sich auf dem Erdboden kriecht, 9 kamen je zwei zu Noach in die Arche, Männchen und Weibchen, wie Gott dem Noach geboten

hatte. 10 Und es geschah nach sieben Tagen, da kamen die Wasser der Flut über die Erde,

11 im sechshundertsten Lebensjahr Noachs, am siebzehnten Tag des zweiten Monats. An diesem Tag brachen alle Quellen der gewaltigen Urflut auf, und die Fenster des Himmels öffneten sich.

12 Der Regen fiel auf die Erde vierzig Tage und vierzig Nächte lang.

13 An eben diesem Tag gingen Noach, die Söhne Noachs, Sem, Cham und Jafet, Noachs Frau und mit ihnen die drei Frauen seiner Söhne in die Arche, 14 sie und alle Tiere nach ihrer Art und alles Vieh nach seiner Art und alle kriechenden Tiere, die sich auf der Erde regen, und Vögel nach ihrer Art, alle Geflügelten. 15 Und sie kamen zu Noach in die Arche, immer zwei und zwei von allen Fleisch, in dem Lebensgeist war. 16 Von allen, die hineingingen, waren je ein Männchen und Weibchen, wie Gott ihm geboten hatte.

Dann schloß Jahwe hinter ihm zu.

17 Und die Flut kam vierzig Tage lang über die Erde. Und die Wasser wuchsen und hoben die Arche immer höher über die Erde.

18 Und die Wasser schwollen an und wuchsen gewaltig auf der Erde, die Arche aber fuhr auf dem Wasser dahin. 19 Und die Wasser nahmen immer mehr zu und bedeckten alle hohen Berge, die es unter dem ganzen Himmel gibt. 20 Fünfzehn Ellen über die Berge schwollen die Wasser und deckten sie zu. 21 Da starb alles Fleisch, das sich auf Erden regte, Vögel, Vieh, Wild und alles Kleingetier, das auf Erden wimmelte, und alle Menschen.

22 Alles starb, was auf der Erde durch die Nase Lebensgeist atmete.

23 So ward alles vertilgt, was auf dem Erdboden war, Menschen, Vieh, Kriechtiere und die Vögel des Himmels; sie alle wurden vom Erdboden vertilgt. Übrig blieben nur Noach und was mit ihm in der Arche war. 24 Und die Wasser stiegen an auf Erden, hundertfünfzig Tage lang.

8,1 Da dachte Gott an Noach und an alle Tiere und an alles Vieh, das bei ihm in der Arche war. Und Gott ließ einen Wind über die Erde wehen, da sanken die Wasser. 2 Und es schlossen sich die Quellen der Urflut und die Fenster des Himmels schlossen sich; der Regen vom Himmel wurde zurückgehalten, 3 und die Wasser verliefen sich allmählich von der Erde. So nahmen die Wasser ab nach hundertfünfzig Tagen. 4 Am siebzehnten Tag des siebten Monats setzte die Arche im Gebirge Ararat auf. 5 Die Wasser nahmen immer mehr ab, bis zum zehnten Monat. Am ersten Tag des zehnten Monats wurden die Gipfel der Berge sichtbar.

6 Und es geschah nach vierzig Tagen, da öffnete Noach das Fenster der Arche, das er gemacht hatte, 7 und ließ einen Raben hinaus. Der flog aus und ein, bis das Wasser auf der Erde vertrocknet war. 8 Da ließ er eine Taube hinaus, um zu sehen, ob das Wasser auf der Erde abgenommen habe.

9 Die Taube fand aber keine Stätte für ihre Füße und kehrte zu ihm in die Arche zurück, weil über der ganzen Erde noch Wasser stand. Er streckte seine Hand aus und nahm die Taube wieder zu

Flutkatastrophe in Mosambik im Jahr 2000.

Da ich's verstanden, sprach ich zu Ea, meinem Herrn:
»Das Geheiß, Herr, das du mir gegeben,
Ich achte wohl darauf und werde danach tun.«
...
Am fünften Tag entwarf ich
des Schiffes Außenbau;
Ein Feld groß war seine Bodenfläche,
Je zehnmal zwölf Ellen hoch seine Wände,
Zehnmal zwölf Ellen ins Geviert
der Rand seiner Decke.
Was immer ich hatte, lud ich darein:
Was immer ich hatte, lud ich darein an Silber,
Was immer ich hatte, lud ich darein an Gold,
Was immer ich hatte, lud ich darein an
allerlei Lebenssamen:
Steigen ließ ich ins Schiff meine ganze
Familie und die Hausgenossen,
Wild des Feldes, Getier des Feldes ...

Ich trat hinein ins Schiff und verschloß
mein Tor ...
Kaum daß ein Schimmer des Morgens graute,
Stieg schon auf von der Himmelsgründung
schwarzes Gewölk ...
Jegliches Helle in Düster verwandelnd;
Das Land, das weite, zerbrach wie ein Topf.
Einen Tag lang wehte der Südsturm ...
Eilte dreinzublasen, die Berge ins Wasser
zu tauchen,
Wie ein Kampf zu überkommen die Menschen.
Nicht sieht einer den andern,
Nicht erkennbar sind die Menschen im Regen.

Michelangelo (1475–1564),
*Die Sintflut, Fresko aus der Sixtinischen
Kapelle, Rom, Vatikan 1512–15.*

*Vor dieser Sintflut erschraken die Götter,
Sie entwichen hinauf zum Himmel des Anu –
Die Götter kauern wie Hunde,
sie lagern draußen!
Es schreit Ischtar wie eine Gebärende,
Es jammert die Herrin der Götter,
die Schönstimmige:
»Wäre doch jener Tag zu Lehm geworden,
Da ich in der Schar der Götter Schlimmes
geboten!
Wie konnte ich in der Schar der Götter
Schlimmes gebieten,
Den Kampf zur Vernichtung meiner
Menschen gebieten!
Erst gebäre ich meine lieben Menschen,
Dann erfüllen sie wie Fischbrut das Meer!«
...
Wie nun der siebte Tag herbeikam,
Ließ ich eine Taube hinaus;
Die Taube machte sich fort – und kam wieder:
Kein Ruheplatz fiel ihr ins Auge,
da kehrte sie um. –
Einen Raben ließ ich hinaus;
Auch der Rabe machte sich fort; da sah er,
wie das Wasser sich verlief,
Fraß er, scharrte, hob den Schwanz –
und kehrte nicht um.
Da ließ ich hinausgehn nach den vier Winden;
ich brachte ein Opfer dar ...*

Apsu: → S. 45; Anu = Himmelsgott; Ischtar: → S. 139

sich in die Arche. 10 Und er wartete noch weitere sieben Tage, dann ließ er die Taube erneut aus der Arche. 11 Um die Abendzeit kam die Taube zu ihm zurück, und siehe da: In ihrem Schnabel hatte sie einen frischen Olivenzweig. Da erkannte Noach, daß nur noch wenig Wasser auf der Erde stand. 12 Und er wartete noch weitere sieben Tage und ließ die Taube noch einmal hinaus. Diesmal kehrte sie nicht mehr zu ihm zurück.

13 Und es geschah im sechshundertersten Jahr Noachs, am ersten Tag des ersten Monats, da hatten sich die Wasser verlaufen.

Da entfernte Noach das Dach von der Arche, blickte hinaus, und siehe: Die Erdoberfläche war trocken.

14 Am siebenundzwanzigsten Tag des zweiten Monats war die Erde trocken. 15 Da sprach Gott zu Noach: 16 Geh heraus aus der Arche, du, deine Frau, deine Söhne und die Frauen deiner Söhne! 17 Alle Tiere, die bei dir sind, von allem Fleisch, die Vögel, das Vieh und alle kriechenden Tiere, die sich auf der Erde regen, laß mit dir hinaus, daß sie sich tummeln auf Erden. Sie sollen fruchtbar sein und sich auf Erden vermehren. 18 Da kam Noach heraus, er, seine Söhne, seine Frau und die Frauen seiner Söhne. 19 Auch alle Tiere kamen, nach ihren Arten geordnet, aus der Arche, die Kriechtiere, die Vögel, alles, was sich auf der Erde regt.

20 Und Noach baute Jahwe einen Altar; er nahm von allen reinen Tieren und von allen reinen Vögeln und brachte auf dem Altar Brandopfer dar. 21 Jahwe roch den gefälligen Wohlgeruch, und Jahwe sprach in seinem Herzen: Nicht noch einmal will ich die Erde wegen des Menschen verfluchen; denn das Trachten des Menschen ist böse von Jugend an. Ich will künftig nicht noch einmal alles Lebendige töten, wie ich es getan habe. 22 So lange die Erde besteht, sollen nicht aufhören Aussaat und Ernte, Kälte und Hitze, Sommer und Winter, Tag und Nacht.

Gen 6,5-8,22

So klar wie kaum sonst sind die Erzählversionen des J und P in der abschließenden Pentateuchredaktion erhalten geblieben. Der Redaktor hat sie mit größter Sorgfalt so ineinandergeflochten, daß jede für sich ihre erzählerische Vollständigkeit bewahrt. Das Schriftbild zeigt die Linie ihrer Komposition. Nach links herausgerückt findet sich die jüngere P-Tradition, eingerückt der J-Text. Bei dieser Zusammenfügung erhielt P den Vorrang als Basistext, in den J eingearbeitet wurde. Dadurch blieb P in großen Blöcken erhalten; die J-Erzählung wurde in kleineren Einheiten dazwischen geschoben; einige Teile von J sind auf diesem Wege entfallen, während P vollständig vorliegt.

Beide Erzählungen haben eine ältere vorbiblische Geschichte. Ihr religionsgeschichtlicher Hintergrund wird vom Gilgamesch-Epos beleuchtet, dessen Fluterzählung in großer Nähe zu Gen 6-9 steht. Die Übereinstimmungen sind so ausgeprägt, daß hinter ihnen eine gemeinsame Überlieferung stehen muß. Darüber hinaus sind weitere Parallelen aus dem Vorderen Orient bekannt, sumerische, babylonische, assyrische Versionen. Insgesamt gibt es mehr als 250 über die ganze Welt verstreute Flutsagen. Sie alle sind Urzeit-Erzählungen, die offensichtlich die Sintflut als Urbild einer Weltkatastrophe behandeln: Nach dem Untergang der Menschheit soll deren Wiedererstehen aus einem bewahrten Rest gefeiert werden.

Der einleitende V 5 zielt nicht auf die »allgemeine Sündhaftigkeit« des Menschen, sondern meint, daß unter besonderen Bedingungen ganze Gesellschaften und Generationen verdorben und korrupt sein können. Diese Feststellung eines allgemeinen moralischen Zerfalls und der Vernichtungsbeschluß Gottes sind aber keine biblische Spezialität, sondern finden sich auch in außerisraelitischen Fluterzählungen. In den frühen Kulturen war ein nur »lieber« Gott undenkbar. So wie der indische Shiva die Vereinigung der Gegensätze in sich schließt, entsprach es der allgemeinen Wirklichkeitserfahrung, daß die Gottheit ebenso Leben gibt wie nimmt. Doch während im Gilgamesch-Epos dem bewahrenden Gott ein vernichtender Gott entgegentritt, verlagert sich in der Bibel der Zwiespalt in den einen Gott. Dadurch gewinnt er hier menschliche Züge: »Es reute Gott ... und bekümmerte ihn tief.«

Von dieser Reue Gottes ist bei der jüngeren P-Tradition nichts zu merken. Deren 6,9-22 beginnende Erzählung setzt mit der Genealogie Noachs eine Akzentverschiebung und betont dessen Rechtschaffenheit. Ziel dieser Version ist es, daß um eines einzigen aufrechten Menschen willen die Welt in ihrem Bestand erhalten bleibe. Damit spricht die Priesterschrift offensichtlich in ihre eigene Zeit.

Der Bau der Arche wird im Gilgamesch-Epos wie in Gen 6 näherhin beschrieben. Dabei begegnen Begriffe, die sonst nie oder fast nie in der Bibel vorkommen; sie verweisen auf das vorbiblische Stadium der Erzählung. Beispielsweise ist das Holz, aus dem die Arche gebaut werden soll, in israelitischer Zeit schon nicht mehr bekannt und war doch zweifellos im Umfeld der frühen Tradition ein bekannter Baum.

Mit Noach soll seine Familie in die Arche gehen. Als Familie galten die Eltern mit ihren verheirateten Söhnen. Noach sollte von allen Tieren je ein Paar mitnehmen. Die bedrohende Katastrophe verbindet Mensch und Tier wieder zu einer Schicksalsgemeinschaft. Überlegungen, wie die Tiere sich untereinander vertragen haben könnten und wie

Bitte

Wir werden eingetaucht
und mit dem Wasser der Sintflut
gewaschen,
wir werden durchnäßt
bis auf die Herzhaut.

Der Wunsch nach der Landschaft
diesseits der Tränengrenze
taugt nicht,
der Wunsch, den Blütenfrühling
zu halten,
der Wunsch, verschont zu bleiben,
taugt nicht.

Es taugt die Bitte,
daß bei Sonnenaufgang die Taube
den Zweig vom Ölbaum bringe.
Daß die Frucht so bunt wie
die Blüte sei,
daß noch die Blätter der Rose
am Boden
eine leuchtende Krone bilden.

Und daß wir aus der Flut,
daß wir aus der Löwengrube und dem
feurigen Ofen
immer versehrter und immer heiler
stets von neuem
zu uns selbst
entlassen werden.

Hilde Domin

sie ernährt wurden, gehören nicht hierher. Sie widersprechen der Erzählgattung.

Bei J werden statt je eines Paares von jeder Art sieben mitgenommen; es bleibt offen, ob Paare oder Einzeltiere gemeint sind. Dabei werden im Blick auf den Menschen »reine« und »unreine« Tiere unterschieden, man könnte auch sagen solche, die den Menschen förderlich, und andere, die ihnen nicht förderlich sind. Alle Zahlen sind traditionelle Größen.

7,6-24 faßt beide Quellen zu einem Geschehen zusammen. Erstaunlich ist die Datierung in V 11. Sie kann nicht alte Tradition sein, denn der Zählung liegt der babylonische Kalender zugrunde. Im Fortgang übernimmt P eine mythische Sprache: »Da brachen alle Brunnen der großen Tiefe auf ... und die Fenster des Himmels öffneten sich.« Die Wasser der Tiefe sind eine Chaosmacht, die nun die Welt überschwemmt. V 13-16a schildern den Einzug in die Arche »an eben diesem Tag«. Er vollzieht sich wie eine große Prozession in geordneter Aufstellung und umfaßt die Fülle des Lebendigen. Dabei ist es P wichtig, daß hier in feierlicher Form einem Gebot Gottes Folge geleistet wird. Der kleine Satz »und Jahwe schloß hinter ihm zu« lautet im Gilgamesch-Epos emanzipierter: »Ich trat hinein ins Schiff und verschloß mein Tor.« J hat offenbar bewußt eine naive Vorstellung gewählt, um damit die Fürsorge Gottes zum Ausdruck zu bringen. Das dürfte ihm wichtiger gewesen sein als ein selbstbestimmendes Denken.

Das schöne Vogelmotiv ist ebenfalls älter als die Bibel. Es begegnet in Fluterzählungen über die ganze Erde hin und entstammt einem Orientierungsbrauch frühester Schiffahrt. Hier unterstreicht es zum Abschluß der Erzählung das wechselseitige Verhältnis von Mensch und Tier und steht damit in Parallele zu Gen 1,26-28 und 2,19-20.

Mit der Datierung: im sechshundertersten Lebensjahr Noachs, am ersten Tag des ersten Monats, fängt die neue Weltzeit an. Das Ende der Flut wird zum Neujahrstag. Hintergründig verbindet sich damit die spätere kultische Erneuerung des Kosmos am Neujahrsfest, wie sie in vielen Kulturen begangen wird. Im Rhythmus von Tag und Nacht, Sommer und Winter soll die Erde fürderhin atmen und leben.

Da die Fluterzählung der Genesis im Kontext mit den vielen anderen Fluttraditionen gewissermaßen zum allgemeinmenschlichen Überlieferungsgut gehört, stellt sich die Frage, welchen Stellenwert sie in der Bibel hat. Innerhalb der Urgeschichte will sie sagen, daß nicht allein der einzelne Mensch, sondern die Gattung Mensch insgesamt gefährdet ist. Das gehört zu ihrem Geschaffensein. In diesem Sinne ist die Fluterzählung komplementär zur Schöpfungsgeschichte. Aber während die Schöpfungsgeschichte in der Kirche seit jeher größte Beachtung fand, gewann die Fluterzählung keine theologische Bedeutung. Es hat sich vielmehr ein Welt- und Zukunftsoptimismus entwickelt, der apokalyptische Untergangsbefürchtungen neben sich verdrängte. Erst die heutige Bevölkerungszunahme und die sich mehrenden und verstärkenden Umweltkatastrophen bringen diese Möglichkeit wieder ins Blickfeld.

Der Turmbau zu Babel

1 Alle Welt hatte die gleiche Sprache und die gleichen Worte. 2 Als sie aufbrachen von Osten, fanden sie eine Ebene im Land Schinear und ließen sich dort nieder. 3 Sie sprachen zueinander: Auf, laßt uns Ziegel pressen und zu Backsteinen brennen! Und der Ziegel diente ihnen als Stein und Erdpech als Mörtel. 4 Und sie sprachen: Auf, laßt uns eine Stadt und einen Turm mit einer Spitze bis zum Himmel bauen. So machen wir uns einen Namen, damit wir uns nicht über die ganze Erde zerstreuen. 5 Da fuhr Jahwe herab, um sich die Stadt und den Turm anzusehen, den die Menschen bauten. 6 Und Jahwe sprach: Siehe, ein Volk sind sie, und eine Sprache haben sie alle. Und dies ist erst der Anfang ihres Tuns. Von jetzt an wird ihnen nichts unmöglich sein, was sie sich auch vornehmen. 7 Auf, wir wollen herabfahren, und dort ihre Sprache verwirren, so daß keiner mehr die Sprache des anderen versteht. 8 Und Jahwe zerstreute sie von dort über die ganze Erde, und sie hörten auf, die Stadt zu bauen. 9 Darum nennt man die Stadt Babel (Wirrsal), denn dort hat Jahwe die Sprache aller Welt verwirrt, und von dort hat sie Jahwe über die ganze Erde zerstreut.

Gen 11,1-9

Auch diese Erzählung hat Parallelen bei anderen Völkern. Sie erzählen ebenfalls von einem Turmbau und dessen Einsturz, manchmal auch von der Vernichtung aller Beteiligten. Aus der nähe-

Schon als Kind hatte ich das Gefühl, daß die Geschichte von Babel eine »Verhüllung« sei; daß sie einen älteren und wahreren Sinn umkehrte. In dem Bemühen, die kosmische Monarchie Gottes zu verherrlichen, hatten sich die Stämme versammelt, um einen erhabenen Wolkenkratzer zu errichten, einen Wendeltreppenaufstieg, der ihre Verehrung näher an seine himmlische Allmacht heranführen konnte.

Zum Lohn für diese verehrungsvolle Arbeit hatte der Herr, wenn auch in Seiner etwas brüsken und verhüllten Weise, den Menschen das inkommensurable Geschenk der Sprache zuteil werden lassen. Er hatte Männern und Frauen das Licht, den unerschöpflichen Reichtum von Pfingsten geschenkt. Weit davon entfernt, ein Fluch zu sein, stellte das über die menschliche Spezies ausgeschüttete Füllhorn verschiedener Sprachen ein Segen ohne Ende dar.

George Steiner

ren Umwelt Israels ist eine solche Geschichte aber nicht bekannt. Doch begegnet das Motiv der Sprachverwirrung in einer sumerischen Parallele, in der es heißt: »Enki, der Herr der Weisheit ... wandelte die Sprache in ihren Mündern und brachte Streit hinein.« Hier resultiert die Sprachverwirrung aus einer Götterrivalität, während sie im Gene-

Modell des Marduk-Heiligtums von Babylon mit dem »Turm zu Babel« aus der Zeit Nebukadnezzars II. (604–562).

Man schätzt, daß es heute noch 4000 Sprachen gibt, doch läßt sich absehen, daß viele dieser Sprachen schon in der nächsten Zukunft verschwinden werden. Die Organisation der modernen Welt läßt kleine Gruppen zunehmend in größeren politischen Ordnungen aufgehen, wobei sie auch ihre Sprachen aufgeben. Das mindert den Reichtum des menschlichen Geistes. Mit jeder sterbenden Sprache verschwindet eine Möglichkeit, Welt zu denken. Aber kann man ernsthaft dem bretonischen Bauer raten, nicht zum Französischen überzugehen, seine Kinder auf Bretonisch zu sozialisieren? Wer seine bisherige Sprache aufgibt, schätzt offenbar den Gewinn höher ein als den Verlust. Er gewinnt die Teilhabe an einer prestigereichen Kultursprache, die Möglichkeit des sozialen Aufstiegs, die Zugehörigkeit zur größeren Nation. Umgekehrt verliert er ein Stück Heimat, ihre Geschichten, ihre Lieder und ein alternatives Denken, das diese Sprache anbot. Selbst die großen Sprachen werden von dieser Dynamik nicht verschont, sie werden ebenfalls von der globalen Sprachflut überspült. Wie Inseln ragen sie noch aus dem globalen See hervor. Aber können wir uns der Teilnahme an weltweiter Kommunikation verweigern?

Sprachen flatterten durch das Haus. Englisch, Französisch und Deutsch im Eßzimmer und im Salon. Das »Potsdamer« Deutsch meines Kindermädchens im Kinderzimmer; Ungarisch in der Küche. Ich habe keine Erinnerung an eine erste oder grundlegende Sprache. Spätere Versuche, so etwas aus mir herauszuholen, haben sich ebenso wie psychologische Tests, wie die Hypothese, daß die Sprache, in der ich aufschrie, als ich zusammen mit meiner Frau einen Autounfall hatte, die sprachliche Basis sein müsse, als sinnlos erwiesen (selbst in Augenblicken von Panik oder Schock ist die verwendete Sprache kontextbedingt, sie ist die des Gesprächspartners oder der Gegend). Ob im täglichen Gebrauch oder beim Kopfrechnen, im Leseverstehen oder beim Diktieren, Französisch, Deutsch und Englisch sind mir in gleicher Weise Muttersprachen gewesen. Fast immer träume ich in derjenigen Sprache, in der ich gerade gesprochen habe, die ich am Tage vorwiegend gehört habe ...

George Steiner

sistext einer Art Rivalität zwischen Gott und Mensch entspringt. Weitere Parallelen belegen, daß in Gen 11,1-9 Elemente unterschiedlichen Ursprungs zusammengefügt wurden. In ihrer Vorgeschichte war demnach die Erzählung weder mit dem Motiv der Zerstreuung der Menschen noch mit dem der Sprachverwirrung verbunden.

Anfang und Schluß rahmen die Erzählung: »Alle Welt hatte eine Sprache – Jahwe hat die Sprache aller Welt verwirrt.« Was zwischen diesen beiden Sätzen erzählt wird, führt zur Verwirrung der Sprache. Die Bindung des Turmbaus an die damalige Weltstadt Babel ist sekundär, legte sich aber nahe, da man nur in den mesopotamischen Reichen solche Stufentürme kannte. Natürlich wußte Israel davon, kannte die babylonischen Zikkurate, wenn auch deren kultische Tradition unbekannt war. Jedenfalls handelt die Erzählung von »den Menschen«, ist also Urgeschichte, die jeder Partikulargeschichte vorausgeht. Die altertümlichen Züge des naiven Gottesbildes lassen noch ältere Entwicklungsspuren erkennen.

Wenn auch in die frühe Zeit »aller Welt« zurückgeführt wird, so ist damit natürlich nur die Welt damaliger Erfahrung gemeint – ein räumlich begrenzter Sprachbereich, der vielleicht über Generationen ohne Kontakt zu Menschen anderer Sprache war. Als irgendwann aber Umbrüche stattfanden und fremde Sprachen in die eigene Welt drängten, weckte dies Irritationen. Man begann zu überlegen, woher diese Sprachen kommen. Das Interesse an einer »Ursprache« der Menschheit, von dem Herodot oder der Salimbene von Parma berichten, liegt dieser Geschichte nicht zugrunde.

Bis zur Fluterzählung vertreten immer nur einzelne Gestalten die Menschheit. Mit dem Neubeginn nach der Flut aber setzt ein Anwachsen ein, so daß nun in der Turmbaugeschichte nicht mehr einzelne Namen begegnen, sondern anonyme Mengen. Außerdem erfolgt der Übergang aus unbestimmtem Erdenland in eine geographisch konkrete Region, das »Land Sinear«. Es wird als eine Ebene beschrieben, die Wasser, Nahrung und Ruhe gewährt und meint ganz Mesopotamien. Hier will das zahlreich gewordene Volk »eine Stadt und einen Turm« bauen. Man kann auch übersetzen: »eine Stadt mit einem Turm«. Die Spitze des Turms soll »bis zum Himmel« ragen, eine Wendung, die in assyrischen Texten ebenfalls begegnet. Die Metapher spiegelt den gewaltigen Eindruck, der von den Tempeltürmen in Babylonien ausging. Die bei uns üblichen Redewendungen vom »Erstürmen des Himmels« kommen aus ähnlichen Empfindungen.

Der »Name«, den man sich damit machen will, meint erstrebten Ruhm. Der Erzähler sagt nicht, dies sei bereits ungebührlich, doch paßt die Begründung, »damit wir uns nicht zerstreuen ...« schlecht zum vorgenannten Motiv. Es ist eine Einfügung, die den Ausgang der Erzählung schon hier vorbereiten soll. Die Weise, wie Gott ins Geschehen einbezogen wird – »... und Jahwe fuhr herab« –, kennzeichnet sein Handeln in allen Erzählungen der Urgeschichte. Nirgendwo tut sich dort Gott in »Offenbarungen« kund. Stets ist er im gleichen Raum wie die Menschen: im Paradiesgarten, im Gespräch mit Kain, in der Fürsorge, hinter Noach die Archentür zu schließen. Doch ab Gen 12 ist Gott »im Himmel«, spricht und handelt von dort. Daß er in V 5 von dort »herabfährt«, meint ebenfalls keinen

Offenbarungsvorgang. Ebensowenig versteht sich die Wendung spöttisch; dafür wirkt die Erzählung in ihrer Art zu monumental.

In der Erwägung Gottes, hinfort »wird ihnen nichts unmöglich sein« (V 6), erreicht der Text seinen Höhepunkt. Eine ähnliche Formulierung begegnet nur noch Ijob 42,2: »Ich habe erkannt, daß du alles vermagst; nichts, was du vorhast, ist dir unmöglich.« Der Erzähler unterstellt, bei grenzenloser weltweiter Verständigung würden Werke möglich, die das Maß des Menschen überschreiten. Heutige sprachwissenschaftliche Werke gehen mit der Bibel insofern konform, als sie die Hauptfunktion der Sprache in der Ermöglichung der menschlichen Zusammenarbeit sehen.

Die Turmbau-Erzählung veranschaulichte ihrer Zeit eine technologische Entwicklung, die eine Steigerung des menschlichen Könnens bis ins Grenzenlose entwarf. Darin nahm sie eine Tendenz wahr, die sich in ihren vollen Möglichkeiten erst mit dem naturwissenschaftlichen Denken und der Technik der Gegenwart entfaltete, aber in den Leistungen der mesopotamischen Hochkulturen schon erahnen ließ. Die Erzählung mahnt die Gottesbeziehung des Menschen an: daß er sich seiner Kreatürlichkeit bewußt bleibe und die Grenzen, in denen allein er sein Menschsein erfüllen kann, nicht überschreitet.

Bernhard Heisig (geb. 1925), Neues vom Turmbau, 1977.

Bernhard Heisig fragt in seinem Bild weder nach historischem Hintergrund noch theologischer Auslegung. Sein Turm im Breugelschen Entwurf verläßt den biblischen Ort, wird zum Ziel der Caravelle des Christoph Columbus und überrascht mit einem Alptraum durcheinandergewirbelter Akteure des Medienzeitalters: einem Fußballspieler, einem Mann, den der eigene Fernseher erdrückt, einer ins Mikrophon trällernden Sängerin, einem Violinspieler ... Aus der Höhe stürzt kopfüber ein Mann ab. Der Turm ist zerfallen, in seinem Innern tobt ein Inferno ...

Das Buch Genesis

Der Erzählstoff des Buches Genesis läßt sich in »Urgeschichte« (1-11) und »Vätergeschichte« (12-50) gliedern. Im Blick auf die Hauptgestalten der Vätergeschichte wäre eine dreiteilige Gliederung in Abrahamzyklus, Jakobzyklus und Josefsgeschichte zu unterscheiden. Dennoch vermittelt eine solche Gliederung kein adäquates Bild, das die vielen Besonderheiten der kompositorischen Anlage des Textes zu erfassen erlaubt. Eine konsensfähige Hypothese über die Entwicklung und Gestaltung des Genesisbuches gibt es nicht. Zumindest aber läßt sich die Kombination von zwei ursprünglich eigenständigen Texten, dem jahwistischen (J) und dem priesterschriftlichen Erzählfaden (P), als eine Grundstruktur fassen, der ältere Sammlungen und Bearbeitungen vorausgehen. Inwieweit von einem miteingewobenen elohistischen Erzählfaden (E) gesprochen werden kann, ist umstritten. Dessen Bestandteile sind allenfalls auf kleine Folgen innerhalb der Abraham- und Jakoberzählungen beschränkt. Die Rekonstruktion einer »Väterzeit«, die in der nomadischen Vorzeit Israels anzusiedeln wäre, ist nicht möglich.

Die vorstaatliche Zeit Israels

Väter- und Müttergeschichten

Hinter Gen 12-36 steht eine mündliche Überlieferung, die viele Jahrhunderte überbrückt. Die Zeit, von der erzählt wird, ist nicht datierbar. Man ordnet sie gewöhnlich zwischen 2000 und 1400 v. Chr. ein. Aber erst zur Zeit des frühen Königtums im 10. Jahrhundert erfolgte eine schriftliche Fassung; weitere Bearbeitungen fanden bis zum nachexilischen 6. Jahrhundert statt. Der Weg der mündlichen Überlieferung führt also durch einen unüberschaubaren Zeitraum. Doch haben die heute vorliegenden Texte nicht alle dasselbe Alter, stammen auch nicht aus der gleichen Region, sondern zeigen Spuren einer weiten zeitlichen und räumlichen Streuung.

Gemälde auf dem Grab des Provinzfürsten Chnumhoteps II. (um 1840 v. Chr.) in Beni-Hasan. Dargestellt wird die Ankunft eines fremden Herrschers in Ägypten, in dessen Begleitung sich 37 Semiten befinden.

Die ältesten Erzählungen sind kurz und konzentriert; zwischen ihnen und der vielgliedrigen Josefsgeschichte (Gen 37-50) besteht der weiteste Abstand. Aber auch zwischen den Abrahamerzählungen gibt es große Unterschiede, die in Länge und Art der Erzählung deutlich werden. Während der Zeit mündlicher Weitergabe waren zweifellos alle Stücke in mehrfachen Varianten anzutreffen, wenngleich uns die Bibel meistens nur eine davon erhalten hat. Für die Erzählung Gen 22 ist mit Sicherheit anzunehmen, daß sie in einer späten Fassung vorliegt, hinter der ältere Formen stehen. Der Name Abraham war mit der Frühform dieser Tradition nicht verbunden.

Welche Texte am weitesten zurückreichen, läßt sich nicht mit Sicherheit sagen. Ihre Entstehung im Prozeß mündlicher Überlieferung erlaubt auch nicht, sie als Historie zu betrachten; dieser Begriff ist für eine solche Erzähltradition unpassend. Ebensowenig bilden die jeweils kleinen und in sich selbständigen Erzähleinheiten, wie sie mündliche Überlieferung hervorbringt, in ihrer Summe eine »Biographie«. Zudem stammen die Abraham-, Isaak- und Jakobgeschichten aus unterschiedlichen Räumen, haben unterschiedliche Überlieferungswege zurückgelegt und wurden erst in einem späteren Stadium in einen Familienzusammenhang gestellt. In alle Erzählungen haben die Erfahrungen der Tradentenkette Eingang gefunden, so daß die »Väter« und »Mütter« Israels zugleich Kollektivgestalten sind, in denen sich immer wiederkehrende Fragen und Erfahrungen des Volkes darstellen.

Der in Gen 12-36 vorliegende Textbestand basiert auf nur zwei Sammlungen: der jahwistischen und der priesterschriftlichen. Die jahwistische Sammlung wollte die über Jahrhunderte kommenden

Einzelerzählungen in eine zusammenhängende Geschichte der Ahnen Israels fassen. Die priesterschriftliche Konzeption unterscheidet sich von J dadurch, daß sie an Stelle erzählender Zyklen genealogische Angaben setzt. Bei ihrer späteren Zusammenfassung (→ S. 39 f.) hat der Redaktor beide Schriften so ineinandergefügt, daß diese im wesentlichen intakt blieben. Die übernommene Texteinheit wurde nicht zerstört, der Wortlaut nicht verändert. Die redaktionelle Arbeit beschränkte sich auf hinzugefügte Einleitungen und Abschlüsse.

Der Entwicklungsprozeß ging dennoch weiter. Durch den Zusammenbruch des Staates und die Irritationen der Exilszeit gewannen die Väter- und Müttergeschichten Israels eine ganz neue Bedeutung. In ihnen konnten sich die staatenlos gewordenen Familien fern der Heimat besser wiederfinden als in den fraglich gewordenen Traditionen von Exodus, Landnahme und Königszeit. Nachdem sich die

Kleinviehnomaden. Sippen der Kleinviehnomaden zogen zwischen dem 18. und 14. Jh. ständig am Rande des orientalischen Kulturlandes umher. Sie weideten mit ihren Herden aus Ziegen und Schafen zwischen den besiedelten Gebieten und lebten vom Austausch mit der seßhaften Bevölkerung. Sie verkauften die Erträge ihrer Herden: Milch, Käse, Fleisch, Wolle und Webwaren. Aber sie kauften auch, was ihnen fehlte, zum Beispiel Mehl, um Fladenbrote backen zu können, Werkzeuge und Waffen.

an Land, Tempel und Königtum geknüpften Heilsversprechen als brüchig erwiesen hatten, blieben die Zusagen Jahwes an die Erzeltern eine unbeschädigte Basis des Vertrauens. Dies um so mehr, als sich in den Vätern und Müttern der Vorzeit immer schon ganz Israel vertreten sah. Zugleich gab die Rückbindung an Abraham den Exilierten eine Perspektive für ihre Heimkehr aus aller Welt. Mit ihm und seinem Schicksal verband sich die Hoffnung, erneut in das Land der Väter zu gelangen und aus einer Minderheit wieder zu einem großen Volk heranzuwachsen.

Die in Gen 12-36 versammelten Überlieferungen stehen durchweg unter dem Titel »Vätergeschichten«, obwohl sie doch ebenso von den Müttern erzählen und zugleich von einem Gott, der oft die Partei der Frauen ergreift und sie aus Unterdrückung und Preisgabe rettet. Diese Müttergeschichten bieten einen kritischen Hintergrund zu den Vätergeschichten, und stellen darin eine Männerwelt bloß, die um des eigenen Vorteils willen ihre Frauen der Bedrohung und Gewalt ausliefern. Israel hat seine Volksgeschichte nie als Heldengeschichte geschrieben. Die Frauen sahen sich oft genötigt, trickreiche Wege zu suchen, um sich gegen männliche Dominanz zu behaupten. Aber trotz der patriarchalen Gesellschaftsform werden die Männer nicht als »starkes Geschlecht« geschildert. In ihrem moralischen Verhalten erscheinen sie oftmals eher klein und schwach und brauchen darin die Gegenwehr der Frauen. Die Vermutung, daß Frauen bei der Überlielieferung und Abfassung dieser Tradition mitgespielt haben, ist berechtigt. Trotz ihrer Unterlegenheit haben sie sich von Jahwe gesegnet gesehen, der auf der Seite der Schwachen steht. Die Einseitigkeiten

Die Wanderhirten kannten das Land in einem weiten Umfang. Ihr einfaches Leben unterschied sich sehr vom Leben in den kanaanäischen Städten. Während die Welt der Nomaden kaum über die eigene Sippe hinausreichte, herrschte in den Städten eine Fülle komplizierter Ordnungen.

Aus den Handelsbeziehungen zwischen Hirten und Städtern erwuchsen auch Kontakte, so daß im Laufe der Zeit viele Hirten zu seßhaften Bauern wurden. Das geschah fast unmerklich. Teile der Sippe bewirtschafteten Felder, während andere noch mit dem Vieh auf die Sommer- oder Winterweide zogen. Im Laufe der Zeit bildeten sich Stammesordnungen zwischen den kanaanäischen Stadtstaaten aus. Eine »Landnahme«, wie sie viele Jahrhunderte später geschildert wurde, fand nicht statt. Sie verlief größtenteils friedlich (→ S. 124).

Marc Chagall (1887–1985), Der Jude in Grün, 1914.

Dieser Jude verkörpert ein individuelles und zugleich ein kollektives Schicksal. In sich versunken sitzt er da, allen Lebenskampf nach innen verlagert. Das linke

Auge ist fast geschlossen, mit dem rechten schaut er unbestimmt vor sich hin. Seine ungleichen Hände sind zusammengelegt. Gemessen an der Größe und Ausgeprägtheit des Gesichtes sind sie so klein, als wären sie nie die eigenen Hände gewesen, mit denen er sein Schicksal frei gestalten konnte. Die Schriftrollen, auf denen er sitzt, verweisen auf die Tora und das »Höre Israel« (Dtn 6,4-9). Wer den alten Mann anschaut, weiß, was es heißt, von Gott auserwählt zu sein.

Abrahams Berufung und Wanderung nach Kanaan

1 Jahwe sprach zu Abram: Zieh weg aus deinem Land, von deiner Verwandtschaft und aus deinem Vaterhaus in das Land, das ich dir zeigen werde. 2 Ich will dich zu einem großen Volk machen, dich segnen und deinen Namen groß machen. Ein Segen sollst du sein. 3 Ich will segnen, die dich segnen; wer dich verwünscht, den will ich verfluchen. Durch dich sollen alle Geschlechter der Erde Segen erlangen. 4 Da zog Abram weg, wie Jahwe ihm geboten hatte, und mit ihm ging auch Lot. Abram war fünfundsiebzig Jahre alt, als er aus Haran fortzog. 5 Und Abram nahm mit seine Frau Sarai, seinen Neffen Lot und alle ihre Habe, die sie erworben, und die Knechte und Mägde, die sie in Haran gewonnen hatten. Sie wanderten nach Kanaan aus, und sie kamen in das Land. 6 Abram durchzog das Land bis zu der Stätte von Sichem, bis zum Orakelbaum. Damals waren die Kanaanäer im Lande. 7 Und Jahwe erschien Abram und sprach: Deinen Nachkommen will ich dieses Land geben! Und er baute dort einen Altar für Jahwe, der ihm erschienen war. 8 Von da brach er auf zum Bergland östlich von Bet-El. Er schlug sein Zelt so auf, daß er Bet-El im Westen und Ai im Osten hatte. Und er baute Jahwe einen Altar und rief den Namen Jahwes an. 9 Dann zog Abram immer weiter, dem Negev zu.

Gen 12,1-9

Voraufgegangen sind die Verse 11,27-32, eine Genealogie Terachs, dem Vater Abrahams. Sie verbinden rückblickend mit der Urgeschichte und führen nach vorne über Abraham in die Geschichte des späteren Israel. Abraham, der Stammvater, ist auch Abraham, der Sohn. Über Terach ist Abraham mit der voraufgehenden Menschheitsgeschichte verbunden. Israel soll sich seiner Wurzeln in der Völkerwelt bewußt bleiben.

Der Ort, von dem Abraham aufbricht, ist die Gegend um Haran in Nordwestmesopotamien, nahe der heutigen syrisch-türkischen Grenze. Das Land, das Jahwe ihm zeigen will, ist Kanaan. Fast alle

Genesis

Kommentatoren unterstellen, Abraham sei aus einer seßhaften Existenz aufgebrochen, um heimatloser Nomade zu werden. Für diese Zeit aber gab es noch nicht Begriff und Erlebnis von »Heimat«. Auch Seßhaftigkeit allein begründete nicht Heimat, wenn sich damit keine emotionalen Bindungen verknüpfen. Hinter der dreifachen Umschreibung, sein Land, seine Verwandtschaft und sein Vaterhaus verlassen zu sollen, steht auch nicht allein Abraham, sondern zugleich die von ihm ausgehende Väter- und Volksgeschichte. Hintergründig verweist der spätere Erzähler damit schon auf den Exodus, den eigentlichen Auszug ins Unbekannte. So überlagern Deutungen späterer Zeit diese scheinbar einfache Geschichte, die im Glanz der Königszeit aufgeschrieben wurde.

Mit der Weisung an Abraham verbindet sich ein dreigliedriger Segen, der zunächst Abraham, dann denen, die mit Abraham zusammenkommen und schließlich allen Geschlechtern der Erde gilt. Das segnende Wirken Gottes ist in der Bibel kein momentaner Akt, sondern ein stetiger Prozeß, mit dem Gott durch die Zeiten begleitet. Der Segen soll Abrahams Nachkommen zu einem großen Volk machen. So richtet sich der Text erneut auf eine Zukunft jenseits der Väterzeit. Für den Erzähler erfüllt sich dieser Segen in der Blütezeit Israels im König, der allein einen »großen Namen« trägt (2 Sam 7,9; 8,13; 1 Kön 1,47). Das Verhalten anderer Menschen zu Abraham kann ihnen zum Segen oder auch zum Fluche werden. Damit verbindet sich ein Verständnis von Segen und Fluch als selbstwirkendes Wort, das als magische Schutzformel diente.

Die Verse 4-5 sind eine Einfügung aus der Priesterschrift. Die in V 6-9 genannten Stationen liegen räumlich bereits im kanaanäischen Bereich, nicht weit voneinander entfernt. Aber Abraham »durchzog das Land«. Es wird nicht sein Besitz, er bleibt Wanderhirt. Als erste Station wird der Orakelbaum bei Sichem genannt, ein heiliger Ort, wie er bei allen Völkern der Welt bekannt ist (→ S. 76). Die Wanderhirten dieser Zeit suchten auf ihren Wegen solch heilige Orte auf, die in freier Natur außerhalb einer Siedlung lagen: Naturheiligtümer, die keine Menschenhand gebaut hat. In späterer Zeit wurden solche Kulte von Baum, Stein oder Quelle als Gefährdung des Jahweglaubens verstanden. Indem der Erzähler den Orakelbaum mit den »Kanaanäern im Lande« verbindet, will er diese Naturfrömmigkeit in eine Zeit verweisen, die nun weit zurückliegt. Das Christentum hat erneut an die Mantik solcher Orte mit Kirchen und Kapellen angeknüpft.

Hier nun »erscheint« Jahwe dem Abraham. Die Wendung begegnet wortgleich ebenfalls Gen 17,1; 18,1; 26,2; 26,24; 35,9. An allen Stellen ist ihre späte Entstehung nachweisbar. Sie meint ein Reden Gottes, ohne daß »übernatürliche« Begleitumstände damit verbunden sind. Auch die Verheißung des Landes, die dann erfolgt, geht nicht auf die Väterzeit zurück, sondern verbindet aus später Rückschau die Väter- und die Volksgeschichte. Mit dem Bau eines Altars antwortet Abraham darauf: Er »legt seine Hand auf ein Land, das in festen Händen ist«, aber mitnichten ihm gehört. Dieser Altar ist kein »Bauwerk«; er kann aus wenigen Steinen oder auch nur aus Erde bestanden haben. Am nächsten Rastplatz zwischen Bet-El und Ai errichtet er wiederum einen Altar. Zelt und Altar gehörten zusammen. Alle Formen des Gottesdienstes lagen in der Hand der Väter. Danach zog Abraham dem Negev zu, einem Trockenland, das sein eigentlicher Lebensbereich wurde.

Der wandernde Jude

Weit verbreitet über Jahrhunderte und in allen europäischen Völkern ist das Motiv vom wandernden Juden, der bis zum Jüngsten Tag ein rastloses Leben führen soll, ohne Heimat zu finden. Diese Gestalt erhielt in einem Volksbuch von 1602 den Namen Ahasverus. Die christliche Perspektive sah in ihm den Spötter und Feind Christi, der verurteilt sei, alle hundert Jahre bis auf das Jesus-Alter von dreißig Jahren verjüngt zu werden. Das Volksbuch stellt ihn als jüdischen Schuhmacher aus Jerusalem vor. Als Jesus, sein Kreuz schleppend, eine Weile vor dessen Haus stehen blieb, um auszuruhen, habe ihn der Schuhmacher schmähend davon gejagt, worauf Jesus zur Antwort gab: »Ich will stehen und ruhen, aber ihr sollt gehen.«

Seither irrt Ahasverus umher. In vielen späteren Varianten verliert das Motiv seine antijüdischen Töne zugunsten einer exemplarisch menschlichen Schicksalsgestalt. Man nennt Ahasver jetzt den »wandernden Juden«, englisch »the wandering jew«, französisch »le juif errant«, italienisch »l'ebreo errante«, kleidet ihn in Tugend und Frömmigkeit, und stellt nun dessen tragisches Schicksal, aber auch seine seltsamen Verhaltensweisen deutlich heraus. So kann er nicht still sitzen und schlafen, wenn er irgendwo zu Gast ist. Er hat die Erde mehrfach umrundet, schon »Berge von Schuhen zerrissen« und geht nun barfuß. Er wird zum Zeugen vergehender Kulturen. Wo einst blühende Städte standen, sieht er oftmals verwüstetes Land. Er erscheint als Exponent der von Christen aufgebürdeten »Kollektivsünde« des jüdischen Volkes, das zu ewiger Zerstreuung und zum heimatlosen Umherirren in der Welt verurteilt ist. Zugleich aber auch umgekehrt: er ist die Symbolfigur aller ungerechten Ausstoßung und Verfolgung dieses Volkes und Ausdruck seines Wunsches, wieder eine Heimat zu bekommen.

Haran (hebr. *charan*), bedeutende Stadt im Nordwesten Mesopotamiens, gilt als Station auf der Wanderung Abrahams (Gen 11,31) und als Wohnsitz seines Neffen Laban (Gen 27,43), zu dem Jakob flüchtete.

Negev (hebr. »Süden«), Wüstengegend mit Hauptort → Beerscheba, dessen Klima und Fauna in biblischer Zeit gefürchtet waren.

Orakelbaum. 2 Sam 5,22-25 deutet das Geräusch in den Wipfeln der Baka-Bäume als Zeichen zum Angriff. Zwar verbietet Dtn 18,9-22 magische Praktiken, doch berührte dies nicht den Wunsch, vor schwierigen Entscheidungen durch ein Ritual Gott zu befragen (Ri 18,5). Neben Naturorakeln gab es in Israel Los-Orakel (1 Sam 14,41 ff.; 23,9; 28,6; 30,7 ff.; 2 Sam 5,19; Ri 1,1; 20,18.23; Jon 1,7 ff.). Das Orakel *urim* und *tummim* war – vor größeren Unternehmungen – eine kultische Befragung der Gottheit (Ex 28,30; Lev 8,8; Num 27,21; Esr 2,63; Neh 7,65). Auch die babylon. Opferschau, bei der die Leber des Tieres nach Wahrzeichen untersucht wurde, könnte praktiziert worden sein (Ez 21,26 ff.). S. a. → S. 230.

10 Es entstand aber eine Hungersnot im Lande. Da zog Abram nach Ägypten hinab, um dort zu bleiben; denn die Hungersnot lastete schwer auf dem Land. 11 Und als er nahe dabei war, nach Ägypten hineinzukommen, sagte er zu seiner Frau Sarai: Sieh doch, du bist eine schöne Frau. 12 Wenn dich die Ägypter nun sehen, werden sie sagen: Sie ist seine Frau! Und sie werden mich umbringen, dich aber am Leben lassen. 13 Sag doch, du seist meine Schwester, damit es mir gut geht wegen dir und ich am Leben bleibe um deinetwillen. 14 Und es geschah, als Abram nach Ägypten kam, sahen die Ägypter, daß die Frau sehr schön war. 15 Die Hofbeamten des Pharao sahen sie und rühmten sie vor dem Pharao. Da holte man die Frau in das Haus des Pharao. 16 Abram aber behandelte er um ihretwegen gut: Er erhielt Schafe und Ziegen, Rinder und Esel, Knechte und Mägde, Eselinnen und Kamele. 17 Jahwe aber schlug wegen Sarai, der Frau Abrams, den Pharao und sein Haus mit schweren Plagen. 18 Da ließ der Pharao Abram rufen und sagte: Was hast du mir angetan? Warum hast du mir nicht gesagt, daß sie deine Frau ist? 19 Warum hast du gesagt: Sie ist meine Schwester, so daß ich sie mir zur Frau nahm? Nun aber, siehe, da ist deine Frau. Nimm sie und geh! 20 Und der Pharao ordnete seinetwegen Leute ab, die ihn, seine Frau und alles, was ihm gehörte, fortgeleiten sollten.

Gen 12,10-20

Das hier vorliegende Motiv begegnet erneut Gen 20; dort gibt Abraham seine Frau Sara vor Abimelech, dem König von Gerar, als seine Schwester aus. In Gen 26 schließlich ist es Isaak, der seine Frau Rebekka vor Abimelech verleumdet und preisgibt. Von diesen drei Varianten ist Gen 12 die älteste.

Eine Hungersnot begründet den Weg nach Ägypten. Doch noch bevor beide Ägypten erreichen, erwägt Abraham die größere Gefahr: Da Könige gern die schönsten Frauen für ihren Harem begehren und Sara ansehnlich ist, könnte Abraham als Ehemann diesem Wunsch im Wege stehen: »Sag doch, du seist meine Schwester!« Damit stellt er sie, um das eigene Leben besorgt, einem anderen zur Verfügung. Sara bleibt stumm gegenüber diesem Ansinnen. Der Erzähler rückt sie in die Opferrolle.

Tatsächlich sticht Sara den Ägyptern ins Auge. Sie rühmen die überaus Schöne vor dem Pharao. So nimmt er Sara auf in seinen Palast, während er »ihren Bruder« mit reichen Geschenken bedenkt, die in diesem Fall als Brautpreis für die »Schwester« anzusehen sind. Abraham geht es nun gut, aber auf Kosten seiner Frau.

Das fordert Jahwe heraus. Er interveniert mit »Plagen«, die den Stärksten treffen zugunsten der Schwächsten, bis der Pharao den Zusammenhang erfaßt und Abraham zur Rechenschaft zieht: »Warum hast du mir nicht gesagt, daß sie deine Frau ist«? In einer dreifachen Anklage beschämt er Abraham. Mit solch einem Menschen will er nichts mehr zu tun haben: »Nimm sie und geh!« Er befiehlt, beide des Landes zu verweisen. Abraham zieht als Gedemütigter davon.

Während sich der Pharao als gottesfürchtiger und nobler Herrscher zeigt, steht ihm Abraham als ein kleingläubiger und verschlagener Gauner gegenüber. Seine Angst hat sich als unbegründet erwie-

sen. Das Motiv, seine Frau einem anderen preiszugeben, war Feigheit aus vorurteilsbeladener Angst.
Den Vorwürfen des Pharao kann er nichts entge-
gensetzen. Abrahams List ging allein auf Saras Kosten. Deren Bedrückung fand nur dadurch ein
Ende, daß Jahwe sich auf die Seite der Schwächsten
stellte. Damit rückt Gen 12,1-4 unter ein anderes
Vorzeichen: Der Gesegnete, der zum Segen für andere Erdstämme werden soll, gerät durch seine
Lüge zur Bedrohung anderer. Er wird seiner Berufung nicht gerecht.

Die Verbindung dieser Erzählung mit den späteren Exodustradition im heutigen Pentateuch
schafft eine besonders hintergründige Parallelität:
Die Plagen, die den Pharao treffen, führen zur Befreiung Saras aus dem Harem. Wenn die späteren
Nachkommen Abrahams einer erneuten Hungersnot wegen wieder nach Ägypten ziehen und wieder
in Abhängigkeit geraten, so verkörpert Sara bereits vorab das in Sklaverei geratene Volk: In Saras
Befreiung findet sich die Befreiung Israels aus
Ägypten vorentworfen.

Abraham und Hagar – Ismaels Geburt

¹ Sarai, Abrams Frau, gebar ihm keine Kinder. Sie hatte aber eine
ägyptische Magd namens Hagar. ² Sarai sagte zu Abram: Jahwe hat
mir Kinder versagt. Geh doch zu meiner Magd ein! Vielleicht lebe ich
durch sie in einem Sohn weiter. Abram hörte auf Sarai.

³ *Da nahm Sarai, Abrams Frau, die Ägypterin Hagar, ihre Magd –
zehn Jahre, nachdem sich Abram in Kanaan niedergelassen hatte –,
und gab sie ihrem Mann Abram zur Frau.*

⁴ Er ging zu Hagar ein, und sie wurde schwanger. Als sie aber merkte,
daß sie schwanger war, verlor die Herrin in ihren Augen an Achtung.
⁵ Da sagte Sarai zu Abram: Das Unrecht, das ich leide, komme auf
dich. Ich selbst habe dir meine Magd überlassen. Sobald sie merkt,
daß sie schwanger ist, verliere ich schon an Achtung bei ihr. Jahwe
richte zwischen mir und dir. ⁶ Abram entgegnete Sarai: Siehe, deine
Magd ist in deiner Hand. Mache mit ihr, was in deinen Augen gut ist.
Da behandelte Sarai sie so hart, daß ihr Hagar davonlief. ⁷ Der Engel
Jahwes fand sie an einer Quelle in der Wüste, an der Quelle auf dem
Weg nach Schur.

⁸ Und er sprach: Hagar, Magd Sarais, woher kommst du, und wohin
gehst du? Sie antwortete: Vor Sarai, meiner Herrin, bin ich auf der
Flucht. ⁹ Da sprach der Engel Jahwes zu ihr: Kehre zurück zu deiner
Herrin, und ertrag ihre Behandlung! ¹⁰ Und der Engel Jahwes sprach
zu ihr: Deine Nachkommen will ich so zahlreich machen, daß man
ihre Menge nicht zählen kann. ¹¹ Weiter sprach der Engel Jahwes zu
ihr: Du bist schwanger, du wirst einen Sohn gebären, dem sollst du
den Namen Ismael (Gott hört) geben; denn Jahwe hat auf dein Elend

*Erhaltene Bilder von Mann und Frau
aus dem Alten Ägypten sind überwiegend
Grabdarstellungen. Im Standbild des
Priesters Tenti und seiner (namenlosen)
Frau (Kalkstein, um 2400 v. Chr.) kommt
die innige Verbindung des Paares durch die
Berührung der Arme und die ineinander-
gelegten Hände zum Ausdruck.*

**Abraham oder Abram, Sarai oder
Sara.** Beide Namensformen sind als
Dialekt-Varianten zu verstehen. Das
Konstrukt der priesterschriftl. Umbe-
nennung verbindet sich mit einer Volks-
etymologie, die dem sprachgeschichtli-
chen Verständnis der Namen nicht
gerecht wird.

Männer und Frauen leben auf einer Bühne, auf der sie die ihnen übertragenen Rollen darstellen, die gleich wichtig sind ... Aber das Bühnenbild ist von Männern entworfen, gemalt und festgelegt; Männer sind die Autoren des Stücks, sind die Regisseure der Aufführung, interpretieren die Bedeutung der Handlung. Sie haben sich selbst die interessantesten, heldenhaftesten Rollen vorbehalten und den Frauen die helfend-unterstützenden Rollen zugedacht.

Es dauert ziemlich lange, bis Frauen begreifen, daß sie nicht gleichberechtigt sind, wenn sie »gleichwichtige« Rollen haben, solange das Textbuch, die Requisiten, das Bühnenbild und die Regie unangefochten in der Hand von Männern liegen. Sobald die Frauen das bemerken und sich zwischen den Akten oder gar während des Auftritts zusammenrotten, um zu diskutieren, wie sich die Situation ändern ließe, ist das Schauspiel zu Ende. Wenn wir die interpretierte und aufgezeichnete Geschichte der Gesellschaft betrachten, als wäre sie ein solches Stück, so stellen wir fest, daß die Geschichte der Aufführungen während Tausender von Jahren nur von Männern aufgeschrieben und in ihren Worten erzählt worden ist. Ihre Aufmerksamkeit hat sich meist auf das Handeln von Männern gerichtet, und so überrascht es nicht, daß ihnen vollkommen entgangen ist, was Frauen getan haben.

Wie wird die Geschichtsschreibung aussehen, wenn der Schirm der männlichen Dominanz entfernt worden ist und Frauen und Männer an der Definition der Dinge in gleicher Weise beteiligt sind? Werden wir die Vergangenheit entwerten, die Kategorien außer Kraft setzen, und wird Chaos die Ordnung zerstören? Nein, wir werden nur hinaus ins Freie treten. Wir werden beobachten, wie der Himmel sich verändert, wie die Sterne scheinen und der Mond auf seiner Bahn kreist; und wir werden die Erde und ihre Produkte mit männlicher und weiblicher Stimme beschreiben. Wir werden mit einem umfassenden und zugleich tiefergehenden Blick sehen. Wir wissen, daß Männer nicht der Maßstab für das Menschliche sind, sondern Frauen und Männer charakterisieren, was Menschsein bedeutet. Männer stehen nicht im Mittelpunkt des Weltgeschehens, sondern Frauen wie Männer. Diese Einsicht wird das Bewußtsein ebenso stark verändern wie die Entdeckung des Kopernikus, daß die Erde sich nicht im Mittelpunkt des Universums befindet.

Gerda Lerner

gehört. [12] Er wird ein Mensch sein wie ein Wildesel. Seine Hand gegen alle, die Hände aller gegen ihn! Allen seinen Brüdern setzt er sich vors Gesicht. [13] Da nannte sie den Namen Jahwes, der zu ihr gesprochen hatte: Du bist ein Gott, der mich sieht. Sie sagte nämlich: Habe ich hier nicht den gesehen, der nach mir sah? [14] Darum nennt man den Brunnen Beer-Lahai-Roï (Brunnen des Lebendigen, der nach mir sieht). Er liegt zwischen Kadesch und Bered.

[15] *Hagar gebar dem Abram einen Sohn, und Abram nannte den Sohn, den ihm Hagar gebar, Ismael.* [16] *Abram war sechsundachtzig Jahre alt, als Hagar dem Abram Ismael gebar.*

Gen 16,1-16

Vers 1 beginnt mit Sara und endet mit Hagar. Beide Frauen stehen einander polar gegenüber. Kinderlosigkeit, soziale Ungleichheit und der Mann Abraham bilden das Konfliktpotential. Die unfreie Frau wird als Ägypterin vorgestellt. Zum Brautpreis für Sara gehörten Sklaven und Sklavinnen. Saras Problem ist ihre Unfruchtbarkeit, die sie auf Jahwe zurückführt. Die alte Welt konnte sich Empfängnis und Geburt ohne göttliche Zustimmung nicht denken. Doch nun ersinnt Sara eine Lösung, die göttliche Verheißung zu erfüllen: Abraham soll mit ihrer Sklavin ein Kind zeugen. Dies galt nicht als sittenwidrig; das Kind, das der Ehemann mit der Sklavin seiner Frau zeugte, war legitimes Kind der Eheleute. Insofern ist Hagar als Sklavin auch nicht präzise genug gekennzeichnet. Sie war Saras Dienerin, stand in einem Vertrauensverhältnis zu ihr und nur Sara hatte die Verfügungsgewalt über sie. (In den Südstaaten Amerikas galten vor Abschaffung der Sklaverei ähnliche Gesetze.)

Gegenüber der Aufforderung »Geh doch zu meiner Magd ein! Vielleicht lebe ich durch sie in einem Sohn weiter«, bleibt Abraham ebenso stumm, wie Sara unter Abrahams Preisgabe. »Er ging zu Hagar ein und sie wurde schwanger.« War in den Konflikt Gen 12,10-20 der Pharao als der mächtigste Herr einbezogen, so ist es jetzt die ägyptische Sklavin als schwächste Frau. Doch die bis dahin stumme Hagar wird, sobald sie schwanger ist, eine selbstbewußte Frau. Wie sich das äußert, wird nicht erzählt, aber Sara spürt es. Allerdings setzt sie sich nicht mit ihrer Sklavin auseinander, sondern wendet sich an den Mann: »Das Unrecht, das ich leide, komme auf dich. Ich selbst habe dir meine Magd überlassen. Sobald sie merkt, daß sie schwanger ist, verliere ich schon an Achtung bei ihr. Jahwe richte zwischen mir und dir.« Der Mann, der Saras Herrinnenstatus schützen soll, reagiert distanziert: »Deine Sklavin ist in deiner Hand. Mache mit ihr, was du für richtig hältst!« Er entzieht der Frau, die sein Kind trägt, jegliche Unterstützung. Zu beachten ist, daß im Munde Abrahams und Saras die ägyptische Sklavin keinen Namen hat; nur der Erzähler nennt sie Hagar. Das Ehepaar benutzt sie ausschließlich als Problemlöserin. Nach heutigen Maßstäben heißt das »sexuelle Ausbeutung einer abhängigen Frau«. Doch Saras harte Unterdrückung beantwortet die selbstbewußt gewordene Hagar mit Flucht. Darauf standen im Alten Orient drakonische Strafen. Entflohene Sklaven mußten unter allen Umständen ihren Herren wieder zugeführt werden. Der altbabylonische

Codex Hammurabi von ca. 1700 v. Chr. sah in seinen letzten fünf Paragraphen (278-282) die Sklaven juristisch nur als Sachen und unterstellte sie dem Eigentumsrecht, doch gab es selbst noch im 19. nachchristlichen Jahrhundert Sklavenverhältnisse, die sich von jenen zu Hammurabis Zeiten kaum unterschieden. Dieses kodifizierte Recht kennt die Bibel nicht: Dtn 23,16 f. verbietet sogar die Auslieferung entflohener Sklavinnen und Sklaven: »In deiner Mitte soll der Flüchtige wohnen dürfen, in einem Ort, den er sich in einem deiner Stadtbereiche auswählt, wo es ihm gefällt. Du sollst ihn nicht ausbeuten.« Darin spiegelt sich Israels Freiheitsverständnis wieder, das zu Solidarität mit Unterdrückten verpflichtet, nachdem der eigene Gott das Volk aus der Sklaverei Ägyptens herausführte.

Der zweite Teil der Erzählung ist nicht mehr einheitlich. Die Grunderzählung erfuhr spätere Erweiterungen, welche die ursprüngliche Handlung verändern. Eine Spur dieses Eingriffs ist in den Versen 9-10 erkennbar: Zunächst gilt der alte Erzählfaden noch: Hagar flieht in die Wüste und rastet an einem Brunnen. Dort begegnet ihr der »Bote Gottes« in der Gestalt eines Menschen, dem sie wahrheitsgemäß sagt: »Ich bin meiner Herrin Sara davongelaufen.« Vermutlich hat die Grunderzählung eine Rückkehr Hagars nicht gekannt. Nachdem aber in einer späteren Redaktion die Parallelerzählung von Isaaks Geburt und Hagars Vertreibung in den Gesamtzyklus eingefügt wurde, mußte Hagar wohl oder übel noch einmal zu Sara und Abraham zurückkehren. Darum verfügt nun der Bote Gottes: »Kehre heim zu deiner Herrin und beuge dich unter ihre Gewalt!« Damit wird die ursprüngliche Emanzipations- und Rettungserzählung in einen »text of terror« umgedreht. Die Aufforderung, sich unterdrücken zu lassen, und zwar nun noch mehr als vorher, rechtfertigt nachträglich Saras Härte. Jahwe wird als Garant der orientalischen Sklavengesetze in Anspruch genommen, wonach der entflohene Unfreie seinen Herren zurückgebracht werden mußte. Das damit gezeichnete Gottesbild widerspricht extrem dem Gott des Exodus aus der Sklaverei.

Dieser Ausgang bleibt im Endtext jedoch nicht unkorrigiert stehen. Die Erzählung wurde durch die Einbeziehung der Priesterschrift noch einmal bearbeitet und bekam damit eine weitere Sinnverschiebung. Die P zugehörigen Teile liegen in den Versen 3 und 15 f. vor und verfolgen ein genealogisches Interesse. Als priesterschriftliche Anteile von Gen 16 sind sie eine geschlossene Einheit: Alle Personen werden neu vorgestellt. Zwar stiftet auch hier Sara Abrahams Beziehung zu Hagar an, doch gibt sie ihm Hagar nicht zum stellvertretenden Gebären, sondern zur Frau, was der Text in seinem hebräischen Ausdruck für (eine freie) Frau deutlich macht. Ismael wird nicht für Sara geboren. Hagar wird als Sklavin Ehefrau ihres Herrn und damit eine Freie. So schwächte dieser Bearbeitungsschritt die Wendung der ursprünglichen Befreiungsgeschichte zur Unterdrückungsgeschichte ab, wenn auch um den Preis verschiedener Brüche. Erhält in V 11 der Sohn noch von der Mutter seinen Namen, so gibt ihn in V 15 der Vater. Dadurch entsteht die »Absurdität, daß Abraham seinen Sohn mit jenem Gedächtnisnamen benennt, der die Befreiung der Mutter aus der Sklaverei, an der er wesentlich beteiligt war, vergegenwärtigt« (Irmtraud Fischer).

Frauen in der Bibel

Lucas Cranach d. Ä. (1472–1553), Simson und Delila.

Üblicherweise stehen am Anfang der Geschichte Israels die Patriarchen, die als die Ahnen des Volkes gelten. Der Gott, der sie rief und ihnen Nachkommen verhieß »so zahlreich wie den Staub der Erde«, ist der Gott Abrahams, Isaaks und Jakobs, also der Gott von Männern, als sei Nachkommenschaft und Geschichte eine reine Männersache. Jahwe wird ebenfalls männlich gedacht, so daß die These naheliegt, ein männerzentriertes Menschenbild, eine entsprechend sexistische Theologie und eine Darstellung Gottes in männlichen Kategorien führten zu einem Religions- und Gesellschaftssystem, das Frauen kaum Eigenständigkeit und Mündigkeit einräumt.

Tatsächlich ist der Blick in die Bibel für ein feministisches Bewußtsein weithin enttäuschend, weil dort eine israelitische und jüdische Gesellschaft begegnet, die deutlich patriarchal geprägt ist. Die meisten Bücher der Bibel haben einen langen Entstehungsprozeß. Sie wurden von männlich dominierten Kollektiven geschrieben und redigiert und geben daher durchweg eine männlich bestimmte Sicht wieder. Diese einseitige Akzentuierung mag dazu raten, sie aus einem skeptischen Vorbehalt zu lesen. Alle Texte stammen von Menschen, die des Schreibens mächtig waren und somit ihre Ansichten tradieren konnten. Wenn auch nicht auszuschließen ist, daß Frauen bisweilen Anteil an der Fassung einzelner Traditionen hatten, gilt trotzdem, daß die Bibel insgesamt ein androzentrisch (von griech. andros, der Mann) geprägtes Buch ist.

Dies gilt auch für den christlichen Umgang mit der Bibel. Bis zum Tage haben nur Männer die Bibel übersetzt und damit die Vorherrschaft des eigenen Geschlechtes verstärkt. Nicht selten hat die theologische Auslegung und Wirkungsgeschichte sogar die originäre Intention des Textes überspielt. Berühmtestes Beispiel ist die Auslegung der jahwistischen Schöpfungserzählung, die von der Ersterschaffung des Mannes, der Verführungsmacht der Frau und ihrer größeren Neigung zur Sünde ausgeht. Daran haben viele frauenfeindliche Tendenzen des Neuen Testaments (→ S. 572 ff.), der Kirchenväter und der späteren Theologie angeknüpft. Auch hat die theologische Reflexion nur Männertexten Relevanz zuerkannt. So geht es im Abrahamzyklus allein um dessen Handeln; der bedeutsame Anteil Saras ist in der Theologiegeschichte kaum beachtet worden. Weitere Engführungen resultieren aus den frei gewählten Überschriften vieler Erzählungen, die den weiblichen Anteil der Geschichte noch weiter zurückdrängen. In der kirchlichen Praxis wirkt sich das so aus, daß im gottesdienstlichen Leseplan Frauentexte kaum oder nur marginal vorkommen und Predigten darüber noch seltener sind.

Delila entlockte Simson das Geheimnis seiner Kraft, schnitt ihm im Schlaf die Locken und verriet ihn an die Philister, die ihm die Augen ausstachen und in Gefangenschaft führten (Ri 16). Simson gab sein Geheimnis preis, weil er die Frau liebte, – aber, so will es diese Geschichte wissen: »Frauen kann man grundsätzlich nicht trauen ...« Ein zähes Vorurteil.

Insgesamt stellt sich die Frage, inwieweit die gesellschaftliche Minderstellung der Frau durch den biblischen Streit zwischen dem einen Gott und den daneben verehrten vielen anderen Göttern, insbesondere den weiblichen Gottheiten, gefördert wurde. Diese Frage hängt mit der Bewertung des Monotheismus (→ S. 286 f.) zusammen. Aus feministischer Sicht wird kritisiert, monotheistische Systeme beeindruckten zwar durch denkerische Durchbrüche und ihre Konzentration auf Wesentliches. Bedenklich hingegen sei, »daß sie es mit sich selbst nicht aushalten, bzw. daß es die Menschen in der religiösen Praxis mit ihnen nicht aushalten. Kaum ist man zu der Erkenntnis gelangt, daß die Prinzipien von Gut und Böse nicht auf verschiedene Mächte aufgeteilt sein können, erscheint auf der theologischen Bühne der Satan (vgl. 1 Chr 21 mit 2 Sam 24 und die Rahmung des Ijobbuches). Kaum ist das Bekenntnis zum einzigen Gott deutlich formuliert, erhält der Einzige schon Gesellschaft: den Menschensohn im Danielbuch, die Weisheit in den Weisheitsschriften, die Heerscharen von Engeln und Zwischenwesen ..., Heiligenverehrung und Marienfrömmigkeit, die theologisch Systemwidrigkeiten darstellen, zeigen in der religiösen Praxis zudem immer die Bedürfnisse der Menschen an, denen diese Religion nicht entsprechen konnte« (Silvia Schroer).

Es wäre jedoch ein Kurzschluß zu unterstellen, ein lebendiger Göttinnenkult verweise auf eine starke Position der Frau in der gleichen Kultur. Sowenig die Marienverehrung einen Rückschluß auf die Rechte und Ämter der Frau in der katholischen Kirche einräumt oder der Kult der weiblichen Gottheiten in Indien die Stellung der Frau in der indischen Gesellschaft spiegelt, sowenig ist für Israel ein frauenfreundliches Milieu zu unterstellen, als man noch die Aschera verehrte. Einerseits wurde und wird der Göttinnenkult von Männern wie von Frauen getragen, andererseits können weibliche Gottheiten auch aggressive und lebensfeindliche, immer jedenfalls ambivalente Aspekte verkörpern, wie sich etwa am Durga-Kult in Indien studieren läßt.

Wenn der Monotheismus in seiner nachbiblischen Entwicklung deutlich zur Legitimation politischer Herrschaft beigetragen hat und zumal Frauenrechte klein hielt, so waren damit auch Verengungen verbunden, wie sie sich in »ausgemergelten Gott-Vater-Allmächtiger-Bildern« der kirchlichen Tradition darstellen, obwohl ihnen ein größerer Reichtum an Gottesbildern in der Jüdischen Bibel gegenübersteht: »Da ist Gott auch eine Frau in Geburtswehen, eine tröstende Mutter, ein Herr der Tierwelt oder eben die Weisheit in Gestalt einer Frau, die als Lehrerin, Prophetin, Hausbauerin, Ratgeberin, Mitschöpferin der Welt auftritt« (Silvia Schroer). Aus jüdischer Sicht wird ergänzt: »Nach feministischer Auffassung muß Gott, um einer zu sein, die Eigenschaften und Charakteristika sozusagen des ganzen Pantheons in sich vereinen; nichts darf ausgespart bleiben« (Judith Plaskow). Anders gesagt: »Ein authentischer Monotheismus findet seinen Ausdruck nicht in einem einzelnen Bild, sondern in einer umfassenden Einheit vieler Bilder, so vieler, wie nötig sind, um die Vielfältigkeit unseres individuellen Lebens auszudrücken« (Marcia Falk).

Das System des Patriarchats ist ein historisches Konstrukt. Es hat einen Anfang, und es wird ein Ende haben. Seine Zeit scheint zur Neige zu gehen – es dient nicht länger den Bedürfnissen von Männern und Frauen, und seine unauflösliche Verstrickung mit Militarismus, hierarchischer Struktur und Rassismus ist eine unmittelbare Bedrohung für den Fortbestand des Lebens auf unserem Planeten ...

Solange wie Männer und Frauen die Unterordnung der einen Hälfte der Menschheit unter die andere als »natürlich« betrachten, ist es unmöglich, sich eine Gesellschaft vorzustellen, in der Unterschiede nicht zugleich Unterordnung und Dominanz bedeuten ... Der androzentrische Irrtum, von dem das gesamte Denken der westlichen Zivilisation zutiefst geprägt ist, kann nicht einfach durch das »Hinzufügen« der Frauen korrigiert werden. Zur Richtigstellung ist eine radikale Umstrukturierung des Denkens und der Analyse erforderlich, mit der ein für allemal die Tatsache anerkannt wird, daß die Menschheit zu gleichen Teilen aus Männern und Frauen besteht und daß die Erfahrungen, Gedanken und Einsichten beider Geschlechter in jeder verallgemeinernden Aussage über menschliche Wesen repräsentiert sein müssen.

Gerda Lerner

Die lange Küstenebene unterbricht nur das Karmelgebirge, über dem nach Norden hin das phönizische Gebiet beginnt. Hinter dem Küstenstreifen erhebt sich hügeliges und bergiges Land; im Süden die Schefela, daran nach Norden anschließend die Berge Samarias und schließlich das galiläische Bergland. Zwischen Samaria und Galiläa die Jesreelebene. Von West nach Ost steigt das Land beständig an, um nach der Wasserscheide, die etwa auf der Linie Jerusalem – Sichem liegt, steil zur Jordansenke und zum Toten Meer hin abzufallen.

Jenseits des Jordan folgt erneut ein steiler Anstieg; danach geht das Gelände in hügeliges, dann zunehmend flaches Gebiet über, das sich in die Arabische Wüste hinein fortsetzt.

Landwirtschaftlich günstige Bedingungen haben alle Regionen mit einer durchschnittlichen Niederschlagsmenge von mehr als 500 mm pro Jahr. Bei weniger als 200 mm Niederschlag ist Ackerbau unter natürlichen Bedingungen nicht mehr möglich. Die oft benutzte Wendung »von Dan bis Beerscheba« beschreibt das in biblischer Zeit bewohnte Gebiet, das unter gewöhnlichen Bedingungen landwirtschaftlich zu nutzen war. Da die vom Mittelmeer her kommenden Wolken am aufsteigenden Bergland abregnen, geht das jenseits der Wasserscheide liegende Land bald von Steppe in Wüste über. An den Bergen des Ostjordanlandes können die Wolken noch einmal abregnen, danach wandelt sich das Land für etwa 30 km in Steppe und anschließend in Wüste.

Zu Gast bei Abraham

1 Und es erschien ihm Jahwe bei den Eichen von Mamre, als er zur Zeit der Mittagshitze am Zelteingang saß. 2 Wie er aufblickte, siehe, da standen drei Männer vor ihm. Sobald er sie sah, lief er ihnen entgegen vom Zelteingang aus und verneigte sich zur Erde 3 und sagte: Herr, habe ich Gunst gefunden in deinen Augen, so gehe doch nicht an deinem Knecht vorüber! 4 Man hole etwas Wasser; dann könnt ihr euch die Füße waschen und unter dem Baum ausruhen. 5 Ich will inzwischen einen Bissen Brot holen, daß ihr euch stärken könnt. Später könnt ihr dann weiterziehen. Wozu sonst wäret ihr bei eurem Knecht vorbeigekommen! Sie erwiderten: Tu so, wie du gesagt hast. 6 Da eilte Abraham ins Zelt zu Sara und rief: Nimm schnell drei Maß Mehl, und zwar Weizengrieß! Rühr es an, und backe Brotfladen! 7 Und Abraham lief zu den Rindern, nahm ein zartes, schönes Kalb und gab es dem Knecht; und der beeilte sich, es zu bereiten. 8 Dann holte er Rahm und Milch und das zubereitete Kalb und setzte es ihnen vor. Er selbst wartete ihnen auf unter dem Baum, während sie aßen. 9 Und sie sprachen zu ihm: Wo ist deine Frau Sara? Er sagte: Drinnen im Zelt. 10 Da sprach er: Über ein Jahr um diese Zeit werde ich wieder zu dir kommen, dann hat deine Frau Sara einen Sohn. Sara aber horchte am Zelteingang hinter seinem Rücken. 11 Abraham und Sara aber waren schon alt, vorgerückt an Jahren, und Sara ging es nicht mehr nach der Frauen Weise. 12 Da lachte Sara in sich hinein und dachte: Nun, da ich verwelkt bin, soll ich noch Liebeslust erfahren? Und auch mein Herr ist ja alt! 13 Da sprach Jahwe zu Abraham: Warum hat Sara denn gelacht und gesagt: Soll ich wirklich noch gebären, da ich doch alt bin? 14 Ist denn irgend etwas zu schwer für Jahwe? Übers Jahr um diese Zeit komme ich wieder zu dir; dann hat Sara einen Sohn. 15 Doch Sara leugnete und sagte: Ich habe nicht gelacht! Denn sie fürchtete sich. Er aber sagte: Doch, du hast gelacht. 16 Dann aber machten sich die Männer auf von dort.

Gen 18,1-16

Gast und Gastgeber

Es mag um das Jahr 1045 gewesen sein, als Magnus Olafson König von Dänemark war. Das Christentum faßte erst mühsam Fuß. Die Menschen dachten und handelten, wie es germanischer Sitte seit Jahrhunderten entsprach.

Magnus Olafson war 1042 König geworden. Gegen ihn hatte ein Gefolgsmann, Thorfin, einen Anschlag versucht, bei dem sein Verwandter, Rögnwald, erschlagen wurde. Recht und Brauch verpflichteten den König, den Totschlag zu rächen. Die ausgesandten Häscher vermochten jedoch den flüchtigen Thorfin nicht aufzutreiben, um Tod gegen Tod auszugleichen.

Das Leben ging weiter. So lud der König eines Tages die Großen seines Reiches zu einem Mahle ein. Der Tisch war im Freien gedeckt, doch noch hatten die Gäste nicht Platz genommen, als sie von Ferne eine verwilderte Gestalt auf sich zu eilen sahen. Der Fremde schaute nicht rechts, nicht links, sondern stürzte, ohne Blick und Gruß – für alle Welt unerhört! – an den gedeckten Tisch. Er griff ein Brot, brach ein Stück davon und steckte es in den Mund. Eine solche Mißachtung der Hausherren- und Tischrechte war beispiellos. Erregt sprang der König auf: »Wer bist du?« Der Fremde kaute sein Brot zu Ende, dann sagte er: »Ich heiße Thorfin.« – »Bist du der Jarl (Herzog) Thorfin?« – »So nennen mich die Männer.« Magnus Olafson erbleichte und rang um seine Fassung. Schließlich sagte er: »Wahrhaftig, Thorfin, bei meiner Ehre hatte ich geschworen, sollten wir uns je wieder unter die Augen treten, würdest du niemandem mehr davon erzählen können ...« Und nach einer Pause: »Doch nachdem, was geschehen ist, muß Frieden zwischen uns sein!« Und er lud den Todfeind an seinen Tisch.

Der Vorgang wird nur verständlich, wenn man Gastfreundschaft und Tischgemeinschaft bei germanischen Völkern kennt. Tacitus schrieb, bei ihnen werde der Tisch schon gedeckt, sobald nur der Schatten eines Fremden

Die Gastfreundschaft des Abraham, aus einer hebräischen Handschriftensammlung, Nordfrankreich, 13. Jh.

*in die Türöffnung falle. Die Hoch-
schätzung der Gastfreundschaft schloß
die Unverletzlichkeit des Gastes mit
ein. Dadurch geriet der Wirt gewissermaßen in die Gewalt des Gastes, weil
er für dessen Leib und Leben einste-
hen mußte, selbst wenn er nicht
wußte, wen er in sein Haus aufnahm.*

*Mehr noch: Der Gast war der Stärkere.
Auch wenn er sich mit List Zutritt zum
Tisch des Hauses erschlich, konnte er
dadurch Anteil am Heil des Hauses
gewinnen. Und wenn es nur ein Bissen
Brot oder ein Schluck Wasser war,
es genügte, eine neue Situation zu
schaffen.*

*So machten das Essen und Trinken
vom eigenen Tisch das tiefe Atemho-
len des Friedens sichtbar, den das Heil
des eigenen Hauses sättigte.*

In dieser Erzählung haben sich zwei Traditionen überlagert: Der Besuch der drei Männer und die Verheißung eines Kindes an ein kinderloses Ehepaar. In einer älteren Fassung des zweiten Motivs könnte die Verheißung des Kindes an die Frau ergangen sein, wie dies in entsprechenden Parallelen der Fall ist (vgl. Ri 13,8 ff.) Dort begegnet der Bote Gottes (→ S. 226) ohne Überhöhung von Mensch zu Mensch, alltäglich und profan. Die Szene V 1-8 gehört nicht notwendig zu diesem Motiv. Beide Erzählungen können aufgrund einer Variante, in der die Verheißung an das kinderlose Paar der Dank für erfahrene Gastfreundschaft war, miteinander verknüpft worden sein. Darauf verweist auch die Dreizahl der Gottesboten, die nur hier und in außerbiblischen Parallelen des Motivs begegnet. Ovid überliefert eine ursprünglich griechische Mythe, in der Zeus, Poseidon und Hermes von einem Greis, Hyrieus, freundlich empfangen und bewirtet werden. Nach dem Mahl fordern sie ihn auf, sich etwas zu wünschen. Da er kinderlos blieb, wünscht Hyrieus sich einen Sohn, den er auch durch ein Wunder von ihnen empfängt.

Die Spätzeit der Überlieferung zeigt sich in der griechischen Parallele darin, daß dort Gastfreundschaft nicht mehr selbstverständlich ist wie in Gen 18, sondern bereits mit Lohn oder auch Strafe beantwortet wird. Direkte Abhängigkeit zwischen beiden Linien ist auszuschließen, doch begegnet das Motiv eines Besuchs von Göttern bei Menschen weltweit in vielen Varianten. Homer erzählt: »Denn auch selige Götter, im wandernden Fremdling Bild und jede Gestalt annehmend, durchziehen oft Länder und Städte, daß sie den Frevel der Menschen und ihre Frömmigkeit schauen« (Odyssee, XVII 485-487). Auch im Neuen Testament kehrt das Motiv wieder. Hebr 13,2 wird die Mahnung zur Gastfreundschaft damit begründet, daß »durch sie, ohne es zu ahnen, einige Engel aufgenommen haben«. Zuletzt finden wir das Motiv in dem Märchen der Brüder Grimm »Der Arme und der Reiche« (KHM 87). Natürlich steht hinter diesen Erzählungen wirkliche Erfahrung: Gastfreundschaft war in der Alten Welt lebenswichtig, sie zu verweigern eine Schande, sie zu verletzen ein Frevel, der selbst auf Kosten der eigenen Familie vermieden werden mußte (vgl. Gen 19,4-8; Ri 19,22-24).

Die Besuchsszene führt in eine stille Landschaft und ein einfaches Leben: da sind Baum und Zelt, ein alter Mann, eine alte Frau und die Fremden, noch weit entfernt von städtischem Leben im Tor, im Tempel und am Königshof. Daß gleich zu Beginn gesagt wird: »Es erschien ihm aber Jahwe bei den Eichen von Mamre«, ist eine spätere Ergänzung. Sie widerspricht dem Erzählgesetz eines göttlichen Inkognito, wie es dem Motiv eigen ist und hat auch die Auslegung stark beeinflußt. Angesichts der stillen Szene überrascht die Eile der Gastgeber, denn sonst hat es in den Vätergeschichten niemand eilig. Doch hier ist es Eile, die anderen dient: Ausdruck einer Kultur, die nicht auf Konsumgüter, sondern auf Menschen bezogen ist. Während heute Gastfreundschaft gegenüber einem selbst gewählten Kreis geübt wird, galt sie damals für jeden, der sie brauchte.

Der Dialog Abrahams mit den Besuchern irritiert durch den Wechsel der Anrede im Singular und Plural. Man hat theologische Bedeutung damit verbunden, doch dürfte sich das Problem aus dem Zusammenwachsen von zwei Erzählvarianten erklären, bei denen eine

Genesis

Erzählung drei Boten, die andere nur einen Boten kannte. Die in diesem Gespräch angebotene Gastfreundschaft ist die eines Nomadenscheichs, der einen geachteten Gast bewirtet. Eine solche Praxis reicht im nomadischen Leben der Steppe und Wüste bis in unsere Tage. Das Angebot von »ein wenig Wasser« und »einem Bissen Brot« ist natürlich eine Untertreibung als Ausdruck von Höflichkeit. Der eigene Aufwand soll möglichst gering erscheinen. Ein »zartes, schönes Kalb« sucht Abraham selber aus. Die Frauen backen das Brot, die Männer braten das Fleisch. Frischmilch gibt es gegen den Durst, Sauermilch als köstliche Beigabe. Abraham selbst setzt alles seinen Gästen vor und bedient sie.

Die mit dieser Szene verknüpfte Sohnesverheißung durchzieht den Abrahamzyklus gewissermaßen als Leitmotiv (Gen 11,30; 15,2-4; 16,11; 18,10-14; 21,1-7; außerhalb der Genesis: Ri 13,2-5; 1 Sam 1,17; 2 Kön 4,8-17; Lk 1 und 2). In der vorliegenden Erzählfassung ergeht die Verheißung an Abraham, aber tatsächlich steht Jahwes Handeln an Sara ab V 10 im Mittelpunkt. Sie lauschte – sie lachte. Ihr Lachen ist ein ungläubiges, aber doch so verständliches Lachen: »Nun, da ich verwelkt bin, soll ich noch Liebeslust empfinden? Und mein Herr ist alt!« Von Abrahams Reaktion wird nichts gesagt. Der Gottesbote weist Saras Lachen ab und wiederholt dann die Verheißung von V 10. Es ist aber nicht zu unterstellen, Sara erkenne bereits, daß Jahwe zu ihr spricht. Der Bote repräsentiert den, der ihn sendet, darum wird der Auftraggeber in V 13 einfach an Stelle des Boten genannt. Saras Skepsis wird mit einem fragenden Vorwurf beantwortet: »Ist denn irgend etwas zu schwer für Jahwe?« Und erst mit dieser Frage gibt sich der fremde Gast als Bote Jahwes zu erkennen. Darüber erschrickt Sara. Erst jetzt weiß sie, wem sie gegenübersteht.

Mit der Verheißung eines Sohnes an Abraham und Sara setzt die Geschichte der Verheißungen ein, die sich durch die ganze Bibel zieht und das Neue Testament mit der Jüdischen Bibel verbindet.

Brotteig wurde im Altertum ebenso hergestellt, wie es heute noch bei Beduinen oder in abgelegenen Verhältnissen üblich ist. Dem Mehl wird Wasser beigegeben, dann wird gemengt und geknetet.
Ist der Teig bereitet, nimmt man einen Batzen davon, wälzt ihn in Streumehl und klopft ihn flach. Durch Hinundherwerfen auf entblößten Armen dehnt man den Teig weiter, bis runde Fladen von nur 2 mm Dicke entstehen. Der Fladen wird in kühnem Schwung auf die erhitzte eiserne Backfläche geworfen und einmal gewendet.
Brot gab es täglich frisch. Es wurde mit den Händen gebrochen, nicht geschnitten. Es galt als Gottesgabe.

Isaaks Geburt

1 Und Jahwe nahm sich der Sara an, wie er gesagt hatte, und Jahwe tat an Sara, wie er versprochen hatte. 2 Sara wurde schwanger und gebar dem Abraham noch in seinem Alter einen Sohn zu der Zeit, von der Gott gesprochen hatte. 3 Abraham nannte den Sohn, den Sara ihm geboren hatte, Isaak. 4 Als sein Sohn Isaak acht Tage alt war, beschnitt ihn Abraham, wie Gott ihm geboten hatte. 5 Abraham aber war hundert Jahre alt, als ihm sein Sohn Isaak geboren wurde. 6 Und Sara sagte: Gott hat mir ein Lachen bereitet; jeder, der davon hört, wird mit mir lachen. 7 Sie sprach: Wer hätte je dem Abraham zu sagen gewagt, daß Sara noch Kinder stillen werde? Und nun habe ich ihm noch in seinem Alter einen Sohn geboren. 8 Das Kind wuchs heran und wurde entwöhnt. An dem Tag, als Isaak entwöhnt wurde, gab Abraham ein großes Festmahl.

Gen 21,1-8

Hagar und Ismael

Gustave Doré (1832–1883), Vertreibung Hagars und Ismaels, 1866.

Stammvater der Araber

Die jüdische Überlieferung hat Ismael zum Vater der Araber gemacht. Im Jubiläenbuch (etwa 150 v. Chr.) wird erzählt: »Und Ismael und seine Söhne und die Söhne der Ketura und deren Kinder gingen gemeinsam und wohnten von Pharmon bis zum Zugang von Babylon in dem ganzen Land, welches in Richtung Osten, der Wüste gegenüber liegt. Und sie vermischten sich, diese mit jenen, und ihr Name wurde genannt Araber und Ismaeliten.«

Auch für Josephus gilt Ismael als Stammvater der »arabischen Nation«. Die symbolische Qualität dieser Tradition hat religiöse und politische Bedeutung bis heute. Abraham ist der Vater der Religion Israels und des Islam. Christen, Juden und Muslimen bilden eine »abrahamische Ökumene«.

9 Und Sara sah den Sohn der Ägypterin Hagar, den diese dem Abraham geboren hatte, wie er herumtollte. 10 Da sagte sie zu Abraham: Vertreibe diese Magd und ihren Sohn! Denn der Sohn dieser Magd soll nicht zusammen mit meinem Sohn Isaak Erbe werden.
    11 *Dieses Wort mißfiel Abraham sehr, denn es ging doch um seinen Sohn. 12 Aber Gott sprach zu Abraham: Mache dir wegen des Jungen und deiner Magd keine Sorgen! Hör auf alles, was dir Sara sagt! Denn nach Isaak sollen deine Nachkommen benannt werden. 13 Doch auch den Sohn der Magd will ich zu einem großen Volk machen, weil auch er dein Nachkomme ist.*
14 Da stand Abraham früh am Morgen auf, nahm Brot und einen Schlauch Wasser, übergab beides Hagar, legte es ihr auf die Schulter, übergab ihr das Kind und schickte sie fort. Da ging sie hin und irrte in der Steppe von Beerscheba umher. 15 Als aber das Wasser im Schlauch zu Ende war, warf sie das Kind unter einen Strauch, 16 ging weg und setzte sich gegenüber hin, etwa einen Bogenschuß entfernt, denn sie sagte: Ich kann das Sterben des Kindes nicht mit ansehen. So setzte sie sich gegenüber hin und weinte laut. 17 Aber Gott hörte den Jungen schreien. Da rief der Engel Gottes vom Himmel her Hagar zu und sprach: Was ist dir, Hagar? Fürchte dich nicht, denn Gott hat die Stimme des Jungen dort, wo er liegt, gehört. 18 Steh auf, nimm den Jungen, halte ihn fest an deiner Hand; denn zu einem großen Volk will ich ihn machen. 19 Und Gott öffnete ihre Augen, und sie erblickte einen Brunnen. Da ging sie hin, füllte den Schlauch mit Wasser und gab dem Jungen zu trinken. 20 Gott aber war mit dem Jungen. Er wuchs heran, lebte in der Wüste und wurde ein Bogenschütze. 21 Er ließ sich in der Wüste Paran nieder, und seine Mutter nahm ihm eine Frau aus Ägypten.

Gen 21,9-21

I n Israel galt, daß der erstgeborene Sohn im Erbrecht gegenüber den nachgeborenen Brüdern bevorzugt werden soll (Dtn 21,17). Darüber hinausgehende Rechtsvorstellungen des Alten Orients bestimmen, daß ein freier Mann, wenn er Söhne von Sklavinnen hat, diese anerkennen muß, damit sie Erbansprüche stellen können. Saras Sohn Isaak ist dieser Ordnung entsprechend nicht Abrahams Erstgeborener.

Um die Vertreibung Hagars und ihres Sohnes hier erzählen zu können, wurde ihr in Gen 16,9 befohlen, unter die Gewalt Saras zurückzukehren. Im Haus Abrahams und Saras gebar sie ihren Sohn Ismael. Als dann Sara gegen alle Erwartung selber noch den Isaak bekam, erwuchs daraus der Konflikt, daß diesem die Position des Zweitgeborenen zufiel. An dem Tag, als Isaak abgestillt wurde, gab Abraham ein großes Fest zu Ehren von Mutter und Kind (V 8). Dabei beobachtete Sara, wie der Sohn der Ägypterin Hagar, den diese dem Abraham geboren hatte, herumtollte. Das machte ihr dessen Erbanspruch bewußt, und sie beschloß, ihr Problem radikal zu lösen.

Hagar und Ismael werden hier nicht länger in Abhängigkeit zu Sara vorgestellt. Sara nennt Hagar »diese Magd« und nicht mehr

Genesis

»meine Sklavin«. Der Hinweis, daß Hagar ihren Sohn »dem Abraham« geboren habe (V 9), unterstreicht sein Erstgeburtsrecht. Im Munde Saras findet Ismael jedoch kein Verhältnis zu seinem Vater und hat Hagar weiterhin keinen Namen (wie schon in Gen 16).

Im Fortgang der Erzählung ereignet sich nun erneut jene Verkehrung von Recht und Ordnung, wie dies bereits Gen 16,9 f. zu beobachten war, doch soll hier zunächst ihre Grundfassung rekonstruiert werden: Gleich nach dem Entwöhnungsfest vertreibt Abraham ohne Verzug – »am nächsten Morgen« – Hagar und Ismael. Während tags zuvor für Sara und Isaak ein Festmahl stattfand, werden die andere Mutter und ihr Kind mit Brot und einer Tagesration Wasser entlassen. Der Erzvater gibt Hagar und das gemeinsame Kind zum zweiten Mal auf und enterbt damit seinen Sohn.

Diesmal findet Hagar, nachdem der Wasservorrat aufgebraucht war, keinen Brunnen; der Tod durch Verdursten droht. Um das Kind vor der Sonne zu schützen, »wirft« sie es unter einen Strauch und setzt sich »einen Bogenschuß entfernt« nieder, weil sie die Not des Kindes nicht ansehen kann. Sie weint laut. Bis zu dieser Ausweglosigkeit wird das Geschehen minutiös beschrieben. Nun kann Hagar nichts mehr tun.

Gott aber hörte das vor Durst schreiende Kind. Der Engel Gottes ruft Hagar mit Namen an und versichert: »Gott hat die Stimme des

Gustave Doré (1832–1883), Hagar und Ismael in der Wüste, 1866.

Die ersten Muslime

Als Hagar mit ihrem verdurstenden Söhnchen Ismael durch die arabische Wüste irrte, erschöpften sich ihre Kräfte. Sie fiel zu Boden und rief verzweifelt Gottes Hilfe an. Da sprang zu ihren Füßen die Quelle Semsem auf. Hagar sah darin den Fingerzeig Gottes und ließ sich an diesem Ort nieder. Es war das Tal der Kaaba. Nach dem Tode Hagars kam Abraham und baute zusammen mit Ismael das bis auf die Fundamente zerstörte Heiligtum wieder auf, und Ismael empfing vom Erzengel Gabriel den in die Kaaba eingelassenen Stein, der aus Trauer über den Götzendienst in der Welt zum schwarzen Stein geworden war.

Es war nicht alleine die »didaktische« Genialität Mohammeds, den Islam auf Abraham zurückzuführen; wahrscheinlich nahm er damit auch ältere Traditionen seines Stammes auf. Seitdem gilt Abraham als Wiederhersteller der von Adam gegründeten Kaaba und als derjenige, der alle Pflichten eines Muslim erfüllte. Vier der fünf Grundpfeiler des Islam führt der Koran auf die »Religion Abrahams« zurück: »Ihr Gläubigen! Verneigt euch, werft euch nieder, dienet eurem Herrn und tut Gutes! ... Er hat euch erwählt. Er hat euch in der Religion nichts auferlegt, was bedrückt. Die Religion eures Vaters Abraham! Er [Gott] hat euch Muslime genannt, damit der Gesandte Zeuge über euch sei und ihr über die Menschen Zeugen seid. Verrichtet nun das Gebet, gebt die Almosensteuer und haltet an Gott fest!« (Sure 22,77 f.)

Hagar und Ismael mit dem Engel Gottes, Illustration aus der Weltchronik des Rudolf von Ems, 1. Hälfte des 13. Jh.s

Jungen gehört« – eine deutliche Anspielung auf den Namen des Kindes, denn Ismael heißt »Gott hört« (16,11). Der Bote weist sie an, ihre Resignation aufzugeben, zu ihrem Kind zu gehen und es fest an die Hand zu nehmen. Es soll eine große Zukunft haben. Und dieser Zuspruch öffnet Hagar die Augen, und sie sieht einen Brunnen, der ihnen das rettende Wasser spendet.

Das Bild der Erzeltern, das die Grunderzählung entwirft, ist überaus kritisch und belastend. Um dieses Bild etwas aufzuhellen und einem neuen Akzeptanzbedürfnis gerecht zu werden, hat die nachexilische Bearbeitung hier die Verse 11-13 eingefügt: Darin nimmt

Der biblische Gott und die Götter Homers

Schon dieser Anfang läßt uns stutzen, wenn wir von Homer kommen. Wo befinden sich die beiden Unterredner? Das wird nicht gesagt. Wohl aber weiß der Leser, daß sie sich nicht jederzeit am gleichen Ort befinden, daß der eine derselben, Gott, von irgendwo ankommen, aus irgendwelchen Höhen oder Tiefen ins Irdische hineinbrechen muß, um zu Abraham zu sprechen. Woher kommt er, von woher wendet er sich an Abraham? Davon wird nichts gesagt. Er kommt nicht, wie Zeus oder Poseidon, von den Äthiopen, wo er sich am Opfermahl erfreut hat. Es wird auch nichts von der Ursache gesagt, die ihn bewogen hat, Abraham so schrecklich zu versuchen. Er hat sich nicht, wie Zeus, mit anderen Göttern auf der Ratsversammlung in geordneter Rede besprochen; auch was er im eigenen Herzen erwog, wird uns nicht mitgeteilt; unvermutet und rätselhaft fährt er aus unbekannten Höhen oder Tiefen in die Szene hinein und ruft: Abraham! Man wird nun sofort sagen, daß sich dies aus der besonderen Gottesvorstellung der Juden erklärt, die von der der Griechen so ganz verschieden war. Das ist richtig, aber kein Einwand. Denn wie erklärt sich die Gottesvorstellung der Juden? Schon ihr einstiger Wüstengott war nicht festgelegt nach Gestalt und Aufenthalt, und war einsam; seine Gestaltlosigkeit, Ortlosigkeit und Einsamkeit hat sich im Kampf mit den vergleichsweise anschaulicheren Göttern der vorderasiatischen Umwelt nicht nur behauptet, sondern sogar noch schärfer herausgebildet.

Das wird noch klarer, wenn wir uns jetzt zu dem anderen Gesprächspartner, zu Abraham wenden. Wo befindet er sich? Das wissen wir nicht. Er sagt zwar: Hier bin ich – das hebräische Wort bedeutet nur etwa ›sieh mich an‹, oder, wie Gunkel übersetzt: ›ich höre‹ und will jedenfalls nicht den wirklichen Ort bedeuten, an dem Abraham steht, sondern einen moralischen Ort im Verhältnis zu Gott, der ihn gerufen hat: ich bin hier deines Gebots gegenwärtig ... Man denke, um des Unterschiedes inne zu werden, etwa an Hermes' Besuch bei Kalypso, wo Auftrag, Reise, Ankunft und Empfang des Besuchers, Lage und Beschäftigung der Besuchten in vielen Versen

Abraham das Verlangen Saras unwillig auf: ihr Wort »mißfiel ihm sehr, denn es ging doch um seinen Sohn« (wenngleich nicht ebenso um Hagar). Eine göttliche Intervention macht deutlich, daß mit der Verstoßung von Mutter und Kind die Zukunft nicht erlischt. Aber Gott gibt Sara recht und bestätigt ihre Ausweisung. Obwohl Abraham sich für immer von Ismael trennt, sichert Gott ihm zu, daß er Ismael ebenfalls zu einem großen Volk machen will, »weil auch er dein Nachkomme ist«. Die Verheißungslinie aber soll mit Isaak fortgeführt werden.

Mit diesem Einschub gewinnen die Erzeltern eine neue Bewertung. Saras Entscheidung wird göttlich sanktioniert; Abraham ist davon tief betroffen und zeigt seine Zuneigung zu Ismael; er erhält eine Verheißung für dessen Zukunft, und erst daraufhin entläßt er Sohn und Mutter aus seinem Lebensbereich. Damit verliert die Grunderzählung an Schärfe und ermöglicht die Perspektive, in Abraham den »Vater des Glaubens« zu sehen: Denn in der nachexilischen Zeit, in der diese Bearbeitung stattfand, hatte sich die religiöse Problematik grundlegend gewandelt. Die jetzt wichtigen Fragen drehten sich um einen Glaubensgehorsam, den die voraufgegangene Königszeit hatte vermissen lassen, und um die Leiden der Gerechten (→ Ijob; S. 305 ff.). So erzählt nun die alte Tradition, daß Abraham zum Segen für alle Geschlechter wurde, indem er der Stimme Gottes folgte. In dieser Sicht konnte er für die Menschen der nachexilischen Zeit ein Maßstab für die Befolgung der Tora werden. Die gleiche Intention verfolgt auch die Endform der schwierigen und umstrittenen Erzählung Gen 22.

Abrahams Opfer oder Die Bindung Isaaks

1 Nach diesen Begebenheiten versuchte Gott Abraham und sprach zu ihm: Abraham! Er antwortete: Hier bin ich. 2 Und er sprach: Nimm deinen Sohn, deinen Einzigen, den du liebst, den Isaak, und geh in das Land Morija, und bringe ihn dort auf einem der Berge, den ich dir sagen werde, als Brandopfer dar. 3 Da stand Abraham früh am Morgen auf, sattelte seinen Esel, und nahm seine beiden Knechte mit sich und seinen Sohn Isaak. Er spaltete Holz zum Brandopfer und machte sich auf und ging zu dem Ort, den ihm Gott genannt hatte. 4 Als Abraham am dritten Tage seine Augen erhob, sah er den Ort von ferne. 5 Und Abraham sprach zu seinen Knechten: Bleibt hier mit dem Esel! Ich und der Junge, wir wollen dorthin gehen anzubeten und dann wieder zu euch kommen. 6 Und Abraham nahm das Holz für das Brandopfer und lud es seinem Sohn Isaak auf. Er selbst nahm das Feuer in die Hand und das Messer. So gingen die beiden miteinander. 7 Da sprach Isaak zu seinem Vater Abraham: Mein Vater! Und er antwortete: Hier bin ich, mein Sohn! Und er sprach: Hier ist Feuer und Holz. Wo aber ist das Lamm für das Brandopfer? 8 Abraham antwortete: Gott wird sich ein Lamm zum Brandopfer ersehen, mein Sohn. So gingen die beiden miteinander. 9 Als sie an den Ort kamen, den Gott genannt hatte, baute Abraham dort den Altar, er schichtete das Holz auf, er band seinen Sohn Isaak und legte ihn auf den Altar, oben auf das Holz. 10 Dann streckte Abraham seine Hand aus und nahm das Messer, um

seinen Sohn zu schlachten. ¹¹ Da rief ihm der Engel Jahwes vom Himmel her zu: Abraham, Abraham! Er antwortete: Hier bin ich. ¹² Und er sprach: Strecke deine Hand nicht aus gegen den Jungen, und tu ihm nichts zuleide! Denn jetzt weiß ich, daß du gottesfürchtig bist, da du deinen Sohn, deinen Einzigen, mir nicht vorenthalten hast. ¹³ Und als Abraham aufschaute, siehe, da hatte ein Widder sich hinter ihm mit seinen Hörnern im Gestrüpp verfangen. Da ging Abraham hin, nahm den Widder und brachte ihn anstelle seines Sohnes als Brandopfer dar. ¹⁴ Abraham nannte jenen Ort »wo Jahwe sieht«, so daß man heute noch sagt: »Auf dem Berge, wo Jahwe sieht«.

Gen 22,1-14

*I*n ihrer Form ist diese Erzählung vollendet, in ihrer thematischen Komposition erst ziemlich spät erarbeitet – vielleicht gegen Ende der Königszeit –, doch lebt darin eine alte Überlieferung fort, in deren Nacherzählung theologische Fragen der späteren Zeit beantwortet werden.

Im Gegensatz zu den übrigen Abrahamerzählungen setzt Gen 22 mit einer Themenangabe ein: »Gott prüft Abraham«, er »versucht« ihn; dieser Linie wird die Erzählung insgesamt untergeordnet. Der Begriff des Prüfens erwuchs den Geschichtserfahrungen Israels: Der Verheißung, ein Segen für die Völker zu werden, standen lange Erfahrungen gegenüber, härter als andere Völker belastet und geprüft zu sein. Eine solches Nachdenken setzt Vergangenheit voraus; in der »Väterzeit« hatte sie noch keinen Ort. Eine Parallele zu ihr aber ist der Anfang des Buches Ijob. Auch Ijob erleidet den Verlust seiner Kinder, wenngleich aufgrund eines Unglücksfalles. Wenn von Abraham (und natürlich auch von Sara) verlangt wird, den eigenen Sohn als Opfer darzubringen, so ist dies eine Steigerung, die sich aus der verwendeten Überlieferung ergibt.

Das Motiv des Kindesopfers hat seinen Ursprung in der alten Völkerwelt. Kinderopfer sind weltweit bekannt. Auch bei Israels Nachbarn, Phöniziern, Ammoritern, Moabitern (2 Kön 3,21), begegnen sie, ebenso in Ägypten und Kanaan, doch eigenartigerweise kaum in primitiven Kulturen. Zum Opfer des Erstgeborenen (Ex 13,12 f.; 34,19 f.; Num 3,44 ff.) gehörte auch das kanaanäische Bauopfer (1 Kön 16,34). Daneben gab es in besonderen Notsituationen das einmalige Menschenopfer (2 Kön 3,27; Mi 6,7), wozu das Opfer der Tochter des Richters Jiftach zählt (Ri 11). Noch Plutarch (46–120 n. Chr.) berichtet über Kindesopfer in Karthago: »In völliger Unkenntnis der Umstände opferten sie ihre eigenen Kinder, und diejenigen, die keine Kinder hatten, pflegten solche von armen Leuten zu kaufen und schnitten ihnen die Kehlen durch, als ob es Lämmer und junge Vögel wären.« Selbst in Theodor Storms Novelle »Der Schimmelreiter« von 1888 wird noch ein Menschenopfer erwähnt, das dem Deich größere Haltbarkeit vermitteln sollte. Israel

ausgebreitet werden; und selbst da, wo Götter plötzlich für kurze Zeit erscheinen, sei es, um einem ihrer Lieblinge zu helfen, sei es, um einen ihnen verhaßten Sterblichen zu täuschen oder zu verderben, da wird stets ihre Gestalt, meist auch die Art ihrer Ankunft und ihres Verschwindens genau angegeben. Hier aber erscheint Gott gestaltlos (und doch »erscheint« er), von irgendwoher, nur seine Stimme vernehmen wir, und diese ruft nichts als den Namen: ohne Adjektiv, ohne beschreibende Umtastung der angeredeten Person, wie sie zu jeder homerischen Anrede gehört; und von Abraham wird auch sonst nichts sinnfällig gemacht als die Worte, die er Gott entgegensetzt: *hinne-ni*, hier siehe mich – womit freilich eine überaus eindringliche Geste suggeriert wird, die Gehorsam und Bereitschaft ausdrückt, deren Ausmalung aber dem Leser überlassen bleibt …

Nach diesem Beginn gibt Gott seinen Befehl, und es beginnt die Erzählung selbst; ohne jede Einschaltung, in wenigen Hauptsätzen, deren syntaktische

Opferung Isaaks, Synagoge von Bet-Alpha, 5. Jh. v. Chr.

*Rembrandt Harmensz van Rijn (1606–1669),
Opferung Isaaks, 1635.*

Verbindung miteinander äußerst arm ist, rollt sie ab. Undenkbar wäre es hier, ein Gerät, das gebraucht wird, eine Landschaft, die man durchquert, die Knechte oder den Esel, die den Zug begleiten, zu beschreiben, etwa die Gelegenheit, bei der sie erworben wurden, ihre Herkunft, ihr Material, ihr Aussehen oder ihre Brauchbarkeit rühmend zu schildern; nicht einmal ein Adjektiv ertragen sie; es sind Knechte, Esel, Holz und Messer, weiter nichts; sie haben dem von Gott befohlenen Zweck zu dienen; was sie sonst sind, waren oder sein werden bleibt im Dunkel. Es wird ein Weg zurückgelegt, denn Gott hat den Ort angegeben, an dem das Opfer sich vollziehen soll; aber von dem Weg wird nichts gesagt, als daß er drei Tage dauerte, und auch dies in einer rätselvollen Weise: Abraham mit seinem Zuge machte sich »des Morgens früh« auf und ging zu dem Ort, von dem ihm Gott gesprochen hatte; am dritten Tag hob er seine Augen auf und sah die Stätte von ferne. Dies Augenaufheben ist die einzige Geste, ja überhaupt das einzige, was von der Reise berichtet wird, und obgleich sie wohl darin ihre Begründung findet, daß der Ort hoch liegt, so erhöht sie doch durch ihre Einzigkeit den Eindruck der Leere des Reiseweges; es ist, als ob auf der Reise Abraham vorher nicht nach rechts und nach links geschaut, alle Lebensäußerungen bei sich und seinen Reisegefährten unterdrückt habe, ausgenommen nur das Schreiten ihrer Füße. So ist die Reise wie ein schweigendes Schreiten durchs Unbestimmte und Vorläufige, ein Atemanhalten, ein Vorgang, der keine Gegenwart hat und zwischen dem Vergangenen und dem Bevorstehenden eingelagert ist wie eine unausgefüllte Dauer, die aber doch gemessen ist: drei Tage! Solche drei Tage rufen die symbolische Ausdeutung, die sie später gefunden haben, geradezu herbei. Begonnen haben sie »des Morgens früh«. Aber zu welcher Zeit am dritten Tag hob Abraham seine Augen auf und sah das Ziel? Darüber steht nichts im Text. Offenbar nicht

blieb von solchen Vorstellungen nicht unberührt. Ex 22,28 heißt es: »Den Erstgeborenen unter deinen Söhnen sollst du mir geben.« Doch wird Ex 34,20 zugleich dessen Auslösung verfügt: »Jeden Erstgeborenen deiner Söhne mußt du auslösen!« (vgl. Ex 13,13). Lev 18,21 verfügt: »Von deinen Nachkommen darfst du keinen für Moloch darbringen (→ S. 240).« Lev 20,2-4 setzt auf ein solches Kindesopfer die Todesstrafe. So oft von einem Kindesopfer die Rede ist, wird es verurteilt (Dtn 12,31; 1 Kön 16,34; 2 Kön 16,3; 17,17). Zwar schließt der biblische Befund nicht aus, daß Gott ein Kindesopfer verlangen kann (Ex 22,28), aber der tatsächliche Vollzug dieses Opfers wurde in Israel geächtet und bestraft. In ihrer frühesten Form scheint die Gen 22 zugrunde liegende Tradition ein Zeugnis jenes Kultursprungs gewesen zu sein, der zur Ablösung des Kindesopfers durch ein Tieropfer führte. Durch ihre Aufnahme und Einarbeitung in den Abrahamzyklus hat sich die Aussage dieser Erinnerung jedoch verändert. In ihrem neuen Zusammenhang erfuhr sie eine

Genesis

Jan Lievens (1607–1674), Abraham und Isaak umarmen einander nach dem Opfer, um 1637.

»des Abends spät«, denn es blieb, wie es scheint, noch Zeit für den Weg auf den Berg und die Opferhandlung. Also ist »des Morgens früh« nicht um der Zeitabgrenzung willen gesetzt, sondern um der moralischen Bedeutung willen; es soll das Unverzügliche, Pünktliche und Genaue im Gehorsam des so schwer getroffenen Abraham ausdrücken ...

In der Erzählung selbst erscheint eine dritte Hauptperson: Isaak. Während Gott und Abraham, Knechte, Esel und Gerät einfach beim Namen genannt werden, ohne Erwähnung einer Eigenschaft oder sonstigen Bezeichnung, erhält Isaak einmal eine Apposition; Gott sagt: Nimm Isaak, deinen einzigen Sohn, den du lieb hast. Dies aber ist keine Bezeichnung Isaaks, wie er überhaupt ist, auch außerhalb der Beziehung zu seinem Vater, und außerhalb dieser Erzählung; es ist keine beschreibende Ablenkung und Unterbrechung, denn es ist keine Isaak umgrenzende, auf seine sonstige Existenz hinweisende Charakterisierung; er mag schön oder häßlich, klug oder dumm, groß oder klein, gefällig oder abstoßend sein – das wird hier nicht gesagt. Nur dasjenige, was jetzt und hier, innerhalb der Handlung von ihm bekannt sein muß, wird beleuchtet – damit hervortrete, wie schrecklich die Versuchung Abrahams ist, und daß Gott sich dessen wohl bewußt ist.

Erich Auerbach

Entgegenständlichung und bekam übertragene Bedeutung. Indem Abraham und Isaak in die Erzählung einrückten, gewann das Motiv Gültigkeit für die Geschichtserfahrungen »ganz Israels«. Die Wahrheit dieser Erzählung ist also keine chronistische, sondern die eines betroffenen Bedenkens vielfältiger Leiderfahrungen und Fügungen. Sie hat eine tiefere Hintergründigkeit und Dichte als ein historischer Bericht es haben kann.

Am Fuß des Berges gebietet Abraham seinen beiden Knechten, auf sie zu warten. »Ich und der Junge, wir wollen dort hingehen anzubeten und dann wieder zu euch kommen.« Die Frage, ob Abraham damit die Knechte belogen habe, überfremdet den Text, zumal sie den symbolischen Sinn der Handlung verkennt. Beide teilen unter sich auf, was mitzunehmen ist: der Sohn trägt das Feuerholz, der Vater den Feuertopf und das Messer. »So gingen die beiden miteinander.« Indem Gedanken und Gefühle unausgesprochen bleiben, gewinnt die Szene ihre Eindringlichkeit.

Morija, nicht identifizierbarer Ort. 2 Chr 3,1 heißt es: auf dem Berg M. habe Salomo den Jerusalemer Tempel errichtet. Die Verknüpfung beider Orte miteinander erfolgte erst in der späteren jüdischen Überlieferung.

*Die Opferung Isaaks,
Türkei, 1583.*

Auf dem Weg unterbricht eine Frage und eine Antwort das Schweigen. Der Sohn ruft seinen Vater an: »Mein Vater!«, der antwortet: »Hier bin ich, mein Sohn!« In derselben Weise, wie Abraham sich mit einem »Hier bin ich!« Gott zur Verfügung stellte, verpflichtet er sich dem Sohn, sogar verstärkt durch ein nachgefügtes »mein Sohn«. Und noch einmal wiederholt er »mein Sohn« in V 8 als letztes Wort des Gesprächs. Der Vater sagt ihm die gleiche Treue zu, wie er sie Gott zusagt. Aber wie soll sich diese Spannung lösen, ohne einen von beiden aufzugeben? Die Situation bleibt vorerst offen.

Noch verharrt die Erzählung in den Versen 9-10 in der aus alter Zeit übernommenen Szene: Die Opfervorbereitung ist vollzogen, Abraham hat schon seine Hand ausgestreckt, »um seinen Sohn zu schlachten«, da trifft ihn die Stimme: »Abraham! Abraham!« Der verdoppelte Anruf ist das lauteste Wort und zugleich Wendepunkt der Erzählung: »Lege deine Hand nicht an den Jungen und tue ihm nichts zu leide!« Der »Engel«, der hier spricht, ist nicht mehr ein in Menschengestalt begegnender Bote Jahwes, sondern ein himmlisches Wesen – die symbolische Erscheinungsform, in der Gott für den Menschen sinnfällig wird. In ihm wird der Unterschied zu Gott fast aufgehoben, denn es ist Gottes Stimme, die hier sagt, was von Anfang an sein Wille war. Die Begründung in V 12b »denn nun weiß ich, daß du gottesfürchtig bist ...« gilt als Ausdruck der bestandenen Prüfung. Von Abraham wird kein Wort der Freude angefügt, aber indem er den Ort des Geschehens »Gott sieht« nennt, kündet er von einem Gott, der Leid und Verzweiflung wahrnimmt. Für ihn gilt nicht die bestandene Prüfung, sondern: Mein Kind ist gerettet.

Ich bin hier – Wo bist du?

Dies ist die Geschichte von einem Getto, das aufhörte zu bestehen, und von einem *schammasch* (Synagogendiener), der seinen Verstand verlor. Er pflegte in die Schul zu eilen, jeden Morgen auf die *bima* (Lesepult) zu steigen und zu rufen, zuerst voller Stolz und dann im Zorn: »Ich bin gekommen, um Dich, Herr der Welt, darüber zu informieren, daß wir da sind.«

Dann kam es zu den ersten Abschlachtungen durch die Todeskommandos, weitere folgten. Der Schammasch blieb unversehrt. Sobald er konnte, rannte er wieder in die Schul, schlug mit der Faust auf das Lesepult und schrie aus Leibeskräften: »Siehe, Herr, wir sind noch da!« Nach der letzten Abschlachtung fand er sich ganz allein in der verlassenen Synagoge. Er, der letzte lebende Jude, kletterte zum letzten Mal auf die Bima starrte zum Toraschrein hinüber und flüsterte mit unendlich zarter Stimme: »Siehst Du? Ich bin hier.« Er hielt inne, bevor er mit trauriger, fast tonloser Stimme schloß: »Aber Du, wo bist Du?«

So einfach die Sprache dieser Erzählung ist, so hintergründig ist sie zu verstehen. Daß Gott »prüft«, läßt sich mit Unglück, Krankheit und Leid verbinden. Menschen, die das nicht stumpf oder zynisch macht, weil sie bereit sind, ihr Schicksal anzunehmen, gehen denselben Weg wie »Abraham«. Wenn das Leben sie vor die Aufgabe stellt, das Liebste loszulassen, an dem sie hängen, und zu sagen: »Hier bin ich!«, schließt dies keine Untreue gegenüber Kind, Partner oder Freunden ein. Im Gegenteil: Treue gegen Gott ist ohne die Treue zu anderen Menschen nicht möglich. Darum konnte Abraham zu Gott sagen: »Hier bin ich« und bekräftigend zu seinem Sohn: »Hier bin ich, *mein Sohn*!«

Aber wie ist damit das »Wunder« zu verstehen, daß Abraham sein Kind behalten durfte, während viele Menschen das Liebste, an dem sie hängen, immer wieder loslassen müssen und am Ende das eigene Leben? Würde dieser Erfahrung der Tod Isaaks nicht eher entsprechen? Dagegen steht, daß die vorliegende Erzählweise »einlinig« ist: Sie übergeht das vernichtende Schicksal und spricht gleich von der darin geschehenen Rettung. Dies zeigen auch andere »Auferstehungsgeschichten« der Jüdischen Bibel: Jona wird aus dem Bauch des Fisches freigegeben, Daniel aus der Löwengrube gerettet, die drei Männer entkommen unverletzt dem Feuerofen, obwohl in

Genesis

der geschichtlichen Realität Israels die Bäuche der Unterwelt, Löwengruben und Feueröfen immer in den Tod hinein verschlingen. Die Rückgabe Isaaks kann entsprechend verstanden werden: ähnlich wie die Rettung Jonas, Daniels und die der drei Männer weist sie über den Tod hinaus.

Im Hebräerbrief wird zu Gen 22 gesagt, Abraham habe seinen Sohn im Vertrauen auf die Auferstehung von den Toten geopfert – »losgelassen« – und ihn deswegen zurückerhalten. Diese österliche Deutung liegt in wesentlichen Elementen der Erzählung bereit – zumal im Motiv der drei Tage. Bei Hosea 6,2 heißt es: »Nach zwei Tagen gibt er uns das Leben zurück, am dritten Tage richtet er uns wieder auf, und wir leben vor seinem Angesicht.« Das ist noch keine »Auferstehungshoffnung«, doch verbindet sich mit dem »dritten Tag« eine Linie, die von Gen 22,4 über Jona 2,1 zur Osterbotschaft der Evangelien »am dritten Tage« führt (→ S. 560 ff.).

Marc Chagall (1887–1985), Der Tote, 1908.

Ein Tod »draußen vor der Tür«, wie er sich täglich ereignet. Menschen reagieren unterschiedlich: Der Mann auf dem Dach in Trauer, die Flüchtenden in Panik, der Straßenkehrer unbetroffen. »Hier bin ich!« zu sagen, ist nicht leicht.

Welches jüdische Kind hat im Laufe der Jahrtausende nicht die ganze Skala von Drohungen und Hohn, von Ausschließung und Herablassung gekannt, die sich von Schlägen, Steinwürfen, Angespucktwerden bis hin zur höflichen Abneigung, bis zur »nur geduldeten« Aufnahme, welche der Nichtjude bot, erstrecken? Jeder jüdische Vater ist an irgendeinem Punkt in seinem Leben und in seiner Vaterschaft ein Abraham für einen Isaak auf jener unaussprechlichen dreitägigen Reise zum Berge Morija. Kapitel 22 der Genesis liegt am verletzten Herzen des gesamten Judentums. Wenn ein Jude ein Kind zeugt, weiß er, daß er diesem Kinde möglicherweise das Erbe von Terror, von sadistischem Schicksal zuteil werden läßt ... Wenn ein jüdischer Vater sein Kind gezeugt hat, dann hat er – in Rußland, in ganz Europa, in den Straßen von Hebron oder in der Nähe einer Pariser Synagoge – dieses Kind schuldig gemacht. In den Augen der Hasser bestand für einen Juden die Erbsünde darin, daß er war.

George Steiner

Jakobs Traum von der Himmelsleiter

In ihrer Komposition, wie sie das Buch Genesis vornimmt, sind die Vätergeschichten in einen geschlossenen Familienzusammenhang eingegliedert. Abraham wird als der Vater Isaaks, dieser wiederum als der Vater Jakobs vorgestellt. Dennoch standen die Erzählungen um Abraham, Isaak und Jakob ursprünglich in keinem Verwandtschaftszusammenhang. Sie waren zunächst Erinnerungen je eigenständig lebender Sippen. Die Abrahamsagen haben ihren räumlichen Schwerpunkt im Negev, rings um Hebron und Beerscheba. Die Jakobssagen sind bei Sichem heimisch, in einem Bereich, der die Wege zwischen West- und Ostjordanland verbindet. Der am wenigsten erhaltene Bestand an Isaaksagen hebt sich deutlich von den beiden übrigen Komplexen ab. Er kreist um Brunnengrabung und Brunnenstreit (→ S. 127).

Zu bedenken bleibt auch, daß sich mit den überlieferten Namen Motive und Erzählstoffe verbinden, die ursprünglich in anderen Traditionen ihren Ort hatten. Beispiel dafür mag die nachträgliche Eintragung Abrahams in eine viel ältere kanaanäische Kultsage sein, die Gen 22 zugrunde liegt.

Der Name Jakob ist korrekt mit »Er möge schützen« zu übersetzen, doch lautet die volkstümliche Deutung »er betrügt« (vgl. Gen 27,36). Als »Jakob der Lügner« wirkt sein Charakter bis in die Gegenwart fort (vgl. den Roman von Jurek Becker, Jakob der Lügner, 1976). Der nachfolgenden Erzählung geht die Geschichte voraus, in der Jakob seinen Bruder Esau um das Erstgeburtsrecht bringt (25,27-34). Die befürchtete Rache Esaus läßt ihn nach Mesopotamien zu seinem Onkel Laban fliehen.

Tor des Himmels

10 Jakob brach von Beerscheba auf und machte sich auf den Weg nach Haran. 11 Da stieß er auf eine Stätte und blieb dort über Nacht, weil die Sonne schon untergegangen war. Er nahm einen von den Steinen der Stätte, legte ihn sich zu Häupten und schlief dort ein.
12 Und ihm träumte: Da stand eine Treppe auf der Erde, ihre Spitze reichte bis zum Himmel. Und siehe: Gottes Engel stiegen darauf auf und nieder. 13 Und siehe, Jahwe stand über ihr und sprach: Ich bin Jahwe, der Gott deines Vaters Abraham, und der Gott Isaaks. Das Land, auf dem du liegst, will ich dir und deinen Nachkommen geben.
14 Deine Nachkommen sollen zahlreich sein wie der Staub auf der Erde. Du wirst dich ausbreiten nach Westen und Osten, nach Norden

und Süden hin, und in dir und deinen Nachkommen sollen sich segnen alle Geschlechter der Erde. ¹⁵ Und siehe, ich bin mit dir, ich werde dich behüten, wohin du auch gehst, und dich zurückbringen in dieses Land. Denn ich verlasse dich nicht, bis ich getan, was ich dir versprochen habe.

¹⁶ Da erwachte Jakob aus seinem Schlaf und sagte: Wirklich, Jahwe ist an dieser Stätte, und ich wußte es nicht. ¹⁷ Und er fürchtete sich und sprach: Wie schauerlich ist diese Stätte! Dies ist nichts anderes als das Haus Gottes und die Pforte des Himmels! ¹⁸ Da stand Jakob früh am Morgen auf, nahm den Stein, den er an sein Kopfende gelegt hatte, und stellte ihn auf als Malstein, dann goß er Öl ihm aufs Haupt.

¹⁹ Und er gab der Stätte den Namen Bet-El (Haus Gottes). Früher aber hieß diese Stätte Lus. ²⁰ Und Jakob legte ein Gelübde ab und sagte: Wenn Gott mit mir ist und mich behütet auf diesem Weg, den ich ziehe, wenn er mir Brot zum Essen und Kleidung anzuziehen gibt, ²¹ und ich in Frieden wieder heimkehre in das Haus meines Vaters, dann soll Jahwe mein Gott sein. ²² Und dieser Stein, den ich als Mal aufgestellt habe, soll ein Haus Gottes werden, und von allem, was du mir schenkst, will ich dir den zehnten Teil geben.

Gen 28,10-19

Beerscheba (hebr. »Siebenbrunnen«), Oase im Negev, im Süden Kanaans. Ein vorisraelitisch-kanaanäisches Heiligtum war *el olam*, dem »Gott der Ewigkeit« gewidmet (Gen 26,33). Die früheste Besiedlung von B. weist ins 4. Jt. zurück. Die häufige Formel »von Dan bis B.« zeigt, daß B. südlichster Grenzpunkt auch des davidischen Reiches war.

Bet-El (hebr. »Haus Gottes«), altes Heiligtum 17 km nördlich von Jerusalem. Die Geschichte des Ortes reicht bis in die jüngere Steinzeit zurück, in der die Massebe (→ Steinmal) von B. als Ort der Gottheit galt. Im vorstaatlichen Israel stand B. zunächst im Schatten von → Sichem. Nach der Reichsteilung erhob Jerobeam B. zum Reichsheiligtum des Nordreiches Israel. Später bekämpften Amos und Hosea den Staatskult in B. Nach der assyr. Eroberung Israels 724 v. Chr. wirkte dort weiterhin ein Jahwe-Priester. Unter Joschija wurde das Heiligtum zerstört.

Jakobs Traum von der Himmelsleiter, Miniatur aus der Goldenen Haggada, Spanien, um 1320.

Der Engel ist das Mysterium des göttlichen Antlitzes, das sich in vielen Theophanien zeigt.

Henry Corbin

Der Nihilismus, in den die zeitgenössische Kultur mündet, ist eine Folge des Verschwindens der Engel, des Umstands, daß die menschliche Person um ihren archetypischen, engelhaften »himmlischen Gegenpart« beschnitten worden und gerade deshalb zum Umherirren und zum Verderben verurteilt ist.

Sergio Quinzio

Marc Chagall (1887–1985), Die weiße Kreuzigung, 1938 (Ausschnitt, → S. 408).

Die Leiter auf Chagalls Kreuzigungsbildern erscheint nie instrumentell; immer ist sie Jakobsleiter. Ihr linker Holm lehnt am Kreuzesstamm, der andere verliert sich im Licht, das vom Himmel einfällt: Wo Jakob – lebend wie sterbend – sein Haupt bettet, ist »Haus Gottes und Pforte des Himmels«.

Penuël, Ort an einer Furt am Mittellauf des Jabbok, einem östl. Nebenfluß des Jordans. Ri 8,17 berichtet, Gideon habe »die Burg Penuël« zerstört. Nach 1 Kön 12,25 baute Jerobeam I. P. wieder auf.

Sichem, alte Kanaanäerstadt im Tal zwischen den Bergen Ebal und → Garizim, an der Handelsstraße von Jerusalem nach Norden, die das Gebiet von der Jesreelebene bis Jerusalem beherrschte. Mit Baaltempel, Jahwe-Heiligtum, sowie einem benachbarten Baumheiligtum war Sichem ein zentraler Kultort. Unter Salomo vermutlich Provinzzentrum, wählte Jerobeam die Stadt als Regierungssitz für das Nordreich Israel. 722 zerstörten die Assyrer S.; bis in die hellenistische Zeit (4. Jh.) gab es danach nur sporadisch dörfliche Besiedlung. Später wurde S. Zentrum der → Samaritaner. 128 v. Chr. zerstörte der Hasmonäer → Johannes Hyrkanus I. S. endgültig.

*D*ie Erzählung ist aus mehreren Schichten zusammengewachsen. Der Kern der Geschichte endet V 19; alles weitere kam später hinzu. Wenngleich Jakob hier als »Entdecker« des Heiligtums von Bet-El geschildert wird, geht die Tradition dieses Kultortes weit hinter die Zeit israelitischer Stämme in Kanaan zurück. Die älteste archäologische Spur führt in die mittlere Bronzezeit, 2000 bis 1600 v. Chr. Eine an Bet-El, das frühere Lus, gebundene Kultlegende hat der Jahwist aufgegriffen und durch ihre Eingliederung in den Jakobszyklus neu gedeutet. Damit bekam die Erzählung ihre erwähnte Vorgeschichte von der Erlistung des Segens in Gen 25,19-34 und Gen 27. Durch die Eingliederung der Bet-El-Episode in die Vätergeschichten wurde Jakob zum Entdecker des heiligen Ortes.

Seine Heimtücke hatte Jakob um allen menschlichen Kredit in der väterlichen Umgebung gebracht. Er hatte den Bruder geprellt und dessen Rache provoziert. Nun mußte er ihm aus den Augen gehen. Am ersten Fluchtabend zwang ihn die untergehende Sonne zur Rast. So mußte er im Freien übernachten, und dabei traf er auf die »Stätte«. Bei Tageslicht besehen hatte dieser Ort keine Besonderheit. Erst im Traum wurde ihm offenbar, wie nahe er hier Gott war. Der Stein »hinter seinem Kopf« ist nicht als »Kopfkissen« zu verstehen, sondern als Schutz; man schrieb dem Stein – vor allem in Megalithkulturen – eine besondere Mächtigkeit zu. Der Traum, den Jakob hier hat, ist die erste Traumerzählung der Bibel. Jakob sah: Eine Treppe verband Himmel und Erde miteinander – eine vermutlich von babylonischen Stufentürmen beeinflußte Vorstellung. Deren Spitze mit dem Tempel auf der obersten Ebene des Bauwerks berührte den »Himmel«. Das ist die Stelle, die Jakob »Tor des Himmels« nannte (V 9).

»Gottes Engel« stiegen auf dieser Treppe auf und nieder, und er hörte als Proklamation Jahwes: »Ich bin mit dir, ich behüte dich, wohin du auch gehst ...« Darin erkannte Jakob eine der eigenen Angst und Not entgegenkommende Hilfe. Und doch erschrak er vor dem, was er sah. Ein Ort, an dem die Gottheit wohnt, galt keiner Religion der Welt als einladend. Er schloß ein Betreten und jede Nutzung aus. Selbst das »Tor« des Himmels hat im Verständnis dieser Erzählung nichts Verlockendes. Jakob entdeckte die heilige Stätte, aber er blieb nicht dort.

Daß die erhaltene Zusage: »Ich bin bei dir ...« zu einem Weg gehört, ist Israel in seiner weiteren Geschichte bewußt geblieben. Die Gotteserfahrung im Traumbild hat dem Volk geholfen, sich auf zahllose Unbehaustheiten einzulassen und das angesagte »Ich bin bei dir« sogar auf die Wege zu beziehen, die in Abgründe, Löwengruben und Feueröfen (→ S. 338 f.) führen: Überall, wo Jakob sein Haupt hinlegt, ist »Haus Gottes« und »Pforte des Himmels«. An Bet-El oder den späteren Tempel blieb diese Zusage nicht gebunden. Israels Wege führten in Verbannung und Zerstreuung, schließlich sogar nach Auschwitz. Viele nahmen auch diesen erzwungenen Weg im Vertrauen auf Gottes Zusage als »Tor des Himmels« an.

Jakobs Kampf mit Gott

23 In jener Nacht stand er auf, nahm seine beiden Frauen, seine beiden Mägde sowie seine elf Söhne und überschritt die Furt des Jabbok. 24 Er nahm sie und ließ sie den Fluß überqueren. Auch all sein Eigentum schaffte er hinüber. 25 Jakob aber blieb allein zurück. Da rang mit ihm ein Mann, bis die Morgenröte anbrach. 26 Als dieser sah, daß er ihn nicht überwältigen konnte, *schlug er ihn aufs Hüftgelenk, so daß sich Jakobs Hüftgelenk ausrenkte, als er mit ihm rang.* 27 Und jener sprach: Laß mich los; denn die Morgenröte bricht an. Jakob aber sagte: Ich lasse dich nicht, es sei denn, du segnest mich. 28 *Dann fragte er ihn: Wie heißt du? Er antwortete: Jakob.* 29 Da sagte er: Nicht mehr Jakob sollst du heißen, sondern Israel (Gottesstreiter); denn mit Gott und Menschen hast du gestritten und hast gewonnen. 30 Nun fragte ihn Jakob und sagte: Nenne mir doch deinen Namen! Jener aber entgegnete: Was fragst du nach meinem Namen? Dann segnete er ihn dort. 31 Und Jakob nannte die Stätte Penuël (Gottesgesicht), denn er sagte: Ich habe Gott von Angesicht zu Angesicht gesehen und bin mit dem Leben davongekommen. 32 Und es ging ihm die Sonne auf, als er durch Penuël zog; er hinkte aber an seiner Hüfte. 33 *Darum essen die Söhne Israels die Sehne über dem Hüftgelenk nicht bis auf den heutigen Tag, weil er Jakobs Hüftgelenk am Hüftmuskel geschlagen hat.*

Gen 32,23-33

Auch ein Jakobskampf

Als 1492 die spanischen Juden, die ihrem Glauben treu bleiben wollten und sich nicht taufen ließen, aus dem Lande ausgestoßen wurden, entstand eine erinnernde Geschichte, die 1942 im Warschauer Getto ihre Aktualisierung fand:

»Mein Rabbi hat mir oft eine Geschichte erzählt von einem Juden, der mit Frau und Kind der spanischen Inquisition entflohen ist und über das stürmische Meer in einem kleinen Boot zu einer steinigen Insel trieb. Es kam ein Blitz und erschlug die Frau. Es kam ein Sturm und schleuderte sein Kind ins Meer. Allein, elend wie ein Stein, nackt und barfuß, geschlagen vom Sturm und geängstigt von Donner und Blitz, mit verwirrtem Haar und die Hände zu Gott erhoben, ist der Jude seinen Weg weitergegangen auf der wüsten Felseninsel und hat zu Gott gesagt:

›Gott von Israel – ich bin hierher geflohen, um Dir ungestört dienen zu können, um Deine Gebote zu erfüllen und deinen Namen zu heiligen: Du aber hast alles getan, damit ich nicht an Dich glaube. Solltest du meinen, es wird Dir gelingen, mich von meinem Weg abzubringen, so sage ich Dir, mein Gott und Gott meiner Väter: Es wird Dir nicht gelingen. Du kannst mich schlagen, mir das Beste und Teuerste nehmen, das ich auf der Welt habe. Du kannst mich zu Tode peinigen – ich werde immer an Dich glauben. Ich werde Dich immer liebhaben – Dir selbst zum Trotz!

Und das sind meine letzten Worte an Dich, mein zorniger Gott: Es wird Dir nicht gelingen! Du hast alles getan, damit ich nicht an Dich glaube, damit ich an Dir verzweifle! Ich aber sterbe, genau wie ich gelebt habe, im felsenfesten Glauben an Dich.

Gelobt sei in aller Ewigkeit der Gott der Toten, der Gott der Rache, der Gott der Wahrheit und des Gesetzes, der bald wieder sein Gesicht der Welt zeigen und ihre Grundfesten mit seiner allmächtigen Stimme erschüttern wird.

Höre, Israel, der Ewige ist unser Gott, der Ewige ist einig und einzig!‹«

Nach Zvi Kolitz

Rembrandt Harmensz van Rijn (1606–1669), Jakob ringt mit dem Engel, 1659.

Eugène Delacroix (1798–1863),
Jakobs Kampf mit dem Engel, 1856–61.

Die im Buch Genesis voraufgehenden Geschichten schildern Jakob als Betrüger und Fersensteller, als trickreich und hinterhältig, ohne ihn damit moralisch zu richten. Nachdem er Jahre im Exil bei dem Aramäer Laban verbracht und dessen zwei Töchter, Rahel und Lea, als Frauen genommen hat, ist er nun endlich auf dem Heimweg. Aber zu Hause wartet der betrogene Zwillingsbruder Esau auf ihn. Der flüchtige Bruder kann sich des erschlichenen Segens (noch) nicht sicher sein. So bereitet er seine Rückkehr nach gewohnter Manier vor: vorsichtig und trickreich (vgl. Gen 32,2-22). Doch während seine klugen Berechnungen erfolgreich scheinen, tritt ihm unerwartet ein Unbekannter in die Quere und verstrickt ihn in einen Kampf auf Leben und Tod. Dieser Überfall trifft Jakob alleine – in der Nacht und am Fluß. So muß er den Kampf auch alleine bestehen. Helfer, die eine Rettung von außen bringen könnten, gibt es nicht.

Auch diese Erzählung ist sehr alt. Ihr liegt eine Ortssage vom Jabbok, einem Nebenfluß des Jordan, zugrunde. Zeitweilig kann dieser Fluß, der durch tiefe Schluchten führt, reißend und äußerst gefährlich sein. Die lokale Sage personifiziert die Gefahr mit einem übermächtigen Flußdämon, der den Wanderer in seinen Untergang ringen will. Erst in späterer Zeit rückte Jakob in diese Sage ein. Die im Text durch Kursivsetzung kenntlich gemachten Zusätze zeigen die neuen Schichten an, welche die Erzählung einem mehrfach belichteten Film vergleichbar machen.

Hier ist von keinem Zweikampf die Rede, in dem zwei Kämpfer ihre Kräfte messen, sondern von einem Überfall. Jakob ist alleine; es gibt keine Helfer und keine Rettung, die von außen kommen könnten. Der Unbekannte, der den Einsamen überfällt, bleibt anonym; seinen Namen gibt er nicht preis, und er scheut sich vor dem aufsteigenden Licht. Als er merkt, daß er Jakob nicht überwältigen kann, erwartet er, daß dieser ihn losläßt. Als er dies nicht bewirkt, »schlägt« er auf dessen Hüftgelenk, was als eine »magische Geste« verstanden worden sein mag. Der V 26b ist erst später hier eingefügt worden; der Grund dafür ergibt sich aus V 33.

V 27 zeigt, daß der Dämon nur in der Nacht mächtig ist. Dieses Motiv findet sich in vielen Sagen. Weil der Kampf abgebrochen wird, offensichtlich unentschieden, stellt Jakob als Forderung, daß der Gegner ihn segne. Darunter dürfte die Übertragung einer übermenschlichen Kraft verstanden worden sein. Der Fremde geht darauf ein. V 28-29 sind nachträgliche Zusätze. Der neue Name Israel für Jakob macht ihn zum Repräsentanten des ganzen

Genesis

Volkes, setzt also die Existenz der Größe »Israel« voraus. Dieses Moment verweist auf eine spätere Zeit mit ihrer Tendenz, die Väter zu erhöhen und zugleich in ihrem Schicksal das eigene wiederzufinden.

In der alten Tradition schließt V 30 an V 27 an. Jetzt kann Jakob den Gegner, den er noch festhält, nach seinem Namen fragen. Das Nennen des eigenen Namens gilt diesem als gefährlich (vgl. Ri 13,18;

Paul Gauguin (1848–1903), Vision nach der Predigt oder Jakobs Kampf mit dem Engel, 1888.

dasselbe Motiv in »Rumpelstilzchen«). Während der Unbekannte also diese Bitte abschlägt, kommt er der anderen nach: »Und segnete ihn dort.« Er überträgt etwas von seiner Kraft auf den Gegner, den er nicht bezwingen konnte.

Weil der Ort, wo dies geschah, für Jakob bedeutsam ist, gibt er ihm einen Namen. Damit dürfte die alte Erzählung beendet worden sein. Dennoch ist die Namensbegründung kaum nachvollziehbar. Nur hier ist von Gott die Rede, aber: »Alle weitgreifenden theologischen Folgerungen, die daraus gezogen werden, daß der Angreifer Jakobs Gott war, haben keine Grundlage im Text« (Claus Westermann). Mit V 32 wird bestätigt, daß die Macht des Angreifers mit

Während es Rembrandt um eine existentielle Erfahrung geht, Delacroix sich ziemlich eng an die biblische Schilderung hält, inszeniert Gauguin den Realismus Delacroix' genau umgekehrt: das vermeintlich Faktische ist eine Oberfläche, über die man hinauskommen muß, um den Kern des Geschehens zu erreichen.

Doppelgänger brüderlicher Schatten
Der mit mir geht zu jeder Zeit
Bei Kerzenglanz und Kerzenschatten
Mein siamesisches Geleit
Ich liebe dich wie ich dich hasse
Bald bist du Bruder mir und bald
Des Dämons flüchtige Grimasse
Von krüppelhafter Mißgestalt.

Ivan Goll

René Magritte (1898–1967),
Die gigantischen Tage, 1928.

Ich möchte behaupten, daß der
Mensch nur dann beginnen kann, die
innere Welt des Menschen zu erforschen, wenn er seine eigene Neurose
zu dem Engel des Herrn erhebt, mit
dem er zu kämpfen hat und den er nicht
lassen wird, bis er ihn auch segnet.

Erik Erikson

dem Anbrechen der Morgenröte endet. Für Jakob bedeutet dies die
Befreiung von den Schrecken der Nacht. Nun kann er weiterziehen,
doch hinterläßt die Berührung des Angreifers ihre Spur: er hinkt an
Penuël vorbei. V 33 ist erneut ein später (nachexilischer) Zusatz, der
ein Speiseverbot begründet.

Die verbreitete Deutung des Textes bezieht sich primär auf die
Verse 28 f. 31b. Demnach ist es nicht Gott gewesen, der Jakob am
Jabbok überfallen hat, sondern der dort wirkende Flußdämon. Für
den Vätergott oder Jahwe kann es nicht zu-
treffen, in seinem Wirken nur auf die
Nacht begrenzt zu sein. Der Jahwist will
durch die Einfügung der alten Sage an
dieser Stelle deutlich machen, daß Jakob
vor seiner Wiederbegegnung mit dem
Bruder, die er fürchtet, einer tödlichen
Herausforderung entkommt, wenn auch
hinkend. Aber er bringt aus dieser Begegnung eine besondere Kraft mit, den Segen
des übermächtigen Gegners. »Und es ging
ihm die Sonne auf.« Mit dieser Erfahrungen konnte er seinem Bruder entgegentreten.

Von den zugefügten Versen her wird
die Erzählung auf die Erfahrungen bezogen, die Israel stets neu mit seinem Gott
macht. Der unbekannte Gegner wird mit
Gott verbunden, und so entsteht eine
offene und mehrdeutige Geschichte vom
Kampf zweier Gegner, aus dem Jakob un-
bezwungen und unterlegen, geschädigt
und beschenkt hervorgeht, als Sieger und
zugleich als ein in seine Grenzen Ver-
wiesener.

In dieser Perspektive entfaltet die Erzählung letztlich eine »Mythobiographie«
ganz Israels. In paradoxen Redefiguren,
wie sie religiösen Texten eigen sind, wird
von Gottes erschreckender Ferne und
zugleich seiner segenstiftenden Nähe gesprochen, von tödlicher Bedrohtheit und
Erwählung; von einer Stammes- und
Bundesgeschichte als Leidensgeschichte.
In ihren symbolischen Kürzeln verdichtet die Erzählung, was
Israel über die Zeiten hin in vielen dunklen Nächten erfahren hat.
In ihr läßt sich das Schicksal vieler Propheten verstehen; sie ist auch
eine Geschichte Jesu, dessen Todesnot ein Kampf mit Gott und
um Gott genannt werden darf, sowie eine Bündelung des millionen-
fachen jüdischen Schicksals, bis in die Finsternis von Auschwitz.

Exoduserfahrung und Jahwereligion

Offensichtlich hat die Exodusgruppe erst im Rahmen ihrer Befreiung durch Mose den Gott Jahwe kennengelernt. Bis dahin dürfte diese Gruppe ihre Familiengötter gehabt und sich auch an der Verehrung ägyptischer und semitischer Götter beteiligt haben.

Religionswissenschaftler halten den Gott Jahwe für älter als Israel. Als die Exodusgruppe ihn kennenlernte, gehörte er noch nicht ins ägyptische Pantheon, war also auch kein Symbol staatlicher Herrschaft, so daß er für Mose und seine Leute zum Gott ihrer Befreiung werden konnte.

Der Gott der Ahnen hatte nicht Jahwe geheißen; die Väter- und Müttergeschichten der Stämme Israels übernahmen diesen Namen

Das Buch Exodus

Die älteste Überlieferungsschicht der Exodus-Tradition läßt sich etwa folgendermaßen rekonstruieren: Möglicherweise war es ein erster Aufstandsversuch, bei dem Mose einen ägyptischen Aufseher erschlug; doch anstatt die Solidarität der eigenen Gruppe zu erfahren, drohte man ihm mit Denunziation (Ex 2,11-14). Mose mußte ins Ausland fliehen, fand bei einem midianitischen Priester Aufnahme (Ex 2,15-22) und lernte dort den Gott Jahwe kennen (Ex 3,1-15). Zu günstiger Zeit kehrte Mose zu seinen Leuten zurück. Es gelang ihm, die Fronarbeiter zur gemeinsamen Flucht zu bewegen. Eine ägyptische Streitwagengruppe, welche die Fliehenden verfolgte, fuhr sich im Morast des »Schilfmeeres« fest. Die Exodusgruppe feierte ihr Entkommen als Sieg Jahwes über die Ägypter (Ex 13,17-15,21).

Jahwe wird in dieser Tradition als ein Gott erfahren, der den befähigten Führer beruft und immer eingreift, wenn Befreiungsaktionen zu scheitern drohen.

Die Plagen-Erzählung (Ex 7-11) ist vermutlich erst exilischen Datums. Sie hilft den Befreiungsvorgang zu dramatisieren. Überhaupt erfuhr das ältere Material in späterer Zeit eine weitere Ausgestaltung und Deutung: Mose bekommt den förmlichen Auftrag, das Befreiungswerk zu unternehmen. Der wichtigste Beitrag der Gruppe wird nun darin gesehen, dem göttlichen Verheißungsauftrag zu glauben. Die Schilfmeerüberlieferung erhielt in ihrer exilischen Fassung eine stilisierende Steigerung: Jahwe schüttelt die Ägypter mitten ins Meer (14,27) und wird nun regelrecht als »Kriegsheld« besungen (15,3).

Wenn auch spätere Deutungsmuster das überlieferte Ereignis ausmalen und überhöhen, so sind einige Strukturmerkmale der Jahwereligion des Anfangs doch erkennbar. Sie entwickelte sich aus der Befreiungserfahrung einer unterdrückten Gruppe in der ägyptischen Gesellschaft. Das gab diesem Glauben von Anfang an eine geschichtlich politische Ausrichtung und einen Zug ins Soziale, der für die Religion Israels kennzeichnend bleiben sollte. Anders als die umgebenden orientalischen Staatsreligionen hatte die Jahwereligion nicht die Funktion, Herrschaft zu legitimieren und die bestehende gesellschaftliche Ordnung zu stützen. Diese Ausrichtung hat sich in der weiteren Religionsgeschichte Israels immer wieder Geltung verschafft.

Auszug der Israeliten aus Ägypten, Miniatur aus der Goldenen Haggada, Spanien, um 1320.

erst in späterer Zeit. Ursprünglich begegnet Gott dort – wie in allen semitischen Sprachen – als El oder Elohim. Demnach war El schon vor der Väterzeit der oberste der Götter. *Elohim* ist der Form nach ein Plural und meint »(die) Götter«. In der Bibel wird *elohim* aber singularisch, etwa im Sinn eines Pluralis maiestatis verwendet und kann als »die Gottheit« verstanden werden.

Nach Ex 3 ist der Jahwename erst durch Mose in die israelitische Tradition eingefügt worden. Die historische Forschung nimmt an, daß er in vorisraelitischer Zeit bereits im Sinaibereich beheimatet war (vgl. Ex 19 ff.; Ri 5,4 f.; Dtn 33,2), durch Mose aber erst Israel vertraut wurde. Die Verknüpfung der Jahwe-Offenbarung mit dem Gott der Väter hat dann dafür gesorgt, daß der Jahwe-Glaube alle Inhalte, die für die Väterreligion wesentlich waren, in sich aufnahm. Was aber kommt an Neuem mit dem Gottesnamen »Jahwe« hinzu? Zunächst ist zu sehen, daß die Jahwereligion eine Großgruppenreligion ist. Sie unterscheidet sich strukturell von den familiären Kleingruppen der Väterzeit. Weil die Bedürfnisse einer Großgruppe politischer Natur sind, hatte die Jahwereligion von vornherein eine stark politische Ausrichtung.

Die Erzählung Ex 3 sagt nicht, wie Jahwe »an sich« ist, sondern wie er sich Israel erweisen will. Hier ist von keinem absoluten Sein die Rede, sondern von einem wirkenden und bezogenen Sein. Martin Buber übersetzt: »So sollst du zu den Söhnen Jisraels sprechen: ICH BIN DA schickt mich zu euch.« Gott wird auf der Ebene von Ich und Du, nicht in der Bindung an einen Ort gesehen. Dieses Verständnis ist ebenso fundamental für die Religion Israels wie für den christlichen Glauben.

Obwohl man das rätselhafte Jahwe stets als »Gottesnamen« bezeichnet, drängt sich die Frage auf, ob es wirklich ein Name ist. Die Erzählung legt den Namen ja in einer Weise aus, die ihn als Namen zugleich wieder aufhebt. »Mose sagt: Wenn ich zu den Israeliten komme und zu ihnen sage: Der Gott eurer Väter hat mich zu euch gesandt, dann werden sie mich fragen: Wie heißt er? Was soll ich ihnen darauf sagen? Da antwortete Gott dem Mose: Ich bin der ›Ich-bin-da‹. Und er fuhr fort: Der ›Ich-bin-da‹ hat mich zu euch gesandt« (3,13 f.). Diese Antwort ist eher Namensverweigerung als Namenskundgabe. Auch Jakob wurde abgewiesen, als er nach dem Namen seines nächtlichen Gegners fragte (Gen 32,30; vgl. S. 97), und Ri 13,18 bekommt Manoach, dem ein Bote Jahwes erscheint, zur Antwort: »Was fragst du nach meinem Namen, wo er doch ein Geheimnis ist?« Der Jahwe-Name findet seine Deutung auf den Menschen hin: »Ich bin da!«, oder »Ich bin immer bei dir«, aber zugleich geschieht eine Rückversetzung aus dem Bekannten, das ein Name zu vermitteln scheint, ins Unbekannte hinein. So wird der Jahwe-Name zur Zusage für den Menschen, im Vertrauen auf die Gegenwart Gottes seine Wege ins Leben hinein wagen zu dürfen; desgleichen ist er Ausdruck für das bleibende Unbekanntsein und Unbenanntsein Gottes. Israel hat in späterer Zeit die Konsequenz gezogen, diesen Namen nicht mehr auszusprechen, so daß er in der griechischen Bibel gleich ganz fortfällt und durch das inzwischen problematische »Herr« ersetzt wird. Das hatte zur Folge, daß wir heute nicht einmal mehr wissen, ob die Vokalisation des hebräischen JHWH als Jahwe überhaupt richtig ist.

Mit der Jahwereligion endet die Unmittelbarkeit der Gottesbeziehung, wie sie in der Zeit der Ahnen bestand. Zunächst ist Mose der nicht wegzudenkende »Mittler des Jahweorakels« (Rainer Albertz), ohne das die Religion Israels nicht in Gang gekommen wäre. Viel mehr als die Väterreligion ist die Jahwereligion an die Initiative und Entschlußkraft charismatischer Menschen gebunden. Dieses Engagement heißt in späterer Sicht »Glauben«; es meint nicht allein eine »religiöse«, sondern immer auch eine soziale und politische Haltung.

Die Offenbarung des Jahwe-Namens

1 Mose weidete die Schafe seines Schwiegervaters Jitro, des Priesters von Midian. Als er einmal die Schafe über die Steppe hinaustrieb, kam er zum Gottesberg Horeb. 2 Dort erschien ihm Jahwes Bote in einer Feuerflamme, mitten aus einem Dornbusch heraus. Als er hinschaute, siehe, da brannte der Dornbusch und verbrannte doch nicht. 3 Mose sagte: Ich will näher hingehen und mir die ungewöhnliche Erscheinung ansehen, um zu erfahren, warum der Dornbusch nicht verbrennt.
4 Als Jahwe sah, daß Mose den Weg verließ, um sich das anzusehen, rief Gott ihn aus dem Dornbusch an: Mose, Mose! Er antwortete: Hier bin ich. 5 Da sagte er: Komm nicht näher heran! Leg deine Sandalen ab; denn der Ort, wo du stehst, ist heiliger Boden. 6 Dann fuhr er fort: Ich bin der Gott deines Vaters, der Gott Abrahams, der Gott Isaaks und der Gott Jakobs. Da verhüllte Mose sein Angesicht; denn er fürchtete sich, Gott anzuschauen. 7 Jahwe sprach: Ich habe das Elend meines Volkes, das in Ägypten weilt, gesehen, und ihren Notschrei über ihre Antreiber habe ich gehört. Ich kenne sein Leid. 8 Darum bin ich herabgestiegen, um es der Gewalt der Ägypter zu entreißen und aus jenem Land in ein schönes, weites Land heraufzuführen, in ein Land, in dem Milch und Honig fließen, in das Gebiet der Kanaanäer, Hetiter, Amoriter, Perisiter, Hiwiter und Jebusiter. 9 Und nun höre! Die laute Klage der Israeliten ist zu mir gedrungen, und ich habe gesehen, wie die Ägypter sie unterdrücken. 10 So geh jetzt! Ich sende dich zum Pharao. Führe mein Volk, die Söhne Israels, aus Ägypten heraus!
11 Da hielt Mose Gott entgegen: Wer bin ich, daß ich zum Pharao gehen und die Israeliten aus Ägypten herausführen könnte? 12 Der aber sagte: Ich bin mit dir. Dies aber soll dir zum Zeichen sein, daß ich dich sende: Wenn du das Volk aus Ägypten herausgeführt hast, werdet ihr Gott an diesem Berge dienen. 13 Da sprach Mose zu Gott: Wenn ich zu den Israeliten komme und ihnen sage: Der Gott eurer Väter hat mich zu euch gesandt, werden sie mich fragen: Wie heißt er? Was soll ich ihnen darauf antworten? 14 Da sprach Gott zu Mose: Ich bin der »Ich-bin-da«. Und er fuhr fort: So sollst du zu den Israeliten sagen: Der »Ich-bin-da« hat mich zu euch gesandt. 15 Noch einmal sprach Gott zu Mose: So sollst zu den Israeliten sagen: Jahwe, der Gott eurer Väter, der Gott Abrahams, der Gott Isaaks und der Gott Jakobs, hat mich zu euch gesandt. Das ist mein Name für immer, und so wird man mich rufen in künftigen Generationen.

Ex 3,1-15

Marc Chagall (1887–1985), Mose vor dem brennenden Dornbusch, 1966.

Auf das Bedenken des Mose, er wisse nicht, was er dem Volke sagen solle, wenn es ihn fragen würde, was es um den Namen des Gottes sei, als dessen Bote er zu ihnen spreche, das heißt, wie es in seiner Not sich des Geheimnisses dieses Namens nach allgemeinem, primitivem Völkerbrauch bemächtigen, den Gott beschwören und zwingen könne, ihnen zu erscheinen und sie zu retten, antwortet Gott mit der Erschließung eben des Namens ... Nicht jenes angebliche »Ich bin der ich bin« der Metaphysiker – Gott macht keine theologischen Aussagen –, sondern den Spruch, dessen seine Kreatur bedarf und der ihr frommt: »Ich werde da sein als der ich dasein werde«; das heißt: Ihr braucht mich nicht zu beschwören, denn ich bin da, bin bei euch, aber ihr könnt mich auch nicht beschwören, denn ich bin jeweils so bei euch, wie ich jeweils sein will.

Martin Buber

Die Geschichte vom brennenden Dornbusch ist ein Schlüsseltext für das biblische Gottesverständnis und Gottesbekenntnis. Die Erzählung schildert die Berufung des Mose zum Führer Israels, als dieser, fernab von Ägypten, im Exil der Steppen Midians, die Schafe seines Schwiegervaters Jitro hütete.

Der Text ist literarisch nicht aus einem Guß. Dies zeigen beispielsweise der Wechsel der Gottesbenennung in V 4 oder die Doppelungen in V 7-10. Hier dürften zwei Vorlagen ineinander gearbeitet worden sein. Die Dornbuschszene erzählte ursprünglich von einer Gotteserfahrung, welche die Heiligkeit eines bestimmten Ortes begründete, ähnlich der Situation in Gen 28. Durch ihre spätere Verknüpfung mit Jahwe trat Mose an die Stelle des ursprünglichen Offenbarungsempfängers. Damit verlor die Erzählung ihre Bindung an den lokalen Haftpunkt und gewann Allgemeingültigkeit. Die Völkerliste in V 8 ist nachträgliche Einfügung. Insgesamt enthält der überlieferungsgeschichtliche Hintergrund von Ex 3 viele ungelöste Fragen.

Auf den Kriegsbildern Ägyptens kämpft und siegt nicht eine Armee, sondern der König. Das Heer, so groß es auf manchen Darstellungen sein mag, ist Staffage, denn in seiner gottähnlichen Überlegenheit besiegt der König die Feinde. Auf dem Relief (13. Jh. v. Chr.), das seine farbliche Fassung noch bewahrt hat, hält Ramses II. die Gefangenen unterschiedlicher Völker am Haarschopf fest, eine zur stereotypen Ikonographie des ägyptischen Königtums gehörende

Darstellung, die oft an den Außenwänden von Pylonen und Tempeln anzutreffen ist.

Im Grab des Wesirs Rechmire in Theben (14. Jh. v. Chr.) werden unterschiedliche Arbeiten auf einer Baustelle geschildert. Inwieweit sich hier Ägypter und Fremde mischen, ist nicht erkennbar. Um Arbeitskräfte für seinen enormen Baubedarf zu gewinnen, bediente sich der Pharao hauptsächlich der »Hapiru«-Leute, die

Mose ist mit seinen Tieren in die Steppe gezogen und bis an den »Gottesberg« gekommen. Die Benennung dieses Berges als »Horeb« (→ S. 201) wird sekundär sein. In der Abgeschiedenheit der Steppe, die auch eine innere Empfänglichkeit befördern kann, erscheint dem Mose »der Bote Jahwes in einer Feuerflamme, mitten aus dem Dornbusch heraus«. Die verschiedenen Versuche, dieses Phänomen naturwissenschaftlich zu »erklären«, sind für die theologische Bedeutung der Erzählung irrelevant. Wichtig ist die innere Realität, die sich darin ausdrückt. Wie das Feuer verkörpert der Dornbusch eine Unzugänglichkeit von außen. Man kann nicht aus Neugier unbekümmert in ihn eindringen. Jeden Zugriff wehrt er mit seinen Dornen ab. Das bezeichnet eine Vorbehaltenheit, die ebenso für zugreifende Interpretationen gilt.

Ähnlich und doch wieder anders verhält es sich mit dem Feuer. Diese Lichtgestalt wärmt; zugleich brennt sie und gebietet Abstand. Als Sonnenelement verweist das Feuer auf die lebenspendende Gottheit; als verzehrende Glut verdeutlicht es die unzugängliche Heiligkeit wie auch verschlingende Totalität Gottes. Die Ambivalenz des Textes, der einmal vom »Boten (Engel) Jahwes« spricht, dann aber die Erscheinung unmittelbar mit Jahwe identifiziert, verweist erneut auf die Ungreifbarkeit des Geschehens. Es zeigt sich in Gestalten dieser Welt und ist doch nicht identisch mit ihnen. Auch die Paradoxie des Vorgangs – ein Dornbusch, der brennt, aber nicht verbrennt – ist Ausdruck des Unsagbaren.

Dennoch bleibt, wie immer im Bereich biblischer Gotteserfahrung, der dialogische Charakter des Vorgangs bestehen: »Da rief Gott ihn an und sagte: Mose, Mose! Der antwortete: Hier bin ich!« So überwältigend die persönliche Betroffenheit von dem sich offenbarenden

zwischen den kanaanäischen Stadtstaaten Unruhe stifteten und als Kriegsgefangene nach Ägypten kamen. Möglicherweise geht auf den Namen Hapiru die Bezeichnung »Hebräer« zurück. Neben dieser Gruppierung hatte es Ramses II. mit »Schasu«-Leuten zu tun, Halbnomaden aus dem südostpalästinischen Bergland, unter denen sich auch Angehörige eines Sippenverbandes mit dem Namen Jhw (= Jahwe) befanden. Als ihr Bezwinger wurde Ramses gefeiert.

Gott sein mag, sie überwältigt nie in dem Sinne, daß der Mensch als personale Instanz ausgelöscht würde. Die Eindringlichkeit des doppelt gerufenen Namens: »Mose, Mose!« betont: Dieser Mann ist gemeint, niemand sonst. Mose antwortet: »Hier bin ich«, oder: »Ich höre«.

Wenn die Bibel erzählt, daß Gott zu einem Menschen gesprochen habe, steht gewöhnlich der dialogische Wechsel von Anrede und Antwort voran. Das unterstreicht eine personhafte Zuwendung, zugleich aber auch die personale Freiheit des Angesprochenen. Der Mensch muß nicht »Hier bin ich!« sagen; es heißt ebenfalls: »Da hielt Mose Gott entgegen ...«. Ein Überhören oder Abweisen des Anspruchs ist möglich.

Edward Poynter (1836–1919), Das Volk Israel in Ägypten.

Das große Schaubild Edward Poynters entwirft eine Phantasieszene zur israelitischen Sklavenarbeit in Ägypten, jedoch gibt die Darstellung der Tempel mit ihren mächtigen zweitürmigen Pylonen und leuchtenden farbig gefaßten Flachreliefs einen zuverlässigen Eindruck von der Pracht ägyptischer Architektur.

Die Entstehung des Jahwereligion ist mit dem Prozeß der politischen Befreiung der Exodusgruppe unlöslich verbunden. Das Buch Exodus berichtet auf verschiedene Weise, wie die angepaßte, zum gemeinsamen Handeln unfähige Gruppe unterdrückter Fronarbeiter durch die Initiative des Gottes Jahwe in Mose einen Führer findet, der alle zu einer politischen Befreiungsaktion befähigt.

Der historische Hintergrund des Exodus

Die Zeit, in der wir uns die Exodus-Ereignisse historisch vorzustellen haben, ist schwer zu bestimmen. Innerhalb der Bibel sieht die gegenwärtige Forschungslage nur einen einzigen Hinweis gegeben, der sich zeitgeschichtlich auswerten läßt. Ex 1,11 heißt es: »So setzte man Fronvögte über sie, um sie mit Fronarbeiten zu bedrücken, und sie mußten dem Pharao die Vorratsstädte Pitom und Ramses bauen.« Hinter diesen Ortsangaben vermutet man die im östlichen Nildelta gelegenen Städte Pi-Atum und Pi-Ramses. Dann wäre das 13. Jahrhundert v. Chr. als die Zeit des Exodus vorstellbar.

Damals regierte 66 Jahre lang Ramses II. (1290–1224) in extremer Steigerung seines göttlichen Selbstverständnisses. Es spiegelt sich in einem gigantischen Bauprogramm, das die Unterschichten massiv bedrängte. Die realen Lebensumstände der Fronarbeiter sind am Rande des physischen und sozialen Existenzminimums vorzustellen. Ausfälle und Verzögerungen der Lohnzahlungen sowie Proteststreiks sind mehrfach dokumentiert. Angesichts dieser Verhältnisse ist es unwahrscheinlich, daß der Exodus der hebräischen Sippen auf eine gezielte Unterdrückung des Pharao zurückgeht. Das biblische Geschehen läßt sich am ehesten als die Flucht von Menschen denken, welche die bestehende Repression nicht mehr ertragen wollten. Vermutlich handelte es sich bei ihnen um Angehörige von Nomadenstämmen, die von der Sinaihalbinsel in das östliche Nildelta eingedrungen oder eingewandert waren und dort zur Fronarbeit gezwungen wurden. Daß sich ihrem Fluchtversuch auch andere anschlossen, ist anzunehmen. Der Bibel zufolge ging die Initiative zu der Flucht von einem Mann namens Mose (→ S. 114) aus, dessen ägyptischer Name kaum eine Erfindung sein dürfte, da man dann wohl eher einen israelitischen gewählt hätte. Dennoch wird Mose kein Ägypter gewesen sein. Vielleicht gehörte er zu einem Sinai-Nomadenstamm, der die Verhältnisse der Ostgrenze kannte und sich allein schon deshalb als Führer des Unternehmens empfahl. Über die Zahl der flüchtenden Menschen macht die Bibel keine Angaben. Sie mag zwischen 50 und 150 gelegen haben. Von einem »Volk Israel« kann vorderhand noch keine Rede sein.

David Roberts (1796–1864), Kolossalstatue Ramses' II. am 9. 11. 1838 in Abu Simbel gezeichnet.

Exodus

Die Flucht glückte trotz sichernder Aufsichtskader, weil sich die Gruppe im Sumpfgebiet an der Grenze auskannte, während die Verfolger abgehängt wurden. Die innere Kraft zu diesem riskanten Plan, aus der alle Beteiligten Mut und Zuversicht schöpften, war die von Mose verkündete Zusage Jahwes, er werde den Ausbruch in die Freiheit gelingen lassen. Damit verband sich das Bild eines Gottes, der es nicht hinnehmen will, daß Menschen so geknechtet und ausgebeutet werden, wie dies in den ägyptischen Arbeitslagern geschah.

Anfängliches Ziel der Exodus-Gruppe dürften die üblichen Lagerplätze der Sinai-Nomaden gewesen sein. Ihr weiterer Weg wird als »vierzigjährige« Wüstenzeit beschrieben – eine symbolische Zahl. Spätestens um 1100 sind die Nachkommen der Exodusgruppe in Palästina eingezogen. Sie vergaßen die geglückte Befreiung nie, sondern schöpften aus dieser Erfahrung das Vertrauen, daß der Gott, dessen Jahwe-Name »Ich-bin-bei-euch« bedeutet, auch in Zukunft ein Gott der Freiheit und Menschenwürde sein will.

Der Auszug aus Ägypten

17 *Als nun der Pharao das Volk hatte ziehen lassen, führte sie Gott nicht den Weg durchs Philisterland, obwohl er der kürzere war; denn Gott dachte, es könnte das Volk gereuen, wenn Krieg bevorstände, und es könnte wieder nach Ägypten umkehren wollen.* 18 *Darum ließ er das Volk einen Umweg machen durch die Wüste zum Schilfmeer. Und in Kampfordnung zogen die Israeliten aus dem Lande Ägypten.* 19 *Und Mose nahm die Gebeine Josefs mit; denn dieser hatte den Söhnen Israels einen Eid abgenommen und gesprochen: Wenn Gott sich euer annimmt, dann führt meine Gebeine von hier mit euch fort.* 20 So brachen sie auf von Sukkot und lagerten in Etam am Rande der Wüste. 21 Und Jahwe zog vor ihnen her, am Tage in einer Wolkensäule, um ihnen den Weg zu zeigen, und bei Nacht in einer Feuersäule, um ihnen zu leuchten, damit sie bei Tag und Nacht wandern konnten. 22 Niemals wich die Wolkensäule bei Tage noch die Feuersäule bei Nacht von der Spitze des Zuges.

14,1 Und Jahwe sprach zu Mose: 2 Rede zu den Israeliten, sie sollen umkehren und lagern bei Pi-Hahirot zwischen Migdol und dem Meer, vor Baal-Zefon; diesem gegenüber sollt ihr lagern zum Meer hin. 3 Der Pharao aber wird von den Israeliten denken: Sie haben sich im Lande verirrt; die Wüste hat sie eingeschlossen. 4 Und ich aber will sein Herz hart machen, daß er ihnen nachjagt. Ich will mich verherrlichen am Pharao und seiner ganzen Macht, und die Ägypter sollen erkennen, daß ich Jahwe bin. – Und sie taten so.

5 *Als dem König von Ägypten gemeldet wurde, daß das Volk geflohen sei, da wandelte sich sein Herz und das seiner Großen gegen das Volk, und sie sprachen: Was haben wir da getan, daß wir Israel aus unserem Frondienst entlassen haben?* 6 *Und er ließ seine Kriegswagen anspannen und nahm sein Volk mit sich.* 7 *Er nahm sechshundert auserlesene Streitwagen und was sonst an Wagen in Ägypten war mit Kämpfern auf jedem Wagen.*

8 Und Jahwe verhärtete das Herz des Pharao, des Königs von Ägypten,

Ramses II. (1290–1224), ägyptischer König, weitsichtiger Politiker, dessen Pakt mit den Hetitern als erster Friedensvertrag zwischen zwei Großmächten in die Geschichte einging. In seiner 66jährigen Regierungszeit entwickelte er sich zu einem Pharao der Rekorde: nie war Ägypten eine größere Baustelle, nie entwickelte ein König eine machtvollere Eigenpropaganda.

Sukkot, hebräischer Name für das aus ägyptischen Quellen bekannte Teku, ein Ort, den die flüchtenden Israeliten berührten.

Pi-Hahirot, Ort beim Lagerplatz der Israeliten vor dem Weg durch das → Schilfmeer, vermutlich im Westen des nur durch eine Nehrung vom Mittelmeer getrennten Sirbonischen Sees.

Schilfmeer, nicht eindeutig verwendete Bezeichnung, die normalerweise den Nordostarm des Roten Meeres meint. Die Passage der flüchtenden Israeliten durch einen Flachsee ist nicht sicher zu lokalisieren, zumal sich die Verhältnisse seit dem Altertum verändert haben. Vielleicht erfolgten die geographischen Angaben in der biblischen Überlieferung erst aus späteren Vorstellungen.

Baal-Zefon (»Herr des Nordberges«), Bezeichnung des Baal von Ugarit, der auf einem Berg seinen Wohnsitz hat. Vielleicht ist an ein Heiligtum dieses Namens im nordöstl. Nildelta gedacht. Die Erwähnung soll die Überlegenheit Jahwes über die Götter Kanaans und Ägyptens unterstreichen.

Migdol (hebr. »Turm«), nördl. Grenzpunkt Ägyptens (vgl. Ez 29,10; 30,6; Jer 44,1; 46,14). Da die Nennung von M. bei Ez und Jer als Signal für den kommenden Eingriff Jahwes verstanden wird, läßt sich die Angabe kaum zur Rekonstruktion der Exodusroute beanspruchen.

Es war ungefähr Mitternacht ... Kaum hatte ich mich zum Schlafen niedergelegt, läutete das Telefon. Ich nahm den Hörer ab. Am anderen Ende der Leitung hörte ich eine schreckliche Stimme, die der Sache nach Folgendes sagte: »Dreckiger Nigger, wir sind es müde, von dir und deiner Scheiße belästigt zu werden. Wenn du nicht innerhalb von drei Tagen aus dieser Stadt verschwindest, werden wir dein Hirn und dein Haus in die Luft jagen.« Ich hatte zuvor schon oft Ähnliches gehört, ich weiß nicht weshalb, dieses Mal traf es mich hart.

Irgend etwas sagte mir: Du kannst deinen Vater nicht anrufen, er lebt in 175 Meilen Entfernung; ebenso deine Mutter. Du kannst nur das anrufen, nur auf jene Person zählen, deren Geschichte dir der Vater erzählt hat. Es ist eine Kraft, die dich irgendwohin führt – im Ausgang von nirgendwo. Ich entdeckte, daß die Religion etwas Reales für mich werden und daß ich Gott selber kennenlernen mußte. Ich kniete nieder vor meine Tasse Kaffee, ich werde diesen Augenblick nicht mehr vergessen. Ja, ich betete, mit lauter Stimme sprach ich in jener Nacht ... Und ich hörte eine innere Stimme sagen: »Martin Luther, steh auf für das Recht: Steh auf für die Gerechtigkeit. Steh auf für die Wahrheit ... und ich werde mit dir sein, selbst bis zum Ende der Welt.«

Martin Luther King

Mose führt die Israeliten durch das Meer, Illustration aus einem hebräischen Gebetbuch, Anfang 15. Jh.

daß er den Israeliten nachjagte, während die Israeliten unter dem Schutz einer starken Hand auszogen.

9 Die Ägypter jagten ihnen nach und holten sie ein, als sie am Meer lagerten – alle Streitwagenpferde und Streitwagenfahrer des Pharao bei Pi-Hahirot vor Baal-Zefon. 10 Und als der Pharao nahe heranrückte, hoben die Israeliten ihre Augen auf, und sahen, daß die Ägypter hinter ihnen her waren. Da fürchteten sie sich sehr. Und die Israeliten schrien zu Jahwe 11 *und sie sprachen zu Mose: Gab es keine Gräber in Ägypten, daß du uns wegführen mußtest, damit wir in der Wüste sterben? Was hast du uns da angetan, daß du uns aus Ägypten geführt hast?* 12 *Haben wir dir nicht schon in Ägypten gesagt: Laß uns in Ruhe, wir wollen den Ägyptern dienen? Denn es ist besser für uns, den Ägyptern zu dienen, als in der Wüste zu sterben.* 13 Da sprach Mose zum Volk: Fürchtet euch nicht, stellt euch hin und seht die Hilfe Jahwes, die er euch heute erweisen wird. Denn wie ihr die Ägypter heute seht, werdet ihr sie niemals wiedersehen. 14 Jahwe selbst wird für euch streiten, und ihr werdet euch still verhalten.

15 Und Jahwe sprach zu Mose: Was schreist du zu mir? Sage den Israeliten, daß sie aufbrechen. 16 Du aber erhebe deinen Stab und strecke deine Hand über das Meer und spalte es, so daß die Israeliten mitten durch das Meer auf trockenem Boden gehen können. 17 Siehe, ich will das Herz der Ägypter verstocken, daß sie hinter euch herziehen, und will meine Herrlichkeit erweisen an dem Pharao und aller seiner Macht, an seinen Wagen und Männern. 18 Und die Ägypter sollen innewerden, daß ich Jahwe bin, wenn ich meine Herrlichkeit erweise an dem Pharao und an seinen Wagen und Männern.

19 *Da erhob sich der [a] Engel Gottes, der vor dem Lager Israels herzog, und stellte sich hinter sie. [b] Und die Wol-*kensäule vor ihnen erhob sich und trat hinter sie 20 und kam zwischen das Heer der Ägypter und das Heer Israels. Und dort war die Wolke finster, und hier erleuchtete sie die Nacht, und so kamen die Heere die ganze Nacht einander nicht näher. 21 Und Mose streckte seine Hand über das Meer, Jahwe aber ließ einen starken Ostwind die ganze Nacht wehen und legte so das Meer trocken,

und die Wasser spalteten sich. ²² Und die Israeliten gingen hinein mitten ins Meer auf dem Trockenen, und das Wasser war ihnen wie eine Mauer zur Rechten und zur Linken. ²³ Und die Ägypter setzten nach, sie zogen hinein ihnen nach, alle Rosse des Pharao, seine Wagen und Männer, mitten ins Meer.

²⁴ Zur Zeit der Morgenwache schaute Jahwe auf das Lager der Ägypter aus der Feuersäule und der Wolke und brachte einen Schrecken über ihr Lager ²⁵ *und hemmte die Räder ihrer Wagen und machte, daß sie nur schwer vorwärtskamen.* Da sprachen die Ägypter: Laßt uns fliehen vor Israel; Jahwe kämpft für sie wider Ägypten.

²⁶ Aber Jahwe sprach zu Mose: Strecke deine Hand aus über das Meer, daß das Wasser wiederkomme und herfalle über die Ägypter, über ihre Kriegswagen und über ihre Gespanne. ²⁷ Da reckte Mose seine Hand aus über das Meer,

da kam das Meer gegen Morgen wieder in sein Bett zurück, während die Ägypter ihm entgegenflohen. So schüttelte Jahwe sie mitten ins Meer.

²⁸ Und das Wasser kam wieder und bedeckte Kriegswagen, die Gespanne und die ganze Macht des Pharao, während sie ihnen nachfolgten ins Meer, so daß nicht einer von ihnen übrigblieb. ²⁹ Die Israeliten aber waren auf trockenem Boden mitten durchs Meer gegangen, während das Wasser ihnen wie eine Mauer zur Rechten und zur Linken stand.

³⁰ So errettete Jahwe an jenem Tage Israel aus der Ägypter Hand. Und Israel sah Ägypten tot am Ufer des Meeres liegen. ³¹ Als Israel die mächtige Hand sah, mit der Jahwe an den Ägyptern gehandelt hatte, fürchtete das Volk Jahwe, und sie glaubten an Jahwe und an Mose, seinen Diener.

Ex 13,17-14,31

Die hier gebotene Textanordnung macht die wahrscheinliche Quellenlage wieder deutlich. Eingerückt findet sich die jahwistische Tradition; die Kursivsetzungen darin kennzeichnen mögliche andere Anteile. Der nach links herausgestellte Text ist der um Jahrhunderte jüngere P-Erzählfaden. Trotz ihres viel höheren Alters ist die J-Tradition aber auch nicht ursprünglich; dafür enthält sie zu viele Spannungen. Man muß also noch hinter die heutige J-Fassung zurückfragen. Das Grundmodell, von dem alle späteren Varianten ausgingen, könnte so erzählt haben:

Hungerstreik

Auf einem Ostrakon (Tontafel) teilt ein Schreiber dem Wesir mit: »Wir sind äußerst elend. Alle Sachwerte, die uns zustehen, fehlen. Das Steineschleppen ist ja nicht leicht! Man hat uns auch die 6 Maß Gerste wieder genommen, um sie uns als 6 Maß Erde zu geben. Möge mein Herr etwas tun, damit uns der Lebensunterhalt gewährt wird! Denn wir sind schon am Sterben, wir werden kaum am Leben bleiben. Man gibt sie uns nicht, irgendeine Entlöhnung!« Die Lage spitzt sich durch immer neue Säumigkeit der Verwaltung im 29. Regierungsjahr Ramses' III. (1156 v. Chr.) bedrohlich zu, und kommt zum ersten uns bekannten Streik der Weltgeschichte, bei dem es um Mißstände in der Verwaltung geht, die eine Auszahlung der Naturallöhne über Gebühr immer wieder verzögern. Als ihre Geduld erschöpft ist, überschreitet »die gesamte Mannschaft die fünf Mauern der Totenstadt« und führt mit der Parole »Wir haben Hunger« bis zum Einbruch der Nacht einen Sitzstreik vor einem der offiziellen Gebäude des Westufers durch. An den folgenden Tagen (sie haben bisher nur beschwichtigende Worte gehört) ziehen die Arbeiter zum Hauptsitz der Verwaltung, und dringen sogar in das Innere des Tempels ein. Vergeblich wendet sich der Polizeioberst Monthumes an den Bürgermeister von Theben, denn »die Magazine sind leer, es ist nichts vorhanden«, und mit Mühe kann man aus dem Tempelvorrat wenigstens eine Tagesration für die Arbeiter entnehmen: 55 Brote. Am Morgen darauf setzt sich der Polizeioberst selber an die Spitze des friedlichen Demonstrationszuges, in den auf seinen Rat jetzt auch die Frauen und Kinder eingereiht sind, und man zieht zum Totentempel Sethos' I., wo offenbar noch größere Vorräte lagern, denn jetzt bekommen die Arbeiter einen vollen Monatslohn ausbezahlt.

Man darf vermuten, daß die Arbeiter in dieser Notlage ihre Kenntnis der Grabanlagen dazu ausnützen, frühere Begräbnisse (aber noch nicht im gutbewachten Tal der Könige!) mit ihren Beigaben zu plündern und mit dem Erlös das Getreide zu kaufen, das der Staat ihnen vorenthielt ...

Erik Hornung

Pferde und Lenker eines Streitwagens treiben tot im Wasser, Relief aus Ninive, um 650 v. Chr.

14,5 Man meldete dem König von Ägypten, daß das Volk geflohen sei.

9 Die Ägypter jagten ihnen nach und holten sie ein, als sie am Meer lagerten.

10 Da sie sich sehr fürchteten,

13 sprach Mose zum Volk: Fürchtet euch nicht! Stellt euch hin und seht die Hilfe Jahwes!

14 Jahwe wird für euch kämpfen, ihr aber verhaltet euch still!

24 Jahwe blickte auf das Lager der Ägypter und versetzte das Lager der Ägypter in Schrecken.

25 Er ließ abspringen die Räder ihrer Wagen und ließ sie nur schwer vorwärtskommen.

27 Jahwe schüttelte die Ägypter mitten ins Meer;

28 nicht ein einziger blieb übrig.

30 So rettete Jahwe Israel aus der Hand der Ägypter.

31 Und alles Volk fürchtete Jahwe.

Der Schrei nach einem Gott, der befreit, ist in einem etablierten Christentum fremd. Wo sich Christentum mit Herrschaft und Macht verbindet, verbindet sich auch die Gottessymbolik mit Herrschaftssymbolik. Und darum gab es in der siegreichen Geschichte des Christentums weiterhin ein »Ägypten«, zumal erneut für die Nachfahren der Hebräer, doch nahm auch diesmal deren Gettoexistenz kaum einer zur Kenntnis. Während man den Schrei der unterdrückten Juden überhörte, wurde er – wenngleich erst spät, um nicht zu sagen nachträglich – in den Liedern der schwarzen amerikanischen Sklaven vernehmbar:

When Israel was in Egypt's land:
Thus said the Lord, bold Moses said:
Let my people go ...
Go down Moses, 'way down in
Egypt's land.
Tell ol' Pharaoh: Let my people go.

Nach den priesterschriftlichen Versen 14,1.4 ist es Jahwe, der »das Herz des Pharao verhärtet«. Diese Formulierung gehört zum festen Bestandteil von P und begegnet insbesondere in der Geschichte der Auszugsverhandlungen immer wieder. Demgegenüber begründet die ältere jahwistische Quelle (14,5 f.) den Entschluß des Pharao ganz anders. Dort heißt es, dem Pharao sei die Flucht des »Volkes« gemeldet worden, worauf »sechshundert auserlesene Streitwagen« die Verfolgung aufgenommen hätten. Dabei wecken V 6 und 8b den Eindruck, als sei der Pharao selbst mitausgezogen, wenngleich von seinem Tod hinterher keine Rede ist. Intention dieser Darstellung dürfte sein, die Weltmachtposition der Verfolger gegenüber den Flüchtenden herauszustellen. Der durch das Meer versperrte Fluchtweg und die heranrückenden Verfolger wollen die ausweglose Situation der Israeliten bewußt machen. Die heftigen Attacken gegen Mose beantwortet dieser mit einem »Fürchtet euch nicht!« Man brauche sich nur hinzustellen, ohne die Hand zu rühren, um zu sehen, daß Jahwe selbst für sein Volk streiten werde.

Nachdem im jahwistischen Erzählfaden die Erwartung so hochgeschraubt wurde, folgt die priesterschriftliche Weiterführung. In dieser Version bleibt Mose kein unbeteiligter Zuschauer, vielmehr rückt ihn P erst recht in die Mitte. Jahwe handelt nicht direkt, sondern durch Mose: Mose gibt den Befehl zum Aufbruch, erhebt seinen Stab, streckt die Hand aus, spaltet das Meer und läßt die Israeliten »auf trockenem Boden« hindurchgehen, »während das Wasser ihnen wie eine Mauer zur Rechten und Linken stand«. Die älteren Quellen überhöhen den Vorgang weniger stark.

Ein Nebeneinander unterschiedlicher Erzählweisen läßt sich in V 19 beobachten. In Vers 19a heißt es: »Da erhob sich der Engel Gottes, der vor dem Heerlager Israels herzog, und stellte sich hinter sie.« Hier erfolgt die Rettung durch das Dazwischentreten einer göttlichen Erscheinung. Natürlich versteht sich der »Engel Gottes« nicht als eine definierbare Größe (→ S. 226). Der Vorgang behält sein Geheimnis. Vers 19b benutzt eine analoge Vorstellung, an die Stelle des »Engels« tritt hier die »Wolke«. Die Metaphern »Engel« und »Wolke« stehen beide für den nicht beschreibbaren Gott.

Die weitere Ausgestaltung der Überlieferung führte zu spezifischen Ergänzungen. Der Hinweis auf nur einige Aspekte möge genügen: Daß Jahwe vor dem Volke herging, in einer Wolkensäule bei Tag, in einer Feuersäule bei Nacht, läßt sich als Schutz(engel)geschichte lesen. Die Wolke ist Metapher der göttlichen Gegenwart: Bei der anschließenden Wüstenwanderung zog Jahwe seinem Volk in einer Wolkensäule voran. Wenn sich die Wolke über der Bundeslade niedersenkte, schlug man die Zelte auf. Betrat Mose das »Zelt der Begegnung«, ließ sich »die Wolkensäule auf das Zelt herab und stand am Zelteingang, und Gott sprach mit Mose« (Ex 33,9). Die »Herrlichkeit Jahwes« erfüllte in Gestalt einer Wolke den Tempel Salomos (1 Kön 8,10 f.). Ezechiel sah in seiner prophetischen Schau die Erscheinung Gottes »in eine gewaltige Wolke und loderndes Feuer« gehüllt (Ez 1,4). Bei der Verklärung Jesu überschattete eine lichte Wolke Petrus, Jakobus und Johannes, und eine Stimme sprach »aus der Wolke« (Mt 17,5). Vor den Augen seiner Jünger wurde der Auferstandene »emporgehoben, und eine Wolke entzog ihn ihren Blicken« (Apg 1,9). Bei seiner Wiederkunft wird man »den Menschensohn kommen sehen auf den Wolken mit großer Macht und Herrlichkeit« (Mk 13,26). Diese Auswahl zeigt, wie die Wolke vorzugsweise zur Umschreibung der verborgenen Nähe Gottes verwendet wird.

Bei J verknüpft sich in Vers 21b mit der Gottesmetaphorik der Hinweis auf einen »starken Ostwind«, der über Nacht das Meer »trocken legte«. Mit diesem Hinweis auf meteorologische Verhältnisse hat man dem Wunder gerne eine rationale Erklärung gegeben. Der Text ist an solcher Plausibilität aber nicht interessiert. Historisch darf man den Vorgang nüchtern etwa so zusammenfassen: Die Flucht gelingt im Durchschreiten einer gefährlichen Wasserstelle, bei welcher die Grenzpolizei ihre Verfolgung aufgibt.

Die Gesetzgebung am Sinai

Herkunft und Datierung des bedeutsamen Textes sind umstritten. Die neueren Arbeiten zum Dekalog vertreten die Ansicht, daß die maßgebliche Gestalt dieser Tradition – unbeschadet älterer Einzelstücke – im 7. oder 6. Jahrhundert entstanden ist. Untersuchungen der Vorgeschichte des Dekalogs haben ergeben, daß er ursprünglich nicht zu der alten Erzählung von der Gotteserscheinung am Sinai gehört. Die heutige Form und Rahmung des Dekalogs als Gottesrede ist also sekundär. Als letztes Stück kam das Sabbatgebot – nach der Exilszeit – hinzu (Dtn 5,12-15; Ex 20,8-11).

Die Forschung hält die Dekalogfassung in Ex 20 für die ältere. Es ist ein Endprodukt, dessen Wachstumsschritte nicht rekonstruierbar sind. Versuche, den Text von allen erkennbaren Zusätzen zu reinigen, um die Urform des Dekalogs wiederzugewinnen, haben bisher nicht allgemein überzeugt.

Die vorliegende Fassung entstammt einer deuteronomistischen Überarbeitung (→ S. 236 ff.; 285 f.). Diese Reformbewegung wertete den Dekalog als Jahwes grundlegende Offenbarung für Israel. In ihrer katechismusartigen Zusammenfassung erlaubte sie jedem israelitischen Hausvater, die wichtigsten Grundnormen in einer leicht memorierbaren Zusammenfassung – gewissermaßen an den zehn Fingern – zu vermitteln:

Au nom de la liberté de toutes les religions

Skizze nach Marc Chagall (1887–1985), Der Durchzug durch das Rote Meer, Plateau d'Assy, Baptisterium, 1956.

1 Dann sprach Gott alle diese Worte:

2 Ich bin Jahwe, dein Gott, der dich aus dem Land Ägypten, dem Sklavenhaus, herausgeführt hat.

3 Du sollst keine anderen Götter neben mir haben.

4 Du sollst dir kein Götterbild machen und kein Abbild von irgend etwas am Himmel droben, auf der Erde unten oder im Wasser unter der Erde.

5 Du sollst dich nicht vor ihnen niederwerfen und vor ihnen nicht Dienst tun. Denn ich, Jahwe, dein Gott, bin ein eifersüchtiger Gott, der die Schuld der Väter heimsucht an ihren Söhnen, an der dritten und vierten Generation jener, die mich hassen;

6 der aber Gnade erweist an Tausenden von Generationen jener, die mich lieben und auf meine Gebote achten.

7 Du sollst den Namen Jahwes, deines Gottes, nicht mißbrauchen; denn Jahwe läßt den nicht ungestraft, der seine Namen zu Nichtigem mißbraucht.

8 Gedenke des Sabbats, ihn zu heiligen!

9 Sechs Tage darfst du arbeiten und jeden Dienst tun,

10 aber der siebte Tag ist ein Ruhetag, Jahwe, deinem Gott, geweiht. An ihm darfst du keine Arbeit tun, weder du, noch dein Sohn, noch deine Tochter, noch dein Knecht, noch deine Magd, noch dein Vieh, noch der Fremde, der innerhalb deiner Tore Wohnrecht hat.

11 Denn in sechs Tagen hat Jahwe Himmel, Erde und Meer gemacht und alles, was darin ist; am siebten Tag aber ruhte er. Darum segnete Jahwe den Sabbat und heiligte ihn.

12 Ehre deinen Vater und deine Mutter, damit du lange lebst in dem Land, das Jahwe, dein Gott, dir gibt.

13 Du sollst nicht morden.

14 Du sollst nicht ehebrechen.

15 Du sollst nicht stehlen.

16 Du sollst gegen deinen Nächsten nicht falsch aussagen.

17 Du sollst nicht das Haus deines Nächsten begehren. Du sollst nicht begehren die Frau deines Nächsten, noch seinen Knecht oder seine Magd, sein Rind oder seinen Esel, noch irgend etwas, das deinem Nächsten gehört.

6 Ich bin Jahwe, dein Gott, der dich aus dem Land Ägypten herausgeführt hat, aus dem Sklavenhaus.

7 Du sollst keine anderen Götter haben neben mir.

8 Du sollst dir kein Götterbild machen, irgendein Abbild dessen, was am Himmel droben, auf der Erde unten oder im Wasser unter der Erde ist.

9 Du sollst dich nicht vor ihnen niederwerfen und ihnen nicht dienen. Denn ich, Jahwe, dein Gott, bin ein eifersüchtiger Gott, der die Schuld der Väter heimsucht an den Kindern und an der dritten und vierten Generation derer, die mich hassen;

10 der aber Gnade erweist denen, die mich lieben und meine Gebote achten, auf Tausende hin.

11 Du sollst den Namen Jahwes, deines Gottes, nicht mißbrauchen; denn Jahwe läßt den nicht ungestraft, der seinen Namen zu Nichtigem mißbraucht.

12 Achte den Sabbat: Halte ihn heilig, wie es dir Jahwe, dein Gott, geboten hat.

13 Sechs Tage darfst du schaffen und jeden Dienst tun,

14 aber der siebte Tag ist ein Ruhetag, Jahwe, deinem Gott, geweiht. An ihm darfst du keine Arbeit tun: du, dein Sohn und deine Tochter, dein Sklave und deine Sklavin, dein Rind, dein Esel und dein ganzes Vieh und der Fremde, der innerhalb deiner Tore Wohnrecht hat, damit dein Sklave und deine Sklavin ruhen wie du.

15 Und denke daran: Als du Sklave warst im Lande Ägypten, hat dich Jahwe, dein Gott, mit starker Hand und ausgestrecktem Arm von dort herausgeführt. Darum hat dir Jahwe, dein Gott, geboten, den Sabbat zu halten.

16 Ehre deinen Vater und deine Mutter, wie es dir Jahwe, dein Gott, geboten hat, damit du lange lebst und es dir gut geht in dem Land, das Jahwe, dein Gott, dir gibt.

17 Du sollst nicht morden.

18 Du sollst nicht ehebrechen.

19 Du sollst nicht stehlen.

20 Du sollst nicht als falscher Zeuge auftreten gegen deinen Nächsten.

21 Du sollst die Frau deines Nächsten nicht begehren, und du sollst nicht das Haus deines Nächsten begehren, nicht sein Feld, seinen Sklaven oder seine Sklavin, sein Rind oder seinen Esel, nichts, was deinem Nächsten gehört.

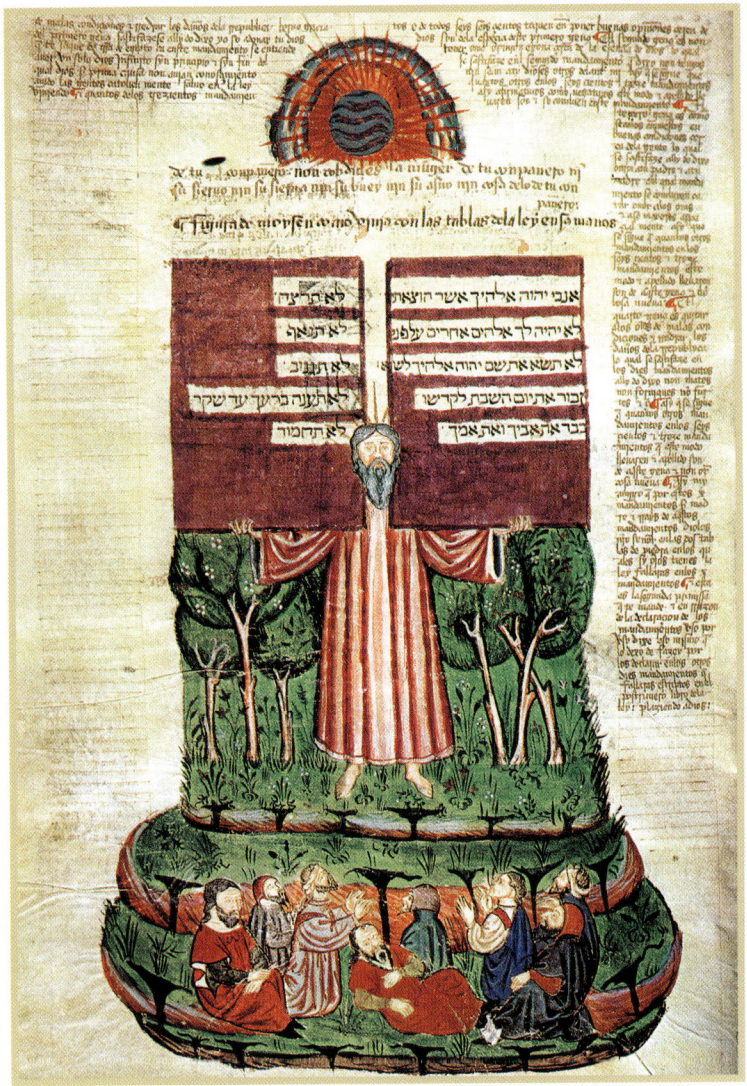

Mose steigt mit den Gesetzestafeln vom Berg herab; eine Seite der Alba-Bibel, die Rabbi Moses Arragel von Guadalajara 1422 aus dem Hebräischen ins Spanische übersetzte und kommentierte. Die Illustrationen wurden wahrscheinlich von christlichen Künstlern unter rabbinischer Anleitung und Aufsicht gemalt. Die in hebräisch zu lesenden Gebote lassen auf eine jüdische Handschrift schließen.

18 Das ganze Volk erlebte Donner und Blitz, wie Hörner erklangen und der Berg rauchte. Da bekam das Volk Angst, zitterte und hielt sich in der Ferne.

19 Sie sprachen zu Mose: Rede du mit uns, dann wollen wir hören. Gott soll nicht mit uns reden, damit wir nicht sterben.

20 Da sagte Mose zum Volk: Fürchtet euch nicht! Denn nur, um euch zu prüfen, ist Gott gekommen. Die Furcht vor ihm soll bei euch herrschen, so daß ihr nicht sündigt.

21 So blieb denn das Volk in der Ferne, Mose aber näherte sich der dunklen Wolke, in der Gott war.

22 Diese Worte sagte Jahwe auf dem Berg zu eurer ganzen Versammlung, mitten aus dem Feuer, aus dem Gewölk und dem Dunkel mit gewaltiger Stimme. Er fügte nichts weiter hinzu und schrieb sie auf zwei Steintafeln und übergab sie mir.

Ex 20,1-21 · *Dtn 5,6-22*

Mose

Historisch gesichertes Wissen über Mose gibt es nicht. Sein Name ist ägyptischen Ursprungs. Die meisten Texte, die von Mose erzählen, gehören zum Pentateuch, wenngleich dort zu unterschiedlichen Quellen und Bearbeitungsebenen. Zeitlich ist er ins 13. Jahrhundert v. Chr. einzuordnen. Außerhalb des Pentateuchs begegnet Mose nur selten: Ri 1,16 und 4,11 erwähnt Moses Schwiegervater; 18,30 ist Moses Name umstritten; 2 Kön 18,4 wird die »eherne Schlange« des Mose erwähnt; Hos 12,14 spricht vom »Propheten«, der Israel aus Ägypten führte; Mi 6,4 verweist auf »Mose, Aaron und Mirjam«; Jer 15,1 will sich selbst von »Mose und Samuel« nicht umstimmen lassen.

Immer wieder hat man versucht, Mose im Erbe des ägyptischen Monotheismus Echnatons zu sehen. So meinte Sigmund Freud, Mose sei Ägypter gewesen, Anhänger oder gar Würdenträger des Pharao Amenophis IV., der sich in Echnaton umbenannte; dessen monotheistischen Sonnenkult habe Mose übernommen und hebräischen Stämmen aufgedrängt, noch bevor er mit ihnen Ägypten verließ (Der Mann Moses und die monotheistische Religion, 1939). Ähnlich spekuliert der Ägyptologe Jan Assmann: »War das biblische Bild von Mose eine verschobene Erinnerung an den verdrängten Pharao?« (Moses der Ägypter. Entzifferung einer Gedächtnisspur, 1998). Dagegen gilt, daß eine Verbindung zwischen Echnaton und Mose nie bestanden hat. Nur Echnaton war der Begründer eines klaren und eindeutigen Monotheismus, nicht Mose. Der Monotheismus Israels ist auf eigenen, unvergleichlich längeren Wegen als der plötzliche Monotheismus Echnatons zu sich gekommen. Vielleicht hat die Exodusgruppe Jahwe zunächst als alleinigen Stammesgott anerkannt (→ S. 268), aber die israelitischen Stämme der vorstaatlichen Epoche wie das Volk der gesamten Königszeit kannten und verehrten neben Jahwe auch andere Götter. Selbst wenn der offizielle Kult ausschließlich Jahwe vorbehalten war – was oft genug in Frage stand – schloß er die Existenz und Verehrung anderer Gottheiten nicht aus. Der jüdische Monotheismus hat sich erst im 6. Jahrhundert v. Chr. voll ausgebildet – etwa siebenhundert Jahre nach Mose. Sogar in der Phase der neubegründeten Jerusalemer Kultgemeinde war die Verehrung fremder Gottheiten noch nicht an ihr Ende gekommen.

Die Forschungsgeschichte über Mose stellt sich als »eine Folge von Subtraktionen« dar: Am Anfang steht die Erkenntnis, daß er nicht als Autor der »Fünf Bücher Moses« in Anspruch zu nehmen ist (→ S. 37). Auch das fünfte Buch, »Deuteronomium«, das als Ganzes beansprucht, eine Rede des Mose zu sein, entstand erst Jahrhunderte später (→ S. 284). Die aus Schulbibel und Kunstgeschichte bekannteste Szene, die Mose auf dem Berg Sinai als Empfänger der Gesetzestafeln schildert, gilt ebenfalls als deuteronomistische Einfügung (→ S. 237). Die »mosaischen« Gesetze sind »nicht die Gründungsurkunde des ältesten Israel, sondern die der jüdischen Gemeinde nach dem Babylonischen Exil« (Rudolf Smend). Mit dem gewandelten Bild der Frühgeschichte Israels schränkte sich auch die Bedeutung des Mose ein. Zwar unterstellen die meisten Forscher seine geschichtliche Existenz, sehen aber, daß die breit erzählenden Mose-Traditionen ihre entscheidenden Prägungen erst in nachexilischer Zeit erhielten und darum historisch nicht belastbar sind. Mit in die mosaische Subtraktionssumme einbezogen ist auch das Dementi: »Mose kann alles mögliche gewesen sein, aber ganz gewiß kein Religionsstifter« (Fritz Stolz).

Michelangelo (1475–1564), Mose, um 1513–16.

Die Haltung des Propheten zeigt, daß er im nächsten Augenblick aufspringen wird, und es wird ein Panthersprung sein; eine heilige und drohende Leidenschaft loht in seinem Antlitz, denn sein Auge hat soeben den Götzendienst Israels erblickt; ein gewitterträchtiger, erhabener Zorn atmet in seiner Brust, schrecklich und göttlich fast wie das Wehen Jahwes selber ... Michelangelo hat diese gigantische Wucht in ihrer ganzen Unwiderstehlichkeit in dem größten plastischem Werk gestaltet, das er und vielleicht die Neuzeit überhaupt geschaffen hat.

Egon Friedell

*E*in Vergleich beider Dekalogfassungen zeigt mehr Übereinstimmungen als Abweichungen. Demnach muß es eine literarische Abhängigkeit geben. Die größten Unterschiede bestehen beim Sabbatgebot. Ex 20,10 f. begründet es mit der Schöpfungsruhe am siebten Tag, Dtn 5,13-15 mit einem mitmenschlich-sozialen Motiv. Auch das letzte Gebot zeigt bedenkenswerte Differenzen.

Die Auswahl der Dekalogsätze aus einer komplexen Tradition erfolgte unter dem Einfluß des Jahweglaubens. Dies war gewiß kein einfacher und wohl auch kein unumstrittener Vorgang. Beispielsweise wurden sehr alte Tabugebote (etwa Speisegesetze) und kultische Vorschriften ausgeklammert, was sicherlich harte Auseinandersetzungen kostete. Die Auswahl und Interpretation der Dekaloggebote verkörpert somit den Sieg einer ganz bestimmten israelitischen Glaubensrichtung, die sich am Prinzip der Gerechtigkeit und der Lebensermöglichung für andere orientiert. Dahinter mußten binnenreligiöse Regeln der eigenen Glaubenstradition zurücktreten. Der Dekalog wurde von Menschen erarbeitet, die überzeugt waren, daß es der Wille Gottes ist, das Lebensrecht eines jeden Menschen zu sichern. Alles, wovon man glaubte, es sei gerecht, legte man Gott in den Mund – und mußte auch so verfahren, wenn man von der abstrakten Forderung zur konkreten Anweisung gelangen wollte.

Der Eingangsteil des Dekalogs proklamiert Israels Gottesverhältnis als geschichtlich-dialogisch. Es wird begründet durch die Rettungstat Jahwes aus dem ägyptischen Sklavenhaus. Dadurch hat sich Jahwe mit Israel verbunden, was für Israel eine Bindung an fremde Götter ausschließt. Die Hinwendung zu anderen Göttern, wie sie dem Alten Orient vertraut waren, gilt als Verletzung des Treueverhältnisses zwischen Israel und Jahwe. Hinter der Weisung, sich »nicht vor anderen Göttern niederzuwerfen« und ihnen »nicht zu dienen«, steht durchaus noch die Überzeugung, daß diese Götter existente und wirksame Mächte sind. Ihnen jede Wirklichkeit abzusprechen, sie als »Nichtse« zu bezeichnen, war einer späteren Zeit vorbehalten (→ S. 286 f.).

Den Text kennzeichnet die durchgehende Du-Anrede: Jahwe spricht zum Volk, aber jeder Israelit soll sich angesprochen fühlen. Das Schicksal des Volkes und das des einzelnen werden miteinander verbunden. Der Befreier Israels aus ägyptischer Fron ist nicht nur der Gott Israels, sondern auch der persönliche Gott (»dein Gott«) eines jeden Israeliten. Der offizielle Jahweglauben verknüpfte sich mit persönlicher Innerlichkeit, so daß sich von nun an offizieller Kult und familiäre Frömmigkeit stärker als bisher mischen. Eine Intensivierung dieser Verinnerlichung formuliert Dtn 6,4 f.: »Du sollst Jahwe, deinen Gott, lieben mit ganzem Herzen, mit ganzer Seele und mit ganzem Vermögen.« Das Gottesverhältnis des Israeliten soll sich nicht in kultischen Akten erschöpfen, sondern in persönlicher Zuneigung erfüllen.

Charakteristisch für den Dekalog ist auch, daß seine Weisungen keine Summe einzelner Vorschriften sind, sondern daß jede Weisung Teil einer einzigen Willensoffenbarung ist. Der Exodustext macht diesen Zusammenhang besonders deutlich: Schon die Überschrift (20,2) läßt sich als eine Art Notenschlüssel für alles Folgende lesen: Weil ich Jahwe bin, das heißt, weil ich der bin, der dir nahe ist und

»Kann niemand die deutschen Kirchen von ihren Bindungen an das Alte Testament lösen?« fragte Wagner, der Gauleiter von München.
»Schon Marcion hat versucht, das Christentum vom Judentum zu lösen«, warf Goebbels ein. »Aber das ging nicht. Und das wird wahrscheinlich nie etwas.«
»Historisch gesehen ist die christliche Religion nichts anderes als eine jüdische Sekte ...«, fuhr Hitler fort. »Wir kämpfen gegen den ältesten Fluch, den die Menschheit auf sich gezogen hat. Wir kämpfen gegen die Perversion unserer gesündesten Instinkte. Ach ja, dieser Gott der Wüste, dieser verrückte, dumme, rachsüchtige Despot mit seiner Macht, Gesetze zu erlassen! Dieser sklavenhalterische Einpeitscher! Dieses teuflische ›Du sollst, du sollst!‹ Und dann dieses törichte ‚Du sollst nicht!‘. Das muß endlich aus unserem Blute verschwinden, dieser Fluch vom Berge Sinai.«

Hermann Rauschning

Gott ohne Tora ist immer ein Götze.

Jeshajahu Leibowitz

Die moralischen Gebote, die aus dem sinaitischen und prophetischen Monotheismus hervorgehen, kennen keine Kompromisse. Die Verbote, die sich gegen Mord, gegen Ehebruch, gegen Gier, gegen das wie auch immer unschuldige Verfestigen von Bildern, gegen den Umgang mit Hausgöttern, Schutzgeistern und Heiligen richten, sind selbst Symptome einer tieferen Forderung. Sie ziehen die Umwandlung des gewöhnlichen Menschen nach sich. Wir sollen Seele und Fleisch zur Vollkommenheit disziplinieren. Wir sollen über unseren eigenen Schatten hinauswachsen ... Nimmt man es *à la lettre*, dann ist Nietzsches »werde, was du bist« die Antithese zum Gebot vom Sinai. »Höre auf zu sein, was du bist, wozu Biologie und Umstände dich gemacht haben. Werde um einen entsetzlichen Preis der Selbstverleugnung zu dem, was du sein könntest.« So gebietet der Gott des Mose, des Amos, des Jeremia.

George Steiner

Die Gesetzesstele des Hammurabi (1728–1686) zeigt den babylonischen König vor dem Sonnengott und dem Gott des Rechts Schamasch, 18. Jh. v. Chr.

Ein Verhör

INQUISITOR: Ich sehe, Sie haben den Glauben an Gott verloren – sehe ich richtig?

ANGEKLAGTER: Nein, Eure Eminenz, um ihn verloren haben zu können, müßte ich ihn einmal gehabt haben.

INQUISITOR: Wollen Sie damit sagen, Sie hätten überhaupt nie an Gott geglaubt?

ANGEKLAGTER: Ja, Eminenz, so ist es.

INQUISITOR: Also sind Sie ein Atheist, nicht wahr? Sind Sie sich der Konsequenzen bewußt? Sie wissen doch, welche Strafe auf Gottesleugnung steht!

ANGEKLAGTER: Ich weiß, warum Giordano Bruno auf dem Campo dei fiori verbrannt worden ist.

INQUISITOR (an die Beisitzer): Sie haben mit eigenen Ohren gehört, daß der Angeklagte die auf Grund seiner Schriften gegen ihn erhobenen Anschuldigungen auch im mündlichen Verhör bestätigt hat. Bevor wir zum Urteil schreiten, frage ich Sie, den Angeklagten: Bekennen Sie sich in aller Form schuldig? Sprechen Sie!

ANGEKLAGTER: Ja und nein!

INQUISITOR: Was soll das: Ja und nein? Sagten Sie nicht, Sie hätten Ihr Lebtag nie an Gott geglaubt?

ANGEKLAGTER: Ja, ich wiederhole es sogar, der Nachdruck liegt auf geglaubt. Erlauben Sie mir, meine hohen Herrn Richter, die Frage: Woran oder an was glauben Sie,

der dir in den Wüsten des Lebens Todeswege ersparen will, soll es für dich ausgeschlossen sein, dich auf andere Götter einzulassen, zu morden, falsches Zeugnis zu geben, zu stehlen ... Von diesem »Notenschlüssel« her sind die zehn Weisungen Forderungen und Verheißungen zugleich.

Die exilische Überarbeitung des Dekalogs machte ihn zu einem umfassenden Reformprogramm für das neue Israel nach dem Exil. Das Sabbatgebot wurde seine theologische Mitte. Es unterstellte die gesamte Alltagswirklichkeit dem Willen Gottes, dabei erfuhren die Schwachen besonderen Schutz. Im Buch Deuteronomium findet das kurzgefaßte Programm seine breitere Ausführung.

Der bildlose Gott und das biblische Bilderverbot

Das Bilderverbot ist eng mit dem biblischen Fremdgötterverbot verbunden. Zwar begegnen die ausdrücklichen Formulierungen dieses Verbotes erst spät. Der Prophet Hosea scheint bei seinem Kampf gegen den herrschenden Bilderkult um 730 davon noch keine Kenntnis gehabt zu haben, weil er sich sonst sicher darauf berufen hätte. Doch ist dem Jahwekult aus sich heraus eine Tendenz zur Bildlosigkeit eigen. Schon die Exodusgruppe kannte offensichtlich kein Jahwebild. Damit könnte sich einerseits ein Distanzierungsbedürfnis zur ägyptischen Religionswelt verbinden; andererseits haben die Bedingungen der Wanderschaft die Anfertigung von Kultbildern auch nicht gefördert. Wenn sich nach erfolgter Assimilation im kanaanäischen Kulturland die Jahweverehrung mit den dortigen Gottessymbolen verquickte – vgl. Ri 17 f. und 2 Kön 18,4 – so erschien dies zunächst als selbstverständlich und forderte keine Kritik heraus. Darum wurde Jahwe bis weit in die Königszeit hinein in allgemein vertrauten Kultbildern verehrt. Erst mit Hosea begann der Kampf gegen diese »kanaanäische Überfremdung« (Hos 4,17; 8,4-6; 10,5; 11,2; 13,2; 14,4.9). In der Folge wurden zunächst Götterfiguren aus Edelmetall, dann verehrte Kultgegenstände, die man wäscht, kleidet, küßt oder in Prozessionen herumträgt, insgesamt verboten. Bei den Völkern rings um Israel war ein solcher Kult selbstverständlich. Im Salomonischen Tempel gab es ja auch Symbole wie das der Ehernen Schlange oder Cheruben, denen man nach dem strenger gefaßten Bilderverbot im Zweiten Tempel kein Recht mehr zugestand. Schließlich wurde das Bilderverbot auf die häusliche Frömmigkeit ausgedehnt (→ S. 243).

In diesem Protest gegen alle Vergegenständlichung des Göttlichen wirkt sich einerseits die Exodustradition aus: Der Gott der Befreiung ist kein Gott, der sich für eine bestehende Gesellschaftsordnung in Anspruch nehmen läßt, etwa als Herrschaft »von Gottes Gnaden«. Zwar wurde dieses kritische Potential auf längere Strecken hin kulturell und politisch zurückgedrängt, aber spätere Oppositionsgruppen konnten es in Israel doch immer wieder gegen unterschiedliche Herrschaftsstrukturen aktivieren.

Schon mit der Gotteserfahrung der Exodusgruppe dürfte sich eine Unverfügbarkeit Jahwes verbunden haben, noch bevor sie in

Kanaan heimisch wurde. Die Auseinandersetzung mit den Gottesbildern der umgebenden Religionen hat den kritischen Kräften Israels bewußt gemacht, daß jedes Gottesbild, das Menschen herstellen, die Ansicht fördert, man könne mit diesem Gott wie mit einem Bild umgehen. In derselben Tradition steht noch Dietrich Bonhoeffers Satz: »Einen Gott, den man sich vorstellen kann, kann man auch wieder wegstellen.« So nötigte auch der Gang der Zeiten immer wieder, die selbst gefertigten Gottesvorstellungen zu korrigieren oder ganz aufzugeben, sooft sie als Projektionen eigener Wünsche und Bedürfnisse erkennbar wurden.

Zur Dauerkrise aller Gottesbilder – auch der sprachlichen – hat nicht zuletzt die Sinaitradition beigetragen, selbst wenn deren Ausformung als »Bundesschluß am Sinai« erst nachträgliche Interpretation von Reformtheologen ist: »Mein Antlitz kannst du nicht sehen, denn nicht sieht mich der Mensch und lebt«, heißt es Ex 33,20. Und als Mose begehrte, Gottes unverhüllte Herrlichkeit zu sehen, sprach Jahwe:

> Hier ist Raum
> bei mir.
> Stell dich auf den Felsen:
> Wenn dann meine Herrlichkeit vorübergeht,
> setze ich dich in eine Kluft des Felsens
> und schirme meine Hand über dich
> bis ich vorüber bin.
> Hebe ich dann meine Hand weg,
> siehst du meinen Rücken,
> aber mein Antlitz kann niemand sehen. (Ex 33,21-23)

Nicht der Mensch bildet seinen Gott, sondern Gott offenbart sich dem Menschen. Mit dem Fehlen eines Kultbildes geht einher, daß die Bibel auch kein geschlossenes gedankliches Wesensbild von Gott enthält und nirgendwo den Versuch dazu macht. »Mit wem wollt ihr Gott vergleichen und welches Gleichnis ihm entgegenstellen?« fragt der

wenn Sie sich zum Glauben an Gott bekennen? Ist es Gott? GOTT, sage ich, oder ist es ein Bild Gottes oder gar nur ein Gottesbild? (Es gibt ja deren so viele!) Vielleicht – ich hoffe es – vielleicht haben Sie einmal ein Bild Gottes (oder Gottesbild), das Sie hatten, gegen ein anderes, das Ihnen wahrer, echter, sozusagen naturgetreuer erschien, ausgetauscht? Dann hätten Sie ja auch einmal – ja sogar mehrmals – in Ihrem Leben den Glauben verloren ... Aber Sie haben nur Bild für Bild gewechselt und sind sozusagen immer »im Bilde« geblieben – in Bildern, in Vorstellungs- und Denkbildern von Gott, die Sie für um so erhabener, um so göttlicher hielten, je begrifflicher, je abstrakter sie waren ... An die Existenz Gottes haben Sie zeitlebens geglaubt, aber war das nicht immer ein Glaube an die Existenz des jeweiligen Bild- oder Begriffsgottes? Wenn Sie an die Wände Ihres Glaubensbewußtseins ab und zu ein neues Bild Gottes hängten, dann leugneten Sie das vorausgehende und legten es beiseite ... Und jetzt haben Sie wieder eines hängen, betrachten es als den wahren Gott und beten es an – ein Bild, ein Bild ist's, Eminenz, das Sie anbeten.
Sie fragten mich, ob ich mich zur Leugnung Gottes bekenne – ich habe die Frage bejaht – in dem Sinne, daß ich die Existenz eines in Bildern vorgestellten oder in Begriffen gedachten Gottes leugne, und ich habe die Frage verneint – in dem Sinne, daß ich mich bei keinem der Gottesbilder und -begriffe aufhalte, um hinzuknien und anzubeten, sondern weitergehe, immer weiter, auf der Suche nach dem wahren, über Bilder und Begriffe erhabenen – dem wirklichen Gott. Kann man die Existenz von etwas leugnen, das man sucht? Nicht daß ich ihn – den wahren, den göttlichen Gott! – gefunden hätte, nein, der menschliche Geist ist in so einer Lage, ihn immer – bis ans Ende! – suchen zu müssen, suchen, meine Herren, die Begegnung mit dem lebendigen Gott suchen! Wenn ich bei aller Leugnung und Absage dessen, was sich als Glaube an Gott behauptet und präsentiert, nichts als Gott im Sinne habe, was bin ich dann? In Ihren Augen ein »Atheist«? Nein, meine Herren, ich stelle es Ihnen anheim, mich nun als »Atheisten« zu verdammen. Sprechen Sie Recht! Um Ihre Gnade bitte ich nicht!

Fridolin Stier

Jan Luyken (1649–1712), Calvinistischer Bildersturm, um 1680.

Das Gottesbild

»Du sollst dir kein Götterbild machen ...«, heißt es Ex 20,4 (Dtn 5,8), im zweiten der Zehn Gebote. Gemeint sind nicht sprachliche Metaphern, von denen die Bibel selbst überreich ist, sondern Objekte, die kultische Verwendung finden können. Dieses Verbot hat mit dem Judentum zunächst auch das Christentum vor jeder gegenständlichen Gottesdarstellung bewahrt. Bis etwa 1250 n. Chr. gab es allenfalls das Symbol der Gotteshand, um das schöpfende und offenbarende Tun Gottes anzudeuten (1).

Schon das erste Konzil zu Nicäa 325 hatte die Wesenseinheit »Christi mit dem Vater« gelehrt. Dieses Einssein mit Gott brachten die Bilder, »so banal es klingen mag, im Bart Christi und in der damit angedeuteten Altehrwürdigkeit« zum Ausdruck. »Das Gottesbild schimmerte nun gleichsam im Christusbild durch« (Günter Lange). Die Buchstaben Alpha und Omega neben seinem Haupt stellen sicher, daß sein Antlitz auch als das Antlitz Gottes gilt (2).

Die Christologie bot später die Legitimation, in der Gestalt Jesu den unverfügbaren Gott zu veranschaulichen. Die Bilderlehre des Konzils von Nicäa 787 gestattete, den in Christus Mensch gewordenen Gott bildlich darzustellen. Darum zeigen die Schöpfungsbilder bis zum Hochmittelalter nicht Gott, sondern ausschließlich seinen Christus als den Schöpfer der Welt (→ S. 42, 45).

Das Hochmittelalter steigerte im 13. Jahrhundert die Tendenz zu massiver gegenständlicher Anschaulichkeit. Dies gilt für das Gottesbild wie für die Darstellung des Ostergeschehens (→ S. 562 f.). Als bis dahin unerhörter Bildtyp kommt jetzt der »Gnadenstuhl« auf, – ein Versuch, die »Dreifaltigkeit« menschengestaltig darzustellen. Anfänglich zeigt sich der kreuzhaltende Gottvater kaum von dem Sohn am Kreuz unterschieden, so daß man ihn noch als Verdoppelung der Christusgestalt ansehen kann. Mit dem ausgehenden Mittelalter werden »Vater« und »Sohn« jedoch in einen »Generationengegensatz« gerückt: Gott »alterte« sichtbar als Vater eines erwachsenen Sohnes (3).

Damit war ein Damm gebrochen und die Vermenschlichung des Gottesbildes steigerte sich: Michelangelos Rückansicht des »Schöpfergottes« mutet

(1) Hand Gottes,
Fresko in San Clemente, Tahull, 1123.
(2) Christus, Commodilla-Katakombe, Rom,
Ende 4. Jh./Anfang 5. Jh.
(3) Gnadenstuhl, Landgrafenpsalter,
1211–13.

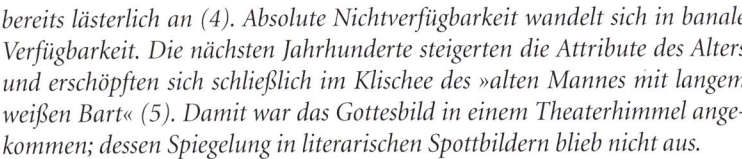

bereits lästerlich an (4). Absolute Nichtverfügbarkeit wandelt sich in banale Verfügbarkeit. Die nächsten Jahrhunderte steigerten die Attribute des Alters und erschöpften sich schließlich im Klischee des »alten Mannes mit langem weißen Bart« (5). Damit war das Gottesbild in einem Theaterhimmel angekommen; dessen Spiegelung in literarischen Spottbildern blieb nicht aus.

Die Gegenwart versucht eine theologische Neubesinnung im Rückgriff auf die Mystik. Das Visionsbild der Hildegard von Bingen symbolisiert mit konzentrischen Lichtkreisen die göttliche Dimension und beläßt sie doch bildlos; der darin geborgene androgyne Mensch verweist auf Schöpfung und Erlösung in einem (6). Die mystische Leere der »Bilder« Mark Rothkos leiten dazu an, das Unverfügbare in seiner Entzogenheit wieder zu respektieren (7).

(4) Michelangelo (1475–1564), Erschaffung der Gestirne, Fresko aus der Sixtinischen Kapelle, Rom, Vatikan, 1512–15.
(5) Julius Schnorr von Carolsfeld (1794–1872), Der siebte Tag.
(6) Die wahre Dreiheit in der wahren Einheit, Hildegardis-Codex, um 1147.
(7) Mark Rothko (1903–1970), Ohne Titel, 1955.

Dem unbekannten Gott

Noch einmal, eh ich weiterziehe
und meine Blicke vorwärts sende,
heb ich vereinsamt meine Hände
zu dir empor, zu dem ich fliehe,
dem ich in tiefster Herzenstiefe
Altäre feierlich geweiht,
daß allezeit
mich deine Stimme wieder riefe.

Darauf erglüht tief eingeschrieben
das Wort: Dem unbekannten Gotte.
Sein bin ich, ob ich in der Frevler Rotte
auch bis zur Stunde bin geblieben:
sein bin ich – und ich fühl die Schlingen,
die mich im Kampf darniederziehn
und, mag ich fliehn,
mich doch zu seinem Dienste zwingen.

Ich will dich kennen, Unbekannter,
du tief in meine Seele Greifender,
mein Leben wie ein Sturm
Durchschweifender,
du Unfaßbarer, mir Verwandter!
Ich will dich kennen, selbst dir dienen.

Friedrich Nietzsche

Richard Seewald (1889–1976),
Die Israeliten und das goldene Kalb.

Deuterojesaja seine Landsleute angesichts der imperialen Kultur Babylons: »Seht, Imperien sind wie ein Tropfen am Eimer, wie ein Stäubchen an der Waage gelten sie. Seht, Kontinente wiegen wie ein Sandkorn ...« (Jes 40,15-18). Im Tempelweihgebet wird sogar die Bedeutung der Kultstätte relativiert: »Die Himmel der Himmel fassen dich nicht, um wieviel weniger dieses Haus!« (1 Kön 8,27).

Und doch zerrinnt der biblische Glaube nicht ins Gegenstandslose. So wenig er ein Gottesbild duldet, so unmittelbar rückt er den Menschen in eine Beziehung zu dem bildlosen Gott. »Nach seinem Bilde, ihm ähnlich« (Gen 1,27) ist der Mensch geschaffen (→ S. 46 f.). Darum wird dieser Gott überall dort proklamiert, wo der Mensch ist. Der Gott Israels will durch lebendige Menschen in der Welt sichtbar werden. Indem sie nach seinem Bild geschaffen sind, bilden sie eine Repräsentanz, die es je eigen auszufüllen gilt – und sind doch ebenso jedem fertigen Urteil entzogen, wie ihr Gott sich dem definitiven Zugriff verwehrt. Aus dieser Tradition dürfte es sich erklären, daß der Gottesthron im Zweiten Tempel zu Jerusalem »leer« war.

Das goldene Kalb

[1] Als das Volk sah, daß Mose noch immer nicht vom Berg herabkam, rottete es sich um Aaron zusammen und sagte zu ihm: Komm, mach uns Götter, die vor uns herziehen. Denn dieser Mose, der Mann, der uns aus Ägypten heraufgebracht hat – wir wissen nicht, was mit ihm geschehen ist. [2] Da antwortete Aaron: Reißt euren Frauen, Söhnen und Töchtern die goldenen Ringe ab, die sie an den Ohren tragen, und bringt sie her!
[3] Da riß alles Volk die goldenen Ohrringe ab und brachte sie zu Aaron. [4] Der nahm sie von ihnen entgegen, formte es mit einem Meißel und goß danach ein Kalb. Da sagten sie: Das sind deine Götter, Israel, die dich aus Ägypten heraufgeführt haben. [5] Als Aaron das sah, baute er vor dem Kalb einen Altar und rief aus: Ein Fest für Jahwe ist morgen! [6] So standen sie am folgenden Tag früh auf, opferten Brandopfer und brachten Gemeinschaftsopfer dar. Und das Volk setzte sich zum Essen und Trinken und stand auf, um sich zu vergnügen.
[7] Da sprach Jahwe zu Mose: Mach dich auf, steig hinunter, denn dein Volk, das du aus Ägypten heraufgeführt hast, hat schändlich gehandelt. [8] Schnell sind sie von dem Weg abgewichen, den ich ihnen anbefohlen habe. Sie haben sich ein Kalb gegossen und werfen sich vor ihm zu Boden. Sie bringen ihm Schlachtopfer dar und sagen: Das sind deine Götter, Israel, die dich aus Ägypten heraufgeführt haben. [9] Weiter sprach Jahwe zu Mose: Ich habe gesehen, daß dieses Volk ein störrisches Volk ist. [10] Jetzt laß mich, damit mein Zorn gegen sie entbrennt und sie verzehrt. Dich aber will ich zu einem großen Volk machen.
[11] Mose aber besänftigte Jahwe, seinen Gott, und sagte: Warum, Jahwe, soll dein Zorn gegen dein Volk entbrennen? Du hast es doch mit großer Macht und starker Hand aus Ägypten herausgeführt. [12] Sollen etwa die Ägypter sagen können: In böser Absicht hat er sie

herausgeführt, um sie im Gebirge umzubringen und sie vom Erdboden verschwinden zu lassen? Laß ab von deinem glühenden Zorn, und laß dich das Unheil reuen, das du deinem Volk antun wolltest. [13] Denk an deine Knechte, an Abraham, Isaak und Israel, denen du mit einem Eid bei dir selbst geschworen und gesagt hast: Ich werde eure Nachkommen so zahlreich machen wie die Sterne des Himmels, und dieses ganze Land, von dem ich gesprochen habe, werde ich euren Nachkommen geben, und sie sollen es für immer besitzen. [14] Da gereute Jahwe das Unheil, das er seinem Volk angedroht hatte. [15] Und Mose kehrte um und stieg vom Berg hinab, die zwei Tafeln der Bundesurkunde hielt er in der Hand, die Tafeln, die auf beiden Seiten beschrieben waren, vorn und hinten waren sie beschrieben. [16] Die Tafeln waren Gottes Werk, und die Schrift, die auf den Tafeln eingegraben war, war Gottes Schrift. [17] Als nun Josua das Lärmen und Schreien des Volkes hörte, sagte er zu Mose: Horch, Kriegslärm ist im Lager. [18] Der aber antwortete: Nicht Siegesgeschrei, auch kein Geschrei nach einer Niederlage ist das; ich höre Töne eines Gesangs. [19] Als Mose sich dem Lager näherte, sah er das Kalb und dazu Reigentänze. Da entbrannte des Moses Zorn. Er warf die Tafeln fort und zerschmetterte sie am Fuße des Berges. [20] Dann packte er das Kalb, das sie gemacht hatten, verbrannte es im Feuer und zerrieb es, bis es fein zermahlen war, und streute es ins Wasser und gab es den Israeliten zu trinken. [21] Zu Aaron sagte Mose: Was hat dir dieses Volk getan, daß du ihm eine so große Schuld aufgeladen hast? [22] Aaron aber sagte: Mein Herr möge sich doch nicht vom Zorn hinreißen lassen. Du weißt selbst, wie verwildert das Volk ist. [23] Sie haben zu mir gesagt: Mach uns Götter, die uns vorangehen. Denn was diesen da, Mose, angeht, den Mann, der uns aus Ägypten heraufgeführt hat – so wissen wir nicht, was mit ihm geschehen ist. [24] Darauf habe ich zu ihnen gesagt: Wer Goldschmuck trägt, soll ihn ablegen. Sie gaben mir das Gold, ich habe es ins Feuer geworfen, und daraus entstand dieses Kalb.

[25] Als Mose sah, wie verwildert das Volk war, [weil Aaron es hatte verwildern lassen, zur Schadenfreude seiner Widersacher], [26] trat Mose an das Lagertor und sagte: Wer sich zu Jahwe hält, her zu mir! Darauf sammelten sich alle Leviten um ihn. [27] Er sagte zu ihnen: So spricht Jahwe, der Gott Israels: Jeder lege sein Schwert an. Zieht hin und her durchs Lager von Tor zu Tor! Jeder erschlage seinen Bruder, seinen Nächsten und seinen Verwandten. [28] Die Leviten taten nach dem Befehl des Mose, und es fielen vom Volke an jenem Tag gegen dreitausend Mann. [29] Darauf sagte Mose: Füllt heute eure Hände mit Gaben für Jahwe! Denn jeder von euch ist heute gegen seinen Sohn und seinen Bruder vorgegangen, um heute Segen auf euch zu bringen.

[30] Am nächsten Morgen sprach Mose zum Volk: Ihr habt eine große Sünde begangen. Jetzt will ich zu Jahwe hinaufsteigen; vielleicht kann ich für eure Sünde Sühne erwirken. [31] Mose kehrte zu Jahwe zurück und sagte: Ach, dieses Volk hat eine große Sünde begangen. Es hat sich einen Gott aus Gold gemacht. [32] Wenn du ihnen doch ihre Sünde vergeben wolltest! Wenn aber nicht, dann lösch mich aus dem Buch, das du geschrieben hast, aus. [33] Jahwe aber antwortete Mose: Wer gegen mich gesündigt hat, lösche ich aus meinem Buch.

Der hölzerne Gott, vielleicht das Stück eines Scheiterhaufens oder Marterpfahl, wird aufgehängt, zugehauen, gezimmert und gehobelt. Der eherne oder silberne Gott wird öfters aus einem unsauberen Gefäß, wie das ein ägyptischer König wirklich getan hat, geschmolzen, mit Hämmern zurechtgeschlagen und auf Ambossen geformt. Der steinerne Gott wird behauen, gemeißelt und von einem gemeinen Kerl geglättet. Er fühlt die Schmach seiner Entstehung ebensowenig wie nachher die Ehrung durch eure Anbetung. Aber vielleicht ist eben der Stein oder das Holz oder das Silber noch nicht der Gott? Wann aber tritt er dann ins Dasein? Er wird gegossen, gezimmert, gemeißelt: noch ist's kein Gott. Er wird verlötet, zusammengesetzt, aufgerichtet: noch ist's kein Gott. Er wird geschmückt, geweiht, angebetet: endlich ist es ein Gott, wenn nämlich der Mensch ihm diese Bestimmung gegeben und ihn dazu geweiht hat.

Marcus Minucius Felix,
um 200 n. Chr.

Bei diesem Gottesbild geht es also, wenn man auf den »subjektiv gemeinten Sinn« schaut, um ein Bild Jahwes und nicht um das eines anderen Gottes. Aber ein Bild Jahwes kann es nicht geben, und darum gerät unabhängig von jedem noch so gutgemeinten Sinn jedes Bild geradezu automatisch zum Bild eines anderen Gottes und damit »zur Sünde« (1 Kön 12,30).

Auf dieses Bild richtet sich Moses Ikonoklasmus. Als erstes zerstört er aber im Zorn die Gesetzestafeln. Wo dieses Bild steht, haben die göttlichen Tafeln nichts zu suchen, sie müssen sofort zerstört werden, um jede Kontamination zu vermeiden. Sodann wird das Bild zerstört, aber nicht im Zorn, sondern äußerst methodisch. Er schmilzt es im Feuer, zerstößt es zu Pulver, vermischt es mit Wasser und gibt es dem Volk zu trinken. Der Sinn dieser Handlung wird erst klar, wenn man für das »Bild« das »heilige Tier« substituiert. Was man nämlich mit heiligen Tieren auf keinen Fall machen darf, ist, sie zu verzehren. Die Israeliten werden also zu einem schweren Tabubruch im Sinne der heidnischen – und zwar der ägyptischen Religion – gezwungen, in die sie mit der Anbetung des Kalbes zurückgefallen waren. Zwar war das Kalb »subjektiv« als Bild Jahwes gemeint worden, aber es geriet ihnen zu einem Bild des Apis-Stiers, den sie nun verzehren müssen. Damit will Mose, so ließe sich diese Handlung vielleicht symbolisch deuten, den Ägypter in ihnen abtöten.

Jan Assmann

34 Jetzt aber geh, führe das Volk an den Ort, den ich dir genannt habe. Siehe, mein Engel wird vor dir hergehen. Am Tag aber, an dem ich Rechenschaft verlange, werde ich ihre Sünde mit ihnen abrechnen. 35 Jahwe schlug das Volk mit Unheil, weil sie das Kalb gemacht hatten, [das Aaron anfertigen ließ].

Ex 32

D ie berühmte Erzählung vom goldenen Kalb muß auf dem Hintergrund jener Geschichte gesehen werden, die 1 Kön 12,28 ff. erzählt wird: Als sich Jerobeam I. (926–907) vom davidischen Königtum trennte (→ S. 178 ff.), um für die Nordstämme ein eigenes Königtum Israel zu bilden, war damit auch die Entscheidung gegen den Jerusalemer Staatskult und für eine Rückkehr zu den alten Stammesheiligtümern in Bet-El und Dan getroffen worden. Die Verse 27-30 geben Jerobeams Überlegung polemisch wieder:

»Wenn dieses Volk hinaufzieht, um im Jahwehaus in Jerusalem Schlachtopfer zu veranstalten, wird sich das Herz des Volkes wieder seinem Herrn, dem König Rehabeam von Juda, zuwenden. Sie werden mich töten und zu Rehabeam, dem König von Juda, zurückkehren. So beschloß der König denn, zwei goldene Kälber anfertigen zu lassen. Er sagte zum Volke: Genug eures Hinaufziehens nach Jerusalem! Hier sind deine Götter, Israel, die dich aus dem Lande Ägypten heraufgeführt haben! Und er stellte das eine Kalb in Bet-El auf, das andere stiftete er in Dan. Diese Sache wurde Anlaß zur Sünde. Das Volk zog sogar bis nach Dan, vor das eine Kalb.«

Um den Hintergrund dieses Vorgangs zu verstehen, ist ein Blick auf die vorstaatlichen Jahrhunderte Israels wichtig. Diese Zeit war nicht bildlos. Zum El-Kult der Väterzeit wie zum späteren Jahwe-Kult der vorstaatlichen Zeit gehörten Bildnisse in Form von Kultsteinen und Statuetten, die archäologisch reich bezeugt sind. Als König Jerobeam in den Heiligtümern von Bet-El und Dan auf diese Kulttradition zurückgriff, um die Macht Jahwes in einem Stierbild zu repräsentieren – was in solcher Form vielleicht eine kultische Neuerung war – verhielt er sich im Prinzip konservativ.

Die Stiersymbolik in den Reichsheiligtümern in Dan und Bet-El erlaubte zunächst gar nicht, an andere Götter neben Jahwe zu denken. Das goldene Stierbild sollte Jahwe nicht abbilden, sondern seine Macht als Gott des Exodus und des Befreiers aus ägyptischer (und salomonischer) Unterdrückung darstellen (→ S. 170). In diesem Sinne wurde Jahwe im Stiersymbol konsequent israelitisch verehrt, nicht in der Offenheit eines allgemeinen Symbols, sondern in Erinnerung an die eigene geschichtliche Erfahrung.

Zur Zeit Jerobeams I. lag der Priesterschaft in Bet-El daran, ihr Stiersymbol in der Frühgeschichte Israels zu verwurzeln. Dieser Absicht entsprach die Kultlegende ursprünglich; erst in der späten Königszeit wurde sie umgestaltet und ablehnend interpretiert. Ihr Kern liegt hier Ex 32,1-6 vor und kann von der Aufstellung der zwei »goldenen Kälber« in den Heiligtümern von Bet-El und Dan nicht getrennt werden. Dafür spricht die Übereinstimmung des zentralen

Exodus

Vorgangs. Die später verwendete Deuteformel: »Das sind deine Götter, Israel, die dich aus Ägypten heraufgeführt haben« benutzt den Plural »deine Götter« in der polemischen Absicht, die Entschei-

dungen Jerobeams als Abfall und Bundesbruch zu verurteilen, wie dies ganz ähnlich in Ex 32,19 Mose durch sein Zerbrechen der Dekalogtafeln zum Ausdruck bringt.

Natürlich ist die Rede vom »Kalb« ebenfalls polemisch gemeint, um das Stierbild herabzuwürdigen. Da die vorderorientalische Welt im Gegensatz zu Ägypten keine tierförmigen Götterbilder kannte, war das Stierbild von Bet-El – vermutlich eine mit Goldblech überzogene Holzplastik – nicht einmal ein Gottesbild, sondern der tragende Sokkel für den unsichtbar gegenwärtigen Jahwe. Die deuteronomistische Kritik aber erkennt in dem »goldenen Kalb« eine Symbolisierung Jahwes, welche den unverfügbaren Gott verfügbar machen will und dadurch zum Götzen verkehrt. Die Reaktion darauf fällt drastisch aus: Mose zwingt das Volk, das Bildnis zu Staub zu mahlen und den ins Wasser

gegebenen Staub zu trinken. Nachdrücklicher läßt sich die Verfügbarkeit des Götzenbildes und dessen Ohnmacht nicht demonstrieren.

Die im Buch Exodus vorliegende Textfassung ist eine späte Bearbeitung der Jerobeam-Tradition (vgl. S. 182 ff.). Sie spiegelt die prophetische Kritik und die nachfolgende Entwicklung des biblischen Monotheismus. Die provokante Gewalttätigkeit gegen Bruder, Verwandte und Freunde entspricht jener radikalen Gesinnung, mit der sich der aufkommende Monotheismus gegen das Übergewicht einer mächtigen religionsgeschichtlichen Tradition zu behaupten suchte. So wenig diese Gewalttaten praktiziert wurden, so bedenklich bleiben sie angesichts eines Gottes, dessen Gesetz ganz andere Maßstäbe setzt (→ S. 112 ff.). Die Gestalt des Mose ist in der vorliegenden Erzählung also sekundär: eine spätere Einfügung, um die deuteronomistische Gotteslehre der Exils- oder frühen Nachexilszeit mit der Autorität des Mose zu verbinden (→ S. 114).

George Grosz (1893–1959),
Sonnenfinsternis, 1926.

Schauplatz der kapitalistischen Götterdämmerung: Am Kabinettstisch thront ein Feldmarschall, den der blutige Säbel und das Kreuz in Schwarzweißrot kennzeichnen. Er empfängt seine Weisungen von einem Vertreter der Rüstungsindustrie. Mit ihm am Tisch der Ministerrat, kopflose Marionetten und Befehlsempfänger des Kapitals. Der Pappesel mit Scheuklappen vertritt das Volk: blindgläubig frißt es die lügnerischen Papiere der Presse in sich hinein. Das Dollarzeichen verdunkelt die Sonne, stellt aber klar, welche Gottheit hier herrscht. Hinter der Tischrunde die Ödnis der Fabriken und Kasernen. Unter dem Tisch nehmen Gefangenschaft und Tod das Resultat dieser wahnwitzigen Sitzung drastisch vorweg.

Das Land Kanaan

Kanaan, biblischer Name für → Palästina, das Land, das Israel mit den Kanaanäern teilte, deren Sprache sie annahmen; darum konnte später das Hebräische als »Sprache Kanaans« bezeichnet werden (Jes 19,18).

Nach Num 34,2-12 reicht K. von den Höhen des Libanon bis zum Negev und von der Jordanlinie bis zum Mittelmeer, doch entspricht dies einer späten Idealisierung der »Landnahme« Israels. Der kulturelle Raum K.s umgriff auch den weiteren Norden der syrisch-phönizischen Küste und deren Hinterland, gegen dessen Zugehörigkeit sich deuteronomistische Abgrenzungsbemühungen sträubten. Die Bevölkerung dieses Raumes war uneinheitlich. Neben semitischen Gruppierungen, die in mehreren Schüben aus der Wüste einwanderten, lebten Völker aus dem östlichen Mittelmeerraum wie die Philister und Horiter. Die Bibel spricht von K. durchweg im Rückblick auf die vor- und frühisraelitische Zeit und in Abgrenzung zum eigenen Lebensraum. Sie bewertete die K.äer als Menschen urbaner Dekadenz, von denen sie sich um so entschiedener abgrenzte, je größer der zeitliche Abstand zu ihnen wurde.

Im 3. und 2. Jt. war K. in zahlreiche Stadtkönigtümer zersplittert (Ugarit, Hamat, Byblos, Sidon, Tyros, Hazor, Megiddo, Taanach, Bet-Schean, Sichem, Ai, Jerusalem sowie die Philisterstädte) und stand überwiegend unter ägypt. (als auch im Norden) hetit. Einfluß. Nach dem Sturm der »Seevölker«, von denen die Philister seßhaft wurden, setzten sich auch nomadische und halbnomadische Stämme in K. fest: Aramäer, Ammoniter, Moabiter, Edomiter und Israeliten.

Die Kultur und Religion K. unterlag den Einflüssen der benachbarten Großreiche. Während die deuteronomistische Überarbeitung der Bibel eine entschiedene Abgrenzung Israels gegenüber den k.äischen Kulten betont, zeigen die archäologischen Befunde und viele Textzeugnisse doch ein hohes Maß Übereinstimmung. Die Traditionen K.s bestimmten auch Gesellschaftsordnung, Religion, Kult und Literatur Israels.

Als es der Exodusgruppe unter Führung Josuas gelang, in Kanaan Fuß zu fassen, befand sich das Land in einem Umschichtungsprozeß durch Neueinwandernde. Die kanaanäischen Städte lagen alle in der Ebene; die Bergländer waren nur dünn bewohnt, so daß sich die freien Räume leicht besetzen ließen, ohne Konflikte mit den Städten auszulösen. Die Fremden wichen den Einheimischen aus, rodeten Wald und gründeten nach und nach Dörfer. Die Darstellung, die das Buch Josua für die israelitische »Landnahme« entwirft, als sei es den Neuankömmlingen nur darum gegangen, die Ansässigen zu vertreiben und sich deren Besitz anzueignen, ist historisch falsch. Diesem Invasionsmodell widersprechen auch die archäologischen Befunde, nach denen die neuen Siedlungen unbefestigt blieben. Außerdem war die Bevölkerung, die sich in spätererer Zeit mit dem Namen Israel identifizierte, zu ihrem größeren Teil bereits im Lande ansässig. Eine »Landnahme«, wie sie das Buch Josua schildert, hat es nicht gegeben.

Die zuziehenden Sippenverbände – unter denen sich auch die kleine Exodusgruppe befand – kamen also friedlich; sie brachten dem Land zunächst keine machtpolitischen Verschiebungen. Dennoch dürften die in der Tradition der Exodusgruppe stehenden Sippen ein besonders agiler Schlag gewesen sein. Ihre mitgebrachten Traditionen wurden so einflußreich, daß sich der Glaube dieser Einwanderer an den Gott Jahwe auch bei den bereits Einheimischen durchsetzte. Später nannte sich der ländliche Stämmeverband sogar »Ganz Israel«.

Möglichweise verbanden sich mit diesem Prozeß gesellschaftliche Umschichtungen, etwa Verbündungen von unterprivilegierten gesellschaftlichen Außenseitern, den sogenannten *hapiru*, die sich vereint mit abhängigen Bauern gegen die von den Städten auferlegte Feudalstruktur empörten. Der wirtschaftliche Niedergang der bronzezeitlichen Städte kann alle Unzufriedenen bewogen haben, sich mit ihrer elenden Lage nicht mehr abzufinden, sondern durch Kultivierung der noch ungenutzten Regionen des Landes eine unabhängige wirtschaftliche Existenzbasis zu schaffen. In dieser Strömung erlangte die zuwandernde Exodusgruppe schnell die Führung.

Aufruf zur Eroberung des Landes Kanaan

1 Nachdem Mose, der Knecht Jahwes, gestorben war, sprach Jahwe zu Josua, dem Sohn Nuns, dem Diener des Mose: 2 Mein Knecht Mose ist gestorben. So mache dich nun auf den Weg, und zieh über den Jordan, du mit diesem ganzen Volk, in das Land, das ich ihnen, den Söhnen Israels, geben werde. 3 Jeden Ort, den euer Fuß betreten wird, gebe ich euch, wie ich dem Mose versprochen habe. 4 Von der Wüste und vom Libanon an bis zum großen Strom, zum Euphrat, – das ganze Land der Hetiter – und bis hin zum großen Meer, wo die Sonne untergeht, soll euer Gebiet reichen. 5 Niemand soll vor dir standhalten können, solange du lebst. Wie ich mit Mose war, will ich auch mit dir sein. Ich lasse dich nicht fallen und verlasse dich nicht. 6 Sei mutig und stark! Denn du sollst diesem Volk das Land

zum Besitz geben, von dem du weißt: Ich habe ihren Vätern geschworen, es ihnen zu geben. 7 Sei nur mutig und stark, daß du ganz nach der Weisung handelst, die mein Knecht Mose dir gegeben hat, um sie zu erfüllen. Weich davon nicht ab, weder nach rechts noch nach links, damit du Erfolg hast, wo immer du gehst. 8 Nie fehle dieses Gesetzbuch bei deinen Reden! Sinne Tag und Nacht darüber nach, damit du darauf achtest, genau so zu handeln, wie darin geschrieben steht. Dann wirst du auf deinen Wegen zum Ziel kommen und Erfolg haben. 9 Habe ich dir nicht befohlen: Sei mutig und stark? Habe keine Furcht und keine Angst; denn Jahwe, dein Gott, ist mit dir, wohin du auch gehst. 10 Da befahl Josua den Vorstehern des Volkes: 11 Geht durch das Lager, und befehlt den Leuten: Versorgt euch mit Proviant; nur noch drei Tage, dann werdet ihr den Jordan überschreiten, um in das Land zu ziehen und es in Besitz nehmen, das Jahwe, euer Gott, euch zu eigen gibt. 12 Und zu den Rubenitern, den Gaditern und dem halben Stamm Manasse sagte Josua:

13 Denkt an das, was Mose, der Knecht

Jahwes, euch geboten hat: Jahwe, euer Gott, schafft euch Ruhe und schenkt euch dieses Land. 14 Eure Frauen, eure Kinder und euer Vieh sollen in dem Land bleiben, das Mose euch östlich des Jordan gegeben hat. Ihr aber, ihr Kriegsleute, sollt kampfbereit vor euren Brüdern hinübergehen und ihnen helfen, 15 bis Jahwe euren Brüdern ebenso wie euch Ruhe schafft und auch sie das Land in Besitz nehmen, das Jahwe, euer Gott, ihnen schenkt. Dann könnt ihr in euer eigenes Land zurückkehren, in das Land, das Mose, der Knecht Jahwes, euch gegeben hat, östlich des Jordans. 16 Sie antworteten Josua: Alles, was du uns befohlen hast, wollen wir tun und wohin immer du uns sendest, werden wir gehen. 17 So, wie wir auf Mose gehört haben, wollen wir auf dich hören. Jahwe aber, dein Gott, möge mit dir sein, wie er mit Mose gewesen ist. 18 Jeder, der sich deinem Befehl widersetzt und nicht allen deinen Anordnungen folgt, soll sterben. Sei nur mutig und stark!

Jos 1,1-18

Schon die ersten Verse des Buches Josua machen deutlich, wie das Buch als Ganzes verstanden werden will: Nicht als Bericht über vergangene Zeiten, sondern als ein Modell, an dem sich die im Exil heimatlos gewordene Gegenwart orientieren soll. Um die eigene Autorität zu steigern, gibt sich das Buch als Fortsetzung und knüpft direkt an den Tod des Mose an, der zum Abschluß des Pentateuchs erzählt worden war. Josua wird als »Knecht des Mose« bezeichnet, als dessen Nachfolger, mit dem Jahwe ebenso ist, wie er mit Mose war.

Während die biblische »Landnahme« eher keine war, umfaßt die Landnahmegeschichte der christlichen Völker Europas nahezu die ganze Welt vom 15. bis zum 18. Jahrhundert. Das anfängliche Ritual beim Betreten einer fremden Küste wollte klarstellen, daß nun eine neue und letzte Instanz auf den Plan tritt. Man feuerte Salutschüsse ab, setzte Flaggen, kleidete sich betont prächtig und bildete eine Gesandtschaft der wichtigsten Persönlichkeiten an Bord, die zuerst an Land ging. Der Kupferstecher Theodor de Bry (1528–1598) gibt diesen Auftritt in freier Gestaltung wieder: Während drei Besatzungsmitglieder bereits das Kreuz als Zeichen der neuen Herrschaft aufrichten, empfängt der Admiral Kolumbus in großem Pomp, von bewaffneten und gepanzerten Landsknechten eskortiert, eine Begrüßungsdelegation der Landesbewohner. Ihren grotesken Höhepunkt erreichte solche Besitzergreifung, wenn den Indios das sogenannte »Requerimiento« feierlich vorgelesen wurde mit dem Anspruch, sich den neuen Herren zu unterwerfen, und der Notar mit Papier und Tinte auftrat, um die Landnahme als Rechtsakt gleich zu bestätigen. Zwar konnten die Indios den Sinn dieses Rituals nicht verstehen, erfaßten jedoch den respektheischenden Anspruch.

Das Land Kanaan.
Die vorstaatliche Zeit Israels

Das judäische und efraimitische Bergland war im 2. Jt. nur sehr dünn besiedelt. Die meisten Ortslagen in diesem Gebiet waren kleine Dörfer. Die Zahl der kanaanäischen Stadtstaaten wird im ganzen Land auf ungefähr 25 geschätzt. Die Städte hielten ihr unmittelbares Umland, von dessen landwirtschaftlichen Ertrag sie lebten, unter Kontrolle; das unbebaute Land zwischen den Stadtstaaten stand Nomaden, Halbnomaden und schrittweise seßhaft werdenden Hirten offen.

Die kleine Karte zeigt die Weidegebiete der »Stammväter« an, wie sie sich aus den Ortsangaben des Buches Genesis erschließen lassen. Jeder Ahnherr repräsentierte ursprünglich einen getrennt lebenden Stamm. Als die Stämme zusammenwuchsen und zu einem Volk Israel wurden, war es eine große Leistung, ihre Erzähltraditionen durch eine gemeinsame Generationenlinie zu verbinden und somit allen zu vermitteln.

Die Bücher der Geschichte

Die größten Katastrophen, die Israel in biblischer Zeit erlebt hat, sind nach dem Zusammenbruch des Nordreichs die Eroberung Jerusalems, die Zerstörung des Tempels im Jahre 586 und die Überführung der gesamten Bildungsschicht des Volkes in die Verbannung. Zwar wurden die Exilierten in Babylon in geschlossenen Ortschaften angesiedelt, was ihren Zusammenhalt ermöglichte und die Hoffnung auf Rückkehr wachhielt, aber alles, was bis dahin dem Leben Struktur und Sinn gab, fehlte: Es gab nur noch profanes Alltagsleben, keine heiligen Stätten mehr, an denen Jahwe verehrt wurde. Das Königtum, dem Jahwe Dauer verheißen hatte, war vergangen. Vor allem aber hatte die erlebte Geschichte den völligen Zusammenbruch der bisher gelehrten und geglaubten religiösen Vorstellungen vor Augen geführt. Während die Sieger in pompösen Liturgien ihre Götter feierten, stand Israel vor einer zerbrochenen Tradition. Wie konnte man Jahwe im Untergang des eigenen Volkes noch verstehen?

Da nun aber im Exil die Oberschicht Israels beisammen war, schriftkundig insgesamt, begann man darüber nachzudenken, was in den Zusammenbruch geführt hatte. Es setzte sich die Überzeugung durch, das von den geschmähten Propheten angekündigte Gericht Gottes habe Israel getroffen, doch wenn das Volk sich läutere, würde Gott, wie es der mitverbannte Prophet Ezechiel ankündigte, die Exilierten in ihre Heimat zurückführen und eine neue Zukunft ermöglichen.

So sichtete man die eigenen Traditionen, diskutierte, deutete und ordnete sie neu. Die Forschung, die diesen Befund zuerst erkennbar machen wollte, ging von der Hypothese eines deuteronomistischen Geschichtswerkes (DtrG) aus, das aus den Büchern Deuteronomium, Josua, Richter, Samuel und Könige bestehe. Als ein einheitliches und übergreifendes Geschichtswerk erzähle es die Geschichte Israels bis zur Begnadigung des Königs Jojachin im Jahre 562 im Babylonischen Exil.

Die neuere Kritik bestreitet die Hypothese. Tatsächlich machen die einzelnen Geschichtsbücher nicht den Eindruck, Glieder eines zusammengehörigen Werks zu sein. Das Buch Richter rückt näher an die beschriebene Zeit heran als das Buch Josua; nach Charakter und Sprache müssen beide je eigene Wege gegangen sein. In den Samuelbüchern gilt der König, wie sehr er auch schuldig wird, als sakrosankt. In den Königsbüchern bleibt von dieser Hochachtung, daß der Gesalbte Jahwes unantastbar ist, nichts mehr übrig ...

Unbestritten ist, daß alle Bücher der Geschichte eine Deutung erfahren haben, die vom Zusammenbruch des Staates und der Wandlung des Volkes zu einer monotheistischen kultisch-religiösen Gemeinschaft ausgeht. Dafür muß man nicht einen einzigen Verfasser oder Redaktor, der diese Überarbeitung geleistet hätte, voraussetzen. Da die »deuteronomische« Denkweise und Sprache ihre Zeit insgesamt prägte, konnten sich alle Gebildeten entsprechend ausdrücken. Es ist anzunehmen, daß viele von ihnen an der Überarbeitung der geschichtlichen Überlieferungen Israels, die nach dem Zusammenbruch einsetzte, beteiligt waren. Durchweg brachten sie ihre eigenen Vorstellungen in gut erkennbaren Zusätzen unter und ließen dabei auch Widersprüche zwischen den Quellen unausgeglichen stehen (vgl. S. 143). Ihr Leitfaden war der Gedanke, daß der Sieg Babylons

Das Land Kanaan. Die vorstaatliche Zeit Israels

MITTEL-
MEER

Sidon
Kumidi
Damaskus

Litani

Tyros
Hule-See

Hazor

K A N A A N

Akko
Aschtarot

See Gennesaret
Achschaph
Qenat
Schimon
Jarmuk
Megiddo
Bezer (Busra)

Pehel

Jabbok

Sichem

Jordan

Gezer
Jerusalem
Jakob

Gat
Aschkelon
Abraham
Lachisch

TOTES MEER
Arnon

Jursa

Isaak

Zoar
Sered

0   50   100 km

● Stadtstaaten um 1400 v. Chr.

Wir machen nicht bloß unsere Geschichte: auch die, welche uns voraufgegangen ist. Man sagt: die Gegenwart steht im Schatten der Vergangenheit. Aber ebenso gut kann man behaupten: die Vergangenheit ist der Schatten, den die Gegenwart wirft. Hier gilt nicht das Gesetz von der Nichtumkehrbarkeit des Zeitablaufs. Geschichte ist nicht etwas, wobei wir uns etwa rein empfangend und passiv verhalten, sondern der Kontakt zwischen zwei geistigen Kraftströmen. Sie verwandeln uns, und wir sie.

Egon Friedell

Josua (hebr. *joschua/jeschua*, »Jahwe ist Retter«), nach Num 13,8; Jos 24,30, Ri 2,9 ein Angehöriger des Stammes Efraim. Ex 24,13; 33,11; Num 11,28; Jos 1,1 u. ö. stellen J. als »Diener des Mose« vor. Historisch ist davon auszugehen, daß J. die Stämme Efraim und Benjamin militärisch in deren Eigeninteressen führte und im mittelpalästinischen Raum Recht sprach (Jos 17,14 ff.). So galt J. zunächst als eine efraimitische Rettergestalt, die über benjaminitische und angrenzende Traditionen zur gesamtisraelit. Führungsfigur wurde. Die spätere Tradition stilisierte ihn noch zentraler: Nach Num 27,12-23; Dtn 1,38; 34,9 ist J. der Nachfolger des Mose (→ S. 114), der in Landnahme und Landverteilung den Willen Jahwes vollstreckt. Die joschijanische Reform (→ S. 236 ff.) stellt J. schließlich mit Mose gleich. Eine sichere Rekonstruktion der historischen Dimensionen ist nicht möglich.

über Jerusalem und die Zerstörung des Tempels nicht in der Machtlosigkeit Jahwes, sondern in der Abtrünnigkeit Israels und seiner Könige ihren Grund hatten und sich eigener Schuld verdankte.

Der Leser dieser Bücher der Geschichte findet also zwei ineinander gearbeitete Traditionsschichten vor: Eine alte, den überlieferten Vorgängen näherstehende Darstellung sowie deren spätere Überarbeitung, die erst entstand, als Israel kein Staat mehr war, sondern eine Religionsgemeinde, die den berichteten Geschehnissen sehr fern stand, diese aber nun in neuer Deutung zur eigenen Ermahnung vorgestellt bekam.

Das Buch Josua

Für das Buch Josua kann ein gestufter Entstehungsprozeß angenommen werden: Eine ältere Sammlung von Stadteroberungsgeschichten (2-9) ist vielleicht schon in das »joschijanische Geschichtswerk« (→ S. 40) einbezogen worden, um den national-religiösen Interessen jener Zeit Ausdruck zu geben. Als später nach der Eroberung Jerusalems im Jahr 586 das Königtum zusammenbrach, die Eigenstaatlichkeit Judas verloren, die gebildete Oberschicht ins Exil nach Babylon deportiert worden war, drängte sich die Frage nach der verlorenen Heimat mit besonderer Dringlichkeit auf. Man ging in Gedanken zu den fernen Anfängen zurück und stellte sich vor, wie der Mose-Nachfolger Josua Israel nach Kanaan geführt hatte, um mit diesem Konstrukt ein Modell für die eigenen Hoffnungen zu gewinnen. Dabei betonte man, daß Kanaan nicht durch eigene Tüchtigkeit, sondern als Geschenk Jahwes gewonnen wurde. Das Geschenk aber sei verspielt worden, weil Israel sich von Jahwe abkehrte und anderen Göttern zuwendete.

So steht hinter dem Buch Josua ein später Rückblick aus der Erfahrung größter Ohnmacht. Priesterkreise haben neue Facetten zugefügt. Deshalb entwirft das Buch kein Bild der frühen Vergangenheit, sondern stellt den Anführer einer neuen Landnahme vor Augen, wie er der Phantasie deuteronomistischer und priesterlicher Kreise wünschenswert erschien. Es werden demnach keine historischen Informationen über die »Landnahme« Israels geboten; der Geschichtsbezug des Buches kommt aus der Interessenlage der späteren Verfassergenerationen. Das von ihnen verarbeitete ältere Material läßt sich in seinem historischen Wert nicht greifen.

Das Buch gliedert sich in zwei Hauptteile: Kap. 1-12 schildert die Einnahme des Westjordanlandes, Kap. 13-24 die Aufteilung des Landes unter die zwölf Stämme Israels. Der erste Teil greift auf sagenhafte Traditionen von der Eroberung einzelner Städte zurück, der zweite hat Listenmaterial aus Jerusalemer Verwaltungskreisen in der späten Königszeit verarbeitet.

Das Land Kanaan in einer Satellitenauf-
nahme. Markant gliedert die Jordansenke
den geschichtsträchtigen Schauplatz. Vom
Hermongebirge, das mit 2800 m im Winter
tief verschneit ist, bis zum tiefsten Punkt der
Erdoberfläche am Toten Meer, 392 m unter
dem Meeresspiegel, nimmt der Fluß seinen
Weg. Den Hule-See im Norden haben die
ersten Zionisten trockengelegt. Eine liebliche
Landschaft umgibt den See Gennesaret,
während unter dem Salz des Toten Meeres
alles Leben erstarrt. Zum kulturellen Raum
Kanaans gehört auch das mittlere und
südliche Syrien sowie das Ostjordanland.
»Von Dan bis Beerscheba« reichte der
Lebensraum Israels. Im Süden schließt sich
der Negev an, der in die Sinaiwüste und
nach Ägypten überführt.

Während die Küste südlich des Karmel
kaum Buchten und gute Ankerplätze hatte,
bot der syrisch-phönizische Norden eine
große Zahl ausgezeichneter natürlicher
Häfen; phönizische Städte wie Tyros und
Sidon entwickelten sich zu Anfang des
ersten Jahrtausends v. Chr. zu den bedeutendsten Seemächten im östlichen Mittelmeer. Nördlich des Karmel schließt sich die
Jesreelebene an, daran grenzt Untergaliläa
und weiterhin das höher aufsteigende
obergaliläische Bergland.

Kanaan trennt und verbindet die Kontinente Afrika und Asien. Als Brücke zwischen
den alten Hochkulturen Ägyptens und
Mesopotamiens hatte das kleine Land
immer geopolitischen Rang. Hier trafen sich
kulturelle und religiöse Einflüsse aus dem
Norden, Osten und Süden, vermittelt von
vielen Völkern, die zwischen den Großrei-
chen hin und her zogen. Gleichzeitig unterlag Kanaan auch stets deren Interessen, so
daß es kaum längere Zeiten gab, ohne von
Ägypten oder Mesopotamien bedrängt zu
werden.

Ein reiches Land ist Kanaan/Palästina nie
gewesen. Es ernährte auch keine beliebig
große Bevölkerung. Selbst in günstigen
Lagen haben die Menschen sich auf Äckern
oder in ihren Baumpflanzungen plagen
müssen, um eine gute Ernte zu gewinnen.
Auch die Hirten im Bergland und die
Nomaden in der Steppe hatten kein unbe-
schwertes Leben. Blieb der Regen aus, entstanden Mißernten und Hungersnöte. Bei
gutem Erntestand konnte immer wieder
eine Heuschreckenplage den gesamten
Ertrag vernichten. So führten die Menschen
in allen Jahrhunderten ein bescheidenes
Leben.

Jericho, im südl. Jordangraben, ca. 250 m unter dem Meeresspiegel in einer subtropischen Oase gelegen, in der Bibel auch »Palmenstadt« genannt (Dtn 34,3 u. ö.), eine der ältesten Städte des Vorderen Orients. Die frühesten Siedlungsreste stammen aus dem 10.-8. Jt. in der mittleren Steinzeit. Ihre Bewohner, Nomaden und Halbnomaden, belegen den Übergang vom Jägerdasein zur Seßhaftigkeit. Aus dieser Zeit stammt eine Anlage, die möglicherweise als der älteste Tempel der Welt anzusehen ist. – In der Jungsteinzeit (8. Jt.) wurde J. befestigt und erhielt einen Wehrturm, von dem Mauern von 8 m Höhe erhalten geblieben sind. Diese Entwicklung als älteste Stadt im syrisch-palästin. Raum ermöglichte der Handel mit Salz, Asphalt und Schwefel aus dem Toten Meer. – Es wechselten Zeiten zwischen Wüstung und Neubesiedlung der Stadt. In der frühen und mittleren Bronzezeit bekam J. mächtige Verteidigungsanlagen, die um 1550 ein ägypt. Heer zerstörte. Danach blieb J. für 150 Jahre unbesiedelt. Erst zwischen 1400 und 1325 entwickelte es sich neu zu einem kleinen, unbefestigten Dorf. Zur Zeit Josuas war das ehedem bedeutende J. überwiegend immer noch Ruinenfeld. Der archäologische Befund widerlegt die Jos 6,1-24 erzählte »Eroberung«; eine Stadtmauer konnte schon deswegen nicht zusammenfallen, weil sie bereits lange nicht mehr bestand.

In hellenistischer und römischer Zeit wurde die Siedlungsgeschichte auf neuem Terrain wieder aufgenommen. Die Hasmonäer → Johannes Hyrkanus I. (134–104) und → Alexander Jannäus (103–76) errichteten in J. Palastkomplexe, die Herodes der Große als seine Winterresidenz mit größtem Aufwand um- und ausbaute. Die Paläste standen auf einem riesigen königlichen Areal von wenigstens 44 ha. Das prächtige Palastviertel verfiel nach der Zerstörung Jerusalems seit Ende des 1. Jh. n. Chr.

Wie groß der zeitliche Abstand zwischen Josua und der Abfassung des Buches ist, kann bereits der kritische Laie erkennen. Die Verse 7 und 8 mahnen, die Weisung des Mose genau zu beachten: »Über dieses Gesetzbuch sollst du immer reden und Tag und Nacht darüber nachsinnen ...« Als wenn Josua bereits ein »Buch des Gesetzes« in Händen gehalten hätte – in einer bäuerlichen, vorstaatlichen Kultur, der schriftliche Dokumente fremd waren! Dem exilisch-nachexilischen Buch Josua stehen Leser und Hörer von Augen, die bereits so etwas wie »Buchgehorsam« kennen.

Von Kämpfen und Eroberungen ist in diesen Auftakt-Versen noch nichts zu finden. Josua soll wie der gehorsame und betende Mose alles dem Handeln Jahwes anheimstellen. Das Land wird wie auf einer friedlichen Reise einfach betreten und in Besitz genommen. Allenfalls ist für Proviant Vorsorge zu treffen (V 11). Jahwe aber »gewährt euch Ruhe und gibt euch dieses Land« (V 13). Abweichend davon klingt V 14, der militärisches Verhalten unterstellt, ohne daß es hier wirklich zum Kampf kommt. Der Text will deutlich machen, daß Jahwe selbst das Land Israel »gegeben« hat. Achtmal wird dieses »gegebene« Land betont. Gegenüber allen politischen Überfremdungen und dem Verlust der eigenen Staatlichkeit soll das Vertrauen in den Rückgewinn des Landes nicht schwinden.

Die Eroberung Jerichos

1 Jericho hielt seine Tore fest verschlossen. Niemand konnte heraus, und niemand konnte hinein. 2 Da sprach Jahwe zu Josua: Siehe, ich gebe Jericho in deine Gewalt, seinen König und seine Krieger. 3 So zieht nun mit allen Kriegern um die Stadt herum und umkreist sie einmal. Das tut sechs Tage lang. 4 Und sieben Priester sollen sieben Widderhörner vor der Lade hertragen. Aber am siebten Tag sollt ihr siebenmal um die Stadt herumziehen, und die Priester sollen dabei die Hörner blasen. 5 Wenn das Widderhorn geblasen wird und ihr den Hörnerschall hört, breche das ganze Volk in lautes Kriegsgeschrei aus. Dann wird die Mauer der Stadt in sich zusammenstürzen, und das Volk soll hinübersteigen, jeder gerade an seiner Stelle.

6 Und Josua, der Sohn des Nun, rief die Priester und sagte zu ihnen: Hebt die Bundeslade auf! Und sieben Priester sollen sieben Widderhörner vor der Lade Jahwes hertragen. 7 Zum Volk sagte er: Zieht um die Stadt herum! Die bewaffneten Männer aber sollen vor der Lade Jahwes herziehen! 8 Und es geschah so, wie Josua es dem Volk gesagt hatte: Sieben Priester trugen die sieben Widderhörner vor Jahwe her und stießen in die Hörner. Und die Bundeslade Jahwes folgte ihnen. 9 Die bewaffneten Männer gingen vor den Priestern her, die in die Hörner stießen, und die Nachhut folgte der Lade, wobei man immerfort in die Hörner stieß.

10 Dem Volk aber hatte Josua befohlen: Erhebt kein Kriegsgeschrei, laßt eure Stimmen nicht hören! Kein Laut komme aus eurem Mund, bis ich euch sage: Schreit! Dann sollt ihr losschreien.

11 So zog die Lade Jahwes einmal um die Stadt, einmal rings herum. Dann kamen sie zum Lager zurück und übernachteten im Lager.

12 Früh am anderen Morgen brach Josua auf, und die Priester trugen die Lade Jahwes. 13 Und sieben Priester, welche die sieben Widderhörner vor der Lade Jahwes hertrugen, stießen immerzu in die Hörner. Die bewaffneten Männer zogen vor ihnen her, während die Nachhut der Lade Jahwes folgte, wobei man immerzu die Hörner blies. 14 Auch am zweiten Tag zogen sie einmal um die Stadt herum und kehrten dann ins Lager zurück. Das machten sie sechs Tage lang. 15 Am siebten Tag aber brachen sie beim Anbruch der Morgenröte auf und zogen in derselben Weise um die Stadt, siebenmal; nur an diesem Tag zogen sie siebenmal um die Stadt. 16 Und als die Priester beim siebtenmal die Hörner bliesen, sagte Josua zum Volk: Erhebt das Kriegsgeschrei! Denn Jahwe hat die Stadt in eure Gewalt gegeben. 17 Die Stadt aber mit allem, was in ihr ist, soll zu Ehren Jahwes dem Bann verfallen. Nur die Hure Rahab und alle, die bei ihr im Haus sind, sollen am Leben bleiben, weil sie die Boten versteckte, die wir ausgesandt hatten. 18 Hütet euch aber davor, von dem Gebannten selbst etwas zu nehmen; sonst weiht ihr das Lager Israels selbst dem Bann und stürzt es ins Unglück. 19 Alles Silber und Gold sowie die Geräte aus Bronze und Eisen sollen Jahwe geweiht sein und in den Schatz Jahwes kommen. 20 Da erhob das Volk das Kriegsgeschrei, und man stieß in die Widderhörner. Als das Volk den Hörnerschall hörte, brach es in lautes Kriegsgeschrei aus, und die Stadtmauer stürzte in sich zusammen. Das Volk stieg in die Stadt hinein, jeder, wo er gerade stand. So eroberten sie die Stadt. 21 Und sie vollstreckten den Bann an allem, was in der Stadt war, an Männern und Frauen, an Kindern und Greisen, Rindern, Schafen und Eseln mit der Schärfe des Schwertes. 22 Zu den beiden Männern, die das Land erkundet hatten, sagte Josua: Geht in das Haus der Hure, und führt die Frau und alles, was ihr gehört, heraus, so wie ihr es ihr geschworen habt. 23 Da gingen die jungen Männer, die Kundschafter, und holten Rahab, ihren Vater, ihre Mutter, ihre Brüder und alles, was ihr gehörte, heraus; alle ihre Verwandten führten sie (aus der Stadt) heraus und gaben ihnen einen Platz außerhalb des Lagers Israels. 24 Die Stadt aber und alles, was darin war, brannten sie nieder. Das Silber und Gold aber und die Geräte aus Bronze und Eisen brachte man in die Schatzkammer des Hauses Jahwes.

Jos 6,1-24

Lade, ursprünglich nomadisches Wanderheiligtum. Als wichtigster Kultgegenstand des vorexilischen Israel (Num 10,33; 14,44), verbürgt die L. die Gegenwart Jahwes und seinen Schutz im Kampf (Jos 3-6). Die Erzählung 1 Sam 4-6 berichtet von Verlust und Rückgewinnung der L.; die Überführung der L. nach Jerusalem wird 2 Sam 6 erzählt. Im Tempel soll sie als »Fußschemel Gottes« unter dem Cherubenthron gedient haben. Wahrscheinlich wurde die L. bei der Zerstörung des Tempels vernichtet.

D ie Erzählung von der Eroberung Jerichos ist eine Geschichte erbarmungsloser Grausamkeit. Was Dtn 20,13-18 über das Vorgehen gegen eine eroberte Stadt fordert, wird hier konsequent praktiziert: »Wenn Jahwe, dein Gott, sie in deine Hand gibt, sollst du alles, was männlich ist, mit scharfem Schwert erschlagen. Die Frauen aber, die Kinder und Greise, das Vieh und alles, was sich sonst in der Stadt befindet, alles, was sich darin plündern läßt, darfst du dir als Beute nehmen. Was du bei deinen Feinden geplündert hast, darfst du verzehren; denn Jahwe, dein Gott, hat es dir geschenkt. So sollst du mit allen Städten umgehen, die weit von dir entfernt liegen und nicht zu den Städten dieser Nachbarvölker hier gehören. Von den

Städten dieser Völker jedoch, die Jahwe, dein Gott, dir als Erbteil gibt, darfst du nichts, was Atem hat, am Leben lassen. Vielmehr sollst du die Hetiter und Amoriter, Kanaanäer und Perisiter, Hiwiter und Jebusiter der Vernichtung weihen, so wie es Jahwe, dein Gott, dir befohlen hat, damit sie euch nicht lehren, alle Greuel nachzuahmen, die sie begin- gen, wenn sie ihren Göttern dienten, und ihr nicht gegen Jahwe, euren Gott, sündigt.«

Diese Kriegspraxis wird in der Bibel mit bannen bezeichnet. Bannen bedeutet, Menschen, Tiere und Sachen der menschlichen Verfügung zu entziehen und der Gottheit vorzubehalten. Das schließt die völlige Vernichtung ganzer Städte ein. Der hebräische Ausdruck dafür ist »Ver- nichtungsweihe«. Im Buche Josua (und an anderen Orten der Bibel) werden solche Vorgänge mehrfach beschrieben (vgl. 8,24- 29; 10, 28 ff.). Der »Bann« legitimiert brutal- ste Gewaltaktionen mit göttlicher Bestim- mung. Nur einmal wird die Vollstreckung des Banngebots nicht eingehalten (Jos 7), ein anderes Mal mit List umgangen (Jos 9).

Solcherart Vorgehen war nicht israel- spezifisch; es hat seine Wurzeln in Erfahrun- gen mit außerisraelitischen Völkern. In as- syrischen und babylonischen Kriegsberich- ten vollführen die Könige im Auftrag ihrer Götter derartige Schreckenstaten. Vor allem hatte man in der Assyrerzeit, der das Nord- reich Israel zum Opfer fiel und bei der jüngst erfahrenen Eroberung Jerusalems die Grausamkeit des Krieges selbst erlitten. An diese Erfahrungen hängt sich die vorlie- gende deuteronomistische Darstellung an. Natürlich waren ihr die tatsächlichen Vor- gänge vor vielleicht 700 Jahren unbekannt. Das Interesse richtete sich auch nicht auf Historie, vielmehr auf aktuelle Intentionen: In einer Zeit größter Erniedrigung und Ohnmacht sollte das Buch durch seinen Neuentwurf der Vergangenheit Hoffnung und Motivation für die Zukunft stiften. Wer am wenigsten Macht hat, aber Gewalt und Vernichtung ausge- liefert ist, entwickelt die krausesten Machtphantasien.

Daß die früheste Fassung von Jos 6 noch gänzlich kriegsfern war, läßt der Beginn des Kapitels erkennen: Man soll hörnerblasend sechs Tage lang Jericho umkreisen und zusehen, was Jahwe für sein Volk tut. Ähnlich tatenlos, wie die Exodusgruppe dem Handeln Jahwes am Schilfmeer zuschauen sollte, wird Israels Aktivität hier auf eine kul- tische Prozession beschränkt.

Da man nun aber nach dem Scheitern der eigenen Geschichte einen radikalen Neuanfang machen wollte, und zwar auf der Basis eines absoluten Monotheismus (→ S. 286 f.), begann man die Ge- schichte Israels entsprechend umzuschreiben: Gott wurde zum obersten Befehlshaber und Kriegsmann, der das verheißene Land von aller Fremdgötterei frei machen will. In seinem Auftrag soll Josua die götzendienerischen Völker, die in Kanaan lebten, vertreiben und ihre heidnischen Städte ausrotten. Dieser Fanatismus, der sich von entgegenstehenden Religionen und Kulten gewaltsam abgrenzt und der sogar zum Genozid ermutigt, kann weder beschönigt noch heruntergespielt werden, auch wenn er nur ein Gedankenspiel war.

Zwar verband sich damit die Furcht eines unterworfenen Volkes vor kultureller und religiöser Überfremdung und der Wunsch, die Macht Jahwes gegenüber der Völkerwelt zu beschwören. Auch sollte seine Treue erkennbar werden, die Landverheißung an die Väter einzulösen, doch rechtfertigt das für heutiges Bewußtsein nicht derartige Ausrottungstexte. Problematischerweise verbinden sich solche Tendenzen mehrfach mit der Entwicklung des absoluten Monotheismus. Die darin eingeschlossene Intoleranz kann durch eine unaufgeklärte, fundamentalistische Bibellektüre immer noch weiter wirken. Im heutigen Israel haben radikale Siedler unter Berufung auf solche Bibelstellen in den eroberten Gebieten die ansässige Bevölkerung vertrieben und sich selbst in den Besitz dieser Territorien gebracht. Ähnliche »Landnahmen« wurden in der Christentumsgeschichte wiederholt biblisch legitimiert. Die Ureinwohner Nord- und Süd-Amerikas mußten dies leidvoll erfahren. Die Erfahrung lehrt: Bibeltexte müssen geschichtlich befragt und theologisch bedacht werden, um nicht naiv für eigene Ansprüche mißbraucht zu werden.

Die hier vorgestellte deuteronomistische Sicht konnte sich allerdings nicht wirklich durchsetzen, geschweige denn, daß dem nach-exilischen Israel je eine solche Politik nahegelegen hätte. Bereits die Priesterschrift läßt sich »als eine Art pazifistischer Gegenentwurf« (Norbert Lohfink) zur deuteronomistischen Geschichtsschreibung verstehen. Deren Redaktionslinie verfolgt die Grundvorstellung, Israel sei berufen, sich als Gemeinschaft vor Gott zu verstehen, und sich durch Gottesdienst als auch im Gottesdienst gegen Gewalt auszusprechen, statt andere Religionen zu zerstören und Nachbarvölker zu bekämpfen. Das zugehörige Geschichtsverständnis ist gewalt- und kriegsfeindlich.

gen im Theater erleben kann. Spätere Bibelverfilmungen hat Doré in mancher Hinsicht schon vorweggenommen.

Doré war ein Meister seiner Kunst. Er folgte den je gewählten Stoffen durchweg am äußeren Handlungsfaden und rückte seinen szenischen Ausschnitt in wirkungsvolles Helldunkel. So führen die bühnenhaften Inszenierungen, drastisch, heroisch oder romantisch übersteigert, kaum in die Tiefenstruktur der Texte, sondern entfalten eine Dramatik zupackender Vitalität, die einen breiten Nachhall unter

späteren Bibelillustratoren fand, aber zugleich das Problem solcher »Illustration« bis zum Tage deutlich macht.

Als Josua und ganz Israel sahen, daß Rauch aus der Stadt aufstieg und der Hinterhalt die Stadt eingenommen hatte, kehrten sie um und schlugen die Männer von Ai. Diese waren ja aus der Stadt ihnen entgegen ausgezogen, so daß sie nun von zwei Seiten zwischen Israel waren, die einen kamen von hier, die andern von dort. Und sie erschlugen sie, bis kein Entronnener oder Entkommener mehr übrigblieb (Jos 8,21 f.).

Für die Alten war Blutvergießen, auch von Tieren, eine gravierende, doch nicht unbedingt verabscheuungswürdige Handlung. Das Opfer zu töten, war die heilige Handlung schlechthin. Und heilig war, in der hebräischen Bibel, der Krieg: »Jahwe ist ein Kriegsheld«, heißt es in dem Lied, das Mose nach dem Durchzug durch das Rote Meer singt (Ex 15,3) und der Prophet Joël spricht in Gottes Namen, wenn er ausruft: »Verkündet den heiligen Krieg!« (Joël 4,9; Jes 13,3).

All das bleibt so und wird bestätigt im Neuen Testament. Das Evangelium lehrt nicht Gewaltlosigkeit, auch wenn manche es so lesen ... Wenn sich an der neutestamentlichen Perspektive gegenüber der alttestamentlichen etwas geändert hat, so besteht die Veränderung in der Ausweitung der Kriegsgewalt auf kosmische Dimensionen, bis zuletzt Himmel und Erde vom Feuer verschlungen werden ...

Da die Dinge so liegen, bliebe uns nichts übrig, als von der Höhe unserer modernen Sensibilität herab eine grob primitive Auffassung zu verurteilen. Wenn freilich die Bibel nicht auch Akzente des Friedens besäße, nicht minder stark als die des Krieges; wenn es historisch nicht gerade die biblische Offenbarung gewesen wäre, die uns den Frieden als Ziel aufgezeigt hätte, die uns veranlaßt hätte, an den Frieden zu glauben und ihn zu wünschen ...

Aber der biblische Gott, der den Frieden will und den Krieg braucht, um ihn herbeizuführen, ist ein Gott, der seine Schwäche offenbart. »Allmacht« ist kein biblisches Wort. Der Herr, der in der Apokalypse den eschatologischen Krieg gewinnt und den Thron besteigt, ist ein geschlachtetes Lamm (Offb 5,6).

Sergio Quinzio

Gewalt in der Bibel

Die Bibel ist ein Buch voller Gewalt. Gewalt wird angedroht und ausgeübt. Gott bedroht und schlägt zu. Auch mit der Verkündigung Jesu verbinden sich gewalttätige Züge (vgl. Mt 11,20-24; 25,41; Lk 19,27; 2 Petr 3,7; Offb 19,11-21; 20,9-10). Nicht zuletzt verweist die Kreuzigung Jesu auf einen »schlagenden« Gott. Die Irritation, die davon ausgeht, thematisiert das Buch Ijob. Für die auf unterschiedlichen Ebenen anzutreffende Gewalthaltigkeit der Bibel gibt es ebenso unterschiedliche Gründe und Gesichtspunkte.

Ähnlich wie ein Tischgebet für Speise und Trank dankt – unter Umgehung aller, die für den gedeckten Tisch gesorgt haben – verbindet die Bibel selbst dort menschliches Verhalten mit Gott, wo es nur Unheil bewirkt. Erlittener Schaden, Kriegsgeschehen, Zerstörung und Totschlag werden dann Jahwes Strafhandeln zugeschrieben, als wenn dieser selbst das Schwert geführt hätte.

Dementsprechend vernichtet Gott die Übeltäter und »verfolgt die Schuld der Väter an ihren Söhnen bis ins dritte und vierte Geschlecht« (Ex 20,5). Da sich die Alte Welt kein Geschehen ohne Gottes oder der Götter Beteiligung vorstellen konnte, verknüpft die Bibel Tat und Tatfolgen mit dem himmlischen Wirken. Die den geschichtlichen Vorgängen entspringenden Konsequenzen werden personalisiert und auf Gott zurückgeführt.

Für die Grausamkeiten in den Kriegsschilderungen des Josuabuches (→ S. 131 ff.) oder den Vernichtungsanweisungen im Deuteronomium (→ S. 242 ff.) gilt ein weiterer Aspekt: Es handelt sich hier nicht um geschichtliche Berichterstattung, sondern um literarisch-fiktive Rückprojektionen aus später Zeit, als Israel selbst ohnmächtig war und die Gefahr der eigenen Vernichtung vor Augen hatte. Da aber gleichzeitig die Götter der Fremdvölker immer noch und immer mehr im eigenen Volk verehrt wurden, sah man darin die Ursache für das erlebte Unheil. Der hilflosen Schwäche erwuchsen Gewaltphantasien, die sich in der Überzeugung bündelten: »Hätten wir doch, als wir dieses Land von Gott geschenkt erhielten, radikal Schluß gemacht mit den fremden Göttern, stünden wir jetzt nicht am Rande der Katastrophe ...« Daß diese Gewaltphantasien im Widerspruch zu den Verhaltensregeln der eigenen Zeit standen, zeigen die Gesetzestexte des Deuteronomiums zum Schutz des menschlichen Lebens und zum Umgang mit den Fremden (Dtn 10,18; 14,29; 16,14; Lev 19,33 f.).

Durchweg wirkt es verwirrend, daß die an Israel geschehende Gewalt ebenso ungehemmt erzählt wird, wie die in Israel und durch Israel ausgeübte Gewalt. Das ist insofern positiv, als hier Gewalt nicht verschleiert wird. Zwar rechtfertigt z.B. David seine eigenen, nie bagatellisierten Gewalttaten mit unterschiedlichen Herrschaftsinteressen, aber die Sündhaftigkeit dieser Strukturen liegt ebenso offen. Bereits die Kainsgeschichte in Gen 4 widerspricht einer rechtlich geordneten Gewalttätigkeit.

Daneben ist nicht zu verkennen, daß sich mit der Durchsetzung eines strengen Monotheismus die Tendenz zu Intoleranz und Gewalt verbindet. Die Einschärfung des biblischen Bilderverbotes ging einher mit dem Verbot der Fremdkulte. Sobald eine Religion nur einen einzigen Gott bekennt und ihren Offenbarungsglauben absolut setzt, wird sie unduldsam gegenüber pluralen Systemen und tendiert zur militanten Bekämpfung jeder Abweichung. Was Leszek Kolakowski über das

Christentum sagt, gilt ebenso für den ägyptischen Echnaton (→ S. 241) und die Jüdische Bibel, daß nämlich »die Geschichte des Christentums, in dieser Hinsicht der Geschichte des Offenbarungsglaubens ähnlich, auch eine Geschichte der im Namen der absoluten Wahrheit geübten Intoleranz ist«. Darum setzen die – fiktiven – Gewaltszenarien der Bibel vor allem mit dem Kampf um einen absoluten Monotheismus ein.

Nach innen gewendet entwickelte Israel eine zunehmend sensiblere Realisierung gewaltfreier Möglichkeiten. Der Exodus-Tradition, die auf Freiheit und Gleichheit aus war, und die Gott nicht mit der Herrschaft, sondern mit den Unterlegenen und Schwachen verband, entsprang das Bewußtsein, man habe auch dem Feind, wenn er in Not gerate, zu helfen (Ex 23,4). Das Buch Deuteronomium erklärt alle Israeliten zu Brüdern und entwickelt daraus auch für die Großgesellschaft Verhaltensmaßstäbe. Das Gebot, »den Nächsten zu lieben wie sich selbst« (Lev 19,18), wird auf den Fremden ausgedehnt (Lev 19,34; Ex 23,9).

Solchen Tendenzen scheinen die Fluch-Psalmen krass zu widersprechen. Sie sind größtenteils der Ausdruck von Schwachen, die Gott bitten, ihr verletztes Recht seinerseits in die Hand zu nehmen. Die »Racheabwälzung auf Gott« konnte auf menschlichen Racheverzicht hinauslaufen. Bereits die Propheten des 8. Jahrhunderts übertrugen die Erkenntnis, daß man sein Recht nicht selbst durchsetzen soll, auf die internationale Politik, beispielsweise, wenn Jesaja forderte, keinen Verteidigungskrieg vorzubreiten, sondern auf Jahwes Hilfe zu vertrauen (→ S. 230 ff.). Ähnlich lehnten Jeremia und Ezechiel den gewaltsamen Aufstand gegen die Babylonier ab (→ S. 252; 273). Endgültig wuchs im Babylonischen Exil der Gedanke, daß es für Israel besser sei, verfolgt zu werden als selbst Verfolger zu sein, was sich bei Deuterojesaja im Bild des Gottesknechtes verdichtet. Das Buch Jona schildert einen Gott, der selbst gegenüber »Ninive«, einem Weltmachtsymbol, auf Strafe verzichtet, wenn nur Einsicht und Umkehr stattfinden. In der Gemeinschaft von Qumran, die gewaltfrei leben wollte, wurden diese Tendenzen konkret.

Das Neue Testament läßt sich in seinen reifsten Linien als Frucht dieser gewaltfreien Ethik lesen. Dies gilt besonders für die »Bergpredigt« (→ S. 427 ff.; s. aber auch S. 230 ff.). Letztlich mutet der Gott der Evangelien der Jüngerschaft Jesu zu, lieber wie Jesus Opfer der Gewalt zu werden, als selbst Gewalt zu üben. Daneben bleibt das Richteramt Gottes bestehen, und zwar in dem Sinne, wie ihn die Worte herrichten, aufrichten, gerade richten zum Ausdruck bringen. Die Propheten hielten ihrem Volk unentwegt Strafpredigten, weil die Armen und Machtlosen, die Ausgestoßenen und Mißachteten in ihrem Recht gebeugt wurden – was bis zum Tag weiter geschieht. Um so eindrücklicher betont die heutige jüdische und christliche Theologie, daß es ohne Gott keine Gerechtigkeit gibt und ganz gewiß ohne Gerechtigkeit keinen Gott. Von hierher sind die Metaphern vom Endgericht Optionen dafür, daß der Mörder nicht über sein Opfer triumphiere.

Assyrische Soldaten pfählen judäische Gefangene aus Lachisch, Relief, Ninive, um 700 v. Chr.

Weltfremd

Wer denkt
daß die Feindesliebe
unpraktisch ist
der bedenkt nicht
die praktischen
Folgen
der Folgen
des Feindeshasses

Erich Fried

Kanaanäer, Elfenbeinschnitzerei aus Megiddo, 1350–1150 v. Chr.

El, semit. Wort für »Gott«, auch als Eigenname verwendet. Im kanaanäischen Bereich war E. der Name des höchsten Gottes der auch als »König«, »Vater« und »Schöpfer« angesprochen werden konnte. Die Gottesverehrung der Patriarchenzeit galt E. Später identifizierte Israel den kanaanäischen E. mit Jahwe, so daß selbst in späteren, meist poetischen Texten Jahwe noch als El bezeichnet werden konnte (z. B. Ps 86,15; 95,3). Die zahlreichen Belege in Opferlisten und die E.-Formen in Personennamen verweisen auf die ungebrochene Bedeutung, die E. in der familiären Religion bewahrte.

Baal (hebr. »Besitzer«, »Herr«, »Gatte«), kanaanäischer Wetter- und Fruchtbarkeitsgott, oft auch die Benennung der Ortsgottheit, dessen Eigenschaften im Bild eines Stieres ihren symbolischen Ausdruck finden konnten. Sein Kult wurde von vielen Königen Israels und Judas gefördert, von Propheten heftig bekämpft (Hos 13,1 ff.; Jer 2,23; 11,13; Ez 6,4.6).

Der israelitische Stämmeverband

Die Entstehung der Jahwereligion ist eng mit der Befreiungserfahrung der Exodusgruppe verbunden. Diese Gruppe brachte ihr Gottesbild in eine religiös anders geprägte Welt mit. Als sie im Lande Kanaan ansässig wurde, gelang es ihr, ihren Glauben der dort lebenden Bevölkerung zu vermitteln, wenngleich dies unter Einbeziehung der vorgefundenen Gottessymbole geschah. So konnte Jahwe bis tief in die Königszeit unter landesüblichen Kultbildern verehrt werden, ohne daß dies auf Kritik stieß. Erst der Prophet Hosea wandte sich gegen die »kanaanäische Überfremdung« der Jahwereligion (Hos 4,17; 8,4f.6; 10,5; 11,2; 13,2; 14,4.9).

Die vorstaatliche Zeit blieb ohne übergreifende Organisation. Die Gesellschaft gliederte sich nach Verwandtschaftsgruppen, die auch fiktiv sein konnten, aber zu Sippen- und Stammesverbänden zusammenwuchsen. Die Stammeszugehörigkeit war zunächst locker und erlaubte, sich mal dem einen, mal einem benachbarten Stamm zuzuwenden. Insofern waren die Stämme mehr regionale Größen; darauf verweist auch die Benennung einiger Stämme nach ursprünglichen Ortsbezeichnungen (Efraim, Benjamin, Juda, Naftali). Die anfänglich kleinen verwandtschaftlichen Sippen organisierten sich im Laufe der Zeit zu größeren Verbänden. Dies war die Voraussetzung, um sich gegenüber den mächtigen kanaanäischen Stadtstaaten behaupten zu können.

In ruhigen Zeiten lebten die israelitischen Landstriche eigenständig, ganz auf ihre Sippeninteressen beschränkt. Nur in Krisenzeiten gewann die Stammesebene den größeren Einfluß, nicht aufgrund geregelter Zuständigkeit, sondern weil die Not dazu drängte. Nicht selten endete die Solidarität noch unterhalb der Stammesebene. Diese lockere Gesellschaftsstruktur entsprang einer antiherrschaftlichen Grundeinstellung. In bewußter Distanz zu den kanaanäischen Stadtstaaten räumte sie politische Macht nur so weit ein, wie dies zur Sicherung des Lebens und Überlebens notwendig erschien. Allein das gemeinsame Freiheitsideal einte das Stämmebündnis »Israel«.

Auch die religiöse Symbolwelt entsprach dieser Einstellung. Wie schon der Name besagt, bezieht sich die übergreifende Bezeichnung des Stammesverbands auf den Gott El. *Jisra'el* bedeutet »El herrscht« oder »El möge sich als Herrscher erweisen«. Das läßt sich als Parole lesen, Gott solle herrschen, kein menschlicher Herrscher. So findet die antiherrschaftliche Grundrichtung dieser Tradition bereits in ihrer Selbstbezeichnung einen religiösen Ausdruck.

Nun kann El sowohl ein Gattungsbegriff als auch ein Gottesname sein. Wenn aber Jakob in Gen 33,20 einen Kultstein *el elohe jisra'el* benennt, das heißt »El, der Gott Israels«, so ist hier El eindeutig Gottesname, denn die Übersetzung »Gott, der Gott Israels« ergibt keinen Sinn. Das spätere Ersetzen dieser Formel mit »Jahwe, der Gott Israels« läßt nicht übersehen, daß es einmal eine Zeit gab, in der vor Jahwe El der Gott des Stammesverbandes Israel gewesen ist.

Die im palästinischen Bergland ansässige Bevölkerung hat ursprünglich nur El als Hochgott verehrt, bis die Exodusgruppe hier zuzog und ihren Gott Jahwe vermittelte. Die Eingliederung der Neuankömmlinge und der damit verbundene »Religionswechsel« scheint keine größeren Probleme ausgelöst zu haben. Die Verbindung des El-Kultes mit dem Jahwekult geschah durch die Überleitung alter El-Heiligtümer in Jahwe-Heiligtümer. So etwa, wenn Gen 28,18 Jakob in Bet-El sagt: »Wirklich, Jahwe ist an diesem Ort, und ich wußte es nicht.« Diese frühe Religionsvermischung (Synkretismus) dürfte dafür gesorgt haben, daß sich der Übergang von der El- zur Jahwe-Religion problemlos entwickelte und in der gesamten Jüdischen Bibel keine Polemik gegen den Gott El geführt wird.

Der Entscheidung für eine Gesellschaftsordnung ohne politische Oberinstanz entsprach auf der anderen Seite eine außenpolitische Schwäche und eine nur mühsame Reaktion auf Angriffe. Oft mußten sich die israelitischen Stämme gegen die Übergriffe ihrer Nachbarn wehren. Mal zogen midianitische Kamelnomaden marodierend durchs Land (Ri 6,2-5), mal überfielen die ostjordanischen Königreiche Moab und Amon Israel und machten es tributpflichtig (Ri 3,12 ff.). Die gegen diese ständig wiederkehrenden Attacken geführten Abwehrkriege wurden »Jahwekriege« genannt (1 Sam 18,17; 25,28); man hoffte, darin jene Hilfe und Rettung aus militärischer Bedrohung erneut zu erfahren, wie dies am Schilfmeer geschehen war. Im Gegensatz zur Exodusgruppe konnte Israel jetzt allerdings eine eigene Truppe den Angriffen entgegenstellen, wenngleich mit einer eher primitiven militärischen Organisation. So wirkten in jenem Verständnis Jahwe und Israel bei jeder Rettung zusammen.

Im übrigen erwecken die Bücher Josua, Richter und Samuel einen falschen Eindruck von Israels kriegerischer Gesinnung und Tüchtigkeit. Die enge Stammesbezogenheit ließ Kriegsbereitschaft über unmittelbare Gefährdungen hinaus nicht zu. Es gab auch keine Zwangsrekrutierungen. Nur die Sippe verpflichtete zu bewaffneter Unterstützung bei Blutracheaktionen. Das begrenzte die Kriegsanlässe und den Aktionsradius erheblich. Auch war das Ziel durchweg auf Beendigung der Notlage bezogen, für ausladende Pläne ein Konsens der Mannschaft nicht zu erreichen; man war froh, wenn das ungestörte Alltagsleben weitergeführt werden konnte. Somit blieben die Jahwekriege der Frühzeit durchweg kleinräumige Befreiungskriege. Es wird von keinem einzigen Unternehmen berichtet, an dem alle Stämme Israels teilgenommen hätten. Das militärische Panorama, das die Jahrhunderte später erfolgte Endredaktion der Bücher Josua und Richter entwarf, überzieht also extrem die tatsächlichen Vorgänge.

Die Religion des vorstaatlichen Stämmeverbandes

Der politischen Dezentralisation entsprach eine lokale Vielfalt im Religiösen. Die Götter El und Baal wurden an verschiedenen Orten in unterschiedlichen Formen verehrt: El in Bet-El, El-Olam in Beerscheba, Baal-Berit in Sichem; es gab den Jahwe Zebaot in Schilo, Jahwe in Hebron oder auch Jahwe von Samaria. Neben seiner übergreifenden Funktion als »Gott Israels« nahm Jahwe die Züge eines Lokalgottes an, der je anders verehrt wurde. In der späten Königszeit sollten sich die regionalen Sonderformen der Jahwereligion problematisch auswirken.

Blitze schleudernder Baal, Ras Schamra, Ugarit, 16. Jh. v. Chr.

Göttinnen. Das vorstaatliche »Israel« war eine Mischgesellschaft unterschiedlicher Bevölkerungsgruppen, in denen die religiösen Traditionen des Vorderen Orients sich wechselseitig berührten. Ausgrabungsfunde zeigen, in welchem Maße in lokalen und Familienkulten die Verehrung von Göttinnen lebendig war. Es sind insbesondere Mutter- und Fruchtbarkeitsgöttinnen, die hohe Wertschätzung fanden (→ S. 238 ff.).

Astarte, kanaanäische Göttin der Fruchtbarkeit, auch Liebes- wie Kriegsgöttin, mit der mesopotam. Ischtar verwandt. Mit Ausnahme von 1 Sam 31,10 unterliegen alle anderen Nennungen der A. einer deuteronom. oder deuteronomistischen Wertung. Die Verehrung der A., der Aschera oder des Baal galt seitdem als Treuebruch gegenüber Jahwe.

Als bevorzugte Kultorte galten die Höhen; die kanaanäischen Stadttempel entsprachen offenbar nicht der Vorstellung einer angemessenen Gottesverehrung. Die Kultstätten lagen meistens außerhalb von Orten auf einem Berg; es handelte sich dabei nicht um geschlossene Gebäude, sondern gewissermaßen um »open-air-Anlagen«. Später geriet dieser Höhenkult in die prophetische Kritik, vor allem, weil sich Jahwe dadurch immer tiefer mit der traditionellen Kultsymbolik Palästinas verband, so daß die geschichtlichen Befreiungserfahrungen mit Jahwe zunehmend überdeckt wurden. Auch scheint Jahwe, als er in das El-Erbe eintrat, eine göttliche Begleiterin übernommen zu haben, was dem Bedürfnis entsprach, den männlich gedachten Gott um eine weibliche Gestalt zu ergänzen. Wir können uns die Verehrung einer Göttin an der Seite Jahwes gar nicht volkstümlich genug vorstellen. Sie widerstand aller späteren Kritik bis zum Zusammenbruch Israels. Als Namen der Göttin werden Aschera, Astarte und »Himmelskönigin« genannt, ohne daß diese sich klar gegeneinander abgrenzen. Der Ascherakult ist sogar in der königlichen Familie (1 Kön 15,13) und im Staatsheiligtum zu Jerusalem bezeugt (2 Kön 23,4). Zweifellos übernahm die Jahwereligion dadurch ein Stück

Weibliche Gottheiten (Ascheren?) aus Judäa, um 700 v. Chr.

vorderorientalische Normalität und gewann eine vertiefte Volksnähe. Der sich später darüber empörende prophetische Zorn tilgte diesen Synkretismus wieder aus, was – zumal im Blick auf die christlichen Fernwirkungen – nicht ohne tragische Auswirkungen blieb.

Neben dem öffentlichen Kult gab es eine lebendige familiäre Frömmigkeit. Die Analyse der Namengebung in Israel zeigt, daß die religiösen Erfahrungen der Jahwereligion sich für lange Zeit nicht in den israelitischen Personennamen spiegelten. Hier blieb die Namengebung der religiösen Umwelt herrschend. Demnach behauptete sich die alte Religiosität im privaten Bereich offener, als dies dem offiziellen Jahwekult entsprach. Die Namengebung in der Familie Sauls kann dies verdeutlichen: Dessen erster Sohn erhielt einen jahwehaltigen Namen: Jonatan, »Jahwe hat gegeben«; sein zweiter einen baalhaltigen: Es-Baal, »Mann Baals«; der vierte Sohn bekam einen kanaanäischen Namenstyp: Malkischua. Jonatan nannte seinen Sohn wiederum Meribaal. Deutlich unterscheidet sich diese Vielfalt von den Namen der Söhne König Joschijas am Ende der Königszeit. Bis auf einen El-Namen erhielten alle anderen Söhne Jahwe-Namen. Es hat also gut 400 Jahre gedauert, bis sich Jahwe auch im häuslichen Bereich in der Zuständigkeit für familiäre Belange durchsetzte.

Neben den öffentlichen Heiligtümern gab es in den Familien Hauskulte. Es ist anzunehmen, daß jeder israelitische Haushalt über eine Kultnische und einfache Götterfiguren (aus Terrakotta) verfügte. Ein Beispiel dafür wird Ri 17 erzählt:

Der Hauskult des Micha

1 Es war ein Mann vom Gebirge Efraim, der hieß Micha. 2 Der sagte zu seiner Mutter: Die elfhundert Silberstücke, die dir jemand weggenommen hat und deretwegen du einen Fluch ausgestoßen und ihn sogar vor meinen Ohren wiederholt hast, dieses Geld ist bei mir; ich selber habe es genommen. Seine Mutter sagte: Sei gesegnet von Jahwe, mein Sohn. 3 Er gab die elfhundert Silberstücke seiner Mutter zurück. Und seine Mutter sagte: Ich weihe mein Silber Jahwe, damit es wieder meinem Sohn zugute kommt. Man soll ein aus Metall gegossenes Gottesbild daraus machen. Zunächst aber gebe ich es dir wieder. 4 Doch er gab das Silber seiner Mutter zurück. Und seine Mutter nahm zweihundert Silberstücke und gab sie einem Goldschmied. Der machte ein aus Metall gegossenes Gottesbild daraus, das im Haus Michas aufgestellt wurde. 5 So hatte Micha ein Gotteshaus. Und er machte nun ein Efod und Terafim und weihte einen seiner Söhne, ihm jetzt als Priester zu dienen. 6 In jenen Tagen gab es in Israel noch keinen König; jeder tat, was in seinen Augen recht war. 7 Nun lebte damals in Betlehem in Juda ein junger Mann [aus der Sippe Juda]. Der war Levit und lebte dort als Fremder. 8 Dieser Mann zog aus der Stadt Betlehem in Juda fort, um sich irgendwo als Fremder niederzulassen, wo immer es sei. Auf seiner Wanderung kam er auch ins Gebirge Efraim zum Haus Michas. 9 Micha fragte ihn: Woher kommst du? Er antwortete ihm: Ich bin ein Levit aus Betlehem in Juda. Ich bin unterwegs, um mich irgendwo als Fremder niederzulassen, wo immer es sei. 10 Micha sagte zu ihm: Bleib bei mir, und sei mir Vater und Priester! Ich gebe dir zehn Silberstücke im Jahr, dazu Bekleidung und Lebensunterhalt. [Da ging der Levit zu ihm hinein.] 11 Und der Levit willigte ein, bei ihm zu bleiben, und

Aschera, ugaritisch-kanaanäische Fruchtbarkeitsgöttin. Ihr Kultsymbol war ein Holzpfahl, auf dem vielleicht die Göttin abgebildet war und der einen stilisierten Baum darstellen könnte. Solche Ascheren sollten nach Ex 34,13; Dtn 7,5 u. a. in Israel zerstört werden, doch werden sie immer wieder als Kultobjekte genannt (Ri 6,25; 1 Kön 14,15; Jer 17,2). Die Verbreitung des A.-Kultes erfuhr nach dem Ende des Nordreiches unter assyr. und aram. Einfluß eine vitale Wiederbelebung. König Joschija bekämpfte alle Astral- und Fruchtbarkeitskulte (→ S. 239 f.), doch fand die wirkliche Abkehr davon erst durch die exilisch-nachexilische Wende statt. Im Urteil der Deuteronomisten trug die Verehrung der A. zum Untergang des Nord- und Südreiches bei. Ihre Bearbeitung der Königsbücher bewertete die Könige von Israel und Juda überwiegend nach ihrer Stellung zum A.-Kult (z.B. 1 Kön 15,13; 2 Kön 23,4).

Ischtar, babylonisch-assyr. Göttin, Hauptgöttin von Ninive. Ihr entspricht im Kanaanäischen → Astarte. Göttin der Liebe und des Geschlechtslebens, nicht zwingend auch der Fruchtbarkeit. Am Himmel war die heutige »Venus« ihr Stern.

der junge Mann wurde für Micha wie einer seiner Söhne. [12] Und Micha weihte den Leviten, und der junge Mann wurde sein Priester und blieb im Hause Michas. [13] Und Micha sagte: Nun weiß ich, daß Jahwe mir Gutes erweisen wird; denn ich habe den Leviten als Priester.

Ri 17,1-13

Efod, ein mit »Leibrock« übersetzter Kultgegenstand, der 1 Sam 2,18 vom jungen Samuel getragen wird und nach 1 Sam 22,18 Kennzeichen der Priester war. In der Verbindung mit → Terafim (Ri 17,5; 18,14-20) scheint der E. in vorstaatlicher Zeit zur Orakelbefragung benutzt worden zu sein. Seine genaue Bedeutung ist unklar. Mit dem späteren Verbot des Gottesbildes reduziert sich der E. zu einem Teil des hohenpriesterlichen Gewandes.

Terafim, Kultgegenstand unbekannter Form und Funktion. Es könnte sich um kleine Götterfiguren gehandelt haben, die zum häuslichen Kult gehörten und die als Orakelspender benutzt wurden.

*D*ieser Micha und sein Haus waren gewiß kein Sonderfall, wie archäologische Funde belegen, doch muß Michas Kultpraxis besonders erzählenswert erschienen sein, weil er sich durch seinen ungewöhnlichen Anspruch, um nicht zu sagen kultischen Luxus, vom regulären Standard abhob. Ein silberbeschlagenes Götterbild konnte sich nicht jeder leisten. Das *Efod* genannte Kleidungsstück wird in Verbindung mit einem Kultgegenstand genannt, der ohne nähere Kennzeichnung bleibt. Anfänglich übernimmt ein Sohn die Rolle des Priesters, bis es Micha gelingt, einen Leviten einzustellen. Das übersteigt erst recht den regulären Familienkult. Ri 17 erzählt, wie Männer des nomadischen Stammes Dan den Leviten bitten: »Befrag doch Gott für uns, damit wir erfahren, ob die Reise, die wir machen, Erfolg haben wird.« Der häusliche Kult deckte demnach viele Ansprüche ab, die später dem offiziellen Kult vorbehalten blieben. Noch beschnitt keine übergreifende Dogmatik die kultische Eigenverantwortung der Familie in der vorstaatlichen Zeit (→ S. 241 ff.).

Der im Haus verehrte Gott galt als persönlicher Schutzgott. Auch wenn Jahwe als »Gott Israels« unbestritten war, mußte es nicht Jahwe sein, der im Orakel befragt wurde oder an den sich Bitte und Dank richteten. Neben Jahwe wurden Baal und selbst Totengeister angerufen (1 Sam 28). Erst einer späteren Zeit war dies verpönt (vgl. Dtn 18,11f. u. ö.).

Richter

Könige und Propheten in Israel

D ie Errichtung des Königtums in Israel war keine organische Weiterentwicklung der bisherigen Geschichte. Sie bewirkte eine religionsgeschichtliche Veränderung, die im königlichen Staatskult die Jahwereligion bis zur Unkenntlichkeit entstellte. Die Ausbildung einer zentralen politischen Herrschaft ergab sich nicht allein aus der militärischen Bedrohung durch die Philister, der die Milizionäre des Stämmeverbandes nicht mehr gewachsen waren, sondern auch aus internen Gründen wie Bevölkerungswachstum, überregionalem Handel und der zunehmenden Differenzierung der Gesellschaft. Die anfänglichen militärischen und wirtschaftlichen Erfolge, wachsender Reichtum, ein Aufblühen der Städte, zumal die bauliche Entwicklung der neuen Hauptstadt Jerusalem, werden die Zustimmung zu einem sichtbar erfolgreichen Königtum zunächst erleichtert haben, zumal man die eigendynamischen Folgen der Monarchie anfangs noch nicht überschaute. Aber bereits unter David und erst recht unter Salomo wurden die Konsequenzen eines Königtums erfahrbar, das nicht nur die Nachbarvölker kleinhielt, sondern in der eigenen Gesellschaft Unterdrückungsmechanismen aufbaute, die im Gegensatz zur Jahwereligion als einer Religion der Befreiung standen.

Kriegsgefangene, an ihrer Kopfbedeckung als Philister zu erkennen, Relief in Medinet Habu im Totentempel Ramses' III.

Philister, indogerm. Volk aus dem östl. Mittelmeer, das sich gegen Ende des 2. Jt.s an der Mittelmeerküste Kanaans ansiedelte und wegen seiner Überlegenheit in der Eisenverarbeitung das westjordan. Kanaan beherrschte. Die P. vermischten sich mit den Kanaanäern und übernahmen von ihnen Götter und Kulte. Ihre Städte waren Gaza, Aschkelon, Gat, Aschdod und Ekron. David, der zunächst im Dienst eines P.-Fürsten stand (1 Sam 27), wies sie in ihre Grenzen. Ebenso wie Israel gerieten die P. später unter die Herrschaft der Assyrer, Babylonier und Perser. Die Römer leiteten den Landesnamen Palästina von den P.n ab.

Samuel

Samuel, der Führer »ganz Israels«

7 Als die Philister hörten, daß sich die Söhne Israels in Mizpa versammelt hatten, zogen ihre Fürsten gegen Israel hinauf. Die Söhne Israels hörten es und fürchteten sich vor den Philistern. 8 Sie sagten zu Samuel: Laß nicht ab, für uns zu Jahwe, unserm Gott, um Hilfe zu schreien, damit er uns aus der Hand der Philister errette. 9 Da nahm Samuel ein Milchlamm und opferte es ganz als Brandopfer für Jahwe. Und Samuel schrie zu Jahwe für Israel, und Jahwe erhörte ihn. 10 Noch während Samuel das Brandopfer darbrachte, rückten

Mizpa, Stadt in Benjamin, 13 km nördl. von Jerusalem, in der vorstaatl. Zeit Versammlungsort der Stämme Israels und oft Sammelort des israelit. Heerbanns (Ri 20), Gerichtsort Samuels (1 Sam 7,5 ff.), Wahlort Sauls zum ersten König über Israel (1 Sam 10,17); um 586 Verwaltungssitz des von Nebukadnezzar II. eingesetzten Statthalters Gedalja (2 Kön 25,23; Jer 40,6 ff.); auch nach dem Exil erneut Sitz des Statthalters (Neh 3,7).

Eben-Eser (hebr. »Stein der Hilfe«), Ort bei → Mizpa. In der kanaanäischen Religion und im vorstaatl. Israel spielten Steinsetzungen als Denk- und Siegesmale eine große Rolle. Der Stein verkörpert ein Faszinosum; er kann sogar als »Haus Gottes«, *bet-el*, verstanden werden (→ S. 96).

die Philister zum Kampf gegen Israel heran. Aber Jahwe donnerte mit gewaltigem Donner über den Philistern und erschreckte sie so, daß sie Israel unterlagen. 11 Nun zogen auch die Männer Israels aus Mizpa aus, jagten den Philistern nach bis unterhalb von Bet-Kar und schlugen sie. 12 Und Samuel nahm einen Stein und stellte ihn auf zwischen Mizpa und Jeschana. Er nannte ihn Eben-Eser (Stein der Hilfe) und sagte dazu: Bis hierher hat uns Jahwe geholfen. 13 So wurden die Philister gedemütigt und wagten nicht mehr in das Gebiet Israels einzudringen. Und die Hand Jahwes lastete auf den Philistern alle Tage Samuels. 14 Die Städte von Ekron bis Gat, welche die Philister Israel weggenommen hatten, kamen an Israel zurück; das ganze Gebiet dieser Städte befreite Israel aus der Botmäßigkeit der Philister. Desgleichen war Friede zwischen Israel und den Amoritern.

1 Sam 7,7-17

In Mizpa sammelte sich in der Frühzeit Israels mehrfach der israelitische Heerbann, das Aufgebot der kampftüchtigen Männer. Die Geschichte, die hier erzählt wird, stilisiert Samuel nach der Art des Mose, der allein durch sein Gebet das Volk rettet. Samuel »errang« einen traumhaften Sieg, größer als ihn je ein späterer König erreichte. Das ganze Gebiet, das die Philister vordem in Eben-Eser erobert hatten, fiel wieder an Israel zurück.

Die Bücher Samuel und Könige

Die Bücher 1 und 2 Samuel und die beiden Königsbücher bildeten ursprünglich ein einziges Werk. In der griechischen Bibel (Septuaginta), und in deren Gefolge in der lateinischen Bibel (Vulgata), werden sie als die vier Bücher der Königsherrschaft gezählt. Ihrem Inhalt nach ist das Gesamtwerk eine Kompilation unterschiedlicher Stoffe. Die Samuelbücher gliedern sich in vier Komplexe: 1. Erzählungen von Samuel und Saul; 2. Die Geschichte vom Aufstieg Davids; 3. Die Geschichte von der Thronfolge Davids; 4. Verschiedenartige Nachträge. Die Königsbücher setzen die Geschichte der Thronfolge fort, berichten über die Reichsteilung nach Salomos Tod und verfolgen die Geschichte beider Reiche bis zu deren jeweiligen Untergang. Sie schließen mit einer Notiz über die Begnadigung des letzten Königs Jojachin im Exil.

Verfasser der Bücher sind Jerusalemer Hofbeamte und Priester, die Jerusalem als den von Jahwe erwählten Platz für das Königtum ansehen. Die erste Phase der Abfassung ist frühestens mit dem Ende der Königszeit anzunehmen, doch sind die Bücher in ihrer Endgestalt ein Ergebnis der revidierten Geschichtsbetrachtung im Exil und der nachexilischen Zeit. Da die Samuelbücher erkennen lassen, daß die Einführung des Königtums stark umstritten war, weil manche hierin einem Gegensatz zur antiherrschaftlichen Jahwereligion erblickten, bedeutete dies für die Situation nach der Zerstörung

Von der voraufgegangenen Niederlage der Stämme in Eben-Eser und dem Verlust der Bundeslade wird 1 Sam 4 berichtet. Eben-Eser liegt nicht weit von Mizpa entfernt. Die Erzählung versucht nach Art erklärender Sagen (Ätiologien), diesen Namen als »Stein der Hilfe« zu deuten, um die an diesem Ort erfahrene Katastrophe wett zu machen. Während die Krieger Israels sich noch verzagt an Samuel wenden, beginnt dieser eine fürbittende Opferhandlung: »Da donnerte Jahwe mit gewaltigem Donner über den Philistern und erschreckte sie so, daß sie Israel unterlagen.« Das ist bereits alles, keine Schlacht, sondern ein Donnern, ein Sieg nach dem Herzen von Theologen, die ihre Enttäuschung über die gescheiterte Königsgeschichte in der Gegengestalt des Samuel zur Sprache bringen. Durch Gebet und Vertrauen auf Jahwes Hilfe erweist sich Samuel mächtiger als alle Könige nach ihm.

Die Erzählung spiegelt das Denken nach dem Zusammenbruch der Eigenstaatlichkeit. Die Deuteronomisten, die das Buch Samuel redigierten, wollten klar machen: So erfolgreich hätten wir sein können, wenn wir auf Jahwe statt auf die Machtpolitik der Könige vertraut hätten! In der spät entstandenen Erzählung sind ein paar alte Traditionsspuren erhalten geblieben. Wenn Samuels Tätigkeit 7,15-17 zusammenfassend im Typ eines Richters, der in einem kleinen Teil Benjamins umherzog, geschildert wird, dürfte dies die historische Realität wiedergeben. Den Deuteronomisten hingegen galt Samuel als der unbestrittene geistige und geistliche Führer »ganz Israels«:

Jerusalems im Jahr 586, das Königtum auch wieder aufgeben zu können.

Der späten Abfassungszeit ging demnach eine lange Überlieferungsgeschichte voraus, die in ihrem Wachstumsprozeß nicht ganz durchschaubar ist. Die Jerusalemer Redaktoren konnten auf unterschiedliches, zum Teil auch widersprüchliches Quellenmaterial zurückgreifen. Zum Beispiel gab es über die Königswahl Sauls eine königsfreundliche (1 Sam 9,1-10,16; 11) und eine königsfeindliche Tradition (1 Sam 8; 10,17-27; 12). Die Redaktoren wählten das Material nach den Leitlinien ihrer Grundüberzeugung aus und interpretierten es entsprechend. Ursprünglich selbständige Einheiten (z. B. Ladeerzählung; Bericht von Davids Aufstieg; Thronfolgeerzählung, Annalen über die Geschichte der Könige) wurden miteinander verbunden und in eine übergreifende Konzeption gefaßt. Dabei waren die Redaktoren nicht an einer Geschichtsschreibung Israels und der Könige interessiert. Es ging ihnen alleine um den Aufweis, daß das Unglück Israels, wie es sich im Untergangs Jerusalems und des Tempels darstellte, eine Folge der sündhaften Königspolitik war, die sich nicht der ausschließlichen Jahweverehrung – und ihrer Zentralisation in Jerusalem – verpflichtet gesehen hatte.

Diese Engführung des redaktionellen Interesses läßt es nicht zu, daß auf der Basis der Samuel- und Königsbücher eine wirkliche Geschichte der Königszeit geschrieben werden kann, weil die dazu gehörenden Inhalte allenfalls am Rande wahrgenommen wurden.

Axt und Speerspitze aus der Zeit König Sauls, 11.–10. Jh. v. Chr.

»Und Samuel richtete Israel, solange er lebte. Jahr für Jahr zog er umher, nach Bet-El, Gilgal und Mizpa und richtete Israel an all diesen Orten. Dann kehrte er regelmäßig nach Rama zurück; denn dort hatte er sein Haus, und dort richtete er Israel. Auch baute er dort einen Altar für Jahwe« (1 Sam 7,15-17).

Diese Reisetätigkeit setzt noch die dezentrale Struktur des Stämmeverbandes voraus. Doch gab es inzwischen Gründe, die gemeinsamen Belange auf einer höheren Ebene zu regeln. Die Rolle, die Samuel einnahm, läßt sich von ferne damit vergleichen, wie man den Dalai Lama ausfindig macht: Alles hängt von einer Intuition ab, die hier der Seher, Prophet und Richter Samuel besaß. Er mußte die Zeichen Gottes richtig lesen können. Die drei Traditionen, die über diesen Vorgang berichten, widersprechen freilich einander, vielleicht weil sie verschiedene Stadien der Königswahl bewahrt haben und später hier nebeneinander gestellt wurden. Nach der ersten Tradition vollzog sich die Salbung Sauls zum König durch Samuel im Geheimen (1 Sam 9,27-10,1; → S. 148); der zweiten Version zufolge wurde Saul durch Losentscheid gewählt (1 Sam 10,17-27; → S. 150 f.); nach der dritten Überlieferung fand die Wahl durch Akklamation des Volkes statt:

Das Volksbegehren und das Königsrecht

¹ Als Samuel alt geworden war, setzte er seine Söhne zu Richtern über Israel ein. ² Der Name seines ältesten Sohnes war Joël, der Name des zweitgeborenen Abija. Sie waren Richter in Beerscheba. ³ Aber seine Söhne gingen nicht auf seinen Wegen, sie waren auf ihren Vorteil aus, ließen sich bestechen und beugten das Recht. ⁴ Deshalb versammelten sich alle Ältesten von Israel. Sie gingen zu Samuel nach Rama ⁵ und sagten zu ihm: Bedenke, du bist nun alt, und deine Söhne gehen nicht auf deinen Wegen. Darum setze uns jetzt einen König ein, daß er uns regiere, wie es bei allen Völkern üblich ist. ⁶ Aber Samuel mißfiel es, daß sie einen König haben wollten. Darum wandte sich Samuel im Gebet an Jahwe. ⁷ Jahwe aber sprach zu Samuel: Erfülle die Wünsche des Volkes! Nicht dich haben sie verworfen, sondern mich. Ich soll nicht mehr König über sie sein. ⁸ So wie sie stets taten, seitdem ich sie aus Ägypten heraufgeführt habe, bis auf diesen Tag; sie haben mich verlassen und dienten anderen Göttern. Nun machen sie es so auch mit dir. ⁹ Doch hör jetzt auf ihre Stimme. Aber warne sie unmißverständlich, welche Rechte der König über sie hat, und was er über sie bestimmen kann. ¹⁰ Samuel teilte alle Worte Jahwes dem Volk mit, das einen König von ihm verlangte. ¹¹ Er sprach: Das werden die Rechte des Königs sein, der über euch herrschen wird: Er wird sich eure Söhne holen und sie für sich bei seinen Wagen und seinen Pferden einsetzen, auch müssen sie vor seinem Wagen herlaufen. ¹² Er wird sie zu Vögten über Tausend und zu Aufsehern über Fünfzig machen. Sie müssen sein Ackerland pflügen und seine Ernte einbringen, müssen seine Kriegsgeräte und seinen Streitwagenpark herstellen. ¹³ Eure Töchter wird er an seinen Hof holen, damit sie

Richter. In Israel lag die Rechtspflege in der Hand von »Ältesten«; daneben bestand ein militärisches Führungsamt, wenn der Heerbann aufgeboten wurde; dessen Führer galten als »Retter«. Das Buch der R. erzählt von zwölf R.n, deren Zeit als eine Abfolge von Ungehorsam, Strafe und Rettung beschrieben wird. Es verdankt seine vorliegende Konzeption einer exilischen oder nachexilischen Bearbeitung.

Gilgal, Heiligtum in der Jordansenke bei Jericho, das zwölf Masseben (Steinsetzungen) markierten. An dieser Anlage haftete in vorstaatlicher Zeit die Idee eines Zwölf-Stämme-Verbandes. Saul wurde in G. zum König gekrönt (1 Sam 11,14 f.). David übernahm Traditionen aus G. nach Jerusalem, um so die Nordstämme stärker an seine Dynastie zu bringen. Nach dem Abschalom-Aufstand erneuerte David in G. sein Königtum (2 Sam 19,41 ff.).

Ekron, einer der fünf Hauptorte der Philister (vgl. Am 1,8).

Gat, eine der fünf Philisterstädte. David war anfangs Lehnsmann des Stadtkönigs von G. Rehabeam baute die judäisch gewordene Stadt zur Festung aus.

Samuel

ihm Salben zubereiten und kochen und backen. 14 Eure schönsten Äcker, Weinberge und Ölbäume wird er euch wegnehmen und sie seinen Beamten geben. 15 Darüber hinaus wird er von euren Saaten und Weinbergen den Zehnten erheben und ihn seinen Hofbeamten und Mitarbeitern geben. 16 Eure Knechte und Mägde, eure besten jungen Leute und eure Esel wird er holen und sie in seinen Dienst stellen. 17 Eure Schafherden wird er verzehnten, und ihr selber werdet seine Sklaven sein. 18 Wenn es soweit ist, würdet ihr den König, den ihr euch erwählt habt, gerne wieder los sein. Ihr werdet um Hilfe schreien, aber Jahwe wird euch nicht antworten. 19 Das Volk aber weigerte sich, auf Samuel zu hören. Es sagte: Nein! Ein König soll über uns herrschen. 20 Wir wollen sein wie alle anderen Völker. Unser König soll uns Recht sprechen, er soll uns voran zu Felde ziehen und soll unsere Kriege führen. 21 Samuel hörte alle Worte des Volkes an und trug sie dann Jahwe vor. 22 Darauf wies Jahwe Samuel an: Hör auf sie, und setze ihnen einen König ein! Da sagte Samuel zu den Israeliten: Geht nun heim, ein jeder in seine Stadt!

1 Sam 8,1-22

M it dem alternden Samuel geht eine Epoche zu Ende. Die Ältesten als Sprecher der Stämme denken voraus. Sie betrachten Samuel als Instanz, mit der sie über die neue politische Verfassung der Stämme Israels zu verhandeln haben. Die Forderung nach einem König aus Verärgerung über Samuels Söhne erscheint allerdings zu schmal. Angesichts ständig drohender Übergriffe der Nachbarstaaten wird die Schwäche der Stämme das übergreifende Motiv gewesen sein. Daß der Gesprächsverlauf keinen historischen Vorgang referiert, sondern die späteren deuteronomistischen Interessen wiedergibt, wird spätestens ab V 7 deutlich. Es erfolgt eine kritische Rückschau auf die Königszeit, die hier bereits deutlich macht, was für die nachexilische Zeit wieder gelten soll: Israel braucht keinen König, weil Jahwe alleine herrschen soll. Auch die Benennung Jahwes als König verweist auf eine spätere Hand.

Die Verse 10-22 hat Martin Buber als »Pamphlet« bezeichnet. Ursprünglich kann dieser Text eine Art »Wahlvertrag« gewesen sein, der die Rechte des Königs bestätigte; veränderte Zeiten und negative Erfahrungen gaben ihm einen anderen Akzent. Natürlich wußte man in Israel, welche Regelungen mit der Einführung des Königtums verbunden waren. In den umgebenden Nachbarstaaten herrschte ja seit jeher Königsrecht. Doch setzen die Verse 11-15 Verhältnisse voraus, wie sie sich erst unter Salomo entwickelten. Die Zahl der in V 12 genannten Aufseher gibt 1 Kön 9,23 mit 550 Aufsehern an. Für diese Beamten mußte der König über ein festes Krongut als Versorgungsgrundlage verfügen, das zweifellos Streubesitz war. Die Bedeutung, die dem Konfiskationsrecht des Königs über fremdes Eigentum zukam, zeigt sich in der Geschichte um Nabots Weinberg in 1 Kön 21. Aber auch den Besitz der freien Bauern schränkte das Königsrecht ein, denn die landwirtschaftlichen Erträge des Eigentums waren von nun an zu verzehnten. Das Verfügungsrecht des Königs betraf auch die

Samuel. Die S.-Überlieferung setzt sich aus Texten zusammen, die zu unterschiedlichen Zeiten an verschiedenen Orten und mit je unterschiedlichen Absichten verfaßt wurden. Ihre Addition ergibt kein Bild des historischen S. Möglicherweise war dieser als → Richter tätig, doch kann er unmöglich alle Ämter ausgeübt haben, die ihm die biblische Tradition zuschreibt. Die Kindheits- und Jugendgeschichten verknüpfen ihn mit dem Heiligtum von Schilo und der Lade. Zugleich erscheint er als Priester und Offenbarungsempfänger. Die Königsgeschichten schildern ihn als Gottesmann, Seher, Mittler göttlicher Weisung, Richter und Prophet. Davon dürfte das Richteramt ihm am ehesten zugekommen sein. Weil alle Texte die Einführung des Königtums mit S. verbinden, wird oft gefolgert, ein historischer S. habe am Anfang des Königtums gestanden. Eingewendet wird, S. sei erst nachträglich in die Schilderung von Sauls Weg zum Königtum eingefügt worden; man müsse die historische Existenz einer charismatischen Gestalt namens S. nicht bezweifeln, aber damit rechnen, daß prophetische Kreise sie später genutzt hätten, um die Bindung des Königtums an die Prophetie und den durch sie vermittelten Gott zu betonen.

Menschen, vorab die Knechte und Mägde der freien Bauern. Ihre Dienstverpflichtung zu Fronarbeiten, vor allem für Bauarbeiten, führten unter Salomo zur Revolte (→ S.178 ff.). Doch begnügte sich der König nicht mit Arbeitspersonal. Er zwang auch die freie Bürgerschaft – neben dem Kriegsdienst – zu Fronarbeiten, was tief in die bis dahin unberührten Freiheitsrechte der Familien eingriff.

Der Text hat unübersehbar eine antimonarchische Tendenz, mehr als Handschrift der letzten deuteronomistischen Redaktion denn als vorausblickende Skepsis Samuels.

Saul

D ie historische Gestalt des Saul lassen die biblischen Quellen nicht mehr klar erkennen. Die Überlieferung gehört in ein Erzählwerk, das David herausstellen möchte und allein schon darum kein zutreffendes Bild von Saul zeichnet. Seine Regierungszeit ist um das Jahr 1000 anzusetzen; ihre Dauer ist unbekannt.

Saul gehörte zu dem kleinen Stamm Benjamin und konnte sich zunächst nur auf diesen stützen. Er war in Gibea zu Hause, eine Ortschaft, die den Philistern abgenommen worden war. Auch als König behielt er dort seinen Wohnsitz. Vermutlich wurde Saul König wegen seines Sieges über die Ammoniter (1 Sam 11). Die israelitischen Stämme hatten Saul nach dieser militärischen Bewährung gehuldigt und ihn als ihren König anerkannt. Damit war der Anfang zur Staatsbildung Israels gemacht; das Fernbleiben einzelner randständiger Stämme stellte diese Entwicklung nicht in Frage. Als politisch nachteilig erwies sich aber die mangelhafte Geschlossenheit des Siedlungsgebietes der Stämme, denn verbliebene kanaanäische Stadtstaaten trennten weiterhin den judäischen Süden vom galiläischen Norden.

Innenpolitische Funktionen hatte Sauls Königtum noch nicht. Es blieb auf ein Heerkönigtum beschränkt, allein damit befaßt, kriegerische Übergriffe von Nachbarvölkern auf die eigenen Gebiete abzuwehren. Dies geschah vorwiegend in Einzelaktionen gegen die Ammoniter des Ostens (1 Sam 11), die Amalekiter des Südens (1 Sam 15) und vor allem gegen die Philister des Südwestens, die in der vorausgegangenen Zeit ihr Herrschaftssystem über die israelitischen Stammesgebiete ausgedehnt hatten. Es scheint Saul gelungen zu sein, die Philister aus den Bergländern zu verdrängen (14,16-23). Als es jedoch in der Ebene von Jesreel zur Entscheidungsschlacht kam, wurde Saul besiegt (1 Sam 29; 31). Diese Niederlage machte seine bisherigen politischen Erfolge zunichte. Ursache dafür waren (zunächst) die ungleichen Gegner: Die Philister hatten ein traditionsreiches und schwerbewaffnetes Berufskriegertum, während die Israeliten nur einen Heerbann der Stämme zusammenbrachten, der schlecht gerüstet und wenig geübt war, da er sich immer nur für kurze Zeit vom landwirtschaftlichen Alltag löste. Es scheint zwar, daß Saul diese Schwäche durch Bildung einer ständigen Gefolgschaft in seinen Diensten auszugleichen versucht hat. Für die dezentrale israelitische Stammesgesellschaft aber war eine solche Truppe ein Fremdkörper, wie dies vor allem die spätere Politik der davidischen Dynastie deutlich machte. Trotz seiner Siege blieb Saul auf Dauer den Philistern

Gibea, Ort im Stammesgebiet Benjamin, 5 km nördl. von Jerusalem, Heimat- und Residenzort Sauls, darum auch »Sauls G.« genannt.

Ammoniter, aramäischer Stamm, der im 12. Jh. v. Chr. am Oberlauf des Jabbok seßhaft wurde und einen eigenen Staat mit Zentrum Rabbat gründete (heute Amman). Der Drang der A. nach Westen führte zu Konflikten mit den ostjordanischen Israeliten (Ri 10-11; 1 Sam 11), bis sie David unterwarf (2 Sam 10,1-11; 12,26-31). Nach dem Tod Salomos scheinen die A. ihre Selbständigkeit zurückgewonnen zu haben, wurden dann aber den Assyrern tributpflichtig und 582 von den Babyloniern unterworfen; später standen sie ebenso wie Israel unter pers., griech. und röm. Herrschaft.

Samuel

nicht gewachsen. Erst mit dem Aufstieg Davids begann im eigentlichen Sinne die israelitische Staatsbildung und leitete zugleich gegenüber der bisherigen Ordnung einen mehrfachen Traditionsbruch ein.

Die Salbung Sauls zum König

1 Damals lebte in Benjamin ein Mann namens Kisch, ein Sohn des Abiël, des Sohnes Zerors, des Sohnes Bechorats, des Sohnes Afiachs, ein Benjaminit, ein vermögender Mann. 2 Der hatte einen Sohn, Saul hieß er, und war jung und schön. Unter den Israeliten war keiner stattlicher als er; um Haupteslänge überragte er alle. 3 Eines Tages nun gingen dem Kisch, dem Vater Sauls, alle seine Eselinnen verloren. Darum sagte Kisch zu seinem Sohn Saul: Nimm einen von den Knechten mit und mach dich auf den Weg, such die Eselinnen! 4 Sie durchquerten das Gebirge Efraim und durchstreiften das Gebiet von Schalischa, fanden sie aber nicht. Sie zogen durch die Gegend von Schaalim – ohne Erfolg; dann durchwanderten sie die Landschaft von Jemini, fanden sie aber wieder nicht. 5 Als sie in das Gebiet von Zuf gekommen waren, sagte Saul zu seinem Knecht, der ihn begleitete: Komm, wir wollen umkehren, sonst macht sich mein Vater um uns noch mehr Sorgen als um die Eselinnen. 6 Der Knecht erwiderte ihm: In dieser Stadt gibt es doch einen Gottesmann, der sehr angesehen ist; alles, was er sagt, trifft zuverlässig ein. Laßt uns jetzt noch zu ihm gehen; vielleicht kann er uns sagen, welchen Weg wir gehen sollen. 7 Saul antwortete dem Knecht: Und wenn wir hingingen, was könnten wir dem Mann mitbringen? Das Brot in unseren Beuteln ist aufgegessen. Sonst haben wir nichts, was wir dem Gottesmann als Geschenk bringen könnten. Oder haben wir etwas? 8 Darauf der Knecht: Sieh her, ich habe noch einen Viertel-Silberschekel. Den will ich dem Gottesmann geben, damit er uns Auskunft über den Weg gibt. 9 [Früher sagte man in Israel, wenn man hinging, eine Gottesentscheidung zu suchen: Wir wollen zum Seher gehen. Denn früher nannte man Seher, was heutigen Tags Prophet heißt.] 10 Saul sagte zu seinem Knecht: Dein Vorschlag ist gut. Komm, wir wollen hingehen. Also gingen sie in die Stadt, wo der Gottesmann wohnte.
11 Als sie die Steige zur Stadt hinaufgingen, trafen sie einige Mädchen, die herauskamen, Wasser zu schöpfen. Die fragten sie: Ist der Seher hier? 12 Sie antworteten ihnen: Ja, er ist hier, den Weg geradeaus. Beeilt euch aber, denn er ist soeben in die Stadt gekommen, weil die Bevölkerung heute auf der Kulthöhe ein Opferfest feiert. 13 Wenn ihr in die Stadt kommt, werdet ihr ihn wohl noch treffen, bevor er zur Kulthöhe hinaufsteigt, um am Mahl teilzunehmen. Denn die Leute essen nicht, ehe er da ist, weil er das Opfer segnen muß; erst dann essen die Eingeladenen. Geht also hinauf; jetzt gerade könnt ihr ihn treffen.

Salbung. Für eine S. wurde Öl mit Duftstoffen gemischt; sie galt der Körperpflege oder Heilzwecken und war Zeichen der Freude und des Überflusses. Ein Unterlassen der S. galt als Trauerausdruck. Kultgegenstände wie der Stein in Bet-El oder ein Altar wurden durch S. geweiht. Eine besondere Art S., im Hebräischen durch ein anderen Wort abgehoben, erfolgte bei Einsetzung des Königs. Der König ist »der Gesalbte«, hebr. *maschiach*, *Messias*; dies war sein ursprünglicher Titel. Die S. bereitete ihn für den Empfang göttlichen Geistes zu und machte ihn für andere Menschen unantastbar {→ S. 159 ff.). Nach dem Untergang des Königtums wurde die S. als Weiheakt auf den Hohenpriester, später auch auf die übrige Priesterschaft übertragen.

Gottesmann, in vorprophetischer Zeit eine geheimnisvolle Gestalt, die unerwartet auftaucht, Orakel verkündet und wieder verschwindet (Ri 13,6; 1 Sam 2,27; 1 Kön 13). Auch in Phönizien (1 Kön 17,18) und Ugarit begegneten solche Männer. Der Titel kennzeichnet sie als Personen, die mit der Gottheit in einem besonders engen Verhältnis stehen. Im Rückblick wurden auch Mose, Samuel, Elischa und David als G.er bezeichnet.

Seher, Menschen mit der Begabung, zuverlässig Zukunft im Namen Jahwes zu künden. Im Hebräischen wird zwischen *roä* und *chosä* unterschieden. Die erste Bezeichnung wird fast durchweg nur für Samuel verwendet, der auch → Gottesmann und Prophet genannt wird. Der zweite Titel bezeichnet vermutlich Männer, die von einer inneren Stimme gedrängt werden, einen Gottspruch zu verkünden. Der berühmteste S. dieser Art ist Amos (Am 7,12). Bei ihm und anderen Propheten läßt sich fragen, ob sie nicht eher als »Seher« denn als Propheten aufgetreten sind.

Kulthöhe, bei den kanaanäischen Bewohnern des Landes Heiligtum auf einer Anhöhe, gewöhnlich einfach ausgestaltet mit Altar, Baum/Fruchtbarkeitsgöttin (Aschera; → S. 139) und Denkstein (Massebe). An einigen K.n gab es separate Bauten, in denen man Opferfeste feierte und Kultgeräte verwahrte. Die K.n wurden von Israel übernommen und dem Jahwekult unterstellt, ohne die ältere Tradition damit aufzugeben. Die joschijanische Reform (→ S. 236 ff.) sagte den K.n den Kampf an, erklärte sie zu Stätten des Götzendienstes und zerstörte sie weitgehend. Aus nachexilischer Zeit fehlen Belege für weiterbestehende K.n fast vollständig. Wegen ihrer geringen Bausubstanz sind K.n archäologisch schwer oder gar nicht nachweisbar. Biblische Belege gibt es für Rama (1 Sam 9), Gibea in Benjamin (1 Sam 10,5), Gibeon (1 Kön 3,4 u. a.), Bet-El (1 Kön 12,32), Jerusalem/Ölberg (1 Kön 11,7), Jerusalem/Tofet (Jer 7,31; 19,5; 32,35) und Moab (Jes 15,2; Jer 48,35). Die nebenstehende Schilderung 1 Sam 9,12-24 gibt Einblick in den Verlauf einer Opferfeier mit geladenen Gästen.

14 Da stiegen sie weiter zur Stadt hinauf. Als sie nun zur Stadtmitte gekommen waren, kam ihnen gerade Samuel entgegen, um zur Kulthöhe hinaufzusteigen. 15 Nun hatte aber Jahwe, einen Tag bevor Saul kam, Samuel das Ohr für eine Offenbarung geöffnet und gesagt: 16 Morgen um diese Zeit werde ich einen Mann aus dem Gebiet Benjamin zu dir schicken. Ihn salbe zum Fürsten über mein Volk Israel. Er soll mein Volk aus der Gewalt der Philister befreien; denn ich habe die Not meines Volkes Israel gesehen, ihr Schreien ist zu mir gedrungen. 17 Als Samuel Saul sah, gab ihm Jahwe ein: Das ist der Mann, von dem ich dir gesagt habe: Der soll über mein Volk herrschen. 18 Saul trat mitten im Toreingang auf Samuel zu und fragte: Sag mir doch, wo ist hier das Haus des Sehers? 19 Samuel antwortete Saul: Der Seher bin ich. Geh vor mir her zur Kulthöhe hinauf und eßt heute mit mir. Morgen früh kannst du weiterziehen. Ich werde dir dann über alles Auskunft geben, was du auf dem Herzen hast.

20 Was aber die Eselinnen betrifft, die dir vor drei Tagen verloren gegangen sind, so brauchst du dir keine Gedanken mehr zu machen. Sie wurden inzwischen gefunden. Doch wem gehört die ganze Sehnsucht Israels? Gilt sie nicht dir und dem Hause deines Vaters? 21 Saul antwortete: Bin ich nicht ein Benjaminit, aus einem der kleinsten Stämme Israels? Und ist meine Sippe nicht die geringste unter allen Sippen des Stammes Benjamin? Warum sagst du so etwas zu mir?

22 Samuel nahm Saul und seinen Knecht mit, führte sie in die Halle und gab ihnen Ehrenplätze vor allen Geladenen; es waren etwa dreißig Männer. 23 Samuel gebot dem (Opfer-)Koch: Bring mir das Stück, das ich dir gegeben habe, von dem ich dir sagte: Nimm es in Verwahrsam! 24 Da trug der Koch die Keule auf, setzte sie Saul vor und sagte: Das ist der Ehrenrest. Greif zu und iß! Denn für dich und diese Stunde wurde das Stück aufbewahrt, damit du sagen kannst, alle Geladenen waren meine Gäste. So aß an diesem Tag Saul mit Samuel zusammen. 25 Dann stiegen sie von der Kulthöhe in die Stadt hinab. Dort führte Samuel mit Saul auf dem Dach ein Gespräch. 26 Früh am Morgen, als die Dämmerung anbrach, rief Samuel zu Saul aufs Dach hinauf: Steh auf! Ich will dir das Weggeleit geben. Saul machte sich auf und sie gingen miteinander. 27 Als sie die Grenze des Stadtgebietes erreichten, sagte Samuel zu Saul: Befiehl dem Knecht vorauszugehen [und der ging auch]; du aber bleib hier stehen! Ich will dir einen Gottesspruch sagen.

10,1 Darauf nahm Samuel den Ölkrug, goß ihm Öl auf das Haupt, küßte ihn und sagte: Jahwe hat dich zum Fürsten über sein Erbe gesalbt. 2 Wenn du jetzt von mir weggehst, wirst du am Grabe der Rahel auf benjaminitischem Gebiet in Zelzach zwei Männer treffen, die zu dir sagen werden: Die Eselinnen, nach denen zu suchen du fortgingst, sind gefunden worden. Inzwischen denkt dein Vater schon nicht mehr an die Eselinnen, sondern macht sich Sorgen um euch und fragt: Was kann ich nur für meinen Sohn tun? 3 Wenn du von da weitergehst und zur Eiche von Tabor kommst, werden dir dort drei Männer begegnen, die zu Gott nach Bet-El hinaufziehen. Einer von ihnen wird ein Böckchen tragen, ein anderer drei Laib Brot und ein dritter einen Schlauch Wein. 4 Die werden dir Frieden wünschen und dir zwei Brote geben; die sollst du von ihnen annehmen. 5 Danach wirst du zu dem Hügel

Gottes kommen, wo die Wachposten der Philister sind. Wenn du dort in die Stadt hineingehst, wirst du eine Prophetengruppe treffen, die von der Kulthöhe herabkommt, vor ihnen her Harfe, Pauke, Flöte und Zither. Die werden in prophetischer Verzückung sein. ⁶ Dann wird der Geist Jahwes über dich kommen, und du wirst wie sie in Ekstase geraten und in einen anderen Menschen verwandelt werden. ⁷ Wenn du all diese Zeichen erlebst, dann tu, was sich dir aufdrängt; denn Gott ist mit dir. ⁸ Danach steig mir voraus nach Gilgal hinab! Ich werde dann zu dir kommen, um Brandopfer darzubringen und Friedensopfer zu schlachten. Sieben Tage mußt du warten, bis ich zu dir komme. Dann werde ich dir sagen, was du tun sollst.

⁹ Als nun Saul kaum seine Schulter wandte, um von Samuel wegzugehen, schon wandelte ihm Gott sein Herz. Und noch am gleichen Tag trafen alle jene Zeichen ein. ¹⁰ Als sie nach Gibea kamen, zog ihnen tatsächlich eine Prophetengruppe entgegen und der Geist Gottes kam über ihn, und er geriet unter ihnen in prophetische Verzückung.

¹¹ Alle, die ihn von früher kannten, sahen, wie er zusammen mit den Propheten in Verzückung war. Die Leute sagten zueinander: Was ist nur mit dem Sohn des Kisch? Ist Saul jetzt auch unter den Propheten? ¹² Einer von dort erwiderte: Wer ist denn schon deren Vater? So ist das Sprichwort entstanden: Ist denn auch Saul unter den Propheten? ¹³ Als er aus der Verzückung wieder herauskam, ging Saul nach Gibea. ¹⁴ Da fragte Sauls Onkel ihn und seinen Knecht: Wo seid ihr denn gewesen? Er antwortete: Wir waren unterwegs, die Eselinnen suchen. Als wir sahen, daß sie nirgends zu finden waren, gingen wir zu Samuel. ¹⁵ Sauls Onkel sagte: Erzähl mir doch, was Samuel euch gesagt hat. ¹⁶ Saul antwortete seinem Onkel: Er teilte uns als sicher mit, daß die Eselinnen gefunden worden sind. Von der Verheißung des Königtums aber, die Samuel ihm mitgeteilt hatte, erzählte er ihm nichts.

Marc Chagall (1887–1985),
Saul empfängt von Samuel die Salbung
zum König, 1931–39.

1 Sam 9,1-10,16

Die Freude am Detail unterscheidet dieses Erzählstück deutlich von älteren Traditionen. Die Überlieferung reicht in die frühe Königszeit zurück, hat aber einen verwickelten und nicht eindeutig rekonstruierbaren Entstehungsprozeß. Der ursprüngliche Bericht dürfte nachträglich auf die heimliche Salbung Sauls ausgerichtet worden sein. Da es aber nicht sicher ist, daß zur Zeit Sauls die Königssalbung schon unabdingbar war, ist die vorliegende Fassung der Erzählung, die in ihrer Grundgestalt eine frische Erinnerung an Saul bewahrt, entsprechend später zu datieren.

Auf ihrer Eselsuche ratlos geworden, wollen sich Saul und sein Knecht an einen zunächst namenlos bleibenden »Gottesmann« wenden, der als Seher bekannt ist, damit er ihnen helfe. Die ebenfalls unbenannte Stadt ist nicht der Wohnort des Sehers. Samuel ist eines Opferfestes wegen gekommen, wobei die Opferhandlung aufgrund der vorausgegangenen Jahwe-Weisung schon in einem geheimen Zusammenhang mit der nachfolgenden Salbung gesehen werden darf. Aber daß der unbekannte Saul – immer noch auf der Suche nach seinen Eseln – einen Ehrenplatz unter den dreißig Geladenen einnimmt, ohne daß diesen die Bedeutung des jungen Gastes vorgestellt wird, ist eher unwahrscheinlich. Die Erzählung läßt dieses Moment jedoch unbeachtet. Auch der weitere Verlauf des Geschehens befremdet. Weder erfolgt die Salbung Sauls im Zusammenhang der Opferhandlung auf der Kulthöhe, noch – wenn Geheimhaltung gesichert sein sollte – bei der Unterredung auf dem Dach, sondern während des Weggeleits am nächsten Tag. Die für den weiteren Weg vorausgesagten drei Ereignisse sind hintergründig: das Wiederfinden der Esel stellt die Handlungsbasis der Familie wieder her; die Gaben von Brot, Wein und Böckchen können die Freundlichkeit Jahwes erweisen, mit der Sauls Weg gesegnet ist; die Begegnung mit der Prophetenhorde führt dazu, daß Saul den Geist empfängt. Die Herkunft Sauls aus prophetischer Tradition verbindet sich mit einem Verständnis des Königtums aus charismatischer Begabung. Die Gabe des Jahwegeistes geht menschlicher Einwirkung zuvor. Der dem Bibeltext zugrundeliegende urspüngliche Bericht hat wohl nicht von einer Königssalbung Sauls gesprochen, sondern das Königtum im Charismatischen verwurzelt gesehen. Ob die Salbung Saul später wirklich zuteil wurde oder sich erst mit Davids Königtum verbindet, ist nicht zu entscheiden. Damit hängt die ebenfalls nicht zu beantwortende Frage zusammen, ob das Königtum von Anfang an dynastisch gedacht war.

Geschichtsschreibung in Israel

Während die Sage (→ S. 79) in symbolischer Verdichtung erzählt, knapp auf Gestalten und Handlungen fixiert, für die es kein Umfeld gibt, entfaltet die Geschichtserzählung eine weiträumige Szenerie. Hier begegnen konkrete Details, profilierte Charaktere, wechselnde Schauplätze, eingefaßt in einen gesellschaftlichen und politischen Horizont. Was berichtet wird, hat Teil an der Fülle geschichtlicher Möglichkeiten, deren Verlauf oft überrascht, zumal er auch ganz anders denkbar wäre.

In den Sagen der Väterzeit »erscheint« Gott unmittelbar, spricht zu den Menschen, ist bei ihnen zu Gast, ringt mit ihnen in der Nacht ..., wenngleich der Sagenerzähler auch darin schon menschliche Verstrickungen darzustellen weiß, wie dies die Abraham-Sara-Hagar-Geschichten zeigen. Dennoch hebt sich die Geschichtserzählung der Königszeit deutlich davon ab. Sie bewegt sich im Binnengefüge innerweltlicher Ursachen und Kausalketten. Undenkbar, daß hier Gott vom Himmel her anruft. Geschichte entfaltet sich als reales weltliches Geschehen, das durch menschliches Verhalten einen Verlauf nimmt, der so oder auch anders sein kann. Die Verantwortlichkeit des Menschen wird deutlich.

Die Wahl Sauls zum König durch Losentscheid

17 Samuel rief das Volk zu Jahwe nach Mizpa zusammen. 18 Dort sagte er zu den Israeliten: So spricht Jahwe, der Gott Israels: Ich war es, der Israel aus Ägypten heraufgeführt hat, ich habe euch aus der Gewalt der Ägypter befreit und aus der Hand aller Königreiche, die euch bedrückten. 19 Ihr aber habt heute euren Gott verworfen, der euch aus allen euren Nöten und Bedrängnissen rettete, und ihr habt gesagt: Nein, du sollst einen König über uns einsetzen. Stellt euch jetzt also vor Jahwe auf, geordnet nach euren Stämmen und Familien,

²⁰ Also ließ Samuel alle Stämme Israels antreten. Das Los fiel auf den Stamm Benjamin. ²¹ Und er ließ den Stamm Benjamin nach seinen Sippen geordnet antreten; da fiel das Los auf die Sippe Matri. Und schließlich fiel das Los auf Saul, den Sohn des Kisch. Man suchte ihn, fand ihn aber nicht.
²² Da befragten sie Jahwe noch einmal: Ist noch jemand hierher gekommen? Jahwe antwortete: Seht doch, er hält sich beim Troß versteckt. ²³ Sie liefen hin und holten ihn von dort. Als er mitten unter das Volk trat, überragte er alle anderen um Haupteslänge. ²⁴ Und Samuel sagte zum ganzen Volk: Habt ihr den gesehen, den Jahwe erwählt hat? Keiner im Volk ist ihm gleich. Da jubelte das ganze Volk und rief: Es lebe der König!
²⁵ Da machte Samuel das Volk mit dem Königsrecht bekannt, schrieb es in ein Buch und legte das Buch vor Jahwe nieder. Dann entließ Samuel das ganze Volk, einen jeden in sein Haus. ²⁶ Auch Saul ging in sein Haus nach Gibea. Und mit ihm zog eine Schar von Männern, deren Herz Gott berührt hatte. ²⁷ Einige aber, niederträchtiges Pack, sagten: Was kann uns der schon helfen? Sie bezeigten ihm Verachtung und machten ihm keine Geschenke. Er aber tat, als merkte er es nicht.

---

1 Sam 10,17-27

D iese Überlieferung verfolgt eine ganz andere Vorstellung von der Königswahl Sauls, als jene in Kapitel 9-10,16. Die erfolgte Salbung zum König und eine frühere Begegnung mit Samuel wird nicht vorausgesetzt. Die Loswahl stünde auch in direktem Gegensatz zu einer sakramentalen Salbung und wäre gar als deren sündhafte Mißachtung anzusehen.

Der Text ist in seiner Linie nicht konsequent. Während er einerseits in V 18 f. eine Königswahl als Verwerfung Jahwes deutet, werden Königtum und Königsrecht im Fortgang des Berichts sanktioniert. Der Losentscheid versteht sich als Gottesbefragung. Die Historizität des Vorgangs ist fraglich, jedenfalls folgt die Schilderung keinem bekannten israelitischen Brauch. Es gab allerdings Orakelbefragungen für oder gegen einen Menschen. Von seiner Anlage her kann ein Orakel nur Entscheidungsfragen beantworten; eine Antwort, wie in V 22, liegt außerhalb seiner Möglichkeiten. Letztlich geht es wohl nur darum, jeden Zweifel auszuschließen, daß Jahwe selbst Saul mit dem Königsamt betraut hat.

Die Erzählungen von Samuel und Saul lassen insgesamt erkennen, daß Israel das Verlangen nach einem König negativ bewertet hat: Es wurde als Verwerfung Jahwes gedeutet (8,7; 10,19), als Zurückweisung der rettenden Macht Gottes als des eigentlichen Königs (10,19; 12,12.17), als unpassende Angleichung an die Sitten der Völker (8,5.19). Diese Argumente entstammen bereits den alten königskritischen Oppositionsbewegungen. Sie sind von den späten deuteronomistischen Reformern (→ S. 236 ff.) jedoch nur bedingt übernommen worden. Offensichtlich hat man die Frage kontrovers diskutiert und entschieden. So kommt es, daß neben dem schroffen Vorwurf, ein Königtum in Israel bedeute die Verwerfung Jahwes, Samuel nur eine Warnung ausspricht, dann dem Begehren zustimmt (8,9), schließlich

Das ist neu in der altorientalischen Welt. Dort wird das Denken vom Kreislauf der ewigen Wiederkehr bestimmt:
»Was geschehen ist, wird wieder geschehen, was man getan hat, wird man wieder tun. Es gibt nichts Neues unter der Sonne« (Koh 1,9).
Keine geschichtliche Macht, kein König, kann den Lauf der Weltgeschichte ändern: Das Rad von Geburt, Zeugung und Tod dreht sich unablässig. Was je geschieht, gehorcht dem Ratschluß der Götter.

Die alten Kulturen und Religionen waren zyklisch und kannten im strengen Sinn keine lineare Zeit, keinen Freiheitsraum geschichtlichen Handelns und folglich auch keine verantwortliche Freiheit. Wenn die assyrischen Annalenschreiber die Abfolge der Taten des Königs, seiner Kriege, Siege, Eroberungen, Einkünfte, Bauten und Verwaltungsmaßnahmen schildern, rühmen sie damit die Gottheit, die dies alles gelingen läßt (→ S. 22). Über solche Art, Geschichte zu schreiben, ist der Alte Orient nicht hinausgekommen. Zwar kannte auch Israel diese Form der Hofgeschichtsschreibung, aber mit der Geschichtsschreibung am Jerusalemer Hof begann eine andere Weise zu erzählen: Hier verwickeln sich Menschen in eigene Nöte und Wünsche, in Schuld und Versagen, sind sie verantwortlich für das, was aus ihrem Leben wird ...
Erst die Bibel führt in die Geschichte komplexer Verantwortlichkeit.

Am nächsten Tag kam ein böser Geist von Gott über Saul, und er geriet in seinem Haus in Raserei. David spielte wie gewöhnlich auf der Harfe. Saul aber hielt einen Speer in der Hand und dachte: Ich will David an die Wand spießen. Doch David wich ihm zweimal aus. Da begann Saul sich vor David zu fürchten, denn Jahwe war mit ihm, von Saul aber war er gewichen (1 Sam 18,10-12).

Das Königsgesetz

14 Wenn du in das Land kommst, das Jahwe, dein Gott, dir gibt, und es in Besitz genommen hast und darin wohnst und sagst: Ich will einen König über mich setzen, wie alle Völker um mich her!,

15 dann darfst du nur den König über dich setzen, den Jahwe, dein Gott, erwählt. Nur aus der Mitte deiner Brüder sollst du einen König über dich setzen. Einen Ausländer darfst du nicht über dich setzen, weil er nicht dein Bruder ist.

16 Er soll sich nicht viele Pferde anschaffen; er soll das Volk nicht nach Ägypten zurückführen, um sich noch mehr Pferde anzuschaffen, denn Jahwe hat euch gesagt: Ihr sollt nie wieder auf diesem Weg zurückkehren.

17 Und er soll sich nicht viele Frauen nehmen, damit sein Herz sich nicht von Gott abwendet. Auch Silber und Gold soll er nicht zu viel anhäufen.

18 Und wenn er auf dem Thron seines Königreiches sitzt, soll er sich eine Abschrift dieses Gesetzes in ein Buch schreiben, das den Priestern, den Leviten, vorliegt.

19 Es soll bei ihm sein, und alle Tage seines Lebens soll er darin lesen, damit er Jahwe, seinen Gott, fürchten lernt, um alle Worte dieses Gesetzes und diese Ordnungen zu achten und zu halten,

20 sein Herz sich nicht über seine Brüder zu erheben und von diesem Gebot weder zur Rechten noch zur Linken abzuweichen, damit er lange als König in der Mitte Israels herrsche, er und seine Söhne.

Dtn 17,14-20

die Erwählung (10,24) und sogar die Einsetzung selbst vornimmt (12,13). Absicht dieser ambivalenten Haltung ist es, das Königtum den Bedingungen des deuteronomischen Gesetzes, wie es Dtn 17,14-20 vorliegt, zu unterstellen.

Das scharfe Profil dieses Königsgesetzes wird erst deutlich, wenn man es mit der Herrschaftstheologie der davidischen Könige vergleicht (→ S. 159 ff.). Demnach ist der König nicht mehr Weltherrscher, wie es der Psalm 2 ausführt. Für die Gottesbeziehung Israels hat er überhaupt keine Funktion mehr. Indem die Deuteronomisten den König ihren Reformgesetzen unterstellen, machen sie eine politische Vereinnahmung Jahwes durch das Königtum unmöglich. Dem König wird das Recht, Richter einzusetzen, genommen und einem von ihm unabhängigen Obergericht unterstellt (→ S. 241). Er wird gewarnt, sich über seine »Brüder« zu erheben (17,20). Er hört sogar auf, Segensmittler zu sein, weil der Segen Jahwes für Israel nur noch an die Erfüllung des Gesetzes gebunden wird. Alle diese ungewöhnlichen und im Umfeld Israels fremden Einschränkungen gehen von einer nur bedingten Billigung des Königs aus. Die in 1 Sam vorliegende uneinheitliche Königskritik hat nach ihrer deuteronomistischen Bearbeitung schon die Ernüchterung im Blick (vgl. 17,16 ff.), die bereits unter David und Salomo zu Revolten gegen den »neuen Pharao« führen.

David

Davids Salbung zum König

1 Jahwe sprach zu Samuel: Wie lange willst du noch um Saul trauern? Ich habe ihn doch verworfen, so daß er nicht mehr König über Israel sein kann. Fülle dein Horn mit Öl, und mache dich auf den Weg! Ich sende dich zu Isai, dem Betlehemiter; ich habe mir von seinen Söhnen einen als König ausersehen. 2 Doch Samuel erwiderte: Wie kann ich da hingehen? Wenn Saul das hört, wird er mich umbringen. Da sprach Jahwe: Nimm ein junges Rind mit, dann kannst du sagen: Ich bin gekommen, Jahwe ein Schlachtopfer darzubringen. 3 Und lade Isai zum Opfer ein! Ich selbst werde dich dann erkennen lassen, was du tun sollst. Salbe mir dann den, den ich dir nennen werde. 4 Samuel tat, was ihm Jahwe geboten hatte. Als er nach Betlehem kam, gingen ihm die Ältesten der Stadt aufgeregt entgegen und fragten: Bedeutet dein Kommen Gutes? 5 Er antwortete: Gutes. Ich bin gekommen, um Jahwe ein Opfer darzubringen. Heiligt euch, und kommt dann mit mir zur Opfermahlzeit! Darauf heiligte er Isai und seine Söhne und lud sie zur Opfermahlzeit ein.

Samuel salbt David zum König, Wandgemälde in der Synagoge von Dura-Europos, 245 n. Chr.

6 Als sie nun kamen, sah er den Eliab und dachte: Gewiß steht da vor Jahwe sein Gesalbter. 7 Doch Jahwe wies Samuel zurecht: Sieh nicht auf sein Aussehen und seine stattliche Figur, denn ich habe ihn verworfen; denn nicht sieht Jahwe an, worauf der Mensch sieht. Der Mensch sieht, was vor den Augen liegt, Jahwe aber sieht das Herz. 8 Darauf rief Isai den Abinadab und ließ ihn vor Samuel treten. Dieser sagte: Auch den hat Jahwe nicht erwählt. 9 Jetzt ließ Isai den Schima kommen, doch er sagte wiederum: Auch ihn hat Jahwe nicht erwählt. 10 So ließ Isai sieben seiner Söhne vor Samuel treten, aber Samuel sagte zu Isai: Diese hat Jahwe nicht erwählt. 11 Darum fragte Samuel den Isai: Sind das die Jungen alle? Er antwortete: Der jüngste fehlt noch, der hütet gerade die Schafe. Da sprach Samuel zu Isai: Schicke hin und laß ihn holen; wir wollen uns nicht (zum Mahl) hinsetzen, bevor er da ist. 12 Also schickte er jemand hin und ließ ihn kommen. David war blond, hatte schöne Augen und ein gutes Aussehen. Da sprach Jahwe: Auf! Salbe ihn! Denn er ist es. 13 Samuel nahm das Horn mit dem Öl und salbte David inmitten seiner Brüder. Darauf kam der Geist Jahwes über David von diesem Tag an und immerfort. Samuel aber brach auf und kehrte nach Rama zurück.

1 Sam 16,1-13

Dura-Europos, am mittleren Euphrat gelegen, war bis zur Zerstörung durch die Sassaniden 256 n. Chr. als Garnison dem röm. Euphrat-Limes eingegliedert. Ausgrabungen von 1928–1937 haben u. a. jüdische und christliche Versammlungsräume zu Tage gefördert, deren Fresken aus dem 1.–3. Jh. angesichts der bekannten Bildabstinenz überraschen. Da sie sich nicht als lokale Erfindung erklären lassen, sondern eine gewisse Tradition voraussetzen, relativierte dies die Ansichten von der Bilderfeindlichkeit des Judentums und der jungen Kirche erheblich. Offensichtlich haben jüdische Theologen bereits vor der Zeitenwende begonnen, das Bilderverbot zu mildern, indem sie belehrende und schmückende Darstellungen zuließen, aber ausschlossen, was irgendeiner Verehrung hätte dienen können. Als hellenisierte Juden wollten sie die biblische Tradition ihrer Zeit ähnlich vermitteln, wie dies mit Werken klassischer Autoren geschah, die darum auch für die bildliche Ausstattung der Synagogen Vorbildfunktion gewannen (→ S. 271).

Das Königtum Davids über Juda

Saul war König von Israel aus dem Willen des Volkes geworden. Im Gegensatz dazu entstand das judäische Königtum durch äußere Einflüsse. David war in philistäischem Dienst Kommandant der Festung Ziklag, die zu Gat gehörte. Er befolgte wohl einen Auftrag, als er mit seinen Söldnern das Stammesgebiet um Kaleb (bei Hebron) besetzte (2 Sam 2,1-3) und sich dort zum Herrscher machte. Durch den (freiwilligen?) Anschluß des Stammesgebiets von Juda (2 Sam 2,4) entstand der Staat Groß-Juda, als dessen König David dann offensichtlich die philistäische Vasallität aufkündigte und die Philister vertrieb. Aufgrund dieser Entstehung war die Herrschaft Davids in Juda und dem später eroberten Stadtstaat Jerusalem autokratisch. Bei der Annahme des Königtums über Israel mußte er sich hingegen auf Bedingungen einlassen.

Mit diesem Stück liegt eine Art »Kindheitserzählung« vor, dem Wunsch entsprungen, Davids Königtum schon in seiner Jugend legitimiert zu sehen, vergleichbar mit den Kindheitslegenden Jesu (→ S. 466). Aus dem Interesse am Leben eines »Helden« erwächst die Rückfrage nach seiner Herkunft. Dies ist immer ein zweiter Schritt und darum später entstanden, als die Traditionen aus den erwachsenen Tagen des Helden. Da auf die Salbung des jungen David sonst nie Bezug genommen wird, ist die Erzählung kaum historisch zu werten. Auch die unklaren Zusammenhänge zwischen einer zur Opfermahlzeit versammelten Gemeinschaft und einer Königsproklamation deuten darauf hin, daß weniger alte Überlieferung als theologische Absicht die Feder führte. Die sprichwortartige Sentenz in Vers 7: »Der Mensch sieht, was vor den Augen liegt, Jahwe aber sieht das Herz«, verflacht die Überzeugung von der freien Wahl Jahwes. Der Spruch steht außerdem in Widerspruch zu Vers 12. Die Siebenzahl der Brüder Davids erklärt sich am ehesten aus der Symbolik der Sieben als vollkommene Zahl; die Acht kann – die Sieben überbietend – als Glückszahl verstanden werden. Im Vergleich zur Salbung Sauls in 1 Sam 9 sind hier Salbung und Geistempfang miteinander verbunden, wobei der Geistempfang als sakramentale Wirkung der Salbung gilt.

Dahinter steht die bereits klar entwickelte Theologie eines etablierten Königtums. Während bei Saul noch argumentiert wird, daß ein Charismatiker rechtens König wird, wird jetzt unterstellt, daß einer, der König ist, damit auch Charismatiker und geistbegabt ist.

David wird König von Juda

2,1 Danach befragte David Jahwe: Soll ich in eine der Städte Judas hinaufziehen? Und Jahwe sprach zu ihm: Zieh hinauf! David fragte: Wohin soll ich ziehen? Er antwortete: Nach Hebron. 2 Da zog David dorthin mit seinen beiden Frauen, Ahinoam aus Jesreel und Abigajil, der (früheren) Frau Nabals, des Karmeliters. 3 Auch seine Männer, die bei ihm waren, ließ David hinaufziehen, jeden mit seiner Familie, und sie ließen sich in den Städten um Hebron nieder. 4 Und die Männer Judas kamen und salbten David dort zum König über das Haus Juda.

David wird König von Israel

5,1 Alle Stämme Israels kamen zu David nach Hebron. Sie sagten: Siehe, wir sind dein Fleisch und Bein. 2 Schon früher, als Saul noch unser König war, bist du es gewesen, der Israel in den Kampf und wieder nach Hause geführt hat. Jahwe hat zu dir gesprochen: Du sollst der Hirt meines Volkes Israel sein, du sollst Israels Fürst werden. 3 Und alle Ältesten Israels kamen zum König nach Hebron; der König David schloß vor Jahwe mit ihnen in Hebron einen Vertrag. Und sie salbten David zum König von Israel. 4 David war dreißig Jahre alt, als er König wurde, vierzig Jahre lang regierte er. 5 In Hebron war er sieben Jahre und sechs Monate König von Juda, und in Jerusalem war er dreiunddreißig Jahre König von ganz Israel und Juda.

David erobert Jerusalem

6 Und der König zog mit seinen Männern nach Jerusalem gegen die Jebusiter, die Bewohner dieser Gegend. Sie aber sagten zu David: Du wirst hier nicht hereinkommen; die Blinden und Lahmen werden dich vertreiben. Das sollte heißen: David wird hier nicht eindringen. 7 Dennoch eroberte David die Burg Zion; das ist die (heutige) Stadt Davids. 8 Damals hatte David gesagt: Jeder, der die Jebusiter erschlägt und den Wassertunnel erreicht, und die Lahmen und Blinden erschlägt, die der Seele Davids verhaßt sind, ... [unvollständiger Text]. Daher sagt man: Ein Blinder und ein Lahmer dürfen nicht ins Haus. 9 Und David ließ sich in der Burg nieder und nannte sie die Stadt Davids. Und David begann ringsum zu bauen, vom Millo an bis zur Burg hin. 10 Und David wurde immer mächtiger, und Jahwe, der Gott Zebaot, war mit ihm.

2 Sam 2,1-4; 5,1-10

Judäisches und israelitisches Königtum

Das Königtum im Alten Orient war religiös geprägt. In Ägypten galt die Vorstellung vom König als »Bild« oder »Sohn« Gottes. Er hatte die göttliche Herrschaft gegenüber anderen Völkern durch siegreichen Kampf durchzusetzen, sie im eigenen Volk aber durch kultische Opfer und soziales Handeln zu festigen.

Das davidische Krönungsritual in Israel folgte in wichtigen Elementen ägyptischen Vorbildern wie Salbung (die älteste theologische Erklärung dafür 1 Sam 16,1-13), Adoption (Ps 2,7), Königsprotokoll (Ps 2,7 ff.), Einsetzung zur »Rechten Gottes« (Ps 110,1). Später kamen assyrisch-babylonische Einflüsse hinzu.

Im Nordreich Israel waren hingegen andere Traditionen dominant und seit Jerobeam I. erneut prägend: Hier blieb die Exodusthematik bestimmend und inspirierte wahrscheinlich auch den Staatskult von Bet-El (→ S. 182).

Jebusiter, Name eines kanaanäischen Stammes, dessen Zentrum das vordavidische Jerusalem war. Dessen Integration in das davidische Reich vollzog sich bereits unter David. Dabei darf der Einfluß, der vom jebusitischen Jerusalem auf das neue Königtum ausging, nicht unterschätzt werden. Möglicherweise war der Tempel Salomos kein wirklicher Neubau, sondern nur die Umgestaltung des von David übernommenen jebusitischen Tempels. Auch haben die religiös-kultischen Überlieferungen der J. die Zionstradition entscheidend mitbestimmt. Als Oberpriester wurde unter Salomo der J. Zadok dem verdienten israelitischen Priester → Abjatar vorgeordnet. Auch der Hofprophet Natan war wahrscheinlich J.

Millo, Bereich oder Bauwerk in Jerusalem, dessen Beschaffenheit unklar ist. Mal wird der M. als jebusitische Terrasse am Osthang der Stadt gedeutet, mal als Quartier für die judäisch-israelit. Bevölkerung, auch als Palastareal oder einfach als Geländename.

Ansprache König Davids an sein versammeltes Heer in Vorbereitung des Angriffs auf die Feste Zion

»Ihr werdet beneidet werden ewiglich, weil ihr von allen Männern Israels auserlesen wurdet, die Feste Zion zu stürmen und sie für den HErrn Gott der Heerscharen zu erobern und für euren König David, und dadurch eure Namen unsterblich zu machen und nebenher große Beute zu gewinnen, jeder einzelne von euch.«

(Laute Hurrarufe.)

»Nun hat es da Stimmen gegeben, und ich habe ein sehr gutes Ohr für Stimmen, die stellen die Frage: Warum eigentlich will David dieses Jerusholayim als seine Stadt? Es ist nur ein Haufen Steine, heiß im Sommer, kalt im Winter, und überhaupt unerfreulich. Aber in dem Traum, den zu erwähnen ich schon Gelegenheit hatte, sprach Jahwe des weiteren zu mir, und er sagte: David, du bist König von allen Kindern Israels; darum soll deine Stadt auch nicht in Juda sein, und nicht in Bejamin, und nicht in Manasse, und überhaupt nicht in einem der Stämme, sondern es soll deine eigene, Davids Stadt sein, und in der Mitte gelegen; und ich, der HErr, dein Gott, werde persönlich kommen und in Jerusholayim wohnen, zum großen Nutzen ihrer Bürger und des ganzen Volkes Israel. Woraus ihr erseht, ihr Löwenherzigen, daß Jahweh, der HErr der Heerscharen, große Pläne für die Rolle Jerusholayims in der Geschichte hat; uns obliegt nur, die Stadt einzunehmen.«

(Hurrarufe.)

»Auch ist gesagt worden, und ich habe ein sehr gutes Ohr für alles, was gesagt wird, die Feste Zion und die Mauern Jerusholayims seien derart uneinnehmbar, daß Lahme und Blinde sie verteidigen können. Dies ist aber nichts als ein Gerücht, verbreitet von den Feinden Davids ... Darum also, meine Unbesiegbaren, sage ich euch: Gott tue mir dies und jenes, wenn die Stadt Jerusholayim nicht unser ist beim Anbruch der Nacht. Und wer als erster den Durchgang hinaufsteigt und die Zisterne erreicht und die Jebusiter schlägt samt ihren Lahmen und Blinden, der soll mein Oberster und Feldhauptmann sein. Trompeter, blas zum Angriff.«

Stefan Heym

Die Monarchie in Israel ist davidisches Königtum, ihr Begründer zugleich der bedeutendste Herrscher in der Geschichte Israels. Während seiner Regierungszeit, die zwischen 1000 und 950 anzusetzen ist, gelang David die Bildung eines Großreiches, verbunden mit dem schnellen Ausbau der politischen Zentralgewalt in Israel.

Davids Heimat war Betlehem, 8 km südlich von Jerusalem, Hauptort des Stammes Juda. Sein Aufstieg begann mit dem Eintritt in den Kreis der Berufskrieger Sauls. Hier arbeitete er sich schnell als Waffenträger des Königs und erfolgreicher Truppenführer hoch. Seine Erfolge und seine Erscheinung machten ihn allgemein beliebt, förderten aber auch die Eifersucht Sauls, so daß es darüber zum Bruch zwischen Saul und David kam.

Nachdem sich David von Saul getrennt hatte, baute er systematisch eine eigene Söldnertruppe auf, die nicht nur aus Verwandten und Stammesangehörigen, sondern auch aus Gestrandeten, Abenteurern und sonstigen Outlaws bestand. Mit dieser Kriegshorde führte er ein Freibeuterleben abseits jeder staatlichen Ordnung im südlichen Gebirgsland Judäas. Dabei knüpfte er Kontakte zu den Südstämmen, die ihm in der Folge nützlich werden sollten. Der Grundbesitz, den er sich mit seinen Aktivitäten verschaffte, machte ihn wirtschaftlich autark und half ihm zugleich, seine Söldner zuverlässig an sich zu binden. So schuf er sich eine von den Stämmen Israels unabhängige Machtbasis, die ihm ein Taktieren zwischen allen Fronten erlaubte. Dem Philisterfürsten Achis von Gat bot er seine Dienste an und wurde dafür mit dem Ort Ziklag belehnt. Als Vasall der Philister fiel ihm die Aufgabe zu, das südliche Grenzgebiet gegen Überfälle der Amalekiter und anderer Stämme zu sichern. Obwohl er sich damit an eine Israel bedrohende Macht verdingte, verstand es David, hinter dem Rücken der Philister weiterhin Kontakte zu den judäischen Südstämmen zu pflegen. Nach dem Zusammenbruch von Sauls Herrschaft trug diese Politik ihre Früchte. Er siedelte mit seinen Söldnern nach Hebron über, wo ihn die »Männer von Juda« zum »König über das Haus Juda« erhoben. Vielleicht hatten die Südstämme kalkuliert, mit dieser Wahl eine erfolgreichere Lösung gefunden zu haben, als sie mit Saul gelungen war; sicherlich nahmen sie an, damit erneut ein Wahlkönigtum etabliert zu haben, das sich auf die Mitwirkungsrechte der Stämme gründete. Tatsächlich aber unterwarfen sie sich einer wirtschaftlichen und militärischen Macht, die David bereits mitbrachte.

Das gewonnene Ansehen und der gewachsene Handlungsspielraum ließen David sogleich weitere Ziele verfolgen. Er ergriff jede sich bietende Gelegenheit, um sich bei den Stämmen Israels, bei denen er seit seiner Söldnerzeit im Dienste Sauls in guter Erinnerung stand, zu empfehlen und wartete im übrigen die internen Klärungen nach Sauls Tod ab. Durch die Ermordung Ischbaals, einem Sohn Sauls, der etwa zwei Jahre regierte, hatten die Mörder sich bei David einzuschmeicheln gehofft; sie gingen mit Ischbaals Kopf zu ihm. Doch David schalt sie erst und ließ sie dann hinrichten. Nunmehr wählten die israelitischen Stämme David zum König von Israel. Doch entstand damit kein einheitlicher israelitisch-judäischer Staat, vielmehr blieben Israel und Juda je eigenständige Reiche, die nur in Personalunion verbunden waren. Von jetzt an war David der Inhaber zweier Königtümer.

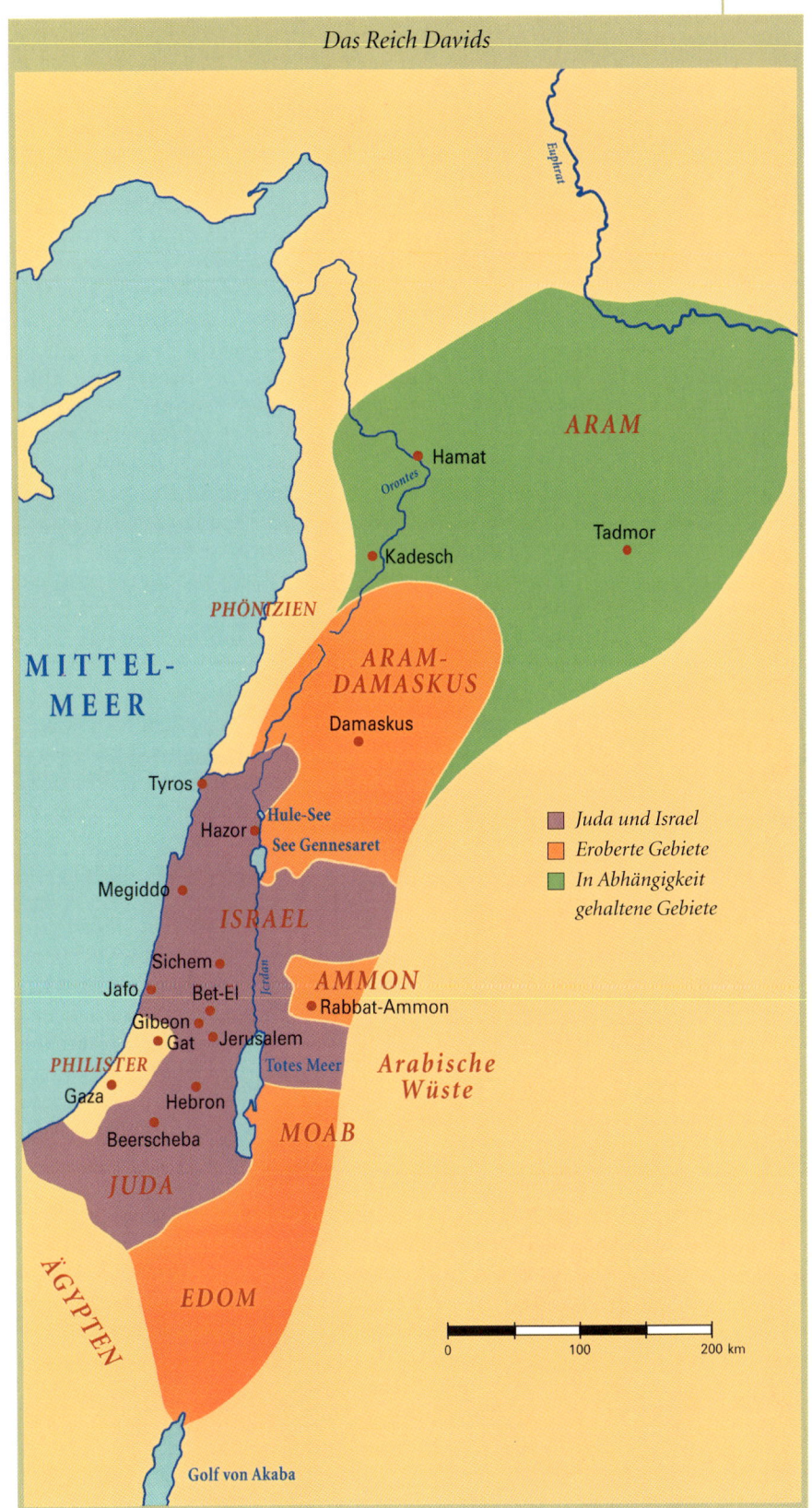

Das Reich Davids

ARAM

• Hamat

Orontes

• Tadmor

• Kadesch

PHÖNIZIEN

ARAM-
DAMASKUS

• Damaskus

Euphrat

MITTEL-
MEER

Tyros •
• Hule-See
Hazor •
See Gennesaret

Megiddo •

ISRAEL

Sichem •
Jafo •
Bet-El •
Gibeon •
Gat • • Jerusalem

Jordan

AMMON
• Rabbat-Ammon

Juda und Israel
Eroberte Gebiete
In Abhängigkeit
gehalten Gebiete

PHILISTER
Gaza •
Hebron •

Totes Meer

Arabische
Wüste

Beerscheba •

MOAB

JUDA

ÄGYPTEN

EDOM

0   100   200 km

Golf von Akaba

Üblicherweise wird die Ausbildung der Monarchie unter Saul und David mit der militärischen Bedrohung durch die Philister verbunden. Gewiß ließ sich deren strategische und kämpferische Überlegenheit mit den ad-hoc-Maßnahmen eines Stämmeverbandes nicht mehr auffangen. Archäologische Erkenntnisse verweisen auch auf ein bedeutsames Bevölkerungswachstum in jener Zeit, das die alten Stammesgrenzen überschritt und neue politische Strukturen nahelegte.

David stammte aus dem Kreis der Berufskrieger Sauls. Er errang seine erste Machtstellung durch den konsequenten Aufbau einer Söldnertruppe, die allerlei gestrandete Haudegen zusammenführte. Damit besaß er eine von den Stämmen unabhängige Machtbasis, mit der er zwischen den Fronten und selbst zwischen dem eigenen Volk und den Philistern taktieren konnte. Nachdem er die philistäische Bedrohung abgeschüttelt hatte, ging David sofort zu planmäßigen Eroberungszügen über. Die noch bestehenden kanaanäischen Stadtstaaten wurden einer nach dem anderen unterworfen und in das davidische Königreich eingegliedert. Anschließend richtete David sein Interesse auf die ostjordanischen Nachbarvölker, die er ebenfalls seinem rapide wachsenden Großreich einverleibte. Damit entstand ein Herrschaftsraum, der bis dahin unbekannte Reichtümer nach Jerusalem fließen ließ. Andererseits umfaßte er jetzt Bevölkerungsgruppen unterschiedlichster Prägung, die gesellschaftlich, kulturell und religiös integriert werden mußten. Dies führte zu einer religionsgeschichtlichen Entwicklung, welche die Jahweverehrung mit neuen religiösen Formen konfrontierte und die bisherige Tradition im Bereich der königlichen Staatskultes sogar »bis zur Unkenntlichkeit« (Rainer Albertz) veränderte.

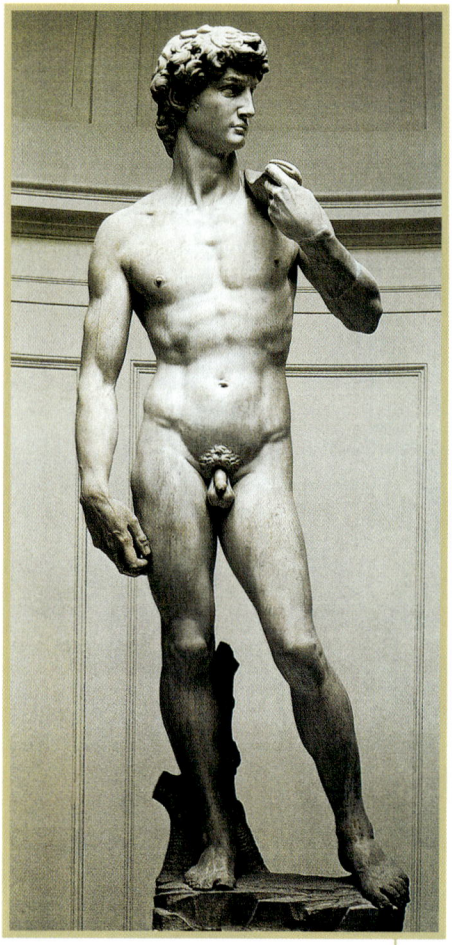

Michelangelo (1475–1564),
David, 1501–04.

Jerusalem (hebr. *Jeruschalajim*, wahrscheinlich als »Gründung des Gottes Schalem« zu deuten), seit dem 3. Jt. besiedelter Standort, im 18. Jh. erstmals mit einer Ringmauer befestigt und seitdem auch »Burg Zion« genannt. Das kanaanäische Stadtkönigtum der Jebusiter lag abseits der Hauptstraßen, nur durch gewundene Täler erreichbar und war kleiner als z. B. Megiddo oder Hazor. David eroberte J. und errichtete hier die Hauptstadt seiner gesamtisraelit. Monarchie. Seitdem spricht man auch von der »Stadt Davids«.
Der ursprünglich nur der Burg bzw. dann der Davidsstadt vorbehaltene Name »Zion« wurde später auf den

Davids taktisches Geschick zeigte sich in der Wahl seines Regierungssitzes. Mit Hilfe der eigenen Söldnertruppe eroberte er die Jebusiterstadt Jerusalem, einen bis dahin noch bestehenden kanaanäischen Stadtstaat auf der Grenze zwischen Israel und Juda. An diesem Handstreich beteiligte er kein Aufgebot der Stämme, so daß Jerusalem auch keinem der beiden Reiche zufiel, sondern als »Stadt Davids« in dessen persönlichen Besitz überging. Indem er die Lade – klug kalkuliert – hierhin überführte, machte er Jerusalem zugleich zum kultischen Mittelpunkt aller Stämme. Damit war der Grundstein für den überraschend schnellen Ausbau der politischen Zentralgewalt des davidischen Reiches geschaffen. Das Königtum gewann deutlich eine staatliche Struktur. Es überformte und entkräftete schrittweise die antiherrschaftlichen Regulative des Stämmeverbandes.

Neben der errichteten Staatlichkeit standen für David außenpolitische Ziele im Vordergrund. Zuerst schüttelte er die philistäische Vorherrschaft ab und ging dann zu planmäßigen Eroberungszügen über: Die noch bestehenden kanaanäischen Stadtstaaten wurden dem israelitischen Siedlungsgebiet einverleibt, die ostjordanischen Nachbarstaaten einer nach dem anderen unterworfen und angegliedert. So entwickelte sich der bis dahin locker assoziierte Stämmeverband zu einem geschlossenen, großräumigen Territorialstaat mit einem Saum von Vasallenstaaten. Damit vermehrte sich aber zugleich der nicht-israelitische Bevölkerungsanteil, der nun gesellschaftlich, kulturell und religiös integriert werden mußte, wobei der jeweilige Austausch wechselseitig war. Die hinzu gewonnene Kontrolle über Handelswege als auch die eingehenden Tribute lenkten bisher unbekannten Reichtum nach Jerusalem und machten den wirtschaftlichen und kulturellen Aufstieg des davidischen Reiches erst möglich.

Die Bildung dieses Großreiches war insgesamt Davids persönliches Werk und darum auch ganz auf ihn zugeschnitten. Und da die einzelnen Reichsteile nur im König ihre Verbindung hatten, hing der Bestand des Ganzen von dessen Fähigkeiten und der Stärke seiner Hausmacht ab. Ohne auf den Heerbann der Stämme angewiesen zu sein, verfügte der König über eine eigene, schnell einsatzfähige Truppe (»Knechte Davids«) und die königliche Leibwache (»Kereter und Peleter«). Doch organisierte er auch die Miliz der Stämme neu, indem er deren Truppenkontingente festlegte, eine Art Wehrpflicht erließ und die Bewaffnung verbesserte. Die Zentralverwaltung brachte den Ausbau eines Beamtenapparates mit sich, der ebenfalls die bisherigen Rechte der Stämme weiter einschränkte. Hofschreiber und Hoftheologen betrieben zugleich die Entwicklung der Reichsverfassung. Eine erste wirkliche Geschichtsschreibung befaßte sich mit Person und Werk Davids. Eine Schrift hat Davids Aufstieg zum Thema (1 Sam 16,14 - 2 Sam 5,28), eine weitere ist mit den Fragen der Thronnachfolge befaßt (1 Sam 4-6; 2 Sam 6 f. 9-20; 1 Kön 1-2). Dazu kommen weitere überlieferte Materialien wie Listen, Anekdoten, Dichtungen, so daß für David Quellen bestehen wie für keinen anderen der ihm nachfolgenden israelitischen und judäischen Könige.

Die Herrschaftstheologie der davidischen Könige

Jahwe und sein Gesalbter

1 Was toben die Völker,
 ersinnen die Völker Nichtiges?

2 Die Könige der Erde erheben sich,
 die Großen verbünden sich
 gegen Jahwe und seinen Gesalbten:

3 »Sprengen wir ihre Fesseln,
 ihre Handschellen streifen wir ab!«

4 Doch er, der im Himmel thront,
 Jahwe spottet ihrer.

5 Dann spricht er zu ihnen in seinem Zorn,
 verstört sie in seinem Grimm:

6 »Ich selber habe meinen König eingesetzt,
 auf Zion, meinem heiligen Berg.«

7 So verkünde ich denn den Beschluß Jahwes:
 Jahwe sprach zu mir: »Mein Sohn bist du.
 Heute habe ich dich gezeugt.

8 Fordere von mir, und ich gebe die Völker dir zum Erbe,
 die Grenzen der Erde dir zum Besitz.

9 Mit eisernem Stab magst du sie zerschmettern,
 sie in Scherben schlagen wie Töpferware.«

10 Und nun, ihr Könige, begreift es,
 laßt euch warnen, ihr Lenker der Erde!

11 Dienet Jahwe in Furcht,
 zittert vor ihm und jubelt ihm zu.

12 Huldigt seinem Sohn, damit er nicht zürnt,
 und ihr nicht umkommt auf dem Wege;
 denn leicht entbrennt sein Zorn.
 Wohl allen, die zu ihm Zuflucht nehmen.

Ps 2

Israel lebte in einer Welt, in der das Königtum ringsum seit vielen Jahrhunderten etabliert und religiös besetzt war. Der König galt als Repräsentant Gottes, Abbild Gottes, Sohn Gottes und in ältester Zeit sogar als die irdische Erscheinung der Gottheit selber. In der ägyptischen Frühzeit trugen die Könige den Titel Horus, der den König selbst als göttlich auswies. Später hieß der Pharao »Sohn des Re«. Re war der Sonnengott; in der Abstufung zum Sohn des Re wurde der König dem göttlichen Vater für seine Amtsführung verantwortlich. Damit hatte der Pharao aufgehört, von sich aus Horus zu sein. Es wurde ein Ritual notwendig, das ihn nun göttlich machte. Dieses Ritual entstand in der Krönungsliturgie, die den Erwählten als »Sohn des Re« gewissermaßen erst einsetzte. Nur der so inthronisierte Herrscher durfte direkt mit der Gottheit sprechen und sie mit »Vater« anreden. Doch hatte allein die Familie des Königs an dieser Vergöttlichung Anteil; der gewöhnliche Ägypter blieb aus der Sohnschaft des Pharao ausgeschlossen.

 Als nun Israel das Königtum von den Nachbarvölkern übernahm, stand die ägyptische Königstheologie Pate. Der Psalm 2 gibt davon

Tempelberg und schließlich auf die ganze Stadt übertragen. Salomo baute J. mit Tempel, Palast und weiteren Einrichtungen aus. Nach der Reichsteilung blieb J. Residenz des Königtums Juda, bis 587 der babylon. König → Nebukadnezzar II. Stadt und Tempel zerstörte und die Bildungsschicht deportierte.

Die Perser erlaubten den Wiederaufbau von Stadtmauer und Tempel. Der seleukidische König Antiochus IV. Epiphanes (176–164) ließ die Mauern erneut niederreißen und baute die »Davidsstadt« in eine Burg (»Akra«) um, die Kern der hellenistischen Polis wurde. Die weitere Hellenisierung J.s führte zum Aufstand der Makkabäer, der J. wieder unter jüdische Kontrolle brachte.

Herodes d. Gr. errichtete für sich einen neuen Palast, gestaltete den Tempel zu einem gewaltigen Prachtbau um und gab der Stadt zugleich ein hellenistisches Theater und Amphitheater. Infolge des ersten jüd. Krieges wurde das seit 63 v. Chr. unter röm. Herrschaft stehende J. durch Titus erobert und zerstört. Als Kaiser Hadrian das Trümmerfeld 130 n. Chr. sah, befahl er, darauf eine römische Stadt mit einem Tempel für Jupiter Capitolinus zu errichten. Das löste den Bar-Kochba-Aufstand 132–135 aus. Nach dessen Niederwerfung wurde Hadrians Plan mit antijüdischer Zuspitzung durchgeführt, Juden fortan das Betreten der Stadt verboten. Als (Colonia) Aelia Capitolina begegnet die Stadt in den folgenden Jahrhunderten.

Ihre Eroberung durch den Islam 638 und die 17. Sure des Koran, nach der Mohammed vom Felsen auf dem Zion in den Himmel entrückt wurde, findet seinen Ausdruck im dort errichteten Felsendom mit seiner die Altstadt überragenden Kuppel. Den Christen waren die von den Propheten auf J. projizierten Endzeiterwartungen Anlaß, in J. ihre Urgemeinde zu gründen, um hier die Völkerwallfahrt zum Zion zu erleben. Mit der Zeit Kaiser Konstantins (306–337) begannen die christlichen Pilgerreisen nach J. zu den Stätten des Lebens und Sterbens Jesu. Heute ist J. heilige Stadt dreier Religionen und zugleich Ausdruck ihrer unabgeglichenen Geschichte.

Sitzstatue des Pharao Chephren (2520–2494). Der im Symbol des Falken dargestellte Himmelsgott Horus, zugleich Beschützer des regierenden Pharao, hält seine schützenden Schwingen um das Haupt des Königs. Die Einheit und Identität von Gottheit und König findet so ihren Ausdruck.

Eingangsszene im Grab des Pharao Merenptah (1224–1204). Der König tritt dem falkenköpfigen Sonnengott Re entgegen. Der Tod hat alle Schranken aufgehoben, die seiner göttlichen Natur auf Erden gesetzt waren. Nun kann er im Kreis der Götter sagen: »Ich bin einer von euch!«

Melchisedek. Gen 14,18-20 und Ps 110,4 bewahren die Erinnerung an eine jebusit. Tradition, nach der M. König und zugleich oberster Priester von Salem (d. i. Jerusalem) war. Die Amtswürde dieser offensichtlich allg. bekannten Gestalt nahmen die späteren israelit. Könige in der Stadt Jerusalem auch für sich ebenfalls in Anspruch – »nach der Ordnung des M.«

Zeugnis. Zwar wurden die ägyptischen Vorstellungen nicht einfach übernommen – das hätte dem Jahweglauben widersprochen – doch kreierten die davidischen Hoftheologen ebenfalls ein enges Erwählungsverhältnis zwischen Jahwe und dem König, das ihn aus dem Volk heraushob und in die Nähe Gottes rückte, ja fast schon in eine göttliche Aura tauchte:

So spricht Jahwe zu meinem Herrn:
Setze dich mir zur Rechten,
und ich lege dir deine Feinde als Schemel unter die Füße.
Ich habe dich gezeugt noch vor dem Morgenstern,
wie den Tau in der Frühe.
Jahwe hat geschworen
und wird es nie bereuen:
»Du bist Priester auf Weltzeit
nach der Ordnung Melchisedeks.« (Ps 110, 1.3b f.)

Sogar auf den Thron Jahwes erhoben, konnte der König nun göttlich genannt werden: »Dein Thron, du Göttlicher, steht für immer und ewig!« (Ps 45,7). Zwar unterscheidet sich das Königtum Israels vom ägyptischen Gottkönigtum, und doch sind die Übergänge streckenweise fließend. Damit schuf sich das davidische Königtum eine theologische Basis, die es unabhängig von der Zustimmung des Volkes machte. Die Zusage des ewigen Bestandes der davidischen Monarchie gehört mit zu ihrer theologischen Fundierung (vgl. Ps 89,20-38; 132,11 ff.). Ebenfalls dazu gehört die Einbindung des davidischen Königs in die göttliche Weltregierung. Jahwe beschränkt sich jetzt nicht mehr darauf, der Gott Israels zu sein, sondern wird nun als Herr der Völkerwelt gepriesen, der dem davidischen König Anteil an der Weltherrschaft überträgt und ihm den Auftrag gibt, mit harter Hand die Völker in die Knie zu zwingen (Ps 2,8 f.).

Von David und Salomo abgesehen hatten die israelitischen Könige kaum Gelegenheit, diese theologische Herrschaftskonzeption politisch umzusetzen. Immerhin diente Jahwe der Königstheologie als Symbol einer autokratischen Herrschaft. Gleichzeitig trat er als der Gott Israels

Die Nachzeichnung eines Reliefs aus Karnak zeigt einen Akt der Krönungsfeier: Die Götter Horus und Seth übergießen Amenophis III. (1403–1365) mit Wasser und bereiten ihn für sein Amt. Der König ist nicht mehr aus sich selbst heraus Horus; erst das Ritual macht ihn zum Horus.

Pharao Haremhab (1345–1318) sitzt zur Rechten des Gottes Horus.

zurück, insofern nun der König in den offiziellen Kult einrückte, wie es in den Nachbarländern die Regel war. Als Priester vollzog der König selber den Opferdienst, besonders an hohen Festtagen (2 Sam 6,17 f.; 1 Kön 8,62 f.; 2 Kön 10,18 ff. 25). Er beanspruchte, die kultische Mittlerinstanz zwischen Gott und Volk übernehmen zu können. Damit war die Jahwereligion zum Staatskult geworden, in wechselseitiger Durchdringung von Thron und Altar.

Der Einschnitt, den dieser Wandel für die Jahwereligion bedeutete, ist in seinen Ausmaßen kaum zu überschätzen. »Hier drang mit dem ganzen Rückhalt staatlicher Unterstützung eine Theologie in die offizielle Religion Israels ein, die nicht nur völlig andere Wurzeln hatte, sondern auch zu vielem völlig quer stand, was die Jahwereligion von ihren Ursprüngen her ausgemacht hatte« (Rainer Albertz). Bisher war Jahwe der Gott einer nach Freiheit strebenden Gesellschaft. Er wurde als Befreier von staatlicher Unterdrückung verehrt, doch nun machten ihn Hoftheologen zum Garanten einer staatlicher Macht, die fremde Völker durch ihre Expansionspolitik in ihre Abhängigkeit brachte und selbst das eigene Volk wie einstmals unter lastende Fronarbeit drückte. Zwar konnte der Freiheitsimpuls der Jahwereligion vom Glanz des neuen Königtums weithin überdeckt werden, doch blieb die Erinnerung an die Anfänge stärker, so daß die machtpolitische Vereinnahmung Jahwes durch die Königstheologie bald Widerspruch fand.

Der Abschalom-Aufstand:
Revolte gegen das davidische Königtum

*D*ie zentrale Zusammenfassung aller politischen Macht und die gleichzeitige Zentrierung der bisherigen religiösen Tradition führte bereits unter Davids Herrschaft zu Unruhe und Empörung in den Stämmen. Der traditionell immer moralisch interpretierte »Ungehorsam« Abschaloms war in Wirklichkeit ein politisch und sozial motivierter Aufstand von bemerkenswerter Seltenheit in der Alten Welt, dem wenig später noch ein zweiter, der sogenannte Scheba-Aufstand, folgte. Nur mit Mühe gelang es David, diese Aufstände der Stämme Israels und Judas mit Hilfe seiner Söldner niederzuschlagen (→ S. 164).

Abschaloms Aufstand

1 Und es geschah danach, da schaffte sich Abschalom einen Wagen und Pferde an sowie fünfzig Mann, die immer vor ihm herliefen. 2 Früh am Morgen stellte sich Abschalom neben den Weg zum Stadttor, und sooft jemand mit einer Streitsache zum König vor Gericht gehen wollte, sprach er ihn an und sagte: Aus welcher Stadt bist du? Und sagte der dann: Dein Knecht ist aus einem der Stämme Israels!, 3 sprach Abschalom zu ihm: Deine Angelegenheit ist gut und recht, aber beim König gibt es niemanden, der dich anhört. 4 Und Abschalom fügte hinzu: Würde man mich doch zum Richter im Land machen! Bei mir würde jeder, der einen Streit oder eine Rechtssache hat, Eingang finden; ich würde ihm Recht verschaffen. 5 Ging dann einer auf ihn zu, um vor ihm niederzufallen, streckte er seine Hand aus, hielt ihn fest und küßte ihn. 6 So machte es Abschalom bei allen Israeliten, die zum König kamen, um eine Rechtsentscheidung zu suchen. So stahl Abschalom das Herz der Männer von Israel.

7 Und es geschah nach vier Jahren, da sagte Abschalom zum König: Ich möchte nach Hebron gehen, um ein Gelübde zu erfüllen, das ich Jahwe versprochen habe. 8 Denn als ich noch in Geschur in Aram war, habe ich das Gelübde gemacht: Wenn Jahwe mich wirklich nach Jerusalem zurückkehren läßt, dann will ich für Jahwe einen Gottesdienst feiern. 9 Der König antwortete ihm: Geh in Frieden! Und Abschalom brach auf und ging nach Hebron.

10 Doch (von dort) schickte er Boten an alle Stämme Israels und ließ ihnen sagen: Wenn ihr den Klang des Widderhorns hört, dann sollt ihr rufen: Abschalom ist König in Hebron. 11 Und mit Abschalom waren zweihundert Männer aus Jerusalem gegangen. Er hatte sie eingeladen, und sie waren arglos mit ihm gezogen, ohne von der ganzen Sache etwas zu ahnen. 12 Auch ließ Abschalom den Giloniter Ahitofel, den Berater Davids, aus seiner Heimatstadt Gilo kommen, als er bereits die Opfer schlachtete. So wuchs die Verschwörung an, und das Volk bei Abschalom wurde immer zahlreicher.

2 Sam 15,1-12

Gärende Unruhe

Der HErr sorgte dafür, daß durch Davids eigenes Wirken die Zahl der Unzufriedenen sich mehrte. Da waren die Stammesältesten mit ihren Sippen und Gefolgsleuten, die erleben mußten, wie ihnen Macht und Besitz aus den Händen glitten, sie aber waren verpflichtet, David die Mannschaften für seine ewigen Kriege zu liefern; da waren die großen Landbesitzer und Viehzüchter, die scheelen Auges sahen, wie die königlichen Domänen sich auf Kosten ihrer Ländereien ausbreiteten; da waren die Priester der örtlichen Heiligtümer, die von den Plänen für einen Haupttempel vernahmen und um ihre Einkünfte bangten; da war die Riesenmenge der Bauern, Handwerker, Lastträger, Händler, Treiber und so fort, die den Steuereinnehmer im Nacken hatten und deren Schulden anschwollen, bis sie gezwungen waren, sich selbst in die Leibeigenschaft zu verkaufen; und die Hände der Diener des Königs mußten geschmiert werden, wenn ein Sohn Israels geboren wurde und wenn er starb, wenn er heiratete und wenn er umzog, an den Toren der Städte und an den Toren der Gerechtigkeit. Und da war die Jugend, die in diese Welt hineinwuchs, und die folglich nur Hohn übrig hatte für die Lehren der Väter und die verheißene große Veränderung. Der Abgott dieser Jugend aber war Davids Sohn Abschalom. Sein Name schon versetzte die Töchter Israels in Entzücken: von der Sohle seines Fußes bis zum Scheitel war kein Fehl an ihm.

Stefan Heym

Davids Flucht aus Jerusalem

13 Und ein Bote kam zu David und meldete: Das Herz der Männer von Israel hat sich Abschalom zugewandt. 14 Da sagte David zu allen seinen Knechten, die bei ihm in Jerusalem waren: Auf, laßt uns fliehen, denn sonst gibt es für uns kein Entkommen vor Abschalom. Beeilt euch wegzukommen, damit er nicht kommt und uns einholt, und das Unheil über uns bringt und die Stadt mit der Schärfe des Schwertes schlägt. 15 Da sagten die Knechte des Königs zu ihm: Ganz wie der Herr und König entscheidet. Wir sind deine Knechte. 16 So zog denn der König fort, und sein ganzer Hofstaat folgte ihm. Nur zehn Nebenfrauen ließ der König zurück, um das Haus zu bewachen. 17 Als nun der König auszog und alles Kriegsvolk hinterdrein, blieben sie beim letzten Haus stehen 18 und alle seine Knechte zogen an ihm vorüber, dazu alle Kereter und Peleter, auch alle Gatiter, jene sechshundert Mann, die ihm aus Gat gefolgt waren. Sie alle zogen vor dem König vorbei ...

23 Und die ganze Bevölkerung weinte laut, als die Leute (an David) vorüberzogen. Dann überschritt der König den Bach Kidron, und alles Kriegsvolk zog weiter den Weg zur Wüste hin. 24 Und siehe, auch Zadok war da und alle Leviten um ihn. Die trugen die Lade des Bundes Gottes. Und sie stellten die Lade Gottes nieder, und Abjatar brachte Opfer dar, bis alles Kriegsvolk aus der Stadt vollzählig (an David) vorübergezogen war. 25 Der König sagte zu Zadok: Bring die Lade Gottes in die Stadt zurück! Wenn ich vor den Augen Jahwes Gnade finde, dann wird er mich zurückführen und mich sie und ihre Stätte wiedersehen lassen. 26 Sagt er aber: Ich habe keinen Gefallen an dir, – hier bin ich! – dann mag er mit mir machen, wie es gut ist in seinen Augen. 27 Und weiter sagte der König zu dem Priester Zadok: Siehst du das ein? Kehr in Frieden in die Stadt zurück, auch dein Sohn Ahimaaz und Abjatars Sohn Jonatan, eure beiden Söhne. 28 Seht, ich werde an den Furten zur Wüste warten, bis von euch eine Nachricht kommt, die mir Bescheid gibt. 29 Also brachten Zadok und Abjatar die Lade Gottes nach Jerusalem zurück und blieben dort.

30 David aber ging weinend und mit verhülltem Haupte zum Ölberg hinauf; er war barfuß, und alle Leute, die bei ihm waren, hatten ihr Haupt verhüllt und zogen weinend hinauf. 31 Und man berichtete David, daß auch Ahitofel unter den Verschwörern auf seiten Abschaloms war. Da sagte David: Vereitle doch, Jahwe, den Rat Ahitofels! 32 Und als David auf den Gipfel des Berges kam, auf dem man sich vor Gott niederwirft, kam ihm der Arkiter Huschai entgegen, mit zerrissenen Kleidern und Erde auf dem Haupt. 33 David sagte zu ihm: Wenn du mit mir ziehst, wirst du mir nur zur Last. 34 Wenn du aber in die Stadt zurückkehrst und zu Abschalom sagst: Dein Knecht, mein

Marc Chagall (1887–1985),
David ersteigt barfuß den Ölberg, von
Abschalom verjagt, 1931–39.

Abjatar, Sohn des Ahimelech, Abkömmling einer Priesterdynastie von → Schilo (1 Sam 14,3), entging als einziger einem Blutbad Sauls (1 Sam 22,20). Er schloß sich David an, wurde aber später → Zadok nachgeordnet, den Salomo zum obersten Priester in Jerusalem ernannte. Salomo verbannte A. aufs Land nach Anatot.

Ahitofel, Hauptberater Abschaloms bei dessen Aufstand gegen David. Er riet Abschalom, seinen Herrschaftsanspruch durch Inbesitznahme von Davids Nebenfrauen zu demonstrieren und den fliehenden König zu verfolgen. In einer kritischen Situation entschied sich Abschalom jedoch gegen A.s Rat und verlor. Daraufhin erhängte dieser sich.

Huschai, »Freund« Davids (ein Titel: 2 Sam 15,37; 16,16), der für den flüchtigen König Abschaloms Pläne ausspionieren und ihn in eine Falle locken sollte. Abschalom folgte H., nicht Ahitofel und verlor.

Kereter und Peleter, auch Krethi und Plethi geschrieben, Name der Leibwache Davids, der wahrscheinlich »Kreter und Philister« meint, wobei die Kreter eine Untergruppe der Philister (Ez 25,16) gewesen sein dürften.

Zadok, Oberpriester in Jerusalem unter David und Salomo. Vermutlich war Z. Oberpriester des kanaanäischen Stadtgottes von Jerusalem, übernahm mit der neuen Herrschaft aber den Jahwekult. Bei den Thronfolgestreitigkeiten stellte er sich – im Gegensatz zu Abjatar – auf die Seite Salomos und wurde vielleicht deswegen dem altgedienten Jahwepriester Abjatar übergeordnet. Die spätere Jerusalemer Priesterschaft verstand sich in der Nachfolge Z.s.

Abischai, Verwandter und Feldherr Davids, Bruder des Joab. Er wird als mutig, ungestüm und rücksichtslos (1 Sam 26,6; 2 Sam 23,18) geschildert und insgesamt Joab nachgeordnet.

Joab, Neffe Davids und Anführer der Söldnertruppe, der »Knechte Davids«. Seine möglichen Rivalen ermordete er. Beim Abschalom-Aufstand stand er zu David. Beim Nachfolgestreit zwischen Adonija und Salomo entschied er sich gegen Salomo und wurde von diesem später umgebracht (1 Kön 2,28-34).

König, will ich sein! Früher war ich der Knecht deines Vaters, jetzt aber will ich dein Knecht sein, dann kannst du für mich den Rat Ahitofels vereiteln. 35 Die Priester Zadok und Abjatar werden auch dort bei dir sein. Alles, was du aus dem Königshaus hörst, berichte den Priestern Zadok und Abjatar. 36 Sie haben dort auch ihre beiden Söhne bei sich, Zadok den Ahimaaz und Abjatar den Jonatan. Durch sie sendet mir alles, was ihr hört. 37 So kam Huschai, der Freund Davids, in die Stadt zurück, als Abschalom gerade in Jerusalem einzog.

16,5 Der König David war bis nach nach Bahurim gekommen, als aus der Stadt ein Mann namens Schimi kam, ein Sohn Geras aus der Verwandtschaft des Hauses Saul. Unaufhörlich fluchte er, 6 und warf mit Steinen nach David und allen Knechten des Königs David, obwohl alles Kriegsvolk und alle Kämpfer rechts und links neben ihm gingen. 7 Und Schimi schrie und fluchte: Verschwinde, verschwinde, du Mörder, du Verruchter! 8 Jahwe hat all deine Blutschuld am Haus Sauls, an dessen Stelle du König geworden bist, auf dich zurückfallen lassen. Und Jahwe hat das Königtum in die Hand deines SohnesAbschalom gegeben. Jetzt bist du im Elend, denn ein Mörder bist du. 9 Da sagte Abischai, der Sohn der Zeruja, zum König: Warum soll dieser tote Hund meinem Herrn, dem König, fluchen dürfen? Ich will hingehen und ihm den Kopf abschlagen. 10 Doch der König antwortete: Was habe ich mit euch zu schaffen, ihr Söhne der Zeruja? Soll er doch fluchen, denn wenn Jahwe ihm gesagt hat: Verfluch David! – wer darf dann fragen: Warum tust du das? 11 Und David sagte zu Abischai und all seinen Knechten: Seht, mein Sohn, der aus meinem Leib hervorging, trachtet mir nach dem Leben, wieviel mehr muß es dann dieser Benjaminiter tun. Laßt ihn fluchen! Sicherlich hat es ihm Jahwe geboten. 12 Vielleicht sieht Jahwe mein Elend an und erweist mir Jahwe Gutes anstelle des Fluchs, der mich heute trifft. 13 Und David und seine Männer setzten ihren Weg fort, während Schimi am Berghang neben ihnen her ging und ununterbrochen fluchte, mit Steinen nach ihm warf und ihn mit Erde bewarf. 14 Und erschöpft kam der König mit allen Leuten, die er bei sich hatte, am Wasser (dem Jordan) an; dort erholte er sich wieder.

2 Sam 15,13-18. 23-37; 16,5-14

Abschaloms Niederlage und Tod

6 Und das Kriegsvolk zog aus ins Feld, Israel entgegen. Im Wald Efraim kam es zur Schlacht. 7 Dort wurde das Kriegsvolk Israels von den Knechten Davids geschlagen. Schwer war ihre Niederlage an jenem Tage. Zwanzigtausend Mann von ihnen fielen. 8 Von dort breitete sich der Kampf über die ganze Gegend dort aus, und der Wald fraß an jenem Tag mehr Krieger als das Schwert. 9 Und dann kam Abschalom in das Blickfeld der Krieger Davids. Er ritt auf einem Maultier. Als das Maultier unter den Ästen einer großen Eiche hindurchlief, blieb Abschalom mit dem Kopf fest an der Eiche hängen, so daß er zwischen Himmel und Erde schwebte, weil das Maultier unter ihm weglief. 10 Das sah ein Mann und meldete Joab: Ich habe gerade

Abschalom an einer Eiche hängen sehen. ¹¹ Da sagte Joab zu dem
Mann, der ihm das meldete: Wenn du ihn gesehen hast, warum hast
du ihn nicht sofort an Ort und Stelle zu Boden geschlagen? Ich hätte
dir dann gern zehn Silberstücke und einen Gürtel gegeben. ¹² Aber
der Mann erwiderte Joab: Auch wenn ich tausend Silberstücke auf die
Hand bekäme, würde ich meine Hand nicht gegen den Sohn des Königs erheben; denn vor unseren Ohren hat der König dir, Abischai
und Ittai befohlen: Gebt mir acht auf den Jungen, auf Abschalom!
¹³ Oder hätte ich heimtückisch an ihm handeln sollen? Dem König
bleibt ohnehin nichts verborgen, und auch du würdest dich dann (aus
der Sache) heraushalten. ¹⁴ Joab erwiderte: Ich will mit dir nicht
noch mehr Zeit verlieren. Und er nahm drei Spieße in die Hand und
stieß sie Abschalom, der noch lebend an der Eiche hing, ins Herz.
¹⁵ Dann kamen zehn Krieger, Waffenträger Joabs, hinzu, umringten
Abschalom und schlugen ihn vollends tot.
¹⁶ Darauf ließ Joab das Widderhorn blasen, und die Krieger hörten
auf, Israel zu verfolgen, denn Joab wollte sein Kriegsvolk schonen.
¹⁷ Und sie nahmen Abschalom und warfen ihn im Wald in eine tiefe
Grube und errichteten über ihm einen sehr großen Steinhaufen. Ganz
Israel aber floh, jeder in sein Zelt.

2 Sam 18,6-17

Die in den Kapiteln 15-19 vorliegende, sehr detaillierte und erzählerisch lebendige Schilderung des Aufstands stammt insgesamt
von der Gegenseite, so daß sich das politische und religiöse Selbstverständnis der Aufstandsbewegung im Detail nicht rekonstruieren läßt.
Die voraufgehend bereits zitierten königskritischen Texte (→ S. 144 f.;
150 f.) können als ein geistiger Hintergrund der Widerstandsgruppen
angesehen werden. Anlaß für die Aufstandsbewegung waren der Gegensatz zwischen dem neuen Staat und den alten Stammesordnungen, damit verbundene soziale Veränderungen sowie Empörung über

Geschichte schreiben die Sieger

»Laß uns hören, Ethan, was du uns über
die Frage der Einbeziehung unbequemer
Tatsachen in Werke der Geschichte und
über die Wege zu ihrer Darstellung zu
sagen hast.«
Ich begann, indem ich erklärte, daß ich
den mächtigen Herren, welche der Kommission angehören, gar dankbar sei, weil
sie das Problem so säuberlich herausge-
schält und darüber so scharfsinnig gesprochen hätten. Auf der Grundlage ihres
Streitgesprächs, so sagte ich, hätte ich
eine Liste der verschiedenen Möglichkeiten, wie man mit unbequemen Tatsachen
verfahren könne, aufgestellt: (a) alles zu
berichten, (b) mit Diskretion zu berichten,
(c) gar nicht zu berichten. Alles zu berichten (Möglichkeit a), sei offensichtlich unweise; das Volk zöge sehr rasch die falschen Schlüsse und bildete sich ebenso
rasch falsche Meinungen über Personen,
die hochgeschätzt zu werden verdienten.
Gar nicht zu berichten (Möglichkeit c) sei
ebenso unweise; die Dinge sprächen sich
doch herum, und die Leute erführen immer, was sie eigentlich nicht erfahren sollten. Damit verbliebe uns die Möglichkeit
(b): mit Diskretion zu berichten. Diskretion
nun, sagte ich, sei keineswegs gleichzusetzen mit Lüge; der Weiseste der Könige,
Salomo, würde den Gebrauch von Lügen
in einer Geschichte seines Vaters, König
David, bestimmt nie gutheißen. Diskretion
sei Wahrheit gezügelt durch Weisheit.
Es ergab sich da eine Frage in der Kommission betreffs der Raubzüge, welche
David von Ziklag aus unternahm. Nun hat
David, da König Achisch von ihm wissen
wollte, wo er denn heute geplündert habe,
selber zugegeben: im Süden von Juda.
Aber was beweist das aus dem Munde eines Mannes, der sich in der Lage wie der
Davids befindet? Ganz gleich, ob er Achisch
die Wahrheit sagte oder nicht, es gibt so
oder so keine Zeugen, da David in den
Orten, die er beraubte, alles niedermachen
ließ. Wäre es daher nicht gerechtfertigt, in
unserm Text anzudeuten, daß David seine
Raubzüge eher gegen die feindlichen Stämme in Geshur oder Geser oder Amelek richtete denn gegen sein eigenes Volk Juda?

Stefan Heym

Der Scheba-Aufstand

1 Damals lebte ein niederträchtiger Mensch namens Scheba, ein Sohn des Bichri, ein Benjaminiter. Er ließ das Widderhorn blasen und rief: Welchen Anteil haben wir an David? Wir haben keinen Erbbesitz beim Sohn Isais. Ein jeder zu seinen Zelten, Israel!
2 Da verließen alle Männer aus Israel Davids Gefolgschaft und folgten Scheba, dem Sohn Bichris. Die Männer aus Juda aber hielten weiter zu ihrem König, vom Jordan bis nach Jerusalem ...
4 Der König befahl Amasa: Ruf mir die Männer aus Juda zusammen; drei Tage – dann sei auch du selbst wieder hier!
5 Amasa ging, um Juda zusammenzurufen. Aber er versäumte die Frist, die der König ihm gesetzt hatte.
6 Da sagte David zu Abischai: Nun wird uns Scheba, der Sohn Bichris, gefährlicher als Abschalom. Nimm darum die Knechte deines Herrn mit, und verfolge Scheba, damit er nicht die befestigten Städte einnimmt und uns die Augen ausreißt.
7 Da zog Abischai mit Joab und den Keretern und Peletern und allen Helden in den Kampf. Sie zogen von Jerusalem aus, um Scheba, den Sohn Bichris, zu verfolgen ...
14 Scheba aber zog durch alle Stämme Israels bis Abel und Bet-Maacha, und alle Bichriter sammelten sich um ihn und folgten ihm nach (vgl. 2 Sam 20).

die Rechtsprechung, die durch Davids eigene Rechtsbrüche (→ S. 167 ff.) geschürt wurde. Hinter Abschalom standen breite Volkskreise mit einer fundamentalen Kritik am jungen Königtum, das auf diese Weise in eine tiefe Krise geriet.

Die Kritik entsprang dem Selbstbewußtsein unabhängiger Menschen, die im Königtum eine Bedrohung ihrer Freiheit sahen. Ihre Vorbehalte steigerten sich unter religiöser Perspektive: »Die Israeliten sagten zu Gideon: Werde unser Herrscher, du und auch dein Sohn und dein Enkel; denn du hast uns aus der Gewalt Midians befreit. Aber Gideon antwortete ihnen: Ich will nicht über euch herrschen, und auch mein Sohn soll nicht über euch herrschen: Jahwe soll über euch herrschen« (Ri 8,22 f.). Die Kritik verschärfte sich mit der »Stellungnahme Jahwes«: »Nicht dich haben sie verworfen, sondern mich haben sie verworfen: Ich soll nicht mehr ihr König sein« (1 Sam 8,7). Gegen die Theologie der Hoftheologen, die den davidischen König als Repräsentanten Jahwes ausgaben, setzten die Widerstandsgruppen, daß die Monarchie Jahwe faktisch aus seiner Herrscherstellung verdränge. Die wahrscheinlich erst in der frühen Königszeit entstandene Konzeption des Zwölf-Stämme-Volkes läßt sich somit als Gegenentwurf zum monarchischen Zentralstaat verstehen: Nicht der König, sondern die Stämme sollen die Einheit Israels repräsentieren.

Es reichten unter Davids Regierung zwei Jahrzehnte, um die Stämme Israels gegen den geschlossenen Königsvertrag umzustimmen und mit einer gesamtisraelitischen Koalition der »Ältesten Israels« und der »Männer Israels« dagegen aufzutreten. Zwar wollte man die Monarchie nicht insgesamt wieder abschaffen, wohl aber deren autokratische Ausprägung. Unter Davids Sohn Abschalom sollten die Mitwirkungsrechte der Stämme, wie sie in der vorstaatlichen Zeit gegolten hatten, wieder zum Zuge kommen.

Abschalom brachte gute Voraussetzungen mit, um an die Stelle Davids zu treten und ein Reformprogramm zu realisieren. Trotz seines resoluten Vorgehens (14,30) erwies er sich aber im entscheidenden Augenblick von Huschais Rat abhängig, der sich David verbunden fühlte und zu Sammlung und Aufschub drängte und damit David Gelegenheit gab, seinen Anhang zu formieren.

Der gescheiterte Aufstand Abschaloms, der durch diesen politischen Hintergrund plausibel wird, fand seine noch radikalere Fortsetzung im Scheba-Aufstand, bei dem die nord- und mittelpalästinischen Stämme ihre Gefolgschaftstreue gegenüber dem davidischen Königshaus vollständig aufkündigten. Die Parole dieses Aufstands lautete:

Wir haben keinen Anteil an David,
und keinen Erbbesitz beim Sohn Isais.
Ein jeder zu seinen Zelten, Israel! (2 Sam 20,1).

Dahinter dürfte eine militärische Totalverweigerung stehen (vgl. Ri 7,8; 1 Sam 4,10; 13,2), vielleicht sogar die grundsätzliche Abwendung vom Königtum. Erst die Niederschlagung dieses Aufstandes ebnete den Weg, das sakrale Königtum nach orientalischem Vorbild voll durchzusetzen. – Schließlich setzten die Freiheitsbewegungen des Nordens noch einmal gegen Ende der Salomoherrschaft im Jerobeam-Aufstand neu an, wobei sie sich im Resultat mit einer abgeschwächten Monarchie-Alternative zufriedengeben mußten (→ S. 178 ff.).

Marc Chagall (1887–1985), David und Batseba, 1956.

Zwei Männer gingen zur Moschee, ihr Gebet zu verrichten. Um die Füße zu waschen, stiegen sie zum Brunnen hinab. Der eine von ihnen beugte sich vor und stürzte in den Brunnen. In der Tiefe angelangt aber war er eine Frau geworden.

Zur gleichen Zeit, ein Jahr Wegs entfernt, war ein Mann dabei, Wasser für den Tag aus dem Brunnen zu holen. Dem war die Frau gestorben, so lebte er jetzt alleine mit seinen Kindern. Gerade hatte er den Eimer in die Tiefe gelassen; als er merkte, daß er schwer geworden war, zog er ihn hoch – riß die Augen auf und staunte: im Eimer saß eine junge, schöne, nackte Frau.

»Allah hats genommen, Allah hats gegeben, der Name Allahs sei gepriesen!« rief er und fragte die Frau, ob sie mit ihm leben und ihn heiraten wolle. Die Frau war einverstanden, und so gingen sie heim und lebten glücklich miteinander, sieben Jahre lang, und Allahs Gnade schenkte ihnen einen Sohn und eine Tochter.

Nach sieben Jahren ging die Frau wie bisher zum Brunnen, Wasser zu holen. Dabei beugte sie sich vor, um den Eimer an sich zu nehmen, verlor das Gleichgewicht und stürzte in die Tiefe. Dort angelangt war sie bereits wieder ein Mann.

Er tauchte aus dem Wasser auf, als der Freund sich noch immer die Füße wusch.

»Aj, Aj, Aj«, sagte er, »wie ungeschickt du bist!«

»Wenn du nur wüßtest«, antwortete der andere. »Ich wurde im Brunnen zu einer Frau. Ein Mann zog mich heraus, nahm mich mit in sein Haus. Sieben Jahre lang lebte ich mit ihm und gebar einen Jungen und ein Mädchen.«

»Was für einen Unsinn du redest! Hat dir das Wasser die Sinne genommen? Noch wasche ich mir die Füße, da sprichst du von sieben Jahren!«

»Du glaubst mir nicht? Auf! Gehen wir. Du wirst sehen.«

Und sie gingen, gingen wohl weit, bis sie anlangten und alles so fanden, wie der aus dem Brunnen es erzählt hatte ...

Davids Ehebruch und Blutschuld

2 Als David einmal zur Abendzeit von seinem Lager aufstand und auf dem Dach des Königspalastes hin- und herging, sah er von dort eine badende Frau von überaus schöner Gestalt. 3 David sandte jemand hin und erkundigte sich nach der Frau. Man sagte ihm: Das ist Batseba, die Tochter Ammiëls, die Frau des Hetiters Urija. 4 Darauf schickte David Boten zu ihr und ließ sie holen; sie kam zu ihm, und er schlief mit ihr – sie hatte sich gerade gereinigt von ihrer (monatlichen) Unreinheit. Dann kehrte sie in ihr Haus zurück. 5 Die Frau war aber schwanger geworden und ließ David mitteilen: Ich bin schwanger. 6 Da sandte David einen Boten zu Joab: Schick mir den Hetiter Urija! Und Joab schickte Urija zu David. 7 Als Urija zu ihm kam, fragte David nach dem Wohlergehen Joabs und dem der Kriegsleute und wie die Kriegslage sei. 8 Dann sagte David zu Urija: Geh in dein Haus hinab, und wasch dir die Füße! Urija verließ das Haus des Königs, und ein Geschenk des Königs wurde ihm nachgetragen. 9 Urija aber schlief

Ehe. Ein eigenes Wort dafür gibt es im Hebräischen nicht. Ehe war weder eine kultische noch eine öffentliche Angelegenheit. Was sie betraf, wurde durch Brauch und Sitte geregelt und gehörte in den Bereich der Familie. Die Sprache kannte nur den männlichen Blick: Heiraten hieß »eine Frau nehmen«. Der »Ehemann« wurde *baal*, »Herr« genannt. Indem der Mann eine Frau in sein Haus aufnahm, schied sie aus ihrer väterlichen Sippe aus und gehörte nunmehr zur Sippe des Mannes. Die Verhältnisse wurden insgesamt patriarchalisch bestimmt. Die Frau gehörte zum männlichen Besitzstand. Ehebruch unterlag derselben Perspektive: Wer mit der Frau eines anderen schlief, griff in dessen Eigentumsbereich ein und verdiente zusammen mit der Frau die Todesstrafe. Der Mann brach jedoch nicht seine eigene Ehe, wenn er sich mit einer Unverheirateten einließ.

Die E. mit mehreren Frauen galt als normal. Das mosaische Gesetz setzte voraus, daß ein Mann üblicherweise mit zwei Frauen verheiratet war (Dtn 21,15). Zu den Hauptfrauen konnten auch Nebenfrauen treten, was sicherlich nur für seltene und begüterte Verhältnisse zutraf. Allein der König besaß einen größeren Harem. Die für Salomo genannten Zahlen von 700 Haupt- und 300 Nebenfrauen sind weit überzogen, wenngleich er sich mit zehn Nebenfrauen wie David im Rahmen seiner Außenpolitik und dem damit verbundenen Imponiergehabe wohl nicht zufrieden gab. Allein »die Tochter des Pharao« konnte ein eigenes Haus in der königlichen Residenz für sich beanspruchen (1 Kön 7,8; 9,24).

am Tor des Königshauses bei den Knechten seines Herrn und ging nicht in sein Haus hinab.

10 Man berichtete David: Urija ist nicht in sein Haus hinabgegangen. Darauf sagte David zu Urija: Bist du nicht gerade von einer Reise gekommen? Warum bist du nicht in dein Haus hinuntergegangen? 11 Urija antwortete David: Die Lade und Israel und Juda wohnen in Hütten, und mein Herr Joab und die Knechte meines Herrn lagern auf freiem Feld; da soll ich in mein Haus gehen, um zu essen und zu trinken und bei meiner Frau schlafen? So wahr du lebst und so wahr deine Seele lebt, niemals werde ich das tun. 12 Darauf sagte David zu Urija: Bleib auch heute noch hier; morgen werde ich dich dann entlassen. So blieb Urija an jenem Tag in Jerusalem. Am folgenden Tag 13 lud David ihn ein, bei ihm zu essen und zu trinken, und machte ihn betrunken. Am Abend aber ging Urija weg, um sich wieder auf seinem Lager bei den Knechten seines Herrn niederzulegen; er ging nicht in sein Haus hinab.

14 Am anderen Morgen schrieb David einen Brief an Joab und ließ ihn durch Urija überbringen. 15 Er schrieb in dem Brief: Stellt Urija dahin, wo der Kampf am heftigsten ist, und zieht euch von ihm zurück, so daß er getroffen wird und den Tod findet. 16 Da Joab nun die Stadt beobachtet hatte, stellte er Urija an einen Platz, von dem er wußte, daß dort besonders tüchtige Krieger standen. 17 Als dann Männer aus der Stadt einen Ausfall machten und gegen Joab kämpften, fielen einige vom Volk, von den Kriegern Davids; auch der Hetiter Urija fand den Tod.

18 Da sandte Joab einen Boten zu David, um ihm den Verlauf des Kampfes zu berichten. 19 Und er befahl dem Boten: Wenn du dem König alles über den Verlauf des Kampfes bis zu Ende berichtet hast 20 und wenn dann der König in Zorn gerät und zu dir sagt: Warum seid ihr beim Kampf so nahe an die Stadt herangegangen? Habt ihr nicht gewußt, daß sie von der Mauer herabschießen? 21 Wer hat denn Abimelech, den Sohn Jerubbaals, erschlagen? Hat nicht eine Frau in Tebez einen Mühlstein von der Mauer auf ihn herabgeworfen, so daß er starb? Warum seid ihr so nahe an die Mauer herangegangen?, dann sage nur: Auch dein Knecht, der Hetiter Urija, ist tot.

22 Der Bote ging fort, und er kam und berichtete David alles, was Joab ihm aufgetragen hatte. 23 Der Bote sagte zu David: Da die Männer stärker waren als wir, drängten sie gegen uns bis aufs freie Feld vor; wir aber mußten sie bis zum Eingang des Tores zurückdrängen. 24 Da schossen die Schützen von der Mauer herab auf deine Knechte; und es starben einige von den Knechten des Königs; auch dein Knecht, der Hetiter Urija, ist tot.

25 Da sagte David zu dem Boten: So sollst du zu Joab sagen: Sieh die Sache als nicht so schlimm an; denn das Schwert frißt bald hier, bald dort. Setz den Kampf gegen die Stadt entschlossen fort und zerstöre sie! So sollst du ihm Mut machen. 26 Und als die Frau Urijas hörte, daß Urija, ihr Mann, tot war, hielt sie die Totenklage für ihren Gemahl. 27 Als aber die Trauerzeit vorüber war, ließ David sie zu sich in sein Haus holen. Und sie wurde seine Frau und gebar ihm einen Sohn. Jahwe aber mißfiel, was David getan hatte.

2 Sam 11,2-27

Samuel

*E*inerseits geht es in dieser Geschichte um ein Thema, in dem sich alle Zeiten, so unterschiedlich sie sein mögen, wiedererkennen; andererseits verbindet sich das geschilderte sexuelle Begehren mit solcher Infamie, daß darüber kein Vergeben und Vergessen gebreitet werden kann.

Vom Flachdach seines Palastes sieht König David eine badende Frau »von sehr schöner Gestalt«. Gewohnt, seinem sexuellen Begehren innerhalb des eigenen Hauses Ausdruck zu geben, läßt er ihre Lebensverhältnisse erkunden, um sie gleich darauf »durch Boten« holen zu lassen – ein Verhalten, das Selbstbewußtsein und Machtfülle zeigt. Weigerung oder Widerstand seitens der Frau scheinen nicht einkalkuliert worden zu sein. Wer sich so eine begehrenswerte Frau, die er von Ferne gesehen hat, einfach »holen läßt«, handelt unter Interessen, die keine entgegenstehenden Rechte respektieren. Der Erzähler gibt darum auch nur Davids Intention wieder; was die Frau empfunden haben könnte, bleibt ausgeblendet.

Erste Verwicklungen stellen sich ein, als die junge Frau ihre Schwangerschaft mitteilt. In einer spektakulären Aktion läßt David Batsebas Mann von der Belagerung Rabbats zurückholen. Die Aufmerksamkeit des Königs, das »nachgetragene« Geschenk und die Aufforderung in sein Haus zu gehen, scheinen Urija jedoch mißtrauisch gemacht zu haben, denn er durchkreuzt Davids Versuche, die königliche Vaterschaft zu vertuschen. Trotz Davids Insistieren, weigert er sich ausdrücklich, »zu essen, zu trinken und bei seiner Frau zu liegen«. Aber für die neue Taktik des Königs war sein Mißtrauen nicht groß genug. Er findet seinen Tod auf des Königs Bestellung. Dieser aber nimmt selbst zusätzliche Opfer als Preis für Urijas Tod hin: »Betrachte die Sache als nicht so schlimm; denn das Schwert frißt bald hier, bald dort.«

Die von allen menschlichen Schwächen gezeichnete Geschichte ist für die Darstellung eines königlichen Profils im Vorderen Orient ohne Parallele. Der Text gehört zur »Thronfolgegeschichte« (2 Sam 9-1 Kön 2), die zusammen mit der »Aufstiegsgeschichte Davids« (1 Sam 16,14-2 Sam 5,12) eine politische und theologische Rechtfertigung des davidischen Königtums betreibt. Diese Rechtfertigung hat zweifellos die Kritik der Widerstandsbewegungen am davidischen Königtum beeinflußt, denn hier wird zwischen der autokratischen altorientalischen Königstheologie und der traditionellen Jahwereligion ein Ausgleich versucht. Ihre Autoren dürften in der Beamtenschaft des Hofes zu suchen sein. Wenn sie den König ungeschminkt mit menschlichen Schwächen darstellen, wie dies keine sonstige Königstradition der Alten Welt tut, so vermitteln sie ihn zugleich doch in die Akzeptanzvorstellungen der israelitischen Gesellschaft.

Der Prophet Natan suchte David auf und sagte zu ihm: In einer Stadt lebten einst zwei Männer; der eine war reich, der andere arm. Der Reiche besaß sehr viele Schafe und Rinder, der Arme besaß nur ein einziges Lamm, das er gekauft hatte. Er zog es auf, und es wurde bei ihm zusammen mit seinen Kindern groß. Es aß von seinem Stück Brot, und es trank aus seinem Becher, in seinem Schoß lag es und war für ihn wie eine Tochter. Da kam ein Besucher zu dem reichen Mann, und er brachte es nicht über sich, eines von seinen Schafen oder Rindern zu nehmen, um es für seinen Besucher zuzubereiten. Darum nahm er dem Armen das Lamm weg und bereitete es für seinen Gast zu.
Da geriet David in heftigen Zorn über den Mann und sagte zu Natan: So wahr Jahwe lebt: Der Mann, der das getan hat, verdient den Tod. Da sagte Natan zu David: Du selbst bist der Mann. (2 Sam 12,1-5.7a)

Salomo

Um die Thronfolge zu sichern, war Salomo noch zu Lebzeiten Davids in die Mitherrschaft aufgenommen worden. Als nachgeborener Sohn der Batseba war er gegenüber den älteren Söhnen Davids aber nicht erbberechtigt. Adonija meldete sein Thronrecht an, als David noch im Sterben lag, unterstützt von wichtigen Männern an Davids Hof, vor allem von Joab, Davids erfolgreichem Heerführer, und dem Priester Abjatar. Auf Salomos Seite standen u. a. der Priester Zadok und der Prophet Natan als dessen ehemaliger Erzieher. Um sich zu behaupten, griff Salomo rigoros durch. Er gab Weisung, Joab zu töten; Abjatar wurde seines Amtes enthoben und von Hof und Tempel verwiesen.

Salomo hat Davids kompliziertes Reichsgebilde – noch – zusammenhalten können, wenngleich er es nach keiner Seite hin erweiterte. Kriegsmann war Salomo nicht. Er betrieb eine defensive Landessicherung. Die von David übernommene Söldnertruppe und den Heerbann der Stämme ergänzte er um ein königliches Streitwagenkorps. Auch errichtete er Festungsbauten über das Land hin. Außenpolitisch setzte er auf diplomatische Beziehungen, einschließlich einer überlegten Heiratspolitik. Er heiratete Töchter abhängiger Dynastien der Nachbarschaft, zudem eine ägyptische Pharaonentochter. Enge Beziehungen unterhielt er mit dem König von Tyros; die Königin von Saba und die Staaten Mittel- und Nordsyriens waren ebenfalls Partner freundschaftlicher Beziehungen. Diese Kontakte führten zum Austausch hochwertiger Kulturgüter und zur Begründung eines königlichen Monopolhandels. Holz und Gold kamen gegen Getreide und Öl ins Land. Salomos sprichwörtlicher Reichtum gründete aber nicht allein auf vielfältigem Handel, sondern auch auf der Übernahme fremder Technik. Der rege Verkehr mit der umgebenden Völkerwelt brachte für Israel anregende Impulse, die sich vor allem im kulturellen und religiösen Leben niederschlugen. Durch die Übernahme von Fremdgötterkulten geriet die Jahwereligion allerdings unter Einflüsse, die in den späteren Jahrhunderten scharfe Spannungen auslösten. Am deutlichsten zeigte sich zunächst die kulturelle Öffnung in der extensiven staatlichen Bautätigkeit, sowohl in Jerusalem wie überall im Lande. Tempel und Palast Salomos erstrahlten im Glanz phönizischer Architektur. Der Niedergang der Städte in der vorstaatlichen Zeit wandelte sich in neue Blüte.

Mit diesen Veränderungen verband sich ein erheblicher Ausbau der königlichen Verwaltung und Hofhaltung, die ein neues System von Steuern und Abgaben finanzieren mußte. Salomo gliederte Israel in zwölf Provinzen, von denen jede einen Monat lang die Versorgung des Hofes zu übernehmen hatte. Dazu kam die Versorgung der Truppen in den Festungsstädten. Das umfangreiche Bauprogramm war jedoch nur durch die Einführung staatlicher Fronarbeit zu bewältigen. Noch unter David waren dazu ausländische Kriegsgefangene gezwungen worden; jetzt verfügte Salomo diese Zwangsarbeit für die eigene Bevölkerung. Die in der Königszeit überarbeitete Exodustradition erhielt durch diese Erfahrungen eine brisante Aktualisierung: Nun konnte Israel im eigenen König erneut einen unterdrückenden Pharao erkennen! Das freiheitliche Potential der Jahwereligion kam wieder zu Wort.

Vorderhand aber dürfte die ungewohnte Sicherung des Friedens und der breite wirtschaftliche Aufschwung weite Kreise Israels mit

Salomo (um 965–926), König über Israel, Juda und Jerusalem. Über seine Regierung berichtet 1 Kön 2,12-11,43. Gegenüber dem Halbbruder Adonija und dessen Anhängern setzte er seinen Herrschaftsanspruch durch. Nach dem erlangtem Königtum, ließ er Adonija und dessen Anhang töten. Das von David eroberte Territorium konnte S. größtenteils zusammenhalten. Nur im syrischen Bereich um Damaskus und in Edom gingen durch Aufstände Gebiete verloren (1 Kön 11,14-25). Seine Politik konzentrierte sich auf religiöse, kulturelle und wirtschaftliche Ziele. Seinen Handelsbeziehungen diente eine eigene Schiffsflotte, für die er einen Hafen am Roten Meer bauen ließ (1 Kön 9,26-28). In der Erinnerung an S. blieb ein kontroverses Bild, das ihn als ungeliebten »Pharao« Israels und zugleich als Prototyp eines Weisen zeigt.

Salomos Politik zufrieden gestellt haben. »Er hatte Frieden nach allen Seiten. Juda und Israel lebten in Sicherheit von Dan bis Beerscheba; ein jeder saß unter seinem Weinstock und seinem Feigenbaum, solange Salomo lebte« (1 Kön 5,5). Diese erfreuliche Entwicklung wird zunächst die Kritik an der Beschneidung der alten Freiheitsrechte klein gehalten haben, zumal sich deren negative Auswirkungen nicht von Anfang an zeigten. Um so mehr spricht es für eine tiefe Verwurzelung des Freiheitsbewußtseins der Stämme, daß deren Vertreter – sie werden die »Ältesten Israels« oder die »Männer Israels und Judas« genannt –, mehrfach gegen den König revoltierten, vor allem wegen materieller Einbußen und einer Minderung ihrer Rechte. Die Vorgänge zeigen, daß die Institution des Königtums in Israel umstritten blieb und zumindest von Teilen der Gesellschaft abgelehnt wurde. Gerade der von den Hoftheologen und Priestern des Königtums propagierte Königs- und Tempeltheologie, welche die Einheit der inhomogenen Bevölkerung des Großreiches herstellen sollte, gelang es nicht, die alte Jahwereligion widerspruchslos zu vermitteln. Dies zeigte sich am deutlichsten gegen Ende der Königszeit, als die Königstheologie zusammenbrach, während die Untergrundtheologie – bis dahin nur Programm einer kleinen Gruppe – als offizielle Theologie übernommen wurde (→ S. 245).

Der salomonische Tempel

Piero della Francesca (1410/20–1492), *Salomo und die Königin von Saba (Ausschnitt), 1452–66.*

2 Das Haus, das König Salomo für Jahwe baute, war sechzig Ellen lang, zwanzig Ellen breit und dreißig Ellen hoch. 3 Die Vorhalle an der Vorderseite des Hauses war zwanzig Ellen breit – ebenso breit wie der Hauptbau – und zehn Ellen tief. 4 Er machte für das Haus Fenster mit Rahmen und Gittern. 5 An den Seitenwänden des Hauses, und zwar den Wänden des Hauptraumes und des hinteren Raumes, ließ er ringsum einen Anbau mit Kammern errichten. 6 Dieser war im Untergeschoß fünf Ellen, im mittleren sechs und im dritten sieben Ellen tief; die Außenwand des Tempelhauses verjüngte sich stufenweise, so daß sie (durch den Anbau) nicht beschädigt werden mußten. 7 Beim Bau des Hauses wurden unbehauene Bruchsteine verwendet; Hämmer, Meißel und andere eiserne Werkzeuge waren beim Bau des Hauses nicht zu hören. 8 Der Eingang zu den unteren Kammern war an der rechten Seite des Hauses. Treppen führten zum mittleren und vom mittleren zum dritten Stockwerk hinauf. 9 So vollendete er den Bau des Hauses; er deckte es mit Balken und Brettern aus Zedernholz. 10 Den Anbau führte er um das ganze Haus. Seine Höhe betrug (in jedem Stockwerk) fünf Ellen, und Zedernbalken verbanden ihn mit dem Mauerwerk des Tempels. 11 Das Wort Jahwes erging an Salomo folgendermaßen: 12 Was dieses Haus angeht, das du baust, so will ich, wenn du meinen Weisungen folgst und auf meine Vorschriften achtest und alle meine Gebote einhältst, an dir das Wort wahr machen, das ich zu deinem Vater David gesprochen habe, 13 und inmitten der Israeliten wohnen und mein Volk Israel nicht verlassen.

1 Kön 6,2-13

Jack Levine (geb. 1915), Die Planung des Tempels Salomos, um 1940.

König Salomo hält die Bauskizze auf einem Bogen Papier in Händen und bespricht die Planung mit Hiram, dem König von Tyros, mit dessen Hilfe der Tempel errichtet wurde. 1 Kön 5,15-26 nennt phantastisch hohe Zahlen an Fronpflichtigen, die Salomo in Dienst genommen habe. Hiram stellte Sachkompetenz und Facharbeiter zur Verfügung, auch Zypressenholz und Gold. Dafür lieferte Salomo Weizen und Öl und zahlte nach 1 Kön 9,10-14 mit 20 galiläischen Ortschaften. Von ihrer Qualität soll Hiram enttäuscht gewesen sein, was ihn nach 2 Chr 8,2 veranlaßt haben könnte, diese an Salomo zurückzugeben.

Das Bild zeigt Hiram gewissermaßen als Salomos Architekten, der sein Arbeitsgerät - Zirkel, Winkelmaß, Kelle – als Kompetenzzeichen mit sich führt. Salomo hält den Entwurfsplan in Händen. »Haus des Heiligtums« steht darauf, die übliche Bezeichnung für den Tempel, der mit dem Allerheiligsten und der übrigen Raumteilung als Grundrißskizze erkennbar ist.

*D*ieser Bericht kann eine Beschreibung des Tempels vor Beginn der Bauarbeiten gewesen sein, eine Art »Aktenvermerk« aus dem Archiv der königlichen Verwaltung in Jerusalem. Aus den »Salomo-Annalen« (1 Kön 11,41) wurde er in die deuteronomistische Bearbeitung der Königsbücher übernommen.

Die Bibel nennt den Tempel vorzugsweise »Haus Jahwes« oder »Palast Jahwes«. Der von Salomo – mit Hilfe des Königs Hiram von Tyros – errichtete Bau war ein Langhaus mit drei hintereinanderliegenden Räumen: einer Vorhalle (*ulam*, 5x10x15 m; eine Elle = 50 cm), der Haupthalle (*hekal*, 20x10x15 m) und dem Allerheiligsten (*debir*, 10x10x10 m). Eine hölzerne Zwischenwand trennte den Debir vom Hekal. Dieser war eine lichtlose, kubische »Gottesstube«. Hier stand unter den Flügeln zweier Cheruben die von David nach Jerusalem überführte Lade. Im Hekal befanden sich Räucheraltar, Schaubrottisch und zweimal fünf Leuchter. Hekal und Debir umgaben Umgänge, die in drei Stockwerken angelegt als Nebenräume dienten. Der Fußboden des Tempels bestand aus Zypressenholz, seine Innenwände waren mit Zedernholz getäfelt und mit Blattgold überzogen. Der Tempel bildete zusammen mit dem salomonischen Palast eine Einheit. Das kennzeichnete ihn als »königlichen Tempel«. Seine Vorbilder hatte er in kanaanäisch-jebusitischen und phönizischen Tempeln.

Über den Platz des Tempels verrät die Quelle nichts. Erst das spätere 2. Buch der Chronik sagt 3,1, das »Jahwe-Haus« sei »in Jerusalem auf dem Berg Morija ... auf der Tenne des Jebusiters Ornan« errichtet worden. Im Alten Orient war die Heiligkeit eines Ortes meistens in seiner Topographie begründet. Die ägyptischen Tempel beanspruchten, den Urhügel zu bergen, der zu Beginn der Schöpfung aus den Urfluten aufgetaucht war. Er war Nabel der Welt, von dem aus die Schöpfung ihren Anfang genommen hat. In ihm konzentrierte sich alle Energie und Lebenskraft. In Mesopotamien hieß der Tempel auch »Haus der Grundlegung des Himmels und der Erde« oder »Haus des Bandes zwischen Himmel und Erde«. In ihrer Architektur veranschaulichten Stufentempel (Zikkurate) diese Symbolik. Der Berg als Überwindung des Chaos und der Tempel gehören zusammen, denn während die Tiefe mit Chaos und Tod verbindet, gehört zum Tempel die Höhe. So ist auch in Jerusalem der Ort des Tempels der Berg Zion. Man zieht nach Jerusalem hinauf; man fragt, wer den Berg Jahwes besteigen darf.

Die wenigen Treppen, die sich in Jerusalem mit dem Tempel verbanden, sind zwar nicht mit den monumentalen Treppentürmen Mesopotamiens zu vergleichen. Und wenn auch der Zion niedriger war als die umgebenden Berghöhen, das Gelände innerhalb des Tempelbereichs nur geringfügig anstieg, so ist er doch »der Berg«, der »heilige Berg«, der »Berg Jahwes«. Am Ende der Zeiten wird er weithin sichtbar »alle Berge überragen« (Jes 2,2).

Bedeutender als die Höhe und Gestalt des Berges Zion war bei seiner Identifikation mit dem Urhügel, Paradiesberg und Weltenberg der Heilige Fels. Dieser bildete in seiner Festigkeit den Gegenpol zu den schlammigen Chaosfluten, welche die Erde ringsum bedrohen (Ps 18,3-6; vgl. Mt 16,18). Noch heute wird er im islamischen Felsendom verehrt. Der salomonische Tempel könnte auch als »umbauter Felsen«

beschrieben werden, wobei der Fels wahrscheinlich als Fundament des Allerheiligsten diente. Er dürfte die symbolische Manifestation der Gottheit gewesen sein: »Jahwe, mein Fels«.

Dennoch verband sich die Gründung des Jerusalemer Tempels nicht mit einem mythischen Uranfang. Jahwe erwählte sich den Zion erst im Lauf der Geschichte. Im Tempelweihgebet des deuteronomistischen Geschichtswerkes heißt der Tempel »die Stätte, in der man den Namen Jahwes anrufen kann« (1 Kön 8,26-43). Dieses Wohnen Jahwes auf dem Zion ist für die Deuteronomisten Gottes freie Heilstat, mit der er das in Ägypten begonnene Befreiungswerk bekräftigt – bis es sich am Ende der Zeiten vollendet, wenn sich Jahwes Herrschaft über alle Völker erstreckt.

Der salomonische Tempel und der Staatskult zu Jerusalem

Jerusalem, die eroberte Stadt der Jebusiter, lag nicht im Siedlungsbereich der israelitischen Stämme. Als eroberte »Stadt Davids« war sie Eigenbereich des Königs. Da war es eine besonders geschickte Entscheidung Davids, das allen Stämmen gemeinsame Kultsymbol der Lade in die neue Hauptstadt zu überführen (2 Sam 6), um diese auch zum kultischen Mittelpunkt des Reiches zu machen. Bereits in vorstaatlicher Zeit hatte in Schilo ein Tempel existiert (1 Sam 3,3), der von den Philistern zerstört worden war. Mit Davids genialer Idee, der Lade in Jerusalem ihren festen Ort zu geben, war der Plan zum späteren Tempel bereits vorgegeben. Salomo realisierte diesen Entwurf und baute das alte Stammesheiligtum zu einer prächtigen Tempelanlage aus – als königliches Eigentum, was durch die bauliche Einheit mit dem Palast unübersehbar wurde (1 Kön 7,12). Die hier angestellten Priester waren weisungsgebundene königliche Beamte. Da sich das Königtum sakral verstand, vollzog der König selbst als oberster Priester an hohen Festtagen den Opferkult und teilte auch dem Volk seinen Segen aus (1 Kön 8,14.55). Natürlich lag die Unterhaltung des Tempels als auch die Verfügungsgewalt darüber beim König. Ebenso wie die babylonischen Könige war auch er »Versorger des Heiligtums«. So diente der Staatskult der Legitimation und Festigung der königlichen Herrschaft und symbolisierte die Einheit des Reiches.

Nun hatten aber die davidischen Eroberungen einen beträchtlichen Anteil fremder Völker in das neue Großreich einbezogen, deren Kult unberührt von der Jahwereligion Israels war. Es lag im Interesse des Königtums, diese Völker zu integrieren, so daß ein bewußter Ausgleich zwischen den divergierenden religiösen Traditionen angestrebt wurde. Bereits David setzte zwei Priester ein: Abjatar stammte noch aus der Priestertradition in Schilo; er war Gefährte aus der Zeit der Kämpfe um die Macht. Dagegen taucht der andere, Zadok, erstmals in diesem Amt neben dem altgedienten Lade-

Altorientalische Tempel haben vielfach Langhauscharakter. Der Eingang befindet sich an der vorderen, das Bild der Gottheit an der hinteren Schmalseite. Dadurch wird wie später bei der christlichen Basilika, die Distanz zwischen Besucher und dem im Hintergrund anwesenden Gott betont. Für assyrische und syrische Tempel ist das Langhaus typisch. Der salomonische Tempel knüpfte an diese Tradition an, unterscheidet sich aber zugleich durch die Raumgliederung: Dem Hauptraum war einerseits eine Halle (hekal) vorgelagert, zum anderen bestand die hintere Zone aus einem geschlossenen Kubus, dem Allerheiligsten (debir), der sich vielleicht auf einem Podium am Ende des Hauptraumes befand. (Rekonstruktion nach C. Watzinger)

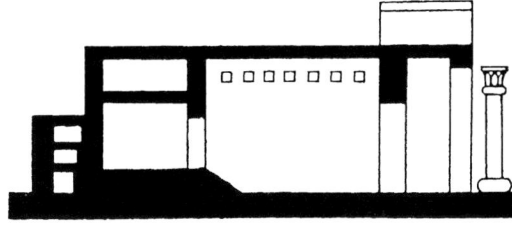

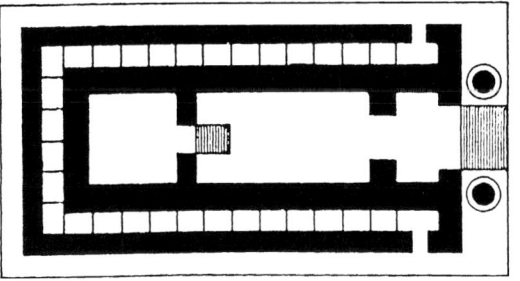

Schilo, bedeutendes Heiligtum Israels in vorstaatlicher Zeit, zwischen Sichem und Bet-El gelegen. Hier stand bereits im 11 Jh. ein israelitischer Tempel. Nach 1 Sam 3,3 und 4,3 wurde darin die »Bundeslade« (→ Lade) aufbewahrt, mit der sich unter kanaan. Einfluß die Vorstellung von Gottes Thron verband. David übertrug mit der Lade die Tradition von S. nach Jerusalem (1 Chr 15).

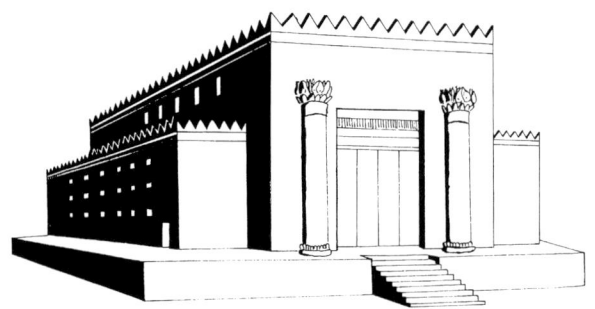

Der salomonische Tempel (Rekonstruktion G. E. Wright, W. F. Albright).

Synkretismus (griech. *synkretizein*, »verbinden«), Verschmelzung von Traditionen und Anschauungen mehrerer Religionen unterschiedlicher Struktur. Die ältere Forschung verband damit die Vorstellung einer Vermengung religiöser Inhalte, die nicht zueinander passen. Die heutige Sicht erkennt hinter allen höher organisierten Religionen Einflüsse und Übernahmen aus früheren und benachbarten Systemen, die bei entsprechender Assimilierung die Identität der aufnehmenden Religion nicht beeinträchtigt.

priester auf und scheint diesem sogar vorgeordnet worden zu sein (2 Sam 15,24-29). Seine Herkunft wird verschwiegen, vermutlich war er der Oberpriester des kanaanäischen Stadtgottes von Jerusalem, der zwar zur Jahwereligion überging, aber zugleich als Bindeglied zur nichtisraelitischen Kulttradition diente. Wenn David Zadok sowohl im Amt beließ und ihn sogar über Abjatar stellte, so ging es dabei um eine Verbindung der unterschiedlichen Kulttraditionen. Als Salomo später den politisch mißliebig gewordenen Abjatar nach Anatot verbannte (1 Kön 2,26 f. 35), fiel den Zadokiden die Jerusalemer Priesterherrschaft vollständig zu (1 Kön 4,2). Diese Entscheidung setzt voraus, daß Salomo sich hinreichend souverän fühlte, um auf eine Rückbindung des Staatskultes an die vorstaatliche Jahwetradition nicht mehr achten zu müssen. Die folgende Königsherrschaft ließ in der offiziellen Theologie des Jerusalemer Tempels kaum noch etwas von den Freiheitsimpulsen der alten Jahwereligion erkennen, dies um so weniger, da nunmehr ehemalige Nicht-Israeliten als Oberpriester Ton und Richtung angaben.

Der so am Jerusalemer Staatstempel eingerichtete Synkretismus kennzeichnet die königliche Religionspolitik insgesamt. Indem der Kult zu einem Instrument zentraler Herrschaft wurde, trat er in den Dienst der Staatsinteressen. Der Tempelpriesterschaft war daran gelegen, einen offiziellen Jahwekult zu schaffen, der eine Verbindung von israelitischen und kanaanäischen Vorstellungen anstrebte. Die Angelpunkte für diese Theologie waren das Königtum Jahwes und Jerusalem als Gottesstadt.

Die schon mit der Lade verbundene Titulatur vom König Jahwe Zebaot lehnt sich eng an die Ausstattung des salomonischen Tempels an. Zebaot (wörtlich »Heere«) meint den himmlischen Hofstaat, der Jahwe umgibt und dessen Herrschaft ausüben hilft. Damit gewann das königliche Regiment einen himmlischen Überbau. Gleichzeitig erlaubte die Hofvorstellung eine Verknüpfung mit anderen Gottheiten. So schufen die Jerusalemer Theologen ein Herrschaftsmodell, das die Expansionspolitik des davidischen Großreiches mit dem königlichen Hofstaat Jahwes verband: die Götter der nichtisraelitischen Völker traten in den Dienst Jahwes und wurden zugleich den Interessen des Königs unterworfen. Jahwe herrschte nun ähnlich wie Salomo:

> Gott steht auf in der Versammlung der Götter,
> im Kreis der Götter hält er Gericht ... (Ps 82,1)
> Wer über den Wolken ist wie Jahwe?
> Wer von den Göttern ist Jahwe gleich? (Ps 89,7)

Mit dieser synkretistischen Theologie verband sich eine Jerusalemer Tempelbewertung, die das Reichsheiligtum zum Mittelpunkt der Jahweverehrung machen wollte. Sie behauptete eine exklusive Bindung Jahwes an die Stadt Jerusalem, der auf dem Berge Zion seinen Wohnsitz nimmt. Auf diese Weise schuf der Jerusalemer Staatskult eine von der vorstaatlichen Jahwereligion unabhängige Heilslehre, die nicht mehr unmittelbar auf das Volk Israel bezogen war. Jetzt kreiste sie um die »Stadt Davids« als Sitz des Königtums. Damit rückte Jerusalem in jene mythische Geographie ein, in der es »Nabel der Welt« wurde, dessen Bestand zugleich den Bestand der ganzen Welt sicherte (vgl. S. 53 ff.). Als Mitte der Welt galt die Stadt nun von Jahwe »für ewig gegründet« (Ps 48,9), und die kultische Anwesenheit Jahwes gab Jerusalem eine sichere Schutzgarantie:

> Gott ist in ihrer Mitte, darum wird seine Stadt niemals wanken;
> Gott hilft ihr, wenn der Morgen anbricht.
> Völker toben, Reiche wanken,
> es dröhnt sein Donner, da zerschmilzt die Erde.
> Jahwe Zebaot ist mit uns, der Gott Jakobs ist unsere Burg (Ps 46,6-8).

Diese Heilstheologie wiegte in späterer Zeit Königtum und Volk in einer falschen Sicherheit, Bedrohungen von außen nicht mehr ernst zu nehmen. Als Jeremia warnte: »Vertraut nicht auf die trügerischen Worte: Der Tempel Jahwes, der Tempel Jahwes, der Tempel Jahwes ist hier!« (Jer 7,4; → S. 251 ff.), zeigte sich zwar, daß die alte Jahwetradition sich immer noch gegen eine kultische und politische Vereinnahmung sträubte, zugleich aber auch, wie weitgehend Jahwe für Stadt, Tempel und sogar Verteidigungsanlagen in Anspruch genommen war. Diese Heilssicherheit stumpfte gegen bedrohliche Entwicklungen von außen und innen gänzlich ab. Erst nachdem durch die Zerstörung Jerusalems die Zionstheologie widerlegt war, konnte sie in die Jahwereligion wirklich integriert werden. Jahwes heilvolle Nähe wurde seitdem an die Befolgung des deuteronomischen Gesetzes gebunden. Mit dieser Korrektur ließ sich sowohl das Scheitern der alten Zionstheologie erklären und zugleich die bleibend gültige Erwählung durch Jahwe als Hoffnungspotential festhalten.

Der breite Einfluß, mit dem die kanaanäische Kulttradition die vorstaatliche Jahwereligion überlagerte, hatte nicht nur negative Folgen. Synkretismus kann nicht pauschal als unerlaubt gelten. Jahwe als ursprünglicher Gott der israelitischen Stämme stieg auf zum höchsten Gott, zum König der Götter und Weltschöpfer. Damit hörte er auf, nur der Gott einer unbedeutenden Randgruppe in der vorderorientalischen Völkerwelt zu sein. Der ursprünglich wilde und kämpferische Gott der Wüstenregion gewann neue Eigenschaften hinzu: Weisheit und Milde. Diese Ausweitung des Jahweglaubens ins Universale erlaubte es Israel zugleich, die politische Öffnung in die Völkerwelt theologisch zu verarbeiten. Und weil der Jerusalemer Synkretismus auch später, selbst in der prophetischen Kritik, nie wieder in Frage gestellt wurde, darf unterstellt werden, daß das darin gewonnene größere Gottesverständnis allgemeine Akzeptanz erfuhr.

Ein zweiter Rekonstruktionsversuch schließt die Vorhalle nicht in den Hauptbau ein; auch liegen *hekal* und *debir* auf gleicher Höhe. In jedem Fall handelt es sich »um eine nachträglich in die fertige Cella hineingebaute Gottesstube«, wie sie in ägyptischen Tempeln das Götterbild aufnahmen. Möglicherweise ist der Jerusalemer Tempel aber keine Nachbildung des ägyptisch-phönizischen Debirs, auch nicht sonstigen syrischen Modellen verpflichtet, sondern ein direkter Nachfolger des Zeltes, das David für die Lade aufstellen ließ (2 Sam 6,17). *(Rekonstruktion nach Th. A. Busink)*

Das Allerheiligste war auf Felsgrund, den Gipfel des Berges Zion gebaut (Jes 2,2; Mi 4,1). Im Psalm 28,1 f. spricht der Beter Jahwe als »mein Fels« an, wobei er seine Hände hilfesuchend

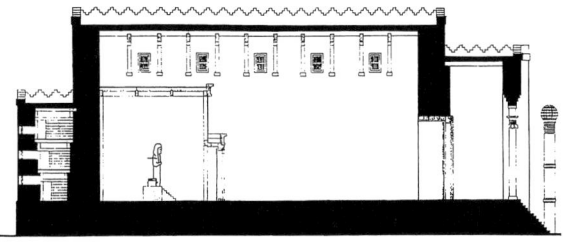

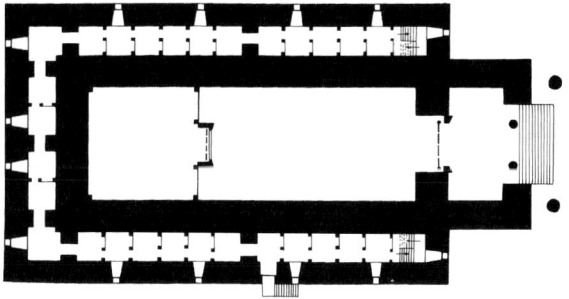

zum Debir ausstreckt, die einzige Stelle in den Psalmen, die den Debir unmittelbar erwähnt:

> *Zu dir, Jahwe, rufe ich: mein Fels,*
> *wende dich nicht schweigend von mir ab.*
> *daß du nicht gegen mich verstummst*
> *und ich nicht denen gleich werde,*
> *die in die Grube hinabfahren!*
> *Höre die Stimme meines Flehens,*
> *wenn ich zu dir schreie,*
> *wenn ich meine Hände aufhebe zu deinem*
> *heiligen Tempelraum.*

Der Tempel

Mit dem klugen Entscheid, die heilige Lade nach Jerusalem zu bringen, hatte David dem Stämmeverband eine kultische Mitte gegeben, doch blieb zunächst die kanaanäisch-stadtstaatliche Tradition Jerusalems erhalten. Wahrscheinlich stellte er die Lade zunächst im jebusitischen Heiligtum der Stadt auf, die jetzt seine Königsstadt war, wenn auch ohne israelitische Tradition. Seitdem war der Berg Zion das Heiligtum der israelitischen Stämme und wurde zu einem Begriff in ihrer religiösen Sprache.

David hatte sich noch mit dem alten, engen Jerusalem begnügt. Das änderte sich unter Salomo. Er errichtete einen ganz neuen Stadtteil, wenigstens so groß wie das bisherige Jerusalem. Palast und Tempel überragten die alte Bebauung. Der Tempel wurde mit Hilfe fremder Handwerker und Architekten im phönizischen Stil errichtet. Zwischen Ägypten und Babylonien war er an Glanz und Ansehen ohne Vergleich. Sein Zentrum bildete das Allerheiligste mit der Lade Jahwes: das sichtbare Fundament für den unsichtbaren Thron der darauf sitzenden Gottheit.

Der neue Tempel war gewissermaßen die »Hauskirche« der Dynastie Davids, aber er war nicht der einzige. Neben ihm gab es die traditionellen Kultstätten: heilige Bäume, Steine und Kulthöhen. Aus späterer Zeit stammten die überregionalen Jahwe-Heiligtümer mit eigener Priesterschaft wie in Schilo, Bet-El und Dan. In den alten kanaanäischen Städten standen noch lange die Tempel der Stadtgottheiten. Auch die Höhenkulte bewahrten ihre Popularität, die Gottheiten der Nachbarvölker faszinierten immer wieder, die Verehrung der Göttin Aschera kam den existentiellen Bedürfnissen mehr entgegen als der königliche Opferkult im Tempel. Selbst in der Exilszeit, als

Juden an der Westmauer in Jerusalem.

der Monotheismus (→ S. 286 f.) sein alleiniges Recht zu beanspruchen begann, wehrten sich viele, den Göttinnenkult zugunsten Jahwes aufzugeben (Jer 44).

Nach der Zerstörung des salomonischen Tempels im Jahr 586 machten im Exil deuteronomistische Kreise die Verehrung fremder Gottheiten für die Katastrophe verantwortlich. Für Ezechiel wurde die »Hurerei« Jerusalems zur Schlüsselmetapher für das kollektive

Unglück (Ez 16). In der ersten Generation der Rückkehrer erklärten die Propheten Haggai und Sacharja den Wiederaufbau des Tempels zur vornehmsten Aufgabe, während Tritojesaja erneut bei der traditionellen Sozialkritik ansetzte. Er beschwor die Parteinahme Jahwes für die Hilflosen im Lande und erklärte, soziale Gerechtigkeit sei wichtiger als kultische Frömmigkeit (Jes 58).

Zwischen 520 und 516 wurde am neuen Tempel gebaut. Zeit und Mittel erlaubten nur eine bescheidene Lösung, über die wenig bekannt ist. Dieser Tempel der Armut stand fast ein halbes Jahrtausend. Als sich in hellenistischer Zeit die wirtschaftlichen Bedingungen verbesserten, wurde er schrittweise verschönert. Da die Bundeslade verschollen war, blieb das Allerheiligste leer. Antiochus IV. überfremdete den Tempel durch hellenistische Kulte und entweihte ihn. Als er mit Gewalt das Standbild des olympischen Zeus im Tempel aufstellen ließ (Dan 12,11), kam es zum Aufstand der gesetzestreuen jüdischen Landbevölkerung unter Führung der Makkabäer. Sie stellten die Integrität des Tempels wieder her und weihten ihn neu (Dan 11,31; Makk 1,23 f.; 46-50; 4,36 ff.).

Herodes der Große ließ – um den Beifall des jüdischen Volkes zu finden – diesen »Tempel der Armut« einreißen und begann etwa um das Jahr 20 v. Chr. mit dem Bau eines neuen Tempels. Um keine Unruhen zu wecken, stellte er alle Baumaterialien bereit, noch bevor die eigentliche Arbeit begann. Aufschüttungen und enorme Stützmauern, die das Tempelareal zum abschüssigen Hang hin erweiterten, ermöglichten eine riesige Plattform von 450 x 300 m. Zum Kidrontal hin glich die Mauer fast 50 m Gefälle aus. Brücken und eine imposante Treppe verbanden Tempel und Stadt. Nichtjuden wurde nur der »Vorhof der Heiden« zugestanden. Griechische Inschriften schärften diese Verbote ein. Vor dem Tempelhaus befand sich der innere Vorhof, der »Hof Israels«, mit dem Altar, dem Becken für kultische Waschungen, dem Schlachthaus für Opfertiere und Tischen zur Vorbereitung der Weihegaben.

Obwohl der Hauptkomplex des Tempels in eineinhalb Jahren errichtet wurde, zog sich die weitere Ausgestaltung und der Bau der Nebenanlagen über ein halbes Jahrhundert hin. Jesus dürfte die späten Baustellen noch gesehen haben. Die endgültige Fertigstellung des Tempels erfolgte erst 64 n. Chr. Doch bereits sechs Jahre später zerstörten ihn die Römer nach Einnahme der Stadt völlig. Nach dem Bar-Kochba-Aufstand (132–135 n. Chr.) nutzten sie den Tempelplatz als eigene Kultstätte, vermutlich als ein dem Jupiter geweihtes Heiligtum. Die folgenden Jahrhunderte sahen den Tempelberg verlassen. Ende des 7. Jahrhunderts eroberten islamische Araber Jerusalem und errichteten hier die Omar-Moschee. Als bildloser Bau im strengen Erbe des jüdischen Monotheismus verbindet dieses Gotteshaus mehr mit den Intentionen des Judentums, als heute den Anhängern beider Religionen lieb ist. Letztes Zeugnis des herodianischen Tempels sind elf sichtbare Quaderreihen; 19 weitere liegen unter der Erde; die größten Quader sind 12 m lang und etwa 100 t schwer. Hier werden die gleichen Gebete gesprochen wie in der Synagoge. Diese Westmauer ist in der neueren jüdischen Geschichte zu einem nationalen Symbol geworden.

Das jüdische Volk hofft, daß »der Tempel in unseren Tagen errichtet werden möge«. Schließen Sie sich dieser Hoffnung an?

Vom religiösen Standpunkt interessiert mich der Tempel absolut nicht, vom historischen weiß ich dazu nichts zu sagen.

Aber als das jüdische Volk in Eigenstaatlichkeit in seinem Land lebte, stand der Tempel im Zentrum des Judentums.

Daran besteht kein Zweifel. Und das große Wunder in der Geschichte des jüdischen Volkes ist, daß das Judentum durch die Zerstörung des Tempels nicht getroffen wurde! Das ist ein ganz erstaunliches Phänomen.

Wie können Sie sagen, ein Wiederaufbau des Tempels interessiert Sie nicht?

Es hat absolut keine Verbindung zu den Realitäten der jüdischen Religion heute.

Und doch gibt es heute junge Männer, die sich mit den Maßen der hohenpriesterlichen Gewänder beschäftigen!

Das ist eine Dekadenz der jüdischen Religion.

Warum? Diese Leute wollen die Zentralität des Tempels eben wiederherstellen.

Alle jene mir bekannten Müßiggänger, die sich damit beschäftigen, wie die Gewänder des Hohenpriesters genäht sein müssen, anstatt sich der Frage zu widmen, welchen Stand die Frau in unserer heutigen Gesellschaft hat, halte ich für das Zeichen eines dekadenten Judentums.

Kann man nicht nach dem Grundsatz: »Tue das eine und lasse das andere nicht!« verfahren?

Nein. Das eine ist eine lebensnotwendige Angelegenheit, an der die Zukunft des Judentums hängt, während das andere Problem für die Existenz des Judentums völlig ohne Bedeutung ist.

Jeshajahu Leibowitz

Die Teilung des Reiches und der Staatskult im Norden

Der Jerobeam-Aufstand

²⁶ Auch Jerobeam, der Sohn des Nebat, ein Beamter Salomos, erhob sich gegen den König. Er war ein Efratiter aus Zereda; seine Mutter hieß Zerua und war Witwe. ²⁷ Zu dem Aufstand kam es auf folgende Weise: Salomo baute den Millo und schloß damit die Lücke in der Stadt Davids, seines Vaters. ²⁸ Jerobeam war als wehrpflichtiger Mann eingezogen worden, und als Salomo sah, wie der junge Mann arbeitete, machte er ihn zum Aufseher über alle Fronarbeiten des Hauses Josef. ²⁹ Als nun in jener Zeit Jerobeam einmal aus Jerusalem hinausging, begegnete ihm auf dem Weg der Prophet Ahija aus Schilo. Dieser trug einen neuen Mantel. Während nun beide allein auf freiem Feld waren, ³⁰ faßte Ahija den neuen Mantel, den er anhatte, zerriß ihn in zwölf Stücke ³¹ und sagte zu Jerobeam: Nimm dir zehn Stücke; denn so spricht Jahwe, der Gott Israels: Ich nehme Salomo das Königtum weg und gebe dir zehn Stämme. ³² Nur ein Stamm soll ihm verbleiben wegen meines Knechtes David und wegen Jerusalem, der Stadt, die ich aus allen Stämmen Israels erwählt habe. ³³ Denn er hat mich verlassen und die phönizische Göttin Astarte, den moabitischen Gott Kemosch und Milkom, den Gott der Ammoniter, angebetet. Er ist von meinen Wegen abgewichen und hat nicht wie sein Vater David das getan, was mir gefällt; er hat meine Gebote und Satzungen übertreten. ³⁴ Doch werde ich ihm das Königtum, solange er lebt, nicht nehmen wegen meines Knechtes David, den ich erwählt habe und der meine Befehle und Gebote befolgt hat. ³⁵ Erst seinem Sohn werde ich das Königreich nehmen und dir zehn Stämme geben. ³⁶ Einen einzigen Stamm werde ich seinem Sohn lassen, damit im Hause meines Knechtes David das Licht nicht erlischt in Jerusalem, der Stadt, die ich erwählt habe, damit mein Name dort wohnt. ³⁷ Dich aber will ich nehmen, damit du König sein sollst über alles, was dein Herz begehrt; du sollst König von Israel sein. ³⁸ Wenn du nun auf alles hörst, was ich dir gebiete, auf meinen Wegen gehst und tust, was mir gefällt, wenn du meine Weisungen und Befehle befolgst wie mein Knecht David, dann will ich mit dir sein und dir ein Haus bauen, das Bestand hat, wie ich eines für David gebaut habe, und dir Israel übergeben. ³⁹ Die Nachkommen Davids werde ich für ihren Abfall bestrafen, doch nicht für alle Zeit. ⁴⁰ Salomo suchte nun Jerobeam zu töten. Doch dieser machte sich auf und floh nach Ägypten zu Schischak, dem König von Ägypten. Dort blieb er bis zum Tod Salomos.

1 Kön 11,26-40

Die Sandalen Tut-anch-Amuns († 1327 v. Chr.) aus seinem Grab. Der durchaus intime Blick auf die Innenfläche dieser Sandalen des Pharao zeigt, daß er von früh bis spät auf den gefesselten Feinden seines Reiches stand. Der Alttestamentler Othmar Keel nannte diese pharaonische und auch heute noch verbreitete Tätigkeit »das Erhalten der Weltordnung durch Trampeln«.

Salomos Tod

41 Die übrige Geschichte Salomos, alle seine Taten und seine Weisheit, sind aufgezeichnet in der Chronik Salomos. 42 Die Zeit, in der Salomo in Jerusalem über ganz Israel König war, betrug vierzig Jahre. 43 Er entschlief zu seinen Vätern und wurde in der Stadt seines Vaters David begraben. Sein Sohn Rehabeam wurde an seiner Stelle König.

1 Kön 11,41-43

Der Abfall der zehn Nordstämme

1 Rehabeam ging nach Sichem; denn dorthin war ganz Israel gekommen, um ihn als König einzusetzen. 2 Jerobeam, der Sohn des Nebat, hörte davon, noch während er in Ägypten war, wohin er vor dem König Salomo hatte fliehen müssen. Da kehrte er aus Ägypten zurück. 3 Und sie sandten zu ihm und ließen ihn rufen und Jerobeam und die ganze Versammlung Israels kamen. Sie sagten zu Rehabeam: 4 Dein Vater hat uns ein hartes Joch auferlegt. Du aber erleichtere jetzt den harten Dienst deines Vaters und das schwere Joch, das er uns auferlegt hat. Dann wollen wir dir dienen. 5 Er antwortete ihnen: Geht zunächst weg, und kommt nach drei Tagen wieder zu mir! Als das Volk gegangen war, 6 beriet sich König Rehabeam mit den älteren Männern, die zu Lebzeiten seines Vaters Salomo noch in dessen Dienst gestanden hatten. Er fragte sie: Was ratet ihr mir? Was soll ich diesem Volk antworten? 7 Sie sagten zu ihm: Wenn du dich heute dem Volke unterwirfst und ihnen zu Willen bist, auf sie hörst und freundlich mit ihnen redest, so werden sie dir immer untertan sein. 8 Doch er überging den Rat, den die Alten ihm gegeben hatten, und beriet sich mit den jungen Leuten, die mit ihm groß geworden waren und jetzt in seinem Dienst standen. 9 Er fragte sie: Welchen Rat gebt ihr mir? Was sollen wir diesem Volk antworten, das zu mir sagt: Erleichtere das Joch, das dein Vater uns auferlegt hat? 10 Die jungen Leute, die mit ihm groß geworden waren, sagten zu ihm: So sollst du diesem Volk antworten, das zu dir sagt: Dein Vater hat uns ein schweres Joch auferlegt; erleichtere es uns! So sollst du zu ihnen sagen: Mein Kleiner ist dicker als die Lenden meines Vaters. 11 Hat mein Vater euch ein schweres Joch aufgebürdet, so werde ich euer Joch noch schwerer machen. Mein Vater hat euch mit Peitschen gezüchtigt, ich werde euch mit Skorpionen züchtigen. 12 Am dritten Tag kamen Jerobeam und das ganze Volk zu Rehabeam, wie der König ihnen gesagt hatte: Kommt am dritten Tag wieder zu mir! 13 Und der König gab dem Volk eine harte Antwort. Er ließ den Rat der Älteren, den sie ihm gegeben hatten, beiseite. 14 Er antwortete ihnen nach dem Rat der jungen Leute: Mein Vater hat euer Joch schwer gemacht. Ich werde euer Joch noch schwerer machen. Mein Vater hat euch mit Peitschen gezüchtigt, ich werde euch mit Skorpionen züchtigen. 15 Der König hörte also nicht auf das Volk; denn

Jerobeam I. erster König des Nordreiches Israel (926–907). Sein Aufstand gegen Salomo wurde niedergeschlagen, doch wählten ihn die Nordstämme zum König von Israel, nachdem sich J. von Salomos Sohn Rehabeam und Jerusalem losgesagt hatte (1 Kön 12,20 ff.). J. trennte sich auch vom davidischen Staatskult zu Jerusalem (→ S. 173 ff.) und knüpfte wieder an die für Israel ältere und bedeutendere Tradition von Bet-El an. Ob er auch das Heiligtum in Dan neu belebte, ist fraglich; eine J. abgeneigte deuteronomistische Redaktion kann ihm bewußt zwei Kultstätten zugeschrieben haben, weil diese der Einheit Jahwes widersprachen und damit erlaubten, die »Sünde J.s« zum Bewertungskriterium für den Untergang des Nordreiches zu machen.

Ahija, Prophet aus Schilo, der Jerobeams Königtum über die zehn Stämme Israels voraussagte (1 Kön 11,29b-31. 34-37). Der inkognito zu ihm kommenden Frau des Jerobeam kündete A.den Tod ihres Sohnes an (1 Kön 14,1-6.12 f.). Die deuteronomistische Erweiterung des Kapitels (V 7-11.14-16) mit massiven Anklagen und Drohungen gegen Jerobeam stammt aus der späteren Bewertung des Königs und zumal aus Jerusalemer Perspektive (vgl. S.183 f.).

Schischak, hebr. Version des ägypt. Königs Schoschenk I. (um 941-921), zu dem Jerobeam floh. Sch. war der erste Pharao der 22. Dynastie. Nach einer Periode des Niedergangs festigte er erneut den ägypt. Einfluß. Kurz nach Salomos Tod, um 925, besiegte er auf einem Feldzug nach Syrien König Rehabeam und plünderte Jerusalem (1 Kön 14,25). Seine Siegesstele, ein Flachrelief aus dem Amun-Tempel in Karnak, zeigt, wie Amun und die Göttin von Theben dem König an Stricken Gefangene zuführen, die je eine Stadt Syriens und Palästinas vertreten.

Kemosch, Hauptgott der Moabiter (Lev 21,29; Jer 48,46), der wie → Milkom zeitweilig auch in Jerusalem verehrt wurde.

Milkom, Nationalgott der Ammoniter (Jer 49,1.3). Der Name M. hängt mit dem hebr. *mäläk,* »König« zusammen. Nach 1 Kön 11,5 führte Salomo die Verehrung M.s als Privatkult für seine ammonitischen Frauen ein.

Zwangsarbeiter in Ägypten, Grabmalerei, 14. Jh. v. Chr.

Jahwe hatte es so gefügt, um das Wort wahr zu machen, das er durch Ahija von Schilo zu Jerobeam, dem Sohn des Nebat, gesprochen hatte. 16 Als ganz Israel sah, daß der König nicht auf sie hörte, gab das Volk ihm zur Antwort: Was geht uns das Haus Davids an? Wir haben keinen Erbbesitz beim Sohn Isais. In deine (eigenen) Zelte, Israel! Kümmere dich selbst um dein Haus, David! Und Israel begab sich zu seinen Zelten. 17 Nur über die Israeliten, die in den Städten Judas wohnten, blieb Rehabeam König. 18 Und als Rehabeam den Adoniram, der die Fronarbeit beaufsichtige, hinschickte, steinigte ihn ganz Israel zu Tode. Dem König Rehabeam aber gelang es, in seinen Wagen zu steigen und nach Jerusalem zu entkommen. 19 So fiel Israel vom Haus David ab und blieb abtrünnig bis zum heutigen Tag.

20 Als die Israeliten erfuhren, daß Jerobeam zurückgekehrt war, ließen sie ihn zur Versammlung rufen und machten ihn zum König über ganz Israel. Nur noch der Stamm Juda hielt jetzt zum Hause David.

21 Als Rehabeam nach Jerusalem zurückkehrte, versammelte er das ganze Haus Juda und den Stamm Benjamin, hundertachtzigtausend auserlesene Krieger, um gegen das Haus Israel zu kämpfen und die Königsherrschaft für Rehabeam, den Sohn Salomos, zurückzugewinnen.

22 Doch das Wort Jahwes ging an den Gottesmann Schemaja:

23 Sprich zu Rehabeam, dem Sohn Salomos, dem König von Juda, und zum ganzen Haus Juda und Benjamin und zum übrigen Volk:

24 So spricht Jahwe: Zieht nicht hinauf und kämpft nicht gegen eure Brüder, die Israeliten! Kehrt alle nach Haus zurück! Denn ich selbst habe es so gefügt. Da hörten sie auf das Wort Jahwes und kehrten heim, wie es Jahwe befohlen hatte.

25 Jerobeam baute Sichem im Gebirge Efraim aus und ließ sich dort nieder. Von Sichem zog er nach Penuël und baute auch diese Stadt aus.

1 Kön 12,1-25

W aren der Abschalom- und der Scheba-Aufstand (→ S. 162-166) noch aus dem Bruch hervorgegangen, den das neue Königtum gegenüber der bisherigen Stammestradition darstellte, so entwickelte sich unter Salomos Herrschaft eine soziale Revolte. Gerade jener junge Aufsteiger, auf den Salomo wegen seiner Leistungen beim Bau der Befestigungsanlage in Jerusalem aufmerksam geworden war und als Fronvogt über das Arbeitskontingent des Hauses Josef eingesetzt hatte, erhob überraschend »seine Hand gegen den König«. Ob diese Empörung sich mit politischer Agitation begnügte oder gar einen Anschlag auf Salomo einschloß, ist unbekannt. Jedenfalls kündigte hier ein königlicher Beamter seinem Dienstherrn die Gefolgschaft auf, um sich mit den eigenen Stammesangehörigen, denen der Frondienst unerträglich geworden war, gegen ihn zu verbünden. Der Aufstand scheiterte, sei es, daß er bereits in seiner Planungsphase verraten wurde, sei es, daß er in seinem Verlauf niedergeschlagen wurde. Jerobeam mußte, um sich selbst zu retten, das Land verlassen. Er flüchtete nach Ägypten, wo er bis zum Tode Salomos blieb.

Dennoch dauerten Unzufriedenheit und hintergründige Unruhe fort, so daß unmittelbar nach Salomos Tod neue Versuche begannen, die Fronlast zu mildern. Nachdem aber die Verhandlungen mit dem

Salomo-Sohn Rehabeam scheiterten, und dieser gar die Repression noch zu verschärfen drohte – »Mein Vater hat euch mit Peitschen gezüchtigt, ich werde euch mit Skorpionen (gemeint sind Geißeln mit Knoten und Stacheln) züchtigen!« – kündigten die Stämme dem davidischen Königtum ihre Zugehörigkeit: »Welchen Anteil haben wir an David? Wir haben keinen Erbbesitz beim Sohn Isais. In deine Zelte

Israel! Nun kümmere dich um dein Haus, David!« Genau diese Parole galt schon im Scheba-Aufstand. Damit war die Verhandlung mit dem König beendet, dessen weitere Legitimation gekündigt: »Nur über die Israeliten, die in den Städten Judas wohnten, blieb Rehabeam König« (12,16 f.).

Rehabeam dürfte versucht haben, die Spaltung zu überbrücken. Er schickte seinen Fronvogt Adoniram, der bereits unter David (2 Sam 20,24) und Salomo (1 Kön 4,6; 5,28) im Amte stand, zur Reichsversammlung nach Sichem. Doch wurde der Riß hier endgültig, denn »ganz Israel steinigte den Fronaufseher Adoniram zu Tode« (12,18).

Inwieweit Jerobeam in diese Vorgänge miteinbezogen war, bleibt unklar. Anzunehmen ist, daß er nach seiner Rückkehr aus Ägypten im Hintergrund an der Strategie des Staatsstreiches beteiligt war. Offen

*Eugène Delacroix (1798–1863),
Die Freiheit führt das Volk an (Der 28. Juli 1830), 1830.*

Vielgeliebte Brüder!

... Es ist Zeit. Die Bösewichter sind verzagt wie die Hunde ... Dran, dran, dran! Laßt euch nicht erbarmen, ob euch der Esau gute Worte vorschlägt. Seht nicht an den Jammer der Gottlosen, sie werden euch so freundlich bitten, greinen, flehen wie die Kinder. Laßt es euch nicht erbarmen, wie Gott durch Moses befohlen hat, Deut. 7, uns, uns hat er auch dasselbe offenbart.

Dran, dran, dran, dieweil das Feuer heiß ist! Man kann euch von Gott nicht sagen, dieweil sie über euch regieren. Dran, dran, dran, dieweil ihr Tag habt, Gott geht euch für, folgt ihm! Die Geschehnisse stehen beschrieben Matth. 24 erklärt, daran laßt euch nicht abschrecken! Gott ist mit euch, wie geschrieben 2 Chron. 2, dies sagt Gott: ihr sollt euch nicht fürchten, ihr sollt diese große Menge nicht scheuen, es ist nicht euer, sondern des Herrn Streit, ihr seid's nicht, die ihr streitet. Stellt euch fürwahr männlich. Ihr werdet sehen die Hilfe des Herrn über euch ...

Datum Mühlhausen, anno 1525.
Thomas Müntzer, ein Knecht Gottes wider die Gottlosen

dürfte der immer noch Bedrohte in Jersualem nicht aufgetreten sein. Wenn ihm dann nach dem Bruch mit Rehabeam die Versammlung Israels die Königswürde antrug, wird man nicht eine Herrschaft nach dem Jerusalemer Modell vor Augen gehabt haben, sondern eher ein Konzept, das mehr den Stammestraditionen und Stammesinteressen entsprach, ähnlich jenem, wie es unter Saul bestand. Die ernsthafte Absicht, den freiheitlichen Zielen des Aufstandes wirklich Geltung zu verschaffen, spiegelt sich auch darin, daß man im neuen Nordreich noch ein halbes Jahrhundert lang darauf verzichtete, eine feste Königsresidenz zu errichten.

Der Ablauf der geschilderten Ereignisse wirft noch einmal ein bezeichnendes Licht auf die Exodus-Vorgänge, da zwischen beiden Aufständen seltsame Parallelen bestehen: Wie Jerobeam solidarisierte sich auch Mose mit seinen Landsleuten und wagte eine Revolte, indem er einen Aufseher erschlug. Wie in Jerusalem schlug auch in Ägypten der Aufstand fehl. Ebenso wie Jerobeam mußte Mose vor der Verfolgung des Königs ins Ausland fliehen. Wie Jerobeam konnte auch Mose erst nach dem Tod des Königs zu den eigenen Leuten zurückkehren. Hier wie dort kam es zu Verhandlungen, die aber nicht zu Arbeitserleichterungen, sondern zu neuer Erschwernis führten. Beide Male wirkten Jerobeam wie Mose aus dem Hintergrund, und schließlich wurde die Fronarbeit in beiden Fällen dadurch überwunden, daß man sich aus dem Machtbereich des Unterdrückers entfernte.

Schon mehrfach wurde darauf hingewiesen, daß die Unterdrückung unter Salomo die Exodustradition aktualisiert haben könnte (vgl. → S. 122; 170). Wenn gar dem Pharao vorgeworfen wird, daß er sich gegen sein eigenes Volk (!) verfehle, so könnte dies jener Anklage entstammen, die im Arbeitskampf gegen Salomo oder Rehabeam vorgetragen wurde. Dann hätte man die eigenen Könige in beißender Polemik dem Pharao gleichgesetzt und gleichzeitig die Exoduserzählung aus eigener Betroffenheit überformt. In jedem Fall wird man den Aufstand gegen die salomonische Fronarbeit unter Berufung auf die Freiheitstradition der Jahwereligion inszeniert haben. Dabei bekamen die alten Überlieferungen ihre erzählerische Ausgestaltung aus den Erfahrungen des Jerobeam-Aufstandes. So gewannen die Exodustraditionen eine neue gesellschaftliche und politische Relevanz, die auch die folgenden Aktionen Jerobeams, zumal den Ausbau von Bet-El und die Wiederbelebung der Heiligtümer des neuen Reiches Israel in eine veränderte Bewertung rücken.

Der Staatskult von Bet-El

26 Jerobeam dachte bei sich: Die Königsherrschaft könnte wieder an das Haus David fallen. 27 Wenn dieses Volk hinaufzieht, um im Jahwe-Haus in Jerusalem Opferfeste zu feiern, wird sich sein Herz wieder seinem Herrn, dem König Rehabeam von Juda, zuwenden. Mich werden sie töten und zu Rehabeam, dem König von Juda, zurückkehren. 28 So beschloß der König denn, zwei goldene Kälber anfertigen zu lassen und sagte zum Volk: Ihr seid bereits zuviel nach Jerusalem hinaufgezogen. Hier sind deine Götter, Israel, die dich aus

Ägypten heraufgeführt haben. ²⁹ Er stellte das eine Kalb in Bet-El auf, das andere stiftete er in Dan. ³⁰ Dies wurde der Anlaß zur Sünde. Das Volk zog vor das eine in Bet-El und vor das andere in Dan. ³¹ Auch errichtete er Höhenheiligtümer und setzte Priester ein, die aus allen Teilen des Volkes stammten und nicht zu den Söhnen Levis gehörten. ³² Und Jerobeam stiftete ein Fest für den fünfzehnten Tag des achten Monats, wie das Wallfahrtsfest in Juda. Er selbst stieg in Bet-El zum Altar hinauf, um den Kälbern zu opfern, die er hatte machen lassen. In Bet-El ließ er auch die Priester, die er für die Kulthöhen bestellt hatte, dabei mitwirken.

1 Kön 12,26-32

Bronzestier der frühen Eisenzeit aus einem israelitischen Heiligtum in Nordsamaria.

Die späteren deuteronomistischen Theologen, welche die Bücher Samuel und Könige ihrer kritischen Deutung unterzogen, haben Jerobeam kein freundliches Zeugnis ausgestellt. Sie werfen ihm vor, er habe dem Volk »Anlaß zur Sünde« (1 Kön 12,30) gegeben, weil er für Bet-El und Dan zwei goldene Stierbilder schaffen ließ, die Kulthöhen wieder einrichtete und dafür nicht-levitische Priester einstellte.

Die historische Forschung wendet dagegen ein, in Wirklichkeit habe sich Jerobeam eher konservativ verhalten. Indem er Bet-El als Reichsheiligtum für Israel wählte, sei eine Tradition fortgesetzt worden, der im Gegensatz zu Jerusalem die eigentliche Legitimation der Stämme zukam. Er habe die dezentrale Lage von Bet-El hingenommen, obwohl sie sich nicht zu einem kultischen Mittelpunkt des Reiches eignete, doch zeige sich darin wie im weiteren Ausbau der alten Heiligtümer von Dan und wohl auch Sichem und Penuël, daß er die vorstaatliche Ordnung mehr als das Jerusalemer Königtum respektierte und darauf verzichtete, seine Residenz mit einem der Heiligtümer zu verbinden. Im Unterschied zu David habe Jerobeam auch nicht in die Priesterschaft der Kultorte eingegriffen und wahrscheinlich auch nicht den jeweils etablierten Ritus wesentlich verändert.

Demnach wollte Jerobeam nach erfolgter Befreiung vom davidischen Königtum, die ja im bewußten Rückgriff auf die vorstaatliche Jahwetradition geführt worden war, eine traditionsorientierte Alternative zum Jerusalemer Staatskult aufbauen. Das läßt um so genauer nach jener kultischen Neuerung fragen, die in späterer Zeit so scharfer Kritik unterzogen wurde: dem Stierbild von Bet-El.

Die deuteronomistische Redaktion sagt, Jerobeam habe für Bet-El und Dan zwei goldene Kälber fertigen lassen und sie mit den Worten vorgestellt: »Siehe, deine Götter, Israel, die dich aus dem Lande Ägypten heraufgeführt haben!« In Vers 32 werden sogar mehrere »Kälber« allein für Bet-El unterstellt, eine insgesamt polemische Notiz. Die »Kälber« sollen in ihrer Mehrzahl sowohl einen Abfall von Jahwe verdeutlichen als auch den Abfall zum Bilderkult, wobei die Kennzeichnung des Stiersymbols als »Kalb« eine weitere Herabwürdigung ist (→ S. 123). Die Erzählung gilt als die Antwort des Südreichs auf den traditionsreichen Kult von Bet-El. Man wird eine ältere nordisraelitische Kultlegende übernommen haben, in der Jahwe selbst vom Sinai aus Aaron, dem Stammvater der Priesterschaft von Bet-El, den Befehl

Aaron, im alten Israel weniger als geschichtliche Person denn als Inbegriff des rechten Priesters wichtig. Vielleicht ist er mehr literarische Gestalt, mit der sich unbekannte religionspolitische Interessen der späten Königszeit verknüpften. Widersprüchliche Traditionen stilisieren A. einerseits zum priesterlichen Ideal und machen ihn daneben verantwortlich für die Herstellung des »goldenen Kalbes«. Zweifellos war A. kein Bruder des Mose. Auch die weiteren Verwandtschaftsbeziehungen, etwa Bruder Mirjams zu sein, sind als Konstrukte anzusehen. Als »Söhne A.s« verstanden sich die Gruppen der Jerusalemer Priesterschaft.

gab, das goldene Stierbild zu schaffen. Somit war der Kult von Bet-El den vorstaatlichen Gottesdiensten enger verwandt als der Reichskult zu Jerusalem. Wenn später Hosea darin nur noch einen kanaanäisch überformten Jahwekult erkannte – ohne Erinnerung an seine Herkunft –, so führte diese Sicht in ihrer weiteren Entfaltung dazu, rückblickend den gesamten Reichskult Jerobeams zu verurteilen. Zugleich war es die Legitimation für Joschija, das Heiligtum von Bet-El im Jahre 622 v. Chr. zu zerstören (→ S. 240). Während also der politisch inszenierte Synkretismus in Jerusalem gelang, endete der volksnahe Synkretismus von Bet-El in einem vollständigen Zusammenbruch.

Mit dem Tod Salomos zerfielen die unter David vereinten Reiche Israel und Juda wieder in zwei getrennte Königtümer. Das Südreich Juda bestand allein aus den Stämmen Juda und Benjamin. Die Grenzlinie verlief nur wenige Kilometer nördlich von Jerusalem. Dieses in jeder Hinsicht unbedeutende Königreich lag abseits der großen Handelsstraßen und war auch den Machtinteressen der Großreiche im Nahen Osten und Ägypten entlegen. Dagegen stand das Nordreich Israel stärker im Blickfeld politischer Interessen. Anfangs wurde es in Konflikte mit den Aramäern verstrickt und verlor Teile des Ostjordanlandes. Unter den Königen Omri und Achab belebten sich die Handelsbeziehungen nach Phönizien; mit der Gründung Samarias als Hauptstadt Israels und Achabs Heirat mit Isebel, der Tochter des Königs von Tyros, begann auch ein wirtschaftlicher und kultureller Aufschwung. Doch um die Mitte des 9. Jahrhunderts begann Assyrien seinen Einfluß nach Palästina auszudehnen und ein Reich nach dem anderen tributpflichtig zu machen. König Jehu von Israel unterwarf sich. Als man später die Tributzahlungen aussetzte, erschien Tiglat-Pileser III. in Palästina und annektierte weite Teile des Nordreichs als assyrische Provinz; es verblieb lediglich der Reststaat Efraim im gleichnamigen Bergland. Nach einem erneuten Aufstand wurde auch Efraim und die Hauptstadt Samaria erobert. Das Nordreich Israel war damit erloschen, die Bildungsschicht wurde deportiert; andere Bevölkerungsteile flohen und suchten sich im Süden oder in Ostjordanien eine neue Zukunft.

Das Reich Juda überdauerte diese Zeit, verlor aber nach einer Schaukelpolitik zwischen Babylonien und Ägypten ebenfalls seine staatliche Eigenständigkeit. Die Babylonier eroberten unter Nebukadnezzar II. Jerusalem 587/86 und deportierten die Bildungsschicht nach Babylonien.

Die Königreiche Israel und Juda

Die religiösen Konflikte im 9. Jahrhundert

Die politische Entwicklung der beiden Staaten Israels führte im 9. Jahrhundert zu internationalen Kontakten, einem kulturellen Austausch und natürlich auch einer inneren Öffnung für fremden Einfluß, so daß sich ein »diplomatischer Synkretismus« entwickelte, der in Israel wie Juda dazu führte, den Göttern der Nachbarstaaten, mit denen man gute Beziehungen pflegte, auch kultische Verehrung einzuräumen. Bereits Salomo verehrte Astarte, »die Göttin der Sidonier«, und errichtete für Kemosch, »das Scheusal der Moabiter« und für Milkom, »das Scheusal der Ammoniter« eine Kulthöhe »östlich von Jerusalem«, dem Tempel gegenüber am Ölberg. »Dasselbe tat er für alle seine ausländischen Frauen, die ihren Göttern Rauch- und Schlachtopfer darbrachten« (1 Kön 11, 5-8). Daß es die Liebe zu seinen Frauen gewesen sein soll, die Salomo zu dieser Übernahme von Nachbarkulten bewogen habe, wird deuteronomistische Polemik sein (vgl. 1 Kön 11, 1-4), doch standen die Fremdkulte zweifellos im Dienst wirtschaftlicher und politischer Beziehungen und mochten auch dem neuen Denken über die eigenen Volksgrenzen hinaus entsprechen.

Es gibt keine Hinweise, daß dieser Synkretismus im Südreich irgendwelcher Kritik unterlag; er wurde über die folgenden Jahrhunderte auch weitergeführt, bis er unter Joschija, der von 639–609 König des Südreiches Juda war, bekämpft und ausgerottet wurde (→ S. 236 ff.). Vermutlich haben diese Fremdkulte in der Bevölkerung Judas keine breitere Aufnahme gefunden, sondern blieben insgesamt auf ausländische Diplomaten und königliche Beamte beschränkt. Was aber in Jerusalem ohne erkennbaren Protest hingenommen wurde, führte im Nordreich zu einem harten Konflikt, der die weitere Religionsgeschichte Israels entscheidend beeinflussen sollte.

Die auf Jerobeam folgenden Könige werden alle nach einem einheitlichen Schema vorgestellt und den späteren deuteronomistischen Kriterien unterworfen. Dabei spielt es keine Rolle, von welcher politischen Verantwortlichkeit und Klugheit die Regierung der jeweiligen Könige bestimmt war, einziges Urteilskriterium der Deuteronomisten ist ihre Religionspolitik. Regenten, die der jahwetreuen Landtradition folgten, werden positiv, jene, die eine religiös offene Politik verfolgten, werden negativ dargestellt.

König Omri von Israel

21 Damals spaltete sich das Volk Israel in zwei Parteien. Die eine Hälfte des Volkes stand hinter Tibni, dem Sohn des Ginat, und rief ihn zum König aus; die andere Hälfte schloß sich Omri an. 22 Doch die Anhänger Omris waren stärker als die Gefolgschaft Tibnis, des Sohnes Ginats, und als Tibni starb, wurde Omri König. 23 Im einunddreißigsten Jahr Asas, des Königs von Juda, wurde Omri König von Israel. Er regierte zwölf Jahre, davon sechs in Tirza. 24 Dann kaufte er den Berg Samaria von Schemer für zwei Talente Silber. Und er bebaute ihn und nannte die Stadt, die er baute, Samaria, nach dem Namen Schemers, des früheren Besitzers des Berges. 25 Und Omri tat, was Jahwe mißfiel, und zwar noch schlimmer als alle seine Vorgänger. 26 Er folgte ganz den Wegen Jerobeams, des Sohnes Nebats, und lebte

Das nordsyrische Relief zeigt einen leeren Stuhl, gehalten von zwei Stiermenschen, die ihrerseits von einem Menschen gestützt werden; über allen die geflügelte Sonne.

Auch in Ägypten begegnet die Vorstellung, daß der alle Erscheinungen übersteigende Gott, der Eine in den Vielen, in einem Bild nicht darstellbar ist: Vor dem thronenden Fürsten steht ein Räucheraltar und darüber ein leerer Thronsessel unter der geflügelten Sonnenscheibe.

Ein verstorbener Ägypter paddelt in einem Papyrusboot durch die jenseitige Welt. Vor ihm zwei Göttersymbole: ein leerer Thron über dem der Sonnengott scheint und dahinter das Zeichen des Gottes der Wohlgerüche, Nefertem, des »vollkommen Schönen oder Angenehmen«.

Samaria, Name der von König Omri gegründeten Hauptstadt des Nordreiches Israel (1 Kön 16,24). Volkstümlich wurde der Name S. (hebr. *somron*) von jenem Schemer abgeleitet, von dem Omri den Hügel kaufte. Vermutlich steckt hinter ihm aber die Bedeutung »Wachberg«, von der hebr. Wurzel für »bewachen, bewahren« abgeleitet, da sich der Berg, auf dem S. erbaut wurde, etwa 90 m über das umliegende Land erhebt. Omri befestigte die Gründung und errichtete einen Königspalast und einen Baalstempel. Neben S. besaß er in Jesreel noch eine weitere Residenz. Während dort eine stärkere israelit. Tradition herrschte, dürfte S. nach Art der kanaanäischen Stadtstaaten geprägt gewesen sein. Ausgrabungen haben die Zitadelle von Omri und Achab wieder freigelegt; sie zeigen ein fugen- und mörtellos errichtetes Quadermauerwerk, dem gegenüber die Veränderungen unter Jehu in ihrer handwerklichen Qualität stark abfallen.

S. wurde 722 unter Salmanassar V. und dessen Nachfolger Sargon II. erobert, die Oberschicht deportiert. Aufgrund der assyr. Sitte, ihre Provinzen nach der jeweiligen Hauptstadt zu benennen, ging der Name S. auf die Region über. Auch unter der folgenden Herrschaft der Babylonier und der Perser blieb S. Verwaltungssitz. Als Sitz des pers. Statthalters war S. dem nachexilischen Judäa ein Ärgernis. Wegen der Ansiedlung fremder Bevölkerung in S. durch die Assyrer nach 722 (→ S. 221 ff.), betrachtete man die Samaritaner als Mischvolk und als kultisch unrein. Man drängte sie in eine Sonderentwicklung (→ S. 249), die in der Errichtung eines eigenen Tempels auf dem Berge Garizim (→ S. 223) schließlich ihren Ausdruck fand. Die Makedonier zerstörten S. aufgrund einer lokalen Revolte, aber bauten die Stadt danach im hellenistischen Stil wieder auf. Der Hasmonäer → Johannes Hyrkanus I. zerstörte im Jahr 107 v. Chr. S. erneut, ebenso wie das Heiligtum auf dem Garizim. Als Kaiser Augustus den verwüsteten Ort Herodes d. Gr. schenkte, baute dieser die Stadt glanzvoll wieder auf und gab ihr, um Augustus, griech. Sebastos, zu ehren, den neuen Namen Sebaste. Seitdem begegnet der Name S. nur noch als Landschaftsbezeichnung. – In den späteren Jahrhunderten verlor S. an Bedeutung, wurde zum Dorf und trat die alte Dominanz an das benachbarte Nablus ab.

in dessen Sünden, zu der dieser Israel verführt hatte, so daß sie Jahwe, den Gott Israels, durch ihre Götzen erzürnten. ²⁷ Die übrige Geschichte Omris, seine Taten und kriegerischen Erfolge, die er errang, stehen aufgeschrieben im Buch der Geschichte der Könige von Israel. ²⁸ Und Omri entschlief zu seinen Vätern und wurde in Samaria begraben. Sein Sohn Achab wurde König an seiner Stelle.

1 Kön 16,21-28

Der bedeutendste König des Nordreiches war Omri (um 887–875). Sein Vorgänger Simri, Kommandeur eines Streitwagenkorps, konnte sich nur sieben Tage halten, da das israelitische Heer Omri zum König erhob; von Omri im Wohnturm des königlichen Palastes belagert, steckte Simri den Palast über sich in Brand und fand den Tod (1 Kön 16,1-20). Danach mußte sich Omri zunächst gegen den Rivalen Tibni durchsetzen. Die Gründe für die Rivalität mit Tibni verschweigt der Text; vielleicht steckt hinter der Bemerkung V 21 ein verschleierter Bürgerkrieg.

Mit Omri begann erstmals in Israel eine Königsdynastie, die über drei Generationen reichte. Daß die Herrschaft an Sohn und Enkel ohne Störung weitergegeben werden konnte, belegt eine sichere Politik. Sie fand ihren sichtbaren Ausdruck in der Gründung der neuen Hauptstadt Samaria, auf einem Berg gelegen, die bis zu ihrer Eroberung 722 v. Chr. kulturelles und geistiges Zentrum des Landes blieb. Vom Palast Omris sind Umrisse zum Teil heute noch erkennbar. Die Gründung einer Residenzstadt war in alten Kulturen ein hochbedeutsamer Akt, der das Staatsverständnis veränderte. Es ist anzunehmen, daß mit dem Bau der Stadt auch ein Jahwe-Tempel verbunden war, jedenfalls darf dies aus der Erwähnung des Baal-Tempels in 16,32 geschlossen werden.

Samaria als Hauptstadt gab dem Reich Israel erstmals eine Machtbasis und damit eine Zentralinstanz, wie sie unter Jerobeam für Jerusalem abgelehnt worden war. Omri söhnte sich mit dem davidischen Königshaus aus: Die Vermählung seiner Tochter Athalja mit dem König Joram von Jerusalem bekräftigte diese Friedensbereitschaft. Auch zu den phönizischen und aramäischen Staaten suchte er ein freundschaftliches Verhältnis. Hier beglaubigte die Ehe seines Sohnes Achab mit Isebel, der Tochter des Königs der Sidonier, diese Politik.

Die in 1 Kön 16,23-28 vorliegende Geschichtsschreibung mißt Omri allein am Kriterium der deuteronomistischen Reformer – der ausschließlichen Jahweverehrung – und unterwirft ihn damit einem Schema, das die tatsächlichen Zeitumstände und Leistungen nicht zur Kenntnis nimmt. Die Tatkraft und Weitsicht, mit der Omri seine Innen- wie Außenpolitik betrieb, findet keine Wahrnehmung.

König Achab von Israel

²⁹ Achab, der Sohn Omris, wurde König von Israel im achtunddreißigsten Jahr Asas, des Königs von Juda. Er regierte in Samaria zweiundzwanzig Jahre über Israel ³⁰ und tat, was Jahwe mißfiel, mehr als alle seine Vorgänger. ³¹ Es war ihm noch nicht genug, daß er an den Sünden Jerobeams, des Sohnes Nebats, festhielt. Er nahm Isebel, die Tochter Etbaals, des Königs der Sidonier, zur Frau. Und er ging hin, diente dem Baal und warf sich vor ihm nieder. ³² Er errichtete im Baalstempel, den er in Samaria baute, einen Altar für den Baal. ³³ Auch ließ Achab ein Bild der Aschera anfertigen und tat sonst noch vieles, womit er Jahwe, den Gott Israels, mehr erzürnte als alle Könige Israels vor ihm.

1 Kön 16,29-33

Phönizische Elfenbein-Plakette, 9./8. Jh. v. Chr. in Samaria gefunden, Intarsie aus einem Möbelstück.

Ausgrabungsfunde in Samaria, auch in Megiddo u. a. belegen Arbeiten aus afrikanischem Elfenbein, das zur Herstellung von Luxusgegenständen besonders beliebt war. Der Thron Salomos bestand aus Elfenbein

*A*chab setzte die Linie seines Vaters erfolgreich fort und regierte nach der Formel in V 29 zweiundzwanzig Jahre. Wirtschaftlich und kulturell entfaltete er im Land eine beeindruckende Blütezeit, wie dies zumal die hochentwickelte Bautechnik und Kunst der Palastanlage von Samaria dokumentiert. Mit seiner Religionspolitik verfolgte Achab weiterhin außenpolitische Ziele. In seiner Hauptstadt ließ er einen Baalstempel errichten, um vor allem seiner Frau Isebel und ihrem Gefolge den heimischen Kult zu ermöglichen, doch dürfte dieser Tempel mit seinen Priestern und Kultpropheten auch eine breite Ausstrahlung auf die Bevölkerung gehabt haben. Baal war ja kein eindeutig ausländischer Gott, sondern über Jahrhunderte schon immer verehrt worden. Darum ist es wahrscheinlich, daß im Gefolge des offiziellen Staatskultes auch anderswo im Lande Baalsheiligtümer entstanden. Unwahrscheinlich hingegen ist es, daß vom Königshaus eine Unterdrückung der Jahwereligion ausgegangen ist, wie es die deuteronomistische Kritik der Königspolitik anlastet. Wenn das Nebeneinander von Jahwe- und Baalskult nicht nur geduldet, sondern auch gefördert wurde, so entsprach dies den staatlichen Interessen, unterschiedliche Bevölkerungsgruppen und Traditionen als auch ausländische Gegebenheiten miteinander zu verbinden. Dem Jahwekult allein Lebensrecht einzuräumen, hätte unter den Bedingungen damaliger kultureller und religiöser Vielfalt zu rigider Intoleranz und Unterdrückung führen müssen. Insofern bewegte sich die omridische Religionspolitik im Bereich des Selbstverständlichen und Vernünftigen. Wenn sich trotzdem in der Person des Propheten Elija dagegen Protest anmeldete, der schließlich zum Scheitern der omridischen Religionspolitik führte, so lag dies an der Besonderheit israelitischer Jahwetradition, für die es keine benachbarte Parallele gibt.

(1 Kön 10,18), das auf dem Seeweg geliefert worden war. König Achab aber baute ein Elfenbeinhaus (1 Kön 22,39); der Name bezieht sich auf den Schmuck der Möbelstücke mit Elfenbein. Die abgebildete Intarsie vermag den Stil zu verdeutlichen. Ps 45,9 und Am 3,5 sprechen von Elfenbeinpalästen. An anderer Stelle kritisiert Amos: »Ihr, die ihr die Herrschaft der Gewalt herbeiführt, liegt auf Elfenbeinbetten und räkelt euch auf den Polstern« (6,4).

Leonard Baskin (geb. 1922),
Der Prophet Elija, 1974.

Die Opposition des Propheten Elija

Die omridische Religionspolitik ist für ihre Zeit und Region eine normale Erscheinung. Dennoch berichtet die Bibel von einem fundamentalen Protest gegen diese Normalität, kämpferisch vorgetragen von einzelnen Männern und unterstützenden Gruppen, und zwar mit solcher Vehemenz, daß diese Intervention schließlich zum brutalen Abbruch der bisherigen Toleranzpolitik führte. Das lag keineswegs in der Startlinie des Prophetismus, da Propheten ja zuerst Hof- und Tempeldienste leisteten, um das Königtum zu stabilisieren. Aus diesem institutionellen Prophetentum lösten sich im 9. Jahrhundert Einzelgänger und kleinere Gruppen, die als wandernde Heiler, Exorzisten und Orakeldeuter ihr Brot verdienten. Aus anfänglicher Armut erwachsen, verbanden sie mit gesellschaftlichem Außenseitertum wirtschaftliche Unabhängigkeit und gewannen damit die Basis für eine radikale Systemkritik.

In diese Perspektive gehören auch Elija und Elischa. Ihre regulären Tätigkeiten dürften einer Kritik der staatlichen Religionspolitik fern gelegen haben. Elija wird als Regenmacher in die öffentliche Szenerie eingeführt und auch Elischa ist einem mantischen Gewerbe zuzurechnen. Die Königskritik könnte sich am absolutistischen Gehabe Achabs entzündet haben, wie sie in der Nabot-Erzählung geschildert wird (1 Kön 21,1-20): Achab will seine Palastanlage erweitern und braucht dazu den benachbarten Acker eines gewissen Nabot, der aber seinen Erbbesitz weder verkaufen noch tauschen will. Der König ist bereit, das alte Sippenrecht, das den familiären Grundbesitz als unverkäuflich erklärt, wenn auch zähneknirschend, zu respektieren, aber seine phönizische Gattin Isebel wertet Nabots Weigerung als Infragestellung der königlichen Souveränität. Die Anklage, Nabot habe »Gott und dem König geflucht« (V 10) – eine Formel, die in ihrer Verquickung von Gott und König in kein biblisches Rechtsdokument Aufnahme fand – soll Elija auf den Plan gerufen haben, um den Skandal aufzudecken und dem König die Strafe Jahwes anzusagen. Damit nahm das Prophetentum die alte königskritische Tradition Israels erneut auf.

Freilich erlaubt die literarische Eigenart der legendenhaften Wundergeschichten, die sich um Elija ranken, keinen ungebrochenen Rückblick auf die geschichtliche Gestalt. Seine wirkliche Statur wird von dem Bild, das die spätere Überlieferung enwickelte, nahezu ganz verwischt. Die heute in den Elija-Texten (1 Kön 17-19. 21 und 2 Kön 1-2) vorliegenden Erzählungen schildern den Kampf eines entschlossenen Außenseiters für den reinen Jahweglauben bei entschiedener Kampfansage gegen die Baalskulte.

Dabei verraten die Elijaerzählungen in ihrer legendarischen Form eine typisierende Tendenz. Es geht ihnen weniger um das einmalige Geschehen als um dessen exemplarische Bedeutung, wie sie deuteronomistischen Interessen entspringt. Da auch die Textanalyse deutlich machen kann, daß die Einzelerzählungen nicht an die Zeit des Elija heranführen, sondern ihre Entstehung und Komposition in einem zeitlichen Abstand zur beschriebenen Situation stehen, darf hier kein ungetrübtes Geschichtsbild erwartet werden. Der vorliegende Erzählkranz vereint durchaus unterschiedliche Elijabilder: mal den kompromißlosen Jahweverehrer, mal den machtvollen Wundertäter, mal den »Gottesmann«. Jede dieser anders profilierten

Gestalten entspricht den Erfordernissen unterschiedlicher Zeiten und Situationen und verrät allenfalls indirekt etwas vom Eindruck, den der geschichtliche Elija hinterließ.

Eine Kontur des historischen Elija zu gewinnen, muß trotzdem versucht werden. Hinter den Elijatraditionen wird die Gestalt eines Eiferers für die Alleinzuständigkeit und Alleinverehrung Jahwes in Israel deutlich, dem die ausgeprägte Toleranzpolitik der Omriden gegenüber den kanaanäischen benachbarten Religionstraditionen inakzeptabel war. Sein Bekenntnisname »Mein Gott ist Jahwe« kann dafür Indiz sein.

Die biblischen Erzählfolgen zeigen Elija immer allein, im Gegensatz zu Elischa, der Haupt einer Prophetengruppe war. Die späteren Überlieferungen haben die Gestalt Elijas mehrfach angereichert und nahezu ins Mythische überhöht. Schließlich rückte Elija in eine messianische Perspektive. Der gesamte biblische Prophetenkanon endet mit dem Ausblick:

Bevor aber der Tag Jahwes kommt, der große und furchtbare Tag, seht, sende ich zu euch den Propheten Elija. Er wird das Herz der Väter wieder den Söhnen und das Herz der Söhne ihren Vätern zuwenden, damit ich nicht, wenn ich komme, das Land dem Bannfluch weihen muß (Mal 3,23 f.).

Diese Stelle wurde in den synoptischen Evangelien mit Johannes dem Täufer als dem zu erwartenden Messias verbunden (→ S. 365). Auch Jesus fand seine Deutung als Prophet der Endzeit auf der Folie der Wundertaten des Elija (und Elischa).

Elija und die Dürrekatastrophe

Über die Entstehung und Datierung der Kapitel 1 Kön 17 und 18 gibt es in der Forschung keinen Konsens. Vermutlich wurden hier Elija-Traditionen unterschiedlichen Alters miteinander verschmolzen, ohne daß ihre ursprünglichen Konturen noch abzugrenzen wären.

Den historischen Hintergrund von 17,1-7 bestimmt eine Dürrekatastrophe, die Elija in Konflikt mit dem König brachte. Elija war im Land als »Regenmacher« bekannt, was ihn nicht generell empfohlen haben muß. Wenn Achab ihn 18,17 mit dem Titel 'oker jisrael belegt, »Verderber« oder »Behexer« Israels, und Elija umgekehrt Achab und dessen Familie bezichtigt, diese seien es, die Israel ins Verderben führten bzw. verhexten, könnte sich dahinter der Streit abgespielt haben, wem die Schuld an der Dürrekatastrophe zukomme: Elija, dem berühmten Regenmacher (18,41-45), der sich weigerte, seine Fähigkeiten zugunsten des Landes einzusetzen – mit dem Wort »Es werden weder Tau noch Regen fallen, es sei denn, auf mein Wort«, beginnt die Erzählung – oder König Achab, dessen religiöser Mischkult nicht mehr fähig sein soll, den notwendigen Regen zu beschaffen. Elijas Replik »Nicht ich habe Israel ins Verderben gestürzt, sondern du und das Haus deines Vaters, weil ihr die Gebote Jahwes übertreten habt und den Baalen nachgelaufen seid« (18,18) verrät zwar

Hungernde Ägypter, Relief am Aufgang der Pyramide des Unas, Sakkara, 2420 v. Chr.

deuteronomistische Sprachregelung, spiegelt aber auch die Religionspolitik König Achabs. Wollten Elija und die ihm verbundenen konservativen Gruppen die Dürrekatastrophen als Strafe Jahwes

Wandmalerei (Ausschnitt) im Grab des Sennedjem in Deir el-Medina, Theben, um 1200 v. Chr.

Mehrfach berichtet die Bibel: »Alle Welt kam nach Ägypten, um Getreide zu kaufen; denn der Hunger wurde immer drückender auf der ganzen Erde« (Gen 41,57). Paradiesisch kann man den Segen nennen, den die Natur in einer reich bewässerten Landschaft spendet: Ernte im Binsenfeld, Synonym für Fruchtbarkeit und Überfluß.

für den synkretistischen Staatskult sehen, ist Elijas Weigerung, seine Fähigkeiten einzusetzen, als Machtprobe zu verstehen: Nun möge der König als Repräsentant des Staates mit seinem offiziellen Kult zeigen, daß dessen Götter Israel Regen und Leben spenden können.

Elija am Bach Kerit

¹ Der Prophet Elija aus Tischbe in Gilead sprach zu Achab: So wahr Jahwe, der Gott Israels, lebt, in dessen Dienst ich stehe: Es werden in diesen Jahren weder Tau noch Regen fallen, es sei denn auf mein Wort! ² Und es erging das Wort Jahwes an Elija: ³ Geh weg von hier, wende dich nach Osten, und verbirg dich am Bach Kerit, der östlich vom Jordan fließt. ⁴ Aus dem Bach kannst du trinken, und den Raben habe ich geboten, dich dort zu versorgen. ⁵ Da ging er und tat nach Jahwes Wort; er ging und ließ sich nieder am Bach Kerit, der östlich vom Jordan fließt und ließ sich dort nieder. ⁶ Raben brachten ihm Brot am Morgen und Fleisch am Abend, und aus dem Bache trank er. ⁷ Nach einiger Zeit aber trocknete der Bach aus; denn es war kein Regen im Lande gefallen.

1 Kön 17,1-7

Tau und Regen fallen drei Jahre nicht, aber Elija spricht kein Machtwort, die Not zu brechen. Er leidet auch seinerseits darunter. Am Ende der Erzählung wartet er zusammengekauert, daß Jahwe den Regen sendet.

Während die Hungersnot das ganze Land darben läßt, ernährt Gott Elija auf wunderbare Weise durch Raben am Bach Kerit östlich des Jordan. Das ist ein Märchenmotiv, welches in seiner symbolischen Sprache vom »gedeckten Tisch« ein Urvertrauen – oder auch nur Urverlangen – kennt: Einem Menschen, den gute Mächte führen und beschützen, sei der Tisch überall gedeckt, möge er auch in die Einöde kommen und von niemanden gastlich empfangen werden. Allerdings ist das nicht selbstverständlich, darum erlebt er die »Speisung« von Mal zu Mal als »wunderbar«; von außen betrachtet, sind Taschen und Hände leer.

Die erste Hilfe kommt Elija durch »Raben« zu. Das sind Aasfresser; sie gelten als unrein, und doch nimmt Elija von ihnen alle Tage »Brot und Fleisch« entgegen. Ebenso »unrein« ist die Witwe von Sarepta. Die Bewohner dieser phönizischen Stadt, zwischen Tyros und Sidon gelegen, galt den Jahwegläubigen als heidnisch. Die Gastfreundschaft dieser einfachen Frau aber, die das Wenige mit Elija teilte, half ihm, die Hungersnot zu überstehen. Elija lernte, von Unreinen den Lebensunterhalt aus der Hand Gottes zu nehmen, wie ihrerseits die Frau die lebenserhaltende Kraft eines Menschen kennenlernte, der sich ausschließlich Gott anheimstellte.

Richard Seewald (1889–1976), Elija am Bach Kerit.

Elija in Sarepta

8 Da erging das Wort Jahwes an Elija: 9 Mach dich auf, und geh nach Sarepta, das zu Sidon gehört, und bleibe dort! Ich habe dort einer Witwe befohlen, dich zu versorgen. 10 Und er machte sich auf und ging nach Sarepta. Als er an das Stadttor kam, traf er dort eine Witwe beim Holzlesen. Er rief sie an und sagte: Hole mir doch im Krug ein wenig Wasser zum Trinken! 11 Als sie wegging, um es zu holen, rief er ihr nach: Bring mir auch einen Bissen Brot mit! 12 Doch sie sagte: So wahr Jahwe, dein Gott, lebt: Ich habe keinen Vorrat außer eine Handvoll Mehl im Topf und ein wenig Öl im Krug. Ich lese gerade ein paar Stücke Holz auf und gehe dann heim, es für mich und meinen Sohn zuzubereiten. Das wollen wir noch essen und dann sterben. 13 Da sagte Elija zu ihr: Fürchte dich nicht! Geh heim, und tu, wie du gesagt hast. Doch bereite zuerst für mich einen kleinen Fladen, und

bring ihn mir heraus! Danach kannst du für dich und deinen Sohn etwas zubereiten. 14 Denn so spricht Jahwe, der Gott Israels: Das Mehl im Topf soll nicht ausgehen und der Ölkrug nicht versiegen bis zu dem Tag, an dem Jahwe wieder Regen auf den Erdboden sendet. 15 Da ging sie hin und tat, was Elija gesagt hatte. Und sie hatte zu essen, sie mit ihm und ihrem Sohn, Tag für Tag. 16 Das Mehl im Topf ging nicht aus, und der Ölkrug versiegte nicht, wie Jahwe durch Elija versprochen hatte.

1 Kön 17,8-16

Wetter- und Fruchtbarkeitsgott, späthetitisches Steinrelief, 8. Jh. v. Chr.

Hinter aller Fruchtbarkeit steht Gottes Segen, das gilt für Mensch und Tier; es gilt auch für die Fruchtbarkeit des Landes. Die oft gebrauchte Formel vom »Land, in dem Milch und Honig fließen« (Ex 3,17 und weitere 19mal im Zusammenhang der »Landnahme«) gibt die Idealvorstellung des Halbnomaden von sorgloser Ernährung wieder. Es entsprach kanaanäischer Einstellung, die Leben spendenden Mächte der Natur als göttlich zu verehren. Baal war als Regen-, Gewitter- und Fruchtbarkeitsgott die zentrale Gestalt des Pantheons. Neben ihm verkörperten weibliche Gottheiten ebenfalls Fruchtbarkeitsvorstellungen. Gleichzeitig gab es lokale Volkskulte, verbunden mit Stein- und Baumheiligtümern, die sich mit dem Gang der Natur verknüpften (→ S. 243 ff.). Allerdings hat die deuteronomistische Redaktion der Bibel viele alte Traditionen so überarbeitet, daß sich ein detailliertes Gesamtbild nicht mehr rekonstruieren läßt.

Das Motiv der wunderbaren Speisung begegnet in aller Welt. Es gehört zu den ältesten Motiven volkstümlichen Erzählgutes und erscheint in märchenhafter und legendarischer Gestalt. Im Alten Testament ist es neben der Elija-Tradition in den Legenden um Elischa (2 Kön 4,1-7; 4,42-44) anzutreffen. Im Märchen kennen wir es in der Variante des Tischlein-deck-dich; in einer zeitlosen »Gegenwelt« ist das Wunderbare alltäglich da. Indem es im Märchen jenseits historischer Örtlichkeit, historischer Zeit und historischer Namen begegnet, erscheint das Motiv vom Speisungswunder in der Legende in einem Bezug zur Geschichte, zu realen Personen und zeitlichen Umständen. Denn die Legende will beglaubigen, daß das Wunderbare in der Zeit und in dieser geschichtlichen Welt offenkundig wird. Das geschieht besonders durch die Übertragung des wunderbaren Geschehens auf historische Personen. Die Legende kommt neu zur Sprache, um die geschichtliche Bedeutung dieses Menschen auszusagen und die Wahrheit des legendären Motivs erneut zu offenbaren (vgl. S. 384).

Innerhalb der Prophetenlegende dient das Speisungsmotiv der deuteronomistischen Intention: Auch der Gottesmann Elija muß lernen, das Leben aus Gottes Hand zu empfangen, statt es seinen eigenen Künsten anzuvertrauen; so wie er sich darin Gott überläßt, gewinnt er seinerseits an lebensspendender Kraft.

Elija erweckt den Sohn der Witwe zum Leben

17 Nach diesen Ereignissen geschah es, daß der Sohn der Witwe, der das Haus gehörte, erkrankte. Die Krankheit verschlimmerte sich, bis zuletzt kein Atem mehr in ihm blieb. 18 Da sagte sie zu Elija: Was habe ich mit dir zu schaffen, Mann Gottes? Du bist nur zu mir gekommen, um meine Schuld vor Gott zu erinnern und meinem Sohn den Tod zu bringen. 19 Er aber sprach zu ihr: Gib mir deinen Sohn! Und er nahm ihn von ihrem Schoß, trug ihn hinauf ins Obergemach, in dem er wohnte, und legte ihn auf sein Bett. 20 Dann rief er zu Jahwe und sagte: Jahwe, mein Gott, willst du sogar über die Witwe, in deren Haus ich wohne, Unheil bringen und ihren Sohn sterben lassen? 21 Und er streckte sich dreimal über das Kind hin, rief zu Jahwe und flehte: Jahwe, mein Gott, laß doch das

Leben in dieses Kind zurückkehren! 22 Und Jahwe hörte auf die Stimme Elijas. Das Leben kehrte in das Kind zurück, und es wurde wieder lebendig. 23 Elija nahm das Kind und brachte es vom Obergemach ins Haus hinab und gab es seiner Mutter. Elija sprach: Siehe, dein Sohn lebt! 24 Da sagte die Frau zu Elija: Jetzt weiß ich, daß du ein Mann Gottes bist und daß das Wort Jahwes in deinem Munde Wahrheit ist.

1 Kön 17,17-24

D ie Erzählung von der Erweckung des toten Kindes wurde in den Elija-Zyklus nachträglich eingeschoben. Darauf verweist sowohl die gängige Anschlußformel »nach diesen Ereignissen geschah es ...«, als auch die Kennzeichnung der Mutter. Sie ist nicht die arme Witwe, die Elija mit ihren letzten Lebensmitteln ernährte, sondern eine reiche »Hausbesitzerin« (V 17), deren Haus sogar über ein luxuriöses Obergemach und ein Bett verfügt (vgl. 2 Kön 4,10). V 17 und V 20 stellen sie – um sie der voraufgehenden Erzählung anzupassen – als Witwe vor. Elija wird als »Gottesmann« bezeichnet (V 18.24), was sonst nur noch 2 Kön 1,9 ff. der Fall ist.

Als ihr Sohn auf den Tod hin erkrankt, macht die Mutter Elija Vorwürfe. Diese entspringen der Vorstellung, die Anwesenheit eines »Gottesmannes« in ihrem Haus habe Elijas Gott genauer hinschauen lassen, so daß er ihre bisherigen Sünden bemerkte, um sie daraufhin mit dem Tod ihres Sohnes zu bestrafen. Elija nimmt das Kind vom Schoß der Mutter und trägt es ins Obergemach; er will beim folgenden Geschehen allein sein (vgl. 2 Kön 4,33). Das dreimalige Ausstrecken über dem toten Kind, das die Elischa-Parallele 2 Kön 4,34 detaillierter erzählt, soll nach antiker Anschauung die Lebenskraft des Gesunden auf den Toten übertragen. Neben dieser magischen Handlung bittet Elija Jahwe, dem Kind doch das Leben zurückzugeben und ordnet damit die eigene Manipulation dem Gebet unter – im Gegensatz zum Tun Elischas.

Die Erweckungsgeschichten von Elija und Elischa haben auch die Totenerweckungen bei Markus 5,21-43 und Lukas 7,11-17 geprägt. Da die Wiederkehr des Elija als Zeichen der messianischen Zeit galt, wollen die neutestamentlichen Geschichten Jesus in die Kontur des Elija rücken und in die damit verbundene endzeitliche Heilserwartung. Daß der Lukas-Text gegenüber der Elija-Geschichte noch eine Reihe überbietender Parallelen enthält, unterstreicht diese Intention. (Zur Auferweckung des Lazarus vgl. S. 516 ff.).

Weniger beachtet wird gewöhnlich, daß auch die Apostelgeschichte von Totenerweckungen berichtet: sowohl dem Petrus (9,36-43) wie dem Paulus (20,7-12) wird je eine Erweckung zugeschrieben. Dazu kommt die Notiz, daß sich in der Todesstunde Jesu die Gräber geöffnet hätten und »die Leiber vieler Heiligen, die entschlafen waren«, in Jerusalem erschienen seien (Mt 27,52). Allen biblischen Erzählungen liegen volkstümliche Legenden zugrunde. Nicht zu verwechseln mit einer »Erweckung vom Tode« ist die »Auferstehung von den Toten«, denn »Auferstehung« meint keine Wiederbelebung als Rückkehr in die Geschichte, sondern ein jenseitiges Leben in der göttlichen Wirklichkeit (→ S. 455).

Erweckungsgeschichten sind auch außerhalb der biblischen Welt erzählt worden. Die älteste profane Lebensbeschreibung eines Wundertäters, erst um 200 n. Chr. entstanden, bietet einen Vergleichsmaßstab. Sie stammt von Philostratos, Schriftsteller am Hof des römischen Kaisers Septimus Severus, und schildert das »Leben des Apollonius von Tyana«; darin erzählt Philostratos, wenngleich schon von Skepsis angefochten, von der Erweckung einer jungen Frau:

Ein Mädchen, im Begriff zu heiraten, schien gestorben zu sein, und der Bräutigam folgte ihrer Bahre. Er klagte über den frühen Tod seiner Braut. Rom trauerte mit ihm, denn das Mädchen gehörte einer Konsularenfamilie an. Apollonius kam gerade dazu und erfuhr von dem Leid.

Er sagte: »Setzt die Bahre ab! Ich werde euch die Tränen stillen, die ihr über das Mädchen weint.« Und sogleich fragte er, wie es heiße. Die Menge dachte, er wolle eine Rede halten, wie es beim Leichenbegräbnis üblich ist, um die Totenklage anzuregen. Aber statt dessen berührte er das Mädchen nur und flüsterte ihm zu. Er erweckte es vom scheinbaren Tod. Und das Mädchen sprach und ging in das Haus ihres Vaters, so wie einst Alcestis, als sie durch Herkules zum Leben zurückgebracht worden war. Die Verwandten des Mädchens wollten dem Apollonius 150 000 Sesterzen geben. Aber er sagte, er wolle sie dem Mädchen zur Mitgift hinzufügen.

Ob er noch einen Lebensfunken in ihr entdeckte, den die Ärzte nicht bemerkt hatten ... oder ob das Leben wirklich erloschen war und er es durch die Wärme seiner Berührung wieder herstellte, ist ein äußerst schwieriges Problem, welches weder ich, noch die, welche anwesend waren, lösen können (IV, 45).

Der Tod des großen Pan

Zur Zeit des Kaisers Tiberius fuhr ein Schiff von Griechenland nach Sizilien, das in der Nähe der Inseln Paxos und Propaxos von einer Windstille überfallen wurde. Plötzlich rief eine Stimme vom Ufer her: »Thamus!« Dies war der Name des Steuermannes, der hierauf zunächst nichts erwiderte, aber schließlich, als er zum dritten Mal angerufen wurde, doch antwortete. Da rief eine Stimme: »Wenn du nach Palados kommst, erzähle ihnen, daß der große Pan tot ist!«

Nach einigen Überlegungen beschloß Thamus, wenn die Windstille anhielte, der Stimme zu gehorchen. Sie hielt an, und als das Schiff in der Nähe von Palados vorbeitrieb, rief er vom Schiff aus: »Der große Pan ist tot!«, was mit einem verworrenen Getön von Staunen und großem Wehklagen erwidert wurde.

Plutarch

Was sind Götter?

Die Götter der Erfahrungsreligion sind keine Sache des Glaubens. Die Frage »Glaubst du an Flußgötter?« ist falsch gestellt. Vielmehr müßte sie lauten: »Bist du bereit, was du am Fluß siehst, als Ausdruck eines Göttlichen anzuerkennen?« Anstelle der Frage: »Hast du schon einmal einen Flußgott gesehen?« müßte gefragt werden: »Hast du ein Erlebnis gehabt, das dich vom Sinn solcher Anerkennung überzeugt hat?«

Das Wesen wird vom erfahrungsreligiösen Menschen nicht hinter, sondern in den Wirkungen gesucht ... Der Gott ist nicht einfach das Element. Der Flußgott ist nicht der Fluß, sondern dessen begegnende Wirklichkeit. Er ist die Gestalt gewordene Atmosphäre des Flusses ... Von Göttern zu reden, von Grundcharakteren des Seins, die quer zur Verdinglichung stehen, ist eine wesentliche Erleichterung für sonst nur sehr indirekt und geschraubt ausdrückbare Zusammenhänge in der Naturphilosophie, aber auch der Psychologie.

Reinhard Falter

Die Götterwette auf dem Karmel

1 Nach langer Zeit – es war im dritten Jahr – erging das Wort Jahwes an Elija: Geh und zeig dich dem Achab! Ich will Regen auf die Erde senden. 2 Da ging Elija hin, um sich Achab zu zeigen. Die Hungersnot in Samaria aber war groß. 3 Achab rief darum den Palastvorsteher Obadja, der ein treuer Diener Jahwes war. 4 Obadja hatte nämlich, als Isebel die Propheten Jahwes ausrottete, hundert von ihnen beiseite genommen, sie zu je fünfzig in einer Höhle verborgen und mit Brot und Wasser versorgt. 5 Achab sagte nun zu Obadja: Geh durch das Land zu allen Wasserquellen und Bächen! Vielleicht finden wir Gras, damit wir Pferde und Maultiere am Leben erhalten können und das Vieh nicht umkommen lassen müssen. 6 Sie teilten sich das Land, um es zu durchstreifen. Achab ging in die eine und Obadja in die andere Richtung, beide allein. 7 Als nun Obadja unterwegs war, kam ihm Elija entgegen. Er erkannte ihn, warf sich vor ihm nieder und rief: Bist du es, mein Herr Elija? 8 Dieser antwortete: Ich bin es. Geh und melde deinem Herrn: Elija ist da. 9 Er aber sagte: Was habe ich verschuldet, daß du deinen Knecht in die Hand Achabs und dem Tod preisgeben willst? 10 So wahr Jahwe, dein Gott lebt: Es gibt kein Volk und kein Reich, wohin mein Herr nicht gesandt hätte, dich zu suchen. Und sagte man: Er ist nicht hier, dann ließ er dieses Reich oder Volk schwören, daß man dich nicht gefunden habe. 11 Und jetzt befiehlst du: Geh und melde deinem Herrn: Elija ist da. 12 Wenn ich nun von dir weggehe, könnte ja der Geist Jahwes dich an einen Ort entrücken, den ich nicht kenne. Käme ich dann zu Achab, um dich zu melden, und er könnte dich nicht finden, so würde er mich töten. Dabei verehrt dein Knecht doch Jahwe von Jugend an. 13 Hat man dir denn nicht berichtet, was ich getan habe, als Isebel die Propheten Jahwes umbrachte? Daß ich hundert von ihnen, je fünfzig in einer Höhle, versteckte und mit Brot und Wasser versorgte? 14 Und nun sagst du: Geh und melde deinem Herrn: Elija ist da. Der wird mich umbringen. 15 Doch Elija antwortete: So wahr Jahwe Zebaot lebt, in dessen Dienst ich stehe: Heute noch werde ich vor ihn treten. 16 Da ging Obadja hin und kam zu Achab und berichtete ihm. Und Achab ging Elija entgegen. 17 Und es geschah, als Achab Elija sah, rief er: Bist du es, du Verderber Israels? 18 Elija entgegnete: Nicht ich habe Israel ins Verderben gestürzt, sondern du und das Haus deines Vaters, indem ihr die Gebote Jahwes übertreten habt und den Baalen nachgelaufen seid. 19 Doch nun sende Boten aus, und versammle ganz Israel zu mir auf dem Karmel, auch die vierhundertfünfzig Propheten des Baal und die vierhundert Propheten der Aschera, die vom Tisch Isebels essen. 20 Da sandte Achab zu allen Söhnen Israels und ließ die Propheten auf dem Karmel zusammenkommen. 21 Und Elija trat vor das ganze Volk und rief: Wie lange noch wollt ihr auf zwei Krücken hinken? Wenn Jahwe der wahre Gott ist, dann folgt ihm! Wenn aber Baal es ist, dann folgt diesem! Doch das Volk gab keine Antwort. 22 Da sagte Elija zum Volk: Ich allein bin übriggeblieben als Prophet Jahwes; die Propheten des Baal aber sind vierhundertfünfzig. 23 Man gebe uns zwei Stiere. Sie sollen sich einen auswählen, ihn zerteilen und auf das Holz legen, aber kein Feuer anzünden. Und ich werde den anderen Stier zubereiten, auf das Holz legen und auch kein Feuer anzünden. 24 Dann ruft

den Namen eures Gottes an, und ich, ich werde den Namen Jahwes anrufen. Der Gott, der mit Feuer antwortet, der ist der wahre Gott. Da antwortete das ganze Volk: So ist es recht. 25 Und Elija sagte zu den Propheten des Baal: Wählt ihr zuerst den Stier aus und bereitet ihn zu; denn ihr seid die Mehrheit. Ruft dann den Namen eures Gottes an, aber entzündet kein Feuer! 26 Sie nahmen den Stier, den er ihnen gab, und bereiteten ihn zu. Dann riefen sie vom Morgen bis zum Mittag den Namen des Baal an: Baal, erhöre uns! Doch es kam kein Laut, und niemand gab Antwort. Sie hüpften um den Altar, den sie gebaut hatten. 27 Um die Mittagszeit verspottete sie Elija und sagte: Ruft lauter! Er ist doch ein Gott. Er könnte beschäftigt sein oder er könnte austreten gegangen oder verreist sein. Vielleicht schläft er und wacht dann auf. 28 Da schrien sie mit lauter Stimme und ritzten sich nach ihrem Brauch mit Schwertern und Lanzen wund, bis das Blut an ihnen herunter floß. 29 Als der Mittag vorüber war, gerieten sie in Raserei bis zu der Zeit, da man das Speiseopfer darbringt. Doch es kam kein Laut, keine Antwort, keine Erhörung.

30 Nun sagte Elija zum ganzen Volk: Tretet her zu mir! Das Volk trat zu ihm hin, und Elija baute den zerstörten Altar Jahwes wieder auf. 31 Elija nahm zwölf Steine, nach der Zahl der Stämme der Söhne Jakobs, zu dem Jahwe gesagt hatte: Israel soll dein Name sein. 32 Er baute aus den Steinen einen Altar für den Namen Jahwes. Um den Altar zog er einen Graben so breit wie für zwei Maß Saat. 33 Dann schichtete er das Holz auf, zerteilte den Stier und legte ihn auf das Holz. 34 Und er sagte: Füllt vier Krüge mit Wasser, und gießt es über das Brandopfer und das Holz! Und er sagte: Tut es noch einmal! Und sie taten es zum zweiten Mal. Dann sagte er: Tut es zum dritten Mal! Und sie taten es zum dritten Mal. 35 Das Wasser lief rings um den Altar. Auch den Graben füllte er mit Wasser. 36 Zu der Zeit, da man das Speiseopfer darbringt, trat der Prophet Elija an den Altar und sprach: Jahwe, Gott Abrahams, Isaaks und Israels, heute soll man erkennen, daß du Gott bist in Israel und ich dein Knecht, und daß ich alles in deinem Auftrag tue. 37 Erhöre mich, Jahwe, erhöre mich, damit dieses Volk erkennt, daß du, Jahwe, der wahre Gott bist und du selbst ihr Herz zur Umkehr wendest. 38 Da fiel das Feuer Jahwes herab und verzehrte das Brandopfer, das Holz, die Steine und die Erde und das Wasser im Graben leckte es auf.

39 Alles Volk sah es, warf sich auf das Angesicht nieder und rief: Jahwe ist Gott, Jahwe ist Gott! 40 Elija aber befahl ihnen: Ergreift die Propheten des Baal! Keiner von ihnen soll entkommen. Man ergriff sie, und Elija ließ sie zum Bach Kischon hinabführen und schlachtete sie dort.

41 Dann sagte Elija zu Achab: Geh hinauf, iß und trink; denn ich höre das Rauschen des Regens. 42 Während Achab wegging, um zu essen und zu trinken, stieg Elija zur Höhe des Karmel empor. Und er beugte sich zur Erde nieder und legte sein Gesicht zwischen die Knie. 43 Und er sagte zu seinem Diener: Geh hinauf, und schau auf das Meer hinaus! Dieser ging hinauf, schaute hinaus und meldete: Es ist nichts zu sehen. Elija befahl: Geh noch einmal hinauf! So geschah es sieben Mal. 44 Beim siebten Mal meldete der Diener: Eine Wolke, klein wie eine Menschenhand, steigt aus dem Meer herauf. Darauf sagte Elija: Geh hinauf, und sag zu Achab: Spanne an, und fahre zu Tal, damit der

Bonifatius fällt die Thor-Eiche bei Geismar (724). Lithographie, um 1900.

Den Tod des großen Pan kündeten auch die Axtschläge des Bonifatius, als er in Geismar die heilige Thor-Eiche fällte:

Damals empfingen viele Hessen, die den katholischen Glauben angenommen und durch die siebenfältige Gnade des Geistes gestärkt waren, die Handauflegung; andere aber, deren Geist noch nicht erstarkt war, verweigerten des reinen Glaubens unverletzbare Wahrheiten zu empfangen. Einige auch opferten heimlich Bäumen und Quellen, andere taten dies ganz offen ... Andere dagegen, die schon gesunderen Sinnes waren und allem heidnischen Götzendienst entsagt hatten, taten nichts von alledem. Mit deren Rat und Hilfe unternahm er es, eine ungeheure Eiche, die mit ihrem alten heidnischen Namen die Jupitereiche genannt wurde, in einem Ort, der Gäsmere hieß, im Beisein der ihn umgebenden Knechte Gottes zu fällen. Als er nun in der Zuversicht seines standhaften Geistes den Baum zu fällen begonnen hatte, verwünschte ihn die große Menge der anwesenden Heiden als einen Feind ihrer Götter lebhaft in ihrem Innern. Als er jedoch nur ein wenig den Baum angehauen hatte, wurde sofort die gewaltige Masse der Eiche von höheren göttlichen Wehen geschüttelt und stürzte mit gebrochener Krone zur Erde und wie durch höheren Winkes Kraft barst sie sofort in vier Teile ... Darauf aber erbaute der hochheilige Bischof, nachdem er sich mit den Brüdern beraten, aus dem Holzwerk dieses Baumes ein Bethaus und weihte es zu Ehren des heiligen Apostels Petrus.

Rudolf von Fulda

Der Religionswissenschaftler Walter F. Otto wanderte mit einem befreundeten Archäologen durch die Wälder hoch überm Donautal, »wo man keinem Menschen begegnet und den Eindruck bekommt, als wären nie Menschen dagewesen ...«

Die unberührte Natur bewegte die beiden Männer: »Es ist doch alles wahr«, sagte der Archäologe, »was die Alten geschaut und gedacht haben! Die heilige Stille redet. Mir ist, als hörte ich die Flöte des Pan. Sie ist ja die Stimme der Stille ... Die Gebildeten mögen lachen; sie kennen ja nur das Göttliche, wie sie es sich zurecht gedacht haben. Hier, wo wir stehen, weiß man es anders.« Doch seinen eigenen Empfindungen zum Trotz, fügte er hinzu: »Aber was ist mit den Göttern? Wir brauchen doch nur den Wald auszuroden und den ganzen Hügel abzutragen – was hindert uns daran? – und alles ist verschwunden. Was sind das für Götter, die so leicht vertrieben werden können? So haben es ja die christlichen Missionare gemacht, wenn sie alte Bäume oder Säulen, die das Gemüt der Heiden mit göttlichen Schauern erfüllten, kurzer Hand abhieben, um ihnen zu zeigen, daß hier nichts Verehrungswürdiges zu finden sei ...«

»Die Apostel des Christentums«, meinte der Freund, »die den Heiden zeigen wollten, daß ihr Glaube ein leerer Wahn sei, haben in Wirklichkeit gar nichts bewiesen. Wenn Bonifatius die heilige Eiche, der sie nur mit Ehrfurcht nahen konnten, kurzerhand fällte, so konnte er das ohne Bedenken tun, weil ihm ein ganz anderer Mythos die Augen für etwas ganz anderes geöffnet und damit für das, was die Heiden bewegte, gründlich verschlossen hatte. Er konnte das gefahrlos tun, nicht weil die alten Götter, wie er meinte, vor dem Namen Christi kapitulieren mußten, sondern weil ihr Sein in keinerlei Beziehung zu ihm stand. Das trifft auch für die ganz Primitiven zu, die sich in einer ganz unmythischen oder religionsleeren Welt eingerichtet haben. Ein solcher geht völlig ungerührt durch diesen Wald und genießt höchstens die gute Luft und die Stille, während der ganze Zauber, in dessen Bann wir stehen, für ihn ebensowenig existiert, wie die schönste Melodie für einen Tauben. So braucht man auch nicht zu befürchten, daß ihm etwas Aufregendes begegnet und gefährlich werden könnte.«

Regen dich nicht aufhält. 45 Und unterdessen verfinsterte sich der Himmel durch Sturmwolken, und es fiel ein starker Regen. Achab bestieg den Wagen und fuhr nach Jesreel. 46 Über Elija aber kam die Hand Jahwes. Er gürtete sich und lief vor Achab her bis nach Jesreel.

1 Kön 18

Die Götterwette auf dem Karmel dürfte frühestens dem 7. Jahrhundert entstammen; möglicherweise entstand der Text auch erst in frühexilischer Zeit, zumindest hat er in dieser Epoche seine heute vorliegende Fassung und Einordnung gefunden.

Der Karmel (hebr. »Fruchtgefilde, Baumgarten«) ist ein etwa zwanzig Kilometer langer, bis 552 Meter hoher Bergrücken, der oft eine natürliche Grenze bildete. Im 9. Jahrhundert war er Grenzgebiet zwischen Tyros und Israel. Die Heirat Achabs mit der Prinzessin Isebel aus Sidon dürfte das umstrittene Gebiet an Israel zurückgebracht haben. Sehr früh wird hier bereits ein Baalheiligtum anzunehmen sein, um dessen Übernahme in die Jahweverehrung Elija in der vorliegenden Erzählung kämpft.

Die religiöse und kultische Öffnung, welche die Omriden mit ihrer Religionspolitik vollzogen, wurde von Elija und den hinter ihm stehenden konservativen Kreisen als Angriff auf die Jahwereligion verstanden. An die Stelle des bisherigen königlichen Programms »Jahwe und Baal« setzten sie die Parole »Jahwe oder Baal«. Der politischen Liberalität begegnet Elija mit der Frage: »Wie lange wollt ihr noch auf zwei Krücken hinken?« (V 21). Die Alternative, zwischen Jahwe und Baal zu entscheiden, formuliert er: »Wenn Jahwe der wahre Gott ist, dann folgt ihm! Wenn aber Baal es ist, folgt diesem!« Während das Volk gegenüber dieser Wahl unentschieden bleibt – »es gab ihm keine Antwort« – applaudiert es auf Elijas Orakellösung hin: »Der Vorschlag ist gut.« Der Gott, der mit Feuer antwortet, soll der wahre Gott sein (V 24). Da es im Kern der Erzählung um den Nachweis geht, daß Jahwe allein der wahre Gott ist (VV 37.39) und Baal nichts als ein machtloser Popanz, setzt diese Sicht bereits den Sieg von Elijas Jahwe-Partei voraus. Dahinter steht der Monotheismus der Exilszeit.

Gewöhnlich heißt diese Erzählung »Das Gottesurteil auf dem Karmel«. Will man sie im Blick auf das 9. Jahrhundert formulieren, spräche man besser von einem »Götterwettstreit«. Auch sonst werden die Zeitverhältnisse unter Achab mehrfach verlassen, etwa wenn sich in V 39 f. das ganze Volk »auf das Angesicht niederwirft und ruft: ›Jahwe ist Gott, Jahwe ist Gott!‹, Elija aber befiehlt: ›Ergreift die Propheten des Baal! Keiner von ihnen soll entkommen‹«, um sie daraufhin töten zu lassen. Die Forschung hat dargetan, daß die Grunderzählung nur die Konstellation Elija und das Volk kannte. Die vierhundert Baalspriester und der König Achab wurden von einer deuteronomistischen Überarbeitung hinzugefügt. Dadurch entstand eine exemplarische Konfrontation zwischen Jahwe-Glauben und Baal-Religion.

Wenn dem erzählten Vorgang auch keine Historizität zukommt, bleibt doch das Ärgernis, daß auf Glaubensabfall Tod und Ausrottung stehen sollen. Tatsächlich zeigt die Jehu-Revolte wenig später ein religiös begründetes Mordprogramm (→ S. 201 f.). Das läßt grundsätzlich fragen, inwieweit der Monotheismus aggressive Intoleranz in sich schließt (→ S. 243 ff.).

Die Alternative »Jahwe oder Baal« ist in religionsgeschichtlicher Sicht letztlich falsch. In der Bibel ist *baal* (hebr. »Herr, Besitzer, Gatte«) kein Eigenname, sondern Gattungsbegriff für viele Lokalgottheiten, die aber den einen Baal vertreten. Da Jahwe keine anderen Götter neben sich duldete, mußte er den Aufgabenbereich Baals in sich aufnehmen. Zwar siegte Elija über die Baalspriester, und die Bibel geht sogar so weit, daß sie später für Baal nur noch die Schimpfbezeichnung *boschet*, »Schande«, »Schandgott« gebraucht, doch verschwin-

det ein besiegter Glaube nicht, um dem neuen Platz zu machen, weil frühere Religionen nicht einfach abgeschafft, sondern »aufgehoben« werden; sie erfahren eine Metamorphose, die das Alte unter neuen Namen und Gestaltungen bewahrt. So hat Israel den Machtbereich Baals Jahwe unterstellt. Dabei wurden die kanaanäischen Naturfeste übernommen und mit eigenen Traditionen verbunden. Noch heute feiern Juden den vitalen Kern des naturbezogenen Baal an Sukkot, dem Laubhüttenfest, an Rosch ha-Schana oder Chanukka und schöpfen Kraft aus dem Potential dieser Feste. Die Auseinandersetzung zwischen Baal- und Jahwereligion verlief nicht als einliniger Prozeß, wie es die Erzählung von der Götterwette auf dem Karmel nahelegt. Das damals gewonnene Resultat wiederholte sich später in der Auseinandersetzung zwischen germanischen Göttern und dem Christengott.

Die Auseinandersetzung mit diesem Text zwingt dazu, eine Lektion in Toleranz anzuschließen. Dies um so mehr, als religiöse Feindbilder immer noch Tradition haben. Die Parole »Jahwe oder Baal« begegnet weiterhin, etwa in der These Karl Barths: »Neben Gott gibt es nur seine Geschöpfe oder eben falsche Götter und also neben dem Glauben an ihn nur Religionen des Aberglaubens, des Irrglaubens und letztlich des Unglaubens.«

Eine solche Position erlaubt keinen »Dialog der Religionen« und macht jede interkulturelle und interreligiöse Vermittlung unmöglich. Daß der Blick auf das Recht und die Würde des Andersgläubigen nicht immer ausgereift war, ist geschichtlich verständlich. Doch ist es

Ein Cazique war mit mehreren seiner
Leute vor den Christen auf die Insel Kuba
geflüchtet. Dort erreichte sie die Nachricht,
daß die Christen ebenfalls dorthin kommen
würden. Darauf versammelte der Cazique
seine Leute und sagte: »Ihr wißt bereits, daß
es heißt, die Christen kämen hierher.
Ihr habt gehört, wie sie mit den Leuten auf
Haiti umgegangen sind. Wißt ihr auch,
warum sie so handeln?
Sie sagten nein! Es müßte denn sein, daß sie
von Natur aus boshaft und grausam wären.
»Sie tun es nicht nur deswegen«, sagte er,
»sondern sie haben einen Gott, welchen sie
anbeten und den auch wir mit aller Gewalt
anbeten sollen; um deswillen peinigen,
unterdrücken und töten sie uns. Seht«, sagte
er, indem er auf ein Körbchen voll Gold und
Edelsteine wies, das neben ihm stand, »dies
ist der Christen Gott! Wenn ihr einverstan-
den seid, wollen wir ihm zu Ehren tanzen.
Vielleicht ist er uns gnädig und befiehlt den
Christen, daß sie uns nichts zuleide tun.«
Freudig schrien sie alle: »Recht gut! Recht
gut!« und sogleich tanzten sie vor ihm, bis
sie sämtlich müde waren. Nun sagte der
Cazique: »Seht, wenn wir ihn bei uns be-
halten, so nehmen sie ihn uns doch und
schlagen uns hinterher tot. Werfen wir

ihn lieber in den Fluß.« Alle waren es zufrieden, daß er hineingeworfen würde; und sie warfen ihn auch wirklich in einen großen Strom.«

(Die Flucht nutzte dem Caziquen nichts ...) Endlich ward er gefangen ... Als er bereits an den Pfahl gebunden war, sagte ihm ein Geistlicher vom Orden des heiligen Franziskus ... verschiedenes von Gott und unserem Glauben, wovon der Cazique noch nie das geringste gehört hatte ..., und versicherte ihm endlich, wenn er das, was er ihm sage, glauben wolle, so werde er in den Himmel kommen ..., widrigenfalls aber werde er in der Hölle ewige Qual und Pein leiden müssen. Der Cazique fragte sodann den Geistlichen, ob denn auch Christen in den Himmel kommen. »Allerdings«, sagte der Geistliche, »kommen alle guten Christen hinein!« Sogleich und ohne weiteres Bedenken sagte der Cazique, dort wolle er nicht hin, sondern lieber in die Hölle, damit er nur dergleichen grausame Leute nicht mehr sehen, noch da sein müsse, wo sie zugegen wären. So beförderten die Spanier ... die Ehre Gottes und unserer Religion.

Bartolomé de Las Casas

Der verwechselbare Gott

Als der Kardinal-Inquisitor mich fragte, ob ich an Gott glaube, antwortete ich: Nein, an Ihren Gott glaube ich nicht. Als der Atheist mich fragte, ob ich an Gott glaube, antwortete ich abermals: Nein, an den Gott, den Sie leugnen, glaube ich nicht.
Hätte ich die Frage des Kardinals wie des Atheisten bejaht, so hätte ich mich beiden gegenüber der Unwahrhaftigkeit schuldig gemacht; ich hätte sie fahrlässig getäuscht; denn jeder hätte den Gott, an den zu glauben ich bejahe, mit dem seinen (ob geglaubten oder geleugneten) identifiziert.
Also glauben Sie doch an einen Gott, erwiderten mir Kardinal und Atheist wie aus einem Munde.
An GOTT! wenn ich bitten darf, nicht an »einen«, wie Sie es tun. Nicht an »einen«, nicht an »meinen«, nicht an diesen noch an jenen, denn das alles sind Götter. GOTT liegt im Streit mit den Göttern und mit uns, die deren Bilder verehren oder – zerstören, und insofern ist GOTT der militanteste »Atheist«.
Der Inquisitor verurteilte mich wegen Blasphemie, der Atheist schmähte mich und nannte mich einen Filou.

Fridolin Stier

wiederum die Bibel, die in den Urgeschichten ihren Blick über Israel hinaus auf die Menschheit insgesamt richtet. Selbst im Elija-Zyklus verlangt sie bereits vom Propheten, aus der Hand einer Heidin Unterkunft und Lebensunterhalt entgegenzunehmen (→ S. 191 f.).

Elija am Horeb

1 Achab erzählte Isebel alles, was Elija getan, und daß er alle Propheten mit dem Schwert getötet hatte. 2 Da schickte Isebel einen Boten zu Elija und ließ ihm sagen: Die Götter sollen mir dies und das antun, wenn ich morgen um diese Zeit dein Leben nicht einem jeden von ihnen gleich mache. 3 Da fürchtete sich Elija, und er machte sich auf und ging weg, um sein Leben zu retten. Er kam nach Beerscheba in Juda und ließ dort seinen Diener zurück. 4 Er selbst ging eine Tagereise weit in die Wüste hinein. Dort setzte er sich unter einen Ginsterstrauch und wünschte sich den Tod. Nun ist es genug, Jahwe, sagte er. Nimm mein Leben, denn ich bin nicht besser als meine Väter. 5 Dann legte er sich nieder und schlief unter dem Ginsterstrauch ein. Doch siehe, ein Engel rührte ihn an und sprach: Steh auf und iß! 6 Und als er aufblickte, lagen neben seinem Kopf Fladenbrot, das in glühender Asche gebacken war, und ein Krug mit Wasser. Er aß und trank und legte sich wieder hin. 7 Und der Engel Jahwes kam zum zweiten Mal, rührte ihn an und sprach: Steh auf und iß, denn sonst ist der Weg zu weit für dich. 8 Da stand er auf, aß und trank und ging in der Kraft dieser Speise vierzig Tage und vierzig Nächte bis zum Gottesberg Horeb. 9 Dort ging er in eine Höhle, um darin zu übernachten.
Da erging das Wort Jahwes an ihn: Was suchst du hier, Elija? 10 Er sagte: Ich eiferte für Jahwe, den Gott der Heerscharen, weil die Söhne Israels deinen Bund verlassen, deine Altäre zerstört und deine Propheten mit dem Schwert getötet haben. Ich allein bin übriggeblieben, doch nun trachten sie auch mir nach dem Leben. 11 Da sprach er: Komm heraus, und stell dich auf den Berg vor Jahwe! Und siehe, Jahwe zog vorüber: Es kam ein starker, heftiger Sturm, der die Berge zerriß und die Felsen zerbrach, Jahwe voraus. Doch Jahwe war nicht im Sturm. Nach dem Sturm kam ein Erdbeben. Doch Jahwe war nicht im Erdbeben. 12 Und nach dem Beben kam ein Feuer. Doch Jahwe war nicht im Feuer.
Und nach dem Feuer kam ein leises Wehen. 13 Als Elija das hörte, verhüllte er sein Gesicht in seinen Mantel, trat hinaus und stellte sich an den Eingang der Höhle.

1 Kön 19,1-13

E s war Isebel, die phönizische Prinzessin und Frau des Königs Achab, auf die sich die Wut der Jahwe-Konservativen richtete. »Achab erzählte Isebel alles, was Elija getan, und daß er alle Propheten mit dem Schwert getötet hatte.« Isebel soll darauf mit der Drohung geantwortet haben, mit Elija ebenso zu verfahren. Der bereits

18,4 und 18,13 genannte Eifer Isebels, »die Propheten Jahwes« auszurotten, so daß nur Elija überlebte, ist ein Produkt des pauschalen Feindbildes, das die prophetische Kritik mit Isebel verbindet. In der erzählten Sitation findet die Bedrohung Elijas jedoch einen verständlichen Hintergrund, der allen Anlaß zur Flucht und schließlich auch zur Mutlosigkeit bot. Daß seine Resignation aber zu Selbstmordgedanken führten, ist für einen biblischen Erzähler bereits eine »sehr kühne und erregende Exposition« (von Rad), in der sich Schwachheit in ihrer äußersten Gestalt zeigt.

Der Weg zum Gottesberg versteht sich eher theologisch als historisch. Im Buch Deuteronomium und in verwandten Texten vertritt der Horeb den Berg Sinai. Dieser Namenswechsel ist zugleich Indiz für die späte Bearbeitung des Stoffes. Der Gott der Exodusgruppe verbindet sich mit einem Berg, über dessen Lage Israel nur verschwommene Vorstellungen hatte. Man dachte ihn sich im fernen Süden der Wüstenhalbinsel einem Gebirgsmassiv zugehörig, das nie eigenes Territorium war. Deshalb ist der Horeb/Sinai in der vorliegenden Tradition wohl ein symbolischer Ort: Wo der Gottesbund begann, beklagt der Prophet nun dessen Ende. Oder: Elija suchte Gott dort auf, wo er sich in der Vergangenheit am reinsten offenbarte.

René Magritte (1898–1967), Die Beschaffenheit des Menschen, 1948.

Alle unsere Bilder bleiben Bilder unserer Gedanken, Vorstellungen und Träume. »Einen Gott, den wir uns vor-stellen können, können wir auch wieder weg-stellen« (Dietrich Bonhoeffer).

Dieser reformerischer Rückgriff auf die vorstaatliche Jahwetradition leistet eine theologische Legitimation des Kampfes gegen den Baalskult.

Der Weg führt über Beerscheba, wo Abraham einen Brunnen gegraben, einen Baum gepflanzt und den Namen Jahwes angerufen haben soll (Gen 21,33). Schon in frühester Zeit gab es hier ein Brunnenheiligtum, denn Beerscheba heißt »Siebenbrunnen« und war Stützpunkt für die Erschließung der Negev-Wüste. Die Geschichte des Ortes weist bis ins 4. Jahrtausend v. Chr. zurück; die Abraham- und Jakoberzählungen gliedern ihn in die Geschichte Israels ein.

Von Beerscheba zieht Elija in den Negev, »eine Tagereise weit«. Die wasserlose, lebensfeindliche Wüste entspricht dem lebensmüden Mann. Was kann ihn hier noch ermutigen? Die Sonne brennt, die Verlassenheit ist grenzenlos, die Erschöpfung nimmt bald überhand. So wünscht er nur noch zu sterben – eine in alten Texten ungewöhnliche Form von Resignation.

In dieser Situation greift der »Engel Jahwes« ein (→ S. 226) und bringt Elija ein »Glühsteinbrot« und einen Krug Wasser. Elija ißt und trinkt davon, legt sich erneut schlafen, aber wird ein zweites Mal berührt: »Steh auf und iß! Du hast noch einen weiten Weg!« Daraufhin wandert Elija »in der Kraft dieser Speise vierzig Tage und vierzig Nächte bis zum Gottesberg Horeb«. Die Vorstellung vom Berg als Wohnsitz Gottes findet sich im gesamten Orient. Sie galt auch für den Tempelberg von Jerusalem und begegnet immer noch im einfachen Denken, in dem der »Himmel« als Wohnort Gottes »oben« ist.

Die VV 9-18 sind erst später in den heutigen Zusammenhang eingefügt worden. Darin geht es nicht mehr um Elijas Flucht, sondern um eine Gottesoffenbarung (Theophanie), die einer jüngeren Bearbeitung entstammt, wenngleich ihr Grundbestand hohe Altertümlichkeit erkennen läßt. Beeindruckend ist die urwüchsige Weise, in der hier erzählt wird: knapp, mit größter Strenge und verbaler Zurückhaltung. Ort des Geschehens ist eine Höhle im Gottesberg, wohl ein ähnlicher Zufluchtsort wie jene Felsspalte, von der Ex 33,22 weiß (→ S. 117). Elija erlebt die Erscheinung Jahwes als »Vorübergang«. (Die Verse 9b und 10 dürften spätere Einschaltung sein.) Elija wird aus der schützenden Höhle herausgerufen, um auf dem Berg mit dem Vorübergang der Gewalten konfrontiert zu werden. Ein Sturm kommt, der Berge zerreißt und Felsen zerbricht, aber Jahwe ist nicht im Sturm. Danach ein Erdbeben; nach dem Beben ein Feuer; aber jedesmal wird die Anwesenheit Jahwes in diesen Gewalten verneint. Der Mächtigkeit der Geschehnisse wird schließlich »eine Stimme verschwebenden Schweigens« (in der Buber-Übersetzung), »ein ganz leiser Hauch«, »ein leises Wehen« entgegengesetzt, was in der biblischen Literatur, die ja sonst Jahwes Erscheinen durchaus mit Blitz und Donner zu verbinden weiß, einzigartig ist.

Der selbst gewalttätige Elija, der in seiner Götterwette auf dem Karmel noch »den Gott, der mit Feuer antwortet«, beschwor, erfährt hier ein Korrektiv seiner eigenen Vorstellungen, wenn auch der erlebnismäßige Gehalt der neuen Offenbarung nach dem Vorüberziehen der Gewalten mit dem Hörbarwerden des feinen Wehens einst gewiß nicht entspannter oder gar freundlicher, sondern vollends unheimlich erschien.

Die Jehu-Revolte

Nach dem, was die Elijatraditionen erkennen lassen, war der Kampf gegen die königliche Religionspolitik zunächst nicht besonders erfolgreich. Wirklich gefährlich für den Staat soll der Protest erst unter Joram (850-845), dem Sohn Achabs, geworden sein. Doch wird der erfolgreiche Jehu-Aufstand gegen das Haus Omri von der späteren deuteronomistischen Interpretation als prophetische Opposition dargestellt: 9,1-10,36.

Nach der 9,1-13 eingeschobenen Erzählung von der geheimen Salbung Jehus auf Veranlassung des Propheten Elischa gab dieser den Anstoß zu der blutigen Revolte. Die meisten Exegeten halten deswegen Elischa für den »Königsmacher«. Er habe sich als Realpolitiker einen Mann ausgesucht, dem nach Stellung und Charakter die Liquidierung des Hauses Achab zuzutrauen gewesen sei. Wahrscheinlicher ist eine erst nachträgliche Verknüpfung mit Elischa. Da man sich im Alten Orient keinen König vorstellen konnte, ohne daß ihn eine Gottheit eingesetzt hätte, dürfte es sich um die theologische Legitimation des gegebenen Königtums handeln. Eine tatsächliche Beteiligung Elischas an der Machtergreifung des Jehu ist geschichtlich unwahrscheinlich.

Der König Joram, Sohn Achabs, war im Kampf mit den Aramäern verwundet worden. Zur Heilung hatte er sich in seine Zweitresidenz Jesreel begeben, wo er dem Heer näher war als in Samaria (8,28 f.; 9,15a). Offensichtlich rechnete er mit keiner Unruhe, sonst hätte er für seine Rekonvaleszenz die Hauptstadt Samaria gewählt, die ihm besseren Schutz gewährte. Gegen ihn erhob sich sein Offizier Jehu, um selbst König zu werden (9,15b-27). An dessen Revolte und die Ermordung Jorams schloß sich die Tötung der Königinmutter Isebel (2 Kön 9,30-37) nicht unmittelbar an. Isebel dürfte über die Vorgänge im Bilde gewesen sein. Wenn der Erzähler sie dennoch nicht mit den Zeichen der Trauer, sondern mit dem Ausdruck königlicher Würde Jehu gegenüber auftreten läßt, zugleich mit ironischer Überlegenheit, verbindet er mit dieser Szene eine hintergründige Wertung. Er läßt Isebel ein Wort sprechen, das eine Parallele zu dem Königsmörder Simri (1 Kön 16,15-18) stiftet und zugleich ein eigenes Urteil über Jehu wiedergibt: »Der Mörder seines Herrn!« Jehu geht auf diesen Vorwurf nicht ein. Er stellt die Kammerdiener vor eine drohende Alternative, so daß sie ihre Herrin preisgeben und vom Balkon stürzen. Die unruhig gewordenen Pferde zertrampeln Isebel auf der Straße. Ohne sich um die Tote zu kümmern, geht Jehu zum Gelage.

Wie es alter Art entspricht, enthält sich der Erzähler eines expliziten Urteils, doch läßt er in seiner Schilderung die Brutalität und Pietätlosigkeit Jehus erkennen und schafft dadurch beim Hörer oder Leser Distanz und Schauder. Nach dieser ältesten Jehu-Tradition starben weder Joram noch Isebel wegen des Baalskultes, sondern allein weil Jehu die Macht für sich verlangte und darum alle aus dem Weg räumte, die ihn störten. Sympathie für Jehu lassen diese Texte nicht erkennen.

Mit der Nebenresidenz Jesreel hatte Jehu noch nicht die Hauptstadt erobert. So setzte er nun Samaria unter Druck und erreichte die Kapitulation der Stadt. Gleich anschließend ließ er vor der erschreckten Obrigkeit die »siebzig Söhne« Achabs enthaupten und deren

Jehu, König des Nordreiches Israel (845–818), vordem Offizier im israelit. Heer, der durch eine blutige Revolte an die Macht kam und damit die Dynastie Omris stürzte. Die von J. neu begründete Dynastie beherrschte Israel fast ein Jh. Der bibl. Bericht läßt als Hintergründe des Aufstandes Mißstimmungen in Israel vermuten. Ob die unterstellten religiösen Gegensätze dafür Hauptquelle waren, ist fraglich. Das Urteil über J. war nach Hos 1,4 nicht positiv; dort spricht Jahwe: »Ich werde das Haus Jehu für die Blutschuld von Jesreel bestrafen und dem Königtum in Israel ein Ende machen.«

Isebel, Gattin König Achabs, Königin in Israel, Tochter des Königs Ittobaal (Etbaal) von Tyros. Nach bibl. Darstellung Widersacherin des Propheten Elija, weil sie den Kult des Baal von Tyros förderte und den Justizmord an Nabot veranlaßte (1 Kön 18–19; 21). Ihre historische Gestalt ist aus den Quellen nicht deutlich erkennbar, doch scheint sie Einfluß auf ihre Umgebung ausgeübt zu haben. Ihr grausames Ende unter Jehu fällt in das Jahr 845.

Jesreel, Ort am Ostrand der nach ihm benannten J.-Ebene, ein fruchtbarer Talboden zwischen den Bergen von Untergaliläa im Norden und Samaria im Süden (→ S. 479). Bis zum Beginn der Königszeit Bereich mehrerer kanaan. Stadtstaaten und als wichtiges Durchgangsgebiet häufiger Kriegsschauplatz. Neben Samaria als Zentrum des Nordreiches war J., zweite Residenz der omridischen Dynastie. Die mehrfachen Kämpfe, die hier stattfanden, gaben J. den »Rang eines Droh- und Gerichtsnamens«. Hier kämpfte Israel gegen Midianiter und Philister, von hier ging die Jehu-Revolution aus, hier verlor König Joschija im Kampf gegen den Pharao Necho II. sein Leben.

Jehu huldigt Salmanassar III. (858–824) Ausschnitt aus dem Schwarzen Obelisken aus Nimrud.

Auf einer zwei m hohen Diorit-Stele ließ der assyrische König Salmanassar III. seine Siege darstellen. Die vierseitige Steinfläche gliedern jeweils fünf Flachreliefs sowie eine Annaleninschrift. Hier empfängt Salmanassar laut Inschrift »den Tribut von Jehu, dem Sohn des Omri«, der tief gebeugt vor dem assyrischen Großkönig liegt. Als Tribut wird aufgezählt: »Silber, Gold, eine goldene Schale, ein goldener Humpen, goldene Becher, goldene Krüge, Zinn, ein Stab für den König und ein hölzerner Gegenstand«.

Köpfe zum Beweis ihrer Unterwerfung ins Lager nach Jesreel bringen (2 Kön 10,1-9). Da die alte Erzählung ursprünglich mit V 9 abschloß, stand am Ende dieser Schrecken die Frage: »Wer aber hat diese alle erschlagen?« Der Hörer oder Leser des Berichts sollte darüber nachdenken, wer für die Morde verantwortlich ist: Jener, der den Befehl gab oder jene, die ihn feige ausführten? Eine Rechtfertigung der Tat, etwa in dem Sinne, daß Jahwe damit zu verbinden wäre, lag der Erzähltradition fern. Diese Deutung wurde ihr erst später übergestülpt. Die älteren Überlieferungen haben in Jehu den rücksichtslosen Usurpator gesehen, die späteren deuteronomischen Interpreten machten ihn zu einem Werkzeug Jahwes.

Nachdem nun die gesamte Familie Achabs ermordet war, wird diesen Vorgängen 10,18-29 noch ein Anhang beigefügt, der von der

Jehu (845–818) war allerdings nicht Omris Sohn. Omri (882–871) hatte Samaria als Hauptstadt seines Reiches Israel errichtet und die Herrschaft an seinen Sohn Achab (871–852) weitergegeben; Jehu revoltierte gegen das Haus Omri und begründete eine neue Dynastie.

Jehu hatte sich freiwillig dem Assyrer unterworfen, um sich von Damaskus loszusagen. Für diese Treulosigkeit des alten Verbündeten mußten er, sein Sohn Joahas und vor allem das Volk Israel bitter bezahlen; denn kaum hatten die Assyrer Syrien verlassen, als König Hasaël von Damaskus zu einen Rachekrieg gegen Israel aufbrach »um Teile von Israel abzuschlagen«. Hasaël schlug sie in allen Gebieten Israels östlich des Jordan: Er verwüstete das ganze Land Gilead, das Gebiet der Stämme Gad, Ruben und Manasse« (2 Kön 10,32 f.)

Vernichtung der Baalspriester und der Zerstörung des Baalstempels berichtet, um ihn »zu einer Stätte des Unrats« zu machen. Der Abschnitt ist später dem Jehu-Komplex beigefügt worden. In den älteren Traditionen wird auf ein Vorgehen Jehus gegen den Baalskult nicht einmal angespielt. Erst die deuteronomistische Bearbeitung hat diese Frontstellung entworfen. Die Textanalyse schließt eine Verfolgung des Baalskultes durch Jehu aus.

Die abschließenden Verse 10,28-36 sind uneinheitlich und mischen unausgeglichen Lob und Tadel durcheinander. Neben dem deuteronomistischen Urteil, daß Jehu in seinen Morden dem Willen Jahwes entsprochen habe (vgl. 9,7-10. 26f. 36; 10,17b), heißt es, daß er »von den goldenen Kälbern in Bet-El und Dan« nicht abließ (10,29) und »nicht mit ganzem Herzen das Gesetz Jahwes, des Gottes Israels, befolgte« (10,31). Ein späteres kritisches Urteil findet sich Hos 1,4. Dort weist Jahwe Hosea an, einen mit der Dirne Gomer gezeugten Sohn Jesreel zu nennen, »denn es dauert nicht mehr lange, dann werde ich das Haus Jehu für die Blutschuld von Jesreel bestrafen und dem Königtum in Israel ein Ende machen«.

Könige

Die sozialen Konflikte im 8. Jahrhundert

Das 9. Jahrhundert v. Chr. war bestimmt durch die synkretistische Religionspolitik der omridischen Könige und die dagegen aufstehende prophetische Opposition unter Führung von Elija und seinem Nachfolger Elischa (→ S. 188). Im 8. Jahrhundert erreichte die theologische Auseinandersetzung eine neue Dimension. Seit den sechziger Jahren traten im Nordreich und im Südreich Männer auf, die den gesamtgesellschaftlichen Zustand einer beißenden Kritik unterwarfen: Amos, Hosea, Jesaja und Micha sahen sich durch Jahwe getrieben, die sozialen, kultischen und außenpolitisch-militärischen Verhältnisse ebenso grundlegend wie radikal in Frage zu stellen. Zwar kam die Kritik aus randständigen Zirkeln und fand zunächst keine breite Zustimmung, doch gewann ihre Botschaft eine gewaltige Fernwirkung, die wesentlich zu einer Neuformulierung des Jahweglaubens in der späten Königszeit und Exilszeit beitrug.

Ursache der krisenhaften sozialen Entwicklung war der sich vom Königtum her ausbreitende Großgrundbesitz, der die altisraelitische Bodenordnung zerstörte. Eine geschäftstüchtige Schicht aus Großbauern, Kaufleuten, Beamten und Militärs hatte sich über die anfänglich tragenden Kleinbauernbetriebe geschoben und ihnen die wirtschaftlichen Rahmenbedingungen diktiert: »Sie fressen mein Volk auf, sie ziehen den Leuten die Haut ab und zerbrechen ihnen die Knochen; sie zerstückeln sie wie Fleisch für den Kochtopf, wie Braten für die Pfanne« (Mi 3,3).

Diese Entwicklung wurde explosiv, als viele Kleinbauernbetriebe die Grenze ihrer Leistungskraft erreichten, woran auch ein Bevölkerungswachstum, vielleicht auch Erbteilungen beteiligt waren. Sie konnten jedenfalls immer weniger die normalen Risiken schwankender Ernteerträge und die üblichen Belastungen durch staatliche Abgaben und Frondienste ausgleichen und wurden gezwungen, Kredite aufzunehmen, um zu überleben. Dadurch gerieten viele in Abhängigkeit von der reichen Oberschicht; deren Kredite kamen in ihrer Wirkung einer sich immer enger zuziehenden Schlinge gleich.

Schon im 9. Jahrhundert wurde das antike Kreditrecht beklagt: »Mein Mann, dein Knecht, ist gestorben ... Nun kommt der Gläubiger, um sich meine beiden Söhne als Sklaven zu nehmen« (2 Kön 4,1). Eine kleinbäuerliche Familie, die wegen zunächst geringer Schwierigkeiten in Abhängigkeit geriet, kam damit unversehens in das Gefälle des sozialen Abstiegs. Konnte ein Kredit nicht zurückgezahlt werden, wurde der Acker verpfändet; genügte dies nicht, mußten Söhne wie Töchter in Schuldknechtschaft gegeben werden, das heißt, sie mußten unter Verlust gravierender Persönlichkeitsrechte für den Gläubiger die Schulden der Sippe abarbeiten: »Mit Geld die Hilflosen kaufen, für ein paar Sandalen die Armen« (Am 8,6). Inzwischen völlig mittellos geworden, war es den meisten nicht mehr möglich, sich noch einmal auszulösen und erneut hochzuarbeiten. Viele gerieten in Dauerknechtschaft und konnten in Fremdsklaverei abgeschoben werden; andere fanden sich mit dem Dasein als besitzlose Tagelöhner ab, um wenigstens ihre Freiheitsrechte zu bewahren.

Heute kam eine alte Bauersfrau zu mir ... Sie klagte, ihr Mann sei gestorben, und der Gutsherr habe 500 Taler für den Sterbefall gefordert, und 5 Menschen seien gekommen, um alles im Hause anzuschreiben, jeden Löffel, des seligen Mannes Kleider und alles. Sie sei vor Schrecken fast ohnmächtig geworden, und ihre älteste Tochter von 17 Jahren, die ihr nachgerade zur Hand gegangen, sei vom Schreck gelähmt und nach 3/4 Jahren auch gestorben. Nun habe der Gutsherr die 500 Taler haben wollen oder 3500 Taler Gold für den Freikauf ... Da der Herr sie so elend gesehen, habe er noch 200 Taler abgelassen; nun hätten sie 3300 Taler gegeben; es sei zu viel, in den wohlfeilen Jahren hätte die frühere Pacht nicht die Hälfte betragen. Aber sie hätte die Sklaverei lossein müssen, sie hätte an ihren Tod gedacht und nicht ruhig sterben können, wenn sie ihre armen Kinder in der Not hätte lassen sollen, daß sie nach ihrem Tode noch einmal ausgeplündert wären.

Aus einem Brief Johann C. B. Stüves, Rechtsanwalt in Osnabrück und späterer Bürgermeister der Stadt, an einen Freund vom 9. Oktober 1829 über den »Sterbfall« eines Bauern im Königreich Hannover.

Propheten in Israel

Dem griechischen Wort Prophet entspricht das hebräische nabi, *abgeleitet von* nabu, *»rufen«. Andere Bezeichnungen für Propheten sind »Gottesmann« und »Seher«.*

Orakelausleger und Wahrsager, worauf sich Prophetie zunächst bezog, gab es im ganzen Orient. 1 Kön 18 spricht von den Propheten Baals und den Propheten der Aschera, die gegen Elija, den Propheten Jahwes, antraten (→ S. 194 ff.). Wir können uns die Propheten der Frühzeit als Männer in verwilderter Kleidung vorstellen (2 Kön 1,8), die gruppenweise auftraten, und denen sich noch Schüler, »Prophetensöhne« genannt (2 Kön 2,3; 4,1), anschlossen. Diese Leute beherrschten die Ekstase: unter Musik und Tanz steigerten sie sich in einen Zustand des »Von-Gott-besessen-Seins«, verletzten sich dabei (1 Kön 18,28; Sach 13,6), rissen sich die Kleider vom Leib und kamen in Raserei. Wer einem solchen Prophetenhaufen begegnete, konnte davon mitgerissen werden, wie 1 Sam 10,11 von Saul erzählt. Die Frage: »Was ist denn mit dem Sohn des Kisch geschehen? Ist Saul auch unter den Propheten?« galt nicht anerkennend, sondern mißbilligend.

Bei den Ekstatikern blieb es nicht, doch lassen sich die Entwicklungsstufen des Prophetenstandes in der folgenden Zeit nicht Schritt für Schritt verfolgen. Die Deutung von Orakelsprüchen wurde an Tempeln und am Königshof institutionalisiert. 1 Kön 22,5 f. berichtet: »Joschafat bat aber den König von Israel: Befrag doch zuvor Jahwe! Da versammelte der König von Israel die Propheten, gegen vierhundert Mann, und fragte sie: Soll ich gegen Ramod in Gilead zu Felde ziehen, oder soll ich es lassen? Sie gaben den Bescheid: Zieh hinauf! Jahwe gibt die Stadt in die Hand des Königs.« Diese beamteten Propheten bildeten einen eigenen Berufsstand. Doch da der Staat sie bezahlte, suchten sie oft nur das zu sagen, was im Interesse der Politik lag, selbst wenn es quer zum »Willen Jahwes« stand. Geschenke, die sie annahmen, beeinflußten ihre Parteinahme. Insgesamt untergrub dies ihr Ansehen. Als »Barometer der Volksstimmung« konnten sie nicht zugleich das Gewissen der Gesellschaft sein. Zeitweilig lehnte Amos deswegen ab, Prophet genannt zu werden. Micha kritisierte: »So spricht Jahwe gegen die Propheten: Sie verführen mein Volk. Haben sie etwas zu beißen, rufen sie: Frieden! Wer ihnen aber nichts ins Maul steckt, dem sagen sie den Heiligen Krieg an« (Mi 3,5).

Gegenüber solchen Männern, die in ihre eigene Tasche hinein prophezeiten, unterschied sich der aufrechte Prophet dadurch, daß er sich – gelegen oder ungelegen – nur dem Willen Jahwes verpflichtet fühlte. Oft waren dies sogar Männer, die sich zunächst diesem Dienst entziehen wollten (Jer 1,6 ff.), weil sie die Last des Auftrags fürchteten – Einzelgänger, unbestechlich und für König und Volk meistens unbequem. Sie konnten sogar an sich selbst irre werden (Jer 20,7 f.) oder müde und mutlos (Jer 1,8; Ez 2,6; 3,8 f.; Jer 9,1; Ez 21,5). Von den Lebensschicksalen der meisten Propheten ist nichts bekannt. Jeremia mußte Verfolgung, Kerker und schließlich Verschleppung ertragen. Der Prophet Urija wurde durch König Jojakim hingerichtet (Jer 26,20 ff.). Amos wurde auf Grund einer Anzeige des Oberpriesters

Otto Pankok (1893–1966),
Selbst stehend im altem Holz, 1959.

von Bet-El des Landes verwiesen, denn der Denunziant hatte gegenüber dem König gemeint: »Das Land vermag alle seine Worte nicht zu ertragen« (Am 7,10-17).

Vereinzelt gab es auch Prophetinnen; bei der Reform des Königs Joschija spielte die Prophetin Hulda eine wichtige Rolle (2 Kön 22,14; → S. 238); auch Jes 8,3 ist von einer Prophetin die Rede. Dennoch wird kein Buch unter dem Namen einer Frau überliefert. Zwar gestand man Frauen einen göttlichen Wortempfang zu, doch wenn sie daraus Autorität ableiten wollten, wurden sie degradiert (vgl. Num 12).

Der Wortempfang der Propheten setzte psychische Dispositionen und innere Erfahrungen voraus, die sich bis in die körperliche Verfassung hinein auswirkten. »Mir bricht das Herz in der Brust, alle meine Glieder zittern«, heißt es Jer 23,9. Durchweg waren die Propheten keine Schriftsteller sondern Redner. Sie schafften sich Gehör durch eine deftige Sprache und ungewöhnliche Bilder. Sie beobachteten die Öffentlichkeit, den Kultbetrieb und die Politik und maßen dies alles am Willen Jahwes. So traten sie öffentlich auf, warnten, drohten, machten Mut oder verurteilten. Nicht Weissagungen über die Zukunft waren ihr Thema, sondern die Probleme der Gegenwart. Die Zukunft ergab sich für sie aus einem falschen aktuellen Verhalten. In diesem Sinne hat sich Israels Prophetentum bis heute nicht erschöpft, wenngleich prophetische Rede nicht mehr mit »religiösem« Anspruch daherkommen muß.

Die Aufzeichnung prophetischer Rede erfolgte erst im nachhinein. Oft war sie eine Notmaßnahme, zum Beispiel wenn der Prophet mit einem Redeverbot belegt war. Durchweg sind es keine Redeprotokolle, sondern thematisch geordnete Einzelsprüche, die notdürftig in größere Zusammenhänge gestellt wurden. Aus diesen Sammlungen das je authentische Wort ihrer Urheber zu rekonstruieren, ist kaum möglich. Dennoch haben einzelne Bücher so viel sprachliches und inhaltliches Eigenprofil, daß sich wenigstens in der Kontur die jeweilige Prophetengestalt wahrnehmen läßt. Nach dem heutigen Stand der Forschung geht kein einziges Prophetenbuch auf den Propheten zurück, dessen Namen es trägt. Es gibt auch keine Kenntnisse von prophetischen Schülerkreisen, die als Redaktoren und Herausgeber von Prophetenworten tätig waren. Andererseits ist die planmäßige Komposition der Prophetenbücher unübersehbar wie das Bemühen, den situationsverhafteten Prophetenworten auch für spätere Zeiten Gültigkeit beizumessen. Darum kann man den Prozeß, der vom zeitgebundenen Prophetenwort zum Prophetenbuch führte, als eine aktualisierende Auslegung verstehen, die mehrere Etappen durchlaufen hat:

- Bereits die erste Aufzeichnung eines Prophetenwortes will nicht den ursprünglichen Auftritt des Propheten dokumentieren, sondern die bleibende Gültigkeit dieses Wortes festhalten. Darum handelt es sich meistens nicht um eine wortgetreue Wiedergabe.
- Das aufgezeichnete Wort wird – um weiteres Sammelgut bereichert – in Geist und Sprache des jeweiligen Propheten literarisch »fortgeschrieben«. Das führt zu Teilsammlungen oder zur Grundstruktur des Prophetenbuches.

Die meisten Worte der Propheten sind nicht eingetreten!

Das gerade ist die Wahrheit! Die herrlichsten Prophezeiungen für ein zukünftiges Schicksal sind den zehn Stämmen Israels gegeben worden – von Jeremia, von Ezechiel und von Hosea. Und diese Stämme sind dann spurlos vom Erdboden verschwunden. Die Propheten gaben keine Orakelsprüche wie die Pythia in Delphi, die Zukünftiges voraussagte. Ein derartiges Zukunftsorakel ist nicht von religiöser Bedeutung! Auch das rabbinische Judentum verstand, daß die Propheten nur aussprachen, was sich ereignen sollte, und daß keinerlei Gewißheit bestand, daß es sich auch so abspielen wird. Alles, was die Schrift über die Zukunft sagt, hat hypothetischen Charakter.

Jeshajahu Leibowitz

Emil Nolde (1867–1956),
Prophet, 1912.

– Die Endgestalt eines Buches stammt von späteren Redaktionen. Ziel ihrer Arbeit war es, sich das prophetische Erbe unter neuen Zeitumständen anzueignen, in dem man es durch Ergänzungen, Verweise und Querbezüge aktualisierte. Die neuen Kompositionen bekamen oft eine Ausrichtung auf künftiges Heil oder Unheil.

Mit diesem Entstehungs- und Wachstumsprozeß der Prophetenbücher verband sich die Überzeugung, daß ein Prophetenwort, gerade in seiner einmaligen Bindung an eine geschichtlich konkrete Situation, weiterhin begleiten wolle und darum aktualisierend fortgeschrieben werden müsse. Dennoch scheint die Rezeption der Prophetenbücher nicht leicht gewesen zu sein. Wenn in der deuteronomistischen Bearbeitung der Geschichtsbücher noch keiner der Propheten – die »auftreten, wo die Institutionen faulen« (H. D. Wolff) – Erwähnung findet, mag dies ein Indiz dafür sein, welche Vorbehalte solch randständigen Kritikern entgegenstanden. Ihre zögernde Anerkennung auf breiter Ebene leisteten wahrscheinlich die exilischen Gottesdienste, in denen erstmals kürzere oder auch längere prophetische Texte verlesen und auf die eigene Situation hin ausgelegt wurden (vgl. z. B. Jes 1,2-20; Jer 8,4-10,25; Am 4,6-13; 5,1-17). Obwohl das Prophetenwort von der Straße kam, aus dem gesellschaftlichen Alltag, wo es seine provokante Schärfe annahm und entsprechend umstritten war, verband sich mit seiner Aufnahme in den Gottesdienst der Anspruch – in die Aura des kultischen Gotteswortes gekleidet –, nun von der gesamten gottesdienstlichen Gemeinde akzeptiert zu werden. Diesen Durchbruch erzielten im Laufe der Exilszeit wahrscheinlich jene Gruppen, die sich um die Hinterlassenschaft der Gerichtspropheten gekümmert hatten (→ S. 254; 263 f.). In welchen Schritten danach die prophetische Rezeption erfolgte, ist unbekannt. Greifbar wird der Prozeß im Vorwort zur griechischen Übersetzung des Buches Jesus Sirach, das mit der Bemerkung beginnt: »Vieles und Großes ist uns durch das Gesetz, die Propheten und die anderen Schriften, die ihnen folgen, geschenkt worden.« Während die letzte Gruppe noch unbestimmt bleibt, sind Tora und die Propheten als kanonische Größen um 190 v. Chr. akzeptiert.

Der Prophet Amos

Amos stammte aus Tekoa im Südreich, 17 Kilometer südlich von Jerusalem. Weltabgelegen war das Dorf nicht, denn Rehabeam hatte Tekoa zur Festung ausgebaut und eine Garnison dorthin verlegt. Hier lebte Amos als Bauer mit einer eigenen Rinder- und Maulbeerfeigenzucht, bis er um das Jahr 760 – in einer Zeit wirtschaftlicher Blüte – im Nordreich, vor allem in der Hauptstadt Samaria und wahrscheinlich auch am Reichsheiligtum Bet-El öffentlich auftrat. Den ersten Anlaß dazu werden die fünf Visionen geboten haben, die Am 7,1-9; 8,1-3 und 9,1-4 überliefert sind. Zwar enthalten diese Visionen keinen Auftrag zu öffentlicher Verkündigung des Wahrgenommenen, doch muß die Last der Gesichte für Amos so übermächtig geworden sein, daß er sich in Erwartung einer Katastrophe zum Reden genötigt sah. Dabei verbanden sich das Wort Jahwes und sein eigenes Wort. Wenn er verkündete: »Ich zerschlage den Winterpalast und die Sommervillen« (3,15), »ich führe euch in die Verbannung« (5,27), »ich stehe auf wider das Haus Jerobeams mit dem Schwert« (7,9), »ich tilge es von der Erdoberfläche« (9,8) – galt das als beschlossen und unwiderruflich. Für Amos trug die korrumpierte Gesellschaft bereits das Todesurteil in sich. Nur an wenigen Stellen klingt gegenüber diesem Schicksal noch ein zaghaftes »Vielleicht« durch: »Bringt bei Gericht das Recht zur Geltung! Vielleicht ist Jahwe, der Gott Zebaot, dem Rest Josefs dann gnädig« (5,15).

Bevor Amos mit seiner Botschaft an die Öffentlichkeit trat, mußten die visionären Bilder, die ihn bedrängten, in die wirtschaftlichen und sozialen Verhältnisse der Gesellschaft übersetzt werden. Seine geschauten Bilder bedurften der sozialen Konkretisierung. Darum wird ein großer Teil der Botschaft von Amos' eigenen Beobachtungen und Überlegungen geprägt worden sein.

Israels Erwählung und Verantwortung

1 Hört dieses Wort, das Jahwe gegen euch gesprochen hat, ihr Söhne Israels, gegen den ganzen Stamm, den ich aus Ägypten heraufgeführt habe: 2 Euch allein habe ich erwählt aus allen Stämmen der Erde; darum ziehe ich euch zur Rechenschaft für alle eure Vergehen.

Das Buch Amos

Amos ist der erste Prophet, dessen Sprüche in einem eigenen Buch gesammelt wurden. Er verstand seine Kritik »im Namen Jahwes«, der für ihn nicht allein Grund der Geschichte Israels war, sondern Grund der Weltgeschichte überhaupt. Im Buch Amos kämpft niemand für eigene Interessen, sondern der Gott Israels für sein Volk und insgesamt für den Traum einer gerechten und menschenfreundlichen Gesellschaft.

Das Amosbuch besteht aus Teilkompositionen, die zu verschiedenen Zeiten ihre Bearbeitung fanden. Die abschließende Redaktion fällt in die Exilszeit oder die frühe nachexilische Zeit.

Die sozialen Prinzipien des Christentums haben jetzt achtzehnhundert Jahre Zeit gehabt, sich zu entwickeln ... Die sozialen Prinzipien des Christentums haben die antike Sklaverei gerechtfertigt, die mittelalterliche Leibeigenschaft verherrlicht und verstehen sich ebenfalls im Notfall dazu, die Unterdrückung des Proletariats, wenn auch mit etwas jämmerlicher Liebe, zu verteidigen ... Die sozialen Prinzipien des Christentums predigen die Feigheit, die Selbstverachtung, die Erniedrigung, die Unterwürfigkeit, die Demut, kurz, alle Eigenschaften der Kanaille, und das Proletariat, das sich nicht als Kanaille behandeln lassen will, hat seinen Mut, sein Selbstgefühl, seinen Stolz und seinen Unabhängigkeitssinn noch weit nötiger als sein Brot. Die sozialen Prinzipen des Christentums sind duckmäuserisch, und das Proletariat ist revolutionär; soviel über die sozialen Prinzipien des Christentums.

Karl Marx

*Elfenbeinplakette mit einer Frau am Fenster,
8. Jh. v. Chr. Die Balustrade verweist auf
israelitische Palastarchitektur.*

*Das Motiv der Frau am Fenster war sehr
verbreitet. Es begegnet in den Palästen von
Nimrud, Chorsabad, Arslan Tash und
anderen Fundstätten Assyriens, an denen
Tributleistungen unterworfener Städte
aufbewahrt wurden. Man deutet die »Frau
am Fenster« gewöhnlich als Darstellung
einer Priesterin oder Tempelprostituierten,
doch sind die Anhaltspunkte dafür kaum
belegbar.*

Das Gericht über Samaria

⁹ Laßt es ausrufen vor den Palästen von Aschdod und vor den Palästen in Ägypten! Sagt: Versammelt euch auf den Bergen rings um Samaria, seht den maßlosen Terror in der Stadt an und die Unterdrückung, die dort herrscht. ¹⁰ Sie treten das Recht mit Füßen – Spruch Jahwes –, sie sammeln Schätze in ihren Palästen mit Gewalt und Unterdrückung. ¹¹ Darum – so spricht Gott Jahwe: Ein Feind wird das Land umzingeln; er reißt deine Macht nieder, und deine Paläste werden geplündert. ¹² So spricht Jahwe: Von den Söhnen Israels, die in Samaria auf ihrem Diwan sitzen und auf ihren Polstern aus Damaskus, wird genau so viel übrigbleiben, wie von einem Lamm, das ein Löwe verschlingt. So wie ein Hirt aus dem Rachen des Löwen gerade noch zwei Schenkelknochen oder einen Ohrzipfel herausreißt. ¹³ Hört und schärft es ein dem Hause Jakob – spricht der Herr Jahwe, der Gott Zebaot: ¹⁴ Ja, der Tag kommt, da ich Israel für seine Verbrechen strafen werde; dann werde ich zerstören die Altäre von Bet-El; die Hörner des Altars werden abgehauen und fallen zu Boden. ¹⁵ Ich zerschlage den Winterpalast und die Sommervillen, die elfenbeingeschmückten Häuser werden verschwinden, und mit den vielen Häusern ist es zu Ende – spricht Jahwe.

Am 3,1-2.9-15

Gegen die Unterdrückung der Armen

¹ Hört dieses Wort, ihr Baschankühe auf dem Berg von Samaria, die ihr die Schwachen unterdrückt und die Armen schindet und zu euren Männern sagt: Los, schafft uns zu trinken herbei! ² Bei seiner Heiligkeit hat Jahwe, geschworen: Die Zeit kommt, da holt man euch mit Fleischerhaken weg, und was dann noch von euch übrig ist, mit Angelhaken. ³ Eine nach der andern müßt ihr durch die Mauerbreschen hinaus; man jagt euch dem Hermon zu – Spruch Jahwes.

Am 4,1-3

Gegen die Heiligtümer

¹ Hört dieses Wort, ihr vom Haus Israel, das ich als Totenklage, über euch anstimme: ² Gefallen ist sie und steht nicht mehr auf, die Jungfrau Israel; sie liegt hingestreckt auf eigenem Boden, und keiner hilft ihr wieder auf. ³ Denn so spricht Jahwe: In die Stadt, aus der tausend Männer ausziehen, kehren nur hundert zurück, und wo hundert ausziehen, kehren nur zehn zurück. ⁴ Ja, so hat Jahwe gesprochen zum Haus Israel: Sucht mich, dann werdet ihr leben. ⁵ Doch sucht nicht Bet-El auf, geht nicht nach Gilgal, zieht nicht nach Beerscheba! Denn Gilgal droht die Verbannung und Bet-El der Untergang.

Die Beugung des Rechts

11 Weil ihr von den Hilflosen Pachtgeld erpreßt und ihr Getreide besteuert, baut ihr Häuser aus behauenen Steinen – aber wohnen werdet ihr nicht darin. Ihr legt euch prächtige Weinberge an – doch trinken werdet ihr den Wein nicht. 12 Ja, ich kenne eure zahlreichen Verbrechen und eure ständigen Vergehen. Ihr bringt den Unschuldigen in Not, ihr laßt euch bestechen und weist den Armen ab bei Gericht. 13 Darum schweigt in dieser Zeit, wer klug ist; denn es ist eine böse Zeit. 14 Sucht das Gute, nicht das Böse; damit ihr am Leben bleibt, und damit Jahwe, der Gott Zebaot, wirklich mit euch ist, wie ihr sagt. 15 Haßt das Böse, liebt das Gute, und bringt bei Gericht das Recht zur Geltung! Vielleicht ist Jahwe, der Gott Zebaot, dem Rest Josefs dann gnädig.

Am 5,11-15

Der wahre Gottesdienst

21 Ich hasse eure Feste, ich verabscheue sie. Ich kann eure Versammlungen nicht riechen. 22 Eure Brandopfer sind mir zuwider, ich habe kein Gefallen an euren Gaben; das Mahlopfer eures Mastviehs will ich nicht sehen. 23 Hör auf mit dem Geplärr deiner Lieder! Dein Harfenspiel will ich nicht hören, 24 sondern das Recht soll strömen wie Wasser, die Gerechtigkeit wie ein nie versiegender Bach.

27 So werde ich euch verbannen in die Gebiete über Damaskus hinaus, spricht Jahwe; Gott Zebaot ist sein Name.

Am 5,21-24.27

»Jahwe als Gott der Armen« ist für den Philosophen Ernst Bloch das Programm des Amos: »Amos war ein kühner Mann, über die sozialen Schinder erbittert wie keiner zuvor. ›Ich will ein Feuer gegen Juda schicken, daß es die Paläste Jerusalems frißt (2,5)‹ – solch roter Hahn wird vorher nie so gesetzt.« Amos Kritik gilt einem sozialen System, das breite Bevölkerungskreise in die Verelendung zwingt: Die Vermögenden erwerben Landgut um Landgut, bis sie die Herren ganzer Landstriche sind, während die bisherigen Besitzer zu Schuldnern und Leibeigenen werden. Dagegen setzt Amos seinen Aufruf zur radikalen Wandlung der Verhältnisse. Auch deckt er die Korruption der Gerichte auf; die miteinander verfilzte Oberschicht beuge das Recht auf Kosten der kleinen Leute: »Ihr laßt euch bestechen und weist den Armen ab bei Gericht« (Am 5,12). So werden die Gerichte zu Unterdrückungsinstrumenten der herrschenden Klasse korrumpiert.

Diese soziale Anklage bringt eine neue Bewußtseinsdimension in die Weltgeschichte. Wo wurde dergleichen schon vorher gehört? Die Propheten Israels trugen die Forderung nach sozialer Gerechtigkeit wie niemand vor ihnen und niemand nach ihnen in der Alten Welt in den Gang der Geschichte. Sie taten es in einer Sprache, deren Kraft und Schärfe bis zum Tage nicht gelitten hat, wenngleich die Botschaft immer noch unterwegs ist, glaubwürdig umgesetzt zu werden. Kommu-

Darmstadt, im Juli 1834

Im Jahr 1834 siehet es aus, als würde die Bibel Lügen gestraft. Es sieht aus, als hätte Gott die Bauern und Handwerker am 5ten Tage, und die Fürsten und Vornehmen am 6ten gemacht, und als hätte der Herr zu diesen gesagt: »Herrschet über alles Gethier, das auf Erden kriecht«, und hätte die Bauern und Bürger zum Gewürm gezählt.

Das Leben der Vornehmen ist ein langer Sonntag, sie wohnen in schönen Häusern, sie tragen zierliche Kleider, sie haben feiste Gesichter und reden eine eigene Sprache; das Volk aber liegt vor ihnen wie Dünger auf dem Acker. Der Bauer geht hinter dem Pflug, der Vornehme aber geht hinter ihm und dem Pflug und treibt ihn mit dem Ochsen am Pflug, er nimmt ihm das Korn und läßt ihm die Stoppeln. Das Leben des Bauern ist ein langer Werktag; Fremde verzehren seine Äcker vor seinen Augen, sein Leib ist eine Schwiele, sein Schweiß ist das Salz auf dem Tisch des Vornehmen

Georg Büchner/Ludwig Weidig, Der Hessische Landbote

nismus und Sozialismus stehen in ihrem Erbe. Als Christenheit und
Kirche für die Sache der Armen und Unterdrückten keine wirksamen
Anwälte mehr waren, fand »Jahwes erzhuman gedachter Wille« (Ernst
Bloch), wie er von Amos bis Jesaja vertreten wurde, jenseits der kirch-
lichen Welt neue Resonanzböden.

Das Kommunistische Manifest

Die Geschichte aller bisherigen
Gesellschaft ist die Geschichte von
Klassenkämpfen.
Freier und Sklave, Patrizier und Pleb-
jer, Baron und Leibeigener, Zunftbürger
und Gesell, kurz, Unterdrücker und
Unterdrückte standen in stetem Gegensatz zueinander, führten einen
ununterbrochenen, bald versteckten,
bald offenen Kampf, einen Kampf, der
jedesmal mit einer revolutionären
Umgestaltung der ganzen Gesellschaft
endete oder mit dem gemeinsamen
Untergang der kämpfenden Klassen. ...

Ihr entsetzt euch darüber, daß wir
das Privateigentum aufheben wollen.
Aber in eurer bestehenden Gesellschaft ist das Privateigentum für neun
Zehntel ihrer Mitglieder aufgehoben;

Die soziale Anklage der Propheten des 8. Jahrhunderts ist in dieser
oppositionellen Entschiedenheit erstmalig. Sie wurde im Namen eines
Gottesglaubens erhoben, mit dem sich die Würde und Rechte des Menschen verbinden. Und sie war bewußt einseitige Parteinahme. Zwar
wendet die historische Forschung ein, man solle sich hüten, hinter den
kritisierten sozialen Verhältnissen nur gottlose Bösewichter und Ge-
walttäter am Werke zu sehen. Die Oberschicht habe sich durchaus lega-
ler Mittel zur Durchsetzung ihrer Interessen bedient. Wenn auch Rechtsbrüche und Gewalt nicht auszuschließen seien, so seien die eigentlichen
Mißstände Auswirkungen von struktureller Gewalt gewesen, die sich
aus den wirtschaftlichen und gesellschaftlichen Entwicklungen der Königszeit ergeben hätten. Möglicherweise hätten die Reichen der Oberschicht die traditionellen kleinbäuerlichen Betriebe als überholte Wirt-
schaftsform angesehen, die sowieso zum Aussterben verurteilt gewesen
sei, während der eigene Reichtum den Segen Jahwes widerspiegele ...

Doch solche Rechtfertigungen bewegten weder Amos noch Micha
noch Jesaja. Für sie waren die ungleichen Verhältnisse ein Skandal, den
sie durch Parteinahme für die sozial Schwachen beantworteten. Sie

warfen der Oberschicht vor, das Wertesystem der Gesellschaft zu zerstören und über die zerbrochene Solidargemeinschaft nicht einmal Trauer zu empfinden. Ihre Kritik galt von Jahwe her, der Israel aus Ägypten herausgeführt hatte. Stand doch mit dem Unrecht, das die israelitische Gesellschaft vergiftete, zugleich deren Gottesbeziehung auf dem Spiel. Für Amos und die ihm folgenden Propheten hatte Israel keine Zukunft mehr, falls die Verantwortlichen des Volkes nicht ihre verdrängte Schuld einsahen und ihr soziales Handeln änderten: »Hört und schärft es ein dem Hause Jakob: Ja, der Tag kommt, da ich Israel für seine Verbrechen strafen werde; dann werde ich zerstören die Altäre von Bet-El; die Hörner des Altars werden abgehauen und fallen zu Boden. Ich zerschlage den Winterpalast und die Sommervillen, die elfenbeingeschmückten Häuser werden verschwinden, und mit den vielen Häusern ist es zu Ende – spricht Jahwe« (Am 3,14 f.).

Die Ausweisung des Propheten

10 Amazja, der Priester von Bet-El, ließ Jerobeam, dem König von Israel, melden: Mitten im Haus Israel zettelt Amos gegen dich Aufruhr an; das Land vermag alle seine Worte nicht mehr zu ertragen. 11 Denn so sagt Amos: Jerobeam stirbt durch das Schwert, und Israel wird verschleppt, verschleppt aus seinem Lande.
12 Zu Amos aber sagte Amazja: Geh, Seher, flüchte ins Land Juda! Dort iß dein Brot, und tritt dort als Prophet auf! 13 Aber in Bet-El sprich nicht noch einmal als Prophet; denn ein Heiligtum des Königs ist dies hier und ein Staatstempel.
14 Da antwortete Amos dem Amazja und sagte: Ich bin kein Prophet und auch kein Prophetenschüler, sondern ein Viehzüchter und ziehe Maulbeerfeigen. 15 Aber Jahwe hat mich von meiner Herde weggeholt und zu mir gesagt: Geh und tritt als Prophet vor mein Volk Israel! 16 Darum höre jetzt Jahwes Spruch! Du sagst: Tritt nicht als Prophet gegen Israel auf, und prophezeie nicht gegen das Haus Isaak! 17 Darum – so spricht Jahwe: Deine Frau wird in der Stadt als Dirne leben, deine Söhne und deine Töchter werden unter dem Schwert fallen, dein Ackerland wird mit der Meßschnur verteilt, du selbst aber wirst in einem unreinen Land sterben, und Israel wird verschleppt, verschleppt aus seinem Lande.

Am 7,10-17

Der Gott, den Amos vertrat, war nicht der Gott der Heiligtümer, der Opfer und Wallfahrten: »Ich hasse eure Feste, ich verabscheue sie. Ich kann eure Versammlungen nicht riechen ..., eure Brandopfer sind mir zuwider ..., sondern das Recht ströme wie Wasser, die Gerechtigkeit wie ein nie versiegender Bach« (Am 5,21 ff.). Eine solche nicht mehr kultisch, sondern sozial buchstabierte Frömmigkeit war für Staat und Religion Israels von äußerster Provokation. Und so denunzierte der am Reichsheiligtum Bet-El tätige Priester Amazja den unbequemen Propheten als »unerträglich für das Land« beim König und betrieb dessen Ausweisung. Über Amos' weiteres Schicksal ist nichts bekannt.

es existiert gerade dadurch, daß es für neun Zehntel nicht existiert ...

Der Kommunismus nimmt keinem die Macht, sich gesellschaftliche Produkte anzueignen, er nimmt nur die Macht, sich durch diese Aneignung fremde Arbeit zu unterjochen ... Mögen die herrschenden Klassen vor einer kommunistischen Revolution zittern. Die Proletarier haben nichts in ihr zu verlieren als ihre Ketten. Sie haben eine Welt zu gewinnen.
Proletarier aller Länder, vereinigt euch!

Karl Marx/Friedrich Engels (1848)

Man sollte sich nicht verheimlichen, daß die Kirche nicht aufgehört hat, die offizielle Religion der bourgeoisen Staatsklasse zu spielen, obwohl sie aufgehört hat, offizielle Staatsreligion zu sein ... Deswegen findet sie auch keinen Zugang zu der Arbeitswelt und deswegen kapselt sie sich von der Arbeitswelt ab. Sie spielt, sie ist die offizielle und formelle Religion der Reichen ... Und somit ist sie gar nichts.

Und sie wird sich auch keinen Zugang verschaffen zur Arbeitswelt, und sie wird keinen Zugang zum einfachen Volk finden, wenn sie nicht auch wie jedermann die Kosten zahlt für eine ökonomische Revolution, eine soziale Revolution, eine industrielle Revolution, also sozusagen eine zeitliche Revolution für das ewige Heil. So verhält es sich nun einmal, ewig, zeitlich (ewig zeitlich oder zeitlich ewig) mit der geheimnisvollen Unterwerfung des Ewigen unter das Zeitliche. Genau dies ist die Eigenart der Einstiftung des Ewigen in das Zeitliche. Man muß die ökonomischen, die sozialen, die industriellen Kosten, man muß die zeitlichen Kosten tragen. Niemand kann sich dem entziehen, nicht einmal das Ewige, auch nicht das Geistige und auch nicht das innere Leben. Deswegen war unser Sozialismus auch keineswegs töricht, deswegen war er zutiefst christlich.

Charles Péguy

Der Prophet Micha

Man nennt Micha auch den »Amos des Südreiches«. Er stammt aus Moreschet, einer 35 km südwestlich von Jerusalem gelegenen Kleinstadt. Sein sozialer Status ist unbekannt; man hat ihn als Ortsvorsteher, auch als dörflichen Grundbesitzer oder armen Bauern vermutet, was letzthin nur vage Rückschlüsse aus seinem Buch sind. Doch zeigen ihn seine Worte als sensibel für soziale Situationen und fähig, deren strukturelle Ursachen zu erkennen.

Micha wirkte zur Zeit der judäischen Könige Jotam (739–734), Ahas (734–728) und Hiskija (728–699), als Assyrien das Nordreich Israel und Teile von Juda bedrohte. König Ahas wurde von seinen Nachbarn in Damaskus und Samaria zu einer Koalition gegen Assur gedrängt. Obwohl Micha davon abriet, wandte sich Ahas an Assur um Hilfe und geriet dadurch in ein Vasallenverhältnis (→ S. 231); Nach dem Untergang des Nordreiches wollte König Hiskija von Juda (725–697) das assyrische Joch abschütteln, was ihm jedoch mißlang. Jer 26,17 erinnert an ein Aufreten Michas vor dem König Hiskija. Die eigentliche Wirksamkeit Michas dürfte sich zwischen den Jahren 733–723 bewegen.

Vorwort

1 Dies ist das Wort Jahwes, das an Micha aus Moreschet erging in den Tagen, als Jotam, Ahas und Hiskija Könige von Juda waren; er hörte es in Visionen über Samaria und Jerusalem.

Mi 1,1

Das Buch Micha

Das nach Micha benannte Buch ist in einer langen prophetischen und gottesdienstlichen Entwicklung gewachsen. Die auf Micha zurückgehenden Texte bilden den kleineren Teil des Buches. Die Kapitel 1-3 dürften seine Worte – in literarischer Gestaltung – wiedergeben, während der weitere Teil des Buches aus späterer Zeit stammt und eine nachexilische Bearbeitung gefunden hat. So schildert Mi 4,9-14 die Zerstörung Jerusalems (587/86) und die Zeit danach.

Der Grundbestand von Mi 1-3 trägt eine massive Gesellschaftskritik vor, die sich mit der ruinösen Wirtschaftsordnung der mittleren Königszeit befaßt. Dabei attackiert Micha vor allem die in der antiken Welt allgemein übliche Schuldenpraxis, die zu einem rücksichtslosen Bauernlegen führte. Gegenüber den mächtigen Großgrundbesitzern hatten die kleinbäuerlichen Betriebe keine Überlebenschancen. Insbesondere kritisierte Micha die Blutopfer, die ein brutaler Frondienst bei staatlichen Großbauprojekten verlangte: »Ihr erbaut Zion mit Blut und Jerusalem mit lauter Unrecht« (3,10).

Viel Klagen hör' ich oft erheben
Vom Hochmut, den der Große übt.
Der Großen Hochmut wird sich geben,
Wenn unsre Kriecherei sich gibt.

Gottfried August Bürger

Ha! du wärst Obrigkeit von Gott?
   Gott spendet Segen aus;
Du raubst, du schindest, kerkerst ein,
   Du nicht von Gott, Tyrann!

*Gottfried August Bürger/
Ludwig Weidig*

Gericht über Samaria

2 Hört, alle ihr Völker! horch auf, Erde, und wer sie bewohnt: denn Jahwe tritt als Zeuge gegen euch auf, der Herr tritt heraus aus seinem heiligen Tempel. 3 Seht, Jahwe kommt hervor aus seiner Stätte, er steigt herab auf die Höhen der Erde. 4 Da schmelzen die Berge unter ihm wie Wachs im Feuer; die Täler zerspalten, wie vom Wasser, das die Hänge hinabstürzt. 5 Das alles wegen Jakobs Vergehen und wegen der Sünden des Hauses Israel. Was ist Jakobs Vergehen? Ist es nicht Samaria? Und was die Sünde Judas? Ist es nicht Jerusalem? 6 Darum mache ich Samaria zu einem Steinhaufen im Felde, zu einem Acker, auf dem man Reben pflanzt. Ich stürze seine Steine zu Tal und lege seine Grundmauern bloß. 7 Alle Schnitzbilder werden zerschlagen, alle Hurenbilder im Feuer verbrannt, alle Götzen vernichtet. Denn mit Hurenlohn wurden sie zusammengekauft, und zum Hurenlohn müssen sie wieder werden.

Mi 1,2-7

D er Text entwirft den Horizont, in dem Micha und seine Tradenten ihre Botschaft verkünden. Was in den kleinen Staaten Israel und Juda geschieht, betrifft die ganze Erde, denn Himmel und Erde berühren sich, wenn Gott zum Gericht erscheint. Nachdem er zunächst Samaria anklagt, folgt in den Versen 9-16 die Anklage der Landstädte Judas. Er sieht in ihnen eine Oberschicht tätig, welche die ländliche Bevölkerung mit System aussaugt. In Kapitel 3 kritisiert er mit extremer Schärfe die sozialen Mißstände in der Gesellschaft: Jahwe wird aufstehen und unabwendbares Unheil über Samaria, Jerusalem und die Städte Judas bringen, weil die Machthaber und die führenden Stände wie Richter, Propheten und Priester das Volk zu Boden drücken.

A. Paul Weber (1893–1980), Fortschritt II, 1980.

In jedem der folgenden Gerichtsworte werden die Adressaten auf ihr Amt hin angesprochen; das ist die Basis der Anklage. Angesichts der äußerst provokanten Formulierungen erstaunt es, wie geringfügig spätere Überarbeitungen geblieben sind. V 10 und 14 stellen klar, daß die Worte in Jerusalem gesprochen wurden, möglicherweise im Vorhof des Tempels, wie dies bei ähnlichem Anlaß der Ort für Jeremias Tempelrede war (→ S. 251). Nach Jer 26,8-17 fanden sich dort mit Propheten und Priestern die Rechtsinstanzen des königlichen Hofes und auch die »Ältesten des Landes« zusammen. Wenn Micha vor dieser Versammlung das Wort ergriff, ist es wahrscheinlich, daß er zum Ältestengremium Judas gehörte.

Gegen die Rechtsbrecher

¹ Ich habe gesagt: Hört doch, ihr Häupter Jakobs und ihr Führer des Hauses Israel! Ist es nicht eure Sache, das Recht zu kennen? ²ᵃ Die das Gute hassen und das Böse lieben, ³ sie fressen mein Volk auf, ziehen den Leuten die Haut ab und zerbrechen ihnen die Knochen; sie zerstückeln sie wie Fleisch für den Kochtopf, wie Braten für die Pfanne. ²ᵇ Darum zieht man auch ihnen die Haut ab und reißt ihnen das Fleisch von den Knochen. ⁴ Wenn sie dann zu Jahwe schreien, wird er sie nicht erhören. Er wird sein Angesicht vor ihnen verbergen, weil ihre Taten böse sind.

Mi 3,1-4

In Deutschland stehet es jetzt, wie der Prophet Micha schreibt, Cap.7, V 3 und 4: »Die Gewaltigen rathen nach ihrem Muthwillen, Schaden zu thun, und drehen es, wie sie es wollen. Der Beste unter ihnen ist wie ein Dorn, und der Redlichste wie eine Hecke.« Ihr müßt die Dörner und Hecken theuer bezahlen! denn ihr müßt ferner für das großherzogliche Haus und den Hofstaat 827 772 Gulden bezahlen. Die Leute, von denen ich bis jetzt gesprochen, sind nur Werkzeuge, sind nur Diener. Sie thun nichts in ihrem Namen, unter der Ernennung zu ihrem Amt steht ein L., das bedeutet Ludwig von Gottes Gnaden und sie sprechen mit Ehrfurcht: »im Namen des Großherzogs«. Dies ist ihr Feldgeschrei, wenn sie euer Gerät versteigern, euer Vieh wegtreiben, euch in den Kerker werfen. Im Namen des Großherzogs sagen sie, und der Mensch, den sie so nennen, heißt: unverletzlich, heilig, souverän, königliche Hoheit. Aber tretet zu dem Menschenkinde und blickt durch seinen Fürstenmantel. Es ißt, wenn es hungert, und schläft, wenn sein Auge dunkel wird. Sehet, es kroch so nackt und weich in die Welt, wie ihr und wird so hart und steif hinausgetragen, wie ihr, und doch hat es seinen Fuß auf einem Nacken, hat 700 000 Menschen an seinem Pflug, hat Minister, die verantwortlich sind für das, was es thut, hat Gewalt über euer Eigenthum durch die Steuern, die es ausschreibt, über euer Leben durch die Gesetze, die es macht, es hat adliche Herren und Damen um sich, die man Hofstaat heißt, und seine göttliche Gewalt vererbt sich auf seine Kinder mit Weibern, welche aus eben so übermenschlichen Geschlechtern sind.

Wehe über euch Götzendiener! – Ihr seid wie die Heiden, die das Krokodil anbeten, von dem sie zerrissen werden.

Georg Büchner/Ludwig Weidig, Der Hessische Landbote (→ S. 209)

Karikatur auf die Wiedererrichtung des Königtums in Frankreich unter Ludwig XVIII., 1814.

Angesprochen werden die »Häupter Jakobs« und die »Führer des Hauses Israel«. Diese Wortwahl geht auf vorstaatliches Denken zurück. Vom König und seinen Beamten spricht Micha nie. Mit »Jakob« und »Israel« meint er Samaria und Jerusalem. Was in V 1b »Recht« heißt, schließt nicht allein die Kenntnis, sondern auch die Zuwendung zur Rechtsordnung ein sowie deren Wahrnehmung zum Besten der Menschen, die vom Unrecht bedroht sind. Der rhetorischen Frage wird niemand die Zustimmung verweigern.

Die im Prophetenwort verdichtete Anklage unterstellt, daß jene, die sich um die Rechtsordnung kümmern, das Gute lieben und das Böse hassen. Diese Grundeinstellung aber haben die Jerusalemer

Instanzen nach Michas Urteil ins Gegenteil verdreht. Darauf folgen in einer Sprache äußerster Erregtheit Metaphern aus dem blutigen Geschäft des Metzgers: Was sonst nur Schicksal des Schlachtviehs ist, tut hier die Oberschicht der Hauptstadt der Landbevölkerung an: Sie zieht den Leuten die Haut ab, zerbricht ihnen die Knochen, frißt ihr Fleisch. Allein viermal wird vom Fleisch gesprochen, wie es von den Knochen getrennt, in den Kochtopf zerstückelt und gegessen wird. So derb spricht kein anderer Prophet. Er kündigt eine Situation an, die nach Jahwe schreien läßt, aber dann wird es so sein, wie ein Sprichwort sagt: »Wer sein Ohr verstopft vor dem Geschrei des Geringen, der findet selbst, wenn er ruft, keine Antwort« (Spr 21,13).

Gegen die habgierigen Propheten

5 So spricht Jahwe gegen die Propheten: Sie verführen mein Volk. Haben sie etwas zu beißen, rufen sie: Frieden! Wer ihnen aber nichts ins Maul steckt, dem sagen sie den Heiligen Krieg an. 6 Darum soll es Nacht für euch werden, ohne Visionen, und Finsternis, in der ihr nicht mehr wahrsagen könnt. Die Sonne geht unter über den Propheten, und der Tag wird schwarz über ihnen. 7 Dann werden die Seher zuschanden, müssen die Wahrsager sich schämen. Sie müssen alle ihren Bart verhüllen, weil Gottes Antwort ausbleibt. 8 Ich aber bin mit Kraft erfüllt vom Geist Jahwes, voll Eifer für das Recht und voll Mut, Jakob seine Verbrechen vorzuhalten und Israel seine Sünden.

Mi 3,5-8

Die »Häupter« und »Führer« konnten sich gegen Micha auf ihre Jerusalemer Propheten berufen, die ihnen aus trügerischen Orakeln weissagten. Micha bestreitet ihnen nicht, daß sie in nächtlichen Visionen Gottes Weisungen empfangen, aber er bestreitet, daß sie der Weisung Jahwes gemäß Auskunft erteilen. Offensichtlich machten sie ihre Botschaften von Sonderzulagen abhängig. Micha kritisiert nicht den normalen Lebensunterhalt, wie er für Tempelpropheten geregelt war, sondern Zuwendungen, die bereits Bestechungscharakter haben. »Wer ihnen nichts ins Maul steckt«, dem erklären sie den Krieg (V 5). Wegen dieser Diskrepanz zwischen Wortempfang und Wortverkündung beschuldigt er die Tempelpropheten der bewußten Irreführung des Volkes. Sie ordnen empfangene Offenbarung ihrer Gewinnsucht unter, und darum soll ihnen die Quelle ihres Berufswissens versiegen. Wer das Wort verfälscht, dem wird das Wort entzogen. V 7 nennt die Folgen: Die bisher Vollmundigen werden kleinlaut, müssen sich schämen und ihren (Oberlippen-)Bart verhüllen. Diese Geste ist aus Ez 24,17.22 als Trauergebärde bekannt; für Micha mag sie einschließen, daß die Prophetenschaft nichts mehr zu sagen hat. Um so deutlicher setzt er ihnen die eigene Geisterfülltheit entgegen. Seine »Fülle« kontrastiert ihrer »Leere«, da sie »keine Antwort Gottes« mehr finden (V 8). Während jenen in ihrer Abhängigkeit von Geldgebern nur noch Schwäche zukommt, setzt Micha seine »Kraft« dagegen, die ihn befähigt, das zu sagen, was keiner gerne hört.

Steckbrief

Der hierunter signalisierte Georg Büchner, Student der Medizin in Darmstadt, hat sich der gerichtlichen Untersuchung seiner indicirten Theilnahme an staatsverrätherischen Handlungen durch die Entfernung aus dem Vaterlande entzogen. Man ersucht deshalb die öffentlichen Behörden des In- und Auslandes, denselben im Betretungsfalle festnehmen und wohlverwahrt an die unterzeichnete Stelle abliefern zu lassen.
Darmstadt, den 13. Juni 1835.

Der von Großh. Hess. Hofgericht der Provinz Oberhessen bestellte Untersuchungs-Richter, Hofgerichtsrath Georgi

George Grosz (1893–1959), Die Stützen der Gesellschaft, 1926.

Jede Gesellschaft hat ihre eigenen »Stützen«. Hier präsentiert sich ein Stück prophetischer Gesellschaftskritik in der Weimarer Republik. Als deren »Stützen« sind zu sehen: der gehörlose Jurist mit Schmiß und blindem Monokel, »Alter Herr« mit Bierseidel, Florett und dem Couleurband einer schlagenden Verbindung, am Krawattenknoten das Hakenkreuz, die Schädeldecke aufgesägt, so daß die daraus aufsteigenden Phantasien ihn – den einstigen Kavallerieoffizier im Ersten Weltkrieg – als unverbesserlichen »Ostlandreiter« kennzeichnen; der Journalist (mit den Zügen des Pressezaren Alfred Hugenberg), ein Bündel eigener Zeitungen unter dem Arm, ein Palmzweig als Friedenssymbol in der Hand, einen Nachttopf als Zeichen beschränkter geistiger Haftung auf dem Kopf; der sozialdemokratische Parlamentarier mit deutschnationalem Fähnchen, der mit der Parole »Sozialismus ist Arbeit« (also: nur kein Streik!) die herrschenden Verhältnisse aufrechterhält; der versoffene Militärseelsorger, der die Generalität deckt, Frieden predigt, während er hinter seinem Rücken Mord und Totschlag der monarchistischen Reichswehr, von »Stahlhelm« und »Wehrwolf« hinnimmt und weiter hinten schon die Häuser brennen – und die Synagogen.

Gegen die bestechlichen Führer Israels

9 Hört doch, ihr Häupter des Hauses Jakob und ihr Anführer des Hauses Israel, die ihr das Recht verabscheut und alles krumm macht, was gerade ist. 10 Ihr erbaut Zion mit Blut und Jerusalem mit lauter Unrecht. 11 Die Häupter dieser Stadt sprechen Recht für Bestechung, ihre Priester lehren für Lohn. Ihre Propheten wahrsagen für Geld.

Und dann berufen sie sich auf Jahwe und sagen: Ist nicht Jahwe in unserer Mitte? Kein Unheil kann über uns kommen. [12] Darum wird Zion euretwegen zum Acker, den man umpflügt, Jerusalem wird zu einem Trümmerhaufen, der Tempelberg zur überwucherten Höhe.

Mi 3,9-12

Nach einem erneuten Aufruf zum Hören, beschuldigt Micha die Häupter und Führer nun direkt eines völlig korrupten Verhältnisses zum Recht, das sie ins Gegenteil verdrehen. Es steht ihrer Gewinn- und Geltungssucht im Wege. Anstatt Garanten des Rechts zu sein, sind sie Tyrannen des Unrechts geworden. Dieses Urteil belegt Micha mit drei Praktiken: Sie mißhandeln Menschen (V 10), sie lassen sich bestechen (V 11a) und sie frömmeln Geborgenheit in Gott (11b).

V 10 spielt auf die Bautätigkeit in Jerusalem an, die unter König Hiskija außerordentlich zunahm. Es ging um Befestigungsbauten, Lagerräume für Getreide, Most und Öl, Stallungen und Wohngebäude; daneben wurde der Schiloach-Tunnel gebaut, der das Wasser der Gichon-Quelle ins Stadtinnere leitete – mit einer Strecke von 512 m durch den Fels eine technische Großtat (vgl. 2 Chr 32,28-30). Das Blut, das diese Bautätigkeit forderte, wird nicht nur Bauunfälle meinen, sondern auch das Schinden und Mißhandeln von Arbeitern, oder gar Todesurteile um der »Arbeitsdisziplin« willen. Was Jeremia hundert Jahre später dem König Jojakim bei seiner Bautätigkeit vorwirft (Jer 22,13-17), wird schon zu Michas Zeiten Praxis gewesen sein. Auftraggeber und Aufseher verfolgten nur den eigenen Vorteil auf Kosten derer, die sie dafür in Anspruch nahmen.

Die zweite Anklage richtet sich an die »Häupter der Stadt«, die als Richter nicht am Recht, sondern am Geld orientiert sind. Die Priester sind in diese Korruption gleicherweise verwickelt. Als Verwalter der Tora haben sie den Rechtssinn wach zu halten und das Richterkollegium zu belehren – statt dessen aber regiert auch sie nur das Geld. Läuft dann ein hilfloser Mensch zu einem Propheten, um bei diesem Rat und Recht zu finden, so zeigt sich, daß der im gleichen Sumpfe steckt.

Die Anklage gipfelt im Vorwurf, »sich auf Jahwe zu stützen«. Da er ja mit seinem Haus »in ihrer Mitte« ist, glauben sie gewissermaßen immun zu sein gegen äußere Bedrohungen, doch gerade dieser vertrauende Glaube macht sie blind für die eigene Verdrehtheit. Was sie sich selbst als Glauben und Vertrauen zugute halten, wirft ihnen Micha als Anlaß für Jahwes Gericht vor: »Darum euretwegen« soll die machtvoll und glänzend errichtete Stadt mit Tempel und schön gepflasterten Höfen zum Ruinenfeld werden. Micha vermeidet die Nennung des Jahwe-Namens. Er ist für ihn längst ausgewandert aus seinem Haus. In Jerusalem werden bald keine Menschen mehr zu finden sein, und Samarias Schicksal wird auch die Residenzstadt Judas einholen.

So wie Micha hatte noch kein Prophet in Jerusalem gesprochen, so vernichtend noch niemand über die Stadt das Urteil gefällt, auch Jesaja nicht. Der Freimut Michas, vor den Repräsentanten der etablierten Ordnung so deutlich zu sprechen und die politischen und religiösen Autoritäten kompromißlos zu attackieren, machte diesen sonst unbekannten Mann vom Lande zu einem Leuchtturm in der Nacht.

Beschwerdebrief

eines israelitischen Landarbeiters im 7. Jh. v. Chr., dem ein Ernteaufseher den Mantel weggenommen hatte. Der Schreiber gibt die erregte Rede des Analphabeten wörtlich wieder:

Mein Herr, der Kommandant, möge hören auf das Wort seines Knechtes! Dein Knecht ist ein Erntearbeiter. Dein Knecht war in Hazar-Asam, und dein Knecht erntete, und er beendete seine Arbeit, und er lagerte ein während dieser Tage, bevor er aufhörte. Als dein Knecht seine Ernte beendet hatte und eingelagert hatte während dieser Tage, kam Hoschjahu, der Sohn Schobis, und er nahm das Gewand deines Knechtes, nachdem ich meine Ernte beendet hatte. Es sind nun schon einige Tage, daß er das Gewand deines Knechtes genommen hat. Und alle meine Brüder können für mich zeugen – sie, die mit mir ernteten in der Hitze der Ernte –, ja, meine Brüder werden für mich zeugen. Ja, so ist es! Ich bin frei von jeder Schuld. Gib doch zurück mein Gewand, damit mir Recht widerfahre! Es besteht die Möglichkeit für den Kommandanten, zurückzugeben das Gewand seines Knechtes. So erweise ihm Mitleid ...

Der Untergang des Nordreiches Israel

Zur Zeit der ersten Könige des Hauses Jehu (→ S. 202) stand Israel unter aramäischem Druck aus Damaskus. Eine Wende trat durch die Assyrer ein, als diese gegen Damaskus zogen und die Macht des Aramäerstaates brachen. Da die Assyrer von Syrien aus keine weiteren Eroberungszüge unternahmen, erlebte Israel in der ersten Hälfte des 8. Jahrhunderts eine ruhige Zeit. Aber 745 v. Chr. bestieg Tiglat-Pileser III. den assyrischen Thron. Er strebte nach großräumiger Herrschaft und dafür war ihm – wie seinen Nachfolgern – der sichere Besitz von Syrien und Palästina wichtig, weil er nur so den Zugang zum Mittelmeer und den Weg nach Ägypten unter assyrische Kontrolle brachte. Diese Strategie bestimmte auch Israels Schicksal.

Im Jahre 733 scheint Tiglat-Pileser den Staat Israel unter seine Herrschaft gezwungen zu haben, indem er wahrscheinlich »alle Städte« des Landes annektierte und dem tributpflichtigen König von Israel nur noch Samaria und das Gebirge Efraim überließ. Einige Jahre darauf aber war Israel unklug genug, die Tributleistung zu verweigern und Verbindungen mit Ägypten anzuknüpfen, offenbar, um sich damit der assyrischen Oberhoheit zu entziehen. Es ist unwahrscheinlich, daß der kleine Reststaat Israel damit einen Alleingang versuchte; vermutlich waren weitere palästinische Staaten beteiligt. Prompt erschien die Heeresmacht Assyriens, jetzt unter König Sargon II., besetzte das Land, belagerte drei Jahre lang das befestigte Samaria und eroberte die Stadt im Jahre 722. Damit hörte das Reich Israel auf zu existieren.

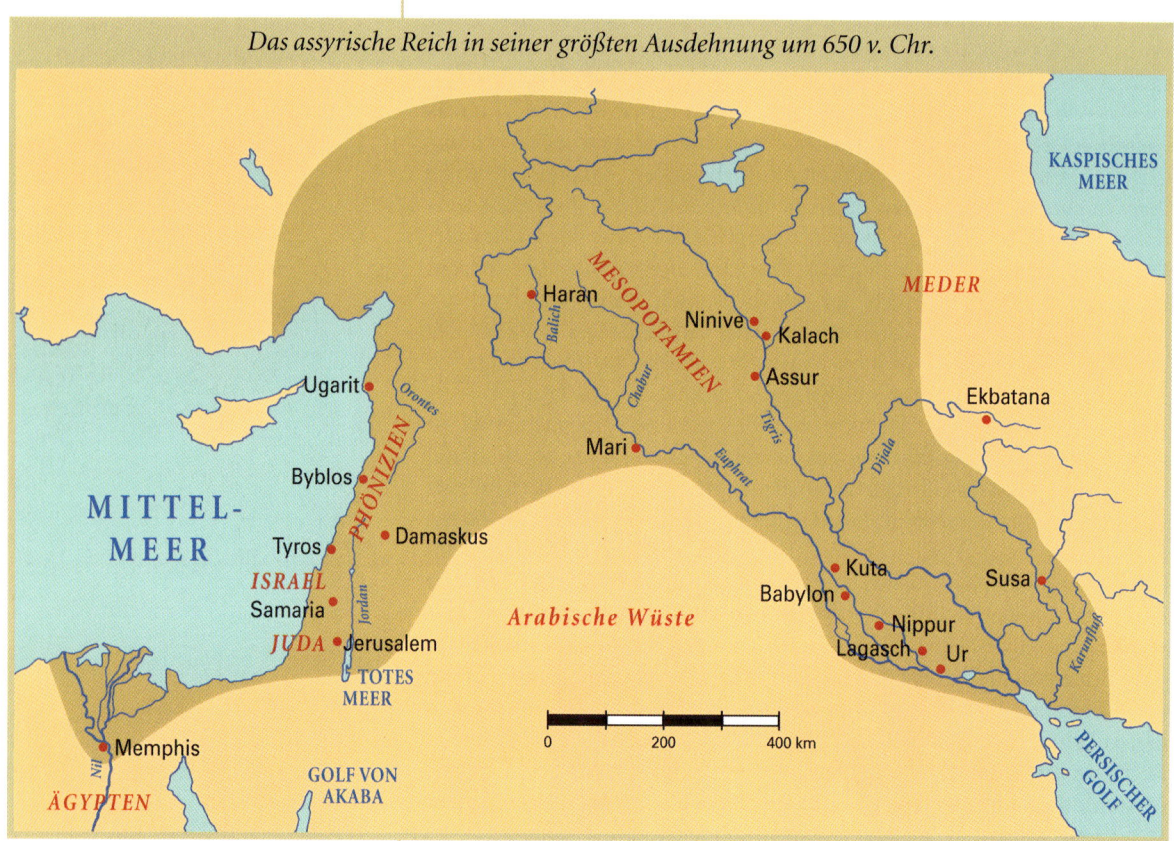

Das assyrische Reich in seiner größten Ausdehnung um 650 v. Chr.

Die Eroberung Samarias

1 Im zwölften Jahr des Königs Ahas von Juda wurde Hoschea, der Sohn Elas, in Samaria König von Israel. Er regierte neun Jahre 2 und er tat, was Jahwe mißfiel, jedoch nicht in dem Maß wie die Könige von Israel, die vor ihm herrschten. 3 Gegen ihn zog Salmanassar, der König von Assur. Hoschea mußte sich ihm unterwerfen und ihm Tribut entrichten. 4 Dann aber entdeckte der König von Assur, daß Hoschea an einer Verschwörung beteiligt war. Er hatte nämlich Boten nach So zum König von Ägypten gesandt und den jährlichen Tribut an den König von Assur nicht mehr überbracht. Daher ließ ihn der König von Assur festnehmen und gefesselt ins Gefängnis werfen. 5 Dann fiel der König von Assur über das ganze Land her, zog herauf nach Samaria und belagerte es drei Jahre lang. 6 Im neunten Jahr Hoscheas eroberte er die Stadt, verschleppte Israel nach Assur. Er ließ sie wohnen in Halach und am Habor, einem Fluß von Gosan, sowie in den Städten der Meder.
7 Das geschah, weil die Söhne Israels gegen Jahwe, ihren Gott, gesündigt hatten, der sie aus Ägypten, aus der Gewalt des Pharao, des Königs von Ägypten, heraufgeführt hatte, und weil sie fremde Götter verehrten 8 und nach den Bräuchen der Völker lebten, die Jahwe vor den Israeliten vertrieben hatte, und dem Beispiel der Könige von Israel folgten, das diese ihnen gaben. 9 Und die Söhne Israels ersannen Dinge gegen Jahwe, ihren Gott, die nicht recht waren. Sie bauten sich Kulthöhen in all ihren Städten, vom Wachtturm bis zur befestigten Stadt. 10 Sie errichteten Steinmale und Ascherabilder auf jedem hohen Hügel und unter jedem grünen Baum. 11 Auf allen Kulthöhen brachten sie Opfer dar wie die Völker, die Jahwe vor ihnen vertrieben hatte, taten böse Dinge, um den Zorn Jahwes zu wecken. 12 Und sie dienten den Götzen, von denen Jahwe ihnen gesagt hatte: So etwas sollt ihr nicht tun. 13 Und Jahwe hatte Israel und Juda durch alle seine Propheten, durch alle Seher gewarnt: Kehrt um von euren bösen Wegen, beachtet meine Befehle und meine Gebote genau nach dem Gesetz, das ich euren Vätern gegeben und euch durch meine Knechte, die Propheten, verkündet habe. 14 Aber sie wollten nicht hören, sondern versteiften ihre Nacken wie ihre Väter, die nicht auf Jahwe, ihren Gott, vertrauten. 15 Sie verwarfen seine Gebote und den Bund, den er mit ihren Vätern geschlossen hatte, und seine Warnungen, die er ihnen gegeben hatte. Sie liefen Nichtigkeiten nach und wurden selbst zunichte; sie ahmten die Völker ihrer Umgebung nach, obwohl Jahwe verboten hatte, ihrem Beispiel zu folgen. 16 Sie verließen alle Gebote Jahwes, ihres Gottes, und machten ein Gußbild, zwei Kälber, und machten eine Aschera, beteten das ganze Heer des Himmels an und dienten dem Baal. 17 Ihre Söhne und Töchter ließen sie durch das Feuer gehen, trieben Wahrsagerei und Zauberei und verkauften sich, das zu tun, was Jahwe mißfiel, um ihn zu erzürnen.
18 Darum wurde Jahwe über Israel sehr zornig. Er schaffte es fort von seinem Angesicht, so daß der Stamm Juda allein übrigblieb. 19 Doch auch Juda befolgte nicht die Befehle Jahwes, seines Gottes, sondern lebte nach den Bräuchen, die Israel eingeführt hatte. 20 Darum verwarf Jahwe das ganze Geschlecht Israels. Er demütigte sie und gab sie in die Hand von Plünderern, bis er sie von seinem Angesicht verstieß. 21 Er hatte Israel vom Haus David losgerissen, und sie hatten Jero-

Tiglat-Pileser III. (745–727), assyr. König. Als sich die Könige von Damaskus und Israel, Rezin und Pekach, der assyr. Tributpflicht entzogen (syrisch-efraimitischer Krieg) und in diese Empörung auch Ahas von Juda einbeziehen wollten, eroberte T. Damaskus und beschränkte Israel auf die Hauptstadt Samaria und deren engste Umgebung.

Salmanassar V. (727–722), König von Assyrien. Unter seiner Regierung erhoben sich syr.-palästin. Könige, u. a. Hoschea von Israel. Hoschea konnte gefangengenommen werden, doch gelang die Eroberung Samarias erst nach dreijähriger Belagerung unter seinem Nachfolger → Sargon II.

So, nach 2 Kön 17,4 ein König von Ägypten. Da aber kein Pharao dieses Namens bekannt ist, verbindet man den Text mit der ägypt. Stadt Sais. Eine schlüssige Erklärung liegt nicht vor.

Sargon II. (722–705) führte Assyrien auf einen Höhepunkt der Macht. Siegreich kämpfte er in Syrien, eroberte 722 Samaria und deportierte die Oberschicht Israels. Später eroberte er Babylon und herrschte noch fünf Jahre über das Land, bis ein weiterer Kriegszug sein Leben beendete.

Geflügelter Stier von der Zitadelle Sargons II., Chorsabad.

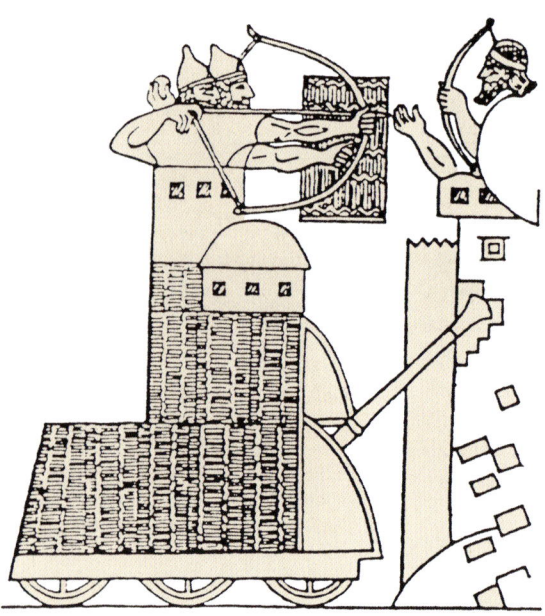

Assyrischer Belagerungsturm.

beam, den Sohn Nebats, als König eingesetzt. Jerobeam aber machte Israel von Jahwe abtrünnig und verführte es zu schwerer Sünde.
²² Die Söhne Israels begingen all die Sünden, die Jerobeam begangen hatte, und ließen nicht davon ab.
²³ Schließlich verstieß Jahwe Israel, wie er es durch alle seine Knechte, die Propheten, angedroht hatte. So wurde Israel aus seinem Land weggeführt in die Verbannung nach Assur, und das ist so bis zum heutigen Tag.

2 Kön 17,1-23

Der Bericht über die Eroberung Samarias ist aus einem großen geschichtlichen Abstand geschrieben und versucht, das Schicksal beider israelitischer Reiche im Sinne der Deuteronomisten zusammenfassend zu deuten. Für den alten Jahweglauben hätte das Ende der eigenen Staatlichkeit ebenfalls den Verfall einleiten können. Es galt ja die Vorstellung, daß Jahwe Israel aus ägyptischer Knechtschaft geführt hatte, weil er ein Gott ist, der die Freiheit des Volkes will. Wie sollte man da verstehen, daß der Gott Israels genau so ohnmächtig wie die Götter der benachbarten Völker den Göttern des siegreichen Assyrien unterlag? Viele werden in Israel so gegrübelt und, um dem eigenen Gott nicht den Abschied zu geben, auf ein Wunder gehofft haben, das Jahwes Macht erweisen und erneut in die Unabhängigkeit führen werde.

Bereits seit Mitte des 8. Jahrhunderts hatten sich erste Stimmen im Volk erhoben, die das weltgeschichtliche Kräftespiel anders erklärten, eine neue Art von Propheten, die sich mit dem Anspruch zu Wort meldeten, Stimme Jahwes zu sein. Nach dem Fall Samarias deuteten sie das politische Geschehen als Gottesgericht. Dadurch, daß Israel dieses Geschehen annehmen und erleiden müsse, erweise sich der Gott Israels nicht nur als Gott eines einzigen Volkes, sondern als Herr der Welt und aller Weltgeschichte. Damit begann ein Denken, das die bisherige Israel-Perspektive in ein universalgeschichtliches Denken erweiterte.

Der Vorgang ist ohne Parallele in der Geschichte der Menschheit, erst recht unter den Nachbarvölkern Israels. Denn nur in Israel erhob diese Prophetie ihre Stimme und verstummte nicht bis in den letzten, endgültigen Zusammenbruch hinein. Sie erklärte, Gott habe die gesamte altorientalische Welt aufgeboten, damit Israel erkenne: »Höre Israel, Jahwe, unser Gott, Jahwe ist einzig« (Dtn 6,4). In dieser Sicht wurde der König von Assyrien ein Werkzeug in der Hand Gottes (Jes 10,5), der spätere neubabylonische König Nebukadnezzar ein »Knecht Gottes« (Jer 27,6) und der Perserkönig Kyrus sogar ein »Gesalbter Gottes« (Jes 45,1). Damit erkannten die Propheten in dem politisch unbedeutenden Israel eine geistige Position, die der Verwirklichung der universalen Absichten Gottes dienen sollte.

Könige

Die Umsiedlung der Bevölkerung

24 Der König von Assur brachte Leute aus Babel, Kuta, Awa, Hamat und Sefarwajim in das Land und ließ sie anstelle der Söhne Israels in den Städten Samarias wohnen. Und sie nahmen Samaria in Besitz und wohnten in seinen Städten. 25 In der ersten Zeit, in der sie dort wohnten, erwiesen sie Jahwe keine Verehrung. Er schickte deshalb Löwen unter sie, die unter ihnen töteten. 26 Und man meldete dem König von Assur: Die Völker, die du weggeführt und in den Städten Samarias angesiedelt hast, kennen die Verehrung nicht, die dem Landesgott gebührt. Er hat daher Löwen unter sie gesandt, von denen sie getötet werden, weil sie nicht wissen, wie der Landesgott zu verehren ist. 27 Da befahl der König von Assur: Bringt einen der Priester zurück, die ihr von dort weggeführt habt. Er soll zu ihnen gehen, bei ihnen wohnen und sie belehren, wie man den Landesgott verehren soll. 28 So kam einer der Priester zurück, die man aus Samaria weggeführt hatte. Er ließ sich in Bet-El nieder und belehrte sie, wie man Jahwe verehren müsse.

2 Kön 17,24-28

*E*ntgegen der Darstellung V 24 ist nicht von einer sofortigen Ansiedlung fremder Bevölkerung in Samaria auszugehen. Diese Maßnahme erfolgte schubweise. Natürlich brachten die Neuankömmlinge ihre eigenen Götter mit. Der vorliegende Einschub V 25-28 möchte erklären, wie sie dennoch zur Jaweverehrung kamen: Die aus Unkenntnis unterlassene Verehrung des Landesgottes Jahwe habe eine Löwenplage zur Folge gehabt, so daß der assyrische König einen der bereits aus Bet-El deportierten Priester zurückschicken mußte, damit dieser die Neuangesiedelten in die Jahweverehrung einweise. Damit wird unterstellt, die Fremden seien in ein entleertes Land gekommen, in dem kein Jahwekult mehr existierte – eine nicht zu verkennende Polemik gegenüber dem samaritanischen Kult der späteren Zeit. Sie arbeitet mit der Behauptung, in Samaria, dem ehemaligen Israel, werde die Jahwereligion nur noch von ethnisch Fremden praktiziert; ein Priester des (aus der Perspektive Jerusalems) verabscheuten Heiligtums Bet-El habe diese Fremden erst darin einführen müssen.

Tatsächlich gab es Deportationen nach Mesopotamien und auch Neuansiedlungen einer fremden Oberschicht (2 Kön 17,24), die ihre zwar eigenen Traditionen und Kulte mitbrachten (17,29-31), sich im Lauf der Zeit aber mit in der im Lande verbliebenen Bevölkerung vermischten. Doch wurde mitnichten die gesamte Bevölkerung umgesiedelt, wie man nach V 17,23 annehmen könnte, sondern nur die Oberschicht, und selbst diese nur in Auswahl. Der Eroberer Samarias, Sargon II. (722-705), berichtet: »Ich belagerte und eroberte Samaria, führte als Beute 27 290 Einwohner weg. Ich bildete aus ihnen ein Kontingent von 50 Wagen und ließ die übrigen (Einwohner) ihre soziale Stellung einnehmen. Ich setzte über sie einen meiner Beamten und legte ihnen die Abgabe des früheren Königs auf.« Durchweg sind solche Zahlen als überhöht anzusehen; dennoch lassen sie erkennen, daß nur ein kleiner Teil der Bevölkerung das Land verlassen mußte. Deren

Belagerungen sind ein Lieblingsthema der assyrischen Reliefkünstler: Sturmtrupps laufen die steilen Wege hinauf, tartschengeschützte Bogner schnellen den Pfeil von der Sehne, die Belagerungstürme rollen heran, und es entwickelt sich ein heftiger Kampf zwischen ihrer Besatzung und den Verteidigern auf den Wällen. Die Sturmböcke wuchten gegen das Mauerwerk, Brandpfeile fliegen und entzünden die Feuersbrunst in der Stadt, während die Verteidiger versuchen, den Rammbock mit Ketten hochzuziehen und unschädlich zu machen; die Sturmleitern werden angelegt, und ausgewählte Abteilungen erklimmen sie, um in die Stadt einzubrechen. Siedendes Öl und brennendes Naphta ergießt sich auf die Angreifer, aber schließlich erlahmt der Widerstand ..., und dann ist die Burg in den Händen der Assyrer. Die Leichen der Erschlagenen liegen zuhauf, die Pyramiden abgeschlagener und sorgfältig zusammengetragener Köpfe wachsen immer höher, und nun beginnt das eigentliche Strafgericht. Wer von den Verteidigern lebend in die Hände des Eroberers fällt, erwartet zitternd die Entscheidung des erbarmungslosen Siegers: ein Teil – nach den Berichten sind es oft Hunderte – wird zur Abschreckung gepfahlt, geköpft, geschunden, lebendig eingemauert oder mit der Stadt verbrannt, und diesem Schicksal entgehen zuweilen auch die Frauen und Kinder, die Jünglinge und Jungfrauen nicht; andere werden geblendet, man schlägt ihnen die Hände ab oder verstümmelt sie auf sonstige Weise. Die Übrigbleibenden, in der Mehrzahl Frauen und Kinder, verlassen mit geringer Habe die zerstörte Heimstätte. Aus allen Toren und Breschen aber stürmt nun das Heer der Plünderer ...

Hartmut Schmökel

Adrammelech, Anammelech. Die von den Assyrern nach Nordisrael deportierten Syrer brachten ihre heimischen Gottheiten mit, die wie → Moloch durch Kinderopfer verehrt wurden.

Aschima, syrische Gottheit, welche die Umsiedler aus Hamat am Orontes verehrten.

Nergal, Stadtgott von Kuta, einer alten und bedeutenden Stadt in Babylonien.

Nibhas und **Tartak,** Gottheiten der in Samaria angesiedelten assyrischen Kolonisten.

Erstürmung der Stadt Lachisch, Detail eines assyrischen Reliefs aus dem Palast des Sanherib in Ninive, um 700 v. Chr.

neue Wohngebiete lagen allerdings weit entfernt im nordwestlichen Mesopotamien, um die Kontakte zur alten Heimat zu erschweren. Doch von »zehn verlorenen Stämmen Israels« nach dem Ende des Nordreiches im Jahr 722 kann keine Rede sein. Deshalb blieben auch die alten Jahwetraditionen im Lande intakt, wenngleich die neu angesiedelten Völker dieser Glaubenswelt zunächst fremd gegenüber standen.

Die Religion der neuen Bevölkerung

29 Doch machte sich jedes Volk seine eigenen Götter und stellte sie in den Höhentempeln auf, welche die Samaritaner erbauten. Jedes Volk tat so in der Stadt, in der es lebte. 30 Die Leute aus Babel machten sich Bilder von Sukkot-Benots. Die Ansiedler aus Kuta stellten Bilder von Nergal her. Jene aus Hamat schufen Aschimabilder. 31 Die Awiter fertigten Bilder des Nibhas und des Tartak an. Die aus Sefarwajim gekommen waren, verbrannten ihre Kinder zur Ehre Adrammelechs und Anammelechs, der Götter von Sefarwajim. 32 Doch verehrten sie auch Jahwe. Sie setzten aus ihren eigenen Reihen Priester für die Kulthöhen ein, die für sie in den Höhentempeln opferten. 33 So verehrten sie Jahwe und dienten zugleich ihren Göttern nach den Bräuchen der Völker, aus denen man sie weggeführt hatte. 34 Bis zum heutigen Tag leben sie nach ihren früheren Bräuchen. Sie fürchten Jahwe nicht und halten sich nicht an die Satzungen und Bräuche, an das Gesetz und die Gebote, auf die Jahwe die Nachkommen Jakobs, dem er den Namen Israel gegeben hatte, verpflichtet hat. 35 Denn Jahwe hat mit ihnen einen Bund geschlossen und ihnen befohlen: Ihr dürft keine fremden Götter verehren, sie nicht anbeten, ihnen nicht dienen und nicht opfern. 36 Jahwe allein, der euch mit großer Kraft und ausgestrecktem Arm aus Ägypten heraufgeführt hat, sollt ihr fürchten und anbeten und allein ihm opfern. 37 Die Satzungen und Bräuche, das Gesetz und die Gebote, die er für euch niedergeschrieben hat, sollt ihr beobachten und alle Tage erfüllen. Fremde Götter aber dürft ihr nicht verehren. 38 Und ihr sollt den Bund, den er mit euch geschlossen hat, nicht vergessen und fremde Götter nicht verehren, 39 sondern Jahwe allein, euren Gott, sollt ihr fürchten. Er wird euch aus der Hand all eurer Feinde retten. 40 Doch sie hörten nicht, sondern taten nach ihren früheren Bräuchen. 41 Sie verehren Jahwe und dienen zugleich ihren Götzen. Was ihre Väter getan haben, das tun auch ihre Kinder und Kindeskinder bis zum heutigen Tag.

2 Kön 17,29-41

*D*ie neuen Siedler in der jetzt assyrischen Provinz Samaria brachten ihre eigenen Kulte mit und pflegten sie nach dieser Darstellung weiterhin. Sie statteten die alten Höhenheiligtümer des Landes mit ihren Götterbildern aus und nahmen sie für ihre Feiern in Anspruch. Die V 29-31 genannten Götternamen einzelner Völkerschaften wurden in der späteren Überlieferung – sei es aus Unachtsamkeit, sei es aus Absicht – teilweise entstellt. Es sind durchweg Götter hohen Ansehens, die eine ernsthafte Konkurrenz zur Verehrung Jahwes sein konnten. Neben diesen Heimatgöttern verehrten die Neusamaritaner aber auch Jahwe, waren also »Götzenbilddiener« und Jahweverehrer in einem und – so die polemische Schlußformel – sind es bis heute geblieben. Die Darstellung will die Samaritaner der Gegenwart als Menschen fremder Herkunft zeigen, die eine Mischreligion praktizieren und damit keine Basis für eine Gemeinschaft mit Juden bieten können, zumal ihnen die gemeinsame Geschichte Israels abgehe.

Historisch ist diese Sichtweise nicht haltbar. Sie ignoriert, daß die Mehrzahl der Israeliten im Lande verblieb und dem Jahwekult seine Kontinuität erhielt. Darauf verweisen auch zahlreiche prophetische Stellungnahmen, welche die weitere Jahweverehrung im Nordreich voraussetzen (Jer 31,17-20; Ez 37,15-28; Sach 9,13; 10,6 f.). Aber die aus dem Exil heimgekehrten Judäer betrieben eine rigide Abgrenzungspolitik gegenüber den Samaritanern (→ S. 293-296). Ihr Vorgehen hatte die Ausgrenzung der Nachkommen des ehemaligen Nordreiches zur Folge und führte schließlich zur Errichtung eines eigenen Heiligtums auf dem Berg Garizim.

Sukkot-Benot, nach 2 Kön 17,30 der Name eines Gottes; jedoch dürfte ein verdorbener Text vorliegen und ursprünglich der babylon. Hauptgott Marduk und dessen Gemahlin gemeint sein.

Garizim, Berg südwestl. von Sichem, mit alter kultischer Tradition (Dtn 27,4.12) und nach Dtn 11,29 »Berg des Segens« (vgl. Jos 8,33). Gegen Ende des 4. Jh. v. Chr. entstand auf dem G. ein Tempel als kultisches Zentrum der Samaritaner (→ S. 294). Trotz seiner Zerstörung unter dem Hasmonäer → Johannes Hyrkanus I. (→ S. 186) blieb die kult. Bedeutung des G. so wirksam, daß seine Legitimation weiterhin im Gespräch stand (vgl. Joh 4,20; → S. 510). Seit dem 18./19. Jh. begehen die Samaritaner auf dem G. ihr Paschafest unter freiem Himmel (→ S. 294).

Auf dem Weg in die Gefangenschaft, Detail einer Reliefplatte vom Palast Assurbanipals (668–631) in Ninive.

Der Prophet Jesaja

Michelangelo (1475–1564), Der Prophet Jesaja, Fresko aus der Sixtinischen Kapelle, Rom, Vatikan, 1512–15.

Mehr als jeder andere Prophet hat Jesaja die Zukunft mitbestimmt. Seine Sprache ist eine Mischung aus elementarer Kraft und oft spielerischer Virtuosität, die in der Bibel nicht ihresgleichen hat. Seine Prophetie speist großes Wissen und denkerische Intensität. Seine visionären Entwürfe sind die ältesten Grundrisse von Sozialutopie. Der Gott, den Jesaja verkündet, ist keiner der faulen Kompromisse: »Er wartet auf Rechtsspruch, und siehe da: Rechtsbruch; auf Gerechtigkeit, doch siehe: der Rechtlose schreit. Wehe denen, die Haus an Haus reihen, ein Feld zum anderen Feld bringen, bis kein Raum mehr da ist und sie allein das Land besitzen« (Jes 5,7 f.). Jahwe wird aufgerufen als Feind der Bauernleger und Kapitalanhäufer: »Ich will der Anmaßung der Stolzen ein Ende machen und den Hochmut der Gewalttätigen erniedrigen, damit ein Mensch teurer werde als gediegenes Gold« (13,11 f.).

Bis ins Plenum der Vereinten Nationen reicht seine berühmte Utopie: »Er wird richten zwischen den Nationen und für viele Völker Recht sprechen. Dann werden sie ihre Schwerter zu Pflugscharen umschmieden und ihre Speere zu Winzermessern. Nicht mehr wird Nation gegen Nation das Schwert erheben, und sie werden den Krieg nicht mehr lernen« (Jes 2,4). Dies ist das Urmodell jeder Friedensbewegung, das mit geschichtlich belegbarem Einfluß bis in die Gegenwart reicht.

Während der Prophet Hosea im Nordreich auftrat, wirkte Jesaja im Südreich Juda. Sein Berufungserlebnis fällt in das Jahr 739 v. Chr. Er engagierte sich – wie Micha – unter den judäischen Königen Jotam, Ahas und Hiskija, zu einer Zeit, in der das assyrische Reich Weltmachtgröße gewann. Als im »syrisch-efraimitischen Krieg« (Efraim steht für Israel), die Könige von Damaskus und Samaria den König Ahas von Juda zu einer Koalition gegen Assur zwingen wollten, wandte sich Ahas an Assur um Hilfe und geriet dadurch in Abhängigkeit als Vasall. Ebenso wie Micha hatte auch Jesaja vor diesem Schritt gewarnt. Als die Assyrer Damaskus 732 eroberten, reduzierten sie Israel zu einem Rumpfstaat im Bereich des Gebirges Efraim, ehe sie nach erneuter Erhebung das Nordreich 722 endgültig auslöschten.

Natürlich geriet auch das Südreich Juda unter assyrische Bedrängnis. König Hiskija versuchte vergeblich, das assyrische Joch mit ägyptischer Hilfe abzuschütteln. Im Jahr 701 rückten assyrische Truppen in Juda ein. Sie belagerten Jerusalem, zogen aber wegen neuer Dringlichkeiten zunächst wieder ab, so daß Juda noch einmal seine Außenpolitik überdenken konnte. In dieser Zeit sprach Jesaja ein schneidendes Nein zur Jerusalemer Strategie (Jes 22,1-14).

Das Buch Jesaja

Das Buch Jesaja ist keine ursprüngliche Einheit. Die Forschung unterscheidet drei Komplexe, die in unterschiedlichen Zeiten entstanden sind:

Der erste Teil umfaßt die Kapitel 1-39. Nur hier kommt der Name Jesaja vor. Der politische und zeitliche Raum, auf den sich die Texte beziehen, ist die 2. Hälfte des 8. Jahrhunderts in Jerusalem. Drei große Themen bestimmen Jesajas prophetische Kritik vor allem: eine soziale Anklage, die Kritik der Militär- und Bündnispolitik und eine Kultkritik. Jesaja meldete sich unter vier Königen (Usija, Jotam, Ahas und Hiskija) öffentlich zu Wort, ohne dabei den Prophetentitel für sich in Anspruch zu nehmen. Doch unter allen Schriftpropheten ist er der bedeutendste. Mehr als andere hat er eine weitreichende Wirkungsgeschichte ausgelöst. Religiöse Reformer haben sich immer wieder auf ihn bezogen, wie dies besonders die zwei weiteren Komplexe des Jesajabuches belegen. Auch Lk 4,16-22 belegt einen Nachhall seiner Botschaft.

Den zweiten Komplex nennt die Forschung Deuterojesaja (»Zweiter Jesaja«); er enthält in den Kapiteln 40-55 die Reden eines unbekannten Propheten im Exil. Die Entstehungszeit dieser Texte wird zwischen 546 und 539 angesetzt, das heißt in der Zeitspanne zwischen dem Beginn der Feldzüge des Kyrus und seiner Eroberung Babylons. Entstanden sind diese Schriften vermutlich in Babylonien, nicht in Jerusalem. Sie verheißen, daß Jahwe die Deportierten in die Heimat zurückführen werde. Werkzeug für die erwartete Wende ist dem Autor der Perserkönig Kyrus (Kyrus II., der Große, 559–530). Nach der Rück-

Die Berufungsvision Jesajas

1 Im Todesjahr des Königs Usija sah ich Jahwe sitzen auf einem hohen und erhabenen Thron. Der Saum seines Gewandes füllte den Tempel aus. 2 Serafen standen über ihm. Jeder von ihnen hatte sechs Flügel: Mit zweien bedeckten sie ihr Gesicht, mit zweien bedeckten sie ihre Füße, und mit zweien flogen sie. 3 Und einer rief dem anderen zu: Heilig, heilig, heilig ist Jahwe Zebaot. Die ganze Erde ist erfüllt von seiner Herrlichkeit. 4 Da bebten die Türzapfen in ihren Angelsteinen von der Stimme des Rufenden, und der Tempel füllte sich mit Rauch. 5 Da sagte ich: Weh mir, ich bin verloren. Ich bin ein Mann mit unreinen Lippen und lebe in einem Volk mit unreinen Lippen, denn meine Augen haben den König Jahwe Zebaot gesehen. 6 Da flog einer der Serafen zu mir; er trug in seiner Hand eine glühende Kohle, die er mit einer Zange vom Altar genommen hatte. 7 Er berührte damit meinen Mund und sagte: Wenn dies hier deine Lippen berührt, ist deine Schuld getilgt, deine Sünde gesühnt. 8 Und ich hörte die Stimme Jahwes sagen: Wen soll ich senden? Wer wird für uns gehen? Ich antwortete: Hier bin ich! Sende mich! 9 Und er sprach: Geh und sage diesem Volk: Hört nur, ihr versteht doch nichts. Seht nur hin, was erkennt ihr schon. 10 Verstocke das Herz dieses Volkes, verstopf ihm die

Usija, König des Südreiches Juda (787–736), wurde 16jährig zum König erhoben. Die letzten zwanzig Jahre war U. aussätzig und lebte abgesondert in einem eigenen Haus. Sein Sohn Jotam (756–741) übernahm die Regentschaft, später sein Enkel Ahas (741–725).

kehr der Verbannten erwartet er die Königsherrschaft Jahwes von Jerusalem aus (52,7-10), den Wiederaufbau der Stadt (54,11-17), ein Erblühen des Landes (51,3) und des Volkes (49,19-21). In Gerichtsreden gegen die Völker und ihre Götter (z.B. 41,21-29; 43,8-13; 44,6-8) und in ermutigenden Preisreden auf Jahwe (40,12-31) bekräftigt der Prophet, daß Jahwe der einzig wirkliche Gott ist, doch wird die Polemik gegen die Herstellung von Götzenbildern und gegen deren Kult (z.B. 44,9-20; 46,5-8) nicht Deuterojesaja, sondern einem späteren Verfasser zugeschrieben. Umstritten ist in der Forschung die Frage, ob die »Gottesknechtlieder« (42,1-4; 49,1-6; 50,4-9; 52,13-53,12) von Deuterojesaja stammen und ob sie sich auf den Propheten selbst beziehen oder auf einen kommenden Messias oder auf ganz Israel.

Der dritte Teil des Buches wird als Tritojesaja (»Dritter Jesaja«) bezeichnet. Das Wirken dieses Propheten wird um 530 in Palästina vermutet. Seine Botschaft findet sich in den Kapiteln 56-66, doch wurden auch einige ältere wie jüngere Texte der Sammlung eingegliedert. Themen sind die zukünftige Herrlichkeit Jerusalems und seines Tempels, die Heimkehr der Zerstreuten und die Ankündigung des Gerichts an die Völker.

Alle drei »Jesajas« sind gebildet, fromm, wach für die Vorgänge ihrer Zeit und couragiert. Es gibt Momente, die auf einen inneren Zusammenhang des Buches Jesaja verweisen, dennoch ist es das Resultat einer langen Entstehungsgeschichte. Die Jesaja-Handschriften aus Qumran belegen, daß zwischen dem 2. Jahrhundert v. Chr. und dem 1. Jahrhundert n. Chr. der heutige Umfang des Buches festlag. Der Hauptteil des Tritojesaja entstand nach 520 v. Chr., auch Texte in den Kapiteln 13-35 dürften aus dieser Zeit stammen.

Gottesknechtlieder, Texte bei Deuterojesaja, die von einer Leidensgestalt sprechen, welche die im Exil lebenden Judäer als Volk wieder aufrichtet und die bisher nur Israel bekannte Tora als »Licht der Völker« in aller Welt bekanntmacht. Doch ehe der Gottesknecht diesen Auftrag ausführen kann, wird er tief erniedrigt, verachtet, von den Menschen gemieden. Da sich mit der Gottesknechtfigur weder Zeit, Titel noch Deutung verbinden, bleibt die Gestalt offen. Jüdische Ausleger verbinden sie als Kollektivgestalt mit Israel. Zu fragen bleibt, ob der Gottesknecht dann der Vergangenheit, der Zeit des Deuterojesaja oder der Zukunft zugehört, drei Möglichkeiten, die sich alle begründen lassen. Die christliche Auslegung bezieht den leidenden Gottesknecht durchweg auf Jesus. Während die traditionelle Exegese Jesus ein »Gottesknecht-Bewußtsein« unterstellt und dieses beispielsweise in der Deutung seines Todes als Sühne »für die vielen« (Mk 14,24) erkennen will, sehen andere darin eine Darstellung, die nicht auf erinnerter Geschichte beruht, sondern nach dem Tode Jesu als »erfüllte Prophezeiung« entwickelt wurde.

Engel (griech. *angelos*, »Bote«), woraus das deutsche »Engel« geworden ist. Da die Bibel Schriften unterschiedlicher Herkunft und Zeit umfaßt, begegnen darin entsprechend unterschiedliche Geistwesen, die erst in nachbiblischer Zeit zusammenfassend »E.« genannt werden, obwohl der Sammelbegriff E. so verschiedenartige Profile wie den »Boten« Gottes, die Thronassistenten des himmlischen Hofstaates oder apokalyptische Gestalten in einem einzigen Wort einebnet.

Das hebr. Wort *mal'ak* bezeichnet nicht allein den gewöhnlichen Boten, sondern zugleich den Botschafter, wie ihn die Könige der Stadtstaaten im 2. Jt. senden konnten; dieser Bote sprach in der Ichform, als wäre er der Auftraggeber selbst; tatsächlich galt der aussendende König in seinem Boten als persönlich anwesend. Analog ist in der Bibel oft nicht zu unterscheiden, ob der »Bote Jahwes« spricht oder Gott selbst. Der frühisraelit. Bote Gottes begegnet in alltäglicher Gestalt; er hat weder Flügel noch eine besondere Aura. Charakteristische Beispiele bieten die Hagar-Erzählungen (Gen 16; 21), die Geschichte von Abrahams Gastfreundschaft (Gen 18) oder jene vom Kampf Jakobs mit einem Unbekannten (Gen 32): → S. 77 ff.

Im Unterschied zum Engel als »Boten Gottes« sind die Serafen wie auch die Cheruben mythische Mischwesen. Das Wort Seraf bezeichnete ursprünglich eine Wüstenschlange (Num 21,6). Es ist verwandt mit *sarap*, »brennen«, vermutlich wegen ihres schmerzhaftbrennenden Bisses. Die ihr später zugefügten Flügel verweisen auf das Symbol der »gefiederten Schlange«, das in unterschiedlichen Kulturen begegnet.
Serafen und Cheruben gehören zum himmlischen Hofstaat und sind Sinnbilder der göttlichen Majestät.

Ohren, verkleb ihm die Augen, damit es mit seinen Augen nicht sieht und mit seinen Ohren nicht hört, damit sein Herz nicht zur Einsicht kommt, sich nicht bekehrt und nicht geheilt wird. 11 Ich fragte: Bis wann, Herr? Er antwortete: Bis die Städte verödet sind und unbewohnt, die Häuser menschenleer und das Ackerland zur Wüste geworden. 12 Denn Jahwe wird die Menschen vertreiben, und die Verlassenheit im Land wird groß sein. 13 Bleibt darin noch ein Zehntel übrig, so wird es erneut der Vernichtung anheimfallen, wie die Eiche oder Terebinthe, von der nur der Stumpf bleibt, wenn man sie fällt.

Jes 6,1-13

Mit einer genauen Zeitangabe beginnt Jesaja seinen Bericht, in der Ich-Form geschrieben. Es ist das letzte Regierungsjahr des Königs Usija 736/35. Über die Herkunft Jesajas ist nichts bekannt. Wenn man den ungehinderten Verkehr Jesajas mit dem König und dem Oberpriester des Jerusalemer Tempels nicht als Folge seines Prophetenamtes sehen will, ist anzunehmen, daß er selbst aus einer Familie stammt, die Thron und Altar nahe stand.

Die Datierung der Berufungsvision verweist auf ein visionäres Erlebnis, das Jesaja überfallen hat; er ist nicht durch Grübelei oder eigenen Entschluß zum Prophetenamt gekommen. Über die Natur dieses Erlebnisses reflektiert der Text nicht. Die geschilderte Gottesschau ist auch für israelitisches Empfinden ein ungeheures und außergewöhnliches Widerfahrnis, wenngleich – wie immer bei Visionen – das geschaute Bild aus dem seelischen Potential des Visionärs gespeist wird und sich hier mit der Eindrücklichkeit des Tempels verbindet. Möglicherweise befand sich Jesaja während seiner Vision im Tempel.

Im nachtschwarzen Raum, in dem nur die Kohlen des Rauchaltars glühen, strahlt plötzlich blendende Lichtfülle auf. Sie geht von Jahwe aus, der auf dem Stufenthron sitzt und dessen Mantelsaum die Tempelhalle ausfüllt. Ringsum Serafen, unter deren Gesang die Türen in den Angellöchern beben.

Babylonische Darstellungen zeigen solche Serafen auf Tempelwänden und Kultgegenständen. Ihre Schwingen dienen nicht dem Fliegen. Bei Jesaja haben sie drei Flügelpaare, die ihnen zu schweben erlauben, mit denen sie aber auch – zum Zeichen ehrfürchtiger Distanz zu Gott – Gesicht und »Beine« bedecken, was als eine Umschreibung ihrer Scham zu verstehen ist. Als Thronassistenten repräsentieren sie die göttliche Herrlichkeit. Im Gegensatz zu den Serafen haben die Cheruben eine ältere israelitische Tradition. Sie werden mit dem Bundeszelt (Ex 37,5-9) und dem Tempel (1 Kön 6,29-31) verbunden, wo sie mit ausgebreiteten Flügeln den Zugang zum Allerheiligsten beschirmten. Cheruben stehen auch an der Paradiespforte und bewachen den Zugang zum Baum des Lebens (Gen 3,24; → S. 59). Außerdem »reitet« (2 Sam 22,11) oder »thront« (2 Kön 19,15 u. ö.) Jahwe auf ihnen.

Der Lobgesang auf Jahwe Zebaot läßt alleine Gott als anbetungswürdig erscheinen. Seine »Herrlichkeit« ist die unsichtbare

Kraft hinter der Wirklichkeit der Welt. »Heiligkeit« meint hier Gottes innerstes, verborgenes Wesen. Der Name Jahwe Zebaot, von Martin Buber als »der Umscharte« übersetzt, läßt sich als »Gott der Heerscharen« wiedergeben. Dabei ist umstritten, ob mit diesen Heerscharen die Heere Israels oder überirdische Heerscharen gemeint

waren, wie etwa die Gestirne oder transzendente Wesen, oder ob sich mit dem Wort die Sonderbedeutung »Mächtigkeit« verbindet. Die christliche Tradition hat aus Jahwe Zebaot den »Jahwe der Mächtig-keit«, soll heißen »Gott den Allmächtigen«, entwickelt. Die damit ver-bundenen Vorstellungen finden sich nach der Auschwitz-Erfahrung einer korrigierenden Kritik unterzogen.

Gemäß Ex 33, 20 kann kein Mensch »Gottes Angesicht« sehen und am Leben bleiben. Vor Gott fühlt sich auch Jesaja schuldig, doch schon nimmt einer der Serafen eine glühende Kohle vom Räucheral-tar, die sühnende und reinigende Kraft hat. Von nun an kann Jesaja, begnadigt und entsühnt, die Stimme Gottes hören. Auf die Frage »Wen soll ich senden? Wer wird für uns gehen?« folgt ohne weiteres Bedenken – im Gegensatz zu Jeremia – ein klares »Hier bin ich! Sen-de mich!« Unmittelbar darauf der Auftrag: »Geh und sage diesem

Volk …!« Dann folgen die durchaus verständlichen Paradoxa, daß »dieses Volk« hört und doch nicht hört, sieht und doch nicht versteht. Jedes Wort des Propheten wird seine Hörer nur noch sicherer in den eigenen Überzeugungen machen, unbelehrbar. Was auch immer Ohr, Auge und Herz erfahren, es macht nur stumpfer. In der Folge steht ein hartes Schicksal für Israel und Juda: Verwüstung des Landes und Exilierung; die Katastrophe erscheint total. Nur ein Zehntel soll übrigbleiben. Dieser Rest wird dem Stumpf gleichen, der vom gefällten Baum übrigbleibt. Mit ihm verbindet sich die Hoffnung des Propheten. Seinem Sohn gibt er den Namen Schear-Jaschub, »Ein Rest wird umkehren«.

Jesajas Kultkritik: Der falsche und der wahre Gottesdienst

10 Hört Jahwes Wort, ihr Herrscher von Sodom! Vernimm die Weisung unseres Gottes, du Volk von Gomorra! 11 Was soll mir die Menge eurer Opfer? spricht Jahwe. Ich habe satt die Widder, die ihr als Opfer verbrennt und das Fett eurer Rinder; zuwider ist mir das Blut der Stiere, der Lämmer und Böcke. 12 Wenn ihr kommt, um vor mir zu erscheinen – wer verlangt von euch, meine Höfe zu zertrampeln? 13 Bringt mir nicht länger so nichtige Gaben, Rauchopfer, die mir ein Greuel sind! Neumond und Sabbat und Festversammlung – ich mag nicht Frevel und Festgewühl. 14 Eure Neumonde und Feiertage sind mir tief verhaßt, sind mir zur Last geworden, ich bin es leid, sie zu ertragen. 15 Und wenn ihr auch eure Hände ausbreitet, verhülle ich meine Augen vor euch. Selbst wenn ihr noch so viel betet, ich höre es nicht. Eure Hände sind voll Blut. 16 Wascht euch! Reinigt euch! Kommt mir nicht länger mit der Bosheit eurer Taten unter die Augen! Hört auf, Böses zu tun! 17 Lernt, Gutes zu tun! Sorgt für das Recht! Helft den Unterdrückten! Verschafft den Waisen Recht, tretet ein für die Witwen!

Jes 1,10-17

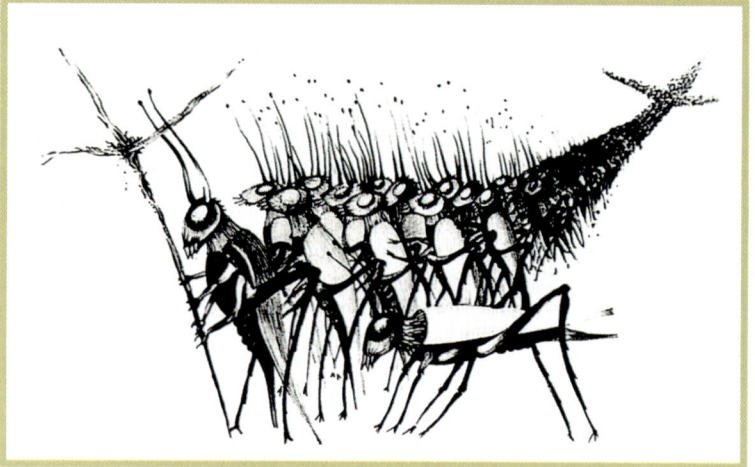

Walter Schrader (geb. 1929), Heuschreckenprozession.

Die schwierige Lage Gottes

»Und verschone uns mit Feuer, Mißernten und Heuschreckenschwärmen«, beteten die Farmer am Sonntagmorgen. Zu gleicher Zeit hielten die Heuschrecken einen Bittgottesdienst ab, in welchem es hieß: »Und schlage den Feind mit Blindheit, auf daß wir in Ruhe seine Felder abnagen können.«

Wolfdietrich Schnurre

Die hier wiedergegebene Rede kann vor dem Opferaltar im Tempelvorhof beim Herbstfest gehalten worden sein. Die versammelte Kultgemeinde, an ihrer Spitze die Aristokratie, wird mit Mißfallen darauf geantwortet haben. Gab man nicht durch reichliche Opfer und fromme Gebete Jahwe die eigene Bundestreue zu erkennen? Geschah nicht alles, was die religiöse Ordnung gebot? Was also wollte der Mann von ihnen?

Ohne jede Verbindlichkeit attackiert der Prophet die Gemeinde, unterstellt sie der sprichwörtlichen Verkommenheit von Sodom und Gomorra. Die für Verwaltung und Rechtspflege in Jerusalem zuständigen Amtsträger beschimpft er als Sodomsfürsten, Israel, das erwählte Volk, ist ihm nur noch ein Gomorravolk geblieben. Das war für die Tempelgemeinde eine unerhörte Provokation. Sie sah sich selbst treu in der Befolgung der religiösen Ordnung. Jahwe bekam das Fett der dargebrachten Schlachtopfer, die Priester die rechte Brust und Keule, die Opfergemeinde den Rest zum Mahle. Daneben gab es reichlich Opfer, die Gott ganz gehörten und auf dem Altar verbrannt wurden. An Speiseopfern von Getreide und Früchten und an wohlriechenden Weihrauchopfern mangelte es ebenfalls nicht. Die vorgeschriebenen Festtage wurden eingehalten, die mit Sabbat, Neumond und Bußfasten verknüpften Riten gewissenhaft befolgt. Der Prophet aber behauptete, dies alles sei Jahwe widerwärtig! Die Rauchopfer seien ihm ein Greuel, die Gottesdienste unerträglich, die zum Gebet ausgebreiteten Hände zwängen Gott dazu, die Augen zu verhüllen. Und selbst Gebete wolle er nicht hören.

Jesaja steht hier in der Linie des Amos, Micha und Hosea. Seine Polemik lehnt den Gottesdienst nicht grundsätzlich ab, will ihn aber beglaubigt sehen im sozialen Engagement: »Sorgt für das Recht! Helft den Unterdrückten! Verschafft den Waisen Recht, tretet ein für die Witwen!«

Théophile Alexandre Steinlen (1859–1923), Ausbeutung, 1894.

Die soziale Kritik Jesajas ist keine ausgewogene Gesellschaftsanalyse, sondern einseitige Parteinahme: »Jerusalem ist zur Hure geworden. Einst war dort das Recht in Geltung, Gerechtigkeit war hier zu Hause, jetzt aber herrschen die Mörder ... Deine Fürsten sind Aufrührer und eine Bande von Dieben, alle lassen sich gerne bestechen und jagen Geschenken nach. Sie verschaffen den Waisen kein Recht, die Sache der Witwen gelangt nicht vor sie« (1,21.23). Die aus dem Gleichgewicht geratene gesellschaftliche Ordnung (→ S. 203 ff.) wird der Oberschicht als schuldhaft angelastet. Wenn die wirtschaftlich Starken einseitig profitieren, während die Schwachen ihre Lebensgrundlage verlieren, ist dies im Namen Jahwes nicht hinzunehmen. Jesajas Richtschnur für dieses Urteil heißt Recht und Gerechtigkeit; eine solidarische Gemeinschaftsordnung soll das Leben bestimmen. Indem Jesaja – Angehöriger der Oberschicht – den Schwachen und Unterdrückten seine Stimme leiht und das bestehende Unrecht als nicht hinnehmbar erklärt, setzt sich wieder einmal der alte Befreiungsimpuls durch, mit dem die Jahwereligion ihren Weg begonnen hatte und der Kriterium ihrer Intaktheit ist.

Orakel, Riten, durch die Wille und Absicht Gottes ermittelt werden sollen. Dies geschah in Babylonien und Assyrien durch Loswerfen, durch die Deutung der Eingeweide in Opfertieren oder die Deutung von Formen, die Öltropfen in Wasser einnehmen. Ähnliche O.befragungen gab es in Israel auch, z. B. Becherweissagung (Gen 44,5), Leber-Schau (Ez 21,26), Los (Jon 1,7 ff.). Dazu kamen das Baum-O. (2 Sam 5,22 ff.; → S. 76) und zumal Urim und Tummim (Dtn 33,8; Esr 2,63), Kultgegenstände in der Brusttasche des Hohenpriesters (Ex 28,30), deren Name und Anwendung aber sich heutiger Kenntnis entziehen. Die Antwort, die das O. gibt, gilt als Gottesspruch. Beim Los-O. wurde wahrscheinlich nur auf eine gestellte Frage mit Ja oder Nein geantwortet. Ein kultisch ermitteltes Wort oder ein aus prophetischer Ekstase stammender Gottesspruch galten ebenfalls als O.

Es war Aufgabe der Hofpropheten, zu wichtigen politischen Entscheidungen des Königs den göttlichen Willen durch Orakel zu erkunden. Was aber, wenn sie mit ihrem Spruch den Absichten des Königs in den Weg traten? Eine Totalopposition war nicht die Sache beamteter Propheten. Diese Rolle blieb unabhängigen Männern vorbehalten, wenngleich um den Preis ihrer Wertschätzung.

Mit wachen Sinnen verfolgte Jesaja, was sich im Vorderen Orient im Kräftespiel der Völker tat. Das assyrische Reich strebte mit aggressiven militärischen Aktionen nach Westen und bedrohte das schwache Netz der kleinen syrisch-palästinischen Staaten. Diese verbündeten sich untereinander, bedrängten auch zurückhaltende Staaten wie Juda, ihre Abwehr zu verstärken, taktierten aber doch mit je eigenen Verträgen mit Assur und bekriegten sich, einmal aufgerüstet, gleich wieder untereinander. Nun wollten die nördlichen Nachbarn Juda als Verbündeten gegen Assyrien gewinnen. Doch Jesaja riet in dieser irritierenden Situation davon ab, sich am Taktieren gegen Assur zu beteiligen. Er mahnte, der eigenen Identität verpflichtet zu bleiben; religiös gesprochen hieß das, auf Jahwe zu vertrauen:

Gottvertrauen gegen Realpolitik

1 Es geschah in den Tagen des Ahas, des Sohnes Jotams, des Sohnes Usijas, der König von Juda war, da zogen Rezin, der König von Aram (Syrien), und Pekach, der Sohn Remaljas, der König von Israel, nach Jerusalem hinauf zum Krieg; aber sie konnten die Stadt nicht einnehmen. 2 Als nun dem Haus David gemeldet wurde: Aram hat sich mit Efraim [dem Nordreich Israel] verbündet, bebte das Herz des Königs und das Herz seines Volkes, wie die Bäume im Wind beben. 3 Jahwe aber sprach zu Jesaja: Geh hinaus, Ahas entgegen zur Walkerfeldstraße, zusammen mit deinem Sohn Schear-Jaschub [»Ein Rest kehrt um«], an das Ende der Wasserleitung des oberen Teiches. 4 Sag zu ihm: Bleib ruhig, fürchte dich nicht! Dein Herz soll nicht verzagen vor dem glühenden Zorns Rezins von Aram und dem Sohn Remaljas; sie sind nur qualmende Holzstummel. 5 Zwar planen Aram, Efraim und der Sohn Remaljas Böses gegen dich und sagen: 6 Wir wollen gegen Juda ziehen und den Leuten dort den Garaus machen und es für uns erobern; dann wollen wir den Sohn Tabeals dort zum König machen. 7 Doch so spricht der Herr Jahwe: Das kommt nicht zustande, das wird nicht gelingen. 8 Denn das Haupt von Aram ist Damaskus, und das Haupt von Damaskus ist Rezin. Noch fünfundsechzig Jahre, dann ist Efraim zerschlagen und wird aufhören, ein Volk zu sein. 9 Das Haupt von Efraim ist Samaria, und das Haupt von Samaria ist der Sohn Remaljas. Glaubt ihr nicht, so bleibt ihr nicht.

Jes 7,1-9

Jesaja trifft König Ahas, wie er gerade dabei ist, die Befestigungsarbeiten vor der Stadt zu besichtigen. Da Juda den Bruderstaaten Israel und Syrien nicht in die Kriegskoalition folgen wollte, sollte Jerusalem gegen ihre Belagerung gesichert sein. Entschieden warnte Jesaja davor –

wobei der mitgenommene Sohn mit seinem symbolischen Namen »Ein Rest kehrt um« die prophetische Botschaft unterstrich – sich von den beiden »rauchenden Stummeln«, Israel und Damaskus, in einen Krieg zwingen zu lassen. Jesaja hielt deren Kraft bereits für gebrochen, und tatsächlich erfolgte 732 v. Chr. die Eroberung von Damaskus und 722 die Zerstörung Samarias und damit das Ende des Nordreiches Israel. »Es wird aufhören, ein Volk zu sein«, heißt es V 8. Konkret enthielt Jesajas Warnung den Rat, sich nicht im Verein mit Israel und Syrien den großen Feind Assur vor die Tore Jerusalems zu holen: Er forderte König Ahas auf, auf jede politische und militärische Aktivität zu verzichten und durch Unterwerfung unter die Supermacht Assur die eigene Macht sowie die politische, gesellschaftliche und kulturelle Kontinuität zu sichern. Wenn Jesaja pointiert: »Glaubt ihr nicht, so bleibt ihr nicht«, und damit meint, das Vertrauen auf Gott schließe den Verzicht auf eine militärische Machtsicherung ein, widerspricht er jeder »Realpolitik« bis zum heutigen Tage.

So war denn auch Ahas zu dieser Vertrauenslinie nicht bereit. Daraufhin änderte Jesaja seine Position und kündigte nun ebenfalls Juda Unheil an: »Weil dieses Volk die ruhig dahinfließenden Wasser von Schiloach [in Jerusalem] verachtet und vor Rezin und dem Sohn Remaljas verzagt, wird Jahwe die gewaltigen und großen Wasser des Euphrat über sie dahinfluten lassen. Und der Fluß wird alle seine Kanäle überfluten und über alle Ufer treten« (8,5-7). Diese Ankündigung der assyrischen Invasion beschwört bedrängende Bilder:

Ankündigung der assyrischen Invasion

25 Darum entbrennt Jahwes Zorn gegen sein Volk; er streckt seine Hand aus gegen das Volk und schlägt zu. Da erzittern die Berge, und die Leichen liegen auf den Gassen wie Kot. Doch bei all dem läßt sein Zorn nicht nach, seine Hand bleibt ausgestreckt. 26 Er wird ein Feldzeichen aufstellen für ein Volk in der Ferne, es herbeipfeifen vom Ende der Erde, und siehe, schnell eilt es heran. 27 Kein Müder ist unter ihnen, keiner, der stolpert, keiner, der einnickt und schläft. Bei keinem löst sich der Lendenschurz, bei keinem reißt ein Schuhriemen. 28 Ihre Pfeile sind scharf, all ihre Bogen gespannt; die Hufe ihrer Pferde hart wie Kiesel, die Wagenräder dem Sturmwind gleich. 29 Es ist ein Lärm wie das Brüllen des Löwen, wie wenn ein Junglöwe brüllt. Er knurrt und packt seine Beute, er schleppt sie fort, und niemand kann sie ihm entreißen. 30 Und es grollt über ihnen an jenem Tag wie das Tosen des Meeres. Wohin man blickt auf Erden: nur Finsternis voller Angst; Wolken verdunkeln das Licht.

Jes 5,25-30

Doch diese Botschaft fand noch mehr Unverständnis und Ablehnung. Man interpretierte sie als Frontwechsel auf die assyrische Seite, so daß Jesaja des Hochverrats bezichtigt wurde. Jesaja verteidigte sich:

Ahas, König von Juda (741–725), unter dem erstmals die Beziehungen zur Großmacht Assyrien kritisch wurden. Die von Assur bereits abhängigen Reiche Syrien (Damaskus) und Israel (Samaria) wollten Juda (Jerusalem) in ihre antiassyr. Erhebung zwingen (Jes 7,5 f.). A. sandte unter ihrem Druck Geschenke an Tiglat-Pileser III. und erklärte sich als Vasall (2 Kön 16,7 f.), um dessen Hilfe zu finden. Im dadurch veranlaßten Palästinafeldzug wurde Damaskus erobert; dort huldigte A. auch dem assyr. Großkönig (2 Kön 16,9 f.). Die Weigerung A.s, nicht gegen Assyrien zu rebellieren, war politisch klug und ließ Juda im Gegensatz zum Nordreich überleben. Jesaja jedoch wertete die Angst vor den beiden nördlichen Königen, die A. bewog, die Assyrer anzurufen, als eine Haltung des Unglaubens. Die Kontroverse zwischen König und Prophet wird als Geburtsstunde eines bewußten biblischen Glaubens angesehen.

*Über einige
Davongekommene*

*Als der Mensch
unter den Trümmern
seines
bombardierten Hauses
hervorgezogen wurde,
schüttelte er sich
und sagte:
Nie wieder.
Jedenfalls nicht gleich.*

Günter Kunert

Warnung vor dem Weg des Volkes

[11] Denn so sprach Jahwe zu mir, als seine Hand mich packte und mich davon abhielt, den Weg dieses Volkes zu gehen. [12] Nennt nicht alles Verschwörung, was dieses Volk Verschwörung nennt. Was sie fürchten, braucht nicht auch ihr zu fürchten; wovor sie erschrecken, müßt nicht ihr erschrecken. [13] Jahwe Zebaot sollt ihr heilig halten; vor ihm sollt ihr euch fürchten, vor ihm allein erschrecken. [14] Er wird der Zufluchtsort sein für die beiden Reiche Israels, aber auch der Stein des Anstoßes, der Fels, an dem man zu Fall kommt. Klappnetz und Falle wird er sein für alle, die in Jerusalem wohnen. [15] Viele stolpern darüber, fallen und zerschellen; sie verstricken und verfangen sich.

Jes 8,11-15

Inzwischen hatte sich die Außenpolitik Judas völlig verändert. Der nunmehr regierende König Hiskija setzte auf ein Bündnis mit Ägypten, um die assyrische Abhängigkeit wieder abzuschütteln. Jesaja blieb seiner Linie treu. Auch jetzt bewertete er den Befreiungsversuch Hiskijas als Ausdruck mangelnden Gottesvertrauens. Für ihn war Hiskijas Bündnis- und Militärpolitik Ausdruck einer faktischen Gottlosigkeit:

Warnung vor falscher Sicherheit

[1] Weh denen, die nach Ägypten hinabziehen, um Hilfe zu finden, und sich auf Pferde verlassen, auf die Menge ihrer Wagen vertrauen und auf ihre zahlreichen Reiter, die aber auf den Heiligen Israels nicht schauen und nach Jahwe nicht fragen.

[14] Darum hört Jahwes Wort, ihr Sprüchemacher, die ihr über das Volk in Jerusalem herrscht. [15] Ihr habt gesagt: Wir haben mit dem Tod ein Bündnis geschlossen, wir haben mit der Unterwelt einen Vertrag gemacht. Wenn die Flut heranbraust, erreicht sie uns nicht; denn wir haben die Lüge zu unsere Zuflucht gemacht und uns hinter der Täuschung versteckt. [16] Darum spricht der Herr Jahwe also: Seht, ich lege einen Grundstein in Zion, einen harten und kostbaren Eckstein, ein sicheres Fundament: Wer glaubt, braucht nicht zu fliehen. [17] Und ich werde das Recht zur Richtschnur machen und zur Wasserwaage die Gerechtigkeit. Aber Hagelsturm fegt eure Lügenzuflucht hinweg, und das Wasser wird euer Versteck fortschwemmen; [18] euer Bündnis mit dem Tod ist dann gelöst, euer Vertrag mit der Unterwelt hat keinen Bestand. Wenn die Flut heranbraust, wird sie euch zermalmen.

Jes 31,1; 28,14-18

Die politische Alternative, die Jesaja vertrat, die er aber abgewiesen und verspielt sah, formulierte er in einem Paradoxon, das gerade im Verzicht auf militärische Rüstung militärische Stärke erkennt:

Denn so spricht Jahwe, der Heilige Israels:
Nur in Umkehr und Ruhe liegt eure Rettung,
Im gelassenen Abwarten und Vertrauen eure Stärke! (Jes 30,15)

Er meinte, der bewußte Verzicht auf militärische Aufrüstung, im Vertrauen darauf, daß Gott auch die Macht des assyrischen Weltreiches nicht ins Grenzenlose wachsen lasse, hätte das Überleben Judas sichern können. Seine Zeitgenossen konnten diese Bewertung nicht akzeptieren. Der Verlauf der Geschichte indes hat die Position Jesajas bitter bestätigt. Deutlich hervorzuheben ist, daß in der Prophetie Jesajas zum ersten Mal in der Religionsgeschichte Israels Jahwe in eine grundsätzliche Distanz zur staatlichen und militärischen Macht tritt. Anders formuliert: Jesaja bestreitet dem König und seiner Regierung die Vereinnahmung Jahwes für die eigenen militärpolitischen Ziele. Er bricht die Synchronschaltung von Königtum und göttlicher Weltpolitik auf: Jahwe lasse sich von den taktischen Spielen und Machtinteressen des davidischen Königs nicht in Anspruch nehmen.

Jesajas Friedensutopie

1 Ein Reis wird wachsen aus dem Baumstumpf Isais, ein junger Trieb aus seinen Wurzeln hervorsprießen. 2 Auf ihm wird ruhen der Geist Jahwes: Geist der Weisheit und des Verstandes, Geist des Rates und der Stärke, der Geist der Gotteserkenntnis und der Furcht Jahwes. 3 Er richtet nicht nach dem Augenschein und entscheidet nicht nach dem Hörensagen, 4 sondern er wird die Hilflosen in Gerechtigkeit richten und für die Elenden des Landes entscheiden, wie es recht ist. Er schlägt den Gewalttätigen mit dem Stock seines Wortes und tötet den Übeltäter mit dem Hauch seines Mundes. 5 Gerechtigkeit ist der Gürtel seiner Hüften, Treue der Schurz seiner Lenden. 6 Dann wird der Wolf beim Lamme zu Gast sein, der Leopard beim Böckchen lagern. Kalb und Löwe weiden zusammen, ein kleiner Junge kann sie hüten. 7 Kuh und Bärin freunden sich an, ihre Jungen liegen beieinander. Der Löwe frißt Häcksel wie das Rind. 8 Der Säugling spielt am Schlupfloch der Natter, das Kind patscht mit der Hand in die Höhle der Schlange. 9 Man tut nichts Böses mehr, begeht kein Verbrechen auf meinem heiligen Berg; denn die Erde wird voll sein der Erkenntnis Jahwes, wie von Wassern, die das Meer bedecken.

Michael Mathias Prechtl (geb. 1926), Das utopische Prinzip Hoffnung wird erst wahr, wenn sich Wolf und Schaf in Liebe umarmen, 1985.

Jes 11,1-9

Hier wird eine kühne Utopie entworfen, die in keiner Weise den Verhältnissen unter den herrschenden davidischen Königen entsprach. Ein ganz neuer Anfang soll notwendig sein, um die Friedenswelt zu ermöglichen. Das herrschende Königshaus wird wie ein Baum fallen; aus dem Wurzelstock des Geschlechts aber soll ein neuer König, ein »zweiter David« hervorgehen. So wie einst Jahwes Geist auf David ruhte, soll der göttliche Geist den neuen Herrscher für sein königliches Amt rüsten. Diesen Geist beschreiben drei Begriffspaare: Zunächst als Geist der Weisheit und des Verstandes.

Der Tag ist gewiß, wo der Geist der Befreiung wieder lebendig wird, Jahwe als Exodusgott. Auf ihn geht die berühmte Utopie, die bei Jesaja und dem wenig jüngeren Micha fast gleichlautend sich findet, vielleicht sogar einem noch älteren Propheten entnommen ist: »Von Zion wird das Gesetz ausgehen, und Jahwes Wort von Jerusalem. Und er wird richten zwischen vielen Völkern, schiedsrichtern bis in die Ferne, daß sie schmieden ihre Schwerter zu Pflugscharen und ihre Spieße zu Sicheln. Denn es wird kein Volk wider das andere das Schwert aufheben und werden fortan nicht mehr Krieg führen. Dann wohnt jeder unter seinem Weinstock und Feigenbaum und niemand schreckt« (Jes 2,3f.; Mi 4,2 ff.).

Hier ist das Urbild der pazifizierten Internationale. Mit realem Einfluß lag die Jesaja-Stelle sämtlichen christlichen Utopien zugrunde. Es ist zwar eine Frage, ob der Zukunfts-, folglich Zeitbegriff der altisraelitischen Propheten

Weisheit ist mehr als Klugheit: geistige Reife, Lebenserfahrung und innere Selbstgewißheit; Verstand meint hier die klare Einsicht in gegebene Verhältnisse. Beide Begabungen nehmen bereits die richterlichen Fähigkeiten des Königs in den Blick, seine innen- und außenpolitische Kompetenz. Aus der Kraft dieses Geistes wird der König allen kurzsichtigen Beratern und egoistischen Interessenvertretern überlegen sein. Der Geist des Rates und der Stärke wird den König befähigen, seine Einsichten in die Tat umzusetzen. Gotteserkenntnis und Jahwefurcht aber werden alles Tun mit Jahwe verbinden und damit das Leben aus seiner Quelle heraus sichern.

Die Folgen einer solchen Herrschaft beschreibt Jesaja in ungewöhnlichen Bildern eines paradiesischen Friedens, in denen sogar die auf Kampf und Tod gegründete Ordnung der Natur ihre Aufhebung finden soll. Dahinter steht die heute wieder mehr geteilte Einsicht, daß die Zerrissenheit und Friedlosigkeit des Menschen sich auf Natur und Landschaft, Tiere und Pflanzenwelt auswirkt. Wenn der indianische Häuptling Seattle um 1850 in umgekehrter Richtung warnte: »Was der Erde geschieht, geschieht allen Söhnen und Töchtern der Erde«, so war die Erfahrung vorausgegangen, daß der Mensch aus seinem verlorenen Verhältnis zu sich selbst, also auch zu Mitmenschen, Gott und Welt, den Ruin der Schöpfung betrieb. Der kommende Herrscher soll nicht nach »Augenschein und Hörensagen« seine

Politik ausrichten, sondern unabhängig von Moden und Meinungen sein, damit er gerade den Hilflosen und Armen jenes Recht verschaffen kann, das von keinen Gegeninteressen mehr durchkreuzt wird. Mit dieser Erwartung steht Jesaja auf dem Boden der israelitischen Königsideologie, welche die eigentliche Herrschertugend darin erkennt, daß der König den Elenden und Hilflosen, den Witwen und Waisen hilft und damit die Sache Jahwes selber führt. Wenn das geschieht, »dann weiden Kalb und Löwe beieinander und ein kleiner Junge kann sie hüten«.

Pablo Picasso (1881–1973), Der Krieg – Der Frieden, 1952.

Hinter den kühnen Bildern dieser Erwartung steht einerseits der Glaube, am Anfang des Menschengeschlechts habe Frieden zwischen Menschen und Tieren geherrscht. Die Störung dieses Friedens schreibt Jesaja der Sünde des Menschen zu, wobei »Sünde« als die eigene Störung verstanden wird, die sich auf alle Beziehungen des Menschen auswirkt. Wie Hosea, der als Spruch Jahwes verkündete: »Ich schließe für Israel an jenem Tag einen Bund mit den Tieren des Feldes und den Vögeln des Himmels und mit allem, was auf dem Erdboden kriecht« (Hos 2,20), erwartet auch Jesaja, daß die kommende Heilszeit den Frieden zwischen Menschen und Tieren wiederherstellt.

Der heutige Leser ist versucht, gegen diese Sicht sein Wissen zu setzen, daß von Anfang an das Gesetz vom »Fressen und Gefressenwerden« galt. Dann läßt sich die Friedensvision Jesajas damit abtun, daß sie das politisch Machbare weit übersteigt. Dieser Umgang mit dem Text wäre jedoch zu eng geschnürt. Ebenso wie das Recht der Hungernden und Elenden zu sichern ist, gilt es, das Recht der Tiere zu wahren. In beiden Beziehungen geht es um die Menschlichkeit des Menschen. Möglicherweise hat der Text aber auch eine metaphorische Ebene. Wenn Franz von Assisi lehrte, den »Wolf zu umarmen«, war dies eine Anleitung zum Umgang mit dem Feind. Wer dessen Lehre versteht, weiß, wie man Feinde zu Freunden macht, so daß selbst kleine Kinder, die Schutzlosigkeit selbst, mit »Löwen« und »Nattern« spielen können.

(und im weiteren Zusammenhang des Alten Orients) sich mit dem seit Augustin ausgebildeten deckt. Die Zeiterfahrung hat sicherlich viele Wandlungen durchgemacht, das Futurum hat sich erst in neuerer Zeit um das Novum vermehrt und sich mit ihm geladen. Doch der Inhalt der biblisch intendierten Zukunft ist allen Sozialutopien verständlich geblieben: Israel wurde zu Armut schlechthin, Zion zu Utopia. Die Not macht messianisch: »Du Elende, über die alle Wetter gehen ... du wirst ferne sein von Gewalt und Unrecht, daß du dich davor nicht darfst fürchten« (Jes 54,11.14). Eine Aura dieses Lichts in der Nacht liegt immer wieder über den Sozialutopien.

Ernst Bloch

Die »joschijanische« Reform im Südreich Juda

Nach der Vernichtung des Nordreichs Israel im Jahr 722 überforderten und erschöpften zahlreiche Kriegszüge das assyrische Reich so sehr, daß es einen überraschend schnellen Niedergang erlebte, Schritt für Schritt die Kontrolle über seine Vasallen verlor, und damit dem Staat Juda wieder ein inneres Aufatmen erlaubte, zugleich auch ein Überdenken der eigenen Grundlagen und Zielvorstellungen. In diese Zeit fällt das Reformwerk des Königs Joschija, von dem 2 Kön 22 ff. ausführlich berichtet:

Die Auffindung des Gesetzbuches

3 Es geschah im achtzehnten Jahr des Königs Joschija, da sandte der König den Staatsschreiber Schafan, den Sohn Azaljas, des Sohnes Meschullams, in das Haus Jahwes mit dem Auftrag: 4 Geh hinauf zum Hohenpriester Hilkija! Er soll das Geld ausschütten, das in das Haus Jahwes gebracht worden ist und das die Türhüter vom Volk gesammelt haben. 5 Man soll es den Werkmeistern geben, die am Haus Jahwes angestellt sind, um die Schäden des Hauses auszubessern: 6 den Zimmerleuten, Bauarbeitern, Maurern, sowie zum Ankauf von Holz und behauenen Steinen, die man zur Beseitigung der Schäden am Haus Jahwes benötigt. 7 Jedoch soll man das Geld, das ihnen anvertraut wird, nicht mit ihnen abrechnen. Sie sollen auf Treu und Glauben handeln. 8 Da teilte der Hohepriester Hilkija dem Staatsschreiber Schafan mit: Ich habe im Haus Jahwes das Buch des Gesetzes gefunden. Und Hilkija übergab Schafan das Buch, und dieser las es. 9 Darauf ging der Staatsschreiber Schafan zum König und meldete ihm: Deine Knechte haben das Geld ausgeschüttet, das sich im Haus vorfand, und es den Werkmeistern übergeben, die im Haus Jahwes angestellt sind. 10 Und weiter teilte der Staatsschreiber Schafan dem König mit: Der Priester Hilkija hat mir ein Buch gegeben. Und Schafan las es dem König vor.

2 Kön 22,3-10

Der Bericht führt in das Jahr 622 v. Chr. Damals soll der König Joschija (639–609) Kenntnis von einem Gesetzbuch erhalten haben, das im Tempel gefunden worden sei. Mit dem Gesetzbuch war das Buch Deuteronomium – genauer: dessen Urform – gemeint, das seinen Ursprung in den damaligen Reformanstrengungen hatte. Durchweg wird angenommen, der Fund verdanke sich Bauarbeiten im Tempel, was der Einschub V 4-7 nahezulegen scheint. Angemessener dürfte das Wort vom »Fund des Gesetzbuches« als Metapher zu verstehen sein: als die Wiederentdeckung eines immer schon vorhandenen, jedoch vergessenen alten Buches, dessen Gesetzesforderungen nicht mehr beachtet wurden, wenngleich sie stets gültig waren. Und da sich das Buch Deuteronomium insgesamt als Rede des Mose vorstellt (→ S. 114), will der »Fund« nicht historisch, sondern als die Wiederaufnahme einer alten Tradition verstanden werden.

Joschija, König von Juda (639–609), wurde im Alter von nur acht Jahren vom judäischen Landadel zum König eingesetzt und regierte 31 Jahre. Als Kultreformer ist er in die Geschichte Israels eingegangen. Unter ihm löste sich Juda weitgehend von der schwächer werdenden assyr. Oberhoheit und dehnte seinen Herrschaftsbereich in die assyr. Provinz Samaria hinein aus. Bei dem Versuch, sich dem Pharao Necho entgegenzustellen, als dieser die assyr. Schwäche für Ägypten nutzen wollte, kam er bei Megiddo ums Leben.

Unter den assyr. Vasallen der Region war J. der einzige, der die Schwäche der Assyrer nutzte, um sich von ihnen zu emanzipieren. Trotz ihres grundsätzlichen Charakters wird seine Kultreform auch unter diesem Aspekt zu sehen sein. Indem er nicht nur alle Kultstätten in Judäa aufhob, sondern auch auf Samaria übergriff und in Bet-El den von Jerobeam errichteten Altar abreißen, die Kulthöhen zerstören ließ, signalisierte er seine Absicht, die davidische Personalunion über das wiedervereinigte Israel zurückzugewinnen.

Die letzten vier Könige, die auf J. noch in Juda folgten, kehrten zu den traditionellen Mischkulten zurück (Ez 8). Die joschijanische Reform bewahrte aber insofern ihren normativen Charakter, als der Tempel zu Jerusalem der einzige Ort regulärer Opferpraxis blieb.

Hilkija, Hauptpriester am Tempel zu Jerusalem zur Zeit Joschijas und einer der wesentlichen Betreiber der »joschijanischen« Reform.

Das Deuteronomium gibt sich als Vermächtnis des sterbenden Mose aus, um dessen Autorität für sich in Anspruch zu nehmen. Die Reformer bedienten sich, um ihr Programm zu legitimieren, der Autorität des Mose – angeregt durch die von Hosea eingeleitete Rückbesinnung auf die Frühzeit Israels. Wie Mose einst durch sein Wort und Gesetz Israel leitete, sollte das neue Gesetz Israel wieder auf den rechten Weg bringen. Daß hinter diesem Gesetz Mose steht, und in dessen Tradition das damalige Obergericht von Jerusalem, dessen Richter und Priester, galt ihnen als selbstverständlich. Darum verstanden sie ihr »Zweites Gesetz«, griechisch *Deuteronomium*, als Weitervermittlung des mosaischen Vermächtnisses. Ihr Gesetz war sein Gesetz; also stilisierten sie das gesamte Reformwerk als das Gesetz des Mose, das dieser kurz vor seinem Tode Israel für das Leben in Kanaan gegeben habe (Dtn 4,5 ff.).

Die reformwilligen Kreise, die Joschija stützten, bündelten ihre Vorstellungen in einem Staatsgrundgesetz, der ersten Verfassung in Israel. Ihr Ur-Deuteronomium unterscheidet sich fundamental von dem anderer orientalischer Staaten. Allerdings hat das Buch seitdem noch weitere Wandlungen erlebt. Die joschijanische Fassung wurde in der Exilszeit vollständig überarbeitet und ergänzt und zum normativen Reformprogramm für das nachexilische Israel erhoben. Dabei gab der Dekalog (→ S. 112) die Ordnung für das Gesetzeswerk ab. Vorrangig wurde die Forderung nach Zentralisierung des Tempelkults in Jerusalem unter Ausschaltung aller damit konkurrierenden Heiligtümer wie Bet-El oder Dan.

Die älteste Fassung des Buches wird am ehesten in den Kapiteln Dtn 6,4-28,69 gesehen. Es ist die spätvorexilische Weiterentwicklung der Ex 20,24-23,12 vorliegenden Gesetzessammlung, dem sogenannten Bundesbuch.

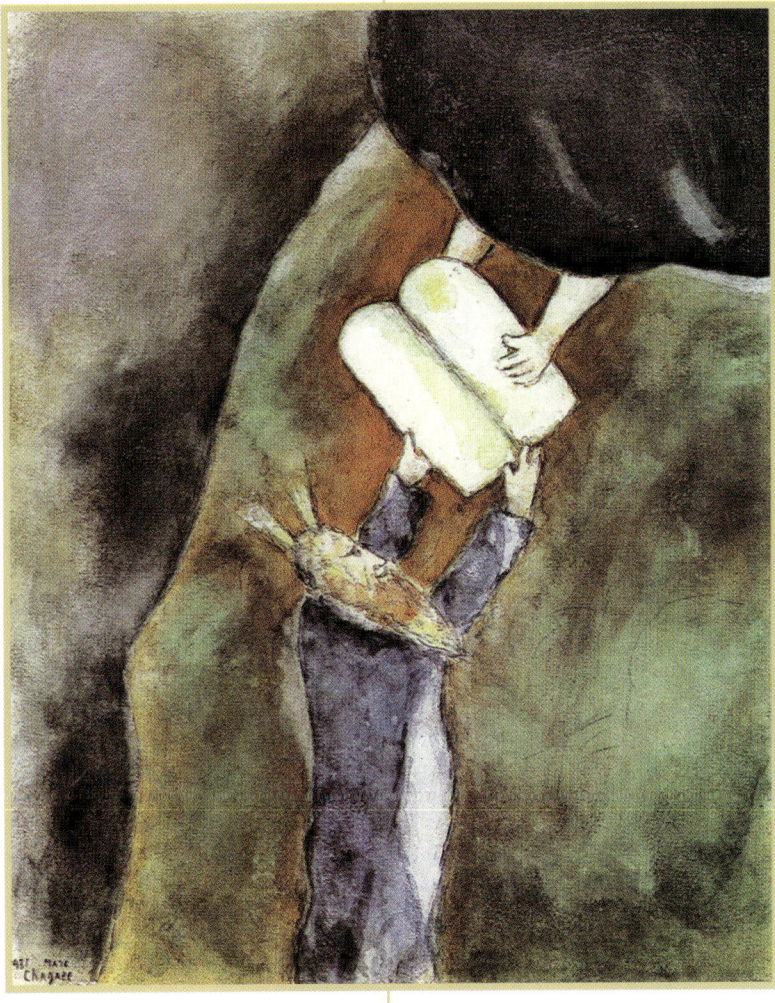

Marc Chagall (1887–1985),
Mose empfängt die Gesetzestafeln, 1931.

Die sich in Bildern konkretisierende Sprache schafft eine eigene, sich verselbständigende Wirklichkeit, sobald deren metaphorischer Charakter nicht mehr durchschaut wird. Aber wie schwach, abgehoben, akademisch wäre auch eine Religion, wenn sie sich nicht in Geschichten, sondern in Begriffen vermitteln wollte! Selbst dort, wo das Symbol als Symbol und der Mythos als Mythos erkannt werden, geht es darum, im Bilde zu bleiben. Metapher und Symbol aber zu verkennen, bedeutet, eine separate Sonderwelt zu schaffen, die heute nur noch fundamentalistisch verteidigt werden kann.

Die sog. Fruchtbarkeitsgöttin aus Ugarit. Elfenbeinschnitzerei, um 1300 v. Chr. Die Göttin hält Ährenbündel in den Händen, nach denen sich zwei Ziegen recken.

Das Wiederaufleben des Göttinnenkults

Im 7. Jahrhundert fand die göttliche Verehrung der Gestirne unter assyrischem und aramäischen Einfluß im Königreich Juda große Resonanz und rückte in den Mittelpunkt kultischer Handlungen. Biblische Texte erinnern an Opfer auf den Höhen und den Dächern Jerusalems. Archäologische Funde sprechen dafür, daß diese Kultformen der Volksfrömmigkeit entsprachen. 3000 weibliche Terrakotten, meistens mit betonten Brüsten, wurden in den Ausgrabungsschichten dieser Zeit gefunden, davon allein 2000 in Jerusalem. Diese wiederauflebende Aschera-Verehrung beeinflußte sogar den Staatskult, denn nur so läßt sich verstehen, daß König Manasse ein Aschera-Kultbild im Tempel aufstellen ließ (2 Kön 21), für das Frauen die Kleider fertigten (vgl. Ez 8). Wahrscheinlich wandelte sich die Aschera zum Typ der »Himmelskönigin«, auf die nach Jer 7,16-18 und Jer 44 ganze Familien ihre Hoffnung setzten. Sie war die Göttin, die Frieden und Sicherheit bot, Fruchtbarkeit und Gedeihen gewährte und zumal für die Liebe zuständig war.

Die Ankündigung der Prophetin Hulda

11 Als der König die Worte des Gesetzbuches hörte, zerriß er seine Kleider. 12 Und der König befahl dem Priester Hilkija sowie Ahikam, dem Sohn Schafans, Achbor, dem Sohn Michas, dem Staatsschreiber Schafan und Asaja, dem Diener des Königs und sagte: 13 Geht und befragt Jahwe für mich, für das Volk und für ganz Juda wegen dieses Buches, das aufgefunden wurde. Der Zorn Jahwes muß heftig gegen uns entbrannt sein, weil unsere Väter auf die Worte dieses Buches nicht gehört und weil sie nicht getan haben, was darin niedergeschrieben ist.

14 Da gingen der Priester Hilkija, Ahikam, Achbor, Schafan und Asaja zur Prophetin Hulda. Sie war die Frau Schallums, des Sohnes Tikwas, des Sohnes des Harhas, des Verwalters der Kleiderkammer, und wohnte in Jerusalem in der Neustadt. Und sie redeten mit ihr. 15 Und sie sprach zu ihnen: So spricht Jahwe, der Gott Israels: Sagt zu dem Mann, der euch zu mir geschickt hat: 16 So spricht Jahwe: Ich bringe Unheil über diesen Ort und seine Bewohner, alle Drohungen des Buches, die der König von Juda gelesen hat. 17 Weil sie mich verlassen haben, anderen Göttern geopfert und mich erzürnten durch das Machwerk ihrer Hände, ist mein Zorn gegen diesen Ort entbrannt, und er wird nicht erlöschen. 18 Dem König von Juda aber, der euch hergesandt hat, um Jahwe zu befragen, sollt ihr sagen: So spricht Jahwe, der Gott Israels: Weil durch die Worte, die du gehört hast, 19 dein Herz weich geworden ist, und du dich vor dem Herrn gedemütigt hast, als du hörtest, was ich über diesen Ort und seine Bewohner gesprochen habe: daß sie zu einem Bild des Entsetzens und zum Fluch werden sollen, darum habe ich auch dich erhört – Spruch Jahwes. 20 Denn siehe, ich werde dich zu deinen Vätern versammeln, und du sollst in Frieden in deinem Grab beigesetzt werden. Deine Augen sollen all das Unheil nicht ansehen, das ich über diesen Ort kommen lasse. – Und sie brachten dem König diese Antwort.

2 Kön 22,11-20

E s überrascht, daß in einer ausschließlich von Männern betriebenen Religionsgeschichte nun auf einmal eine Frau begegnet, zu der König Joschija eine hochrangige Delegation sendet, um sie über das Buch des Gesetzes zu befragen. Sie ist die einzige namentlich bekannte Prophetin der Königszeit, wobei unklar bleibt, ob sie Tempelprophetin oder unabhängige Prophetin war. Angesichts einer ansonsten männerbestimmten Welt erstaunt hier die Funktion einer Frau im Rahmen des Jahweorakels. Die Orakelsprüche Huldas lassen unterschiedliche Quellenlagen vermuten; in ihrer Summe fassen sie die deuteronomistische Geschichtstheologie zusammen. Hulda kündigt die Katastrophe Judas und des Exils an und begründet sie mit dem Fremdgötterkult. Ihrem Unheilswort fügt sie ein Heilswort für den König bei: Joschija soll – bevor der Schrecken beginnt – »zu seinen Vätern versammelt und in Frieden beigesetzt werden«, was zu seinem gewaltsamen Tod in der Schlacht bei Megiddo nicht so recht passen will. Die erzählte Episode erwähnt keine Reaktion des Königs. Sie wird insgesamt eine später redigierte Darstellung sein, welche die nachfolgend eingetretene Katastrophe als den Willen Jahwes deutet, der bereits bei der Auffindung des Gesetzbuches bestanden habe.

Der Kampf um den Monotheismus

1 Da sandte der König hin und ließ alle Ältesten Judas und Jerusalems bei sich zusammenkommen. 2 Er ging zum Haus Jahwes hinauf mit allen Männern Judas und allen Bewohnern Jerusalems, und den Priestern und Propheten und allem Volk, jung und alt. Und er las ihnen alle Worte des Bundesbuches vor, das im Haus Jahwes gefunden worden war. 3 Dann trat der König auf das Podium und schloß vor Jahwe diesen Bund: Er wolle Jahwe folgen, auf seine Gebote, Mahnungen und Satzungen von ganzem Herzen und ganzer Seele achten und die Vorschriften des Bundes einhalten, die in diesem Buch niedergeschrieben sind. Das ganze Volk trat dem Bund bei.
4 Hierauf befahl der König dem Hohenpriester Hilkija, den Priestern des zweiten Ranges und den Wächtern an den Schwellen, alle Gegenstände aus dem Tempel Jahwes hinauszuschaffen, die für den Baal, die Aschera und das ganze Himmelsheer angefertigt worden waren. Er ließ sie außerhalb Jerusalems bei den Terrassen des Kidrontals verbrennen und die Asche nach Bet-El bringen. 5 Auch setzte er die Götzenpriester ab, die von den Königen von Juda eingesetzt worden waren und die auf den Kulthöhen, in den Städten Judas und in der Umgebung Jerusalems Opfer verbrannt sowie dem Baal, der Sonne, dem Mond, den Bildern des Tierkreises und dem ganzen Himmelsheer geopfert hatten.
6 Die Aschera ließ er aus dem Haus Jahwes hinausschaffen und aus Jerusalem hinaus und im Kidrontal verbrennen und zu Staub zermahlen, den er auf die Gräber des einfachen Volkes streuen ließ. 7 Er riß auch die Gemächer der Tempelprostituierten nieder, die sich im Haus Jahwes befanden, in denen die Frauen Schleier für die Aschera webten.
8 Alle Priester holte er aus den Städten Judas weg und machte die Kulthöhen von Geba bis Beerscheba, auf denen die Priester geopfert hatten, unrein. Er zerstörte die Torhöhen, die am Eingang zum Tor des Stadtobersten Joschua auf der linken Seite waren, wenn man zum Stadttor hineinkommt. 9 Doch durften die Höhenpriester nicht zum Altar Jahwes in Jerusalem hinaufsteigen, sondern nur von den ungesäuerten Broten inmitten ihrer Brüder essen.
10 Ebenso machte er das Tofet im Tal der Söhne Hinnoms unrein, damit niemand mehr seinen Sohn oder seine Tochter für den Moloch durch das Feuer gehen ließ. 11 Er entfernte die Pferde, die die Könige von Juda zu Ehren der Sonne am Eingang zum Haus Jahwes bei der Zelle des Hofbeamten Netan-Melech am Parwar aufgestellt hatten, und verbrannte die Sonnenwagen im Feuer. 12 Auch die Altäre, die

Dem Staatsgott im Tempel brachte man offenbar nicht dasselbe Vertrauen entgegen. Die joschijanische Reform verbot den Astralkult im Lande unter Androhung der Todesstrafe (Dtn 17,2-7; 2 Kön 23) doch besaßen die Verwalter der Staatsreligion keine wirksame Kontrolle über die Familienfrömmigkeit, was zu der erschreckenden Aufforderung zur Denunziation von Familienangehörigen und Nachbarn in Dtn 13 bei »Fremdgötterdienst« führte (→ S. 243).

Wahrscheinlich ist die Göttinnenverehrung wie auch anderes kanaanäisches Erbgut in der Königszeit nie wirklich überwunden worden. Es hatte seine tiefe Verwurzelung in der Volksfrömmigkeit. Es fällt nicht schwer, bis in die Gegwart auch christliche Parallelen für diese Vorgänge zu finden.

Die unter Joschija einsetzende deuteronomistische Geschichtsschreibung beurteilt die Könige Israels und Judas fast ausschließlich nach dem Maßstab, was sie zur Ausrottung des kanaanäischen Erbes (Masseben, Ascheren, Höhenkulte) getan haben. Darum fanden nur die Reformkönige Hiskija (→ S. 232) und Joschija in ihren Augen Gnade. Ansonsten erkannte man ein Grundübel in den Mischehen mit den »Töchtern Kanaans« (Dtn 7,1-4 u. ö.), die aber wohl nicht als eine besondere Bevölkerungsgruppe anzusehen sind, vielmehr als Israelitinnen, die nicht bereit waren, die religiösen Traditionen des Landes aufzugeben.

Prostitution. Neben der gewerbsmäßigen P. (Jos 2,1; Ri 16,1) gab es eine Tempel-P. (1 Kön 14,24; Jer 2,20.25; 3,2; Hos 4,12-14). Zwischen beiden Formen waren die Übergänge fließend. Die kult. P. gehört ins Spektrum der altorient. Fruchtbarkeitsriten. Dagegen richteten sich einige Könige (1 Kön 15,12; 22,47; 2 Kön 23,7) und die prophetische Polemik.

Torhöhen, Opferstätten, die nach dem Vorbild der → Kulthöhen an den Stadttoren errichtet waren.

Tofet, Kultstätte unbekannter Art im Hinnomtal südl. von Jerusalem, an der Kinderopfer dargebracht wurden (2 Kön 16,3; 23,10; Jer 7,31 ff.; 19,5 ff.)

Moloch, ein aus dem Phönizischem übernommener Opferbegriff (»Darbringung«), der als Gottesname mißverstanden wurde (Lev 20,5) und meist mit in Israel verbotenen Kinderopfern in Zusammenhang gebracht wird, obwohl es fraglich ist, ob die M.-Riten Kinderopfer meinten; einige Exegeten deuten sie als Reinigungs- oder Weiheriten von Söhnen und Töchtern für eine Gottheit. Die letztlich ungeklärten Stellen, die von M. sprechen (Lev 18,21; 20,2 ff.; 2 Kön 23,10; Jes 57,9; Jer 32,35; Zef 1,5), machten das Wort zum Inbegriff einer unersättlichen Macht, die Kinder oder überhaupt Menschen »frißt«. So spricht man z. B. heute vom »M. Straßenverkehr«.

Manasse (696–642), König des Südreiches Juda, der unter dem Einfluß Assyriens, dessen Vasall er war, zahlreiche Fremdkulte in Juda einführte. 2 Kön 21,1-18 beurteilt M. sehr negativ; demnach praktizierte M. diese Kulte selbst und beantwortete den prophetischen Protest mit blutiger Verfolgung.

Steinmal (Massebe), ein als Denk-, Kultstein oder Altar aufrecht gestellter Stein, der oft – wie in Bet-El (→ S. 95) die Heiligkeit eines Ortes verkörpert. Die Bedeutung des S.s stützt sich auf die symbolische Kraft des Steins, die etwas anderes ist als der Stein selbst.

die Könige von Juda auf dem [Flach-]Dach über dem Obergemach des Ahas errichtet hatten, sowie die Altäre, die Manasse in den beiden Höfen des Tempels aufgestellt hatte, ließ der König abbrechen, zertrümmerte sie und warf ihren Staub in das Kidrontal. 13 Desgleichen machte der König die Kulthöhen unrein, die östlich von Jerusalem, südlich vom Berg des Verderbens waren, die Salomo, der König von Israel, für Astarte, das Scheusal der Sidonier, für Kemosch, den Götzen der Moabiter, und für Milkom, den Greuel der Ammoniter, erbaut hatte. 14 Er zertrümmerte die Steinmale [Masseben], hieb die Ascherim um und füllte ihre Stätten mit Menschenknochen.

15 Auch den Altar von Bet-El, die Kulthöhe, die Jerobeam, der Sohn Nebats, der Verführer Israels, errichtet hatte, auch diesen Altar ließ er abreißen samt der Kulthöhe. Er steckte das Höhenheiligtum in Brand, zermalmte die Aschera zu Staub und verbrannte sie.

16 Und als Joschija sich umwandte und die Gräber sah, die dort auf dem Berg waren, sandte er hin und ließ die Gebeine heraus nehmen und auf dem Altar verbrennen. So machte er ihn unrein gemäß dem Wort Jahwes, das der Gottesmann ausgerufen hatte, der diese Dinge damals ausrief. 17 Und er fragte: Was ist das für ein Denkmal, das ich hier sehe? Die Männer der Stadt sagten zu ihm: Das ist das Grab des Gottesmannes, der aus Juda gekommen war und vorausgesagt hatte, was du am Altar von Bet-El getan hast. 18 Da sagte er: Laßt ihn ruhen! Niemand soll seine Gebeine berühren. So ließ man seine Gebeine samt den Gebeinen des Propheten, der aus Samaria stammte, ungestört.

19 Ferner ließ Joschija alle Höhentempel in den Städten Samarias beseitigen, die die Könige von Israel errichtet und durch die sie Jahwe erzürnt hatten. Er verfuhr mit ihnen genauso, wie er es in Bet-El getan hatte. 20 Alle Höhenpriester, die dort waren, schlachtete er auf den Altären und ließ Menschengebeine darauf verbrennen. Dann kehrte er nach Jerusalem zurück.

21 Und der König befahl dem ganzen Volk: Feiert das Paschafest zur Ehre Jahwes, eures Gottes, wie es in diesem Buch des Bundes geschrieben ist. 22 Ein solches Pascha war nämlich nicht gefeiert worden seit den Tagen der Richter, die Israel regierten, auch nicht in der Zeit der Könige von Israel und Juda. 23 Erst im achtzehnten Jahr des Königs Joschija wurde dieses Pascha für Jahwe in Jerusalem begangen.

24 Auch die Totenbeschwörer und Zeichendeuter, die Hausgötter, Götzen und alle Scheusale, die im Land Juda und in Jerusalem zu sehen waren, schaffte Joschija ab. So befolgte er die Worte des Gesetzes, die in dem Buch niedergeschrieben waren, das der Priester Hilkija im Haus Jahwes gefunden hatte. 25 Vor Joschija gab es keinen König wie ihn, der so mit ganzem Herzen, mit ganzer Seele und mit all seinen Kräften zu Jahwe umkehrte und so getreu das Gesetz des Mose befolgte. Und auch nach ihm war keiner wie er. 26 Doch Jahwe ließ nicht ab von der gewaltigen Glut seines Zornes, weil sein Zorn entbrannt war über Juda wegen all der Kränkungen, die Manasse ihm zugefügt hatte. 27 Darum sprach Jahwe: Auch Juda will ich von meinem Angesicht entfernen, wie ich Israel entfernt habe. Und ich verwerfe diese Stadt Jerusalem, die ich erwählt habe, und das Haus, von dem ich gesagt habe: Mein Name soll dort sein.

2 Kön 23,1-27

Für die umfassende und in ihren Inhalten komplexe Reformbewegung muß der junge König als Initiator überfordert gewesen sein, wenngleich die Bibel ihm alle Verdienste zuschreibt. Die tatsächlichen Betreiber werden sich seine Unterstützung gesichert haben. Beteiligt war vor allem die sich regende bäuerliche Mittelschicht Judas, die sich mit dem Königshaus verbündete, um den destruktiven Einfluß der Oberschicht in der Hauptstadt zurückzudrängen. Doch hätte deren Bemühen wohl nicht gereicht, wäre die neue Bewegung nicht auch von Teilen der Jerusalemer Oberschicht gestützt worden. Zu nennen sind der Kanzler Schafan und der Hauptpriester Hilkija, die beiden wichtigsten Beamten des Königs, die auch an der »Auffindung« des Buches beteiligt waren. Weitere Mitglieder der Priesterschaft werden der Reformpartei ebenfalls zugehört haben, sowie einzelne Propheten, unter ihnen insbesondere Jeremia (→ S. 249 ff.). Schon als junger Mann wurde Jeremia nicht müde, die Brüder im zerschlagenen Nordreich aufzufordern, jetzt endlich die Konsequenzen aus dem Untergang von 722 zu ziehen. Man solle am einzig legitimen Jahwekult in Jerusalem teilnehmen, was indirekt den kultischen Anschluß von ganz Israel an den judäischen Staatskult eingeschlossen hätte.

Der joschijanischen Reform ging es um mehr als den Kult. Sie verfolgte – die Schwäche Assyriens nutzend – eine umfassende nationale, soziale und religiöse Neuordnung des Staates. Die Reformgruppen hatten ihr Zentrum im Jerusalemer Obergericht (2 Chr 19,8-11), das offensichtlich eine hohe Integrationskraft besaß. Anfänglich ein königliches Gericht, löste es sich unter Joschija von der königlichen Aufsicht. Es sprach dem Königtum nicht allein das Recht ab, Richter einzusetzen, sondern nahm auch in Anspruch, die wesentlichen staatlichen Einrichtungen – Kult, Priestertum, Gerichtswesen, Kriegsführung und sogar das Königtum selbst – neu zu regeln. Gleichzeitig leistete das Obergericht eine umsichtige und kluge Öffentlichkeitsarbeit: Die wichtigsten Gebote wurden – an den zehn Fingern abzählbar – im Dekalog zusammengefaßt. Dieses Programm konfrontierte Israel nach langer Zeit wieder mit dem mosaischen Erbe, um die desorientierte staatliche Geschichte neu zu ordnen. Der Aufbruch nach vorne sollte aus einer Rückkehr zu den Anfängen erfolgen.

Die theologische Reform

Die erste Anstrengung galt der Einheit der Jahweverehrung in allen Bereichen der judäischen Gesellschaft. Die Reformparole lautete: »Höre Israel! Jahwe unser Gott, Jahwe ist einer!« (Dtn 6,4). Das bedeutete: 1. Die Verehrung Jahwes läßt sich nicht mit der Verehrung anderer Gottheiten verbinden; ein Götterpantheon ist ausgeschlossen. 2. Jahwe, der Gott Israels, ist für das ganze Land ein und derselbe Gott. Er läßt sich nicht in lokale Kultfassungen aufspalten, etwa als Jahwe von Bet-El, Samaria oder Hebron. Alle Opferstätten im Lande wurden verboten (Dtn 12,2-7), der Jahwekult konzentrierte sich auf den Tempel zu Jerusalem. Das schloß die Aufhebung der lokalen Heiligtümer ein, wenngleich deren Zerstörung erst später erfolgte. Die Bevölkerung mußte nun mehrmals im Jahr nach Jerusa-

Wenn man auf die Ursprünge des biblischen Monotheismus blickt, zeigt sich bald, daß es sich hier um eine im Kern politische Idee und Bewegung handelt. Hier geht es in letzter Instanz weniger um die Einzigkeit Gottes als um die Ausschließlichkeit der Bindung an diesen Einen Gott. Diese Ausschließlichkeit wird eng verknüpft mit dem Motiv der politischen Freiheit. Die Bindung an den Einen Gott wird im Modell eines politischen Bündnisses gestaltet und in der Form eines politischen Treueids bekannt. Das Politische ist in dieser Religion des Einen nicht äußerlich, sondern wesentlich. Ebenso zentral wie die Einheit Gottes ist ihr der Gedanke des Gottesvolkes als der Gemeinschaft, die sich durch die Bindung an den Einen Gott und die Annahme seines Gesetzes definiert. Gerade in diesen beiden Punkten unterscheidet sich der biblische Monotheismus diametral vom Monotheismus der Amarnareligion. Echnaton ging es zwar ebenso um die ausschließliche Verehrung eines einzigen Gottes. Aber dieser Gott war die Sonne, eine kosmische, keine politische Gottheit. Dieser Gott schloß kein Bündnis und gab keine Gesetze. Hier fehlt das Motiv des Gottesvolkes vollkommen.

Jan Assmann

Echnaton (E. = »Aton will es«; 1352–1333 v. Chr.), Name, den der ägypt. König Amenophis IV. annahm, nachdem er die Ablösung des Polytheismus durch einen strengen Monotheismus verfügt hatte. E. entmachtete die alte Priesterschaft, verließ Theben und gründete ein neues Reichszentrum. Bald nach E.s Tod setzte sein Nachfolger und Schwiegersohn Tut-anch-Amun die alten Götter und Priester wieder in ihre Rechte ein und zog nach Theben zurück.

lem kommen, um dort die Einheit der Nation zu erfahren und auch zu stärken. Auf diese Weise wurde das zur Dezentralität neigende Land stärker an Jerusalem gebunden. Natürlich stützte diese Regelung auch die Eigeninteressen der Jerusalemer Priesterschaft. Ihr brachte die Monopolstellung des Tempels traumhafte Privilegien ein. Alle Opfergaben flossen jetzt ausschließlich hier zusammen. Aber natürlich profitierten auch die Händler und letztlich die gesamte Bevölkerung der Haupstadt von dem nun einsetzenden Wallfahrtsbetrieb.

Mit dem Kampf um einen kompromißlosen Monotheismus verbanden sich weitere Entscheidungen. Innerhalb des Jahwekultes wurden bildliche Darstellungen streng verboten. Wie hart jedem Synkretismus begegnet werden sollte, zeigen die Gesetze, die das 13. Kapitel des Deuteronomiums zusammenstellt:

Kompromißloser Monotheismus

13 Wenn du aus einer deiner Städte, die Jahwe, dein Gott, dir als Wohnort gibt, hörst: 14 Niederträchtige Menschen sind aus deiner Mitte herausgetreten und haben ihre Mitbürger von Jahwe abgebracht, indem sie sagten: Gehen wir, und dienen wir anderen Göttern, die ihr bisher nicht kanntet, 15 dann sollst du untersuchen und nachforschen und genau ermitteln. Und ist es wahr, steht der Tatbestand fest, daß dieser Greuel in deiner Mitte geschehen ist, 16 dann sollst du die Bürger dieser Stadt unbedingt mit scharfem Schwert erschlagen, du sollst an ihnen und an allem, was darin lebt, auch am Vieh, mit scharfem Schwert den Bann vollstrecken. 17 Und alle Beute sollst du auf dem Marktplatz zusammentragen und die Stadt und die gesamte Beute als Ganzopfer für Jahwe, deinen Gott, im Feuer verbrennen. Für immer soll sie ein Schutthügel bleiben und nie wieder aufgebaut werden.

Dtn 13, 13-17

D ie hier genannten Sanktionen übertragen altorientalische Vasallenverträge auf die Ebene der offiziellen Jahwereligion. Inwieweit eine solch rigide Linie der Abschreckung dienen sollte und überhaupt praktikabel war, muß offen bleiben. In jedem Fall wirkt sich die seit Elija bekannte – mit dem Monotheismus strukturell verbundene – Intoleranz weiter aus. Die Rückbesinnung auf das exklusive Gottesverhältnis Israels hatte unter den Bedingungen seiner staatlichen Einhaltung grausame und für heutiges Verständnis inakzeptable Konsequenzen. Dies um so mehr, als sich der Kampf gegen den öffentlichen Synkretismus bis in die familiäre und private Frömmigkeit ausdehnte. Beschwörungen, Orakelbefragungen und mantische Praktiken wurden verfolgt (Dtn 18,10-14); der »Gestirnkult« wurde mit der Todesstrafe belegt (17,2-7). Von besonderem Gewicht aber ist der Einbruch in die Familiensolidarität und private Lebenssphäre:

Bann, »Vernichtungsweihe«, ein in der altoriental. Welt verbreiteter Brauch, besiegte Gegner, ihre Städte und ihren Besitz der eigenen Nutzung zu entziehen und der Gottheit durch Vernichtung zu »weihen« (Dtn 2-3; Jos 6-11). Wer Gebanntes an sich nahm, verfiel dem Tode (Jos 7). Die Vernichtungsweihe war kein normaler Kriegsbrauch, sondern unterstand einem Gelübde, Orakel oder besonderen Befehl. Histor. belegt ist der B. durch Mescha von Moab über die israelit. Stadt Nebo. Aus Israel gibt es keine zuverlässige Nachricht über kriegerische Vernichtungsweihen, obwohl sich die deuteronom. Bearbeitung des Pentateuch mehrfach der grausamen Tradition bedient, um die Jahwe-allein-Bewegung durchzusetzen. Das frühe Israel wird sich in seinen Kriegspraktiken aber nicht von seiner Umgebung abgehoben haben. Anstößig bleibt, daß die Vernichtungsweihe und das zugehörige Gottesbild im Denken Israels erst spät überwunden wurde (→ S. 244 f.).

7 Wenn dein Bruder, der dieselbe Mutter hat wie du, oder dein Sohn oder deine Tochter oder deine Frau, mit der du schläfst, oder dein Freund, den du liebst wie dich selbst, dich heimlich verführen will und sagt: Gehen wir, und dienen wir anderen Göttern – die du und deine Vorfahren noch nicht kanntest, 8 von den Göttern der Völker, die rings um euch wohnen, nah oder weiter entfernt, von einem Ende der Erde bis zum andern Ende der Erde –, 9 dann darfst du nicht nachgeben und seinetwegen nicht betrübt sein. Du sollst nicht auf ihn hören, keine Nachsicht für ihn kennen und ihn nicht decken. 10 Sondern du sollst ihn anzeigen. Wenn er hingerichtet wird, sollst du als erster deine Hand gegen ihn erheben, dann erst das ganze Volk. 11 Und du sollst ihn steinigen, daß er stirbt. Denn er hat versucht, dich von Jahwe, deinem Gott, abzubringen, der dich aus Ägypten geführt hat, aus dem Sklavenhaus. 12 Ganz Israel soll davon hören, damit sie sich fürchten und in deiner Mitte nicht noch einmal solch einen Frevel begehen.

Dtn 13,7-12

A. Paul Weber (1893–1980),
Der Denunziant, 1947.

Das ist ein Gesetz für Gesinnungsschnüffler und Denunzianten. Zwar sollte einem Mißbrauch die Klausel begegnen: »Wenn es um Leben und Tod eines Angeklagten geht, darf er nur auf die Aussage von zwei oder drei Zeugen hin zu Tode verurteilt werden« (Dtn 17,6), doch hob sie die Totalität der Kontrollabsichten nicht auf. Die Überwachung der privaten Frömmigkeit sollte vor allem die Verehrung einer weiblichen Gottheit ausschließen, die im gesamten Orient populär war. In älterer Zeit war dies Aschera (→ 1 Kön 18,19; 2 Kön 23,4.7; → S. 194, 239), die später unter assyrischem Einfluß von Ischtar verdrängt wurde. Von ihrer Verehrung als »Himmelskönigin« zu lassen, ist gerade den Frauen schwer gefallen (vgl. Jer 44,15-19).

Das Verbot aller fremden Götter und Kulte war trotzdem noch nicht der Durchbruch zu einem eindeutigen Monotheismus. »Anderen Göttern« maß man weiterhin eigene Mächtigkeit bei, wenngleich die Hinwendung zu ihnen als ein Schlag ins Angesicht Jahwes verurteilt wurde. Erst in spätexilischer Zeit, nachdem der Kampf um die alleinige Verehrung Jahwe entschieden war, verloren die Götterbilder ihre Transzendenz und sanken dahin.

Die Verdrängung Kanaans

Dennoch begann mit der joschijanischen Reform ein Prozeß, der nicht allein die weitere Geschichte des Judentums bestimmte, sondern auch den bisherigen Geschichtsverlauf in seiner Darstellung und Bewertung überformte. Was immer seit Abraham zur Erinnerung Israels gehörte, geriet unter eine verändernde Deutung, deren Art und Umfang einem modernen Bewußtsein als Verdrängung und Fälschung der tatsächlichen Vergangenheit erscheinen kann.

Die Maßnahmen

Die Faulen werden geschlachtet
die Welt wird fleißig

Die Häßlichen werden geschlachtet
die Welt wird schön

Die Narren werden geschlachtet
die Welt wird weise

Die Kranken werden geschlachtet
die Welt wird gesund

Die Traurigen werden geschlachtet
die Welt wird lustig

Die Alten werden geschlachtet
die Welt wird jung

Die Feinde werden geschlachtet
die Welt wird freundlich

Die Bösen werden geschlachtet
die Welt wird gut

Erich Fried

Der entscheidende Vorgang bestand in der »jahweverfügten« Ausrottung Kanaans, als stünden sich Israel und Kanaan seit jeher feindlich gegenüber. Die heutige Geschichtsforschung hat klargestellt, daß der größte Teil des späteren Israel schon immer im Lande gelebt hat, und daß dessen Kultur die kanaanäische war. Die nun stattfindende deuteronomische und die spätere deuteronomistische Reform blenden diesen Tatbestand jedoch aus und entwickeln eine außerkanaanäische Väter- und Exodusgeschichte. Insbesondere beschreibt das Buch Deuteronomium die entschiedene Trennung zwischen Israel und Kanaan nach dem Schema, daß Jahwe Israel das Land in Besitz gegeben habe, um dessen religiöse Traditionen durch den Jahwe-Kult zu ersetzen:

Israel und die Völker des Landes

¹ Wenn Jahwe, dein Gott, dich in das Land geführt hat, in das du jetzt hineinziehst, um es in Besitz zu nehmen, wenn er dir viele Völker aus dem Weg räumt – Hetiter, Girgaschiter und Amoriter, Kanaanäer und Perisiter, Hiwiter und Jebusiter, sieben Völker, die größer und mächtiger sind als du –, ² und wenn Jahwe, dein Gott, sie dir ausliefert und du sie schlägst, dann sollst du sie der Vernichtung weihen. Du sollst keinen Vertrag mit ihnen schließen und ihnen nicht gnädig sein. ³ Und du sollst dich nicht mit ihnen verschwägern. Deine Tochter darfst du nicht seinem Sohn geben, und seine Tochter darfst du nicht für deinen Sohn nehmen! ⁴ Denn er würde deinen Sohn verleiten, mir nicht mehr nachzufolgen und anderen Göttern zu dienen, und der Zorn Jahwes würde gegen euch entbrennen und dich unverzüglich vernichten. ⁵ Vielmehr sollt ihr so gegen sie vorgehen: Ihr sollt ihre Altäre niederreißen, ihre Steinmale zerschlagen, ihre Kultpfähle umhauen und ihre Götterbilder im Feuer verbrennen.
¹⁶ Du wirst alle Völker verzehren, die Jahwe, dein Gott, dir preisgibt. Du sollst in dir kein Mitleid mit ihnen aufsteigen lassen. Und du sollst ihren Göttern nicht dienen; denn das wäre ein Fallstrick für dich.

Dtn 7,1-5.16

Man kann diese Aufforderung zum Genozid an den Kanaanäern, um seine eigenen kanaanäischen Wurzeln abzuschneiden, als eine frühe Parallele zur Verdrängung des Judentums im Christentum sehen. Zwar läßt sich einwenden, daß die Ausrottung Kanaans ein Phantasieprodukt blieb, das keine unmittelbare Wirkungsgeschichte hatte. Andererseits ist ein Entwurf nur deshalb, weil seine Ausführung unterblieb, nicht erledigt. Die Jüdische Bibel durchzieht insgesamt eine Linie aggressiven Spotts gegenüber nichtisraelitischen Religionen, in deren Erbe das Christentum über lange Zeiten im Umgang mit fremden Religionen und Kulturen Schuld auf sich geladen hat.

Ohne Zweifel ist der sich hier anbahnende Monotheismus mit einem hohen Preis bezahlt worden. Dem unbezweifelbaren Gewinn stehen – wie immer – auch Verluste gegenüber, denn mit dem Kampf gegen die kanaanäischen Kulte wurde der Weg zur Entgötterung und Verdinglichung der Natur beschritten, dessen Spätfolgen wir in einer globalen Naturentfremdung und -zerstörung vor Augen haben, die noch ungeahnten Tod nach sich ziehen kann. Den Kampf gegen die kanaanäischen Baum- und Steinkulte haben die Missionare der germanischen Welt fortgesetzt; er fand in der Mißachtung und Ausrottung der Naturreligionen durch die christliche Welt seine Steigerung und eskaliert heute in einer religiös ungehemmten Ausbeutung von Natur und Leben. Die Götter, die man der Natur nahm, haben den Götzen einer materialistischen Omnipotenz und der Oberhoheit des Kapitals ihren Platz überlassen.

Die soziale Reform

D er intoleranten Haltung nach außen, die kaum noch eine flexible Bündnispolitik unter den Nachbarstaaten zuließ, stand nun allerdings eine ganz und gar humanen Geist atmende soziale Gesetzgebung gegenüber. Vor allem sollte der Verarmungsprozeß in der Gesellschaft gestoppt und das Elend der besitzlos gewordenen Unterschicht aufgefangen werden.

Zunächst ging es den Gesetzgebern um eine deutliche Minderung der Steuerlasten. Der Zehnte als Königssteuer wurde abgeschafft. Nur noch jedes dritte Jahr sollte Zehntjahr sein, jedoch nicht mehr für den staatlichen Finanzbedarf, sondern ausschließlich für eine Sozialfürsorge vor Ort (Dtn 14,28; 26,12 f.). Die allgemeine Wehrpflicht wurde eingeschränkt: Wer gerade dabei war, für sich und seine Familie eine Existenz zu schaffen, sollte davon befreit werden. Mehr noch: Wem es an Mut für den Kriegsdienst fehlte, bekam das Recht der Wehrdienstverweigerung (Dtn 20,5-8).

Das repressive antike Kreditwesen als Hauptursache für den sozialen Abstieg der Kleinbauern versuchten die Reformer durch ein Bündel von Einschränkungen zu mäßigen. Es wurde verboten, den Mantel des Armen und das Kleid der Witwe über Nacht zu verpfänden (Dtn 24,12 f. 17 f.); man durfte nun auch nicht mehr andere lebensnotwendige Dinge, zum Beispiel die Handmühle, auf der das Mehl für das tägliche Brot gemahlen wird, zum Pfand nehmen, »denn dann nimmt man das Leben selbst zum Pfand« (24,6). Dem Gläubiger wurde nicht mehr gestattet, in das Haus des Schuldners einzudringen, um sich passende Pfänder herauszuholen; er mußte das akzeptieren, was der Schuldner ihm vor die Tür brachte (V 10 f.). Um überschuldeten Menschen nicht den letzten Rest an Würde und Recht zu nehmen, wurde das Verbot des Zinsnehmens bei Kreditgeschäften auf alle Israeliten ausgedehnt. Dem diente eine neue Institution: Alle sieben Jahre sollte eine öffentliche »Loslassung« *(schemitta)* erfolgen, bei der alle Kreditgeber auf ihre Forderung verzichteten, »denn eigentlich sollte es bei dir gar keine Armen geben«. Die Kehrseite dieser Bestimmung konnte natürlich sein, daß überhaupt keine Kredite mehr gegeben wurden, darum versuchten die Reformer einer solchen Verweigerung durch religiöse und moralische Appelle nachdrücklich zu begegnen (Dtn 15,7-11). Auch die Schuldsklaverei sollte nicht über

Käthe Kollwitz (1867–1945}, Weberaufstand. Blatt 1: Not, Blatt 2: Tod, 1893–97.

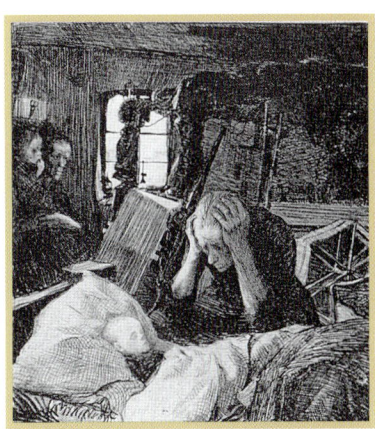

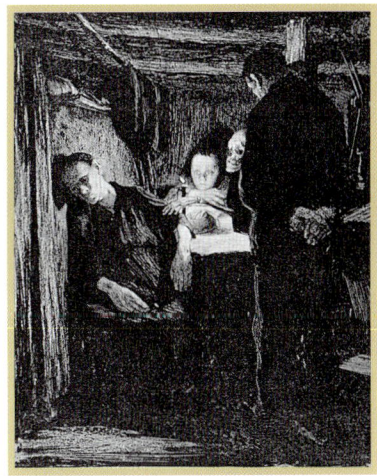

Da der Weber stets für das Garn sich im Vorschuß befand, so war er dem Fabrikanten schon dadurch in die Hände gegeben ... Da war kein Erbarmen; die Commis und Gehilfen begegneten ihm noch obendrein mit empörender Härte ...

Wilhelm Wolf zur Situation der Weber in Schlesien 1844

sechs Jahre hinausgehen. Da viele aber den mittellosen Neubeginn als freie Menschen scheuten, hieß es jetzt: »Du sollst ihn nicht mit leeren Händen entlassen. Du sollst ihm von deinen Schafen und Ziegen, von deiner Tenne und deiner Kelter so viel mitgeben, wie er tragen kann« (15,13 f.). Da die Reformer dabei Bezug nehmen auf Jahwe, der Israel aus dem Sklavenhaus Ägypten befreit hat, wäre es folgerichtig gewesen, jede Sklavenhaltung zu verneinen. Dies dürfte zu jener Zeit Konsequenzen gehabt haben, die dem herrschenden Kreditrechtsbewußtsein widersprachen, doch lief die spätere Entwicklung darauf hinaus. Durch das Verbot, entlaufene Sklaven ihren Herren wieder auszuliefern, schränkten die Reformer die Fremd- und Schuldsklaverei bereits in erheblichem Maße ein (23,15 f.).

Die deuteronomistischen Reformer waren bemüht, das soziale Netz für jeden Mitbürger zu sichern. Sie legten den Grundstein für eine regelrechte Armenversorgung, in dem sie drei Versorgungsmöglichkeiten sicherten: Erstens verboten sie die Erntenachlese in den Feldern, Weinbergen und Obstbaumplantagen (Lev 19,9 f.). Zweitens warben sie dafür, die kultischen Opfermahlfeiern für die Armen zu öffnen. Drittens verfügten sie die im Dreijahresrhythmus fällige Zehntgabe für Fremdlinge, Witwen, Waisen und die außerhalb Jerusalems mittellos gewordenen Heiligtumspriester. Zweifellos trägt dieser Entwurf einer Sozialgesetzgebung eine utopische Note, doch ist diese zugleich der wichtigste reformerische Impetus, eine schon komplexe Gesellschaftsform voll sozialer Gegensätze und Spannungen grundlegend zu verändern. Zu keiner anderen Zeit entwickelte die Jahwereligion eine solch reformerische, sozialgestaltende Kraft. Wäre den deuteronomischen Reformern mehr Zeit als ein Jahrzehnt verfügbar gewesen, hätte ihr Programm die gesellschaftliche Realität Israels zweifellos stärker verändern können. Immerhin erwies sich die soziale Kraft der Jahwereligion zur Solidarität mit den Schwachen und Hilflosen. Sie setzte sich bis in das breit gefächerte frühjüdische Almosenwesen hinein fort.

Rekonstruktion von Megiddo,
1. Hälfte des 1. Jt.s

Megiddo, bedeutende Stadt am Südrand der Jesreelebene, seit dem 4. Jt. besiedelt und mehrfach zerstört, wahrscheinlich von David in den Besitz Israels gebracht. Salomo baute M. zu einer Garnison aus und befestigte die Stadt. Hierhin flüchtete der judäische König Ahasja (2 Kön 9,27) und Joschija trat hier dem Pharao Necho entgegen, wobei er fiel.

Der Zusammenbruch der deuteronomischen Reformbewegung

Der Staat Juda, der zu Beginn der Regierungszeit Joschijas vermutlich noch in einem Vasallenverhältnis zu Assur gestanden hatte, wurde infolge der Schwäche des Assyrerreiches unter Joschija immer selbständiger und konnte sogar seine Grenzen nach Norden über Bet-El hinaus, vielleicht bis Megiddo erweitern. Als dann aber der Pharao Necho im Jahre 609 den von Babyloniern und Medern bedrängten Assyrern zu Hilfe eilte, trat ihm Joschija bei Megiddo entgegen, wohl aus der Sorge, die eben erst gewonnene Selbständigkeit jetzt an die Ägypter zu verlieren. In diesem Kampf verlor der König sein Leben. Jeremia gab nicht nur der eigenen Trauer Ausdruck, sondern gewiß auch jener der Reformbewegung, wenn er klagte:

Ach, Herr Jahwe,
wahrhaftig schwer hast du dieses Volk und Jerusalem getäuscht,
indem du sagtest: ›Heil wird euch werden‹.
Doch nun geht das Schwert uns an die Kehle! (Jer 4,10)

War jetzt das ganze Reformwerk gefährdet? Als Nachfolger wurde ein jüngerer Sohn Joschijas, Joahas, gewählt (2 Kön 23,29), wahrscheinlich weil er der Reformpolitik am nächsten stand. Doch der Pharao Necho, der nun die Oberherrschaft über das Land besaß, akzeptierte die Wahl nicht. Warum sollte er auch eine auf die nationale Erneuerung Judas gerichtete Politik akzeptieren, wo er sich selbst anschickte, das assyrische Erbe in Palästina zu übernehmen. So regierte Joahas nur drei Monate lang, dann »brachte ihn der Pharao nach Ägypten, wo er starb« (2 Kön 23,34).

Nun kam der in der Erbfolge übergangene Sohn Jojakim auf den Thron. Dieser rächte sich an der Reformpartei für die erlittene Demütigung, indem er den von den Ägyptern auferlegten Tribut nicht aus der Staatskasse bezahlte, vielmehr das Land damit besteuerte. Diese dem Volk auferlegte Belastung ließ in den folgenden Jahren die Koalition der Reformgruppen auseinanderbrechen. Mit der Entsolidarisierung der Gesellschaft scheiterte auch die soziale Programmatik, wie sie im Buch Deuteronomium entworfen ist (→ S. 245 f.). Die Krise verschärfte sich, weil der neue König sich nicht mehr den Reformern zugehörig fühlte und die alte Prachtentfaltung wieder aufnahm, für die ihn Jeremia in schärfster Form attackierte:

Ein Königtum, das sich selbst genügt

13 Weh dem, der seinen Palast mit Ungerechtigkeit baut und seine Gemächer mit Unrecht, der seinen Nächsten umsonst arbeiten läßt und ihm seinen Lohn nicht gibt, 14 der sagt: Ich baue mir ein geräumiges Haus und weite Gemächer und er setzt hohe Fenster ein, täfelt mit Zedernholz und bemalt mit roter Farbe. 15 Bist du König geworden, um mit Zedernholzbauten zu wetteifern? Hat dein Vater nicht auch gegessen und getrunken, und trotzdem für Recht und Gerechtigkeit gesorgt? Und ging es ihm nicht gut? 16 Er hat den Schwachen und Armen zum Recht verholfen. Darum ging es ihm gut. Heißt nicht das, mich erkennen? – Spruch Jahwes. 17 Doch deine Augen und dein Herz sind nur auf deinen Gewinn gerichtet, auf das Blut des Unschuldigen, das du vergießt, auf Unterdrückung und Erpressung, die du verübst.

Jer 22,13-17

So also endete das soziale Programm der Reform. Die wenigen Jahre joschijanischer Herrschaft hatten nicht ausgereicht, um die neue Gesellschaftskonzeption in allen Schichten der Bevölkerung zu verwurzeln. Jeremia klagte: »Das ist die Stadt, von der erwiesen ist: Alles in ihr ist Unterdrückung!« (Jer 6,6).

Unbestritten blieb allerdings die kultische Seite der Reform. Mit der erreichten Zentralisierung der Jahweverehrung in Jerusalem und der Verfolgung des Synkretismus sah die Jerusalemer Tempelpriesterschaft ihre eigenen Interessen abgedeckt. Sich auch sozial zu engagieren, betrachtete sie nicht als ihre Sache. Und angesichts der außenpolitischen Bedrohung beruhigten die Priester sich und das Volk damit,

Palastbauten

Paläste demonstrieren die sozialen Unterschiede in einer Gesellschaft. In Palästina entsprach ihr Grundriß durchweg dem eines Wohnhauses, dessen Räume sich um einen zentralen Hof gruppieren. Die Maße waren jedoch großzügiger als die normaler Wohnhäuser, die Steine sorgfältiger behauen, die handwerkliche Ausführung von höherer Qualität. Die Wände wurden oft weiß verputzt oder konnten sogar mit Fresken geschmückt sein. In königlichen Palästen gab es elfenbeingeschmückte Möbel (→ S. 187).

Palastbauten sind als zwei- und dreigeschossige Anlagen nachgewiesen. Das Erdgeschoß war Arbeitsbereich des Gesindes. Die Wohnbereiche im Obergeschoß hatten kleine Fenster (→ S. 208) und Türen, um die Hitze fern zu halten. Alles Leben orientierte sich zum Hof hin. Dort befand sich ein Wasserspeicher oder eine Zisterne. Die Dächer waren meist flach, wohl geeignet zum abendlichen Aufenthalt und zum Schlafen im Sommer.

Die ältesten in Palästina ausgegrabenen Paläste stammen aus der Mittelbronzezeit um 1600 v. Chr. Der berühmteste Palast war der Salomos in Jerusalem; er wird 1 Kön 7,1-12 beschrieben. Man betrat ihn durch ein Portal, hinter dem sich eine Eingangshalle öffnete (V 6), die in den Thronsaal führte (V 7); dieser Saal diente auch als Gerichtshalle. Die Wohnräume lagen um einen weiteren Hof gruppiert (V 8).

Der erste außerhalb Jerusalems in Judäa entdeckte Palast wurde in Ramat Rahel freigelegt, auf halbem Weg von der Altstadt Jerusalems nach Betlehem gelegen. Yohanan Aharoni († 1976), sein Ausgräber, identifizierte ihn mit dem von König Jojakim errichteten Palast, auf den sich Jer 22,13 f. bezieht.

Jahwes Anwesenheit auf dem Zion sei trotz aller Gefahr eine zuverlässige Heilsgarantie, ein Trost, dem Jeremia in seiner Tempelrede entschieden widersprach: »Sie sind doch alle, vom Kleinsten bis zum Größten, nur auf Gewinn aus; vom Propheten bis zum Priester betrügen sie alle. Den Schaden meines Volkes möchten sie leichthin heilen, indem sie rufen: Heil, Heil! Aber kein Heil ist da« (Jer 6,13 f.). Klar, daß die Priesterschaft auf solche Kritik mit Feindschaft antwortete.

Der Untergang des Südreiches Juda

*D*er reformerische Streit wurde bald darauf durch außenpolitische Vorgänge überlagert. Das Vasallenverhältnis zu Ägypten hatte nur von 609 bis 605 gedauert. Schon 604 mußte sich Jojakim (608-598) der Übermacht des neubabylonischen Königs Nebukadnezzar II. unterwerfen. Als sich militärische Schwächen zeigten, fiel Jojakim in der Hoffnung auf ägyptische Unterstützung von den Babyloniern wieder ab. Nebukadnezzar zauderte nicht und erschien im Jahre 598 prompt vor Jerusalem zu einer Strafaktion. Nur die rechtzeitige Übergabe der Stadt 597 verhinderte ihre Zerstörung. Bereits während dieser Phase hatte Jeremia vor einer Schaukelpolitik gewarnt, die sichtbar zum Untergang des Nordreiches geführt hatte. Jojachin, (598/97), der Nachfolger des in dieser Zeit verstorbenen Jojakim, und ein großer Teil der Oberschicht Judas wurden nach Babylon deportiert.

Löwe von Babylon, 6. Jh. v. Chr.

Der »Löwe von Babylon«, der über einen dahingestreckten Mann hinwegschreitet, wurde 1776 von Beduinen gefunden. Die Basaltskulptur ist unvollendet; das entspricht dem Zustand, in dem man eine Arbeit aus dem Steinbruch zum Bestimmungsort brachte, um sie dort fertigzustellen. Vermutlich hat die persische Eroberung Babyloniens der Arbeit ein Ende bereitet.

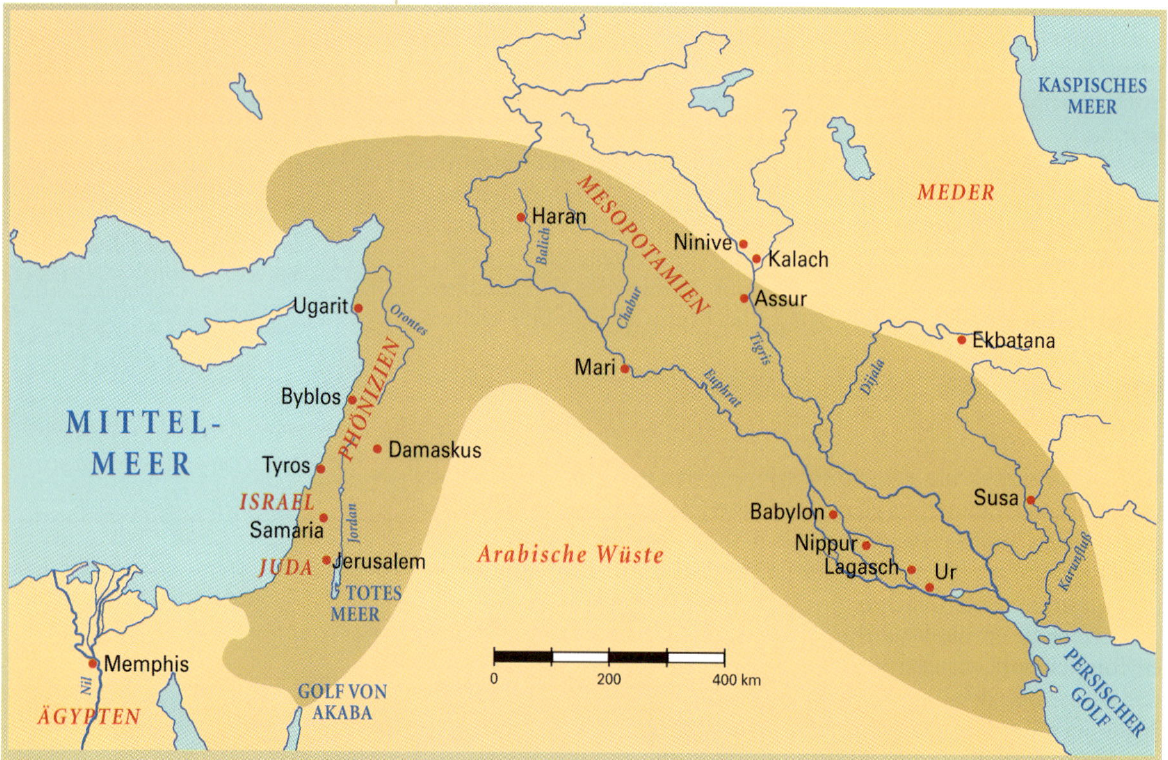

Das babylonische Reich zur Zeit König Nebukadnezzars II.

Jeremia

Der Prophet Jeremia

Geboren wurde Jeremia 645 v. Chr. in Anatot, wenige Kilometer nordöstlich von Jerusalem. »Prophet« zu werden, war nicht sein Wunsch. Auch sein Berufungserlebnis stand quer zu den eigenen Erwartungen (Jer 1,4-10). Anfangs richtete sich Jeremias Blick auf das untergegangene Nordreich Israel: Wenn das Land von Baal zu Jahwe zurückkehre, werde es wieder Heil erfahren (→ S. 233 f.). Nach dem Tod König Joschijas im Jahr 609 und dem Scheitern seiner Reform (→ S. 246 ff.) wandte er sich ganz Juda und Jerusalem zu, das sich in einer Schaukelpolitik zwischen Babylon und Ägypten bewegte: Er warnte davor, mit dem Tempelglauben eine falsche Sicherheit zu verbinden, die erlauben würde, den Weltmächten zu trotzen. Eine sich selbst genügende Tempeltradition lehnte er ab: »Gehorsam will ich, nicht Opfer«. Die Könige Jojakim (608–598) und Jojachin (598/97; → S. 257 f.) warnte Jeremia vor den Folgen ihrer Politik und drohte den Untergang Jerusalems und die Zerstörung des Tempels an.

Die Berufung Jeremias

Otto Pankok (1893–1966), Prophet, 1936.

4 Das Wort Jahwes erging an mich: 5 Noch ehe ich dich im Mutterleib bildete, habe ich dich ausersehen, noch ehe du aus dem Mutterschoß hervorkamst, weihte ich dich: Zum Propheten für die Völker habe ich dich bestimmt. 6 Da sagte ich: Ach, Herr Jahwe, ich kann doch nicht reden, ich bin ja noch so jung. 7 Aber Jahwe antwortete mir: Sag nicht: Ich bin noch so jung. Wohin ich dich auch sende, dahin sollst du gehen, und was ich dir auftrage, das sollst du künden. 8 Fürchte dich nicht vor ihnen; ich bin bei dir, dich zu schützen – Spruch Jahwes. 9 Dann streckte Jahwe seine Hand aus, berührte meinen Mund und sprach zu mir: Ich lege meine Worte nun in deinen Mund. 10 Sieh! Heute setze ich dich über Völker und Reiche. Reiße aus und zerstöre, vernichte und verheere, baue auf und pflanze an!

Jer 1,4-10

Diese Begebenheit datiert in das Jahr 627; Jeremia war damals 18 Jahre alt. So früh endete das private Dasein des Jungen. Es begann eine Sendung, vor der er nicht weglaufen und sich nicht drücken konnte. Seine Rede stellte ihn in Opposition zu allem, was Rang und Namen hatte. Noch pulsierte in Jerusalem das Leben, da sprach Jeremia bereits von Untergang. Noch klammerten sich alle an die Gegenwart, da betonte er deren Brüchigkeit, zwang er zu sehen, was niemand sehen wollte, und war schon unterwegs in den Trümmern.

In seiner Prophetenrede unterscheidet sich Jeremia deutlich vom prophetischen Stil der älteren Zeit. Das Darstellerische gewinnt größeren Raum, vor allem aber verbindet es sich mit einem ganz neuen Ton persönlicher Betroffenheit:

Mein Eingeweid, mein Eingeweid!   Es tobt in mir mein Herz.
Ich muß mich krümmen!   Denn du, meine Seele, hörst
Die Wände meines Herzens!   Posaunenschall und Kriegslärm.

Jeremia erlebt das aufziehende Unheil in seinem Innern vorweg; es zieht in seine Eingeweide, bis an die Grenze der eigenen Fassungskraft. Während die älteren Propheten mit sachlicher Distanz sprachen, erfolgt bei Jeremia eine Subjektivierung, die neue Formen des Bewußtseins deutlich macht. In seinen Texten entfaltet sich erstmals individuelle Freiheit. In seiner Seelenlage zeigt er sich differenzierter als Amos oder Micha. Soviel Ungebärdigkeit, soviel Aufbäumen gegen Schickungen, die frühere Zeiten ergebener ertragen hätten! Einerseits war er mit Jahwe verbunden wie nur je ein Prophet, andererseits aber mußte er dem eigenen Denken Raum geben. So ist Jeremia inmitten des Volkes allein, allein mit Gott und manchmal auch allein gegen Gott.

Worte genügen Jeremia zeitweilig nicht mehr. Wo sie kein Aufhorchen mehr wecken, spricht er durch Gebärden, Pantomimen, symbolische Akte. Provokativ geht er mit einem Joch auf dem Nacken über die Straßen Jerusalems, um zu zeigen, daß der Kleinstaat nur dann eine Überlebenschance habe, wenn er sich dem babylonischen Joch unterwirft, und wird im Tempel vor allem Volke blamiert. Die national-religiöse Partei bietet gegen ihn den Propheten Hananja auf. Der nimmt Jeremia das Jochholz vom Nacken und zerbricht es mit den Worten: »Ebenso nehme ich binnen zwei Jahren das Joch Nebukadnezzars, des Königs von Babel, vom Nacken aller Völker und zerbreche es« (28,11). Man wird über Jeremia gelacht haben, doch er legte sich ein neues Joch an, diesmal aus Eisen. Allen sollten die Augen aufgehen, alle sollten seine Botschaft bedenken.

Das Buch Jeremia

Das Buch Jeremia hat eine verwickelte Entstehungsgeschichte. Vier große Abschnitte lassen sich unterscheiden: Erstens Worte und Reden gegen das eigene Volk, darin der Berufungsbericht (1-25). Zweitens Erzählungen (26-45), u.a. über die Tempelrede, die Auseinandersetzung mit falschen Propheten (26-29), die Verbrennung der Buchrolle (36); ab Kap. 37 Berichte über Jeremias Schicksal vor, während und nach der Zerstörung Jerusalems. Drittens Worte gegen die fremden Völker (46-51). Viertens ein geschichtlicher Anhang über das Ende Jerusalems (52).

Die Geschichte der Materialsammlung zum Jeremiabuch beginnt mit Baruchs Aufzeichnungen von Worten Jeremias (→ S. 254 ff.); der Umfang dieser Urrolle, die in das Buch eingegangen ist, läßt sich nicht rekonstruieren. Spätere Redaktionen haben eigene Beiträge zugefügt und ganze Reden komponiert, die sich durch Stil, Sprache und Inhalt vom älteren Material abheben, u. U. aber von authentischen Jeremia-Worten ausgehen. Die Erzählzyklen über Jeremia, gewöhnlich ebenfalls seinem Vertrauten und Sekretär Baruch zugeschrieben, sind in ihrer überlieferten Form als stark überarbeitet anzusehen.

Die Tempelrede

1 Das Wort, das von Jahwe an Jeremia erging: 2 Tritt in das Tor des Hauses Jahwes! Rufe dort dieses Wort aus und sprich: Hört das Wort Jahwes, all ihr Judäer, die ihr durch diese Tore gekommen seid, um Jahwe anzubeten.

3 So spricht Jahwe Zebaot, Israels Gott: Bessert euer Verhalten und euer Tun, dann will ich bei euch wohnen hier an dieser Stätte. 4 Verlaßt euch nicht auf die trügerischen Worte: Der Tempel des Herrn, der Tempel des Herrn, der Tempel des Herrn ist hier! 5 Denn nur wenn ihr euer Verhalten und euer Tun gründlich bessert, wenn ihr gerecht miteinander umgeht, 6 wenn ihr die Fremden, die Waisen und Witwen nicht unterdrückt, kein unschuldiges Blut an diesem Ort vergießt und anderen Göttern nicht nachlauft, euch selbst zum Schaden, 7 nur dann will ich bei euch wohnen an dieser Stätte, in dem Land, das ich euren Vätern gab für ewige Zeiten.

A. Paul Weber (1893–1980),
Die Kathedrale, 1941.

8 Seht doch ein, daß ihr euch stützt auf trügerische Worte, die nichts nützen. 9 Ihr stehlt, mordet, brecht die Ehe, schwört Meineide, opfert dem Baal und lauft anderen Göttern nach, die euch nichts angehen –, 10 und kommt dann daher, tretet in diesem Haus, das meinen Namen trägt, vor mich hin und sagt: Wir sind geborgen! und tut weiter, was ich verabscheue.

11 Ist denn dieses Haus, das meinen Namen trägt, für euch nur eine Räuberhöhle? Gut, dann werde auch ich es so sehen – Spruch Jahwes. 12 Geht doch nur zu meiner Stätte in Schilo, an der ich früher meinen Namen wohnen ließ, und seht, wie ich mit ihr verfuhr wegen des Bösen, das mein Volk Israel verübt hat. 13 Und weil ihr nun genau das gleiche tut – Spruch Jahwes – weil ihr nicht hörtet, wenn ich zu euch redete, nicht antwortetet, als ich euch rief, 14 deshalb werde ich mit dem Haus, das meinen Namen trägt und auf das ihr euch verlaßt, und mit der Stätte, die ich euch und euren Vätern gegeben habe, so verfahren, wie ich es mit Schilo tat. 15 Ich will euch von mir wegstoßen, wie ich alle eure Brüder, das ganze Geschlecht Efraims, verstoßen habe.

Jer 7,1-15

*F*ür ihre eigene Position berief sich die national-religiöse Partei
auf den Propheten Jesaja. Dieser habe im Gegensatz zu Jeremia
den endgültigen Abzug der Feinde angekündigt (Jes 19) und die Rettung Jerusalems durch Jahwe zugesichert (2 Kön 19,32-34). Die Zusagen bestünden weiterhin und widerlegten die Lästerungen (19,6)

Jeremias. Eine solche Berufung auf Jesaja kann verwundern, hatte er
doch ebenfalls die Militärpolitik seiner Zeit bekämpft und das Vertrauen auf Ägypten als trügerisch beschrieben. Inzwischen sah man
jedoch die Gerichtsprophetie des Jesaja mit dem Niedergang des assyrischen Reiches an ihr Ende gekommen, so daß man nur noch seine Heilszusagen, die sich auf den Zion und den König bezogen, in
Anspruch nahm und in die eigene Zeit hinein fortschrieb.

Die Begründung für das fortwährende Vertrauen in die Sicherheit Jerusalems lag in dem Glauben, die Anwesenheit Jahwes auf dem
Zion bedeute eine unbedingte Schutzgarantie für die Stadt. Während
sich die streitenden Gruppen über die joschijanische Kultreform einig
waren, die Jahwes Einzigartigkeit herausstellte (→ S. 241 ff.), bestand
der Dissens zu Jeremia darin, daß dieser Jahwes Bindung an den Tempel vom sozialen Verhalten abhängig machte und außerdem sein
Heilshandeln nicht auf Israel eingrenzte (29,7).

Bedrohliche Folgen der Tempelrede

7 Die Priester, die Propheten und das ganze Volk hörten, wie Jeremia diese Worte vor dem Haus Jahwes vortrug. 8 Als Jeremia alles gesagt hatte, was Jahwe ihm vor dem ganzen Volk zu verkünden geboten hatte, ergriffen ihn die Priester, die Propheten und alles Volk und schrien: Jetzt mußt du sterben! 9 Warum weissagst du im Namen Jahwes: Wie Schilo wird es diesem Haus gehen, und diese Stadt wird in Trümmern liegen und entvölkert sein? Das ganze Volk rottete sich beim Haus Jahwes um Jeremia zusammen. 10 Als die Obersten von Juda davon hörten, gingen sie vom Königspalast zum Haus Jahwes hinauf und setzten sich im Eingang des Neuen Tempeltors nieder.

11 Da sagten die Priester und Propheten zu den Obersten und zum ganzen Volk: Dieser Mann hat den Tod verdient; denn er hat gegen diese Stadt geweissagt, wie ihr mit eigenen Ohren gehört habt.

12 Jeremia aber erwiderte den Obersten und dem ganzen Volk: Jahwe hat mich gesandt, gegen dieses Haus und gegen diese Stadt all die Worte zu sagen, die ihr gehört habt. 13 Nun also, bessert euer Verhalten und euer Tun, und hört auf die Stimme Jahwes, eures Gottes! Dann wird Jahwe das Unheil reuen, das er euch angedroht hat. 14 Ich selbst bin in eurer Hand; macht mit mir, was ihr für gut und recht haltet. 15 Aber das sollt ihr eindeutig wissen: Wenn ihr mich tötet, bringt ihr unschuldiges Blut über euch, über diese Stadt und ihre Einwohner. Denn in Wahrheit, Jahwe hat mich zu euch gesandt, damit ich euch alle diese Worte in die Ohren rufe.

16 Da sagten die Obersten und das ganze Volk zu den Priestern und Propheten: Dieser Mann hat den Tod nicht verdient; denn er hat zu uns im Namen Jahwes, unseres Gottes, geredet. 17 Und es erhoben sich einige von den Ältesten des Landes und sagten zu der ganzen Volksversammlung: 18 Micha von Moreschet, der zur Zeit Hiskijas, des Königs von Juda, als Prophet wirkte, hat zum ganzen Volk Juda gesagt: So spricht Jahwe Zebaot: Zion wird umgepflügt zu Ackerland, Jerusalem wird zum Trümmerhaufen, der Tempelberg zur überwucherten Höhe. 19 Haben ihn etwa Hiskija, der König von Juda, und ganz Juda deshalb hingerichtet? Hat er nicht Jahwe gefürchtet und Jahwe angefleht, so daß Jahwe das Unheil reute, das er ihnen angedroht hatte? Und wir sollten ein so großes Unrecht tun zu unserem eigenen Schaden?

Martial Leiter (geb. 1952), Moderne Welt.

Jer 26,7-19

Als Heuschrecken unsere Stadt besetzten,
keine Milch mehr ins Haus kam,
die Zeitung erstickte,
öffnete man die Kerker,
gab die Propheten frei.
Nun zogen sie durch die Straßen,
3800 Propheten.
Ungestraft durften sie reden,
sich reichlich nähren
von jenem springenden, grauen Belag,
den wir Plage nannten.
Wer hätte es anders erwartet. –

Bald kam uns wieder die Milch,
die Zeitung atmete auf,
Propheten füllten die Kerker.

Günter Grass

»Der Glaube gedeiht in der Regel am besten,
wenn er sich selbst klimatisieren kann« (Peter
Sloterdijk). Mit der Verbreitung des Buch-
drucks und der fast gleichzeitigen konfessionel-
len Aufspaltung gingen die Zeiten kirchlicher
Homogenität zu Ende. Der »Index verbotener
Bücher«, erstmals 1559 aufgestellt, war
der Versuch, den mittelalterlichen kirchlichen
Klimaschutz zu verlängern, was bis zum
Beginn des Medienzeitalters mit einigen
Druck- und Strafmitteln auch leidlich gelang.
Der barocke Stich zeigt, wie der von der gött-
lichen Geisttaube ausgehende Lichtstrahl die
Herzen der kirchlichen Repräsentanten Petrus
und Paulus trifft, die ihn auf unorthodoxe,
irritierende oder auch nur mißliebige Bücher
reflektieren, so daß sie sich unter diesem
Strahl selbst entzünden und verbrennen.

Die literarische Bearbeitung dieser Überlieferung fällt bereits in die Exilszeit, etwa um das Jahr 550. Nach dem Kollaps, den die offizielle Tempel- und Königstheologie mit dem Zusammenbruch von 587 erfahren hatte, blieb von den bisherigen Traditionen im Grunde nur die deuteronomistische Reformtheologie (→ S. 263 f.) übrig. Jene Theologengruppe nun, welche die Jeremiatradition redigierte, war ganz darauf bedacht, allen Zeitgenossen klarzumachen, was Israel aus den Fehlern der Vergangenheit zu lernen habe. Erstmals wurde jetzt die prophetische Oppositionstheologie mit der offiziellen Jahwereligion verbunden und darin integriert. Die Gerichtspropheten wurden als Bußprediger gesehen, die unermüdlich vor dem Abfall vom Gesetz Gottes warnten. In diese Sicht wurde nun auch Jeremia eingeordnet. Der Jer 26 dargestellte Prozeß gegen ihn ist fingiert und pastoral bearbeitet. Die Schroffheit und Bedingungslosigkeit hat man der Gerichtsankündigung Jeremias genommen, seinen Protest jedoch nicht völlig verzeichnet. Die Verse 3, 13 und 19 zeigen an, daß man dem Volk im Exil eine neue Hoffnungsperspektive geben wollte. Darum formulierte man gewissermaßen ein allgemeingültiges Gesetz göttlicher Weltregierung: Gott plane Heil, wenn das Volk jedoch vom Gesetz abfalle und sich durch seine Propheten nicht warnen lasse, führe das ins Unheil. Lasse sich das Volk aber angesichts drohenden Unheils vom Wort der Propheten warnen, werde Gott das Unheil reuen und abwenden. Im Rückblick erschien diesen Theologen die Hauptforderung des Jeremia die Beachtung des ersten und zweiten Gebotes zu sein. Abfall von Jahwe, Fremdgötterverehrung und Bilderdienst seien darum für die Katastrophe vor allem verantwortlich gewesen. Wahrscheinlich stand hinter dieser Betonung auch ein Wiederaufleben der alten Religionsvermischung, wie sie im privaten Bereich immer noch weiterlebte.

Die Verbrennung der Buchrolle

1 Es geschah im vierten Jahr Jojakims, des Sohnes Joschijas, des Königs von Juda, da erging dieses Wort von Jahwe an Jeremia: 2 Nimm dir eine Schriftrolle, und schreib darauf alle Worte, die ich zu dir über Israel und über Juda und über alle Völker gesprochen habe, von den Tagen Joschijas an bis auf diesen Tag. 3 Vielleicht wird das Haus Juda, wenn es hört, wieviel Unheil ich ihm antun will, umkehren von seinem bösen Weg, so daß ich ihnen Schuld und Sünde vergebe. 4 Da rief Jeremia Baruch herbei, den Sohn des Nerija, und Baruch schrieb nach dem Diktat Jeremias alle Worte, die Jahwe zu ihm gesprochen hatte, auf eine Schriftrolle. 5 Hierauf gab Jeremia dem Baruch folgenden Auftrag: Mir ist es verwehrt, das Haus Jahwes zu betreten. 6 Darum geh du hin, und lies im Haus Jahwes aus der Rolle, die du nach meinem Diktat geschrieben hast, dem Volk die Worte Jahwes am Tag des Fastens vor. Auch sollst du sie allen Judäern vorlesen, die aus ihren Städten herbeiströmen. 7 Vielleicht flehen sie vor Jahwe um Erbarmen und kehren um, jeder von seinem bösen Weg; denn groß ist der Zorn und Grimm, den Jahwe diesem Volk angedroht hat. 8 Und Baruch, der Sohn des Nerija, tat genau nach dem Befehl des Propheten Jeremia und las im Haus Jahwes die Worte Jahwes aus dem Buche vor.

9 Und es geschah im fünften Jahr Jojakims, des Sohnes Joschijas, des Königs von Juda. Da rief man im neunten Monat alles Volk in Jerusalem und alle Leute, die von den Städten Judas nach Jerusalem kommen sollten, zu einem Fasten vor Jahwe auf. 10 Da las Baruch im Haus Jahwes dem ganzen Volk aus dem Buch die Worte Jeremias vor, und zwar in der Halle Gemarjas, dem Sohn des Schreibers Schafan, im oberen Vorhof im Eingang des Neuen Tempeltores. 11 Als Micha, der Sohn Gemarjas, der Sohn Schafans, alle Worte Jahwes aus dem Buch gehört hatte, 12 ging er zum Königspalast hinab in die Stube des Schreibers. Dort saßen gerade alle Obersten zusammen: der Staatsschreiber Elischama, Delaja, der Sohn Schemajas, Elnatan, der Sohn Achbors, Gemarja, der Sohn Schafans, Zidkija, der Sohn Hananjas, und alle sonstigen Beamten. 13 Micha berichete ihnen alle Worte, die er gehört hatte, als Baruch dem Volk aus dem Buch vorlas.

14 Da schickten die Obersten Jehudi, den Sohn Netanjas, des Sohnes Schelemjas, des Sohnes Kuschis, zu Baruch und ließen ihm sagen: Nimm die Rolle, aus der du dem Volk vorgelesen hast, und komm hierher! Sogleich nahm Baruch, der Sohn Nerijas, die Rolle und ging zu ihnen. 15 Sie sagten zu ihm: Setz dich, und lies sie uns vor! Da las ihnen Baruch vor. 16 Als sie alle Worte gehört hatten, schauten sie einander erschrocken an und sagten zu Baruch: Wir müssen all diese Worte dem König mitteilen. 17 Sie fragten Baruch: Sag uns doch, wie hast du alle diese Worte niedergeschrieben? 18 Baruch erwiderte ihnen: Jeremia hat mir alle diese Worte diktiert, und ich habe sie mit Tinte in das Buch geschrieben. 19 Darauf sagten die Obersten zu Baruch: Geh und verbirg dich, du und auch Jeremia! Niemand soll wissen, wo ihr seid. 20 Dann gingen sie zum König in den Palasthof. Die Rolle aber hatten sie in der Stube des Staatsschreibers Elischama aufbewahrt. Und sie berichteten über alles dem König.

21 Da sandte der König den Jehudi, die Rolle zu holen, und dieser holte sie aus der Stube des Staatsschreibers Elischama. Und Jehudi las sie dem König vor und allen Obersten, die um den König herumstanden. 22 Der König aber wohnte im Winterhaus, es war ja der neunte Monat, und vor ihm brannte das Feuer im Kohlenbecken. 23 Sooft nun Jehudi drei oder vier Spalten vorgelesen hatte, schnitt sie der König mit dem Schreibermesser ab und warf sie in das Feuer auf dem Kohlenbecken, bis das Feuer die ganze Rolle verzehrt hatte. 24 Doch weder der König noch irgendeiner seiner Beamten, die all diese Worte gehört hatten, erschraken, und niemand zerriß seine Kleider. 25 Selbst als Elnatan, Delaja und Gemarja den König bestürmten, die Rolle doch nicht zu verbrennen, hörte er nicht auf sie. 26 Statt dessen befahl der König Jerachmeël, dem Königssohn, ferner Seraja, dem Sohn Asriëls, und Schelemja, dem Sohn Abdeëls, den Schreiber Baruch und den Propheten Jeremia festzunehmen; aber Jahwe hielt sie verborgen.

27 Und das Wort Jahwes erging an Jeremia, nachdem der König die Rolle mit den Worten, die Baruch nach dem Diktat Jeremias niedergeschrieben hat, verbrannt hatte: 28 Nimm dir noch einmal eine Rolle, und schreibe darauf all die vorigen Worte, die auf der ersten Rolle standen, die Jojakim, der König von Juda, verbrannt hat. 29 Und über Jojakim, den König von Juda, sollst du sagen: So spricht Jahwe: Du hast diese Rolle verbrannt und gesagt: Warum hast du darin geschrieben, der König von Babel wird bestimmt kommen und dieses Land ver-

Verbrennung »undeutscher Schriften und Bücher« auf dem Opernplatz in Berlin am 10. Mai 1933.

Der Opernplatz war in weitem Umfang abgesperrt und von einer dichten Kette von Zuschauern umsäumt. Um 11 Uhr trafen die ersten des Zugs im Braunhemd und Couleur ein, an deren Spitze der neue Ordinarius für politische Pädagogik in Berlin, Prof. Dr. Alfred Bäumler ... Sie marschierten auf dem weiten Platz auf und warfen ihre Fackeln in den in der Mitte errichteten Scheiterhaufen, auf dem die Flammen in wabernder Lohe emporschlugen. Von der Seite der Behrensstraße her beleuchteten riesige Scheinwerfer den ganzen Platz. Von den Wagen, die das undeutsche Schriftmaterial bis zum Opernplatz in die Nähe des Scheiterhaufens gebracht hatten, bildete sich eine lange Kette von Studenten, und von Hand zu Hand gingen die Bücher, die dann dem Feuer überantwortet wurden. Unter dem Jubel der Menge wurden um 11.20 Uhr die ersten Bücher der mehr als zwanzigtausend, die heute auf diesem Scheiterhaufen als symbolischer Akt verbrannt wurden, in die Flammen geworfen. Cand. jur. Herbert Gutjahr ergriff das Wort zu einer kurzen Ansprache an die deutschen Studenten und Volksgenossen. Während der Verbrennung der Bücher spielten SA- und SS-Kapellen vaterländische Weisen und Marschlieder, bis neun Vertreter der Studentenschaft, denen die Werke nach einzelnen Gebieten zugeteilt waren, mit markanten Worten die Bücher des deutschen Ungeistes dem Feuer übergaben.

Neuköllner Tageblatt, Berlin, 12. Mai 1933

heeren und Mensch und Vieh darin vernichten? [30] Darum – so spricht Jahwe über Jojakim, den König von Juda: Er wird keinen Nachkommen mehr haben, der auf dem Thron Davids sitzt, und seine Leiche soll hingeworfen werden der Hitze des Tags und der Kälte der Nacht. [31] Ich will an ihm, an seinen Nachkommen und seinen Beamten ihre Schuld heimsuchen. Ich bringe über sie, über die Einwohner Jerusalems und die Leute von Juda all das Unheil, das ich ihnen angedroht habe, ohne daß sie hören wollten. [32] Da nahm Jeremia eine andere Rolle und übergab sie dem Schreiber Baruch, dem Sohn Nerijas. Der schrieb darauf nach dem Diktat Jeremias alle Worte des Buches, das Jojakim, der König von Juda, im Feuer verbrannt hatte. Und es wurden noch viele Worte wie diese hinzugefügt.

Jer 36,1-32

Das Jeremiabuch ist Dokument einer sich gerade entwickelnden Schriftkultur. »Geschriebenes« spielt darin eine bedeutende Rolle, doch setzen die Rückgriffe auf frühere Propheten schon schriftliche Dokumente voraus. Die Erzählung in Kapitel 36 kann illustrieren, wie das Buch entstanden ist. Jeremia hat seine Botschaft im Jahre 605 dem Schreiber Baruch in einer Zusammenfassung diktiert. Der genannte »Schreiber« dürfte ein höherer Beamter gewesen sein, ein Mann mit sozialer Geltung. Die erweiterte zweite Fassung, die Jeremia dem Schreiber Baruch diktierte, nachdem der König die erste verbrannt hatte, ist in ihrem Grundbestand unbekannt. Die bisherigen Versuche, diese Urrolle zu rekonstruieren, haben keinen Konsens erbracht. Überhaupt ist eine Erforschung der Entstehung des Jeremiabuches bisher nicht gelungen.

Nach der (ersten) Eroberung Jerusalems 597 und der Einsetzung des Königs Zidkija (597–587) durch den babylonischen König Nebukadnezzar II. konnte Jeremia wieder öffentlich auftreten. Den nach Babel Verbannten riet er, sich auf eine lange Exilszeit einzurichten; die Jerusalemer mahnte er, sich unter die babylonische Herrschaft zu fügen. Während die Tempelpropheten weiterhin Sicherheit versprachen, um die praktizierte Politik zu bestätigen, wurde Jeremia unter König Zidkija schließlich als Zerstörer der öffentlichen Moral gefangengesetzt. Zidkija hörte nicht auf seinen Rat und empörte sich gegen Nebukadnezzar, wahrscheinlich im Vertrauen auf ein Hilfsversprechen der Ägypter. Nach der erneuten Eroberung Jerusalems und diesmaligen Zerstörung 587 blieb Jeremia beim »Rest« Judas und schloß sich dem Statthalter Gedalja an. Als dieser von judäischen Eiferern ermordet wurde, nahmen ihn die Flüchtenden gegen seinen Willen nach Ägypten mit. Dort verlieren sich Jeremias Spuren.

Die zahme Presse, Karikatur auf die Pressezensur, Anfang 19. Jh.

Süße heilige Censur,
Laß uns gehn auf deiner Spur;
Leite uns an deiner Hand
Kindern gleich, am Gängelband!

Die Endphase des Südreiches Juda

Die Warnungen Jeremias hatten sich als weitsichtig erwiesen. Die Schaukelpolitik Judas, von der er vergeblich abriet, führte zum endgültigen Zusammenbruch der staatlichen Souveränität. Jojachin (598/97), der Nachfolger des in dieser Zeit verstorbenen Jojakim, und ein großer Teil der Oberschicht Judas – Beamte, Offiziere, Handwerker – wurden nach Babylon deportiert, unter ihnen auch der später als Prophet auftretende Ezechiel ($\rightarrow$ S. 268 ff.).

König Jojachins Deportation

13 Wie Jahwe gesprochen hatte, nahm Nebukadnezzar auch alle Schätze des Hauses Jahwes und die Schätze des königlichen Palastes weg und brach das Gold von allen Geräten ab, die Salomo, der König von Israel, im Haus Jahwes hatte anfertigen lassen. 14 Und er führte ganz Jerusalem gefangen fort, alle Vornehmen und alle wehrfähigen Männer, insgesamt zehntausend Mann, auch alle Schmiede und Schlosser. Niemand blieb übrig außer den geringen Leuten des Landes. 15 Jojachin führte er gefangen fort nach Babel. Auch die Mutter des Königs, die königlichen Frauen und Kämmerer sowie die einflußreichen Männer des Landes führte er als Gefangene von Jerusalem nach Babel, 16 dazu alle Wehrfähigen, siebentausend Mann, die Schmiede und Schlosser, tausend an der Zahl, lauter kriegstüchtige Männer. Sie alle verschleppte der babylonische König nach Babel. 17 Dann machte der König von Babel den Mattanja, den Onkel Jojachins, an dessen Stelle zum König und änderte seinen Namen in Zidkija.

2 Kön 24,13-17

Nach Jojachins Deportation setzte Nebukadnezzar einen weiteren Sohn Joschijas, Zidkija (597–587), zum Vasallenkönig ein. Doch kam es auch unter ihm zu antibabylonischen Konspirationen. Eine national-religiöse Partei wollte sich nicht mit der Herrschaft Babylons abfinden, sondern war bestrebt, durch ein Militärbündnis mit Ägypten von Babylon freizukommen. Dagegen standen Reste der ehemaligen Reformer, unter ihnen Jeremia und Ezechiel; doch konnten diese sich nicht gegen die national-religiöse Richtung behaupten. Obwohl Zidkija grundsätzlich probabylonisch orientiert war, gewannen die National-Religiösen den schwankenden König und konspirierten gegen Babylon. Wann dieser Aufstand begann, ist unbekannt, bekannt dagegen die Antwort Nebukadnezzars: Am 15. Januar 588 nahm er die Belagerung Jerusalems auf.

König Zidkija von Juda

1 Und es geschah im neunten Jahr seiner Königsherrschaft, am zehnten Tag des zehnten Monats, da rückte Nebukadnezzar, der König von Babel, mit seinem ganzen Heer vor Jerusalem und belagerte es. Und

Nebukadnezzar II. (605–562), bedeutendster König des neubabylonischen Reiches; eroberte Syrien, vernichtete den Staat Juda und zerstörte Jerusalem 587/86 v. Chr., exilierte die Bildungsschicht des Landes nach Babylonien, nachdem er bereits zehn Jahre früher Jerusalem zum ersten Mal erobert und teilweise deportiert hatte. Dennoch war er mehr Bauherr als Kriegsherr; er erweiterte Babylon und erbaute den Marduktempel (»babylon. Turm«; $\rightarrow$ S. 69), das Ischtar-Tor und eine Prozessionsstraße.

Jojachin, vorletzter König des Südreiches Juda (598/597), wurde nach nur dreimonatiger Regierungszeit von dem babylon. König Nebukadnezzar II. abgesetzt und zusammen mit vielen Jerusalemern nach Babylonien deportiert und dort gefangengehalten. 561 v. Chr. nahm ihn der Sohn Nebukadnezzars zu sich an den königlichen Hof (2 Kön 24,8-16; 25,27-30).

Zidkija, der letzte König des Südreiches Juda (597–587), wurde als Vasall von Nebukadnezzar II. unter Änderung seines ursprünglichen Namens eingesetzt. Nach einigen Regierungsjahren gab er seine Vasallentreue – vielleicht im Vertrauen auf ägypt. Hilfsversprechen und gegen die Warnungen Jeremias – auf. Daraufhin belagerten die Babylonier zwei Jahre lang Jerusalem und eroberten es 587/86. Z. wurde beim Fluchtversuch gefangengenommen. Nebukadnezzar ließ ihn blenden und seine Söhne hinrichten.

Sargon II. blendet einen Gefangenen.

Assyrische Truppen zerstören die Befestigungen einer Stadt, Palastrelief aus Ninive, um 650 v. Chr.

Chaldäer, in der Bibel durchweg mit »Babyloniern« (unter Nebukadnezzar und dessen Nachfolgern) gleichgesetzt. Später wird »C.« zu einem Synonym für die babylonischen Priester und Gelehrten, die Astronomie und Astrologie betreiben, schließlich zur Bezeichnung von Sterndeutern und Magiern überhaupt. Die ursprünglichen C. sind ein Zweig der Aramäer, die im neubabylon. Reich die Dominanz im Lande gewannen.

Ribla, Stadt am Orontes in Syrien; 608 v. Chr. hatte dort Pharao Necho II. von Ägypten sein Hauptquartier; 586 der babylonische König Nebukadnezzar II.

sie bauten ringsherum Belagerungstürme. ² Und die Stadt wurde belagert bis zum elften Jahr des Königs Zidkija. ³ Am neunten Tag des vierten Monats – als die Hungersnot in der Stadt überhand genommen hatte und kein Brot mehr für das Volk des Landes da war – ⁴ wurden Breschen in die Stadtmauer geschlagen. Da flohen der König und alle Krieger aus der Stadt bei Nacht auf dem Weg durch das Tor zwischen den beiden Mauern, das zum königlichen Garten hinausführt, obwohl die Chaldäer rings um die Stadt lagen. Sie zogen in Richtung der Araba. ⁵ Aber die chaldäischen Truppen setzten dem König nach und holten ihn in den Steppen von Jericho ein, nachdem sein ganzes Heer sich zerstreut hatte. ⁶ Man ergriff den König und brachte ihn zum König von Babel nach Ribla hinauf, und dieser sprach über ihn das Urteil. ⁷ Die Söhne Zidkijas ließ er vor dessen Augen hinschlachten. Zidkija ließ er blenden, in eherne Fesseln legen und nach Babel bringen.

2 Kön 25,1-7

Die Sache wäre noch schneller zu Ende gekommen, hätte nicht ein ägyptischer Aufmarsch zeitweilig die Babylonier von Jerusalem weggelockt – was dort erneut zu grundsätzlichen Richtungsdebatten führte: Soll man weiterhin auf Ägypten setzen, oder ist allein Babylon die Rettung? Jeremias entschiedener Kampf für eine Unterwerfung unter Babylon wurde von der Gegenpartei als Feindpropaganda und Wehrkraftzersetzung gewertet. Man nahm Jeremia als Überläufer zu den Babyloniern fest (Jer 37,13 ff.) und ließ ihn in einer Zisterne verschwinden (Jer 38). In all dem waren die National-Religiösen von der Überzeugung bestimmt, mit Jahwes Anwesenheit im Tempel auf dem Zionsberg eine Schutzgarantie für die Gottesstadt zu besitzen. Jeremia machte dagegen Jahwes Bindung an den Tempel vom sozialen Verhalten der führenden Kreise abhängig (→ S. 259 f.). Außerdem sah er Gottes Heilshandeln nicht ausschließlich auf das Jahwevolk beschränkt, eine für Israel provokante Auffassung.

Das Ende des Reiches Juda

⁸ Am siebten Tag des fünften Monats – es war das neunzehnte Jahr des Königs Nebukadnezzar, des Königs von Babel – rückte Nebusaradan, der Kommandant der Leibwache und Knecht des Königs von Babel, in Jerusalem ein (→ Jer 52,12-27). ⁹ Er steckte das Haus Jahwes, den königlichen Palast und alle Häuser Jerusalems in Brand. Jedes Haus eines Großen ließ er in Flammen aufgehen. ¹⁰ Auch die Stadtmauern Jerusalems rissen die chaldäischen Truppen, die dem Kommandanten der Leibwache unterstanden, nieder. ¹¹ Den Rest der Bevölkerung, der noch in der Stadt geblieben war, sowie alle, die zum König von Babel übergelaufen waren, und den Rest der Handwerker führte Nebusaradan, der Kommandant der Leibwache, in die Verbannung. ¹² Nur von den armen Leuten im Land ließ der Kommandant der Leibwache einige als Wein- und Ackerbauern zurück. ¹³ Die bronzenen Säulen am Haus Jahwes, die Gestelle und das Eherne Meer beim Haus Jahwes zerschlugen die Chaldäer und nahmen die Bronze mit nach Babel. ¹⁴ Auch die Töpfe, Schaufeln, Messer und Becher sowie alle bronzenen Geräte, die man beim Tempeldienst verwendete, nahmen sie weg. ¹⁵ Ebenso nahm der Kommandant der Leibwache die Kohlenpfannen und die Schalen weg, alles, was aus Gold oder Silber war, ¹⁶ ferner die beiden Säulen, das eine »Meer« und die Gestelle, die Salomo für das Haus Jahwes hatte anfertigen lassen – die Bronze von all diesen Geräten war nicht zu wägen. ¹⁷ Achtzehn Ellen betrug die Höhe der einen Säule, und oben hatte sie ein Kapitell aus Bronze. Und die Höhe des Kapitells betrug fünf Ellen; und Flechtwerk und Granatäpfel waren ringsum an dem Kapitell, alles aus Bronze. Ebenso war es bei der zweiten Säule mit dem Flechtwerk. ¹⁸ Der Kommandant der Leibwache nahm ferner den Oberpriester Seraja, den zweiten Priester Zefanja und die drei Schwellenwächter mit. ¹⁹ Aus der Stadt nahm er einen Hofbeamten mit, der Kommandant der Soldaten war, und fünf Leute, die zur Umgebung des Königs gehörten, die sich noch in der Stadt befanden, sowie den Schreiber des Heerführers, der Volk des Landes auszuheben hatte, schließlich sechzig Mann vom Volk des Landes, die

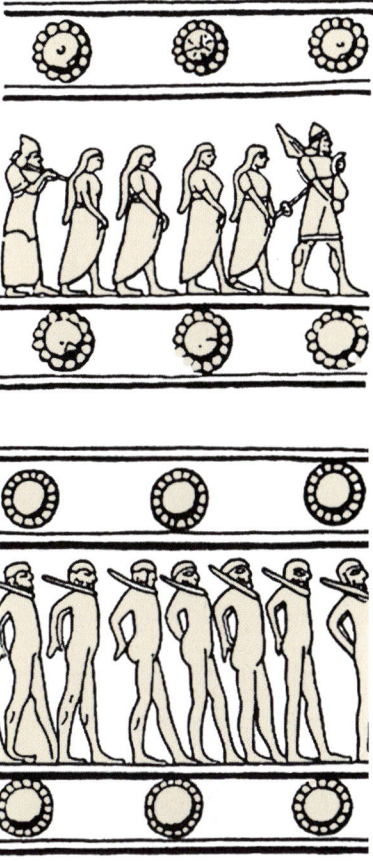

Kriegsgefangene der Assyrer. Bronzereliefs von den Toren des Palastes Salmanassers III. (858–824). Die Männer werden nackt und kurzgeschoren in Halsgabeln abgeführt, die Frauen müssen das Hemdkleid hochheben.

Maksim Kantor (geb. 1957),
Die Kolonne, 1987.

sich noch in der Stadt fanden. [20] Und Nebusaradan, der Kommandant der Leibwache, nahm sie fest und brachte sie zum König von Babel nach Ribla. [21] Der König von Babel ließ sie in Ribla in der Landschaft Hamat hinrichten. So wurde Juda von seinem Lande in die Verbannung weggeführt.

2 Kön 25,8-21

Dies alles geschah im Jahr 586. Die Babylonier waren offensichtlich über den internen Parteienstreit gut informiert, denn sie differenzierten bei ihrer Strafausübung. Jeremia wurde aus seiner Gefangenschaft befreit (Jer 39,11-14). Das Angebot, nach Babylon überzusiedeln oder zu gehen, wohin er wolle (Jer 40,4-6), nahm er nicht an; er wollte beim eigenen Volk bleiben. Als Statthalter über Juda setzten die Babylonier nun ein Mitglied der oppositionellen Reformpartei, Gedalja, ein (Jer 40,7). Das hätte dazu führen können, mit Hilfe dieser Richtung noch einmal eigenstaatliche Strukturen in Juda zu entwickeln. Gedalja begann darum auch dort, wo die Reform unter Jojakim gescheitert war: bei der Sozialreform. Doch mißlang der Versuch bereits nach zwei Monaten:

Könige

Gedaljas Neuanfang und Ermordung

22 Über das Volk, das im Land Juda geblieben war und das Nebukadnezzar, der König von Babel, übriggelassen hatte, setzte er Gedalja, den Sohn Ahikams und Enkel Schafans, als Statthalter ein (→ Jer 40,7-41,18). 23 Als nun alle Obersten und ihre Mannschaften hörten, daß der König von Babel Gedalja als Statthalter eingesetzt habe, kamen sie zu Gedalja nach Mizpa: Ismael, der Sohn Netanjas, Johanan, der Sohn des Kareach, Seraja, der Sohn des Tanhumet aus Netofa, und Jaasanja, der Sohn des Maachatiters, je mit ihren Leuten. 24 Gedalja schwor ihnen und ihren Männern und sagte zu ihnen: Fürchtet euch nicht vor den chaldäischen Beamten! Bleibt im Land, und dient dem König von Babel; dann wird es euch gut gehen. 25 Es geschah aber im siebten Monat, da kam Ismael, der Sohn Netanjas, der Sohn des Elischama, ein Mann aus königlichem Geschlecht, mit zehn Mann. Sie erschlugen Gedalja, sowie die Judäer und Chaldäer, die bei ihm in Mizpa waren. 26 Da machte sich das ganze Volk vom Kleinsten bis zum Größten mit den Obersten der Mannschaften auf und flüchtete nach Ägypten. Sie fürchteten sich nämlich vor den Chaldäern.

2 Kön 25,22-26

Die Intoleranz der Nationalisten setzte auch hier einer möglichen Hoffnung das Ende. Damit brach die Linie der Staatlichkeit Israels nach über 400 Jahren vollständig ab. Es begann die Zeit der Verbannung.

Die Begnadigung Jojachins

27 Und es geschah im siebenunddreißigsten Jahr nach der Wegführung Jojachins, des Königs von Juda, am siebenundzwanzigsten Tag des zwölften Monats, da begnadigte Ewil-Merodach, der König von Babel, im Jahr seines Regierungsantritts Jojachin, den König von Juda, und entließ ihn aus dem Gefängnis (→ Jer 52,31-34). 28 Er söhnte sich mit ihm aus und stellte seinen Stuhl über die Stühle der anderen Könige, die bei ihm in Babel waren. 29 Er durfte seine Gefängniskleidung ablegen und ständig bei ihm speisen, solange er lebte. 30 Sein Unterhalt – ein beständiger Unterhalt – wurde ihm, soviel er täglich brauchte, vom König von Babel gegeben, solange er lebte.

2 Kön 25,27-30

Die Entlassung Jojachins aus dem Gefängnis ist nicht mit heutigen Vorstellungen zu verbinden. Jojachin, der mit seiner Mutter, seinen Frauen und Hofleuten nach Babel deportiert worden war, wurden dort nach 1 Chr 3,17 f. »sieben Söhne« geboren. Er hat also mit seiner Familie zusammengelebt, wie dies auch die später Exilierten durften. Zweifellos wurde ihm eine privilegierte Behandlung zuteil. Vielleicht spiegelt der Text eine Normalisierung der Verhältnisse; daß aber der Stuhl Jojachins nun »über alle anderen Könige« gerückt wurde, entspringt wohl nur dem Stolz auf das eigene Volk. Mit einer – vielleicht versöhnlich empfundenen – prosaischen Notiz endet das Buch der Könige.

Jüdäische Gefangene auf dem Weg ins Exil. Lachisch-Relief Sanheribs aus Ninive, um 700 v. Chr.

Siegel in der Form eines Skarabäus mit der Inschrift: »... gehört dem Gedalja, der über das Haus gesetzt ist«. Es könnte sich um den Gedalja handeln, der zum Statthalter von Juda eingesetzt wurde. Lachisch, 6. Jh. v. Chr.

Tafel Jojachins. Tontafel mit dem Verzeichnis der Ausgabe von monatlichen Ölrationen an verschiedene Personen, u. a. an Jojachin, den gefangenen König von Juda.

Im Exil

Trauerarbeit und Neuorientierung

Die mit Jojachin deportierten Judäer datierten ihre Jahre »nach der Verschleppung des Königs Jojachin« (Ez 1,2). Offensichtlich betrachteten sie Jojachin weiterhin als den rechtmäßigen König von Juda. Diese Sicht können auch Kreise in der alten Heimat geteilt haben, indem sie auf Jojachins Rückkehr und Wiedereinsetzung hofften (Jer 28,4). Mit der endgültigen politischen Katastrophe von 587 und der völligen Zerstörung von Stadt und Tempel 586 war der Zusammenbruch der staatlichen und religiösen Tradition unumkehrbar geworden.

Felix Nussbaum (1904–1944), Gefangene in Saint-Cyprien, 1942.

Das Querformat verweist auf eine gewisse Nähe zu Leonardos »Abendmahl«. Hier versammeln sich sieben Gefangene um eine grob gezimmerte Kiste, die als Tisch dient, während zwei weitere, in Distanz zur Gruppe, zu resignieren scheinen. In der Mitte ein Globus aus Pappe, den ein Stacheldraht zusammenhält. Im Anschluß an eine Pesach-Haggada – die am Sederabend des Paschafestes die Erinnerung an den Exodus Israels aus Ägypten wachhalten soll – charakterisiert der Maler unter den Gefangenen einen Bösen, einen Weisen, einen Naiven und den, »der nicht zu fragen versteht«. Keiner von ihnen weiß einen Ausweg. Nussbaum selbst trägt ein Bündel geschultert, offensichtlich zum Ausbruch bereit. Aber der Stacheldrahtzaun reicht bis zum oberen Bildrand.

Für die Mehrheit des Volkes, zumal die national-religiös Orientierten, bedeutete dieses Fiasko den Zusammenbruch des bisherigen Weltbildes. Unter den Deportierten wie unter den Zurückgebliebenen wird dumpfe Verzweiflung geherrscht haben. Alles, was Hoftheologen, Priester und Tempelpropheten als die Garantien des offiziellen Jahwekultes über Jahrhunderte hin vermittelt hatten, war widerlegt. Lag die Ohnmacht Jahwes nicht offen vor aller Augen? Kümmerte er sich überhaupt noch um sein Volk? War dies das Ende Israels? (Ez 37)

Die Gruppe der Reformbewegung konnte sich zwar durch die eingetretene Entwicklung bestätigt sehen. Sie hatte ja das Geschehen als Strafgericht Gottes vorausgesehen und eindrücklich zur Umkehr gemahnt. Doch stellten sich hier andere Fragen: War die Kultreform wirklich richtig gewesen, mit der sich soviel Hoffnung auf Erneuerung verbunden hatte? Oder hatte die Jahwe-allein-Bewegung gar andere Götter erzürnt, die in Babylon und Ägypten mit strahlendem Glanz verehrt wurden? Ging es dem Volk nicht besser, als noch die Himmelskönigin neben Jahwe verehrt wurde? Nahm nicht das Unheil erst seinen Lauf, nachdem man diese Verehrung aufgegeben hatte?

Diese Fragen werden zumal die gebildeten Menschen im Exil unaufhörlich beschäftigt und umgetrieben haben. Welche Antworten darauf zu geben waren, konnte sich erst nach einem längeren und kontroversen Prozeß zeigen. Der schriftliche Niederschlag, der diese Trauerarbeit in den Jahren nach der Katastrophe erkennen läßt, sind die Klagelieder. Hier wird die Not nicht verdrängt, vielmehr ein Lernprozeß begonnen, der – im Rahmen des gemeinsamen Gottesdienstes – alle Exilierten einbezog:

Jerusalem im Elend

7 Jerusalem denkt in den Tagen ihres Elends, ihrer Unrast, an all ihre Kostbarkeiten, die es bei ihr gab, als ihr Volk in Feindeshand fiel und keiner ihr beistand. Die Feinde sahen sie an und lachten über ihre Vernichtung.

8 Schwer gesündigt hat Jerusalem. Darum ist sie zum Gespött geworden. Alle ihre Verehrer verachten sie, weil sie ihre Blöße gesehen. Sie selbst aber seufzt und wendet sich ab.

9 Ihre Unreinheit klebt an ihrem Saum, ihr Ende hat sie nicht bedacht. Entsetzlich ist sie gesunken, ohne daß einer sie tröstet. Sieh doch mein Elend an, Jahwe, denn der Feind spielt sich groß auf.

10 Der Bedränger streckte seine Hand aus nach all ihren Schätzen. Zusehen mußte sie, wie Heiden in ihr Heiligtum drangen; ihnen hattest du doch verboten, sich dir zu nahen in der Gemeinde.

11 All ihre Bewohner seufzen auf der Suche nach Brot. Sie geben ihre Kostbarkeiten für Nahrung, nur um am Leben zu bleiben. Sieh doch, Jahwe, und schau, wie sehr ich verachtet bin.

12 Schaut doch und seht, ihr alle, die ihr des Weges zieht, ob ein Schmerz ist wie mein Schmerz, den man mir angetan, mit dem Jahwe mich geschlagen hat am Tag seines glühenden Zornes.

Klgl 1,7-12

Erreichbar, nah und unverloren blieb inmitten der Verluste dies eine: die Sprache. Sie, die Sprache, blieb unverloren, ja, trotz allem. Aber sie mußte nun hindurchgehen durch ihre eigenen Antwortlosigkeiten, hindurchgehen durch furchtbares Verstummen, hindurchgehen durch die tausend Finsternisse todbringender Rede. Sie ging hindurch und gab keine Worte her für das, was geschah; aber sie ging durch dieses Geschehen. Ging hindurch und durfte wieder zutage treten, »angereichert« von all dem.

Paul Celan

*E*s kommt zum Eingeständnis kollektiver Schuld. Nicht Jahwe ist schuld, sondern Jerusalem selber: »Er, Jahwe, ist im Recht, ich habe seinem Wort getrotzt« (Klgl 1,18). Der unbekannte Autor wirbt dafür, das eigene Versagen zu erkennen und vor Gott einzugestehen. Das bedeutet die Aufgabe der bisherigen offiziellen Theologie. Ihre Heilsgarantien, an Tempel und Königtum festgemacht, waren widerlegt. Dennoch fällt es dem Verfasser noch schwer, alle gerichtsprophetischen Anklagen, wie sie Jeremia vorgetragen hatte, zu akzeptieren. Noch läßt er dessen soziale Anklage außen vor. Immerhin wird der erste Schritt getan, den erlebten Zusammenbruch als Gericht Gottes anzunehmen, in die eigene Schuld einzuwilligen und so die Voraussetzung für eine theologische Neuorientierung zu finden.

Die folgende Auseinandersetzung ging um die Anerkennung der Gerichtspropheten, zumal des Jeremia, in dessen Vermächtnis man immer deutlicher das jetzt wegweisende Gotteswort für das ganze Volk erkannte. Um dafür Gehör zu schaffen, lancierten die Mitglieder der Reformpartei die neu entstandenen Klagelieder und – im zweiten Schritt – die gerichtsprophetischen Schriften in den Gottesdienst. Das war ein revolutionärer Akt, denn das vordem so umstrittene und mit

Edvard Munch (1863–1944),
Der Schrei, 1895.

Schrei laut zu Jahwe, stöhne,
du Tochter Zion!
Laß wie einen Bach die Tränen rinnen,
Tag und Nacht!
Nie gönne dir Ruhe!
Dein Auge raste nicht!
Auf, wimmere bei Nacht,
bei Beginn der Nachtwachen,
schütte aus wie Wasser dein Herz
vor dem Angesicht Jahwes.
Erhebe zu ihm deine Hände
für deiner Kinder Leben,
die vor Hunger verschmachten
an allen Straßenecken!
Sieh doch, Jahwe, und schau:
Wem hast du solches getan?
(Klgl 2,18-20a)

Wut und Feindschaft abgelehnte Prophetenwort wurde nun mit kultischer Würde umkleidet. Das schloß den Anspruch ein, von der gesamten Gottesdienstgemeinde innerlich angenommen zu werden. Somit
gewannen gerade jene Einfluß auf die Gottesdienstgestaltung, die bislang wegen ihrer kultkritischen Haltung dazu in Distanz standen. Die
Aufnahme in den liturgischen Leseplan machte das in der Vergangenheit bekämpfte Prophetenwort nunmehr zum Bestandteil der offiziellen Jahwereligion.

Viele Nöte und Probleme, mit denen das Exil belastete, sind heute
kaum noch einfühlbar. Man stand vor unlösbaren Fragen: Würde das
Exil überhaupt einmal enden, oder gar schleichend in die babylonische
Gesellschaft einführen? Wie sollte ein Neubeginn denkbar sein? Was
könnte die Babylonier bewegen, ihre Politik zu ändern? Eine Wende
der weltpolitischen Lage, wie sie 538 der persische König Kyrus einlei-
tete, lag bis dahin außerhalb jeder Vorstellungsmöglichkeit, und um
aus eigenem Vermögen einen Neuanfang zu begründen, bedurfte es einer großen theologischen Innovationskraft, über die niemand sogleich verfügte.

Das Exil

Um unruhige Gebiete zu befrieden und weiteren Aufständen vorzubeugen, war es im Vorderen Orient seit dem 2. Jahrtausend v. Chr. üblich, die Bildungsschicht abhängiger Städte oder Gebiete zu deportieren, um dafür eigene Bevölkerungsteile neu im eroberten Lande anzusiedeln. So geschah es 722 v. Chr. durch die Assyrer in Samaria. Die bisherige Führungsschicht des Nordreiches wurde nach Mesopotamien umgesiedelt; die Neuzugezogenen verschmolzen allmählich mit den im Lande verbliebenen Menschen.

Nach dem Zusammenbruch des Südreiches verfügte der babylonische König Nebukadnezzar II. ebenfalls Deportationen aus der Oberschicht. Die erste Exilierung erfolgte nach der Einnahme Jerusalems. Der König Jojachin, sein Hofstaat und die Oberschicht wurden aus dem Lande geführt. Nach dem zweiten Anrücken der Babylonier und der Zerstörung Jerusalems 587/86 erfolgte die Wegführung weiterer Kreise der Oberschicht nach Babylonien (2 Kön 24,14 nennt, abgesehen von königlicher Familie und Hofbeamten, 10 000 Männer der politischen Führung, des Militärs und der kriegswichtigen Handwerker; nach V 8 sind es nur 8000. Wahrscheinlich ist Jer 52,28 mit insgesamt 4600 »Leuten« zuverlässiger). Abweichend von der sonstigen Praxis erhielt Juda jedoch keine fremde Oberschicht, so daß der Gedanke an eine spätere Rückkehr wach bleiben konnte. Die Exilierten wurden auch nicht verstreut in weiten Gebieten untergebracht, sondern konnten offenbar eigene Ortschaften (Kebar; Tel Abib) bilden. Dadurch blieb der nationale Zusammenhang gewahrt als auch die Möglichkeit, die erlebte Geschichte gemeinsam zu verarbeiten. Während nach der Ermordung des Statthalters Gedalja die nach Ägypten geflohenen Judäer sich dort mit der Bevölkerung und ihren Kulten anfreundeten (Jer 40,7-44,19), schlossen sich die Exilierten in Babylonien enger zusammen und entwickelten neue Gottesdienstformen (→ S. 290). Nach Jer 29 scheinen sie nicht unterdrückt oder gar versklavt gelebt zu haben, konnten vielmehr eigene Häuser bauen, Gärten und Felder anlegen, Handel treiben und in all dem ein relativ normales Leben führen.

Während der Exilszeit beteiligten sich in Babylonien auch die Propheten Ezechiel und der unbekannte »Deuterojesaja« an der geistigen Verarbeitung der Situation Israels. Ebenfalls tätig waren weitere schriftgelehrte und priesterliche Kreise, die in der Tradition der joschijanischen Reformen standen (→ S. 236 ff.). Sie überarbeiteten die gesamten religiösen Traditionen Israels und schufen damit die Basis für die Textfassung der Jüdischen Bibel. So wurde die Exilszeit (mit der folgenden frühen Nachexilszeit) zur fruchtbarsten Phase der Bibelentwicklung überhaupt. Das betrifft nicht allein die jüngeren Texte, sondern auch so fundamentale Traditionen wie die der Väterzeit, des Exodus und der »Landnahme«, die aus der gewonnenen Neuorientierung ihre redaktionelle Überarbeitung erfuhren.

Das Babylonische Exil wurde auf diese Weise zur grundlegenden Matrix für die heutige Gestalt der Jüdischen Bibel. Es wirkte als entscheidender Transformator der bisherigen Traditionen und profilierte die Grunddaten für das neue kultische Existenzverständnis »Israels«. Einerseits brachten Deportation und Exil das Ende des Staates Juda, doch wurden in der gemeinsamen Verarbeitung des Totalzusammenbruchs die Fundamente für das Judentum und dessen Überdauern in den folgenden zweieinhalb Jahrtausenden geschaffen. Für die Bücher Esra und Nehemia, für die Redaktion der prophetischen Bücher, selbst für die Konzeption des Pentateuchs und die nachgeordneten Geschichtsbücher war die Exilszeit entscheidend, weil die gesamte vorliegende Tradition von der Exilserfahrung her neu interpretiert wurde.

Zu fragen ist, ob die Bearbeitung und Abfassung von etwa Dreiviertel aller biblischen Bücher in der Exilszeit von 597/587 bis 520 geleistet werden konnte. Möglicherweise haben die Phasen unmittelbar davor und danach einen eigenen Anteil daran; vielleicht ist auch manches erst längere Zeit nach Fertigstellung des Zweiten Tempels geschrieben und redigiert worden, wenngleich unter Bezugnahme auf die nachhaltigen Exilserfahrungen. Insgesamt erweist sich die Exilszeit als eigentliche Basis für die theologische Konzeption der uns heute vorliegenden Bibel.

Die Entgrenzung Jahwes als Nationalgott Israels

Persien. Nachdem die Meder 612 Ninive erobert hatten, stürzte der pers. Reiterführer Kyrus I. (etwa 640–600) das Mederreich, eroberte das von diesen beherrschte neubabylon. Reich und brachte mit ihm das Geschlecht der Achämeniden an die Macht. Seine Nachfolger Kyrus II., Kambyses und Darius I. dehnten die Grenzen bis Ägypten, an den Aral-See und Indien aus und behaupteten ihre Weltmacht über 200 Jahre. Die pers. Könige finden in der Bibel durchweg positive Erwähnung. → Alexander d. Gr. beendete die pers. Herrschaft durch seinen Siegeszug 334–332.

D ie Exilierten litten zwar keine materielle Not, soweit sich dies sagen läßt, doch war ihre geistige und religiöse Verwirrung um so größer. Während ringsum die babylonischen Götter in imposanten Bildnissen verehrt und gefeiert wurden, fehlten dem bildlosen Jahwe offenbar Wille oder Macht, die Weltgeschichte zu verändern. Je mehr Jahre und Jahrzehnte verflossen, desto weniger dürfte die judäische Mehrheit noch Hoffnungen auf einen Wandel der Verhältnisse gehabt haben. Wahrscheinlich konnte die Veränderung der politischen Landkarte, die im Vorderen Orient ab Mitte des 6. Jahrhunderts eintrat, zunächst niemand wahrnehmen. Daß im Jahr 559 ein persischer Prinz namens Kyrus an die Macht kam und in einem Blitzfeldzug 546 ganz Kleinasien eroberte, wird kaum einer der Exilierten mit dem eigenen Gott in Verbindung gebracht haben. Diese Wahrnehmung und Deutung vollzog sich in einer kleinen Gruppe, die namentlich unbekannt geblieben ist, und sich heute hinter der Bezeichnung »Deuterojesaja« verbirgt:

Berufung und Aufgabe des Kyrus

Kyrus II., der Große (559–530), altpers. König, der das pers. Weltreich begründete, indem er zuerst den Iran, dann Kleinasien und 539 v. Chr. mit Babylonien auch Syrien-Palästina eroberte. Der im Exil lebende »Deuterojesa« erklärte ihn zum Messias (Jes 45,1), der in die Heilszeit führe. K. gestattete den Exilierten die Rückkehr nach Judäa und den Wiederaufbau des Tempels.

1 So spricht Jahwe zu Kyrus, seinem Gesalbten, den ich an seiner rechten Hand ergriff, niederzuwerfen vor ihm die Völker, die Hüften der Könige zu entgürten, um ihm zu öffnen die Türen und kein Tor verschlossen zu halten: 2 Ich gehe vor dir her und werde die Ringmauern einebnen. Die Tore von Erz zertrümmere ich, zerschlage die eisernen Riegel. 3 Und ich gebe dir verborgene Schätze und Reichtümer aus Verstecken, damit du erkennst, daß ich Jahwe bin, der Gott Israels, der dich bei deinem Namen ruft. 4 Um meines Knechtes Jakob willen, und Israels, meines Erwählten, habe ich dich bei deinem Namen gerufen; ich habe dir einen Ehrentitel gegeben, ohne daß du mich erkannt hast. 5 Ich bin Jahwe, und keiner sonst. Außer mir gibt es keinen Gott. Ich gürte dich, ohne daß du mich erkannt hast; 6 damit man erkennt vom Aufgang der Sonne bis zu ihrem Untergang, daß es keinen außer mir gibt. Ich bin Jahwe, und keiner sonst, 7 der das Licht bildet und die Finsternis schafft, der den Frieden wirkt und das Unheil schafft. Ich bin Jahwe, der dies alles wirkt. 8 Tauet, ihr Himmel, von oben, ihr Wolken, regnet Gerechtigkeit! Die Erde tue sich auf und bringe Heil hervor, und Gerechtigkeit wachse mit auf. Ich, Jahwe, will es vollbringen.

Jes 45,1-8

Deuterojesaja, der zweite Komplex des Buches Jesaja (Kap. 40-55; → S. 224 f.), der die Botschaft eines unbekannten Propheten enthält, den die Wissenschaft D. nennt, den »Zweiten Jesaja«.

E in Orakelspruch an den König. Daß es ausgerechnet der Perserkönig ist, an den sich Jahwe wendet, ist ungewöhnlich, noch bemerkenswerter, daß dieser »Heide« als Jahwes »Gesalbter« (Messias) bezeichnet wird. Es schließt seine Indienstnahme für Jahwe ein: Kyrus ist Gottes Beauftragter und Bevollmächtigter im weltpolitischen Geschehen. Zusätzlich bestätigt ihn, daß Jahwe den König »bei seiner rechten Hand« ergreift. Und so, wie der Gott Israels die Könige der Völker »entgürtet« – also entwaffnet, da man im Gürtel die Waffen

Deuterojesaja

trug – so »gürtet« er hier seinen Gesalbten für die Eroberung der Stadt Babylon (V 5).

Mit V 2 beginnt die eigentliche Rede an Kyrus. Jahwe will vor ihm hergehen und ihm Bahn schaffen nach Babylon, die Mauern der Stadt vor ihm einebnen. Hierbei stand dem Propheten ein Befestigungsring mit einer inneren und einer äußeren Mauer vor Augen, über 8 km lang und alle 20 m mit großen und kleinen Türmen besetzt. Nebukadnezzar hatte den Ring noch durch eine Ostmauer ergänzt, wodurch die Stadt einen Umfang von 18 km erhielt. Aber das riesige Festungswerk sollte beim Angriff des Kyrus nichts nutzen. Jahwe würde alles einschlagen, was den Zutritt verwehrt, und die in der Stadt verwahrten Schätze dem Kyrus übereignen.

Und »dies alles« geschah, damit Kyrus Jahwe als den Herrn der Geschichte erkenne, der ihn in seine Aufgabe einführte und sich dabei als der Gott Israels erwies. Indem Kyrus den Lauf der Weltgeschichte veränderte, war er – ohne es selbst erkennen zu müssen – ein Werkzeug Jahwes. Und wenn die bisherige Weltmacht Babylon stürzte und Kyrus dabei auch nur den eigenen politischen Vorstellungen folgte, so hatte ihn Jahwe doch um Israels willen berufen, einerlei, ob Kyrus ihn kannte oder nicht. Das bedeutete die Entgrenzung Jahwes als Nationalgott Israels.

V 5-7 kommt Jahwe einem möglichem Einwand mit der Hoheitsformel zuvor: »Ich bin Jahwe und keiner sonst ...« Diese Selbstvorstellung ist eine der klarsten und eindrucksvollsten Formulierungen des deuterojesajanischen Monotheismus. Sie begegnet erneut 45,14.21, sowie in ihrer ersten Hälfte in den Versen 45,6.18.22; 46,9. Das polare Paar »Licht« und »Finsternis« in V 7 meint die Totalität der Schöpfung: »all dies«: eine Totalitätsformel, die sich auf die voranstehende Einzigkeitsaussage bezieht. Jahwe ist nicht nur der einzige Jahwe, sondern der einzige Gott überhaupt. Darin bricht der Monotheismus beim zweiten Jesaja durch und wandelt den bisherigen Alleinverehrungsanspruch Jahwes in die extreme Bekundung seiner Einzigkeit: Es gibt überhaupt nur einen Gott, der allein als Lenker der Geschichte Völkern und Königen gegenübersteht.

Üblicherweise wird die Ganzheit der Schöpfung mit »Himmel und Erde« umschrieben (→ S. 43). Wenn der Prophet statt dessen hier »Licht und Finsternis« betont, stellt er dem lebensfreundlichen Element die dunkle Seite gegenüber. Indem Deuterojesaja die Konsequenz der Einzigkeit Jahwes erkannt hat, akzeptiert er, daß Jahwe, da er der einzige Gott ist, auch alle Verantwortung für die Wirklichkeit trägt, sei sie nun gut oder böse, – ein Gedanke, der in den Jahrhunderten nach dem Exil immer intensiver das Nachdenken bestimmen wird (→ S. 305 ff.).

Grab Kyrus' II. in Pasargadae, Persien.

Die Neukonzeption der Ezechielschule

Neben der Deuterojesaja-Gruppe trat in der fortgeschrittenen Exilszeit die Reformgruppe um Ezechiel an die Öffentlichkeit. Ezechiel war ein jüngerer Zeitgenosse des Jeremia. Er stammte aus einer Priesterfamilie und gehörte zu jenen Judäern, die bereits 597 mit dem König Jojachin nach Babylonien deportiert worden war. Im fünften Jahr seiner Verbannung, also 593, erlebte er seine Berufung zum Propheten durch eine Gottesvision (1,1-3,27). Gegen den Widerstand seiner Landsleute aber mußte er sich als Prophet erst durchsetzen. Bis etwa 568 hat er sein unbequemes Amt wahrgenommen. Der Protest und die Botschaft seiner großen Vorgänger finden bei ihm eine geradlinige Fortsetzung.

Ezechiel war ein Mensch voller Spannungen: ein Ekstatiker, der nüchtern dachte, leidenschaftlich und zugleich überlegt, Träumer als auch Realist. Er war Priester und Prophet, eine seltene Verbindung in einer Person, da gerade die großen Propheten die schärfsten Kritiker des Kultes waren. Als die Deportierten in den Jahren vor der Zerstörung Jerusalems im Jahre 586 den antibabylonischen Aufstand in der Heimat schürten, warnte Ezechiel davor, denn seiner Meinung nach konnte eine Revolte gegen das mächtige Babylon nur zum eigenen Verderben führen. Den aufständischen König Zidkija in Jerusalem nannte er einen gottlosen Verbrecher (21,30). Wahrscheinlich gehörte Ezechiel zur Jahwe-allein-Bewegung, die sich noch nicht voll durchgesetzt hatte, wenngleich sie in der Folgezeit zum bestimmenden Faktor der weiteren jüdischen Geschichte werden sollte.

Ezechiel, Prophet der Exilszeit, aus einer Priesterfamilie stammend, der bereits 597 zusammen mit dem judäischen König Jojachin (→ S. 257) nach Babylonien in die Nähe von Nippur deportiert wurde und dort von 593 bis etwa 568 wirkte. Den Zusammenbruch des Staates Juda und die Zerstörung Jerusalems verfolgte er von seinem Exilsort aus. Er warnte davor, gegen das mächtige Babylonien zu revoltieren, da dies seinem Volk nur schädlich sein könnte. Dann erlebte er die Ankunft der zweiten Deportationswelle aus Judäa. Die Ältesten der Exilierten erkannten seine Prophetie an und befragten ihn offiziell, doch fand er ansonsten wenig Gehör.

Die Sendung Ezechiels

1 Ich hörte die Stimme eines Redenden. Er sprach zu mir: Menschensohn, stell dich auf deine Füße; ich will mit dir reden. 2 Als er das zu mir sagte, kam Geist in mich und stellte mich auf meine Füße. Und ich hörte den, der mit mir redete. 3 Er sprach zu mir:

Das Buch Ezechiel

Kennzeichnend für das Buch Ezechiel sind die Visionen des Propheten (1,3-3,15; 3,22-27; 8,1-11,25; 37,1-14; 40-48). Nicht minder charakterisieren sogenannte Zeichenhandlungen (4,1-5,17; 12,1-20; 21,11 f. 23-37; 24,1-14; 37,15-28) das Vermittlungsgeschick Ezechiels, eine Art Straßentheater, mit dem er Aufmerksamkeit zu finden suchte.

Die vorliegende Gestalt des Buches stammt nicht von Ezechiel selbst, doch dürfte Ezechiel im Gegensatz zu früheren Propheten eigene Niederschriften verfaßt haben. Seine Schüler können die Texte gesammelt und mehr oder weniger erweitert haben, in Anlehnung an Ezechiels Wortwahl und Formelsprache. Bei vielen Texten läßt sich nicht sicher sagen, inwieweit sie auf den Propheten selbst oder dessen Schüler zurückgehen.

Menschensohn, ich sende dich zum Haus Israel, das gegen mich auf-
rührerisch ist. Sie und ihre Väter sind von mir abgefallen, bis auf den
heutigen Tag. 4 [Es sind Söhne mit frechem Gesicht und harten
Herzen. Zu ihnen sende ich dich.] Du sollst zu ihnen sagen: So spricht
Jahwe. 5 Und sie sollen erkennen – ob sie hören oder nicht, sie sind ja
ein widerspenstiges Volk – daß ein Prophet in ihrer Mitte gewesen ist.
6 Du aber, Menschensohn, fürchte dich nicht vor ihnen, hab keine
Angst vor ihrem Angesicht, wenn Dornen dich umgeben und du auf
Skorpionen sitzt. Fürchte dich nicht vor ihren Worten, und erschrick
nicht vor ihrem Blick; denn sie sind ein Haus der Widerspenstigkeit.
7 Du sollst ihnen meine Worte sagen, ob sie hören oder nicht, du
weißt, sie sind ein Haus der Widerspenstigkeit.
8 Du aber, Menschensohn, höre, was ich zu dir sage. Sei nicht wider-
spenstig wie dieses widerspenstige Volk! Öffne deinen Mund, und
iß, was ich dir gebe. 9 Und ich sah und siehe, eine Hand war zu
mir hin ausgestreckt; sie hielt eine Buchrolle. 10 Er rollte sie vor mir
auf; und sie war innen und außen beschrieben, und auf ihr standen
geschrieben Klagen, Seufzer und Wehegeschrei.

3,1 Und er sprach zu mir: Menschensohn, iß diese Rolle! Dann gehe
und rede zum Hause Israel! 2 Da öffnete ich meinen Mund, und er
ließ mich die Rolle essen. 3 Und er sprach zu mir: Menschensohn,
speise deinen Leib, und fülle dein Inneres mit dieser Rolle, die ich dir
gebe. Da aß ich, und sie wurde in meinem Mund süß wie Honig.
4 Und er sagte zu mir: Menschensohn, auf, gehe zum Hause Israel,
und sprich mit meinen Worten zu ihnen! 5 Denn nicht zu einem
Volk mit unverständlicher Sprache [und schwerer Zunge] bist du
gesandt, sondern zum Haus Israel, 6 auch nicht zu vielen Völkern
[mit unverständlicher Sprache und schwerer Zunge], deren Worte
du nicht verstehen könntest. Wollte ich dich zu ihnen senden, sie
würden auf dich hören. 7 Aber das Haus Israel will nicht auf dich
hören, denn sie wollen nicht auf mich hören; denn jeder vom Haus
Israel hat eine harte Stirn und ein bockiges Herz. 8 Siehe, ich mache
dein Gesicht gleich ihrem Gesicht und deine Stirn gleich ihrer Stirn.
9 Wie Diamant, härter als Kiesel [mache ich deine Stirn]. Fürchte
sie nicht, erschrick nicht vor ihnen; denn sie sind ein Haus der
Widerspenstigkeit.
10 Und er sagte zu mir: Menschensohn, alle meine Worte, die ich dir
sage, nimm in dein Herz, und höre mit deinen Ohren! 11 Auf nun,
geh zu den Verbannten, den Angehörigen deines Volkes, und rede zu
ihnen und sage: So spricht Jahwe – ob sie hören oder nicht.
12 Da hob mich der Geist empor, und ich hörte hinter mir das Getöse
eines gewaltigen Erdbebens, als sich die Herrlichkeit Jahwes von dan-
nen hob 13 [und das Rauschen der Flügel der Lebewesen, die einander berührten, und das Geräusch der Räder zugleich mit ihnen, das
Getöse großen Erdbebens]. 14 Und der Geist, der mich hochgehoben
hatte, trug mich fort. Und ich ging in der Erregung meines Geistes dahin, während die Hand Jahwes schwer auf mir lag. 15 So kam ich zu
den Verbannten nach Tel-Abib, [die am Fluß Kebar wohnten,] und
dort saß ich sieben Tage lang verstört in ihrer Mitte.

Marc Chagall (1887–1985), Ezechiel.

Ez 2,1-3,15

Das Berufungserlebnis des Ezechiel wird von 1,1-3,15 geschildert. Der Grundtext dürfte vom Propheten selber noch im Exil geschrieben worden sein. Deutlich erkennbare Spuren einer Nachbearbeitung sind in eckige Klammern gerückt. Die Darstellung beginnt mit der Angabe: »Es geschah im 30. Jahr, im 4. Monat, am 5. Tag, als ich unter den Verbannten am Fluß Kebar lebte, öffnete sich die Himmel, und ich sah göttliche Gesichte.« Möglicherweise ist damit das 30. Jahr des Exils benannt, abweichend zu sonstigen Zeitangaben bei Ezechiel.

Auf diese Schau folgt die Berufung Ezechiels zum Propheten. Er wird nicht mit seinem Namen, sondern als »Menschensohn« angesprochen (insgesamt 93mal im Buch Ezechiel). Das Wort betont die Niedrigkeit des Menschen und kann als »kleiner Mensch« oder »Sterblicher« wiedergegeben werden. Darum auch soll Ezechiel stehend hören, was Gott ihm sagt, wie dies dem Untergebenen zukommt.

V 3 lautet: »Ich sende dich zum Hause Israel.« Dies war anfangs der Name des vorstaatlichen Stämmebundes sowie des späteren Nordreiches (→ S. 179 ff.), das bereits 722 unterging. Da der Name Israel aber immer auch eine theologische Dimension hatte, konnte ihn das Reich Juda ebenfalls für sich beanspruchen. Als schließlich die politischen Größen Israel wie Juda nicht mehr existierten, wurde »Israel« der Name für die weiterlebende religiöse Qualität des zerschlagenen Volkes. So begegnet die Bezeichnung hier bei Ezechiel.

Anschließend schildert Ezechiel ein ekstatisches Erlebnis, wie »der Geist« über ihn kommt und ihn emporhebt. Er fühlt sich körperlich an einen anderen Ort versetzt und hat Gesichte, welche das gewöhnliche Wahrnehmungsvermögen sprengen (1,1-28). Diese Berufungsgeschichte wird gerne mit jener des Jeremia (→ S. 249 ff.) verglichen, dessen Zeitgenosse – bei großer räumlicher Distanz – Ezechiel war. Jer 1,9 heißt es: »Dann streckte Jahwe seine Hand aus, berührte meinen Mund und sagte zu mir: Hiermit lege ich meine Worte in deinen Mund.« Bei Ez 2,9 ist nur von »einer Hand, zu mir hin ausgestreckt« die Rede. Der Jahwename bleibt unausgesprochen. Diese Hand reicht Ezechiel eine zunächst eingerollte, dann vor seinen Augen geöffnete Schriftrolle, die im Gegensatz zur üblichen Form beidseits beschrieben ist. Sie wird dem Propheten als Speise geboten und zu essen befohlen. Das macht ihn schwanger mit dem Wort Gottes. Ganz in ihn eingegangen, kann es ohne Spaltung und Minderung aus der eigenen Mitte zu den Menschen gesprochen werden. Nachdem Ezechiel die Schrift in sich aufgenommen hat, wird sie in seinem Mund »süß wie Honig« (vgl. Ps 19,11; 119,103).

Vom »Essen« des Gotteswortes ist nur noch Jer 15,16 die Rede: »Kamen Worte von dir, so verschlang ich sie, denn deine Worte waren mir zur Freude geworden.« Die Weise, mit einer Schriftrolle umzugehen, kann auch durch die Begebenheit, die Jer 36 überliefert, beeinflußt sein. Dort wird erzählt, wie der König Jojakim das schriftgewordene Prophetenwort stückweise verbrannte (→ S. 254 ff.). Dies geschah wenige Jahre vor Ezechiels Deportation und war damals in Jerusalem in aller Munde. Das »Erschrecken der Minister« (36,16) und die brutale Ablehnung Jeremias durch Jojakim (36,23.29) machen es vorstellbar, daß sich dem jungen Ezechiel das Bild der

Albrecht Dürer (1471–1528), Johannes ißt das Buch (Offb 10,10), 1498.

Schriftrolle eines Propheten, beschrieben mit »Klagen, Seufzern und Wehegeschrei« so eingebrannt hatte, daß es in der Stunde der eigenen Betroffenheit vom göttlichen Ruf als Erlebnisgestalt vor ihm stand.

Seine Vision verstörte Ezechiel so sehr, daß er nach der Rückkehr zum Wohnort der Exilierten wie gelähmt blieb, ohne Sprache zu finden.

Auferweckung Israels, Fresko aus Dura-Europos, 245 n. Chr.

Die Vision von der Auferweckung Israels

1 Die Hand Jahwes legte sich auf mich, und Jahwe brachte mich im Geist hinaus und versetzte mich mitten in die Ebene. Diese war voller Totengebeine. 2 Er führte mich ringsum, und ich sah sie in sehr großer Zahl über die Ebene hin verstreut; und siehe, sie waren ganz ausgetrocknet. 3 Er sprach zu mir: Menschensohn, können diese Gebeine wieder lebendig werden? Ich antwortete: Herr Jahwe, das weißt nur du. 4 Da sagte er zu mir: Rede als Prophet über diese Gebeine, und sag zu ihnen: Ihr vertrockneten Knochen, hört Jahwes Wort! 5 So spricht der Herr Jahwe zu diesen Gebeinen: Siehe, ich bringe Lebensgeist in euch, dann werdet ihr lebendig. 6 Und ich spanne Sehnen über euch und umhülle euch mit Fleisch; ich überziehe euch mit Haut. Dann gebe ich euch Lebensgeist, und ihr werdet lebendig und sollt erkennen, daß ich Jahwe bin. 7 Da sprach ich als Prophet, wie mir befohlen war; und noch während ich redete, hörte ich ein Geräusch: Die Gebeine rückten zusammen, eins ans andere.
8 Und wie ich hinsah, entstanden plötzlich Sehnen an ihnen, und Fleisch wuchs, und Haut überzog sie. Aber es war noch kein Lebens-

Bau und Dekoration der Synagoge von Dura-Europos (→ S. 153) sind inschriftlich ins das Jahr 245 n. Chr. datiert. Die erhaltenen Fresken zeigen in 28 verschieden großen Bildfeldern 58 Episoden aus den Büchern Genesis, Exodus, Numeri, Samuel, Könige, Chronik, Jeremia, Ezechiel, Daniel, Nehemia und Ester. Die Konzeption folgt didaktischen Interessen: Die Gemeinde sollte Linie und Schwerpunkte der biblischen Tradition vorgestellt bekommen und zugleich die Aktualität der messianischen Hoffnung erleben können. Besonderes Gewicht hat für diese Intention eine Szenenfolge nach Ezechiel 37, die von der Zerstörung und Erneuerung des nationalen Lebens erzählt. Während auf einem vorangehenden Bild Israel als verstreut liegendes Totengebein zu sehen ist, erwacht es hier zu neuem Leben.

Ch'hob gesejn a Barg

Ch'hob gesejn a Barg –
is er hecher gewejn fun Montblanc,
un heiliger fun'em Barg Sinai,
nischt in Trojm – ojf der Wahr,
   ojf der Erd
is er geschtanen –
asa Barg, asa Barg hob ich gesejn
fun jidische Schich in Majdanek.

Asa Barg, asa Barg hob ich gesejn.

Un pluzzem, wie s'wollt durch
   a Wunder geschejn,
ch'hob dersejn
wie er riert sich un riert fun'em Ort,
un die tojsenter Schich schtelln ojs sich
   allejn
zu der Moß, zu der Poor,
un in Reijen –
un gejen ...
...

Ohn Apru gejen mir un klappn,
   klappn ...
s'hot nischt bawisn uns
areinzuchappn
der Talion in sein Rojber-Sack, –
itzt gejen mir zu ihm, s'soll jeder hern
die Tritt, wos gejen wie der
   Fluß fun Trern,
die Tritt, wos klappn ojs dem Psak.

Un hert, un hert, wer s'flegt amul
   nischt welln
derhern unser Gejn durch
   Tojtn-Schwelln,
itzt hert, Schtadt-ojs, Schtadt-ein, –
mir gejen – tojter Abhilch fun a Lebn –
mir welln keinmul eich kein
   Ru nischt gebn
un gejen, un gejen, un gejen ...

Moische Schulstein

geist in ihnen. ⁹ Da sagte er zu mir: Menschensohn, rede als Prophet zum Geist, sage zu ihm: So spricht der Herr Jahwe: Komm herbei von den vier Winden, Lebensgeist, und hauche diese Toten an, damit sie wieder lebendig werden. ¹⁰ Da sprach ich als Prophet, wie er mir befohlen hatte, und es kam Lebensgeist in sie. Sie wurden lebendig und standen auf – eine große, gewaltige Menge.

¹¹ Da sprach er zu mir: Menschensohn, diese Gebeine sind das ganze Haus Israel. Siehe, sie sagen: Vertrocknet sind unsere Knochen, vernichtet ist unsere Hoffnung, wir sind verloren. ¹² Darum tritt als Prophet auf, und sage zu ihnen: So spricht der Herr Jahwe: Siehe, ich öffne eure Gräber und hole euch, mein Volk, aus euren Gräbern heraus. Ich bringe euch zurück ins Land Israel. ¹³ Und ihr werdet erkennen, daß ich Jahwe bin, wenn ich eure Gräber öffne und euch, mein Volk, aus euren Gräbern heraufführe. ¹⁴ Ich hauche euch meinen Geist ein, damit ihr lebendig werdet, und ich bringe euch zurück in euer Land. Dann werdet ihr erkennen, daß ich Jahwe bin. Ich habe dies angekündigt, und ich tue, was ich sage – Spruch Jahwes.

Ez 37,1-14

Die »Hand Jahwes« ist über Ezechiel gekommen und hat ihn dem normalen Alltag entrissen. In seiner Entrückung sieht der Prophet eine Ebene, die mit Totengebeinen bedeckt ist. Unbestattet liegen die Skelette dort, blank und gebleicht. An diese Schau schließt sich eine Audition an. Jahwe fordert den Propheten auf, in seinem Namen die Gebeine anzureden und zu neuem Leben zu erwecken. Der Prophet tut, wie ihm geheißen, das tote Gebein fügt sich zusammen und wird wieder vom Geist belebt. Die Deutung des Geschehens schließt sich ab V 11 an: Die Gebeine sind »das ganze Haus Israel«. Israel, das sich in den Vorgängen der letzten Jahrzehnte immer tiefer in Unheil und Zusammenbruch gestoßen sah, kann sich in der Metapher des Leichenfeldes wiedererkennen. In diese Situation des radikalen Endes, das keine Hoffnung mehr einräumt, aber sagt der Prophet an, daß Jahwe sein Volk selbst aus Gräbern erwecken und zurück ins Land Israel bringen kann, und daß er sich in dieser Rettungstat als der »Ich bin da« zu erkennen gibt.

Die Vision verbindet die Wiederbelebung der Totengebeine mit dem Öffnen der Gräber (V 12). Die bisherige Auslegung betont, die ekstatische Schau sei ausschließlich auf die geschichtliche Situation Israels bezogen, verkünde dem zerschlagenen Volk Rückkehr aus seiner Totenstarre, aber enthalte noch keine Vorstellung eines Auferstehungsglaubens. Dagegen bleibt zu bedenken, daß es in schamanischen Mythen weltweit die Vorstellung einer Wiederbelebung aus den Knochen gibt. Wenn auch verblaßt, könnte diese Vorstellung hinter Ez 37 stehen. Die jüngste Forschung bedenkt daneben iranische Einflüsse, die ebenfalls Auferstehungsgedanken angeregt haben könnten. Ob sich mit dem visionären Bild des Ezechiel aber bereits Gedanken an eine »wirkliche« Auferstehung verknüpften (→ S. 339 f.), bleibt offen. Doch hat das erregende Visionsgeschehen eine Wirkungsgeschichte entfaltet, die in diese Richtung zielt und sich vor allem in der Bildenden Kunst dokumentiert.

Die Vision des neuen Tempels

*D*ie Ezechiel-Gruppe beschäftigte sich intensiv mit der Frage, wie denn Israel – wenn dem Volk die Chance eines neuen Anfangs geschenkt würde – zu organisieren sei, um die fatalen Fehlentwicklungen, die zur Katastrophe geführt haben, nicht zu wiederholen. Dabei nahmen sie ganz Israel in Blick, in der Hoffnung, die Spaltung in ein Nord- und Südreich endgültig überwinden zu können. Der planerische Entwurf für diese Zeit einer neuen Staatsordnung liegt in Ez 40-48 vor.

Dieser sogenannte »Verfassungsentwurf Ezechiels« ist eine Gemeinschaftsarbeit, die ein längeres literarisches Wachstum erfahren hat. Wohl kann der alternde Ezechiel mit einer Vision den Ansatz dazu geliefert haben, doch ist das Resultat ein Ergebnis gelehrter Arbeit, »die den Eindruck erweckt, als säßen ihre Autoren über einen immer detaillierter ausgearbeiteten Grundrißplan gebeugt« (Rainer Albertz). Die priesterliche Autorengruppe verrät sich gleich an ihrem Interesse für den Tempel. Ungewöhnlich und wirklich neu ist jedoch ihr Konzept, den Tempel nicht länger als eine staatliche Institution zu akzeptieren, sondern ihn von allen weltlichen Bindungen und Rücksichtnahmen zu befreien. Der Kult sollte kein Staatskult mehr sein. Das galt in baulicher Hinsicht: der Tempel mußte von seiner Anlehnung an den Palast gelöst werden. Es galt auch in der Organisation des Opferkultes und der Priesterversorgung: der König sollte diese Bereiche nicht länger seiner Kompetenz unterstellt sehen. Letztlich lief die Neukonzeption auf eine Trennung von »Kirche und Staat« hinaus. Die Ezechiel- wie die Deuterojesajaschüler waren übereinstimmend der Ansicht, daß die Verquickung Gottes mit der staatlichen Macht der Göttlichkeit Jahwes widerspreche, so daß beide Bereiche getrennt werden müßten. Wenn man weiß, mit wie vielen Bedenken diese Trennung in der Geschichte des Christentums verbunden war und weiterhin verbunden ist, ist der Mut, die gesicherte Grundlage der eigenen priesterlichen Existenz aufzugeben und über neue Möglichkeiten der Existenzsicherung nachzudenken, bewundernswert.

Die schärfere Sicht der Heiligkeit Jahwes führte auf der anderen Seite dazu, die Bereiche profan und sakral sorgfältiger zu trennen. Den Priestern wurde der Opferdienst vollständig vorbehalten, auch der König – der seine priesterliche Funktion verlor – wurde, wie die Laien insgesamt, kultisch entmündigt: Das Betreten des inneren Tempelvorhofs sollte ihm verwehrt und Jerusalem nicht mehr persönliches Eigentum des Königtums sein. Die Hauptstadt wurde als ein weltliches Verwaltungszentrum entworfen. Mit ihren zwölf Toren sollte sie jedoch die Einheit der zwölf Stämme Israels repräsentieren. Am meisten erstaunt, daß der Hervorhebung des Tempels über das Königtum kein politischer Machtanspruch der Priesterschaft entsprechen sollte. Jahwe durfte hinfort für keinerlei Gruppeninteressen mehr in Anspruch genommen werden. So wurde versucht, unter erheblich veränderten Bedingungen noch einmal dem Befreiungsimpuls der Jahwereligion Raum zu geben. Darin liegt die Bedeutung dieses »Verfassungsentwurfs«, auch wenn er unter den Verhältnissen der staatlichen Neubegründung nur wenig befolgt wurde.

Ich habe einen Berg gesehen

Ich habe einen Berg gesehen –
er war höher als der Montblanc
und heiliger als der Berg Sinai,
nicht im Traum – in Wirklichkeit,
   auf der Erde
ist er gestanden –
so einen Berg, so einen Berg
   habe ich gesehen
aus jüdischen Schuhen in Majdanek.

So einen Berg, so einen Berg
   habe ich gesehen.

Und plötzlich, als wäre
   ein Wunder geschehen,
habe ich gesehen
wie er sich rührt und sich wegbewegt,
und die Tausende von Schuhen
   stellen sich von selbst auf
nach Größe, paarweise,
und in Reihen –
und gehen ...
....

Ohne Pause gehen wir und
   klappern, klappern ...
er hat es nicht geschafft,
   uns einzufangen,
der Henker in seinen Räubersack, –
jetzt gehen wir zu ihm,
   jeder soll sie hören
die Tritte, die wie der Tränenfluß
   dahingehen,
die Tritte, die das Urteil fällen.

Und hört, und hört, wer vielleicht
   einmal
unser Gehen über die Totenschwellen
   nicht hören will,
jetzt hört, stadtaus, stadtein, –
wir gehen – das tote Echo
   eines Lebens –
wir werden euch niemals Ruhe geben,
und gehen, und gehen, und gehen ...

Moische Schulstein

Nach dem Exil

Die Heimkehr

D ie Eroberung Babylons im Jahr 539 durch Kyrus II., den Großen, den Begründer des Persischen Reiches, brachte den Judäern in Babylonien die Freiheit, in die Heimat zurückziehen zu dürfen. Außerdem verfolgten die Perser eine liberalere Kultur- und Religionspolitik. Sie respektierten die Identität der unterworfenen Völker, verzichteten auf Deportationen und förderten die Wiederherstellung lokaler Kulte. So verfügte Kyrus bereits in seinem ersten Regierungsjahr die Herausgabe der von den Babyloniern geraubten Tempelschätze und genehmigte sogar den Wiederaufbau des zerstörten Tempels in Jerusalem mit staatlicher Unterstützung:

Aaron gießt Öl in die Menora, Darstellung aus einer in Frankreich geschriebenen hebräischen Bibel, 1278.

Die Erlaubnis zur Heimkehr und zum Wiederaufbau des Tempels

¹ Im ersten Jahr des Kyrus, des Königs von Persien, erfüllte sich, was Jahwe durch Jeremia gesprochen hatte. Jahwe erweckte den Geist des Kyrus, des Königs von Persien, daß er in seinem ganzen Reich mündlich und schriftlich den Befehl verkünde: ² So spricht Kyrus, der

Der sogenannte »Kyrus-Zylinder« berichtet, wie Kyrus II., der König der Meder und Perser, im Jahr 540/39 Babylon erobert hat.

König von Persien: Alle Reiche der Erde hat mir Jahwe, der Gott des Himmels, gegeben. Er hat mir aufgetragen, ihm in Jerusalem in Juda ein Haus zu bauen. ³ Wer von euch zu seinem Volk gehört – sein Gott sei mit ihm –, ziehe hinauf nach Jerusalem in Juda und baue das Haus Jahwes, des Gottes Israels; denn er ist der Gott, der in Jerusalem wohnt. ⁴ Jeden, der (vom Volk dieses Gottes) übriggeblieben ist, sollen dabei die Nachbarn, wo er sich als Fremdling aufhielt, mit Silber und Gold unterstützen, mit beweglicher Habe und Vieh, sowie mit freiwilligen Gaben für das Haus dieses Gottes in Jerusalem.
⁵ Da machten sich die Familienoberhäupter von Juda und Benjamin sowie die Priester und Leviten, alle, deren Geist Gott erweckte, auf den Weg nach Jerusalem, um dort das Haus Jahwes zu bauen. ⁶ Alle ihre Nachbarn unterstützten sie mit Silber und Gold, mit Habe und Vieh sowie mit wertvollen Dingen; hinzu kamen die freiwilligen Spenden für den Tempel.
⁷ Auch gab König Kyrus die Geräte aus dem Hauses Jahwes zurück, die Nebukadnezzar aus Jerusalem weggeschleppt und in das Haus seines Gottes gebracht hatte. ⁸ Kyrus, der König von Persien, übergab sie dem Schatzmeister Mitredat; dieser zählte sie Scheschbazzar, dem Oberen von Juda, vor. ⁹ Das war ihre Zahl: 30 goldene Opferschalen, 1000 silberne Opferschalen, 29 Räucherpfannen; ¹⁰ 30 goldene Becher, 410 silberne Becher, 1000 sonstige Geräte. ¹¹ Insgesamt waren es 5400 Geräte aus Gold und Silber. Das alles brachte Scheschbazzar mit, als er mit den Verschleppten aus Babel nach Jerusalem zurückkehrte.

In diesem Bericht heißt es: »Mögen alle Götter, die ich in ihren alten Wohnsitz wieder eingesetzt habe, täglich ... um ein langes Leben für mich bitten.« Damit berührt sich das Edikt des Kyrus, das den Juden die Rückkehr nach Jerusalem und den Wiederaufbau des Tempels gestattete, mit der biblischen Tradition.

Esr 1,1-11

Serubbabel, ein im Exil aufgewachsener Judäer, der darum S., »Sproß Babels«, genannt wurde. Um 520 wurde er von den Persern als deren Bevollmächtigter nach Judäa entsandt und wirkte dort neben dem Hohenpriester Jeschua. Mit diesem zusammen soll er eine Heimkehrergruppe geführt haben (Esr 2,2; Neh 7,7).

Darius I. (522–486), persischer Großkönig, der in Ahuramazda den einen Gott als Schöpfer des Himmels und der Erde verehrte. Seine Inschriften bezeugen hohes sittliches Pathos. D. fördert die Fortsetzung des Tempelbaus.

Artaxerxes I. (464–424), persischer Großkönig, der die Wiederherstellung der jüdischen Religionsgemeinde in Jerusalem durch die Entsendung von Esra (?) und Nehemia unterstützte.

Artaxerxes II. (404–358), persischer Großkönig, der nach der Ansicht einiger Historiker Esra nach Jerusalem sandte, um die Grenzprovinz zu stabilisieren. Das wäre dann im Jahr 398 gewesen.

*D*em heutigen Betrachter mag es selbstverständlich erscheinen, daß die Judäer in Babylonien als auch die Daheimgebliebenen diese Wende einhellig begrüßten und zu einem Neuanfang nutzten. Daß dennoch 18 Jahre vergingen, bis mit dem Neubau des Tempels begonnen wurde, läßt auf Kontroversen schließen, die zuvor auszutragen waren. Wirtschaftlich ging es den Exilierten nicht schlecht, so daß sie keine Eile zeigten, in die unsicheren Verhältnisse der Heimat zurückzukehren. Auch war damit keine staatliche Eigenständigkeit verbunden. Der Wiederaufbau des Tempels blieb von Persiens Gnaden abhängig und verstärkte nur die Rückbindung an dessen Oberherrschaft.

Den Zauderern dürften drei Revolten 522/21 in Babylonien gegen die Perser und die Verschärfung der Verhältnisse, die Darius I. (522-486) daraufhin einführte, zumindest zusätzlichen Anstoß gegeben haben, nach Jerusalem zurückzukehren. 520 fand sich eine Mehrheit dazu bereit. Ihr wurde die Entscheidung dadurch erleichtert, daß Darius den Enkel Jojachins, Serubbabel, mit dem Wiederaufbau betraute. Vermutlich amtierte Serubbabel sogar als Statthalter für die Unterprovinz Judäa. Dennoch blieb ein Großteil der Exilierten weiterhin in Babylonien; jene, die ins ägyptische Exil gegangen waren, verharrten sogar vollständig in Distanz. Dazu trugen auch wirtschaftliche Bedenken bei, denn die Armut in Judäa verlockte nicht, die größeren Möglichkeiten der reichen »Gastländer« aufzugeben. So gelang es nicht, die Zersplitterung Judas, wie sie nach 587 eingetreten war, zu überwinden.

Die Bücher Esra und Nehemia

*D*ie Bücher Esra-Nehemia sind eine zusammenhängende Schrift, die anfangs auch als ein Buch gezählt wurde. Ihre Abtrennung ist sekundär und wurde durch die Überschrift in Neh 1,1 »Bericht Nehemias, des Sohnes Hachaljas« angeregt. Esra, dessen Namen der erste Teil des Buches trägt, war Regierungsbeamter für jüdische Angelegenheiten am persischen Königshof; Nehemia, mit dessen Namen sich der weitere Teil der Schrift verbindet, wurde im Auftrag des Perserkönigs Artaxerxes zu zwei Missionen nach Jerusalem gesandt.

Die Bücher erwecken nach ihrem heutigen Aufbau den Eindruck, als seien Esra und Nehemia Zeitgenossen gewesen, wenngleich sie in ihren geschilderten Tätigkeiten ohne Bezug zueinander bleiben. Die Datierung der Bücher hängt davon ab, wieweit sie als authentische Dokumente zu bewerten sind. Ihre Autoren sind in einem schriftgelehrten Milieu zu suchen, das dem Tempel nahestand.

Das Esrabuch berichtet, wie die Rückkehr aus dem Exil nach Judäa beginnt und wie es nach vielen Schwierigkeiten zur Wiedereinweihung des Tempels in Jerusalem im Jahre 515 kommt. Von diesem ersten Teil sind die Kapitel 7-10 zeitlich abgesetzt; sie schildern die Tätigkeit Esras in Jerusalem, wobei offen bleibt, ob dies unter Artaxerxes I. im Jahr 458 oder unter Artaxerxes II. im Jahr 398 der Fall war. Esra dürfte

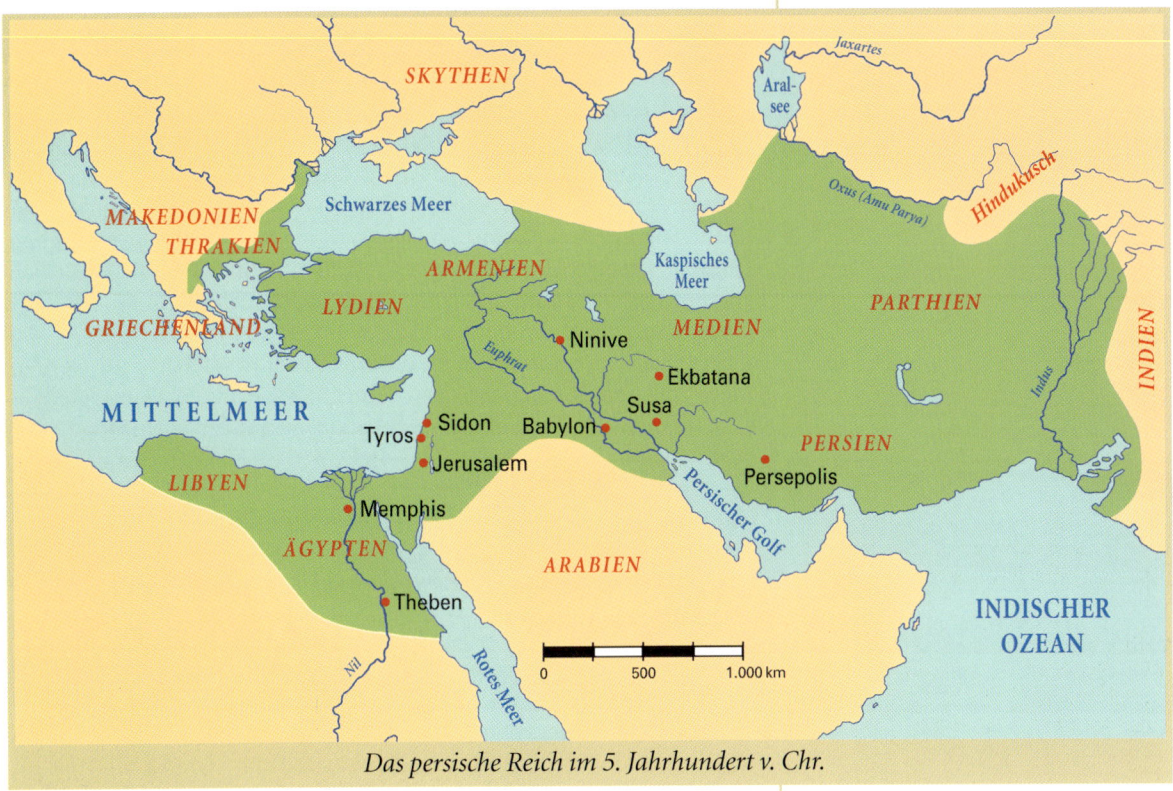

Das persische Reich im 5. Jahrhundert v. Chr.

kaum länger als ein Jahr in Jerusalem tätig gewesen sein. Dort führte er das »Gesetz des Mose« (→ S. 288) als verpflichtendes Recht in Israel ein. Die Esra-Überlieferung ist vor allem in Neh 8 ausgestaltet worden: Hier wird er zum Lehrer der Tora in Israel. Es geht ihm in allem um die toramäßige Gestalt der künftigen Lebensordnung. Dabei denkt der Autor des Esrabuches bereits an die Tora des Mose, d. h. an den Pentateuch (→ S. 284). In welcher Fassung dieses »Gesetzbuch« des historischen Esra zu denken ist, läßt sich aus dem Buch nicht erheben.

Die Erzählungen sind weder chronologisch konsequent noch thematisch einlinig. Die wechselnden Themen, Schauplätze und Akteure aus einer Zeitspanne von mehr als hundert Jahren bieten aber ein Gesamtbild der Reorganisation Israels nach dem Exil. Die Nehemia-Quelle liegt als Ich-Bericht vor, der Jahwe über die eigene Tätigkeit in Kenntnis setzt. Der Umfang der Esra-Quelle ist ungeklärt. Vielleicht beschränkt sie sich auf das Esr 7,12-26 vorliegende aramäische »Beauftragungsschreiben«.

Trotz nur ausschnitthafter Berichterstattung macht Esra-Nehemia die neuen Maßstäbe für den weiteren Weg Israels deutlich: Es geht um die toragemäße religiöse und soziale Lebensgestaltung des politisch abhängigen Volkes. Die in diesem Ringen gewonnenen Orientierungslinien bestimmten die weitere Zeit des Zweiten Tempels und wurden konstitutiv für das Judentum schlechthin – bis zum heutigen Tag.

Die Karte zeigt die größte Ausdehnung des persischen Herrschaftsgebietes. Dem Perserkönig Kyrus II., der anfangs als Vasall der Meder regierte, gelang es, die medische Hauptstadt Ekbatana zu erobern und damit die Expansion eines Reiches von bisher unvorstellbaren Ausmaßen zu begründen. Er eroberte Babylon und unterwarf sich Syrien/Palästina. Anders als die Assyrer und Babylonier trieb er eine tolerante Politik gegenüber den unterworfenen Völkern. Den in Babylon exilierten Judäern erlaubte er die Rückkehr, die sich allerdings nur schleppend entwickelte.

Sein Nachfolger Kambyses II. dehnte das Perserreich bis nach Ägypten aus. Unter Darius I. erreichte es seinen Höhepunkt. Darius gliederte das riesige Gebiet in 20 Satrapien (Verwaltungsbezirke). Das syrisch-palästinische Gebiet war die 5. Satrapie, Ägypten die 6. Nach Westen gelang ihm die Ausdehnung bis Makedonien. Im Kampf gegen die Griechen starb Darius. Sein Sohn Xerxes eroberte Athen und plünderte die Akropolis. Doch damit kam er an seine Grenze und schloß einen Friedensvertrag mit genauer Beschreibung des persischen und griechischen Territoriums.

Der Aufruf an die Verbannten

¹⁰ Auf, auf! Flieht aus dem Land des Nordens – Spruch Jahwes. Denn nach den vier Winden des Himmels habe ich euch ausgebreitet – Spruch Jahwes. ¹¹ Auf, Zion, rette dich, die du wohnst bei der Tochter Babels! ¹² Denn so spricht Jahwe Zebaot, dessen Herrlichkeit mich zu den Völkern gesandt hat, die euch ausgeplündert haben: Wer euch antastet, tastet meinen Augapfel an. ¹³ Siehe, ich hole mit meiner Hand aus gegen sie zum Schlage, daß sie zur Beute ihrer eigenen Knechte werden. Und ihr werdet erkennen, daß Jahwe Zebaot mich gesandt hat. ¹⁴ Juble und freue dich, Tochter Zion! Denn siehe, ich komme und werde in deiner Mitte wohnen – Spruch Jahwes. ¹⁵ An jenem Tag werden sich viele Völker Jahwe anschließen und werden mein Volk sein, und ich werde in deiner Mitte wohnen. Dann wirst du erkennen, daß Jahwe Zebaot mich zu dir gesandt hat. ¹⁶ Dann wird Jahwe Juda in Besitz nehmen als sein Erbteil im Heiligen Land. Und er wird Jerusalem neu erwählen. ¹⁷ Alles Fleisch schweige vor Jahwe. Denn er bricht auf aus seiner heiligen Wohnung.

Sach 2,10-17

Drei Gottessprüche werden verkündet. Der erste Spruch drängt, das Land zu verlassen und in die Heimat der Vorfahren, die fast allen unbekannt ist, zurückzukehren. Der zweite in V 10 b ist offensichtlich ein Zusatz. Er soll den Aufruf an die in Babylon Exilierten auf alle Weltgegenden ausdehnen. Der Ruf zur Rückkehr wird damit begründet, daß Gott eingegriffen habe und die bisher herrschenden Zustände umkehre: die Herren werden zu Knechten und die Ausgebeuteten zu Beutemachern. Für Sacharja ist Zion der »Augapfel Jahwes« (V 12), den niemand antasten darf. Auf den dritten Spruch folgt – ohne »Gottesspruch« zu sein – ein ganz neuer Gedanke: Die Auserwählung des Volkes und seine Wertschätzung als Gottes Augapfel soll nicht verhindern, daß sich viele Völker Israel anschließen und gemeinsam

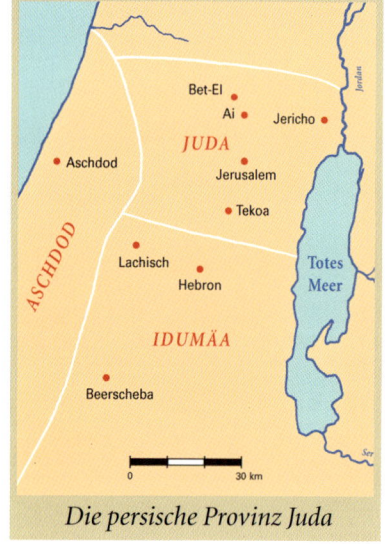

Die persische Provinz Juda

Viele der nach Babylonien Exilierten hatten eine neue Existenz gegründet und waren nicht sonderlich motiviert, in das verwüstete Jerusalem und Judäa zurückzukehren. Es bedurfte zusätzlicher Motivation, zumal man in der Väterheimat auf neu etablierte wirtschaftliche Interessen stieß. Politisch war Judäa in den ersten Jahrzehnten der Perserherrschaft dem Statthalter in Samaria unterstellt. Später wirkte Nehemia als beauftragter Statthalter in Jerusalem (445–433). Er organisierte den Wiederaufbau Jerusalems und betrieb die Selbständigkeit der Provinz Juda.

Das Buch Sacharja

Das Buch Sacharja besteht aus drei Sammlungen. Die Kapitel 1-8 bieten Visionen, die »Nachtgesichte« des Propheten. Hauptthema sind die Erwartungen, die sich in der neu begründeten Gemeinde zu Jerusalem mit dem wieder zu errichtenden Tempel und der neu aufzubauenden Stadt verbinden. Jerusalem erscheint als Mitte einer paradiesischen Schöpfung und einer befriedeten Völkerwelt. Im Zentrum der prophetischen Schau stehen die Repräsentanten der neuen Gemeinde, vor allem der Hohepriester. Obwohl dieser Teil geschlossener wirkt, als die beiden folgenden, bildet er keine ursprüngliche Einheit. Kap. 9-11 enthalten wenig systematisierte Prophetenworte, die eine unterschiedliche Bearbeitung erfahren haben. Der dritte Teil mit Kap. 12-14 entwirft ein apokalyptisch beeinflußtes Endzeitgeschehen, das vielleicht erst nach den spektakulären Eroberungszügen Alexanders aufgezeichnet wurde.

das »Bundesvolk Jahwes« bilden werden (V 15). Damit bahnt sich eine Entgrenzung an, deren Charakter und Ausmaß Sacharja wohl noch nicht vorstellbar war – sofern dieser Vers überhaupt von ihm stammt. Unabhängig von der Verfasserfrage hat der Spruch sein Gewicht. – V 17 ist wahrscheinlich eine liturgische Formel, mit der auf eine Lesung beim Gottesdienst geantwortet wurde. Das Stück ist uneinheitlich und hat spätere Eintragungen erfahren.

Der Wiederaufbau des Tempels

Das Esrabuch (→ S. 276) stellt die Ereignisse so dar, als sei die Entscheidung für den Wiederaufbau des Tempels zielstrebig und konsequent von den heimkehrenden Judäern verfolgt worden, während nur böse Nachbarn dabei gestört hätten (Esr 4). Für die unterschiedlichen Richtungen, die während des Exils über einen Neubeginn nachgedacht hatten, war es aber keineswegs selbstverständlich, mit dem Tempelbau wieder anzufangen. Mehr als andere waren die Priester daran interessiert; ihre Existenz hing am Tempel. Realpolitiker um Serubbabel werden kalkuliert haben, die Chance, welche die persische Politik bot, sei zu nutzen, um mit dem Tempel das einende Symbol des neuen Anfangs zu setzen. Dagegen standen die Vorbehalte, die bereits Jeremia und seine späteren Anhänger vertraten: Es nutze nichts, alles Vertrauen auf den Tempel zu setzen, wenn man nicht zuvor gerechte soziale Verhältnisse schaffe (→ S. 251).

In diese Unentschiedenheit der öffentlichen Meinung mischte sich der Prophet Haggai und verband das realpolitische Interesse am Tempelbau mit einem utopischen Potential:

Der Aufruf zum Tempelbau

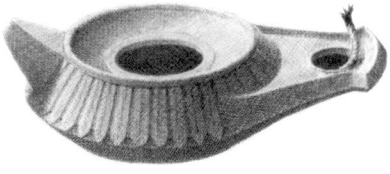

1 Im zweiten Jahr des Königs Darius am ersten Tag des sechsten Monats erging das Wort Jahwes durch den Propheten Haggai an den Statthalter von Juda, Serubbabel, den Sohn Schealtiëls, und an den Hohenpriester Jeschua, den Sohn des Jozadak: 2 So spricht Jahwe Zebaot: Dieses Volk hier sagt: Noch ist die Zeit nicht gekommen, das Haus Jahwes aufzubauen. 3 Da erging das Wort Jahwes durch den Propheten Haggai also: 4 Ist etwa für euch die Zeit da, daß ihr in gedeckten Häusern wohnt, während dieses Haus ein Schutthaufen ist? 5 Nun denn spricht Jahwe Zebaot: Denkt über eure Situation nach. 6 Ihr habt viel gesät und wenig geerntet; ihr eßt und werdet nicht satt; ihr trinkt, aber zum Durstlöschen reicht es nicht; ihr zieht Kleider an, aber sie wärmen euch nicht, und wer arbeitet, schafft in einen löcherigen Beutel. 7 So spricht Jahwe Zebaot: Denkt über eure Situation nach. 8 Geht ins Bergland, schafft Holz herbei, und baut den Tempel! Das würde mir gefallen und mich ehren, spricht Jahwe. 9 Ihr habt viel erhofft und siehe, nur wenig geerntet; und brachtet ihr es nach Hause, so blies ich es weg. Warum wohl? – Spruch von Jahwe Zebaot: Weil mein Haus ein Schutthaufen ist, während jeder von euch für sein eigenes Haus rennt. 10 Deshalb

Zebaot, die Gottesbezeichnung »Jahwe Zebaot« wird gewöhnlich mit »Herr der Heere« übersetzt; die Septuaginta (→ S. 547) gibt das Wort mit »der Allherrscher« *(pantokrator)* wieder (vgl. 2 Kor 6,18; Offb 1,8 u. ö.).

verweigert der Himmel euch den Tau, und die Erde hält ihren Ertrag zurück. ¹¹ Ich rief die Dürre über das Land und über die Berge, über Korn und Wein und Öl, über alles, was der Boden hervorbringt, über Mensch und Vieh und über alle Arbeit eurer Hände.

Hag 1,1-11

M it solchen Argumenten trat Haggai in den ersten drei Monaten des Baubeginns öffentlich auf; genau gesagt vom 29. August bis zum 18. Dezember 520. Es gelang ihm, breite Kreise für den Tempelbau zu gewinnen und damit den entscheidenden Durchbruch zu erzielen. Er pointierte, die eigene schlechte Wirtschaftslage sei Folge des immer noch in Ruinen liegenden Tempels, und ändern würde sich alles nur, wenn man mit dem Wiederaufbau beginne. Haggai sah den Tempel als einen Garant des Segens. Er verknüpfte mit seiner Vollendung auch die Wiedereinsetzung des davidischen Königtums und die Aufhebung des göttlichen Verwerfungsurteils über Jojachin, wie es sich Jer 22,24-26 findet. Zugleich glaubte er, daß Jahwe nicht nur die Völker bewegen würde, ihre Reichtümer zur Ausstattung des Tempels nach Jerusalem zu bringen (2,7-9), sondern daß er auch alle bestehenden Machtverhältnisse umstürzen würde: »Denn so spricht Jahwe Zebaot: Nur noch kurze Zeit, dann lasse ich den Himmel und die Erde, das Meer und das Festland erbeben, und ich werde alle Völker erschüttern. Dann strömen die Schätze aller Völker herbei, und ich erfülle dieses Haus mit Herrlichkeit, spricht Jahwe Zebaot. Mir gehört das Silber und mir das Gold – Spruch von Jahwe Zebaot. Die künftige Herrlichkeit dieses Hauses wird größer sein als die frühere, spricht Jahwe Zebaot. An diesem Ort schenke ich die Fülle des Friedens – Spruch von Jahwe Zebaot« (2,6-9).

Diese Erwartung teilte auch der Prophet Sacharja, der rund ein Jahr nach Haggai von Anfang 519 bis Ende 518 auftrat. In seiner

Das Buch Haggai

D ie kleine Sammlung gibt sich in ihrer Endgestalt aus als Erzählung über das Wirken des Propheten Haggai beim Beginn des Tempelwiederaufbaus im Jahr 520 v. Chr. Ihr Grundbestand ist wohl vor 515 fertig gewesen, doch war Haggai daran nicht beteiligt. Innere Gründe lassen einen Chronisten annehmen, der Worte Haggais zusammengestellt und teilweise neu bearbeitet hat. Haggai betrachtete den Wiederaufbau des Tempels als Bedingung für das Kommen Jahwes – ganz anders, als Jesaja und Jeremia unter den Bedingungen ihrer Zeit den Tempel werteten (→ S. 228 ff.; 251 f.). Für Haggai entschied die Tempelfrage über den Fortbestand der Identität Israels. Während die Bevölkerung ihre wirtschaftlichen Probleme als vorrangig ansahen und argumentierte, daß »jetzt nicht die Zeit« sei (Hag 1,2), drehte Haggai die Rangordnung um und machte den Tempelbau zum Kriterium der gemeinsamen Zukunft.

Haggai

visionär geprägten Prophetie verkündete er, Jahwe werde in sein neu errichtetes Heiligtum zu Jerusalem zurückkehren und sein Land Juda wieder in Besitz nehmen (→ S. 278). Solche Töne heizten die nationale Begeisterung erneut an, was den Statthalter Serubbabel in einen schwierigen Loyalitätskonflikt brachte. Einerseits war Serubbabel persischer Beamter, andererseits ein Sproß des davidischen Königtums. Wollte er seinen politischen Rückhalt nicht verspielen, mußte er sich frei von den Erwartungen halten, die Haggai und Sacharja auf ihn projizierten.

Tatsächlich haben sich die Prophezeiungen Haggais und Sacharjas nicht erfüllt. Weder der Bau noch die Vollendung des Tempels änderten etwas am Gang der Weltgeschichte. Es gab keine Verschiebung der politischen Kräfte. Darius hielt das Heft fest in der Hand; eine Schwäche des persischen Reiches war nicht erkennbar. Offensichtlich hatten die Perser jedoch aufgrund eines funktionierenden Spionagesystems von den nationalen Tendenzen als auch vom Streit in der Bevölkerung (→ S. 293) gehört und den Statthalter der persischen Satrapie Transeuphrat, Tattenai, 519/18 nach Jerusalem gesandt, um die

Rekonstruktion des herodianischen Tempels und der Höfe, von Süden gesehen. Die Burg Antonia links oben im Bild.

Nach der Rückkehr aus dem Babylonischen Exil war der Tempel mit bescheidenen Mitteln wiedererrichtet worden. Dieser Bau galt als »Tempel der Armut« gegenüber dem salomonischen Prachtbau. Herodes der Große nahm sich vor, an Salomo wieder anzuknüpfen, um ihn zu übertrumpfen. Die riesige Fläche von 480 x 300 m, die er für das Terrain schuf, ist erhalten geblieben und dominiert bis heute das Stadtbild von Jerusalem. Das Planum konnte nur durch gigantische Stützmauern von 50 m Höhe und entsprechende Anschüttungen gewonnen werden. Den »Vorhof der Heiden« säumten Kolonnaden. Im Nordwesten überragte die Burg Antonia das Tempelgelände. Sie war zur Zeit Jesu Sitz einer römischen Wachtruppe, welche die Vorgänge im Tempelbereich kontrollieren konnte. Am Südende stand die gewaltige Versammlungshalle, in der seit 30 n. Chr. der Sanhedrin tagte.

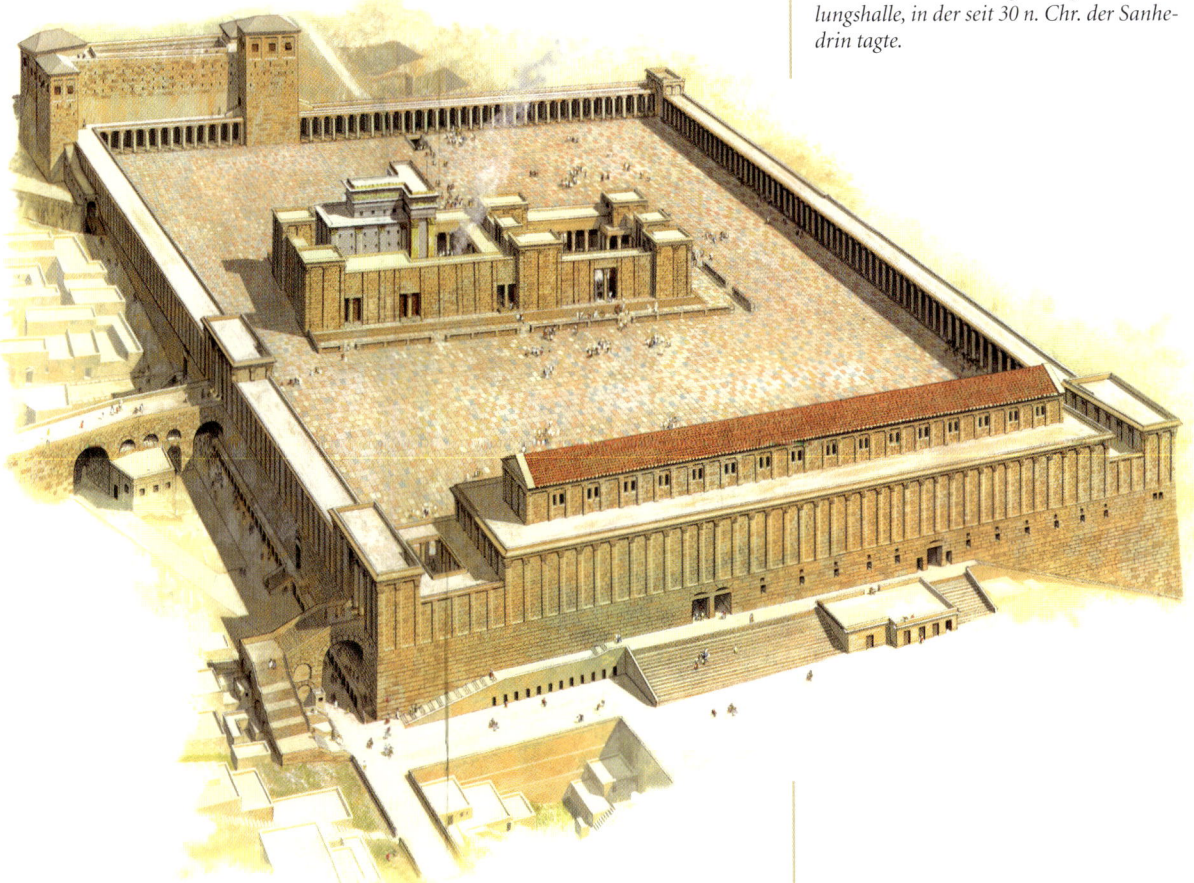

Vorgänge zu untersuchen (Esr 5,3-17). Auf den Bericht und eine Rückfrage Tattenais hin gestattete der persische Hof zwar den Weiterbau, doch wurde nun Serubbabel wahrscheinlich abberufen und den

prophetischen Aktivitäten Einhalt geboten. Für Haggai und Sacharja war es das Ende ihrer Wirksamkeit. Sie finden keine weitere Erwähnung, nicht einmal bei der Einweihung des Tempels. Die Perser werden rigide durchgegriffen haben.

Haggais und Sacharjas Ausschaltung hatte über individuelles Schicksal hinaus Bedeutung. Sie ließ erkennen, daß die nachexilische Heilsprophetie unerfülltem Wunschdenken entsprach. Damit fiel die Prophetie, die während der Exilszeit gerade erst breite Anerkennung gefunden hatte, in eine gesellschaftlichen Randstellung zurück, von der sich lediglich die Gruppe um den »Tritojesaja« nicht beirren ließ.

Tritojesaja, der dritte Komplex des Buches Jesaja (Kap 56–66; → S. 225), der die Botschaft eines unbekannten Propheten enthält, den die Wissenschaft T., den »Dritten Jesaja« nennt.

Vollendung und Tempelweihe

14 Sie kamen mit dem Bau gut voran, gemäß der Verheißung der Propheten Haggai und Sacharja, des Sohnes Iddos. Und sie vollendeten den Bau, wie der Gott Israels es geboten und wie Kyrus und Darius sowie Artaxerxes, der König von Persien, es befohlen hatten. 15 Und fertig wurde das Haus am dritten Tag des Monats Adar, im sechsten Jahr der Regierung des Königs Darius. 16 Alle Israeliten, die Priester, die Leviten und die übrigen, die aus der Verbannung heimgekehrt waren, feierten voll Freude die Einweihung dieses Hauses Gottes. 17 Und sie opferten zur Einweihung des Hauses Gottes hundert Stiere, zweihundert Widder und vierhundert Lämmer, dazu als Sühneopfer für ganz Israel zwölf Ziegenböcke, gemäß der Zahl der Stämme Israels. 18 Auch bestellten sie für den Gottesdienst in Jerusalem Priester nach ihren Klassen und die Leviten nach ihren Abteilungen, wie es das Buch des Mose vorschreibt.

Esr 6,14-18

Nach fünfjähriger Bauzeit wurde der Tempel im Jahr 515 eingeweiht. Es war kein völliger Neubau, da er auf den Ruinen des salomonischen Tempels hochgezogen wurde, doch erlaubten Zeit und Mittel nur eine bescheidene Lösung. Der Prophet Haggai fragte: »Ist unter euch noch einer, der diesen Tempel in seiner früheren Herrlichkeit gesehen hat? Und was seht ihr jetzt? Erscheint er euch nicht wie ein Nichts?« (Hag 2,3)

Die völlige Trennung von Tempel, Palast und Stadt, wie sie Ezechiel vorgeschwebt hatte (→ S. 273), war nicht realisierbar gewesen, doch wurde die Verquickung von Tempel und Palast, wie beim salomonischen Konzept, aufgegeben. Da es keine Lade mehr gab, blieb das Allerheiligste leer, was der bildlosen Gottheit eher entsprach als alle kultische Symbolik. Nur noch einmal im Jahr, am Versöhnungstag Jom Kippur, durfte der Hohepriester diesen Raum der Vorbehaltenheit betreten.

Für die Rekonstruktion des Jahwe-Tempels in Jerusalem gibt es keine archäologischen Grunddaten. Orientierung bieten allein alte Quellen, die sich in der Beschreibung widersprechen. Eine wuchtige Mauer umgibt den eigentlichen Tempelbereich. Sie umschließt die inneren Höfe: den Vorhof der Frauen (1) und den Hof Israels, den nur Männer betreten durften (2). Der große Opferaltar (3) stand im Freien vor dem Tempelhaus (4). Dort war die offenstehende Tür mit einem Vorhang versehen. Dahinter befand sich der siebenarmige Leuchter und der Weihrauchaltar. Der anschließende Raum, das Allerheiligste, war dunkel und leer. Nur einmal im Jahr betrat der Hohepriester diesen Raum.

Wahrheit?

Alles, was er erzählt, erzählt er allen, und wenn er einem etwas anderes erzählt, erzählt er nachher allen, er habe einmal einem etwas anderes erzählt, das sei aber auch wahr.

Er bleibt bei der Wahrheit.

Daß die Wahrheit eine Geschichte ist, heute eine andere als morgen, ist nur natürlich. Das kann man nachprüfen, am Most zum Beispiel. Im Frühjahr blüht der Apfelbaum nach dem Kirschbaum, die Apfelblüten sind nicht weiß, sondern rosa, dann wachsen die Früchte heran, Goldparmäne oder Sauergrauech oder Bernerrose, und die Früchte werden, wenn sie reif sind, zur Presse gebracht und zu Apfelsaft gepreßt, das ist dann Süßmost, den kann man trinken oder gären lassen, bis er sich zu saurem Most verwandelt, der viel gesünder ist als Süßmost, und so ist es eben mit der Wahrheit auch. Würde sie sich nicht verwandeln, wie alles, was lebt, müßte man sagen, die Wahrheit sei tot.

Jörg Steiner

Die Entstehung des Pentateuch als Gründungsurkunde Israels

*I*n die folgende Zeit des 5. Jahrhunderts fällt auch die Endkomposition des Pentateuch (→ S. 37-40). Sie wird in ihrer entscheidenden Etappe mit Esra verbunden, der sowohl persischer »Schreiber für das Gesetz des Himmelsgottes« (d. h. Religionskommissar) und zugleich jüdischer Priester war. Ihn hatten der »König und seine sieben Räte« ausgesandt, zu erkunden, »ob in Jerusalem und Judäa alles so geordnet ist, wie es dem Gesetz deines Gottes entspricht, das in deiner Hand ist« (Esr 7,14). Damit war kein in Jerusalem unbekannter Gesetzeskorpus gemeint, das Esra erst dorthin mitgebracht hätte, vielmehr wird in 7,25 die Kenntnis dieses Gesetzes »im Gebiet jenseits des Stromes« bereits vorausgesetzt. Esra sollte demnach das zwar bekannte, aber offenbar noch nicht allgemein anerkannte und praktizierte Gesetz in allen Gemeinden der Provinz Transeuphrat rechtlich in Kraft setzen. Es entsprach der persischen Praxis, die je regionalen Rechtstraditionen als lokal gültiges Reichsrecht anzuerkennen. Im Gegenzug konnte die Zentralgewalt sicherstellen, daß die örtliche Gesetzgebung nicht in Widerspruch zu übergeordneten Reichsinteressen stand.

Der religiös noch keinesfalls homogenen jüdischen Gesellschaft bot sich damit die Gelegenheit, die persische Reichsautorität für die Sicherung ihrer eigenen Identität in Anspruch zu nehmen. Dafür war allerdings eine Schriftfassung der eigenen Tradition notwendig, die über die bestehenden internen Kontroversen hinweg zu einem mehrheitsfähigen Kompromiß führte. Dies konnte sicherlich nur von Gruppen getragen werden, die in öffentlicher Verantwortung standen und zugleich eine loyale Zusammenarbeit mit den Persern akzeptierten. Das schloß die Nationalistisch-Religiösen aus, so daß nur die bestehenden Selbstverwaltungsorgane, der Ältestenrat und das Priesterkollegium dafür in Frage kamen. Mit etwas Spekulation ist denkbar, daß diese Gremien je eine Kommission fachkundiger Theologen einsetzten mit dem Auftrag, auf der Basis der vorliegenden Überlieferungen eine »Gründungsurkunde Israels« zu erarbeiten, die mehrheitsfähig war, aber auch die Zustimmung der Perser finden konnte. Das paßt mit den heutigen Erkenntnissen zusammen, nach denen der Pentateuch einen Kompromißtext aus priesterlichem und nichtpriesterlichem Überlieferungsmaterial bildet.

Ungeklärt ist, wie die Vorstufen der Pentateuchbildung aussahen. Wenn die bisherige Annahme von den zwei Erzählwerken des »Jahwisten« (J) aus dem 10./9. Jahrhundert und des »Elohisten« (E) aus dem 8. Jahrhundert stimmen soll, die noch vor Entstehung des Deuteronomiums am Ende des 7. Jahrhunderts miteinander verbunden wurden, müßte der vorpriesterliche Pentateuch aus vorexilischer Zeit stammen. Gegen diese Annahme werden in jüngerer Zeit Texte geltend gemacht, die für die Komposition des Ganzen wesentlich sind, aber spätere Zeitmerkmale tragen. Darauf gestützt behaupten neuere Autoren (E. Blum, R. Albertz), der vorpriesterliche Pentateuch habe seine entscheidende Ausarbeitung erst in der frühen nachexilischen Zeit erhalten. Zwar stütze er sich auf Überlieferungen, die schon in alter Zeit zu Erzählkränzen zusammengefügt wurden, doch seien diese in ihren textlichen Vorstufen nicht mehr greifbar.

Ich hörte als junger Student bei einem gefeierten liberalen alttestamentlichen Theologen das Kolleg »Alttestamentliche Einleitung« und lernte dort eines Tags, daß das sog. 5. Buch Mosis, das Deuteronomium, gar nicht von Moses verfaßt sei, obwohl es sich durchweg als von Moses selbst gesprochen, ja sogar niedergeschrieben bezeugt, daß es vielmehr erst sieben Jahrhunderte später zu einem ganz bestimmten Zweck verfaßt worden sei. Aus einer streng rechtgläubigen lutherischen Familie hervorgegangen, war ich durch das Gehörte, gerade weil es mich überzeugte, tief bewegt, und besuchte deshalb noch am gleichen Tage meinen Lehrer in dessen Sprechstunde, wobei mir mit Bezug auf den Ursprung des Deuteronomiums das Wort entschlüpfte: »Da ist also das 5. Buch Mosis, was man eine Fälschung nennt?« Die Antwort lautete: »Um Gottes willen! Das wird wohl wahr sein, aber so etwas darf man nicht sagen!«

Friedrich Delitzsch (1920)

König Salomo beim Lesen der Tora, Miniatur aus Frankreich, 1287.

In jedem Fall geht der heute vorliegende Pentateuch auf zwei unterschiedliche Entwürfe zurück, die sowohl nebeneinander als auch gegeneinander gerichtet sind und sich nur aus der Differenz der Trägerkreise erklären lassen (→ S. 39 f.). Beide Gruppierungen hatten im Blick auf das, was Israels Identität ausmacht, unterschiedliche Ansichten, die sie jedoch unter dem Druck der Zeitverhältnisse in eine Gründungsurkunde gemeinsamer Verantwortung einbinden mußten.

Das »Gesetz«, das Esra promulgierte, dürfte den Entwicklungsprozeß abgeschlossen haben. Wahrscheinlich begann die Arbeit an der Endredaktion des Pentateuch nach der Tempeleinweihung im Jahre 515 und fand ihren Abschluß um die Mitte des folgenden Jahrhunderts.

Die Entwicklung des Monotheismus

Der Auftakt des Dekalogs: »Ich bin Jahwe, dein Gott ... Du sollst keine anderen Götter neben mir haben« (Ex 20,2; Dtn 5,7) vermittelt den Eindruck, die biblische Religion sei von Anfang an monotheistisch gewesen. Selbst wenn Israel zunächst noch andere Götter für existent hielt, habe in diesem Volk die ausschließliche Verehrung Jahwes gegolten (Monolatrie). Ein Jahwekult ohne das erste Gebot schien lange Zeit undenkbar. Die neuere Forschung widerspricht diesem Geschichtsbild. Es sei erst von deuteronomistischen Kreisen (→ S. 239 ff.) des 6. Jahrhunderts entworfen worden, um die Alleinverehrung Jahwes zu stützen. Damit wird deutlich, daß der Monotheismus keineswegs ein Geschenk des Anfangs war, sondern mühsam erkämpft werden mußte, bis er sich in exilischer und frühnachexilischer Zeit durchzusetzen vermochte.

Die schroffste Gegenthese zur traditionellen Annahme, der religiöse Ursprung Israels sei monotheistisch, wird von dem Alttestamentler Bernhard Lang vertreten. Er hält die Anfänge Israels für »ebenso polytheistisch und ›heidnisch‹ wie die Religionen seiner Umwelt« und belegt mit archäologischen Zeugnissen, daß neben dem Nationalgott Jahwe noch viele andere Gottheiten verehrt wurden (→ S. 137 ff.). So etwa wird die in einem El-Tempel im Jordangraben gefundene Bileam-Inschrift aus dem 8. Jahrhundert v. Chr. geltend gemacht, die verschiedene Gottesnamen nennt: El, Schadday-Götter, Schagar, nicht aber Jahwe. Auch scheine der von Elija ausgetragene Konflikt zwischen Jahwe und dem tyrischen Gott Baal im 9. Jahrhundert politische Hintergründe gehabt zu haben, ohne aus dem Rahmen des Polytheismus wirklich herauszutreten (→ S. 196). Andere Funde erwähnen neben Jahwe »seine Aschera«, eine Göttin, die schon in altbabylonischer Zeit bekannt war.

Dagegen setzt Rainer Albertz die Frage, ob eine solche These noch plausibel machen könne, »warum es in Israel – anders als in allen vorderorientalischen Gesellschaften – überhaupt zu solchen Oppositionsbewegungen kommen konnte«. Was trieb Männer wie Elija und Elischa, sich mit dem diplomatischen Synkretismus Achabs nicht abzufinden (→ S. 187 ff.)? Was brachte den Propheten Hosea dazu, programmatisch zu formulieren:

»Aber ich bin Jahwe, dein Gott von Ägypten her, / einen Gott außer mir kennst du nicht, / einen Helfer außer mir gibt es nicht« (13,4)? Wenn die Ausgangsthese der neueren Forschung stimme, daß die Religion Israels in ihren Anfängen »ebenso polytheistisch und heidnisch« gewesen sei, wie die der altorientalischen Umwelt, sei spätestens bei Hosea plausibel zu machen, warum es in Israel abweichend zur übrigen Völkerwelt zu einer derartigen Opposition kommen konnte.

Albertz fragt nach dem »Differenzpotential«, das der Jahwereligion eigen gewesen sein müsse, um der Einebnung in die vorderorientalische Religionswelt widerstehen zu können. Im Unterschied zu den babylonischen Göttern, die alle auf eine bestimmte Stadt oder auf das Land »Sumer und Akkad« bezogen waren und darum als »Besitzer des Landes« galten, sei Jahwe primär der »Gott Israels« gewesen, also eines Volkes, das ihm Existenz und Freiheit verdankte. Seine Stellung als »Großgruppengott« habe der einfachen Sozialstruktur der Exodusgruppe entsprochen. Anfangs sei es seine einzige Aufgabe gewesen, das Überleben der Gruppe zu sichern. Dies mache die alleinige Jahweverehrung der Frühzeit sozialgeschichtlich plausibel, während die Vielfalt der Götter und Göttinnen in den vorderorientalischen Hochkulturen auch deren Komplexität spiegele. So entspreche der wachsende Synkretismus und Polytheismus der Königszeit auch der komplex gewordenen Gesellschaftsstruktur Israels.

Vermutlich dürfte die Wahrheit zwischen beiden Positionen zu suchen sein. Die Bibel hat kaum authentische Erinnerungen an die Zeit der Seßhaftwerdung in Kanaan bewahrt. Viele Forscher rechnen nicht mehr mit beachtenswerten Migrationsbewegungen. Zum Lande gehörten naturreligiöse Heiligtümer: heilige Bäume, heilige Steine und heilige Berge. In der späteren vorstaatlichen Zeit Israels kamen auch erste überregionale Jahweheiligtümer vor. Doch neben dem polytheistischen Gepräge des gesamten Vorderen Orients bestand zweifellos von früh auf ein israelspezifisches »Differenzpotential«, das sich in der prophetischen Subkultur immer deutlicher entfaltete. Als Hosea die Exklusivität Jahwes reklamierte, stand er einem breiten Götterspektrum gegenüber. Insbesondere hatte der Göttinnenkult ein einzigartiges Revival erfahren. Dreitausend weibliche Terrakottafiguren mit meist betonten Brüsten wurden in den Ausgrabungsschichten dieser Zeit gefunden, davon allein zweitausend in Jerusalem. Selbst im Tempel ließ König Manasse ein Aschera-Kultbild aufstellen (2 Kön 21,7;23,6 f.), für das Frauen regelmäßig Kleider herstellten. Wahrscheinlich wandelte sich die populäre Aschera zum Typ der Himmelskönigin, der ebenso Männer wie Frauen ihr Vertrauen entgegenbrachten (Jer 7,16-18; 44). Die alltägliche Lebenssicherung in Frieden bei ausreichendem Brot traute man wohl eher einer Göttin als dem Staatsgott Jahwe zu.

Die Oppositionsgruppen, die sich gegen diese breite Front stemmten und die alleinige Jahweverehrung zu ihrem Programm machten, waren eine kleine Minderheit. Sie kämpften zugleich gegen den sozialen Zerfall der israelitischen Gesellschaft und gegen Überfremdung von außen. Im Rahmen dieser Kontroversen sind die Fremdgötterverbote entstanden, doch bedurfte es noch langer Auseinandersetzungen, bis diese von der Gesellschaft insgesamt anerkannt wurden. In dem Jahrhundert zwischen dem Ende des Nordreiches und dem Babylonischen Exil machten sich in Juda assyrische und aramäische Einflüsse geltend, die einen massiven Astralkult förderten. Selbst der Tempel zu Jerusalem wurde dafür in Anspruch genommen. Ez 8 beschreibt die »Greuel«, die dort ihren Ort hatten: das im Torbereich aufgestellte Kultbild zeigte wahrscheinlich die Aschera oder Himmelskönigin, Männer der Oberschicht brachten ein Weihrauchopfer vor ägyptisch anmutenden tiergestaltigen Gottheiten, andere verehrten den Sonnengott Schamasch, dessen Rosse und Wagen vor noch nicht langer Zeit erst Joschija hatte entfernen lassen (→ S. 239 f.), Frauen beweinten den Tammuz, einen Gott der Fruchtbarkeit, zu dessen Riten die Heilige Hochzeit gehörte. Und natürlich bestimmten auch Orakel und Wahrsagerei weiterhin die Volksreligiosität. Die Zentralisierung des Jahwekultes, zunächst an wenigen offiziellen Heiligtümern, dann in Jerusalem alleine, wird dazu beigetragen haben, weiterhin die traditionellen Lokalheiligtümer aufzusuchen und deren Kulte zu pflegen.

Aus dem ägyptischen Exil ist bekannt, daß sich die judäische Kolonie nicht isolierte. Ehen wurden hin und her geschlossen, in Elephantine verehrte man Jahwe und Anat als Götterpaar. Jeremia, der diese Praxis kritisierte, bekam zur Antwort: »Was das Wort betrifft, das du im Namen Jahwes zu uns gesprochen hast, so hören wir nicht auf dich ... Wir werden der Himmelskönigin Rauchopfer und Trankopfer darbringen, wie wir, unsere Väter, unsere Könige und unsere Großen in den Städten Judas und in den Straßen Jerusalems es getan haben. Damals hatten wir Brot genug; es ging uns gut, und wir litten keine Not. Seit wir aber aufgehört haben, der Himmelskönigin Rauchopfer und Trankopfer darzubringen, fehlt es uns an allem, und wir kommen durch Schwert und Hunger um« (Jer 44,16-18).

Anders in Babylon. Die dorthin Deportierten waren Angehörige der Oberschicht, die sich in der Fremde bemühten, ihre Identität zu wahren. Das führte sie zu einer Revision der bisherigen Geschichte. Die Tradition wurde überarbeitet, das Bilderverbot überdacht und neu formuliert. Dabei machte beim Nachdenken über das geschichtliche Handeln Jahwes die Gruppe um den anonymen Deuterojesaja den entscheidenden Schritt und deklarierte als Wort Gottes: »Ich bin Jahwe, und sonst niemand; außer mir gibt es keinen Gott. Ich habe dir den Gürtel angelegt, ohne daß du mich kanntest, damit man vom Aufgang der Sonne bis zu ihrem Untergang erkennt, daß es außer mir keinen Gott gibt« (Jes 45,5f.). Letztlich sollte nun die ganze Welt erkennen, daß außer Jahwe keine Gottheit existiert.

Die Durchsetzung dieser Position gelang nicht ohne weiteres. Männer wie Esra und Nehemia haben ihren Anteil daran. Sie betrieben die Abgrenzung der neuen Kultgemeinde von den Völkern im Land (→ S. 292 ff.) und von den Nachbarländern. Ein Mischehenverbot sollte fremdreligiösen Einflüssen in den eigenen Reihen wehren (→ S. 294 ff.). Andererseits ging mit der Universalisierung Jahwes auch die Entgrenzung der Religion Israels als Nationalreligion einher. Darin liegen Herausforderungen, die bis zum Tage in den monotheistischen Religionen fortbestehen, insofern sie über ihre eigenen Grenzen hinaus die Einheit des Menschengeschlechtes und die universale Gültigkeit der Menschenrechte anzielen.

Der »Stuhl des Mose« (Mt 23,2) aus der Synagoge von Chorazin, 3./4. Jh. n. Chr.

Leviten. Eindeutige Kenntnisse über die Herkunft der Leviten in der vorstaatlichen Zeit Israels gibt es nicht. Nach der Überlieferung waren sie entschiedene Jahweverehrer. Im System der (idealisierten) »zwölf Stämme« werden sie als ein Stamm ohne Landbesitz geführt, der aber aufgrund seiner Jahwe-Nähe als Segensträger galt und sich für priesterliche Aufgaben besonders empfahl, doch gehörten keineswegs alle Priester zu den Leviten. Jene Priestergruppen, die sich von → Aaron oder → Zadok ableiteten, zählten ursprünglich wohl nicht zu den L., sondern wurden erst in exilischer Zeit dazu gerechnet. Seit dem Dtn setzte sich nämlich die Ansicht durch, daß alle legitimen Jahwepriester L. sein müssen. Gegenläufig dazu war die joschijanische Kultreform, die den nichtlevitischen Aaroniden und Zadokiden in Jerusalem ein Kultmonopol verschaffte, den levitischen Landpriestern aber die wirtschaftliche Existenzbasis entzog (→ S. 241 f.). Ihre Proletarisierung wurde dadurch vermieden, daß sich im Exil die Theorie entwickelte, das gesamte Kultpersonal müsse dem »Stamm Levi« zugehören, sei aber hierarchisch zu gliedern. Demnach sind allein die Nachkommen Aarons aus dem Stamme Levi zum Opferdienst berechtigt; den anderen Leviten obliegt die Unterstützung des Tempeldienstes. Diese abgestufte Zweiteilung wurde bis zum Untergang des Zweiten Tempels praktiziert.

In seinem 7. Regierungsjahr verlieh Artaxerxes dem aus priesterlichen Geschlecht stammenden Esra weitgehende Vollmachten für Jerusalem. Vermutlich sollte Esra Autonomiebestrebungen, wie sie schon bei Haggai laut geworden waren, kontrollieren und dämpfen. Mit Esra kamen sechstausend weitere Judäer, die bis dahin noch in Babylonien gelebt hatten, aber nun willens waren, in das Land ihrer Vorfahren zurückzukehren. Sie stärkten in Judäa jene Kräfte, die den Erneuerungswillen der Exilszeit vertraten, der die im Land verbliebene Bevölkerung wenig berührt hatte.

Die Unterweisung im Gesetz

1 Das ganze Volk versammelte sich geschlossen auf dem Platz vor dem Wassertor. Und es forderte Esra, den Schriftgelehrten, auf, das Buch mit dem Gesetz des Mose zu holen, das Jahwe Israel anbefohlen hatte. 2 Da brachte Esra, der Priester, das Gesetz vor der Versammlung zur Verlesung am ersten Tag des siebten Monats – vor Männern und Frauen und allen, die das Gesetz verstehen konnten. 4 Und Esra, der Schriftgelehrte, stand auf einer hölzernen Kanzel, die man für diesen Zweck errichtet hatte. Neben ihm standen zu seiner Rechten Mattitja, Schema, Anaja, Urija, Hilkija und Maaseja, und zu seiner Linken Pedaja, Mischaël, Malkija, Haschum, Haschbaddana, Secharja und Meschullam. 5 Esra öffnete das Buch vor den Augen des ganzen Volkes; denn er stand höher als das versammelte Volk. Und als er das Buch aufschlug, erhob sich das Volk. 6 Und Esra pries Jahwe, den großen Gott, und das ganze Volk antwortete mit erhobenen Händen: Amen, amen! Dann verneigten sich alle und warfen sich vor Jahwe nieder mit dem Gesicht zur Erde. 3 Und Esra las aus dem Gesetz vor auf dem Platz vor dem Wassertor, den Männern und Frauen und denen, die es verstehen konnten – vom frühen Morgen bis zum Mittag. Und die Ohren des ganzen Volkes waren auf das Buch des Gesetzes gerichtet. 7 Die Leviten Jeschua, Bani, Scherebja, Jamin, Akkub, Schabbetai, Hodija, Maaseja, Kelita, Asarja, Josabad, Hanan und Pelaja erklärten dem Volk das Gesetz; dabei blieben die Leute auf ihrem Platz. 8 Sie lasen aus dem Buch, dem Gesetz Gottes, abschnittweise vor und erklärten den Sinn, so daß alle das Vorgelesene verstehen konnten. 9 Und Nehemia, der Statthalter, und der Priester Esra, der Schriftgelehrte, und die Leviten, die das Volk unterwiesen, sprachen zum Volk: Dieser Tag ist Jahwe, eurem Gott, heilig. Seid nicht traurig, und weint nicht! Denn alles Volk weinte, als es die Worte des Gesetzes hörte. 10 Und Esra sprach zu ihnen: Nun geht, eßt fette Speisen und trinkt süßen Wein! Schickt auch denen etwas, die nichts haben; denn dieser Tag ist Jahwe heilig. Und seid unbekümmert, denn die Freude an Jahwe ist eure Stärke. 11 Auch die Leviten beruhigten das ganze Volk und sagten: Seid still, denn dieser Tag ist heilig. Macht euch keine Sorgen! 12 Da ging alles Volk nach Hause, um zu essen und zu trinken und auch andern davon zu geben und ein großes Freudenfest zu begehen. Sie hatten die Worte verstanden, die man ihnen gesagt hatte.

Neh 8,1-12

Marc Chagall (1887–1985), Sabbat, 1910.

Dieser Bericht handelt vom ersten Wortgottesdienst der Geschichte. Das »Buch mit dem Gesetz des Mose« läßt an den Pentateuch denken, soweit er als Sammlung bis dahin vorlag. Weil keine Inhalte genannt werden, muß offen bleiben, was Esra vorgelesen hat. Immerhin dauerte die Verlesung einige Stunden, so daß es um größere Zusammenhänge ging. Unterstützt wurde Esra durch eine Anzahl namentlich genannter Laien (V 4). Die feierliche Öffnung der Torarolle zum Beginn der Lesung war ein liturgischer Akt. Daher gehört in der zeitlichen Ordnung V 3 hinter Vers 6. Daß sich der Chronist die Toralesung nicht ohne »Katecheten« denken konnte – V 7 nennt sieben Leviten namentlich – kann eine Rückprojektion aus der Tradition des späteren Synagogengottesdienstes sein. Der Vortrag des Gesetzes hat das Volk offenbar in Trauer versetzt, wahrscheinlich weil Verbote und Strafankündigungen dominierten. Esra begegnete dieser Trauer, in dem er den Tag der Toraverlesung zu einem Festtag erklärte und das Volk aufforderte, es sich gut gehen zu lassen mit Essen und Trinken, ohne die Armen zu vergessen.

Alle Mühe aber des täglichen Lebens warf der Gettojude von sich, wenn die Sabbatleuchte angezündet wurde. Alle Schmach wurde abgeschüttelt. Die Liebe Gottes, die ihm den Sabbat wiederum brachte an jedem siebten Tag, sie brachte ihm auch seine Ehre wieder und sein Menschenrecht in seiner niedrigen Hütte.

Hermann Cohen

Die Synagoge

Die Synagoge verwirklicht ein völlig neues Konzept religiösen Lebens, das bis dahin keine Religion der alten Welt kannte. Der Gottesdienst bindet sich nicht mehr an eine Opferhandlung. Er ist auch nicht auf Priester und deren Assistenz angewiesen. Während im Tempel das Volk vor den Toren des Opferhofes bleiben muß, bildet es in der Synagoge eine Gemeinde, in der alles, was geschieht, aus ihr selbst hervorgeht. Gebet und Schriftlesung treten an die Stelle der Opfer. Die priesterliche Hierarchie wird von Laien abgelöst. Während die joschijanische Reform (→ S. 236 ff.) nur noch den einen Tempel in Jerusalem dulden wollte, konnten Synagogen überall entstehen: in Städten und Dörfern, innerhalb wie außerhalb der Mauern, in der Diaspora ebenso gut wie in Israel. Die Synagoge ermöglichte einen regulären jüdischen Gottesdienst in jedem Winkel der Welt. Damit wurde sie bahnbrechend für ein neues Verständnis des Gottesdienstes in der Religionsgeschichte.

Wahrscheinlich entstanden die ersten Synagogen unter den Bedingungen des Babylonischen Exils. In der hellenistischen Zeit existierten bereits zahlreiche Synagogen in der jüdischen Diaspora. Neueste Grabungen zeigen, daß es kein einheitliches Schema für die Synagoge gegeben hat. Unterschiedliche Grundrisse kamen gleichzeitig vor; regionale Einflüsse machten sich geltend. Zu den ältesten archäologischen Zeugnissen gehören zwei Synagogen in Alexandria (3. und 1. Jh. v. Chr.) und auf Delos (1. Jh. v. Chr.). Die frühesten Hinweise aus Palästina stammen aus Jerusalem und Gamla (1. Jh. n. Chr.). In den herodianischen Festungsbauten Masada und Herodium sind Räume der Palastanlage zu synagogalen Zwecken umgebaut worden. Als klar definierter Gebäudetyp läßt sich die Synagoge seit dem 2. und 3. Jh. n. Chr. nachweisen. In literarischen Quellen erscheint die Synagoge erst, nachdem sie ihre volle Gestalt als gemeindliche Institution gefunden hat. Seitdem spielt sie eine zentrale Rolle im jüdischen Leben. Für das Überleben des Judentums in einer zweitausendjährigen Bedrängnis war sie das entscheidende Rückgrat.

Im ersten halben Jahrtausend ihrer Zeit gab es Synagogen parallel zum Tempel. Die Funktionen von Tempel und Synagoge waren komplementär, nicht einander ausschließend. Bei Wallfahrten nach Jerusalem boten Synagogen den Gemeinden Raum zu eigenen Gottesdiensten. Der aus Gebet und Schriftlesung bestehende Gottesdienst der Kirche steht in diesem Erbe. Die synagogale Belehrung hat zum ersten Mal in der Weltgeschichte heilige Schriften zum Gemeingut des ganzen Volkes werden lassen.

Ein verbreitetes Mißverständnis vergleicht Synagogen mit Kirchen. Synagogen sind aber nicht nur Gottesdiensträume, sondern zugleich Lehrhäuser. Der jiddische Name für Synagoge heißt Schul. Dort lernten und lernen Kinder das Lesen und Schreiben. Gleichzeitig ist die Synagoge eine Stätte schriftgelehrter Disputation. Ebenfalls kann die Gemeindeverwaltung hier zu Hause sein. Schon in biblischer Zeit wurden in Synagogen Gelder der Sozialfürsorge gesammelt oder die Tempelsteuer eingezogen.

Marc Chagall (1887–1985), Die Synagoge.

Die Händler und die anderen im Leben stehenden Juden beten sehr schnell und haben noch hier und da Zeit, Neuigkeiten zu besprechen und die Politik der großen Welt und die Politik der kleinen ... Sie sind bei Gott nicht seltene Gäste, sondern zu Hause. Sie statten ihm nicht einen Staatsbesuch ab, sondern versammeln sich täglich dreimal an seinen reichen, armen, heiligen Tischen. Im Gebet empören sie sich gegen ihn, schreien zum Himmel, klagen über seine Strenge und führen bei Gott Prozeß gegen Gott, um dann einzugestehen, daß sie gesündigt haben, daß alle Strafen gerecht waren und daß sie besser sein wollen. Es gibt kein anderes Volk, das dieses Verhältnis zu Gott hätte. Es ist ein altes Volk, und es kennt ihn schon lange! Es hat seine große Güte erlebt und seine kalte Gerechtigkeit, es hat oft gesündigt und bitter gebüßt, und es weiß, daß es gestraft werden kann, aber niemals verlassen.

Joseph Roth

Der Bußgottesdienst

1 Am vierundzwanzigsten Tag dieses Monats versammelten sich die Israeliten unter Fasten, in Sacktuch gehüllt und das Haupt mit Staub bedeckt. 2 Alle, die ihrer Abstammung nach Israeliten waren, trennten sich von den Fremdstämmigen; sie traten vor und bekannten ihre Sünden und die Vergehen ihrer Väter. 3 Sie erhoben sich

von ihren Plätzen, und man las vor aus dem Buch des Gesetzes Jahwes, ihres Gottes, einen viertel Tag lang. Ein anderes Viertel des Tages bekannten sie ihre Verfehlungen und warfen sich nieder vor Jahwe, ihrem Gott. 4 Und auf der Tribüne erhoben sich die Leviten Jeschua, Bani, Kadmiël, Schebanja, Bunni, Scherebja, Bani und Kenani und riefen laut zu Jahwe, ihrem Gott. 5 Die Leviten Jeschua, Kadmiël, Bani, Haschabneja, Scherebja, Hodija, Schebanja und Petachja sagten: Steht auf und preist Jahwe, euren Gott, von Ewigkeit zu Ewigkeit! Man preise deinen herrlichen Namen, wenngleich er erhaben ist über allen Preis und Ruhm. 6 Du, Jahwe, bist der Einzige! Du hast den Himmel geschaffen und den Himmel der Himmel und all ihr Heer, die Erde und alles, was auf ihr ist, die Meere und was darin lebt. Du erhältst das Leben aller. Das Heer des Himmels wirft sich vor dir nieder.

Neh 9,1-6

An Jom Kippur (hebr. »Versöhnungstag«) wurde der Tempel von allen Verunreinigungen durch nicht zu sühnende Vergehen gereinigt. Während für das Volk Arbeitsruhe und Fasten verpflichtend war, vollzogen Priester unter Ausschluß der Öffentlichkeit die gebotenen Riten (vgl. Lev 16; 23,26-32; Num 29,7-11). Dazu gehörte, einen Stier als Sühnopfer für den Hohenpriester und sein Haus, einen Bock für das Volk und einen Bock, der mit allen Übertretungen Israels beladen war, in die Wüste zu leiten. Nach der Zerstörung des Tempels übernahm der Jom-Kippur-Tag die Sühnefunktion, doch gilt die Sühnekraft des Tages nur dem, der auch selbst Buße tut.

Der nachexilische Kult bekam einen wesentlich neuen Akzent durch die Entfaltung seiner Sühnefunktion. Damit reagierte die Reformpriesterschaft auf die Erfahrung des Zusammenbruchs von 587. Nun sollte der Tempel jährlich von allen Verunreinigungen durch Priester, Leviten und Laien gereinigt werden. Daneben gab es das »Sühneopfer«, einen Blutritus, der die Menschen von ihrer Schuld befreien sollte. Dieses Sühneopfer verband sich in der Folge mit allen Jahresfesten und rückte damit den gesamten offiziellen Kult unter den Gedanken einer steten vorsorglichen Sühne. Dazu kamen weitere Reinigungsriten, die von Verunreinigungen bei Geburt, Menstruation, Samenfluß und Aussatz befreien sollten und damit tief in das Alltagsleben der Menschen eingriffen. Die so entstandene Ritualisierung band das private Leben fest an den Sühnedienst des Tempels. Vor allem aber entwickelte sich ein zunehmend größeres und tendentiell ängstliches Sündenbewußtsein in der persönlichen Frömmigkeit, das der früheren Zeit gänzlich gefehlt hatte. Der Zweite Tempel und sein neuer Kult hatten also weitreichende Folgen, die sich in Kontroversen der Jesusgeschichte deutlich spiegeln und bis heute die jüdische und christliche Frömmigkeit noch beeinflussen.

Der Restaurationsversuch als »reine« Gemeinde

In vorexilischer Zeit ist nicht von Juden die Rede, sondern von Israeliten. In den vorstaatlichen Anfängen war Israel zunächst der gemeinsame Name des Stämmeverbandes; im engeren Sinne fühlten sich die nord- und mittelpalästinischen Stämme unter diesem Namen zusammengehörig. Darum führte nach der Teilung des Reiches nur das Nordreich den Namen Israel weiter, während das Südreich sich Juda nannte. Nach dem Untergang des Nordreiches blieb »Israel« übergreifender Ausdruck der Hoffnung auf die Wiederherstellung des Volkes. Nach dem Ende des Staates Juda verstand sich das Volk weiterhin als Israel, wenngleich primär als religiös-kultische Gemeinschaft. Der Name überdauert bis zum Tage als Selbstbezeichnung des jüdischen Volkes.

Das nachexilische »Israel« bildeten überwiegend der Stamm Juda und ein Teil des Stammes Benjamin, sowie die darin integrierten Volksgruppen. Die Exilierten in Babylonien und Ägypten waren ja überwiegend Judäer. Nach deren Rückkehr und ihrer neuen Verschmelzung mit der daheim gebliebenen Bevölkerung verblaßte die Unterscheidung von Israeliten und Judäern. Seit Esra spricht man von Judäern, griechisch *Ioudaioi*; daraus ist im Deutschen das Wort Jude geworden.

Die Neubesiedlung des Landes Juda nach der Heimkehr der Exilierten wurde nach ziemlich äußerlichen Maßstäben organisiert. Wer in Jerusalem wohnen durfte, bestimmte das Los. Ein Zehntel der Rückkehrer kam dafür in Frage, außerdem die mit Leitungsfunktionen Beauftragten, Älteste und Priester. Die übrigen versuchten, ihre früheren Wohnsitze wieder zurückzugewinnen, wenngleich einige Landesteile auch politisch abgetrennt worden waren und nicht mehr zur Verfügung standen. Die besten Wohnplätze und Feldfluren waren natürlich nicht unbenutzt geblieben. Zurückgebliebene Judäer und

Das gesamte Tempelgelände war von einem brusthohen Steingeländer umgeben. Nichtjuden durften nur den um das Tempelgelände liegenden Platz, den Vorhof der Heiden, betreten. Zwei Warnungstafeln wiesen darauf hin. Die Inschrift untersagt Fremdlingen (Heiden) bei Todesstrafe den weiteren Zutritt.

allerlei Fremde hatten sich dort festgesetzt und dachten nicht daran, ihre Häuser und Ländereien an die Heimkehrer abzutreten, so daß heillose Konflikte entstanden, Prozesse und wohl auch blutige Zusammenstöße. Aufs Ganze gesehen gewannen die Heimkehrer die Oberhand, zumal sie der geistig führende Teil des Volkes waren. Sie betrieben den Wiederaufbau des Tempels und die Neubefestigung Jerusalems (→ S. 279 ff.). Allerdings nahmen sie für diese großen Aufgaben das ganze Volk bis nach Samaria hin in Anspruch. Es wurde von dort auch allseitige Hilfe geleistet. Doch eines Tages intervenierte der Prophet Haggai mit einem folgenschweren Wort:

Der Ausschluß der Unreinen

10 Im zweiten Jahr des Darius, am vierundzwanzigsten Tag des neunten Monats, erging das Wort Jahwes an den Propheten Haggai: 11 So spricht Jahwe Zebaot: Bitte doch die Priester um Weisung in folgender Frage: 12 Wenn jemand heiliges Opferfleisch im Zipfel seines Gewandes trägt und er berührt mit dem Zipfel zufällig Brot oder etwas Gekochtes, Wein, Öl oder sonst eine Speise, wird dieses dadurch geheiligt? Die Priester antworteten: Nein. 13 Da fragte Haggai: Wenn jemand, der durch eine Leiche unrein geworden ist, das alles berührt, wird es dann unrein? Die Priester antworteten: Ja, es wird unrein. 14 Da begann Haggai und sagte: Ebenso steht es um diese Leute und dieses Volk in meinen Augen – Spruch Jahwes – und ebenso mit allem, was sie tun. Was sie [im Tempel] als Opfer darbringen: Unrein ist es.

Hag 2,10-19

Die Zeitangabe führt in den Dezember 520, ein Vierteljahr nach Wiederaufnahme der Arbeit am Tempel. Haggais Spitze richtete sich gegen »Unreine«, die beim Tempelbau mitarbeiteten. Das waren vor allem die Helfer aus Samaria, aber auch die alteingesessene Bevölkerung von Juda. In beiden Gruppierungen wurden neben Jahwe immer noch fremde Götter verehrt. Sie hatten sich mit nichtisraelitischen Nachbarn vermischt, zumal die Assyrer ja nach dem Untergang des Nordreiches fremde Menschen in Samaria angesiedelt hatten (→ S. 221 f.), die sich zwar im Laufe der Zeit religiös akklimatisierten, den zurückgekehrten Judäern aber dennoch verdächtig schienen. Ließe man diese weiter mitarbeiten, argumentierte Haggai, würde der Tempel niemals das Haus Jahwes sein, da es unreine Menschen errichteten, die neben Jahwe sogar noch andere Götter verehrten. Also verlangte er den Ausschluß dieser Bevölkerungsgruppe von der Arbeit.

Unruhe und Empörung waren die Folge. Man beschwerte sich bei der persischen Regierung mit dem Ziel, den Tempelbau überhaupt zu hintertreiben. Der syrische Satrap Tattenai wurde mit der Untersuchung der Sache beauftragt. Dieser, nicht näher informiert, ließ beim persischen Königshof nachfragen, ob der Tempelbau überhaupt genehmigt sei. Nachdem man in Babylon im Archiv der Festung Ekbatana die

Vom Unkraut im Weizen

Mit dem Himmelreich ist es wie mit einem Mann, der guten Samen in seinen Acker säte. Aber während die Menschen schliefen, kam sein Feind, säte Unkraut unter den Weizen und machte sich davon. Als die Saat aufging und sich die Ähren bildeten, kam auch das Unkraut zum Vorschein. Da gingen die Knechte zu dem Gutsherrn und sagten: Herr, hast du nicht guten Samen in deinen Acker gesät? Woher nun hat er das Unkraut? Er antwortete: Ein feindseliger Mensch hat das getan. Da sagten die Knechte zu ihm: Sollen wir gehen und es ausreißen? Er entgegnete: Nein, sonst reißt ihr zusammen mit dem Unkraut auch den Weizen aus. Laßt beides zusammen wachsen bis zur Ernte. Wenn dann die Zeit der Ernte da ist, werde ich den Arbeitern sagen: Sammelt zuerst das Unkraut und bindet es in Bündel, um es zu verbrennen. Den Weizen aber sammelt in meine Scheune.

Mt 13,24-30

Samaritaner beim Pascha-Fest auf dem Berg Garizim.

Samaritaner, Angehörige einer israelit. Religion, die sich um den Berg Garizim (→ S. 223) entwickelte. Nach der Zerstörung von Samaria 722 durch die Assyrer, blieben viele Israeliten im Lande zurück (→ S. 186). Da sich die Neuangesiedelten im Lande assimilierten, bezeichnete man die S. aus späterer Jerusalemer Perspektive polemisch als Kutäer, Abkömmlinge der aus Kuta (Nordbabylonien) umgesiedelten Bevölkerung. Die strikte nachexil. Ausgrenzung der S. – nach Jes 56; 60-62 nicht unumstritten – führte zur Gründung eines eigenen Tempels auf dem Garizim. Die S. schlossen sich der makkabäischen Aufstandsbewegung nicht an, teilten auch die hasmonäische Politik nicht, so daß die Spannungen weiter zunahmen. → Johannes Hyrkanus I. zerstörte das Heiligtum auf dem Garizim, um dem als Konkurrenz zu Jerusalem empfundenen Tempel ein Ende zu machen. Danach sahen die S. keinen gemeinsamen Weg mehr mit dem Judentum. – Bis heute hat sich eine kleine S.-Gemeinschaft erhalten. Im Staat Israel gilt sie als ein Zweig des jüd. Volkes, der sich zur Tora bekennt. In Holon bei Tel Aviv und Nablus leben etwa 600 von ihnen. Heirat mit Juden ist nur erlaubt, wenn der jüd. Partner alle samaritan. Bräuche zu halten verspricht. Ihre Toten bestatten sie auf dem Berg Garizim.

Genehmigungsurkunde von Kyrus gefunden hatte, erledigte sich die Intervention. Doch ging die Sache nicht ohne Rückstufungen aus. Die in den Konflikt einbezogenen Personen mußten Jerusalem verlassen, sowohl die Propheten Haggai und Sacharja, wie zu vermuten ist, als auch der Statthalter Serubbabel (→ S. 281 f.).

Dennoch blieben Probleme, vor allem das der Mischehen. Aus Babylonien waren dreimal mehr Männer als Frauen zurückgekommen. Viele hatten die Töchter der eingesessenen Landesbevölkerung geheiratet, ohne darauf zu achten, ob sie israelitischer Abkunft waren. Der Gottesspruch Haggais, alle Unreinen auszuschließen, hatte aber auch eine Ächtung der Mischehen zur Folge. Während in vorexilischer Zeit bei Konflikten nie Uneinigkeit über die innere Zusammengehörigkeit bestand, war es jetzt möglich, daß eine Seite der anderen die Zugehörigkeit zur Gemeinschaft bestritt und nur für sich allein in Anspruch nahm, das »wahre« Israel zu sein. Über diese internen Spannungen, Konflikte und Ächtungen hätte die neue Gemeinde zerfallen können, wäre nicht weitere Hilfe aus der babylonischen Diaspora gekommen. Sie verbindet sich mit den Namen Nehemia und Esra, die Reformer der Gemeinde wurden.

Das Verbot der Mischehe

Nach persischer Praxis sollten die je landeseigenen Religionsgesetze, in Jerusalem also die Tora, für Ordnung und Recht in den Provinzen sorgen. Als Sonderbeauftragter für Religionsangelegenheiten und Jahwegläubiger zugleich verkündete Esra die Tora als das neue Gesetz (→ S. 288 f.). Im Zusammenhang damit war die Mischehenfrage zu lösen. Man versteht den Konflikt nur, wenn man in die damals gesuchte Lösung das Selbstverständnis des Gemeinwesens einbezieht, wie es in den Jahrzehnten des Exils und des anschließenden Neuanfangs erarbeitet worden war.

Die Auflösung der Mischehen

1 Als das vollendet war, kamen die Obersten zu mir und sagten: Das Volk Israel und die Priester und die Leviten halten sich nicht abgesondert von der Bevölkerung des Landes wegen deren Greuel, von den Kanaanäern, Hetitern, Perisitern, Jebusitern, Ammonitern, Moabitern, Ägyptern und Amoritern. 2 Sie haben von deren Töchtern für sich und ihre Söhne Frauen genommen und so hat sich der heilige Same mit den Völkern des Landes vermischt. Die Obersten und Beamten waren bei diesem Treubruch die ersten. 3 Als ich das hörte, zerriß ich Gewand und Mantel, raufte mir Haare und Bart und saß voll Entsetzen da. 4 Da sammelten sich alle um mich, die wegen des Treubruchs der Heimkehrer die Worte des Gottes Israels ernst nahmen. Wie betäubt blieb ich sitzen bis zum Abendopfer.

10,7 Da ließ man in Juda und Jerusalem allen Heimkehrern verkünden, sie sollten sich in Jerusalem versammeln. 8 Wer innerhalb von drei Tagen gemäß dem Beschluß der Vorsteher und Ältesten nicht komme, dessen ganzer Besitz solle der Vernichtung anheimfallen [mit dem Bann belegt werden]; ihm selbst drohe der Ausschluß aus der Heimkehrergemeinde. 9 Da versammelten sich alle Männer von Juda und Benjamin nach drei Tagen in Jerusalem; das geschah am zwanzigsten Tag des neunten Monats. Das ganze Volk saß auf dem freien Platz des Hauses Gottes, zitternd wegen der Sache, aber auch wegen der Regengüsse. 10 Da stand Esra, der Priester, auf und sagte zu ihnen: Treubruch war es von euch, ausländische Frauen zu heiraten, um so die Schuld Israels noch zu mehren. 11 So legt nun vor Jahwe, dem Gott eurer Väter, ein Bekenntnis ab und erfüllt seinen Willen: Trennt euch von den [heidnischen] Völkern des Landes und von den fremden Frauen! 12 Die ganze Versammlung antwortete und sprach mit lauter Stimme: Wie du es gesagt hast, müssen wir es tun. 13 Aber das Volk ist zahlreich und es ist Regenzeit, so daß man nicht im Freien stehen kann. Außerdem ist das keine Sache für einen Tag, auch nicht für zwei, denn viele von uns haben sich in dieser Angelegenheit verfehlt. 14 Es mögen doch unsere Vorsteher im Namen der ganzen Versammlung zusammentreten! Und alle in unsern Städten, die fremde Frauen geheiratet haben, sollen zu festgesetzten Zeiten kommen und dazu die Ältesten jeder Stadt und ihre Richter, bis wir die Zornesglut unseres Gottes in dieser Sache von uns gewendet haben.

Esr 9,1-4; 10,7-14

Die strenge Forderung scheint nicht ohne Widerspruch geblieben zu sein. Der zeitgenössische Prophet Maleachi argumentierte gegen Ehescheidungen: »Haben wir nicht alle einen Vater, hat nicht der eine Gott uns alle geschaffen? Hat er nicht eine Einheit geschaffen, ein lebendiges Wesen? ... Nehmt euch also um eures Lebens willen in acht! Handle nicht treulos an der Frau deiner Jugend!« (Mal 2,10.15). Dieser Denkansatz kam nicht voll zur Geltung, zumal auch Maleachi die Mischehen verurteilte. Es gelang Esra, die Scheidung der zwischen Judäern und Nichtjudäern geschlossenen Ehen durchzusetzen. Beson-

Anleitung zur Milde

Man sagt nicht:
»Wir wollen Sie schlachten«
Das macht keinen guten Eindruck
Es genügt zu bedauern:
»Man kann nicht mit ihnen verhandeln«

Auch: »Sie sind keine Menschen«
klingt veraltet und ist gar nicht nötig
Viel besser wirkt:
»Sie sind nicht wie ich und du«

Nicht Tod und Untergang schwören
nur kopfschüttelnd achselzucken:
»Sie verstehen nur *eine* Sprache« –
Das Schlachten folgt dann von selbst

Erich Fried

ders gelagerte Fälle wurden einem Ausschuß vorgelegt. Damit wurde an dieser Frage die Absonderung der Judäer – letztlich auch gegenüber den Glaubensbrüdern in Samaria – eingeleitet und zu einer Grundposition des weiteren Gemeindelebens gemacht.

Was die Nachfahren der alten israelitischen Stämme in den Nachbarprovinzen betrifft, so rechneten sich diese nach wie vor zur Gemeinschaft Israels als auch zur Jerusalemer Kultgemeinde. Nachdem der Tempel in Jerusalem wieder errichtet war, werden viele aus den nördlich angrenzenden Regionen nach Jerusalem gekommen sein, um hier am Kult teilzunehmen. Die Neugründung des Gemeinwesens war allerdings allein aus der Perspektive der judäischen Rückwanderer erfolgt. Zwar erlaubte man den nordisraelitischen Jahweanhängern, sich am Tempelkult zu beteiligen, auch durften sie für ihn kräftig Abgaben zahlen und ihr Leben der Tora unterstellen, aber von den Selbstverwaltungsgremien blieben sie dennoch ausgeschlossen.

Insgesamt war das Gemeinwesen überschaubar geworden und auf eine breite Beteiligung der familiären Verbände ausgerichtet. Hinzu kam die neue Struktur der Synagogengemeinden, die sich – ausgehend von Impulsen der Exil- und Diasporagemeinden – in Judäa entwickelten, soziale Differenzen überbrückten und zu neuen Formen religiöser Frömmigkeit führten (→ S. 290).

Das Buch der Psalmen

Das Buch der Psalmen ist eine Sammlung von 150 Liedern. Am Anfang standen Sammlungen für den Kleingruppenkult, um den eigenen Liederbestand an die je nächste Generation weiterzugeben. Endprodukt ist die Zusammenfassung aus vielen Liturgien und Lebenskreisen. Sie ist nicht erschöpfend, zumal auch andere Bücher der Bibel Psalmen überliefern (z.B. 1 Sam 2,1-10; Jona 2). Sie kann auch erst spät entstanden sein, nachdem zwischenzeitlich Teilsammlungen an Lokalheiligtümern und am Tempel zu Jerusalem existierten. Viele Lieder hatten ihren Sitz im Gemeindeleben. Tempeltraditionen dominieren nicht.

Nachdem erste Kollektionen aufgezeichnet worden waren, wuchsen einige Sammlungen zusammen; in Nordisrael wahrscheinlich der sogenannte elohistische Psalter (42-83), in dem die Gottesbezeichnung Elohim dominiert (→ S. 102), in Juda die Davidspsalmen (3-41), doch kann die Zuweisung an David auch erst nachexilisch sein. Die um 200 v. Chr. abgeschlossene Endredaktion bezieht den gesamten Bestand auf die synagogale Gemeinde. Damit wurden die Psalmen Lesetexte, ohne daß deren älteres Profil verlorenging. In je unterschiedlicher Weise trägt jeder Psalm die Spuren einer langen Geschichte.

Der übergreifende Name Psalm (hebräisch »Loblied«) umfaßt unterschiedliche Gattungen. Da gibt es Klagelieder des einzelnen (z. B. Ps 13; 17; 22; 26; 31; 35; 38; 51; 54-56; 69; 88; 102; 109; 130; 140-143), die

Henri Matisse (1869–1954), Fenster der Apsis in der Chapelle du Rosaire in Vence, 1948/49.

Psalmen

Die Annäherung von individueller und offizieller Religion

Wie in allen Universalreligionen, die in jenen Jahrhunderten ihre Ausprägung fanden, entwickelte sich auch im judäischen Raum ein stärker individuell ausgerichtetes Denken. Vor allem die Gebildeten der Oberschicht richteten zunehmend persönliche Fragen an Gott. Der einzelne trat aus dem Kollektiv heraus und suchte Antwort auf existentielle Nöte. Das förderte neben dem Großkult die private Frömmigkeit, die nun zunehmend von eigenen Erfahrungen und Bedürfnissen bestimmt wurde.

In den gemeindlichen Gottesdiensten erhielten Individualpsalmen größeren Raum. Die geschichtliche Entwicklung hatte diesen Trend gefördert, denn nach dem Zerfall des Staates Juda und der Zerstörung des Tempels war die religiöse Kontinuität wesentlich in den Familien bewahrt worden. Das hatte eine andere Akzentuierung der Frömmigkeit zur Folge. Die Gottesbeziehung des einzelnen lebte nun weniger aus der geschichtlichen Befreiungserfahrung der jahweglaubigen Volksgemeinschaft als aus dem Schöpfungsglauben. Dieser Glaube wurzelte vor allem in der kreatürlichen Selbsterfahrung des einzelnen. Viele Judäer hatten außerordentliche Belastungen ertragen und erkannten gerade in der Bewahrung des eigenen Lebens die Hilfe ihres Gottes, dem sie auch weiterhin vertrauten. Dadurch wurden

Ausdruck persönlicher Nöte sind und ihren Sitz im familiären Kult hatten. Daneben antworten Dank- und Loblieder privater Frömmigkeit auf erfahrene Rettung (etwa Ps 30; 32; 40; 107; 116; 118). In übergreifenden Notlagen einer Region oder des ganzen Volkes entstanden Klagelieder des Volkes, z.B. in einer Dürrekatastrophe Jer 14; während einer Heuschreckenplage Joel 1 f.; bei Pest 2 Sam 24,13 ff. Wenn Buße »in Sack und Asche« ausgerufen wurde, fanden Opferfeiern statt, man weinte laut und drängte Gott, schnell einzugreifen. Diese Klagelieder stammen aus dem offiziellen Großkult von Stamm, Stadt oder Nation. Sie schildern drastisch die Not, bekennen die eigene Schuld, erheben Vorwürfe gegen Gott und bedrängen ihn: »Wach auf, Jahwe! Warum schläfst du?« (44,24.27)

Dem Klagelied folgt auch hier das Danklied des Volkes, etwa als Siegeslied (Ex 15,1-18; Ri 5; Ps 68; Jes 14,47); oder wenn Frauen tanzend den heimkehrenden Kriegern entgegenziehen (Ex 15,20 f.; Ri 11,34; 1 Sam 18,7). Eine weitere Gattung sind Hymnen (65; 67; 104). Am meisten waren sie wohl mit den Jahresfesten verbunden. Andere Psalmen lassen an Wallfahrtstraditionen denken (46; 48; 84; 87; 122; 132; 137). Königspsalmen bilden keine eigene Gattung, wenn auch der Hof in Jerusalem populäre Texte aufgriff und in eigene Dienste stellte. Die Krönungspsalmen (2 und 110; → S. 159 ff.) spiegeln die Inthronisationsliturgie. In später Zeit entstanden schließlich didaktische Psalmen, die pastorale Intentionen verfolgten mit Ermahnungen zur Glaubenstreue und zum Festhalten an der Tora (Ps 1; 19; 34; 37; 49; 73; 90; 11; 139).

persönliche Erfahrungen für die angefochtene Jahwereligion fruchtbar gemacht. Beide Ebenen, offizieller Kult und private Frömmigkeit, prägten hinfort die Religion Israels.

Diesem Prozeß entsprangen Gemeindegebete, die persönliche Vertrauensbekenntnisse einzelner waren. Im 90. Psalm bedenkt der Dichter die Begrenztheit des Lebens und wendet sich trotz des göttlichen Zorns und des erfahrenen Unglücks an Gott, um die Zuwendung zu seiner Gemeinde zu erbitten:

Die Vergänglichkeit des Lebens und der ewige Gott

Pablo Picasso (1881–1973), Das Leben, 1903.

10 Unser Leben währt siebzig Jahre, und sind sie in Kraft, achtzig Jahre. Ihr Stolz ist nur Mühsal und Beschwer, schnell eilt es vorüber, wir fliegen dahin.
11 Wer kennt die Gewalt deines Zorns und fürchtet deinen Grimm?
12 Lehre uns, unsere Tage zu zählen, daß wir ein weises Herz gewinnen.
13 Wende dich doch endlich uns zu, Jahwe! Habe Mitleid mit deinen Knechten!
14 Sättige uns am Morgen mit deiner Gnade! Dann wollen wir jubeln und uns freuen an all unsren Tagen.
15 Erfreue uns so viele Tage, wie du uns gebeugt hast, so viele Jahre, wie wir Leid erfuhren.
16 Laß deinen Knechten sichtbar werden dein Tun und ihren Kindern deine Herrlichkeit!
17 Die Freundlichkeit Jahwes, unseres Gottes, sei über uns und lasse gedeihen das Werk unsrer Hände. Ja, das Werk unsrer Hände laß gedeihen!

Ps 90, 10-17

Im Psalm 107 wird der nachexilischen Gemeinde lehrhaft und stilisiert vor Augen gestellt, wie Gott sich ihr immer neu zugewendet hat. Im Gegensatz zu früher entstandenen Psalmen, die das Schicksal des Volkes zum Thema haben und im Großkult Verwendung fanden, fällt diese geschichtliche Dimension nun fast ganz aus. An ihre Stelle treten individuelle Glaubens- und Dankbekundungen:

Ein Danklied der Geretteten

1 Feiert Jahwe, denn er ist gütig und seine Gnade währt ewig.
2 So sollen sprechen die Erlösten Jahwes, die er von den Feinden befreit hat.
3 Denn er hat sie zusammengeführt aus den Ländern, vom Aufgang und Niedergang, vom Norden und Süden.
4 In der Wüste irrten sie umher, im Ödland, sie fanden den Weg nicht zu wohnlicher Stätte,

5 hungrig waren sie und litten Durst, so daß das Leben ihnen dahin
schwand.
6 Da schrien sie in ihrer Not zu Jahwe, er entriß sie ihren Ängsten,
7 er führte sie auf den rechten Weg, so daß sie zu wohnlicher Stätte
gelangten.
8 Alle sollen Jahwe danken für seine Gnade, für seine Wunder an den
Menschen.
9 Er hat die durstende Seele gesättigt, die hungernde Seele mit Gutem
erfüllt.
10 Die in Dunkel und Finsternis saßen, gefangen in Elend und Eisen,
11 die Gottes Worten trotzten und verachtet hatten den Rat des
Höchsten,
12 deren Herz er durch Unheil beugte; sie stürzten und niemand
stand ihnen bei,
13 sie schrien in ihrer Bedrängnis zu Jahwe, und er entriß sie ihren
Ängsten,
14 er führte sie heraus aus Dunkel und Finsternis und zerriß ihre
Fesseln:
15 Alle sollen sie Jahwe danken für seine Gnade, für seine Wunder an
den Menschen.

Ps 107, 1-15

Daß solche Rettungserfahrungen möglich waren trotz der riesigen Schuld, die auf Israel lastet, gilt hier nicht als selbstverständlich. Die Gemeinde soll das Wunder sehen, daß Gott sich immer
neu den Menschen zuwendet, sie aus Wüsten und Ödland zu wohnlicher Stätte leitet, aus Ängsten entreißt und die hungernden Seelen
mit guten Gaben erfüllt. So wie dieser Psalm Rettungserfahrungen –
lehrhaft stilisiert – der Gemeinde vor Augen stellt, bezieht sich der
Psalm 103 auf Gesundung nach schwerer Krankheit (V 3-5), um das
Erbarmen Gottes mit seiner sündigen Gemeinde zu feiern, oder die
Güte Gottes, die alle Schuld vergibt, Gebrechen heilt und das Leben
vor dem Untergang rettet. Doch soll dies jetzt nicht mehr generell für
jedweden Menschen gelten, sondern nur für jene Mitglieder der Gemeinde, »die ihn fürchten« (V 11.13), die Gottes Bund halten und
seine Gebote beachten:

> Die auf Jahwe vertrauen, sind wie der Berg Zion, der nicht wankt,
> der ewig bleibt ... Die aber auf krummen Wegen abbiegen, die jage
> Jahwe samt den Frevlern davon! (Ps 125,1.5).

Obwohl Jahwe der Gott aller Menschen ist, grenzt ihn hier eine pastorale Regie ein und nimmt ihn nur noch für jene in Anspruch, die das
gebotene Ethos leben, während die »Frevler« ausgeschlossen bleiben.
Diese Sicht erweitert das Sündenbewußtsein, bindet es an die Bitte um
Vergebung, und schafft so eine neue Voraussetzung für das rettende
Handeln Gottes. In der älteren Frömmigkeit war diese Dimension
kaum entwickelt. Zugleich wird der einzelne in die gesellschaftliche
Auseinandersetzung einbezogen und herausgefordert, seine Frömmigkeit auch sozialverträglich unter Beweis zu stellen.

Psalmen übersetzen! Wort um Wort,
Vers um Vers stocken und stolpern.
»Übersetzen« – dann kreischen und
knirschen die Sprachen, also »ver-
setze!«, dann schlägt dir das böse
Gewissen. Das Ganze ist ein »Versetz-
geschäft«, man bringt das hebräische
Urwort hin, man kriegt dafür etwas
weit unterm Wert des Versetzten und
weiß, man kriegt's nie wieder heraus.

Fridolin Stier

Die soziale und religiöse Aufspaltung des Gemeinwesens

Seit Mitte des 5. Jahrhunderts geriet das mit soviel Hoffnung neu gegründete judäische Gemeinwesen in eine tiefe soziale Krise, in welcher der anfänglich tragende gesellschaftliche Konsens zerbrach.

Die Ursachen dafür waren struktureller Natur und kaum zu steuern, vor allem das antike Kreditrecht, durch das Kreditnehmer in einen Strudel der Abhängigkeit gerieten. Bei Zahlungsunfähigkeit bekam der Kreditgeber vollen Zugriff auf den Besitz (Nutzungspfand) und die Familie des Schuldners. Von den Erträgen der Äcker und Weinberge mußte ein übergroßer Anteil abgegeben werden; soweit der Jahresertrag oder eine stark verringerte Arbeitskraft das Soll nicht erfüllten, mußte man die eigenen Kinder als Schuldsklaven überlassen. Schließlich arbeiteten die Schuldner als Sklaven auf ihrem ehemaligen Besitz, sofern sie nicht gar davon vertrieben und die Kinder in Fremdsklaverei verkauft wurden. Es sind die gleichen Mechanismen, die schon in der späten Königszeit zu sozialen Spannungen und zur Verelendung der Kleinbauern geführt hatten (→ S. 203).

Zweiter Faktor für die soziale Krise war die steuerliche Belastung durch die persische Krone. Seit Darius mußte in Silbergeld gezahlt werden, dessen Höhe ohne Rücksicht auf die jeweiligen Jahresernten feststand. Da die Provinz Juda kein eigenes Silberaufkommen hatte, konnte das Geld nur durch den Verkauf von Naturalien aufgebracht werden. Das überstieg die Leistungskraft der Landwirtschaft, zumal der Kleinbauern, die bei Mißernten ihr Abgabesoll nicht mehr erfüllen konnten und damit in die meist ausweglose Schuldenfalle gerieten.

Diese Entwicklung bedeutete eine gewaltige Herausforderung für die judäische Oberschicht, deren einflußreiche Familien in den Selbstverwaltungsgremien des Landes saßen oder im Dienst der persischen Provinzverwaltung standen.

Ein Programm zur sozialen Befriedung

1 Unter den Männern aus dem einfachen Volk und ihren Frauen entstand ein lautes Geschrei gegen ihre jüdischen Brüder. 2 Die einen sagten: Unsere Söhne und Töchter müssen wir verpfänden, um Korn zu

bekommen, damit wir zu essen haben und leben können. 3 Andere sagten: Unsere Felder, Weinberge und Häuser müssen wir verpfänden, um in der Hungerzeit Korn zu bekommen. 4 Wieder andere sagten: Wir haben zur Bezahlung der Königsteuer unsere Felder und Weinberge mit Geld beleihen müssen. 5 Wir sind doch vom selben Fleisch und Blut wie unsere Brüder; unsere Kinder sind wie ihre Kinder, aber nur wir müssen unsere Söhne und Töchter zu Sklaven erniedrigen. Einige von unseren Töchtern sind schon erniedrigt worden. Wir sind machtlos dagegen; unsere Felder und Weinberge gehören ja den anderen.

6 Ich wurde sehr zornig, als ich ihre Klage und diese Worte hörte. 7 Mein Herz ging mit sich zu Rate; dann stellte ich die Vornehmen und die Beamten zur Rede und sagte zu ihnen: Nur gegen Pfändung leiht jeder von euch seinem Bruder! Und ich berief eine große Versammlung gegen sie ein 8 und sagte zu ihnen: Wir haben unsere jüdischen Brüder, die an andere Völker verkauft worden waren, so weit es uns möglich war, losgekauft. Ihr aber geht hin und verkauft eure eigenen Brüder, so daß sie sich wieder uns zum Kauf anbieten müssen. Da schwiegen sie und wußten keine Antwort.

9 Darauf sagte ich: Was ihr da tut, ist nicht gut. Wollt ihr nicht in der Furcht unseres Gottes gewissenhaft leben, um dem Hohn der Völker, die uns feindlich sind, zu entgehen? 10 Auch ich und meine Brüder und meine Leute haben ihnen Geld und Getreide geliehen. Erlassen wir ihnen doch diese Schuldforderungen. 11 Gebt ihnen doch gleich heute ihre Äcker und Weinberge, ihre Ölgärten und Häuser zurück, und erlaßt ihnen die Schuld an Geld, Getreide, Wein und Öl, das sie bei euch geliehen haben. 12 Da sagten sie: Wir wollen alles zurückgeben und nichts von ihnen fordern. Wir wollen tun, was du gesagt hast. Daraufhin rief ich die Priester und ließ die Leute schwören, ihre Zusage einzuhalten. 13 Dann schüttelte ich den Bausch meines Gewandes aus und sagte: Genauso soll Gott jeden, der diese Zusage nicht hält, aus seinem Haus und seinem Eigentum hinausschütteln; er sei ebenso ausgeschüttelt und leer. Und die ganze Versammlung antwortete: Amen! Und sie lobte Jahwe. Und das Volk erfüllte die Zusage.

14 Auch ich habe auf den Unterhalt verzichtet, den ich als Statthalter hätte beanspruchen können, und zwar von dem Tag an, an dem mich der König zum Statthalter in Juda bestellt hatte, vom zwanzigsten bis zum zweiunddreißigsten Jahr des Artaxerxes, zwölf Jahre lang. 15 Die Statthalter, die mir vorangingen, haben dem Volk schwere Lasten aufgebürdet, täglich vierzig Silberschekel für ihren Unterhalt; auch ihre Leute unterdrückten das Volk. Ich aber tat aus Gottesfurcht nicht so. 16 Beim Bau der Mauer legte ich selbst Hand an, obwohl wir keinen Grundbesitz erworben haben. Alle meine Leute haben dort gemeinsam mitgeholfen. 17 An meinem Tisch speisten die führenden Juden und die Beamten, hundertfünfzig an der Zahl, sowie die, die von den Nachbarvölkern zu uns kamen. 18 Täglich wurden auf meine Kosten ein Rind, sechs auserlesene Schafe und auch Geflügel zubereitet. Dazu kam alle zehn Tage eine Menge verschiedener Weine. Trotzdem habe ich den Unterhalt eines Statthalters nicht eingefordert, weil der Frondienst schon schwer genug auf diesem Volke lag.

Neh 5,1-18

Anmerkung zu Neh 5,8

Der Exodus-Impuls der Bibel hat in der Geschichte des Christentums auf weiten Strecken hin kaum Wirkmächtigkeit gehabt. Über Jahrhunderte haben christliche Völker Europas die Völkerschaften Afrikas in die Sklaverei gezwungen. Ihre Gottlosigkeit belegt die verwendete Sprache: So verpflichtete die portugiesische Guinea-Gesellschaft sich in ihrer eigenen Ausdrucksweise zur Lieferung von »10 000 t Neger«. Die Verhandlungen darüber wurde »im Namen der Heiligen Dreifaltigkeit« abgeschlossen.

1701 gestand Seine Katholische Majestät der Kgl. Guinea-Kompagnie die Einfuhr von Negersklaven zu, um der Krone und ihren Untertanen »einen löblichen, ungeschmälerten, auf Gegenseitigkeit beruhenden und wechselseitigen Vorteil« zu verschaffen. Innerhalb von zehn Jahren sollten 48 000 Stück Neger beiderlei Geschlechts und aller Altersstufen geliefert werden, die von »irgendwo« aus Afrika zu holen seien.

Bericht eines Reeders aus Guadeloupe: »Der Schoner ›La Louisa‹ unter Kapitän Arnould hat die Barque-Bucht im Sankt-Annen-Viertel von Guadeloupe mit einer Ladung von 210 Negern angelaufen. Sie waren ursprünglich 275, die er an Bord hatte, übrig geblieben. Das Schiff hatte eine so große Menge von Menschen nicht tragen können, und so waren 75, die dem Kapitän zuviel waren, lebend über Bord geworfen worden.«

Kgl. Zeitung und Nachrichtenblatt für Sierra Leone: »Die ›Louis‹ unter dem Kommando eines gewissen Oiseau, der seine Sklavenladung im alten Calebar vervollständigte, hat die Masse der Unglücklichen im Zwischendeck zusammengepfercht und dann über Nacht die Luken geschlossen. Bei Tagesanbruch ergab sich, daß die Opfer in der dicken, verpesteten Luft erstickt waren. Daher befahl der Kapitän kaltblütig, die Leichen in den Fluß zu werfen und ging sofort an Land, um seine elende Fracht durch Neukauf menschlicher Geschöpfe zu ersetzen.«

Der erste Vorstoß zur Abschaffung von Menschenhandel und Sklaverei kam 1688 von dreizehn mennonitischen Familien, die aus Krefeld nach Pennsylvanien ausgewandert waren, um der Glaubensbedrängung daheim zu entgehen:

»Wir hören, daß die meisten Neger gegen ihren Willen hierher gebracht werden und daß viele derselben gestohlen sind. Sie sind allerdings schwarz, aber wir begreifen nicht, wie das ein besseres Recht gibt, sie zu Sklaven zu machen ...« Und weit in die Zukunft gedacht, wurde hier an die Exodus-Tradition angeknüpft: *»Haben denn die Neger nicht mehr Recht, ihre Freiheit zu erkämpfen, als ihr habt, sie in der Knechtschaft zu halten?«*

*

Am 28. August 1963 versammelten sich fast 300 000 Menschen vor dem Lincoln Memorial in Washington zum Gedenken an den hundertsten Jahrestag der Abschaffung der Sklaverei. Martin Luther King hielt seine berühmte Rede:

Ich habe den Traum, daß eines Tages auf den rötlichen Hügeln von Georgia die Söhne der ehemaligen Sklaven und die Söhne der ehemaligen Sklavenbesitzer sich zusammen an den Tisch der Brüderlichkeit setzen können ...

Darauf die Menge: Setz deinen Traum fort!

Ich habe den Traum, daß eines Tages meine vier Kinder in einer Nation leben werden, in der sie nicht nach ihrer Hautfarbe, sondern nach dem Wert ihres Charakters beurteilt werden ...

Setz deinen Traum fort!

Ich habe den Traum, daß eines Tages jede Schlucht aufgefüllt und jeder Hügel und jeder Berg abgetragen sein werden. Das zerklüftete Gelände wird eben und die krummen Wege werden gerade sein. Das Heil unseres Herrn wird offenbar werden und alles Fleisch soll es schauen. Das ist unsere Hoffnung.

Danach begann Joan Baez zu singen:

We shall overcome, we shall overcome, we shall overcome some day.

Und alle griffen den Refrain auf:

Oh! deep in my heart I do believe That we shall overcome some day.

Die Mitglieder der judäischen Oberschicht sahen die Problematik nicht ebenso dramatisch wie Nehemia. An den politischen Rahmenbedingungen, die den Konflikt verschärften, war nicht zu rütteln. So liberal die persische Religionspolitik war, so hart und kompromißlos griff die Steuerpolitik zu. Sich dagegen aufzulehnen, hätte nur härtere Pressionen zur Folge gehabt. Darum werden sich viele als schuldlos an der Verelendung des Volkes gesehen haben, zumal sie das geltende Kreditrecht ebenfalls nicht persönlich zu verantworten hatten, da es allgemein galt und seit jeher praktiziert wurde.

Um so mehr spricht es wieder einmal für den sozialen Impuls der Jahwereligion, daß sich ein Teil der Oberschicht ihrer sozialen Verpflichtung bewußt wurde und sich nicht mit der geltenden Rechtslage entschuldigte. Allen voran setzte Nehemia selbst den Maßstab sozialer Solidarität. Er und seine Parteigänger fühlten sich an die Loskaufverpflichtung gebunden, wie sie Lev 25,47-55 gebietet, und verpflichteten sich sogar, nicht allein einen einmaligen, sondern einen regelmäßigen Schuldenerlaß zu praktizieren: »Wir verzichten in jedem siebten Jahr auf den Ertrag des Bodens und auf jede Schuldforderung« (Neh 10,32). Sie scheuten sich auch nicht vor offenen Konflikten mit Kollegen aus der Oberschicht, wenn es darum ging, die Rechte von Kleinbauern vor Gericht zu verteidigen: »Auge war ich für den Blinden, dem Lahmen wurde ich zum Fuß. Vater war ich für die Armen, des Unbekannten Rechtsstreit prüfte ich« (Ijob 29,15 f.).

Diese soziale Konfliktlage spaltete die judäische Oberschicht. Für die Gruppe der Reichen, die sich der Solidaritätsethik der Tora verpflichtet fühlten, war das unsolidarische Verhalten des anderen Teils der Oberschicht ein Ausbrechen aus dem religiösen Konsens der Jahwereligion. Sie brandmarkten diese Kollegen, mit denen sie gesellschaftlich vieles verband, als Frevler und Gottlose, um ihnen klar zu machen, daß sie sich mit ihrem Verhalten außerhalb des Gottesverhältnisses und der Gemeinschaft Israels bewegten. Insgesamt fand die schroffe Gegenüberstellung von Frevlern und Gerechten in unterschiedlichsten Schriften der persischen Zeit ihren Niederschlag: im prophetischen Schrifttum, in den Psalmen, dem Buch Ijob und dem Buch der Sprüche. Zwar ist das Bild des Frevlers nicht durchgehend deutlich, doch ergibt sich insgesamt ein spezifisches Sozialporträt: Immer ist der Frevler der Reiche (vgl. Ps 37,16; 49,7; 52,9; 73,12; Ijob 20,18-22; 22,8). Er ist wohlgenährt oder gar fett (Ps 73,4.7; Ijob 15,27), sein Reichtum wächst weiterhin (Ps 37,7; 49,17; Ijob 21,7). Er maßt sich gewissermaßen die Stelle Gottes an (Ps 49,7; 52,9; Ijob 31,24). Das macht den Frevler rücksichtslos, zu einem »Mann des Ellenbogens« (Ijob 22,8), dessen eigentliche Bosheit darin besteht, daß er kein soziales Gewissen kennt, die Schwachen ausbeutet und um ihre Existenz bringt (Ps 37,12.14.32; 94,5 f.; Ijob 20,19; 24,4.9; Jes 29,21; 57,1; 59,6-8). Das in diesen Texten gezeichnete Profil des Frevlers ist zwar typisiert, läßt sich aber nicht als Kritik allgemeinmenschlicher Schwächen verstehen. Hinter der Chiffre »Frevler« steht eine spezifische gesellschaftliche Gruppe, die ein deutlich unsoziales Verhalten an den Tag legt. Darum dürfte es richtig sein, die »Frevler« in den Schriften dieser Zeit als die sich unsozial verhaltenden Teile der gesellschaftlichen Oberschicht zu erkennen.

Mit der Profilierung des »Frevlers« verband sich eine scharfe Auseinandersetzung, um den Einfluß und das gesellschaftliche Ansehen dieser Gruppe einzudämmen. In die Spruchsammlungen, die im Lese- und Schreibunterricht der Oberschicht benutzt wurden, fügte man schwarz-weiß-malende Sprüche ein, die den Schülern die Alternativen aufzeigen sollten, zwischen denen sie zu wählen hatten (Spr):

10,11: Der Mund des Gerechten ist ein Lebensquell, im Mund der Frevler versteckt sich Gewalttat.

16 Der Besitz des Gerechten führt zum Leben, das Einkommen des Frevlers zur Sünde.

32 Die Lippen des Gerechten achten auf das, was gefällt, der Mund der Frevler aber auf das, was verkehrt ist.

11,18 Der Frevler erzielt trügerischen Gewinn, wer Gerechtigkeit sät, hat beständigen Ertrag.

12,5 Die Gedanken der Gerechten trachten nach Recht, die Pläne der Frevler sind auf Betrug aus.

13,5 Verlogene Worte haßt der Gerechte, der Frevler handelt schändlich und schimpflich.

15,27 Wer sich durch Raub bereichert, zerstört sein Haus, wer Bestechung von sich weist, wird lange leben.

29 Fern ist Jahwe den Frevlern, doch das Gebet der Gerechten hört er.

Wenn sich in diesen Sprüchen immer das gleiche Schema wiederholt, dürfte dahinter die Absicht stecken, den Kindern der Reichen plakativ deutlich zu machen, wohin es führt, wenn sie tun, was ihnen das eigene Milieu vorlebt. Auch gottesdienstliche Texte griffen diese Intention auf. Das Ausbleiben der großen Heilswende wurde damit erklärt, daß Jahwe nicht die übliche rituelle Frömmigkeit wolle, nicht die gewohnte Form des Fastens, sondern teilweisen Besitzverzicht, Entlassung der Schuldsklaven, Unterhalt der Verelendeten, also rundherum Solidarität mit den Armen. Dieser Einsicht dienten auch die Lehrpsalmen, die das soziale Gewissen in der Öffentlichkeit schärfen sollten:

Das scheinbare Glück der Frevler

1 Voller Güte ist Gott für Israel, denen die reinen Herzens sind.

2 Ich aber – fast wären meine Füße gestrauchelt, hätten meine Schritte den Halt verloren,

3 weil ich neidisch war auf die Hochnäsigen, als ich den Wohlstand der Frevler sah.

4 Sie haben ja keine Beschwerden, ihr Leib ist gesund und wohl genährt.

5 Nicht kennen sie die Mühsal der Sterblichen, sind nicht geplagt wie andere Menschen.

6 Darum umgibt sie Hochmut wie ein Halsschmuck, Gewalttat umhüllt sie wie ein Gewand.

7 Kaum sehen sie aus den Augen vor Fett, ihr Herz quillt über von bösen Plänen.

8 Sie höhnen und reden boshaft; von oben herab reden sie.

9 Ihr Maul reißen sie bis zum Himmel auf und lassen auf Erden ihrer Zunge freien Lauf.

George Grosz (1893–1959), Der Fresser, 1939.

George Grosz (1893–1959), Die Besitzkröten (Ausschnitt), 1939.

Träume

Ich beneide sie alle,
die vergessen können,
die sich beruhigt schlafen legen und
keine Träume haben.
Ich beneide mich selbst um die Augenblicke blinder Zufriedenheit:
erreichtes Urlaubsziel, Nordseebad,
Notre Dame,
roter Burgunder im Glas und der Tag
des Gehaltsempfangs.
Im Grunde aber meine ich, daß auch
das gute Gewissen nicht ausreicht,
und ich zweifle an der Güte des
Schlafes, in dem wir uns wiegen.
Es gibt kein reines Glück mehr
(gab es das jemals? –),
und ich möchte den ein oder anderen
Schläfer aufwecken können
und ihm sagen, es ist gut so.
Fuhrest du auch einmal aus den Armen
der Liebe auf,
weil ein Schrei dein Ohr traf,
jener Schrei,
den unaufhörlich die Erde ausschreit
und den du
für Geräusch des Regens sonst halten
magst oder das
Rauschen des Winds.
Sieh, was es gibt:
Gefängnis und Folterung,
Blindheit und Lähmung,
Tod in vieler Gestalt,
den körperlosen Schmerz und die
Angst, die das Leben meint.
Die Seufzer aus vielen Mündern
sammelt die Erde,
und in den Augen der Menschen, die
du liebst, wohnt die Bestürzung.
Alles, was geschieht, geht dich an.

Günter Eich

10 Darum wendet sich das Volk ihnen zu und trinkt ihre Lehren in vollen Zügen.
11 Sie sagen: Wie sollte Gott das merken? Gibt es überhaupt ein Wissen beim Höchsten?
12 So sind die Frevler: Immer sorglos, häufen sie Reichtum auf Reichtum.
13 Umsonst hielt ich mein Herz rein und wusch meine Hände in Unschuld,
14 und wurde doch geplagt alle Tage und jeden Morgen gezüchtigt.
15 Hätte ich gesagt: Ich will reden wie sie, hätte ich an deinen Kindern Verrat geübt.
16 So sann ich nach, um das zu begreifen; es war eine Qual für mich,
17 bis ich eintrat in das Heiligtum Gottes und erkannte, wie sie enden.
18 Wahrlich, du stellst sie auf schlüpfrigen Grund, läßt sie fallen in Täuschung und Trug.
19 Sie werden plötzlich zunichte, werden dahingerafft und nehmen ein Ende mit Schrecken,
20 wie ein Traum, der beim Erwachen verblaßt, dessen Bild man vergißt, wenn man aufsteht.
21 Als mein Herz verbittert war, der Schmerz mich in den Nieren stach,
22 war ich töricht, wie dummes Vieh benahm ich mich vor dir.
23 Doch ich bleibe bei dir, du hältst mich an meiner Rechten,
24 leitest mich nach deinem Rat und nimmst mich am Ende auf in Herrlichkeit.
25 Wen habe ich im Himmel außer dir? Und außer dir begehre ich nichts auf Erden.
26 Wenn auch mein Leib und mein Herz vergehen, Gott ist der Fels meines Herzens und mein Teil auf ewig.
27 Wahrlich, wer dir fern ist, geht zugrunde; die dich treulos verlassen, vernichtest du.
28 Mein Glück aber ist es, Gott nahe zu sein. Ich setze auf Gott, auf Jahwe mein Vertrauen, zu erzählen alle deine Taten.

Ps 73

Auch das Buch Ijob bearbeitet die soziale Konfliktlage und versucht Antwort zu geben angesichts der Irritation, daß sich das unsoziale Verhalten reicher Aristokraten offensichtlich immer deutlicher lohnte, während jene, die sich einer Gerechtigkeit für alle verpflichtet wußten, in ihrer Einkommensentwicklung von den cleveren Kollegen weit abgehängt sahen und sogar sozialen Abstieg erfuhren. Ijob selbst repräsentiert einen reichen Aristokraten, den Krankheit und soziale Schicksalsschläge um seinen Besitz bringen, gesellschaftlich isolieren und schließlich sogar unter das Niveau der geringsten seiner bisherigen Knechte drücken, obwohl ihm selbst die Solidarität mit den Armen immer wichtig war. Die religiöse Anfechtung, die sich damit verband, lag in der Erfahrung, daß sich der tätige Einsatz für verarmte Gemeindemitglieder nur mit eigenen Einbußen verband, aber keinen erkennbaren Segen zur Folge hatte. Diese Betroffenheit läßt das Ijob-Buch als einen pastoralen Versuch verstehen, mit dem schwierigen internen Konflikt fertig zu werden.

Die Krise des Vertrauens in Gottes Gerechtigkeit
in der frommen Oberschicht

Während die Entwicklung zu mehr individueller Frömmigkeit für das Volk insgesamt zutraf, gärte in der gebildeten Oberschicht eine zusätzliche Problematik. Das in jener Zeit fertiggestellte Buch Ijob stellt einen Mann vor, der überzeugt ist – und es auch sein darf –, die Tora immer befolgt und nie übertreten zu haben und dennoch Besitz und Gesundheit verliert. Aus dem Bewußtsein seiner eigenen Rechtschaffenheit wagt Ijob es, Gott des Vertragsbruchs zu bezichtigen und ihn in Gegenwart von drei Freunden, die gekommen sind, ihn zu trösten, aufzufordern, sich seiner Anklage zu stellen. Wie in einer Gerichtsverhandlung – nach deren Muster der dramatische Mittelteil aufgebaut ist (3,1-42,6) – wird der Glaube Israels verhandelt, mit seinem Gott einen Vertrag abgeschlossen zu haben, der beide Partner zu absoluter Rechtlichkeit verpflichtet.

Die bis dahin gehegte Erwartung kommt am klarsten in der Frage an den geprüften Freund zum Ausdruck: »Ist Gottesfurcht nicht dein Vertrauen und deine Frömmigkeit nicht deine Hoffnung?« (Ijob 4,6). Denn wenn jene, die sich in ihrer Lebenspraxis ganz dem Gebot sozialer Gerechtigkeit unterstellen und insgesamt nach der Tora leben, dennoch nicht die rettende Zuwendung Gottes erfahren, wie man sie der Gemeinde verspricht, was bedeutet das dann für den einzelnen und sein Gottesverhältnis? Wenn er doch kein Frevler ist, der seinen Besitz an die Stelle Gottes gesetzt hat, darf er dann nicht füglich von Gott erwarten, Huld und Heil zu erfahren? »Wenn du an Gott dich wendest, und zum Allmächtigen um Gnade flehst, wenn rein du bist und recht, dann wird er wachen über dich, dein Heim herstellen, wie es dir zusteht« (8,5 f.) lautete der Glaube an wechselseitige Treue. Und immer wieder wurde beteuert: »Ja, Gott verschmäht den Schuldlosen nicht, die Hand des Boshaften aber hält er nicht fest« (8,20).

Das ganze Buch Ijob ist ein Zeugnis dafür, daß diese Oberschichtstheologie in die Krise geriet. Gerade ihre strengsten Verfechter, die sich wie Ijob mit ihrem Vermögen und gesellschaftlichen Einfluß gegen die Verelendung der kleinen Bauern wehrten, mußten erfahren, daß sich ihr Engagement nicht auszahlte. Während jene, die nur dem eigenen Profit nachgingen, aber eine persönliche religiöse Verantwortlichkeit leugneten, immer reicher und angesehener wurden, ließ Gott offensichtlich die Verantwortungsbewußten im Stich, so daß ihnen sozialer Abstieg drohte. Um der wachsenden Irritation zu wehren, entwickelt das Buch Ijob ein Konzept, das eine reinere Form von Frömmigkeit vor Augen stellt, als es die kurzschlüssige Koppelung zwischen ethischer Lebensführung und unmittelbarer göttlicher Anrechnung realisiert. Der Rechtschaffene soll erkennen, daß er bisweilen für längere Zeit darauf verzichten muß, Gottes Anerkennung zu finden. Und wenn Ijob sogar in seinem sozialen Abstieg und körperlichen Verfall Gott noch loben kann (1,21; 2,10), wird damit ein Weg gewiesen, der über die bis dahin vertraute Frömmigkeitspraxis weit hinausführt.

Zunächst einmal gibt das Buch allen, die sich in Ijobs Schicksal wiedererkennen können, mit Trauer und Klage breiten Raum. Schon die sprachliche Darstellung des erfahrenen Leids konnte als Hilfe erfahren werden. Dennoch wird sich der Verfasser kaum Illusionen darüber gemacht haben, daß diese Form theologischer Auseinandersetzung ausreichte. Die frommen Gedanken der Freunde versagen angesichts

Vincent van Gogh (1853–1890),
Trauernder alter Mann, 1882.

Was ist der Mensch, von einer Frau geboren?
Sein Leben ist nur kurz und voller Unrast.
Wie eine Blume blüht er und verwelkt,
wie ein Schatten ist er plötzlich fort ...

Im voraus setzt du fest, wie alt er wird,
auf Tag und Monat hast du es beschlossen.
Du selbst bestimmst die Grenzen seines Lebens,
er kann und darf sie niemals überschreiten.
Drum blicke weg von ihm, laß ihn in Ruhe,
und gönne ihm sein bißchen Lebensfreude!

Für einen Baum gibt es noch Hoffnung:
Fällt man ihn, so schlägt er wieder aus.
Selbst wenn die Wurzeln in der Erde altern,
der Stumpf im Boden abstirbt und verdorrt,
sofern er nur ein wenig Wasser spürt,
treibt neu er wie ein Setzling wieder aus.

Doch stirbt der Mensch, so ist's vorbei mit ihm ...
Tote stehen nicht mehr auf,
nie werden sie aus ihrem Schlaf erwachen.
Noch eher stürzt der ganze Himmel ein!

Nach Ijob 14

des schweren Leids – und münden in Irritation und falscher Anschuldigung. Zwar weisen auch die Freunde eine verkürzte Beziehung zwischen Frömmigkeit und persönlichem Nutzen als unsachgemäß ab und betonen zugleich immer wieder, daß Reichtum und Glück der »Frevler« nicht weit tragen; schon bald werde diese ein schreckliches Schicksal einholen. Eine solch kurzgeschlossene Vergeltungslehre kann Ijob leicht zurückweisen: »Wie tröstet ihr mit Schwindel mich, eure Antworten bleiben Betrug!« (21,34) Und Ijob bleibt überzeugt: »Prüfte er mich, ich ginge hervor wie Gold« (23,10).

Die Freunde beanspruchen Einsicht in die eigene menschliche Nichtigkeit angesichts der Größe Gottes. Niemandes Verdienst reiche aus, unbelastet vor Gott zu erscheinen, darum könne auch keiner auf die gerechte Vergeltung seiner Verdienste pochen. Konsequent zu Ende gedacht, würden allerdings sittliche Anstrengungen, wie sie stets angemahnt wurden, damit auf Gott hin belanglos. Ijob verzichtet schließlich darauf, auf die Argumente seiner Gesprächspartner überhaupt noch einzugehen und sucht nur noch Gottes Antwort, ohne sie zu finden. Statt dessen entdeckt er die Gewalttätigkeit Jahwes, die sich um Recht und Unrecht nicht kümmert. Ihm wird bewußt, wie überall Unschuldige leiden: »Doch nicht achtet Gott ihres Flehens« (24,12).

Wir begegnen in diesem Buch zum ersten Mal in der Religionsgeschichte Israels der Erkenntnis, wie unter dem Druck massiver Unrechtserfahrungen in der Spätzeit der persischen Herrschaft das Ringen

Im Gunde sagt das Buch Ijob nichts anderes als die Geschichte von der Opferung Isaaks in Genesis 22.

Jeshajahu Leibowitz

Das Buch Ijob

Das Buch Ijob besteht aus zwei Traditionsschichten. Die älteste erzählte von einem reichen Araber Ijob, der seinen Besitz verlor, aber Gott ergeben blieb und so schließlich wieder zu Ehren kam. Diese mündlich in Israel umlaufende Erzählung wurde literarisch bearbeitet und liegt in der Rahmenerzählung des heutigen Buches Ijob vor (Prolog 1-2; Epilog 42,7-17). Ein zweiter Autor hat aus dieser Vorgabe ein ganz neues Werk geschaffen. Er behielt die überlieferte Prosaform als Rahmen für sein Buch bei, um darin die Streitgespräche und Dialoge zwischen Ijob, seinen Freunden und Gott einzufügen. Der dem religiösen Konflikt zugrundeliegende gesellschaftliche Hintergrund paßt in die Zeit des Nehemia (um 440 v. Chr.), in der die Reichen sich ausbeuterisch verhalten, während der großzügige Nehemia dem literarischen Ijob entspricht (vgl. Neh 5,14-18; → S. 301). Aus späterer Zeit und von einem anderen Autor stammen die Elihu-Reden (32-37).

Das Buch Ijob war Literatur der gebildeten Oberschicht Israels. Die anspruchsvolle Sprache versperrte einer breiteren Leserschaft den Zugang. Es gehört in den Kontext der Weisheitsliteratur und nimmt mit der Frage nach dem »leidenden Gerechten« eine Problemstellung auf, die im Alten Orient schon eine längere Tradition hatte. Natürlich ist die Gestalt des Ijob fiktiv. Sie repräsentiert Erfahrungen begüterter Kreise Judas, die sich von ökonomischen und privaten, in ihrem Zusammenfall auch von religösen Krisen irritiert fühlten.

um die Vertrauensbeziehung des einzelnen zu seinem Schöpfer keine befriedigende Antwort findet. Es waren zunächst Angehörige der Oberschicht, die ihren selbstlosen Einsatz für soziale Gerechtigkeit durch Gott nicht begleitet sahen und erkannten, daß innerhalb der menschlichen Lebenszeit das Verlangen nach Gerechtigkeit unerfüllt bleibt. Sie folgerten, »daß der Tod nicht einfach das Ende der persönlichen Gottesbeziehung sein könne« (Rainer Albertz). In der gleichen Linie dachte immer noch der Philosoph Max Horkheimer, als er den Sinn der Rede von Gott darin sah, »daß es bei diesem Unrecht, durch das die Welt gekennzeichnet ist, nicht bleibe, daß das Unrecht nicht das letzte Wort sein möge ...«

*I*m Prolog des Buches Ijob lautet die Frage des Satans: »Ist denn Ijob umsonst gottesfürchtig?« (1,9). Ijob seinerseits erkannte, daß sein Mühen und Beten, Gott zu seinen Gunsten umzustimmen, vergeblich ist (9,4-12,29). So könnte er einfach verstummen oder den Rat seiner Frau befolgen: »Lästere Gott und stirb!« (2,9). Dennoch wendet er sich weiter an Gott, weil er – ohne damit noch Hoffnung zu verbinden – keinen anderen Existenzgrund hat. Ijob kann von Gott nicht lassen. Er will ihn auch in seinem Leid verstehen. Und weil »Verstehen« dazu drängt, an der Stelle dessen zu stehen, den man verstehen will, sucht er nach Analogien, die alle an der Absolutheit Gottes scheitern, wie er zuvor noch seinen Freunden selbst dargelegt hat:

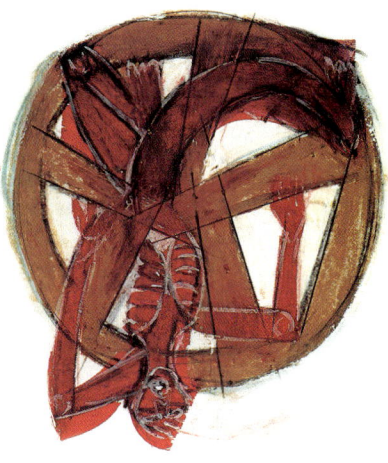

HAP Grieshaber (1909–1981), Das Rad, 1969.

Seinem ungewöhnlichen Autor ging die Unmöglichkeit auf, Gott in das System menschlicher Moral und menschlicher Lebenserwartungen einzubeziehen. Zwar nennt er diesen Gott weiterhin Jahwe, wie es der Tradition Israels entspricht, aber es dominiert die Sicht eines persönlichen Gottes, der nicht fern »im Himmel«, sondern dem einzelnen nahe ist. Er wird oft *schadday* genannt, was die Übersetzungen – durchaus problematisch – mit »der Allmächtige« wiedergeben. Der Name ist noch nicht geklärt, um so mehr ist die Problematik des Allmachtsattributs auch in der hier vorliegenden Übersetzung zu beachten (vgl. S. 310).

Das Buch widerspricht jeder Theologie, die zur Ergebenheit in Elend und Leid auffordert und das als Vertrauen »in den unerforschlichen Ratschluß Gottes« deutet. Der gerechtfertigte Rebell, der die Kühnheit aufbringt zu behaupten, Gerechtigkeit sei keine göttliche sondern eine menschliche Eigenschaft, bleibt weiterhin provokativ. Aber da sein Protest angesichts der Ungerechtigkeit dieser Welt keine Lösung findet – die Antwort Gottes übergeht diesen Komplex –, nährt dies letztlich die Sehnsucht oder gar Hoffnung, daß es bei allem Unrecht nicht endgültig bleibe. Wenngleich die vorgestellte Leiderfahrung allgemein gültig ist, läßt sich durch die Ausschaltung jeder fraulichen Betroffenheit die androzentrische Einseitigkeit nicht übersehen. Auch Ijobs Frau trägt dessen Schicksal, dennoch wird sie übergangen und jeder Stimme beraubt.

Das Rad der Zeit dreht sich, es hebt Menschen hoch und läßt sie wieder sinken und ins Grab fallen. Es ist das Rad der Welt mit ihrer Vergänglichkeit. Ein Rad mit scharfen Klingen, denn niemand lebt, ohne Wunden davon zu tragen. Oft ein Rad des Leidens, an das viele gebunden sind, ausgeliefert dem Gang der Dinge. Das Rad der heiligen Märtyrer, die es zu allen Zeiten gibt, Opfer von Aggressionen, verlassen in den Verließen der Welt.

*Dies alles kam über uns,
und wir haben deiner doch nicht vergessen,
nicht gebrochen haben wir deinen Bund.
Unser Herz ist von dir nicht gewichen,
nicht abgebogen von deinem Pfad
sind unsere Schritte,
als du uns schlugst am Ort der Schakale,
als du uns hülltest in Finsternis ...
deinetwegen werden wir ständig gemordet,
gewertet wie Schafe, zum Schlachten
bestimmt.
Wache auf! Warum schläfst du, o Herr?
Ps 44,18-24*

Ijobs Klage: Zum Ekel ist mein Leben mir geworden

1 Zum Ekel ist mein Leben mir geworden, so laß ich meinem Jammer freien Lauf, reden will ich in meiner Seele Bitternis.

2 Ich sage zu Gott: Sprich mich nicht schuldig, laß mich wissen, warum du mich bekämpfst.

3 Nutzt es dir, Gewalt zu üben, wenn du das Werk deiner Hände verwirfst, doch strahlend aufgehst über dem Plan der Frevler?

4 Hast du die Augen eines Sterblichen, siehst du, wie die Menschen sehen?

5 Sind deine Tage den Menschentagen gleich und deine Jahre wie des Mannes Tage,

6 daß du nach meiner Schuld suchst und nach meiner Sünde forschst,

7 obwohl du weißt, daß ich nicht schuldig bin und keiner mich aus deiner Hand entreißt?

8 Deine Hände haben mich gebildet, mich gestaltet um und um; nun willst du mich vernichten.

9 Bedenke doch, daß du aus Ton mich schufst. Nun legst du wieder mich in Staub.

10 Hast du nicht hingegossen mich wie Milch, wie Käse mich gerinnen lassen?

11 Mit Haut und Fleisch hast du mich umkleidet, mit Knochen und Sehnen mich durchflochten.

12 Leben und Gnade hast du mir gewährt, deine Obhut schützte meinen Geist.

13 Doch verbirgst du dies in deinem Herzen; ich weiß, du hattest es im Sinn.

14 Wollte ich sündigen, du würdest mich beobachten, nicht mich freisprechen von meiner Schuld.

15 Wäre ich schuldig, dann wehe mir! Bliebe ich aber gerecht, dürfte ich doch das Haupt nicht erheben, gesättigt mit Schmach und getränkt mit Elend.

16 Und erhöbe ich es doch, du würdest wie ein Löwe mich jagen und mich wieder fühlen lassen deine Macht,

17 neue Zeugen gegen mich aufbringen, deinen Zorn gegen mich steigern, immer weitere Heere gegen mich.

18 Warum ließest du mich aus dem Mutterschoße kommen, warum starb ich nicht, ehe ein Auge mich sah?

19 Wie nie gewesen wäre ich dann, vom Mutterleib zum Grab getragen.

20 Sind doch meine Tage nur noch wenige! Laß ab von mir, damit ich noch froh sein kann,

21 ehe ich hingehe ohne Wiederkehr in das Land des Dunkels und des Todesschattens,

22 in das Land, so finster wie die Nacht, wo Todesdunkel herrscht und keine Ordnung, und alles schwarz ist wie die Nacht.

Ijob 10,1-22

*I*n den ersten sieben Versen wägt Ijob drei mögliche Motive für das Handeln Gottes. Alle drei geben keine befriedigende Antwort. Im Mittelstück (V 8-17) fragt er sich, wie sich der Schöpfungsglaube zu seiner Situation verhält. Er erkennt hinter dem Wunder des geschaffenen Lebens den dunklen Tod, der die Frage nach dem Sinn des Daseins weckt. So mündet der Schluß (V18-22) wieder in die alte immerfort neu aufgegebene Frage nach dem Woher und Wohin.

Die Entgegnung Zofars: Deine Rede ist Geschwätz vor Gott

1 Da antwortete Zofar von Naama und sprach:
2 Soll dieser Wortschwall ohne Antwort bleiben, und soll der Maulheld recht behalten?
3 Soll dein Geschwätz Männer zum Schweigen bringen, und darfst du spotten ungestraft?
4 Du sagtest: Rein ist meine Lehre, und lauter war ich stets in deinen Augen.
5 O, daß Gott doch selber spräche, seine Lippen öffnete gegen dich
6 und dich der Weisheit Tiefen lehrte, die doppelt schwer an Einsicht sind. Erkennen würdest du, daß er dich strafen will ob deiner Schuld.
7 Die Tiefen Gottes willst du ergründen, und des Gewaltigen Grenzen finden?
8 Höher als der Himmel – was vermagst du da? Tiefer als die Unterwelt – was kannst du wissen?
9 Länger als die Erde ist ihr Maß, breiter ist sie als das Meer.
10 Er fährt daher und nimmt gefangen, wenn er zusammentreibt, wer hält ihn ab?
11 Denn er kennt die falschen Leute, sieht das Unrecht und nimmt es wahr.
12 Kommt denn ein Hohlkopf zur Besinnung, ein Wildesel als ein Mensch zur Welt?
13 Wenn du dein Herz in Ordnung bringst und deine Hände breitest zu ihm aus,
14 – klebt Unrecht an der Hand, entferne es, laß Böses nicht in deinem Zelte wohnen! –
15 dann kannst du makellos die Augen heben, fest stehst du da und brauchst dich nicht zu fürchten.
16 Dann wirst die Mühsal du vergessen, dir dünkt's wie Wasser, das verrann.
17 Und heller als der Mittag erhebt sich dann dein Leben, die Dunkelheit wird wie der Morgen sein.
18 Du wirst vertrau'n, daß es noch Hoffnung gibt; geborgen bist du, kannst in Ruhe schlafen,
19 kannst lagern dich und keiner schreckt dich auf, und viele werden dich umschmeicheln.
20 Doch der Frevler Augen schmachten hin, jede Zuflucht schwindet ihnen; ihr Hoffen ist, das Leben auszuhauchen.

HAP Grieshaber (1909–1981), Für Martin Luther King, 1968.

Ijob 11,1-20

Sensibilität und Mitgefühl für den leidenden Ijob ist der Rede Zofars fremd. Die Kunst des Verstehens, sich in die Situation des anderen zu versetzen, um von ihm aus zu sehen und zu urteilen, liegt seinen Worten fern. Zofar hat einen Standpunkt, den er dogmatisch vertritt, ohne Ohr und Herz für die Glaubensnöte des Freundes. Er hört allein die Vorwürfe, die das eigene Gottesbild berühren, nur den trotzigen Aufruhr gegen diesen Gott. So beginnt seine Antwort mit Zurechtweisung, geht über in Belehrung und mündet in eine Mahnung zur Buße.

wär tröschtet
wär tröschtet
dr chräbspatiänt
im zimmer nummero elf?

dr dokter dä dänkt:
d'schwöschter vilicht
d'schwöschter die dänkt:
sy familie vilicht
d'familie die dänkt:
dr pfarrer vilicht
dr pfarrer dä dänkt:
hoffentlech gott

Kurt Marti

Ijob läßt sich von seinem Freund, der seiner Klage keinerlei Verständnis und Zustimmung entgegenbringen kann, nicht irritieren. Er antwortet ihm mit einer Schärfe, die nicht hinter Zofars Attacke zurückbleibt. Er findet sich nicht damit ab, angeklagt zu werden, sondern wird selbst zum Kläger und macht die Freunde zu Angeklagten. Wenn diese glauben, allein die Weisheit über Gott zu haben und um ihren Gottesglauben mehr besorgt sind, als um den leidenden Freund und den wirklichen, wenngleich unbekannten Gott, der das Schema ihrer »Weisheit« in Frage stellt, kann Ijob ihnen nur noch raten, den Mund zu halten. Er gibt es auf, bei diesen Freunden Verständnis und Hilfe zu suchen und wendet sich nun Gott selbst zu und will wissen, ob er Freund oder Feind ihm ist.

Ijobs Antwort: Mit Gott zu rechten ist mein Wunsch

1 Seht, das alles hat mein Aug gesehen, mein Ohr gehört und wohl gemerkt.
2 Was ihr erkannt, das weiß ich auch; ich falle gegen euch nicht ab.
3 Doch will ich zum Allmächt'gen reden, mit Gott zu rechten ist mein Wunsch.
4 Ihr aber seid nur Lügentüncher, pfuschende Ärzte seid ihr all.
5 Daß ihr endlich schweigen wolltet; das würde Weisheit für euch sein.
6 Hört doch meinen Rechtsbeweis, vernehmet meiner Lippen Streit!
7 Wollt ihr für Gott Verkehrtes reden und seinetwegen Lügen sprechen?
8 Wollt ihr für ihn Partei ergreifen, und führen den Prozeß für Gott?
9 Ging's gut aus, wenn er euch durchforschte? Könnt ihr ihn täuschen, wie man Menschen täuscht?
10 In harte Zucht wird er euch nehmen, wenn heimlich ihr Partei ergreift.
11 Wird seine Hoheit euch nicht schrecken, nicht Furcht vor ihm euch überfallen?
12 Eure Sprüche sind aus Staub, eure Schilde nur aus Ton.
13 Schweigt vor mir, nun will ich reden. Dann treffe mich, was kommen mag.
14 Zwischen die Zähne nehm' ich mich selbst, in die eig'ne Hand leg' ich mein Leben.
15 Er mag mich töten, ich harre auf ihn; doch stehe ich vor ihm zu meinem Lebenswandel.
16 Schon das wird mir zum Heile dienen, kein Ruchloser darf vor sein Angesicht.
17 Hört, hört genau auf meine Rede, nehmt zu Gehör, was ich erklär!
18 Seht, ich trag' den Rechtsfall vor; ich weiß es, daß ich bin im Recht.
19 Wer ist es, daß er mit mir streite? Dann müßt' ich schweigen und vergehn.

Ijob

20 Nur zweierlei tu mir nicht an, dann muß ich nicht verbergen mich vor dir:

21 Zieh deine Hand von mir zurück; nicht soll die Angst vor dir mich schrecken.

22 Dann ruf, und ich werd' Rede stehen; oder ich red' selbst, und du antworte mir!

23 Wieviel habe ich an Schuld und Sünde? Sag meine Sünd' und Schuld mir an!

24 Warum verbirgst dein Antlitz du und siehst mich an als deinen Feind?

25 Verwehtes Laub willst du noch scheuchen, herjagen hinter dürrem Stroh,

26 daß Bitterkeit du mir verschreibst, mich erben läßt die Jugendsünden,

27 und in den Block legst meine Füße, überwachst all meine Pfade und zeichnest selbst die Sohlen meiner Füße auf?

28 – da ich doch zerfalle wie Verfaultes, dem Kleide gleich, das die Motte fraß.

Ijob 13,1-28

Ursula († 1987), Ohne Titel.

*I*jobs Hoffnung auf seine endgültige Rechtfertigung durch Gott (Kap. 19) stellte Zofar 20,6 als gottlose Vermessenheit hin. Hier wird der Riß zwischen ihm und seinem Freund unheilbar. Ijob setzt darum neu an. Die Überzeugung, daß es einen Zusammenhang zwischen Schuld und Schicksal gebe, unterzieht er einer kritischen Prüfung, die sich nicht auf Dogmatik, sondern auf nüchterne Erfahrung stützt. Die Realität lehrt ihn, daß oft gerade die »Gottlosen«, die ihren eigenen Profit über das Recht der Armen stellen, ein Leben in Luxus und Schwelgerei führen können. Ijob ist sich bewußt, daß seine Gedanken den Glauben an die göttliche Weltregierung erschüttern und nur das Entsetzen der Freunde wecken können. Aber die Gültigkeit und Wahrheit seiner Erfahrung ist ihm wichtiger als noch so etablierte Theologie. Allerdings stellt er die Strafgerechtigkeit Gottes nicht leichten Herzens in Frage. Sie berührt ja auch seine Hoffnung auf die endgültige Rechtfertigung seiner Unschuld. Schließlich wird ihm klar, daß er sein Vertrauen auf Gott mit einer Theorie göttlicher Vergeltungsgerechtigkeit nicht stützen kann.

Das Glück des Frevlers: Wie kommt's, daß Frevler leben dürfen?

1 Da antwortete Ijob und sprach:

7 Wie kommt's, daß Frevler leben dürfen, alt werden und an Kraft noch wachsen?

8 Ihre Kinder stehen fest vor ihnen, vor ihren Augen ihre Sprossen.

9 In Frieden ihre Häuser, ohne Sorg', die Rute Gottes trifft sie nicht.

10 Ihr Stier bespringt und fehlet nicht, und ohne Fehlgeburt kalbt ihre Kuh.

11 Wie eine Herde ziehen ihre Jungen aus, tanzend und hüpfend die Kleinen.

Der eine Gott hat keinen anderen Gegner als sich selbst

Sicher hat man sich die Götter eines polytheistischen Pantheons nicht als einfache Wesen vorzustellen ... Vishnu zum Beispiel kann in seinem Charakter Teile der menschlichen Erfahrung enthalten – in Vishnus Fall Erfahrungen eines Liebenden –, die der Charakter des einen Gottes Jahwe unterschlägt. Doch ganz gleich, wie die innere Komplexität eines Vishnu oder ein Konflikt in seinem Innern aussieht ..., es gibt immer einen anderen Gott, auf den sich nach Belieben das Unvereinbare übertragen läßt. Für den Anhänger Jahwes gilt das nicht. Alles gereicht dem einen Gott zur Ehre. Alles gereicht ihm auch zur Schande. Er hat keinen anderen kosmischen Gegner als sich selbst. Niemand kann ihm entgehen, und er kann sich selbst nicht entgehen. Der Charakter des einen Gottes ist widersprüchlich, und Gott ist in seinen Widersprüchen gefangen.

Wäre er beispielsweise entweder der allmächtige Herr des Himmels oder der besorgte Freund der Armen, aber nicht beides, dann könnte er der Falle entkommen. Doch tatsächlich ist er beides, und er kann nicht entrinnen.

Jack Miles

Psalm

Niemand knetet uns wieder aus Erde
und Lehm,
niemand bespricht unsern Staub.
Niemand.

Gelobt seist Du, Niemand.
Dir zulieb wollen
wir blühn
Dir
entgegen.

Ein Nichts
waren wir, sind wir, werden
wir bleiben, blühend:
die Nichts-, die
Niemandsrose.

Mit dem Griffel seelenhell,
mit dem Staubfaden himmelswüst,
der Krone rot
vom Purpurwort, das wir sangen
über, o über
dem Dorn.

Paul Celan

---

12 Zur Pauke singen sie und Zither, und freu'n sich an der Flöte Ton.
13 Ihr Leben führen sie im Glück und fahr'n voll Ruh ins Totenreich.
14 Und dennoch sagen sie zu Gott: Geh weg von uns! Deine Wege wollen wir nicht kennen.
15 Der eine stirbt in vollem Glück, ganz in Frieden, sorgenfrei.
24 Seine Schenkel sind voll Fett, getränkt mit Mark ist sein Gebein.
25 Der andere stirbt mit bitterer Seele und hat nicht vom Glück genossen.
26 Zusammen ruhn sie dann im Staub, und Gewürm deckt beide zu.
27 Ja, euer Denken kenn' ich wohl, die Ränke, die ihr gegen mich ersinnt.
34 Wie wollt ihr mich mit Nicht'gem trösten? Was ihr auch sagt: es bleibt nur Trug!

Ijob 21,1.7-14.23-27.34

Ijob beschreibt seine Situation in der Tradition der Klagepsalmen. Hat er bisher die eigene Gerechtigkeit im Frieden mit Gott aufgerufen, so soll ihm nun sein unbegreifliches und unverdientes Leiden den Weg zum Heil sichern helfen, auf dem auch die Leidensgenossen in der Vergangenheit des Volkes ihren Weg durch die Nacht genommen haben. Er mobilisiert also die sakrale Überlieferung seines Volkes für die eigene Notlage, wobei die Übersetzung des Textes und die Hintergründigkeit seiner Bezüge den Traditionsrahmen oft nicht erkennbar machen. So reiht sich Ijob ein in die große Schar der Leidenden, die schon vor ihm aus dem Dunkel ihres Schicksals mit Gott gerungen haben:

Ijobs Klage: Du hast dich mir zum Wüterich gewandelt

16 Doch jetzt zerfließt in mir die Seele, erfaßt mich ganz des Elends Zeit.
17 Des Nachts durchbohrt es mir die Knochen, Schmerz nagt an mir, kommt nicht zur Ruh.
18 Mit Allgewalt ergreift er mein Gewand, schnürt wie den Gürtel meines Leibrocks mich,
19 wirft mich hinunter in den Lehm, daß ich Staub und Asche gleiche.
20 Ich schrei' zu dir, doch du gibst keine Antwort; ich stehe da, du achtest meiner nicht.
21 Du hast dich mir zum Wüterich gewandelt, mit deiner starken Hand Gewalt bekämpfst du mich.
22 Du hebst mich in den Wind, du läßt mich auf ihm reiten, läßt mich zergehn im Sturmgebraus.
23 Ja, ich weiß, zum Tode führst du mich, zur Sammelstätte aller Lebenden.
24 Doch streckt man unter Trümmern nicht die Hand nach Rettung aus? – Schreit man um Hilfe nicht beim Untergang?
25 Weint ich nicht um den, der harte Tage hatte? Grämt meine Seel' sich nicht der Armen?
26 Denn Gutes hoffe ich – Böses kam, des Lichtes harrt ich – doch nichts als Dunkel.

27 Mein Inn'res kocht und kommt zur Ruhe nicht, Tage des Jammers haben mich erreicht.

28 Ich wandle trauernd ohne Sonn', steh auf in der Gemeinde, schreie laut.

29 Den Schakalen wurde ich zum Bruder, den Straußenhennen ein Genoss.

30 Die Haut an mir ist schwarz, in Fiebergluten brennet mein Gebein.

31 Zur Trauer ward mein Harfenspiel, der Flöte Ton zum Klagelied.

Ijob 30,16-31

Nachdem in Rede und Gegenrede die Argumente erschöpft sind, stellt sich Gott schließlich seinem Herausforderer. Er fordert Ijob auf, sich zu gürten und in einen Wettkampf mit ihm einzutreten, etwa so, wie Jakob es Gen 32 tat. Israel glaubte, daß die Gottheit groß genug sei, um mit ihr rechten und kämpfen zu können. Die erste Gottesrede (38,1-40,5) antwortet auf die Anklagen Ijobs, daß die Weltordnung mißlungen sei. Er stellt Ijob sein Schöpferhandeln entgegen, das jene Ordnungen gründet und erhält, die das menschliche Leben erst möglich machen. Auf Ijobs scharfen Vorwurf: »Ihm ist alles eins! Drum sage ich: Unschuldig wie schuldig bringt er um« (9,22) antwortet Gott in einer zweiten Rede (40,6-42,6) und stellt sich als der erfolgreiche Bekämpfer von Behemot (Nilpferd) und Leviatan (Krokodil) dar. Diese Tiere sind in der (ägyptischen) Tradition die Metaphern des Chaotisch-Bösen. Israels Gott engagiert sich gegen die chaotischen Gewalten. Zwar räumt er ihnen eigene Bereiche ein, gewissermaßen Nischen im Kosmos, doch kontrolliert er sie und setzt ihnen Grenzen.

Otto Dix (1891–1969), Ecce-Homo III, 1949.

Gottes Antwort: Willst du wirklich mein Recht zerbrechen?

6 Da antwortete Jahwe dem Ijob aus der Wetterwolke und sprach:

7 Auf, gürte deine Lenden wie ein Mann! Ich will dich fragen, du belehre mich!

8 Willst wirklich du mein Recht zerbrechen, mich schuldig sprechen, daß du recht behältst?

9 Hast du denn einen Arm wie Gott, und donnerst du mit Stimme gleich wie er?

10 So schmück' dich doch mit Hoheit und mit Majestät, und kleide dich in Glanz und Pracht!

11 Laß die Fluten deines Zornes sich ergießen, wirf jeden Stolzen nieder mit dem Blick!

12 Mit einem Blick zwing nieder jeden Stolzen! Die Frevler schlage nieder auf der Stelle!

13 Verbirg sie allesamt im Staub, bind' sie leibhaftig im Verborgnen fest!

14 Dann will auch ich dich preisen, weil deine Rechte dir den Sieg verschaffte.

Ijob 40,6-14

Du, Nachbar Gott, wenn ich dich manchesmal
in langer Nacht mit hartem Klopfen störe, –
so ists, weil ich dich selten atmen höre
und weiß: Du bist allein im Saal.
Und wenn du etwas brauchst, ist keiner da,
um deinem Tasten einen Trank zu reichen:
Ich horche immer. Gib ein kleines Zeichen.
Ich bin ganz nah.

Nur eine schmale Wand ist zwischen uns,
durch Zufall; denn es könnte sein:
ein Rufen deines oder meines Munds –
und sie bricht ein
ganz ohne Lärm und Laut.
Aus deinen Bildern ist sie aufgebaut.

Und deine Bilder stehn vor dir wie Namen.
Und wenn einmal das Licht in mir entbrennt,
mit welchem meine Tiefe dich erkennt,
vergeudet sichs als Glanz auf ihren Rahmen.

Und meine Sinne, welche schnell erlahmen,
sind ohne Heimat und von dir getrennt.

Rainer Maria Rilke

Ijob akzeptiert die Antwort Gottes. Er erkennt die Größe der Schöpfung an, der gegenüber er sich als klein erlebt. Er akzeptiert also auch, daß es neben Jahwe noch Chaos-Mächte gibt, Gott also nicht der absolute Kontrolleur aller wirkenden Kräfte ist:

Ijobs Umkehr und Unterwerfung

1 Da antwortete Ijob Jahwe und sprach:
2 Ich hab' erkannt, daß alles du vermagst; und kein Gedanke ist dir unausfüllbar.
3 Wer ist's, der den Rat verdunkelt ohne Einsicht? So hab' ich denn im Unverstand geredet über Dinge, die zu wunderbar für mich und unbegreiflich sind.
4 »Hör doch, laß mich reden, ich will dich fragen, du belehre mich!«
5 Vom Hörensagen hatte ich von dir vernommen; jetzt aber hat mein Auge dich geschaut!
6 Darum bekenne ich mich schuldig und atme auf, in Staub und Asche.

Ijob 42,1-6

»Vom Hörensagen hatte ich von dir vernommen; nun aber hat mein Auge dich geschaut!« (V 5) antwortet Ijob. Er unterwirft sich, aber nicht dem Richterspruch Gottes, sondern dem Gott, »ob dem ich schmelz dahin und stöhn in Staub und Asche«. Die Wende führen nicht Argumente herbei, sondern eine Erkenntnis der Gottheit selbst, wie sie nur wenigen gewährt wird; der Inhalt seiner Vision allerdings bleibt verschwiegen. Wende bedeutet hier nicht reumütige Umkehr und Büßerhaltung, wie traditionell gerne betont wird, sondern eine neue Sicht aus der gewonnenen Erfahrung. Noch während Ijob in Staub und Asche sitzt, wird er ein anderer. Bedenkt man, daß die beiden Gottesreden der herrschenden anthropozentrischen Tradition zuwider ein Schöpfungsbild entwerfen, das nicht zentral auf den Menschen ausgerichtet ist, sondern eine Ordnung meint, in der Menschen neben Natur und tierischer Lebenswelt sich mit ihrem Platz bescheiden müssen, läßt sich vielleicht erst heute wieder die Gottesrede in ihrem größeren Recht akzeptieren.

Über die längste Zeit der christlichen Rezeptionsgeschichte wurde das Buch Ijob der gleichen Theologie dienstbar gemacht, gegen die Ijob mit Leidenschaft rebellierte: Sich demütig der Autorität Gottes zu unterwerfen und damit zugleich jenen, die diesen Gott auf Erden repräsentieren und auslegen. Daneben hat dennoch der große Dichter, der der Gestalt des »leidenden Gerechten« seine endgültige Fassung gab, eine unübersehbare Fülle von Werken der Literatur, Kunst und Musik beeinflußt. Die Rezeption erfolgte bereits in antiker Zeit. Auch der Koran nimmt in den Suren 4,163; 6,84; 21,83 f.; 38,41-44 auf das Buch Ijob Bezug. In besonderer Weise haben jüdische Autoren in ihrer Betroffenheit von Auschwitz die Ijob-Problematik neu formuliert. Lateinamerikanischen Autoren gab das Buch Anregung, in seiner Perspektive eine »Theologie der Armen« zu schreiben.

Die Armenfrömmigkeit
in der Unterschicht

Während die Oberschicht der judäischen Gesellschaft sich über der sozialen Konfliktlage spaltete, führte dies in der Unterschicht zu einer »Armenfrömmigkeit«. Wenn schon die fromme Oberschicht dem Problem gegenüberstand, angesichts gewinnsüchtiger Kollegen durch das eigene solidarische Verhalten ins Hintertreffen zu gelangen, so sah sich die immer stärker ausgebeutete und abhängig gewordene Unterschicht von weit massiveren Glaubensanfechtungen bedrückt. Sie erlebte eine reiche, angesehene und einflußreiche Gruppierung der Oberschicht, die gottesdienstlichen Konventionen nachkam, aber ihre soziale Verantwortung ignorierte. Das weckte die Frage, wie Jahwe dies hinnehmen könne. Mußte er nicht um seiner eigenen Gottheit willen das Treiben der Frevler unterbinden? So ging es auch hier um die Gerechtigkeit Gottes, wenngleich in ganz anderer Weise.

Nun hatten die Armen der Unterschicht natürlich keine »Verdienste« aufzuweisen. Sie litten unter Abgabenlasten und Schuldknechtschaft und konnten nur denken, daß der Gott der Befreiung sich selbst verleugnen würde, wollte er auf Dauer den Jammer seines geknechteten Volkes mißachten. Deswegen sangen sie Lieder, die das unausweichliche Erbarmen Jahwes vorwegnahmen. Sie setzten ihre Hoffnung auf Jahwe, daß er mit den Frevlern, deren Schinderei sie beugte, abrechne. Dies hielt bei den Armen die jahrhundertealte geschichtliche Erfahrung mit Jahwe wach, der aus Unterdrückung und Knechtschaft herausführt, während in der Oberschicht das Gottesverhältnis mehr aus der Beziehung des Schöpfers zu seinen Geschöpfen inspiriert war.

Es scheint, daß die Gruppierungen der Unterschicht in der Hoffnung auf Befreiung aus dem sozialen Elend, eigene Gottesdienste in Häusern oder Synagogen feierten. Individuelle Klagelieder und Gebete, in denen einzelne ihrer Heilszuversicht Ausdruck geben, könnten darauf hinweisen. Daneben entwickelte sich in diesen Kreisen auch eine Gerichtsverkündigung, die ebenfalls liturgisch eingebunden war, wahrscheinlich im Rahmen von »Wortgottesdiensten«, deren wichtigste Funktion darin bestand, den Opfern der sozialen Krise ihre Selbstachtung zu bewahren. Sie hielten die Wut über erfahrenes Unrecht wach, auch Rachegelüste und den Willen, nicht zu resignieren. Zugleich entwickelte sich die Erwartung eines großen Gottesgerichts, das die reichen Frevler strafen und den Armen ihr Recht verschaffen sollte. Die Gruppen, die auf diese Weise ihre soziale Situation theologisch reflektierten, wollten sich nicht damit abfinden, gesellschaftlich ignoriert zu werden. Sie machten sich innerlich unabhängig vom öffentlichen Ansehen der Reichen und setzten ganz auf ihren Jahweglauben, der den Armen ihr Recht und Befreiung von aller Unterdrückung verhieß. In diesem Glauben konnten sie sich als den eigentlichen Kern der Gemeinde sehen.

Nicht die reichen »Frevler«, sondern sie, die Armen, waren das Gottesvolk. Indem es auf diese Weise den Unterdrückten gelang, sich aus ihrem Glaubensverständnis heraus zu behaupten, erwies sich erneut, welcher Befreiungsimpuls der Jahwereligion innewohnte.

Und ich, ein junger machtloser Jude, erhob mich gegen die furchtbarsten Mächte – ich allein gegen die ganze Welt, gegen die Mächtigen des Ranges und der ganzen Aristokratie, gegen die Macht eines unbegrenzten Reichtums, gegen die Regierung und gegen die Beamten aller Art, welche stets die natürlichen Verbündeten von Rang und Reichtum sind, gegen alle nur möglichen Vorurteile.

Ferdinand Lassalle

Wissen Sie, wozu wir in die Welt gekommen sind? Um jedes Menschenantlitz vor den Sinai zu rufen. Sie wollen nicht hin? Wenn ich Sie nicht rufe, wird Marx Sie rufen. Wenn Marx Sie nicht ruft, wird Spinoza Sie rufen. Wenn Spinoza Sie nicht ruft, wird Christus Sie rufen.
Sie wollen sterben um einer alten Weltordnung willen? Sie werden leben um einer neuen Weltordnung willen. Und diese Weltordnung ist sehr einfach. Nicht die Edlen sind für die Unedlen verantwortlich, sondern ganz Israel ist für jeden, ist für jeden, verantwortlich. Ganz Israel aber ist jeder, der nach dem Bilde Gottes geschaffen ist, das sind Sie und Ihr Oberst und Ihr Bursche und ich und wir alle.

Walther Rathenau

Wie ein wilder Schrei über die Welt hin und wie eine kaum flüsternde Stimme in unserem Innersten sagt uns unabweisbar eine Stimme, daß der Jude nur zugleich mit der Menschheit erlöst werden kann und daß es ein und dasselbe ist: auf den Messias in Verbannung und Zerstreuung zu harren und der Messias der Völker zu sein.

Gustav Landauer

Anklage der »Frevler« und Ruf nach Jahwes Einschreiten

Was die Juden verbindet und seit Jahrtausenden verbunden hat, ist in erster Linie das demokratische Ideal der sozialen Gerechtigkeit und die Idee der Pflicht zur gegenseitigen Hilfe und Duldsamkeit aller Menschen untereinander. Dies soziale Ideal durchdringt schon die ältesten religiösen Schriften der Juden und hat durch das Christentum und die islamische Religion mächtig und wohltätig auf die soziale Gestaltung eines großen Teiles der Menschheit eingewirkt.

Albert Einstein

1 Warum, Jahwe, bleibst du so fern, verbirgst dich in Zeiten der Not?
2 In seinem Hochmut quält der Frevler die Armen, verfangen möge er sich in den Ränken, die er spinnt.
3 Er rühmt sich der Gier seines Herzens; der Habsüchtige lästert, verachtet Jahwe.
4 In seiner Hochnäsigkeit spricht der Frevler: Wie sollte Gott strafen? Es gibt keinen Gott. So ist sein Denken.
5 Er tut, was er will, und alles gelingt. Fern von sich wähnt er deine Gerichte. Seine Gegner verspottet er.
6 In seinem Herzen denkt er: Das Unglück wird mich nicht treffen. An mir geht's vorüber, wie bisher, so auch weiterhin.
7 Voll Fluch ist sein Mund, voll Trug und Bedrückung; auf seiner Zunge sind Verderben und Unheil.
8 Er hockt im Hinterhalt der Höfe. In Verstecken bringt er den Unschuldigen um, späht aus nach dem Armen.
9 In Verstecken lauert er, wie ein Löwe im Dickicht; er lauert, den Armen zu fangen; fängt ihn und zieht ihn ins Netz.
10 Er schlägt, duckt sich, und die Armen erliegen seiner Übermacht.
11 In seinem Herzen spricht er: Gott vergißt es, er verbirgt sein Gesicht, er sieht nicht hin.
12 Jahwe, steh auf, Gott, erhebe deine Hand, vergiß die Gebeugten nicht!
13 Warum darf der Frevler Gott verachten, und in seinem Herzen sagen: Du strafst nicht?
14 Du siehst es doch; denn du schaust auf Unheil und Gram. Der Schwache vertraut sich dir an; du bist den Verwaisten ein Helfer.
15 Zerbrich den Arm der Frevler und Bösen! Bestraf' ihre Gottlosigkeit, so daß man von ihnen nichts mehr findet.
16 Jahwe ist König für immer und ewig, verschwunden sind die Fremden aus seinem Land.
17 Du hast die Sehnsucht der Armen gestillt, Jahwe, du stärkst ihr Herz, du hörst auf sie:
18 Du schaffst den Verwaisten und Unterdrückten ihr Recht. Kein Mensch mehr verbreite Schrecken auf Erden.

Ps 10

Der Einbruch einer neuen Welt: Der Hellenismus

Mit seinem Feldzug gegen Persien begründete Alexander das größte Reich der Antike. Damit kam der gesamte Alte Orient unter den Einfluß griechischer Kultur und Politik, wenn auch das politische Konzept darauf bedacht war, die jeweilige Eigenart der Bevölkerung in den eroberten Ländern zu achten. Griechischer Geist sollte das Reich friedlich durchdringen und in seinen unterschiedlichen Traditionen verbinden. Erwachsen ist aus dieser Politik eine internationale Einheitskultur. Der Hellenismus wurde eine weltweite Erscheinung, deren Einflüsse bis China reichten. Zwar beendete die Eroberung Ägyptens durch Augustus die griechische Dominanz, doch sind ihre Nachwirkungen bis in die byzantinische Zeit zu verfolgen.

Alexander d. Große (336–323), makedonischer König, der von Griechenland aus das persische Weltreich bis nach Indien und Ägypten eroberte. Die damit verbundene Verbreitung der griechischen Sprache führte → hellenistische Kultur in diesen Herrschaftsraum.

Schlacht von Gaugamela 331 v. Chr. In einem Haus in Pompeji entdecktes Mosaik, das die Kopie eines Gemäldes von Philoxenos von Eretria (4. Jh. v. Chr.) sein soll.

Nach Alexanders frühem Tod – er starb erst 33 Jahre alt – brach sein griechisches Herrschaftsgebiet in mehrere Teilreiche auseinander. Alexanders Jugendfreund und Kriegsgefährte Ptolemäus übernahm Ägypten, seit 323 als Satrap, seit 305 als König. Er entwickelte das Land von Alexandria aus zu einem straff organisierten Reich. Alexandria wurde kultureller Mittelpunkt der damaligen Welt. Das syrische Reich regierte Seleukos von Antiochia am Orontes aus, seit 323 als Satrap und seit 309 als König des Seleukidenreiches. Wie Ptolemäus war auch er ein ehemaliger Feldherr Alexanders. Nach ihm benannte sich die Dynastie der Seleukiden. Beide Reiche, das im Norden und das im Süden, stritten sich um die palästinischen Landstriche. Zunächst fiel Judäa an die Ptolemäer. Die Gemeinde in Jerusalem und Juda ertrug deren Oberherrschaft anfangs bereitwillig, weil ihr Regiment tolerant war und volle Religionsfreiheit gewährte.

Alexandria, von Alexander d. Gr. gegründete Stadt im Nildelta, Regierungssitz der Ptolemäer bis zu Kleopatra; größte Handelsstadt der antiken Welt mit einem starken Anteil jüdischer Bevölkerung.

Ptolemäus I. (vor 360–283), makedonischer Feldherr → Alexanders d. Gr.,
seit 323 dessen Statthalter in Ägypten.
Er machte sich 305 zum König von
Ägypten in der Nachfolge der Pharaonen, regierte unter dem Kultnamen
Soter, »Heiland«, »Retter«, und förderte Wissenschaften und Künste.
→ Ptolemäer.

Seleukos I. (um 358–281), Feldherr
Alexanders d.Gr., 321–316 Statthalter
von Babylon, seit 321 Begründer und
Herrscher des hellenist. Seleukidenrei-
ches mit der von S. gegründeten
Hauptstadt Antiochia in Syrien.
→ Seleukiden.

Hellenismus, das nachklassische
Griechentum, das etwa mit → Alexander d.Gr. beginnt und durch die Begegnung mit dem Orient seine besondere
Prägung erhält. Griechisch wurde die
Einheitssprache des Mittelmeerrau-
mes; griechische Bildung drang in den
Osten ein; königliches Mäzenatentum
förderte einen Gelehrtenstand, der in
Philologie, Mathematik, Geographie,
Astronomie und Medizin große Leistungen vollbrachte. Die vielfältigen
Religionen behielten nur noch Anhänger, wenn sie ein individuelles Verhältnis zur Gottheit ermöglichten, was
besonders in Mysterienkulten geschah.
Im jüdischen Bereich führte der hellenist. Einfluß zu schweren rel. und polit.
Konflikten, doch setzte sich langfristig
selbst bei den zunächst krass antihelle-
nist. → Hasmonäern die Kultur des H.
durch. Die Verschmelzung von H. und
Judentum, die sich besonders außerhalb Palästinas vollzog, war eine wesentliche Voraussetzung für die Ausbreitung des Christentums.

Dem Tempelstaat Jerusalem-Juda wurde weitgehende Autonomie
zugestanden. Dem Gemeinwesen stand der Hohepriester vor, die
Leitungsgremien bildeten die Ältesten und die Priester; die Volksversammlung verlor wegen ihrer sozialen Zerklüftung gegenüber
dem sakralen Gremium erheblich an Einfluß. Da die Ptolemäer
anders als die Perser auf die Ernennung eines eigenen Statthalters
verzichteten, rückte der Hohepriester nun auch in eine politische
Funktion, so daß sich eine Art Theokratie entwickelte, die den
Judäern das Gefühl vermitteln konnte, den Glanz der Autonomie
wiedererlangt zu haben.

Die soziale Zerstrittenheit des Gemeinwesens nahm auch jetzt
kein Ende. Das Abrutschen in Schuldsklaverei wurde so bedrohlich,
daß die Ptolemäer sogar Schutzgesetze dagegen erließen. Verschär-
fend kam der Verkauf in Fremdsklaverei hinzu. Palästina wurde Ex-
portland für den großen Sklavenbedarf in der hellenistischen Welt.
Doch ergab sich die soziale Notlage nicht aus wirtschaftlichen Eng-
pässen, sondern aus dem ökonomischen Aufschwung innerhalb der
großräumigen Territorien. Die Aristokratenfamilien, die sich bereitwillig in das neue System einbeziehen ließen, hatten ihren Gewinn davon, während sich für die Kleinbauern die antiken Finanzstrukturen
weiterhin nachteilig auswirkten. Und da die ptolemäischen Könige
darauf bedacht waren, möglichst hohen Profit aus ihren Ländern zu
ziehen und nahezu alle Arbeits- und Wirtschaftsabläufe einer strengen Besteuerung unterwarfen, traf dies insbesondere die kleinen Leute.
Die vervielfachte Steuerlast der Region gegenüber der persischen Zeit
verschärfte ihre Lage zusätzlich.

Zur sozialen Spaltung kam eine kulturelle. Immer deutlicher bestimmte die hellenistische Zivilisation das öffentliche Leben. Zunächst zeigte sich dies im Vordringen der griechischen Sprache, in der
Übernahme griechischer Namen, griechischer Kleidung, dann auch
griechischer Bräuche und Lebensformen, was anfangs die jüdische
Identität nicht grundsätzlich in Frage stellte. Die Übernahme hellenistischer Lebensformen durch die Oberschicht erweckte in der bedrängten Unterschicht aber den Eindruck, als seien die Reichen in ein
unjüdisches Milieu abgedriftet und scherten sich nicht mehr um die
von der Tora gebotene Solidarität. Doch auch jetzt stand die Oberschicht den Armen nicht als geschlossener Block gegenüber. Die Spaltung in »Fromme« und »Frevler« setzte sich weiter fort. Während die
einen streng an jüdischer Lebensweise festhielten und bewußt der eigenen Tradition folgten, wahrten die anderen ihre wirtschaftlichen
Interessen, indem sie die Integration des Judentums in die hellenistische Welt betrieben. Die traditionelle Frömmigkeitspraxis schien ihnen hinderlich, wahrscheinlich waren sie aber auch vom Glanz dieser
Weltkultur fasziniert.

Anfangs sollte ihr Eintreten für die griechische Kultur die Geltung
der Tora nicht aufheben, allenfalls deren nachexilische Auslegung
mildern, etwa die Handelsverbote am Sabbat (vgl. Neh 13,15-22), die
Speiseverbote, welche die Tischgemeinschaft mit Fremden fast ausschlossen, oder auch das Mischehenverbot (Esr 10). Zunächst hatten
diese Gebote eine Schutzfunktion für die judäische Bevölkerung. Ihre
absondernde Wirkung sollte verhindern, sich in einer Bevölkerung
anderer Herkunft und Religion zu verlieren. Doch infolge der ruhigen

Die Nachfolgereiche der Ptolemäer und Seleukiden um 200 v. Chr.

Darius I. hatte das persische Reich bis nach Griechenland ausgedehnt. 338 v. Chr. errang Philipp von Makedonien die Vorherrschaft über Griechenland. Seinem Sohn Alexander dem Großen (336–323) gelang es, ganz Griechenland zu vereinen und einen Rachefeldzug gegen die Perser zu führen. 334 eroberte er die Küstenstädte Kleinasiens, 333 besiegte er den Perserkönig Darius II. und war damit der neue Herrscher über Syrien, Palästina und Ägypten. Zwei Jahre später besiegte er am Tigris Darius III., eroberte Babylon, Persepolis und Susa und zerschlug damit das Perserreich.

Als der erst 33jährige Alexander 323 in Babylon an Fleckfieber starb, hinterließ er das größte Reich in der Geschichte der Alten Welt. Es war sein Ziel, die europäischen, orientalischen und asiatischen Teile seines Reiches zu einem einheitlichen Gebilde hellenistischer Weltkultur zusammenzuführen. Da kein unmittelbarer Nachfolger aus dem makedonischen Königshaus vorhanden war, zerfiel das Reich Alexanders in Nachfolgereiche.

Ehemalige Generale und Freunde teilten sich das Reich und bekämpften sich anschließend in wechselnden Bündnissen. Im Verlauf dieser Diadochenkämpfe wurden alle legitimen Erben Alexanders ausgerottet. Der makedonische Feldherr Ptolemäus machte sich zum König von Ägypten und begründete eine Dynastie in der Nachfolge der Pharaonen. Ein weiterer makedonischer Feldherr, Seleukos Nikator, wurde Begründer des nach ihm benannten Seleukidenreiches. Es erstreckte sich zur Zeit seiner größten Blüte im 3. Jh. v. Chr. über fast ganz Kleinasien und reichte bis zum Indusgebiet. Doch führten Kriege und innere Zwistigkeiten zum schrittweisen Zerfall und schließlich zu seiner Auflösung unter dem Römer Pompeius, der 64 v. Chr. den letzten Seleukiden, Antiochus XIII., absetzte und das diesem noch verbliebene Syrien zur römischen Provinz Syria machte.

Zeiten war das jüdische Volk längst wieder aus seinem Minderheitenstatus herausgewachsen, so daß es durchaus Gründe gab, die ehemaligen Schutzgebote aufzuheben oder wenigstens zu lockern. Hinzu kam, daß Judäa inzwischen für viele zu klein geworden war, zumal im Ausland größere Lebenschancen lockten. Viele Juden standen im täglichen Kontakt mit heidnischen Gesellschaften. Da hätte ihnen eine Lockerung der Absonderungsbestimmungen das Leben sehr erleichtert. Wenn hellenistische Zeitgenossen ebenfalls auf eine solche Liberalisierung drängten, konnte dies Ausdruck ihrer Verständnislosigkeit für jüdische Eigenart sein, aber nicht selten verband sich damit auch das Wohlwollen, dem Judentum eine gesicherte wirtschaftliche Basis zu ermöglichen.

Der Beginn der griechischen Herrschaft

1 Es begab sich folgendes: Der Makedonier Alexander, der Sohn des Philippus, König von Makedonien, war aus dem Lande Kittim (Griechenland) ausgezogen und hatte Darius, den König der Perser und Meder besiegt. Als erster König von Griechenland wurde er dessen Nachfolger. 2 Viele Kriege hat er geführt, befestigte Städte erobert und Könige der Erde hingemordet. 3 Bis an die Grenzen der Welt ist er gezogen und viele Völker hat er ausgeplündert. Als aber die Welt vor ihm verstummt war, wurde sein Herz überheblich und stolz. 4 Er stellte eine gewaltige Heeresmacht auf, wurde Herr über Länder, Völker und Fürsten und machte sie sich tributpflichtig. 5 Doch dann sank er aufs Krankenlager und sah seinen Tod nahen. 6 Er rief seine Fürsten zusammen, die mit ihm aufgewachsen waren, und verteilte

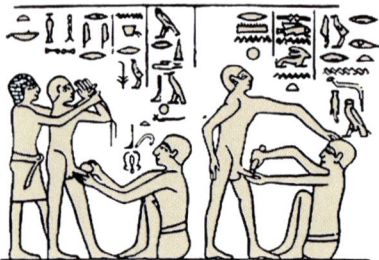

Beschneidung, ägyptische Grabmalerei um 2000 v. Chr.

Beschneidung, die Entfernung der Vorhaut des männlichen Gliedes war im Altertum fester Brauch bei Ägyptern, Edomitern, Ammonitern, Moabitern und Israeliten, nicht aber bei Philistern, Assyrern und Babyloniern. Der Sinn des Brauches ist ungeklärt; hygienische Gründe können mitgespielt haben. Vermutlich hat sich die B. seit dem Exil als Unterscheidungsmerkmal gegen die heidnische Umwelt entwickelt. Sie gilt auch heute als Zeichen des Bundes zwischen Gott und seinem Volk (Gen 17,9–14).

Ptolemäer, makedon.-griech. Herrschergeschlecht (323–30 v. Chr.), seit 305 Könige in der Nachfolge → Ptolemäus I. Die P. führten mehrere, zunächst erfolgreiche Kriege gegen die → Seleukiden, die Palästina regierten. Die große jüdische Diaspora in → Alexandria wurde zeitweilig von ihnen unterstützt. Die griechische Übersetzung der Jüd. Bibel (Septuaginta) soll für die Hofbibliothek der P. angefertigt worden sein. Das ihnen seit 320 zugehörige Palästina ging im Jahr 200 an die Seleukiden verloren. Letzte Repräsentantin der P. war Kleopatra VII. (51–30). Oktavian besiegte das ptolem. Reich 30 v. Chr. und machte Ägypten zu einer röm. Provinz.

Seleukiden, makedonische Dynastie, benannt nach → Seleukos I. (312–281), dem früheren Feldherrn Alexanders d. Gr. und Begründer eines hellenist. Großreiches, das in seiner Blüte vom Hellespont bis Indien reichte. Um 200 v. Chr. nahmen die S. Palästina für sich in Anspruch. Kriege und innerer Streit führten zum Zerfall. 64 v. Chr. setzte Pompeius den letzten S. ab und machte das diesem verbliebene Land Syrien zur röm. Provinz Syria.

sein Reich unter sie, solange er noch lebte. 7 Zwölf Jahre hatte Alexander regiert, als er starb. 8 Da übernahmen die Fürsten die Herrschaft, jeder in seinem Bereich. 9 Nach seinem Tod setzten sie sich die Königskrone auf; ebenso hielten es ihre Nachkommen für lange Zeit. Viel Unheil brachten sie über die Erde. 10 Ein besonders gottloser Sproß ging aus ihnen hervor, Antiochus Epiphanes, der Sohn des Königs Antiochus. Er war in Rom als Geisel gewesen und trat im Jahr 137 griechischer Herrschaftszeit die Regierung an.

1 Makk 1,1-10

Das Aufkommen der Verräter

11 Zu dieser Zeit traten in Israel Verräter am Gesetz auf. Sie redeten auf viele ein und sagten: Wir wollen uns mit den Heiden, die rings um uns herum leben, verständigen; denn seit wir uns von ihnen abgesondert haben, geht es uns schlecht. 12 Dieser Vorschlag gefiel ihnen, 13 und einige aus dem Volk fanden sich bereit, zum König zu gehen. Der König gab ihnen die Erlaubnis, nach den Gewohnheiten der fremden Völker zu leben. 14 Man errichtete in Jerusalem eine Sportschule, wie sie dem Brauch der heidnischen Völker entspricht, 15 und sie stellten sich die Vorhaut wieder her [um die Beschneidung rückgängig zu machen]. So fielen sie vom heiligen Bund ab, vermischten sich mit den Heiden und verkauften sich zu Schandtaten.

1 Makk 1,11-15

Die Makkabäerbücher

Unter dieser Sammelbezeichnung finden sich vier teils verwandte, teils unterschiedliche Schriften des antiken Judentums überliefert. Keins dieser Bücher zählt zur Jüdischen Bibel. In den christlichen Kirchen wurden die zwei ersten Makkabäerbücher gelesen und schließlich in das Kanonverzeichnis des Trienter Konzils aufgenommen, während die beiden anderen weder die gleiche Beachtung noch eine kirchliche Anerkennung fanden. Evangelischerseits werden 1 und 2 Makk als deuterokanonisch bewertet.

Der hebräische Urtext des Ersten Makkabäerbuches, den Hieronymus um 400 n. Chr. noch kannte, ist nicht erhalten geblieben. Die bewahrten Handschriften scheinen von einer einzigen griechischen Übersetzung abhängig zu sein. Der Verfasser des 1 Makk hat zahlreiche Dokumente, möglicherweise aus dem hasmonäischen Hofarchiv, in sein Buch aufgenommen. Darin überwiegt eine einseitige, prohasmonäische Darstellung, welche die Eigeninteressen und Machtansprüche der Hasmonäer, mit denen sie sich gegen andere durchsetzten, verschweigt. Essenische und pharisäische Vorstellungen bleiben un-

Der Kampf um die Freiheit der Religion

Die Hellenisten der jüdischen Oberschicht hatten eigentlich alle Argumente auf ihrer Seite, wenn es darum ging, Brücken zwischen dem Judentum und der übrigen Welt zu bauen (→ S. 318 f.) Dennoch konnten sie sich damit nicht durchsetzen, weil ihr Sozialverhalten und ihre Machtinteressen das sonstige Bemühen diskreditierten und weil sie auch nicht das Geschick aufbrachten, schrittweise die breitere Öffentlichkeit für interkulturelle Lernprozesse zu motivieren.

Auf Dauer verlor eine besonders drängende Gruppe der Aristokraten die Geduld und versuchte, durch Bestechung das Amt des Hohenpriesters für sich zu gewinnen. Die Jerusalemer Priesterschaft scheint dem Hellenismus gegenüber aufgeschlossen gewesen zu sein; verwoben in die Interessen der Oberschicht, bemühte sie sich um gute Beziehungen zu den Seleukiden. Inzwischen hatte sich der alte Machtkampf zwischen Ägypten und den mesopotamisch-kleinasiatischen Ländern um Palästina auch unter den hellenistischen Herrschern wiederholt. Nach schwankendem Kriegsglück gelang es schließlich dem syrischen König Antiochus III. im Jahr 198 Palästina in seine Gewalt zu bringen. Damit gerieten auch Jerusalem und Judäa unter seleukidische Herrschaft. Als der neue König Jerusalem besuchte, wurde er in großartiger Weise empfangen. Seinerseits bestätigte Antiochus den Sonderstatus der Stadt, versprach Privilegien für Judäa und Unterstützungen für den Tempel und seinen Kultus.

Die neuen Vergünstigungen kamen jedoch nur einer kleinen Oberschicht zugute. Die Lage der sozial Schwachen, zumal der Landbevölkerung, änderte sich nicht, so daß sich die bisherige Ablehnung der Ptolemäer auf die Seleukiden übertrug, und letztlich auf Herrschaft überhaupt unter Einschluß der eigenen Oberschicht, die mit allen Fremdmächten kooperierte und dabei stets ihren Vorteil fand. Weitere innenpolitische Unruhen verschärften die Lage.

Antiochus III. (223–187), 6. König des → Seleukidenreiches der nach dem Sieg über die ägypt. Ptolemäer (200 v. Chr.) die Herrschaft über Palästina gewann.

Antiochus IV. (175–164), 8. König des Seleukidenreiches der sich mit seinem Beinamen Epiphanes als der »Offenbare Gott« bezeichnete. Im 6. syr. Krieg besetzte er Ägypten, doch zwang ihn Rom, es wieder zu räumen. Damit kamen seine Großmachtpläne an ein Ende. Auf dem Rückmarsch drang er in das von einem Bürgerkrieg zwischen der altgläubigen und der hellenistischen Reformrichtung erregte Jerusalem ein. Da die Reformer ihm für seine Feldzüge die Verwendung des Tempelschatzes erlaubt hatten, erhofften sie seine Unterstützung. A. versuchte die Juden insgesamt zu hellenisieren durch das Verbot jüd. Traditionen und die Anlage einer nach griech. Muster errichteten Stadt, der Akra. Dieser Versuch scheiterte am bewaffneten Widerstand vor allem der altgläubigen jüd. Landbevölkerung (→ Makkabäer). A., konnte sich kaum um diesen Aufstand kümmern, da er sich seit 166 auf einem Feldzug gegen die Parther befand; er starb 164 an einer Krankheit.

Münze Antiochus' IV. Epiphanes

berücksichtigt, ebenfalls Einwände gegen die Art, wie die Hasmonäer das Hohepriesteramt ausübten. Als Abfassungszeit wird allgemein ein Termin um die Jahrhundertwende v. Chr. angenommen.

Das Zweite Makkabäerbuch wurde mit Ausnahme von zwei wiedergegebenen Briefen von vornherein in Griechisch geschrieben. Der Autor gibt an, das fünfbändige Geschichtswerk des sonst unbekannten Jason von Kyrene für eine Kurzfassung benutzt zu haben. Neuere Funde haben die Zuverlässigkeit der Information mehrfach bestätigt. Das Buch berichtet über eine Spanne von 15 Jahren, von der Vorgeschichte des Makkabäer-Aufstandes seit der Regierung Antiochus IV. bis zum letzten Sieg des Judas Makkabäus (161 v. Chr.). Entstanden ist das Werk noch vor der Römerzeit (64 v. Chr.); das dafür benutzte Jason-Werk dürfte auf einen Zeitgenossen des Makkabäer-Aufstandes zurückgehen.

Das Dritte Makkabäerbuch trägt seinen Namen zu Unrecht, da es mit den Makkabäern sachlich nichts zu tun hat. Auch das Vierte Makkabäerbuch ist nicht primär ein Geschichtsbuch, sondern eine philosophische Abhandlung. Beide Schriften gehören nicht zum biblischen Kanon.

Onias, Hoherpriester und Gegner der Hellenisierungsbestrebungen zur Zeit → Antiochus IV. Er mußte das Amt an seinen Bruder → Jason abtreten und wurde um 170 v. Chr. ermordet.

Jason, Bruder des Hohenpriesters Onias, der gegen Zusicherung höherer Abgaben dessen Amt 174 v. Chr. erkaufte und den Jerusalemer Tempelstaat hellenisieren wollte. Er wurde 171 von → Menelaos verdrängt. Nach einem mißlungenem Versuch 169/68, das Hohepriesteramt zurückzugewinnen, ging er nach Sparta, wo er auch starb.

Euphronios (um 510–490 v. Chr.), Sporttreibende, Darstellungen auf einer griechischen Kelchkratervase.

Unter König Seleukos IV. (187–175) amtierte ein Hoherpriester Onias, der den gesetzestreuen Kreisen als frommer Amtsträger galt, offensichtlich aber Gegner in der eigenen Priesterschaft hatte, die ihn verleumdeten und beim König seine Absetzung betrieben (2 Makk 3,4-7; 4,1-6). Seleukos, der nach 2 Makk 3,3 die religiösen Traditionen Jerusalems ausdrücklich stützte, scheint für dieses Ansinnen kein Ohr gehabt zu haben. Als sich aber nach dessen Ermordung im Jahre 175 v. Chr. Antiochus IV. der Herrschaft bemächtigte, gelang es einem gewissen Jason, nach 2 Makk 4,7 ein Bruder des Onias, mit dem Versprechen reicher Geldgeschenke und einer Förderung hellenistischer Kultur, das Amt des Hohenpriesters (174–171 v. Chr.) zu erschleichen.

Die Einführung hellenistischer Sitten in Jerusalem

7 Als Seleukus starb und Antiochus mit dem Beinamen Epiphanes die Herrschaft übernahm, erschlich sich Jason, der Bruder des Onias, das Hohepriesteramt. 8 Er versprach dem König, als er mit ihm zusammentraf, dreihundertsechzig Talente Silber, dazu noch aus anderen Einkünften achtzig Talente. 9 Darüber hinaus wolle er sich verpflichten, weitere hundertfünfzig Talente zu zahlen, wenn ihm zugestanden werde, eine Ringschule und einen Übungsplatz für junge Leute zu errichten, sowie den Einwohnern Jerusalems das antiochenische Bürgerrecht zu verleihen. 10 Der König war einverstanden. Als Jason dann die Macht ergriffen hatte, führte er unter seinen Landsleuten die griechische Lebensart ein. 11 Er schaffte die heilsamen Privilegien ab, die die Juden durch Vermittlung des Johanan vom König erhalten hatten. Dieser Johanan war der Vater des Eupolemus, der als Gesandter nach Rom gegangen war, um dort ein Freundschaftsbündnis zu schließen. Jason hob die althergebrachte Verfassung auf und führte neue Sitten ein, die dem Gesetz [der Tora] widersprachen. 12 Absichtlich ließ er unmittelbar unterhalb der Burg eine Ringschule errichten, und die Söhne der besten Familien verleitete er dazu, griechische Hüte zu tragen. 13 So kam das Griechentum in Mode; man fiel ab zu der fremden Lebensart. Schuld daran war die maßlose Verkommenheit des ruchlosen Jason, der den Namen des Hohenpriesters zu Unrecht trug. 14 Schließlich kümmerten sich die Priester nicht mehr um den Dienst am Altar; der Tempel galt in ihren Augen nichts, und für die Opfer hatten sie kaum mehr Zeit. Dafür gingen sie eilig auf den Sportplatz, sobald die Aufforderung zum Diskuswerfen erging, um an dem Spiel, das die Tora verbot, teilzunehmen. 15 Die Ehren ihres Vaterlandes achteten sie gering, die griechischen Auszeichnungen dagegen fanden sie besonders attraktiv. 16 Das wurde ihnen allerdings böse vergolten, denn gerade die, denen sie alles nachmachten und denen sie ganz gleich werden wollten, wurden ihre Feinde und Peiniger. 17 Es ist nämlich keine Kleinigkeit, sich über die göttlichen Gesetze hinwegzusetzen, wie die Folgezeit deutlich machte.

18 Als in Tyros die alle fünf Jahre stattfindenden Wettkämpfe durchgeführt wurden, die der König besuchte, 19 sandte der nichtswürdige Jason Männer aus Jerusalem als Zuschauer dorthin, die das antiochenische Bürgerrecht erworben hatten, und gab ihnen dreihundert Silberdrachmen mit für das Opfer an Herakles. Doch baten die Überbringer,

Unterrichtsszene, griechische Vasenmalerei, 5. Jh. v. Chr.

das Geld nicht zum Opfer zu verwenden, weil sich das nicht zieme, sondern es für einen anderen Zweck zurückzulegen. 20 Nach der Absicht des Auftraggebers wäre das Geld für ein Heraklesopfer bestimmt gewesen; es lag allein an den Überbringern, daß man es zur Ausrüstung der Galeeren verwendete. 21 Zur Thronbesteigung des Königs Philometor entsandte Antiochus den Apollonius, den Sohn des Menestheus, nach Ägypten. Dabei brachte er in Erfahrung, daß der Ägypter seiner Politik feindlich gegenüberstehe, und sorgte sich um seine Sicherheit. Er zog deshalb nach Jafo und von dort nach Jerusalem. 22 Jason und die Stadt bereiteten ihm einen großartigen Empfang; unter Fackelschein wurde er mit großem Triumph hineingeleitet. Dann zog er mit seinen Truppen wieder nach Phönizien.

2 Makk 4,7-22

Gymnasion, Übungs- und Ausbildungsstätte der hellenistischen Jugend. Zum G. gehörten Laufbahn (Dromos) und Palästra, ein meist quadratischer Säulenhof für Übungen im Springen und Ringen, mit Räumen für Körperpflege, Ballspiel und Unterricht. Manchmal waren auch Bäder damit verbunden. Man turnte nackt (griech. *gymnos*). Das G. repräsentierte griech. Lebensstil schlechthin. Der Hohepriester → Jason ließ zum Entsetzen der Frommen um 174 in Jerusalem ein G. errichten.

*E*s entsprach nicht der grundsätzlichen Einstellung der seleukidischen Herrscher, sich in die Überzeugungen und Ordnungen der Jerusalemer Kultgemeinde einzumischen. Antiochus III. hatte nach seiner Eroberung Palästinas der Jerusalemer Gemeinde ausdrücklich ihre Rechte und Priviliegien bestätigt. Es war jedoch in Jerusalem selbst unter hellenistischem Einfluß längst zu Auseinandersetzungen gekommen, die Zwiespalt in der Gemeinde weckten. Juden lebten zu dieser Zeit bereits weit zerstreut in der Diaspora und lernten die Faszination hellenistischer Kultur und Lebensart kennen. Sicherlich waren es nicht wenige, die davon beeindruckt waren, und selbst Jerusalemer Priesterkreise hatte der Zwiespalt zwischen der eigenen religiösen Tradition und dem Glanz hellenistischer Kultur erfaßt. In der Tempelgemeinde entstand dadurch der Konflikt zwischen jüdischer Lebensart und Sitte und den Herausforderungen, die beispielsweise ein »Gymnasion« innerhalb Jerusalems darstellte.

Eine weitere Verunsicherung entstand durch die internen Kämpfe um das hohepriesterliche Amt. Die Vorgeschichte dieser Streitigkeiten ist unbekannt. Es mag um den konkurrierenden Ehrgeiz priesterlicher Familien gegangen sein, in den sich nebenher auch Einstellungen zur hellenistischen Lebensart mischen konnten. Auf seleukidischer

Hoherpriester. Vor dem Exil gab es in Jerusalem oberste Priester. Erst mit dem Zweiten Tempel entstand das Amt des H.s, dessen erster Inhaber um 520 Jeschua war. Der H. galt als von Gott erwählt und gesalbt, war weisungsberechtigt in allen Fragen des Kultes und der Priesterschaft und vertrat das ganze Volk vor Gott; ebenso vermittelte er in einzigartiger Weise den Segen Gottes an das Volk. Sein Amtsverständnis findet sich am Beispiel Aarons (Num 4 u. a.) entfaltet.

Die Amtstracht des H.s übernahm Teile vom Ornat der vorexil. Könige, zumal der H. als deren besserer Ersatz galt. Er trug ein Diadem auf der Stirn und auf seiner Brust das alte priesterl. → Efod. Gegenüber den politischen Herrschaftsmächten war der H. Sprecher seines Volkes. Er stand dem Hohen Rat vor und gewann zeitweilig politische Autonomie (→ Hasmonäer). Die Legitimität einzelner H. war im 2. Jh. hart umstritten (→ Jason; → Menelaos). Die Politisierung des Amtes weckte zunehmende Kritik (→ H. im NT). Mit dem Ende des Tempels und des Opferkultes erloschen im Judentum die priesterlichen Funktionen.

Menelaos, Hoherpriester zur Zeit der Makkabäerkriege, den → Antiochus IV. wegen höherer Geldversprechungen 171 v. Chr. an Stelle von → Jason einsetzte. M. wurde zum Vollstrecker der seleukidischen Hellenisierungspolitik in Judäa. Er veranlaßte die Ermordung des → Onias und begleitete den König bei der Entweihung des Tempels (2 Makk 11,27-33). Im Jahr 162 wurde er unter Antiochus V. hingerichtet.

Seite machte sich infolge der Stärke Roms eine zunehmende Unsicherheit bemerkbar, so daß man immer empfindlicher auf Eigenheiten und Unruhen in den unterjochten Völkern reagierte.

Daß die seleukidischen Könige ihre bisherige Haltung, die Rechte und das Eigenleben der Jerusalemer Kultgemeinde grundsätzlich zu respektieren, aufgaben, lag wesentlich an der Jerusalemer Kultgemeinde selbst, die den neuen König Antiochus IV. Epiphanes geradezu einlud, sich in ihre inneren Angelegenheiten einzumischen. Dies fiel dem König um so leichter, als ihn seine finanziellen Nöte geneigt machten, sich mit dem Besitz seiner Vasallen zu sanieren.

Das Hohepriesteramt in der Hand der »Frevler«

23 Drei Jahre später schickte Jason den Menelaos, um dem König das Geld zu überbringen und offene Regierungsgeschäfte zum Abschluß bringen. 24 Da er sich mit dem König gut verständigte und ihm als ein einflußreicher Mann huldigte, brachte er das Amt des Hohenpriesters an sich, in dem er den Jason um dreihundert Talente Silber überbot. 25 Und nachdem er die königliche Ernennung erhalten hatte, kam er wieder zurück, ohne irgendeine Eigenschaft, die für das Amt des Hohenpriesters erforderlich ist, aufzuweisen, als nur die Leidenschaft eines rohen Tyrannen und die Wut eines wilden Tieres. 26 So wurde Jason, der seinen Bruder durch eine List verdrängt hatte, nun selbst hinterlistigerweise abgesetzt und in das Land der Ammoniter vertrieben.

2 Makk 4,23-26

Die Erschleichung des hohenpriesterlichen Amtes durch Jason war ein ungeheurer Eingriff der königlichen Gewalt in die innersten Angelegenheiten der Jerusalemer Kultgemeinde, wenn er auch durch die Machenschaften der eigenen Priesterkreise veranlaßt worden war. Dieser Grenzüberschritt bewog den König, sich in der Folgezeit weiterhin in die Besetzung des Hohenpriesteramtes und damit in die internen Angelegenheiten der Jerusalemer Kultgemeinde einzumischen. Als drei Jahre später ein gewisser Menelaos, der seinen einheimischen Namen Onias dem hellenistischen Trend geopfert hatte, dem König noch größere Geldsummen anbot, setzte dieser den Jason wieder ab und den Menelaos ein (2 Makk 4,23-26). Als sich dann aber das Gerücht verbreitete, Antiochus sei auf seinem Feldzug in Ägypten ums Leben gekommen, eroberte Jason mit Waffengewalt die Herrschaft in Jerusalem und das hohepriesterliche Amt zurück und vertrieb den Menelaos. Daß dieser erneut den König um Hilfe anrief, der daraufhin den Menelaos militärisch nach Jerusalem zurückführte und den Jason in die Flucht trieb, blieb nicht aus.

Die Unterwanderung des hohenpriesterlichen Amtes führte zur erstrebten Umwandlung Jerusalems in eine hellenistische Stadt, die den Namen Antiochia erhielt und in den Kreis der dem König besonders verbundenen Städte aufgenommen wurde. Diese Veränderung kam den finanziellen Interessen der Jerusalemer Ränkeschmiede entgegen und nicht minder denen des Königs, der bemüht war, alle Teile seines Reiches in die hellenistische Weltkultur einzubeziehen. Die bisherige Gerusie (»Ältestenrat«) wurde in einen hellenistischen Stadtrat umgewandelt. In die neu aufgestellte Liste der Polisbürger fanden die politisch Andersdenkenden wahrscheinlich keine Aufnahme, so daß sie weder Bürger- noch Stimmrecht bekamen. Die Tora wurde als bisherige Verfassungsgrundlage für Judäa und Jerusalem aufgehoben. Die damit eingeleiteten Folgen für den Status des Gemeinwesens weckten nun erst recht Protest und Widerstand.

Gegenüber dem ländlichen Kern des jüdischen Palästina waren drei Regionen der Levante besonders nachhaltig hellenisiert: Nordsyrien, die phönizische Küste und die Dekapolis, der Zusammenschluß von ursprünglich zehn Städten im Ostjordanland. Beispiel dafür kann Gerasa sein, 55 km südöstl. des Sees Gennesaret gelegen. Mit dem Beitritt zur Dekapolis begann hier eine Urbanisierung großen Stils (→ S. 327).

Jerusalem in der Hand der Heiden

[11] Als diese Vorfälle dem König zu Ohren kamen, glaubte er an einen Abfall Judäas. Mit wilder Wut brach er aus Ägypten auf und eroberte die Stadt mit Waffengewalt. [12] Er befahl seinen Soldaten, alle, die ihnen in die Hände fielen, rücksichtslos zu erschlagen und auch die zu töten, die sich auf das Dach ihrer Häuser geflüchtet hätten. [13] Da mordete man hin jung und alt, junge Männer, Frauen und Kinder, Mädchen und auch die Kinder in der Wiege. [14] In nur drei Tagen verlor die Stadt achtzigtausend Einwohner; vierzigtausend wurden getötet, und ebenso viele wurden in die Sklaverei verkauft.

[15] Aber dem Antiochus genügte selbst das nicht; er besaß die Frechheit, den heiligsten Tempel der ganzen Erde zu betreten. Als Führer diente ihm Menelaos, der Verräter der Gesetze und des Vaterlandes. [16] Mit seinen unreinen Hände nahm er die heiligen Geräte weg und was andere Könige zur Erhöhung, zum Ruhm und zur Würde des Ortes gestiftet hatten.

[21] Nachem Antiochus tausendachthundert Talente Silber aus dem Tempel geraubt hatte, zog er eilig ab nach Antiochia. In seiner Ver-

Es wurden Tempel und Altäre für Zeus Olympios, Dionysos und Artemis errichtet, auch die Nabatäer bauten einen Tempel. Dazu kamen im kulturellen Bereich alleine drei Theater, abgesehen von den Gymnasien, als elementare kulturtragende Einrichtung. Eine übergreifende Stadtplanung stellte die Großbauten in einen verbindenden und festlichen Rahmen.

Dieses anspruchsvolle Bauprogramm, das weit in die römische Zeit hineinreichte, galt nicht nur für Gerasa, sondern kann als Beispiel für die Hellenisierung der gesamten Region gelten. In der Levante entstanden insgesamt gut 50 öffentliche Veranstaltungsbauten, zu denen auch die drei Theater von Gerasa zählen. Das große Theater dort (Foto) hatte eine Kapazität von 4500 Sitzplätzen. Mit solchen Bauten vermittelte die hellenistische Kultur zwischen intellektuellen Aktivitäten und volkstümlichen Interessen. Zugleich bezeugen sie den von der hellenistischen Bildung ausgehenden Entwicklungsschub und Reichtum.

Judas Makkabäus, Führer der Juden im Aufstand gegen die hellenisierende Religionspolitik der → Seleukiden. Er übernahm die Leitung der jüdischen Kämpfer und schlug die syr. Feldherrn Gorgias, Lysias und Nikanor. Im Dezember 165 stellte er den Tempeldienst nach dreijähriger Entweihung wieder her, obwohl eine syr. Besatzung in der Burg blieb. Durch Eroberungszüge gegen die Nachbarvölker suchte J. das jüd. Gebiet zu erweitern. Syr. Gegenangriffe zwang Jerusalem wieder unter deren Joch, doch bliebe die jüd. Religionsfreiheit erhalten. J. fiel 160 im Kampf.

Makkabäer (abgeleitet von hebr. *makkaba*, »Hammer«), ehrender Beiname des → Judas (1 Makk 2,4). Als Plural wurde der Name auf seine gesamte Familie und das priesterl. Geschlecht der → Hasmonäer übertragen.

messenheit glaubte er, über das Land mit Schiffen fahren und über das Meer gehen zu können – so überheblich war er. 22 Und er ließ mehrere Vögte zurück, die das Volk unterdrücken sollten. In Jerusalem den Philippus, einen Phrygier, seiner Art nach noch barbarischer als sein Auftraggeber; 23 auf dem Berg Garizim den Andronikus; dazu den Menelaos, der sich noch herrischer als die anderen gegenüber seinen Mitbürgern aufführte; denn er haßte die jüdischen Bürger. 24 Ferner schickte der König den Anführer der Mysier, Apollonius, mit einem Heer von zweiundzwanzigtausend Mann und befahl ihm, alle wehrfähigen Männer umzubringen, die Frauen und Kinder aber in die Sklaverei zu verkaufen. 25 Als Apollonius in Jerusalem ankam, spielte er zunächst den Friedfertigen bis zum heiligen Sabbattag. Sobald er aber sah, daß die Juden nicht arbeiteten, gab er seinen Leuten Befehl, zu den Waffen zu greifen und auszurücken. 26 Alle, die herauskamen, um zu sehen, was vor sich ginge, ließ er erstechen. Dann fiel er mit gezogener Waffe in die Stadt ein und ließ viele Menschen niederschlagen. 27 Judas aber, mit dem Beinamen der Makkabäer, machte sich mit neun Gefährten davon und zog sich in die Wüste zurück. Er lebte dort mit seinen Leuten in den Bergen nach Art der Tiere und ernährte sich nur von Pflanzen, um nicht ebenfalls unrein zu werden.

2 Makk 5,11-16.21-27

Die Ereignisse um die Besetzung des hohenpriesterlichen Amtes hatten Antiochus IV. in die Jerusalemer Händel verstrickt. Nachdem er hier beteiligt war, trieben ihn seine finanziellen Nöte dazu, einen Schritt weiterzugehen und seine Begehrlichkeit auf den Tempelschatz zu richten. So nutzte er die Rückführung des Hohenpriesters Menelaos im Jahre 169 dazu, das wertvolle Inventar des Tempels an sich zu nehmen, wobei er selbst das Heiligtum betrat (1 Makk 1,17-28). Diese Schändung des Tempels erregte die gesetzestreuen jüdischen Kreise aufs äußerste. Nachdem er schon gegen alles Recht über die Einsetzung des Hohenpriesters verfügt hatte, erschien Antiochus nun vollends als Feind des Glaubens. Im torafrommen Volk – das sich unter dem Namen Chasidim, die »Frommen«, sammelte – staute sich Wut und Feindschaft. Vielleicht ist es daraufhin zu Aufruhr in Jerusalem gekommen, was die folgenden Maßnahmen des Königs erklären würde. Denn er gab Anweisung, Jerusalem mit einer Heeresmacht zu überfallen, zu plündern, in Brand zu stecken und die Mauern zu schleifen. Frauen und Kinder wurden in die Sklaverei verkauft, die Stadt insgesamt wie eine feindliche Stadt behandelt. Für das »gottlose Volk« aber (1 Makk 1,33-36) – offensichtlich hellenistisch gesonnene Bürger – errichtete man in Jerusalem eine befestigte Anlage (Akra) zu dessen Schutz.

Zuletzt entschloß sich Antiochus IV. die rebellische Kultgemeinde überhaupt auszurotten. Er verbot alle wesentlichen kultischen Begehungen: die üblichen Opferfeiern, das Einhalten des Sabbats, die Beschneidung, sogar den Gebrauch der heiligen Schriften. Auf allen Übertretungen stand die Todesstrafe. Im Tempel selbst etablierte er den Kult des Zeus Olympios und forderte, daß sich alle Bürger daran

Kolonnadenstraße in Gerasa

Mit der Erhebung Gerasas zur Stadt und ihrem weiteren Ausbau verband sich ein planerischer Entwurf nach der alten Konzeption des Hippodamos aus Milet, einem Städtebauer des 5. Jh.s v. Chr. Die Überlieferung schreibt ihm das Muster städtischer Grundrißplanung zu: parallele, sich rechtwinklig schneidende Straßen, die spezifische Wohnbereiche abteilen und eine besondere Anlage des Marktes als Zentrum vorsehen.

Die Ruinen des antiken Gerasa lassen den monumentalen Charakter dieser Stadt mit Kolonnadenstraßen nach dem Vorbild von Antiochia heute noch erkennen. Die Kennzeichnung Gerasas als »Stadt der 1000 Säulen« erklärt die hier errichtete Pracht. Große öffentliche Gebäude akzentuierten den Raum, Säulenstraßen verbanden die repräsentativsten Bauten miteinander und demonstrierten zugleich Reichtum und Geltungsanspruch. Monumentale Bauten oder Plätze gliederten den Straßenraum, indem sie die langen Fluchtlinien unterbrachen. Unter den Kolonnaden befanden sich Handwerksbetriebe und Geschäfte, die zum Schauen und Kaufen lockten, so daß sie die Treffpunkte der städtischen Bevölkerung gewesen sein dürften. Der sich über Generationen entwickelnde architektonische Raum hat zweifellos dazu beigetragen, hellenistische Lebensart immer enger mit den Gewohnheiten der Bevölkerung zu verbinden.

Ihren imponierenden Reichtum verdanken die hellenistischen Städte in materieller Hinsicht vor allem dem ländlich-agrarischen Umland. Dieses lieferte die Erzeugnisse, die konsumiert, verarbeitet und getauscht wurden. Doch entfalteten sich die Städte auch zu Wirtschaftszentren, die in reger Handelsbeziehung mit anderen Brennpunkten des Römischen Reiches standen. Die hellenistische Levante nutzte ihre alten Kontakte nach Mesopotamien; im phönizischen Küstenbereich pflegte man ebenso die traditionsreichen Handelsbeziehungen zum mediterranen Raum.

beteiligten. Im Dezember des Jahres 167 wurde dieser »Greuel der Verwüstung« (1 Makk 1,54) eröffnet. Die bisher von allen Fremdherrschern immer wieder bestätigten Privilegien auf Ausübung der eigenen Religion waren somit aufgehoben.

Die Verfolgung der jüdischen Religion

[1] Nicht lange darauf sandte der König einen alten Athener; der sollte die Juden zwingen, die Gesetze ihrer Väter aufzugeben und nicht mehr nach Gottes Gesetzen zu leben. [2] Auch sollte er den Tempel zu Jerusalem entweihen und nach dem olympischen Zeus benennen; den Tempel auf dem Berg Garizim aber sollte er nach Zeus, dem Hüter des Gastrechts, benennen, weil gastfreundliche Leute dort wohnten. [3] Diese widerwärtige Zusammenballung an Bosheit war selbst für die große Menge kaum zu ertragen. [4] Die Heiden erfüllten das Heiligtum mit zügellosem Treiben und Gelagen. Sie gaben sich mit Huren ab und ließen sich in den heiligen Vorhöfen mit Frauen ein. Auch brachten sie vieles hinein, was nicht hineingehörte. [5] Der Brandopferaltar wurde angefüllt mit unerlaubten und vom Gesetz

verbotenen Opfern. 6 Weder war es möglich, den Sabbat zu halten noch die alten Feste zu begehen, ja, man durfte überhaupt nicht mehr bekennen, ein Jude zu sein. 7 Vielmehr trieb man die Juden jeden Monat am Geburtstag des Königs mit roher Gewalt zum Opfermahl, und am Fest des Dionysos zwang man sie, zu Ehren des Dionysos mit Efeu bekränzt in der Prozession mitzugehen. 8 Auf Vorschlag des Ptolemäus hatte man in den benachbarten griechischen Städten ein Gebot ergehen lassen, mit den Juden ebenso zu verfahren und Opfermahlzeiten zu veranstalten. 9 Wer sich aber nicht entschließen wolle, zur griechischen Lebensweise überzugehen, sei hinzurichten. Das dadurch entstandene Elend muß man selbst gesehen haben! 10 Man führte nämlich zwei Frauen vor, weil sie ihre Söhne beschnitten hatten. Darauf hängte man ihnen die Kindlein an die Brust, führte sie öffentlich durch die ganze Stadt und warf sie dann über die Mauer hinab. 11 Andere waren in naheliegenden Höhlen zusammengekommen, um heimlich den Sabbat zu begehen. Sie wurden an Philippus verraten und alle zusammen verbrannt, da sie sich des hochheiligen Tages wegen nicht wehrten.

2 Makk 6,1-11

»Weiblicher Akt«, hellenistische Tonfigur aus Jerusalem, 2. Jh. v. Chr.

Antiochus verfolgte mit diesem scharfen Durchgreifen die Vereinheitlichung der innenpolitischen Verhältnisse. Weil sich anderswo unterworfene Völker – wenn auch nicht immer freudig, so schließlich doch fügsam – der hellenistischen Kultur und Religionswelt geöffnet hatten, mochte er mit dieser Entwicklung auch in Jerusalem gerechnet haben. Hier aber galten andere Traditionen. Die Anstrengungen, die seit Jahrhunderten der Jahwereligion als Bund mit dem einen Gott Israels gegolten hatten, ließen auch jetzt keinen Kompromiß zu, so daß alle Gewaltanwendung um so hartnäckigere Gegenwehr provozierte. Zwar dürfte sich der von Antiochus eingesetzte Hohepriester Menelaos gefügt haben und mit ihm ein großer Teil der hellenistisch gesonnenen Priesterschaft. Andere werden sich aus Angst angepaßt haben. Die Gruppe der Widerständler, die »lieber sterben wollten, als sich durch Speisen unrein zu machen und den heiligen Bund zu entweihen« (1 Makk 1,63), war anfangs sicherlich nicht groß und ist wohl zunächst auch untergetaucht, um schließlich das Gesetz des Handelns an sich zu ziehen und nicht allein gegen die Religionsgesetze des Königs, sondern gegen die hellenistische Kultur insgesamt den Kampf aufzunehmen.

Der Aufstand des Makkabäers Judas

1 Judas aber, den man auch Makkabäer nennt, und seine Leute gingen auf Schleichwegen heimlich in die Dörfer und riefen ihre Verwandten zusammen. Sie gewannen auch die treu gebliebenen Juden, so daß an sechstausend Mann zusammenkamen. 2 Sie riefen zum Herrn, er möge das Volk ansehen, das von allen zu Boden getreten worden war, und sich des Tempels erbarmen, den ruchlose Menschen entweiht

hatten, 3 auch möge er der Stadt gnädig sein, die gerade zugrunde ging und bald dem Erdboden gleichgemacht sei, und sich des unschuldig vergossenen Blutes erbarmen, das zu ihm aufschreie. 4 Und er solle an die unschuldigen Kinder denken, die gegen jedes Recht ermordet wurden, und an die Lästerungen gegen seinen Namen und seinen Haß gegen all dies Böse erweisen. 5 Den Makkabäer aber, sobald er eine Streitmacht aufgestellt hatte, konnten die Heiden nicht mehr aufhalten; denn der Herr ließ von seinem Zorn und war seinem Volke wieder gnädig. 6 Er überfiel unversehens Städte und Dörfer und steckte sie in Brand. Die günstig gelegenen Orte brachte er an sich und jagte nicht wenige Feinde in die Flucht. 7 Für solche Überfälle nutzte er meistens die Nächte, und der Ruf seiner Kühnheit verbreitete sich allenthalben.

8 Als Philippus merkte, daß Judas rasch an Macht gewann und von Tag zu Tag erfolgreicher wurde, schrieb er an Ptolemäus, den Befehlshaber von Zölesyrien und Phönizien, er solle der Sache des Königs zu Hilfe kommen. 9 Dieser beauftragte sofort Nikanor, den Sohn des Patroklus, der zu den engsten Freunden des Königs gehörte, und schickte ihn mit nicht weniger als mindestens zwanzigtausend Mann aus den verschiedendensten Völkern, mit dem Auftrag, die ganze Bevölkerung Judäas auszurotten. Er gab ihm auch Gorgias mit, der in der Kriegsführung große Erfahrung hatte. 10 Nikanor aber nahm sich vor, den Tribut – zweitausend Talente, die der König den Römern noch schuldete – aus dem Verkauf gefangener Juden aufzubringen. 11 Darum schickte er Boten in die am Meer gelegenen Städte und ließ durch sie bekanntgeben, man könne zu ihm kommen und jüdische Sklaven kaufen: neunzig Sklaven für ein Talent. Er ahnte aber nicht, daß ihn die Strafe des Allherrschers so bald ereilen würde. 12 Judas hörte vom Anmarsch des Nikanor und gab seinen Leuten Nachricht, daß jener mit seinem Heer heranrücke. 13 Da liefen die Feiglinge und die, die dem Gericht Gottes mißtrauten, weg und machten sich davon. 14 Die anderen aber verkauften alles, was sie noch hatten, und baten den Herrn, sie zu retten; denn der verruchte Nikanor habe sie schon verkauft, noch bevor er ihnen begegnet sei, 15 und wenn er es schon nicht ihretwegen tun wolle, dann doch wegen der Bündnisse, die er mit ihren Vätern geschlossen habe, und weil über ihnen sein heiliger und herrlicher Name ausgerufen worden sei. 16 Der Makkabäer ließ nun seine Leute zusammenkommen, sechstausend an der Zahl. Er redete ihnen zu, sich vor den Feinden nicht zu entsetzen, noch ängstlich zu werden vor der Übermacht der Heiden, die ohne jedes Recht gegen sie heranrückten. Sie sollten mutig kämpfen 17 und sich vor Augen halten, mit welch frevelndem Übermut man den heiligen Ort behandelt habe, wie übel man die Stadt mißhandelt und wie schlimm man sie zugerichtet habe und daß man sogar die von den Vorfahren ererbte Verfassung abgeschafft hätte. 18 Er sagte: Sie verlassen sich auf ihre Waffen und auf ihre Kühnheit, mit der sie angreifen; wir aber verlassen uns auf den allmächtigen Gott, der unsere Angreifer und die ganze Welt mit einem einzigen Wink niederschlagen kann.

So war in der Tat das Judentum gewesen, um so allein weiterhin zu sein: das Unantike in der antiken Welt, das Unmoderne in der modernen Welt. So sollte der Jude als Jude sein: der große Nonkonformist in der Geschichte, ihr großer Dissenter. Dazu war er da. Um dessentwillen mußte der Kampf für die Religion ein Kampf um diese Selbsterhaltung sein. Kein Gedanke der Macht war darin, er wäre der Widerspruch dazu gewesen – nicht Macht, sondern Individualität, Persönlichkeit um des Ewigen willen, nicht Macht, sondern Kraft.

Leo Baeck

Nikanor, syr. Feldherr in den Makkabäerkriegen, er unterlag 166/65 bei Emmaus und fiel in einem weiteren Kampf gegen → Judas am 27. März 160. Sein Todestag wurde zum Gedenken bestrafter Tempellästerung als Festtag (Nikanorstag) eingeführt.

Zölesyrien, für die Seleukiden neben Phönizien der gesamte syrische Reichsteil mit der Hauptstadt Damaskus; für die Ptolemäer der Bereich zwischen Libanon und Antilibanon.

2 Makk 8,1-18

Judas der Makkabäer ist der erste bedeutende Führer im jüdischen Befreiungskampf gegen die seleukidische Herrschaft. Der jüdische Historiker Josephus (36/37- nach 100), der den Beinamen des Judas als Makkabäer (der »Hammer«) nicht verwendete, kennzeichnete ihn als Sohn des Priesters Mattatias aus dem Geschlecht der Hasmonäer. Diesen Namen gab sich die Familie nach ihrem Vorfahren Hasmon. Schon Judas' Vater Mattatias hatte den Gehorsam gegenüber den königlichen Anordnungen verweigert und einen königlichen Beamten sowie einen jüdischen Apostaten, der das geforderte Opfer leistete, vor dem aufgerichteten Opferaltar umgebracht (1 Makk 2,15-28). Das wurde zum Signal des öffentlichen Widerstandes. Mit seinen Söhnen und weiteren Anhängern entwich Mattatias ins schwer zugängliche Bergland und begann dort einen Guerillakrieg gegen die Besatzungsmacht und deren jüdische Helfershelfer.

Nach seinem Tod, vermutlich im Jahr 166, übernahm Mattatias' (dritter) Sohn Judas die Führung des Aufstandes (166–160). In zahlreichen Gefechten gegen mehrere syrische Feldherren erzielte er überraschende Siege (1 Makk 3,10-4,25). Schließlich gelang ihm sogar die Eroberung Jerusalems im Jahr 164 – eine erstaunliche Erfolgsgeschichte. Zwar war der Seleukidenstaat gleichzeitig noch in andere Konflikte verwickelt, so daß keine allzu großen Truppen den Judas bekämpften. Dennoch waren die Truppen des Antiochus nach Zahl und Bewaffnung überlegen. Sie zu bezwingen, mochte die genauere Ortskenntnis im gebirgigen Heimatland unterstützt haben, vor allem aber gab die Motivation, für den eigenen Glauben zu kämpfen und sich selbst dabei nicht zu schonen, ihrem Einsatz den entscheidenden Schwung. Jeder errungene Sieg führte dem Judas und seiner Sache neue Mitkämpfer zu. Die Torafrommen (Chasidim) werden im Kampf zwischen der Weltmacht und der eigenen kleinen Gemeinde die grundsätzliche Entscheidung zwischen Gottesherrschaft und menschlicher Weltherrschaft gesehen haben.

Die Reinigung des entweihten Tempels

1 Der Makkabäer aber und seine Leute konnten unter der Führung des Herrn den Tempel und die Stadt wieder einnehmen. 2 Sie rissen die Altäre ein, die die Heiden auf dem Marktplatz errichtet hatten, und zerstörten die heiligen Haine. 3 Nachdem sie den Tempel entsühnt hatten, bauten sie einen neuen Brandopferaltar. Sie schlugen Feuer aus Steinen und brachten so nach zweijähriger Unterbrechung wieder Opfer dar. Auch waren sie besorgt um Räucherwerk, Leuchter und Schaubrote.

4 Dann warfen sie sich zu Boden und flehten zum Herrn, er wolle sie nie wieder in solches Unheil stürzen. Sollten sie jemals wieder sündigen, wollten sie lieber von ihm selbst in Güte gezüchtigt werden, als daß er sie in die Hände frecher und barbarischer Heiden gebe.

5 Es traf sich, daß die Reinigung des Tempels auf den gleichen Tag fiel, an dem ihn die Fremden entweiht hatten, nämlich auf den fünfundzwanzigsten Tag des Monats Kislew. 6 Und sie feierten acht Tage lang fröhlich nach Art des Laubhüttenfestes; dabei dachten sie daran,

daß sie noch vor kurzem das Laubhüttenfest auf den Bergen und in den Höhlen der Berge wie wilde Tiere verbracht hatten. 7 Sie trugen Stäbe, die sie mit grünen Blättern umwunden hatten, frische Laubzweige und auch Palmen. Sie sangen Loblieder zur Ehre dessen, der die Reinigung seiner heiligen Stätte gelingen ließ.

8 Dann stimmten sie in der Gemeinde ab und beschlossen, das ganze jüdische Volk solle jedes Jahr diese Tage festlich begehen.

2 Makk 10,1-8

Hauptform der Gottesverehrung im Tempel war der Opferkult. Opfer wurden dargebracht aus Dankbarkeit, zur Sühne, zur Reinigung von ritueller Unreinheit, zur Erfüllung von Gelübden ... Auch Gebete gehörten zum Tempelkult. Der Opferdienst war nicht von der Anwesenheit einer Gottesdienstgemeinde abhängig, sondern wurde in der Regel unsichtbar für Laien vollzogen.

Aufstieg und Verfall
der hasmonäischen Herrschaft

Chasidim (hebr. *hasidim*, »die Frommen«), nach 1 Makk 7,12 eine »Gruppe *(synagoge)* von Schriftgelehrten«, die sich in der Tradition der offiziellen Jahwereligion sah, genaue Torabeachtung verlangte und hellenistische Einflüsse abwehrte. Wahrscheinlich ist aus ihren Kreisen das spätere → Pharisäertum herausgewachsen. Die sich verstärkende soziale Zerklüftung des Judentums ist im Detail nicht hinreichend überschaubar.

Hasmonäer, Priestergeschlecht aus Modeïn, nordwestl. von Jerusalem, unter dessen Führung sich Judäa von der seleukidischen Fremdherrschaft befreite und das die weiteren politischen und religiösen Geschicke des Landes zwischen 163 und 63 v. Chr. bestimmte. Die Zeit der H. war die letzte Epoche jüd. Eigenstaatlichkeit vor dem Beginn der röm. Fremdherrschaft. Der Name H. verweist auf Hasmonäus, den Ahnherrn des Geschlechts (→ Makkabäer).

Alexander Jannäus, hasmonäischer Fürst (103–76), der als energischer Politiker und Eroberer auftrat, seinen Machtbereich bis zu den Grenzen unter David ausdehnte und eine Erneuerung des Königtums anstrebte. Sein Anspruch und Auftreten empörte die → Chasidim und → Pharisäer.

Johannes Hyrkanus I. (134–104), hasmonäischer Herrscher, unterbaute seine Macht durch Eroberungskriege. 109 v. Chr. Eroberung Samarias.

*D*ie Rückeroberung Jerusalems und des Tempels hatte die Makkabäer zu den neuen Herren der Stadt gemacht; die seleukidische Besatzung und die abtrünnige Bevölkerung blieb weiterhin in der Festung Akra eingeschlossen. Am 14. Dezember 164 wurde im Tempel der Jahwekult wiederaufgenommen, nachdem der Tempel vorher von allen hellenistischen Einflüssen gereinigt worden war. Die Makkabäer aber dachten nicht daran, die inzwischen gewonnene Macht wieder aufzugeben. Ihr Ziel ging über die religiöse Freiheit hinaus auf eine volle politische Autonomie. Das führte zu weiteren langen Kämpfen mit den Seleukiden. Auch die jüdischen Gemeinden außerhalb Judäas sollten vor Übergriffen geschützt sein. Doch über diese Ausweitung der Kriegsziele zerfiel die Einheit der Aufständischen. Die Chasidim sahen ihre Ziele erreicht und entschieden sich, als die Seleukiden im Jahr 162 einen Kompromißfrieden anboten, für Verhandlungen. Angesichts der herrschaftskritischen Tradition der Jahwereligion mochten sie in der Wiederherstellung der alten religiösen Rechte und einer bedingten Autonomie die angemessene Sozialform ihres Gemeinwesens sehen.

Anders urteilte die makkabäische Führung. Sie wollte im Bewußtsein ihrer neuen militärischen Stärke den Kampf nicht aufgeben und erzwang auch in weiteren Kämpfen den endgültigen Abzug der Syrer aus Jerusalem. Im Jahr 140 wurde die vollständige politische Unabhängigkeit erreicht, was dem Makkabäer Simon, einem weiteren Sohn des Mattatias, das Hohepriesteramt als erbliche Würde einbrachte. Damit wurde er zum Begründer der Dynastie der Hasmonäer.

Während sich nun der politische Wille auf die Nachbarvölker richtete und es den Hasmonäern in den folgenden Zeiten gelang, ihre Herrschaft fast wieder auf die Größe des ehemaligen Davidreiches auszudehnen, war die neue Führungselite nicht in der Lage, die sozialen, kulturellen und religiösen Konflikte, die zum Aufstand geführt hatten, wirklich zu lösen. Die soziale Situation blieb gespannt, und aus der Verquickung von Religion und Macht wandelte sich die bisher bekämpfte Zwangshellenisierung in eine staatliche Zwangsjudaisierung der Nachbarvölker. Daneben führte die Beanspruchung des Hohenpriesteramts durch die Hasmonäer zu einer Fülle neuer Mißstände, die im Volk den Überdruß und schließlich den Haß gegen die Hasmonäer wachsen ließen: Da traditionell das Amt des Hohenpriesters in einer Erbschaftslinie stand, die sich von Zadok, Oberpriester unter David und Salomo, ableitete, nun aber die Hasmonäer sich dieses Recht angeeignet hatten, entstand aus diesem Konflikt unter Führung zadokidischer Priester die Abspaltung der Qumran-Sekte (→ S. 345 ff.). Die zusätzliche Verquickung des hohenpriesterlichen Amtes mit dem des Heerführers und Herrschers – der Hasmonäer Alexander Jannäus nahm sogar den Königstitel an – führte die Pharisäer als Nachfolger der Chasidim in die Opposition und bewirkte damit das endgültige Auseinanderbrechen der religiösen Führungselite.

Die Geschichte der Hasmonäer-Dynastie unterschied sich bald in nichts mehr von den Zuständen in anderen hellenistisch-orientalischen Herrschaftshäusern: Meuchelmorde in der Familie, Terrorakte gegen das eigene Volk, Entmündigung der Selbstverwaltungsgremien.

Makkabäer

Herrschaftsgebiet 167 v. Chr.
Gebietserweiterungen unter

Jonatan und Simon bis 135 v. Chr.
Johannes Hyrkanus I. bis 104 v. Chr.
Aristobulus I. bis 103 v. Chr.
Alexander Jannäus bis 76 v. Chr.

MITTELMEER

Sidon

Litani

Tyros

Jordan

Hule-
See

GALILÄA

Ptolemais

Arbela

See Gennesaret
-212 m

Tabor

Jarmuk

Dor

Jesreel

Gadara

Skythopolis

Jordan

Samaria

Gerasa

SAMARIA

Jabbok

Garizim

Jafo/Joppe

Arimathäa

PERÄA

Philadelphia

Aschdod

Jerusalem

JUDÄA

Aschkelon

Gaza

Hebron

TOTES
MEER
-392 m

Arnon

IDUMÄA

0   50   100 km

Sered

Als man sich im Jahre 63 über eine Nachfolge nicht einigen konnte, riefen die Beteiligten den Römer Pompeius als Schiedsrichter an. Das Volk, der hasmonäischen Herrschaft überdrüssig, aber erschien ebenfalls vor Pompeius und bat um Hilfe, die alte Priesterherrschaft wiederherzustellen. Man wollte deren Beschränkung auf den religiösen Bereich und die Abtretung der politischen Herrschaft an eine andere Macht – an die Römer. Damit war die hasmonäische Herrschaft und die Autonomie eines jüdischen Staates an der Willkür und Zuchtlosigkeit der eigenen Führung gescheitert. Es begann die Zeit römischer Oberherrschaft. Wie eine soziale und politische Ordnung ausgesehen hätte, wenn dafür die Ideale der eigenen religiösen Befreiungstradition relevant geworden wären, ist ungeklärt geblieben.

Der Adler war als Sieg verleihender Begleiter des Göttervaters Jupiter (Zeus) bereits für das persische Großreich und die nachfolgenden hellenistischen Reiche Sinnbild staatlicher Macht. Den römischen Legionen stand der Adler mit dem »Donnerkeil« in den Fängen im Kampf voran. Als wichtigstes Hoheitszeichen und Symbol des imperialen Herrschaftsanspruchs verband sich mit dem Adler sakrale Würde; darum hatte er für die Truppe auch eine ungleich größere Bedeutung als beim Militär der Neuzeit. Im Erbe Roms haben zahlreiche Länder und Geschlechter den Adler als Herrschaftszeichen übernommen.

Pompeius, römischer Politiker und Feldherr (106–48 v. Chr.), der in den Thronstreit der → Hasmonäer eingriff, Jerusalem besetzte und nach schwerer Belagerung den Tempelberg 63 v. Chr. eroberte. Zum Entsetzen der torafrommen Juden betrat er das Allerheiligste, plünderte aber den Tempel nicht, sondern befahl die Weiterführung des Tempelkultes. P. schuf die röm. Provinz Syrien, der er Palästina zunächst unterstellte. → Johannes Hyrkanus I. stellte er als Hohenpriester über das verbliebene Hasmonäer-Reich (Judäa, Galiläa, Peräa).

Apokalyptische Widerstandstheologie

Unter den Repressionen der hellenistischen Herrschaft entwickelte sich in der jüdischen Welt eine Widerstandstheologie, die im Buch Daniel einen apokalyptischen Ausdruck fand. Die unter Antiochus IV. erlebte Repression, in der Tora und Festzeiten, Sabbat und Tempel einfach abgesetzt und entweiht wurden, erschien derart bedrohlich, daß sich eine neue Sicht der Welt durchsetzte.

Das Entstehen apokalyptischer Literatur ist kein ausschließlich jüdisches Phänomen. Parallelen dazu finden sich in Ägypten und Persien. Wahrscheinlich hat diese geistige Strömung den gesamten Vorderen Orient durchzogen, als man erlebte, wie der Hellenismus die bisherigen politischen und religiösen Ordnungen entmachtete und überformte. Die dabei erlebte Ohnmacht kompensierte sich in der Perspektive einer »Herrschaft Gottes«, die sich unaufhaltsam durchsetzen werde. Die Verfasser des Danielbuches vertrauten nicht mehr der Eigengesetzlichkeit der Welt, sondern stellten den Bestand der

Das Buch Daniel

Das Buch Daniel ist das einzige apokalyptische Buch der Jüdischen Bibel, jedoch zählen auch Jes 24-27 und Jes 33 zu dieser Gattung. Darum gehört die Schrift eigentlich nicht in die Reihe der Prophetenbücher. Die Erzählung beginnt mit der Eroberung Jerusalems durch den babylonischen König Nebukadnezzar II. (605–562), der den Tempel plündert und einen Teil der Geräte nach Babylonien verschleppt. Er rekrutiert junge Judäer aus vornehmen Familien für seinen Palastdienst, unter ihnen Daniel, eine literarische Figur. Das Buch schildert, wie Daniel und dessen Gefährten sich dort bewähren und unter heidnischen Bedingungen für den Jahwe-Glauben Zeugnis ablegen. Die Darstellung ist nicht aus einem Guß, was bereits die drei verwendeten Sprachen deutlich machen: Teile des Buches sind in Hebräisch geschrieben (Kap. 1; 8-10), andere in Aramäisch (Kap. 2-7) und wieder andere in Griechisch (Kap. 13-14). Die jüngeren griechischen Kapitel gelten als spätere Einschübe. Sie fehlen in jüdischen und evangelischen Bibelausgaben.

Obwohl das Buch seine Handlung in die Zeit des Babylonischen Exils versetzt, entstand es unter den Bedingungen der jüdischen Glaubensverfolgung während der Herrschaft Antiochus IV., wahrscheinlich zwischen 168–165. Einzelne Teile können ältere Traditionen sein, die überarbeitet wurden. Die Verfasser sind der Überzeugung, in einer Endzeit zu leben, deren Krise vor aller Augen liege. Das Buch meidet den Gottesnamen Jahwe und spricht von »Gott«, vom »Herrn« oder vom »König des Himmels«. Dieser überschreitet seine Eingrenzung auf die israelitisch-jüdische Religion und wird zum universalen Gott, dessen Herrschaft die Reiche aller irdischen Machthaber ablöst. Damit ist allen Interessen widersprochen, die menschliche Herrschaft als göttlich legitimiert, um sie als unantastbar und unveränderbar auszugeben.

Apokalyptik, die den Apokalypsen (→ Dan und Offb) zugrundeliegende Geistesströmung der letzten vorchristl. und frühchristlichen Jh.e. – Nach dem Ende der Schriftprophetie griff die A. den Gedanken wieder auf, daß Gottes eigentliche Offenbarung noch bevorstehe. Daraus entwickelte sich ein dramatisches Geschichtsbild, das auf Weltuntergang und ein göttliches Endgericht verweist: Alle Ordnungen der Staaten und Völker werden zusammenbrechen und ein tyrannischer Antimessias bzw. Antichrist an ihre Stelle treten. Dennoch zielt das eigentliche Anliegen der A. nicht auf Untergang, sondern auf Welterneuerung. Sie richtet ihren Blick auf eine Zukunft, die nicht mehr von eigenen reformerischen Anstrengungen oder vom Wohlwollen einer Fremdmacht erwartet wird, sondern allein auf dem Einschreiten der Herrschaft Gottes quer zu den bestehenden Ordnungen gründet. Ihr Einfluß auf Jesus und das palästin. Urchristentum war beträchtlich. – Die Sprache der apokalypt. Literatur ist dunkel und symbolträchtig, für moderne Leser schwer zugänglich. Die A. hat wie keine andere Geistesströmung den biblischen Religionen das »Prinzip Hoffnung« eingepflanzt und die Vorstellung einer zielgerichteten, nicht umkehrbaren Weltgeschichte gefördert.

Wird es bloß regnen, naht ein Hurrikan, ein Weltuntergang? Banale Einschätzungen, angstvolle Ausschau, apokalyptisches Entsetzen können sich mit diesem Bild von Richard Oelze verbinden. Doch muß es ebenso wenig wie prophetische Rede in die Zukunft versetzt werden. Oelze war kein Polit-Seismograph, kein Vorausahner finsterer Zeiten. Die Ängste, Traumata und Verhängnisse, denen er Ausdruck gibt, sind gegenwärtig, wenn auch nicht definierbar.

Weltmächte insgesamt in Frage. Sie entwickelten in ihrem Buch ein herrschaftskritisches Potential, das inmitten aller Leiden und Depressionen die Legitimität der ausgeübten Macht grundsätzlich verneinte.

Die neue Vorstellung vom Ende der bisherigen Weltgeschichte und einer jenseitigen Erlösung trug wesentlich dazu bei, daß die Jahwereligion dem hellenistischen Anpassungsdruck nicht erlag. Dadurch entwickelte sich der Glaube Israels von einer geschichtlichen Befreiungsreligion zu einer auf die Endzeit ausgerichteten Erlösungsreligion. Dies war wohl die bedeutsamste religionsgeschichtliche Veränderung in der hellenistischen Zeit. Dennoch ist das Buch Daniel eine elementar politische Apokalypse. Sie rief zum klaren Widerstand gegen den Absolutheits- und Totalitätsanspruch der Staatsmacht auf und wenn auch nicht zum gewalttätigen Umsturz, so doch zum inneren Widerstand und einer demonstrativen Verweigerung. Die Bereitschaft, dafür notfalls das Martyrium zu erdulden (Dan 3 und 6), lag darin eingeschlossen.

Die drei jungen Männer im Feuerofen

1 König Nebukadnezzar ließ ein Standbild aus Gold machen, sechzig Ellen hoch und sechs Ellen breit. Er errichtete es in der Ebene von Dura in der Provinz Babel. 2 Und der König Nebukadnezzar sandte Boten aus, die Satrapen, Präfekten und Statthalter, die Räte, Schatzmeister, Richter und Polizeiobersten und alle anderen Oberbeamten der Provinzen zu versammeln; sie sollten zur Einweihung des Standbildes kommen, das König Nebukadnezzar errichtet hatte. 3 Da versammelten sich die Satrapen, Präfekten und Statthalter, die Räte, Schatzmeister, Richter und Polizeiobersten und alle anderen Oberbeamten der Provinzen zur Einweihung des Standbildes, das König Ne-

bukadnezzar errichtet hatte. Sie stellten sich vor dem Standbild auf, das König Nebukadnezzar errichtet hatte.

4 Nun rief der Herold mit mächtiger Stimme: Ihr Männer aus allen Völkern, Nationen und Sprachen, hört den Befehl! 5 Sobald ihr den Klang der Hörner, Rohrflöten und Zithern, der Harfen, Lauten und Sackpfeifen und aller anderen Instrumente hört, sollt ihr niederfallen und das goldene Standbild anbeten, das König Nebukadnezzar errichtet hat. 6 Wer aber nicht niederfällt und es anbetet, soll noch zur selben Stunde in den glühenden Feuerofen geworfen werden. 7 Sobald daher alle Völker den Klang der Hörner, Rohrflöten und Zithern, der Harfen, Lauten und Sackpfeifen und der anderen Instrumente hörten, fielen die Männer aus allen Völkern, Nationen und Sprachen sogleich nieder und beteten das goldene Standbild an, das König Nebukadnezzar errichtet hatte.

8 Zur gleichen Zeit traten einige Chaldäer auf und verklagten die Juden. 9 Sie ergriffen das Wort und sagten zum König Nebukadnezzar: Mögest du ewig leben, König! 10 Du, König, hast doch den Befehl erlassen, daß jeder niederfallen und das goldene Standbild anbeten soll, wenn er den Klang der Hörner, Rohrflöten und Zithern, der Harfen, Lauten und Sackpfeifen und aller anderen Instrumente hört. 11 Wer aber nicht niederfällt und es anbetet, soll in den glühenden Feuerofen geworfen werden. 12 Nun sind da einige Juden, denen du die Verwaltung der Provinz Babel anvertraut hast: Schadrach, Meschach und Abed-Nego. Diese Männer mißachten deinen Befehl, König. Deinen Göttern dienen sie nicht und werfen sich vor dem goldenen Standbild, das du errichtet hast, nicht nieder.

13 Da befahl Nebukadnezzar voller Zorn und Wut, Schadrach, Meschach und Abed-Nego herbeizuholen. Man führte also die Männer vor den König. 14 Nebukadnezzar sagte zu ihnen: Ist es wahr, Schadrach, Meschach und Abed-Nego, daß ihr meinen Göttern nicht dient und euch vor dem goldenen Standbild, das ich errichtet habe, nicht niederwerft? 15 Nun, wenn ihr bereit seid, sobald ihr den Klang der Hörner, Rohrflöten und Zithern, der Harfen, Lauten und Sackpfeifen und aller anderen Instrumente hört, niederzufallen und das Standbild anzubeten, das ich habe machen lassen, ist es gut; betet ihr es aber nicht an, dann werdet ihr noch zur selben Stunde in den glühenden Feuerofen geworfen. Und wer ist der Gott, der euch dann aus meiner Hand errettet?

16 Schadrach, Meschach und Abed-Nego erwiderten dem König Nebukadnezzar: Wir haben es nicht nötig, dir darauf zu antworten: 17 Wenn es sein soll, kann unser Gott, den wir verehren, uns aus dem glühenden Feuerofen erretten, und er wird uns aus deiner Hand, König, erretten. 18 Tut er es aber nicht, so sollst du, König, wissen: Auch dann verehren wir deine Götter nicht und werfen uns vor dem goldenen Standbild, das du errichtet hast, nicht nieder.

19 Da wurde Nebukadnezzar wütend; sein Gesicht verzerrte sich vor Zorn über Schadrach, Meschach und Abed-Nego. Er befahl, den Ofen siebenmal stärker zu heizen, als man ihn gewöhnlich heizte. 20 Dann befahl er, einige der stärksten Männer aus seinem Heer sollten Schadrach, Meschach und Abed-Nego binden und in den glühenden Feuerofen werfen. 21 Da wurden die Männer, wie sie waren – in ihren Mänteln, Röcken und Mützen und den sonstigen Kleidungsstücken –

Diskussions-leiter:	Und nun die dritte und letzte Testfragenserie. Bitte!
Diskutant:	Glauben Sie an Gott?
Matern:	Ich beantrage, diese Frage auszusetzen, da die Frage nach Gott wohl kaum als Testfrage zu bezeichnen ist.
Diskussions-leiter:	Die Frage nach Gott ist, solange sie nicht mit Zusätzen wie »dreieiniger« oder »einzig wahrer« gestellt wird, als Testfrage zulässig.
Diskutant:	Also, glauben Sie?
Matern:	An Gott?
Diskutant:	Ja doch, ob Sie an Gott glauben?
Matern:	Ihr meint, ob ich an Gott?
Diskutant:	Genau: an Gott!
Matern:	An Gott da oben?
Diskutant:	Nicht nur oben, überall überhaupt.
Matern:	Also an irgend etwas da oben und sonstwo ...
Diskutant:	Wir meinen nicht irgend etwas, sondern klipp und klar: Gott! Hören Sie; ob Sie an Gott?
Matern:	Jeder Mensch, ob er will oder nicht, jeder Mensch, ganz gleich, welche Erziehung er genossen hat, welcher Hautfarbe er ist, welcher Idee er anhängt, jeder Mensch, sag ich, der denkt, fühlt, Nahrung zu sich nimmt, atmet, handelt, also lebt ...
Diskussions-leiter:	Herr Matern, die Frage der Diskutanten an den Diskussionsgegenstand lautet: Glauben Sie an Gott?
Matern:	Ich glaube an das Nichts. Denn manchmal muß ich mich ernstlich fragen: Warum ist überhaupt Seiendes und nicht vielmehr Nichts?
	...
Diskutanten-chor:	Die Frage lautet: Glaubst du an Gott?
Matern:	Doch manchmal vermag ich selbst an das Nichts nicht zu glauben; dann wieder glaube ich, ich könnte an Gott glauben, wenn ich ...
Diskutant:	Unsere Frage muß nicht wiederholt werden. Ja oder nein?
Matern:	Also – (Pause) – Indreigottesnamen: Nein!

Günter Grass

gebunden und in den glühenden Feuerofen geworfen. 22 Weil aber der Befehl des Königs so streng und der Ofen so übermäßig geheizt war, töteten die herausschlagenden Flammen die Männer, die Schadrach, Meschach und Abed-Nego hinaufbrachten. 23 Die drei Männer aber, Schadrach, Meschach und Abed-Nego, fielen gebunden in den glühenden Feuerofen.

24 [Inmitten der Feuerflammen aber wandelten sie umher und lobten Gott.] Da erschrak der König Nebukadnezzar und sprang eilends auf. Er fragte seine Staatsräte: Haben wir nicht drei Männer gebunden ins Feuer geworfen? Sie antworteten und sagten zum König: Gewiß, König! 25 Der antwortete und sprach: Da sehe ich aber vier Männer frei umhergehen mitten im Feuer, ohne irgendeinen Schaden; und der vierte sieht aus wie ein Göttersohn. 26 Da trat Nebukadnezzar an die Öffnung des brennenden Feuerofens, und rief: Schadrach, Meschach und Abed-Nego, ihr Knechte des höchsten Gottes, steigt heraus und kommt her! Da kamen Schadrach, Meschach und Abed-Nego aus dem Feuer heraus. 27 Nun versammelten sich auch die Satrapen, die Statthalter, die Verwalter und die Staatsräte des Königs, um diese Männer zu sehen, über deren Leib das Feuer keine Macht gehabt hatte: das Haar ihres Hauptes war nicht versengt, ihre Mäntel waren nicht verändert, nicht einmal Brandgeruch war an ihnen. 28 Nebukadnezzar hob an und sagte: Gepriesen sei der Gott Schadrachs, Meschachs und Abed-Negos, der seinen Engel gesandt und seine Knechte errettet hat, die auf ihn vertrauten und das Gebot des Königs übertraten und ihren Leib hingaben, um keinen anderen Gott verehren und anbeten zu müssen als allein ihren Gott. 29 So ergeht nun mein Befehl: Wer über den Gott Schadrachs, Meschachs und Abed-Negos etwas Verächtliches sagt – zu welchem Volk, welcher Nation oder Sprache er auch gehört –, soll in Stücke gehauen werden, und dessen Haus soll zu einem Schutthaufen gemacht werden. Denn es gibt keinen anderen Gott, der so erretten kann.

Dan 3,1-23.24-29

Die Beispielfigur Daniel, von der das Buch erzählt, wird nicht vor dem Hintergrund der zeitgenössischen Verfolgung durch Antiochus IV., sondern im Rahmen des Babylonischen Exils dargestellt. So verfährt auch die Legende von den drei jungen Männern im Feuerofen. Sie will symbolisch verstanden werden. Darum ist es müßig, nach der Konstruktion des »Feuerofens« und seinen technischen Merkmalen zu fragen. Ein solcher Feuerofen stand nicht allein in Babylon, sondern auch in Jerusalem, in Masada, in den rheinischen Bischofsstädten zu Beginn der Kreuzzüge, in den Judengettos, in den Ländern der vielfachen Judenvertreibungen, inmitten der christlichen Gemeinden, die ihre jüdischen Mitbürger schikanierten, in zahllosen deutschen Städten, als 1938 in der Nacht vom 9. zum 10. November die Synagogen brannten, und zumal in den Konzentrations- und Vernichtungslagern des NS-Deutschland, in denen Millionen Juden ihr Leben ließen – ob sie nun »gläubig« waren oder nicht –, weil sie diesem Volk Israel zugehörten. Niemandem aus dieser Schar der Verfolgten und

Ermordeten muß man sagen, wie ihr »Feuerofen« aussah. Wer selbst darin war und gerettet wurde, weiß es, hat aber keine wohlfeilen Worte.

»Wer ist der Gott, der euch aus meiner Gewalt errettet?« fragt der »König der Könige« die drei Männer (V 15). Ihre Antwort: »Wenn es sein soll, kann unser Gott, den wir verehren, uns aus dem glühenden Feuerofen erretten, und er wird uns aus deiner Hand, König, erretten. Tut er es aber nicht, so sollst du, König, wissen: Auch dann verehren wir deine Götter nicht und werfen uns vor dem goldenen Standbild, das du errichtet hast, nicht nieder« (V 17 f.). Die theologischen Kommentatoren haben sich mit der Einschränkung »Wenn es sein soll, kann unser Gott uns erretten« schwer getan, da er möglicherweise Zweifel an der »Allmacht« Gottes suggeriere. Mit ihrer Antwort, welche ein Eingreifen Gottes offen läßt und sich dennoch zu ihm bekennt, behaupten die drei Männer ihre Identität und relativieren den Machtanspruch jeglicher Gewalt.

Auch die Erzählung von »Daniel in der Löwengrube« (Dan 6) geht von einer totalitären Staatsmacht aus, die das religiöse Bekenntnis ansonsten loyaler Juden nicht mehr ertragen kann, deren Entscheidung für das Martyrium aber die eigenen Grenzen bewußt macht. Allerdings hat Israel unaufhörlich erfahren, daß die Feueröfen und Löwengruben – ebenso verschlingende Fischbäuche – ihre Opfer nicht wieder hergeben. Gehen wir literarisch an diese Texte heran, kann sich zeigen, daß ihre Handlungsebenen doppelbödig zu verstehen sind, auch wenn diese Hintergründigkeit zunächst unerkannt blieb: Rettung geschieht nicht notwendig durch äußere Bewahrung, denn Feuer verzehrt, Löwen verschlingen, das Meer wird zum Grab. Das ist das Gesetz dieser Welt. Wenn solche Glaubensgeschichten trotzdem sagen, daß Flammen nicht verbrennen, Raubtiere nicht fressen, der Abgrund sein Opfer nicht behält, so sprechen sie von einer Rettung durch Untergang und Tod hindurch und sind darin bereits als »Ostergeschichten« zu verstehen (→ S. 560).

Das Danielbuch beläßt es auch nicht dabei, zum Martyrium zu ermutigen, sondern entwickelt für den einzelnen Chasidim Hoffnung über den Tod hinaus: »Von denen, die im Land des Staubes schlafen, werden viele erwachen, die einen zum ewigen Leben, die anderen zur Schmach, zu ewiger Abscheu« (12,2). Diese Vorstellung hat es bis dahin nicht gegeben. Sie erwartet eine doppelte »Auferstehung«, für die Frommen zum Leben, für die Frevler zur Schmach. Damit wird zum ersten Mal die Hoffnung auf ein Gericht formuliert, das die Gerechtigkeit schafft, die in dieser Weltzeit nicht zu erreichen ist. Ähnliche Erwartungen finden sich auch in der sogenannten »Jesaja-Apokalypse« (Jes 24-27), deren Terminologie von »Gerechten« und »Frevlern«, von »Armen« und »Unterdrückern« ebenfalls in die späte Perserzeit weist. Dort lassen die Formulierungen noch erkennen, daß sich das theologische Denken auf neue Wege wagt: »Deine Toten werden leben, die Leichen stehen wieder auf; wer in der Erde liegt, wird erwachen und jubeln. Denn der Tau, den du sendest, ist ein Tau des Lichts; die Erde gibt die Toten heraus« (Jes 26,19). Dieser frühere Text spricht noch nicht von der »allgemeinen Auferstehung von den Toten«, die Fromme und Unfromme betrifft, sondern nur von der Auferstehung der frommen Armen, die das Leben um ihre Rechte betrog. Mit der Endzeit verbindet er die dauerhafte Überwindung des Todes:

Richard Seewald (1889–1976),
Die drei jungen Männer im Feuerofen,
Daniel in der Löwengrube,
Jona wird vom Fisch verschlungen.

Prophetie und Apokalyptik

Die Weissagungen oder Botschaften der biblischen Propheten kommen ebensosehr aus Offenbarung wie aus der Not und Verzweiflung derer, an die sie sich richten; sie sind aus Situationen heraus gesprochen und haben ihre Wirkung immer wieder in Situationen bewährt, in denen das Ende als unmittelbar bevorstehend, als etwa über Nacht jäh hereinbrechend empfunden wurde ... Die Worte Hoseas, Amos' oder Jesajas kennen nur eine Welt, in der auch die großen Ereignisse der Endzeit sich abspielen, und ihre Eschatologie ist nationaler Natur. Sie spricht von der Wiederaufrichtung der verfallenen Hütte Davids, von der künftigen Glorie eines zu Gott zurückgekehrten Israel ebenso wie von dem ewigen Frieden und der Hinwendung aller Völker zu dem einen Gott Israels, der Abwendung von den heidnischen Kulten und Bildern.

Demgegenüber kam in der Apokalyptik die Lehre von den zwei Äonen auf, die einander folgen und die in antithetischem Verhältnis zueinander stehen: diese Welt und die zukünftige Welt, die Herrschaft der Finsternis und des Lichtes. Die nationale Antithese zwischen Israel und den Heiden wird zu einer kosmischen Antithese erweitert, in der die Bereiche des Heiligen und der Sünde, der Reinheit und der Unreinheit, des Lebens und des Todes, des Lichtes und der Finsternis, Gottes und der widergöttlichen Mächte sich gegenüberstehen ...

Dazu kommt ein weiteres Moment. Apokalypsen sind, wie der Sinn des griechischen Wortes anzeigt, Offenbarungen oder Enthüllungen des bei Gott verborgenen Wissens über das Ende. Das heißt: Was den alten Propheten als ein Wissen zukam, das gar nicht laut und öffentlich genug verkündet werden konnte, wird in den Apokalypsen zum Geheimnis ... Warum versteckt sich der Apokalyptiker, anstatt wie die Propheten selber der feindlichen Macht seine Vision ins Gesicht zu schreien?

»Er [Gott] beseitigt den Tod für immer« (Jes 25,8a). Die aufkeimende Auferstehungshoffnung ist Ausdruck eines Denkens geschundener Menschen, die sich nicht damit abfinden wollen, nur die Opfer gottloser Verhältnisse zu sein.

Die Vision von den vier Tieren und vom Menschensohn

1 Im ersten Jahr Belschazzars, des Königs von Babel, hatte Daniel einen Traum, und er schaute Gesichte auf seinem Lager, die ihn verwirrten. Er schrieb den Traum auf, und dies ist sein Bericht: 2 Ich sah in meiner nächtlichen Vision, wie die vier Winde des Himmels bliesen und das große Meer aufwühlten. 3 Und vier große Tiere stiegen aus dem Meer herauf; jedes hatte eine andere Gestalt. 4 Das erste war einem Löwen ähnlich und hatte Adlerflügel. Während ich es betrachtete, wurden ihm die Flügel ausgerissen; es wurde vom Boden emporgehoben und auf zwei Füße gestellt wie ein Mensch, und es wurde ihm ein menschliches Herz gegeben. 5 Dann erschien ein zweites Tier, das einem Bären glich. Es war nach einer Seite hin aufgerichtet und hielt in seinem Maul drei Rippen zwischen den Zähnen. Man rief ihm zu: Auf, friß dich voll mit Fleisch! 6 Danach sah ich ein anderes Tier, das glich einem Panther. Auf dem Rücken hatte es vier Flügel, wie die Flügel eines Vogels. Und das Tier hatte vier Köpfe und Herrschaft wurde ihm gegeben. 7 Danach sah ich in meinen Nachtgesichten ein viertes Tier, furchtbar und schrecklich und außerordentlich stark. Es hatte mächtige Zähne aus Eisen. Es fraß und zermalmte alles; was übrigblieb, zertrat es mit den Füßen. Es war ganz anders als die Tiere, die vor ihm waren und hatte zehn Hörner. 8 Als ich die Hörner betrachtete, da wuchs zwischen ihnen ein anderes, kleineres Horn, und drei von den ersten Hörnern wurden von ihm ausgerissen; und siehe, an diesem Horn waren Augen wie Menschenaugen und ein Maul, das anmaßend redete.
9 Ich schaute weiter hin, da sah ich, wie Thronsessel aufgestellt wurden, und ein Uralter an Tagen nahm Platz. Sein Gewand war weiß wie Schnee, das Haar seines Hauptes wie reine Wolle. Sein Thronsessel sprühte Feuerflammen und dessen Räder loderndes Feuer. 10 Ein Feuerstrom ging von ihm aus. Tausend mal Tausende dienten ihm und zehntausend mal Zehntausende standen vor ihm. Das Gericht setzte sich und Bücher wurden aufgeschlagen.
11 Ich sah hin, bis das Tier – wegen der anmaßenden Worte, die das Horn redete – getötet, sein Körper preisgegeben und dem Feuerbrand ausgeliefert wurde. 12 Auch den übrigen Tieren wurde die Herrschaft genommen. Ihre Lebensdauer wurde befristet auf Zeit und Stunde. 13 Ich schaute in den Nachtgesichten: Siehe, da kam einer mit den Wolken des Himmels, der aussah wie ein Menschensohn. Er gelangte zu dem Uralten an Tagen und wurde ihm vorgestellt. 14 Und ihm wurden Macht, Ruhm und Herrschaft gegeben. Alle Völker, Nationen und Sprachen mußten ihm dienen. Seine Macht ist eine ewige Macht, die nicht endet. Seine Herrschaft geht niemals unter.
15 Darüber wurde ich, Daniel, im Geist bekümmert, und die Gesichte meines Hauptes verwirrten mich. 16 Ich wandte mich an einen

der Umstehenden und bat ihn um Aufklärung über all diese Dinge. Er deutete mir die Vorgänge und sagte: 17 Diese großen Tiere, vier sind es, bedeuten vier Könige, die sich auf Erden erheben werden. 18 Doch das Reich werden die Heiligen des Höchsten erhalten, und sie werden es behalten in Ewigkeit, ja bis in die Ewigkeit der Ewigkeiten. 19 Dann wollte ich Genaueres erfahren über das vierte Tier, das Tier, das anders war als die anderen, überaus greulich anzusehen, mit Zähnen aus Eisen und mit Klauen aus Bronze, das alles fraß und zermalmte, und was übrigblieb, mit den Füßen zertrat, 20 und über die zehn Hörner an seinem Haupte und über das andere Horn, das emporgewachsen war und vor dem die drei Hörner abgefallen waren, das Horn, das Augen und einen Mund hatte, der anmaßend redete, und das größer erschien als seine Gefährten. 21 Ich sah, wie dieses Horn gegen die Heiligen kämpfte und sie überwältigte, 22 bis der Uralte an Tagen kam. Da wurde den Heiligen des Höchsten das Regiment gegeben, und es kam die Zeit, da die Heiligen das Reich erhielten. 23 Entsprechend antwortete er mir: Das vierte Tier bedeutet: Ein viertes Reich wird sich auf der Erde erheben, ganz anders als alle anderen Reiche. Es wird die ganze Erde verschlingen, sie zertreten und zermalmen. 24 Die zehn Hörner bedeuten: aus jenem Reich werden zehn Könige hervorgehen; doch nach ihnen kommt einer, der ist ganz anders als seine Vorgänger. Er wird drei Könige stürzen 25 und wird Worte reden gegen den Höchsten und sich an den Heiligen des Höchsten vergehen. Und er wird trachten, Festzeiten und das Gesetz zu verändern. In seine Hand werden die Heiligen gegeben werden auf eine Zeit und zwei Zeiten und eine halbe Zeit. 26 Dann aber wird Gericht gehalten und seine Macht wird ihm genommen und er wird endgültig vernichtet und zerstört werden. 27 Und die Herrschaft und Macht und die Größe aller Reiche unter dem ganzen Himmel wird dem Volk der Heiligen des Höchsten gegeben. Sein Reich ist ein ewiges Reich, und alle Mächte werden ihm dienen und gehorchen.
28 Hier endet der Bericht. Mich, Daniel, erschreckten meine Gedanken, meine Gesichtsfarbe änderte sich an mir, aber den Vorgang bewahrte ich in meinem Herzen.

Dan 7

Mit diesem Stück liegt der Abschluß des aramäisch geschriebenen Danielbuches vor. Die Gattung »Vision« verweist jedoch schon auf den zweiten, hebräisch geschriebenen Teil des Buches. Darin geht es ausschließlich um die Manifestation der Gottesherrschaft am Ende der Zeit, wie sie sich dem Seher in Visionen enthüllt.

Das Widerfahrnis Daniels wird als Traum und Vision bezeichnet, versteht sich also als symbolische Verschlüsselung. Symbolischer Ausdruck entzieht sich jeder definitorischen Deutung; die Mehrdeutigkeit des Symbols ist nicht aufhebbar. Was in Träumen und Visionen aus den Tiefenschichten des Menschen aufsteigt, gehört zu einem mythischen Potential, das allen Menschen eignet und darum auch in anderen Kulturen begegnet, wenngleich stets in zeitgebundener Gestalt. Die Dan 7 geschilderte Schau greift Vorstellungen auf,

Das apokalyptische Denken enthält immer das Element des Grauens und des Trostes ineinander verschlungen. Mit besonderer Wucht kommt das bei der Ausbildung der Vorstellung von den Geburtswehen des Messias, das heißt hier der messianischen Zeit, zum Ausdruck. Die Paradoxie dieser Vorstellung besteht darin, daß die Erlösung, die hier geboren wird, gar nicht in irgendeinem kausalen Sinn eine Folge aus der vorangegangenen Historie ist. Es ist ja gerade die Übergangslosigkeit zwischen der Historie und der Erlösung, die bei den Propheten und Apokalyptikern stets betont wird. Die Bibel und die Apokalyptiker kennen keinen Fortschritt in der Geschichte zur Erlösung hin. Die Erlösung ist kein Ergebnis innerweltlicher Entwicklungen ..., sie ist vielmehr ein Einbruch der Transzendenz in die Geschichte, ein Einbruch, in dem die Geschichte selber zugrunde geht, in diesem Untergang sich freilich wandelnd, weil von einem Licht betroffen, das von ganz woanders her in sie strahlt. Von jeher liegt dem Apokalyptiker die pessimistische Weltbetrachtung am Herzen. Ihr Optimismus, ihre Hoffnung richtet sich nicht auf das, was die Geschichte gebären wird, sondern auf das, was in ihrem Untergange hochkommt, nun endlich unverstellt frei wird.

Gerschom Scholem

Hebräisch, Sprache der Jüdischen Bibel mit Ausnahme geringer aramäischer Teile. H., die »Sprache Kanaans« (→ S. 124), ist mit dem Moabitischen und Phönizisch-Punischen eng verwandt. Das gesprochene H. wurde seit der pers. Zeit vom → Aramäischen abgelöst. Das heute in Israel gesprochene Neu-H. wird als Iwrit bezeichnet.

Aramäisch, nordwestsemit. Sprache, die inschriftlich seit dem 8. Jh. in Syrien belegt ist und nach dem Staat Aram-Damaskus benannt wurde. Dank der einfachen Schrift verbreitete sich A. und bildete sich in Persien zum Reichs-A. aus, von dem sich das Bibel-A. und die aramäische Umgangssprache der letzten Jahrhunderte v. Chr. ableiten. In der Bibel wurden folgende Texte in A. verfaßt: Gen 31,47; Dan 2,4b-7,28; Esr 4,8-6,18; 7,12-26; Jer 10,11.

Leviatan, mythisches Wesen, in der kanaanäisch-phönizischen Tradition ein siebenköpfiger, schlangenartiger Meeresdrachen. Schon Baal gilt als Bezwinger des L., nicht minder spricht die Bibel von Jahwe als Sieger über den L., dessen Schöpfer und Beschützer er dennoch bleibt (Ps 104,26 f.). Ijob 40,25-41,26 repräsentiert der L. gemeinsam mit dem monströsen Behemot (Nilpferd) die Kräfte des Bösen, ohne daß sie die kosmische Herrschaft Gottes in Frage stellen könnten.

Henochbuch. Henoch, eine Gestalt der Urzeit, wurde wegen seiner Frömmigkeit ähnlich wie Elija (→ S. 188 ff.) zu Lebzeiten entrückt (Gen 5,18-24; vgl. S. 491). Die Apokalyptik schreibt ihm grundlegende Offenbarungen über den Weltenlauf zu.
Die drei auf Henoch zurückgeführten Bücher entstanden zwischen dem 3. Jh. v. Chr. und dem 3. Jh. n. Chr. Neben astrologischen und mythischen Spekulationen enthalten sie messianische Visionen. Das 1. H. hat für die Bibelwissenschaften größte Bedeutung, weil es noch vor der Zeitenwende entstand und Einfluß auf die Christliche Bibel gewonnen hat. Die Frage, ob und inwieweit die Vorstellung von Henoch als »Menschensohn« auch die neutestamentl. Menschensohnvorstellung geprägt hat, ist umstritten.

die im Schema der Vierzahl den frühen Kulturen geläufig sind (→ S. 54). Mit den vier Winden werden die vier Enden der Welt oder vier Himmelsrichtungen als die strukturgebenden Weltachsen bezeichnet (vgl. auch die vier Winde in Jer 49,36; Ez 37,9; Sach 2,10; 6,5; ebenso Dan 8,8; 11,4). Sie sind Symbol der Weltganzheit, von der im folgenden die Rede ist. Auch das Chaoswasser mit seinen Meerungeheuern kommt bereits in den Schöpfungsmythen des Alten Orients (→ S. 45) vor.

In anderen Schriften der Bibel ist von diesen Mythen ebenfalls die Rede, etwa wenn Jes 27,1 und Ps 74,14 vom Kampf Jahwes gegen den Meeresdrachen Leviatan sprechen. Darum wird auch für die Leser oder Hörer des Danielbuches der mythische Hintergrund präsent gewesen sein, wenn sie dem Meer entsteigende Chaostiere geschildert bekamen. Allerdings sind Löwe, Bär und Panther nicht gerade plausible Erscheinungen für Meerungeheuer. Vielleicht hat dafür das Buch Hosea 13,7 f. Pate gestanden, wo Jahwe droht: »Darum bin ich euer Feind geworden: Wie ein Löwe oder Panther laure ich euch auf; ich falle euch an wie eine Bärin, der man die Jungen geraubt hat; ich zerfleische euch, ich reiße euch in Stücke, ich verschlinge euch.« Doch kann diesem mythischen Raster auch geschichtliche Erfahrung zugrunde liegen – was weniger auf visionäre Unbewußtheit, als auf wohlbedachte Reflexion verweisen würde. Dann repräsentiert der Löwe das babylonische Reich, wie er dort in vielen Darstellungen, etwa als geflügelter Löwe am Ischtartor zu Babel, zu sehen war. Auch der sich aufrichtende, wie ein Mensch sich auf zwei Füße stellende Löwe gehört zur babylonischen Ikonographie. Daß schließlich dem Löwen ein menschliches Herz gegeben wird, dürfte sich aus der positiven Deutung Nebukadnezzars erklären, die das Danielbuch vertritt (vgl. Dan 4,23.31). Dennoch gibt Nebukadnezzar die Hintergrundfolie für die sich in seiner Nachfolge immer grausamer entwickelnden Regentschaften ab. Schon der Bär, Symboltier der Meder, verdeutlicht dies; mit dem Vordringen der Meder begann der Niedergang des persischen Reiches. Mit Panthern hatte schon der Prophet Habakuk die babylonische Reiterei verglichen, die »schneller als Panther« sei (Hab 1,8). Nur das vierte Tier bleibt ohne Benennung, vielleicht weil sich keine angemessene Steigerung anbot. Wenn von ihm gesagt wird, daß es »alles zermalmte, was übrig blieb« (V 7), könnte darin auf die hellenistische Kriegsführung angespielt werden, die mit ihren Kampfelefanten panischen Schrecken unter den Gegnern verbreitete. Wie immer die Details zu verstehen sind, in ihrer Summe repräsentieren die vier Tiere die Welt insgesamt, die ein extremes Maß an Feindschaft und Vernichtungswut angenommen hat.

Mit V 9 wechselt die Sprache; sie wird poetisch und schließt an die Tradition der Thronvisionen an, wie sie Jes 6 und Ez 1 begegnen (→ S. 225 f.; 268 f.). Die auffälligste Parallele aber findet sich im 1. Henochbuch, im »Buch der Wächter«, das in Qumran gefunden und früher als das Danielbuch geschrieben wurde: »Und ich blickte hin und sah einen hohen Thron, und sein Aussehen war wie Reif, und sein Umkreis war wie die Sonne, die leuchtet, und wie die Stimme der Cheruben. Und unterhalb des Thrones kamen Ströme flammenden Wassers hervor, und man vermochte ihn nicht anzusehen. Und die große Herrlichkeit saß darauf, und ihr Gewand war strahlender als die

Daniel

Sonne und weißer als aller Schnee. Und keiner von den Engeln konnte eintreten, noch sein Angesicht den Erhabenen und Herrlichen sehen, und keiner, der zum Fleisch gehört, vermag ihn zu sehen. Flammendes Feuer war rings um ihn, und großes Feuer stand vor ihm, und niemand von denen, die um ihn waren, nahte sich ihm; zehntausend mal Zehntausend waren vor ihm, aber er brauchte keinen Rat. Und die Heiligen der Heiligen, die in seiner Nähe waren, entfernten sich nicht bei Nacht und verließen ihn nicht« (1 Hen 14,18-23).

Wenn für diesen Text auch keine direkte Abhängigkeit zu beweisen ist, so müssen wenigstens beide Schriften dieselbe Quelle benutzt haben, die so eindringlich den »himmlischen Thronsaal« beschreibt. Aber nur hier wird Gott der »Uralte an Tagen« (V 9) genannt, eine Umschreibung, die nirgendwo sonst in der Bibel begegnet. Hinter dieser Metapher steht die Vorstellung des kanaanäischen Hauptgottes El, der auch »Vater der Jahre« hieß und in Texten aus Ugarit als weiser Mann mit grauem Bart begegnet. So sehr die Gottesbezeichnung vom »Hochbetagten« für die Bibel absolute Ausnahme ist, so gängig wurde sie innerhalb der christlichen Kunst und damit im verbreiteten Denken.

Der Thronsaal hat ebenfalls orientalischen Hintergrund. Die Götterversammlungen Mesopotamiens und Kanaans kannten ihn, bevor ihn Israel für Jahwe in Anspruch nahm. Die im Thronsaal versammelten Mitglieder des Thronrates werden »Heilige« genannt; als »Heilige des Höchsten« spielen sie im Danielbuch auch weiterhin eine Rolle. Zu Beginn der Gerichtsverhandlung werden die Bücher aufgeschlagen, ein in der Bibel mehrfach begegnendes Motiv (vgl. Ex 32,32 f.; Ps 56,9; Jes 65,6; Mal 3,16). Die darauf folgende Tötung des Tieres darf wohl als Ausführung des Richterspruchs verstanden werden, wenngleich die Verschonung der drei anderen ohne Begründung bleibt.

Nun erscheint »mit den Wolken des Himmels einer wie ein Menschensohn« (V 13). Die Metapher »Wolke« für den göttlichen Bereich ist aus älteren Überlieferungen bekannt (→ S. 110 f.), doch stehen dahinter auch kanaanäische Traditionen. Dort war es Baal, der mit den Wolken kommt und die Herrschaft übernimmt. In einem Baal-Zyklus aus Ugarit heißt es: »O Reiter auf den Wolken ..., du sollst in Besitz nehmen dein ewiges Reich, deine Herrschaft in Ewigkeit.« Dieser frühe Traditionshintergrund muß den Autoren des Danielbuches nicht mehr bewußt gewesen sein, wie auch im Christentum das Weiterwirken natur- und volksreligiöser Anschauungen durchweg nicht mehr erinnert wird. Der Wolkenreiter erscheint »wie ein Menschensohn«. Im Bild des Menschen steht er im Gegensatz zu den Gewaltherrschaften der »Tiere«. Den Chaosmächten wird in der Metapher des »Menschensohnes« eine humane Alternative gegenübergestellt.

Bereits Ezechiel wurde in seinen Visionen als *ben adam*, »Sohn des Menschen« angesprochen. Dort zielt der Ausdruck auf Niedrigkeit und Sterblichkeit. Insgesamt heißt *ben adam* einfach nur »Mensch« (vgl. Num 23,19; Jer 49,18.33; 50,40; 51,43; Jes 51,12; 56,2; Ps 8,5; 80,18; 146,3; Ijob 16,21; 25,6; 35,8). Diesen Sinn macht besonders Ijob 25,6 deutlich: »Die Sterne sind nicht rein in seinen Augen, geschweige denn der Mensch, die Made, der Menschensohn, der Wurm.« Dan

Vision, bildhafte Wahrnehmung im Wach- oder Trancezustand, typische Form des Offenbarungsempfangs für Apokalyptiker. Die bibl. V.sberichte zeigen eine stilistische Form, in der sich die möglichen individuellen Erfahrungen nicht spiegeln. Wie immer visionäre Vorgänge psychologisch gedeutet werden, sie enthalten durchweg Urteile, die über rational gewonnene Zeitanalysen und Einsichten hinausgehen.

Menschensohn. Die Vorstellung von einem endzeitlichen M., der »mit den Wolken des Himmels« kommt, hat Wurzeln, die weit in die altoriental. Mythologie zurückreichen. Sie wurde in den Bildreden des äthiop. → Henochbuches weiterentwickelt und fand in der Anwendung des M.-Titels auf Jesus eine neue Auslegung (→ S. 398).

Zur Erneuerung des Christentums gehört, sich dem Judentum zu stellen, aus dem es hervorgegangen ist. Von ihrer Quelle getrennt, ist die Christenheit leicht Ideen ausgesetzt, die ihrem Geist fremd sind. Die Hauptherausforderung für die Kirche ist zu entscheiden, ob die Christenheit den jüdischen Weg überwinden und beseitigen oder ihn fortführen soll, indem sie den Gott Abrahams und Seinen Willen zu den Völkern bringt ...

Die Stellung und das Gewicht der Hebräischen Bibel sind deshalb so bedeutend, weil alle folgenden Ausprägungen und Lehrsätze, sei es im Judentum oder im Christentum, ihre Wahrheit aus ihr ableiten. Wenn sie nicht dauernd von ihr beurteilt und geläutert werden, neigen sie dazu, die lebendige Beziehung Gottes zur Welt zu verdunkeln und zu entstellen.

Im Denken unserer Zeit kommt die Bibel nicht vor. Sie wird zwar zur Erbauung zitiert, einer Predigt scheinbar zugrunde gelegt. Aber sie ist keine lebendige Kraft, die unser Leben prüft. Die Bibel wird als Quelle des Dogmas respektiert, nicht aber als lebendige

Geschichte. Man liest die Psalmen, aber nicht die Propheten. Sie werden als Vorläufer verehrt, aber nicht als Wegweiser und Lehrer ...

Eine wichtige Wurzel des gegenwärtigen Nihilismus ist der uralte Widerstand gegen die hebräische Welt- und Menschensicht. Die Hebräische Bibel hat eine Illusion zerstört, die Illusion, man könne in der Welt als unbeteiligter, unschuldiger Zuschauer existieren. Gläubig sein erschöpft sich nicht in geistlichem Konsum. Die Bibel hat die alte Tradition zerstört, in der sich die Beziehung zu den Göttern mit Leichtigkeit ergab, in der sich die Götter unseren Vorstellungen und Maßstäben anpassten, eine Tradition, in der Religion vor allem eine *Garantie* war.

Ohne Bindung an die Hebräische Bibel fing man an, sich nur an eine Seite der Bedeutung Gottes zu halten, vorzugsweise an Sein Versprechen als Erlöser, und vergaß darüber Seine fordernde Gegenwart als Richter, Seine erhabene Transzendenz als Schöpfer. Dieses hartnäckige Festhalten an Seiner Liebe, ohne Seinen Zorn wahrzunehmen ... – dies alles sind gefährliche Verzerrungen. Zuviel zu glauben ist gefährlicher als zuwenig zu glauben.

Wenn Sie mir diese Bemerkung gestatten, möchte ich sagen, daß es für einen Juden schwer zu verstehen ist, wenn Christen Jesus als den Herrn verehren und dieses Herrsein an die Stelle der Herrschaft Gottes, des Schöpfers, tritt. Es ist für einen Juden schwer zu verstehen, wenn Theologie auf Christologie reduziert wird ...

Abraham Joshua Heschel

8,17 wird der Seher selbst mit »Menschensohn« angesprochen. In seiner Vision 7,13 erscheint die himmlische Gestalt allerdings nur »*wie* ein Menschensohn«. Die menschliche Erscheinung gilt als Gleichnis, wie es den Bedingungen des inneren Gesichts entspricht. Es verweist auf eine Sicht, die Gen 1,26 ff. zum Ausdruck kommt: Nach dem Bilde Gottes geschaffen, soll der Mensch eine Herrschaft ausüben, welche die Schöpfung bewahrt, statt sie zu zerstören. Auch Ps 8,5-7 mag dahinter stehen:

> Was ist der Mensch, daß du an ihn denkst,
> des Menschen Kind, daß du dich seiner annimmst?
> Du hast ihn nur wenig geringer gemacht als Gott,
> hast ihn mit Herrlichkeit und Ehre gekrönt.
> Du hast ihn als Herrscher eingesetzt über das Werk deiner Hände,
> hast ihm alles zu Füßen gelegt.

Der alte Mythos vom Wolkenreiter, der vor Zeiten Ausdruck der Hoffnung gegenüber den Chaosmächten war, wird im Bild des Menschen neu entworfen in der Hoffnung auf die endgültige Entmachtung der Unterwelt. Daß dieser »Menschensohn« später zur Deutung der Person Jesu übernommen wird, um in ihm den »wahren Menschen« vorzustellen, ist ein naheliegender Gedankenschritt.

Daniel bekümmert seine Vision. Er bittet einen der Umstehenden – noch immer im Himmelssaal – um Erklärungshilfe. Die angebotene Deutung bleibt reichlich unklar und fällt mehrfach in das visionäre Bild zurück. Zunächst werden die vier Tiere als Könige verstanden, die ihre Herrschaft an die »Heiligen des Höchsten« übergeben. Da innerhalb dieses Weltbildes auf Erden nichts geschieht, was im Himmel nicht seine Bedingung hätte – »im Himmel wie auf Erden« – schaut der Seher den künftigen Triumph Israels, der sich in den »Heiligen des Höchsten« verkörpert: »Die Herrschaft und Macht und die Herrlichkeit aller Reiche unter dem ganzen Himmel werden dem Volk der Heiligen des Höchsten gegeben« (V 27).

Das besondere Interesse des Sehers gilt dem vierten Tier. Da es die bedrückende Realität der eigenen Gegenwart vertritt, enthüllt sich hier, wie blasphemisch der Kampf Antiochus IV. gegen das jüdische Volk ist. »Er ist ganz anders als die früheren ... Er lästert über den Höchsten und unterdrückt die Heiligen des Höchsten« (V 24 f.). Dieses Urteil kann auf die königliche Münzprägung zielen, in der sich Antiochus IV. als *theos epiphanes*, die »Erscheinung« oder »Gestaltwerdung Gottes«, bezeichnete. Da Antiochus wie kein anderer Herrscher die jüdische Religionsausübung verfolgte, indem er den Tempel umwidmete, die Feier des Sabbats und der Feste verbot und die Gültigkeit der Tora aufhob, erschien er den Frommen als dem Gericht verfallen: schon jetzt war im Himmel sein Schicksal besiegelt.

Qumran und die Essener

Bevor die römische Legio X Fretensis im Jahre 68 n.Chr. die essenische Siedlung Chirbet Qumran am Nordwestende des Toten Meeres zerstörte, gelang es ihren Bewohnern, die umfassenden Bibliotheksbestände in Sicherheit zu bringen, das meiste davon in Höhlen der nächsten Umgebung, einiges auch in Verstecken, die drei bis vier Kilometer entfernt waren. Die Bewohner Qumrans sind anschließend geflohen oder ums Leben gekommen. Die Römer besetzten ihre Siedlung für die nächsten Jahrzehnte mit einem Militärposten. Die jüdischen Eigentümer konnten nie mehr dorthin zurückkehren, das Wissen um die versteckte Bibliothek ging verloren.

Erst im Sommer des Jahres 1947 stieß ein Beduinenjunge auf der Suche nach einer verlorenen Ziege auf die versteckte Bibliothek in einer schwer zugänglichen Höhle. In den folgenden Jahren bis 1956 fand man noch weitere zehn Höhlen mit insgesamt etwa 800 Handschriften, darunter die fast komplette Fassung des Jesaja-Buches (→ S. 224 f.) und viele Fragmente; ein Teil des ehemaligen Bestandes war verrottet.

In ihrer Summe haben die Schriften vom Toten Meer Kenntnis von einer Gruppierung des Frühjudentums gegeben, die bis dahin zwar über Philo und Josephus als Essener-Gemeinschaft bekannt war, aber im Neuen Testament nicht einmal namentlich vorkommt. Gut 4000 Mitglieder sind dieser Gruppierung zuzurechnen, eine große Zahl, wenn man sie zu den etwa 6000 Pharisäern oder den nur nach Hunderten zählenden Sadduzäern und Zeloten jener Zeit in Relation stellt. Sie lebten über das Land hin verteilt, vor allem in Jerusalem und dem judäischen Umland, durchweg als Minderheit, hier und da auch zusammengeschart. Die Siedlung Chirbet Qumran bewohnten höchstens ein bis zwei Prozent aller Essener; doch wer hier lebte, auch die Frauen und Kinder, gehörte zu dieser Richtung des Judentums.

Die Felsenhöhlen von Qumran. Auf dem Plateau die freigelegten Überreste der essenischen Siedlung.

Bis zum Jahre 175 v. Chr. war das palästinische Judentum ein autonomer »Priesterstaat«. Der Hohepriester besaß geistliche und weltliche Autorität. Tora und Tempel verkörperten Glauben und Lebensordnung. Als sich aber 175 v. Chr. in Jerusalem hellenisierte Juden durchsetzten und das Amt des Hohenpriesters errangen – und damit die Führung im Staate – öffneten sie griechischer Bildung und griechischen Sitten Tür und Tor und verdrängten alle bisher geltende Tora-Orthodoxie. Dagegen formierte sich eine Untergrundbewegung; zugleich aber verließen toratreue Juden in Scharen ihre Heimat. Sie siedelten mit Frauen und Kindern nach Syrien über und gründeten dort einen »Neuen Bund im Lande Damaskus«. Andere wichen in die Wüste Juda oder ins Ostjordanland aus.

Der Makkabäeraufstand von 164 machte diesen Prozeß rückgängig. Der Jahwe-Kult wurde erneut im Tempel zu Jerusalem eingeführt, die seleukidischen Besatzungstruppen vertrieben, und im Jahr 159 gelang es dem Priesteradel der Zadokiden, wieder einen der Ihren in das

Hohepriesteramt zu bringen. Der Name dieses Mannes ist nicht bekannt; er ging als »Lehrer der Gerechtigkeit« (besser: »der rechte/wahre Lehrer«) in die Geschichte ein und wurde zum eigentlichen Begründer der Essener. Er reinigte den Tempel von den Resten des hellenistischen Kultus, verdrängte die Parteigänger des Vorgängers Menelaos und versuchte die alte Tradition neu zu begründen, als im Jahr 152 ein erneuter Komplott den nächsten Umschwung herbeiführte. Die Hellenisten setzten als Hohenpriester den Militärdiktator Jonatan ein, vor dessen Herrschaftszugriff der »Lehrer« mit seinem Anhang fliehen mußte; sie fanden Asyl bei den jüdischen Siedlern vom »Neuen Bund im Lande Damaskus«. Der »Frevelpriester« Jonatan versuchte dem »Lehrer« auch dort nachzustellen, der geplante Mordanschlag auf ihn scheiterte jedoch.

Verständlicherweise betrachtete der amtsvertriebene »Lehrer der Gerechtigkeit« sich weiterhin als legitimer Hoherpriester ganz Israels. Er versuchte eine jüdische Sammlungsbewegung zu organisieren, um unter seiner Führung der Tora wieder Geltung zu verschaffen, doch Jonatan vermochte sich mit seinen Machtmitteln in Jerusalem und Judäa zu behaupten. Die in den Jahren zuvor nach Syrien oder ins Ostjordanland ausgewichenen Juden aber traten in ihrer Mehrheit der Sammlungsbewegung des »Lehrers« bei. Fortan bekamen die sich zu diesem oppositionellen Kern zählenden Juden den Beinamen Essener, »die Frommen«. In ihrem Selbstverständnis repräsentierten sie das wahre Israel der Endzeit.

Diese vom »Lehrer der Gerechtigkeit« geschaffene Union stellte höchste Anforderungen an ihre Mitglieder. Absolut verbindlich war die Tora; zusätzliche Autorität hatten die prophetischen Bücher und die Psalmen. Wer in die Gemeinschaft aufgenommen werden wollte, mußte sich einer dreijährigen Prozedur unterziehen und vor allem Tora-Kenntnis »by heart« nachweisen, wortwörtlich, einschließlich der dazugehörigen Auslegungspraxis. Nach bestandener Prüfung wurde der Kandidat zu rituellen Reinigungsbädern zugelassen. Weitere zwei Probejahre mit entsprechenden Abschlußprüfungen mußten noch bestanden werden, um die Vollmitgliedschaft zu erreichen. Selbst danach konnten Gebotsübertretungen zum zeitweiligen Ausschluß führen; handelte es sich um bewußte Tora-Übertretungen, war lebenslänglicher Ausschluß möglich, auf dem bewußten Aussprechen des Gottesnamens stand die Todesstrafe.

Intern streng hierarchisch organisiert, lag die Führung bei den Priestern, zumal den Zadok-Abkömmlingen. Sie leiteten Versammlungen, Gottesdienste, die gemeinsamen Mahlzeiten. Die nächste Rangklasse bildeten die Leviten; zur dritten gehörten die gebürtigen Juden, zur vierten übergetretene Heiden. Vollmitglieder übertrugen der Gemeinschaft allen Besitz, auch Arbeitskraft und Wissen. Der Nießbrauch an Haus und Grundbesitz änderte sich dadurch nicht, wenngleich der Zehnte aller Erträge an die Gemeinschaftskasse abgeführt wurde. Aus den Erträgen wurden Verarmte, Arbeitsunfähige, Bettler, Waisen, Asylanten, Gefangene in der Fremde, die Aussteuer armer Mädchen finanziert ...

Tonkrüge aus Qumran. Manche Schriftrollen sind in solchen Krügen aufbewahrt worden.

Alle Essener heirateten; das war für fromme Juden selbstverständlich, ebenso wie eine große Kinderzahl. Wenn jedoch die Frau starb oder die Ehe geschieden wurde, blieb eine weitere Heirat ausgeschlossen. Da die durchschnittliche Lebenserwartung von Frauen damals weniger als 30 Jahre betrug, viele Männer aber älter als 60 wurden, lebte mindestens die Hälfte der essenischen Männer faktisch ehelos. Vielleicht haben deswegen Philo und Plinius, zu deren Idealen die ehelos lebenden Pythagoräer gehörten, die Essener als »die besten aller Juden« gepriesen. Aber die oft genannte Ehelosigkeit der Essener ist eine Täuschung.

Auch anderen Fehlurteilen über die Essener ist zu begegnen. So haben sie sich niemals vom Tempel in Jerusalem abgewandt; sie beteten und lehrten dort, zahlten die Tempelsteuer – boykottierten aber den Opferkult, weil sie angesichts des abgeschafften Sonnenkalenders diesen für nutzlos hielten. Und da es ihnen nicht gelang, die kritisierten Zustände im Tempel effektiv zu ändern, deklarierten sie ihre eigene Gemeinschaft ersatzweise zum Tempel. Sie wollten durch ihre Gemeinschaft stellvertretend für ganz Israel Sühne tun.

Die Qumran-Gemeinde steht mit dem Christentum in keiner unmittelbaren Beziehung, in einem sehr engen Verhältnis aber zum Frühjudentum. Für eine Reihe neutestamentlicher Formulierungen – etwa für »die Armen im Geiste« oder die »Menschen seiner Gnade« – finden sich in den Qumran-Texten erstmals zeitgenössische Parallelen, die helfen können, den jesuanischen Kontext zu erschließen. Insgesamt läßt das qumranische Schrifttum eine Fülle von beeindruckenden

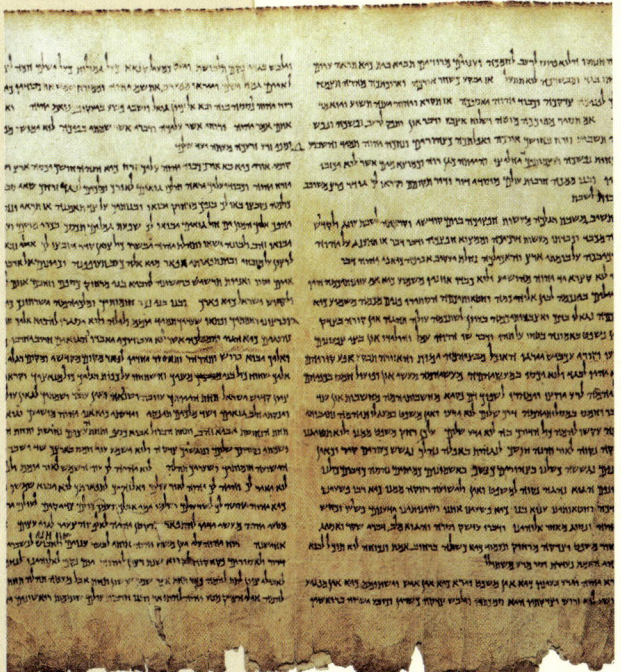

Analogien zum frühchristlichen Schrifttum erkennen. Versuche, Jesus als Essener zu verstehen, scheitern aber an grundlegenden Unterschieden: Zum einen spielen für Jesus priesterliche Abstammung und die sehr strenge kultische Praxis der Essener keine Rolle. Zum anderen lehrte Jesus keine Gesetzeskasuistik und gründete auch keine von der Welt abgesonderte, streng hierarchisch gegliederte Gemeinde.

Qumran zeigt, wie vielschichtig das damalige Judentum war, differenzierter, als es sich bisher der Forschung darstellte, und stärker in sich selbst verschachtelt. Der erstaunliche Tatbestand, daß die Essener in den Evangelien nicht vorkommen, mag sich aus dem Umstand erklären, daß sie in Galiläa nicht verbreitet waren. Wenn es trotzdem im Neuen Testament Äquivalente zum essenischen Schrifttum gibt, dann deswegen, weil das meiste darin für das palästinische Judentum insgesamt gültig ist. Die Bibliothek von Qumran hat unser Bild vom Judentum zur Zeit Jesu wesentlich bereichert und dadurch auch einen genaueren Blick auf den Juden Jesus ermöglicht.

Teilstück der in Qumran gefundenen Jesaja-Rolle. In der 1947 entdeckten Höhle 1 Q befanden sich über 50 Tonkrüge mit insgesamt 80 Schriftrollen, darunter auch das vollständige Jesaja-Buch. In den weiteren Höhlen wurden insgesamt etwa 1000 Schriftrollen versteckt, von denen heute nur noch zehn Texte mit mehr als halbem Bestand vorliegen. Die übrige Textmenge ist in viele kleine Fragmente zerfallen.

Die Christliche Bibel

Die Entstehung des Neuen Testaments

Das gewaltige Geschichtswerk, das die erste Hälfte der Jüdischen Bibel füllt, findet eine Parallele im Neuen Testament, das eben- falls mit einem großen Geschichtswerk beginnt. Gleich viermal wird die Geschichte Jesu erzählt. Danach führt die Apostelgeschich- te die Evangelien weiter mit einem Bericht über die Entfaltung und den Weg des jungen Christentums bis zum Aufenthalt des Paulus in Rom, dem Mittelpunkt der damaligen Welt. Dieser Symphonie sind die Briefsammlungen angefügt. Zum Schluß nimmt die Johannes- offenbarung erneut den erzählerischen Faden auf, um der früh- christlichen Gegenwart einen ermutigenden Blick auf das Ende der Zeiten zu bieten. Diese Komposition, die von der Weltschöpfung im Buche Genesis bis zum Weltende im letzten Buch des Neuen Testa- ments führt, verstärkt den Eindruck, als liege insgesamt ein Ge- schichtsbuch der Menschheit vor, das wohldurchdacht und in sich geschlossen ist.

Dennoch gelten für das Neue Testament ähnlich komplizierte Entstehungsprozesse wie für die Jüdische Bibel. So unterschiedlich die Evangelien vierfach in ihrer Konzeption ausfallen, so unter- schiedlich sind die darin vereinten Stücke: Die Erzählungen über Geburt und Kindheit Jesu erwuchsen einem anderen Verständnis als die Leidensgeschichte. Die Gleichnisse Jesu und die Bergpredigt sind in ihrem historischen Wert nicht mit den Geschichten von Brotvermehrung und Totenerweckungen zu vergleichen. Kein Evangelist schrieb aus eigener Erinnerung, keiner war Augenzeuge des Lebens Jesu. Sie sammelten die ihnen erreichbaren Jesusüber- lieferungen, ohne deren »biographischen« Wert zu prüfen, denn dazu hätten sie das Bewußtsein einer viel späteren Zeit haben müssen. Sie ordneten ihr Material nach einem zeitlichen Schema und gaben ihm eine Prägung, die den Interessen des ausgehenden Jahrhun- derts entsprach.

Natürlich ist das aus dem gemeindlichen Umlauf geschöpfte Material nicht historisch wertlos, wie zeitweilig behauptet wurde, aber es hat doch legendäre Überformungen erfahren, die im Einzel- fall nicht immer leicht zu belegen sind.

Die mündliche Überlieferung

Ebenso wie die Jüdische Bibel wurzelt auch das Neue Testament in einer mündlichen Überlieferung. Es gab ein Evangelium vor den Evangelien. Zwischen dem Leben Jesu und den ersten Aufzeich- nungen darüber besteht ein Abstand von wenigstens einer Genera- tion. In dieser Zeit wurde nach Bedürfnissen erzählt, die sich aus den späteren Gemeindesituationen ergaben. Dabei war das Reper- toire der Jesuserinnerungen nicht überall gleich. Vielleicht waren die Kindheitserzählungen, wie sie das Matthäus- und Lukasevange- lium eröffnen, Markus noch unbekannt. Oder er kannte sie nur in Ansätzen, die er für sein Evangelienverständnis ausschloß. Auch das Vaterunser oder das Gleichnis vom barmherzigen Samariter waren nicht allgemein verbreitet. Viele Forscher meinen, die Geschichte vom Prozeß Jesu, seiner Kreuzigung und Auferweckung, sei ein

Grundbestand aller Gemeinden gewesen, doch nimmt zum Beispiel eine ältere Redequelle (→ S. 440 f.) darauf keinen Bezug. Auch darf die vierfache Überlieferung der Passionsgeschichte nicht darüber hinwegtäuschen, daß sie ausschließlich von Markus vermittelt wird. Man übernahm sie von ihm nicht, um zu berichten »wie es war«, sondern um durch diesen »Dienst am Wort« (Lk 1,2) Jesusgemeinden zu gründen und aufzubauen. Der eigene Glaube war das formende Prinzip.

Von der Glaubensdeutung der Evangelien auf die historischen Vorgänge zurückzuschließen, ist nur in wenigen Fällen möglich. Beispielsweise will die Passionsgeschichte die römische Obrigkeit deutlich entlasten – und tut dies zu Lasten einer unterstellten oder zumindest aufgebauschten jüdischen Beteiligung am Prozeß Jesu (→ S. 398 ff.).

Im Gegensatz zu den Evangelien sind die Briefe im Neuen Testament von Anfang an Schreibtischprodukte ohne literarische Vorgeschichte. Dennoch stehen sie bereits in einer Tradition und enthalten auch einige Texte, die der mündlichen Prägung der frühesten Gemeinden entstammen. Zweimal beruft sich Paulus auf empfangene Überlieferungen, die er wörtlich wiedergibt (1 Kor 11,23 ff.; 15,3 ff.). Beim ersten Text zitiert Paulus wahrscheinlich einen Abendmahlsbericht, wie er in den Gottesdiensten seiner Gemeinden vorgetragen wurde. Der zweite Text bringt eine Glaubensformel, die Paulus im genauen Wortlaut beachtet sehen möchte, weil sie in knapper Form alles enthält, was er in seinen Briefen »das Evangelium« nennt. Beide Texte zeigen, daß die mündliche Überlieferung streng gefaßte Formeln nicht ausschloß. Dazu gehören insbesondere Lieder oder Liedfragmente, wie sie zum Beispiel Phil 2,6-11 und 1 Tim 3,16 vorliegen (vermutlich auch Kol 1,15-20; Eph 1,3-14; Hebr 5,7-10 und 1 Petr 2,22-25).

Die Entstehung der Evangelien

Das älteste Evangelium ist um das Jahr 70, kurz nach der Eroberung Jerusalems geschrieben worden. Zu dieser Zeit werden die meisten Zeugen der ersten Generation bereits gestorben sein. Die Verfasser der Evangelien sind also keine Augen- und Ohrenzeugen der Jesusgeschichte. Die frühesten christlichen Gemeinden waren noch überzeugt, die Weltzeit sei abgelaufen und rechneten mit dem »Ende der Tage«. Sie hatten kein Interesse daran, für spätere Zeiten Bücher zu schreiben. Nachdem aber die Weltgeschichte weiterhin ihren gewohnten Gang nahm, die erste Generation der Jesus-Jünger nicht mehr lebte und das Christentum sich rund um das östliche Mittelmeer verbreitete, wuchs das Bedürfnis, das mündlich bewahrte Erzählgut zu bewahren. Und da die Jesus-Traditionen nicht überall in gleichem Umfang und gleicher Intention bekannt waren, der Wunsch, sie aufzuschreiben auch keiner einheitlichen Regie unterlag, entstanden im Abstand von dreißig oder mehr Jahren unterschiedliche Aufzeichnungen, die seit dem 2. Jahrhundert alle *euangelion*, »Frohbotschaft«, genannt wurden.

Die Frage, welches Evangelium als erstes geschrieben wurde, war lange Zeit nicht zu beantworten. Sie wurde dringend, als man erkannte, daß von den vier Evangelien drei eng zusammenhängen und streckenweise sogar im Wortlaut übereinstimmen. Man begann, die Evangelien nach Matthäus, nach Markus und nach Lukas in drei Spalten zum wechselseitigen Vergleich nebeneinander zu drucken und nannte diese Textanordnung Synopse (von griechisch *syn* = zusammen, und *opsis* = das Sehen): eine Synopse ist also die Zusammenschau von Texten ähnlichen Inhalts und vergleichbarer Formulierung. Jene Evangelien, die einen solchen Vergleich gestatten, heißen die synoptischen Evangelien oder auch einfach die Synoptiker (vgl. das Beispiel S. 379). Das Johannesevangelium erlaubt – bis auf die Passionsgeschichte (vgl. S. 402 f.) – eine solche Gegenüberstellung nicht. Es hat nur wenige Einzeltexte mit den drei anderen Evangelien gemeinsam.

Die Übereinstimmungen und die Verschiedenheiten der synoptischen Evangelien sind vielgestaltig. Zunächst unterscheiden sie sich durch ihre Textmengen: Das Markusevangelium ist das kürzeste; es umfaßt nur 661 Verse. Von diesem Material finden sich im Matthäusevangelium 600 Verse wieder, im Lukasevangelium ungefähr 350 Verse. Daneben haben Mt und Lk nochmals etwa 350 Verse gemeinsam. Andererseits gibt es in beiden Evangelien Partien, die diese mit keinem anderen Evangelium teilen. Solche Stücke nennt man Sondergut.

Jedes Evangelium verschmilzt den Jesus der dreißiger Jahre des 1. Jahrhunderts mit Deutungen Jesu aus den siebziger, achtziger und neunziger Jahren des gleichen Jahrhunderts. Jedes verschmilzt fast untrennbar Geschichte und Glauben miteinander. Unsere Aufgabe ist es, das gleiche zu leisten, wieder und wieder und wieder. Die Evangelien sind unsere normativen Muster für diesen Prozeß, und wir können uns der Aufgabe nicht entziehen, indem wir versuchen, einfach ihre Geschichte oder ihren Glauben zu wiederholen und als eigene auszugeben.

John Dominic Crossan

Markusevangelium

Mit dem Markusevangelium übereinstimmende Texte

Übereinstimmungen im Matthäus- und Lukasevangelium

Sondergut

352

Die Übereinstimmungen zwischen den drei Büchern lassen sich am leichtesten durch »Abschreiben« erklären. Aber wer hat von wem abgeschrieben? Die mit großem Forschungsaufwand gefundene Antwort wird als Zweiquellentheorie bezeichnet. Sie erklärt das kurze Markusevangelium als erste Quelle für Mt und Lk. Weil diese Evangelien aber ihrerseits viele Redetexte Jesu gemeinsam haben, die bei Mk nicht vorkommen, rechnet man dafür mit einer zweiten Quelle, einer Sammlung von Jesusworten, die als Logienquelle (Redequelle) bezeichnet wird und in der Wissenschaft das Kürzel Q (für Quelle) trägt. Schließlich verfügen beide Evangelien noch über weitere Texte, die sie auf eigenen Wegen fanden.

Mt und Lk haben, als sie sich daran machten, erneut ein Evangelium zu schreiben, das Markusmaterial nicht unverändert übernommen. Einerseits konnten sie neue Traditionen aufgreifen, die Mk noch nicht kannte. Vor allem aber wollten sie für veränderte Verhältnisse und Gemeinden einer späteren Zeit schreiben. Darum modifizierten sie den Markustext, so oft sie meinten, daß es ihre aktuelle Situation erfordere. Auf diese Weise bekam jedes Evangelium ein eigenes Profil. Deren Eigenart und Differenz unterstreichen, daß die Evangelienschreibung nicht primär von historischem Interesse bestimmt ist, sondern auf die unterschiedlich aktuellen Verhältnisse der Adressaten Bezug nimmt.

Was das letzte Evangelium nach Johannes angeht, so hat man lange angenommen, dessen Verfasser sei ein Jünger Jesu gewesen. Wäre dies der Fall, so hätte er aus eigener Erfahrung schreiben können, wäre also unabhängig von den Überlieferungswegen der Gemeinde gewesen. Gerade das ist aber nicht der Fall, denn auch das Johannesevangelium verarbeitet vorliegende Quellen.

Die Differenzen und Widersprüche zwischen den einzelnen Evangelien, die sich aus ihren abweichenden Programmen ergaben, wurden schon früh erkannt, fanden aber keine Erklärung. So ignorierte man die Unterschiede und addierte sie zu einer problematischen Evangelienharmonie. Im Grunde wird immer noch so verfahren: Weil Mt und Lk die Geburt Jesu unterschiedlich erzählen, läßt man die Hirten und die Weisen aus dem Morgenlande gemeinsam zur Krippe kommen. Bis etwa 1960 boten die Schulbibeln durchweg ein nach dieser Methode zusammengestückeltes »fünftes« Evangelium.

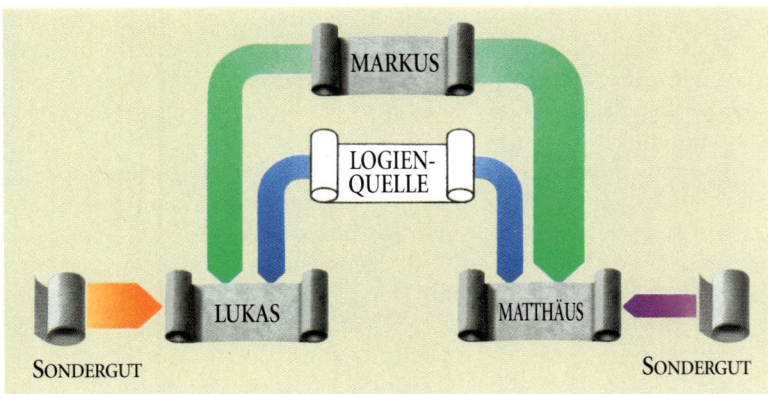

Während eines Zeitraums von Monaten oder vielleicht sogar von zwei oder drei Jahren wurde dieser Jesus aus Fleisch und Blut in Galiläa und in Jerusalem gesehen und gehört, kompromißlos und beharrlich in seiner Gottes- und Menschenliebe ... Die Anziehungskraft dieses wahren Jesus war so stark, daß nicht einmal die Schande und Demütigung des Kreuzes, ja nicht einmal der Zusammenbruch seines Wirkens den Glauben der ihn begleitenden Männer und Frauen auslöschen konnten. Aber ... viele Zeitalter sind vergangen, seit der einfache jüdische Mensch der Evangelien in den Hintergrund trat, um für die prächtige und majestätische Figur des kirchlichen Christus Platz zu machen ...

Dennoch drängt sich dem Historiker der Gedanke auf, daß die Welt noch nicht das letzte von diesem heiligen Galiläer gehört haben könnte. In der sogenannten nachchristlichen Ära scheint Christus als eine göttliche Gestalt für eine wachsende Zahl von Menschen weder dem zeitgenössischen Begriff von Realität, noch den Nöten des Menschen gerecht zu werden. Könnte es da nicht sein, daß Jesus, der Heiler, Lehrer und Helfer, doch noch eingeladen wird, aus dem Dunkel seines langen Exils herauszutreten? Und dies nicht nur von Christen?

Geza Vermes

353

Das Urteil des Josephus

Um diese Zeit lebte Jesus, ein weiser Mensch, *wenn man ihn überhaupt einen Menschen nennen darf.* Er war nämlich der Vollbringer ganz unglaublicher Taten und der Lehrer aller Menschen, die mit Freuden die Wahrheit aufnahmen. So zog er viele Juden und auch viele Heiden an sich. *Er war der Christus.* Und obgleich ihn Pilatus auf Betreiben der Vornehmsten unseres Volkes zum Kreuzestod verurteilte, wurden doch seine früheren Anhänger ihm nicht untreu. *Denn er erschien ihnen am dritten Tage wieder lebend, wie gottgesandte Propheten dies und tausend andere wunderbare Dinge von ihm vorher verkündet hatten.* Und noch auf den heutigen Tag besteht das Volk der Christen, die sich nach ihm nennen, fort.
(Ant. XVIII, 3,3)

Die kursiv gedruckten Sätze sind für einen jüdischen, in Rom schreibenden Historiker unwahrscheinlich. Ohne ihre Einschaltung liest sich das Zeugnis des Josephus sachlich und glaubwürdig. Die Zusätze gehen zu Lasten eines späteren christlichen Tradenten, dem die Notiz des jüdischen Autors nicht genügte.

Das Urteil des Tacitus

Im 15. Buch seiner Annalen erwähnt Tacitus, daß Kaiser Nero für den schrecklichen Brand, der Rom im Jahre 64 verwüstete, die Christen verantwortlich machte:

Um ihm ein Ende zu machen, schob er daher die Schuld auf andere und strafte mit ausgesuchten Martern die wegen ihrer Verbrechen verhaßten Leute, die das Volk Christen nennt. Der Stifter dieser Sekte, Christus, ist unter der Regierung des Tiberius durch den Prokurator Pontius Pilatus hingerichtet worden. Der unheilvolle Aberglaube wurde dadurch für den Augenblick unterdrückt, trat später aber wieder hervor und verbreitete sich nicht bloß in Judäa, wo er entstanden war, sondern auch in Rom, wo alle furchtbaren und verabscheuungswürdigen religiösen Gebräuche, die es in der Welt gibt, sich zusammenfinden und geübt werden.

Durch seine bibelkritischen Beobachtungen wurde – neben Baruch Spinoza (→ S. 37) – der französische Priester Richard Simon (1638–1712) zum Begründer einer neuen theologischen Disziplin. Auf Simons seinerzeit verbrannte Arbeiten geht die heute gängige Bezeichnung »historisch-kritisch« zurück. Der Jude Spinoza wie der Katholik Simon haben mit ihrem Schicksal bitter für Einsichten gezahlt, die zunächst tief verunsicherten, schließlich aber ein neues Verständnis der Bibel erschlossen. Ihre Impulse wurden im 19. Jahrhundert auf breiter Front – vor allem innerhalb der evangelischen Theologie – aufgegriffen. Das führte zu bahnbrechend neuen Erkenntnissen in bis dahin unlösbaren biblischen Fragen. Albert Schweitzer faßte 1906 den Ertrag in einer »Geschichte der Leben-Jesu-Forschung« zusammen. Seitdem steht fest, daß auf Grund der Quellenlage eine Biographie Jesu nach heutigen historischen Maßstäben nicht geschrieben werden kann.

Jesus selbst hat nichts Schriftliches hinterlassen. Es gibt über ihn keine zeitgenössischen Urkunden oder Protokolle. Die vier Evangelien sind zwar Niederschlag der Erinnerung an ihn, wie sie in den frühen Gemeinden weitergegeben wurde, jedoch in der Umwandlung der nachösterlichen Verkündigung. In diesem Prozeß wurde Historisches mit späteren Deutungen vermischt, was besonders in den Kindheitserzählungen, den Wundergeschichten und den Ostertexten zum Ausdruck kommt. Insgesamt blieb der Originalton Jesu zuverlässiger in der Wortüberlieferung erhalten, obwohl es auch hier erhebliche Überformungen aus späterer Interessenlage gibt.

Um dennoch ein Bild des geschichtlichen Jesus zu gewinnen, hat die Forschung eigene Methoden entwickelt. Sie begann bei den Evangelien. Zunächst wurden die Absichten und Interessen ihrer Verfasser untersucht, um schrittweise die ältesten Schichten der Gemeindeüberlieferung freizulegen. Dabei blieb man sehr zurückhaltend mit Aussagen über den historischen Jesus. Die gewonnenen Ergebnisse gelten nur als Annäherungswerte. Immerhin ließ sich soviel ursprüngliche Farbe des wirklichen Jesus finden, daß es möglich ist, spätere Übermalungen davon abzuheben.

Es besteht Konsens, daß Jesus aus Nazaret stammt. Er war der älteste Sohn einer Handwerkerfamilie; seine nachfolgenden Brüder hießen Jakobus, Joses, Judas und Simon; seine Schwestern werden namentlich nicht genannt. Als jüdischer Junge wurde er beschnitten, lernte die hebräische Bibel lesen und besuchte regelmäßig die Synagoge. Im überschaubaren Dorf wuchs Jesus unauffällig heran und arbeitete wie sein Vater Josef als Bauarbeiter. Die Teilnahme am synagogalen Gottesdienst, das Hören und Bedenken der Heiligen Schrift, dürfte die entscheidende Grundlage seiner religiösen Bildung gewesen sein.

Irgendwann nach etwa dreißig dunklen Jahren brach er aus der Familie aus, möglicherweise durch Johannes den Täufer provoziert. Er wurde dessen Anhänger und ließ sich von ihm taufen. Doch blieb er nicht lange in der Gefolgschaft des Johannes, sondern begann eine Tätigkeit als Wanderprediger in der galiläischen Heimat. Mit seinem Abschied vom Täufer gewann er eigenes Profil: Vertrat Johannes die Gerichtsdrohung Gottes, so betonte Jesus positiv die Zuwendung Gottes zu den Menschen. Entsprechend verharrte er nicht in der

Einsamkeit und Strenge der Wüste, sondern suchte die Menschen dort auf, wo sie lebten. Mit gemiedenen Menschen ging er freundschaftlich um. Die offene Tischgemeinschaft, die er über alle Konventionen hinweg pflegte, verstand er als Vergegenwärtigung des Reiches Gottes im Hier und Heute. Er erregte Aufsehen und Widerspruch und wurde »Fresser und Säufer, Freund der Zöllner und Sünder« genannt. Sein Verhalten war aber weder Schwäche noch Fehltritt, sondern Programm, das von seinem Gottesverhältnis bestimmt wurde.

Jesu Tätigkeit beschränkte sich auf den Norden des jüdischen Landes, vor allem auf die Gegend um den See Gennesaret. Er schlug Männer und Frauen in seinen Bann, die ihm folgten. Er verkündete den Gott Israels und verstand sich bis zu seinem Tode als Jude, der die Menschenfreundlichkeit Gottes den eigenen Landsleuten vermitteln wollte. Einen Titel nahm er für sich selbst nicht in Anspruch. Die christliche Theologie hat ihn oft in einen schroffen Gegensatz zum eigenen Volk gerückt und dabei seine Gesetzestreue verdrängt. Er befolgte die Vorschriften der Tora und tat nichts, was ihrem Ansehen im Wege stand. Das Gesetz galt ihm nicht als Zwang, sondern als Lebensweisung. Für ihn war Gott ein sich den Menschen zuwendender Vater, der das Verlorene sucht, sich freut, es zu finden und es ohne Wenn und Aber annimmt. Dennoch stand die Welt für Jesus wie für Johannes den Täufer unter Gottes Gericht; er vertraute dessen Güte, ohne den Ernst der Entscheidung, in die der Mensch gestellt ist, zu verharmlosen.

Drei Generationen vor Jesus hatten die Römer die Herrschaft im Land übernommen. Die Fremdherrschaft spaltete die Gesellschaft, so daß sich unterschiedliche Parteiungen bildeten, die einander haßten und bekämpften. Die politische Zerrissenheit mischte sich mit religiösen Richtungskämpfen, die auch Jesus berührten. Ob oder inwieweit ihn die Qumran-Essener beeinflußt haben, wird kontrovers diskutiert. Die wichtigsten Gruppen, mit denen Jesus – den Evangelien zufolge – in Berührung kam, waren die Pharisäer und die Sadduzäer. Zu den Sadduzäern gehörten die Tempelpriester, die Leviten, sowie Höflinge, reiche Landbesitzer und Kaufleute, insgesamt Menschen eher konservativer Einstellung, die politisch interessiert waren und aus eigener Interessenlage durchweg römerfreundlich. Sie nahmen die Tora wörtlich, aber lehnten deren Auslegung im Rahmen einer weitergehenden mündlichen Überlieferung ab. Das brachte sie in Gegensatz zu den Pharisäern, einer Erneuerungsbewegung im jüdischen Volk, zu der ebenso Handwerker und Bauern zählten wie studierte Menschen.

Unter den Pharisäern hatte Jesus Freunde und Gesprächspartner. Wahrscheinlich gehörte er selbst in dieses Spektrum, das sich in unterschiedliche Schulen teilte, die sich oft wechselseitig kritisierten. So nahm auch Jesus für und wider bestimmte Positionen Partei. Die in

Christuskopf, Kowalewo bei Nowgorod, Erlöserkirche, 14. Jh.

Die Schriften des Neuen Testaments entwerfen kein einheitliches Jesusbild und zumal kein historisches. Hinter ihren aktualisierten Texten, die auf veränderte Zeiten und Interessen hin geschrieben wurden, die Kontur des wirklichen Jesus zu rekonstruieren, gleicht einem Puzzle, dessen Einzelteile nicht mehr vollständig vorhanden sind.

Michael Mathias Prechtl (geb. 1926), Hermann Kesten im Café, 1979.

Hier sitzen drei Männer zusammen, die sich nie begegnen konnten. Der rüstige Alte ist Mose. Er hat seine steinernen Gesetzestafeln mitgebracht, seine Hand liegt darauf, als wären sie ihm hohe Lehne. Ihm gegenüber der andere große Lehrer, mit nacktem Oberkörper und tätowiertem Judenstern. Wie hätte die Christenheit zwischen 1933 und 1945 auf diesen Jesus reagiert?
Auch der dritte am Tisch ist Jude, lebte von 1900 bis 1996 und wird hier von den prominentesten Männern seines Volkes gerahmt: der Dichter Hermann Kesten. Während Mose als einziger am Tisch redet, ohne daß ihm jemand zuhört, Jesus seine eigene Biographie von David Flusser liest, beschäftigt sich das Weltkind in der Mitten ganz mit der Gegenwart: nimmt den Kaffeelöffel in die Hand, um in seiner Tasse zu rühren ...
Was hat sich verändert, seit Fra Angelico den verklärten Jesus malte – zwischen Mose und Elija (S. 387)? Dieses Bild konnte erst heute entstehen. Es erzählt eine komplexe, traditionskritische Geschichte.

den Evangelien erscheinende Kritik Jesu an den Pharisäern spiegelt jedoch ein Feindbild, das sich erst entwickelte, nachdem sich die späteren Jesusgemeinden von den Synagogengemeinden getrennt hatten.

Das öffentliche Wirken Jesu hat nicht lange gedauert. Nach Markus war es rund ein Jahr, nach dem Johannesevangelium zwei bis drei Jahre. Der Markus-Tradition spricht man höhere Wahrscheinlichkeit zu. Bei einem Besuch Jerusalems am Paschafest – vielleicht im Jahr 30 – kam es zu einem Konflikt mit dem Tempelklerus. Dieser Konflikt wurde vermutlich durch eine prophetische Zeichenhandlung ausgelöst, die sich gegen den Tempelbetrieb richtete. Das hatte die Festnahme Jesu zur Folge und seine Überstellung an die römische Justiz. Man bezichtigte ihn messianischer Umtriebe, mit denen Pilatus kurzen Prozeß machte. Er wurde wie viele andere, die als Unruhestifter und Aufständische galten, am Kreuze hingerichtet.

Das überraschende Ende seines jungen Lebens scheint in seiner Anhängerschaft unterschiedlich verarbeitet worden zu sein. Während in der galiläischen Heimat – nach dem Zeugnis des Thomasevangeliums und der Logienquelle Q zu urteilen – seine Jünger Jesu Wirken und Lehren in den ersten Jahrzehnten fortsetzten, ohne ihn selbst zum Inhalt ihrer Botschaft zu machen, wurde er vorwiegend im hellenistischen Bereich als Gekreuzigter und Auferstandener zum zentralen Gegenstand der Verkündigung.

Die Kanonbildung als Bekenntnis zur Pluralität

Für die frühen Jesusgemeinden gab es zunächst nicht das Bewußtsein, eine vom Judentum unabhängige Glaubensgemeinschaft zu sein. So wie Jesus selbst sich zeitlebens als gläubiger Jude verstanden hatte, lebte auch die Jerusalemer Urgemeinde aus einem jüdischen Selbstverständnis. Was die späteren Christen »Altes Testament« nannten, war die Bibel aller Juden, also auch die Heilige Schrift Jesu, seiner Jünger und der frühen christlichen Gemeinden. Daß neben ihr noch eine weitere Sammlung von Schriften entstand, denen man im eigenen Gottesdienst den gleichen Rang einräumte wie der Jüdischen Bibel, folgte aus der Entwicklung zu einer inneren Autonomie der Jesusgemeinden.

Wie wenig selbstverständlich die Sammlung der neutestamentlichen Schriften ist, läßt das unterschiedliche Material erkennen, das Briefe und Evangelien umfaßt. Schon das Nebeneinander von vier Evangelien ist überraschend. Anfangs besaßen die Gemeinden nur ein Evangelium und sahen dies auch als hinreichend für ihre Glaubenslehre an. Erst im 2. Jahrhundert bildete sich der Vier-Evangelien-Kanon heraus. Um 180 n. Chr. begründete der aus Kleinasien stammende Irenäus von Lyon das »viergestaltige Evangelium« mit einer kosmologischen und biblischen Analogie: So wie es die vier Weltrichtungen gebe und wie die Geschichte Gottes mit den Menschen vier Bundesschlüsse kenne – mit Adam, Noach, Mose und Jesus – so gebe es auch vier Evangelien, die den in Offb 4,7 genannten vier himmlischen Gestalten (Löwe, Stier, Adler, Mensch) entsprächen. Wahrscheinlich ist dieser Vier-Evangelien-Kanon um die Mitte des 2. Jahrhunderts entstanden – ein revolutionäres Ereignis, das der ursprünglichen Intention der Evangelienschreibung widerspricht.

Das Matthäusevangelium wollte das vorliegende Markusevangelium vervollständigen und ersetzen. In ihm sollte »alles« stehen, was »bis zum Ende der Welt« der Jesusgemeinde übereignet ist. Ebenso erhebt das Lukasevangelium den Anspruch, seine Vorgänger zu überbieten. Erst im Johannesevangelium finden sich erste Ansätze, die verschiedenen Evangelien zu bejahen, wenn es in seinen beiden Schlußworten heißt, aus einer größeren Jesusüberlieferung nur eine Auswahl geboten zu haben (Joh 20,30 f.), oder wenn es auf die unbegrenzte Möglichkeit weiterer Bücher verweist (Joh 21,25). Doch bleibt im Hintergrund die Überzeugung, eine für den Glauben ausreichende Auswahl vorgelegt zu haben.

Noch bevor das erste Evangelium entstand, schrieb Paulus seine Briefe. Daß sie hohe Wertschätzung erlangten, belegen vor allem spätere Briefe (Kol, Eph), die zwar des Paulus Autorschaft beanspruchen, aber allenfalls aus seinen Schülerkreisen stammen (→ S. 572 ff.). Die so aufgerundete Briefsammlung gewann ein Gewicht in der christlichen Literatur, das der wirklichen Geltung der paulinischen Theologie im 1. Jahrhundert nicht überall entsprach. Ein Gegengewicht zu ihr bilden die »katholischen Briefe« des Jakobus, Petrus und Johannes, wobei sich dieser Titel auf den »allgemeinen« (griech. *katholikós*), d. h. nicht eingegrenzten Empfängerkreis bezieht. Der spät entstandene sogenannte 2. Petrusbrief kennt »alle Briefe« des »lieben Bruders Paulus«, geht aber auf kritische Distanz zu ihnen: »In ihnen ist manches schwer zu verstehen, und die Unwissenden, die

---

Kanon. Das griechische Wort K. hat ein breites Bedeutungsspektrum, u. a. »Maßstab, Richtschnur, Grenze, Tabelle, Liste«. Auf die Bibel angewandt bezeichnet es den Bestand der im Judentum bzw. in der Kirche als heilige Schriften anerkannten biblischen Bücher. Der K. der Jüdischen Bibel ist in mehreren Stufen in den letzten vorchristlichen Jh.n entstanden. Er gliedert sich in Bücher der Weisung (*Tora*), Bücher der Propheten (*Nebiim*) und Schriften (*Ketubim*) und wird nach deren Anfangsbuchstaben auch »TeNaK« genannt. Zur griechischen Version der Jüdischen Bibel, der Septuaginta (→ S. 547) gehören auch die spät entstandenen Bücher Baruch, Judit, Tobit, Weisheit, Jesus Sirach und die Makkabäerbücher. Während die katholische Kirche diesen umfangreicheren Septuaginta-K. übernahm, hat sich Martin Luther am hebräischen K. orientiert.
Der neutestamentliche K. findet unter allen christlichen Kirchen einheitliche Akzeptanz. Begründer des ersten ntl. K.s war Marcion, der für seine um 144 gegründete Sondergemeinde nur das Lk-Evangelium und 10 Paulusbriefe als verbindlich gelten lassen wollte; die Jüdische Bibel lehnte er insgesamt ab. Diese Weichenstellung hätte das Christentum von seinen Wurzeln abgeschnitten, darum erhob sich entschiedener Protest. Um 180 war es vor allem → Irenäus von Lyon, der einen für die Kirche verbindlichen Kanon zu begründen suchte. 382 wurde dieser auf der »Synode von Rom« verbindlich festgelegt.

Jeder, der für eine Konzentration auf den »Jesus oder den Christus der Bibel« plädiert, ... setzt eine Einheit voraus, die es einfach nicht gibt. So entwickelten Theologen bereits in den ersten Jahrhunderten der Kirchengeschichte das christologische Dogma. Sie sahen sich dazu berufen, nach Übereinstimmungen zu suchen, und versuchten darum, die Unterschiede als Teile eines Puzzles ineinanderzusetzen, so daß schließlich ein Bild von Jesus Christus entstand ... Dieses Einheitsbestreben hatte Konsequenzen für die kirchliche Gemeinschaft. Wer Probleme damit hatte, sich in dem gängigen Bild wiederzufinden, lief Gefahr, von der Gemeinschaft als Ketzer ausgestoßen zu werden.

Cees J. den Heyer

Evangelistensymbole

Der Ursprung der sog. Evangeliensymbole reicht weit zurück. Der babylonische Mythos kannte vier in der gleichen Weise gestaltete Astralgötter: *Nergal* als Flügellöwe, *Marduk* als Flügelstier, *Nabu* in Menschengestalt und *Nimurta* als Adler. Am Himmel sind sie im Zodiakus je um 90 Grad voneinander getrennt und besetzen den Beginn der vier Jahreszeiten. Ihre Darstellung an assyrischen Thronen symbolisiert göttliche Macht. Der im Babylonischen Exil weilende Ezechiel schaute die Herrlichkeit Gottes in diesen vier himmlischen Wesen: »Jedes Lebewesen ging in die Richtung, in die eines seiner Gesichter wies. Und ihre Gesichter sahen so aus: Ein Menschengesicht, ein Löwengesicht, ein Stiergesicht und ein Adlergesicht« (Ez 1,9 f.). Fast die gleiche Vision findet sich Offb 4,6 ff. Erstmals haben die Kirchenväter Irenäus und Hippolytus diese vier Wesen auf die vier Evangelisten bezogen, anfangs noch mit schwankender Zuordnung.

noch nicht gefestigt sind, verdrehen diese Stellen ebenso wie die übrigen Schriften zu ihrem eigenen Verderben« (2 Petr 3,16). Die katholischen Briefe stehen dem paulinischen Schrifttum mit Distanz und anderer Akzentsetzung gegenüber, ohne es aufzugeben.

Neben den vier kanonischen Evangelien hat es noch andere Schriften gegeben, die keine allgemeine Anerkennung fanden, obwohl einige von ihnen durchaus dem urchristlichen Grundkonsens entsprachen. Eine frühe Schrift war jene Sammlung von Redetexten, die sogenannte Logienquelle Q, auf die Mt und Lk zurückgegriffen haben, so daß man aus ihren Evangelien den ursprünglichen Bestand hypothetisch rekonstruieren kann (→ S. 440 f.). Erstaunlicherweise enthielt diese Redequelle aber keine Osterbotschaft und keine »Christologie«, obwohl sie sich durchaus als eine Summe der Botschaft Jesu verstanden haben wird.

Das danach bedeutendste Dokument ist das Thomasevangelium, das 1945 in Nag Hammadi in Oberägypten gefunden wurde. Es enthält eine Sammlung von 114 Aussprüchen Jesu, die sich häufig eng mit den synoptischen Jesus-Worten berühren. Der in koptischer Sprache vorliegende Text wurde um 400 n. Chr. geschrieben; er geht auf einen griechischen Text zurück, der um 140 nach noch älteren Quellen entstanden sein muß. – Bewußt ausgeklammert aus dem neutestamentlichen Kanon blieben viele weitere Schriften und Evangelien, die von den kanonischen »rechts« wie

»links« abweichen, und allgemein als apokryph, d. h. »verborgen« oder »unecht« zensiert wurden. Diese Schriften liegen heute in eigenen Sammlungen vor.

Weil sich die unterschiedlichen Richtungen der jungen Kirche – Judenchristentum, Paulinisches Christentum, »Synoptisches« Christentum, Johanneisches Christentum – und, alle Gruppierungen durchziehend, »Hebräer« und »Hellenisten«, im »Neuen Testament« berücksichtigt sahen, konnte dieser Kanon so schnell und konfliktfrei von allen akzeptiert werden. Indem die Kirche des 2. Jahrhunderts die in ihren Differenzen nicht harmonisierbaren Evangelien gleichrangig nebeneinanderstellte und sich damit gegen den ebenso klugen wie einflußreichen Reeder Marcion entschied, der nur das Lukasevangelium gelten lassen wollte, legte sie ein Bekenntnis zur Pluralität der Glaubenstraditionen ab. Die spätere Kirchengeschichte hat diese Pluralität mit ihren zahllosen unversöhnlichen Kontroversen nicht mehr zu bewahren vermocht.

Die heute gebräuchliche Deutung geht auf Hieronymus zurück: Da das Matthäusevangelium mit dem Stammbaum Jesu beginnt, wird ihm das Symbol Mensch zugewiesen; weil Markus mit dem »Rufer aus der Wüste« einsetzt, ist der Löwe sein Kennzeichen; Lukas eröffnet sein Evangelium mit der Verheißung des Täufers an Zacharias, während er beim Opferdienst ist: darum bekam er den Stier; das Johannesevangelium aber, weil aus ihm der Geist der Höhe am mächtigsten spreche, wurde mit dem Adler ausgezeichnet. In vertiefter Deutung heißt es: der Mensch weist auf die Menschwerdung hin, der Stier auf den Opfertod, der Löwe auf die Auferstehung und der Adler auf die Himmelfahrt Christi.

Die vier Evangelisten, Evangeliar der Ada, Hofschule Karls des Großen, um 800.

Das Evangelium nach Markus

Über den Verfasser dieser Schrift gibt der Text keine Auskunft. Erst Eusebius zitiert in seiner »Kirchengeschichte« (um 325) einen Presbyter Papias (um 130), der sich seinerseits auf einen Presbyter Johannes beruft; demnach soll das Evangelium von Markus, »dem Dolmetsch des Petrus«, nach dessen Tod abgefaßt worden sein,« jedoch nicht in der richtigen Ordnung ..., denn er hatte weder den Herrn gehört, noch war er ihm nachgefolgt, sondern erst später, wie gesagt, dem Petrus ...«. Ob der hier gemeinte Markus identisch ist mit dem in der Apostelgeschichte erwähnten »Johannes mit dem Beinamen Markus« (12,12; 13,5; 13,13), sowie mit dem in 1 Petr 5,13 erwähnten Gefährten, ist nicht zu entscheiden. Angesichts des antiken Brauchs, eine Schrift unter einem bekannten Namen zu veröffentlichen, um dessen Autorität zu gewinnen, wird man das Buch besser als anonymes Werk ansehen. Sicher ist, daß sein Verfasser keine wirkliche Anschauung vom geschichtlichen Leben Jesu hatte.

Auch die Textanalyse zeigt, daß der Autor ohne eigene Erinnerung schrieb und von vielfältigen Traditionen abhängig war. Manche Indizien verweisen auf einen Judenchristen, der Palästina verlassen hat und – vielleicht in Rom – für eine heidenchristliche Gemeinde schrieb. Andere vermuten in ihm einen Heidenchristen. Letztlich bleibt er eine unbekannte Gestalt. Auch die Entstehungszeit seines Buches ist umstritten. Innere Gründe lassen auf die Zeit kurz nach Zerstörung des Tempels im Jahre 70 schließen.

Modern gedacht könnte der Abstand von rund vierzig Jahren noch genug Möglichkeiten bieten, über die wirkliche Geschichte Jesu zu informieren. Doch füllen diese vierzig Jahre eine Entwicklung, welche die jungen Christengemeinden in ersten Schritten dem Judentum entfremdete. Das geschah nicht ohne Polemik und Streit. Alles Bemühen zielte auf Abgrenzung, um eine eigene Identität zu gewinnen. Man las die Bibel neu, um sie nun von der Jesusgeschichte her zu verstehen. Dabei stellte sich nicht die Aufgabe, den historischen Jesus zu beschreiben, vielmehr war die Markusgemeinde aus ihrem Osterglauben ganz davon bestimmt, daß der Jesus von damals in ihr aktuell gegenwärtig sei. Deswegen wurde das von ihm überlieferte Wort und Geschehen nicht als vergangen betrachtet; Markus formulierte es auf die eigene Zeit und deren Konflikte hin.

Albrecht Dürer (1471–1528), Markus und Paulus, 1526.

Paulus ist mit seinen Briefen der früheste christliche Autor. Da er sich jedoch wenig für den geschichtlichen Jesus interessierte, gehen ihm die zeitlich späteren Evangelisten mit ihrer Jesusbotschaft voran.

Markus ist an einer Glaubenssicht – man kann auch sagen, an einer Dogmatik – orientiert, die sich in Auseinandersetzung mit Vergangenheit und Gegenwart entfaltete. Seine Adressaten waren Heidenchristen, also Leute, die dem Judentum fern standen und wahrscheinlich in ihrer Mehrheit kaum etwas vom jüdischen Leben verstanden. Zwar konnte Markus auf Überlieferungen zurückgreifen, die in judenchristlichen Gemeinden entstanden und tradiert worden waren, doch lag ihm nichts ferner, als diese unverändert aufzuschreiben. Indem er sie übernahm, aktualisierte er sie. Darum entwirft das Markusevangelium nirgendwo ein ungebrochenes Bild der Jesuszeit. Alle seine Stoffe wurden literarisch wie theologisch bearbeitet, also auch geschichtlich verfremdet. Die Vorstellung, dadurch Geschichte zu fälschen, lag der Antike insgesamt fern. Wenn die Kunde von Jesus »Gute Botschaft« sein sollte, dann für die eigene Zeit, nicht für die Vergangenheit. Letztlich gehört dieser Anspruch zu der von Markus geschaffenen Gattung »Evangelium«: Wer es liest, soll es mit eigener Erfahrung verbinden und neu aktualisieren.

Das Markusevangelium erzählt die Jesusgeschichte nach einem theologischen Plan. Allein die Kenntnis dieses Plans hilft, den Text in seiner wirklichen Intention zu entschlüsseln:

1. Markus sammelte das isoliert umlaufende Traditionsmaterial wohl zum ersten Mal in der Form eines »Evangeliums«. Dafür griff er zahlreiche Einzelsprüche und Einzelgeschichten auf, die untereinander in keinem Zusammenhang standen. Diese Stücke ordnete er in eine fiktive Wegroute ein, aus deren Nacheinander sich wie von selbst eine Zeitfolge ergab. Die so entstandene additive Reihung blieb freilich ohne einen plausiblen Geschehensablauf, in dem sich die Dinge folgerichtig auseinander entwickeln.

2. Nicht alle von Markus aufgegriffenen Materialien waren Einzelstücke. Der Gleichnissammlung 4,2-32 und der Serie der Wundergeschichten 4,35-5,42 liegen bereits ältere Zusammenstellungen zugrunde. Den frühesten vormarkinischen Erzählzusammenhang bilden die Passionserzählungen. Markus hat diese Sammlungen durch Zusätze ergänzt und im Sinne seiner Konzeption interpretiert.

3. Die Passionsdarstellung ist Ausgangsposition der markinischen Komposition. Den übrigen Traditionsstoff ordnete Markus so an, daß sich sein ganzes Evangelium als »Passionserzählung mit ausführlicher Einleitung« lesen läßt. Dabei ist alles auf die Kreuzigung Jesu ausgerichtet. Schon die Verse 3,6.19; 11,18; 12,12 verweisen im ersten Teil des Evangeliums auf das Leidensgeschehen; weiterhin die Leidensweissagungen 8,31 f.; 9,31 f.; 10,33. Über diese offenen Bezüge hinaus, finden sich in allen Kapiteln des Evangeliums zahlreiche Hinweise, daß Jesus nur deshalb in Verborgenheit aufgetreten sei, um am Kreuz zu sterben.

Judenchristen. Zu der im jüd. Volk entstandenen Jesusbewegung gehörten zunächst nur Juden; eine Heidenmission hatte sie nicht im Blick (vgl. Mt 10,5 f. 23). Darum bestand die nachösterliche Gemeinde zunächst allein aus Juden, die jedoch als »Hebräer« und »Hellenisten« unterschiedliches Profil aufwiesen. Die Apg 6,1 genannten Hellenisten zählten in der Jerusalemer Urgemeinde zur Gruppe der griechisch sprechenden J. aus der Diaspora, während sich die Hebräer als Einheimische verstanden. Die Differenzen zwischen beiden Gruppen resultierten aus der liberaleren Einstellung der Hellenisten zur Tora (Apg 6,1-8,4).

Heidenchristen. Zunächst bildete sich in Antiochia in Syrien (→ S. 539) eine judenchristliche Gemeinde, der sich in wachsendem Maße Nichtjuden, gewöhnlich einfach »Heiden« genannt, zu einer gemischten Gemeinde anschlossen (→ S. 538). Paulus setzte sich für die Zugehörigkeit dieser Nichtjuden entschieden ein. Ein ernster Konflikt entstand, als er und seine Anhänger von ihnen die Beschneidung und Befolgung der Tora nicht mehr verlangten. Eine Kompromißregelung wurde beim Apostelkonvent zu Jerusalem vereinbart (→ S. 540 ff.). In den ursprünglich judenchristl. Gemeinden entwickelte sich bald eine heidenchristliche Mehrheit, die sich zunehmend mehr vom Judentum distanzierte, so daß die weitere Geschichte des Christentums ausschließlich heidenchristlich geprägt wurde.

Evangelium (griech. *euangelion*, »gute Botschaft«). Im Kaiserkult Bezeichnung einer Botschaft von Geburt, Amtsantritt oder Regierungserlaß des (göttlich verehrten) Kaisers. Der Gebrauch des Begriffs ist im Neuen Testament unterschiedlich. Die synopt. Evangelien fassen das gesamte Wirken Jesu in der Formulierung zusammen: »er verkündete das Evangelium«, wobei jeder Evangelist etwas anders akzentuiert, während Joh das Wort E. überhaupt nicht verwendet. Schon für Paulus ist E. ein fester Begriff, der keiner weiteren Erklärung bedarf. E. als Buchbezeichnung wird bei Mk 1,1 eingeführt.

4. Das Markusevangelium schildert Jesus ebenso geheimnisvoll wie göttlich legitimiert. In seiner Darstellung scheint die Herrlichkeit des Auferstandenen bereits von Anfang an durch und gibt ihm eine transzendente Aura. Drei Epiphanieszenen – zu Beginn, in der Mitte und am Ende des Evangeliums – heben sich auf diesem Hintergrund besonders ab: Am Beginn steht die »Installation« Jesu als »Messias« und »Sohn Gottes«. In der Mitte enthüllt die Verklärungsgeschichte das wahre Wesen Jesu: die menschliche Gestalt zeigt sich in göttliche Herrlichkeit verwandelt, und erneut weist ihn die Himmelsstimme als »Sohn Gottes« aus. Am Ende überbringt in der Erzählung vom leeren Grab ein Engel die Botschaft von Jesu Auferweckung. Zwar erschauern die Frauen vor diesem Mysterium, doch sollen sie es von nun an weitersagen. So enthüllt sich Jesu Geheimnis nur zögernd, doch während es seine Umwelt nicht versteht, ist der Leser oder Hörer des Evangeliums von Anfang über Jesu himmlische Sendung im Bilde.

5. Daß niemand zu Jesu Lebzeiten seine wahre Würde erkennt, hängt mit der Ausrichtung der Erzähllinie auf den Kreuzestod zusammen. Nach Markus bleibt das »Messiasgeheimnis« bis zum Ende erhalten. Wenngleich sich Jesus seinen Jüngern offenbart, können diese sich bis zu ihrer eigenen Ostererfahrung von Unverständnis und Mißverständnissen nicht befreien. Was dennoch Jesu Geheimnis lüften könnte, unterstellt Markus einem Schweigegebot. Um den überkommenen Erzählstoff einem solch ungewöhnlichen Konzept anzupassen, mußte Markus sehr frei damit umgehen. Das »Messiasgeheimnis« ließ sich als Schlüsselbegriff seines Evangeliums nur entfalten, indem er das gesamte Material diesem Konzept unterwarf. Die sich erst mit Ostern verbindende göttliche Würde verlegte Markus in das geschichtliche Leben Jesu zurück. Das verschärfte die Spannung zum jüdischen Monotheismus hin, obwohl Markus keinen Zweifel daran ließ, daß Jesus seinen Status ausschließlich göttlichem Handeln verdankt.

6. Die Loslösung vom Judentum findet im Markusevangelium noch weiteren Ausdruck. Der heidenchristlichen Gemeinde, für die Markus schrieb, war das Judentum keine eigene Anschauung. Das Bekenntnis zu Jesus als dem einzigen Lehrer und endzeitlichen Messias hatte frühere Verbindungen zu den Synagogengemeinden belastet, mit Konflikten aufgeladen und schließlich zerbrochen. Und da das hellenistische Christentum im Römischen Reich zu Hause war, in diesem Reich auch Mission treiben und Anerkennung finden wollte, versuchte es, Schwierigkeiten mit der römischen Welt zu mindern – auf Kosten des Judentums. Das plakative Feindbild, das sich aus diesen Kontroversen mit dem Judentum entwickelt hatte, entfaltete Markus zu einem Szenario, in dem die jüdischen Repräsentanten von Anfang an darauf lauern, Jesus umzubringen.

7. Die kurz vor Abfassung des Evangeliums erfolgte Zerstörung des Tempels zu Jerusalem hat auf die Gestaltung des Markusevange-

liums ebenfalls eingewirkt. Juden erfüllte das Ende des Tempels mit unendlicher Trauer. Das mochte zwar auch für Judenchristen gelten, und doch konnten sie darin eine Bestätigung ihres Glaubens sehen, der schon dabei war, sich aus dem jüdischen Ritualsystem zu lösen (→ S. 369 f.). Darum finden im Markusevangelium rituelle Konflikte besondere Aufmerksamkeit: Sabbatkonflikte (→ S. 368-371), Fragen ritueller Reinheit (7,1-23) und die Abwertung der Opferpraxis gegenüber dem Liebesgebot (12,28-34). Am Ende des Lebens Jesu zerreißt bei Markus der Vorhang im Inneren des Tempels. Von da an ist das Allerheiligste auch für Nichtjuden, die der römische Hauptmann repräsentiert, zugänglich (→ S. 409).

8. Theologie wird als Geographie dargestellt. Sowohl die Gliederung des Traditionsstoffes in eine Galiläische und eine Jerusalemer Periode des Lebens Jesu als auch die sonstigen Ortsangaben im Evangelium sind auf einen theologischen Hintergrund bezogen. Topographische Angaben wie »Berg«, »Haus«, »Synagoge«, »See«, »Wüste« oder »Weg« werden hintergründig theologisch besetzt: Der Berg ist keine Erhebung im Gelände, sondern ein innerer Ort des Rückzugs, des Gebets oder der Offenbarung. Mit dem Haus verbindet Markus eine nichtöffentliche Jüngerbelehrung. Die Wüste kann Ort des Verderbens und des Todes sein, wo sich Dämonen aufhalten; daneben auch ein Ort des Rückzugs und der Erneuerung vor einem neuen Lebensabschnitt. Insgesamt sind die Ortsangaben mehr symbolisch als real zu verstehen. Ähnliches gilt für alle »Galiläa«-Stellen. Galiläa ist im Markusevangelium Ort der messianischen Wirksamkeit Jesu, während Jerusalem nicht nur mit dem Tod, sondern auch mit der Verstockung Israels verbunden wird: eine durchgehend »theologische Geographie«.

9. Markus hat seine Sammlung und Deutung der Jesustraditionen »Evangelium« genannt. Weder die juden- noch die heidenchristlichen Gemeinden vor ihm kannten diese Literaturform. Bei Paulus, der sich für »Jesus dem Fleische nach« am wenigsten interessierte, wird das Fehlen dieser Art Jesusüberlieferung besonders deutlich. Offensichtlich kannte er Erzählungen, wie sie Markus vermittelt, nicht einmal. Seine Verkündigung erwuchs systematischer Reflexion. Die Idee, historisierende Jesusgeschichten zu schreiben, wäre Paulus, hätte er sie kennengelernt, fremd geblieben.

10. So hat denn Markus als erster eine »Geschichte Jesu« zusammengetragen, ohne Anschauung vom wirklichen Leben Jesu gehabt zu haben. Fast nichts von dem, was sein Text vorlegt, ist historischer Bericht, vielmehr Sicht und Sprache des Glaubens. Dies gilt für die geschilderten Ereignisse ebenso wie für die Worte Jesu. Es gilt selbst für die Zeit- und Ortsangaben. Markus predigt, indem er erzählt. Auch wenn er sagt, »wie es war«, ist dies mehr Glaubensaussage als Geschichte. Doch hatte er keinesfalls das Bewußtsein, Geschichte zu verfälschen. Historisches Denken im modernen Sinne, auch eine Unterscheidung zwischen authentischen und »unechten« Jesusworten lag außerhalb antiker Denkvollzüge. Der von Markus verkündigte Jesus galt ihm fraglos als der »historische«.

Sohn Gottes. Der Titel kommt aus dem israelit. Inthronisationsritual der davidischen Könige (→ S. 159 ff.). Durch seine Salbung erhält der König Anteil an Gottes Herrschaftsrecht und wird dadurch als S.G. eingesetzt. Das so ausgedrückte Erwählungsverständnis schloß das Volk mit ein; deshalb wird manchmal auch »ganz Israel« als der von Gott erwählte »Sohn« bezeichnet. Der Gedanke einer »physischen« Gottessohnschaft, wie er in der griechischen Mythologie begegnet, ist der biblischen Welt jedoch fremd.

In der Linie dieser Tradition wird der S.G.-Titel im Neuen Testament auf Jesus übertragen; er selbst hat diesen Anspruch schwerlich erhoben. Erstmals benutzt Paulus den Titel Röm 1,3. Er nennt Jesus »eingesetzt als Sohn Gottes in Macht seit der Auferstehung von den Toten«. Mk will die Erwählung Jesu nicht erst mit der Auferstehung verbunden sehen, sondern sieht sie bereits mit dem Anfang seines öffentlichen Wirkens gegeben (1,9), wenngleich für ihn Jesus erst vom Ende her als S.G. erkennbar wird (Mk 15,39). Mt 1,1 und Lk 1,35 bezeichnen Jesus schon in ihren Kindheitsgeschichten als S.G. Immer ist der Titel als eine theologische Metapher zu verstehen.

Der Anfang: Die Geistbegabung Jesu

Noch ehe Markus die Bühne besetzt, tritt er selbst vor. Mit dem Titel seines Buches macht er klar, wie alles Folgende zu verstehen ist. Ein als Zitat zugefügtes Motto verdeutlicht seine Intention näherhin. Danach führt er die Hauptfigur ein. In Form einer Erzählung sagt er, als wen der Leser Jesus von Nazaret zu sehen hat. Er inszeniert eine göttliche »Installation«, in der die Stimme Gottes ihn »meinen geliebten Sohn« nennt.

Ankündigungen

¹ Anfang der Heilsbotschaft von Jesus: dem Messias, (Gottes Sohn).
² Wie geschrieben ist bei dem Propheten Jesaja:

> Da! Ich sende meinen Boten vor deinem Angesicht her,
> damit er deinen Weg wird rüsten.
> ³ Eines Rufenden Stimme in der Ödnis:
> Bereitet den Weg des Herrn;
> gerade macht seine Straßen

Mal. 3,1
Jes. 40,3

⁴ so geschah es, daß Johannes der Täufer in der Ödnis Künder wurde einer Taufe auf Umkehr hin – zum Nachlaß der Sünden. ⁵ Und hinaus zog zu ihm das ganze judäische Land, auch die Leute von Jerusalem alle. Und sie ließen sich im Fluß Jordan von ihm taufen, ihre Sünden bekennend. ⁶ Johannes war bekleidet mit Kamelhaar und einem ledernen Gurt um die Hüfte. Er aß Heuschrecken und wilden Honig. ⁷ Und er kündete und sagte: Nach mir kommt, der stärker ist als ich. Ich bin nicht genug, mich zu bücken und den Riemen seiner Sandalen zu lösen. ⁸ Ich taufte euch mit Wasser; er wird euch taufen in heiligem Geist.

Die Taufe Jesu; Jesus von Nazaret, der Messias und Gottessohn

⁹ Und so geschah es: In jenen Tagen kam Jesus von Nazaret in Galiläa und ließ sich von Johannes im Jordan taufen. ¹⁰ Und gleich, als er aus dem Wasser heraufstieg, sah er die Himmel sich spalten und den Geist wie eine Taube auf ihn herniedersteigen. ¹¹ Und eine Stimme ward laut aus den Himmeln:

> Du bist mein Sohn, der Geliebte.
> An dir habe ich Gefallen.

Mk 1,1-11

Der Anfang, von dem der Titel des Buches spricht, heißt im Griechischen *arché*, im Lateinischen *principium*. Gemeint ist weder ein räumlicher noch ein zeitlicher Anfang, der zurückbleibt, sondern ein grundlegender, tragender und darum »mitlaufender« Anfang. Dieser Anfang bezieht sich nicht auf die erste Zeile oder erste Seite des Buches, sondern auf das ganze Buch. Alles, was darin steht, gehört dazu. Das Buch soll die grundlegende und bleibende Verkündigung des Evangeliums sein.

Otto Pankok (1893–1966), Johannes der Täufer, 1936.

Christus ist die griechische Version des hebräischen Messiastitels. Indem dieser Titel schon hier zum Beinamen wird, gewinnt der verbreitete Name Jesus seine Eindeutigkeit. Der in Klammern stehende Begriff »Sohn Gottes« (→ S. 363) fehlt in alten Handschriften; er wurde wahrscheinlich erst in späteren Abschriften angefügt, wenn auch nicht so verstanden, wie dies heutige Leser meistens tun.

Die V 2-3 lassen sich als eine Art Motto verstehen. Es ist ein Zitat, das der Evangelist dem Jesaja zuschreibt (40,3), obwohl die erste Hälfte bei Maleachi 3,1 steht. Die Tätigkeit des Johannes in der Wüste soll als Erfüllung der jesajanischen Prophetie verstanden werden. Er ruft zur Wegbereitung für »den Herrn« auf. Damit setzt Markus Jesus bereits in seine Rolle ein: Gleich in V 1 nennt er ihn »Messias«, in V 3 »den Herrn«, von dessen Weg alles Folgende handeln soll. Die Ankündigung Jesu erfolgt also mit der Autorität der Jüdischen Bibel. Auch die folgenden Angaben sind auf diesem Hintergrund zu lesen: Johannes wird nämlich nach 2 Kön 1,8 mit genau jenen Merkmalen beschrieben, an denen man den Propheten Elija erkennen wollte. Man glaubte ja, daß Elija vor der Endzeit wiederkommen werde, ehe »der große und furchtbare Tag Jahwes anbricht« (Mal 3,23). Dem Leser wird also deutlich gemacht, daß die Endzeit begonnen hat, und daß es Jesus ist, der an diesem Tage kommt. Damit gibt Markus dem Vers eine christologische Deutung. Ähnlich beansprucht er die Jesaja-Stelle. Dort heißt es 40,3: »Eine Stimme ruft: Bahnt für Jahwe einen Weg durch die Wüste! Baut in der Steppe eine ebene Straße für unseren Gott«, doch bezieht Markus diese Aussage hier auf Jesus.

Die eigentliche Installation Jesu findet mit der Taufe statt. Was dabei die Himmelsstimme sagt, ist ebenfalls Zitat aus der Bibel – Ps 2,7 und Jes 42,1 – und kann nur vor diesem Hintergrund richtig verstanden werden. Der Psalm 2 gehörte zur Liturgie der Königsweihe in Jerusalem (→ S. 159 ff.). Der Vers »Mein Sohn bist du, heute habe ich dich gezeugt«, meint als Spruch Jahwes, daß der inthronisierte König in diesem Akt seine – metaphorisch zu verstehende – Einsetzung als »Sohn Gottes« erfahre. Im zweiten Zitat wird vom »Gottesknecht« gesagt: »Das ist mein Erwählter, an dem finde ich Gefallen.« Die Himmelsstimme bezeugt also mit diesen Zitaten Jesus als den messianischen König und Knecht

Jesus, gräzisierte Form von hebr. *Jehoschua* bzw. *Jeschua,* »Jahwe ist Rettung«, ein in hellenistischer Zeit verbreiteter jüdischer Name für Josua/Joschua. Weitere Träger dieses Namens werden Mt 27,16 f.; Apg 13,6 und Kol 4,11 genannt.

Christologie, theologische Disziplin, die sich mit der Deutung von Jesu Person und Werk befaßt.

Piero della Francesca (um 1420–1492), *Taufe Christi, um 1450.*

Josephus über Johannes den Täufer

Er war ein trefflicher Mann, und er mahnte die Juden, sich der Tugend zu befleißigen und Gerechtigkeit gegeneinander und Frömmigkeit gegen Gott zu üben und zur Taufe zu kommen. Die Taufe werde Gott dann angenehm sein, wenn sie sie nicht zur Beseitigung gewisser Verfehlungen, sondern zur Heiligung des Leibes anwendeten, da die Seele schon durch ein gerechtes Leben gereinigt sei. Da man nun von allen Seiten ihm zuströmte, weil jeder sich durch solche Reden gehoben fühlte, fing Herodes an zu fürchten, der Einfluß eines solchen Mannes, von dessen Rat sich alles leiten ließ, könne einen Aufruhr herbeiführen, und hielt es daher für geratener, ihn vor Ausbruch einer solchen Gefahr unschädlich zu machen, als später bei einer Wendung der Dinge seine Unschlüssigkeit bereuen zu müssen. Auf diesen Verdacht hin wurde Johannes in Ketten geworfen, nach der Feste Machärus ... geschickt und dort getötet.
(Ant. XVIII, 5,2)

Taufe, hellenist. wie jüd. Ritus, der durch Eintauchen in Wasser kultische Reinheit bewirken soll und darum Wiederholung gestattet. Demgegenüber ist die Johannes-T. einmalig und an eine Lebensrevision und Sündenvergebung gebunden. Das Untertauchen nimmt symbolisch das Gottesgericht (der »Feuer-T.«) vorweg und bewahrt gleichzeitig davor. Jesus selbst hat nicht getauft. Um so erstaunlicher ist es, daß die christl. T. »auf den Namen Jesu Christi« (Apg 2,38; 8,16) schon bald in der Urgemeinde praktiziert wurde, um darin »mit Wasser und heiligem Geist« die Aufnahme in die Gemeinde zu vollziehen.

Gottes. Sie macht aber keine trinitarische Aussage, wenngleich diese Stelle später zur trinitarischen Gottesvorstellung beigetragen hat.

Der Eingang des Evangeliums bietet somit eine hintergründige Ankündigung dessen, wovon das ganze Buch erzählen will. Dem Leser wird von Anfang an Jesus als der Messias vorgestellt. Die Stimme aus dem Himmel hat ihm diese Sicht vermittelt, während die Menschen, die Jesus begegnen, davon noch nichts wissen können. Auf diese Weise hat Markus zum ersten Mal das innere Thema seines Evangeliums – das Messiasgeheimnis Jesu – aufgedeckt, und es ist verwunderlich, daß es bereits auf der ersten Seite geschieht, während es von denen, die im weiteren mit Jesus bekannt werden, keiner wirklich erfährt.

Markus betont die Bedeutung Jesu auf Kosten des Täufers. Das Urchristentum war offensichtlich nicht in der Lage, den wirklichen Rang des Johannes zu würdigen. Was über ihn weiterhin und beim jüdischen Geschichtsschreiber Josephus überliefert wird, zeigt Johannes als prophetischen Bußprediger, der das Weltende nahe sah und sich selbst als Künder des bevorstehenden Gottesgerichtes verstand. Seine Taufe sollte in ihrer Wassersymbolik die drohende Reinigung durch das Feuer vorwegnehmen. Wahrscheinlich kam das Bemühen der Evangelisten, Johannes Jesus unterzuordnen, aus der späteren Rivalität beider Jüngerkreise. Da Jesus sich aber von ihm taufen ließ, erkannte er damit Johannes auch an. Wenn allerdings das junge Christentum den Täufer nur noch als »Vorläufer« und »Wegbereiter« Jesu bezeichnete, entsprang dies vermutlich der Konkurrenzsituation zwischen Jesus- und Johannesjüngern. Nach Johannes' Hinrichtung durch Herodes Antipas lebte die Täufergemeinde ohne institutionelles Selbstverständnis fort. Vielleicht haben sich einige aus diesen Kreisen später der christlichen Gemeinde angeschlossen (Joh 1,37.40).

Das Wirken Jesu in Galiläa

Nach seiner Geistbegabung bereitet sich der markinische Jesus durch einen Wüstenaufenthalt auf sein öffentliches Wirken vor (1,12-13). Anschließend führt ihn der Erzähler nach Galiläa zurück. Dort kündigt Jesus an, Gottes Herrschaft stehe unmittelbar bevor. Zunächst schließen sich ihm vier Fischer an (1,16-20). Am Sabbat macht seine Lehre in der Synagoge zu Kafarnaum großen Eindruck. Offensichtlich wollte der Erzähler mit dem exorzistischen Wirken Jesu besonders werbend wirken, darum läßt er ihn den Anfang seiner Wunder mit einer Dämonenaustreibung machen, die »alle« tief beeindruckt: »Hier wird mit Vollmacht eine ganz neue Lehre verkündet. Sogar die unreinen Geister gehorchen seinem Befehl« (1,27).

Was immer nachfolgend geschieht, handelt in Galiläa rund um den See Gennesaret; Markus sagt abweichend »See von Galiläa« (1,16), vielleicht um den galiläischen Hintergrund präsent zu halten. Was sich auf der nordwestlichen Seite des Sees abspielt, ist ausnahmslos positiv. Jesus findet Gehör, selbst aus weit entfernten Gegenden, auch nichtjüdischen Gebieten (3,8), strömen Menschen herbei, ihn zu hören. In Kafarnaum scheint Jesus zu wohnen, in dem Haus, in dem die Brüder Simon und Andreas zusammen mit der Schwiegermutter des Simon leben. Stets unterscheidet der Erzähler zwischen drinnen und draußen; dabei erhält alles, was im Hause geschieht, eine positive Bewertung. Zweimal besucht Jesus die Dorfsynagoge. In die nähere Umgebung führen Wege durch ein Kornfeld (2,23-28), die Berufung der Zwölf auf einem Berg (3,13-19) oder die Suche nach einem einsamen Platz, um allein zu sein (1,35). Alles geschieht in einem begrenzten Raum, einem Dorf am See. Die summarischen Bemerkungen des Erzählers (2,28; 3,7 f.) vermitteln dagegen den Eindruck rastloser Tätigkeit: Reisen durch ganz Galiläa, Auftritte an fast jedem Ort, Zulauf von nah und fern.

Galiläa, Landschaft im nördl. Palästina zwischen dem Jordan und der Mittelmeerküste (vom Karmel bis Akko), im Süden begrenzt von der → Jesreel-Ebene. Die Landschaft gliedert sich in Unter- und Obergaliläa. → Josephus nennt mehr als 200 Ortschaften in dieser Region, deren Verwaltungssitz → Sepphoris war. Da G. bereits 733 v. Chr. durch Tiglat-Pileser III. dem assyr. Reich einverleibt wurde

Erstes Auftreten

14 Nachdem aber Johannes ausgeliefert war, kam Jesus nach Galiläa, um zu künden das Evangelium Gottes.
15 Er sagte: Erfüllt ist die Zeit, und genaht das Reich Gottes. Kehrt um! Und: Glaubt dem Evangelium!

Mk 1,14-15

Wenn sich mit der Notiz V 14 eine historische Erinnerung verbindet, ist nach der Taufe Jesu noch geraume Zeit verstrichen, in der Johannes seine Tätigkeit fortsetzte (vgl. Joh 1,19-34; 3,22-30). Jesus wäre dann erst nach dessen Inhaftierung öffentlich aufgetreten.

Der Begriff »Evangelium Gottes« meint keine Lehre, sondern die Botschaft: »Erfüllt ist die Zeit, nahegekommen das Reich Gottes.« Im griechischen Text heißt die hier gemeinte Zeit *kairos*; es ist die Zeit, in der etwas reif wird für neue Entscheidungen. Schon die Propheten haben im Verständnis des Markus diese Zeit angesagt, doch nun ist sie da. Sie bedeutet noch nicht Ende und Vollendung einer Wende, denn das Reich Gottes ist erst nahegekommen.

(→ S. 219) und infolge von Umsiedlungen fremde Bevölkerungsteile aufnahm, galt es aus judäischer, oft polemischer Sicht als heidnisch belastet. Unter den Hasmonäern erfolgte eine Rejudaisierung. Unter → Herodes d. Gr. und seinem Sohn → Herodes Antipas blühte G. wirtschaftlich auf, nahm aber auch eine stark hellenistische Prägung an. Die sich daraus ergebenden Spannungen führten zu militant-nationalistischen jüdischen Untergrundbewegungen.

Sepphoris in Galiläa, hellenistisch geprägte Bezirkshauptstadt 6 km nördl. von Nazaret; von Herodes Antipas als Residenz benutzt, bis er diese 27 n. Chr. ins neu erbaute Tiberias am See Gennesaret verlegte.

Der See Gennesaret.

Pharisäer (hebr. wahrscheinlich »Abgesonderte«), jüdische Religionsrichtung, deren Wurzeln ins 2. Jh. v. Chr. reichen. Ihr gehörten durchweg Laien an, die ihren Glauben ernst nehmen wollten; die beteiligten Schriftgelehrten gewannen bald Einfluß, da von ihnen die richtige Auslegung der Tora erwartet wurde, wenngleich die P. neben der Schrift auch die »mündl. Tora« auf Mose zurückführten und damit volkstüml. Bräuche und zeitbedingte Anpassungen legalisierten. Die Erwartung eines davidischen Messias, die Hoffnung auf die Auferstehung der Toten und die Erwartung eines Jüngsten Gerichts sind pharisäische Glaubensvorstellungen, die über den Kanon der Jüd. Bibel hinausgehen.

Anfangs eine Oppositionsrichtung, die in einem Bürgerkrieg 93-88 v. Chr. blutig verfolgt wurde, kamen einige P. erstmals um 75 v. Chr. in den Hohen Rat. Nach dem Fall Jerusalems im Jahre 70 n. Chr. wurden sie die entscheidende und zukunftsbestimmende Kraft für das Überleben des Judentums (→ S. 370; 447).

Schriftgelehrte, jüdische Gesetzeslehrer. Im nachexilischen Judentum ein religiöses Pendant zum Stand der Schreiber und Notare, die spätestens zur Makkabäerzeit in Kollegien organisiert waren. Nach einem langen Studium wurde man Mitglied in diesem Kollegium und durfte dann religionsgesetzliche Fragen entscheiden, in Strafprozessen als Richter mitwirken und in Zivilprozessen Urteile fällen. S. konnten auch in den → Hohen Rat aufgenommen werden. Die Mehrzahl der S. dürfte der pharisäischen Richtung zuzuzählen sein, doch gab es zur Zeit Jesu auch sadduzäische S. Bis zur Zerstörung Jerusalems war dort der Mittelpunkt der jüd. S.n. Außerhalb des Landes gab es in Babylonien Schulen, die auch später bedeutende Zentren jüdischer Gelehrsamkeit blieben. Auf palästinischem Boden wurde nach dem Fall Jerusalems Jabne/Jamnia (nicht weit von der Mittelmeerküste) ein neuer Sammelpunkt der S.n. Aus ihrer Arbeit hat sich der Talmud entwickelt.
→ Rabbinisches Judentum: S. 429.

Die Reich-Gottes-Botschaft war der eigentliche Inhalt der Verkündigung Jesu, die er in Gleichnissen, in seiner Solidarität mit Randständigen und durch Heilungen konkretisierte. Jesus selbst ist aus der Umkehrbewegung Johannes des Täufers hervorgegangen, unterschied sich aber von ihm durch einen anderen Grundton. Er sagte das Reich Gottes dem entrechteten und gedemütigten Israel zu und zeigte dies in seinem Verhältnis zu den »Armen«. Jenen, die dieser Botschaft dienen, forderte er Verzicht auf eigene Bedürfnisse ab, doch verband sich damit auch die Vollmacht zu Heilungen und Dämonenbannungen.

Nachdem die Jesuszeit bereits Vergangenheit war, mußte sich für Markus auch das Verständnis des Reiches Gottes verändern. Ihm galt Jesus als der erwartete Freudenbote, der jedoch nicht angenommen wurde. Damit glaubte Markus habe Israel seine letzte Chance vor dem nahen Gericht vertan. Er weitete den Reich-Gottes-Begriff auf die das Judentum überschreitende Missionstätigkeit aus. Mit dem Bußruf des Täufers »Kehrt um!« gilt die endzeitliche Perspektive fort, während die Aufforderung »Glaubt dem Evangelium!« nun die Reich-Gottes-Botschaft meint, die in die heidnische Welt getragen werden muß.

Jesus in der Synagoge von Kafarnaum

21 So ziehen sie in Kafarnaum ein. Und gleich am Sabbat ging er in die Synagoge und lehrte. 22 Da waren sie bestürzt ob seiner Lehre. Denn: Er lehrte sie als einer, der Vollmacht hat, und nicht wie die Schriftgelehrten.
23 Und gleich war da in ihrer Synagoge ein Mensch mit einem unreinen Geist. Und der schrie auf 24 und sagte: Was willst du von uns, Jesus von Nazaret? Du bist gekommen, uns zugrunde zu richten. Ich weiß, wer du bist: der Heilige Gottes. 25 Aber Jesus herrschte ihn an und sagte: Verstumme und fahr aus von ihm! 26 Und ihn schüttelnd und mit gewaltigem Heulen aufheulend fuhr der unreine Geist von ihm aus. 27 Und sie erschauderten alle, so daß sie miteinander stritten und sagten: Was ist doch das? Eine neue Lehre aus Vollmacht! Und den unreinen Geistern gebietet er, und sie gehorchen ihm. 28 Und hinaus drang die Kunde von ihm sogleich, überallhin, ins ganze Umland Galiläas.

Mk 1,21-28

Offensichtlich war Kafarnaum Ausgangs- und Schwerpunkt des ersten Wirkens Jesu. Wenn er dort bei Simon und Andreas wohnte, gewissermaßen sein Standquartier hatte, zu dem er öfter zurückkehrte, korrigiert dies ein wenig das Bild eines rastlosen Wanderpredigers. Markus schildert zunächst einen Künder, der in Vollmacht spricht und in dem Gottes Heilskräfte durch Dämonenbannungen und Heilungen sichtbar werden.

Da die Synagoge am Sabbat Jesus Gelegenheit bot, die Bibel auszulegen, nahm er diese Gelegenheit wahr. Vom Inhalt seiner Botschaft erfahren wir noch nichts. Erst die Gleichnisreden verraten mehr. Die Redequelle, auf die Matthäus in seiner Bergpredigt zurückgreift, lag Markus nicht vor. Es genügt ihm hier zu betonen, daß Jesus mit göttlicher Vollmacht lehrte, »nicht wie die Schriftgelehrten«, denen er später unterstellt, sie klammerten sich nur an die Tradition (7,3 f.) und verfehlten um ihrer eigenen Satzungen willen den Willen Gottes (7,8).

Die Austreibungserzählungen schreiben die Kräfte, die Menschen in die Selbstentfremdung treiben, der Sphäre des Bösen und Widergöttlichen zu. Daß ein »Besessener« erst heil wird, wenn der Dämon ihn verläßt, ist Anschauung der heidnischen, jüdischen und christlichen Antike. Die hier erzählte Abwehr des Dämons (V 24) hat doppelten Boden. Hinter der Anrede Jesu als »Heiliger Gottes« steht die abgewandelte Anrede des Elija als »Mann Gottes« (1 Kön 17,18). Das Bekenntnis des Dämons stellt Jesus als Prophet und Charismatiker dar, der Elija überbietet und die unreinen Mächte besiegt. Markus inszeniert auf diese Weise ein frühes christologisches Bekenntnis. Indem das bloße Wort Jesu genügt, den Dämon zu bannen, rückt er Jesus mehr als den Geheilten in den Vordergrund.

Das vollzogene Wunder stellt Markus in den Dienst seiner eigenen Verkündigung: Die Leute staunen und erleben Jesu Lehre als »neu«. Sie macht ihn im ganzen Umland Galiläas bekannt. Indem aber Markus diese »Lehre aus Vollmacht« in seinem Evangelium vorstellt, charakterisiert er sie zugleich als überlegene, siegreiche Lehre, die nun missionarisch von der jungen Kirche in die Heidenwelt gebracht wird.

Das Abreißen der Ähren am Sabbat

23 Und es geschah, daß er am Sabbat durch die Kornfelder dahinging. Und seine Jünger fingen an, im Gehen die Ähren zu rupfen. 24 Da sagten die Pharisäer zu ihm: Sieh doch! Warum tun sie am Sabbat, was nicht erlaubt ist? 25 Und er sagt zu ihnen: Habt ihr niemals gelesen, was David tat, als er etwas brauchte und hungrig war – er und seine Gefährten? 26 Wie er unter dem Hohenpriester Abjatar in das Gotteshaus ging und die gottbestimmten Brote aß, die nur die Priester essen dürfen, und auch seinen Gefährten davon gab? 27 Und er sagte zu ihnen: Der Sabbat ist gemacht um des Menschen willen, nicht der Mensch um des Sabbats willen. 28 Herr ist also der Menschensohn auch über den Sabbat.

Mk 2,23-28

In der Sammlung vormarkinischer Streitgespräche, die vermutlich 2,15-3,6 umfaßte, also mit dem Zöllnergastmahl begann, fährt Markus nach einem Disput über das Fasten mit einer Auseinandersetzung über das Abreißen von Ähren am Sabbat fort. Jesu Vollmacht soll unter einem neuen Aspekt erscheinen: Er ist auch Herr über den Sabbat.

Wie hier sind auch sonst die Pharisäer global die Gegner Jesu. Bis in die Theologie der Gegenwart hinein werden sie als Vertreter einer

Dämonen. Der antike Mensch erlebte die Welt als unheimlich und voller Gefährdung. Die bösen Mächte wie Unfall, Krieg, Mißernte, Unwetter, Krankheit und Tod personifizierte er und bezeichnete sie als D. Wenngleich der monotheistische Jahweglaube in seiner reinen Gestalt dafür keinen Raum ließ, lebte im Volk doch die Vorstellung von wirksamen D. weiter. Zum Teil waren auch alte kanaanäische Gottheiten in diese volkstümlichen Zonen abgedrängt worden. In neutestamentl. Zeit galten die D. als gefallene Engel, die unter Führung eines Oberdämons (Satan, Teufel, Belial, Beelzebul) sich zu einem Heer der Finsternis formieren. Besonders im Markusevangelium gelten die D. als Widersacher Jesu. Jede Krankenheilung gilt als Sieg über sie. Die synoptischen Evangelien schildern Jesus als Überwinder der dämon. Mächte.

Satan oder Teufel. Ursprünglich Bezeichnung für einen Widersacher oder Feind (1 Sam 29,4; 1 Kön 5,18 u.ö.) oder für einen Ankläger vor Gericht (Ps 109,6). In der volkstüml. Rahmenerzählung des Buches Ijob tritt der Teufel, zum Hofstaat Gottes gehörig, als Ankläger des Menschen auf (Ijob 1-2). Erst in der späten apokryphen Literatur wird der S. unter dem Einfluß dualistischen Denkens zur Verkörperung des Bösen und zu Gottes Gegenspieler. U.a. verweisen Namen wie Belial und Beelzebul auf Vorstellungen, die noch keine systematische Reflexion gefunden haben.

Die Evangelien setzen diese Traditionen voraus. Der S., griech. *diabolos*, davon dt. »Teufel«, wird zum Gegenspieler Jesu (Mk 1,13; Mt 4,1-10), jedoch abgewiesen und seiner Macht beraubt (Mk 3,22 f.), was auch die Dämonenaustreibungen Jesu demonstrieren. Bis zum Anbruch des neuen Äons hat der S. nur noch gestundete Zeit.

Modell der Synagoge von Gamla im Golan, das einzig bekannte Bauwerk aus der Zeit Jesu, das als Synagoge geplant und genutzt wurde und einen Eindruck jener Gemeinderäume wiedergibt, die Jesus so oft aufgesucht hat.

Josephus über die Pharisäer

Für jetzt will ich nur noch bemerken, daß die Pharisäer dem Volke durch mündliche Überlieferung viele Gebote aufbewahrt haben, welche in die Gesetzgebung des Mose nicht aufgenommen sind. Diese Gebote nun verwirft die Sekte der Sadduzäer und behauptet, das allein sei maßgebend, was geschrieben stehe, während die mündliche Überlieferung der Vorfahren keine Gültigkeit habe. Über diesen Punkt entstanden oft heftige Streitigkeiten, wobei die Sadduzäer nur die Reichen, die Pharisäer aber die große Menge des Volkes auf ihrer Seite hatten.
(Ant. XIII, 10,6)

Die Pharisäer leben enthaltsam und kennen keine Annehmlichkeiten. Was vernünftige Überlegung als gut erscheinen läßt, dem folgen sie und halten es überhaupt als ihre Pflicht, den Vorschriften der Vernunft nachzukommen. Die Alten ehren sie und maßen sich nicht an, ihren Anordnungen zu widersprechen. Wenn sie behaupten, alles geschehe nach einem bestimmten Schicksal, so wollen sie damit dem menschlichen Willen nicht das Vermögen absprechen, sich selbst zu bestimmen, sondern lehren, es habe Gott gefallen, die Macht des Schicksals und die menschliche Vernunft zusammenwirken zu lassen, so daß es jeder nach seinem Belieben mit dem Laster oder der Tugend halten könne. Sie glauben auch, daß die Seelen unsterblich sind und daß dieselben, je nachdem der Mensch tugendhaft oder lasterhaft gewesen, unter der Erde Lohn oder Strafe erhalten ... Infolge dieser Lehren besitzen sie beim Volke einen solchen Einfluß, daß sämtliche gottesdienstlichen Verrichtungen, Gebete wie Opfer, nur nach ihrer Anleitung dargebracht werden. Ein so herrliches Zeugnis der Vollkommenheit gaben ihnen die Gemeinden, weil man glaubte, daß sie in Wort und Tat nur das Beste wollten (→ S. 368; 447).
(Ant. XVIII, 1,3)

starren Gesetzlichkeit geschildert, und dies um so unangefochtener, als dazu immer nur die Evangelien, doch kaum widersprechende jüdische Quellen befragt werden. Ihr Grundbestreben war, ohne Wenn und Aber Gott ehrlich zu dienen. Während die Sadduzäer Traditionalisten waren, zielte die pharisäische Position auf flexible, wenngleich nicht liberale Reformen. Weil die Sabbatgesetze in ihren Augen zu unbestimmt waren, definierten sie neununddreißig Arbeiten, die am Sabbat verboten waren, verstanden den Sabbat aber als einen Tag der Ruhe und Muße, des Studiums und der Erholung, des Essens und Trinkens, auch für die Sklaven und selbst für die Tiere. Wenn sie neue Normen ersannen, geschah es, um einen »Zaun« um die Tora zu errichten, damit sie nicht schleichend von innen ausgehöhlt würde.

In seiner Antwort auf die Kritik der Pharisäer übernimmt Jesus die Verantwortung für das Tun seiner Jünger und entschuldigt es mit dem Hinweis auf unerlaubtes Handeln Davids, der in einer Notlage die Schaubrote aß und seinen Gefährten davon mitgab (1 Sam 21,2-10). Soll heißen: Hier findet das Tun der Jünger seine Rechtfertigung nicht aus der Regel »Not kennt kein Gebot«, sondern aus einem »überbietenden Denken«: Wenn David die eingesetzte Ordnung übertreten durfte, weil er der Erwählte Gottes war, dann erst recht Jesus, der mehr ist als David. Es erfolgt also keine Entschuldigung; das Verhalten seiner Jünger ist Jesus auch nicht peinlich, er selbst nimmt sich die Freiheit, so über den Sabbat zu denken.

Es gab in der Vergangenheit kaum eine Kommentierung, die mit dieser Gesetzesübertretung nicht die grundsätzliche Distanzierung Jesu von der jüdischen Gesetzesfrömmigkeit sowie die Ansage des »ganz Neuen« verband. Das widerspricht der eindeutig jüdischen Identität, in der sich Jesus verstand. Jesus wollte ein revitalisiertes Judentum. Wie immer seine Konflikte mit der rituellen Gestalt des Judentums ausgesehen haben, sie stellten ihn nicht aus dem Judentum heraus, sondern waren Ausdruck engagierter jüdischer Zeitgenossenschaft. Mit seiner Einstellung, daß der Sabbat für den Menschen da sei, nicht der Mensch für den Sabbat, stand er auch nicht alleine da. Anderswo hieß es ähnlich: »Euch ist der Sabbat übergeben, nicht aber ihr dem Sabbat.«

Natürlich blieben Tora und Sabbatheiligung in den frühen judenchristlichen Gemeinden weiterhin geachtet, wenn auch das griechisch sprechende Diasporajudentum bereits von vielen hellenistischen Denk- und Lebensformen beeinflußt war. Die als Gesetz *(nomos)* verstandene Tora erfuhr in der Diaspora sicherlich eine stärkere juridische Auslegung, als es der hebräischen Tradition entsprach. Aber in der judenchristlichen Tradition des Matthäus wird der Bergpredigt die Toratreue Jesu vorangestellt: »Glaubt nicht, ich sei gekommen, das Gesetz und die Propheten aufzuheben. Nicht bin ich gekommen, um aufzuheben, vielmehr zu erfüllen« (Mt 5,17-19; → S. 430). Der sich frei zum Richter über die Tora aufspielende Jesus ist der Jesus der heidenchristlichen Kirche.

Die Heilung eines Mannes am Sabbat

1 Und abermals kam er in eine Synagoge. Und dort war ein Mensch mit verdorrter Hand. 2 Und sie lauerten ihm auf, ob er am Sabbat ihn heil machen werde – um ihn dann verklagen zu können. 3 Und er sagt zum Menschen mit der verdorrten Hand: Auf, in die Mitte! 4 Und zu ihnen sagt er: Ist es am Sabbat erlaubt, Gutes zu tun oder Übles zu tun, Leben zu retten oder zu töten? Sie aber schweigen. 5 Da blickt er voll Zorn sie rundherum an, voll Trauer ob der Starre ihres Herzens und sagt zu dem Menschen: Streck die Hand aus! Er streckte sie aus – und wiederhergestellt ward seine Hand. 6 Die Pharisäer gingen hinaus und wollten gleich mit den Herodianern einen Beschluß gegen ihn fassen, wie sie ihn zugrunde richten könnten.

Mk 3,1-6

Der Schluß der Streitgesprächsammlung bei Markus endet mit einem Ausblick auf die Passion Jesu. Wiederum ist die Synagoge am Sabbat Schauplatz. Erneut ereignet sich alles vor den Augen distanziert beobachtender Pharisäer. Diese bilden den permanenten Hintergrund, vor dem sich das öffentliche Wirken Jesu abspielt. Dazu bedarf es keiner Erklärung aus den Umständen. Pharisäer und Schriftgelehrte gehören zum theologischen Entwurf des Markusevangeliums, dessen innere Logik zur Hinrichtung Jesu führt.

Ärztliche Behandlung war – außer bei Lebensgefahr – am Sabbat verboten. Die Szenerie wird bewußt provokativ entfaltet. Ungebeten handelt Jesus aus eigener Freiheit. Herausfordernd ruft er den Behinderten »in die Mitte«. Noch bevor etwas geschieht, stellt er seinen Kritikern eine Alternativfrage, die keine ernsthafte Wahl einräumt. Hinter deren verstocktem Schweigen überdauert die Absicht, Jesus anzuklagen und zu vernichten. Erst jetzt heilt Jesus die kranke Hand. Letztlich geht es dabei nicht um den Kranken, sondern um die Grundsatzfrage, wie sich humanes Handeln zu kultischen Ordnungen verhält, wenn diese behindern. Da aber die Alternative, Leben zu erhalten oder zu »vernichten« (V 4b), gar nicht bestand, zeigt sich, daß diese Argumentation der Situation selbst auch nicht entwachsen sein kann.

Sadduzäer, jüd. Religionspartei, die sich um die Mitte des 2. Jh.s v. Chr. konstituiert haben dürfte. Ihr gehörten die Priesteraristokratie, die Patrizierfamilien Jerusalems und der reiche Landadel Judäas an. Auch stellten sie die Mehrheit im Hohen Rat (→ S. 398). Während sie gegenüber hellenistischen Einflüssen offen waren, vertraten sie in religiöser Hinsicht eine betont konservative Position. Als religionsgesetzlich relevant ließen sie nur die Tora gelten und lehnten im Gegensatz zu den Pharisäern die »mündliche Tora« ab.

Heilungswunder stehen im NT in deutlicher Kontinuität zur Jüdischen Bibel, was allein schon die Bezugnahmen der Evangelien auf die H. in 1 Kön 17,17-24 und 2 Kön 5,1-14 belegen (vgl. Mk 5,35; Mt 11,2-6; Lk 4,17 f.25-27; Joh 4,46-54). Alle neutestamtl. Wundergeschichten haben eine biblische Substruktur, beziehen sich also letztlich auf *Gottes* Heilshandeln in Jesus. Die Jünger Jesu sollen ebenso wie Jesus heilen (Mk 3,14 f.; 16,15-18; Mt 10,1.7 f.; Apg 3,1 ff.; 5,15 f.; 9,32 ff.). Die diakonische Grundordnung der Kirche ist dieser Linie verpflichtet.

Schaubrote, im Tempel niedergelegte Brote, deren hebr. Bezeichnung wörtlich »Brot des Angesichts (Gottes)« lautet (vgl. Ex 25,23-30; 1 Sam 2,17; 1 Kön 7,48). Der Schaubrottisch des zerstörten Tempels findet sich auf dem Titusbogen in Rom dargestellt.

Wundererzählungen

Wundererzählungen wirken heute in verschiedenen kulturellen Kontexten sehr unterschiedlich. In afrikanischen, asiatischen und indoamerikanischen Ländern könnten sie auf problemlose Annahme stoßen. Im abendländischen Christentum begegnet ihnen ebenso pauschale Skepsis wie fundamentalistische Gläubigkeit. Evangelikalen Kreisen gilt die Anerkennung der Wundergeschichten als historische Fakten geradezu als Prüfstein des christlichen Glaubens. Wenn andererseits aufgeklärt-rationalistische Denker in Wundern nur fromme, womöglich gefährliche Illusionen sehen wollen, verkennen sie die »Rückseite des Geistes« und unterschätzen die Komplexität der Wirklichkeit.

Dennoch darf die Historizität des Erzählten den biblischen Wundergeschichten nicht unbesehen unterstellt werden. Auch wenn bestimmte Heilungswunder ein Nachhall aus dem Leben Jesu sind, erklären sie sich in ihrer Mehrzahl doch aus den Bedingungen der erzählenden Gemeinden. Obwohl grundsätzlich an Krankenheilungen und Dämonenaustreibungen Jesu nicht zu zweifeln ist, spiegelt die einzelne Wundererzählung doch keinen konkreten historischen Vorfall. Nur wenige Stücke werden als geschichtlich denkbar angesehen: Fieberheilung, Blindenheilung, Heilung einer lahmen Hand ... Hinter den Exorzismuserzählungen sieht die Forschung keine konkreten Einzelerinnerungen, was ein historisches Echo dennoch nicht ausschließt.

Anders steht es um Erzählungen von Totenerweckungen (→ S. 192; 516), von Geschenkwundern (Speisungsgeschichten, → S. 383) und Rettungswundern (Seesturmerzählungen, → S. 379). Als Merkmale der sekundären Entstehung dieser neutestamentlichen Wundererzählungen gelten: der deutlich erkennbare Einfluß von Motiven und Texten der jüdischen Bibeltradition, der sich sogar in Zitaten selbst zu erkennen gibt; die symbolische Benutzung von Orts- und Personennamen und schließlich die katechetische Ausbildung fast aller Einzelzüge für die Gemeindeunterweisung. Die eigentlich historischen Grundlagen für solche Wundergeschichten boten die frühchristlichen Gemeindeverhältnisse, in denen die Texte ihre Prägung fanden. Diesen Gemeinden war nicht rückblickend an Wundern gelegen, vielmehr sollte der erzählte Glaube veranschaulichen, was der »fortlebende Christus« in ihr aktuell zu sagen oder zu wirken hat.

Von Heilungsbitten und ihrer Erfüllung zeugen zahlreiche Votivgaben an antiken Kultstätten. Eine mit Lourdes vergleichbare Wallfahrtsstätte war Epidauros in Griechenland mit dem berühmten Heiligtum des „göttlichen Arztes« Asklepios. Neben vielen Dankestafeln erzählen Votivgeschenke von Krankheit und Heilung. Der Mann mit dem übergroßen Bein wird im Typ des Asklepios dargestellt. Das ihm anvertraute Bein zeigt starke Krampfadern; daneben sind zwei einzelne Füße zu sehen (4. Jh. v. Chr.). – Auch in Korinth wurde der göttliche Arzt verehrt. Mit naturalistisch gestalteten Terrakottagliedmaßen (aus dem 5./4. Jh. v. Chr.) bedankten sich die Geheilten für erfahrene Hilfe. – Die aus Athen stammende Ohrengabe (4. Jh. v. Chr.) läßt auf Besserung bei einer Gehörerkrankung schließen.

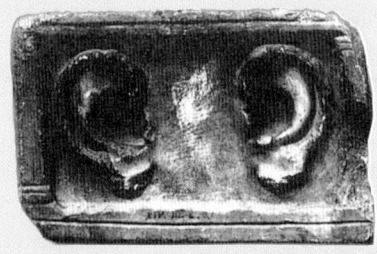

Die hier zusammen mit den Pharisäern genannten Herodianer sind die Parteigänger des Herodes Antipas, der in Galiläa als Landesfürst herrschte und auch die Kapitalgerichtsbarkeit innehatte. Indem Markus bereits am Anfang des Wirkens Jesu dessen Gegnern unterstellt, Jesus beseitigen zu wollen, geradeso, als handele es sich um eine mafiose Verschwörergruppe, deckt er mehr sein theologisches Erzählgerüst auf, als daß sich damit die frühe Situation in Galiläa enthüllte. Überdeutlich wird die Versteifung der Fronten.

Der Andrang des Volkes

7 Jesus aber entwich mit seinen Jüngern zum See. Und eine große Menge aus Galiläa folgte, auch aus Judäa, 8 aus Jerusalem, aus Idumäa, von jenseits des Jordan und dem Land um Tyros und Sidon – eine große Menge. Hörend, was alles er tut, kamen sie zu ihm. 9 Da sprach er zu seinen Jüngern, ein Boot solle für ihn bereitliegen, damit die Leute ihn nicht bedrängten. 10 Denn viele machte er heil. Und so stürzte man sich auf ihn, damit ihn festhalten könnten all die Geplagten. 11 Auch die unreinen Geister, wenn sie ihn schauten, stürzten auf ihn zu, schrien und sagten: Du bist der Sohn Gottes! 12 Aber streng herrschte er sie an, nicht zu enthüllen, wer er sei.

Mk 3,7-12

*B*isher schon angeklungene Motive werden in diesen zusammenfassenden Versen gesteigert. Der Rückzug an das Meer wird mit der Feindschaft der Pharisäer und Herodianer begründet. Mit dem »Meer« ist, wie oft bei Markus, der See Gennesaret gemeint. Das ganze Stück hat missionarische Absichten: es spricht davon, daß man überall von Jesus hört und deswegen auch von überall her zu ihm kommt. Die nach der Erstnennung Galiläa entworfene Landkarte nennt nicht die Gegenden, in denen Jesus wirkte, sondern die Gebiete, in denen zur Zeit der Abfassung des Textes Christen wohnten. Nicht genannt sind Samaria und die Dekapolis. Vermutlich galten gerade diesen Bereichen die missionarischen Anstrengungen jener Zeit.

Markus schildert ein Jesusbild, das ihn als Heiland der vielen Geplagten zeigt. Unwiderstehliche Anziehungskraft und universale Bedeutung leuchten auf. Trotz aller Anfeindung hält der Zulauf weiter an. Jesus muß sogar ein Boot nehmen, um sich der Massen zu erwehren. Indem ihn ein Dämon mit dem Gottessohntitel anspricht, macht er publik, was doch dem Geheimnis unterliegt. Im Sinne der markinischen Konzeption muß diese Anrede dem Schweigegebot unterstellt werden (V 12). Erstmalig treten auch die Jünger handelnd hervor. Sie nehmen teil an seiner Mission.

Herodes Antipas (griech. aus *antipatros*, »Vertreter des Vaters«, verkürzt), als Tetrach von Galiläa und Peräa (4 v. – 39 n. Chr.) der Landesfürst Jesu und Johannes des Täufers. Ebenso wie sein Vater trat er als bedeutender hellenistischer Bauherr auf. Er baute Sepphoris, den galiläischen Regierungssitz, wieder auf und gründete dann als seine Hauptstadt das nach dem Kaiser benannte Tiberias am See Gennesaret. Insgesamt verzichtete er auf bildertragende Münzen, nahm an jüdisch-religiösen Festen teil und regierte insgesamt drei Jahrzehnte in Ruhe. Die Verstoßung seiner nabatäischen Frau zugunsten der hasmonäischen Schwägerin Herodias wurde allerdings sein Unglück. Im Jahr 36 konnte sich H. vor einem Angriff des Nabatäerkönigs nur mit Hilfe syrischer Legionen retten. Als Herodias ihren Gatten H. zwang, sich um die Königswürde zu bewerben, verbannte Kaiser Caligula beide im Jahre 39 nach Lugdunum (Lyon) in Gallien.

Dekapolis (griech. »Zehnstädtegebiet«), die hellenistischen Städte im Ostjordanland (Mk 5,20; 7,31), die seit 63 v. Chr. dem röm. Statthalter von Syrien unterstanden und vermutlich als Städtebund organisiert waren.

Gleichnisse vom Reich Gottes:
Viel Korn von wenig Saat

Vincent van Gogh (1853–1890), Sämann, 1888.

Gleichnis, eine zur Erzählung entfaltete Metapher. Erzählt werden kann einerseits von alltäglichen Vorgängen: Wie es zugeht, wenn man etwas Verlorenes wiederfindet, Sauerteig ins Mehl mengt, Senfsamen aussät ...
Andererseits kann eine frei erfundene Geschichte erzählt werden: »Es war ein Mensch, der wollte ein großes Mahl ausrichten ...« (Lk 14,16). Ein Gleichnis, das eine solch frei erfundene Geschichte erzählt, nennt man Parabel.

Das Gleichnis vom Sämann

¹ Und abermals fing er an, am See zu lehren. Und es sammeln sich viele, so viele Leute bei ihm, daß er in ein Boot stieg und im See sich hinsetzte, während all die Leute gegen den See hin auf dem Land waren. ² Und er lehrte sie viel in Gleichnissen. In seiner Lehrrede sagte er zu ihnen: ³ Hört – da! Der Sämann zog hinaus, um zu säen. ⁴ Und beim Säen geschah es: Das eine fiel an den Weg nebenhin. Und die Vögel kamen und fraßen es weg. ⁵ Und anderes fiel auf den felsigen Grund, wo es nicht viel Erde hatte. Und gleich schoß es herauf, weil es keine Tiefe in der Erde hatte. ⁶ Doch als die Sonne aufging, ward es verbrannt und verdorrte, weil es keine Wurzel hatte. ⁷ Und anderes fiel unter die Disteln und die Disteln stiegen auf und erstickten es. Und Frucht gab es keine. ⁸ Und anderes fiel auf die rechte Erde und gab Frucht. Es stieg auf und mehrte sich und trug dreißigfach, ja sechzig- und hundertfach. ⁹ Und er sagte: Wer Ohren hat, die hören können, höre!

Mk 4,1-9

Sinn und Zweck der Gleichnisse

10 Als er allein war, fragten ihn jene, die mit den Zwölf um ihn waren, nach den Gleichnissen. 11 Und er sagte zu ihnen: Euch ist das Geheimnis des Reiches Gottes gegeben; jenen aber, denen draußen, ereignet sich alles in Gleichnissen, 12 auf daß sie: Umherblicken und umherblicken – und doch nicht sehen, hören und hören – und doch nicht verstehen, es sei denn, sie wendeten sich um, und es würde ihnen nachgelassen.

Die Deutung des Gleichnisses vom Sämann

13 Und er sagt zu ihnen: Dieses Gleichnis versteht ihr nicht? Wie wollt ihr dann überhaupt die Gleichnisse begreifen? 14 Der Sämann sät das Wort. 15 »Die am Weg« aber – das sind die, bei denen das Wort gesät wird. Doch sobald sie es gehört, kommt gleich der Satanas und nimmt das ihnen eingesäte Wort weg. 16 »Die auf den Felsgrund Gesäten« – das sind die, welche das Wort, sobald sie es hören, sogleich voll Freude ergreifen, 17 aber keine Wurzel in sich haben, sondern Menschen des Augenblicks sind. Dann aber, wenn Drangsal und Hetzjagd um des Wortes willen entsteht, nehmen sie sogleich Ärgernis. 18 Andere sind »die unter die Disteln Gesäten« – das sind die, die das Wort gehört haben, 19 aber die Sorgen dieser Weltzeit und das Geblend des Reichtums und die Begierden nach den übrigen Dingen dringen ein und ersticken das Wort, und es wird fruchtlos. 20 Und jene, »die auf die rechte Erde gesät sind« – das sind die, die das Wort hören und aufnehmen und Frucht tragen, dreißigfach, ja sechzig- und hundertfach.

Schlußbemerkung zu den Gleichnissen

33 In vielen solchen Gleichnissen redete er ihnen das Wort, je wie sie es hören konnten. 34 Ohne Gleichnis redete er nicht zu ihnen. Abseits aber mit seinen Jüngern, löste er ihnen alles auf.

Mk 4,10-20; 33-34

Wenn Markus seinen Lesern bereits auf den ersten Seiten mehr sagt, als – nach seiner Darstellung – die Jünger Jesu zu dessen Lebzeiten verstanden, so begreifen die Leser doch noch nicht alles. Nunmehr rückt der Evangelist Gleichnisse zusammen, um damit Antwort auf aktuelle Fragen zu geben. Wie auch sonst tut er dies durch »Historisierung«: Erzählend und predigend spricht der markinische Jesus nicht im Kontext seiner eigenen Zeit, sondern im Problemhorizont der frühen Christengemeinde. Darum sind seine Gleichnisse keine Originalwiedergaben, sondern auf spätere Anliegen

Der Scharfsinn und die Kürze seiner Sprüche und wirkungsvollen Parabeln machen seine Ideen in außergewöhnlichem Maße zum Eigentum aller. Und wenn einst der Tag kommen wird, wo diese Ethik die Hülle ihrer mystischen und mirakelhaften Umkleidung abstreift, dann wird Jesu Buch der Ethik einer der erlesensten Schätze der jüdischen Literatur aller Zeiten sein.

Joseph Klausner

Der Prato-Meister, Ungläubiger (Ausschnitt), Himmelfahrtskapelle im Dom von Prato, 15. Jh.

Geschichte einer angebotenen, aber gescheiterten Blindenheilung

Es war einmal ein Mann, der hatte eine wunderbare Rinderherde. Alle Tiere trugen ein schwarzweißes Fell, das war geheimnisvoll wie die Nacht. Der Mann liebte seine Kühe und führte sie immer auf die besten Weiden. Wenn er abends die Tiere beobachtete, wie sie zufrieden waren und wiederkäuten, dachte er: »Morgen früh werden sie mir viel Milch geben!« Eines Morgens jedoch, als er seine Kühe melken wollte, waren ihre Euter schlaff und leer.

hin formulierte Texte. Sie entfalten ein Lehrstück zur christlichen Gemeindesituation.

Einleitend betont Markus mehrfach, daß Jesus lehrt. So große Volksmengen lauschen dieser Lehre, daß Jesus in ein Boot steigen muß, um vom See aus zu der Menge am Ufer sprechen zu können. Das erste Gleichnis vom Sämann tröstet: Mißerfolge sind unvermeidlich; auch der Sämann kann sie nicht ausschließen. Dennoch wird die geringe Saatmenge zu einer großen Ernte führen. Vielleicht irritierte die Markusgemeinde die Frage, ob das angesagte Reich Gottes überhaupt noch kommen würde, wo doch die Geschichte weiterging wie immer und die widergöttlichen Mächte ungebrochen schienen. So zählt das Gleichnis nur Widerwärtigkeiten auf, als würde alle Mühe um die neue Saat vergeblich sein, und setzt doch dagegen, trotz aller Widerstände und Mißerfolge werde das Reich Gottes kommen. In diesem Verständnis wäre die vorliegende Gleichnissammlung ein Impuls zur Ermutigung der Gemeinde.

Das erscheint plausibel, doch Markus unterwirft sogar die Lehre Jesu seinem Entwurf vom »Messiasgeheimnis« (→ S. 362): Was immer der »Gottmensch« Jesus lehrt, der »gesunde Menschenverstand« kann es nicht begreifen, es sei denn, damit verbinde sich eine Einweisung, wie sie die Jünger bekommen. Für diese unterbrach er die »Seepredigt«, um sie einer esoterischen Sonderbelehrung zu würdigen: »Euch ist das Geheimnis des Reiches Gottes anvertraut; denen aber, die draußen sind, wird alles in Gleichnissen gesagt; denn sehen sollen sie, sehen, aber nicht erkennen, hören sollen sie, hören, aber nicht verstehen, es sei denn, sie bekehren sich und es würde ihnen vergeben« (4,11 f.). Stellt das nicht alles auf den Kopf? Gleichnisse sollen doch etwas verdeutlichen und nicht verhüllen. Als eine didaktische Form sind sie auf Verständigung angelegt und schaffen nur Mißverständnis? Selbst die Jünger bleiben – trotz Zusatzbelehrung – dauerhaft in der Rolle eines systematischen Mißverstehens, wie sie ihnen der Evangelist auferlegt. So gibt das Kapitel den Blick auf die authentische Gleichnislehre Jesu keineswegs frei, auch nicht die Parallelen bei Matthäus und Lukas, da diese ihren Stoff von Markus übernahmen.

Klarer wird die Textstruktur, wenn wir als ihre Hintergrundfolie Passagen aus der Jüdischen Bibel erkennen. Schon dort begegnet die Saat als Metapher für das Wort Gottes: »Denn wie der Regen und der Schnee vom Himmel fallen und nicht zu ihm zurückkehren, sondern die Erde tränken, so daß sie keimt und sproßt, Samen bringt für die Aussaat und Brot zur Nahrung, so ist es auch mit dem Wort, das meinen Mund verläßt: es kehrt nicht leer zu mir zurück, sondern bewirkt, was ich will, und erreicht all das, wozu ich es ausgesandt habe« (Jes 55,10 f.). Auch für sein Konzept des Nichtverstehens hat Markus – oder ein Vorarbeiter – auf Jesaja zurückgegriffen. Dort begegnet 6,9 f. als Wort Gottes: »Geh und sag diesem Volk: Hört nur, ihr versteht doch nichts. Seht nur hin, was erkennt ihr schon. Verstocke das Herz dieses Volkes, verstopf ihm die Ohren, verkleb ihm die Augen, damit es mit seinen Augen nicht sieht und mit seinen Ohren nicht hört, damit sein Herz nicht zur Einsicht kommt, sich nicht bekehrt und nicht geheilt wird« (→ S. 226). Hinter diesen Worten steht das in der Bibel mehrfach benannte Problem, daß ganz Israel oder ein Teil Israels sich dem Willen Gottes in der Geschichte verschloß (vgl. Dtn 29,1-3; Ps 95,10; Jer 5,21; Ez 12,2). Dabei werden die den geschichtlichen Vorgängen entspringenden Konsequenzen unmittelbar auf Gott zurückgeführt, so daß er es ist, der die Ohren verstopft und die Augen verklebt, obwohl die anklagenden Propheten ausschließlich schuldhaftes menschliches Verhalten kennenlernten. Demnach stellen diese Bibelzitate menschliches Fehlverhalten fest, das sie zugleich als Strafe deuten. Doch weder verursacht Gott die Stumpfheit der Menschen noch intendiert er sie.

Der Gleichnistext reagiert also auf gemachte Erfahrung. Wenn V 12 sagt: »Sie sollen umherblicken und umherblicken – und doch nicht sehen, hören und hören – und doch nicht verstehen, es sei denn, sie wendeten sich um, und es würde ihnen nachgelassen«, so ist dies in prophetischer Tradition die Formulierung einer Betroffenheit, mit der sich das Urteil Gottes verbindet. Bleibt zu fragen, wer damit gemeint ist. Da die Rede zweigeteilt ist und eine Volks- und eine Jüngerrede unterscheidet, doch letztlich auch die Jünger nicht verstehen und deswegen dem Sinn der Gleichnisse nachsuchen (V 10), läßt sich das Gleichniskapitel insgesamt als Jüngerrede verstehen, weil es den Anspruch an den wahren Jünger beschreibt: Jemand, der wirklich sehen, hören und verstehen kann, weil er durch »Umkehr« dafür offen wurde.

Wundertaten, Verwerfung und Verklärung

Markus hat alle Wundererzählungen seiner Gemeindetradition entnommen. Für die hellenistische Welt waren Wundererzählungen nichts ungewöhnliches. Während das moderne Bewußtsein mit einem Wunder meist die Durchbrechung von Naturgesetzen verbindet, erzählt die Jüdische Bibel Wundergeschichten von besonderen Menschen, in deren Person und Werk die Erscheinung Jahwes erfahren wird. Diesen Epiphaniecharakter tragen auch die Wundergeschichten des Markus. Er erzählt die Wunder Jesu als Erscheinung des Göttlichen. Darum entsprechen seine Wundergeschichten dem Typ der altbiblischen Epiphaniegeschichte, welche die Macht Jahwes sichtbar macht. Sie lassen im Tun Jesu Gott selbst erfahren. So zeigen die folgenden Stellen ihn derart von göttlicher Kraft durchdrungen, daß eine bloße Berührung genügt, um Kranke gesund zu machen:

- »Denn viele heilte er, so daß sie sich auf ihn stürzten, um ihn anzurühren, alle die an Krankheiten litten« (3,10).
- »Und eine Frau, die schon zwölf Jahre den Blutfluß hatte, hatte von Jesus gehört ... Sie kam in der Volksmenge und berührte von hinten sein Gewand, denn sie dachte bei sich: Wenn ich auch nur seine Kleider berühre, so bin ich gerettet. Und gleich versiegte die Quelle ihres Blutes ...« (3,25-30).
- »... und sie baten ihn, nur den Zipfel seines Gewandes berühren zu dürfen. Und alle, die ihn anrührten, wurden geheilt« (6,56).

Er glaubte, es habe an Futter gefehlt, und führte seine Herde am nächsten Tag auf saftigen Weidegrund. Er sah, wie die Tiere satt wurden und zufrieden waren, doch am folgenden Morgen hingen ihre Euter wiederum schlaff und leer. Da trieb er die Kühe noch einmal auf neue Weide, doch diesmal legte er sich auf die Lauer und beobachtete das Vieh. Als um Mitternacht der Mond weiß am Himmel stand, sah er, wie sich eine Strickleiter von den Sternen heruntersenkte. Auf ihr schwebten sanft und weich junge Frauen aus dem Himmelsvolk herab. Sie waren schön und fröhlich, lachten einander leise zu und gingen zu den Kühen, um sie leerzumelken.

Als der Hirt das sah, sprang er auf und wollte sie fangen. Die Frauen aber stoben auseinander und flohen zum Himmel hinauf. Es gelang ihm aber, eine von ihnen festzuhalten, die allerschönste. Die behielt er bei sich und machte sie zu seiner Frau. Täglich ging von da an seine neue Frau auf die Felder und arbeitete für ihn, während er weiterhin das Vieh hütete. Die gemeinsame Arbeit machte sie reich, und er dünkte sich glücklich. Eines aber quälte ihn: Als er seine Frau eingefangen hatte, trug sie einen Korb bei sich. »Niemals darfst du da hineinschauen!« hatte sie gesagt. »Wenn du es dennoch tust, wird uns beide großes Unglück treffen.«

Nach einiger Zeit vergaß der Mann sein Versprechen. Als er einmal alleine war, sah er den Korb im Dunkeln stehen, zog das Tuch davon und brach in lautes Lachen aus.

Als seine Frau heimkehrte, wußte sie sogleich, was geschehen war. Sie schaute ihn an und sagte weinend: »Du hast in den Korb geschaut!« Der Mann aber lachte nur und sagte: »Du dummes Weib, was soll das Geheimnis um diesen Korb? Da ist ja gar nichts drin!«

Aber noch während er dies sagte, wandte sie sich von ihm ab, ging in den Sonnenuntergang und wurde auf Erden nie wieder gesehen.

Und wißt ihr, warum sie wegging? Sie ging nicht, weil er sein Versprechen gebrochen hatte; sie ging, weil er die schönen Sachen, die sie vom Himmel für ihr beider Leben mitgebracht hatte, nicht sehen konnte und darüber sogar noch lachte.

Aus Afrika

Wunder über Wunder

Du wunderst wunderlich dich über
Wunder,
verschwendest Witzespfeile, blank
geschliffen.
Was du begreifst, mein Freund, ist
doch nur Plunder,
und in Begriffen nicht mit
einbegriffen,
ist noch ein unermeßliches Revier,
du selber drin das größte Wundertier.

Joseph von Eichendorff

Der Ungläubige glaubt mehr,
als er meint,
der Gläub'ge weniger,
als ihm scheint.

Franz Grillparzer

Theophanie (griech. »Gotteserscheinung«), im weitesten Sinne jede
Art von Offenbarung. In den Bibelwissenschaften gleichbedeutend mit
Epiphanie, wobei die Form der
Gotteserfahrung die Unsichtbarkeit
und Unzugänglichkeit Gottes nicht
aufhebt.

Die »Gottessohnschaft« sieht Markus in der Begabung Jesu mit dem Gottesgeist begründet, den er in der Jordantaufe erhielt. Er sagt nichts von einer »Jungfrauengeburt« und spricht auch nie von einer Sendung des »präexistenten« Sohnes in die Welt, wie dies Paulus tut (Röm 8,3; Gal 4,4 f.). Der Gottesgeist durchdringt ihn so sehr, daß sein ganzes Leben zu einer Demonstration unaufhörlicher Wundertaten wird. In der Verklärungsgeschichte (9,2-8) erweist der Jesus verliehene Geist sein wahres Wesen: die menschliche Gestalt hat er in göttliche Herrlichkeit verwandelt. Selbst die Passionsgeschichte widerspricht dieser Wirklichkeit nicht, denn ans Kreuz geht kein irritierter Mensch, sondern der seiner selbst und seiner Bestimmung gewisse Gottmensch, der schon vorweg der Auferstandene ist.

Auf die Gleichnisrede folgen fünf Wundergeschichten aus einer älteren Sammlung, die Markus in seiner Weise benutzt und erweitert hat. Alle Geschichten werden aus jüdischer bzw. judenchristlicher Sicht erzählt. Alle haben die Jüdische Bibel als Hintergrund, wie durch Anspielungen, Motivübernahmen und eine Überbietungstendenz erkennbar ist.

So ist die Seesturmerzählung eine überbietende Nacherzählung von Jona 1. Die Erzählung von der Auferweckung der Jairustochter will die Wunder des Elija und Elischa in 1 Kön 17 und 2 Kön 4 überbieten. Die Speisung der Fünftausend überbietet das Elischawunder 2 Kön 4,42-44 und profiliert Jesus zugleich als den Mose überragenden endzeitlichen Propheten. In der Seewandelgeschichte schließlich spielen mehrere Epiphaniemotive zusammen, um Jahwes Epiphanie in Jesus zu inszenieren.

Insgesamt schildern die Wundergeschichten Jesus als einen Propheten, der »mehr als Jona« ist. »Was ist das für ein Mensch, daß ihm sogar die Winde und das Meer gehorchen?« heißt es zum Schluß. Der Besessene von Gerasa nennt ihn »Sohn Gottes, des Höchsten« (5,7); für die Blutflüssige ist er ein »kraftbegabter Arzt« (5,28). Er ist Totenerwecker (5,41) und Hirt Israels (6,34), in dem Jahwes Macht erscheint (6,50). In ihrer Summe zeichnen diese Wundergeschichten ein Jesusbild, das die Gottesmänner Israels überbietet, weil er der endzeitliche Prophet, der »Sohn Gottes« ist, in dem Jahwe sein Heilshandeln ansagt und erweist. Im Blick auf die hellenistische Welt, in der es nicht minder Wundermänner und Heilande gab, soll Jesus als der »Mann Gottes« geschildert werden, der alle sonstigen Wundermänner und Heilande überragt.

Der Sturm auf dem See

³⁵ Und er sagt zu ihnen an jenem Tag, als es Abend geworden: Fahren wir zur Jenseite!

³⁶ Und sie lassen die Leute stehen und nehmen ihn, wie er gerade war, im Boot mit; auch andere Boote waren mit ihm.

³⁷ Und ein gewaltiger Wirbelwind kommt auf und die Wogen schlugen ins Boot, daß schon das Boot sich füllte.

³⁸ Er aber war im Heck und schlief auf dem Kopfkissen. Und sie wecken ihn und sagen zu ihm: Lehrer, kümmert es dich nicht, daß wir zugrunde gehen?

³⁹ Und auf richtete er sich, herrschte den Wind an und sprach zum See: Schweig, verstumme! Und der Wind erlahmte – und es ward große Stille.

⁴⁰ Und zu ihnen sprach er: Wie feig ihr seid! Immer noch habt ihr keinen Glauben!

⁴¹ Und Furcht überkam sie, große Furcht. Und sie sagten zueinander: Wer ist doch dieser, daß auch der Wind und der See ihm gehorchen?

Mk 4,35-41

²³ Und ihm, der ins Boot stieg, ihm folgten seine Jünger.

²⁴ Und da! Ein gewaltiges Beben entstand im See, so daß vor lauter Wogen das Boot verschwand.

Er aber schlief. ²⁵ Da traten sie heran, weckten ihn und sagten: Herr, rette! Wir gehen zugrunde.

²⁶ Sagt er zu ihnen: Wie feig ihr seid, ihr Kleingläubigen! Dann richtete er sich auf, herrschte die Winde an und den See – und es ward große Stille.

²⁷ Und die Männer staunten und sagten: Was ist das für einer, daß auch die Winde und der See ihm gehorchen?

Mt 8,23-27

Den Glauben verlieren?

Nein, ich habe nicht den Glauben verloren. Der Ausdruck, »den Glauben verlieren«, so wie man seinen Geldbeutel verliert oder einen Schlüsselbund, ist mir immer ein wenig albern vorgekommen. Er muß zum Wortschatz der kleinbürgerlichen, tadellosen Frömmigkeit gehören. Man verliert nicht den Glauben, er hört auf, dem Leben Form zu geben, das ist alles ... Wenn ein gebildeter Mensch allmählich ganz unmerklich dahin gelangt ist, seinen Glauben in irgendeinen Schlupfwinkel seines Gehirns zurückzudrängen ..., dann darf man doch solch einem abgehäuteten Kennbild nicht den Namen Glauben geben, alldieweil es, um einen berühmten Vergloich heranzuziehen, dem Glauben nicht mehr gleicht als das Sternbild des Schwans einem Schwan.

Georges Bernanos

*Ich setzte den Fuß in die Luft,
und sie trug.*

Hilde Domin

Wie die bisherigen Markustexte hat auch die Seesturmerzählung eine Hintergrundfolie in der Jüdischen Bibel, deren Wahrnehmung die Geschichte doppelbödig macht. Es ist die Erzählung von Jonas Schiffbruch, in dessen Folge er vom tosenden Meer verschluckt wird (Jon 1). Bei Markus soll der hellenistische Christ erfahren, daß Jesus nicht nur mehr ist als Jona, sondern daß er in die Rolle der schützenden Gottheit rückt: in Jahwes Funktion selbst. Durch sein gottgleiches Handeln macht sich Jesus als »Sohn Gottes« offenbar.

Markus erzählt die Seesturmgeschichte detailliert. Sogar das Kissen im Boot wird nicht vergessen. Der ruhige Schlaf Jesu auf dem Achterdeck kontrastiert mit der Heftigkeit des Sturms und der Gewalt der Wogen, was die Jünger in verständliche Panik treibt. Auf ihren Weckruf hin spricht Jesus sein Machtwort, das den Naturgewalten Schweigen gebietet. Es wirkt auf der Stelle: dem Tosen von Wind und Wellen folgt große Stille. Nun sollte man ein Aufatmen der Jünger erwarten dürfen, doch kommt erst jetzt die Frage Jesu: »Warum habt ihr solche Angst? Habt ihr noch keinen Glauben?«

Markus schildert gar nicht den Verlauf einer Rettungserfahrung, sondern verbindet die Angst ausgerechnet mit dem glücklichen Ende. Das Erschrecken gilt nicht mehr dem Sturm, sondern der Person Jesu, weil Markus auch hier den Jüngern die Rolle des Nichtverstehens auferlegt. Als Antwort auf die rettende Tat überfällt sie »Furcht, gewaltige Furcht«.

Während diese Seesturmgeschichte also der markinischen Theologie vom »Messiasgeheimnis« dient, aber keinerlei Rückblick in die Zeit Jesu erlaubt, baut sie Matthäus konsequent zu einer Nachfolgegeschichte für die eigene Gemeindesituation um. Das geschieht bereits durch eine andere Plazierung des Textes. Bei Markus geht dem Ereignis die große Gleichnisrede voraus: Die Lehrtätigkeit des Tages hat Jesus erschöpft, so daß ihn die Jünger nun »wie er war« mit sich ins Boot nehmen. Demgegenüber stellt Matthäus eine Spruchsammlung über die Radikalität der Nachfolge voran und illustriert nun mit seiner Sturmgeschichte, wohin es führen kann, wenn man mit Jesus ins gleiche Boot einsteigt: »Ihm, der ins Boot stieg, ihm folgten seine Jünger.« Nachdem dann der Sturm ausgebrochen ist, wecken ihn die Jünger nicht mit einem Vorwurf, sondern mit einem bereits kultisch stilisierten Gebetsruf: »Herr, rette! Wir gehen zugrunde.« Dieses Kyrie läßt im Hintergrund bereits das Verhältnis der Gemeinde zu ihrem Herrn erahnen. Auch zielt die übrige Formulierung des Notrufs ins Allgemeine. Während bei Markus Jesus erst nach der Sturmstillung mit seinen Jüngern spricht, antwortet er ihnen bei Matthäus sofort. Dadurch behält die Situation ihre Stimmigkeit und wird nicht zum Konstrukt eines ganz anderen theologischen Gedankens. Jene, die mit Jesus in das gleiche Boot gestiegen sind, zeigen, daß ihnen Glaube und Mut nur für eine Fahrt bei schönem Wetter reichen, sich in Sturm und Gefahr aber als zu schwach erweisen.

Matthäus versteht Jüngerschaft und Nachfolge weniger exklusiv als Markus. Er bezieht die gesamte Kirche in diese Nachfolge mit ein. Während Markus in seiner historisierenden Weise Einmaligkeit unterstellt, erhebt Matthäus die gleiche Szene zu einem allgemeinen Gleichnis für Anfechtungen im »Boot der Kirche«. Hier erweist sich die Kirche in höchster Gefahr als kleingläubig; die matthäische Erzählung fordert auf, eine solche Verzagtheit im Vertrauen auf die bleibende Gegenwart des Immanuel – »Gott mit uns« abzulegen.

Die Ablehnung Jesu in seiner Heimat

¹ Dann zog er weg von dort. Und er kommt in seine Vaterstadt, und seine Jünger folgen ihm. ² Als Sabbat war, fing er an, in der Synagoge zu lehren. Und viele, die zuhörten, waren bestürzt und sagten: Wo der das herhat? Und: Was ist das schon für eine Weisheit, die dem da gegeben ist? Und: Solche Krafttaten sollen durch seine Hände geschehen? ³ Ist das nicht der Handwerker, der Sohn Marias, der Bruder des Jakobus und Joses und Judas und Simon? Und sind seine Schwestern nicht hier bei uns? So nahmen sie Ärgernis an ihm. ⁴ Jesus sagte zu ihnen: Verachtet ist ein Prophet nur in seiner Vaterstadt, bei seinen Stammesgenossen und im eigenen Haus. ⁵ Und er vermochte dort nicht eine einzige Krafttat zu wirken – außer daß er einige Kranke heil machte, indem er ihnen die Hände auflegte. ⁶ Und er staunte ihres Unglaubens wegen.

Mk 6,1-6a

Dreimal »Seesturm«, unterschiedlich gesehen: Die Buchmalerei (Hitda-Codex, um 1020) vermittelt eine symbolische Deutung: In dem drachenförmigen Boot sitzen dreizehn Personen, die alle wach auf den Abgrund starren, in den das nicht mehr steuerbare Boot zu stürzen scheint, bis auf Jesus, der als einziger schläft. – Rembrandts Gemälde von 1633 schildert ein Schiff in äußerster Seenot: Da ist das Schiff ein Schiff; Sturm, Wolken und Wogen sind Naturkräfte, verborgene Symbolik ist nicht auszumachen, allein das Licht im Antlitz Jesu führt über die Realebene hinaus. – Schließlich die Darstellung von Relindis Agethen in einem Religionsbuch von 1985: Das Boot als Metapher. Darin sind Bekannte und Unbekannte: Papst Johannes XXIII., Mutter Teresa, Franz von Assisi, Marcel Marceau, Hermann Gmeiner, am Bug der krähende Petrus-Hahn, nicht zuletzt aber der auferstandene Christus (→ S. 563).

Das Dorf als Nadelöhr

Es ist kein Graben, aber ein seltsames Netz aus Verhaltenszumutungen, das je nach Alter einen bestimmten Habitus verlangt, der genau definiert ist, und je nachdem gilt einer, der zu jung im Wirtshaus redet, als Schwätzer oder einer, der später nichts sagt, als Strohkopf. Das Dorf verhält sich dementsprechend. Derjenige, der im Wirtshaus das Sagen hat, hat eigentlich nichts zu sagen. Wichtig ist, daß er etwas sagt und daß ihm die andern zuhören. Interessant ist nur, wer es ist, der widerspricht, aber auch da zählt nicht das Argument, sondern allein der Gestus der Auflehnung, der Kampf bedeutet. Wenn ein Nichtswürdiger gegen einen größeren Bauern aufsteht, dann hört ihm, egal, was er vorbringt, keiner zu, denn einer aus der Familie Gmeiner hat nichts zu sagen, egal, was er zu sagen hat. Erst wenn es soziales Niveau hat, das heißt, wenn ein Gleichrangiger sich zu Wort meldet, dann wird es interessant, aber auch da gilt nicht die Semantik des gesprochenen Worts, sondern die Semantik der Gruppendynamik, wer wem mit welchem Gesicht zuhört, ob einer umschwenkt, ob es neue Machtverhältnisse gibt, die alte Abhängigkeiten aufkündigen.

Utz Jeggle

*D*ie Beurteilung dieses Textes schwankt. Rudolf Bultmann hält den Besuch in der Heimatstadt für eine »ideale Szene«, die das Sprichwort illustriert: »Ein Prophet gilt nirgends so wenig wie in seiner Heimat«. Andere sehen darin eher einen »Bericht«, der einen wirklichen Vorfall in Nazaret zum Anlaß habe. Markus nennt jedoch keinen Ortsnamen. Daß es sich um Nazaret handelt, wird unterstellt. Anderswo legt sich die Vorstellung nahe, daß Jesus später in Kafarnaum zu Hause war. So heißt es Mt 9,1 von Jesus, als er nach Kafarnaum zurückkehrt: »Da stieg er in ein Boot und fuhr hinüber und kam in seine Stadt.« Dennoch haftet ihm die Herkunftsbezeichnung »Jesus von Nazaret« an. Die meisten griechischen Handschriften sprechen allerdings von »Jesus dem Nazoräer«; nach Apg 22,8 hört auch Paulus in seinem Damaskus-Erlebnis: »Ich bin Jesus, der Nazoräer, den du verfolgst« (vgl. Mt 2,23). Die Bedeutung dieser Bezeichnung ist unbekannt, die Brücke zwischen »Nazoräer« und »Nazaret« schwer zu schlagen. Paulus selbst erwähnt beide Namen nicht. Dagegen hat Markus gleich zu Beginn seines Evangeliums Nazaret mit der Herkunft Jesu verbunden (1,9). Er verwendet den Zunamen »Nazarener« zielbewußt (1,9; 1,24; 10,47; 14,67; 16,6). Nur Lukas ergänzt Nazaret mit dem Zusatz: »wo er aufgewachsen war« (4,16).

Nazaret war zur Zeit Jesu ohne Bedeutung; es findet sich außerhalb des Neuen Testaments nicht erwähnt. Es lag nur 5 km südlich von Sepphoris, der Hauptstadt Galiläas unter Herodes Antipas, bevor er Tiberias erbaute und dorthin zog. Im Gegensatz zu den jüdischen Bewohnern Nazarets, war die Bevölkerung von Sepphoris vorwiegend hellenistisch; im jüdischen Krieg (67–70 n. Chr.) stand sie auf römischer Seite. Kein Evangelium erwähnt einen gelegentlichen Besuch Jesu in der Residenzstadt vor der Tür.

Die Anknüpfung der Szene an die zuvor erzählte Geschichte ist redaktionell, nicht jedoch die Angabe, daß Jesus am Sabbat in der Synagoge lehrte. Diese Nachricht gehört zum Wissen der Tradition, mit der Markus frei umgeht. Auf seine Lehre, deren Inhalt nicht genannt wird, reagieren die Zuhörer ungemein heftig und mit einer dreifachen Frage. Die ortsbekannte Herkunft, gewissermaßen die überschaubare Gewöhnlichkeit des Bauarbeiters, dessen Mutter und Geschwister im Dorf leben, stehen gegen den messianischen Anspruch, den Markus mit Jesu Person und Wirken verbindet. Zwar sind alle beeindruckt von Jesu Auftreten, verweigern ihm aber die Glaubenszustimmung. Diese Szene gehört mehr der theologischen Ebene des Markus an, als daß sie historisch wäre. Nach allem, was wir wissen, hat Jesus selbst nicht den Anspruch erhoben, der Messias zu sein (→ S. 452). Wenn ihn die spätere Gefolgschaft in dieser Perspektive deutet und Markus daraus eine Messiasdogmatik entwickelt, die selbst im engsten Jüngerkreis auf Unverständnis stößt, so möchte er hier zeigen, daß ihn um so mehr all jene mißverstehen, die lediglich mit den Augen des Alltags wahrnehmen – zumal im eigenen Nest, wo man immer schon weiß, wer der andere ist.

Bezüglich der genannten Geschwister Jesu (vgl. Mk 3,31; Mt 12,46; Lk 8,19; Joh 2,12; 7,3.5.10) herrscht heute weithin Übereinstimmung, daß der Text nicht erlaubt, sie in Vettern und Kusinen umzudeuten (etwa indem man sie den »zwei Marien« bei Mt 27,56 zuschreibt). Von diesen Brüdern tritt in der Jerusalemer Urgemeinde später nur Jakobus nach vorne. Eine Begegnung mit ihm erwähnt Paulus: »Ich ging nach Jerusalem hinauf, um Kephas kennenzulernen, und blieb fünfzehn Tage bei ihm. Von den andern Aposteln habe ich keinen gesehen, nur Jakobus, den Bruder des Herrn« (Gal 1,18 f.). Nach Gal 2,9 gehörte Jakobus zusammen mit Kephas und Johannes zu den »Säulen« der Jerusalemer Gemeinde. Wenn man die Interpretation nicht überdehnen will, ist es am überzeugendsten, Jesus als den »Erstgeborenen« (Lk 2,7) in einer Reihe von Geschwistern zu sehen.

Die Speisung der Fünftausend

32 Und so fuhren sie im Boot an einen öden Ort – abseits. 33 Aber man sah sie gehen; auch erfuhren es viele. Und sie liefen zu Fuß von allen Städten dort zusammen und kamen ihnen zuvor. 34 Als er ausstieg, sah er viele Leute. Da ward ihm weh um sie, weil sie wie Schafe waren, die keinen Hirten haben. Und er fing an, sie vieles zu lehren. 35 Und als schon späte Stunde geworden, traten seine Jünger zu ihm und sagten: Öd ist der Ort, und die Stunde schon spät: 36 Entlasse sie, daß sie in die umliegenden Gehöfte und Dörfer gehen und sich etwas zu essen kaufen. 37 Er aber hob an und sprach zu ihnen: Gebt *ihr* ihnen zu essen! Und sie sagen zu ihm: Wir sollen gehen, für zweihundert Denare Brot kaufen und ihnen zu essen geben? 38 Er aber sagt zu ihnen: Wieviel Brote habt ihr? Geht, seht nach! Und nachdem sie es erkundet, sagen sie: Fünf, und zwei Fische. 39 Und er gebot ihnen: Alle sollten sich Mahlgemeinschaft um Mahlgemeinschaft auf dem grünen Gras lagern. 40 Und so ließen sie sich – Gruppe um Gruppe – zu hundert und zu fünfzig nieder. 41 Und er nahm die fünf Brote und die zwei Fische, blickte zum Himmel auf, sprach die Preisung und brach die Brote und gab seinen Jüngern, damit sie ihnen vorlegten. Auch die zwei Fische teilte er allen. 42 Alle aßen und wurden satt. 43 Und Brocken, zwölf Körbe die Fülle, hoben sie auf; auch von den Fischen. 44 Und derer, die die Brote gegessen, waren fünftausend Mann.

Mk 6,32-44

Daß die Speisungserzählungen für die früheste christliche Geschichte besondere Bedeutung hatten, machen sechs vorliegende Fassungen deutlich: als Speisung der Fünftausend bei allen Evangelisten (Mk 6,30-44; Mt 14,13-21; Lk 9,10-17; Joh 6,1-15) und als Speisung der Viertausend bei Markus (8,1-9) und Matthäus (15,32-39). Es gilt als gewiß, daß alle sechs Erzählungen einer gemeinsamen Quelle entspringen. Ihre Vorgeschichte dürfte kompliziert verlaufen sein und verdeckt den geschichtlichen Ansatz.

Deutlich sind erneut die Vorgaben aus der Jüdischen Bibel. Da ist das Speisungswunder Elijas in Sarepta (→ S. 191) sowie in 2 Kön 4 das überlieferte Speisungswunder seines Nachfolgers Elischa:

42 Ein Mann kam von Baal-Schalischa und brachte dem Gottesmann Brot von Erstlingsfrüchten, zwanzig Gerstenbrote, und einen Beutel voll frischer Körner. Er befahl seinem Diener: Gib es

Der ungebetene Gast

1
Stellt noch einen Stuhl an den Tisch.

2
Es ist ein Gast gekommen
(aus der Gegend um Warschau dort)
und hat am Tisch Platz genommen
und sagte kein einziges Wort.

3
Füllet ihm ein Glas.

4
Die Füße mit Lappen umwunden,
und die Augen haben gefehlt.
An der Kehle klaffende Wunden
haben stumm seine Geschichte erzählt.

5
Was steht dem Gast zu Diensten?

6
Er schwieg gleich der dunklen Tiefe
im allertiefsten Meer.
Dann hob er den Kopf als riefe
seine Nummer irgendwer.

7
Öffnet ihm bitte die Tür.

8
So ist der Gast gegangen
sacht wie ein Licht erlischt.
Sich doch zum Essen zwangen,
denen man aufgetischt.

9
Wohl bekomm es.

10
Da schmeckten nach Asche die Bissen,
und die Esser senkten den Blick;
voreinander ihre Gewissen
verbargen sie ohne Geschick.

11
So rückt doch den Stuhl wieder fort.

Günter Kunert

Klaus Staeck (geb. 1938), Abendmahl, 1982.

An vielen Orten geht die Sage, daß Hungernde mit den Worten abgewiesen wurden: »Und wenn ich Brot hätte, wollte ich, daß es zu Stein würde«, worauf sich der Brotvorrat alsbald in Stein verwandelte. Klaus Staeck rückt vor das üppige Büffet einer Abendgesellschaft den kargen Tisch der hungernden Völker: auf jedem ihrer Teller liegen Steine.

Als Nikolaus Bischof von Myra war, brach dort eine grausame Hungersnot aus. Da hörte der Heilige, daß im Hafen ein Schiff mit einer Weizenladung liege, das sich auf der Weiterfahrt nach Rom befinde. Er eilte hin und bat den Kapitän, ihm hundert Sack Getreide zu geben, um die Menschen seiner Stadt zu retten. Doch der Kapitän sagte: »Das Korn ist zu Alexandria gemessen und für die kaiserlichen Scheuern bestimmt. Ich trau mich nicht!« Der Heilige entgegnete: »Gebt mir hundert Sack Weizen, ich verspreche euch, daß ihr keine Minderung habt, wenn ihr in Rom seid!« Da ließ der Kapitän sich erweichen und gebot den Matrosen, dem Bischof hundert Sack Weizen zu geben.
Als sie in Rom waren und die Beamten das Getreide abwogen, hatten sie genau so viel wie zu Alexandria. Nikolaus aber ließ das Korn verteilen, um die ganze Stadt zu versorgen.

Als das Mädchen von aller Welt verlassen war, ging es im Vertrauen auf Gott hinaus ins Feld. Da begegnete ihm ein armer Mann, der sprach: »Ach, gib mir etwas zu essen, ich bin so hungrig.« Es reichte ihm das ganze Stückchen Brot und sagte: »Gott segne dir's!« und ging weiter ... Und als es in der Nacht so dastand und gar nichts mehr hatte, fielen auf einmal die Sterne vom Himmel.

den Leuten zu essen! [43] Doch dieser sagte: Wie kann ich das hundert Männern vorsetzen? Er aber sagte: Gib es den Leuten zu essen! Denn so spricht Jahwe: Man wird essen und noch übriglassen [44] Nun setzte er es ihnen vor. Sie aßen und ließen noch übrig, wie es Jahwe verheißen hatte.

Im Vergleich der Wundertaten Elischas mit denen des Elija zeigt sich eine deutliche Überbietungstendenz: Elischa soll als der Haupterbe Elijas herausgestellt werden. Elija wirft dem pflügenden Elischa seinen Prophetenmantel über (1 Kön 19,19) und vor seiner Entrückung gesteht er Elischa zu, sich »einen doppelten Anteil« am Geist Elijas wünschen zu dürfen (2 Kön 2,9; → S. 491). Dementsprechend ist die spätere Jüngerschaft Elischas bemüht, den eigenen Meister in seinen Wundertaten größer als Elija erscheinen zu lassen. Als ältester Kern der Speisungsgeschichte von 2 Kön gilt das Trostwort während einer Hungersnot: »Ihr werdet essen und übriglassen« (vgl. 2 Kön 4,38). Als dann die Notzeit vorbei war, erkannte man die Gültigkeit des Prophetenspruchs und entfaltete ihn zu einer Speisungsgeschichte. Möglicherweise knüpft das Trostwort an die Wüstenspeisung an, wie sie Ex 16 und Num 11 erzählt wird. Dann will es Elischa als den neuen Mose zeigen, der wie Mose vordem die Verheißung Jahwes einlöste, in Hungerzeiten zu essen zu haben und noch übrigzulassen.

Die aus der Speisungstradition geschöpfte Hoffnung fand eine Stütze in der Vorstellung Gottes als Hirt seines Volkes. Bei Hosea 13,5 sagt er: »Ich habe dich in der Wüste auf die Weide geführt, im Land der glühenden Hitze« und im Psalm 78 verwebt sich das Motiv der Mannaspeisung mit dem Hirtenmotiv und dem Thema der Mahlgemeinschaft zugleich:

Sie sprachen: Kann uns Gott den Tisch auch in der Wüste decken?
Wohl schlug er den Felsen und Wasser flossen, Bäche strömten.
Kann er aber auch Brot geben und sein Volk mit Fleisch versorgen?
Das hörte Jahwe und ward zornig ...
Dennoch gebot er den Wolken droben und öffnete die Tore des Himmels.
Er ließ Manna auf sie regnen als Speise, er gab ihnen Brot vom Himmel.
Da aßen die Menschen Wunderbrot; Gott gab ihnen Nahrung in Fülle ...
Alle aßen und wurden satt (Ps 78,19-21; 23-25; 29).

In Psalm 23 stehen die Themen Hirt und Gastmahl direkt nebeneinander: »Jahwe ist mein Hirt, nichts wird mir mangeln. Er läßt mich lagern auf grünen Auen und ruhen am frischen Wasser.« In Qumran-Schriften drückt sich in dieser Metaphorik messianische Erwartung aus, wie die Zeit überhaupt damit schwanger ging, so daß die Jesusbewegung diese Sichtweise für sich übernahm und Jesus als den neuen Mose deutete: Das Volk lagert sich in der Wüste nach der mosaischen Ordnung »zu hundert und fünfzig« (V 40; Ex 18,25), jedoch findet nun die Mannaspeisung und auch die Brotvermehrung des Elischa ihre unüberbietbare Steigerung. Jesus erscheint als guter Hirt und Gastgeber seines Volkes. Die Meinung, in den Speisungsgeschichten bereits eine Ausrichtung auf die frühchristliche Eucharistie erkennen zu können, findet zunehmenden Widerspruch. Die Erzählung ist »von vornherein symbolisch angelegt« (Rudolf Pesch), was auch für

die Zahlenangaben gilt. Sie greift nirgendwo auf konkrete Vorgänge im Leben Jesu zurück. Markus verbindet mit der in langer Tradition vorgebildeten Szene das Bild des messianischen Lehrers, der sein Volk mit dem Brot der Lehre speist.

Auf den Vorschlag der Jünger, die Leute wegzuschicken, »damit sie hingehen in die Dörfer und sich selber Speise kaufen« (V 15) läßt Markus Jesus antworten: »Gebt *ihr* ihnen zu essen!« Das ist eine überraschende Akzentsetzung, die Matthäus und Lukas mitübernommen haben. Desweiteren wird die Gemeinde nicht unmittelbar von Jesus gespeist, sondern durch Vermittlung der Jüngerschaft. Selbst die Tischordnung sollen die Jünger regeln und »den Leuten sagen, sich in Gruppen ins Grüne zu setzen« (V 39). Und schließlich wird das Brot nur von den Jüngern ausgeteilt (V 41), die auch die Mahlreste wieder einsammeln (V 43): Ein beachtenswertes Beispiel, wie Markus in die zu Jesu Zeiten offene Mahlsituation hier eine Hierarchie- und Autoritätsstruktur einführt.

Speisungsgeschichten außerhalb der Bibel lehren ein tieferes Verstehen des Motivs. Die jüdische Tradition überliefert legendarische Züge, die der Erzählung von der Begegnung Elijas mit der Witwe in Sarepta verwandt sind:

Ta'anit 24 ist zu lesen, daß sich die Getreidekammer des wohltätigen El-azar, für die er nur wenig Weizen hat, wunderbar füllt. Und von der Frau des Rabbi Hanina ben Dosa, die nichts zum Backen hat, wird erzählt, daß sie an jedem Vorabend des Sabbat den Backofen heizt, um ihre Armut zu verbergen. Als eine neugierige Nachbarin nachforscht, ist der Ofen wunderbar mit Brot gefüllt und die Mulde voll Teig.

Wer weiß schon, was Brot ist?
Weiß es der Satte, der mehr hat,
als er essen kann?
Weiß es der Verwöhnte,
der Brot gegen Kuchen tauscht?
Weiß es der Hungernde,
der die Mülltonnen der Reichen durchsucht?
Was ist Brot wirklich?

Brot heißt alles, was Menschen
zum Leben brauchen.
Brot sind Vater und Mutter.
Brot sind Brüder und Schwestern.
Brot sind die Freunde.
Brot ist Nehmen und Geben,
die Arbeit des Tages
und der Schlaf der Nacht.

Brot können wir auch einander sein.
Unser Wort – Brot für jedermann.
Unser Lachen – Brot für Bekannte und Unbekannte.
Unsere Tat – wer braucht sie brotnötig?
Sind wir wirklich Brot?

Es gab einen, der ganz Brot war
für den Hunger der Menschen.
Sein Wort ist immer noch
Brot für jeden Tag.

Nach Wilhelm Willms

Rabbi. Das Wort *rabbi,* »mein Lehrer« und *rabban,* »unser Lehrer« kommt aus der gemeinsemitischen Wurzel *raba,* »groß sein«, ähnlich wie *magister,* auch Meister, vom lateinischen *magnus.* Ursprünglich wurden Höhergestellte, insbesondere Lehrer mit dieser Anrede geehrt. Später wurde der Titel für diplomierte Gelehrte reserviert.

Heilsame Krankheit

»Seit meiner frühesten Jugend kämpfe ich.«
»Kämpfst du mit wem?«
Ich zögerte; plötzlich packte mich Furcht.
»Mit wem?« Er senkte die Stimme, neigte sich vor: »Mit Gott?«
»Ja.«
Er sagte nichts.
»Ob das nicht auch eine Krankheit ist? Wie kann ich davon geheilt werden?«
»Niemals mögest du geheilt werden! Wehe dir, du würdest von dieser Krankheit geheilt werden!«
Er schwieg, und bald darauf sagte er: »Hier in der Wüste treten oft Versuchungen an uns heran; eine seltsame Versuchung erlebte ich im Traum. Ich sei, so träumte mir, ein großer Weiser in Jerusalem, heile viele Krankheiten und treibe vor allem Dämonen aus. Es kamen aus allen Gegenden Palästinas Menschen und brachten mir Kranke. Bis eines Tages auch Maria, das Weib Josefs aus Nazaret, kam und den zwölfjährigen Jesus mit sich brachte. Sie fiel mir zu Füßen.
›Erbarme dich meiner, berühmter Weiser‹, rief sie und weinte, ›heile meinen Sohn; er ist von Dämonen besessen.‹
Ich geleitete die Eltern hinaus, blieb mit Jesus allein.
›Was hast du, mein Kind?‹ fragte ich ihn und streichelte seine Hand. ›Wo tut es dir weh?‹
›Hier, hier ...‹, antwortete er und deutete auf sein Herz.
›Was spürst du da?‹
›Ich kann nicht schlafen, nicht essen, nicht arbeiten, ich laufe in den Straßen umher und kämpfe.‹
›Mit wem kämpfst du?‹

Hier spricht sich ein Glaube aus, der tiefer ist als »Mirakelglaube«, weil er in einer menschlichen Grunderfahrung wurzelt, die nicht theoretisch einsichtig ist, sondern nur im Nachvollzug erfahren werden kann: Wer freigebig schenkt, darf viel mehr empfangen, als er selbst gegeben hat. Die Frau aber, »die nichts zu Backen hat«, wird transparent auf eine andere – innerliche – Weise des Nichthabens, die vor den Menschen unansehnlich macht. Sie weiß um ihre Bedürftigkeit und erlebt sie als Mangel. Sie schämt sich ihrer Armut und hungert im Verborgenen. Das »Wunder« sagt hier, die Armen seien dennoch nicht dem Gespött aller Welt ausgeliefert, weil Gott sich ihrer annimmt.

Diese Erfahrung findet in christlichen Legenden eine breite Entfaltung. Wenn die Legende von Wundern erzählt, meint sie keine historischen Fakten, die man nur wissen muß, sondern verweist auf Erfahrungen, die im Leben einzelner oder in einer Gemeinschaft (also geschichtlich) zugewachsen sind und sich wiederholen lassen, wenn Menschen auf die gleiche Weise, wie sie sich in der Legende ausspricht, zu leben wagen. Darum verbinden sich diese legendarischen Motive oft mit historischen Personen, die besonders glaubwürdig die Armut und Not anderer teilten.

Anders begegnet das Motiv der wunderbaren Speisung im Märchen. So erzählt das Tischlein-deck-dich-Thema von einem Menschen, den gute Mächte führen und beschützen, dessen Tisch überall gedeckt ist, mag er auch in die Einöde kommen und von niemanden gastlich empfangen werden. Er erlebt diese Speisung von Mal zu Mal als wunderbare Gabe, denn, von außen betrachtet, nennt er nur einen »leeren Tisch« sein eigen.

Die Verklärung Jesu

2 Nach sechs Tagen nimmt Jesus den Petrus und den Jakobus und den Johannes mit und führt sie auf einen hohen Berg – abseits, sie allein. Da ward er verwandelt vor ihnen 3 und seine Obergewänder wurden glänzend, sehr weiß, wie kein Walker auf Erden so zu weißen vermag. 4 Und sehen ließ sich vor ihnen Elija mit Mose, und sie redeten mit Jesus. 5 Da hob Petrus an und sagt zu Jesus: Rabbi, gut ist es, daß wir hier sind! So laßt uns drei Zelte machen: dir eins und Mose eins und Elija eins. 6 Er wußte ja nicht, was er sagen sollte, denn Angst war in sie gefahren. 7 Und es geschah: eine Wolke schattend über sie. Und es geschah: eine Stimme aus der Wolke:

Das ist mein Sohn, der Geliebte.
Hört auf ihn!

8 Und plötzlich, wie sie um sich blickten, sahen sie keinen mehr bei sich – nur noch Jesus allein. 9 Als sie vom Berg niederstiegen, warnte er sie, keinem dürften sie erzählen, was sie gesehen – es sei denn, wann der Menschensohn von den Toten auferstanden sei. 10 Und sie hielten das Wort fest, miteinander streitend, was das »Auferstehen von den Toten« bedeute.

Mk 9,2-10

Mit einer auffälligen Zeitangabe beginnt diese ungewöhnliche Ge-schichte. Im Blick auf das Vorhergegangene sind die »sechs Tage« ohne Bezug. Sie haben jedoch einen Hintergrund in der Jüdi-schen Bibel: Sechs Schöpfungstage gehen dem Ruhen Jahwes voraus (Gen 2,2); sechs Tage lang bedeckte die Wolke den Berg Sinai, am sieb-ten Tag rief Jahwe Mose aus der Wolke herbei (Ex 24,16). Dieses Zeit-signal läßt erwarten, daß nun Jesus als der »neue Mose« vor seinen Jüngern offenbar werden soll.

Auch die Ortsangabe bewegt sich nicht in der Topographie Ga-liläas (→ S. 363). Jeder Berg, den man auf der Landkarte suchen möch-te, wäre falsch, also auch der »Berg Tabor«. Die Berge, die Jesus im Markusevangelium besteigt, sind symbolische Orte der Gottesnähe. Mk 6,46 zieht er sich auf den »Berg« zurück, um zu beten; hier in 9,2 ist der »Berg« wie der Sinai Ex 19,3 und 24,1f. Ort der Theophanie.

Für die »Verklärung« Jesu gibt es einen entsprechenden biblischen Hintergrund. Ex 34,29-35 erzählt, daß Mose, als er vom Sinai herun-terstieg, Licht ausstrahlte, weil er mit Jahwe geredet hatte, so daß alle, die ihn sahen, sich fürchteten, in seine Nähe zu kommen. Markus schildert das Weißwerden der Gewänder Jesu, wie sie auf Erden keiner weißen kann – ähnlich wie in der apokalyptischen Literatur die Aufer-standenen geschildert werden, die »mit den Gewändern der Herrlich-keit bekleidet werden«, und wie dies später in der Johannes-Apokalypse

Buddha, Gandhara, 3. Jh. n. Chr.

So wie die Kindheitslegenden Jesu einige deutliche Parallelen zu denen des Gautama Buddha aufweisen, ohne daß es eine Brücke zwischen beiden Traditionen gegeben hätte, existiert auch eine buddhistische Parallele zur Verklärungsgeschichte: Ähnlich wie die christliche Bildtradition den Verklärten meist schwebend darstellt, wird auch der erleuchtete Buddha schwebend abgebildet. Aus seinen Füßen und Schultern kommen Strahlen von Feuer und Wasser und erweisen ihn den Gesetzen der Welt überlegen.

begegnet (3,5; 7,9). Das strahlende Weiß ist Ausfluß des göttlichen Lichtglanzes, den menschliche Augen sonst nicht sehen können und der in der Sprache des Markus Jesus »verwandelt«. In antiken Mysterienkulten wird die Vergottung eines Menschen vergleichbar beschrieben.

Zu Jesus gesellen sich als himmlische Gestalten Elija und Mose. Beiden sprach das Judentum eine leibliche Entrückung in den Himmel zu. Indem sie ihn flankieren, verweisen sie auf ihn als den Größeren, der ihre Hoffnungen erfüllt. Dazwischen drängt sich eine Zwischenrede des Petrus, den das Erlebnis so fasziniert, daß er es festhalten und gleich drei Hütten für die himmlischen Gestalten bauen möchte. Darauf folgt, ähnlich wie bei der Taufe Jesu, das Zeugnis der Himmelsstimme, die Jesus zu Gottes geliebten Sohn erklärt und zugleich die Jünger auffordert, auf ihn zu hören.

Viele Exegeten haben diese Erzählung lange Zeit für eine vordatierte Ostergeschichte gehalten. Dafür sind die verwendeten Requisiten allerdings untypisch: Keine der österlichen Erscheinungsgeschichten schildert Jesus in überirdischem Glanz; dort begegnen auch nicht Gestalten der Geschichte Israels sondern Engel; ebenso gehört die Gottesstimme nicht zu Ostererzählungen, vielmehr zu Texten, die Jesu göttliche Sendung offenbaren sollen (→ S. 364), wenngleich so erst nach Ostern erzählt wurde. Die Verklärungserzählung dürfte sich – wie immer ein älterer Grundtext aussah – dem Bemühen des Markus verdanken, das erfahrene Leiden Jesu im Blick auf den Verklärten als notwendig zu belegen. Dies geschah im Rückgriff auf die Glaubenstradition Israels, mit deren Symbolfiguren eine Christologie entworfen wird. Wenn die Jünger fortan auf Jesus, zwischen Mose und Elija stehend, »hören« sollen, wie die Himmelsstimme sagt, tritt Jesus an die Stelle von Tora (Mose) und Propheten (Elija).

»Plötzlich« sind die Jünger mit Jesus wieder allein. Und während sie vom »Berge« herabsteigen, drängt sich als ungelöste Frage auf, was »von den Toten auferstehen« heißt. Zwar ist das Unverständnis der Jünger eine durchgehende Stilfigur des Evangelisten, doch mag sich in der Markusgemeinde zugleich die Diskussion entwickelt haben, wie sich der auferweckte Jesus zur Existenz der in den Himmel entrückten Elija und Mose verhalte.

Die Passionserzählungen

Nur im Rahmen der Passionsgeschichte besteht zwischen allen Evangelien eine grundlegende Übereinstimmung. Die Forschung rechnet mit einer älteren schriftlichen Tradition, die wenigstens Markus vorgelegen hat und die – nach der Ortskenntnis zu urteilen – in Jerusalem entstanden ist. Von dieser Annahme ausgehend, sind bis zum Tage viele Rekonstruktionsversuche der vormarkinischen Passionserzählung unternommen worden. Sie gehen im Blick auf Umfang und Intention dieser Grundschrift weit auseinander. Eine Maximalvorstellung will sie bereits ab Mk 8,27 wahrnehmen können, andere sehen sie erst mit der Verhaftung Jesu einsetzen. Die Minimallösung ist wahrscheinlicher, schließt aber nicht aus, daß der ursprüngliche Text Erweiterungen nach vorne gefunden hat.

Wichtig und bei keinem späteren Evangelium zu übersehen ist die Erkenntnis, daß es nur eine einzige Quelle für die Passionserzählung gibt. Matthäus, Lukas und Johannes sind ihrerseits von der Markusfassung abhängig. Es liegen also streng genommen nicht vier Traditionen, sondern nur eine einzige vor, wenngleich jeder der späteren Evangelisten im eigenen Verständnis und im Blick auf die Vorgänge der eigenen Zeit damit umgegangen ist.

Kennzeichnend für die vormarkinische Passionserzählung sind Bezugnahmen auf die Bibel. Ihr Text enthält eine Fülle von Schriftzitaten und -anspielungen, ohne daß diese – wie später in den Evangelien – kenntlich gemacht sind. Doch weil dieser frühe Text von Judenchristen für Judenchristen geschrieben wurde, ist anzunehmen, daß die ersten Leser und Hörer die biblische Hintergrundfolie als Interpretationshilfe wahrnahmen und verstanden.

Am Beispiel der Kreuzigung läßt sich zeigen, wie sehr das Geschehen von der Jüdischen Bibel her gedeutet wird: Nach Ps 69,22 bekommt Jesus Essig gegen seinen Durst (Mk 15,23.36); als Sterbegebet wird ihm Psalm 22,2 in den Mund gelegt (Mk 15,34); nach dem gleichen Psalm V 19 werden seine Kleider verteilt und nach Ps 69,22 über sein Gewand das Los geworfen (Mk 15,24). Gemäß Ps 22,8 schütteln die am Kreuz Vorübergehenden ihr Haupt und fordern, daß er sich selbst rette (Mk 15,29 f.). Und wie sich der Gottesknecht des Deuterojesaja unter die Verbrecher rechnen läßt (Jes 53,12), wird auch Jesus zwischen zwei Räubern gekreuzigt (15,27). Diese Verflechtung seiner Geschichte mit der Schrifttradition Israels schafft eine Erzählstruktur, die sich strengen historischen Maßstäben entzieht. Mehr als historischer Sinn prägt die Glaubenssicht der jungen Christengemeinde die Darstellung. Vorrangig ging es darum, Jesu Schicksal von der Jüdischen Bibel her legitimiert zu finden; hinzu kam das Bestreben, die eigene Position zu rechtfertigen und die Darstellung zugleich für die eigene Jüngerschaft brauchbar zu machen.

Schriftgelehrte waren zweifellos auch unter Jesu Nachfolgern, und diese denke ich mir in den Tagen, Monaten, Jahren nach seiner Hinrichtung mit ernster Bibelforschung beschäftigt. Ihnen stellten sich die Fragen: War der Tod Jesu ein Gottesurteil gegen sein Programm? Hat Gott Jesus zerstört? Wie stehen die Dinge jetzt zwischen Jesus und Gott? Die wichtigste Frage aber, auf welche die Antwort zu suchen war, lautete: Haben wir eine Zukunft? Wie jeder, der wissen will, ob er eine Zukunft hat, gingen auch sie auf die Vergangenheit zurück in der Hoffnung, dort einen Hinweis zu finden …

Doch irgendwo, irgendwann machte irgend jemand etwas ziemlich Außerordentliches aus den Dutzenden von Stellen des Alten Testaments, die Jesu Passion und Rechtfertigung »voraussagten«. Er verband diese Stellen zu einer zusammenhängenden Geschichte, als deren verborgenes Substrat nur der gelehrte Leser sie noch nachzuweisen vermag. Das war ein religiöser Geniestreich, denn wenn erst das Gedächtnis des analphabetischen Volkes sich die Geschichte eingeprägt hatte, konnten Lehrer und Prediger leicht von der Geschichte ihrer »Erfüllung« auf die Prophezeiungen des Alten Testaments zurückverweisen.

John Dominic Crossan

Max Weber (1881–1961), In der Talmudschule, 1934.

Thema soll das Abendmahl sein. Doch genau diesen rein sakramentalen Bezug überwindet Leonardo, indem er einen winzigen zeitlichen Schnitt macht: Er blendet die Austeilung und die Entlarvung des Verräters in einem Augenblick zusammen ...
Dann darf das Bild aber nicht mehr »Das Abendmahl« heißen, sondern höchstens »Beim Abendmahl« ... Thematisch zutref-

Die Erkenntnis, daß die Passionserzählung in ihrem Rahmen und all ihren Stücken als Erfüllung von biblischen Prophezeiungen konzipiert ist, und zwar so weitgehend, daß nur ein dürftiges Handlungsgerüst übrigbleibt, wenn man das Schema »Prophezeiung – Erfüllung« herausnimmt, führt zu der Frage, ob die Passionsdarstellung *erinnerte Geschichte* oder gar nur *historisierte Prophezeiung* ist. Wenn sich die strenge Alternative zwischen den beiden Möglichkeiten verbietet, könnte folgende These zutreffen: »Am Anfang war die [der Bibel entnommene] Prophezeiung der Passion, dann folgte die Passionserzählung. Darauf setzten beide, Erzählung und Prophezeiung, sich fort als sich einander gegenseitig beeinflussende Überlieferungsströme« (J. D. Crossan).

fender wäre ein Titel wie »Bezeichnung des Verräters«.

Ich will nicht die Kühnheit des künstlerischen Aktes verkleinern, mit dem Leonardo mittelalterliche Klischees durchbricht. Was mich stört, sind die mangels echter Frauen als dramatischer Ersatz wirkenden weibischen Posen der Männer: Zum Beispiel der halb ohnmächtig wie eine Schmerzensmutter hinsinkende Johannes; oder das Gestikulieren zur Linken und Rechten, das in einem auch durch den Anlaß doch nicht recht begründeten ästhetischen Mißverhältnis zu den würdigen Bärten der Männer steht. Nicht zuletzt die Gestalt, die Leonardo dem Christus selbst gegeben hat: Ein bißchen Duse, ein bißchen Isadora Duncan, steigt es unwillkürlich im nachgeborenen betrachtenden Subjekt auf.

Michael Brömse

Der Umfang des historisch gesicherten Tatbestands innerhalb der Passionserzählung ist dementsprechend gering. Als nicht bezweifelbar gilt, daß Jesus gekreuzigt wurde. Daraus lassen sich Verhaftung und Prozeß folgern. Denkbar ist nur ein römischer Prozeß, weil die Kreuzigung eine römische, keine jüdische Todesstrafe ist. Alles, was über dieses dürre Faktengerüst hinausgeht, ist strittig.

Zum Quellenwert der vorhandenen Texte ist zunächst einzuschränken, daß sie keine Augen- und Ohrenzeugenberichte sind. Ihnen liegen auch keine Prozeßakten und Gerichtsprotokolle zugrunde. Schon die vormarkinische Passionserzählung berichtet nicht, »wie es war«, sondern entfaltet sich als eine theologische Komposition, deren älteste literarische Weiterführung im Markusevangelium vorliegt. Diese Markuspassion wurde auch die Basis der übrigen Evangelien, die Passion des Johannes inbegriffen. Ihre gemeinsame Absicht, das Geschehen – oft bis in Einzelheiten hinein – als »Erfüllung« prophetischer »Verheißungen« darzustellen, läßt fragen, von welcher Seite diese Einzelheiten in die Erzählung kommen. Es handelt sich primär um Theologie im Gewand literarischer Texte, deren historischer Anteil nicht pauschal benannt werden kann, sondern, soweit überhaupt, nur einer historisch-kritischen Einzelanalyse zugänglich ist.

Markus

Das Abendmahl

22 Und während sie aßen, nahm er Brot, sprach die Preisung, brach und gab es ihnen und sprach: Nehmt! Das ist mein Leib. 23 Und er nahm einen Becher, sprach den Dank, gab ihnen, und sie tranken alle daraus. 24 Und er sprach zu ihnen: Das ist mein Blut des Bundes, das vergossen wird für viele. 25 Wahr ists, ich sage euch: Nimmermehr werde ich trinken von der Frucht des Weinstocks – bis zu jenem Tag, da neu ich davon trinke im Reich Gottes.

Mk 14,22-25

Ben Willikens (geb.1939), Abendmahl, 1976/79.

»Ich wollte durch den leeren Raum des Abendmahls die Frage nach dem leeren Zentrum stellen ... und auch nach der Abwesenheit Gottes. Ich glaube, daß es ein röntgenologisches Bild unserer Zivilisation geworden ist.«

Ben Willikens nahm Leonardo da Vincis »Letztes Abendmahl« zum Ausgangspunkt seines Gemäldes; die räumliche Ordnung

Die Tradition über das letzte Mahl Jesu mit seinen Jüngern begegnet im Neuen Testament vierfach: Das früheste Zeugnis findet sich bei Paulus 1 Kor 11,23-25; es spiegelt allerdings mehr die Kultsituation seiner Gemeinde als den historischen Vorgang. Obwohl das Markusevangelium erheblich später geschrieben wurde, glaubt die Forschung, darin eine ältere Tradition vorzufinden. Matthäus (26,20-29) ist ausschließlich von Markus abhängig, Lukas (22,14-23) erstellte einen redaktionellen »Mischtext«, zu dem die von Paulus bezeugte kultische Tradition und die Markus-Vorlage beitrugen. Somit führt der Markustext am weitesten zurück, ohne jedoch die historische Situation zu erreichen.

Mk 14,12 gibt an, das Mahl habe stattgefunden am »Tag der ungesäuerten Brote, als das Paschalamm geschlachtet wurde«. An diesem Abend beginnt das Pascha- oder Pesach-Fest, das die Befreiung aus ägyptischer Knechtschaft feiert. Es dauert sieben Tage lang, vom 14. bis zum 21. Nisan, davon sind der erste und der siebte Tag Vollfeiertage. Wenn die markinische Datierung zutreffen soll, stimmt alles Folgende nicht, denn unmöglich hätte ein jüdisches Gericht am Feiertag verhandelt. Möglicherweise entstand die Tradition zu einer Zeit

blieb unverändert. Die entscheidende Differenz zu Leonardo aber besteht in der Wegnahme allen Geschehens; da sind weder Jesus noch Jünger, auch der Tisch ist abgeräumt, nur das Tischtuch liegt ausgebreitet. Man fragt sich, ob es von einem vergangenen Fest liegen blieb oder schon auf ein späteres verweist. Bänke, auf denen die Tischgesellschaft Platz nehmen kann, fehlen.

Der Raum läßt in seiner Sterilität frösteln. Aber er ist nach hinten hin offen und empfängt durch die unverschließbaren Fenster- und Türöffnungen gleißendes Licht. Auch der beibehaltene Stichbogen über der Tür will nicht zu der Funktionalität des Ganzen passen. Wenn man dann noch auf die Schatten achtet, entdeckt man, daß der erstaunliche Lichteinfall nicht allein von den Öffnungen der Rückwand, sondern auch von der Decke kommt ...

Pascha (griech. »*páscha*«, hebr. *pesach*), ursprünglich ein altes Frühlingsfest, mit dem die Hirten ihren Dank für die neuen Lämmer verbanden; *p-s-ch* bedeutet eigentlich »hüpfen«, »springen«, wie dies junge Lämmer tun. Die historisierende Verbindung dieses Festes mit dem Auszug aus Ägypten brachte eine neue Sinnrichtung. Das herkömmliche Lammopfer wurde zur Erinnerung an das Lamm verzehrt, das die Israeliten beim vermeintlichen »ersten Paschafest« in Ägypten schlachteten (Ex 12,1-12). Ebenfalls verknüpfte sich mit P. das Bauernfest der »Ungesäuerten Brote« *(mazzoth)*.

Ursprünglich ein Fest der Familie, wurde P. durch die joschijanische Reform (→ S. 241 f.) an den Tempel in Jerusalem gebunden und damit zum Wallfahrtsfest, weil die Zentralisation des Kultes nur noch hier die Schlachtung des Lammes erlaubte. Das Exil verlagerte das P.-Fest erneut in die Familien zurück. Mit dem Zweiten Tempel erfolgte die Ausweitung zu einem siebentägigen Fest, doch wurde trotz der Bindung an Jerusalem der familiäre Charakter beibehalten.

Das P.-Lamm wurde am Nachmittag des 14. Nisan im Tempel geschlachtet und am Abend des 15. Nisan in den Hausgemeinschaften oder Genossenschaften innerhalb der Tore Jerusalems gemeinsam verzehrt. Nach synopt. Tradition war das letzte Mahl Jesu ein P.-Mahl. Die Historizität dieser Angabe ist umstritten; vielleicht drückt sich darin bereits die paulinische Deutung Christi als P.-Lamm aus.

Die christl. Kirchen haben P. durch Ostern abgelöst; in den romanischen Sprachen hat sich das griech. Wort *pascha* erhalten: französisch *pâques*, italienisch *pasqua*, spanisch *pascua*.

Keine einzige der konfessionellen Abendmahlstraditionen kann beanspruchen, die allein mögliche zu sein. Das Neue Testament sagt: Christus ist in der Feier der Abendmahlsgemeinde gegenwärtig – in besonderer Weise beim Essen und Trinken des gesegneten Brotes und Weins. Alles andere sind Erklärungsversuche. Die Lehren sind offen zueinander, ohne daß man einen kirchentrennenden Gegensatz daraus konstruieren müßte.

Otto Hermann Pesch

und in einer Umgebung, in der man den tatsächlichen Verhältnissen schon so fern war, daß man die Fragwürdigkeit der Datierung nicht mehr empfand. Stimmt aber die Datierung, so ist sie ein Beweis dafür, daß der Prozeß und die Hinrichtung Jesu ausschließlich eine Sache der römischen Justiz war.

Markus unterstellt, daß Jesus mit seinen Jüngern ein Paschamahl halten wollte. Dieses konnte nur in Jerusalem stattfinden, da das Lamm dafür im Tempel geschlachtet werden mußte. Das brachte viel Volk in die Stadt, vielleicht erstmalig auch Jesus und seinen Kreis. Doch darf das Mahl nicht allein in diesem Rahmen gesehen werden. Es steht nicht unvermittelt im Leben Jesu, sondern in einer Linie zahlreicher Tischgesellschaften, von denen die Evangelien berichten, als auch in einer Mahltradition, die im alten Israel und dem Judentum breit verwurzelt ist und zugleich über Israel hinaus mit den Kulturen und Religionen anderer Völker verbindet.

Das einfache Mahl konnte mit »Brot essen« bezeichnet werden. Brot war Grundnahrungsmittel; die Gebetsbitte um das »tägliche Brot« verweist darauf. Am Morgen gab es Fladenbrot und Wasser; am Abend ein warmes Gericht, immer um Brot und Wasser ergänzt. Am Sabbat konnten Fleisch, Fisch und Gemüse hinzukommen. Zum festlichen Mahl gehörte der Wein. Die Wertschätzung des Mahles zeigt das Wort eines Tora-Lehrers aus dem ersten Jahrhundert: »Der Mensch hat an einem Festtag entweder nur zu essen und zu trinken, oder zu sitzen und (die Tora) zu studieren.« Darin kommt dem Mahl der gleiche Rang wie dem Tora-Studium zu.

Dieser Hintergrund macht verständlich, daß Jesus sein Reden vom Reich Gottes immer wieder mit Mahlvorstellungen verbindet: »Vom Aufgang und vom Niedergang der Sonne werden viele kommen, und mit Abraham, Isaak und Jakob zu Tische liegen in der Herrschaft Gottes« (Mt 8,11). Seine Gleichnisse erzählten gerne vom Mahl: »Ein Mann veranstaltete ein großes Festmahl und lud viele dazu ein ...« (Lk 14,16-24; Mt 22,1-14; → S. 482). Schon die Tradition des jüdischen Volkes rückte alle Mahlzeiten vor einen Horizont der letzten Zukunft und sah sie zugleich geheiligt durch die Mahlpraxis der Väter (Gen 18,1-8; vgl. S. 83 ff.) und die göttliche Speisung des Volkes in der Wüste, wie sie auch Elija und Elischa zuteil wurde (→ S. 198 ff.). Im Leben Jesu kommt ein besonderer Akzent hinzu, wie es die Erzählung vom Zöllnergastmahl illustriert (→ S. 473-477). Auch das Schmähwort, Jesus sei ein »Fresser und Säufer, ein Freund der Zöllner und Sünder« (Lk 7,34), läßt indirekt das Bestreben erkennen, durch Tischgemeinschaft Fremdheit und Vorbehalte zu überwinden und Gemeinschaft zu stiften. Das Mahl gilt Jesus wie seinem Volk und den alten Kulturen insgesamt als heilig. Es ist ein Ort der Versöhnung.

Wenngleich der geschilderte Gesamtrahmen als Hintergrund der Abendmahltradition unstrittig ist, so ist es doch unmöglich, Verlauf und Intention dieses letzten Mahles zu rekonstruieren. Die vierfache Tradition spiegelt mehr den Kult der frühchristlichen Gemeinden als deren Ausgangssituation. Dennoch spricht nichts dagegen, den V 22 als authentisch anzusehen: »Während des Mahles nahm er Brot, sprach den Lobpreis; brach und gab es ihnen und sagte: Nehmt, das ist mein Leib.« Noch kürzer lautet das Deutewort bei

Sanchez Coello (1531–1588),
König Karl II. betet mit seinem Gefolge die
Eucharistie an, um 1580.

Michael Pacher (1435–1498), Gebet des
heiligen Wolfgang, um 1480.

bei Paulus: »Dies ist mein Leib für euch« (1 Kor 11,24), wörtlich übersetzt nochmals knapper: »Da – mein Leib«. Die der semitischen Redeweise entsprechende Formulierung vermeidet die glatte Gleichsetzung und verweist – statt auf das umstrittene »ist« zu fixieren – auf den symbolischen Vorgang insgesamt.

Schwerer als das Brot ist der Becher zu verstehen. Markus deutet ihn als das »Blut Jesu, das für viele vergossen wird«. Dahinter steht bereits zuviel Gemeindetheologie, als daß Jesus so gesprochen haben könnte. Wir wissen nicht, wie er den Sinn seines Todes erfaßt und darüber gesprochen hat oder überhaupt darüber sprechen konnte. Die dreifache Vorhersage seines Leidens (Mk 8,31 f.; 9,31 f.; 10,33 f.) gibt Deutungen wieder, welche die spätere Gemeinde mit Jesu Passion und Tod verband. Den eigenen Lehrer in ehrloser Weise am Galgen der Heiden hingerichtet zu sehen, hat ein unausgesetztes Nachsinnen provoziert. Eine Klärung des Problems suchte man in der Jüdischen Bibel. Und so wurde das Becherwort wie die Passionsgeschichte insgesamt in Auseinandersetzung mit der Tradition Israels konzipiert, um mit der sperrigen Erfahrung ins Reine zu kommen.

Die kritische Forschung hat begründete Zweifel vorgetragen, ob es berechtigt ist, im Kontext der Abendmahlsszene von einer direkten »Stiftung« oder »Einsetzung« der »Eucharistie« durch den historischen Jesus zu sprechen. Die Anweisung, »dies« zu seinem »Gedächtnis« zu feiern (1 Kor 11,24; Lk 22,19), gibt bereits die Kultsituation der paulinischen Gemeinden wieder. Aber wenn hier auch nicht Historiker weiterhelfen, Worte und Intentionen Jesu nicht rekonstruierbar sind, so hat jedenfalls die Gemeinde über den Tod Jesu hinaus im Brechen des Brotes und im Teilen des Bechers die Gemeinschaft mit seiner Person und die Gemeinschaft der Mahlteilnehmer im Blick auf das, wofür Jesus lebte und starb, zum Ausdruck gebracht.

Man muß sorgfältig abwägen, was verlorenging und was gewonnen wurde, als die reale Tischsituation bei offener Gemeinschaft zu einem Ritual wurde. Und zugleich muß man sich den Unterschied zwischen einer Mahlzeit mit Brot und Wein im kleinen Jüngerkreis und der Ritualisierung einer kaum noch als Mahlzeit erkennbaren »Speisung« mit einem papierartigen »Brot« bewußt machen.

Verrat, Todesangst und Verhaftung Jesu

Man hat das Markusevangelium bisweilen als eine Passionserzählung mit ausführlicher Einleitung charakterisiert. Wenn man sieht, von wie langer Hand der Leser das ganze Buch hindurch auf Passion und Tod Jesu vorbereitet wird, ist das eine treffende Kennzeichnung. So wie Markus bereits am Anfangs des Evangeliums in das Geheimnis Jesu einweiht (→ S. 364), das sich seinen Jüngern, selbst den engsten, Zeit seines Lebens nicht wirklich erschließt, läßt er die Leser schon früh wissen, daß eine breite Gegnerschaft das Verderben Jesu plant: Bereits 3,6 gehen »die Pharisäer hinaus und fassen zusammen mit den Anhängern des Herodes den Beschluß, Jesus umzubringen«. 3,19 wird Judas als Jünger Jesu vorgestellt und zugleich erfährt der Leser, daß dieser ihn verraten werde. Über Jesus urteilen »die von Jerusalem herabgekommenen Schriftgelehrten« 3,22, denen offensichtlich höhere Kompetenz beigemessen wird als den Dorfgelehrten, daß er vom Teufel besessen sei und mit Hilfe des Anführers der Dämonen die Dämonen austreibe. In den folgenden Kapiteln geht es immer wieder neu um das Unvermögen der Jünger, die eigentliche Würde und Bestimmung zu erfassen, denn Markus unterstellt sein ganzes Evangelium der These, daß Jesus zuvor leiden und sterben mußte, um erst durch seine Auferstehung allen die Augen des Glaubens zu öffnen. So finden sich schon weit vor der Passionserzählung drei »Leidensankündigungen« (8,31; 9,31 und 10,33), in denen »Jesus« von seinem gewaltsamen Tod und seiner Auferstehung nach drei Tagen spricht. Daß dies dreimal geschieht, zeigt an, welches Gewicht der Erzähler auf diese Perspektive legt. Dabei kennzeichnet er 8,31 die Ältesten, die Hohenpriester und die Schriftgelehrten als Jesu Todfeinde; 9,31 sagt er, Jesus werde »den Menschen« ausgeliefert und 10,33 kündigt er an, er werde den Hohenpriestern und Schriftgelehrten ausgeliefert, so daß sie ihn »zum Tode verurteilen, den Heiden übergeben, verspotten, anspucken, geißeln und töten werden«. Insgesamt will Markus seinen Lesern klarmachen, daß sie Jesus nur dann richtig sehen, wenn sie seinen Tod und seine Auferstehung als notwendige Etappen seines Lebensweges verstehen, und daß sie ihn nur dann als Messias erkennen, wenn dies die Bereitschaft zur Nachfolge auf seinem Weg einschließt.

Schon mit dem Kapitel 11 wird der Auftakt zum dramatischen Geschehen gesetzt. Es erzählt vom Einzug Jesu in Jerusalem und von seiner Tempelreinigung und deutet beides, wie immer, auf dem Hintergrund der Jüdischen Bibel. Das Kapitel 14 beginnt dann mit dem Beschluß des Hohen Rates (griech. *synedrion*; hebr. *sanhedrin*), »Jesus mit List in die eigene Gewalt zu bringen, um ihn zu töten«. Da Jesus von Anfang an als einer geschildert wird, dem seine Zukunft in allen Details vor Augen liegt, steht auch das dem Tötungsbeschluß vorangestellte Abendmahl bereits im Zeichen der nachfolgenden Ereignisse.

Der Gang zum Ölberg

26 Und als sie den Hymnus gesungen, gingen sie zum Ölberg hinaus. 27 Und Jesus sagt zu ihnen: Ihr alle werdet Ärgernis nehmen. Denn es ist geschrieben: Ich will den Hirten erschlagen, und die Schafe werden ver-

Ecce lignum crucis, in quo salus mundi pependit – in der Dorfkirche in Karsee hörte ich es einst, vom Pfarrer mit fast brechender Stimme gesungen, dreimal je um einen Ton höher, bis das Velum gefallen und der Gekreuzigte enthüllt war. Oh, es griff mir tief ins Gemüt, die Tränen, die das Herz weinte, durfte der Bub nicht zeigen. Nein, niemand sollte merken, daß sein Gemüt mit dem Leidenden litt. Was ihn aber doch nicht zur letzten Tiefe der Teilnahme kommen ließ, ihm tröstend und tränentrocknend zu Hilfe kam, war die Katechismus-Christologie, daß dieser so qualvoll und schrecklich Getötete wußte, daß er »nach drei Tagen auferstehen werde«.

Fridolin Stier

streut. 28 Aber nach meiner Auferweckung ziehe ich euch nach Galiläa voraus. 29 Petrus aber sagte zu ihm: Wenn auch alle Ärgernis nehmen, ich nicht! 30 Und Jesus sagt zu ihm: Wahr ists, ich sage dir: Gerade du wirst heute – in dieser Nacht – ehe der Hahn zweimal kräht, dreimal mich verleugnen. 31 Er aber redete überschwenglich: Müßte ich sterben mit dir – nie werde ich dich verleugnen! Und das sagten sie alle.

Mk 14,26-52

Mit neuen Vorhersagen werden nun die kommenden Passionsereignisse immer deutlicher. Der Vers »Schlag den Hirten, dann werden sich die Schafe zerstreuen« (Sach 13,7) gilt als Weissagung über den Abfall der Jünger, wobei Jesus erneut als »Hirte« gedeutet wird (vgl. 6,34). Der Rückgriff auf Sacharja rechtfertigt das Versagen der Jünger. Was Judas betrifft, so wird er in den sogenannten Apostellisten stets an letzter Stelle genannt. Allerdings spricht nur Lukas von »Verrat«, alle anderen sagen, Jesus sei »ausgeliefert« worden. Sie lassen unbeantwortet, weshalb Jesus »ausgeliefert« wurde. Wo immer in den Evangelien von Judas gesprochen wird, bestimmen theologische Interessen die Aussage, doch erfolgt im Gang der Zeit auch eine fortschreitende Dämonisierung seiner Person und seines Tuns. Die tatsächlichen Vorgänge sind nicht zu erhellen. Petrus, Wortführer seiner Mitapostel, im Neuen Testament 154mal genannt, versagt ebenfalls in der Stunde der Erprobung; in der erzählten Welt erschöpft sich seine Nachfolge im Hof des Hohenpriesters.

Das Gebet in Getsemani

32 So kommen sie zu einem Landgut, Getsemani mit Namen. Und er sagt zu seinen Jüngern: Setzt euch hier, während ich bete. 33 Petrus aber, Jakobus und Johannes nimmt er mit sich. Und er fing an, zu erschaudern und zu verzagen. 34 Und er sagt zu ihnen: Betrübnis ist mein Leben bis zum Tod. Bleibt hier und wacht! 35 Und ein kleines Stück weitergegangen, fiel er zur Erde und betete: es möchte, wenn es möglich wäre, die Stunde an ihm vorübergehen. 36 Und er sagte: Abba, Vater du! Alles ist dir möglich, führ diesen Becher an mir vorüber. Aber nicht, was ich, sondern was du willst. 37 Dann kommt er und findet sie schlafend. Und er sagt zu Petrus: Simon, du schläfst! Warst du nicht stark genug, eine Stunde zu wachen? 38 Wacht und betet, daß ihr nicht in Versuchung kommt. Der Geist ist willig, das Fleisch aber schwach. 39 Abermals ging er weg und betete, indem er dasselbe Wort sprach. 40 Und abermals kam er und fand sie schlafend; denn die Augen waren ihnen schwer geworden, und sie wußten nicht, was sie ihm antworten sollten. 41 Dann kommt er zum drittenmal und sagt zu ihnen: Schlaft ihr weiter und rastet? Genug. Die Stunde ist gekommen – da! Der Menschensohn wird in die Hände der Sünder ausgeliefert. 42 Auf, gehen wir! Da! Der mich ausliefert: Er ist nah.

Mk 14,32-42

Die holländische Jüdin Etty Hillesum *schrieb, 27jährig, 1942 in ihr Tagebuch ein »Sonntagmorgengebet«:*

Es sind schlimme Zeiten, mein Gott. Heute nacht geschah es zum erstenmal, daß ich mit brennenden Augen schlaflos im Dunkeln lag und viele Bilder menschlichen Leidens an mir vorüberzogen. Ich verspreche dir etwas, Gott, nur eine Kleinigkeit: ich will meine Sorgen um die Zukunft nicht als beschwerende Gewichte an den jeweiligen Tag hängen, aber dazu braucht man eine gewisse Übung. Jeder Tag ist für sich selbst genug. Ich will dir helfen, Gott, daß du mich nicht verläßt, aber ich kann mich von vornherein für nichts verbürgen. Nur dies eine wird mir immer deutlicher: daß du uns nicht helfen kannst, sondern daß wir dir helfen müssen, und dadurch helfen wir uns letzten Endes selbst. Es ist das einzige, auf das es ankommt: ein Stück von dir in uns selbst zu retten, Gott. Und vielleicht können wir mithelfen, dich in den gequälten Herzen der anderen Menschen auferstehen zu lassen. Ja, mein Gott, an den Umständen scheinst du nicht viel ändern zu können, sie gehören nun mal zu diesem Leben. Ich fordere keine Rechenschaft von dir, du wirst uns später zur Rechenschaft ziehen. Und mit fast jedem Herzschlag wird mir klarer, daß du uns nicht helfen kannst, sondern daß wir dir helfen müssen und deinen Wohnsitz in unserem Inneren bis zum Letzten verteidigen müssen.

Im November 1943 wurde Etty Hillesum in Auschwitz ermordet.

Die grandios komponierte Szene im Garten von Getsemani (»Öl-kelter«) ist das Zeugnis meditativer Versenkung. Mit der Einsamkeit und Verlassenheit Jesu verbindet sich eine betrachtende Reflexion. Alle Jünger, selbst die drei Vertrauten, versagen – gerade jene, die Zeugen der Verklärung waren. Jesus wird auf dem Hintergrund der Jüdischen Bibel als »klagender Gerechter« beschrieben, wobei Stellen wie Ps 42,10 und 43,2 die Konzeption der Szene anregten. Der Schlaf der Jünger und Jesu Bangen kontrastieren scharf. Der dreimalige Gebetsgang steigert das Geschehen. Jesu Todesangst wird durch ein Psalmwort wiedergegeben. Die Wendung »betrübt ist meine Seele« findet sich in Ps 46,6.12. Die Mahnung zum Wachen und Beten (V 38) ist bereits Anruf an die Gemeinde. Der Inhalt des Gebetes kann als Beispiel für ein Bittgebet genommen werden: der Not Ausdruck geben, aber dem Unausweichlichen sich stellen. Natürlich hat das Gebet Jesu keinen Zeugen, aber wer die Wahrheit dieser Szene auf der historischen Ebene sucht, verfehlt sie gleich. Wie immer, wenn Überlieferung einen kollektiven Verarbeitungsprozeß durchsteht und sich darin zur Legende wandelt, gewinnt sie eine Verdichtung auf innere Wahrheit hin, die nicht registriert, sondern partizipatorisch erfaßt werden will.

Die Verhaftung

43 Und sogleich, noch während er redet, stellt Judas sich ein – einer der Zwölf – und mit ihm Leute mit Schwertern und Knüppeln von den Hohenpriestern, den Schriftgelehrten und den Ältesten aus. 44 Der ihn auslieferte aber hatte ihnen ein Zeichen gegeben. Er hatte gesagt: Dem ich als Freund mich zeige, der ists! Den greift und führt ihn sicher ab! 45 Und er kam, kam gleich auf ihn zu und sagt: Rabbi! Und er liebkoste ihn. 46 Sie aber legten Hand an ihn und griffen ihn. 47 Einer der Umstehenden aber zückte das Schwert, schlug auf den Knecht des Hohenpriesters ein und hieb ihm das Ohr ab. 48 Da hob Jesus an und sprach zu ihnen: Wie gegen einen Bandenkrieger seid ihr mit Schwertern und Knüppeln ausgezogen, um mich zu ergreifen. 49 Tag um Tag war ich bei euch im Heiligtum und lehrte, und ihr habt mich nicht ergriffen. Aber – die Schriften sollten erfüllt werden. 50 Und sie verließen ihn und flüchteten alle.
51 Irgendein junger Mann folgte ihm, gewandet nur mit einem Linnenhemd auf nacktem Leib. Ihn greifen sie. 52 Aber er ließ das Linnenhemd fahren und flüchtete nackt.

Mk 14,42-52

Wenn diese Erzählung den tatsächlichen Ablauf des Geschehens wiedergeben wollte, stünde sie sich selbst im Weg: Soldaten wie Polizisten lassen einen Verhafteten keine Rede halten, bevor sie ihn abführen. Die um ihr eigenes Schicksal fürchtenden Jünger haben schwerlich das Ende der Rede abgewartet, sondern sind gleich geflohen. Auch zeigt ein Vergleich der vierfachen Überlieferung erhebliche Abweichungen. Ein historischer Bericht liegt also nicht vor.

Hoherpriester. In neutestamentlicher Zeit wurde der H. meistens von den röm. Prokuratoren, vereinzelt auch von den herodianischen Vasallenkönigen ernannt. Der herausragende H. dieser Zeit war Hannas, von den Römern Ananus genannt (6–15 n. Chr.), der auch nach seiner Absetzung durch den Prokurator Valerius Gratus einer der mächtigsten Männer im Synedrium blieb. Auf Hannas folgten mit kurzen Amtszeiten Ismael, Eleazar und Simon. Der Landpfleger setzte sie bald wieder ab, doch amtierte anschließend Josephus Kajaphas, Hannas' Schwiegersohn, fast zwei Jahrzehnte lang (18–37 n. Chr.), was auf ein gutes Verhältnis zu den röm. Prokuratoren, zumal zu Pilatus (→ S. 402) schließen läßt, der im Jahr 36 abberufen wurde.

Giotto di Bondone (1267–1337),
Der Judaskuß, Arena-Kapelle, Padua,
um 1304–06.

Noch während Jesus zu seinen Jüngern redet, trifft das Verhaftungskommando ein. Dem Charakter dieser Literatur entsprechend darf man nicht fragen, ob niemand der Jünger den Trupp hat kommen sehen, warum keine Wachen aufgestellt waren, ob man hätte fliehen können ...

Jesu Vorhersage, die er beim Mahl machte (14,18), erfüllt sich und auch die frühere (8,31), daß der Menschensohn verworfen werden muß von den Ältesten, den Hohenpriestern und Schriftgelehrten. Der »Judaskuß« als Erkennungszeichen erscheint nicht zwingend; ein identifizierendes Wort hätte genügt. Vielleicht steht auch hier die Bibel im Hintergrund, die der schriftkundigen frühen Christenheit ein ganzes Vorbilderspektrum bietet: da ist – in Auswahl – Gen 26,26 der unehrliche Kuß des betrügerischen Jakob; 2 Sam 15,5 der Kuß Abschaloms, der um Anhängerschaft wirbt; 2 Sam 20,9 der heuchlerische Gruß und Kuß des Mörders Joab.

Erst jetzt kommt Bewegung in die Gefolgschaft Jesu. Einer seiner Begleiter zieht das Schwert und trifft den Knecht des Hohenpriesters. Daraufhin beginnt Jesus mit seiner Rede: »Wie gegen einen Räuber seid ihr ausgezogen ...« Dahinter können die Vorwürfe der Urgemeinde stehen. Die gezielte Ausrichtung dieser Kritik auf die jüdische Obrigkeit, die das Markusevangelium insgesamt durchzieht, ist unübersehbar. Bereits hier stellt sich die Frage, wer das Verhaftungskommando gestellt hat, und im nächsten Schritt, wer welchen Prozeß gegen Jesus führte.

Über Judas kann man gegensätzlicher Meinung sein. Einerseits kann man behaupten, seine Existenz und sein Verrat müßten historisch sein, weil die Christen eine solche Gestalt nie als Angehörige der Christengemeinde und erst recht nicht des inneren Kreises der zwölf Apostel erfunden hätten. Judas sei zu schlecht, um falsch zu sein. Andererseits kann man finden, daß weder die Existenz noch der Verrat des Judas historischen Gegebenheiten entsprechen, weil der Name Judas den Betreffenden zum Inbegriff des »Juden« stempelt und deshalb anzunehmen ist, daß Judas erfunden wurde, um die Juden des Verrats an Jesus zu beschuldigen. Judas ist der verkörperte Antijudaismus schlechthin und verkörpert in der Gestalt, in welcher die Evangelien ihn schildern, weiter nichts als den Antijudaismus der frühen Christengemeinden.

John Dominic Crossan

Hoher Rat (hebr. *sanhedrín;* griech. *synédrion*), jüdische Verwaltungs- und Gerichtsbehörde in griech.-röm. Zeit. Der H.R. bestand aus 71 Mitgliedern unter Vorsitz des Hohenpriesters und setzte sich zusammen aus dem amtierenden und den früheren Hohenpriestern, den »Ältesten«, Häuptern der vornehmen Familien und den → Schriftgelehrten. In den Geschäftsbereich des H.R.s fielen Interpretation und Anwendung des Gesetzes, Entscheidung über Krieg und Frieden, die gesamte profane und religiöse Gerichtsbarkeit. Trotz Einschränkungen behielt der H.R. in röm. Zeit Jurisdiktion und politische Befugnisse in den Gemeinden Judäas. Wahrscheinlich lag die Kapitalgerichtsbarkeit (Todesstrafe) jedoch bei den Römern. Der H.R. tagte in der »Quadersteinhalle« im inneren Tempelvorhof. Die Verfahrensordnung beschreibt der Mischna-Traktat Sanhedrin. Nach dem Fall Jerusalems hoben die Römer den H. R. auf. An dessen Stelle trat das pharisäische → Schriftgelehrtentum von Jabne (→ S. 429), später die babylonische Schulbildung und der Talmud.

Menschensohn (hebr. *ben-adam*), der Mensch als Individuum. In der Jüd. Bibel oft als feierliche Umschreibung für »Mensch« gebraucht (z.B. Ps 8,5; Jes 51,12; 56,2; Ijob 25,6). Im Buch Ezechiel findet sich das Wort 93mal als Anrede Gottes an den Propheten, um die Distanz zwischen Gott und Mensch zu betonen.
Eine andere Bedeutung findet M. in der Apokalyptik. Bei Dan 7 erscheint am Ende der Zeiten »mit den Wolken des Himmels einer, der aussah wie ein M.« (→ S. 340); ihm wird ewige Herrschaft übertragen. Diese mythische Gestalt kann das Volk Israel als endzeitlichen Richter meinen. Offensichtlich in Weiterführung dieser Linie wird Jesus in den Evangelien auffallend häufig als M. bezeichnet. Es ist der für die frühe Jesusüberlieferung charakteristische Titel, der jedoch nicht nur die hoheitsvolle (Mk 2,10), sondern auch leidvolle Existenz Jesu (Mk 8,31; 9,31; 10,45; 14,21) umgreift. Ob Jesus die Bezeichnung M. für sich selbst in Anspruch nahm, ist umstritten. Allen bisherigen Deutungsversuchen stehen auch Gegenaspekte im Wege.

Der Prozeß Jesu

*D*er folgende Text und seine Parallelen haben eine Wirkungsgeschichte entfaltet, die eine breite Blutspur durch die Geschichte des Christentums zieht. Über alle Jahrhunderte hin sind Juden wegen der unterstellten Schuld ihrer Vorfahren am Prozeß und der Hinrichtung Jesu allen nur denkbaren Formen der Demütigung, Verfolgung und Peinigung ausgesetzt gewesen, bis hin zu mörderischen Massenpogromen. Angesichts dieser Geschichte fragt sich, wie die Christenheit mit dieser Evangelientradition zukünftig umgehen will. Um darauf antworten zu können, ist zu klären, ob oder inwieweit überhaupt eine jüdische Instanz an der Verurteilung und Hinrichtung Jesu beteiligt war, denn zumindest seine Hinrichtung verfügte allein die römische Justiz.

Die heutige Forschungssituation zeigt sich gespalten. Ein Teil vertritt weiterhin die neutestamentliche Tradition, daß der Sanhedrin (Hohe Rat) Jesus den Prozeß gemacht und ihn dann zur Vollstreckung an die Römer ausgeliefert habe. Bezeichnend ist allerdings, daß diese Theologen die jüdischen Forschungen kaum zur Kenntnis nehmen, obwohl hier ein zeitgenössisches Material erschlossen wurde, das den Hintergrund des Passionsgeschehens besser ausleuchten hilft. Die Mehrheit der christlichen Forscher scheint inzwischen zu verneinen, daß es einen Prozeß Jesu vor dem Hohen Rat gegeben hat.

Das Verhör des Hohen Rats

53 Sie führten Jesus ab, zum Hohenpriester. Und da kommen sie alle zusammen: die Hohenpriester, die Ältesten und die Schriftgelehrten. 54 Petrus war ihm von weitem bis hinein in den Hof des Hohenpriesters gefolgt, saß da mit den Amtsdienern zusammen und wärmte sich am Feuer.
55 Die Hohenpriester aber und das ganze Synedrium suchten ein Zeugnis gegen Jesus, um ihn des Todes schuldig zu sprechen. Doch sie fanden keines. 56 Denn viele bezeugten trügerisch gegen ihn, und die Zeugnisse stimmten nicht überein. 57 Und es standen einige auf, bezeugten trügerisch gegen ihn und sagten: 58 Wir selber hörten ihn sagen: Ich werde diesen Tempel – das Gemächt von Menschenhand – niederreißen und binnen drei Tagen einen anderen, nicht von Menschenhand gemachten, aufbauen. 59 Aber nicht einmal so war ihr Zeugnis einhellig. 60 Und auf stand der Hohepriester – in der Mitte – fragte Jesus und sagte: Antwortest du nichts? Was bezeugen doch die gegen dich! 61 Er aber schwieg und antwortete nichts. Abermals fragte ihn der Hohepriester und sagt zu ihm: Bist du der Messias, der Sohn des Gepriesenen? 62 Jesus sprach: Ich bin es. Und ihr werdet den Menschensohn sehen: Sitzend zur Rechten der Kraft und kommend mit den Wolken des Himmels.
63 Da zerreißt der Hohepriester seinen Leibrock und sagt: Was brauchen wir noch Zeugen? 64 Ihr habt die Lästerung gehört! Was scheint euch? Und da verurteilten ihn alle: Des Todes ist er schuldig.
65 Dann fingen einige an, ihn anzuspucken, sein Gesicht zu verhüllen, ihn mit Fäusten zu schlagen und zu ihm zu sagen: Zeig dich als Prophet! Und die Amtsdiener vergriffen sich an ihm mit Backenstreichen.

Mk 14,53-65

Nach Markus wird Jesus in der Nacht von Donnerstag auf Freitag dem amtierenden Hohenpriester vorgeführt. Er nennt dessen Namen nicht (es war Kajaphas). »Alle Hohenpriester und Ältesten und Schriftgelehrten« versammeln sich in seinem Hause. In V 55 sowie 15,1 wird dieses Gremium als Synedrium bezeichnet. Das ist die oberste politische, juristische und religiöse Körperschaft der jüdischen Bevölkerung in griechisch-römischer Zeit. Die Evangelien schildern dieses Gremium gegenüber Jesus als nur feindlich gesinnt und entschlossen, ihn hinzurichten, selbst um den Preis falscher Zeugenaussagen, die jedoch in dem, was sie vorbringen, nicht übereinstimmen (V 55 ff.). Die Aufforderung des Hohenpriesters, Stellung zu nehmen, beantwortet Jesus mit Schweigen. Die Frage, ob er »der Messias, der Sohn des Hochgelobten« sei, bestätigt er, um daraufhin seine endzeitliche Ankunft als »Menschensohn« vom Himmel anzusagen. Das versteht der Hohepriester als Blasphemie, zerreißt sein Gewand und fordert das Gremium zur Urteilsfindung auf. Diese befinden einstimmig auf Todesstrafe, spucken den Angeklagten an, verspotten ihn, während die Gerichtsdiener ihn schlagen. – Am folgenden Morgen faßt der Sanhedrin den Beschluß, Jesus an Pilatus auszuliefern (15,1).

James Ensor (1860–1949), Die guten Richter, 1891.

Gegen die historische Zuverlässigkeit dieser Darstellung sprechen viele Gründe. Die wichtigsten sind:

– Die Verfahrensvorschriften für den Sanhedrin widersprechen dem geschilderten Verlauf: Versammlungsort ist die Quadersteinhalle im Tempelbezirk, nicht das Privathaus des Hohenpriesters; die Gerichtsverhandlungen finden nur am Tage statt, nicht nachts wie bei Markus; am Sabbat, an Festtagen und auch an den Rüsttagen sind Gerichtssitzungen ausgeschlossen; Kapitalverfahren beginnen im jüdischen Recht mit der Verteidigung, nicht mit der Anklage; »Kapitalsachen« beendet man an demselben Tag durch Freispruch, aber erst am folgenden Tag durch Schuldspruch« (Traktat Sanhedrin IV,1); bei einem Kapitalprozeß gibt das jüngste Mitglied zuerst seine Stimme ab; ein Todesurteil erfordert 23 Richter; »wenn 22 freisprechen oder schuldig sprechen und einer enthält sich der Stimme, dann vermehrt man die Zahl der Richter« (Traktat Sanhedrin V,5).

– Die Kapitalgerichtsbarkeit des Sanhedrin zur Zeit Jesu ist umstritten. Sollte er sie besessen haben, ist nicht einsichtig, warum

Rüsttag, Tag der »Vorbereitung« auf den Sabbat, also der Freitag vor Sonnenuntergang. Nach Mk 15,42; Lk 23,54; Mt 27,62; Joh 19,31.42 wurde Jesus an einem R. gekreuzigt. Joh 19,14 nennt diesen Tag den »R. des Pascha«. Laut Josephus hatte Kaiser Augustus den Juden der Provinz Asia zugesichert, daß sie nicht am Nachmittag eines R.s vor Gericht Bürgschaft leisten mußten.

nach erfolgtem Todesspruch Jesus an die römische Behörde über überstellt wird. Insgesamt sprechen alle genannten Punkte gegen ein Verfahren beim Sanhedrin, nicht zuletzt die Begründung des Todesurteils. Hätte es einen Kapitalprozeß vor dem Sanhedrin gegeben, wäre die Exekution als Steinigung zu erwarten gewesen. Pilatus hat jedoch kein jüdisches Urteil vollstreckt, sondern aufgrund eines eigenen Prozesses Jesus kreuzigen lassen. Es ist kein anderer Fall bekannt, nach dem der Sanhedrin als eine Art Vorinstanz der Römer fungiert hätte.

– Gegen die markinische Darstellung spricht ihr massiver Tendenzcharakter. Der gesamte Sanhedrin wird in eine unverhohlene Feindschaft zu Jesus gerückt, so daß dieser nicht die geringste Chance für einen fairen Prozeß bekommt. Angesichts der Selbstachtung und Würde, in der sich die Mitglieder des Sanhedrin als Repräsentanten der Jerusalemer Bildungselite verstanden, ist es sehr unwahrscheinlich, daß diese Richter einen einfachen Mann vom Lande persönlich verhöhnen und anspucken. Nimmt man hinzu, wie Markus Mitglieder dieses Gremiums mit der Schuld am Tod Jesu belastet (8,31) und ihnen dann immer wieder (11,18.27; 12,12; 14,1) unterstellt, Jesus umbringen zu wollen, wird die redaktionelle Tendenz unübersehbar. Das schließt aus, das Markusevangelium als ganzes und seine Passionserzählung im besonderen für eine historische Rekonstruktion in Anspruch zu nehmen.

– Der Gesamtcharakter des markinischen Textes widerspricht einer historisch-juristischen Berichterstattung. Es handelt sich um eine frühe erzählende Christologie, die im Bekenntnis Jesu zu sich selbst als Messias und endzeitlichen Menschensohn gipfelt. In der Komposition des Markusevangeliums verknüpft sich diese Stelle mit früheren Offenbarungen über Jesus, angefangen 1,11 bei der Taufe, mit dem Wissen der Dämonen (5,7) und den mannigfachen Offenbarungen, die seinen Jüngern zuteil wurden. Die Deutung Jesu auf der Folie der Jüdischen Bibel als der »leidende Gerechte« wurde oben bereits aufgezeigt. Die jeweils verwendeten »Hoheitstitel« (Messias, Sohn Gottes, Menschensohn) entstammen nicht historischen Situationen, sondern sind Verständigungsmarken der späteren christlichen Tradition. Im Munde des Hohenpriesters sind sie anachronistisch. Da es außerdem schwer vorstellbar ist, auf welche Weise ein Verhör vor dem Sanhedrin bekannt geworden sein könnte, legt sich als Schluß nahe, daß Markus dessen Inhalt redaktionell konzipiert hat.

Die Summe aller hier vorgetragenen Bedenken läßt begründet annehmen, daß es keinen Sanhedrin-Prozeß gegen Jesus gegeben hat.

Die Verhandlung vor Pilatus

Die Überstellung Jesu an Pilatus setzt voraus, daß er nicht mit innerjüdischen sondern ordnungsrechtlichen Anklagen, die für den römischen Staat relevant waren, beschuldigt wurde. Die Tatsache seiner Kreuzigung räumt nur Delikte der öffentlichen Ordnung ein. Von hierher ergeben sich für die Beteiligung jüdischer Instanzen folgende Möglichkeiten:

– *Jesus wird vom Sanhedrin verhört und anschließend dem Pilatus überstellt.* In diesem Fall wäre der Sanhedrin einberufen und die geltende Verfahrensordnung zumindest in einer Minimalform beachtet worden. Das Lukasevangelium wählt diese Lösung unter Korrektur von Markus und Matthäus: Der Sanhedrin wird erst für den Freitag Morgen einberufen (Lk 22,66). Die Anklage bezieht sich auf politische Kriminalität (Lk 23,2), wenngleich im Widerspruch dazu das voraufgegangene Verhör im Sanhedrin eine ausschließlich »christologische« Problematik kannte (22,67-71). Auch wird die Verspottung Jesu nicht mit dem Sanhedrin in Verbindung gebracht, sondern im Haus des Hohenpriesters dem untergeordneten Personal angelastet. Es sieht so aus, als habe Lukas mit dieser Version die Unwahrscheinlichkeiten der Markusvorlage korrigieren wollen. Auch hier die bereits genannten Vorbehalte: Der skizzierte Ablauf ist nur denkbar, wenn dem Sanhedrin bei vorweg verurteilender Feindschaft ein korruptes Vorgehen gegen den Fremden aus Galiläa unterstellt wird.

Lovis Corinth (1858–1925), Ecce homo – Seht, ein Mensch (Joh 19, 5), 1925.

Arzt und Militär präsentieren den Wehrlosen – eine Aktualisierung auf dem Hintergrund von Georg Büchners »Woyzek«.

– *Jesus wird nicht vom Sanhedrin, sondern nur vom Hohenpriester verhört.* Diese Version ist historisch wahrscheinlicher als die erste, erlaubt aber nur eine *politische* Anklage, die der Hohepriester im Interesse der geltenden Ordnung und der Konfliktminderung mit den Römern verfolgt hätte. Diesem Profil stimmt kein Evangelium zu.

– *Jesus wird nicht von einer amtlichen jüdischen Instanz, sondern von einzelnen Mitgliedern der jüdischen Führungsschicht verhört und der römischen Justiz überstellt.* Das Johannesevangelium kommt dieser Version nahe, insofern hier das Verhör im Haus des Schwiegervaters des Hohenpriesters stattfindet. Auch Flavius Josephus überliefert, Pilatus habe Jesus »auf Betreiben unserer vornehmsten Männer« verurteilt. Dann wäre ebenfalls nicht von einer religiösen, sondern einer ordnungspolitischen Anklage auszugehen.

Pilatus, Pontius, aus dem röm. Rittergeschlecht der Pontier, von Kaiser Tiberius als fünfter Prokurator in Judäa eingesetzt (26–36 n. Chr.). Von Philo und Josephus wird er als hart und rücksichtslos beschrieben; stets habe er röm. Machtinteressen den jüdischen Lebensformen übergeordnet. So führte er gleich nach Amtsantritt provokativ die röm. Insignien mit dem Kaiserbild mit sich nach Jerusalem. Er kam zu Fall, als Samaritaner sich beim syrischen Legaten Vitellius über die Ermordung von Glaubensgenossen beklagten, die auf dem Berg Garizim nach heiligen Geräten gesucht hatten. Seine im außerbiblischen Schrifttum dokumentierte Judenfeindlichkeit widerspricht seinem Bild in den Evangelien, die ihn als unschlüssig und vermittelnd im Prozeß gegen Jesus schildern.

Prätorium, Dienstsitz eines Prätors, im weiteren Sinn auch die kaiserlichen Residenzen außerhalb Roms. In Jerusalem wahrscheinlich die Amtsgebäude der Burg Antonia an der Nordwestecke des Tempelplatzes.

— *Jesus ist ohne Beteiligung jüdischer Instanzen von Pilatus verurteilt worden.* Das einzige römische Zeugnis stützt diese Version. Tacitus schreibt nämlich, Christus sei »während der Regierung des Tiberius durch den Prokurator Pontius Pilatus mit dem Tode bestraft worden«. Als Begründung ist von antirömischem Aufruhr auszugehen. Dieser Version widersprechen freilich alle Evangelien, insofern sie im Blick auf die jüdische Seite durchgehend eine massive Schuldzuweisung vornehmen und Feindschaft gegen Jesus behaupten.

Dennoch hat die letzte Version die größte historische Wahrscheinlichkeit für sich. Dafür spricht die in allen Evangelien wahrnehmbare und mit den Jahren wachsende Tendenz, die Römer für die Hinrichtung Jesu auf Kosten jüdischer Repräsentanten zu entlasten. Dies konnte am besten durch eine Prozeßdarstellung geschehen, in welcher die römische Seite selbst Jesus für unschuldig erklärt, so daß die Kriminalisierung Jesu allein durch Juden erfolgt. Dies geschieht im Lukasevangelium (23,47), indem der Hauptmann unter dem Kreuz feststellt: »Dieser war wirklich ein gerechter Mensch!« Dadurch schiebt er den Juden pauschal den Vorwurf zu, Jesus beschuldigt und seine Hinrichtung betrieben zu haben. Noch deutlicher geschieht dies im Johannesevangelium (→ S. 452). In den Jahrzehnten des ausgehenden Jahrhunderts, in denen die Evangelien entstanden, hatte sich bereits die konfliktreiche Trennung vom Judentum vollzogen (→ S. 540; 552; 567), und die christlichen Gemeinden sahen ihre Heimat im Römischen Reich. Da lag es nahe, sich mit dessen Repräsentanten zu liieren, und zwar auf Kosten der jüdischen Seite, von der man sich im Streit getrennt hatte.

Bist du der König der Juden?

1 Gleich frühmorgens, nachdem die Hohenpriester mit den Ältesten und Schriftgelehrten und das ganze Synedrium einen Beschluß gefaßt hatten, fesselten sie Jesus, brachten ihn weg und lieferten ihn an Pilatus aus.
2 Und Pilatus fragte ihn: Du also bist der König der Juden? Er aber hebt an und sagt zu ihm: Das sagst du!
3 Und die Hohenpriester brachten viele Klagen gegen ihn vor.
4 Pilatus aber fragte ihn abermals und sagte: Du antwortest nicht? Sieh doch, wieviel sie dich verklagen!
5 Aber Jesus antwortete nichts mehr, so daß Pilatus erstaunt war.
6 Jeweils zum Fest aber ließ er ihnen einen in Fesseln Gelegten frei; je welchen sie erbaten.
7 Da war nun einer, Barabbas genannt, in Fesseln gelegt zusammen mit den Aufrührern, die bei dem Aufruhr einen Mord begangen hatten.
8 Die Leute zogen hinauf und begannen zu fordern, daß er wie sonst ihnen tue.
9 Pilatus aber hob an und sagte zu ihnen: Wollt ihr, daß ich euch den König der Juden freilasse?
10 Denn er hatte erkannt, daß die Hohenpriester ihn aus Neid ausgeliefert hatten.

28 Sie führen dann Jesus von Kajaphas ins Prätorium – es war frühmorgens. Selber aber gingen sie nicht ins Prätorium hinein, um sich nicht zu beflecken, sondern das Pascha essen zu können.
29 Pilatus kam also zu ihnen heraus und spricht: Welche Anklage bringt ihr gegen diesen Menschen vor?
30 Sie hoben an und sprachen zu ihm: Wenn der kein Übeltäter wäre, hätten wir ihn dir nicht ausgeliefert.
31 Sprach nun Pilatus zu ihnen: Nehmt ihr ihn doch, und richtet ihn nach eurem Gesetz. Sprachen die Juden zu ihm: Uns ist es nicht erlaubt, jemand zu töten.
32 So sollte das Wort Jesu erfüllt werden, das er gesprochen hatte, um anzuzeigen, welchen Tod er sterbe.
33 Ging also Pilatus abermals ins Prätorium hinein, ließ Jesus rufen und sprach zu ihm: Du bist der König der Juden?
34 Antwortete Jesus: Sagst du das aus dir oder haben andere es über mich gesprochen?
35 Antwortete Pilatus: Bin ich denn ein Jude? Deine Volksgemeinschaft und die Hohenpriester haben dich mir ausgeliefert. Was hast du getan?

11 Die Hohenpriester aber wiegelten die Leute auf, daß er ihnen lieber den Barabbas freilasse.

12 Pilatus aber hob abermals an und sagte zu ihnen: Was soll ich nun mit dem machen, den ihr den König der Juden nennt?

13 Da schrien sie abermals: Kreuzige ihn!

14 Aber Pilatus sagte zu ihnen: Was hat er denn Übles getan? Da schrien sie noch viel lauter:
Kreuzige ihn!

15 Pilatus aber, willens den Leuten Genüge zu tun, ließ ihnen den Barabbas frei. Und Jesus lieferte er aus, auf daß er – nachdem er gegeißelt – gekreuzigt werde.

36 Antwortete Jesus:
Mein Königtum ist nicht von dieser Welt. Wenn von dieser Welt mein Königtum wäre, so hätten meine Amtsdiener gekämpft, daß ich den Juden nicht ausgeliefert worden wäre. Nun aber ist mein Königtum nicht von hier.

37 Sprach nun Pilatus zu ihm: Also bist du doch ein König? Antwortete Jesus: Das sagst du. Ich bin ein König. Ich – ich bin dazu geboren und dazu in die Welt gekommen, daß ich für die Wahrheit zeuge. Jeder, der aus der Wahrheit ist, hört meine Stimme.

38 Sagt Pilatus zu ihm: Was ist Wahrheit?
Und als er das gesprochen hatte, ging er abermals zu den Juden hinaus und sagt zu ihnen: Ich finde keinerlei Schuld an ihm.

39 Es ist aber Gewohnheit bei euch, daß ich euch zum Pascha einen freilasse. Wollt ihr nun, daß ich euch den König der Juden freilasse?

40 Darauf schrien sie und sagten abermals: Nicht den, sondern den Barabbas! Barabbas aber war ein Bandenkrieger.

19,1 Dann nahm Pilatus Jesus und ließ ihn auspeitschen.

2 Und die Soldaten flochten einen Kranz aus Dornen und setzten ihm den auf den Kopf. Auch mit einem Purpurmantel gewandeten sie ihn,

3 gingen auf ihn zu und sagten: Sei gegrüßt König der Juden! Und sie gaben ihm Backenstreiche.

4 Abermals kam Pilatus heraus und sagt zu ihnen: Seht, ich führe ihn euch heraus, damit ihr erkennen sollt, daß ich keinerlei Schuld an ihm finde.

5 Kam also Jesus heraus, mit Dornenkranz und Purpurmantel. Und er sagt zu ihnen: Da – der Mensch!

6 Als die Hohenpriester und Amtsdiener ihn sahen, schrien sie und sagten: Kreuzigen, kreuzigen! Sagt Pilatus zu ihnen: Nehmt und kreuzigt ihr ihn! Denn ich – ich finde an ihm keine Schuld.

7 Antworteten ihm die Juden: Wir haben ein Gesetz, und nach dem Gesetz muß er sterben, weil er sich zu Gottes Sohn gemacht.

8 Als nun Pilatus dieses Wort hörte, fürchtete er sich noch mehr.

9 Und er ging abermals ins Prätorium hinein und sagt zu Jesus: Von woher bist du? Jesus aber gab ihm keine Antwort.

10 Sagt nun Pilatus zu ihm· Mit mir redest du nicht? Weißt du nicht, daß ich Vollmacht habe, dich freizulassen, und Vollmacht habe, dich zu kreuzigen?

11 Antwortete ihm Jesus: Du hättest keine Vollmacht über mich, wenn sie dir nicht von oben gegeben wäre. Darum hat der eine größere Sünde, der mich dir ausgeliefert hat.

12 Von da an suchte Pilatus, ihn freizulassen. Die Juden aber schrien und sagten: Wenn du den freiläßt, bist du nicht »Freund des Kaisers«. Jeder, der sich zum König macht, widersetzt sich dem Kaiser.

13 Als nun Pilatus diese Worte hörte, führte er Jesus hinaus und setzte sich auf den Richterstuhl – an einem Platz, der »Steinpflaster« genannt wird, hebräisch aber Gabbata.

14 Es war aber Pascha-Rüste, um die sechste Stunde war es. Und er sagt zu den Juden: Seht, euer König!

15 Schrien da jene: Hinweg, hinweg! Kreuzige ihn! Sagt Pilatus zu ihnen: Euren König soll ich kreuzigen? Antworteten die Hohenpriester: Wir haben keinen König außer dem Kaiser.

16 Dann lieferte er ihn an sie aus, auf daß er gekreuzigt werde.

Eine Vorform der Kreuzigung war das Pfählen (→ S. 135). 2 Sam 21,9 berichtet von der Rache der Gibeoniter an der Sippe Sauls; David lieferte ihnen sieben Söhne Sauls aus, »die sie auf dem Berg vor dem Angesicht Jahwes pfählten«. Das Aufhängen am Pfahl schändete den Toten und stellte ihn unter einen Fluch (Dtn 21,23). Hinter dem grausamen Brauch stand die Idee, daß der Verbrecher seinen Tod nicht auf der Erde finden sollte, weil er sie dadurch entweihe. So hängte man ihn über dem Erdboden auf.
Unter Darius I. (550–486) wurde erstmals in großem Umfang Gebrauch von der Pfählung gemacht. Herodot nennt 3000 Hinrichtungen, die auf einmal so erfolgt seien. In welchen Zusammenhängen dies geschehen konnte, verrät der Esr 6,11 zitierte Tempelerlaß des Großkönigs: »Wenn irgend jemand diesen Erlaß übertritt, so soll ein Balken aus seinem Haus herausgerissen und er als Gepfählter daran geschlagen werden, und sein Haus soll um seiner Tat willen zum Schutthaufen gemacht werden.« Mögliche Behinderungen beim Wiederaufbau des Tempels zu Jerusalem wurden also mit Pfählung bedroht.

Kreuzigung, in Persien entstandene, in hellenist.-röm. Zeit verbreitete Todesstrafe, die wegen der viele Stunden dauernden Todesqual als besonders grausam galt. Der griech. Schriftsteller Herodot (um 490–425) berichtet von K.en bei Medern und Persern. Im Zusammenhang der Punischen Kriege (der erste: 264–241) übernahmen die Römer die Kreuzesstrafe von den Karthagern. Kaiser Konstantin d. Gr. hat sie wegen der K. Jesu nach 320 abgeschafft.
Vorliegenden Zeugnissen zufolge war die Kreuzesstrafe in Italien Hinrichtungsart für Sklaven, in Palästina für Aufständische, so daß mit hoher Wahrscheinlichkeit Jesus als politischer Aufrührer von den Römern hingerichtet wurde.

Die markinische Prozeßdarstellung ist wenig informativ und, wie das Evangelium insgesamt, mehr theologische Literatur als Bericht. Um die später genannte Kreuzesaufschrift (titulus) zu begründen, muß sich jetzt alles darum drehen, ob Jesus der »König der Juden« ist, für römische Ohren ein Titel für politischen Aufruhr. Die Frage des Pilatus steht in Parallele zur Frage des Hohenpriesters. Während sie im jüdischen Rahmen religiös bestimmt ist, wird sie hier politisch gewendet. »Jesus« gibt eine Antwort, deren ambivalente Übersetzungen bereits den möglichen Doppelsinn anzeigen: »Du sagst es!« (Einheitsübersetzung und viele andere), »Du sagst das?« (Pesch), »Das sagst du!« (Stier), »The words are yours« (New English Bible) »C'est toi qui le dit« (Siloé). Das läuft einerseits auf Verneinung der Anklage hinaus und bewahrt bei aller Reserve doch einen bejahenden Hintergrund. Für Markus ist ein metaphorisch verstandenes Königtum Jesu sicherlich zu beanspruchen; selbst in der Verspottung Jesu bewahrt es seine hintergründige Wahrheit.

Die »vielen Anklagen der Hohenpriester« (V 3) unterstreichen ihr Bestreben, Jesus zu Tode zu bringen, bleiben aber ungenannt. Literarisch gesehen sollen sie das Schweigen Jesu um so eindringlicher machen. Hintergründig gehört dieses Schweigen ebenso zum »leidenden Gottesknecht« wie zum Bild des von den Menschen verkannten und verachteten Menschensohnes, der sein Geschick, dem Willen Gottes gehorsam, auf sich nimmt. Auch hier spricht sich urchristliche Theologie aus.

Mit V 6 wird eine neue Erzählung eingeschoben, die den bewußten Kontrast zwischen der Verurteilung Jesu und der Freilassung des Barabbas herausheben, vor allem aber den römischen Richter gegenüber den jüdischen Anklägern entlasten will. Eine anonyme Volksmenge wird »von den Hohenpriestern« aufgewiegelt, im Rahmen der Festtagsamnestie die Freigabe des Barabbas zu fordern. Da Pilatus durchschaut hat, daß die Hohenpriester Jesus »aus Neid« ihm auslieferten, möchte er auf dem Wege der Amnestie Jesus freisprechen. Seine Frage: »Was hat er denn Böses getan?« unterstellt Unschuld. Doch auf das Drängen der Menge liefert er Jesus zur Kreuzigung aus, während er Barabbas freigibt. Von hier bis zum Johannesevangelium entfaltet diese Szene eine zunehmende Dramatik:

– Während sich im ältesten Evangelium Volksmenge und Hohepriester bemühen, Pilatus zu einem Schuldspruch zu drängen, Pilatus seinen Vorbehalt aber durch eine Gegenfrage ausdrückt, entwickelt Matthäus eine dramatische Szene: Er läßt sich Wasser zum demonstrativen Händewaschen bringen und erklärt als höchster Richter: »Ich bin unschuldig am Blut dieses Menschen. Das ist eure Sache!« (Mt 27,24; → S. 452 ff.).

– Bei Lukas erklärt Pilatus direkt: »Ihr habt mir diesen Menschen hergebracht und behauptet, er wiegle das Volk auf. Ich selbst habe ihn in eurer Gegenwart verhört und habe keine der Anklagen, die ihr gegen diesen Menschen vorgebracht habt, bestätigt gefunden, auch Herodes nicht, denn er hat ihn zu uns zurückgeschickt. Ihr seht also: Er hat nichts getan, worauf die Todesstrafe steht. Daher will ich ihn nur auspeitschen lassen, und dann werde ich ihn freilassen« (Lk 23,13-16).

– Das rund eine Generation nach Markus geschriebene Johannesevangelium entwickelt aus der markinischen Szene bereits ein Stück in sieben Aufzügen, bei denen jedesmal der Ort der Handlung wechselt. Vier Szenen spielen vor dem Palast, drei innerhalb. Dreimal tritt Pilatus vor das Volk, um den Fall von sich zu schieben. Erster Versuch: »Nehmt doch ihr ihn und richtet ihn nach eurem Gesetz« (Joh 18,31). Zweiter Versuch: »Ich finde keinen Grund, ihn schuldig zu sprechen ...« (18,38 f.). Dritter Versuch: »Ihr sollt wissen, daß ich keinen Grund finde, ihn schuldig zu sprechen ... Nehmt ihn und kreuzigt ihn! Ich finde keinen Grund, ihn schuldig zu sprechen« (19,4.6).

Ob es eine Amnestie in Jerusalem zum Paschafest gegeben hat, muß offen bleiben. Belege dafür gibt es nicht. Nach dem Bild, das Pilatus als römischer Statthalter der Provinz Judäa (26–36 n. Chr.) hinterlassen hat, war er ein Mann mit wenig Respekt vor jüdischer Eigenart und jüdischer Religion. Die ihm in den Passionserzählungen unterstellte Sympathie für Jesus, den er dann doch als politischen Unruhestifter kreuzigen ließ, ist ganz unwahrscheinlich. In allen Evangelien dominiert die Tendenz, daß sich die jüdische Obrigkeit und mit ihr das verführte Volk gegen Jesus verschworen habe. Obwohl Pilatus das durchschaut haben soll, wirken seine unschlüssigen Reaktionen auf die Forderungen der Menge ausgesprochen situationsfremd. Seine Frage: »Was soll ich dem tun, den ihr den König der Juden nennt?« (Mk 15,12) macht die Gesamttendenz deutlich: Er, der mächtige römische Statthalter und Richter, läßt sich die juristische Entscheidung aus der Hand nehmen.

Falls die Barabbas-Szene bereits zur vormarkinischen Passionstradition gehörte, würde sie die schon früh bestehende christliche Interessenlage belegen. Wenngleich die antijüdische Polemik von Jahrzehnt zu Jahrzehnt immer mehr zunahm, zeigt sich, daß ihre Wurzeln weit zuückreichen. Dafür ist gerade die Gerichtsszene vor Pilatus ein Indikator. Daß das jüdische Volk eine römische Strafausführung für einen frommen Galiläer erzwungen haben soll, zeigt mehr die frühchristliche Neigung, die römische Instanz auf Kosten des Judentums zu entlasten, als daß hier der Prozeß Jesu wirklich beschrieben würde.

Wer die Anklage vor Pilatus betrieb, ist aus den Evangelien nicht zu erheben. Die Frage wäre eher zu entscheiden, wenn man wüßte, von welcher Instanz der Verhaftungsbefehl kam. Sofern jüdische Kreise beteiligt waren, könnten es Sadduzäer gewesen sein, die aus eigener Interessenlage heraus mit den Römern kooperierten. Die Frontstellung gegen die jüdische Seite kann jedoch auch ganz der schmerzhaften und konfliktreichen Entwicklung erwachsen sein, die zur Trennung der christlichen Gemeinden vom Judentum führte (→ S. 540; 552; 567).

In den ersten drei Jahrhunderten gab es keine christliche Darstellung der Kreuzigung Jesu. Das älteste Bild, eine Mauerkritzelei, entstand um 240. Zu dieser Zeit wurde diese Todesstrafe immer noch vollzogen. Wahrscheinlich hat ein junger Soldat die Zeichnung in die Wand der Kaserne auf dem Palatin geritzt, um einen christlichen Kameraden zu verspotten: »Alexamenos verehrt seinen Gott«, lautet der Beitext.

Die Kreuzigung

Mk 15,20b–32

20b Und sie führen ihn hinaus, um ihn zu kreuzigen. 21 Und sie zwingen einen Vorübergehenden, Simon aus Zyrene – der vom Felde kam, den Vater des Alexander und des Rufus – ihm das Kreuz abzunehmen. 22 So bringen sie ihn zur Stätte Golgota, das heißt übersetzt Schädelstätte. 23 Da boten sie ihm mit Myrrhe gewürzten Wein – er aber nahm nicht. 24 Dann kreuzigen sie ihn. Und sie verteilen seine Obergewänder, das Los darum werfend, wer etwas davon nehmen dürfe. 25 Es war die dritte Stunde, als sie ihn kreuzigten. 26 Und die Aufschrift seiner Schuld war darüber geschrieben: Der König der Juden. 27 Und zusammen mit ihm kreuzigen sie zwei Bandenkrieger – einen zur Rechten und einen zu seiner Linken. 28 So ward erfüllt die Schrift, die sagt: Und unter die Verbrecher ward er gerechnet. 29 Die Vorübergehenden lästerten ihn, schüttelten ihre Köpfe und sagten: Ha! Du reißt den Tempel nieder und baust ihn in drei Tagen auf – 30 rette dich selbst, steig herab vom Kreuz! 31 Desgleichen höhnten auch die Hohenpriester untereinander samt den Schriftgelehrten. Sie sagten: Andere hat er gerettet, sich selbst kann er nicht retten: 32 der Messias! Der König Israels! Steig er doch jetzt vom Kreuz herab, daß wir sehen und glauben. Auch die mit ihm Gekreuzigten verfluchten ihn.

Mk 15,20b–32

Ernst Barlach (1870–1938), Anno Domini MCMXVI post Christum natum, 1916.

Wir werden auf einen Berg geführt, von dem der Blick über immer neue Hügelketten geht. Ein gedrungener Mann ist von unten her an Jesus herangetreten, fest in seinen Mantel gehüllt und verweist auf den riesigen Friedhof der Welt. Noch immer steht auf Golgota das Kreuz Jesu zwischen den Kreuzen der mit ihm hingerichteten Männer. Als sei ein Bazillus von dort ausgegangen, so haben sich die Kreuze vermehrt und bedecken nun die ganze Erde. Jesus sieht entsetzt diese Todeslandschaft. Der Titel der Zeichnung verweist auf das Kriegsjahr 1916. Damals bekämpften sich ausschließlich christliche Völker.

Seitdem ist das Morden im christlichen Geschichtsraum weitergegangen. Der Zweite Weltkrieg überdehnte alle bis dahin gekannten Schrecken – und immer noch wird Krieg geführt ...

Markus erzählt, daß nach der Verurteilung römische Soldaten ihren Spott mit Jesus dem »König der Juden« trieben (15, 16-20a). Lukas übergeht diese Szene, vermutlich um die Römer zu schonen. Die Kreuzigung selbst wird sehr nüchtern beschrieben, ohne jede Gefühlsbeimischung. Üblicherweise trug der Verurteilte das *patibulum*, den Querbalken des Kreuzes, selbst zur Hinrichtungsstätte, wo der Pfahl bereits im Boden verkeilt war. Der Hügel Golgota lag nahe bei der Stadt; zur Zeit Jesu gab es dort noch offenes Gelände. Erst unter Herodes Agrippa wurde dieses Gelände in die Stadt einbezogen. Dort entkleidete man Jesus. Nach römischem Brauch wurden die Verurteilten nackt gekreuzigt. Das Lendentuch der christlichen Bilder ist eine Gabe des Würdegefühls.

Zur Kreuzigung trieb man Nägel durch den Unterarm, nicht durch die Handflächen. Dann wurde der Querbalken oben auf den Baumstamm gelegt, so daß nicht die bekannte Kreuzesform, sondern ein T-förmiger Galgen entstand. Ein Sitzpflock sollte die Last des hängenden Körpers mindern – und zugleich den Todeskampf ver-

José Clemente Orozco (1883–1949), Jesus fällt sein Kreuz, Wandgemälde aus dem Zyklus »Epic of New World Culture«, 1932–34.

Die Kreuzigung Jesu wird als Bildthema seit dem 19. Jh. gesellschaftlicher und kirchlicher Kritik dienstbar gemacht. In Mexiko schuf Orozco eine provokante Version, die den Gekreuzigten in eine von Aggression und Vernichtungswillen starrende Welt zurückkehren läßt. Kriegsgerät überlagert alles. Gegen eine solche Vernichtung häufende Welt wendet sich Orozcos Christus. Er sieht sie seines Todes nicht würdig; sie trägt seinen Namen zu Unrecht; darum fällt er das eigene Kreuz, um es einer Christenheit, in deren Zeit die Gewalt nur gewachsen ist, als Zeichen der Identifikation und Legitimation zu bestreiten.

längern. Die Beine wurden übereinandergelegt und mit einem dritten Nagel durch die Fersen an den Stamm geschlagen. Der Tod trat meistens nicht durch Blutverlust sondern durch Erschöpfung ein, konnte aber lange auf sich warten lassen. Zum Schluß leidet der Gekreuzigte unter Atemnot, der Sauerstoffspiegel nimmt ab, Durst wird zur Qual, das Herz schlägt schneller. Der Sterbende empfindet würgende Enge, die Durchblutung von Kopf und Herz wird immer schwächer bis schließlich der Herzschlag aussetzt.

Der Verlauf dieser Hinrichtung war zur Zeit der Evangelienentstehung bekannt. Der frühen Kirche verbot es ihr Taktgefühl, das grausame Geschehen näher zu beschreiben. Die meditative Verarbeitung der Vorgänge führte dazu, sie von der Bibel her zu deuten. Man las sie, um in ihr das Schicksal Jesu bereits vorherbestimmt zu finden. Darum sind die Passionserzählungen durchweg eine Nachzeichnung seines Leidens »gemäß der Schrift«. Die Urkirche fand in Psalmen und den Prophetenschriften eine Fülle von Wendungen, die sie messianisch auf Jesus hin auslegte. Das legt heute die kritische Frage nahe, inwieweit sich Schrift oder Historie wechselseitig bedingen.

Die Stunden, die Jesus sterbend am Kreuz hing, sind mit Spott und Hohn ausgefüllt. Nicht körperliche Schmerzen werden beschrieben, sondern Einsamkeit und inneres Leiden. Sprache dafür bot der Psalm 22: »Ein Wurm bin ich, kein Mensch, der Leute Spott, vom Volk verachtet. Alle, die mich sehen, verlachen mich, verziehen die Lippen, schütteln den Kopf.« Und dem höhnenden: »Hilf dir doch selbst ...« korrespondiert: »Auf Jahwe hat er gehofft, er soll ihn befreien, soll ihn retten, wenn er ihn retten will« (V 7 f.).

Elend ist die Schande der öffentlichen Prozesse, elend die Vermögensstrafe; aber dennoch bleibt bei allem Unheil eine Spur von Freiheit erhalten. Wenn letzten Endes der Tod angedroht wird, wollen wir wenigstens in Freiheit sterben. Aber Henker, Verhüllung des Hauptes und das bloße Wort Kreuz sollen dem Leibe römischer Bürger fern bleiben, ihren Gedanken, ihren Augen, ihren Ohren. Alle diese Dinge sind eines römischen Bürgers und freien Mannes unwürdig: nicht nur, daß es sie gibt und erlitten werden, sondern auch daß sie zulässig sind, erwartet oder auch nur erwähnt werden.

Cicero, Pro C. Rabirio, Oratio 16

Marc Chagall (1887–1985),
Die weiße Kreuzigung, 1938.

Ein Dorf wird überfallen, Häuser stehen
Kopf, es brennt; ein Erschlagener liegt im
Schnee ... Flucht bestimmt die untere
Hälfte des Bildes. Ein Mann trägt als
einzigen Schatz die Torarolle davon, eine
andere schwelt auf der Straße. Darüber
steht die Synagoge in Flammen; man hat
Stühle, Bücher und den Toraschrein in den
Schmutz geworfen.

Inmitten dieses chaotischen Geschehens
steht das Kreuz. Der Gekreuzigte trägt als
Lendenschurz den Tallit, einen jüdischen
Gebetsmantel, dazu ein Kopftuch. So ist es
Pflicht für jüdische Männer bei religiösen
Handlungen. Jesus schaut auf den Leuchter mit den brennenden Lichtern; er vertritt
das jüdische Volk und besetzt nicht zufällig
diesen Platz. Der titulus wird mit dem
traditionellen INRI wiedergegeben und
zugleich hebräisch voll ausgeschrieben:
»Jesus, der Nazoräer, der König der Juden«.
In der Höhe klagen und weinen die Ahnen
des Volkes ...

Das Bild aktualisiert die Kreuzigung Jesu
im Rahmen des Judenpogroms am Abend
des 9. November 1938, als in Deutschland
die Synagogen brannten. Der Maler erkennt Jesus als den repräsentativen Juden,
dessen Kreuzigung Mahnmal für die sich
fortsetzende, endlose Passion seines Volkes
ist. Während im kirchlichen Kult die »Vergegenwärtigung des Kreuzesopfers« gefeiert
wurde, blieb die millionenfach wiederholte
Hinrichtung des Juden Jesus außerhalb des
praktizierten Glaubensbewußtseins.

Der Tod Jesu

33 Als die sechste Stunde gekommen, ward Finsternis über das ganze
Land hin – bis zur neunten Stunde. 34 Und in der neunten Stunde
schrie Jesus mit gewaltiger Stimme: Eloï, Eloï, lema sabachtani. Das
heißt übersetzt: Mein Gott, mein Gott, warum hast du mich im Stich
gelassen! 35 Einige der Dabeistehenden hörten es und sagten: Sieh her,
er ruft den Elija. 36 Da lief einer, füllte einen Schwamm mit Essigwein,
steckte ihn auf einen Rohrstock und wollte ihn tränken und sagte:
Laßt, wir wollen doch sehen, ob Elija kommt, ihn herunterzuholen! 37
Jesus aber ließ einen gewaltigen Schrei und hauchte den Geist aus.
38 Und der Vorhang des Tempels ward zersplissen – entzwei von oben
bis unten.
39 Als aber der Hauptmann, der ihm gegenüber dabeistand, ihn so –
schreiend – den Geist aushauchen sah, sprach er: Wahrhaftig – dieser
Mensch war Gottes Sohn!
40 Es waren da aber auch Frauen, von ferne zuschauend, unter ihnen
auch Maria aus Magdala, und Maria, des Kleinen Jakobus und des Joses Mutter, und Salome. 41 Die waren ihm gefolgt und hatten ihm gedient, als er in Galiläa war; und noch viele andere, die mit ihm nach
Jerusalem heraufgekommen waren.

Mk 15,33-41

Die Finsternis, die von der sechsten bis zur neunten Stunde »das ganze Land« überkommt, sollte nicht astronomisch verstanden werden. Zur Zeit des Pascha-Vollmondes ist eine Sonnenfinsternis unmöglich. Hier ist sie symbolischer Ausdruck einer kosmischen Trauer, für die es schon bei Amos einen Vorentwurf gibt: »An jenem Tag – spricht der Herr Jahwe – lasse ich am Mittag die Sonne schwinden und verfinstere die Erde am lichten Tag« (8,9). Alle diese Schriftstellen müssen aber nicht durch »Nachschlagen« unmittelbar in die Passionstradition übernommen worden sein, sie können sich auch über Gottesdiensttraditionen nahegelegt haben.

Den Beginn der Kreuzigung gibt Markus mit der dritten Stunde an, das ist neun Uhr morgens. Als seine Todesstunde nennt er die neunte, drei Uhr am Nachmittag. Im Gegensatz dazu spricht Joh 19,14 von der 6. Stunde als Zeit der Urteilsverkündigung, also der Mittagszeit. Die »laute Stimme«, mit der Jesus den Vers 2 aus dem 22. Psalm zitiert, paßt nicht zu der Atemnot, mit der die medizinische Beschreibung des Todeskampfes rechnet. Überliefert wird die aramäische Version dieses Gebetes, was auf die aramäisch sprechende judenchristliche Urgemeinde zurückgehen könnte. Beschrieben wird aber nicht die innere Befindlichkeit Jesu, sondern eine Deutung seines Todes durch die Urgemeinde: tiefste seelische Not und Gottverlassenheit bringt der zitierte Vers zum Ausdruck, wenngleich der Psalm zu Dank und Lobpreis für die Errettung fortschreitet. Die beiden letzten Evangelien verzichten auf das schockierende Wort. Bei Lukas sagt Jesus: »Vater, in deine Hände lege ich meinen Geist« (23,46) und bei Johannes: »Es ist vollbracht!« (19,30).

Als unmittelbare Reaktion auf den eingetretenen Tod nimmt der römische Hauptmann Stellung: »Wahrhaftig, dieser Mensch war Gottes Sohn!« Wenn ihm damit auch kein christliches Bekenntnis unterstellt wird, wie es sich erst nach Ostern entwickelt, zählt er Jesus doch zu den gerechten Söhnen Gottes. Sein Zeugnis kann eine Verarbeitung von Weish 2,18; 5,5 sein. In der symbolischen Gestalt des Centurio schimmert bereits die Heidenmission durch.

Auch das Zerreißen des Tempelvorhangs nach dem Tode Jesu (V 38) ist ein symbolischer Ausdruck, der das Allerheiligste von jetzt an selbst den Heiden zugänglich macht. Die weitere christliche Geschichte deutete es oft als Gottesgericht über den Tempel und die jüdische Religion und nahm es fatalerweise als Legitimation ihrer Judenfeindschaft.

Während das gesamte Passionsgeschehen nur von Männern bestimmt war, ist nun erstmals überraschender Weise von Frauen die Rede. Sie werden als Kronzeugen der Kreuzigung Jesu angeführt. Ihre Namen verweisen auf galiläische Frauen und verbürgen, daß von Anfang an Frauen zur Gefolgschaft Jesu gehörten. Da sie den theologischen Interessen des Markus nicht unmittelbar entsprechen, können sie Hinweis auf einen historischen Hintergrund sein, daß zu Jesu Gefolgschaft ungewöhnliche Frauen gehörten, denen freilich in der späteren Kirchenstruktur kein öffentlicher Rang mehr zuerkannt wurde.

TENEBRAE

Nah sind wir, Herr,
nahe und greifbar.

Gegriffen schon, Herr,
ineinander verkrallt, als wär
der Leib eines jeden von uns
dein Leib,
Herr.

Bete, Herr,
bete zu uns,
wir sind nah.

Windschief gingen wir hin,
gingen wir hin, uns zu bücken
nach Mulde und Maar.

Zur Tränke gingen wir, Herr.

Es war Blut, es war,
was du vergossen, Herr.

Es glänzte.
Es warf uns dein Bild in die Augen, Herr.
Augen und Mund stehen so offen und leer,
Herr.
Wir haben getrunken, Herr.
Das Blut und das Bild, das im Blut war,
Herr.

Bete, Herr.
Wir sind nah.

Paul Celan

Befremdlicherweise sind »wir« es, die nahe sind und nicht Jahwe, dessen Name Nähe verspricht. In den Tenebrae-Metten der Karwoche wurden Psalmen gesungen, die auch Juden über die Lippen kamen, als sie in Duschräumen um Atem rangen. »Ineinander verkrallt« standen sie in der Gaskammer. Die Verklammerung »der Leib eines jeden von uns« und »dein Leib, Herr« steht im Konjunktiv. Die hier sprechen, leiden nicht im Namen Christi. Nicht auf Golgota, sondern im ländlichen Polen wird Leben so vernichtet, daß es die Verhältnisse auf den Kopf stellt: »Bete, Herr, bete zu uns, wir sind nah.«

In Celans »Tenebrae« (»Schatten«, »Finsternis«) spiegelt sich das Schicksal der jüdischen Millionen von Auschwitz im Schicksal des einen Juden Jesus. Aber die Kreuzigung für den jüdischen Todeskampf in Anspruch zu nehmen, wie Chagall es ebenfalls tat, ist keine ökumenische Geste. Elfmal wird der »Herr« angerufen. »Am Ende des Gedichts ist dieses ›Herr‹ vielleicht sogar jüdische Blasphemie: ›Bete, Herr. Wir sind nah‹, nah, weil tot« (John Felstiner).

Die Römer bestraften mit der Kreuzigung vor allem Angehörige der Unterschicht, Sklaven, Gewaltverbrecher und unruhige Elemente aufsässiger Provinzen, nicht zuletzt in Judäa. Der Hauptgrund der Anwendung dieser Form der Todesstrafe war deren vermeintlich besonders abschreckende Wirkung ... Durch die öffentliche Zurschaustellung des nackten Leibes – an einer Straßenkreuzung, in einem Theater, auf einer Anhöhe – erfuhr der Hingerichtete mit der Kreuzigung auch die tiefste Demütigung, die nicht ohne numinose Dimension war. Eben dieser mußten Juden, denen Dtn 21,23 gegenwärtig war, in besonderem Maße gewahr sein ...

Die Strafe der Kreuzigung wurde zusätzlich verschärft durch die Tatsache, daß deren Opfer häufig nicht begraben wurden. Es war eine stereotype Vorstellung, daß der Gekreuzigte wilden Tieren und Raubvögeln zum Fraß diente. Dadurch wurde seine Demütigung vollendet. Was es für einen Menschen im Altertum bedeutete, wenn ihm das Begräbnis verweigert wurde, und die Schande, die damit einherging, sind Empfindungen, die der moderne Mensch kaum nachvollziehen kann.

Martin Hengel

42 Als es schon Abend geworden – zumal Rüsttag, das heißt Vorsabbat war – **43** kam Josef aus Arimathäa, ein angesehener Ratsherr, der selbst auch des Reiches Gottes harrte. Er wagte es, ging zu Pilatus hinein und bat um den Leib Jesu. **44** Pilatus staunte, ob er denn schon tot sei. Er rief den Hauptmann herbei und fragte ihn, ob er bereits gestorben sei. **45** Und als er es vom Hauptmann erfuhr, schenkte er Josef die Leiche. **46** Da kaufte er Linnen, nahm ihn herab, umwand ihn mit dem Linnen und legte ihn in ein Grab, das aus einem Felsen herausgehauen war. Dann wälzte er einen Stein ans Tor des Grabes. **47** Maria aus Magdala und Maria, des Joses Mutter, schauten nach, wohin er gelegt worden.

Mk 15,42-47

*B*ekannt ist, daß mitunter ein Gekreuzigter den Angehörigen zur Bestattung überlassen wurde. Dazu gehörten allerdings gute Beziehungen und Zugang zu einem der Entscheidungsbefugten, wie sie der Geschichtsschreiber Josephus besaß, der bei der Zerstörung Jerusalems im Jahre 70 Dolmetscher des römischen Oberbefehlshabers Titus war. Er schreibt im autobiographischen Anhang seiner »Jüdischen Altertümer«:

»Auf dem Wege von dort sah ich wieder Gefangene, die am Kreuz hingen, und erkannte darunter drei meiner Freunde. Mit tiefem Schmerz und unter Tränen begab ich mich zu Titus und erzählte es ihm. Sogleich ließ er sie abnehmen und ihnen die sorgfältigste Behandlung angedeihen. Trotzdem starben zwei von ihnen während der Behandlung, der dritte aber wurde gerettet.«

Nun hatte, wer gekreuzigt wurde, normalerweise keinen einflußreichen Fürsprecher; wer aber einen hatte, wurde nicht gekreuzigt. Und ohne Einfluß oder Bestechung war die Freigabe der Leiche nicht zu haben. Schon die Bitte darum konnte einem Verwandten oder Freund gefährlich werden, weil dieser damit ja seine Verbindung zu dem verurteilten Verbrecher aufdeckte.

Im Regelfall bewachten die römischen Soldaten das Kreuz bis zum Tod des Hingerichteten und überließen dann seine Leiche den Aaskrähen, streunenden Hunden oder sonstigen Tieren, so wie dies über Jahrhunderte christlicher Geschichte mit den Gehängten im Weichbild von Städten und Dörfern auch geschah. Die Hinrichtungsart und das Schicksal der Leichen sollte der Abschreckung dienen. Demgegenüber galt für Juden die Vorschrift nach Dtn 21,23: »Die Leiche soll nicht über Nacht am Pfahl hängen bleiben, sondern du sollst sie noch am gleichen Tag begraben; denn ein Gehenkter ist ein von Gott Verfluchter. Du sollst das Land nicht unrein werden lassen, das Jahwe, dein Gott, dir als Erbbesitz gibt.« Wenn die Römer die jüdische Ordnung mißachteten, werden sie die Leiche zunächst am Kreuz hängen gelassen haben, wie sie es auch in anderen Ländern taten. Hielten sie sich aber an das jüdische Gesetz, hätte es zur Aufgabe der beteiligten Soldaten gehört, den Toten auch einzugraben. Diese

Hoffnung äußert sich in der Darstellung des außerkanonischen Petrusevangeliums, in dem es heißt: »Da zogen die Juden die Nägel aus den Händen des Herrn und legten ihn auf die Erde. Und die ganze Erde erbebte und große Furcht entstand.« Hier wird angenommen, daß jene, die an der Kreuzigung beteiligt waren, ihn auch begruben. Demgegenüber unterstellt die Evangelientradition, daß Jesus von Freunden begraben wurde.

Um das tun zu können, war ein Josef von Arimathäa notwendig, wahrscheinlich eine erfundene Figur, welche die Unkenntnis der Vorgänge am verlassenen Schauplatz gegen Hoffnungsbedürfnisse austauschte. Der konkrete Name verbürgt noch keine Historizität. Daß er ein »angesehener Ratsherr« gewesen sein soll, rückt ihn auf die Seite derer, die nach Markus die Kreuzigung anordneten; daß er »selbst auch des Reiches Gottes harrte«, hingegen auf die Seite der

Bestattungsordnung für Hingerichtete

In der im 2. Jh. n. Chr. aufgezeichneten Sammlung von Lehrsätzen der mündlichen Tora (Mischna) heißt es im Traktat Sanhedrin VI 7c:

Man begrabe sie nicht in den Gräbern ihrer Väter, denn zwei Begräbnisplätze waren seitens des Gerichtshofes eingerichtet: der eine für die Gesteinigten und Verbrannten, der andere für die Enthaupteten und Erdrosselten.

Jünger. Matthäus unterschlägt die Zugehörigkeit des Josef zum Hohen Rat, indem er ihn ausschließlich als »Jünger Jesu« darstellt (27,57-60). Lukas beläßt ihm die Mitgliedschaft im Hohen Rat, behauptet aber, er habe dem Gerichtsbeschluß des Sanhedrin nicht zugestimmt (23,50-54). Bei Johannes schließlich verbündet sich jener Nikodemus, der Jesus einmal bei Nacht aufgesucht haben soll, mit Josef von Arimathäa.

Demnach steigert sich die Szenerie: Während dem Petrusevangelium zufolge »die Juden« Jesus bestatteten, legt ihn das Mitglied des Hohen Rates in ein neues Felsengrab; bei Johannes kommt noch ein weiterer Kollege helfend hinzu. Hier, im letzten Evangelium, befindet sich das Grab sogar in einem Garten und gewinnt damit schon repräsentativen Charakter.

*Paul Delvaux (1897–1994),
Die Beweinung des toten Christus, 1953.*

Die Botschaft des Engels am leeren Grab

1 Als der Sabbat vorüber war, kauften Maria aus Magdala, Maria, des Jakobus Mutter, und Salome Duftkräuter, um hinzugehen und ihn zu salben. 2 Und in aller Frühe, am ersten Wochentag, kommen sie zum Grab, als eben die Sonne aufging. 3 Und sie sagten zueinander: Wer wird uns den Stein vom Tor des Grabes wegwälzen? 4 Und sie blickten auf und schauen: Umgewälzt lag der Stein da; er war nämlich sehr groß. 5 Und als sie in das Grab hineingingen, sahen sie zur Rechten einen Jüngling sitzen, in einen weißen Talar gewandet – da erschauderten sie. 6 Er aber sagt zu ihnen: Erschaudert nicht! Jesus sucht ihr, den Nazarener, den Gekreuzigten – auferweckt ward er. Er ist nicht hier. Seht da – der Ort, wo sie ihn hingelegt haben. 7 Doch geht, sprecht zu seinen Jüngern und Petrus: Er geht euch voraus nach Galiläa; dort werdet ihr ihn sehen, wie er euch gesagt hat. 8 Und hinaus gingen sie, flohen vom Grab. Noch zitterten sie und waren außer sich. Und mit niemand sprachen sie etwas – voll Furcht wie sie waren.

Mk 16,1-8

Historisches Faktum ist, daß diejenigen, die vor seiner Hinrichtung an Jesus glaubten, dies nachher weiter taten. An Ostern wurde nicht ein neuer Glaube geweckt, sondern ein alter fortgesetzt. Das ist das einzige Wunder und das einzige Geheimnis, aber es ist doch hinreichend wunderbar und geheimnisvoll. Natürlich mag es Trancezustände und Visionen gegeben haben. Dergleichen kommt in allen Religionen vor, und daß Paulus mit seinen gelegentlichen Ekstasen allein stand, ist nicht anzunehmen. Aber das ist nicht alles, was geschah. Da waren diejenigen, zuallererst, die barfuß auf den steinigen Straßen Galiläas unterwegs waren. Und dann waren da jene anderen, die in der Schrift nach Erklärung des Geschehenen suchten. Es wäre eine schreckliche Trivialisierung, sich einzubilden, daß alle Nachfolger am Karfreitag ihren Glauben verloren und zu dessen Wiederherstellung der Erscheinungen am Ostersonntag bedurften. Eine weitere Trivialisierung läge in der Annahme, daß alle, die den Mut verloren haben und geflohen sind, auch Glaube, Hoffnung und Liebe verloren haben.

John Dominic Crossan

Die älteste neutestamentliche Osterbotschaft ist die paulinische Bekenntnisformel 1 Kor 15,3-5 (→ S. 560 ff.). Sie stammt aus dem frühen, griechisch sprechenden Judentum. Gegenüber dieser Formel sind die Ostererzählungen der Evangelien jüngeren Datums. Sie sind keine historischen Erfahrungsberichte, sondern die Übersetzung des knappen Bekenntnissatzes »Gott hat Jesus von den Toten auferweckt« in eine erzählerische Gestalt. Man kann diese Erzählungen als Legenden bezeichnen, sofern man hier darunter eine Gattung versteht, die das Unanschauliche anschaulich macht (→ S. 386).

Die Erzählung von der Auferweckungsbotschaft am leeren Grab ist die einzige Ostererzählung, die allen drei Synoptikern gemeinsam ist. Markus führt seinen Erzählfaden mit den galiläischen Frauen weiter, die bereits die Kreuzigung Jesu aus der Ferne verfolgt hatten. Sie wollen am Sonntagmorgen den Leichnam noch salben – ein beispielloser Vorgang, der sich am besten aus seiner Erzähllogik erklären läßt, denn die Salbung erzwingt den Gang zum Grabe. »Das Salbungsmotiv ist also ganz in den Dienst der Grabeslegende gestellt, in der es um die Verkündigung der Auferweckung Jesu geht« (Rudolf Pesch).

Erst auf ihrem Weg überlegen die Frauen, wie sie den Verschlußstein fortbekommen können. Auch hier erklärt sich die Ungereimtheit ihres Verhaltens nicht aus der Gedankenlosigkeit der Frauen, sondern aus dem erzählerischen Ziel, die Szene mit dem Engel vorzubereiten. Da der Stein bereits beiseite geschoben ist, betreten die Frauen das Grab und sehen einen jungen Mann, den sein weißes Gewand als »Gottesbote« kennzeichnet (→ S. 226; 457). Sein Platz »auf der rechten Seite« verheißt gute Botschaft; sie sitzend zu verkünden, unterstreicht ihren Autoritätsanspruch. Die Furchtreaktion der Frauen gehört zu den Stilgesetzen solcher Epiphanieerzählungen. Die Erscheinung eines Engels ist ein Mysterium, vor dem der Mensch erschaudert. Auch das eröffnende Wort: »Erschaudert nicht!« kennzeichnet die literarische Gattung.

Die Nichtauffindbarkeit Jesu im Grab wird durch den göttlichen Boten als »Folge« seiner Auferweckung vorgestellt. Die damit verknüpfte Frage, ob das »leere Grab« tatsächlich eine historische Entdeckung gewesen ist oder nur legendarisches Veranschaulichungsmittel, hat in der exegetischen Literatur Regale füllen helfen. Einig sind sich alle Theologen, daß das leere Grab den christlichen Auferstehungsglauben nicht begründet. Die Vorstellung eines »leeren Grabes« hat auch nicht die anfängliche Osterbotschaft bestimmt. Sie ergab sich vermutlich aus der jüdischen Anthropologie, die nicht – wie es griechischer Denkweise entsprach – zwischen Leib und Seele unterschied. In jedem Fall ist die Formulierung »Gott hat Jesus von den Toten auferweckt« älter als die Grabesgeschichte. Entsprechend kommt ihr auch inhaltlich der Vorrang zu. Wenn es bei Lk 24,5 heißt: »Was sucht ihr den Lebenden bei den Toten ...«, so wird dort der Blick vom Grab weggelenkt. Für das heutige theologische Denken, das den »Auferstehungsleib« nicht mehr an das Schicksal einer sterblichen und verwesenden Materie bindet, sondern als Aufnahme der einmaligen Person in die Wirklichkeit Gottes deutet, ist der Streit um das »leere Grab« irrelevant geworden.

Werkstatt Piero della Francescas, Fragment, 15. Jh.

Im Fortgang der Grabeslegende werden die Frauen zu Zeugen der Nichtauffindbarkeit Jesu. Das Markusevangelium verzichtet auf jede Erscheinungserzählung. Der Auftrag, den Jüngern, vor allem dem Petrus, zu sagen: »Er geht euch voraus nach Galiläa; dort werdet ihr ihn sehen«, läßt jene Ostererfahrungen erwarten, von der 1 Kor 15,5 oder Lk 24,34 sprechen. Das im letzten Vers erneut anklingende Motiv: Schrecken, Entsetzen und Flucht verweist allerdings erneut auf die Wahrnehmung eines Mysteriums, das Menschen erschaudern läßt (→ S. 455 ff; 487 ff.).

Ein zweiter Schluß des Evangeliums

Die ältesten Markus-Handschriften enden mit Mk 16,8. Die Verse 9-20 gelten als späterer Nachtrag. Weil das Matthäus- und Lukasevangelium nur bis Mk 16,8 übereinstimmen, der Verlust eines größeren Mk-Schlusses vor Entstehung dieser nachfolgenden Evangelien aber nicht plausibel ist, gilt der heute vorliegende Mk-Schluß 16,9-20 als später angefügt. Er entstand sekundär als Zusammenfassung bereits bekannter Ostererzählungen. Da der wirkliche Schlußsatz 16,8 den Leser irritierte, ähnlich wie dies von den Frauen gesagt wird, die aufgewühlt vom Grabe zurückkehren, will der neue Schluß in V 19-20 das Buch deutlich abrunden und den Leser beruhigen. In eine Interpretation des ursprünglichen Evangeliums ist dieser Text darum nicht einzubeziehen.

Die Erzählung vom leeren Grab läßt sich als Veranschaulichung der Auferweckungsbotschaft im Kontext antiker Entrückungslegenden (→ S. 491 f.) begreifen. Den Einfluß dieser Vorstellung bestätigt die weitere Ausgestaltung der Ostererzählungen bis hin zur lukanischen Himmelfahrtsgeschichte. Für Markus gehört die Auffindung des leeren Grabes noch in die Zeit der »geheimen Epiphanien«. Die Frauen, die in der Passionsgeschichte die Rolle der entflohenen Jünger weiterführen, dokumentieren durch ihre Reaktion in 16,8, daß auch die Ereignisse am geöffneten Grab Unverständnis und Unglauben der Jüngerschaft nicht überwinden können. So wenig die Wunder Jesu wahres Wesen, seine Gottessohnwürde, zugänglich machen und zum Glauben führen, so wenig kann dies durch das leere Grab geschehen. Es ist nur »Zeichen«, kein »Beweis«.

Paul Hoffmann

Das Evangelium nach Matthäus

Matthäus ist der von der späteren Tradition gegebene Name für einen unbekannten Verfasser, der kein Augenzeuge des Lebens Jesu war. Innere Gründe weisen ihn als Judenchrist aus: Seine Sprache ist in hohem Maße von der Bibel geprägt, sie verrät darüber hinaus jüdisches Kolorit; der größte Teil seines von ihm aufgegriffenen Sondergutes stammt aus einem judenchristlichen Milieu. Auch die theologische Linie seines Evangeliums ist judenchristlich bestimmt.

Das Matthäusevangelium ist keine Übersetzung, es wurde griechisch geschrieben. Sein Verfasser läßt sich als ein schriftstellerisch begabter, hellenistisch-jüdischer Theologe im syrischen Raum denken, der sich selbst als christlicher »Schriftgelehrter« verstand (13,52). Da er kein Augenzeuge der Jesuszeit war, mußte er für seine Arbeit Quellen benutzen. Die wichtigste Vorgabe für ihn war das Markusevangelium; Matthäus folgte diesem Text bis in den Aufbau hinein. Daneben stand ihm (wie auch Lukas) eine Redequelle (Q) mit Quintessenzen der Verkündigung Jesu zur Verfügung (→ S. 440 f.). Nicht zuletzt konnte Matthäus Materialien aus der eigenen Gemeindetradition aufgreifen. Die Forschung bezeichnet diese Stücke als matthäisches »Sondergut«.

Da das Matthäusevangelium äußerst schroffe antijüdische Texte enthält (z.B. Kap. 23; → S. 445 ff.), die das Judentum in pauschalierender Weise verurteilen, stellt sich die Frage, wie dies mit dem jüdischen Selbstverständnis des Verfassers zusammengeht. Dessen Position und die Situation seiner Gemeinde läßt sich hypothetisch etwa folgendermaßen beschreiben:

1. Die matthäische Gemeinde ist durch judenchristliches Milieu in hellenistischer Umgebung geprägt, versteht sich aber nicht mehr als Teil der pharisäischen Synagoge. Die Distanzierung wird deutlich durch die Wendung »ihre« Synagoge in 4,23; 9,35; 10,17; 12,9; 13,54; 23,34. Die Synagoge erfährt nur negative Kennzeichnungen: 6,2.5; 10,17; 13,54; 23,6.34, im Unterschied zum Tempel, der vermutlich zur Zeit der Abspaltung von der Synagogengemeinde nicht mehr existierte.

2. Trotz ihrer Trennung vom jüdischen Synagogenverband lebte die matthäische Gemeinde nach der Tora, also gesetzestreu. Dafür war ihr Jesus der oberste Lehrer und Interpret der Tora. Von ihm her verstand sie das Liebesgebot als Mitte des Gesetzes (22,34-40), ohne selbst die »geringsten Gebote« (5,18 f.) aufzugeben, wie etwa Minze, Dill und Kümmel zu verzehnten (23,23c). Diese Einstellung könnte die Gemeinde auch gegenüber dem Ritualgesetz beibehalten haben.

3. Die zweifellos konfliktreiche Trennung von Synagoge und Gemeinde liegt wahrscheinlich erst kurze Zeit zurück. Als Abfassungszeit des Matthäusevangeliums sind die Jahre zwischen 80 und 90 denkbar. Dafür spricht, daß einerseits die Zerstörung Jerusalems vorausgesetzt ist (22,7; 23,38; 24,2); andererseits, daß zu Beginn des 2. Jahrhunderts das Matthäusevangelium bereits mehrfach zitiert wird. Mehr Gewicht hat ein innerer Grund: Die affektgeladene Abrechnung mit dem pharisäisch geführten Judentum ist verständlicher, wenn die Trennung noch nicht weit zurückliegt.

Matthäus auf den Schultern des Propheten Jesaja, Zeichnung nach einem Fenster der Kathedrale von Chartres.

Dem Nazarener zu Hilfe kommen, ihn aus den Geröllhalden des über ihn Geredeten und Geschriebenen herausbaggern, ihn herausziehen aus dem Schwemmsand der erbaulichen Sprache, um ihn, der nicht aufs Gesicht der Menschen schaute (Mk 12,14), abseits zu führen, wo er Aug' in Aug' mit seinen Jüngern spricht ... Was nicht in ihm war, sich den Menschen bequem zu machen, seine Gläubigen haben es besorgt. Gingen nicht schon die Evangelien daran, dem Grenzensprenger Grenzen zu setzen, den nicht Ergreifbaren in Griff zu nehmen?

Fridolin Stier

4. War die matthäische Gemeinde auch jüdischer Herkunft, sah sie die Zukunft ihres Glaubens doch in der Heidenmission. So endet das Evangelium mit dem Missionsbefehl Jesu, der durch viele verborgene Signale und Ankündigungen über das ganze Evangelium hin vorbereitet wird (2,1-12; 8,5-13; 15,21-28; 21,43; 22,8-10). Diese Neuausrichtung auf die nichtjüdischen Völker dürfte ihren entscheidenden Impuls durch die Zerstörung Jerusalems und das Ende aller Bindungen an den Tempel gefunden haben. Offen ist, wie sich Matthäus die Völkermission dachte. Mußte sie die Treue zur Tora einschließen? Der ganz anders als Matthäus orientierte Paulus nannte Judenchristen, die einen wenigstens modifizierten Gesetzesgehorsam von den Heiden verlangten, Falschbrüder und Häretiker (→ S. 553). Wie sich beide Richtungen arrangierten – wenn sie es denn taten –, ist historisch nicht rekonstruierbar.

Die Mitglieder der matthäischen Gemeinde verstanden sich keineswegs als Vertreter einer neuen Religion, sondern weiterhin als Glieder des Volkes Israel, mehr noch, als dessen Repräsentanten, die Gott durch Jesus erwählt hatte, den Anbruch des Reiches Gottes zu verkünden. Folglich behaupteten sie ihre jüdische Identität, belegten sie aus der Schrift und sprachen diese, wie wechselseitig üblich, den Gegnern rundherum ab. Als das Markusevangelium in der Matthäusgemeinde bekannt wurde, dürfte es eine wichtige Orientierungshilfe geworden sein. Da dieser Text bereits im Dienst der Heidenmission stand, mag er Matthäus ermutigt haben, sich nach dem Scheitern der Israelmission »auf den Weg der Heiden« zu begeben. Dies kann aber auch Anlaß zum Streit in der Gemeinde gewesen sein, denn der Schritt über die eigene Israelbindung hinaus, in der sich Jesus verstanden hatte, war nicht selbstverständlich. Grundsätzlich hatten judenchristliche Gemeinden in Palästina und Syrien, wo die jüdische Bevölkerung relativ verbreitet war, zwei Möglichkeiten: Sie konnten sich mit den heidenchristlichen Gemeinden verbinden, um letztlich in einer heidenchristlichen Kirche aufzugehen – der Weg, der im Matthäusevangelium eingeschlagen wird –, oder sie konnten judenchristliche Gemeinden zwischen Synagoge und Heidenkirche bleiben. Diesen Weg haben in Syrien viele Judenchristen bevorzugt. Sie gerieten dabei zunehmend in die Kritik der heidenchristlichen Theologen, wie sie sich bereits bei Paulus ankündigte.

Die Vorgeschichte

Die Kindheitserzählungen bei Matthäus (und Lukas) sind keine Erinnerungen aus der Verwandtschaft Jesu. Sie gehören einer späten Stufe der Evangelientradition an. Historischen Informationswert haben sie nicht. Wer die Gattung dennoch von der Historie her verstehen will, verschließt sich ihrer sachgemäßen Auslegung. Die erzählenden Texte lassen sich ungenau als Legenden bezeichnen, ihre Verwurzelung in der biblischen Tradition sprengt jedoch eine solche Bestimmung.

Da bereits in der Jüdischen Bibel mehrfach Kindheitserzählungen begegnen, sind diese Traditionen mit im Blick zu halten. Für Mt 1 und

Das Bemerkenswerte an der Erzählung des Matthäus liegt darin, daß es ihr gelang, obgleich sie im Hauptteil ihres Materials vollkommen auf Q und Markus beruhte, Jesus einen – gegenüber der Darstellung der beiden Vorgänger – ganz anderen Charakter und seinen Lehren einen ganz anderen Tenor zu verleihen. Nach der Vorstellung des Matthäus erschien Jesus als wichtigste Blüte der Weisheit und des Geistes, die der jüdischen Überlieferung und Religion innewohnten ... Er mußte dem markinischen Bild eines in Rätseln sprechenden Lehrers entgegentreten, dessen Weisung in Form von »Gleichnissen« erfolgte, so daß die Hörer ihn nicht verstehen konnten (Mk 4,12). Sein Gegenentwurf gegen Markus bestand in erster Linie darin, daß er ihn als öffentliche Figur darstellte, dessen Lehre von allen, die ihn hörten, verstanden und angenommen werden sollte. Somit macht Jesus bei Matthäus seinen ersten Eindruck auf die Menge nicht durch Exorzismen, sondern durch eine programmatische Rede. Die Bergpredigt ist Matthäus' höchst kunstvoll gestaltete Feststellung dessen, was die Leser gemäß seinem Wunsch über Jesu Lehre verstehen sollten.

Burton L. Mack

Meister Gerlachus, Stammbaum Christi –
Wurzel Jesse (Jes 11, 1 ff.), um 1150.

Matthäus setzt bei seinen Adressaten die Grundlagen des christlichen Glaubens voraus. Ihm geht es um eine Neuakzentuierung. Indem er diese in die Form einer Jesus-Erzählung kleidet, die konkreten eigenen Adressaten also nicht direkt anspricht, muß er das, was er ihnen sagen will, durch Jesus verschiedenen Hörergruppen der Jesus-Zeit sagen lassen. Dies schließt ein, daß Matthäus die Figuren der erzählten Welt nicht historisch versteht, sondern transparent auf die eigene Zeit hin deutet. Oder umgekehrt: Matthäus deutet die eigene Geschichte im Lichte der Geschichte Jesu, die er erzählerisch so anlegt, daß in ihr die eigenen konkreten Probleme vorabgebildet sind.

Hubert Frankemölle

2 ist auf die Geschichten von der Geburt Ismaels, Isaaks und Simsons zu verweisen (Gen 16,1-11; 17,19; Ri 13,3.5). Im Hintergrund stehen auch die Kindheitserzählungen von Mose (Ex 1,1-2,10), die Vorbild für den Betlehemitischen Kindermord und die Flucht Jesu nach Ägypten sind.

Die irdische Abstammung Jesu

1 Buch des Ursprungs Jesu: des Messias, des Sohnes Davids, des Sohnes Abrahams. 2 Abraham zeugte Isaak, Isaak zeugte Jakob, Jakob zeugte Juda und seine Brüder. 3 Juda zeugte Perez und Serach – aus der Tamar. Perez zeugte Hezron, Hezron zeugte Aram. 4 Aram zeugte Amminadab, Amminadab zeugte Nachschon, Nachschon zeugte Salmon. 5 Salmon zeugte Boas – aus der Rahab. Boas zeugte Obed – aus der Rut. Obed zeugte Isai, 6 Isai zeugte David, den König. David zeugte Salomo – aus der Frau des Urija. 7 Salomo zeugte Rehabeam, Rehabeam zeugte Abija, Abija zeugte Asa. 8 Asa zeugte Joschafat, Joschafat zeugte Joram, Joram zeugte Usija. 9 Usija zeugte Jotam, Jotam zeugte Ahas, Ahas zeugte Hiskija. 10 Hiskija zeugte Manasse, Manasse zeugte Amos, Amos zeugte Joschija. 11 Joschija zeugte Jojachin und seine Brüder – zur Zeit der Verschleppung nach Babylon. 12 Nach der Verschleppung nach Babylon: Jojachin zeugte Schealtiël, Schealtiël zeugte Serubbabel. 13 Serubbabel zeugte Abihud, Abihud zeugte Eljakim, Eljakim zeugte Azor. 14 Azor zeugte Zadok, Zadok zeugte Achim, Achim zeugte Eliud. 15 Eliud zeugte Eleasar, Eleasar zeugte Mattan, Mattan zeugte Jakob. 16 Jakob zeugte Josef, den Mann Marias. Aus ihr ward gezeugt Jesus, der Christus genannt wird – das heißt: »Messias«. 17 All die Geschlechter sind also: von Abraham bis David: vierzehn Geschlechter; von David bis zur Verschleppung nach Babylon: vierzehn Geschlechter; von der Verschleppung nach Babylon bis zum Messias: vierzehn Geschlechter.

Mt 1,1-17

Wie wichtig die jüdische Grundstruktur für das Matthäusevangelium ist, zeigt sich im vorangestellten Stammbaum. Er wurde sehr bewußt und sorgfältig angelegt und bietet einen ersten Schlüssel für das ganze Evangelium, dessen »Grundschrift« Matthäus bei Markus vorfand, aber im Verständnis seiner eigenen Situation modifizierte und erweiterte. Bibelkundige Leser werden dafür vorausgesetzt. Ähnlich wie Mk 1,1 beginnt auch Mt 1,1 programmatisch: »Buch des Ursprungs Jesu: des Messias, des Sohnes Davids, des Sohnes Abrahams.« Diese Eröffnung weckt Anklänge an die Genesis, die sich in ihrer griechischen Version ebenfalls als »Buch des Ursprungs« bezeichnet. Es ist eine gewollte Parallele. Indem Matthäus mit einem weiteren »Buch des Ursprungs« neu einsetzt, stellt er sein Evangelium in die Linie der Jüdischen Bibel, um sie mit seiner Botschaft fortzuschreiben.

Die genealogische Anbindung Jesu an David ist ein kühner Zugriff. Die Verklärung, die Davids Königtum in der späteren Geschichte Israels zum Typos messianischer Erwartung machte, wird hier in Anspruch genommen. Durch die Gliederung des Stammbaums in dreimal vierzehn Generationen bekommt er bei David seine erste Zäsur. Aber warum nennt Matthäus Jesus Abrahamssohn? Das ist kein fester Titel und weckt keine messianischen Vorstellungen. Erst 8,11 findet die Frage eine Antwort in der Verheißung vom Herbeiströmen vieler Völker, wie sie sich bereits mit Abraham verbindet (Gen 13,16; 15,5).

Auffällig sind die vier Frauen, die im Stammbaum vorkommen. Es sind nicht die berühmten Frauen, die jeder kennt, wie Sara oder Rebekka. Was die hier Genannten für die Ahnenliste empfiehlt, ist ihre heidnische Herkunft. Tamar war Aramäerin; Rahab Kanaaniterin, Rut Moabiterin. Batseba wird mit ihrem Namen nicht genannt, sondern nur als Frau des Urija eingeführt, weil sie ihrer Herkunft nach Israelitin war, aber durch ihre Ehe mit dem Hetiter Urija zur Nichtisraelitin wurde. Mit Aufnahme dieser vier Frauen wollte Matthäus die Heidenwelt in den Stammbaum Jesu einbeziehen und so gleich am Anfang ein Signal für die universale Ausrichtung seines Evangeliums setzen: Abraham ist nicht allein der Stammvater der Israeliten, sondern auch der Vater von Heiden (→ S. 86). Am Ende seines Evangeliums wird die Konsequenz aus diesem Ansatz deutlich.

Das eigentliche Problem des Stammbaums liegt darin, daß er auf Josef zuführt, der im Verständnis des Matthäus gar nicht der Vater Jesu ist. Diese Ungereimtheit hat er wohl schon selbst empfunden und darum dem Stammbaum eine Geburtsankündigung angefügt, die man in der Fachliteratur gerne als »erweiterte Fußnote zum kritischen Punkt des Stammbaums« bezeichnet:

Die himmlische Abstammung Jesu

18 Mit Jesu des Messias Ursprung aber war es so: Verlobt war seine Mutter Maria dem Josef. Noch ehe sie zusammenkamen, ward gefunden, daß sie im Schoße tragend war von heiligem Geist. 19 Josef aber, ihr Mann – rechtlich wie er war, und doch nicht gewillt, sie anzuprangern – beschloß, sie im stillen zu entlassen. 20 Jedoch, als er dieses Sinnes geworden – da! Ein Engel des Herrn erschien ihm im Traum und sagte: Josef, Sohn Davids, ängste dich nicht, Maria, deine Frau, zu dir zu nehmen. Denn: Das in ihr Gezeugte – aus Geist ist es, dem Heiligen. 21 Einen Sohn wird sie gebären, und du sollst seinen Namen Jesus rufen, das heißt: »Gott rettet«. Denn: Retten wird er sein Volk aus seinen Sünden. 22 All dies ist geschehen, damit erfüllt werde das vom Herrn durch den Propheten Gesprochene, der sagt: 23 Da! Die Jungfrau wird im Schoße tragen und wird gebären einen Sohn. Und seinen Namen wird man rufen Immanuel, das heißt übersetzt: »Mit uns ist Gott«. 24 Als Josef vom Schlaf aufwachte, tat er, wie der Engel des Herrn ihm befohlen. Er nahm seine Frau zu sich. 25 Doch nicht erkannte er sie, bis sie einen Sohn geboren. Und er rief seinen Namen: Jesus.

Mt 1,18-25

A zeugte B, 40mal wiederholt sich das Schema – was sollte mich hindern, es getreulich zu kopieren? Ich tu es mit vollen Bedacht, denn ich finde diese Stammbaumform plastisch und klar: in Kolumne geschrieben, bildet das Wort »zeugte« eine gerade, von den wechselnden Namen spiralisch umwundene Linie von Abraham bis Jesus. Manchen gefällt das nicht, dieser Text sei zum Herunterleiern wie gemacht, all die Namen zum großen Teil unbekannter Abraham-Söhne!

Was kann der Text dafür, daß die Leute das Lesen, Vortragen verlernten! Längst keine Analphabeten mehr, sind sie Aphoneten geworden, und das ist noch schlimmer. Wer lehrt sie, ihre Dichter zu sprechen? Ihre Deutschmeister und Schauspieler können es oft selbst nicht mehr. Und was für ein Mauscheln und Nuscheln in ihren Gesprächen – klang- und farblos die Laute, die Konsonanten, die Knochen des Wortleibs, erweicht, fast zahnlos die Dentalen ..., die Sätze mancher Nachrichtensprecher ziehen wie Schleim durchs Gehör – wer lehrt sie, Sprache artikuliert zu sprechen? Ich mache mich anheischig, den Stammbaum Jesu – wohllautende Namen, gegliederte Pausen, profilierte Akzente und wechselnde Höhen des Tones – so zu lesen, daß die Hörer aufhorchen.

Fridolin Stier

Traum. Die Bibel wertet den Traum als eine mögliche Form der Gotteserfahrung. Es wird eingeräumt, daß Menschen dieser Erfahrung ihre Achtsamkeit versagen können, doch um den Preis, sich darin selbst zu verfehlen, weil sie jene Stimme mißachten, die heilschaffende Hilfe sein kann. Bereits das Mythologem von der Erschaffung der Eva aus dem schlafenden Adam (→ S. 50) läßt sich als Traum lesen: die geschlechtliche Verschiedenheit der Menschen ist ein Geheimnis, das durch kein Wissen überwunden, sondern stets nur vertieft wird. – Besonderes Beispiel ist der Traum Jakobs von der Himmelsleiter (→ S. 94); s. a. die Träume in der Josefsgeschichte (Gen 37,5-10; 40,5-23; 41,1-32), den Traum Gideons (Ri 7,13-14) und den Traum Nebukadnezzars von den Weltreichen (Dan 2).

Bei Mt wird der Traum als Mittel göttlicher Führung und Offenbarung verstanden. Hier empfangen zunächst Josef (1,20-24), dann die Weisen (2,12) und schließlich noch zwei weitere Male Josef (2,19-23) Weisung für ihr Tun und Lassen. In der Passionsgeschichte ist es die Frau des Pilatus, die wegen Jesus »einen schrecklichen Traum« hatte (27,19). – In der Apg empfängt Paulus mehrfach Trost und Mahnung im Traum durch den himmlischen Christus (Apg 16,9; 18,9; 23,11; 27,23). – Traum- bzw. visionsvermittelte Erlebnisse finden ihre Darstellung Offb 1,10 ff. – Aus dem rabbinischen Judentum wird die Äußerung von Rabbi Chisda überliefert: »Der Traum, der nicht gedeutet wird, gleicht einem Brief, den man nicht liest.«

Josefs Traum, Egbert-Codex, Reichenau, um 980.

Der »kritische Punkt des Stammbaums« besteht in der Frage, wie der Sohn Marias in die Abstammungslinie Davids kommt, ohne daß ihn Josef gezeugt hätte. Der V 25 gibt eine einfache Antwort: durch Adoption. Indem Josef dem Kind nach dem Geheiß des Engels den Namen Jesus gibt, wird es nach jüdischem Recht ein Sproß Davids. Wer der eigentliche Vater Jesu ist, hat der V 16 unbeantwortet gelassen. Die nachfolgend bei Matthäus und später von Lukas gebotene Antwort, die unter dem Stichwort »Jungfrauengeburt« dem heutigen Bewußtsein unendliche Schwierigkeiten bereitet, sollte nicht aus modernen Vorstellungen, sondern aus der Denkweise der Evangelisten nachvollzogen werden.

Die Deutung der Schwangerschaft Marias durch einen im Traum erschienenen Engel wird zurückhaltend erzählt. Daß dies im

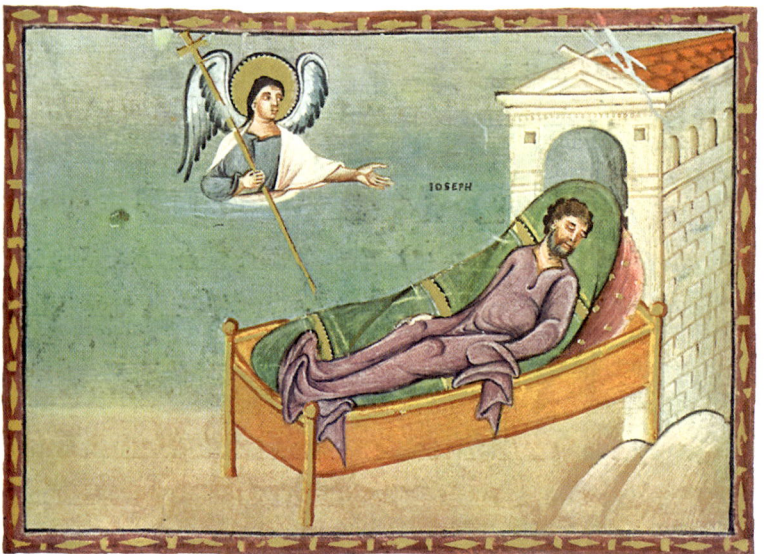

Traum geschieht, ist keine Abwertung, sondern entspricht der antiken Überzeugung, im Traum eine wesentliche Form der Gotteserfahrung gewinnen zu können.

> Denn einmal redet Gott
> und zweimal, man achtet nicht darauf.
> Im Traum, im Nachtgesicht, wenn tiefer Schlaf
> auf die Menschen fällt, im Schlummer auf dem Lager,
> da öffnet er der Menschen Ohr
> und schreckt sie auf durch Warnung (Ijob 33,14-16).

Der Traumengel gibt die Lösung an, die sowohl der Rechtschaffenheit Josefs gerecht wird als auch das Beziehungsgeflecht intakt läßt: Was Maria gebären wird, ist aus heiligem Geist gezeugt und erlaubt es, Maria weiterhin Jungfrau zu nennen. Matthäus deutet »dies alles« als Erfüllung prophetischer Voraussage (V 22), in dem er sich auf Jes 7,14 bezieht. Dabei zitiert er jedoch nicht die hebräische Bibel, sondern die ihm geläufige griechische Bibelübersetzung (Septuaginta). Im Hebräischen steht das Wort *alma*, das mit

»junge Frau« wiederzugeben wäre; die griechische Version übersetzt mit *parthenos*, »jungfräuliches Mädchen«, »Jungfrau«. Zwar kann *parthenos* auch allgemein das geschlechtsreife, jungfräuliche Mädchen meinen, doch ist »Jungfrau« die reguläre Bedeutung.

Die Interpretation ist nicht auf diesen Begriff zu fixieren. Zwei Traditionen sind beteiligt: die alten israelitischen Kindheitserzählungen und der jüngere jüdische Schöpfungsglaube. Zunächst ist die biblische Gattung der Geburtsankündigungsgeschichten auszumachen (vgl. Gen 16,7-12; 17,15-22; 18,1-6; Ri 13,3-5; 1 Sam 1,17-28; 2 Kön 4,14-17; Jes 7,10-14), in deren Tradition auch die matthäische und lukanische Versionen stehen. In diesen Erzählungen ist es immer Jahwe, der Leben gibt. Menschliche Ohnmacht, z. B. das hohe Alter von Abraham und Sara oder auch die Unfruchtbarkeit der Frau (Gen 25,21; Ri 13,2) soll die Macht Jahwes offenbaren und zugleich deutlich machen, daß sich das geschenkte neue Leben nicht menschlichen Fähigkeiten verdankt, sondern ganz von Gott her zu verstehen ist: Der Erwählte ist in allem, was er ist und tut, auf ihn hin transparent.

Stets verbindet ihn das biblische Glaubensbewußtsein mit der göttlichen Schöpfungs- und Geschichtsmacht. – Zu dieser Tradition kommt eine zweite: Die im 3. bis 2. Jahrhundert v. Chr. geschaffene griechische Bibelübersetzung akzentuiert ein gegenüber der hebräischen Tradition weitergehendes Schöpfungsverständnis. Während im hebräischen Text Gen 1,2 die Erde »wüst und wirr« genannt wird, nennt sie die Septuaginta »unsichtbar und ungeordnet«; der jüdische Übersetzer Aquila (ca. 125 n. Chr.) formuliert: »Die Erde war das Leere und das Nichts.« Eine Schöpfung aus dem Nichts ist der hebräischen Literatur fremd und in diesem Sprachraum kaum nachvollziehbar. Im hellenistischen Judentum aber kann es heißen: »Ich rief alle Dinge aus dem Nichtsein ins Dasein, aus dem Unsichtbaren ins Sichtbare« (Slav. Henoch 24,2; vgl. Röm 4,17). Von Melchisedek, nach dem Hebräerbrief ein Prototyp Christi, heißt es: »Er, der ohne Vater, ohne Mutter und ohne Stammbaum ist« (Hebr 7,3). Und Lukas beendet seine rückwärts gerichtete Genealogie Jesu mit Adam, »der stammte von Gott« (3,38), wie dies Lk 1,35 von Jesus gesagt wird.

Dieser Hintergrund macht deutlich, daß Matthäus mit seiner Deutung, Jes 7,14 auf Jesus zu übertragen, ganz biblisch und (hellenistisch-)jüdisch denkt. Der Glaube an eine Schöpfung aus dem Nichts war ihm geläufig, und so war es für ihn auch kein Problem, die Existenz des Juden Jesus als Sohn Davids und Sohn Abrahams ganz dem Geistwirken Gottes aus der Jungfrau Maria verdankt zu sehen. Der Hoheitstitel »Immanuel, das heißt übersetzt: Gott ist mit uns« (V 23) gilt ihm für dieses Bekenntnis zur »himmlischen« Herkunft Jesu als grundlegend, nicht umgekehrt. Der »Immanuel – Gott mit uns« ist das Grundmotiv seines Evangeliums, wie es auch die gesamte Jüdische Bibel durchzieht, wenn sie von Gottes Gegenwart in seinem Volke spricht. Für Matthäus gewährt Jesus der Gemeinde die Gegenwart Gottes. Zu Beginn seines Evangeliums sagt er auf diese Weise den Jeschua-Immanuel an als auch im Schlußvers (28,20), wo Jesus als »Gott mit uns« der Gemeinde verheißen wird »bis ans Ende der Welt«.

Immanuel (hebr. »Mit uns ist (sei) Gott«), ursprünglich vermutlich ein Heilsruf des Jerusalemer Tempelkults. Damit dürfte der Name in Jes 7,14 zusammenhängen: »Siehe, die Jungfrau wird schwanger werden und einen Sohn gebären und wird seinen Namen Immanuel nennen.« König Ahas soll dieses Wort als »Zeichen« nehmen, sich nicht von feindlicher Bedrohung beeindrucken zu lassen (→ S. 230 f.). Für Jerusalem konnte diese Heilszusage vielleicht in dem Sinne verstanden werden, daß (irgend)eine schwangere Frau ihrem Kind den Namen I. aus erfahrener Rettung geben würde. Da die → Septuaginta das hebr. Wort für »junge Frau« *(alma)* fälschlich mit »Jungfrau« *(parthenos)* übersetzte, hat die frühe Christenheit darin einen Hinweis auf die »Jungfrauengeburt« Jesu gesehen. Mt knüpft an die Jesaja-Stelle an, um mit dem I.-Titel vom Verhältnis Gottes zu Jesus zu sprechen. Als der »Gott mit uns« ermöglicht er die Erfahrung des den Menschen zugewandten göttlichen Heils.

Geburt Christi nach Matthäus, Bamberg, 12. Jh.

Der Evangelist sitzt auf deutlich heraus-gehobener Kathedra und beschreibt das Ereignis in der Höhle. Auf seiner Schulter die Geisttaube, die sein Buch als göttlich inspiriert ausweist. Die Kathedra wiederholt sich noch einmal – eine Stufe niedriger – im Innern der Geburtshöhle. Hier hat Jesaja Platz genommen, über den hinweg Matthäus den Blick auf das Geschehen gewinnt. Die Darstellung der Maria mit Wickelkind, Ochs und Esel entspricht bereits älterer Tradition. Außerhalb der Höhle flankieren himmlische Heerscharen den Stern. Über dem Evangelisten der Verkündigungsengel.

Heidnische Huldigung und Jerusalemer Erschrecken

[1] Als nun Jesus zu Betlehem in Judäa, in den Tagen des Königs Herodes, geboren war – da! Sternkundige fanden sich aus Ländern des Aufgangs in Jerusalem ein [2] und sagten: Wo ist der jüngst geborene König der Juden? Wir haben sein Gestirn im Aufgang gesichtet und sind gekommen, uns tief vor ihm zu verneigen. [3] Als der König Herodes das hörte, geriet er durcheinander, und ganz Jerusalem mit ihm.

[4] Und er versammelte alle Hohenpriester und Schriftgelehrten des Volkes und erfragte von ihnen, wo der Messias geboren werde.

[5] Sie sagten ihm: Zu Betlehem in Judäa; denn so ist es geschrieben durch den Propheten: [6] Und du, Betlehem, Land Juda: Mitnichten bist du die geringste unter den Fürstschaften Judas! Denn aus dir kommt ein Fürst, der weiden wird mein Israel-Volk. [7] Danach rief Herodes die Sternkundigen insgeheim und erkundete von ihnen genau die Zeit, wann das Gestirn erschienen war. [8] Dann schickte er sie nach Betlehem und sprach: Geht und forscht genau nach dem Kind! Sobald ihr es gefunden, berichtet mir, damit auch ich hingehe und mich vor ihm tief verneige. [9] Sie hörten auf den König und brachen auf. Und da! Das Gestirn, das sie im Aufgang gesichtet: Voraus zog es ihnen, bis es hinkam und über dem Ort stillstand, wo das Kind war. [10] Als sie das Gestirn sahen, freuten sie sich – groß, gar groß war ihre Freude.

[11] Und sie traten in das Haus und sahen das Kind bei Maria, seiner Mutter. Und sie warfen sich nieder und verneigten sich tief vor ihm. Dann öffneten sie ihre Schatztruhen und brachten ihm Gaben dar: Gold und Weihrauch und Myrrhe. [12] Und gewiesen im Traum, nicht zu Herodes umzukehren, entwichen sie auf anderem Weg in ihr Land.

Mt 2,1-12

Die Erzählung bestimmt der Gegensatz zwischen den heidnischen »Magiern« aus dem Osten, die einen weiten Weg zurücklegen, um dem messianischen Königskind zu huldigen, und dem König Herodes im Heimatland des Kindes, der nur vorgibt, ihm huldigen zu wollen, tatsächlich aber Mordgedanken hegt. Die jüdischen Schriftgelehrten bestätigen zwar die Vorhersage der Bibel, zeigen sich davon aber nicht berührt und denken folglich nicht daran, sich selbst auf den Weg zu machen. Während das eigene Volk also nur Desinteresse und Feindseligkeit zeigt, kommen die Magier als Repräsentanten der orientalischen Weisheit und als geistige Elite der Heidenwelt von weit her. Sie vertrauen sich der Führung Gottes an und bringen dem Kind königliche Geschenke. Krasser läßt sich eine Opposition nicht aufbauen.

Zweifelsohne ist es eine kühne Konstruktion, den ungeliebten König Herodes zusammen mit »allen Hohenpriestern und Schriftgelehrten« in eine unheilige Front zu stellen. Diese Koalition hat nie existiert. Ebenso wenig läßt sich »ganz Jerusalem« unter die Feinde Jesu einordnen. Die aufgebotene Allianz entspricht der theologischen Konzeption des Matthäus, der bereits hier das böse Spiel ansetzt, das zur Verwerfung des Messias, zu seiner Verurteilung und Hinrichtung führen wird.

Rogier van der Weyden (1399–1464), Anbetung der Könige, um 1455.

Herodes weiset die Weisen,
wo sie zu Christus reisen,
kommt aber selbsten nicht
und bringt ihm seine Pflicht –
wer weiß, was die wohl glauben,
die uns zum Glauben schrauben?

Friederich von Logau

»Aus Ägypten habe ich meinen Sohn gerufen«

13 Als sie entwichen waren – da! Ein Engel des Herrn erscheint dem Josef im Traum und sagt: Auf, nimm das Kind und seine Mutter, flüchte nach Ägypten und bleib dort, bis ich es dir sage! Denn Herodes ist schon dabei, das Kind zu suchen, um es zugrunde zu richten. 14 Er richtete sich auf, nahm noch nachts das Kind und seine Mutter und entwich nach Ägypten. 15 Und dort war er bis zum Ende des Herodes, damit erfüllt werde das vom Herrn durch den Propheten Gesprochene, der sagt: Aus Ägypten habe ich meinen Sohn gerufen.

Der Kindermord in Betlehem

16 Darauf, als Herodes sich von den Sternkundigen verhöhnt sah, ergrimmte er heftig, sandte hin und ließ in Betlehem und in seinem ganzen Gebiet alle Kinder hinmorden, vom Zweijährigen an und darunter, entsprechend der Zeit, die er von den Sternkundigen genau erkundet hatte. 17 Da erfüllte sich das durch den Propheten Jeremia Gesprochene, der sagt: 18 Geschrei war in Rama zu hören, großes Weinen und Weheklagen: Rahel weinte um ihre Kinder und wollte sich nicht ermutigen lassen – weil sie dahin sind.

Jesu Weg »in das Land Israel«

19 Als es mit Herodes zu Ende war – da! Ein Engel des Herrn erscheint dem Josef in Ägypten im Traum 20 und sagt: Auf, nimm das Kind und seine Mutter und zieh in das Land Israel! Denn tot sind, die dem Kind nach dem Leben trachteten. 21 Er richtete sich auf, nahm das Kind und seine Mutter und kam in das Land Israel. 22 Als er aber hörte, Archelaus sei anstelle seines Vaters Herodes König von Judäa, beschlich ihn Furcht, dorthin zu gehen. Im Traum gewiesen, wich er in die Gegend von Galiläa aus. 23 Und er kam hin und wurde wohnhaft in einer Stadt, Nazaret genannt, damit erfüllt werde das durch die Propheten Gesprochene: »Nazoräer« wird er heißen.

Mt 2,13-23

Herodes der Große (ca. 73–4 v. Chr.), König der Juden (37-4 v. Chr.), von Josephus »der Große« im Sinne »des Älteren« genannt. Sein mächtiger Vater Antipater war ein Idumäer, seine Mutter Kypros eine Nabatäerin. Caesar hatte den ihm sehr nützlichen Antipater 47 v. Chr. zum röm. Bürger und Prokurator über Palästina ernannt. Dieser ließ dann zunächst seine zwei Söhne als Militärgouverneure Judäa und Galiläa verwalten. Nach der Ermordung von Antipater 43 v. Chr. trat H. sofort als der Mächtigste hervor, der das Land für die Römer im Griff halten konnte. Caesars Nachfolger Antonius hielt H. für den gegebenen Nachfolger seines Vaters. Doch besetzten die Parther 40 v. Chr. das Land, H. floh nach Rom und wurde dort auf dem Kapitol von Antonius, Oktavian und dem Senat zum röm. Klientelkönig ernannt. Nach schweren Kämpfen errang H. den Sieg im Lande, heiratete die hasmonäische Prinzessin Mariamne und eroberte in einem großen Blutbad Jerusalem. In den folgenden Jahren war er bemüht, seine Herrschaft als volksfremder König von Judäa und Galiläa und als Pächter von Samaria unter röm. Schutz zu festigen. Er baute die Tempelburg aus und nannte sie nach seinem Protektor Antonia. Die Jahre 30–15 waren H.s Glanzzeit. Als 31 Oktavian Antonius (und mit ihm Kleopatra → S. 321) geschlagen hatte, stellte H. seine Kräfte geschickt dem Sieger zur Verfügung, was ihm mit der Zuordnung von Samaria, einigen Küstengebieten und weiteren Landesteilen gedankt wurde. Große Erfolge gewann H. als kluger Politiker: Augustus bestätigte ihn durch häufige Besuche und Ehrenbezeugungen. Innenpolitisch war H. souverän, unterstand jedoch stark dem Einfluß seiner Mutter Kypros und seiner Schwester Salome. Er konnte sein Territorium durch weitere

D̶ie drei kleinen und sehr knapp formulierten Stücke enden jeweils in einem Schriftzitat, mit dem Matthäus das vorweg Erzählte kommentiert. Er deutet die Geschichte Jesu im Licht der Bibel. Allemal geht es um die gefahrenvollen Wege des »Sohnes Gottes«, für die Matthäus erzählerische Motive aus der jüdischen Geschichte in sehr freier Weise für sein »Buch der Geschichte Jesu Christi« in Anspruch nimmt.

Während 2,13-15 durchweg als »Flucht nach Ägypten« überschrieben wird, akzentuiert Matthäus die umgekehrte Richtung. Mit Hos 11,1: »Als Israel jung war, gewann ich ihn lieb, ich rief meinen Sohn aus Ägypten«, spielt er auf den Exodus Israels an. Er will zeigen,

Kindermord in Betlehem, Egbert-Codex, Reichenau um 980.

Gebiete im Norden des Ostjordanlandes abrunden, so daß er nun über ein neues Davidreich herrschte. Außenpolitisch blieb H. allerdings ganz dem röm. Willen unterstellt; bisweilen mußte er Hilfstruppen stellen. Den wirtschaftlichen Aufschwung des Landes bezeugt eine grandiose Bautätigkeit mit Tempeln, Theatern und Festungsanlagen. Das über Jahrhunderte zerstörte Samaria wurde unter dem Namen Sebaste prächtig auf- und ausgebaut. Für den Handel mit allen Mittelmeeranrainern erbaute er Caesarea am Meer mit repäsentativen Monumentalbauten. In Jerusalem errichtete er seinen mächtigen Palast. Mit dem äußerst ehrgeizigen Umbau des Zweiten Tempels in doppelter Größe wurde 20 v. Chr. begonnen; die endgültige Fertigstellung zog sich bis 63 n. Chr. hin. Südöstl. von Betlehem entstand das Herodium, am westl. Ufer des Toten Meeres die wie ein Adlernest gelegene Festung Masada. Gleichzeitig machte H. reiche Stiftungen für hellenistische Städte der Mittelmeerküsten und sogar für Kulturzentren wie Rhodos und Athen. Trotz aller Steuerlasten profitierte die Bevölkerung vom internationalen Ansehen des Königs und dem verbesserten Handel. Die letzten zehn Jahr 14–4 v. Chr. verdunkelten dynastische Kämpfe, als er von seinen sieben Söhnen (aus zehn Ehen), vier ermorden ließ, als sie zu möglichen Machtkonkurrenten heranwuchsen. Mit Erlaubnis des Augustus ließ er noch fünf Tage vor seinem eigenen Tod den Antipater hinrichten. Eine Fortsetzung der Monarchie suchten sowohl Priesteradel als auch Pharisäer zu verhindern. Deren Widerstand erreichte die Umbildung des herodianischen Reiches in eine Prokuratur, in der sich die drei überlebenden H.-Söhne die Herrschaft teilten: Archelaos wurde Ethnarch (Volksfürst) von Judäa und Samaria (4 v.–6 n. Chr.), Philippus Tetrarch (Vierfürst, über den vierten Teil einer Provinz) von Gaulanitis und Trachonitis (4 v.–34 n. Chr.); H.-Antipas Tetrarch von Galiläa und Peräa (4 v.–39 n. Chr.); er war der Landesherr Jesu.

daß sich im Schicksal Jesu die Geschichte des eigenen Volkes aktualisiert: Der Weg Jesu als des eigentlichen »Sohnes« bildet sich im Weg Israels als des biblischen »Sohnes Gottes« (Hos 2,1; Dtn 14,1; Jes 1,2; Weish 9,7; 18,13) im voraus ab. Obwohl Matthäus den Sohn-Gottes-Titel bei Markus bereits in der Buchüberschrift fand, hat er ihn bislang nicht rezipiert. Jetzt tut er es, um ihn im Rahmen der Israel-Geschichte zu deuten.

Auch die Szene mit dem betlehemitischen Kindermord ist ganz auf das Erfüllungszitat Jer 31,15 ausgerichtet. Wie die Ahnfrau Israels, Rahel, Jakobs Lieblingsfrau, um ihre Nachkommen weinte, so sah Jeremia nach der Zerstörung Jerusalems die getöteten Kinder Israels in ihrer Trauer mitbetrauert, und ebenso sieht Matthäus in Rahels Klage die von Herodes ermordeten Kinder einbezogen. Historisch geurteilt ist diese Szene ohne Fundament. Sie geht vom allgemein jüdischen Urteil über Herodes den Großen aus, der in seinen späten Jahren in der eigenen Familie Mord und Schrecken verbreitete. Wichtiger für das Erzählmotiv ist jedoch die im Orient verbreitete Auffassung, daß zu göttlicher Sendung berufene Menschen in ihrer Kindheit von feindlichen Mächten bedroht werden. Die Bibel erzählt davon in Geschichten, in denen das Leben eines verheißenen Kindes in Gefahr gerät (Gen 21,16-19; 22,1-14; 37,18-36; Ex 2,1-10). Insgesamt wollen diese Kindheitslegenden deutlich machen, daß Gott auch auf krummen Zeilen gerade schreibt und sich nicht durch Menschen behindern läßt. Zugleich soll gesagt werden, daß der Erwählte immer wieder neu von ihm sein Leben erhält.

Die dritte Episode ist ebenfalls auf das abschließende Erfüllungszitat hin erzählt. Die Rückkehr der Flüchtlinge »in das Land Israel« (V 20.21) geht auf eine neue Traumoffenbarung zurück, ebenso wie die erneute Änderung des Weges zu dem in der Bibel bisher unbekannten Nazaret. Allerdings ist der Satz: »Er wird Nazoräer genannt werden« in dieser Form nicht in der Bibel zu finden. Im syrischen Raum, wo Matthäus schrieb, nannte man die Christen »Nazoräer«. Somit stellte Matthäus die eigene Gemeinde in einen inneren Verbund mit Jesus dem »Nazoräer«.

Der ägyptische Kindermord

Der Pharao gab seinem ganzen Volk den Befehl: Alle Knaben, die den Hebräern geboren werden, werft in den Nil! Die Mädchen dürft ihr alle am Leben lassen. Ein Mann aus einer levitischen Familie ging hin und nahm eine Frau aus dem gleichen Stamm. Sie wurde schwanger und gebar einen Sohn. Weil sie sah, daß es ein schönes Kind war, verbarg sie es drei Monate lang. Als sie es nicht mehr ver-

Die bibelkundigen Leser, die sich Matthäus für sein Evangelium vorstellte, konnten bisher in allen Texten eine deutende Hintergrundfolie wahrnehmen. Deren wichtigste ist die Mosegeschichte mit ihren Motiven Ex 1,8-4,23: Hier findet Herodes eine Parallele im Pharao; beide befehlen einen Mord hebräischer Kinder; wie der kleine Mose wird auch Jesus gerettet; wie Mose flüchten mußte, flüchtet auch Jesus; beide kehren zurück auf Gottes Geheiß, beide erhalten den Auftrag, das eigene Volk ins »Gelobte Land« zu führen. Ex 4,19 heißt es: »Mache dich auf und kehre nach Ägypten zurück; denn alle, die dir

borgen halten konnte, nahm sie ein Binsenkästchen, dichtete es mit Pech und Teer ab, legte den Knaben hinein und setzte ihn am Nilufer im Schilf aus. Seine Schwester blieb in der Nähe stehen, um zu sehen, was mit ihm geschehen würde. Die Tochter des Pharao kam herab, um im Nil zu baden. Ihre Dienerinnen gingen unterdessen am Nilufer auf und ab. Auf einmal sah sie im Schilf das Kästchen und ließ es durch ihre Magd holen. Als sie es öffnete und hineinsah, lag ein weinendes Kind darin. Sie bekam Mitleid mit ihm, und sie sagte: Das ist ein Hebräerkind. Da sagte seine Schwester zur Tochter des Pharao: Soll ich zu den Hebräerinnen gehen und dir eine Amme rufen, damit sie dir das Kind stillt? Die Tochter des Pharao antwortete ihr: Ja, geh! Das Mädchen ging und rief die Mutter des Knaben herbei. Die Tochter des Pharao sagte zu ihr: Nimm das Kind mit, und still es mir! Ich werde dich dafür entlohnen. Die Frau nahm das Kind zu sich und stillte es. Als der Knabe größer geworden war, brachte sie ihn der Tochter des Pharao. Diese nahm ihn als Sohn an, nannte ihn Mose und sagte: Ich habe ihn aus dem Wasser gezogen (Ex 1,22-2,10).

nach dem Leben getrachtet haben, sind tot. Da holte Mose seine Frau und seine Söhne, setzte sie auf einen Esel und trat den Rückweg nach Ägypten an.« Und so heißt es nun bei Matthäus: »Mache dich auf und nimm das Kind und seine Mutter und zieh in das Land Israel! Denn tot sind, die dem Kind nach dem Leben trachteten. Da richtete er sich auf, nahm das Kind und seine Mutter und kam in das Land Israel.« Die singuläre Rede vom »Land Israel«, die nur hier bei Matthäus vorkommt, dürfte die schriftgelehrten Leser der matthäischen Gemeinde zugleich an den Einzug Israels in das verheißene Land erinnert haben. Unübersehbar will Matthäus die großen Ereignisse der Geschichte Israels in seiner Jesus-Geschichte aktualisiert sehen. Seine Botschaft lautet: In Jesus erfüllt sich das in der Bibel vorgebildete Geschehen!

Arcabas (Jean-Marie Pirot, geb. 1926), Der Kindermord in Betlehem.

MITTELMEER

um 40 v. Chr.
von den Nabatäern erobert
von Augustus hinzugefügte Landstriche
Gebietserweiterung um 23 v. Chr.
um 20 v. Chr. größte Ausdehnung

Sidon

Litani

Tyros

Jordan

Hule-See

GALILÄA

Gamla

See Gennesaret
-212 m

Ptolemais

Sepphoris

Hippos

Nazaret

Jarmuk

Tabor

Gadara

Dor

Cäsarea
am Meer

Skythopolis

Gerasa

Samaria/Sebaste

Jordan

Jabbok

Garizim

Jafo/Joppe

SAMARIA

PERÄA

Emmaus

Jericho

Philadelphia

Jerusalem

Aschdod

JUDÄA

NABATÄER

Aschkelon

Herodium

Hebron

Machärus

Gaza

Arnon

**TOTES
MEER**
-392 m

IDUMÄA

Masada

0   50   100 km

Sered

Das Reich des Herodes

unter der Herrschaft des römischen Prokurators (ab 6 n. Chr.)
Tetrarchie des Herodes Antipas (4 v. – 39 n. Chr.)
Tetrarchie des Philippus (4 v. – 34 n. Chr.)
Gebiet der Zehn Städte (Dekapolis)

MITTELMEER

Sidon

Litani

Tyros

Jordan

Cäsarea Philippi

Hule-See

GALILÄA

Ptolemais

Kafarnaum
Magdala

Betsaida
Gamla

–212 m
See

Gennesaret

Sepphoris

Tiberias

Hippos

Nazaret

588 m
Tabor

Gadara

Jarmuk

Dor

Cäsarea
am Meer

Skythopolis

DEKAPOLIS

Pella

Samaria/Sebaste

881 m
Garizim

Gerasa

Jabbok

Jordan

Jafo/Joppe

Arimathäa

SAMARIA

PERÄA

Jabne (Jamnia)

Emmaus

Jericho

Philadelphia

Jerusalem

Aschdod

Qumran

NABATÄER

Betlehem

Aschkelon

Herodium

JUDÄA

Hebron

Machärus

Gaza

TOTES
MEER
–392 m

Arnon

IDUMÄA

Masada

0   50   100 km

Sered

Palästina zur Zeit Jesu

Die Lehre auf dem Berg

S eit dem 16. Jahrhundert nennt man die Komposition aus altem Redematerial »Bergpredigt«, obwohl Jesus nicht gepredigt hat, und Matthäus zu Beginn der Rede in 5,2 wie an ihrem Ende 7,28 f. ausdrücklich sagt, daß Jesus »lehrte«; demnach verstand er die Worte Jesu auch als »Rede«. Erst die christlichen Prediger haben aus dem Lehrer Jesus ein Konterfei ihrer selbst gemacht.

Im Lukasevangelium finden sich große Teile des matthäischen Redematerials über das ganze Buch hin verstreut. Schon dieser Befund zeigt, daß am Anfang nur einzelne Jesus-Worte (Logien) umliefen, die in kleineren Sammlungen geordnet wurden. Bevor eine erzählende Theologie entstand, gab es den Redestoff, der schließlich seine Fassung in der Logienquelle Q fand, deren Original heute nicht mehr existiert und nur indirekt aus den Evangelien rekonstruiert werden kann (→ S. 440 f.). Auf diese Quelle und eigenes Sondergut hat Matthäus in der Komposition seiner fiktiven »Rede« zurückgegriffen, wobei er Spannungen und Brüche nicht ganz ausgleichen konnte. In der Frage, welche Sätze auf den historischen Jesus zurückführen, besteht keine Einigkeit. Die Gesamtkomposition läßt sich unter das Thema »Vom Tun der Gerechtigkeit« stellen.

Otto Pankok (1893–1966),
Die Bergpredigt, 1936.

Die Rede von der wahren Gerechtigkeit

¹ Als er aber die Scharen sah, stieg er den Berg hinan. Und er setzte sich, und seine Jünger traten zu ihm. ² Und er öffnete seinen Mund und lehrte sie.

Mt 5,1-2

W ährend Lukas die weniger umfangreiche Zusammenstellung des Redestoffes mit einem ebenen Gelände verbindet, was seiner Komposition 6,20-49 den Titel »Feldrede« eingetragen hat, lokalisiert Matthäus das literarische Geschehen auf einem »Berg«. Doch handelt es sich hier ebenso wenig wie bei Markus um eine topographische Angabe, vielmehr ist der »Berg« in Parallele zum Sinai als Ort göttlicher Offenbarung zu sehen und Jesus als jener »Immanuel – Gott mit uns«, der die biblische Offenbarung »erfüllen« will. In seiner theologischen

Jesus stand ... in der Linie der Propheten Israels ... in der Nachfolge von Amos, Hosea, Jesaja und Jeremia. Seine Angriffe auf die Verderbnisse und Abgöttereien seiner Zeit, sein Ruf zur Umkehr, seine Verheißung göttlicher Gnade für die, »die zerschlagenen und demütigen Geistes sind«, seine Verkündigung der herannahenden neuen Zeit als Gericht und Erfüllung folgt mit voller Absicht dem Muster der großen Propheten. In der Tat gibt es bei ihm aufgrund der neuen Situation etwas Neues; aber dieses Neue, dieses Sprechen aus und zur Situation der Zeit ist genau das, was das lebendige Wort des Propheten kennzeichnet.

Will Herberg

Jesus wendet sich mit seiner Verkündigung nicht nur betont an Israel, er wendet sich sogar ausschließlich an Israel. Eine Heidenmission hat Jesus nicht ins Auge gefasst ... Jedenfalls ist die Bergpredigt – dieser Begriff steht hier als Sammelbezeichnung für die gesamte ethische Unterweisung Jesu – nicht an den isolierten Einzelnen oder, was letztlich dasselbe ist, nicht an die Menschheit als ganze gerichtet. Der Adressat der »Bergpredigt« ist Israel beziehungsweise der Israel repräsentierende und präfigurierende Jüngerkreis ... Jesus spricht ja nicht zufällige Hörer an, sondern er verkündigt und lehrt in Israel ... Er versteht das zu sammelnde Gottesvolk ... als eine wirkliche Kontrastgesellschaft. Das heißt keineswegs: als einen Staat oder als eine Nation. Wohl aber als eine Gemeinschaft, die einen eigenen Lebensraum bildet, als eine Gemeinschaft, in der man anders lebt und anders miteinander umgeht, als dies sonst in der Welt üblich ist. Man könnte das Gottesvolk, das Jesus sammeln will, durchaus als alternative Gesellschaft bezeichnen. In ihr sollen nicht die Gewaltstrukturen der Mächte dieser Welt herrschen, sondern Versöhnung und Brüderlichkeit.

Gerhard Lohfink

Die Welt kann nicht regiert werden nach dem Evangelio,
denn das Wort ist zu wenig und zu eng,
ergreifet Wenig,
der tausend Mann nimmt es nicht an;
darumb kann man kein äußerlich
Regiment mit anrichten.

Martin Luther

Konzeption geht es dem christlichen Schriftgelehrten Matthäus darum, die Offenbarung vom Sinai in ihrer bleibenden Gültigkeit für die judenchristliche Gemeinde darzustellen und sich dabei zugleich vom pharisäisch geführten Judentum abzugrenzen. Daß Jesus sich auf dem »Berg« *setzt*, unterstreicht den autoritativen Anspruch dieser Lehre, wie auch alle antike Gesetzespromulgation sitzend erfolgt. Mit den Jüngern, die »zu Jesus treten«, sind nicht allein die ersten Jünger Jesu gemeint, sondern nicht minder die ihm in der matthäischen Gemeinde nachfolgenden Menschen.

Eröffnet wird die große Rede mit drei programmatischen Vorbemerkungen: den »Seligpreisungen« (5,3-12), der Feststellung, was ein Jünger ist (13-16) und einer Beschreibung der Bedeutung Jesu für »Gesetz und Propheten« (17-20).

Die Seligpreisungen

3 Selig die aus dem Geiste Armen,
   denn ihrer ist das Reich der Himmel.
4 Selig die Trauernden,
   denn die werden ermutigt werden.
5 Selig die Sanften,
   denn die werden das Land erben.
6 Selig die nach der Gerechtheit Hungernden und Dürstenden,
   denn die werden satt gemacht.
7 Selig die sich Erbarmenden,
   denn die werden Erbarmen finden.
8 Selig die im Herzen Reinen,
   denn die werden Gott sehen.
9 Selig die Friedenstifter,
   denn die werden Söhne Gottes heißen.
10 Selig die um der Gerechtheit willen Gejagten,
   denn ihrer ist das Reich der Himmel.
11 Selig seid ihr, wenn sie euch fluchen und jagen und betrügerisch allerlei Böses euch nachsagen um meinetwillen.
12 Freut euch und jubelt: Denn groß ist euer Lohn in den Himmeln. So jagte man ja die Propheten, die vor euch gewesen.

Mt 5,3-12

Seligpreisungen sind eine feste Form antiker Rhetorik, im griechisch sprechenden Raum *makarismos* genannt. Es ist der feierliche Zuspruch des Heils, der sich auch als eine Form des Segens verstehen läßt. Der Vergleich mit Lk 6,20-23 zeigt die Reihe mit acht Makarismen straff formuliert und kunstvoll angeordnet, indem das erste und das letzte Glied mit der gleichen Verheißung schließen: »Denn ihrer ist das Reich der Himmel.« Solche Seligpreisungen haben als Eröffnungstexte eine biblische Tradition, wie dies der Beginn mancher Psalmen zeigt (Ps 1,1; 31,1; 40,2; 105,3; 111,1; 118,1 f.). Matthäus formuliert im Gegensatz zu Lukas in der dritten Person und betont damit die Allgemeingültigkeit der Aussage. Jesus selbst, dem nur die ersten drei Makarismen zugeschrieben werden, dürfte gesagt haben: »Selig ihr Armen!« Er sah Seligkeit, wo im Alltag nichts als Unseligkeit zu sehen ist. Die spätere Gemeinde hat von ihm gelernt und mit ähnlichen Augen die Trauer, den Hunger, die Machtlosigkeit gedeutet. Die abschließenden Verse 11 und 12, die Matthäus zuzuschreiben sind, wenden sich an Leser, die aktuell unter Verfolgungen litten. Die Verhältnisse des historischen Jesus werden darin nicht erinnert; die matthäische Gemeinde leidet unter den Spannungen, welche die Trennung vom pharisäisch-rabbinischen Judentum mit sich brachte (→ S. 414 f.). Doch soll sie deswegen nicht resignieren, sondern »sich freuen und jubeln«, da der himmlische Lohn groß sein werde.

Man hat die Seligpreisungen als »Vertröstungen auf das Jenseits« kritisiert. Dann wären sie nach Karl Marx die »Blumen an der Kette« der Armen und Unterdrückten. Sollten sie dazu dienen, aktuelle Ausbeutung mit dem Jenseits zu kompensieren, ist Marx zuzustimmen. Man kann in ihnen aber auch die Ermutigung zu einem Verhalten sehen, das sich unter den je herrschenden Bedingungen nicht auszahlt. Menschen, die sich für diesen Weg entscheiden, dürfen mit Recht »selig« gepriesen werden.

Matthäus hat die Reihe der von ihm vorgefundenen Makarismen verlängert. Die Mitleidigen sind hinzugekommen, die reinen Herzens sind, die Friedensstifter, die um Jesu Willen Verfolgung erleiden. Er hat mit gutem Recht die Seligpreisung der materiell Armen auf alle ausgeweitet, die ihrer geistigen Haltung nach arm sind, und den Hungernden jene zugesellt, die sich nach Gerechtigkeit sehnen. Was Matthäus so modifizierte, verstand er in der Tradition der jüdischen Schriftauslegung als Aktualisierung und Fortschreibung eines Wortes, das nur lebendig bleibt, wenn es nicht »vergraben«, sondern dem offenen Leben ausgesetzt wird (vgl. Mt 25,14-30).

Vom Salz der Erde und vom Licht der Welt

13 Ihr seid das Salz der Erde. Wenn aber das Salz seinen Witz verliert, womit soll gesalzen werden? Zu nichts taugt es mehr, als hinausgeworfen und von den Menschen zerstampft zu werden. 14 Ihr seid das Licht der Welt. Eine Stadt, die hoch auf dem Berge liegt, kann sich nicht verstecken. 15 Man zündet auch keine Leuchte an und stellt sie unter den Krug, sondern auf den Leuchter: Dann strahlt sie allen im Haus. 16 So erstrahle euer Licht vor den Menschen, auf daß sie sehen eure guten Taten und verherrlichen euren Vater – den in den Himmeln.

Mt 5,13-16

Nach den Seligpreisungen setzen diese Worte den programmatischen Prolog der »Rede auf dem Berg« fort. In der matthäischen Gemeinde mag die gesellschaftliche Realität in vieler Hinsicht deprimierend gewesen sein, so daß Streit, Beschimpfungen, Verleumdungen

Rabbinisches Judentum, die seit der Zerstörung Jerusalems entwickelte und bis heute vorherrschende Form des jüdischen Glaubens. Seine innere Gestalt hat das r. J. in der auf die Tora ausgerichteten Lebensordnung nach dem Exil gefunden. Die vornehmlich pharisäischen Schulen des 1. vorchristlichen und der folgenden nachchristlichen Jahrhunderte schufen die Grundlage für jenes Judentum, daß alle Belastungen der folgenden Zeiten ertragen und überleben konnte. Die Entwicklung der Synagoge (→ S. 290) ermöglichten die Anpassung an je neue Verhältnisse und sicherte den inneren Zusammenhalt der Gemeinden. Schon Jesus ist in dieser Tradition verwurzelt. Wahrscheinlich hatte er überwiegend Lehrer aus der pharisäischen Bewegung gehabt, wenngleich auch der essenische Einfluß Gewicht hatte (→ S. 345 ff.). Für alle war eine genaue Schriftkenntnis selbstverständlich, führte aber auch dazu, daß sich unterschiedliche Schulen ausbildeten. Bekannt ist die Polarisierung zwischen den Schulen des Rabbi Schammai (um 50 v.–30 n. Chr.) und des Rabbi Hillel. Beide begründeten jeweils eine Richtung. Schammai entschied meistens erschwerend, Hillel erleichternd; dabei orientierte sich Schammai mehr am wörtlichen Schriftverständnis und betonte weniger als Hillel die Intention einer Textstelle. Jesus wird mit beiden Schulen konfrontiert gewesen sein, wobei er ihnen in unterschiedlicher Weise folgte, doch stand er sicherlich überwiegend in der Tradition Hillels. Wie Hillel lehrte er die Goldene Regel als Kern der Tora und der Propheten (Mt 7,12; Lk 6,31; B. Schab 31 a). Er glaubte wie die Pharisäer um ihn herum, er beachtete wie sie die Gesetze und gebotenen Verhaltensweisen, er lebte, wie ein toratreuer Pharisäer lebte. Deswegen sahen sie in ihm einen »Kollegen« und nannten ihn auch so (Lk 12,13; vgl. Mk 10,51). Weder das Liebesgebot noch die Umkehrpredigt, auch nicht sein Engagement für die Armen oder sein Einsatz für Feindesliebe und Gewaltlosigkeit sind in der pharisäischen Lehre ohne Parallelen, weshalb die These, Jesus sei selbst dem pharisäischen Lager zugehörig gewesen, nicht unbegründet erscheint. Wenn andere diese These verneinen, räumen sie doch ein, daß Jesus der Gruppe der Pharisäer näherstand als den anderen Gruppen des Judentums.

und Verfolgungen leicht dazu führten, die belastende Welt sich selbst zu überlassen. Dieser Neigung tritt der Text entgegen, denn wer ihr erläge, gäbe sich auf. Jünger Jesu sind nun einmal Salz und Licht, wie sollte es da geschehen, daß sie nicht mehr salzen und nicht mehr leuchten? Sie würden ihr eigenes Wesen aufgeben.

Wenn aber Salz salzt und Licht leuchtet, so sind dies dem Salz wie dem Licht immanente Wirkungen. Salz wie Licht verändern ihr Umfeld. Genauso verändert ein Jünger Jesu, wenn er ein solcher ist, notwendig die Welt. Er tut es wirksam und sichtbar für die Menschen. Darum gibt es keine christliche Identität ohne verändernde Wirksamkeit. Wo Jünger Jesu diese Dynamik nicht mehr haben sollten, wären sie nicht mehr Jünger Jesu, so wenig ein schal gewordenes Salz noch Salz wäre.

Jesus erfüllt »Gesetz und Propheten«

17 Denkt nicht, ich sei gekommen, um das Gesetz oder die Propheten aufzuheben. Ich bin nicht gekommen um aufzuheben, sondern um zu erfüllen. 18 Denn wahr ists, ich sage euch: Bis der Himmel und die Erde dahingehen – nicht ein Jota oder ein Häkchen vom Gesetz wird dahingehen, bis alles geschieht. 19 Wer also eine dieser Weisungen, der geringsten eine, auflöst und so die Menschen lehrt – der Geringste wird er heißen im Reich der Himmel. Wer sie aber tut und lehrt – ein Großer wird er heißen im Reich der Himmel. 20 Denn ich sage euch: Wenn eure Gerechtheit die der Schriftgelehrten und Pharisäer nicht weit übersteigt – nimmermehr kommt ihr ins Reich der Himmel hinein.

Mt 5,17-20

Mit dieser dritten Vorbemerkung beschreibt Matthäus das Selbstverständnis Jesu im Blick auf die biblische Tradition. Zentral geht es um die Stellung Jesu zur Tora. In der matthäischen Gemeinde, die in konfliktreichen Auseinandersetzungen mit dem rabbinischen Judentum und vielleicht auch mit heidenchristlichen Positionen stand, war dieses Thema von größter Aktualität und Brisanz.

Wenn bei Matthäus vom »Gesetz« *(tora)* die Rede ist, geht es um andere Wertvorstellungen, als dies bei Christen heute der Fall ist. Für ihn war das Gesetz die gnadenhafte Offenbarung des Willens Gottes und ein Element der Freude. Die Übersetzung des hebräischen *tora* mit *nomos* im Griechischen und »Gesetz« im Deutschen führte zu Bedeutungsverlagerungen, die ein autoritatives, juridisches Verständnis fördern. Im damaligen wie heutigen Judentum gilt die Tora nicht als ein für allemal definierte Lehre. Ohne fortschreibende Halacha (hebr. »gehen«) würde sie verstummen und unvollziehbar werden. Darum braucht die Tora eine im Kontext der Zeit mitwachsende Auslegung, was besonders den Pharisäern wichtig war, damit die Tora in ihrer Anwendung lebendig bleibt. Hinzu kam das Bemühen der pharisäischen Kreise, einen »Zaun um das Gesetz« zu ziehen – mit Regeln

Es ist überflüssig zu betonen, daß er nicht der einzige jüdische Lehrer war, der auf Symbolik, Innerlichkeit und Ernsthaftigkeit bestand. Philo und Josephus taten dasselbe, ebenso viele Rabbinen sowie die Qumransekte. Aber ich denke, es ist wahr, daß die Innerlichkeit, die Reinheit der Intention in Jesu Denken eine größere Rolle gespielt hat ... Jesu Lehre lautete, daß das, was aus dem Menschen herauskomme, ihn verunreinige, nicht das, was in ihn hineingehe, und daß nichts mehr verunreinige als das, was dem bösen Herzen mit seinen bösen Gedanken entspringe.

Geza Vermes

und Lebensformen, die der Tora ihre Geltung sichern helfen. Andererseits konnte der »Zaun um das Gesetz« auch eine Verschärfung und Verkomplizierung des Regelwerks mit sich bringen. In diesem Bemühen disputierten die Pharisäer strittig miteinander. Jesu Streitgespräche mit ihnen spiegeln das innerjüdische Spektrum.

Gegenüber jeder formalisierten Gesetzespraxis forderte Jesus einen verinnerlichten Vollzug. Wenn die Evangelien Jesus hierbei immer in Konfrontation zu den Pharisäern vorstellen, so geschah dies wesentlich unter den Bedingungen der gemeindlichen Auseinandersetzung mit dem pharisäisch geführten Judentum. Jüdische Forscher betonen, Jesus habe sich mit seiner Kritik des toragemäßen Lebens im Rahmen des damaligen Judentums bewegt. Auch christliche Theologen haben inzwischen ihre Position korrigiert: »Den angeblich souveränen Gesetzesübertreter Jesus gab es gar nicht!« (Clemens Thoma).

Die kompakteste Form, in der Jesus seine Toratreue bekundet, formuliert Matthäus im vorliegenden Stück: »Gesetz und Propheten« sind für ihn von bleibender und absoluter Gültigkeit (V 17). Und da der »Himmel« nicht vergeht, hat auch die Offenbarung Gottes Bestand. Oder später: Selbst »wenn Himmel und Erde vergehen, werden meine Worte nicht vergehen« (24,35). Hinter dem anschließenden »Tun und Lehren« klingt die deuteronomistische Mahnung mit: »Und nun, Israel, höre die Weisungen und Rechtsvorschriften, die ich euch zu halten lehre. Hört, und ihr werdet leben... Nicht dürft ihr zu dem Wort, das ich euch auftrage, etwas hinzufügen oder wegnehmen. Bewahrt die Gebote Jahwes, eures Gottes, die ich euch heute auftrage« (Dtn 4,1 f.). Im abschließenden V 20 enthält sich Matthäus nicht der Polemik gegenüber den Schriftgelehrten und Pharisäern, denen er Gerechtigkeit zwar nicht abspricht, doch soll der Jünger Jesu sie weit übertreffen, um Anteil am Reich Gottes zu bekommen. Wie Matthäus dieses »Mehr an Gerechtigkeit« versteht, machen die weiteren Positionen deutlich.

Die Tora in der Deutung des »matthäischen Jesus«

Der folgende Hauptteil der »Rede auf dem Berg« wird allgemein unter den Begriff der »Antithesen« gestellt. Diese Bezeichnung ist nicht nur mißverständlich, sondern im strengen Sinne auch falsch. Wenn Jesus auf das Gebot der Tora: »Du sollst nicht morden« mit einer Antithese antworten sollte, müßte diese heißen: »Ich aber sage euch, daß Töten erlaubt ist.« Damit würde das Gebot in sein Gegenteil gewendet, also mit einer wirklichen Antithese beantwortet. Die im christlichen Schrifttum ständig begegnende Rede von den Antithesen hat weithin die Überzeugung genährt, der in Mt 5,21-47 sprechende Jesus habe sich über die Tora hinweggesetzt. Das Gegenteil ist der Fall, denn tatsächlich handelt es sich nicht um eine Tora-Bestreitung, sondern um eine Tora-Vertiefung. »Worin ist das Gesetz noch unvollkommen, worin muß es noch vervollkommnet werden?« hat Augustinus zu diesem Text gefragt und geantwortet: »Wer zu etwas Bestehendem etwas Fehlendes hinzufügt, will dadurch das schon Bestehende an sich nicht ändern. Er will es eher bestätigen und mehren.«

Israels Lehrer sind nur als Plural zu fassen. Es gibt nicht den Propheten, sondern nur die Propheten. »Das ist ein wesentlicher Unterschied gegen andere Religionen, die in dem einen Gotama Buddha, in dem einen Zarathustra, in dem einen Muhammed ihren Prophetismus beginnen und enden sehen, und deren wichtigste Entwicklung so bereits am Anfang wieder aufhört. In Israel folgt auf den Zug der Meister, auf den Großen die Reihe der Ebenbürtigen. Keiner gibt das Ganze, und keiner stellt das Ganze dar. Die Fülle der Religion ist in keinem Einzelnen und auch nicht in mehreren befaßt ... Der ganze Inhalt des Judentums liegt erst in seiner unbeendeten, unendlichen Geschichte« (Leo Baeck).

Für jüdische Theologen gehört Jesus in die Reihe seiner großen Lehrer. Das Christentum seinerseits hat Jesus zum einzigen normativen Lehrer erklärt, was die Ausbildung eines dogmatischen Systems förderte. In dieser Differenz unterscheiden sich Judentum und Christentum wohl am meisten. Gerade weil der eine Lehrer für das Christentum konstitutiv ist, muß es sich die darin liegende Gefahr um so bereitwilliger von jenen zeigen lassen, die unter dieser Normativität am härtesten gelitten haben. Leo Baeck: »Jedes System ist unduldsam und macht unduldsam, weil es selbstgerecht und zufrieden macht – aus dem Kreise der Systematiker sind ja die härtesten Inquisitoren hervorgegangen ... Dagegen besitzt die prophetische Rede, als lebendiges persönliches Bekenntnis, das nicht durch Linien zu umziehen ist, ihre Weite und Unabsehbarkeit, ihre nicht voraus zu bestimmende Freiheit ..., die das Erfordernis zeugt, immer wieder zum Leben der Gegenwart zu werden.«

Ein heißer Julitag im Kriegsjahr 1941 in Smederevska Palanka bei Belgrad. Vor einem Erschießungskommando der deutschen Wehrmacht stehen 16 junge Männer mit verbundenen Augen – gefangengenommene jugoslawische Partisanen. Kurz vor dem Feuerbefehl tritt ein deutscher Soldat aus der Reihe und sagt: »Ich werde nicht schießen.«

Es ist Josef Schulz, 31, von der 314. Division. Der Mann, ein Dekorateur aus Wuppertal, wird daraufhin sofort neben die Partisanen gestellt und zusammen mit ihnen erschossen.

Konrad Witz (um 1400–1445/46), Synagoge, Heilsspiegelaltar, um 1430 (→ S. 569).

Vom Töten und von der Versöhnung

21 Ihr habt gehört, daß gesagt ward den Alten: Morde nicht! Wer mordet – verfallen ist er dem Gericht. 22 Ich aber sage euch: Wer seinem Bruder zürnt – verfallen ist er dem Gericht. Wer seinen Bruder aber einen »Hohlkopf« heißt – verfallen ist er dem Synedrium. Und wer ihn einen »Aberwitzling« heißt – verfallen ist er der Feuerhölle. 23 Wenn du also deine Gabe zum Opferaltar bringst und dort dich erinnerst, daß dein Bruder etwas gegen dich hat, 24 laß dort deine Gabe vor dem Opferaltar, und geh – erst versöhne dich mit deinem Bruder. Und dann komm, und bring deine Gabe dar.
25 Begütige deinen Rechtsgegner – schleunig, solange du mit ihm auf dem Weg bist; nicht daß dein Rechtsgegner dich dem Richter ausliefere und der Richter dem Gerichtsdiener, und du in den Kerker geworfen wirst. 26 Wahr ists, ich sage dir: Nimmermehr kommst du von dort heraus, bis du den letzten Pfennig bezahlt hast.

Mt 5,21-26

Der Anredewechsel von der Mehrzahl (V 21) zur Einzahl (V 23) zeigt bereits, daß keine ursprüngliche Einheit vorliegt. Auch inhaltliche Unterschiede sind unübersehbar. Matthäus hat hier verschiedene Traditionen zusammengestellt und redigiert. »Du sollst nicht morden« heißt es lapidar im Dekalog (→ S. 112 f.). Um dieses Gebot immer und unter allen Umständen einhalten zu können, muß die Grenzlinie, die Leben und Tod trennt, möglichst weit vorverlegt werden. Die Hemmschwelle zu töten, ist nicht hoch genug, wenn Angst und Zorn, böse Gedanken, Gefühle und Rachsucht im Herzen der Menschen Raum gewinnen. Ein Gesetz ist zu schwach, wenn es nur juridisch verstanden wird. Darum bemüht sich Matthäus in gut jüdischer Tradition, mit seiner Logien-Komposition den »Zaun um das Gesetz« auszubauen, damit das Leben im oft nur scheinbar friedlichen Alltag aus Achtung und Liebe umfassenden Schutz finde.

Vom Ehebruch

27 Ihr habt gehört, daß gesagt ward: Brich nicht die Ehe! 28 Ich aber sage euch: Wer eine Frau lustbegehrend anblickt, hat in seinem Herzen mit ihr die Ehe gebrochen.
29 Wenn dein rechtes Auge dir zum Ärgernis wird: Reiß es aus und wirf es von dir! Denn zum Guten gereicht es dir, daß eines deiner Glieder zugrunde gehe und nicht dein ganzer Leib in die Hölle geworfen werde.
30 Und wenn deine rechte Hand dir zum Ärgernis wird: Hau sie ab und wirf sie von dir! Denn zum Guten gereicht es dir, daß eines deiner Glieder zugrunde gehe und nicht dein ganzer Leib zur Hölle fahre.

Mt 5,27-30

Das Gebot des Dekalogs: »Du sollst nicht die Ehe brechen!« ist der Ausgangspunkt des Stückes; die Verse 29 und 30 wurden aus anderen Traditionen zugefügt. Das israelitisch-jüdische Eherecht war patriarchalisch bestimmt. Die eigene Ehe konnte ein Mann nicht brechen, wenn er sich mit einer unverheirateten Frau einließ; er konnte bloß die Ehe einer anderen verheirateten oder verlobten Frau brechen. Während dem Mann neben seiner Ehe also noch Möglichkeiten weiterer sexueller Beziehungen blieben, war die Frau zu umfassender Treue verpflichtet. Dies ist jedoch nicht zu mißdeuten. Die jüdische Ethik hatte respektables Niveau; sie ging über das Gebot hinaus und betrachtete Untreue des Mannes keineswegs als Kavaliersdelikt. Erneut wird die Grenze vorverlegt: Ehebruch beginnt nicht erst mit dem Beischlaf, sondern schon vorher in Gedanken und einem freiwillig genährten Verlangen.

Von der Ehescheidung

31 Es ward gesagt: Wer seine Frau entläßt, gebe ihr einen Abstandsbrief! 32 Ich aber sage euch: Wer seine Frau entläßt – außer dem Fall der Unzucht – der macht, daß sie zum Ehebruch genommen wird. Und wer eine Entlassene heiratet: Der bricht die Ehe.

Mt 5,31-32

Das ursprüngliche Jesuswort lautete etwa: »Jeder, der seine Frau wegschickt, treibt sie in den Ehebruch. Und wer eine Entlassene heiratet, bricht die Ehe.« Dieser Satz kam vermutlich in die Logienquelle Q, was die Parallele bei Lk 16,18 erklären würde. Auch die vormarkinische Gemeinde hat das Wort schon gekannt. Markus fügte es einer Geschichte zum selben Thema (10,2-9) in den Versen 11-12 an. Paulus kannte die Tradition ebenfalls und zitierte sie als »Herrenwort« 1 Kor 7,10 f. Die vormatthäische Gemeinde entlastete das Scheidungsverbot durch eine Ausnahmeklausel, die Matthäus beibehielt; jedoch formulierte er jetzt den überlieferten Satz im Sinne seiner Formel: »Ihr habt gehört ..., ich aber sage euch ...«

Die Eisschränke sind austauschbar. Auch das Haus, wenn es bloß eine Anhäufung von Gegenständen ist. Und die Frau. Und die Religion. Und die Partei. Man kann nicht einmal mehr untreu sein. Wem sollte man untreu werden? Wovon weit weg und wem untreu? Wüstenei des Menschen.

Es ist leicht, die Ordnung einer Gesellschaft auf die Unterwerfung jedes einzelnen unter feststehende Regeln zu gründen. Es ist leicht, einen Menschen zu formen, der blind und ohne Widerspruch sich einem Meister oder einer Heilslehre unterordnet. Doch das Gelingen, das darin besteht, den Menschen zu befreien, um ihn über sich selbst herrschen zu lassen, ist viel höher zu bewerten.

Antoine de Saint-Exupéry

Ehescheidung

In den christlichen Gemeinden tauchte das Scheidungsverbot schon sehr früh als Problem auf. Paulus schreibt die Passage ausdrücklich dem Herrn zu und macht einen Unterschied zwischen ihr und den anschließenden eigenen Äußerungen (1 Kor 7,12). Seine Ausführungen machen jedoch deutlich, daß er mit dem Scheidungsverbot nicht völlig einverstanden war: Er zog es zwar vor, daß es zu keiner Scheidung kommt, ließ aber für den Fall der Ehe zwischen einer gläubigen und einer ungläubigen Person die Möglichkeit zu (1 Kor 7,15: Wenn die Scheidung von dem ungläubigen Partner gewünscht werde, solle der gläubige Partner einwilligen). Matthäus erscheint das Gebot so schwer zu erfüllen, daß er Jesu Schüler sagen läßt: »Steht die Sache eines Mannes mit seiner Frau so, dann ist's nicht gut, ehelich zu werden« (Mt 19,10). Einiges spricht auch dafür, daß die Ausnahmeregelung im Matthäusevangelium, nach der die Scheidung möglich ist, wenn der Partner bereits Ehebruch begangen hat (Mt 5,32; 19,9), vom Autor selbst stammt, der auf diese Weise versucht, Jesu Haltung an die Verhältnisse der sich entwickelnden Gemeinde anzupassen. Daß die frühen Christen dieses Gebot erfanden, können wir praktisch ausschließen: sie fanden es beschwerlich und mußten es abändern.

E. P. Sanders

Das Eheverständnis Jesu entspricht insgesamt den Auffassungen seiner Zeit, doch verbindet er damit in Rückbindung an die Schöpfungsordnung Gen 1,27 und 2,24, wie bei Mk 10,6-9 ausgeführt, die Dauerhaftigkeit der Ehe: »Was Gott verbunden hat, soll der Mensch nicht trennen.« Andererseits hebt sich das Verhalten Jesu gegenüber den Frauen aus dem zeitgenössischen Rahmen heraus (→ S. 478 f.; 509 ff.). Er schützt die überführte Ehebrecherin (→ S. 513 ff.) und scheut nicht den Kontakt zu unreinen und verrufenen Frauen (→ S. 476 f.; s. a. Mk 5,25-34; Lk 13,10-17).

Ausgangspunkt der Äußerungen Jesu über Ehebruch und Ehescheidung ist die Überzeugung von der Unauflöslichkeit der Ehe. Darum macht auch ein legal ausgestellter Scheidebrief aus der entlassenen Frau keine Geschiedene, die wieder hätte heiraten können. Die dennoch zugelassene Ehescheidung erklärt Jesus als Zugeständnis an die »Herzenshärte« des Volkes (Mt 19,8). Trotz Kenntnis dieser Tradition gestattete Paulus 1 Kor 7,12-16 die Trennung des heidnischen Ehepartners vom christlichen unter Wahrung einer möglichen neuen Ehe für beide Teile (Privilegium Paulinum), während Mt 5,32a und 19,9 Ausnahmen für die Ehescheidung einräumen. Was dabei unter »Unzucht« verstanden wurde, ist nicht eindeutig geklärt, relevant bleibt jedoch wie bei Paulus der Vorbehalt selbst.

Vom Schwören

33 Abermals habt ihr gehört, daß gesagt ward den Alten: Schwör nicht falsch! Halte dem Herrn deine Eide! 34 Ich aber sage euch: Überhaupt nicht schwören! Nicht beim Himmel, denn er ist Gottes Thron; 35 nicht bei der Erde, denn sie ist der Schemel seiner Füße; nicht bei Jerusalem, denn es ist die Stadt des gewaltigen Königs; 36 noch bei deinem Kopf schwöre, denn nicht ein Härchen vermagst du weiß zu machen oder schwarz. 37 Sondern so sei euer Wort: »Ja« – ein Ja; »Nein« – ein Nein. Was darüber hinaus – vom Bösen ists.

Mt 5,33-37

Das Schwurverbot, das der Jakobusbrief überliefert, scheint ursprünglicher als der Matthäustext zu sein: »Vor allem, meine Brüder, schwört nicht: weder beim Himmel, noch bei der Erde, noch sonst einen Eid. Es sei euer Ja – ein Ja, euer Nein – ein Nein, damit ihr nicht unter das Gericht fallt« (5,12). Mit dem Schwören »beim Himmel« oder »bei der Erde« sind Ersatzformeln gemeint, die den Gottesnamen vermeiden. Der Einwand gegen das Schwören bindet sich also nicht an den leichtfertigen Gebrauch des Gottesnamens, sondern macht den leichtfertigen Umgang mit der Wahrheit zum Thema. Wo eine Aussage durch zusätzliche Beteuerung gestützt werden muß, meint Jesus, ist bereits für das alltägliche Sprechen ein Arrangement mit der Unwahrheit getroffen. Auch das »Ehrenwort« entwertet das schlicht gegebene Wort. Der Eid sollte unnötig sein, weil ein Ja für ein Ja steht und ein Nein für ein Nein.

Diese Richtschnur hat im Neuen Testament wie in der Kirche kaum Beachtung gefunden, ohne daß es eine Begründung für die mal übernommenen, mal dispensierten Weisungen Jesu gibt. Aber auch das (oft doppelt gebrauchte) »Amen« im Munde Jesu ist eine Quasi-Schwurformel. Außerbiblisch belegt dies ein Ostrakon um 600 v. Chr. Da beteuert ein Arbeiter: »Meine Brüder werden zu meinen Gunsten Zeugnis ablegen. Amen, ich bin frei von Schuld.« In den biblischen Belegen ist Amen die formelhafte Bekräftigung einer Äußerung. Da es noch weitere verwandte Formeln gibt, die auch Himmelsstimmen in den Mund gelegt werden, muß offen bleiben, ob Jesus selbst so gesprochen hat. In den Paulusbriefen begegnen Beschwörungsformeln mehrfach (Röm 1,9; 1 Kor 15,31; 2 Kor 1,18.23).

Von der Vergeltung

38 Ihr habt gehört, daß gesagt ward: Auge um Auge und Zahn um Zahn! 39 Ich aber sage euch: Dem Bösen nicht widerstehen! Sondern: Wer dich auf die rechte Backe schlägt – wende ihm auch die andere zu. 40 Und wer dich gerichtlich belangen und dir den Leibrock nehmen will – ihm laß auch das Obergewand. 41 Und wer dich zu einer Meile zwingt – mit dem gehe zwei. Wer bittet – dem gib. 42 Wer dir borgen will – den weise nicht ab.

Mt 5,38-42

Die immer wieder zitierte Formel angeblich jüdischer Ethik »Auge um Auge, Zahn um Zahn« findet sich zwar in der Bibel (Ex 21,24; Lev 24,20; Dtn 19,21), war aber ein Rechtsgrundsatz des gesamten Orients und wird schon im Codex Hammurabi (um 1700 v. Chr.) formuliert. Er verlangt die Beschränkung einer Vergeltung auf das rechte Maß: »Für ein Auge nicht mehr als ein Auge!« Dieses Denken ist auch im heutigen Alltag noch gegenwärtig; tatsächlich wäre schon vieles besser in der Welt, wenn nicht mit mehr als gleicher Münze zurückgezahlt würde. Aber wie oft wird ein harmloser Schlag mit hemmungslosen Schlägen beantwortet, in politischen Konflikten mit »Vergeltungsschlägen« das anfängliche Unrecht maßlos übersteigert!«

Der matthäische Jesus überschreitet den Bereich rechtlicher Ordnung in eine ungleich sensiblere Grundhaltung hinein. Der erste Spruch rät, eine Ohrfeige mit dem Hinhalten auch der anderen Seite zu beantworten. Der zweite empfiehlt, der gerichtlichen Pfändung eines Hemdes durch das zusätzliche Überlassen selbst des Mantels zuvorzukommen, – was nicht nur dem allgemeinen Rechtsempfinden widerspricht, sondern auch dem biblischen Pfändungsrecht, das den Mantel des Armen unpfändbar macht, da er auch dessen Bettdecke ist (→ S. 245). Der dritte Spruch meint, wenn jemand etwas fordere, ihm doppelt zu geben. Dem reinen Rechtsdenken wird die entwaffnende Macht ertragender Liebe gegenübergestellt. Sie läßt das Böse an sich selbst zerschellen.

Den Spitzeln das Messer in die Brust bohren! Messer schmieden und auf Spitzeljagd gehen! – Das ist es! Jetzt, da ich dieses Kapitel schreibe, türmen sich auf den Regalen über mir humanitätsschwere Bücher und blinken mir mit ihren mattschimmernden, gealterten Einbänden vorwurfsvoll zu, wie Sterne durch Wolkenstreifen: Man darf nichts in der Welt durch Gewalt zu erreichen suchen! Wer zum Schwert, zum Messer, zum Gewehr greift, wird nur zu rasch seinen Henkern und Bedrückern gleich. Und der Gewalt wird kein Ende sein ... Wird kein Ende sein ... Hier am Schreibtisch, im warmen, sauberen Arbeitszimmer, bin ich völlig einverstanden. Doch wer grundlos zu fünfundzwanzig Jahren Arbeitslager verdammt wird, wer seinen Namen verliert und vier Nummern angeheftet bekommt, die Hände immer auf dem Rücken halten muß, jeden Morgen und Abend gefilzt wird, täglich bis zur Erschöpfung robotet, zu Verhören in die BUR (Baracke mit verschärftem Regime) geschleift wird, für immer in diese Erde gestampft wird – für den hören sich alle Reden der großen Menschenfreunde wie das Geschwätz satter Spießer an. Wird kein Ende sein! ...
Uns ging es darum, ob ein Anfang sein wird! Ob ein Lichtblick sein wird in unserem Leben oder nicht. Nicht umsonst hat das Volk aus langer Bedrückung die Lehre gezogen. Mit Güte kommt man gegen das Böse nicht an.

Alexander Solschenizyn

Feindesliebe

Rabbi Michal befahl seinen Söhnen: »Betet für eure Feinde, daß es ihnen wohlergehe. Und meinet ihr, dies sei kein Dienst Gottes: mehr als alles Gebet ist dies ein Dienst Gottes.«

Otto Pankok (1893–1966), Jesus zerbricht das Gewehr, 1950.

Für Otto Pankok war Jesus der Mensch schlechthin, Vertreter aller Rassen, universales Symbol. Er verknüpfte mit ihm die Entscheidung zur Liebe »im Kampf gegen

43 Ihr habt gehört, daß gesagt ward: Liebe deinen Nächsten! Und: Hasse deinen Feind! 44 Ich aber sage euch: Liebt eure Feinde, und betet für die, die hinter euch her sind. 45 So werdet ihr Söhne eures Vaters – dem in den Himmeln. Er läßt ja seine Sonne aufgehen über Bösen und Guten und regnen auf Gerechte und Ungerechte. 46 Denn: Liebt ihr die euch Liebenden – welchen Lohn habt ihr? Tun nicht auch die Zöllner dasselbe? 47 Und bietet ihr den Friedensgruß euren Brüdern nur – was tut ihr über Maß? Tun nicht auch die aus den Völkern dasselbe? 48 Seid ihr also vollkommen, wie euer himmlischer Vater vollkommen ist.

Mt 5,43-48

alles, was das Leben gemein, sinnlos und eng macht«. Pankoks Bild war Protestplakat gegen die Remilitarisierung der Bundesrepublik Deutschland und wurde zeitweilig von der Friedensbewegung für ihre Anliegen in Anspruch genommen. In seiner Weise ist aber auch dieser Jesus »gewalttätig«.

Das Gebot der Nächstenliebe ist keine christliche Schöpfung sondern altes jüdisches Ethos: »Du sollst deinen Nächsten lieben wie dich selbst!« (Lev 19,18). Der Zusatz »und deinen Feind hassen« findet sich nicht in der Bibel: Er könnte einer zeitgenössischen Auslegung entstammen, die V 44 kritisiert. Eine Parallele dazu bietet ein Text der Gemeinde von Qumran: »Alle Söhne des Lichtes zu lieben, jeden nach seinem Los in der Ratsversammlung Gottes, aber alle Söhne der Finsternis zu hassen, jeden nach seiner Verschuldung in Gottes Rache« (vgl. 1 Thess 5,4 f.; 2 Kor 6,14; Joh 3,19-21; 12,35 f.). Eine solche Praxis bedarf keiner weiteren Belege, es gibt sie in jeder Zeit. Hier zeigt sich erneut, daß Jesu Worte nicht auf die Tora selbst zielen, sondern auf bestimmte Auslegungspraktiken. Der historische Jesus wollte weder die Tora »aufheben« noch etwas »ganz Neues« bringen, wie es monoton die theologische Literatur durchzieht. Er blieb inhaltlich wie formal im Rahmen des jüdischen Ethos. Dem von Matthäus für die eigene Zeit aktualisierten Jesus geht es freilich um die Überbietung der Toraauslegung anderer jüdischer Richtungen. Darum hebt Matthäus Jesus aus der Reihe der üblichen Toragelehrten heraus, um seiner Gemeinde eine neue jüdisch-christliche Identität zu geben, die sie gegenüber dem pharisäisch geleiteten Judentum abgrenzt. Damit hört diese Ethik aber nicht auf, genuin jüdisch zu sein. Es gibt kein christliches Ethos unter Verdrängung des jüdischen Ethos.

Vom Beten – Das Vaterunser

⁵ Und wenn ihr betet, seid nicht wie die Blender: Es ist ihnen lieb, in den Synagogen und an den Straßenecken hinzustehen und zu beten, um vor den Menschen zu scheinen. Wahr ists, ich sage euch: Sie haben ihren Lohn dahin.
⁶ Wenn aber du betest, geh in deine Hinterkammer und verriegle dein Tor; dann bete zu deinem Vater, der im Verborgenen ist. Und dein Vater, der ins Verborgene blickt, wird dir vergelten.
⁷ Beim Beten aber mundwerkt nicht wie die aus den Völkern. Sie meinen ja, durch ihren Wortschwall würden sie erhört. ⁸ Macht es also nicht gleich wie sie; denn euer Vater weiß, was ihr braucht, eh ihr ihn bittet. ⁹ So aber sollt ihr beten:

> Unser Vater, du in den Himmeln! Geheiligt werde dein Name.
> ¹⁰ Dein Reich komme.
> Dein Wille geschehe wie im Himmel, so auf Erden.
> ¹¹ Unser Brot für morgen gib uns heute.
> ¹² Und laß uns nach unser Verschulden,
> wie auch wir nachgelassen haben unseren Schuldnern.
> ¹³ Und führe uns nicht in Versuchung, sondern entreiße uns
> dem Bösen.

¹⁴ Ja, wenn ihr den Menschen ihre Verfehlungen nachlaßt, wird euer himmlischer Vater auch euch nachlassen. ¹⁵ Wenn ihr aber den Menschen nicht nachlaßt, wird auch euer Vater eure Verfehlungen nicht nachlassen.

Mt 6,5-15

Das Vaterunser hat Parallelen in Gebeten aus der Zeit Jesu. Im Kaddisch-Gebet, das heute fast nur noch für Verstorbene gesprochen wird, heißt es:

*Geheiligt werde sein machtvoller Name
in der Welt,
die er schuf nach seinem Willen.
Sein Reich führe er herbei.
Er lasse sprießen seine Erlösung:
in eurem Leben
in euren Tagen und im Leben
des ganzen Hauses Israel.*

Im Achtzehngebet (schemone essre), *das nach der Zahl seiner Bitten so genannt wird, heißt es:*

*Unser Vater!
Vergib uns, Vater!
Bringe uns zurück zu dir,
und wir werden umkehren.*

*Segne, Herr, unser Gott,
für uns dieses Jahr in allen Erträgen.
Das Endjahr der Erlösung bringe
schnell herbei.*

*I*nnerhalb der »Lehre auf dem Berg« wirken die Ausführungen zum Beten und die Wiedergabe des Gebetes Jesu wie ein ausführlicher Exkurs. Einleitend wird den »Heuchlern« vorgeworfen, sich betend der öffentlichen Wahrnehmung zu präsentieren, und den »Heiden«, sinnlos zu plappern und viele Worte zu machen, doch sind solch globale Vorwürfe »Jesu« wohl mehr Ausdruck matthäischer Polemik als die Stimme des historischen Jesus. Immerhin gilt: Das Gebet soll frei von selbstsüchtigen Beimischungen sein.

Die Anrede Gottes als »Vater«, zumal mit dem aramäischen *abba*, ist von Theologen meistens als Ausdruck eines exklusiven Gottesverhältnisses gewertet worden, das Jesus von seiner jüdischen Tradition und Mitwelt deutlich abhebe. In »ganz einmaliger Weise« kennzeichne das Abba-Wort die »traut-familiäre« Gottesbeziehung Jesu. Verbunden wird mit dieser Heraushebung Jesu aus seinem Volk eine Abstufung der jüdischen Glaubenswelt. Etwa: Das in der Gottesbeziehung Jesu begründete christliche Kindschaftsverhältnis zu Gott übertreffe an Intimität alle im Judentum gegebenen Möglichkeiten (Gerhard Kittel).

Dagegen stehen diese Erkenntnisse: In der Jüdischen Bibel wird Gott fünfzehn mal als Vater bezeichnet, ungeachtet der zahlreichen Vergleiche Gottes mit einem Vater, etwa Hos 11,1-11 oder Jer 31,20: »Ist nicht Efraim mein teurer Sohn, ist er nicht mein Lieblingskind? ... Mein Herz stürmt ihm entgegen, ich muß mich seiner erbarmen, spricht Jahwe.« Auch war das aramäische Abba kein kindliches Lall-

Ein Gebet

*Der Kosnitzer sprach zu Gott:
»Herr der Welt, ich bitte dich, du mögest Israel erlösen. Und willst du nicht,
so erlöse die andern!«*

Ein anderes Gebet

*Einmal sprach der Maggid von Kosnitz:
»Ich stehe vor dir, Gott, wie ein Boten-
knabe und warte, wohin du mich
schickst.«*

*Der Maggid von Kosnitz sprach: »An
jedem Tag soll der Mensch aus Ägypten gehn.«*

wort, sondern Anredeform des Vaters seitens erwachsener Söhne und Töchter. Belegt ist die Übertragung auf Gott im Diasporajudentum. Innerhalb des palästinischen Judentums begegnet in aramäischen Umschreibungen zur Jüdischen Bibel ebenfalls die Anrede Gottes als *abba* – »mein Vater«, so daß sich zwischen dem Sprachgebrauch Jesu und dem des zeitgenössischen Judentums kein grundsätzlicher Unterschied nachweisen läßt.

Die Gebetsanrede »Unser Vater im Himmel« eröffnet die folgenden sieben Bitten und ist zugleich deren Fundament. »Vater« als Metapher für Gott schließt den Erwählungsglauben ein und weckt Gedanken an Liebe, Fürsorge und Barmherzigkeit. Die Ergänzung »... im Himmel« verweist auf die Jenseitigkeit und Andersartigkeit Gottes. So sehr Gott als Vater nahe ist, bleibt er in allem doch transzendent.

Auf die drei Du-Bitten (dein Name ..., dein Reich ..., dein Wille ...) folgen vier Wir-Bitten, die etwas länger sind. V 9b: In der Bibel vertritt der Name immer die Person und erschließt ihr Wesen. Doch gibt sich Gott in seinem Namen nur auf den Menschen hin kund als der »Ich bin der Ich bin da« und bleibt darüber hinaus Geheimnis. Sein verborgener Name wird geheiligt, wenn Welt und Mensch ihn durch ihr Dasein preisen und den Enteigneten und Vergewaltigten ihre menschliche Würde wiedergeben. V 10a: Mit der Bitte, Gottes Reich möge kommen, ist das Schlüsselwort der Botschaft Jesu genannt, das sich aus der Summe seiner Gleichnisse und Worte jedoch nicht griffig zusammenfassen läßt. Zentral mag die Reich-Gottes-Metapher im Bild des Festmahls aufleuchten, zu dem alle geladen sind (→ S. 482 ff.). Doch gehört dieses »Reich« nicht bloß der Zukunft, sondern ist schon »mitten unter uns« (Lk 17,21), wenn sich ihm der Mensch in seinem Denken, Handeln und Reden öffnet. V 10b: Den Willen Gottes interpretiert Matthäus besonders mit der »Rede auf dem Berg«, entfaltet ihn jedoch auch im übrigen Reden und Tun Jesu und macht ihn in dieser Vermittlung für die Gemeinde verpflichtend. Wo Gottes Wille angenommen und befolgt, sein Name geheiligt wird, verwirklicht sich die »Herrschaft« Gottes; in diesem Verständnis deuten sich die ersten drei Bitten wechselseitig.

Die folgenden Wir-Bitten wenden sich dem Menschen zu. Die Sätze werden länger und formulieren die Bedrängnis, in die der Mensch geraten kann. Die Brotbitte (V 11) richtet sich nicht allein auf Brot und Nahrung, sondern auf alles, was zum Leben notwendig ist. Das freilich mag im Gang der Zeit unterschiedlich gesehen werden. Wenn in der Jesus-Situation bettelarme Wandercharismatiker (→ S. 440) diese Bitte sprachen, im Vertrauen auf Gott, daß er sie nicht verhungern lasse, so hat sich für die matthäische Gemeinde diese Haltung in ein allgemeines Grundvertrauen gewandelt. Die fünfte Bitte (V 12) verschränkt die Vergebungsbitte mit Gegenseitigkeit. Damit berührt sich eine deutliche Position der in der Mischna gesammelten Lehrsätze: »Wenn jemand sagt: ›Ich werde sündigen, denn der Versöhnungstag wird mir Sühne bringen‹, dann bringt der Versöhnungstag ihm keine Sühne. Der Versöhnungstag kann nur Sühne bringen für die Sünden, die der Mensch gegen Gott begangen hat. Für Sünden gegen Mitmenschen kann der Versöhnungstag keine Sühne bringen, bis man vom Mitmenschen Verzeihung erlangt hat«

(Joma 8,9). Im Gebet Jesu liegt diese Einstellung erstmals in Gebetsform zusammengefaßt vor. Wie sehr diese Haltung die Sichtweise Jesu kennzeichnet, belegen viele weitere Worte: z.B. Mt 5,7; 7,2; 18,21 f.; Lk 6,36. 37. Die sechste Bitte, vor Versuchung bewahrt zu bleiben (V 13a), meint keine alltäglichen, sondern die existentiell betreffende Versuchung, in der sich der Mensch selbst verliert und alle Jüngerschaft an ihr Ende kommt. Die positive Wendung der siebten Bitte, von dem Bösen gerettet zu werden, blickt auf eine Realität, die in dieser Welt strukturell begegnet: in Institutionen, Vorurteilen, Traditionen, die jenen, die darin sozialisiert werden, zum Verhängnis werden. Das macht den Mensch einerseits zum Opfer, doch als Opfer erneut zum Täter. So läßt ihn das Böse nicht los. Die Nachfolge Jesu fordert einen Durchbruch aus diesem Zirkel, der den Menschen für den Menschen befreit. – Die zwei letzten Verse lassen sich als Fußnoten zur Vergebungsbitte lesen. Präzise wird klar gemacht: Menschliches Vergeben ist Bedingung für göttliches Vergeben.

Das »Gebet Jesu« steht ganz in jüdischer Tradition. Jüdische Gebete derselben Zeit klingen ähnlich. Das Vaterunser ist auch keine völlige Neuschöpfung Jesu; einzelne Teile haben Parallelen in biblischen Schriften, im Kaddisch und im Achtzehngebet. Man kann das Vaterunser als ein »von Jesus neu zusammengesetztes jüdisches Gebet« bezeichnen, das Christen und Juden gemeinsam zu sprechen immer noch möglich ist. Es ist deshalb »das wichtigste Bindeglied zwischen Christentum und Judentum ... Wenn die Christen es beten, bekennen sie sich in geistiger Hinsicht zusammen mit Jesus als jüdische Fromme« (Clemens Thoma).

Das Gebet des Gehetzten

Der Baalschem sprach: »Seht euch einen Mann an, der tagsüber von seinen Geschäften durch Markt und Gassen gehetzt wird – fast vergißt er, daß es einen Schöpfer der Welt gibt. Nur wenn's Zeit ist, am Mittag zu beten, geht's ihm auf: Ich muß beten! – und da seufzt er vom Grund seines Herzens, daß er den Tag mit Eitlem verbracht hat, und läuft in eine Seitengasse und stellt sich hin und betet: teuer, sehr teuer ist er vor Gott geachtet, und sein Gebet durchbohrt die Firmamente.«

Das Gebet der Frau

Von Perle, der Frau des Berditschewers, ist ein Gebet überliefert. Wenn sie die Sabbatbrote knetete und buk, pflegte sie zu beten: »Herr der Welt, ich bitte dich, hilf mir, daß mein Levi Jizchak, wenn er am Sabbat über diese Brote den Segen spricht, dasselbe im Sinn habe wie ich in dieser Stunde, da ich sie knete und backe!«

Käthe Kollwitz (1867–1945), Deutschlands Kinder hungern, 1924.

Neben der Redequelle Q hat eine erst 1945 entdeckte Schrift, das Thomasevangelium (→ S. 483), die Problemstellung verschärft. Es besteht die begründete Annahme, daß es in dieser Sammlung von Worten Jesu neben jüngeren Traditionen sehr alte Schichten gibt, die den vier kanonischen Evangelien vollwertig an die Seite gestellt werden können und die möglicherweise sogar älter sind. Das Thomasevangelium erzählt keine geschichtlichen Vorgänge und klammert sogar Passion, Tod und Auferstehung Jesu aus. Es geht ausschließlich um Inhalte der Botschaft Jesu.

Hinter beiden offensichtlich im palästinischen Raum entstandenen Schriften – Logienquelle und Thomasevangelium – steht eine Position, die nicht die Person und das Schicksal Jesu für zentral hält, sondern seine »Sache«, die er zu Lebzeiten vertrat. Nirgendwo wird Jesus Messias oder Christus genannt. In diesen Schriften ist er in erster Linie Lehrer, der seinen Blick auf die Menschen der eigenen Zeit richtet. Das Reich Gottes liegt nicht in der Zukunft, sondern kann heute schon wahrgenommen werden:

Es sprachen zu ihm seine Jünger:

Das Reich, wann wird es kommen?
Jesus sagte:
Es wird nicht kommen
im Ausschauen danach.
Man wird nicht sagen: Siehe hier! oder:
Siehe dort!
Sondern das Reich des Vaters
ist ausgebreitet
über die Erde, und die Menschen
sehen es nicht.

(Ev Thom 113)

Unter den Forschern nimmt die Wertschätzung dieser Texte zu. Man sieht mit ihnen eine differenzierte Entwicklung im frühen Christentum verbunden, die ganz neue Fragen aufdrängt, andere Perspektiven als die bisher wahrgenommenen nahelegt und damit vielleicht die Einheitlichkeit im Selbstverständnis des Christentums aufbricht (→ S. 357).

Die Logienquelle Q und die frühe Jesus-Bewegung

Die beiden synoptischen Großevangelien nach Matthäus und Lukas stützten sich nicht nur auf das ältere Markusevangelium, sondern benutzten auch eine zweite schriftliche Quelle, die eine Sammlung von Jesus-Worten enthielt. Diese Erkenntnis verdankt sich der Beobachtung, daß beide Evangelien große Übereinstimmung in der Spruchüberlieferung aufweisen, sowohl bei einzelnen Sprüchen als auch in ganzen Spruchkompositionen. Da sich daneben aber auch deutliche Abweichungen in der Fassung des Spruchgutes zeigen, ist eine direkte Abhängigkeit beider Evangelien voneinander auszuschließen. Wahrscheinlicher ist die Annahme, daß beide unabhängig voneinander eine Quelle benutzt haben, die vorwiegend Sprüche und Reden Jesu enthielt, und die darum als Logienquelle, abgekürzt »Q«, bezeichnet wird.

Diese Schrift ist nur aus ihrer Nutzung bei Matthäus und Lukas zu erschließen. Ihre Rekonstruktion gilt als die heißeste Spur auf der Suche nach dem authentischen Jesus. Doch führt auch sie nicht unmittelbar zu ihm zurück, sondern nur zu jener Fassung der Jesusbotschaft, wie sie unter seinen judenchristlichen Anhängern im nordgaliläisch-südsyrischen Raum entwickelt wurde. Für ihre Tradition ist charakteristisch, daß sie nicht wie bei Paulus oder später in den Endfassungen der Evangelien »Christologie« vermittelt, sondern einfach nur die Verkündigung und das Wirken Jesu fortsetzt. Dies unternahmen Wandermissionare, die ebenso wie Jesus in radikaler Armut durchs Land zogen und die Botschaft von der nahen Gottesherrschaft ansagten. Ihnen war verboten, irgendeine Existenzsicherung mitzunehmen; sie demonstrierten, daß Vertrauen auf Gott möglich ist.

Das Ziel dieser frühen Israel-Botschafter war keine Gemeindegründung, wie sie fernab Paulus betrieb. Die bei Mt und Lk jeweils 10,1-16 verarbeitete Aussendungsrede läßt den unorganisierten Zuschnitt ihrer Aktivitäten erkennen: Offenbar suchten die Sendboten einzelne Häuser auf, traten aufs Geradewohl ein und entboten den Bewohnern den Friedensgruß. Wenn man sie willkommen hieß, sollten sie bleiben, essen und trinken, was man ihnen gab, im Dorf die Kranken heilen und die Nähe der Gottesherrschaft ankündigen. Es ging also ausschließlich darum, die Botschaft Jesu weiterzusagen.

Die Zeit, in der diese Praxis herrschte, ist zwischen den Jahren 30 und 70 anzusetzen. Während die inneren Spannungen des Landes wuchsen und die Aufstandsbewegungen sich schließlich im jüdisch-römischen Krieg entluden, verstanden sich die Jesus-Botschafter als Verkünder eines gütigen Gottes. Allerdings lassen die Texte erkennen, daß ihre Mission scheiterte: Man begann, sich von den jüdischen

Mitmenschen abzusetzen und eine eigenständige Gruppe zu gründen. Dieser Prozeß scheint sich in der eigentümlichen Mischung von Jüngermahnung und Israel-Polemik zu spiegeln, wie sie die Q-Texte aufweisen. Einerseits soll das Programm Jesu in der entstehenden »Gemeinde« bewahrt werden, andererseits beginnt man, den neuen eigenen Weg mit massiver Polemik zu rechtfertigen.

Die seit Jahrzehnten betriebene Q-Forschung, die sich in der »Critical Edition of Q« und der dreißigbändigen Reihe »Documenta Q« niederschlägt, hat einer sich nur von Paulus her verstehenden Theologie eine revolutionäre Gegenperspektive an die Seite gestellt. Während Paulus allein den gekreuzigten Messias kennen wollte, der für unsere Sünden starb und von Gott auferweckt wurde, finden Sühnetod und Auferweckung bei Q keine Erwähnung. Hier wird der Tod Jesu als Prophetenschicksal verstanden, wie es sich in der Geschichte Israels öfter ereignete. Jesus wird auch nicht als Messias oder gar präexistenter Gottessohn gesehen, sondern als »Menschensohn«, wie er bei Dan 7 angesagt wurde (→ S. 340). Die Identifikation Jesu mit dem endzeitlichen Menschensohn bringt die Logienquelle dadurch zum Ausdruck, daß sie dem Wirken Jesu letztgültige Bedeutung zuschreibt. An der Stellungnahme zu seiner Botschaft entscheiden sich Heil und Unheil. Insgesamt führt die Logienquelle näher an den historischen Jesus heran. Sie vermittelt die Botschaft Jesu als Seligpreisung der Armen, Hungernden und Trauernden; sie fordert Feindesliebe und Rechtsverzicht. Da Gott barmherzig ist, soll auch der Mensch barmherzig sein. Die Q-Tradition kennt keine dogmatische, sondern eine konkret-menschliche Wahrheit. Sie läßt als Verkündigung Jesu eine Wahrheit durchscheinen, »die sich jedem Menschen vermitteln läßt und die ihm hilft, in dieser Welt in Würde zu überleben« (Paul Hoffmann).

Das »Christentum« begann als eine von Jesus hervorgerufene innerjüdische Bewegung. Nach seinem Tod gab dessen Anhängerschaft nicht auf, vielmehr setzten Männer und Frauen als Wanderprediger sein Engagement und seine Lebensform im palästinisch-syrischen Raum fort. Die Schwierigkeiten, welche die politische Entwicklung unter den Römern mit sich brachte und die zunehmenden Spannungen, die innerhalb des Judentums daraus erwuchsen, führten zum Jüdischen Krieg (66–70/73), unter dem die ursprüngliche Jesus-Bewegung wohl zum Erliegen kam.

Zu dieser Entwicklung trug wesentlich der außerordentliche Erfolg des »paulinischen Christentums« im hellenistischen Raum bei. Da man dort – ausgehend von Synagogengemeinden – zunehmend mehr unter Nichtjuden missionierte und sie in Gemeinden einband, die sich immer mehr von der jüdischen Linie entfernten, führte dies zu negativen Rückwirkungen für die christliche Situation im Ursprungsland. »Je deutlicher wurde, daß das Christentum die Grenzen des Judentums überschritt und auch unbeschnittene Heiden akzeptierte, um so weniger Chancen hatte es als innerjüdische Erneuerungsbewegung. Denn man kann keine Gruppe reformieren und gleichzeitig ihre Identität in Frage stellen. Das Wirken christlicher Missionare unter Heiden mußte so verstanden werden, als sollten die anderen Völker den Juden gleichgestellt werden« (Gerd Theißen).

Während die Wandercharismatiker des palästinischen Christentums sich weiterhin als Juden verstanden, in Fortsetzung der Linie ihres Lehrers, gründete man im hellenistischen Bereich Ortsgemeinden, in denen sich bald griechische Denkweisen und Strukturen durchsetzten, die zu eigenständiger Institutionalisierung drängten und im nächsten Schritt hierarchische Autorität ausbildeten. Und da die jüdische Rückkoppelung bald vollständig verlorenging, bestimmte die weitere Entwicklung griechischer Geist.

Über Jüngerschaft und die Abrechnung mit Israel als Mahnung an die Jünger

Matthäus spricht nicht von »Wundern« sondern von *dynamis*, »Machttaten«. Mit diesem Wort werden sonst nur Jahwes Machttaten bezeichnet, mit denen er sich Israel und der Welt zu erkennen gibt. Damit verbindet sich an erster Stelle die Erinnerung an die Befreiung aus Ägypten, doch kann jedes andere Ereignis ebenso zum »Erkennen« Gottes führen. Der Glaube an die Machttaten eines Gottes, an denen weder Juden noch Christen, auch nicht die Menschen der übrigen Völker in antiker Zeit zweifelten, schloß aus, sich resignativ in die »Unabänderlichkeit der Verhältnisse« zu fügen.

Die antike Welt verband aber nicht nur mit außerordentlichen Erfahrungen, sondern auch mit der Alltäglichkeit des Lebens göttliche Wirksamkeit. Gotteserfahrungen waren weder an ungewöhnliche Ereignisse noch an die Lücken damaliger Weltkenntnis gebunden. Für Matthäus verknüpfte sich vorrangig mit Jesus, seinem Wort und seinem Wirken, die Erfahrung Gottes. Mit ihm war das Reich Gottes gekommen. Seine Botschaft sollte im Evangelium aktuell und konkret werden. Das leistete Matthäus, in dem er die »Lehre auf dem Berg« als die sich erfüllende Proklamation des Gotteswillens darstellte. Die im Anschluß daran erzählten Wundergeschichten sollen diese Verkündigung weiterführen, weniger im Rückblick auf den historischen Jesus, als im Blick auf den auferstandenen, für die Gemeinde gegenwärtigen Christus. Dabei gab Matthäus seinen Erzählungen im Unterschied zu Markus eine unmittelbare Gemeindebezogenheit. Seine Leser oder Hörer sollen sich in den Wundergeschichten wiederfinden können. So werden sie transparent für die eigene Gegenwart.

Das bekannteste Beispiel dafür ist die Erzählung von der Sturmstillung (→ S. 379). Die matthäische Gemeinde konnte sie als Paradigma für ihre eigene Situation verstehen. Alle sind mit Jesus ins Boot eingestiegen und in einen mächtigen Sturm geraten, der individuellen Assoziationen breiten Raum läßt. Dabei wird der Ruf der Jünger im Boot zum Gebetsruf der Gemeinde, mit dem sich die aktuelle Noterfahrung verbindet.

Im 8. und 9. Kapitel erzählt Matthäus eine Folge von Wundergeschichten, die alle unmittelbar für die Gemeinde seiner Zeit relevant waren. Die Kranken Israels werden geheilt, die Besessenen befreit, um das dem Volk angebotene Heil deutlich zu machen. So sehr sich diese Erzählungen im Bereich des Körperlichen abspielen, haben sie doch auch eine geistige Ebene. In den Geschichten von Blindenheilungen (9,27-34; 20,29-34) geht es neben der physischen zugleich um eine geistige Blindheit, die Jesus heilt und so zum Sehen und Erkennen führt. Schon in der markinischen Erzählung vom blinden Bartimäus hieß es, dieser sei, als er sehend wurde, Jesus »auf dem Weg gefolgt«. Ähnlich metaphorisch deutet Matthäus Blindenheilungen als Glaubenserfahrungen; kontrastierend dazu stellt er die Pharisäer als blinde Führer des Volkes hin (15,14; 23,16-26, vgl. S. 376 f.).

Geheilte Blindheit führt zu Jüngerschaft. Dieses Thema bestimmt auch die Geschichten von der Seefahrt, vom Seewandel, von den Speisungen und von der Heilung des epileptischen Knaben. Immer erfolgt dabei eine Verschiebung des christologischen Interesses in ein »kirchliches« Interesse. Dadurch werden die Wundererzählungen zu Paradigmen für aktuelle Anliegen der matthäischen Gemeinde.

*Wundererzählungen
aus dem Evangelium nach Matthäus,
Elfenbeintafeln, Anfang 5. Jh.
Die Dämenaustreibung von Gadara
(Mt 8, 8-34)
Die Heilung des Gelähmten
(Mt 9, 1-8)
Die Heilung der Blutflüssigen
(Mt 9, 20-22)*

Die Bitte der heidnischen Kanaanäerin (bei Markus: Syrophöni-
zierin), deren Tochter von Dämonen gequält und von Jesus geheilt wurde (15,21-28), wird von Jesus zuerst abgewiesen: »Gesandt bin ich nur
zu den zugrunde gegangenen Schafen des Hauses Israel.« Die Frau aber
spricht Jesus mit Kyrie, »Herr«, an, »fällt vor ihm nieder«, ähnlich wie es
schon die heidnischen Magier getan haben, und bewegt Jesus, die Israel-
schranke zu durchbrechen und sich ihrer anzunehmen. Der Hinweis auf
die eigene judenchristliche Gemeinde, alle Selbstbeschränkung zugunsten der Heidenmission zu durchbrechen, ist unübersehbar.

So ist auch die Heilung des Sohnes des Hauptmanns von Kafarnaum zu sehen (8,5-13). Die Erzählung verweist auf das kommende
Heil für die Heiden: »Bei keinem fand ich so großen Glauben in Israel.
Ich sage euch aber: Viele werden von Osten und Westen kommen und
sich zu Tisch legen mit Abraham und Isaak und Jakob im Reich der
Himmel, die Söhne des Reichs aber werden hinausgeworfen werden in
die Finsternis draußen ...« Der Jesus, der hier spricht, ist nicht der historische, sondern der des Matthäus. Er legt Jesus sein eigenes Evangelien-
programm in den Mund, das er vom ersten Vers an verfolgt: daß Jesus
über Israel hinaus allen Völkern das Heil bringt. So dient die »Wundergeschichte« der zur Zeit des Matthäus aktuellen Auseinandersetzung
mit Israel und der Vorbereitung der Gemeinde für die Heidenmission.

Die »kirchliche« Ausrichtung des Matthäusevangeliums, die mit
der Gestalt der Jünger zugleich die eigenen Gemeindemitglieder verbindet, läßt sich besonders gut an seiner zweiten Sturmstillungser-
zählung ablesen, in die er die Episode mit Petrus eingeschoben hat, der
über dem Wasser seinem Herrn entgegenläuft:

Über Wasser wandeln

22 Und gleich nötigte er die Jünger, ins Boot zu steigen und ihm zur
Jenseite vorauszufahren, derweil er die Scharen entlassen wollte.
23 Nachdem er die Scharen entlassen hatte, stieg er auf einen Berg –
abseits, um zu beten. Es war Abend geworden, als er immer noch allein
dort war. 24 Das Boot aber hatte sich schon viele Stadien vom Land
entfernt, gequält von den Wogen; denn der Wind war ihnen entgegen.
25 In der vierten Nachtwache aber kam er zu ihnen, einherschreitend
auf dem See. 26 Wie die Jünger ihn auf dem See einherschreiten sahen,
gerieten sie durcheinander und sagten: Ein Gespenst ist es! Und sie
schrien vor Furcht. 27 Aber gleich sprach Jesus sie an und sagte: Faßt
euch! Ich bin es. Ängstet euch nicht. 28 Da hob Petrus an und sprach zu
ihm: Herr, wenn du es bist, befiehl, daß ich über die Wasser zu dir komme. 29 Er sprach: Komm! Da stieg Petrus aus dem Boot, schritt über die
Wasser hin und ging auf Jesus zu. 30 Doch als er den starken Wind erblickte, befiel ihn Furcht. Und da er zu sinken begann, schrie er und
sagte: Herr, rette mich! 31 Gleich streckte Jesus die Hand aus, ergriff ihn
und sagt zu ihm: Kleingläubiger! Warum hast du gezweifelt? 32 Und als
sie ins Boot gestiegen, erlahmte der Wind. 33 Die im Boot aber verneigten sich tief vor ihm und sagten: Wahrhaftig, Gottes Sohn bist du.

Mt 14,22-33

Mythos und Wissenschaft

Im Jahr 1941 erregte der Marburger
Neutestamentler Rudolf Bultmann (1884–
1976) die kirchliche Welt mit seiner Forderung nach »Entmythologisierung« des
Neuen Testaments:

»Kein erwachsener Mensch stellt sich Gott
als ein oben im Himmel vorhandenes Wesen vor; ja, den ›Himmel‹ im alten Sinne
gibt es für uns gar nicht mehr. Und ebensowenig gibt es die Hölle, die mythische Unterwelt unterhalb des Bodens, auf dem
unsere Füße stehen. Erledigt sind damit die
Geschichten von der Himmel- und Höllen-
fahrt Christi; erledigt ist die Erwartung des
mit den Wolken des Himmels kommenden
›Menschensohnes‹ und des Entrafftwerdens
der Gläubigen in die Luft, ihm entgegen
(2 Thess 4,15 ff.). Erledigt ist durch die
Kräfte und Gesetze der Natur der Geister-
und Dämonenglaube. Die Gestirne gelten
uns als Weltkörper, deren Bewegung eine
kosmische Gesetzlichkeit regiert, sie sind für
uns keine dämonischen Wesen. Krankheiten
und Heilungen haben ihre natürlichen
Ursachen ... Die Wunder des Neuen Testaments sind damit als Wunder erledigt.«

Dieser Entwertung der biblischen Tradition widersprach der Philosoph Karl Jaspers
(1883–1969):

»Der Mythos ist Bedeutungsträger, aber von
Bedeutungen, die nur in dieser seiner Gestalt ihre Sprache haben. In mythischen
Gestalten sprechen Symbole, deren Wesen es
ist, unübersetzbar zu sein in eine andere
Sprache. Sie sind nur in diesem Mythischen
selber überhaupt zugänglich, sind unersetz-
lich, unüberholbar ... Eine Übersetzung in
bloße Gedanken läßt die eigentliche Bedeutung des Mythos verschwinden.« Die un-
glückliche Vokabel »Entmythologisierung«
verstand Jaspers als falsche Orientierung. Er
wollte den Mythos als Mythos und das
Symbol als Symbol verstanden sehen, um
darin die Bibel verstehen zu lernen, denn er
hielt die mythisch-symbolischen Gestalten
für »die Sprache jener Wirklichkeit, mit der
wir existentiell leben, während unser bloßes
Dasein sich ständig an die empirische
Realität verlieren will, als ob diese allein
schon die Realität sei. Das Recht zur Entmythologisierung hat nur, wer die Wirklichkeit in der Chiffresprache des Mythischen
um so entschiedener festhält.«

Ernst Alt (geb. 1935), »Um die vierte Nachtwache« – Petrus steigt aus dem Boot, 1967.

Die allgemeine Verschiebung von Wundergeschichten zu Gemeindeparadigmen legt eine symbolische Deutung der Texte nahe. Der vorliegende Text lädt dazu um so mehr ein, als der markinische Grundbestand (vgl. Mk 6,45-52) eine umfangreiche Einfügung erhielt, die der Erzählung ein neues Gesicht gibt. Schon das »Wasser«, auf das Jesus seine Jünger »drängt«, über das er geht, und auf das sich auch Petrus wagt, verlangt ein symbolisches Verständnis. Das schließt aus, »Wasser« durch einen »Begriff« erklären zu wollen. Besser wäre, dem Bedeutungsspektrum des Wassers in Träumen, Mythen, Märchen, im religiösen Kult und im Volksbrauch nachzugehen. Auch Psalmen führen weiter (vgl. Ps 18,5.17; 32,6 f.; 69,2-5.15-16; 88,7-9.16-18; 107,23-31; 124,2-6) und nicht zuletzt das Buch Jona. Hier bei Matthäus lassen die bedrängten Jünger, der über das Wasser schreitende Jesus und der zu Jesus kommende Petrus das Wasser als Ort der Gefahr und Bewährung verstehen. Damit klärt sich zugleich die Bedeutung des Bootes. Auf dem »Wasser« ist es der einzige Ort, der vor Untergang bewahrt. Zugleich ist es der Raum, der die zu gemeinsamer Nachfolge aufgebrochenen Jünger trägt und aufeinander verweist.

Der über das Wasser gehende Jesus bringt ein Ostermotiv zur Geltung: Er steht über dem verschlingenden Abgrund, über Grab und Tod. Für dieses Motiv kann Ijob 9,8 einen Anstoß gegeben haben: »Er schreitet auf dem Rücken des Meeres einher wie auf festem Boden.« Als Auferstandener, dessen göttliche Transzendenz Furcht auslöst, lädt er Petrus ein, das sichere Boot zu verlassen und zu ihm über den Abgrund zu kommen. Damit tritt Petrus zum erstenmal handelnd im Matthäusevangelium hervor. Solange er auf Jesus blickt und sich von nichts anderem bestimmen läßt, geht er über das Wasser dahin wie Jesus selbst. Doch: »Als er sah, wie heftig der Wind war, bekam er Angst und begann zu sinken.« Wenn Widerstände und Gefahren mehr Aufmerksamkeit finden als das gesteckte Ziel, ist der Untergang nicht aufzuhalten. Die Angst, die hier über den Glauben siegt, wird erneut »kleingläubig« genannt. Matthäus bezieht sie auf einen Aufbruch, den die Mutlosigkeit zu Fall bringt. Offenbar hat er diese Situation als kennzeichnend für seine Gemeinde gefunden.

Daß die gesamte Szene nicht mit dem historischen Jesus zu verbinden ist, bedarf keiner Frage. Allerdings war es für Matthäus genauso selbstverständlich, die Faktizität der Wunder Jesu vorauszusetzen. Mit der symbolischen Überhöhung seiner Erzählungen gab er deren Realcharakter nicht preis. Es vertrug sich für ihn mit der Überzeu-

gegen den strom

ist einer
           nicht schon
auf wasser gegangen?
das macht ihm
keiner nach

jedoch
           daß du
eine nichtschwimmerin
gegen den strom schwimmst
ist kein geringeres wunder

Kurt Marti

gung, das Erzählte sei auch wirklich geschehen. Während eine symbolische Deutung uns heute hilft, an der Gültigkeit eines fiktiven Textes festzuhalten, war für Matthäus das erzählte Ereignis – als Faktum verstanden – gewissermaßen das Sinnzentrum seiner Erzählung. Von einem heutigen Bewußtsein, das den Zeitenabstand zwischen Vergangenheit und Gegenwart vor Augen hat, waren antike Menschen weit entfernt. Aber indem die Evangelien ihr mythisches Weltbild in die Vergangenheit eintrugen, gewannen ihre Texte eine symbolische Qualität auch für die Gegenwart.

Die Abrechnung mit Israel

1 Dann redete Jesus zu den Scharen und zu seinen Jüngern. 2 Er sagte: Auf den Lehrstuhl des Mose haben sich die Schriftgelehrten und die Pharisäer gesetzt. 3 Alles nun, was sie euch sagen, das tut und bewahrt; ihre Werke aber macht nicht nach. Denn sie reden ja nur, aber sie tun es nicht. 4 Sie bündeln schwere und unerträgliche Lasten und legen sie auf die Schultern der Menschen. Selber aber nur mit ihrem Finger sie zu rücken – das mögen sie nicht. 5 Alle ihre Werke tun sie zur Schau für die Menschen. Denn breit machen sie ihre Gebetsriemen und groß die Quasten.
6 Lieb ist ihnen die erste Liege bei den Gastmählern, die ersten Sitze in den Synagogen, 7 die Begrüßungen auf den Marktplätzen und sich von den Menschen »Rabbi« heißen zu lassen. 8 Ihr aber – laßt euch nicht »Rabbi« heißen. Denn einer ist euer Lehrer, ihr aber seid alle Brüder. 9 Und: »Vater« – heißt euch nicht so, ihr auf Erden. Denn nur einer ist euer Vater – der himmlische. 10 Auch Lehrmeister laßt euch nicht heißen. Denn euer Lehrmeister ist nur einer – der Messias.
11 Der Größte unter euch sei euer Diener. 12 Wer sich selbst erhöht, wird niedrig gemacht, und wer sich selbst niedrig macht, wird erhöht.

Wehe euch, ihr Schriftgelehrten und Pharisäer

13 Weh aber euch, ihr Schriftgelehrten und Pharisäer, ihr Blender! Ihr verschließt den Menschen das Reich der Himmel. Selber kommt ihr nicht hinein, ihr laßt aber auch die nicht hinein, die hineinwollen.
14 [Weh euch, ihr Schriftgelehrten und Pharisäer, ihr Blender! Ihr freßt die Häuser der Witwen leer und gebt vor, lange zu beten. Darum werdet ihr einen um so härteren Richtspruch empfangen.]
15 Weh euch, ihr Schriftgelehrten und Pharisäer, ihr Blender! Ihr fahrt über Meer und Land, um einen einzigen Proselyten zu machen. Und ist er es geworden, macht ihr ihn zu einer Ausgeburt der Hölle – doppelt so schlimm wie ihr selbst.
16 Weh euch, ihr blinden Führer! Ihr sagt: Schwört einer beim Tempel, so gilt es nicht. Wer aber beim Gold des Tempels schwört, der ist verpflichtet. 17 Ihr Aberwitzlinge und ihr Blinden! Was ist denn mehr: das Gold oder der Tempel, der das Gold heiligt? 18 Und: Schwört einer beim Opferaltar, so gilt es nicht. Wer aber bei der Gabe darauf

schwört, der ist verpflichtet. 19 Ihr Blinden! Was ist denn mehr: Die Gabe oder der Opferaltar, der die Gabe heiligt? 20 Wer beim Opferaltar schwört, schwört bei ihm und bei allem darauf. 21 Und wer beim Tempel schwört, schwört bei ihm und dem, der in ihm wohnt. 22 Und wer beim Himmel schwört, schwört beim Thron Gottes und bei dem, der darauf sitzt.

23 Weh euch, ihr Schriftgelehrten und Pharisäer, ihr Blender! Ihr verzehntet die Minze und den Dill und den Kümmel, aber das Gewichtigste des Gesetzes laßt ihr: das Gericht, das Erbarmen und die Treue. Das aber muß man tun und jenes nicht lassen. 24 Blinde Führer! Das Mücklein siebt ihr, das Kamel aber schluckt ihr hinunter.

25 Weh euch, ihr Schriftgelehrten und Pharisäer, ihr Blender! Das Äußere des Bechers und des Tellers reinigt ihr, innen aber strotzen sie von Raffsucht und Gier. 26 Du blinder Pharisäer! Reinige zuerst das Innere des Bechers, dann wird auch sein Äußeres rein. 27 Weh euch, ihr Schriftgelehrten und Pharisäer, ihr Blender! Ihr gleicht getünchten Grabstätten, die von außen frisch erscheinen, innen aber strotzen sie von Totenknochen und aller Art Unrat. 28 So erscheint auch ihr von außen den Menschen als gerecht, innen aber seid ihr vollgepfropft mit Blenderei und Gesetzlosigkeit.

29 Weh euch, ihr Schriftgelehrten und Pharisäer, ihr Blender! Ihr baut die Grabstätten der Propheten, ihr schmückt die Gräber der Gerechten 30 und sagt: Wären wir in den Tagen unserer Väter, wir wären nicht ihre Teilhaber am Blut der Propheten. 31 Somit bezeugt ihr euch selber, daß ihr die Söhne der Prophetenmörder seid. 32 Und ihr selber – ihr macht nur das Maß eurer Väter voll. 33 Schlangen, Natterngezücht! Wie wollt ihr dem Gericht der Hölle entfliehen?

34 Deshalb – da! Ich sende Propheten zu euch und Weise und Schriftgelehrte. Von denen werdet ihr einige töten und kreuzigen und einige in euren Synagogen auspeitschen und von Stadt zu Stadt jagen, 35 damit alles Blut von Gerechten, das auf Erden vergossen wurde, auf euch komme: vom Blut Abels, des Gerechten, bis zum Blut des Zacharias, des Barachias Sohn, den ihr gemordet zwischen der Tempelhalle und dem Opferaltar. 36 Wahr ists, ich sage euch: All das wird über dieses Geschlecht kommen.

37 Jerusalem, Jerusalem, das da tötet die Propheten und steinigt die zu ihm Gesandten! Wie oft habe ich deine Kinder sammeln wollen, wie eine Glucke ihre Küken unter den Flügeln sammelt – doch ihr habt nicht gewollt. 38 Da! Öd gelassen wird euch euer Haus. 39 Denn ich sage euch: Ihr werdet mich von nun an nicht mehr sehen, bis ihr sprecht: Gepriesen, der kommt im Namen des Herrn!

Mt 23,1-39

Die Rede im Kapitel 23 ist dreiteilig. Im ersten Teil wird die Geltungssucht der Pharisäer und Schriftgelehrten dem brüderlichen und dienenden Geist der Jüngergemeinde gegenübergestellt (V 2-12). Danach folgt das siebenfache Wehe gegen die heuchlerischen Schriftgelehrten und Pharisäer (V 13-33). Der V 14 fehlt in den ältesten Handschriften. Mit zwei Gerichtsworten gegen »diese Generation« und gegen Jerusalem wird die Rede abgeschlossen.

Die hier vorgetragene Abrechnung mit der pharisäischen Bewegung fand bereits in der »Rede auf dem Berg« ihren Auftakt (→ S. 430). Dort vertrat der matthäische Jesus im Blick auf das zeitgenössische Judentum die Überzeugung, daß die Jünger Jesu – Matthäus und seine Gemeinde – das wahre Israel repräsentieren. In dieser neuen Rede beschreibt er mit beißender Schärfe und Polemik die »Pharisäer und Schriftgelehrten« in dunkelsten Farben und ohne jede Differenzierung. Er benutzt diese Gegenüberstellung, um die eigene Gemeinde als das »wahre Israel« um so positiver davon abzuheben.

Die Stereotypie, mit der die Schriftgelehrten hier mit den Pharisäern verbunden werden, gilt nicht für die Zeit Jesu um das Jahr 30. Im damaligen Judentum waren die Schriftgelehrten noch im gesamten Fächer der jüdischen Gesellschaft vertreten. Erst nach der Zerstörung Jerusalems und des Tempels rückten sie neben die Pharisäer, ohne deren religiöse Kraft und neu orientierende Geistigkeit das Judentum nicht überlebt und seine Identität nicht bewahrt hätte. So zeigt bereits die Kombination der »Schriftgelehrten und Pharisäer«, daß die vorliegende »Weherede« aus der Konkurrenzsituation der veränderten Zeit nach 70 erwachsen ist und nicht auf den historischen Jesus zurückführt.

Jesus stand in einem kritischen, aber doch kommunikativen Disput mit Pharisäern, zumal er mit ihnen mehr Gemeinsamkeit teilte als mit anderen Gruppierungen seiner Zeit. Es dürfte für ihn undenkbar gewesen sein, daß die eigene Jüngerschaft sich einmal vom Judentum trennen könnte. Aber genau das war die Situation für Matthäus. Zwar verstand er sich mit seiner Gemeinde weiterhin an »Gesetz und Propheten« gebunden und beanspruchte, in der Nachfolge Jesu das wahre Israel zu verkörpern, doch trennte ihn gerade dies vom synagogalen Judentum, das in den heidnisch sich auffüllenden Christengemeinden nur noch Häresie und Abfall erkannte. Der Zusammenbruch der religiösen Institutionen des Jahres 70 verschärfte den Konflikt. In dieser Situation versuchte Matthäus zu definieren, worin sich die eigene Gemeinde vom pharisäisch geführten Judentum unterscheide. Die Form jedoch, mit der er seinen literarischen »Jesus« diese Distanzierung betreiben läßt, hat »mit Fairneß, mit Gerechtigkeit, ja mit Liebe dem Feind gegenüber«, wie sie doch der gleiche matthäische Jesus in seiner Bergrede vertritt, »nichts zu tun« (Ulrich Luz).

Um die Aggression des Matthäus zu verstehen, ist seine Christologie zu bedenken. Angesichts der kleinen Zahl judenchristlicher Gemeinden schien ihm, daß die Mehrheit des eigenen Volkes Jesus abgelehnt habe, der für ihn ja doch der Sohn Davids, der Immanuel, Messias und kommende Weltrichter war. Und das mußte katastrophale Folgen haben. Den Auftakt dazu erkannte Matthäus im Gericht über Jerusalem, in dem nach der römischen Eroberung kein Stein auf

Wir Juden sagen: Ohne die Pharisäer gäbe es weder Judentum noch Christentum und Islam. Die Mutterreligion wäre mit dem Tempel untergegangen, als die Priesteraristokratie keine Funktion mehr hatte. Und ohne die Mutter gäbe es keine Töchter – oder, von der Gegenwart her gesehen, bestünden keine drei Schwesterreligionen. Aber waren sie denn nicht überhebliche, selbstgerechte Heuchler? Hielten sie denn nicht die Formen des Glaubens für wichtiger als den Inhalt? Lehrten sie nicht die Menschen, Rechnungen mit Gott zu führen, um zu beweisen, wie fromm sie sind? Sonderten sie sich nicht überheblich von der Menge ab, wie schon ihr Name sagt: Peruschim – »Abgesonderte«? So sagen es doch wie das Selbstverständlichste von der Welt Hochschullehrer, Pädagogen, Journalisten und Politiker sowie Pfarrer und Pfarrerinnen.

Zunächst die geschichtlich richtige Beschreibung: Es handelte sich um eine fortschrittliche Protestbewegung im jüdischen Volk in der Zeit romfreundlicher Herrscher, die zu vielen Kompromissen bereit waren, während ihre Verbündeten, die Tempelpriester, dem Volk allerlei Beschwernisse auferlegten, weil sie die Bibel wortwörtlich nahmen. Von einer solchen Mentalität sonderten sich Menschen ab, die eine Dynamik der Bibeldeutung im konkreten Leben lehrten. Geschichtlich gesehen sind sie »progressiv«, für sich selbst waren sie »konservativ« …. Sie lehrten vor allem, daß die Gebote der Tora in jeder Gemeinde, jeder Familie studiert und durchgeführt werden sollten, um eine tatsächliche Religion für alle zu sein und nicht eine »Zuschauerreligion«, von priesterlichen Experten vorgeführt … Sie übernahmen Glaubensinhalte, die in der Volksfrömmigkeit verbreitet waren, und leiteten sie von Schriftversen ab, um sie so zu einem integralen Teil des Judentums zu machen. Besonders wichtig waren ihnen die messianische Erwartung und die Auferstehung der Toten. Sie schufen die Gemeinschaftsformen, die es den Juden ermöglichten, unter den verschiedensten Lebensumständen, in allen Staats- und Gesellschaftsformen, als Glaubensgemeinschaft zu leben (→ S. 368; 370).

Pnina Navè Levinson

dem anderen geblieben war. So gewann seine harte Reaktion auf das Nein Israels ihre schroffe und aggressive Note.

Dies allerdings brachte Spannungen in sein Evangelium. Nicht allein, weil Matthäus die strengen Ansprüche, nicht einmal den eigenen Bruder einen Dummkopf zu nennen, selbst grob mißachtete und von Natterngezücht und Schlangenbrut sprach, sondern auch, weil er dies auf Kosten Jesu tat. Von dessen Verkündigung her hätte ihn Matthäus niemals so lieblos reden lassen dürfen, wie es in Kapitel 23 geschieht. Der doppelte Boden seines Evangeliums, das die eigene Problemlage in die Jesusgeschichte einträgt, hat eine fatale Wirkungsgeschichte gehabt, die nur durch kritische Bewußtmachung verarbeitet werden kann.

Die hart attackierten Pharisäer, die mit »unerträglichen Lasten« den Menschen das Leben schwer machen, sind eine geschichtliche Verzeichnung. Gerade zur Zeit Jesu bemühten sie sich, die Tora »lebbar« zu machen. Zwar gab es unter ihnen strenge und mehr liberale Richtungen, aber alles in allem waren die Pharisäer volkstümlich, eine lebendige Kraft des Judentums. Nach der Vernichtung des Tempels und seiner Leitungsgremien, lag es an ihnen, die Religion Israels unter radikal veränderten Bedingungen zu bewahren. Das machte sie konservativer und entschiedener, weil wohl nur um diesen Preis Einheit und jüdische Identität zu retten waren. Daß es dabei zu Verkrustungen in der Tora-Auslegung kam, dürfte nach dem Jahre 70 die matthäische Gemeinde besonders betroffen haben, wenngleich dies ein auch Christen bekanntes Phänomen ist, denn Buchstaben-Eifer, Rigorismus und Fundamentalismus gibt es in allen Religionen bis heute.

Natürlich läßt sich die matthäische Gemeinde nicht mit aktuellen Kirchenverhältnissen vergleichen. Daß es für sie weder jüdische noch griechische Titel gab, mag den beanspruchten geschwisterlichen Verhältnissen gut getan haben. Titel und Etiketten der späteren Kirche gehen über alles hinaus, was je das Judentum in dieser Hinsicht bot. Wenn sich nach V 10 sogar niemand »Lehrer« (griech. *kathegetes*, »Katechet«) nennen lassen darf, schließt dies auch das Lehrmonopol eines bestimmten Amtes aus. Damit erscheint der matthäische Jesus als der erste Kritiker kirchlicher Ämter und aller kirchlichen Amtsüberheblichkeit.

So wenig die Beschimpfung der Pharisäer als Blinde und Heuchler auf die historische Erzählebene zurückführt, so verzerrt ist auch die Karikatur der Pharisäer als Proselyten- oder Konvertiten-Macher. Das palästinische Judentum warb primär durch gelebten Glauben, nicht durch Mission. Nach 70 war es stärker als je zuvor auf sich selbst zurückgeworfen. Nicht die Juden, sondern die hellenistischen Christen betrieben zu dieser Zeit in der Paulus-Nachfolge eine rege Bekehrungsarbeit.

Im letzten Teil der Rede macht Matthäus die Pharisäer für das Schicksal der verworfenen Propheten verantwortlich und unterstellt ihnen pauschal Verfolgung und Ermordung nach deuteronomistischer Lesart, wo »das Volk« sich gegen Secharja (griech. Zacharias) zusammentat und ihn im Tempelhof steinigte (2 Chr 24,20 f.). Er benutzt die Formel von dem vergossenen Blut, das über die Schuldigen und ihre Nachkommen kommen soll, wie er es erneut 27,25 bei der

Verurteilung Jesu tut, eine Formel, die in biblischer Tradition die Solidargemeinschaft in Segen und Fluch in Anspruch nimmt. Das Jerusalem-Wort, hier Jesus in den Mund gelegt, kann bereits auf die von den Römern völlig zerstörte Stadt zurückblicken, bei der alle Einwohner getötet oder zur Zwangsarbeit geschickt wurden. Dieses Schicksal wird als Strafe für das Verhalten ihrer Einwohner gegenüber dem verworfenen Immanuel und Messias verstanden. Damit hebt Matthäus die Unterscheidung zwischen dem Volk und seinen »blinden Führern« auf. »Ganz Israel wird zum Unheilskollektiv« (Ulrich Luz): Doch ist dies nach Matthäus nicht das Ende der Geschichte Gottes mit den Menschen. Erst das Weltgericht wird über Juden, Christen und Heiden entscheiden (25,31-46).

Das Gleichnis vom Endgericht über »alle Völker«

31 Wenn der Menschensohn in seiner Herrlichkeit kommt und alle Engel mit ihm, dann wird er sich setzen auf den Thron seiner Herrlichkeit. 32 Und alle Völker werden vor ihm versammelt, und er wird sie voneinander sondern, wie der Hirt die Schafe von den Ziegen sondert. 33 Und die Schafe wird er zu seiner Rechten stellen, die Ziegen zur Linken. 34 Dann wird der König denen zu seiner Rechten sagen: Herbei, ihr Gepriesenen meines Vaters! Nehmt zum Erbe das Reich, das euch bereitet ist seit Urbeginn der Welt. 35 Denn hungrig war ich – und ihr habt mir zu essen gegeben. Durstig war ich – und ihr habt mich getränkt. Fremdling war ich – und ihr habt mich aufgenommen. 36 Nackt – und ihr habt mich gewandet. Krank war ich – und ihr habt nach mir gesehen. Im Kerker war ich – und ihr seid zu mir gekommen. 37 Dann werden die Gerechten anheben und sagen: Herr, wann haben wir dich hungrig gesehen und dich gespeist, oder durstig und dich getränkt? 38 Wann haben wir dich fremd gesehen und dich aufgenommen, oder nackt und dich gewandet? 39 Wann haben wir dich krank oder im Kerker gesehen und sind zu dir gekommen? 40 Und der König wird anheben und zu ihnen sagen: Wahr ists, ich sage euch: So viel ihr nur einem dieser meiner geringsten Brüder getan – mir habt ihr es getan.

41 Dann wird er auch denen zur Linken sagen: Geht weg von mir, ihr Verfluchten! Ins unendliche Feuer, das dem Teufel und seinen Engeln bereitet ist. 42 Denn hungrig war ich – und ihr habt mir nicht zu essen gegeben. Durstig war ich – und ihr habt mich nicht getränkt. 43 Fremdling war ich – und ihr habt mich nicht aufgenommen. Nackt – und ihr habt mich nicht bekleidet. Krank und im Kerker – und ihr habt nicht nach mir geschaut. 44 Dann werden auch sie antworten und sagen: Herr, wann haben wir dich hungrig oder durstig oder fremd oder nackt oder krank oder im Kerker gesehen und haben dir nicht gedient? 45 Dann wird er anheben und ihnen sagen: Wahr ists, ich sage euch: So viel ihr einem dieser Geringsten nicht getan – mir habt ihr es nicht getan. 46 Und diese werden hingehen in unendliche Pein; die Gerechten aber in unendliches Leben.

In den Tagen, da König Ludwig die Stadt Damaskus belagerte, traf ein Geistlicher der Franken zwischen der Stadt und dem Lager ein Weib an, das in einer Hand ein Becken mit glühenden Kohlen, in der anderen ein Gefäß mit klarem Wasser trug. »Was willst du tun mit diesem Wasser in deinem Gefäße, und was mit der Glut deiner Kohlen?« fragte der Mönch. »Ich trage sie«, erwiderte das Weib, »um mit der Glut zu verbrennen das Paradies, und mit dem Wasser zu verlöschen die Flammen der Hölle, damit die Menschen künftig Gott lieben und ihm dienen mögen nicht in Hoffnung auf einen Lohn oder aus Furcht vor Strafe, sondern einzig und allein um der Liebe willen.«

Max Mell

Mt 25,31-46

Die geringsten Brüder

Elisabeth von Thüringen nahm einmal einen Aussätzigen, pflegte und wusch ihn und legte ihn dann in das Ehebett, das sie mit dem Landgrafen teilte. Als dies Ludwig gemeldet wurde, eilte er, um sich selbst zu überzeugen. Doch als der Landgraf die Decke des Bettes zurückschlug, öffneten sich die inneren Augen, und er sah den gekreuzigten Christus. Und der Landgraf hieß gut, was seine Elisabeth tat.

Einmal nahm Elisabeth einen siechen, ungestalten Menschen, dessen Haupt gar böslich stank, in ihren Schoß und schor ihm sein greulich Haar und wusch ihm sein Haupt, dieweil die Mägde ihrer lachten. – Sie ertrug den üblen Geruch der Kranken auch in heißer Sommerzeit und half ihnen mit Arznei und trocknete sie mit dem Tuch ihres Hauptes und rührte sie an mit ihren Händen, was ihre Mägde nicht tun mochten.

Als 1225 ganz Deutschland von einer schweren Hungersnot heimgesucht wurde, die während zweier Jahre viele Menschen hinwegraffte, verteilte Elisabeth alles Korn, das auf ihren Höfen geerntet worden war, an die Hungernden.

Ein mit Ausschlag behaftetes und einäugiges Kind versorgte sie sechsmal in der Nacht und bettete es immer wieder neu. Sie wusch auch selbst dessen schmutzig gewordene Bettücher und sprach dem Kind gütig und freundlich zu.

Als sie von ihrem Witwengeld das Hospiz zu Marburg gestiftet hatte, half sie, die Kranken zu baden, nachher wieder ins Bett zu bringen und zuzudecken. »Welches Glück für uns«, sagte sie, »so unseren Herrn baden und betten zu können.«

Mit diesem Stück enden die Reden Jesu im Matthäusevangelium. Die Erzählung ist ganz handlungsorientiert: Im Gericht des Menschensohnes wird nach dem Tun des Menschen entschieden. Von Glaube und Bekenntnis ist keine Rede. Gegenüber Paulus, der die Heilsnotwendigkeit des Glaubens alleine betont (Röm 3,28), wirkt das provokant. Aber da sich der hier beschriebene Anspruch an »alle Völker« richtet (V 31), wird eher eine Basis der »allgemeinen Menschenrechte« beansprucht als eine gruppenspezifische Ethik. Deutlich kennzeichnet diese Rede »Jesu« den lebenspraktischen Sinn des Matthäus, doch schließt sie ungenannte Aspekte nicht aus. Die Erzählung wäre überfordert, wenn sie alle Aspekte des größeren Zusammenhangs berücksichtigen sollte.

Die Metaphorik von Hirt und Herde hat biblischen Hintergrund (vgl. Ps 23; Jes 40,11; Jer 31,10). Bei Ezechiel verpflichtet sich Gott selbst: »Ihr aber, meine Herde – so spricht Gott Jahwe –, ich sorge für Recht zwischen Schafen und Schafen, zwischen Widdern und Böcken« (34,17). Hier kann der Hirt auch Gerichts-Funktionen ausüben (vgl. Ez 20,35-38; 34,11-31). Selbst der für das Gericht angelegte Maßstab findet sich bei den Propheten und wird von Matthäus bereits zweimal vorweg in Anspruch genommen: 9,13 und 12,7 pointiert er das Hosea-Wort: »Barmherzigkeit will ich, nicht Opfer«. Daß Matthäus V 31/34 Jesus mit einem königlichen Menschensohn gleichsetzt, entspricht der Gesamtlinie seines Evangeliums. Schon 2,2 ließ er die heidnischen Magier nach dem »neugeborenen König der Juden« fragen und mit dem Einzug Jesu in Jerusalem verbindet er das Sacharja-Wort vom »König, der friedfertig ist und auf einem Esel sitzt« (21,5). Diese und viele andere Querverbindungen machen bewußt, daß hier nicht der historische Jesus spricht, sondern »Jesus«, dessen hebräischer Name Jeschua »Jahwe ist Rettung« bedeutet. Und da ihn Matthäus als »Immanuel – Gott ist mit uns« (1,23) versteht, verbindet er damit die Überzeugung, daß Jahwe seine Selbsterschließung an die Person und das Handeln Jesu gebunden hat. Darum spricht Matthäus der Verkündigung und der Praxis dieses Jesus Immanuel universale Gültigkeit zu.

Im Folgenden konkretisiert der Menschensohn als Weltrichter, was für Heiden, Juden und Christen grundsätzlich gilt. Es wird ein Katalog der Notlagen entfaltet, dessen Ethos weit über Israel hinaus im gesamten Vorderen Orient belegt ist und darum nicht als spezifisch jüdisch oder christlich vereinnahmt werden darf: Mitmenschen, die hungrig, durstig, fremd, nackt, krank oder gefangen sind, werden zum Kriterium der eigenen Menschlichkeit. Nur konkrete Hilfe entscheidet hier über Heil oder Unheil. V 41-46 machen darauf aufmerksam, daß dazu eine Bewußtheit gehört, die nicht jeder aufbringt, wie die erstaunte Frage erkennen läßt: »Wann sahen wir dich hungrig oder durstig oder als Fremden oder nackt oder krank oder im Gefängnis – und haben dir nicht gedient?« Nicht mildtätige Almosen, sondern konkrete Hilfeleistungen werden verlangt. Menschen sollen ohne Not leben können. Das ist nicht die Ethik einer Binnengruppe, sondern ein elementar menschlicher Anspruch.

Die Identifizierung des Richters mit den »geringsten Brüdern« hat biblische Vorgaben. Schon Mt 12,50 wird der »Bruder« aus seinem familiären Kontext gelöst und universal verstanden. Ähnlich werden hier unter den »geringsten Brüdern« alle Notleidenden gesehen (vgl. auch 10,40). Diese Sicht begegnet mehrfach in der deuteronomistischen und weisheitlichen Literatur. Schon die Gleichstellung der Gebote der Gottes- und Nächstenliebe stiftet diesen Zusammenhang (Dtn 6,5; Lev 19,18), den Mt 22,34-40 aufnimmt und unterstreicht. Im Buch der Sprüche heißt es: »Wer den Geringen bedrückt,

schmäht dessen Schöpfer, ihn ehrt, wer Erbarmen hat mit dem Bedürftigen« (14,31). Oder: »Wer über den Geringen sich erbarmt, leiht Jahwe, und seine Wohltat wird er ihm vergelten« (19,17). Die gleiche Identifikation begegnet in neutestamentlicher Zeit im rabbinischen Schrifttum: »Wenn ihr den Armen zu essen gegeben habt, so rechne ich es euch so an, als ob ihr mir zu essen gegeben hättet« (Midr Tann zu Dtn 15,9). In der »Lehre auf dem Berg« wird 5,7 betont: »Selig sind die Barmherzigen, denn sie werden (von Gott) Barmherzigkeit erlangen.«

Das Gleichnis vom Endgericht über alle Völker beschreibt im Blick auf die »Böcke zur Linken« nicht deren Schandtaten oder Bosheit, sondern macht klar, daß schon im Unterlassen des Guten der Mensch sich selbst verfehlt: »Ort« Gottes ist die Not des anderen. Eine Fülle christlicher Legenden entfaltet diesen Gedanken weiter.

Keiner hätte es so schwer, wenn er wiederkäme, sich als den zu präsentieren, der er ist, wie jener Mann aus Nazaret, dessen Geschick es ist, nicht vergessen worden zu sein. Er müßte sich aus vielen Überkleidungen herausschälen, in die er von den Seinen, gerade denen, die ihn nicht vergessen haben, ihm anhängen und ihn lieben, gesteckt worden ist. Und wie viele, zum Teil vollendet schöne Bilder und Statuen, unter denen sein Name steht, müßte er von Wänden und Konsolen entfernen, traurig erstaunt: »Ach, so seht ihr mich?«

Fridolin Stier

Passion, Tod und Auferweckung

*I*n den Passionserzählungen des Matthäus sind die Hohenpriester und Ältesten die entscheidend »Bösen«, während die Pharisäer – wie bei Markus – von der Bühne abtreten. Das zeigt sich im Verhör vor dem Sanhedrin, das Matthäus in düsteren Farben malt. Gleich von Anfang an zielt ihr Interesse auf ein Falschzeugnis gegen Jesus, um ihn hinrichten zu können. Insgesamt hält sich die matthäische Erzählung an die Markusvorlage. Um seine theologische Linie weiterzuverfolgen, mag es genügen, die besondere Akzentuierung der Pilatusszene anzuschauen.

Die Verhandlung vor Pilatus

11 Jesus aber wurde vor den Statthalter gestellt. Und der Statthalter fragte ihn und sagte: Du also bist der König der Juden? Jesus aber sprach: Das sagst du! 12 Und als er von den Hohenpriestern und Ältesten angeklagt wurde, antwortete er nichts. 13 Darauf sagte Pilatus zu ihm: Hörst du nicht, wievieles sie gegen dich bezeugen? 14 Doch er antwortete ihm auf kein einziges Wort, so daß der Statthalter sehr erstaunt war.
15 Jeweils zum Fest aber pflegte der Statthalter den Leuten einen in Fesseln Gelegten freizulassen – je welchen sie wollten. 16 Nun hatten sie damals einen Berüchtigten in Fesseln gelegt, Jesus Barabbas genannt. 17 Als sie versammelt waren, sprach Pilatus zu ihnen: Was wollt ihr – welchen soll ich euch freilassen: Jesus den Barabbas oder Jesus, der Messias genannt wird? 18 Er wußte nämlich, daß sie ihn aus Neid auslieferten. 19 Während er nun auf dem Richterstuhl saß, sandte seine Frau zu ihm und ließ sagen: Tu jenem Gerechten nichts an! Denn seinetwegen habe ich heute im Traum schwer gelitten.
20 Die Hohenpriester aber und die Ältesten überredeten die Scharen, sie sollten den Barabbas losbitten, Jesus aber zugrunde richten.
21 Der Statthalter hob an und sprach zu ihnen: Was wollt ihr – welchen der beiden soll ich euch freilassen? Sie sprachen: Den Barabbas! 22 Sagt Pilatus zu ihnen: Was soll ich nun mit Jesus machen, der Messias genannt wird? Sagen alle: Ans Kreuz mit ihm! 23 Sprach er: Was hat er denn Übles getan? Da schrien sie noch viel lauter und sagten: Ans Kreuz mit ihm! 24 Als Pilatus sah, daß es nichts nütze, daß eher gar ein Aufruhr entstehe, nahm er Wasser, wusch sich vor den Leuten die Hände und sagte: Ich bin unschuldig an diesem Blut. Seht ihr zu! 25 Da hob das ganze Volk an und sprach: Sein Blut komme über uns und unsere Kinder! 26 Darauf ließ er ihnen den Barabbas frei. Jesus aber ließ er geißeln und lieferte ihn aus, auf daß er gekreuzigt werde.

Mt 27,11-26

*D*ie Eingangsfrage: »Bist du der König der Juden?« rückt den möglichen Endbefund der Verhandlung bereits an den Anfang und zeigt im Munde des Prokurators ein politisches Verständnis an. Ähnlich politisch begegnet der Titel schon 2,2: Dort fragen heidnische Magier nach Jesus als dem »König der Juden«, worüber König

---

Messias (hebr. *maschiach*, »der Gesalbte«), vorexilisch alleinige Bezeichnung für den regierenden davidischen König in Jerusalem, der durch seine → Salbung beim Inthronisationsakt zum »Sohn Gottes« (→ S. 159 ff.) erhoben wurde und stellvertretend Gottes Herrschaft auf Erden repräsentierte.

In der exilischen und frühnachexil. Zeit überträgt Deuterojesaja den M.-Titel auf den zeitgenössischen Perserkönig Kyrus II. (Jes 45,1; → S. 266). Später wurde die M.-Erwartung zum einem Bestandteil jüd. Endzeiterwartung. Mehrfach traten Männer auf, die sich als M.se verstanden und an die Spitze von Aufständen gegen die röm. Fremdherrschaft traten. Apokalyptische Schriften wie das Buch Daniel entwarfen neben dem M. die Gestalt eines »Menschensohnes« (→ S. 398); das Verhältnis beider Vorstellungen in urchristl. Zeit ist nicht geklärt.
Jesus hat sich, wie eine kritische Analyse der Quellen ergibt, selbst nicht als M. bezeichnet und sogar Versuche, diesen Titel an ihn heranzutragen, abgewehrt. Die Beanspruchung dieses Titels hätte Jesus unter politische Mißverständnisse gerückt. Das Verbot, ihn M. zu nennen (Mk 8,27-30.33) wandelte sich erst nach seinem Tode zu einem M.-Bekenntnis (Mt 16,13-20). Aufgrund des Auferstehungsglaubens setzte sich die Gewißheit durch, daß Gott Jesus durch dessen Auferweckung zu einer herrscherlichen Stellung erhöht und zum M., griechisch gesprochen zum *Christos* eingesetzt habe. Von hierher war es kein weiter Weg zu der Ansicht, daß bereits der geschichtliche Jesus Träger der M.-Würde gewesen sei. Doch schliff sich der Titel bald ab. Bereits Paulus benutzte ihn fast im Sinne eines Eigennamens, doch schimmert die ursprüngliche Bedeutung noch durch, wenn er den Namen Jesus hinter den Christustitel rückt, also »Christus Jesus« schreibt. Bis heute ist die Bezeichnung »Christus« gewissermaßen Oberbegriff für alle sonstigen Hoheitstitel geblieben. Die an den Christus Glaubenden nennen sich »Christen«.

Honoré Daumier (1808–1879),
Ecce homo – Seht, ein Mensch (Joh 19, 5),
um 1850.

Saisonbeginn

Ein Bergdorf rüstet sich für die nächste Fremdenverkehrssaison. Zuvor sollen drei Männer noch ein Schild aufstellen, am Ortseingang, zur Begrüßung der Gäste. Eine Tankstelle gleich rechts stiehlt die Aufmerksamkeit. Gegenüber würde das Blätterdach einer Buche das Schild halb zudecken. Da bleibt nur die Stelle neben dem Kreuz. Also graben sie dort ihr Schild ein.
Schulkinder kommen vorbei und leisten Hilfsdienste. Nonnen, welche die Blumenvasen am Kreuz auffrischen, schauen sich unsicher an. Einige Passanten lachen oder schütteln nur den Kopf, die meisten gehen vorbei, ohne irgendeine Regung. Schließlich ist der Pfosten mit dem neuen Schild neben dem Kreuz eingegraben. Auch der Sterbende daran scheint sich mit letzter Kraft zu bemühen, die Inschrift zu lesen. Offensichtlich geht sie ihn, der bisher von den Leute als einer der ihren wohlgelitten war, gleichfalls an. Als die Männer den Kreuzigungsort verlassen, blicken sie noch einmal befriedigt zu dem Schild mit der Inschrift auf. Sie lautet: »In diesem Kurort sind Juden unerwünscht.«

Nach Elisabeth Langgässer

Herodes und ganz Jerusalem erschrecken (→ S. 420), weil auch sie den Titel politisch deuten, während ihn Matthäus mit den Interpretamenten »Christus« (2,4), »Hirt meines Volkes Israel« (2,6) und »Sohn Gottes« (2,15) in einen theologischen Rahmen stellt. Im Verständnis des Pilatus ist der Königsanspruch ein Majestätsverbrechen und stempelt Jesus zu einem Aufrührer und Unruhestifter.

Im Folgenden ist Pilatus nur scheinbar die Hauptperson; tatsächlich bestimmen andere Akteure die Handlung. Deren Anklagen beantwortet Jesus mit Schweigen, – ganz so, wie die biblische Tradition den »leidenden Gerechten« sieht, der schweigend sein Los erträgt (vgl. Ps 32,3-5; 38,14-15; 39,10; Jes 53,7), im Vertrauen, daß Gott ihm beistehen wird. Der Statthalter respektiert in der erzählten Welt die landesüblichen Bräuche (→ S. 405), durchschaut auch die Intrige gegen Jesus, aber unternimmt nichts dagegen. Während er passiv bleibt, treiben die Hohenpriester und Ältesten die Sache weiter, indem sie das Volk überreden, statt der Hinrichtung des Barabbas die Kreuzigung Jesu zu fordern. Dagegen werden von römischer Seite zwei Unschuldszeugnisse vorgetragen: Die Frau des Pilatus nennt Jesus unschuldig (V 19), begründet dies aber nicht mit menschlicher Erkenntnis, sondern mit einem »Traum«, von dem die Leser des Evangeliums seit 1,20; 2,12.13.19 wissen, daß sich darin Gott offenbart. Der oberste römische Richter seinerseits wäscht sich

453

demonstrativ während der Gerichtsverhandlung nach biblischem Ritus (Dtn 21,6-9; Ps 26,6; 73,13) die Hände (eine auch bei Griechen und Römern belegte Praxis), um im weiteren Prozeßfortgang die Verantwortung für das Todesurteil von sich zu weisen: »Nun seht ihr zu!«

Und »das ganze Volk« sieht zu und ruft: »Sein Blut komme über uns und unsere Kinder!« (V 25). Dieser Satz kam seit dem 4. Jahrhundert dem christlichen Antijudaismus am meisten entgegen; er wurde als »Selbstverfluchung« des jüdischen Volkes gedeutet und immer wieder benutzt, um Mitleid und Schuldgefühle angesichts gequälter Juden abzublocken. Darum ist hier genau hinzusehen: Matthäus unterscheidet in seiner Sprache Volk und Volksscharen. In V 25 meldet sich nicht eine beliebige Menge zu Wort, die im Rahmen einer Gerichtsverhandlung in engen Grenzen vorzustellen wäre, sondern *pas ho laos*, »das ganze Volk«. Damit ist repräsentativ das ganze (Bundes-)Volk gemeint, das hier auch nicht pöbelt, sondern die Heilige Schrift zitiert. Während der oberste Richter gerade noch auf dem Hintergrund von Dtn 21,1-9 ein Ritual vollzog, um dem Fluch unschuldig vergossenen Blutes zu entgehen, deklamiert dieses »Volk«, die Folgen einer Fehlentscheidung übernehmen

Hieronymus Bosch (um 1450–1516), Kreuztragung, 1515.

Nur noch der Tumult einer abstoßenden Menschenmasse umgibt den beherrscht leidenden Jesus. Ins Extreme gesteigert äußert sich die Gehässigkeit eines jüdischen Pöbels, dessen denunziatorische Karikatur in bedenklicher Weise die Judenklischees der Nazipropaganda vorwegnimmt.

zu wollen. »Selbstverfluchung« ist darin nicht eingeschlossen. Der Satz bekräftigt nur die Überzeugung, daß Jesus den Tod verdient hat und gibt insofern den letzten Anstoß zum Hinrichtungsbefehl des Pilatus. Im Verständnis des Evangeliums gelten die Folgen dieser Schuldübernahme innerhalb eines Menschenalters mit der Zerstörung von Tempel und Stadt Jerusalem als abgegolten (Mt 23,35-38; vgl. 22,7). Matthäus bietet demnach eine zurückschauende Deutung der Katastrophe des Jahres 70, die er vom Geschick Jesu her bestimmt sieht. Die gesamte Szene ist dogmatisch ausgerichtet und schildert keinen historischen Vorgang. Der in der Christentumsgeschichte stets falsch verstandene Vers wollte keine Prognose und erst recht kein Programm für die spätere Geschichte des jüdischen Volkes sein, sondern die erst kurze Zeit zurückliegende Katastrophe Jerusalems im Rahmen jüdischer Vorstellungen und Kategorien aus judenchristlicher Sicht deuten.

Die Botschaft des Engels am leeren Grab

1 Spät nach dem Sabbat aber, im Aufleuchten des ersten Wochentags, gingen Maria aus Magdala und die andere Maria, um nach der Grabstätte zu schauen. 2 Und da! Ein Beben ward, ein großes. Denn: Ein Engel des Herrn stieg aus dem Himmel hernieder und trat hin, wälzte den Stein weg und setzte sich darauf. 3 Wie ein Blitz sein Aussehen und sein Gewand weiß wie Schnee. 4 Aus Furcht vor ihm erbebten die Wächter und wurden wie Tote. 5 Der Engel hob an und sprach zu den Frauen: Ihr da – ängstet euch nicht! Ich weiß, ihr sucht Jesus, den Gekreuzigten. 6 Er ist nicht hier! Denn auferweckt ward er, wie er gesprochen. Kommt her, seht den Ort, wo er gelegen! 7 Und eilends geht hin und sprecht zu seinen Jüngern: Auferweckt ward er von den Toten. Und da! Er geht euch nach Galiläa voraus, dort werdet ihr ihn sehen. Da! Ich habe es zu euch gesprochen. 8 Und schnell gingen sie weg vom Grab, voll Furcht und großer Freude. Und sie liefen, um es seinen Jüngern zu berichten.

Mt 28,1-8

Dieser Darstellung liegt der Markustext zugrunde (→ S. 412), doch hat ihn Matthäus im Sinne seiner aktualisierten Konzeption abgeändert. Die Salbungsabsicht der Frauen mußte er streichen, weil er die Anwesenheit der römischen Wache beim Grabe voraussetzt. So konnte er nur sagen, die Frauen seien gekommen, »um nach der Grabstätte zu *schauen*«. Offensichtlich wollte er damit die Zeugenfunktion der Frauen für die folgenden Ereignisse vorbereiten. Markus spricht sodann von einem bereits vorgefundenen geöffneten Grab, das erst durch die Botschaft des Engels seine Erklärung findet. Matthäus fügt hier ein Erdbeben als kosmisches Zeichen ein und erzählt, ein Engel des Herrn sei »vom Himmel herabgestiegen«, um den Stein wegzuwälzen und sich darauf zu setzen. Dessen himmlische Erscheinung hebt er hervor durch ein Aussehen »wie ein Blitz« und ein »wie Schnee leuchtendes weißes Gewand«. Damit wird die Öffnung des Grabes einer göttlichen Intervention zugeschrieben. Den Vorgang selbst prägen alle biblischen Merkmale einer Theophanie (Erdbeben, Engel, Aussehen wie ein Blitz, leuchtendes Gewand). Die römische Wache wird Zeuge des Geschehens. Sie reagiert auf die Erscheinung des Engels »gattungsgemäß«: erbebt voll Furcht und wird »wie tot«. Das heißt, sie konnte zwar den Vorgang bezeugen, aber nicht die Botschaft des Engels an die Frauen. Schon nach dem Tode Jesu hatte in 27,54 der römische Hauptmann und seine Mannschaft »mit gewaltiger Furcht« und einem Gottessohn-Bekenntnis auf das Beben reagiert. Nun werden erneut Heiden Zeugen der himmlischen Beglaubigung Jesu, die als unverdächtige Garanten der Wahrheit (in V 11) »alles Geschehene« den Hohenpriestern »verkünden« können. Da die Wachsoldaten aus den Reihen der Gegner stammen, hat ihr Zeugnis erhöhte Glaubwürdigkeit. Diese Darstellung entspricht der mit wachsendem Zeitabstand zunehmenden Neigung, das Osterzeugnis »objektiv« abzusichern, wenngleich Matthäus die Wächter noch nicht zu Zeugen der Engelsbotschaft oder gar der Auferstehung selbst macht.

Oster-Metaphern

Die Osterbotschaft: »Gott erweckte Jesus aus den Toten« blieb nicht an die Begriffe »Auferweckung« und »Auferstehung« gebunden. Es wurde auch gesagt:

– daß Christus die Himmel durchschritten hat (Hebr 4,14);
– daß er aufgenommen wurde in Herrlichkeit (1 Tim 3,16);
– daß er in den Himmel eingegangen ist und jetzt für uns vor Gottes Angesicht erscheint (Hebr 9,24);
– daß er sich zur Rechten Gottes gesetzt hat (Eph 1,20; 2,6; Hebr 8,1; 1 Petr 3,22);
– daß Gott ihn zu sich erhöht hat und ihm einen Namen gab, der größer ist als alle Namen (Phil 2,10).

Jede dieser Formulierungen wählt eine andere Metaphorik. Auf ihrem Hintergrund zeigt sich, daß die Begriffe »Auferweckung« und »Auferstehung« ebenfalls Metaphern sind. Sie sind daher nicht so gegenständlich vorzustellen, wie dies die Osterbilder (→ S. 562 f.) seit dem Hochmittelalter tun. Das »Durchschreiten der Himmel«, das »Erscheinen vor Gottes Angesicht«, das »Sitzen zur Rechten Gottes«, die »Erhöhung zu Gott« sind keine historischen, sondern transzendente Vorgänge.

Außerdem kommt den Metaphern »Auferweckung« und »Auferstehung« eine mehrdeutige Unschärfe zu. Im Gleichnis vom reichen Mann und dem armen Lazarus heißt es: »... sie werden sich auch nicht überzeugen lassen, wenn einer von den Toten aufersteht« (Lk 16,31). Hier meint der Begriff die Rückkehr eines Toten in das irdische Leben (ähnlich 1 Kön 17,22 f.; 2 Kön 4,35 ff.; Mk 5,42; Lk 7,14 f.; Apg 9,40 f.). Demgegenüber verstehen sich alle Aussagen über die Auferstehung Jesu niemals als Wiederbelebung eines Leichnams, wenngleich einige Osterlieder und naive Denkweisen in diese Richtung deuten.

Auferstehung

Glauben Sie fragte man mich
An ein Leben nach dem Tode
Und ich antwortete: ja
Aber dann wußte ich
Keine Auskunft zu geben
Wie das aussehen sollte
Wie ich selber aussehen sollte
Dort

Marie Luise Kaschnitz

Diese Entwicklung setzt sich erst in späteren apokryphen Evangelien durch.

Stärker als bei Markus erfolgt der Hinweis auf das leere Grab: »Kommt her, seht den Ort, wo er gelegen!« (V 6). Die Frauen werden ausdrücklich aufgefordert, sich durch Augenschein davon zu überzeugen, so daß sich hier die V1 genannte Absicht, das Grab zu sehen, erfüllt. Die Botschaft: »Er ist von den Toten auferstanden!« begleitet also die Feststellung des leeren Grabes. Der Hinweis auf Galiläa bekommt im Fortgang der Handlung noch eine entscheidende Bedeutung. Er stützt sich zugleich auf eine im ganzen Evangelium angelegte Galiläa-Linie (2,22; 3,13; 4,12.15.18.23.25; 15,29; 17,22; 19,1; 21,11; 26,32.70; 27,55; vgl. zu 28,16).

Die Botschaft des Engels am leeren Grab, Kloster von Mileseva, um 1230.

Die Botschaft »Jesu« an die Frauen

9   Und da! Jesus begegnete ihnen und sagte: Freut euch! Und sie traten heran, ergriffen seine Füße und verneigten sich tief vor ihm.
10   Darauf sagt Jesus zu ihnen: Ängstet euch nicht! Geht, berichtet meinen Brüdern, sie sollen weggehen nach Galiläa, und dort werden sie mich sehen.

Mt 28,9-10

Während voraufgehend alle Merkmale einer Epiphanie das Geschehen charakterisierten, fehlt hier jeglicher Hinweis auf eine »Erscheinung«, im Gegenteil, die Darstellung wirkt überraschend profan: Jesus »begegnete« den Frauen, begrüßte sie alltagssprachlich: »Freut euch!«, die Frauen »traten heran« und »ergriffen seine Füße«: Kein Hinweis auf eine andere Seinsweise; die Schilderung vermittelt das Bild einer realen Situation. Auch daß die Frauen seine Füße ergriffen, unterstellt die gewöhnliche Körperlichkeit. Allerdings zeigt die Bemerkung: »Sie fielen vor ihm nieder«, daß diese Verehrung bereits auf eine »göttliche« Wirklichkeit verweist. Das läßt an die Komplexität des Jesus-Immanuel denken, die Matthäus bereits zu Beginn seines Evangeliums herausstellte, in dem er seine irdische (1,2-17) mit seiner »himmlischen« Genealogie (1,18-25) verband.

Bedeutsam, wenngleich in der bisherigen Christentumsgeschichte kaum in Anspruch genommen, ist es, daß alle männlichen Jünger sich durch ihre Flucht von Jesus trennten – trotz der Selbstüberschätzung, die ihren Versprechungen (22,22; 26,33-35) zugrunde lag. Für den Leser dieser Vorgänge bleibt nur der Schluß, daß sie ihre Nachfolge und Zugehörigkeit zu Jesus aufgekündigt haben. Das legt die Folgerung einer »kirchenkonstituierenden Rolle der Jüngerinnen für die weitere Geschichte der Jesus-Bewegung« nahe, die von der kirchlichen Praxis noch einzuholen wäre (Hubert Frankemölle). Dazu im Kontrast steht die Haltung »Jesu«, der die enttäuschenden Flüchtlinge »meine Brüder« nennt. Während in 12,49 f. und 25,40 nur jene, »die den Willen meines Vaters im Himmel tun«, bzw. die Werke der Barmherzigkeit vollbringen, Brüder oder Schwestern Jesu heißen, werden hier keine Vorbedingungen gestellt, ähnlich wie bei der ersten Berufung in die Jüngerschaft (4,18-22; 10,1-4).

Der Betrug der Hohenpriester

11 Sie waren noch unterwegs – da! Schon kamen welche von der Wache in die Stadt und berichteten den Hohenpriestern alles, was geschehen war. 12 Und nachdem sich diese mit den Ältesten versammelt und Beschluß gefaßt hatten, gaben sie den Soldaten ziemlich viel Geld. 13 Und sie sagten ihnen: So sollt ihr sprechen: Seine Jünger sind bei Nacht gekommen und haben ihn gestohlen, während wir schliefen. 14 Und wenn das beim Statthalter ruchbar wird, so werden wir ihn überreden und euch aller Sorge entheben. 15 Und sie nahmen das Geld und taten, wie sie belehrt waren. Und herumgesprochen ward diese Rede bei [den] Juden bis zum heutigen Tag.

Mt 28,11-15

Mit seiner Überleitung »während die Frauen unterwegs waren ...« rückt Matthäus die folgende Szene in eine zeitliche Parallele und damit in einen wirkungsvollen Kontrast. Die römische Wache, die das Grab sichern sollte und so Zeuge »all dessen wurde,

Engel im Neuen Testament

In den Kindheitsgeschichten Jesu nach Mt und Lk erscheinen Engel besonders häufig. Bei Mt ist es der namenlose »Engel des Herrn«, der Josef mehrfach erscheint (Mt 1, 20.24; 2,12.19); bei Lk richtet der schon bei Dan 8,16; 9,21 genannte »Engel Gabriel« die göttliche Botschaft aus (1,5-22; 26-38). In den Ostergeschichten fungieren die Engel als Deute-Engel, um die Auferstehung und Himmelfahrt Jesu zu verkünden. Auf den ersten Blick ähneln diese Engelerscheinungen den altisraelit. Erzählungen. Doch während es dort erst hinterher deutlich wird, mit wem man es zu tun hatte, wird der Engel nun von Anfang an als überwältigendes Wesen erfahren. Bereits sein Auftreten ruft Erschrecken hervor, weshalb er jetzt, noch bevor die Botschaft überbracht wird, sagen muß: »Fürchtet euch nicht!« Insgesamt sind die neutestamentl. Engelerscheinungen nicht mit konkreten geschichtlichen Situationen verbunden. Sie lassen sich angemessener als »christologischer Impuls« verstehen, eine Glaubensaussage auf ihre innere Wahrheit hin zu bedenken.

Auferstehung des »Leibes«

Mittelalterliche Bilder zeigen, wie am »Jüngsten Tag« sich die Gräber öffnen und die Toten in neuer Gestalt auferstehen, – in Anlehnung an Osterbilder, auf denen Jesus mit einem »verklärten Leib« aus dem Sarkophag steigt. Die Veranschaulichung verwechselt Leib und Körper und deutet »Auferweckung« als Rekonstruktion des verwesten Körpers.

Unter »Leib« versteht die Theologie (heute) die geschichtliche Ganzheit und Einmaligkeit des Menschen: daß er bestimmte Eltern, Geschwister, Freunde hat, eine Kindheit hier, einen Beruf dort, ein unverwechselbares Leben. Auferstehung des Leibes bedeutet dann: Der Mensch verliert in Gott nicht sein »Gesicht«, er bewahrt seine Geschichte. Nichts wird ausgelöscht, nichts in diesem Leben ist wertlos für das andere.

was geschehen war«, setzt sich in der erzählten Welt selbst ins Unrecht, weil sie einen Vorgang behauptet, den sie gar nicht mitbekommen haben kann; sie verschlief ja nach eigenem Eingeständnis dessen Ablauf. Für Matthäus freilich konnten die Wachleute als Zeugen der Engelerscheinung gelten.

Auch die Reaktion der »Hohenpriester und Ältesten« nimmt eine Parallele auf – hier zu ihrem Beschluß in der Judasgeschichte (26,15) –, mit Geld das Problem zu lösen. Sie geben den römischen Soldaten »ziemlich viel Geld«. Wenn man Jesus schon nicht im Grabe halten konnte, versucht man doch, ihn mit Geld wieder zu begraben. Sollte aber der Statthalter Wind von diesem Betrug bekommen, wollen sie ihn »überreden«, den Soldaten Straffreiheit zu gewähren. Da es bei der betrügerischen Aktion nur darum geht, die Wahrheit zu unterdrücken, bezeugt für Matthäus die gesamte Gegnerschaft indirekt die Auferweckung Jesu. Schlafende Wachtposten sind für ihn die Urheber einer Rede, die »bei Juden bis auf den heutigen Tag verbreitet ist« (V 15). Weil Matthäus hier nicht von Israel oder vom »Volk« spricht, sondern erstmals von Juden, wie es in seinem Evangelium sonst nur die Heiden tun, hat man dies als die theologische Ablösung Israels verstanden: Hinfort trete die Kirche an die Stelle Israels. Wenn er aber von Juden und nicht von *den* Juden spricht, kann dies auch viel offener verstanden werden, so daß es fragwürdig ist, an dieser Stelle die heilsgeschichtliche Abschreibung Israels als »Volk Gottes« vorfinden zu wollen. Dies hat zwar die Kirche getan, um sich damit selbst zu konstituieren – die daraus erwachsenen weltgeschichtlichen Folgen sind aber noch lange nicht aufgearbeitet.

Maria Magdalena bringt den Jüngern die Osterbotschaft, Albanipsalter, Hildesheim, 12. Jh.

Noch bevor das »Apostelkollegium« die Osterbotschaft erfuhr, brachten Frauen sie zu den Männern. Auf einen solchen Umstand ließe sich, wollte ihn die Theologie wahrnehmen, durchaus eine »kirchenkonstituierende« Rolle der Frau zurückführen.

Der Auftrag des Auferstandenen

16 Die elf Jünger aber gingen nach Galiläa zu dem Berg, wo Jesus sie hinbestellt hatte. 17 Und als sie ihn sahen, verneigten sie sich tief vor ihm; einige aber zweifelten. 18 Da kam Jesus heran, redete mit ihnen und sagte: Mir ward gegeben alle Vollmacht im Himmel und auf der Erde. 19 Geht nun und macht zu Jüngern alle Völker, sie taufend auf den Namen des Vaters und des Sohnes und des Heiligen Geistes, 20 sie lehrend, alles zu wahren, was ich euch gewiesen. Und da! Ich bin mit euch alle Tage bis ans Ende der Welt.

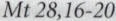

Mt 28,16-20

Das Schlußstück des Matthäusevangeliums ist genau durchdacht und dicht formuliert. Die verbliebenen elf Jünger befolgen die Weisung des Auferweckten, die ihnen durch die Frauen übermittelt worden war. Das heißt, sie gehen nicht nach Galiläa aus eigener Motivation, sondern auf Grund der ihnen überbrachten Botschaft. Die Männerkirche hat die Möglichkeit noch nicht bedacht, daß ohne den Glauben der Jüngerinnen in der Nachfolge »Jesu« die Kirchengeschichte erst gar nicht begonnen hätte. Aus dieser Erkenntnis – würde man sie zulassen – ließe sich auch eine (ganz andere) kirchliche Dogmatik begründen.

Nach Galiläa sollen sie sich begeben. Matthäus nannte 4,15 das Gebiet jenseits des Jordan »das heidnische Galiläa«. Auch hier besetzt er Galiläa mit der Intention, daß Jesu Wirken die Heiden einbezieht. Ebenso gilt der »Berg« wie bisher als symbolischer Ort göttlicher Offenbarung; in diesem Verständnis wird er sechzehnmal im Evangelium verwendet. Matthäus spricht aber nicht von einem Berg, sondern von dem Berg, ganz so, wie er schon 5,1 und 8,1 formulierte. Hinter ihm als Offenbarungsort der letzten Worte Jesu schimmert der Berg der programmatischen Rede und letzthin der Berg Sinai durch.

Am schlimmsten war es für die katholischen Missionare, wenn sie in Afrika irgendwo hinkamen, wo schon evangelische dagewesen waren. Die erzählten zwar auch ab und zu etwas von Jesus, aber ganz bestimmt nichts von der Heiligen Maria. Und das Ärgste war, daß die Heidenkinder gar nicht wissen konnten, daß von dem, was ihnen von den evangelischen Missionaren erzählt worden war, nichts richtig stimmte. Und dann kam vielleicht noch einer, und der erzählte alles wieder anders, weil er von einer anderen Sekte war. Da war es höchste Zeit, daß ein katholischer Pater kam und erklärte, wie es wirklich gewesen war.

Johannes Hösle

Das anbetende Niedersinken vor Jesus will nicht recht zum Zweifel der Jünger passen. Bei der Übersetzung ist umstritten, ob es heißen soll, »sie« oder »einige« zweifelten. Doch ob nun einige oder alle, Matthäus will diese Jünger, die er als Repräsentanten der »Kirche« sieht, bewußt ambivalent zeichnen. Vorweg hat er sie ja schon deutlich als »kleingläubig« charakterisiert (vgl. 14,31; → S. 379 f.). Seine Notiz V 17 zeigt, daß er Jüngerschaft auch weiterhin mit angefochtenem Glauben zusammenbringt. Das macht den Unterschied zu V 9 besonders deutlich: Während die Frauen beim Kreuz ausharren, an den Auferweckten herantreten, seine Füße ergreifen und vor ihm niederfallen, heißt es hier: »Sie fielen nieder, zweifelten jedoch.« Erneut eine kirchengeschichtlich verdrängte Spur.

Taufe des Maori-Häuptlings Te Puni, Neuseeland, Gemälde von C. D. Barraud.

Mission in Papua-Neuguinea, um 1960. Die christliche Mission hat überall Kirchen nach europäischem Modell gebaut. Ebenso war (und ist) deren Ausstattung europäisch, ganz zu schweigen von der Liturgie, die in katholischen Kirchen dem Rituale Romanum folgt. Daß hierbei nicht einmal die künstlerisch starken Lösungen Europas exportiert wurden, sondern eher die schwachen Leistungen und deren Entgleiten in den Kitsch, belastet die Situation zusätzlich.

Die abschließende Weisung benutzt viermal eine auf Universalität zielende Formulierung: »alle Vollmacht«, »alle Völker«, »lehrt sie alles halten« und »alle Tage«. Die Frage, ob die Sendung zu den »Völkern« auch Israel einschließt, wird kontrovers diskutiert. Der Ansicht, die Israelmission sei für das Matthäusevangelium definitiv vorbei, steht die andere gegenüber, der Auftrag, die Völkerwelt zu lehren, gehe über Israel hinaus, sei aber für Israel nicht aufgehoben, da auch der Bund Gottes mit Israel weiterhin bestehe. Auch die Rede von »Menschenfischern«, vom »Licht« und vom »Salz« der Welt sei universal gerichtet unter Einschluß Israels. Andererseits ist es mißverständlich, diese Stelle als »Missionsauftrag« zu kennzeichnen und dann von »Judenmission« zu sprechen. Das verbietet sich Christen: einmal, weil Israel nach wie vor »Volk Gottes« ist; zum anderen, weil die Christenheit gegenüber Israel im Namen eines »entjudeten« Christus so erdrückende Schuld auf sich geladen hat, daß auszuschließen ist, diesem Israel im gleichen Anspruch missionierend entgegenzutreten.

Der Indio Poma de Ayala (1534–1617) hat über die Geschichte der Inkareiches und seiner Menschen seit der spanischen Eroberung eine »Crónica« gezeichnet und geschrieben. Er glaubte, daß über sein Buch »manche weinen, andere verächtlich lachen, wieder andere fluchen, einige das Buch Gott anbefehlen, während andere es wütend vernichten wollen«.

Der letzte Inkaherrscher Atahualpa wird in seiner Gefangenschaft von einem Wächter unterwiesen. So hatte sich Las Casas' Gegner Sepúlveda die christliche Mission in der Neuen Welt vorgestellt: Zuerst Unterwerfung, dann Unterweisung. – Der Visitator Cristóbal de Albornoz läßt einen Indio, der des Götzendienstes beschuldigt wird, mit Ketzerhut und Halsstrick öffentlich vorführen. – Ein Pfarrer mißhandelt einen Indio mit dem Prügel.

Die dreigliedrige Taufformel – »auf den Namen des Vaters und des Sohnes und des Heiligen Geistes« – findet sich im Neuen Testament nur bei Matthäus und ist wahrscheinlich der liturgischen Praxis der Gemeinde entwachsen. Man sollte sie nicht »trinitarisch« nennen; das würde sie einer Theologie unterstellen, die erst spätere Zeiten entwickelt haben.

Vermutlich hat die Gemeinde die Taufe als öffentlichen Akt angesehen, der in die Jüngerschaft Jesu eingliederte. Wenn damit der Jünger den Auftrag übernimmt, alles zu halten, was »Jesus« gelehrt hat, so ist damit nicht die Beachtung und Weitergabe eines Lehrsystems gemeint, sondern das sprachliche als auch nichtsprachliche Handeln »Jesu«, wie es sich in seinen großen Reden aber auch in seinem heilenden Tun dargestellt hat. Nur wenn das geschieht, durch überzeugendes Sein und Handeln ausgewiesen, »geht die Sache Jesu weiter«.

Mit dem Aufmerksamkeitssignal »und da!« oder »und siehe« wird die letzte Texteinheit und zugleich das ganze Evangelium abgeschlossen. Markiert wird ein Anfang, kein Ende. Das zugesagte

Mitsein »alle Tage bis zur Vollendung der Weltzeit« ist dynamisch, als Wegbegleitung zu verstehen. Zugleich ist es eine theologische Leitidee, die das ganze Matthäusevangelium durchzieht: Schon als »Immanuel – Gott mit uns« deutete Matthäus den Namen Jesus (1,23) und entfaltete dieses Programm im gesamten Evangelium. Nun entspricht dem Mitsein »Jesu« das Mitgehen und Nachfolgen der Jünger. Dabei wird das Mitsein des geschichtlichen Jesus in eine österliche Gestalt überführt. Die vorliegende Erscheinungsgeschichte läßt sich (wie alle österlichen Erscheinungserzählungen der Evangelien) als eine jüdische Möglichkeit verstehen, die Erfahrungen des Mitseins Jesu in einem metaphorischen Entwurf zur Sprache zu bringen.

Die Heilsarmee, London, Gemälde von G. Pennasilco.

Den Völkern das Evangelium zu künden, wurde im Gang der Zeiten unterschiedlich verstanden und wohl auch mißverstanden. Straßenmissionen, wie sie dem 19. Jahrhundert entstammen, dürfte zunehmend weniger Glaubwürdigkeit beigemessen werden als gelebter Solidarität.

Das Evangelium nach Lukas

Die Leistung des Lukas ist bemerkenswert, wenn man bedenkt, daß er sein Leben Jesu auf der Grundlage des Markusevangeliums schuf, denn die Methoden, mit denen beide jeweils auf die Vorstellungskraft ihrer Leser einwirken, unterscheiden sich radikal voneinander. Der lukanische Jesus tritt – statt, wie bei Markus, plötzlich und mit Macht aufzutreten und Dämonen auszutreiben – langsam vor Augen, als ein Kind der uralten Geschichte Gottes und seines Volkes Israel ...
Ihm lag nicht – wie Markus – daran, die Lehren Jesu zuzuspitzen, um sie für seine Leser relevant zu machen, so als spräche Jesu Stimme direkt zu ihnen und unmittelbar in ihre Situation hinein. Er stellt es auch nicht so dar, als habe Jesus für alle Zeit das Gesetz festgelegt, wie es Matthäus mit Blick auf seine Leser tat. Lukas lud seine Leser ein, von ferne zuzuschauen, welche Wege Jesus ging und wie er mit den Menschen seiner Zeit redete. Es ist der Eindruck eines irenischen, volkstümlichen Philosophen und seiner Jünger, die über die Dorfmärkte reisen und hier und dort anhalten, um die Einladung zu einer Mahlzeit anzunehmen. Er war, wie man später Petrus wird sagen hören, ein Mensch, der »umherzog und Gutes tat« (Apg 10,38), oder – wie Lukas den Centurio bei der Kreuzigung sagen läßt – : »Fürwahr, dieser ist ein gerechter Mensch gewesen« (Lk 23,47). Die Art, in der Jesus in der Welt auftritt, steht in einem ziemlichen Gegensatz zu der Atmosphäre von Konfrontation, die Markus vermittelt, oder zu dem ernsten Klang der von Weisungen bestimmten Reden im Matthäusevangelium.

Burton L. Mack

Zu Rom war noch das große Sterben. Da ordnete Sankt Gregorius um die Osterzeit einen Kreuzgang mit Litaneien, und hieß vorantragen gar feierlich unsrer Lieben Frauen Bild. Dasselbige ist noch jetzt zu Rom, als man sagt, in der Kirche Sancta Maria Maior; Sanct Lucas, der Arzt und Maler hat es gemacht, und man spricht, daß es unsrer Frau gar gleich ist. Und siehe, alle Unreinigkeit in der Luft floh sichtbarlich vor dem Bild, als könne es seine Gegenwärtigkeit nicht ertragen; und lautere Klarheit folgte ihm nach.

Legenda aurea des Jacobus de Voragine

Seit dem 2. Jahrhundert wird dieses Evangelium nach Lukas benannt. Es bildet zusammen mit der Apostelgeschichte eine literarische Einheit, wie die beiden vorangestellten Widmungen erkennen lassen. Die Tradition hat den Verfasser des umfangreichen Doppelwerks in jenem Lukas gesehen, den Paulus mehrfach erwähnt (Phlm 24; Kol 4,14; 2 Tim 4,11). Dagegen sprechen innere Gründe: Der Verfasser des dritten Evangeliums und der Apostelgeschichte ist über wichtige Vorgänge im Wirken des Paulus weder gut informiert, noch steht er ihm theologisch nahe. Daß man ihn dennoch als Mitarbeiter des Paulus sehen wollte, entsprang dem Bestreben des 2. Jahrhunderts, alle Evangelien möglichst nahe an einen »Apostel« heranzurücken. Doch lassen uns Tradition und eingeführter Sprachgebrauch weiterhin von »Lukas« und »Lukasevangelium« sprechen, ohne damit die tatsächliche Anonymität der Überlieferung überdecken zu wollen. In jedem Fall ist die Herkunft des Verfassers aus dem Hellenismus sicher. Offen bleibt, ob er Juden- oder Heidenchrist war. Bibelkenntnisse und Vertrautheit mit Tempel und Synagoge verweisen auf die erste Möglichkeit; andererseits zeigt Lukas keine Neigung, sich mit den Pharisäern auseinanderzusetzen, wie dies Matthäus fortwährend tut; er hatte wohl auch kein Verständnis für die Deutung des Todes Jesu als Sühnetod wie überhaupt für die Heilsbedeutung seines Sterbens, was auf ein Denken in griechischen Vorstellungen schließen läßt.

Als Quellen für das Evangelium hat der Verfasser das Markusevangelium und die im Original nicht mehr vorliegende Redequelle benutzt. Für das umfangreiche Sondergut, das fast die Hälfte des Textbestandes ausmacht, sind verschiedene schriftliche Quellen anzunehmen, außerdem Übernahmen aus mündlicher Tradition und Ergänzungen eigener Hand. Lukas war ein gewandter Schriftsteller, der ein gutes Griechisch schrieb und sich dabei stilistisch an der Sprache der Septuaginta orientierte. Insgesamt stellte er sein Material blockweise zusammen: Beginnend mit den Kindheitsgeschichten aus Sonderquellen (1,5-2,52) folgt Stoff aus dem Markusevangelium (3,1-6,19); darauf Stoff aus der Redequelle Q und Sondergut (6,20-8,3), wieder abgelöst von Markus-Stoff und Sondergut (9,51-18,14); erneut Markus (18,15-24,10), dann Sondergut zum Abschluß (24,12-53).

Lukas ist schon so weit von den Ereignissen entfernt, daß er die Eigenart seiner Quellen nicht mehr erkennt; er liest sie als Berichte. Doch will er es besser machen und mehr historische Zuverlässigkeit bieten. Darum möchte er zu den Ereignissen selbst vordringen und »von Anfang an alles genau aufschreiben« (1,3). Da ihm das moderne historisch-kritische Bewußtsein vorenthalten war, ging er mit seinen Materialien nicht grundsätzlich anders um als seine Vorgänger. Wie diese schrieb er für die eigene Zeit, wenngleich in historisierender Weise, die von der eigenen Glaubensposition bestimmt blieb. Seine Adressaten waren Heidenchristen; deshalb unterließ er es, auf jüdische Besonderheiten näher einzugehen. Die Zerstörung Jerusalems und des Tempels lag bereits zurück (vgl. 19,41-44; 21,20-24), auch erste Verfolgungen der Kirche. Unter Kaiser Nero starben Petrus und Paulus den Märtyrertod, doch setzte Lukas darauf, daß der römische Staat den christlichen Glauben künftig als loyal akzeptieren würde.

Da diese Hoffnung unter Kaiser Domitian (81-96) in dessen späteren Jahren enttäuscht wurde, dürfte das lukanische Doppelwerk zwischen den Jahren 80 und 90 – in Rom, Griechenland oder Kleinasien – geschrieben worden sein.

Das Konzept des Lukasevangeliums läßt sich durch folgende Positionen markieren:

1. Lukas hat zum ersten Mal das Leben Jesu als abgeschlossenes Ereignis der Geschichte verstanden. Jesus ist historisch geworden, vom Leben der eigenen Gemeinde endgültig getrennt und allein über die (apostolische) Tradition erreichbar. So schreibt Lukas kein »Evangelium« im Sinne des Markus – den Begriff greift er nicht auf – sondern beschreibt die Jesuszeit historisierend als Heilszeit, die durch die Zeit der Kirche abgelöst wurde. Durch Verknüpfungen und Querverweise vermittelt er den Eindruck eines fortlaufenden Berichts. Mit der Fortsetzung seines Evangeliums in der »Apostelgeschichte« führt er in die Zeit der Kirche weiter. Dabei öffnet er (bereits 2,1 und 3,1) die Vorgänge im palästinischen Winkel des Römischen Reiches für den Gesamtrahmen der damaligen Weltgeschichte und ordnet die Jesusgeschichte in die Koordinaten römischer Zeitorientierung ein. Darüber hinaus versucht Lukas in seinem Doppelwerk auf Schritt und Tritt mit dem römischen Staat ins Gespräch zu kommen.

2. Lukas schreibt keine Biographie Jesu, auch wenn die Tendenz dazu bestand. Die Abhängigkeit von seinem Quellenmaterial ermöglichte nur je in sich abgeschlossene episodische Stücke. Lukas glaubte allerdings, historischen Boden erreicht zu haben, denn die Antike hatte hier andere Normen. Aber sein Geschichtsbewußtsein erlaubte ihm nicht, die Prägung der Texte aus bereits erfolgter Glaubensdeutung zu erkennen und in der eigenen Produktion zwischen »historischer« und »historisierender« Darstellung zu unterscheiden. Für die christologische Deutung sei-

Rogier van der Weyden (1399–1464), Der Evangelist Lukas malt die Madonna, um 1435.

Die Legende erzählt, der Evangelist Lukas, von Beruf Arzt, habe auch gemalt und authentische Bilder von Maria hinterlassen. Seine plastische Schilderung der Kindheitsgeschichten mag zu dieser Vorstellung angeregt haben. Die niederländische Malerei deutete das Thema in eine Selbstdarstellung des eigenen Berufsstandes um. Rogier van der Weyden hat diesen Bildtyp mit Maria als Modell des Malers geprägt.

Lukas' Fähigkeit als Historiker hat es der modernen Forschung schwer gemacht, ihn und seine Gemeinschaft zu lokalisieren. Er schrieb mit nüchterner Lebendigkeit über die Vergangenheit und gestattete sich zu keiner Zeit einen Seitenblick auf die Umstände seiner Zeit. Die wenigen Anhaltspunkte, die wir haben, etwa seine Kenntnis der Missionsreisen des Paulus und sein Interesse am Heidenchristentum, deuten auf einen Ort nahe dem Mittelmeer. Mehr läßt sich jedoch nicht sagen. Wenn wir Lukas dort ansiedeln, sagen wir in Ephesus, das ein bedeutendes Zentrum des Christentums im 2. Jahrhundert wurde – wer hätte dort auch nur mit der Wimper gezuckt, wenn er las, daß Johannes, Jesus und ihre Eltern zur Zeit der Herrschaft des Herodes den Tempel in Jerusalem besuchten? Nicht nur, daß der Tempel nicht mehr existierte und seine Zerstörung in ferner Vergangenheit lag, die lukanische Beschreibung der Zustände davor klingt wie ein Märchen. Das tatsächliche Leben in Jerusalem zu seiner Zeit ließ Lukas lieber unberücksichtigt. Statt dessen durchwirkte er die Szenen, die sich seine Leser vorstellen sollten, mit einer mit biblischen Anspielungen reichlich befrachteten Sprache ... Die lukanische Poesie war so gut, so ausgefeilt, beschwor so sehr die Erhabenheit der idealisierten Geschichte Israels, daß die Leser bereitwillig jeden Zweifel fahren ließen. Sie war Dichtung von der Art, an der man sich einfach nur erfreut und an deren Wahrheit man schließlich glaubt.

Burton L. Mack

ner Jesusgeschichte verwendete er traditionelle Titel wie »Herr«, »Sohn« und »Christus«, unterschied aber nicht zwischen dem irdischen und dem jenseitigen Jesus. Insgesamt ordnete er Jesus streng der Herrschaft Gottes unter. Gott ist ihm Schöpfer der Welt, Jesus sein Werkzeug. Gott hat Jesus zu seinem Heilswerk berufen und ihn ausgezeichnet durch Machttaten. Jesus bekam seine Würde also von Gott verliehen, so daß hinter allem, was Lukas überliefert, Jesu »göttliches Wesen« zurücktritt. Das Bekenntnis des römischen Hauptmanns bei Markus und Matthäus zu Jesus als »Gottessohn« ersetzt Lukas durch die Formulierung: »Wahrlich, dieser Mensch war ein Gerechter!« (23,47)

3. Die Stellungnahme zu Israel ist zwiespältig. Synagoge und Kirche haben sich getrennt und schauen sich wechselseitig mit großen Vorbehalten an. Lukas will zeigen, daß die Christen diese Trennung nicht wollten. Jüdischer Kritik setzt er die Überzeugung entgegen, die christlichen Gemeinden seien die legitimen Erben der biblischen Verheißungen. Nachdem sich Israel immer wieder dem Heilsplan Gottes verwehrt habe, gilt Lukas das Wirken Jesu als der endgültige und abschließende Versuch Gottes, das Volk doch noch für sich zu gewinnen. Alles, was der Messias Jesus, der Sohn, Herr, Retter, Lehrer und Arzt tut, gilt Israel – und zugleich allen Völkern. Nachdem sich aber die Synagogen dem Evangelium verschlossen haben, muß es nun den Heiden verkündet werden. Dies geschieht im Auftrag Jesu und in der Kraft seines Geistes. Lukas vertritt ein hellenistisches Christentum, das sich einer strikten Erfüllung der Tora entzogen hat. Wenn er dennoch schildert, daß Jesus und die Apostel das Gesetz treu befolgten, so geschieht dies aus der Sicht des »Historikers«, der die jüdische Wurzel des Glaubens anerkennt, jedoch nicht der Meinung ist, für die Kirche bestünden die gleichen Pflichten unbesehen fort. Für Lukas bestimmt nicht mehr die Tora das christliche Ethos, sondern das doppelte Liebesgebot, das sich freilich ebenfalls Israel verdankt (10,26 f.).

4. Das gesamte Evangelium durchzieht eine soziale Botschaft. Deutlich mehr als bei Markus und Matthäus überliefert Lukas Materialien, in denen es um Reichtum und Armut geht. Lukas stellt die freiwillige Armut der Jünger Jesu heraus, die alles aufgegeben haben, um Jesus nachfolgen zu können. Dabei versteht er die betonte Armut der Jünger Jesu als Kritik an den Reichen der eigenen Zeit. Lukas entstammt seinerseits einem eher oberschichtigen Milieu. Seine Hervorhebung frei machender Armut erlaubt keinen Rückschluß auf die Verhältnisse der Jesuszeit.

5. Das »Evangelium für die Armen« berührt sich mit einer betonten Zuwendung Jesu zu den Sündern. »Ich bin nicht gekommen Gerechte zu rufen, sondern Sünder zur Buße« (5,32) lautet sein Programm. Er wendet sich den Verachteten zu, um sie zur Umkehr zu bewegen. Das wird beispielhaft gegenüber Zöllnern demonstriert. Den Armen und Verachteten stellt er als Repräsentanten der angesehenen Gesellschaft die Pharisäer gegenüber. Dabei ist er weit davon entfernt, das wirkliche Verhalten dieser Gruppierung zur Zeit

Lukas

Jesu zu schildern, vielfach erfolgt eine »repräsentative« Gegenüberstellung gegensätzlicher sozialer Gruppen, die auf Seiten der paradigmatischen Zöllner um Räuber, Gesetzesübertreter, Ehebrecher und Prostituierte erweitert wird. Diesen allen wird der Anbruch der Heilszeit angesagt, in der Jesus als der Heiland der Sünder und Verachteten den gesellschaftlich Angesehenen kritisch entgegentritt.

6. Wie bereits Paulus und die vor ihm schreibenden christlichen Zeitgenossen mußte sich auch Lukas mit der ausbleibenden »Wiederkunft Christi« *(Parusie)* befassen. Er unterscheidet zwei heilsgeschichtliche Zeiten: die Zeit der Verheißung und die Zeit der Erfüllung. Die Zeit der Erfüllung gliedert er in die Zeit Jesu einerseits und die Zeit der Zeugen (Zeit der Kirche) andererseits. Für die Übergänge eines Zeitraums in einen anderen hat Gott Menschen berufen, welche die Kontinuität sichern; dies macht Lukas an der Gestalt Johannes des Täufers deutlich. In Apg 1,1-11 widerspricht er Strömungen, die sich von einem bevorstehenden Weltende lähmen lassen: Die Christen sollen zwar die Wiederkunft Christ erwarten, aber ohne Schwärmerei und innere Verwirrung. Bis dahin ist es ihre Zeit: die Zeit der Zeugen, die der Geist Christi für ihre Sendung stärkt (→ S. 492 f.).

Das Vorwort

1 Schon viele haben sich darangemacht, über die an uns vollbrachten Taten Bericht zu erstatten, 2 wie sie uns die überliefert haben, die von Anfang an Augenzeugen und Diener des Wortes geworden sind. 3 Und auch mir – der ich allem von vorn an genau nachgegangen bin – ward der Entschluß: Es für dich, hochgeehrter Theophilus, der Reihe nach niederzuschreiben, 4 damit du die Sicherheit der Worte erkennst, über die du unterrichtet wurdest.

Lk 1,1-4

Der hochgeehrte Theophilus als Adressat dieser Widmung ist unbekannt. Er darf als ein Mann von Rang in der hellenistisch-römischen Welt vermutet werden, mit dem sich wohl auch die Erwartung verband, das ihm gewidmete Buch verbreiten zu helfen. Die Quellen, die Lukas für sein Evangelium benutzte, lassen ihn von den »vielen« sprechen, die bereits über die Jesusgeschichte geschrieben haben. Wenn er jetzt pointiert, »allem«, »von Grund auf / von Anfang an«, »nachzugehen«, möchte er damit das Vertrauen in die Zuverlässigkeit seiner Darstellung festigen. Der zeitliche Abstand, der inzwischen von der Jesuszeit trennt, hat Fragen, Zweifel und Vorstellungen gefördert, die Lukas durch sein Werk beantworten und korrigieren will. Die innere Verunsicherung der Kirche scheint ihn mehr zu bedrängen als Anfeindung von außen. Sein Vorwort erweckt den Eindruck, die Zuverlässigkeit und Vollständigkeit der Jesustradition nachweisen und verbindlich festhalten zu wollen.

Parusie (griech. *parousia*, »Ankunft«), ursprüngl. Bezeichnung für einen offiziellen Besuch des Herrschers in einer Stadt oder Provinz; die Jüd. Bibel versteht darunter den »Tag Jahwes«, an dem Gott die Welt richtet und einen neuen Himmel und eine neue Erde schafft. Im Neuen Testament wird der Tag Jahwes zum Tag Christi: die P. Gottes ereignet sich in der P. Christi. Damit verbunden wurde das »Ende der Weltzeit« gedacht: 1 Kor 15,23; 1 Thess 2,19; 3,13; 4,15; 5,23; 2 Thess 2,19; Mt 24,3. 27.37.39. Den Rahmen für diese Vorstellung lieferte die Apokalyptik (→ S. 335 ff.). Auch Jesus selbst rechnete mit dem nahen Weltende, desgleichen der frühe Paulus in seinen Thessalonicherbriefen. Das Ausbleiben der erwarteten P. führte zu gewandelten Hoffnungsvorstellungen, welche die P. erwartung nie ganz verdrängten. Das letzte Buch der Bibel endet mit dem Versprechen: »Ja, ich komme bald« und mit der Antwort: »Amen. Komm Herr Jesus!« (Offb 22,20)

Die Kindheitserzählungen

Jacopo da Pontormo (1494–1557),
Verkündigung, S. Felicita, Caponi-Kapelle,
Florenz, um 1527.

Während Markus sein Evangelium mit dem Umkehrruf Johannes des Täufers beginnt und Jesus im Geschehen seiner Taufe als den »Sohn Gottes« vorstellt, führt Lukas mit legendarischen Szenen aus der Kindheit Jesu in eine Sichtweise ein, die Jesu Würde bereits in den Anfängen offenbaren soll. Damit übernimmt er – ähnlich wie Matthäus – eine antike Tradition, welche die Geschichte ihrer Helden mit zukunftsweisenden Herkunftsangaben verknüpft. Lukas wie Matthäus haben ihre Kindheitserzählungen jedoch nicht zu Kindheitsevangelien verselbständigt. Sie sind, aus nachträglicher Betrachtung, auf Leben, Wirken und Passion Jesu bezogen und lassen das, was erst »nach Ostern« erkannt wurde, bereits hier angelegt sein.

Literarisch unterscheiden sich die Erzählungen der Kindheit vom übrigen Evangelienstoff. Nach Gattung, Stil und Sprache greifen gerade die lukanischen Texte auf die Bibel zurück. Diese erzählt von den großen Männern Israels (Isaak, Mose, Simson, Samuel) nach einem Schema, dessen einzelne Elemente vielfach variiert werden: (1) Jahwegläubige Eltern haben keine Kinder und leiden daran; sie sind sehr alt wie Abraham und Sara (Gen 17,17; 18,11) oder die Frau ist unfruchtbar (Gen 25,21; Ri 13,2; 1 Sam 1). (2) Da erhört Jahwe ihr Gebet und verheißt einen Sohn. (3) Mit der Ankündigung wird meist schon die Bedeutung des Kindes für Israel angesagt. (4) Die Ankündigung findet nicht immer Glauben; der Adressat verlangt Zeichen oder Bestätigung. (5) Der Name des Kindes wird oft von Jahwe bestimmt. (6) Außergewöhnliche Ereignisse in der Schwangerschaft oder in der Kindheit sind zeichenhaft bedeutsam für das ganze Leben. (7) Aufhaltende und gefährdende Motive (Gen 21,16-19; 22,1-14; 37,18-36; Ex 2,1-10) zeigen, daß Jahwe seinen Plan durch Menschen nicht durchkreuzen läßt, vielmehr der Erwählte immer wieder von ihm her sein Leben empfängt. Nach ihrer inneren Intention sind diese Erzählungen »prognostische Legenden«.

Lukas zeigt sein schriftstellerisches Können, indem er die Kindheitserzählung des Täufers – um die Kontinuität zur Jüdischen Bibel zu unterstreichen – bewußt im Stil ihrer griechischen Version (Septuaginta) schildert. Die Vorlage kann aus Jüngerkreisen um Johannes den Täufer stammen; andere trauen Lukas zu, er könne, ausgehend von den Jesusgeschichten und auf wenige biographische Informationen gestützt, die Johanneskindheit nach biblischem Muster selbst komponiert haben. Zumindest stammt die Parallelisierung beider Kindheitserzählungen von Lukas – mit »überbietender« Absicht: Die Vorgänge der Jesusgeschichte stellen jene um Johannes in den Schatten; von ihm wird nur um Jesu willen erzählt. Die Schwangerschaft der beiden Mütter versetzt Lukas um sechs Monate. Beide Familien leben nach jüdischem Brauch (Tempeldienst des Zacharias, Beschneidung, Reinigung, Darstellung, Wallfahrt) und zeigen auch im Gebet ihre Verbundenheit mit dem Gott der Väter (1,46-55.72 f.). Nur in 2,32 f. reißt der israelitische Horizont des Geschehens auf; 2,34 f. wird der spätere jüdische Konflikt um Jesus angedeutet.

Die Erzählungen der Jesuskindheit sind weniger einheitlich als jene des Johannes. Sie setzen sich aus mehreren ursprünglich voneinander unabhängigen Erzählungen zusammen. Sie bezwecken zwar alle dasselbe, sind jedoch in verschiedene Situationen eingebunden, so daß sie sich keine Konkurrenz machen. Daß die Beteiligten sich immer wieder neu verwundern (2,18.33.47) entspricht der literarischen Gattung.

Die Geburt Jesu

1 Es geschah in jenen Tagen: Eine Verfügung ging von Kaiser Augustus aus, die ganze bewohnte Welt sei aufzuschreiben. 2 Diese Aufschreibung geschah erstmals, als Quirinius Statthalter von Syrien war. 3 Und alle machten sich auf um sich aufschreiben zu lassen, ein jeder in seine Vaterstadt.

4 Auch Josef stieg von Galiläa, aus der Stadt Nazaret, nach Judäa hinauf zur Stadt Davids, die Betlehem heißt – er war ja aus Davids Haus und Vaterstamm –, 5 um sich aufschreiben zu lassen mit Maria, der ihm Anverlobten. Die war schwanger. 6 Da geschah es: Während ihres Dortseins erfüllten sich die Tage ihres Gebärens. 7 Und sie gebar ihren Sohn, den Erstgeborenen, und sie wickelte ihn und legte ihn in einen Futtertrog, weil in der Einkehr kein Platz für sie war.

8 Auch Hirten waren in demselben Land auf freiem Feld – Nachtwache wachend bei ihrer Herde. 9 Und da! Ein Engel des Herrn trat zu ihnen, und Herrlichkeit des Herrn strahlte rings um sie auf. Und Furcht überkam sie – große Furcht. 10 Und der Engel sprach zu ihnen: Ängstet euch nicht! Denn da! Heilsbotschaft bringe ich euch – große Freude, die dem ganzen Volk widerfahren wird: 11 Ein Retter ward euch heute geboren – er ist der Messias, der Herr – in Davids Stadt. 12 Und dies sei euch das Zeichen: Ein Neugeborenes werdet ihr finden, das gewickelt ist und in einem Futtertrog liegt. 13 Und plötzlich war da zusammen mit dem Engel eine Menge himmlischer Heerschar, die Gott lobte und sagte:

14 Herrlichkeit Gott: in den Höhen!

Und auf Erden: Frieden den Menschen seines Gefallens!

15 Und es geschah: Als die Engel von ihnen zum Himmel weggegangen, sagten die Hirten zueinander: Gehen wir nach Betlehem hinüber und sehen dieses Wort, das Geschehnis, das der Herr uns kundgetan. 16 Und sie gingen eilends: fanden Maria und Josef und das Neugeborene, wie es im Futtertrog lag. 17 Als sie es sahen, gaben sie das Wort kund, das ihnen über dieses Kind gesagt worden war. 18 Und alle, die es hörten, staunten über das, was von den Hirten zu ihnen gesagt wurde. 19 Maria aber hielt all diese Worte verwahrt und fügte sie in ihrem Herzen zusammen. 20 Und die Hirten kehrten zurück, Gott verherrlichend und lobend ob allem, was sie gehört und gesehen hatten – wie es zu ihnen gesagt worden war.

Lk 2,1-20

Kein anderer Evangelientext ist so sehr mit Gemütswerten verbunden wie diese Erzählung. Bis zum Tage wird sie meist historisch verstanden, doch wenn die mit weihnachtlicher Erinnerung und Emotion verknüpfte Erzählung durch nüchterne Exegese historischkritisch interpretiert wird, reagieren viele mit verstörter Betroffenheit und innerer Abwehr.

Für die älteste christliche Tradition waren Geburt und Kindheit Jesu kein Thema. Ihre Perspektive ging vom Ende, dem Kreuzestod Jesu aus. Darum beschränkte sich das früheste Zeugnis auf jene »Zeit, in der der Herr Jesus bei uns ein- und ausging, angefangen von der Taufe durch Johannes bis zu dem Tag, an dem er von uns ging und

Die Nacht ihrer ersten Geburt war
Kalt gewesen. In späteren Jahren aber
Vergaß sie gänzlich
Den Frost in den Kummerbalken und
    rauchenden Ofen
Und das Würgen der Nachgeburt
    gegen Morgen zu.
Aber vor allem vergaß sie die bittere
    Scham
Nicht allein zu sein
Die dem Armen eigen ist.
Hauptsächlich deshalb
Ward es in späteren Jahren zum Fest,
    bei dem
Alles dabei war.
Das rohe Geschwätz der Hirten
    verstummte.
Später wurden aus ihnen Könige in
    der Geschichte.
Der Wind, der sehr kalt war
Wurde zum Engelsgesang
Ja, von dem Loch im Dach, das den
Frost einließ, blieb nur
Der Stern, der hineinsah.
Alles dies
Kam vom Gesicht ihres Sohnes, der
    leicht war,
Gesang liebte
Arme zu sich lud
Und die Gewohnheit hatte, unter
    Königen zu leben
Und einen Stern über sich zu sehen
    zur Nachtzeit.

Bertolt Brecht

*Hugo van der Goes (um 1440–1482), Die
Anbetung der Hirten, um 1480.*

*Gerade werden die Vorhänge aufgezogen,
als beginne in diesem Augenblick das
Spiel. Die beiden Männer, welche die
Bühne frei geben, treten gleichsam als
Ansager und Kommentatoren vor, spielen
also selbst nicht mit, sondern erklären
durch Gestik und Mimik, was gegeben
wird. Der Vorhang ist an einer Stange
aufgehängt, als sollten wir begreifen, daß
dieser das einzig Reale ist, während alles
übrige Erscheinung bleibt. Allerdings
erklären die prophetischen Gestalten
etwas, was sie selbst noch gar nicht sehen
konnten, was sich aber inzwischen, wie
der Prophet rechts andeutet, ereignet hat,
so daß wir es nun rückblickend mit unseren Mitteln inszenieren und malen können. Nahezu filmisch werden hier die
Zeiten verschränkt: Zwar haben die Propheten in älterer Zeit gelebt, ziehen aber
für uns in einer späteren Zeit den Vorhang
auf, der wiederum auf eine andere Zeit
blicken läßt, wenngleich diese sich heute
nur in einer bühnenhaften Neuinszenie-
rung darstellt.*

hinaufgenommen wurde« (Apg 1,21 f.). Die Anfänge des Lebens
Jesu entziehen sich diesem Zeugnis; daß sich die Familienangehörigen Jesu auf Ereignisse seiner Geburt hätten berufen können, um
dessen Besonderheit zu begründen, würde der Tradition Mk 3,20 f.
widersprechen.

Während Lukas die Geburt des Täufers lediglich in die engere
Landesgeschichte einordnet (1,5), entwirft er für die Geburt Jesu
einen Rahmen, der auf die »ganze bewohnte Welt« bezogen wird.
Die Bezugnahme auf Kaiser Augustus gliedert die Jesusgeschichte in
die Weltgeschichte ein. Der vom Kaiser ausgehende Befehl, alle Bewohner in Steuerlisten eintragen zu lassen (Zensus) ist für die frag-
liche Zeit jedoch nicht nachweisbar: Einen solchen Zensus für alle
Provinzen des Reiches hat es unter Augustus noch nicht gegeben;
auch ist eine solche Maßnahme zur Zeit des jüdischen Königs Herodes sehr unwahrscheinlich, da sie dessen Rechte massiv beschnitten
hätte; zudem war Quirinius damals noch kein syrischer Statthalter.
Bekannt dagegen ist der unter der Statthalterschaft des Quirinius im
Jahre 7 n. Chr. durchgeführte Zensus. Der jüdische Historiker Josephus (→ S. 330) berichtet davon als von einem bislang unbekannten
und unerhörten Vorgang. Apg 5,37 spricht Lukas selbst vom Zensus
des Jahres 7 n. Chr. als der Aufschreibung schlechthin. Offensichtlich
hat Lukas diesen Zensus zurückdatiert, ohne daß er noch eine klare
Vorstellung von den römischen Durchführungspraktiken hatte. Das
Motiv erlaubte ihm, die Reise Josefs und Marias von Nazaret nach

Betlehem zu begründen und damit zugleich das nicht nur Israel geltende Christusereignis zu unterstreichen. Hinter der Angabe, daß sich »ein jeder in seine Stadt« aufmachte, um sich dort in die Steuerliste eintragen zu lassen, stand für Lukas nur ein vages Wissen über den römischen Provinzialzensus, der persönliches Erscheinen vor der Behörde am Hauptwohnsitz bzw. am Ort des Besitzstandes verlangte. Hiermit kombinierte er die Abkunft der Familie Jesu aus dem Hause Davids, um so die Verbindung mit Betlehem zu gewinnen.

Daß Maria in Nazaret zu Hause war, wurde 1,26 gesagt; dort fand auch Josef Erwähnung. Da das weit entfernte Betlehem als »Davidsstadt« (→ S. 158 f.) messianisch nach 1 Sam 16,1-13 und Mi 5,1 hochbedeutsam war, bot die Zensusanordnung Gelegenheit, das Paar dorthin zu schicken, um so »die Schrift zu erfüllen«. Ob Lukas eine Vorstellung von der geographischen Situation Palästinas hatte, ist ungewiß. Josef und Maria werden als Verlobte, nicht als Ehepaar eingeführt. Eine Begründung dafür, daß Maria die Reise nach Betlehem überhaupt mitmachte, liegt außerhalb des Gesichtskreises dieser Erzählung. Es geht ihr nur um die dort erfolgte Geburt des erbberechtigten Sohnes.

Nach V 7 war das neugeborene Kind erwartet, es wurde alles getan, um es angemessen zu versorgen. Die Windeln verweisen auf ordentliche Pflege. Auffallend bleibt allein die Futterkrippe. Wegen der belegten Herberge wird die Krippe als Platz für das Kind

In der Schilderung des Geschehens setzt sich der Bühnencharakter des Gemäldes fort. Die Hirten auf dem Felde empfangen ihre Kunde hinter der Bühne, wohin sich ein Fenster öffnet. Sie kommen im Laufschritt zum Ort des Ereignisses. Dort hat sich bereits ein Schwarm flügelschlagender Engel niedergelassen und drängt sich zwischen das heilige Paar und die Stalltiere. Die Krippe ist zentral aufgebaut. Erstaunlicherweise sucht das Jesuskind unseren Blick, als wolle es uns das kleine Schwarze Nachtschatten-Pflänzchen in seiner rechten Hand zeigen, das vorne in den Mauerfugen neben dem Storchschnabel wächst. Vermutlich wurde der Maler mit dieser Arznei gegen Schwermut behandelt; nun verbindet er damit einen vorausschauenden Blick auf die Erlösung in Christus. Diese Medizin macht die Augen hell und läßt weg von der Äußerlichkeit des Bühnengeschehens in eine Innenwelt sehen, wenngleich der Hinweis darauf auch nur »von außen« gemalt werden kann.

Das Gebiet des Archelaos (Augustus enthob ihn wegen seiner Terrorregierung seines Amtes [→ S. 423] im Jahre 6 n. Chr.) wurde der Provinz Syrien einverleibt. Der Caesar schickte nun Quirinius, einen ehemaligen Konsul dorthin, damit er eine Vermögensschätzung in Syrien vornehme und die Güter des Archelaos verkaufe.

Quirinius also ... kam mit wenigen Begleitern nach Syrien, teils weil er Gerichtssitzungen abhalten wollte, teils der Vermögensschätzung wegen ... Bald traf Quirinius auch in Judäa ein, das zu Syrien gehörte, um auch hier das Vermögen zu schätzen und die Güter des Archelaos zu verkaufen. Die Juden wollten zwar anfangs von dieser Schätzung nichts wissen, doch gaben sie allmählich auf Zureden des Hohenpriesters Joazar, der ein Sohn des Boethos war, ihren Widerstand auf und ließen nach seiner Weisung die Schätzung ihres Vermögens ruhig geschehen.
Josephus, Ant. XVII, 13,5; XVIII, 1,1

Nach diesem stand – in den Tagen der Volkszählung – Judas der Galiläer auf; er brachte viel Volk hinter sich und verleitete sie zum Aufruhr. Apg 5,37

Alexander [der Landpfleger von Judäa] ließ auch Jakobus und Simon, die Söhne des Galiläers Judas, der, wie schon früher erwähnt, während der Steuerschätzung des Quirinius das Volk zum Aufruhr verleitete, ans Kreuz schlagen.
Josephus, Ant. XX, 5,2

Da somit die Steuererhebung des Quirinius in das Jahr 6 n. Chr. datiert, kann sie nicht mit der Geburt Jesu in Betlehem verbunden werden.

genannt. Insgesamt erzählen die ersten sieben Verse, die man als Eigenentwurf des Lukas ansieht, nichts wirklich Ungewöhnliches. Unter vergleichbar bedrängten Bedingungen sind zu allen Zeiten zahllose Kinder zur Welt gebracht worden. Die entfaltete Szene wäre für alle Welt stumm, würde sich nicht jetzt eine »Hirtengeschichte« (8-20) anschließen, die Lukas bereits vorfand und auf die hin er seinen Vorspann entwarf. Diese Hirtengeschichte beginnt mit einem neuen Schauplatz und neuen Akteuren.

Da Hirten ihrer Arbeit wegen die strengen Reinheitsvorschriften der Tora nicht einhalten konnten, zählten sie im rabbinischen Judentum zu den verachteten Berufsständen. Ausgerechnet »Hirten« zu Adressaten der himmlischen Botschaft zu machen, erklärt sich aus der Thematik der Verachteten und Armen, die im weiteren Evangelium umsichtig entfaltet wird. Ihnen verkündet der »Engel des Herrn« eine ungewöhnliche Botschaft. Er ist eine symbolische Darstellungsform Jahwes, die weniger handelnd als kündend in den Lebensbereich der Menschen tritt, um die Direktheit der göttlichen Rede abzuschwächen (→ S. 457) und steht in einer langen biblischen Tradition (→ S. 226). Daß dieses Verständnis hier auch vorliegt, ergibt sich allein aus V 15, wo die Hirten darüber sprechen, was »der Herr« ihnen kundgetan hat. Die »Herrlichkeit des Herrn«, der die Hirten umleuchtet, ist der von der göttlichen Erscheinung ausstrahlende Glanz Jahwes, von dem in Ex 33,18.22 die Rede ist (→ S. 117). Die ehedem verzehrend vorgestellte Herrlichkeit Gottes mildert sich hier zum strahlenden Glanz, der nur noch blendet, aber nicht mehr tötet.

In der Botschaft des Engels erreicht die Erzählung ihren Höhepunkt. Sie wird eröffnet mit dem »Fürchtet euch nicht«, weil die göttliche Dimension den Menschen überwältigen kann; daraufhin verkündet der Engel »eine große Freude«, die den Hirten und »allem Volk« gilt. Die folgende Proklamation benutzt Worte aus der politischen Welt, mit denen auch der Geburtstag des Kaisers gefeiert wurde. Das verheißene Heil ist da, in Jesus ist es zum »Heute« geworden. Er

Census in der Provinz Obergermanien (Rhein/Mosel), Steuerzahlung nach erfolgter Veranlagung, Ende 2. Jh.

ist der »Retter« (Erlöser), jedoch nicht irgendeiner, sondern der Messias und Herr aus der Stadt Davids. Nur hier und Apg 5,31; 13,22 wird Jesus Retter genannt; Markus und Matthäus erwähnen diesen Titel überhaupt nicht.

Die Botschaft schließt mit der Kundgabe des Zeichens: »ein Kind, das in Windeln gewickelt in einer Krippe liegt«. Von außen wahrgenommen, läßt sich hier schwerlich von einem »Zeichen« sprechen. Es will in einem inneren Sinn als Paradoxon verstanden werden: Mit dem neugeborenen Kind in der Futterkrippe hat sich das göttliche Heil in einem Inkognito absoluter Ohnmacht offenbart. Die »Herrlichkeit Gottes« erstrahlt nicht mehr hinter den Insignien der Macht, sondern in einem Menschenkind hilfloser Schwäche. Gleich darauf erweitert sich die Erscheinung zu einem Chor, der die universale Bedeutung des proklamierten Ereignisses in einem Hymnus feiert. Mit den »Menschen seines Gefallens« ist Gottes Volk gemeint; falls es für diese Formulierung jüdische Vorbilder gab, hatten sie die Juden oder die jüdischen Frommen im Blick. Hier wird die Aussage auf die Christusgläubigen bezogen. Der Lobgesang ist zweigliedrig zu übersetzen:

Herrlichkeit Gott: in den Höhen!
Und auf Erden: Frieden den Menschen seines Gefallens!

Das hebräische *schalom* hat eine umfassende Bedeutung, die das Wort »Heil« nicht wiedergibt. Verkündet wird, daß die Herrlichkeit des Himmels und der Frieden auf der Erde zur Einheit werden, so daß im Heil der Menschen Gottes Ehre liegt.

Daß es »Hirten« sind, die das Wort Gottes hören und aufnehmen, deutet einen Ton an, der das ganze Evangelium durchzieht: Nicht die »Reichen« und »Angesehenen« erweisen sich als Hörer des Wortes, sondern die Verachteten und Sünder. Für diese Gruppe stehen die Hirten in symbolischer Vertretung. Nun »eilen« sie, das genannte Zeichen zu finden und den Eltern das Geheimnis des Kindes mitzuteilen. Es liegt außerhalb der erzählten Welt, wie sie das Kind ausfindig machen. »Erstmals« hören daraufhin die Eltern vom messianischen Geheimnis ihres Kindes. Obwohl 1,31-35 Maria doch schon davon erfuhr, wird hier kein Bezug darauf genommen und auch 2,33 nicht, was sich aus der ursprünglichen Eigenständigkeit der jeweiligen Erzählung erklärt. Maria bewahrt das Gehörte »in ihrem Herzen«, eine 2,51 noch einmal wiederkehrende Formel, die Maria als Typos des hörenden und glaubenden Menschen kennzeichnet.

Lotharkreuz, Dom, Aachen, um 1000.

Im Schnittpunkt der Kreuzesarme befindet sich eine Kamee mit dem Profilbildnis des Kaisers Augustus, in römischer Zeit aus einem Sardonyx geschnitten. Die Rückseite des Kreuzes zeigt die gravierte Darstellung des Gekreuzigten. Das Einfügen der Augustuskamee dürfte der Absicht entspringen, das abendländisch-christliche Kaiserreich in die Nachfolge Roms zu stellen (vgl. S. 585).

Augustus, Beiname des ersten röm. Kaisers Oktavian (63 v.–14 n. Chr.), Großneffe Caesars, seit 31 v. Chr. Alleinherrscher. Er befriedete das von Kriegen überforderte Rom und sicherte die Provinzen (Pax Augusta). Nach der Vergöttlichung seines Adoptivvaters Caesar nannte er sich »Sohn des göttlichen Caesar«. Im Jahr 27 legte er sich den Titel »A.«, der Erhabene, zu, der bis dahin Göttern vorbehalten war. Alle späteren Kaiser führten diese Bezeichnung weiter (→ S. 585).

Nachfolge – heute

Petra Mönnigmann, geb. 1924 in Oelde/Westfalen, war einige Jahre als Ordensschwester Gymnasiallehrerin in Deutschland. Als sie 1966 von ihrem Orden nach Indien geschickt wurde, war sie von dem Elend des Landes so beeindruckt, daß sie ihren Orden verließ, um nur noch Hungrigen und Kranken zu dienen. 1976 starb sie bei einem Verkehrsunfall. Der folgende Text ist ihr geistliches Testament. Es wurde nach ihrem Tod auf einem Zettel ohne Datum und Adresse gefunden, in der dritten Person geschrieben, aber mit ihrer Unterschrift:

Sie diente Gott ihr ganzes Leben lang und mit ihrer ganzen Kraft, in vollem Bewußtsein, daß sie nicht wirklich glaubte an ihn oder besser an das, was man von ihm lehrte, stets tätig, als ob sie glaube, und in brennender Hoffnung, er möchte wirklich da und in ihrer Nähe sein.

Als sie jung war, versuchte sie ihn zu verstehen und zufriedenzustellen, und beides mißlang ihr völlig. Er erschien ihr von Grund auf ungerecht: Er verlangte, »gut« genannt zu werden, und legte zugleich den Menschen grausame Schmerzen und Ängste auf; er gab Anordnungen und gestaltete die Menschen so, daß sie sündigen mußten; er gewährte keine Freiheit, keine Wahl und keine Möglichkeit zu entkommen. An ihn zu denken, erfüllte sie oft mit Schrecken, bis sie es endlich lernte, sich dem Unbekannten und Unerkennbaren zu unterwerfen. Später nahm sie dann mit großer Verwunderung wahr, daß sie Gott liebte, und sie war nie imstande zu verstehen, daß jemand Gott so sehr lieben und mit ihm so viel und so lebendig umgehen kann, ohne auch nur in irgendeinem Punkt über ihn Gewißheit zu haben. Sie glaubte, daß vielleicht ein Großteil dieser Liebe Sehnsucht sei. Sie konnte sich nie

---

Die Berufung der ersten Jünger

¹ Es geschah aber: Während die Leute zu ihm drängten, um das Wort Gottes zu hören, und er am See Gennesaret stand, ² sah er zwei Boote am See abgestellt. Die Fischer waren aus ihnen ausgestiegen und wuschen die Netze. ³ Und er stieg in eines der Boote, das dem Simon gehörte, und bat ihn, ein wenig weg vom Land hinauszufahren. Er setzte sich und lehrte vom Boot aus die Scharen. ⁴ Als er aber aufgehört hatte zu reden, sprach er zu Simon: Fahr hinaus ins Tiefe, und laßt eure Netze zum Fang hinunter. ⁵ Simon aber hob an und sprach: Meister! Die ganze Nacht haben wir uns abgemüht und nichts bekommen. Aber auf dein Wort will ich die Netze hinunterlassen. ⁶ Das taten sie und schlossen eine große Menge Fische ein; fast rissen ihre Netze. ⁷ Und sie winkten den Teilhabern im anderen Boot, zu kommen und mit ihnen anzufassen. Und die kamen und füllten beide Boote, so daß sie tief einsanken. ⁸ Als Simon Petrus das sah, fiel er zu Jesu Knien nieder und sagte: Geh weg von mir, ich bin ein sündiger Mensch, Herr! ⁹ Denn Schauder hatte ihn gepackt und alle mit ihm ob dem Fischfang, den sie zusammenbekommen ¹⁰ desgleichen aber auch Jakobus und Johannes, des Zebedäus Söhne, die Simons Teilhaber waren. Da sprach Jesus zu Simon: Ängste dich nicht! Von jetzt an wirst du Menschen fangen. ¹¹ Und nachdem sie die Boote an Land gebracht hatten, ließen sie alles fahren und folgten ihm.

Lk 5,1-11

Lukas hat von Markus zunächst nur die Ausgangsposition übernommen (vgl. Mk 4,1-2; → S. 374) und die Szene vom wunderbaren Fischfang eingefügt. Dieses Motiv begegnet in einer österlichen Variante ebenfalls Joh 21,1-14; es könnte in Analogie zur Metapher »Menschenfischer« entstanden sein. Die Einfügung der Szene bei Lukas ist dessen eigene Komposition. Bedeutsamer sind die Veränderungen, die Lukas am Markustext vorgenommen hat. Die Erzählung mündet in der Bemerkung, daß die von Jesus zu Jüngerschaft und Nachfolge aufgeforderten Fischer »ihre Boote an Land zogen, alles zurück ließen und ihm nachfolgten«. Diesen totalen Besitzverzicht der Jünger betont nur Lukas. Im vergleichbaren Text bei Mk 1,16-20 verlassen die Brüder Simon und Andreas »die Netze« (V 18); das andere Brüderpaar Jakobus und Johannes läßt den Vater Zebedäus und die Tagelöhner im Schiff zurück (V 20). Zwar ließe sich auch hier folgern, daß sie »alles« aufgaben, doch wird es so nicht gesagt. Nur Lukas formuliert in dieser Radikalität die Konsequenz der Jesusnachfolge. Der weitere Vergleich von 5,27-32 mit Mk 2,13-17, wo es um die Berufung des Zöllners Levi geht, zeigt, daß er erneut den markinischen Text umakzentuiert, indem er betont, daß Levi alles verläßt.

Durchgehend ist Lukas in seinem Evangelium daran gelegen, den völligen Besitzverzicht der Jesus-Jünger herauszustellen. Aber während Matthäus die eigene Zeit mit einschließt, wenn er von Jüngern spricht, läßt Lukas, wenn er die Armut der Jünger Jesu betont, diese in der Vergangenheit zurück. Zwar gebraucht er in seiner Apostelgeschichte die Bezeichnung »Jünger« als Synonym für Christen überhaupt (vgl. Apg 11,26), suspendiert dort aber auch das Armutsideal. Nur die Außergewöhnlichkeit der Jesusbegegnung verlangt nach Lukas von den ersten Jüngern Jesu vollständigen Besitzverzicht. In den Berufungsgeschichten geht diese Forderung nicht einmal von Jesus aus; die Berufenen reagieren ihrerseits so. An anderer Stelle aber pointiert der lukanische Jesus als Bedingung der Jüngerschaft: »Verkauft euren Besitz und gebt ihn als Almosen; macht euch Beutel, die nicht veralten, einen unerschöpflichen Schatz im Himmel, wo kein Dieb sich naht und keine Motte Zerstörung anrichtet ...« (12,33).

Die Berufung des Levi und das Mahl mit den Zöllnern

¹³ Und abermals zog er hinaus, am See dahin, und alle Leute liefen ihm zu, und er lehrte sie.

¹⁴ Und weiterziehend sah er Levi, den Sohn des Alphäus, am Zoll sitzen. Und er sagt zu ihm: Folge mir!

Und auf stand er und folgte ihm.

¹⁵ Und so geschieht es: Er liegt in seinem Haus zu Tisch. Auch viele Zöllner und Sünder hatten sich mit Jesus und seinen Jüngern zu Tisch gelegt – es waren ja viele, die ihm folgten.

¹⁶ Als nun die Schriftgelehrten der Pharisäer sahen, daß er mit den Sündern und Zöllnern aß, sagten sie zu seinen Jüngern: Mit den Zöllnern und Sündern ißt er!

¹⁷ Jesus hört es und sagt zu ihnen: Nicht die Starken brauchen den Arzt, sondern die übel dran sind. Ich bin nicht gekommen, Gerechte zu rufen, sondern Sünder.

Mk 2,13-17

²⁷ Und danach zog er hinaus. Und er schaute auf einen Zöllner, namens Levi am Zoll sitzend, und sprach zu ihm:

Folge mir!
²⁸ Und der ließ alles liegen: Auf stand er und folgte ihm.

²⁹ Und Levi bereitete ihm einen großen Empfang in seinem Haus. Viele Leute – Zöllner und andere – waren da, die mit ihnen zu Tisch lagen.

³⁰ Und es murrten die Pharisäer und ihre Schriftgelehrten und sagten zu seinen Jüngern:
Warum eßt und trinkt ihr mit den Zöllnern und Sündern?

³¹ Und Jesus hob an und sprach zu ihnen: Nicht die Gesunden brauchen den Arzt, sondern die übel dran sind.

³² Ich bin nicht gekommen, Gerechte, sondern Sünder zur Umkehr zu rufen.

Lk 5,27-32

ganz von dem Verdacht befreien, Theater zu spielen, wenn sie betete oder über Gott sprach oder für ihn arbeitete. Sie lernte es nie, die Schmerzen von Menschen und Tieren anzusehen, ohne selber tiefes Leid zu empfinden, und sie liebte Jesus, wer immer er sein mochte, wegen seines Mitgefühls mit den Leidenden. Sie war sehr erschüttert über die Grausamkeit seines Todes. Sie blieb in seiner Kirche und arbeitete in ihr, weil sie nicht wußte, wo sie anders hingehen sollte. Sie wußte, daß sie mit all ihrer Arbeit auch nicht eines der Leiden des Menschen entscheidend ändern konnte, aber sie arbeitete so viel und so hart wie möglich, um an jedem Tag zumindest das zu erreichen, daß ein Mensch weniger leiden mußte, und darin erfuhr sie großes Glück.

Tief in ihrem Herzen wußte sie mit absoluter Gewißheit, daß der unbekannte und unerkennbare und geliebte Gott sie ständig führte, aber nie verschwand ihre tödliche Furcht vor den Dingen, die dieser Gott den Menschen antut. Sie gestand nur die Möglichkeit zu, daß diese Grausamkeiten sich irgendwie doch mit seiner Liebe vertrugen, und sie sah mit ungeduldiger Erwartung dem Tag ihres Todes entgegen, wenn Gott sich selbst und seine Wege offenbart, und wenn alle Ungewißheit, alle Furcht und alles Leid vorüber sind.

Petra Mönnigmann

Z weifellos liegt mit dieser Erzählung in beiden Fassungen kein historischer Bericht vor. Man darf aber denken, daß die Jesusbewegung Zulauf von Zöllnern hatte, deren es damals viele in Palästina gab und die in den Zollstationen das *portorium* kassierten: Einfuhr-, Ausfuhr-, Durchfuhr-, Passier- und Marktzölle. Dabei scheinen eigennützige Vergehen an der Tagesordnung gewesen zu sein. Die Verachtung der Zöllner war in antiker Zeit allgemein verbreitet, wenngleich man zwischen ehrbaren und betrügerischen Zöllnern unterschied. Juristen und Moralisten verurteilten Zöllner nur, wenn sie sich vergangen hatten; von Händlern dagegen wurden sie immer angegriffen; Gebildete und Vornehme aber verachteten die Zöllner meist pauschal, hielten sie für kriminell, für dumm und unappetitlich.

Zöllner. Vom syrischen Statthalter Varus sagte man: »Arm kam er in eine reiche Provinz und reich verließ er eine arme Provinz.« Verhängnisvoller als die Habgier der Statthalter wirkte sich das System der röm. Superpächter auf die Provinzen aus. Sie mußten der Staatskasse eine pauschal festgelegte Steuersumme garantieren, die sie mit ungeheuren Aufschlägen durch verhaßte Helfer – die Z. der Bibel – rücksichtslos eintrieben. Bereits Cicero (106–43 v. Chr.) kritisierte dieses System: »Es trauern alle Provinzen, es klagen alle freien Völker, selbst die Königreiche fordern Genugtuung von uns für unsere Taten der Begehrlichkeit und Ungerechtigkeit. Bis zum Ozean gibt es keinen noch so entlegenen und versteckten Platz, wohin nicht in der letzten Zeit die Willkür und die Unbill unserer Leute gedrungen wäre. Schon kann das römische Volk nicht mehr standhalten dem, was ihm von allen Nationen – nicht an Gewalt, Waffen und Krieg, nein, an Trauer, Tränen und Klagen entgegenstürmt.«
Da sich die Z. durch eigene Tarifaufschläge selbst bereicherten, galt ihr Beruf als unehrenhaft, waren sie bei der Bevölkerung verhaßt und wurden wie öffentliche Sünder verachtet.

Tischgemeinschaft

Die gemeinsame Mahlzeit ist eine Transaktion, mit der eine Reihe gegenseitiger Verpflichtungen einhergeht und die ein komplexes Geflecht von Beziehungen begründet ... Essen geben und nehmen schafft Verpflichtungen. Es entstehen dabei Strukturen der Gegenseitigkeit. Der Austausch von Speisen gehört zu den grundlegenden Formen menschlicher Interaktion ..., die das Individuum in Zusammenhänge sozialer Verpflichtungen stellt: Essen ist ein Verhalten, das Gefühle und Beziehungen symbolisiert, Status und Macht vermittelt und die Grenzen der Gruppenidentität ausdrückt (→ S. 482; 392).

Lee Edward Klosinski

Die Logik der ursprünglichen Mission Jesu forderte nicht Wohltätigkeit, sondern Tischgemeinschaft.

John Dominic Crossan

Die ursprüngliche Überlieferung sprach wohl nur von einem Zöllnergastmahl. Die Schriftgelehrten der pharisäischen Gruppe, welche die Tischgemeinschaft Jesu und seiner Jünger mit den Zöllnern bemerken, rügen dieses Verhalten. Lev 10,10 gebietet, »zwischen rein und unrein« zu unterscheiden, und da es innerhalb des vielstimmigen Judentums jener Zeit zumindest auch jene Gesetzesstrengen gab, die den Umgang mit unehrenhaften Berufen für Gesetzesübertretung hielten, finden die Kritiker, daß Jesus sich den Zöllnern gemein mache und die Tora mißachte. Das Begriffspaar »Zöllner und Sünder« ist in sich nicht stimmig, denn Sünder lassen sich auch mit anderen Berufsgruppen verbinden, so daß anzunehmen ist, daß diese Erzählung bereits Probleme im Umgang mit Sündern »im allgemeinen« innerhalb der christlichen Gemeinde lösen sollte. »Jesus« antwortet mit zwei parallel gebauten Sprüchen. Der erste kennzeichnet ihn als Arzt, der sich der Kranken annimmt; der zweite als Boten, der zum Mahl der Gottesherrschaft einlädt. Innerhalb des Lukasevangeliums erfahren diese Metaphern eine vielfältige Illustration.

Auf die älteste Jesustradition verweist Mt 11,19 mit dem Vorwurf: »Da! Ein Schlemmer und Weintrinker! Ein Zöllner- und Sünderfreund!« Die Redequelle, aus der Matthäus hier schöpfte, verband damit keine positiven Aspekte. Auch Mt 21,31 sagt Jesus zu den »Hohenpriestern und Ältesten des Volkes«: »Die Zöllner und die Huren kommen vor euch in das Reich Gottes«, ein scharfer Angriff auf Zeitgenossen, die Zöllnern und Dirnen absprachen, auf Gott hoffen zu dürfen. Diese Zeitgenossen sind aber nicht einfach mit »den Pharisäern« gleichzusetzen; sondern eher in den Gebildeten und Vornehmen zu sehen, denen hier gesagt wird: In der anderen Ordnung des Reiches Gottes werden euch die Huren und Zollbediensteten vor die Nase gesetzt!

Die markinische Fassung greift im Motiv der Tischgemeinschaft mit den »Sündern« ein innergemeindliches Problem auf, mit dem sich zunächst wohl die umstrittene Tischgemeinschaft von Juden- und Heidenchristen verband. Jesus erscheint hier als Autorität, welche die neue urkirchliche Praxis rechtfertigt. Die Erzählung wird damit in einen aktuellen Kontext gerückt. Doch erscheinen bei Markus die Pharisäer in einer durchaus nachdenklichen Haltung und fragen, warum sich Jesus nicht von den Zöllnern und Sündern distanziert. Jesus gibt zur Antwort, nicht den Gesunden, sondern den Kranken dienen zu wollen, nicht Gerechten, sondern Sündern. Das Erbarmen Gottes über Sünder war ein großes Thema der pharisäischen Theologie; darauf werden sie hier nun angesprochen. Indem die Pharisäer nicht als Gegner, sondern als Gesprächspartner Jesu begegnen, erscheinen sie in einer Sicht, die der Pharisäerpolemik späterer Traditionsschichten vorausging.

Bei Lukas geht es um die »Umkehr« der »Zöllner und Sünder«. Die Veränderung, die er mit V 32 gegenüber Mk 2,17 vorgenommen hat, zeigt seine Tendenz. Gegenüber dem Markustext: »Ich bin nicht gekommen, Gerechte zu rufen, sondern Sünder« formuliert er: »... Sünder zur Umkehr zu rufen«. Lukas unterstellt, daß Jesus mit seiner Nähe zu Zöllnern und Sündern eine Umkehrforderung an diesen Personenkreis gerichtet hat. Doch wenn in der frühen Jesusbewegung tatsächlich »Umkehr« gepredigt wurde, richtete sich diese Forderung schwerlich an die Armen und Sünder, deren »Sünde« mehr Elend und

Schwäche als Verbrechen war, sondern allenfalls an die religiös Tonangebenden im eigenen Volk.

Zum Jüngerkreis Jesu gehörten auch Zöllner, Dirnen und andere »Sünder«. Alle verband eine Solidarität, in der die israelitische Exodustradition neu erwacht war: Sie sahen Gott auf Seiten der Ärmsten und Verachteten. Dies dürfte die Ursache von Vorwürfen und Angriffen gegen die Jesusbewegung gewesen sein, weil zu ihr religiös und gesell-

schaftlich Deklassierte zählten, denen man noch vor den Etablierten die Teilhabe am Reich Gottes zusprach. Lukas entwirft ein Jesusbild als »Heiland der Sünder«, der in dieser Rolle den »Pharisäern« kritisch gegenübersteht. Dieser »Zug nach unten« durchzieht sein Evangelium weithin. Deutlich wird der Freiheitsimpuls der Jahwereligion Israels, der – oft nur unterschwellig weiter lebend – die israelitische und jüdische Geschichte immer wieder neu profiliert hat.

Michelangelo da Caravaggio (1573–1610),
Die Berufung des Levi-Matthäus,
um 1600.

Der Grundtenor in Jesu Verkündigung ist das Erbarmen mit der menschlichen Schwäche. Jesus ist allem Anschein nach nicht herumgezogen, um die Menschen wegen kleiner Fehltritte zu verdammen. Er wirkte nicht unter den Mächtigen, sondern unter den kleinen Leuten; er hatte nicht die Absicht, den strengen Zuchtmeister oder unerbittlichen Richter zu spielen, der die Last, die sie zu tragen hatten, noch vergrößerte: »Kommt her zu mir alle, die ihr mühselig und beladen seid; ich will euch erquicken ...« (Mt 11,28).

Er nahm Sünder auf und verkehrte mit ihnen auf freundschaftlichem Fuß, während sie noch im Zustand der Sünde lebten. Mt 11,18 f. machen seine Kritiker ihm das zum Vorwurf. Jesu Vollkommenheitsstreben bedeutete nicht, daß er die Gesellschaft selbst verrufenster Gruppen gemieden hätte. Im Gegenteil, er suchte diese Gesellschaft ... Er war nicht puritanisch, sondern fröhlich und feierte gern. Und doch strebte er nach Vollkommenheit. Die einzige direkte Ermahnung zur Vollkommenheit besteht in der Forderung an die Menschen, so vollkommen zu sein, wie Gott vollkommen ist, was im Kontext bedeutet, so liebevoll zu sein, wie Gott liebevoll ist: »Denn er läßt seine Sonne aufgehen über die Bösen und die Guten und läßt regnen über Gerechte und Ungerechte« (Mt 5,43-48). Das ist die Art von Vollkommenheit, die Jesus all seinen Zuhörern abverlangt.

E. P. Sanders

---

[36] Es bat ihn aber einer der Pharisäer, mit ihm zu essen. Und so ging er in das Haus des Pharisäers und lagerte sich zu Tisch. [37] Und da! Eine Frau war in der Stadt, eine Sünderin. Als sie erfuhr, er habe sich im Hause des Pharisäers zu Tisch gelegt, brachte sie ein Alabasterfläschchen voll Salböl. [38] Sie trat von hinten an seine Füße heran – weinend – und begann, mit den Tränen seine Füße zu netzen. Sie trocknete sie mit den Haaren ihres Kopfes und liebkoste seine Füße und salbte sie mit dem Salböl. [39] Als der Pharisäer, der ihn geladen hatte, es sah, sprach er bei sich und sagte: Der – wenn er ein Prophet wäre, so müßte er merken, wer und was für eine die Frau ist, die sich an ihm festhält –, daß sie eine Sünderin ist.

[40] Und Jesus hob an und sprach zu ihm: Simon, ich habe mit dir etwas zu besprechen. Der sagt darauf: Lehrer, sprich! [41] Ein Geldverleiher hatte zwei Schuldner. Der eine schuldete ihm fünfhundert Denare, der andere fünfzig. [42] Da sie nichts hatten, um zurückzuzahlen, schenkte er es beiden. Welcher von ihnen wird ihn nun mehr lieben? [43] Hob Simon an und sprach: Ich nehme an, der, dem er mehr geschenkt hat. Er aber sprach zu ihm: Zutreffend hast du gerichtet. [44] Und zur Frau gewandt, sagte er zu Simon: Erblickst du diese Frau? Ich bin in dein Haus gekommen, Wasser auf die Füße hast du mir keins gegeben – die aber hat mit den Tränen meine Füße genetzt und mit ihren Haaren getrocknet. [45] Keinen Kuß hast du mir gegeben – die aber, seit sie hereingekommen ist, ließ nicht ab, meine Füße zu liebkosen. [46] Mit Öl hast du mir den Kopf nicht gesalbt – die aber hat mit Salböl meine Füße gesalbt. [47] Deshalb – ich sage dir: Nachgelassen sind ihre Sünden, die vielen, denn sie hat viel geliebt. Dem wenig nachgelassen ist, der liebt wenig. [48] Zu ihr aber sprach er: Nachgelassen sind deine Sünden. [49] Und die Leute, die zu Tisch lagen, fingen an, unter sich zu sagen: Wer ist das, daß er sogar Sünden nachläßt? [50] Er aber sprach zu der Frau: Dein Glaube hat dich gerettet. Geh in Frieden!

Lk 7,36-50

Diese ungewöhnliche Erzählung dürfte zusammen mit Mk 14,3-9; Mt 26,6-13 und Joh 12,1-8 auf eine einzige ursprüngliche Erinnerung zurückgehen, auch wenn sich die Lukasfassung deutlich unterscheidet. Allen Versionen liegt das gleiche Erzählschema zu grunde: (1) Jesus wird zu einem Mahl eingeladen, (2) eine Frau kommt überraschend hinzu und salbt ihn; (3) damit löst sie unwillige Kritik aus; (4) Jesus verteidigt die angeklagte Frau (5) und lobt ihr Tun. Daneben finden sich weitere Übereinstimmungen: Von einer Alabasterflasche sprechen Mt, Mk und Lk; auch sie nennen den Gastgeber Simon; das Motiv der Fußsalbung und das Abtrocknen mit den Haaren teilen sich nur Lk und Joh. Jedes Evangelium hat die alte Erinnerung in andere Zusammenhänge gestellt, also auch anders gedeutet. Bei Lukas erfuhr die Tradition ihre ungewöhnlichste Veränderung. Während Mk und Mt die Szene nach Betanien in das Haus »Simons des Aussätzigen« verlegen, Johannes als Schauplatz das Haus des Lazarus wählt und dessen Schwester Maria die Fußsalbung ausführen läßt, verlegt Lukas alles in das Haus eines Pharisäers, für den er den überkommenen Namen Simon beibehält.

Wie so oft rahmt ein Gastmahl das Geschehen. Die Teilnehmer sind ausschließlich Männer; sie »liegen« nach hellenistischer Sitte bei Tisch. Da dringt eine Frau in diesen Kreis und nähert sich Jesus »von hinten«. Daß sie eine stadtbekannte Dirne war, wird deutlich ausgesprochen. Das gibt dem Geschehen eine besondere Pikanterie. Die Frau weint so sehr, daß ihre Tränen die Füße Jesu benetzen. Dann beugt sie sich über seine Füße, trocknet sie mit ihrem langen, aufgelösten Haar und küßt sie lange. Erst danach führt sie die vorbereitete Salbung aus.

Die Füße zu salben war ein seltener und intimer Vorgang. Wenn schon, so war dies der Ehefrau oder Tochter vorbehalten, es war auch Brauch im »halbseidenen« Milieu. In dieser Erzählung sprengt der Vorgang alle Konventionen: Die Prostituierte dringt in ein Männern vorbehaltenes Gastmahl ein, löst ihr Haar, eine für jüdisches Empfinden besonders erotische Geste, küßt Jesus wiederholt die Füße und tut schließlich vor aller Augen, was in den Intimbereich gehörte. Daß sie dabei weint, nimmt der Situation die mögliche Zweideutigkeit. Nirgendwo sonst in den Evangelien wird von einer so körpersprachlichen Zuwendung zu Jesus erzählt. Statt von »glauben« ist von »lieben« die Rede.

Der gastgebende Pharisäer reagiert in Form eines Selbstgesprächs, doch geht es ihm nicht um die Frau, sondern allein um Jesus: Weiß die Frau, wer Jesus ist, so glaubt der Pharisäer zu wissen, daß Jesus nichts über die Frau weiß. Dieser, bis jetzt schweigsam, nimmt nun das Wort in der Art eines Lehrers, der Aufmerksamkeit verlangt. Das sehr knapp wiedergegebene Gleichnis erzählt von einem ungewöhnlichen Geldgeber, der seinen Schuldnern alle Schuld erläßt – Metapher göttlicher Vergebung. Eher unwillig räumt der Pharisäer ein, daß ein größerer Schuldner auch größere Dankbarkeit empfindet. Daraufhin drängt ihn Jesus, sein eigenes Verhalten als Gastgeber mit dem Verhalten dieser Frau zu vergleichen. Das Gespräch zwischen Jesus und dem Pharisäer ist jedoch ohne Polemik.

Indem Lukas »Simon den Aussätzigen« in einen »Pharisäer Simon« wandelt, tauscht er einen Randständigen gegen einen gesellschaftlich angesehenen Menschen. Das Fehlverhalten gegenüber Jesus wird nicht mit Gegnerschaft begründet. Vielmehr sollen sich in ihm die Angesehenen und Etablierten der lukanischen Gemeinde wiedererkennen. Die betont demonstrierte Sympathie zu den Verachteten und kleinen Leuten soll ein Umdenken anstoßen. Während Jesus sich mit ihnen solidarisiert, demonstriert die hier im »Pharisäer« repräsentierte Oberschicht ihre Vorbehalte, ähnlich wie es der ältere Bruder in der Parabel vom verlorenen Sohn tut.

Nicolas Froment (um 1435–1485), Eine Frau salbt Jesus die Füße, 1461.

Zwar sieht auch der lukanische Jesus die Frau als Sünderin, aber weil sie viel liebte, antwortet er ihr mit Liebe. Die beiden Schlußverse sind Kopien von 5,20-21 und wirken formelhaft. Auch im Abschlußvers begnügt sich Lukas mit einer Formel, die bereits Mk 5,34 begegnet und Lk 8,48 noch einmal wiederkehrt. Die Liebe der Frau zu Jesus wird nun nicht mehr Liebe sondern »Glaube« genannt und die erteilte Vergebung »Heil«.

Frauen im Gefolge Jesu

1 Und es geschah in der Zeit darauf: Die Heilsbotschaft vom Reich Gottes verkündend und bringend zog er von Stadt zu Stadt und Dorf zu Dorf. Und mit ihm die Zwölf, 2 samt einigen Frauen, die von bösen Geistern und von Krankheiten heil gemacht worden waren: Maria, gerufen Magdalene, von der sieben Abergeister ausgefahren waren; 3 Johanna, die Frau des Chuzas, eines Verwalters des Herodes; Susanna und viele andere, die ihnen mit ihrem Hab und Gut dienten.

Lk 8,1-3

Die vorliegende Frauenliste ist mit den Jüngerkatalogen (6,12-16; Apg 1,13; Mk 3,1,3-19; Mt 10,1-4) vergleichbar. Es geht darin um die Anhänger und Mitarbeiter Jesu. Wenn ein neuer Kommentar bemerkt: »Durch die Männer verbreitete sie [die Urkirche] die Botschaft nach außen, durch das ›Dienen‹ der Frauen wurde die Gemeinde nach innen gefestigt«, zeigt sich darin eine Bewertung, die gegen Ende des ersten Jahrhunderts schon den Übergang vom Urchristentum zum sogenannten Frühkatholizismus kennzeichnet (→ S. 574 ff.), die aber nicht in die Jesuszeit rückprojiziert werden darf.

Der Umgang Jesu mit Frauen ist von innerer Freiheit bestimmt, auffallender und deutlicher, als in der jüdischen Gesellschaft allgemein üblich (→ S. 476; 513 ff.). Auch wenn sich die Historizität mancher Texte nicht sichern läßt, scheint hinter vielen Überlieferungen doch ein beachtenswert unkonventionelles Verhalten auf – immerhin wurden diese Texte gegen das Gefälle einer männerzentrierten Gesellschaft überliefert. Demnach sprach Jesus mit Männern und Frauen in gleicher Weise, heilte Männer und Frauen und stützte die Stellung der Frau gegenüber dem einseitigen Recht des Mannes, seine Frau entlassen zu dürfen (→ S. 434).

Die galiläischen Frauen, von denen der Text spricht, ziehen mit Jesus durch das Land und »verkünden das Reich Gottes« ebenso, wie dies den Jüngern unterstellt wird. Dazu gehört, daß sie auch Kranke heilen (9,2; 10,9). Zwar wird in allen Evangelien durchweg maskulinisch gesprochen; so etwa heißen alle Christen immer nur »Brüder«, doch ist diese Praxis bereits im Alltagsgriechisch grundgelegt. Der Blick hinter die Fassade zeigt, daß über Männer wie Frauen nach Apg 2,17 f. der Heilige Geist kommt und beide Geschlechter zur prophetischen Verkündigung befähigt. Und wenn es Mt 23,8 heißt: »Nur einer ist euer Meister, ihr alle seid Brüder«, so schließt dieses »ihr alle« Frauen und Männer ein.

Piero della Francesca (um 1420–1492), Maria Magdalena, Dom, Arezzo.

»Es wird ein Tag kommen – ach, könnte ich diesen Tag erleben –, da die Menschen es begreifen werden, und dann ...«
Er neigte sich mir zu und flüsterte mir ins Ohr, seine Stimme zitterte zum erstenmal:
»Und dann wird die Religion Christi noch einen Schritt weitergehen, sie wird den ganzen Menschen umarmen, den ganzen, nicht den halben, wie jetzt, da sie nur die Seele umarmt. Das Erbarmen Christi wird umfassender sein, wird Seele und Körper umarmen und heiligen; es wird einsehen und verkünden, daß sie keine Feinde, sondern Kameraden sind. Was geschieht dagegen jetzt? Wir verkaufen uns dem Satan, und er verlangt, die Seele zu verleugnen; oder wir verkaufen uns Gott, und er verlangt, den Leib zu verleugnen. Wann wird das Herz Christi sich nicht nur der Seele erbarmen, sondern auch des Leibes, und die beiden Ungeheuer miteinander versöhnen?«

Nikos Kazantzakis

Die erste der drei genannten Frauen ist Maria aus dem Dorf Magdala am Westufer des Sees Gennesaret. Ihre Herkunftsbenennung erklärt sich aus der Häufigkeit des Namens Maria. Die anschließend erwähnte Johanna kennt nur Lukas. Er nennt Maria und Johanna erneut 24,10 als Zeugen des Auferstandenen. Sie gehören der galiläischen Frauengruppe an, die bei der Kreuzigung dabei war,

Die Jesreel-Ebene mit dem Berg Tabor.

während die männlichen Jünger auf Distanz gingen. Von der dritten Frau, Susanna, ist nirgendwo sonst die Rede.

Von diesen Frauen wird gesagt, daß sie dem Jüngerkreis mit »ihrem Hab und Gut« / »aus ihrem Vermögen« / »mit ihrem Vermögen« dienten. Nach gängiger Interpretation heißt das, sie hätten der Männergruppe finanziell geholfen. Ebenfalls begründbar ist die Lesart, daß die Frauen den Jüngerkreis nach ihren Möglichkeiten unterstützten. Selbst wenn man annimmt, daß Johanna als Frau eines herodianischen Aufsehers aus vermögenden Verhältnissen stammte, ist damit der Reichtum ihrer Kolleginnen noch nicht belegt. Da die übergroße Bevölkerungsmehrheit zu dieser Zeit arm war, ist es nicht zwingend, den »Dienst« dieser Frauen wie selbstverständlich auf die Männergruppe zu beziehen. Im frühen Christentum meinte Dienen (*diakonein*) sowohl den Verkündigungs- als auch Versorgungsdienst von Männern wie Frauen und hatte einen explizit antihierarchischen Charakter (vgl. Mk 10,42-45). Wahrscheinlich ist die hier zitierte galiläische Frauengruppe wesentlicher Hintergrund für die ungewöhnlichen Frauengeschichten, die in den Evangelien erzählt werden.

Das Beispiel vom barmherzigen Samariter

²⁵ Und da! Ein Gesetzeslehrer stand auf. Er sagte, um ihn zu versuchen: Lehrer, was habe ich zu tun, um unendliches Leben zu erben? ²⁶ Er sprach zu ihm: Was ist im Gesetz geschrieben? Wie liest du da? ²⁷ Er antwortete und sprach: Liebe den Herrn, deinen Gott; aus deinem ganzen Herzen und mit deinem ganzen Leben und mit deiner ganzen Stärke und mit deinem ganzen Sinnen! Und: Deinen Nächsten wie dich selbst!

²⁸ Er sprach zu ihm: Richtig hast du geantwortet. Tu das! Dann wirst du leben. ²⁹ Der aber wollte sich rechtfertigen und sprach zu Jesus: Und nun – wer ist mein Nächster?

³⁰ Jesus nahm das auf und sprach: Ein Mensch ging von Jerusalem nach Jericho hinunter und fiel unter eine Räuberbande. Die zogen ihn aus, schlugen ihn wund, machten sich davon und ließen ihn halbtot liegen. ³¹ Zufällig ging ein Priester auf jenem Weg hinunter, sah ihn an und ging vorüber. ³² Desgleichen auch ein Levit. Der kam an den Ort, auch er sah ihn an und ging vorüber. ³³ Ein Samariter, der unterwegs war, kam ebenda hin, sah ihn an, und es ward ihm weh ums Herz. ³⁴ Er trat hinzu, verband seine Wunden und goß Öl und Wein darauf. Dann setzte er ihn auf sein Reittier, brachte ihn zum Wirtshaus und versorgte ihn. ³⁵ Am anderen Morgen zog er zwei Denare heraus, gab sie dem Wirt und sprach: Versorg ihn, und was du darüber hinaus aufwendest – ich gebe es dir zurück, wenn ich wieder herkomme.

³⁶ Wer von diesen Dreien scheint dir der Nächste dessen geworden, der unter die Räuberbande gefallen ist? ³⁷ Er sprach: Der das Werk des Erbarmens an ihm getan hat. Und Jesus sprach zu ihm: Geh und tu auch du desgleichen.

Lk 10,25-37

Eine Geschichte der Barmherzigkeit vom Altertum bis heute, in Israel, im Christentum und den anderen großen Religionen, ist noch nicht geschrieben worden. Ihre gegenläufige Spur in einem Kontinuum von Krieg, Terror, Unterdrückung und Angst ... hat nichts Spektakuläres. Nur selten ragen Namen unter den Großen der Geschichte heraus, mit denen sich menschliches Erbarmen verbindet. Dennoch leben die Menschen davon, Tag für Tag Liebe zu erfahren und zu geben. Wäre dies nicht so trotz übermächtiger Katastrophen, könnte das Kapitel Menschheitsgeschichte bereits abgeschlossen sein. Überwiegt demnach nicht doch die Liebe alle Gleichgültigkeit und Aggression?

Aber seit wann geht das Erbarmen über das eigene Haus hinaus? Lassen sich Fremde auf die Not und Hilflosigkeit von solchen ein, mit denen sie kein Sippenband, kein Glaube und keine Nationalität verbindet? Geschichten vom »barmherzigen Samariter« möchte man annehmen, ereignen sich in allen Kulturen und Religionen der Welt, auch wenn nur diese eine hier paradigmatisch wurde.

Die Einordnung der Parabel in einen Dialog mit dem Toralehrer hat Lukas vorgenommen. Für dieses Rahmengespräch hat er eine Vorlage aus der Redequelle mit Anleihen aus Mk 12,28 ff. benutzt. Die Ausgangsfrage hat für einen Toralehrer ebenso wenig Gewicht, wie Jesus damit »auf die Probe« gestellt werden kann. So zwingt die Gegenfrage den Herausforderer, selbst zu sagen, was dieser von Jesus hören wollte. Im Rückgriff auf Dtn 6,4 stimmen die Gesprächspartner überein. Weil die Zitation des Gesetzes Lukas aber noch nicht befriedigt, eröffnet er einen zweiten Redegang, der am Begriff des »Nächsten« anknüpft und die Tora ins praktische Leben übertragen soll. Indem er die überlieferte Parabel in diesen Zusammenhang stellt, gewinnt sie die Funktion einer Beispielgeschichte.

Die erste Szene (V 30) schildert den Raubüberfall auf dem Weg von Jerusalem nach Jericho. Das Opfer – »ein Mensch« – bleibt anonym. Ihn für einen Juden zu halten, legt sich vom Fortgang der Geschichte her nahe. Die zweite Szene (31-32) bringt Akteure ins Spiel, die man als Identifikationsfiguren ansehen kann. Priester und Levit gehören zum Tempelpersonal, stehen für Torafrömmigkeit und lassen darum erwarten, daß sie dem Überfallenen beistehen. Statt dessen heißt es zweimal lakonisch: »Er sah ihn an und ging vorüber.« Die Wiederholung der knappen Bemerkung steigert ihren Effekt. Der Erzähler enthält sich eines Kommentars.

Mit dem Auftritt des dritten Passanten beginnt die Schlußszene (33-35). Ohne Umwege stellt sie einen Mann aus Samaria vor, der auf der Reise war. Für jüdische Hörer ist das eine negative Kennzeichnung (→ S. 294). Wenn die Adressaten der Parabel bisher denken mochten, daß ein Samariter keine Retterfigur sei, mußte es sie um so mehr überraschen, daß allein dieser ihn ansah und Mitleid verspürte. Daraufhin wird in bisher unbekannter Detailfreude erzählt, was der Fremde alles unternimmt, um dem Verwundeten zu helfen: er wäscht seine Wunden mit Wein und Öl, verbindet sie, hebt ihn auf sein Reittier, bringt ihn zu einer Herberge, sorgt für ihn dort, bezahlt sogar Unterkunft und Verpflegung für die folgenden Tage im voraus und verspricht, bei seiner Rückreise für einen notwendigen längeren Aufwand ebenfalls einzustehen.

Das Übermaß an Zuwendung, das der Fremdling hier aufbringt, tritt vor dem enttäuschenden Verhalten der beiden Kleriker besonders scharf hervor. Dabei ist deren unmenschliches Verhalten in Wirklichkeit das allergewöhnlichste. Das enge Netz der Lebensregeln, das jeden Menschen einspannt, wird genügend Gründe bereit gehalten haben, um sich dem halbtot Geschlagenen nicht zuwenden zu müssen. Die Parabel könnte darauf abzielen, ihren Hörern klarzumachen, was sie alle wissen und nicht minder auch alltäglich verdrängen: daß sie den Anforderungen der Liebe in Wirklichkeit nicht gewachsen sind. Insofern hat die überspannte Inszenierung mit dem Tempelpersonal letztlich die Intention, jedem Hörer klarzumachen, daß ihm fehlt, worauf er doch grundsätzlich angewiesen ist.

Von Gott scheint in alledem nicht die Rede zu sein, doch der Eindruck täuscht. Die Parabel erzählt vom Wunder einer überbordenden Liebe, in der sich »das Reich der Himmel« ereignet. Nachdem nach Abschluß der Erzählung der Gesprächsfaden mit dem Toralehrer wieder aufgenommen wird, stellt Lukas eine reichlich sperrige Frage (V 36). Es hätte nahegelegen, in dem Hilflosen den Nächsten zu sehen; statt dessen dreht er den Begriff um und wendet ihn auf den Retter an. Das widerspricht der Ausgangsfrage (V 29), denn der Toralehrer will wissen, wen er als seinen Nächsten lieben soll. Nun antwortet ihm der lukanische Jesus mit der halb rhetorischen Gegenfrage: Wer hat in der Geschichte als Nächster gehandelt? Vermutlich wollte Lukas damit seine Ausgangsposition, die auf das Tun abzielte, auch für das Ende retten: Dann geh und handle ebenso!

Heinrich Böll hat sich gefragt, wie es zu erklären sei, daß die große Zahl der Christen die Welt so wenig zu verändern vermochten, daß nicht mehr Terror und Angst, sondern Vertrauen und Freundlichkeit herrschen. »Eine christliche Welt müßte eine Welt ohne Angst sein, und unsere Welt ist nicht christlich, solange die Angst nicht geringer wird, sondern wächst; nicht die Angst vor dem Tode, sondern die Angst vor dem Leben und den Menschen, vor den Mächten und Umständen, Angst vor dem Hunger und der Folter, Angst vor dem Krieg ...« Wäre wenigstens nicht vom verfaßten Christentum so viel Angst ausgegangen, wie es die Geschichte aller Jahrhunderte verzeichnet: Verfolgung, Unterdrückung, Krieg, Mord und Hinrichtung.

In all dem und gegen einen Wahrheitseifer, der die Liebe verlor, haben Christen aber auch immer wieder die Welt in Erstaunen gesetzt. Es lassen sich Namen nennen, doch beeindruckender ist die Zahl der Namenlosen, die in allen Jahrhunderten sich um die Kranken, die Hungernden, die Ausgebeuteten und Rechtlosen kümmerten. In seinen jungen Jahren, 1947, hat Heinrich Böll gemeint, selbst die allerschlechteste christliche Welt sei noch der besten heidnischen vorzuziehen, »weil es in einer christlichen Welt Raum gibt für die, denen keine heidnische Welt je Raum gab: für Krüppel und Kranke, Alte und Schwache, und mehr noch als Raum gab es für sie: Liebe für die, die der heidnischen wie der gottlosen Welt nutzlos erschienen und erscheinen ...«
In späteren Jahren hat er diese Sicherheit verloren.

Es ist nicht zu verkennen – und es gibt kein Recht, es zu verschweigen –, daß zahllose Männer und Frauen über Generationen hin sich gerade den Ausgelieferten, Behinderten, Aussätzigen, Leprakranken ..., gewidmet haben. Daß sie es rund um den Erdball taten und auch heute tun, ist einerseits mit der europäischen Herrschaftspolitik verflochten, war aber doch auch ein Ausdruck menschlicher Solidarität. In einer Geschichte sozialer Programmatik und Hilfe, die sich heute weltweit vernetzt, dürfte der biblische Impuls, wie er von den Propheten Israels bis zu Jesus hin ausging, unübersehbar sein. Längst hat er die kirchlichen Horizonte überschritten, ist in die soziale Bewegungen seit Beginn der Industrialisierung eingegangen und wird in einer global vernetzten Welt auch das Denken anderer Kulturen und Religionen beeinflussen.

Wir wissen ja, daß es uns nicht gleich ist, in wessen Gesellschaft wir essen. Wenn ein Bettler an unserer Tür klingelt, geben wir ihm gern ein Butterbrot mit oder lassen ihn vielleicht auch in der Küche einen Teller Suppe essen. Aber würden wir ihn bitten, mit der Familie im Eßzimmer zu speisen oder gar daran denken, ihn zu einem Abendessen mit Freunden einzuladen? Was Jesu Gleichnis vorstellt und in Aussicht stellt, ist ein gemeinsames Mahl, bei dem die Tischordnung nicht die große Gesellschaftsordnung widerspiegelt ... Und da Jesus überdies praktizierte, was er mit diesem Gleichnis predigte, beschimpfte man ihn als Fresser und Säufer, als Freund von Sündern und Zöllnern. Denn weigerte er sich nicht, Unterschiede gelten zu lassen, wie es sich gehörte? Da an seinem Tisch auch Frauen aßen, sogar unverheiratete, hieß es, er esse mit Huren, denn mit Vorliebe klassifizierte man so alle Frauen, die nicht, wie es sich gehörte, unmittelbarer männlicher Kontrolle unterlagen. Das Reich Gottes als jedem zugängliche Mahlgemeinschaft und somit Muster einer nicht diskriminierenden Gesellschaft negierte die Grundlagen der antiken mediterranen Gesellschaft, in der Begriffe wie Ehre und Schande absolute Geltung hatten ... Derjenige, der dergleichen zumutete, aber stand in den Augen der Leute fast unvermeidlich als Asozialer und Perverser da, denn es war klar, daß wer die Schande nicht fürchtet, keine Ehre im Leib hatte.

John Dominic Crossan

Geht also hinaus auf die Straßen und ladet alle, die ihr trefft, zur Hochzeit ein. Die Diener gingen auf die Straßen hinaus und holten alle zusammen, die sie trafen, Böse und Gute, und der Festsaal füllte sich mit Gästen (Mt 22,9-10).

Bei Lukas werden die Gäste als Arme und Elende, bei Matthäus als Böse und Gute bestimmt; im Thomasevangelium sind es allgemein »die, die du findest«.

15 Als aber einer von denen, die zu Tisch lagen, das hörte, sprach der zu ihm: Selig, wer Brot essen darf im Reich Gottes. 16 Zu ihm sprach er: Ein Mensch wollte ein großes Mahl ausrichten – und er lud viele ein. 17 Und er sandte zur Stunde des Mahls seinen Knecht, um zu den Geladenen zu sprechen: Kommt, es steht schon bereit! 18 Und sie begannen – allesamt einhellig – sich zu entschuldigen. Der erste sprach zu ihm: Ich habe einen Acker gekauft, und notgedrungen muß ich hinaus, um ihn zu besichtigen. Ich bitte dich, halte mich für entschuldigt. 19 Ein anderer sprach: Ich habe fünf Joch Ochsen gekauft und bin unterwegs, um sie zu prüfen. Ich bitte dich, halte mich für entschuldigt. 20 Und ein anderer sprach: Ich habe soeben eine Frau geheiratet und kann deshalb nicht kommen. 21 Der Knecht kam und berichtete seinem Herrn. Und der Hausherr geriet in Zorn und sprach zu seinem Knecht: Schnell, geh hinaus auf die Straßen und Gassen der Stadt und führ die Armen und Krüppel und die Blinden und Lahmen hier herein. 22 Dann sprach der Knecht: Herr, es ist geschehen, was du angeordnet hast – aber noch ist Platz. 23 Und der Herr sprach zu seinem Knecht: Geh hinaus, die Wege und Zäune entlang, und nötige hereinzukommen, damit mein Haus gesteckt voll werde. 24 So sage ich euch denn: Keiner von jenen Männern, die geladen waren, wird mein Mahl kosten.

Lk 14,15-24

Jesus sagte: Ein Mann hatte Gäste und als er das Mahl bereitet hatte, schickte er seine Diener, um die Gäste einzuladen. Er ging zum ersten und sagte zu ihm: Mein Herr lädt dich ein. Der sagte: Ich habe Geld bei Kaufleuten; sie werden heute abend zu mir kommen, ich werde gehen und ihnen Weisungen geben. Ich entschuldige mich für das Mahl. Er ging zu einem anderen und sagte zu ihm: Mein Herr hat dich eingeladen. Der sagte zu ihm: Ich habe ein Haus gekauft und man braucht mich für einen Tag. Ich werde keine Zeit haben. Er kam zu einem anderen und sagte zu ihm: Mein Herr lädt dich ein. Der sagte zu ihm: Mein Freund wird heiraten und ich mache das Mahl. Ich kann nicht kommen. Ich entschuldige mich für das Mahl. Er ging zu einem anderen und sagte zu ihm: Mein Herr lädt dich ein. Der sagte zu ihm: Ich habe einen Bauernhof gekauft; ich werde gehen, den Zins zu erhalten. Ich kann nicht kommen. Ich entschuldige mich. Der Diener kam zurück und sagte zu seinem Herrn: Die, die du eingeladen hast zum Mahl, lassen sich entschuldigen. Der Herr sagte zu seinem Diener: Geh hinaus auf die Wege, bring die mit, die du finden wirst, damit sie essen. Die Verkäufer und Händler werden nicht den Ort meines Vaters betreten.

Thomasevangelium, Logion 64

Für die Überlieferung dieser Parabel darf mit einer mehrfachen Umgestaltung des jesuanischen Gleichnisses gerechnet werden. Die Urgemeinde hat die frühe Tradition mit ihren eigenen Interessen verknüpft, die sich zum Teil auffällig von den Intentionen Jesu unterscheiden. Das zeigt allein der Blick auf das bei Matthäus 22,11-14 angefügte Gerichtsende. Eine sich davon deutlich abhebende Fassung findet sich im Thomasevangelium.

Die erzählerische Phantasie der Parabel läßt aufmerken. Die einmütige Absage der Geladenen, wie sie Lukas schildert, erscheint völlig überzogen und wirklichkeitsfremd. Normalerweise sieht die Planung eines Festes vor, daß alle kommen können. Umgekehrt kann man von Gästen erwarten, daß sie ihre Geschäfte auf das Ereignis abstimmen. Den Gastgeber darf man sich als sehr wohlhabend vorstellen. Auch die Eingeladenen lassen Reichtum erkennen. Einer von ihnen entschuldigt sich damit, fünf Joch Ochsen gekauft zu haben, das sind zehn Zugtiere. Die Fläche, die diese Zugtiere beackern können, wird mit 45 Hektar angegeben. Da es sich offensichtlich um einen Zukauf handelte, war er Herr über großen Grundbesitz. Seine Entschuldigung wie die der anderen Gäste ist ernst zu nehmen. Offensichtlich geht aber die Parabel von der Überzeugung aus, daß die Absagen in keinem vernünftigen Verhältnis zur Einladung stehen, weil es töricht und entschieden gegen den eigenen Vorteil wäre, die Einladung des hochgestellten Gastgebers auszuschlagen. Denkt man an Gastmähler, wie sie in hellenistischer Zeit stattfanden, so galten sie als besondere Gelegenheiten, das eigene Ansehen und auch die wirtschaftlichen Möglichkeiten zu heben. Gerade in den Augen derer, die um den Wert einer solchen Einladung wußten, mußte jede nur denkbare Entschuldigung als törichte Mißachtung des Einladenden gelten.

Lukas, dessen Gemeinde in gut situierten Verhältnissen lebte, hat in den zum Gastmahl Eingeladenen wohlhabende Christen seiner Zeit gesehen: Auch diese hielten ihre Tagesgeschäfte für wichtiger als die Einladung zum Festmahle Gottes. Im Blick auf das himmlische Königsmahl brachten sie es nicht fertig, ihre eigenen Geschäfte dem unvergleichlich größeren Festereignis unterzuordnen. Den Mißerfolg bei diesen aber beantwortet der Gastgeber in einer Weise, die alle Regeln und Wahrscheinlichkeiten überbietet: Nichts anderes will er, als das Haus zu füllen und die Tische zu besetzen, einerlei mit wem. Diese Umkehrung der ursprünglichen Tischordnung ist total: Alle nur erreichbaren Bettelarmen werden anstelle der Etablierten ins Festhaus gebeten, während die ursprünglich Geladenen das Mahl im Reich Gottes nicht schmecken werden.

Ähnlich wie Matthäus an die ursprüngliche Parabel eine düstere Gerichts- und Ausschlußdrohung hängt, schließt auch Lukas mit einem Vergeltungsgedanken, der lediglich in der Variante des Thomasevangeliums gemildert begegnet. Lukas will damit nicht die Armen trösten, sondern die Reichen warnen. Das aber war nicht der Tenor des jesuanischen Gleichnisses, das ursprünglich mit der Feststellung endete: »... nötige hereinzukommen, damit mein Haus gesteckt voll werde«. Jesus verfolgte keine soziale Kritik, sondern warb dafür, sich in den Zwängen des Tages die Freiheit zu erhalten, das »einzig Entscheidende« nicht den Geschäften und der Arbeit zu opfern.

Das große Gastmahl, Krönungsevangeliar von Speyer, 1064.

Thomasevangelium, Sammlung von 114 Aussprüchen Jesu, die 1945 in Oberägypten bei Nag Hammadi zusammen mit etwa 50 weiteren unbekannten Schriften gefunden wurden. Der vorliegende Text ist die koptische Version einer um 140 zusammengestellten griech. Sammlung, die sehr alte Traditionen bewahrt. Etwa die Hälfte dieser Logien haben Parallelen in den synopt. Evangelien. Die der Q-Sammlung vergleichbare Schrift hat größte Bedeutung für die Rekonstruktion der frühen Jesusbewegung (→ Logienquelle: S. 440).

So unterschiedlich die Varianten des Gleichnisses die Handlung abwandeln, gemeinsam ist ihnen die Erschütterung der normalen Gesellschaftsordnung. Heute wie in alter Zeit, in ursprünglichen wie in komplexen Kulturen, unterliegt eine Tischgemeinschaft definierten Regeln, wo, wie, wann und mit wem die Leute essen. Hier aber wird gesagt, das Reich Gottes hebe diese Unterschiede auf. Das von Jesus angesagte und in seiner eigenen Praxis veranschaulichte Reich Gottes wird beschrieben als eine Mahlgemeinschaft, die mit jedem Hergelaufenen gemein macht und dabei alle Unterschiede des Standes, Ranges und Geschlechts mißachtet. Es ist nicht falsch, dies nach den überall anerkannten Regeln als provokant zu werten.

Das Evangelium vom Vater und den zwei Söhnen

11 Er aber sprach: Ein Mann hatte zwei Söhne. 12 Und zum Vater sprach der jüngere von ihnen: Vater! Gib mir den mir zukommenden Teil des Vermögens. Und er machte ihnen auseinander, was er zum Leben hatte. 13 Wenige Tage danach, als er alles beisammen hatte, reiste der jüngere Sohn in ein fernes Land. Und dort verschleuderte er sein Vermögen in heillosem Lebenswandel.

14 Nachdem er aber alles vergeudet hatte, kam eine schwere Hungersnot über jenes Land, und er begann zu darben. 15 Und er ging und hängte sich an einen der Mitbürger jenes Landes. Und der schickte ihn auf seine Felder zum Schweinehüten. 16 Und er gierte danach, sich den Bauch mit den Schoten zu stopfen, welche die Schweine fraßen – aber keiner gab sie ihm.

17 Zu sich selbst gekommen sprach er: Wie viele Taglöhner meines Vaters haben Brot in Hülle und Fülle – ich aber gehe hier vor Hunger zugrunde.

Max Beckmann (1885–1950), Der verlorene Sohn, 1949.

18 Aufstehen will ich, zu meinem Vater gehen und ihm sagen: Vater! Ich habe gesündigt gegen den Himmel und vor dir. 19 Ich bin nicht mehr wert, dein Sohn zu heißen. Stell mich einem deiner Taglöhner gleich.

20 Und er stand auf und ging zu seinem Vater. Als er noch weit entfernt war, sah ihn sein Vater. Und es ward ihm weh ums Herz. Und er lief und fiel ihm um den Hals und liebkoste ihn.

21 Der Sohn sprach zu ihm: Vater! Ich habe gesündigt gegen den Himmel und vor dir. Ich bin nicht mehr wert, dein Sohn zu heißen.

22 Der Vater aber sprach zu seinen Knechten: Schnell! Holt einen Talar heraus, den vornehmsten; den zieht ihm an. Steckt ihm einen Ring an die Hand und Schuhe an die Füße. 23 Und bringt das Mastkalb; schlachtet es. Dann wollen wir essen und fröhlich sein.
24 Denn dieser mein Sohn war tot und ist wieder aufgelebt; er war verloren und ist wieder gefunden. Und so begannen sie fröhlich zu sein. 25 Sein älterer Sohn aber war auf dem Feld. Und als er kam, dem Haus sich nahte, hörte er Musik und Reigenlieder. 26 Und er rief einen von den Burschen herbei und erkundigte sich, was das bedeute. 27 Der sprach zu ihm: Dein Bruder ist da! Und dein Vater hat das Mastkalb geschlachtet, weil er ihn gesund zurückbekommen hat. 28 Und er wurde zornig und wollte nicht hineinkommen. Sein Vater aber kam heraus und ermutigte ihn. 29 Er antwortete dem Vater und sprach: Da! So viele Jahre mache ich dir den Knecht, und niemals habe ich eine Weisung von dir übertreten. Und du hast mir nie auch nur ein Böcklein geschenkt, damit ich mit meinen Freunden hätte fröhlich sein können. 30 Als aber der da kam – dein Sohn, der, was du zum Leben hattest, mit Huren aufgefressen hat – hast du ihm das Mastkalb geschlachtet.
31 Er aber sprach zu ihm: Kind, du bist allezeit bei mir, und all das Meine ist dein. 32 Doch es gilt fröhlich zu sein und sich zu freuen, weil dieser, dein Bruder, tot war und wieder aufgelebt ist, verloren war und gefunden ist.

Lk 15,11-32

Die Gleichnisse Jesu sind oft nichts anderes als die Erläuterung seines eigenen Verhaltens, mit dem er unter den Bedingungen menschlicher Existenz Gott vertrat. Dies trifft für den Zöllner zu, der in den engeren Jüngerkreis berufen wird und mit dem und dessen Kollegen Jesus ein großes Fest feiert (5,27-29). Es gilt auch für die Gleichnisse vom Verlorenen, die Antwort geben auf die Kritik 15,1, sich mit Sündern an einen Tisch zu setzen. Lukas versteht das ganze Wirken Jesu als einen Dienst (22,27), »das Verlorene zu suchen und zu retten« (19,10). Diesen Dienst vollbringt der lukanische Jesus vor allem in der Annahme der Sünder (7,35-50; 19,1-10). Indem er dessen Verhalten wie im Kapitel 15 deutet, offenbart Jesus zugleich, wie sich Gott zu den Menschen verhält. Anders gesagt: Er vermittelt die Gewißheit, daß Gott gnädig ist und verzeiht – nicht als dogmatisches Wissen, sondern als eine im Umgang mit Jesus zu machende Erfahrung. Kein anderes Evangelium betont so sehr die unverdiente Annahme des Sünders gegen entgegenstehende Gerechtigkeits- und Selbstgerechtigkeitsdenken.

Die Geschichte des jüngeren Sohnes ist zunächst die Geschichte einer Emanzipation: seiner Lösung aus dem Elternhaus durch ökonomische und rechtliche Selbständigkeit. Dabei ist ihm der Vater behilflich, indem er das Erbrecht des Jüngsten anerkennt und ihn auszahlt. Es entsteht kein Konflikt. Der Sohn verläßt die Heimat und zieht in ein fernes Land – um dort jedoch sein Erbe nicht in den Aufbau einer eigenen Existenz und Familie zu investieren, sondern es mit beiden Händen für ein schwelgerisches Leben zu vergeuden. Daß

Die Rückkehr des verlorenen Sohnes

In seiner die Jesus-Erzählung gegen den Strich gebürsteten Parabel führt André Gide noch einen dritten, jüngeren Sohn ein. Am Abend seiner Rückkehr geht der heimgekehrte Sohn in dessen Kammer, um im Auftrag der Mutter mit ihm zu reden. Die Mutter sorgt sich, daß der Jüngste eines Tages ebenfalls ausbricht:

»Mein Bruder, ich bin der, der du warst, als du weggingst. Oh, sag: War alles Trug auf deinen Wegen? Was war schuld, daß du umkehrtest?«
»Die Freiheit, die ich suchte, ging mir verloren; einmal in Gefangenschaft, mußte ich dienen.«
»Ich bin hier in Gefangenschaft.«
»Ja, aber schlimmen Herren dienen. Hier dienst du deinen Eltern.«
»Ach, dienen ist dienen; hat man nicht wenigstens die Freiheit, sich seine Knechtschaft zu wählen?«
»Das hoffte ich. Soweit meine Füße mich trugen, wanderte ich auf der Suche nach meiner Sehnsucht, wie Saul auf der Suche nach seinen Eselinnen. Aber dort, wo ein Königreich auf ihn wartete, dort habe ich das Elend gefunden ...«
...

»Hör zu. Weißt du, warum ich dich heute abend erwartete? Eh die Nacht um ist, geh ich. Diese Nacht; diese Nacht, sowie sie anfängt zu verblassen ... Mein Gürtel ist geschnallt, ich habe die Sandalen anbehalten.«
»Was! Du willst tun, was ich nicht konnte?«
»Du hast mir den Weg aufgetan. Der Gedanke an dich wird mir beistehen.«
»Ich kann dich nur bewundern. Du dagegen mußt mich vergessen. Was nimmst du mit?«
»Du weißt wohl, ich, als der Jüngere, habe keinen Anteil am Erbe. Ich gehe ohne alles.«
»Besser so.«
»Komm mit mir!«
»Laß mich, laß mich; ich will bleiben und unsere Mutter trösten. Ohne mich wirst du tapferer sein. Es ist Zeit jetzt. Der Himmel bleicht. Geh, ohne Lärm. Komm! Küß mich, mein junger Bruder. Du nimmst alle meine Hoffnungen mit dir. Sei stark. Vergiß uns, vergiß mich. Mögest du nicht wiederkommen ... Steig leise hinab. Ich halte die Lampe.«

André Gide

dieses Konsumverhalten irgendwann zum Ende aller Reserven führt, ist der gewohnte Gang der Dinge. Kommen dann noch belastende äußere Faktoren hinzu (V 14), beginnt die Not, die schließlich alle Kräfte und Möglichkeiten erschöpft. Da es nun nach außen hin nicht mehr weitergeht, geht er »in sich ...« (V 17) und erinnert sich des geordneten wie gesicherten Lebens im Vaterhaus. Zwar hat er die Rückkehr in die ausgeschlagene Position des Sohnes dort verspielt, aber denkbar bleibt, daß der Vater ihn als Tagelöhner übernimmt und damit sein Leben sichert, wenn er ihm seinen bisherigen Lebensweg als Irrweg eingesteht. »Besser ein lebendiger Hund als ein toter Löwe« (Koh 9,4) könnte seine Überlebensmaxime sein. Die mit der Rückkehr zu verbindende Herabsetzung nimmt er in seinem inneren Monolog hinein (V 17-19). Entscheidend für seinen Entschluß ist die ausweglose Existenz, nicht die Einsicht in das eigene Fehlverhalten. Sein »Vater, ich habe gesündigt ...« bleibt untergeordnet. »Und er machte sich auf und ging zu seinem Vater« (V 20a).

Nun erfolgt ein Schnitt mit Perspektivenwechsel: »Als er noch weit entfernt war, sah ihn sein Vater. Und es ward ihm weh ums Herz. Und er lief und fiel ihm um den Hals und liebkoste ihn« (V 20b). Vor jedem Wort, jeder Entschuldigung und jeder Bitte ist allein die Rückkehr des Sohnes für den Vater wichtig. Die auf dem Schweineacker geplante Rede bleibt unvollständig. Noch bevor er sagen kann: »Nimm mich als einen deiner Tagelöhner«, gibt der Vater Anweisung, den Heimgekehrten mit Ehren zu empfangen. Statt der erwarteten Degradierung erfolgt eine neue Investitur als Sohn und die Vorbereitung eines Festes, dies zu feiern. Statt zu reden, wird eine Situation der Freude geschaffen. Erst im Nachhinein begründet der Vater sein Handeln (V 24).

Erneut folgt ein Perspektivenwechsel. Der ältere Sohn (25-32) reagiert gegenüber dem Aufwand, der für den Nichtsnutz getrieben wird, angesichts der eigenen täglichen Rackerei mit Unwillen und Zorn. Er will das Fest der Heimkehr boykottieren. Doch kommt auch ihm der Vater entgegen und redet ihm gut zu. Der ältere Bruder urteilt nach Angemessenheit und Gerechtigkeit; er klagt den Vater an, sich ungerecht zu verhalten. Darauf antwortet der Vater mit einem Resümee der Geschichte beider Söhne: Meine Geschichte mit dir verstehe ich nicht im Verhältnis von Herr und Knecht, sondern als eine Gemeinsamkeit, in der du frei bist, dir alles zu nehmen, was das Haus bereit hält. Meine Geschichte mit deinem Bruder verstehe ich als eine Geschichte von Totenerweckung und Wiederfindung. Also müssen wir feiern und uns freuen. Während die zweite Erzählpassage endete: »Und sie begannen fröhlich zu feiern ...« (V 24) entspricht der Erzählung hier eine Leerstelle. Es wird nicht erzählt, wie der Angeredete reagiert.

Dem Leser werden somit drei Perspektiven zur eigenen Auseinandersetzung angeboten. Erst nachdem er diese kennengelernt hat, gilt es, sie zur Deckung zu bringen. Es bleibt zu beachten, daß der ältere Sohn auf den Empfang seines Vaters nicht mehr reagiert, die Erzählung also auch hier einen offenen Ausgang bewahrt. Unangemessen wäre es, die Figur des älteren Bruders, wie es oft geschieht, zu ignorieren, da sie sich am Ende als entscheidende Herausforderung erweist.

Christian Rohlfs (1849–1938),
Die Heimkehr des verlorenen Sohnes, 1916.

Lukas

Der Auferstandene erscheint zwei Jüngern auf dem Weg nach Emmaus

13 Und da! Zwei von ihnen waren am selben Tag auf Wanderung nach einem sechzig Stadien von Jerusalem entfernten Dorf namens Emmaus. 14 Auch die unterhielten sich miteinander über all diese Ereignisse. 15 Da geschah es: Während sie sich unterhielten und stritten, war Jesus selbst genaht und wanderte mit ihnen. 16 Aber ihre Augen waren gehalten, daß sie ihn nicht erkannten.

17 Er sprach zu ihnen: Was sind das für Reden, die ihr da im Gehen miteinander wechselt? Da blieben sie stehen, verdrossen dreinblickend. 18 Hob der eine namens Kleopas an und sprach zu ihm: Du bist der einzige, der sich in Jerusalem aufhält und nicht erfahren hat, was in diesen Tagen darin geschehen ist. 19 Und er sprach zu ihnen: Was denn? Sie sprachen zu ihm: Das mit Jesus, dem Nazarener, der ein Prophet war, kraftvoll in Tat und Wort vor Gott und allem Volk. 20 Und wie ihn unsere Hohenpriester und Anführer dem Richtspruch zum Tode ausgeliefert haben und ihn kreuzigten. 21 Wir aber hatten gehofft, er sei es, der Israel erlösen werde. Zu alldem hin aber läßt er diesen dritten Tag hingehen, seitdem das geschah. 22 Jedoch einige Frauen von den unseren haben uns dazu gebracht, daß wir außer uns gerieten. Sie waren frühmorgens am Grab 23 und als sie seinen Leib nicht gefunden, kamen sie und sagten: Sogar eine Erscheinung von Engeln hätten sie gesehen – die sagen, er lebe. 24 Und da gingen einige von denen, die mit uns sind, zum Grab und fanden es so, wie die Frauen gesagt hatten. Ihn selbst aber sahen sie nicht.

25 Da sprach er zu ihnen: O ihr – zu unverständig und trägherzig, um alles zu glauben, was die Propheten geredet! 26 Mußte nicht eben das der Messias leiden, um in seine Herrlichkeit zu kommen? 27 Und angefangen von Mose und allen Propheten erklärte er ihnen, was in allen Schriften über ihn steht.

28 Und so nahten sie sich dem Dorf, wohin sie wanderten. Und da tat er, als wolle er noch weiter wandern. 29 Sie aber drängten ihn und sagten: Bleib mit uns! Es geht ja gegen Abend, und schon geneigt hat sich der Tag. Und er ging hinein, um mit ihnen zusammenzubleiben. 30 Und es geschah: Als er sich mit ihnen zu Tisch gelagert, nahm er das Brot und sprach die Preisung, brach es und gab es ihnen. 31 Da wurden ihre Augen erschlossen, und sie erkannten ihn. Und er – hinweg schwand er ihnen. 32 Und sie sprachen zueinander: Brannte nicht unser Herz in uns, als er auf dem Weg mit uns redete, als er uns die Schriften erschloß?

33 Und auf standen sie – noch zur selben Stunde, und kehrten nach Jerusalem zurück. Und dort fanden sie die Elf und jene, die mit ihnen waren. 34 Die sagten: Wirklich – auferweckt ward der Herr, und er hat sich dem Simon sehen lassen! 35 Auch sie berichteten, was auf dem Weg geschehen, und wie er ihnen beim Brechen des Brotes kenntlich geworden.

Lk 24,13-35

Das Bild Christi ist niemals eine fixierte Gestalt gewesen; er erscheint in vielen, voneinander abweichenden Gestalten. »Dieser mein geringster Bruder« (Mt 25,40), in dem er begegnet, hat notwendig heute ein anderes Gesicht als gestern. Die theologisch begründete Anonymität Christi hat, gerade für die Neuzeit, ästhetische Folgen. Der unerkannte Wanderer auf dem Wege nach Emmaus erscheint literarisch in unterschiedlichen Gestalten: der Bettler, der Idiot, der verfolgte Jude, die dicke Frau, der sterbende Revolutionär – um nur einige zu nennen.

Dorothee Sölle

Während das Markusevangelium mit 16,8 endete (die Verse 9-20 sind spätere Ergänzung aus zweiter Hand; → S. 413), also keine weiteren österlichen Erscheinungsgeschichten kannte, erzählen die übrigen – später entstandenen – Evangelien eindrücklich entfaltete

Geschichten von Erscheinungen des auferstandenen Jesus im Kreis der Jünger (→ S. 458 ff; 525 ff.). Diese Geschichten bestimmen mehr als die älteste christliche Osterverkündigung (→ S. 560 ff.) das Denken heutiger Christen.

Gemeinsam ist diesen Ostererzählungen ein realistisches Verständnis der Tradition vom leeren Grab. Lukas ordnet auch die Osterdarstellung in sein Geschichtskonzept ein. Während Matthäus die Jünger nach Galiläa kommen läßt, wo Jesus auf »dem Berg« von ihnen scheidet (→ S. 458), bindet Lukas die Erscheinungen Jesu ausschließlich an Jerusalem. Für ihn ist Jerusalem sowohl der Ort seiner Himmelfahrt als auch der Ausgangspunkt des christlichen Zeugnisses »bis an die Grenzen der Erde« (24,47; Apg 1,8). Die Erscheinungen des Auferstandenen vor den Jüngern mit ihren sehr deftigen Demonstrationen realer Leiblichkeit – »betastet mich und seht: Ein Geist hat nicht Fleisch und Knochen, wie ihr es an mir seht!« (24,39) – dienen ihm als Beweise für die Realität des Auferstandenen.

In Bearbeitung von Mk 16,1-8 verstärkt Lukas das Nichtauffinden des Leichnams. In der Emmaus-Erzählung aber, seiner ausführlichsten Erscheinungsgeschichte, greift er ein Motiv auf, das auch in der Tradition anderer Völker zahlreiche Parallelen hat: Gott kommt in Menschengestalt als Wanderer inkognito auf die Erde, gesellt sich zu Menschen, um sich ihnen zu offenbaren, und entschwindet, sobald er erkannt ist. Bereits Gen 18 ist diese Thematik erkennbar (→ S. 83 ff.) und noch in Grimms Märchen »Der Arme und der Reiche« (KHM Nr. 87) lebendig. Darüber hinaus

Arcabas (Jean-Marie Pirot, geb. 1926), Emmaus – Die Rückkehr der Jünger nach Jerusalem, 1994.

kann man in der Emmaus-Erzählung »eine symbolhafte Zusammenfassung der ersten Jahre christlichen Lebens und Denkens lesen. Die Begegnung auf dem Weg nach Emmaus hat niemals stattgefunden. Aber sie kann immer und überall stattfinden« (John Dominic Crossan). Dem Leser einer späteren Generation will Lukas durch seine Legende anschaulich zeigen, wo er in seiner Zeit dem Auferstandenen zu begegnen vermag: Im Schriftgespräch und im gemeinsamen Mahl soll er Jesus als den unbekannten Weggenossen, der zugleich Gastgeber ist, erkennen und seine Gegenwart erfahren, wenngleich diese sich ihm stets wieder entzieht.

36 Aber während sie davon redeten, trat er selbst in ihre Runde und sagt zu ihnen: Friede euch! 37 Eingeschüchtert aber und furchterfüllt wähnten sie, einen Geist zu schauen. 38 Und er sprach zu ihnen: Was seid ihr durcheinander und warum steigen Bedenken in euren Herzen auf? 39 Seht meine Hände und meine Füße: Ich bin es selbst! Betastet und seht: Ein Geist hat ja nicht Fleisch noch Bein, wie ihr an mir es schaut. 40 Und als er das gesprochen, zeigte er ihnen die Hände und die Füße. 41 Aber noch waren sie ungläubig vor lauter Freude und staunten nur. Er sprach zu ihnen: Habt ihr etwas zu essen da? 42 Sie gaben ihm einen Teil gebratenen Fisch und von einer Honigwabe. 43 Und er nahm und aß vor ihren Augen und die Überbleibsel gab er ihnen.

44 Er sprach nun zu ihnen: Das sind meine Worte, die ich euch gesagt habe, als ich noch mit euch zusammen war: Es muß alles erfüllt werden, was in des Mose Gesetz und in den Propheten und Psalmen über mich geschrieben ist. 45 Dann erschloß er ihren Sinn zum Verstehen der Schriften 46 und sprach zu ihnen: So ist geschrieben: Der Messias soll leiden und auferstehen von den Toten am dritten Tag. 47 Und es soll verkündet werden in seinem Namen: Nachlaß der Sünden wirkende Umkehr allen Völkern – beginnend von Jerusalem aus. 48 Ihr seid dessen Zeugen. 49 Und da! Ich sende die Verheißung meines Vaters auf euch. Ihr aber sollt sitzen bleiben in der Stadt, bis ihr umhüllt werdet aus der Höhe mit Kraft.

Lk 24,36-49

Österliche Erscheinungsgeschichten bedienen sich einer Sprache, die paradoxe Formulierungen wählt: Man erkennt ihn und erkennt ihn doch wieder nicht; berührt ihn, obwohl er unberührbar ist; er ist derselbe und zugleich ein anderer. Von den Emmausjüngern heißt es: »Ihre Augen waren gehalten. Sie erkannten ihn nicht« (V 16). Am meisten betont das Johannesevangelium diese Paradoxie (→ S. 525 ff.), am wenigsten Lukas.

Die meisten Erscheinungsgeschichten arbeiten mit diesen Stilmitteln, weil sich anders als in Paradoxien eine unverfügbare aber wirkliche Erfahrung nicht sagen läßt. Fremdheit wechselt mit Vertrautheit; er wird nicht sofort erkannt, sondern erst, wenn er etwas Bedeutungsvolles tut: beim Brotbrechen oder beim Friedensgruß. Er kommt und entschwindet bei »geschlossenen Türen«. Die Frage nach seinem Vorher und Nachher gehört nicht zu dieser Erzählform. Bei Lukas wird jedoch ein Akzent gesetzt, der sehr stark die Leiblichkeit des Auferstandenen herausstellt.

Anders als seine Vorgänger deutet Lukas unter dem Einfluß hellenistischer Anthropologie die Auferstehung als Wiedervereinigung der »Seele« mit dem nicht verfallenen Leib aus »Fleisch und Knochen« (V 39.41-43). Lukas stellte sich vor, daß Jesus im Tod Gott seinen Geist übergab (23,46), der offenbar sofort (»heute noch«) in das himmlische Paradies aufgenommen wurde (23,42 f.). »Beigesetzt« wurde alleine der Leib (23,55; 24,3.23). Seine damit verbundene Vorstellung verrät er in den Missionsreden Apg 2,25-31 und 13,34-41. Dort läßt er

Das Argument, der christliche Glaube selbst sage uns, was wir über den historischen Jesus wissen müßten, erkenne ich nicht an. Der christliche Glaube sagt uns, wie der historische Jesus (Tatsache) die Manifestation Gottes ist, für uns, hier und jetzt (Deutung). An eine Tatsache kann man nicht glauben, nur an eine Deutung. Und der stärkste Glaube kann eine Deutung nicht in eine Tatsache verwandeln ... Christen leben wie alle anderen Menschen aus den Tiefen des Mythos und des Gleichnisses, doch besteht weiterhin und jetzt mit besonderer Dringlichkeit die Anforderung an uns, unseren eigenen Gründungsmythos ohne Scham oder Verleugnung und denjenigen anderer ohne Haß und Geringschätzung zu akzeptieren.

John Dominic Crossan

Im Mai 1960 begegneten sich Nelly Sachs und Paul Celan am Himmelfahrtstag im Zürcher Hotel »Zum Storchen«. Auf das Bekenntnis von Nelly Sachs »Ich bin ja gläubig«, entgegnete Celan, er hoffe dennoch, »bis zuletzt lästern zu können«, worauf sie entgegnete: »Man weiß ja nicht, was gilt.« Während des Gesprächs spiegelte sich das Großmünster von Zürich in der Limmat.

ZÜRICH; ZUM STORCHEN

Vom Zuviel war die Rede, vom
Zuwenig. Von Du
und Aber-Du, von
der Trübung durch Helles, von
Jüdischem, von
deinem Gott.

Da-
von.
Am Tag einer Himmelfahrt, das
Münster stand drüben, es kam
mit einigem Gold übers Wasser.

Von deinem Gott war die Rede, ich sprach
gegen ihn, ich
ließ das Herz, das ich hatte
hoffen:
auf
sein höchstes, umröcheltes, sein
haderndes Wort –

Dein Aug sah mir zu, sah hinweg,
dein Mund
sprach sich dem Aug zu, ich hörte:

Wir
wissen ja nicht, weißt du,
wir
wissen ja nicht,
was gilt.

Paul Celan

---

in eigenwilliger Deutung von Psalm 16 mal Petrus, mal Paulus darlegen, daß Jesu »Seele nicht in den Hades gelassen wurde« und daß »sein Fleisch nicht die Verwesung sah« (2,31; 13,35).

Mit dieser Vorstellung wehrte Lukas zunächst einer Mißdeutung der Erscheinung Jesu im Rahmen des antiken Geister- und Gespensterglaubens. Vielleicht beugte er auch schon einem gnostisch-spirituellen Verständnis vor und bereitete so das spätere Bekenntnis einer »Auferstehung des Fleisches« vor. Ihm war Jesus »der Erste aus der Auferstehung« (Apg 26,23), der greifbar machte, was Auferstehung meint. Lukas wehrte einer hellenistischen Verflüchtigung der Auferstehungsvorstellung, welche die »Seele« meinen könnte, Welt und Geschichte aber davon ausklammert. Im Sinne der biblischen Tradition hielt er an der Einheit von Gott, Welt und Geschichte fest (→ S. 562 f.).

Die »Himmelfahrt« Jesu

50 Er führte sie hinaus – bis nach Betanien. Und er hob seine Hände und sprach die Preisung über sie.

51 Und es geschah: Während er die Preisung über sie sprach, schied er von ihnen und wurde zum Himmel emporgetragen.

4 Und im Umgang mit ihnen wies er sie an, sich nicht mehr von Jerusalem zu trennen, sondern die Verheißung des Vaters abzuwarten: die ihr gehört habt von mir. 5 Johannes hat mit Wasser getauft, ihr aber werdet in heiligem Geist getauft werden – nicht lange nach diesen Tagen. 6 Die nun, die zusammengekommen waren, fragten ihn und sagten: Herr, ob du in dieser Zeit für Israel das Reich wiederherstellst? 7 Sprach er zu ihnen: Nicht eure Sache ist es, Zeitlauf und Zeitpunkt zu kennen, die der Vater gesetzt in ureigener Vollmacht. 8 Aber Kraft werdet ihr empfangen, wenn der Heilige Geist über euch kommt. Und ihr werdet meine Zeugen sein in Jerusalem und in ganz Judäa und Samaria und bis an das Ende der Erde. 9 Und nachdem er das gesprochen, blickten sie auf: Und er ward emporgehoben, und eine Wolke nahm ihn auf – aus ihren Augen fort. 10 Und während sie sich dem Himmel zuwandten, wie er dahinfuhr – da! Zwei Männer standen neben ihnen in weißen Kleidern. 11 Und die sprachen: Ihr Männer von Galiläa! Was steht ihr da und blickt zum Himmel? Dieser Jesus, der von euch fort in den Himmel Hinaufgenommene – er wird so kommen, wie ihr in den Himmel gehend ihn geschaut habt. 12 Da kehrten sie vom Berg, dem sogenannten Ölberg, der nah bei Jerusalem liegt – einen Sabbatweg entfernt – nach Jerusalem zurück.

52 Und sie neigten sich tief vor ihm und kehrten nach Jerusalem zurück – voll großer Freude.

53 Und sie waren allzeit im Heiligtum, um Gott zu preisen.

Lk 24,50-53

Apg 1,4-12

Wie der synoptische Vergleich der beiden lukanischen Texte zeigt, spricht Lukas zum Ausgang seines Evangeliums nur sehr verhalten vom Ende der Zeit Jesu: »Er schied von ihnen und wurde zum Himmel emporgetragen« (V 51). Eine Beschreibung des Vorgangs unterbleibt. Von Himmelfahrt ist zunächst keine Rede und natürlich gibt es auch noch keine »Himmelfahrtsszenerie«. Jahrzehnte vorher hatte Paulus formuliert, daß »Jesus dem Geist der Heiligkeit nach eingesetzt ist als Sohn Gottes in Macht seit der Auferstehung von den Toten« (Röm 1,4). Dieses »Eingesetztwerden als Sohn Gottes« verstand Paulus nicht »geschichtlich«, sondern als »Erhöhung Jesu« in die himmlische Welt. Es war für ihn eine Ausdrucksweise, die sich mit den Begriffen »Auferstehung«, »Erhöhung« oder »Himmelfahrt« berührt.

Auch Markus sieht den auferweckten Jesus als den himmlischen Kyrios. Das Matthäusevangelium spricht ebenfalls nicht von Himmelfahrt, sondern erzählt eine Erscheinungsgeschichte, die mit einem Sendungsauftrag Jesu und dem Trostwort endet: »Seid gewiß, ich bin bei euch alle Tage bis zum Ende der Welt« (→ S. 458). Die Erscheinung versteht sich als ein Sichtbarwerden Jesu aus der göttlichen Dimension heraus. So ist auch für Matthäus Jesus als Auferstandener der bereits in den Himmel Erhobene. Ähnlich wird in anderen Texten des Neuen Testaments gedacht. Heißt es 1 Tim 3,16: »Er wurde aufgenommen in Herrlichkeit«, oder 1 Petr 3,22: »Der in den Himmel gegangen ist, ist dort zur Rechten Gottes«, so ist dies die metaphorische Umschreibung einer Wirklichkeit, die in die Entzogenheit Gottes führt.

Dennoch überlagerte im Lauf der Zeit historisierendes Denken alle Metaphorik und deutete sie mit räumlichen und zeitlichen Vorstellungen. Die Verknüpfung der Himmelfahrt mit dem symbolischen vierzigsten Tag nach Ostern unterstützte diesen Prozeß, indem er die »Himmelfahrt« gewissermaßen »datierte«. Die ursprünglich deckungsgleichen Begriffe »Auferstehung« und »Himmelfahrt« rückten auseinander und verknüpften sich mit unterschiedlichen Vorstellungen. Daran hat die literarisch nicht mehr durchschaute Darstellung des Lukas in Apg 1,9-11 eigenen Anteil.

Hier bedient sich Lukas einer in der antiken Welt öfter begegnenden »Entrückungsgeschichte«, deren Erzählgesetze ihm so vertraut gewesen sein dürften, wie heutigen Menschen die Wiedergabe von Witzen. Beispiel einer solchen Entrückungsgeschichte mag die von Titus Livius erzählte Geschichte vom Abschied des Romulus sein (→ S. 492).

Der Aufbau der Apg 1,9-11 erzählten Szene erlaubt zwei Beobachtungen:

1. Die eigentliche »Himmelfahrtsgeschichte« besteht nur aus einem einzigen Satz: »Nach diesen Worten wurde er vor ihren Augen emporgehoben, und eine Wolke nahm ihn auf und entzog ihn ihren Blicken« (V 9).
2. Die anschließenden Verse 9-11 folgen einem Schema, von dem sich zeigen läßt, wie es entstanden ist: Lukas hat es einfach jener Engelsszene am leeren Grab nachgebildet, die er in seinem Evangelium 24,4-9 darstellt:

Die Entrückung Elijas

1 Und es geschah, als Jahwe Elija im Sturmwind in den Himmel aufnehmen wollte, ging Elija mit Elischa von Gilgal weg.

2 Und Elija sagte zu Elischa: Bleib doch hier; denn Jahwe hat mich nach Bet-El gesandt. Doch Elischa erwiderte: So wahr Jahwe lebt, und so wahr du lebst: Ich verlasse dich nicht. So gingen sie nach Bet-El.

3 Dort kamen die Prophetenjünger, die in Bet-El waren, zu Elischa heraus und sagten zu ihm: Weißt du, daß Jahwe heute deinen Meister über dein Haupt hinweg aufnehmen wird? Er antwortete: Auch ich weiß es. Seid still!

4 Elija aber sagte zu ihm: Bleib doch hier, Elischa; denn Jahwe hat mich nach Jericho gesandt. Elischa erwiderte: So wahr Jahwe lebt, und so wahr du lebst: Ich verlasse dich nicht. So kamen sie nach Jericho.

5 Dort traten die Prophetenjünger, die in Jericho waren, an Elischa heran und sagten zu ihm: Weißt du, daß Jahwe heute deinen Meister über dein Haupt hinweg aufnehmen wird? Er antwortete ihnen: Auch ich weiß es. Seid still!

6 Elija aber bat ihn: Bleib hier; denn Jahwe hat mich an den Jordan gesandt. Elischa erwiderte: So wahr Jahwe lebt, und so wahr du lebst: Ich verlasse dich nicht. So gingen beide miteinander.

7 Fünfzig Prophetenjünger gingen mit und blieben dann abseits stehen, als die beiden an den Jordan traten.

8 Da nahm Elija seinen Mantel, wickelte ihn zusammen und schlug damit auf das Wasser. Und es teilte sich nach beiden Seiten, und sie schritten trockenen Fußes hindurch.

9 Als sie drüben waren, sagte Elija zu Elischa: Bitte, was ich für dich tun soll, bevor ich von dir weggenommen werde. Elischa antwortete: Möchten mir doch zwei Anteile deines Geistes zufallen.

10 Elija entgegnete: Du hast Schweres erbeten. Wenn du siehst, wie ich von dir weggenommen werde, wird es dir zuteil werden. Sonst aber wird es nicht geschehen.

11 Und es geschah, während sie miteinander gingen, gingen und redeten, siehe da, ein feuriger Wagen und feurige Pferde, die sie beide voneinander trennten. Und Elija fuhr im Sturmwind zum Himmel empor.

12 Und Elischa sah es und rief laut: Mein Vater, mein Vater! Wagen Israels und sein Lenker! Dann sah er ihn nicht mehr. Er faßte sein Gewand und riß es mitten entzwei (2 Kön 2,1-12).

Himmel, in der Bibel eine räumliche, dem altoriental. Weltbild verpflichtete Vorstellung, die den lokalisierbaren Wohnsitz Gottes meint, wenngleich bereits 1 Kön 8,27 die Einsicht besteht, daß »die Himmel der Himmel« ihn nicht fassen. In späterer Zeit und im Neuen Testament setzt sich eine mehr theologische Vorstellung durch, nach der der H. die durch Gottes unvorstellbares Wesen bestimmte Dimension ist.

Vierzig, eine runde Zahl, die in der Bibel vor allem als geschlossener Zeitabschnitt verstanden wird: 40 Jahre Wüstenwanderung, Philisternot, Regierungszeit Davids; 40 Tage war Mose auf dem Sinai, wanderte Elija zum Horeb, fastete Jesus in der Wüste, erschien er seinen Jüngern.

Lk 24,4-9:	*Apg 1,10-12:*
Während sie darüber verstört waren ...	Während sie sich dem Himmel zuwandten ...
siehe, da traten zwei Männer zu ihnen in blitzendem Kleid ...	siehe, da standen zwei Männer neben ihnen in weißen Kleidern
Sie sagten zu ihnen:	und sagten:
Was sucht ihr den Lebenden bei den Toten?	Was steht ihr da und schaut zum Himmel?
Er ist nicht hier, er ist auferweckt worden ...	Dieser Jesus, der von euch fort in den Himmel Hinaufgenommene – er wird so kommen, wie ihr in den Himmel gehend ihn geschaut habt.
Da kehrten sie zurück von dem Grab ...	Da kehrten sie zurück vom sogenannten Ölberg ...
(Es folgt eine Liste der Frauen, die am Grab waren.)	*(Es folgt eine Liste der Apostel, die auf dem Ölberg waren.)*

Die Entrückung des Romulus

Romulus hielt eines Tages vor den Mauern der Stadt eine Volksversammlung ab, um das Heer zu mustern. Da brach plötzlich ein Unwetter los mit furchtbarem Getöse und Donnerschlägen. Es hüllte den König mit einer so dichten Wolke ein, daß es seine Gestalt den Blicken der Volksversammlung entzog. Danach war Romulus nicht mehr auf Erden ... Als das heitere und ruhige Licht zurückgekehrt war, verharrte das römische Volk dennoch lange in traurigem Schweigen, wie getroffen von der Furcht, verwaist zu sein – wenn es auch den Senatoren glaubte, die in nächster Nähe gestanden hatten, daß Romulus durch einen Sturmwind in den Himmel entrückt worden sei. Schließlich machten einige den Anfang und alle huldigten Romulus als einem Gott von Gott gezeugt, als König und als Vater der Stadt Rom.

Titus Livius

Wenn damit auch der Bauplan der zweiten lukanischen Himmelfahrtserzählung aufgedeckt ist, bleibt dennoch die Frage, warum Lukas die Vorstellungen von Auferweckung und Himmelfahrt trennte und die Himmelfahrt mit einer letzten Erscheinung Jesu verknüpfte. Ursache dafür ist die ausgebliebene »Wiederkunft Christi«, mit der die junge Kirche fest gerechnet hatte (vgl. 1 Thess 4,15; Phil 4,4). Nachdem die erste Generation gestorben war, die Kirche sich bereits um das östliche Mittelmeer bis Rom ausgebreitet hatte und nach der Zerstörung Jerusalems die Konflikte mit der eigenen Herkunft immer noch größer wurden, ohne daß sich am Gang der Weltgeschichte etwas entscheidend änderte, spaltete sich die christliche Zukunftserwartung. Eine Gruppe rechnete mit der Wiederkunft Christi trotz allem für die nächste Zukunft; sie schaute also unablässig »zum Himmel auf«. Die andere Gruppe verlangte, Zeit und Welt als Auftrag zu sehen und ohne Ungeduld auf Gott zu vertrauen, der die Zeit dafür allein bestimme.

Lukas vertrat die zweite Position. Als er für sein Evangelium den größten Teil des Markusevangeliums übernahm, veränderte er alle Stellen, die im Sinne einer bald bevorstehenden Wiederkunft Christi hätten mißverstanden werden können: Entweder ließ er diese Passagen weg oder er brach ihnen die Spitze (vgl. Mk 14,62 mit Lk 22,69). Am deutlichsten jedoch nahm er Stellung in Apg 1,6-11. In V 7 pointiert er: Fragt nicht nach dem Zeitpunkt der Wiederkunft, zumal ihr zunächst einen Auftrag zu erfüllen habt! Nicht Christus wird jetzt kommen, sondern sein heiliger Geist wird euch für eure Sendung (unter den Völkern) rüsten. Diese Mahnung verstärkt V 9 eindringlich und unmißverständlich. Lukas kehrt die Erwartung der Wiederkunft einfach um. Er sagt: Jesus kommt nicht, er geht. Angebrochen ist nicht die Endzeit, sondern die Zeit der Kirche. Es ist nicht Jüngersache, erwartend zum Himmel zu schauen, sondern vom Berg zurückzukehren und die aufgetragene Arbeit zu tun.

*Rembrandts »Himmelfahrt Christi«
erzählt eine Entrückungsgeschichte mit
Bühnencharakter: Versatzstücke sind ein
»Wolkenfahrstuhl«, der den Putti großes
Vergnügen bereitet, dramatisierende
Beleuchtung, pathetische Gestik der
Hauptfigur und ein hingerissen reagieren-
des Publikum im Parterre: Ausdruck eines
Überlieferungsprozesses, der die lukani-
sche Himmelfahrt als »Event« versteht,
das sich mit theatralischen Mitteln »über-
irdisch« inszenieren läßt.*

*Die kleine Elfenbeintafel, um 400 entstan-
den, ist das früheste Beispiel für die Verbindung der Osterszene am Grab mit der
Himmelfahrt: Zu Füßen eines bewachten
Hochgrabes, an dem ein trauernder Jünger den Kopf in die eigenen Arme hüllt,
sitzt ein jugendlicher Mann ohne Engel-
attribute, der den von rechts kommenden
Frauen die Osterbotschaft kündet.
Darüber erhebt sich der Welten- und
Lebensbaum. Aus dem symbolisch angedeuteten Himmel streckt sich die göttliche
Hand dem jugendlichen Jesus entgegen,
der sich bei weit ausgreifendem Schritt
den Berg hinauf in die göttliche Sphäre
hineinziehen läßt. Ein Jünger Jesu hockt
in sich gekrümmt und mit verhülltem
Gesicht am Hang, während ein weiterer
staunend zu diesem unerhörten Vorgang
aufschaut.
Auch hier hat die Mächtigkeit des Bildes
ihre eigene Wirklichkeit geschaffen, die in
eine religiös abgespaltene Sonderwelt
führen kann, wenn sie nicht als metaphorisch erkannt wird.*

Mit dieser sogenannten
Himmelfahrt gibt Lukas seine
Antwort auf einen aktuellen
Konflikt. Er sagt nicht, »wie es
war«, sondern wie es weitergehen soll. Das tut er mit Requisiten, die seine Zeitgenossen kannten: Die vierzig Tage nicht als
Kalenderzeit, sondern als symbolischer Ausdruck für einen
»runden« Abschnitt. Die Wolke,
die als biblische Metapher bereits geläufig war (→ S. 110 f.;
387) ohne daß sie als physikali-
sches Gebilde mißdeutet werden mußte. Und mit »Auffahrt«
umschrieb er die sich im Tod
ereignende »Erhöhung« zu Gott
(Vgl. weiterhin S. 562 f.).

*Die Frauen am leeren Grab und Himmel-
fahrt Christi, Elfenbeintafel, um 400.*

Das Evangelium nach Johannes

Dieses Buch sei wie ein Wasser, in dem ein Kind waten und ein Elefant schwimmen könne, hat man vom Johannesevangelium gesagt. Ein anderes Urteil lautet: Wie sich dem König Midas alles in Gold verwandelte, was er anfaßte, so werde fast alles zum Problem, was mit diesem Evangelium zusammenhänge. In der Tat gibt das letzte Evangelium viele Rätsel auf: Gattung, Inhalt, Sprache, Verfasser, Abhängigkeiten, Intention und Entstehungsort wecken Fragen, die in der Forschung zum Teil unterschiedlich beantwortet werden.

Auch diesmal gibt sich der Autor nicht namentlich zu erkennen. Um dem Evangelium Autorität zu verleihen, hat es die kirchliche Tradition dem Apostel Johannes zugeschrieben, doch kann der Verfasser kein Augenzeuge gewesen sein, denn er schreibt nicht auf, was er sah, sondern wie er die Tradition versteht. Gleich den anderen Evangelien entwirft er aus der Perspektive seines Glaubens die Vergangenheit der Geschichte Jesu. Dies dürfte gegen Ausgang des 1. Jahrhunderts geschehen sein, denn bereits um 125 war, wie ein Papyrusfund belegt, das Evangelium in Ägypten bekannt.

Das Johannesevangelium beruft sich auf die Autorität eines ungenannten »Jüngers, den Jesus liebte« (13,23; 21,7.20). Man nimmt an, daß dieser Jünger in der Gemeinde hohes Ansehen hatte, inzwischen aber verstarb, wenngleich sein Zeugnis und Einfluß fortwirkte. Möglicherweise war der Verfasser ein Schüler dieses »geliebten Jüngers« und konnte sich auf dessen (vielleicht auch schriftliche) Überlieferung stützen. Dabei handelte es sich um jemanden, der Jesus besonders nahestand: Nur diesem machte Jesus seinen Verräter bekannt (13,26), während den übrigen Jüngern dieses Wissen verschlossen blieb (13,28 f.). Als einziger Jünger harrte er – im Gegensatz zum Zeugnis der Synoptiker (→ S. 396) – bei der Passion Jesu aus und stand mit dessen Mutter unter dem Kreuze, so daß der sterbende Jesus zwischen ihm und seiner Mutter ein Mutter-Sohn-Verhältnis stiftete (19,26 f.). Am Ostermorgen lief der »Jünger, dem Jesus Freund war« auf die Nachricht der Maria von Magdala hin zum Grab, ließ aber Petrus den Vortritt, »und glaubte« (20,2-9). Und noch einmal wurde die Überlegenheit dieses Jüngers deutlich – ohne den Vorrang des Petrus zu schmälern – als er in dem Fremden am Seeufer den »Herrn« erkannte und dies dem Petrus sagte. Als Jesus den Petrus zum Hirten einsetzte, bestätigte Jesus den geliebten Jünger als seinen Glaubens-

Engel, das Evangelium bringend, Ausschnitt, Fuldaer Evangeliar, um 980.

zeugen, dessen Zeugnis Bestand hat (21,15-23). Wenn in 18,15-18 »ein anderer Jünger« genannt wird, der dem Petrus Zutritt in den Hof des Hohenpriesters verschaffte, dabei aber Zeuge von dessen dreimaligem Versagen wurde, dürfte es sich um den nämlichen »geliebten Jünger« handeln, ohne daß dieser »Ehrentitel« angeführt wird.

Nirgendwo wird der »geliebte Jünger« mit Namen genannt. Er wird offensichtlich nicht zu den Zwölfen gezählt. Sein besonderer Titel schreibt ihm die Autorität eines Zeugen zu, der Jesus besonders nahesteht. Aber seine Überlegenheit begründet kein »Amt«, wie das des Petrus. Sein Ansehen verdankt er seiner Treue und seinem Glaubenscharisma: er blieb bei Jesus, erkannte ihn tiefer als andere und wurde von Jesus in besonderer Weise ausgezeichnet. Durch ihn fühlt sich der Verfasser mit dem Jesusgeschehen verbunden. Sein Evangelium folgt offenbar einer Sichtweise, die jenem des »geliebten Jüngers« entspricht. Allerdings gibt die nur im Johannesevangelium faßbare Gestalt dieses Jüngers unlösbare Fragen auf. Hat es ihn wirklich unter dem Kreuz Jesu gegeben? Was ist fiktiv, und was darf als historisch denkbar gelten? (→ S. 521 ff.).

Nicht nur die geheimnisvolle Figur des »geliebten Jüngers«, sondern auch Inhalt, Aufbau und Sprache heben das Johannesevangelium deutlich von allen anderen ab:

1. Das Johannesevangelium hat ein anderes Zeitschema: Während die Synoptiker nur von *einer* Wanderung Jesu nach Jerusalem wissen, mit dem auch sein Leben abschließt, werden hier vier Jerusalem-Reisen erwähnt (2,13; 5,1; 7,10; 12,12), von denen drei dem Paschafest gelten. Markus unterstellt einen etwa einwöchigen Jerusalem-Aufenthalt, doch geht Johannes von einem viel längeren Zeitraum aus. Dementsprechend ist auch nicht mehr Galiläa der Hauptschauplatz, sondern Jerusalem und Judäa. Über Jesu Wirken in Galiläa liegt nur eine knappe Angabe vor, doch findet sich ein langes Kapitel über einen Aufenthalt in Samaria eingefügt (4,1-42). Sogar der Todestag wird anders bestimmt. Die Vertreibung der Händler aus dem Tempel rückt an den Anfang der Jerusalem-Zeit. – Der Aufbau des Johannesevangeliums ist geschlossener, sein Stil einheitlicher als bei den Synoptikern. Es werden vier Wundergeschichten erzählt, die den Synoptikern unbekannt sind (2,1-12; 5,1-18; 9,1-12; 11,1-44). Dämonenaustreibungen fehlen ganz. Ebenso fehlen die Geschichten über die Taufe und die Verklärung Jesu; an Stelle des letzten Abendmahles wird die symbolische Szene der Fußwaschung eingefügt. – Die Kapitel 3-17 bestehen ganz aus Reden bzw. Dialogen, die meist an eine Erzählung oder an ein Wunder anknüpfen (Kap 4; 5; 6; 9; 11 u. a.). Die Redekompositionen unterscheiden sich von den synoptischen durch eine deutlich andere Ausdrucksweise. Bestehen jene – wie z. B. bei der Rede auf dem Berg (→ S. 427 ff.) – aus einer Fülle von Einzelstücken, so wird hier nur ein Thema entfaltet und der Hauptgedanke mehrfach beleuchtet. Dafür ist eine metaphorische Denkweise und als Stilmittel das Mißverstehen des Gesprächspartners kennzeichnend. Zwischen der Rede des synoptischen und des johanneischen Jesus ist keine Harmonisierung möglich.

Zwölf, symbolische Zahl für Ganzheit, in der Bibel durchweg auf die z. Stämme Israels bezogen. Älter ist die Einteilung des Zodiakus in z. Sternbilder bzw. Abschnitte und die des Jahres in z. Monate. Die z. Stämme Israels haben letztlich diesen Hintergrund; die z. Jünger Jesu beziehen sich auf die Z.-Stämme-Tradition, in der späteren – Israel enterbenden – Linie als Repräsentanten des »neuen Israel«.

Papyrusfragment mit Textstellen aus Joh 18,31-33: Das Verhör vor Pilatus. Älteste bekannte Abschrift eines neutestamentlichen Buches, etwa 125–150 entstanden.

2. Auch die Inhalte, deren theologische Eigenart und meditativer Charakter, heben das Johannesevangelium von den übrigen ab. In umfangreichen Dialogen entwickeln sich Streitgespräche Jesu mit Gegnern als auch Schulgespräche mit Anhängern. Während bei den Synoptikern immer nur knapp gefaßte »Logien« begegnen, macht das Johannesevangelium dramatische Szenen daraus, die fast sechzig Prozent des gesamten Evangelienstoffes bestreiten. Das übrige Material besteht überwiegend aus kleineren Dialogen oder auch kurzen Monologen. Der Text insgesamt läßt den Leser mehr verstehen als die handelnden Figuren verstehen. Dies geschieht durch Schriftverweise oder Kommentare des Verfassers. Oft erklärt dieser dem Leser auch fremde Ausdrücke oder gibt zusätzliche Informationen. Insgesamt wird ein Lernprozeß der Jünger dargestellt. Allein der »geliebte Jünger« nimmt an diesem Lernprozeß nicht teil, da er von Anfang an das Geheimnis Jesu tiefer erfaßt als alle anderen. Eine besondere Rolle im Lernprozeß spielen die »Zeichen« Jesu: sieben Wundertaten, die das Evangelium »Zeichen« nennt und die zu einem wahren Urteil über Jesus führen sollen.

3. Obwohl Jesus als »wirklicher Mensch« geschildert wird, dessen Eltern und Brüder bekannt sind und dessen Hinrichtung eine ganz und gar irdische Exekution ist, erscheint seine Darstellung in hohem Maße mythisch. Statt einer Kindheitserzählung stellt der Prolog eine göttliche Prä-Existenz voran (1,1 f.; 1,30). Aus seinem Sein »bei Gott« (6,46.62) ist er »von oben« gekommen und »vom Himmel herabgestiegen« (3,13.31; 6,33.38). Nur Jesus allein bringt Gottes Wahrheit, die Kunde von himmlischen Dingen, weil nur er sie »gesehen« (3,11 f. 32) oder »gehört« (8,26.40) hat. Es soll deutlich werden, daß Gottes Wahrheit in dieser Welt gar nicht anders vernommen werden kann als durch die Worte und Werke Jesu. Gott redet und wirkt in ihm, und zwar in einer exklusiven Weise. Darum lebt Jesus auch in der Einheit mit Gott, seinem Vater, so daß, wer ihn kennt, auch den Vater kennt (8,19; 14,7). Durch sein Wirken hat Jesus Gott »auf Erden verherrlicht« (17,4 f.). Damit werden im Johannesevangelium christologische Aussagen zugleich zu theologischen Aussagen und zwar in einer ungewöhnlichen Zuspitzung. Nirgendwo sonst ist Gottes Wirken zu erfahren als in dem Menschen Jesus, so daß der Glaube an Jesus Gottesglauben einschließt (12,44 f.). Wer an Jesus glaubt, hat das ewige Leben (3,15.16.36; 5,24; 6.40 u. ö.). Die Identifikation Jesu mit Gott äußert sich auch in den Ich-bin-Worten: »Ich bin das Licht«, die »Wahrheit«, das »Leben«. Daneben kann es aber auch heißen: »Der Vater ist größer als ich« (14,28), denn er ist der »einzig wahre Gott« (17,3).

4. Um von solch transzendenter Wirklichkeit zu sprechen, bedient sich das Johannesevangelium nicht der Logik der Alltagssprache, sondern spricht in Paradoxien, in Rätsel- oder »Hüllreden«. Am Ende seines Wirkens warnt der johanneische Jesus davor, sein Reden über sich als Repräsentanten des Vaters wie Alltagsmittei-

lungen zu verstehen. Das Irdische läßt sich eindeutig sagen, das Transzendente aber nur in einer »verhüllten« Sprache (16,25). Wie in mystischen Traditionen ist diese verrätselte und paradoxe Sprache kein Ausdruck unklaren Denkens, sondern bewußtes Stilmittel, um eine Wirklichkeit zu beschreiben, die sich nicht beschreiben läßt – jedenfalls nicht in begrifflich definierenden Zugriffen. Das zwingt den Leser, mit einer anderen Bewußtheit an den Text heranzutreten als regulär üblich.

5. Das Johannesevangelium verfolgt keinen missionarischen Zweck. Es will dem Christentum keine neuen Anhänger gewinnen. Es wurde für die interne Glaubensvertiefung einer christlichen Gemeinschaft geschrieben und spiegelt darum in seinen Kontroversen die Situation der ersten Leser. Diese waren überwiegend Judenchristen, die in einer jüdisch-pharisäisch geprägten Umwelt lebten. Es ist anzunehmen, daß eine lebhafte und kontrovers geführte Auseinandersetzung mit der Synagogengemeinde vorausging, die mit dem Ausschluß der johanneischen Gruppe endete (vgl. 9,1-39; besonders 9,22 f.; 16,2). Wenn im Evangelium pauschal »die Juden« genannt werden, so versteht sich die johanneische Gruppe, die ja selbst jüdischer Herkunft ist, nicht mehr darunter, weil die erfolgte Trennung von jüdischer Seite gewaltsam erzwungen wurde. Seitdem gelten ihr »die Juden« als gegnerisch und von Gott und Israel geschieden. Die johanneische Gemeinde beansprucht jedoch, Repräsentant Israels zu sein. Da »Er in sein Eigentum kam, die Seinen ihn aber nicht aufnahmen« (1,11), bilden das »wahre Israel« nunmehr jene, die den göttlichen Logos als »die Seinen« aufgenommen haben, ohne sich von den Pharisäern bzw. »den Juden« in diesem Bekenntnis zu Jesus abschrecken zu lassen (vgl. 9,22.35-38; 10,14; 11,45; 12,11.42). Allerdings rechnet das Evangelium mit Sympathisanten unter den jüdischen Mitbürgern, die sich aber »aus Furcht vor den Juden« bzw. den Pharisäern nicht offen zu Jesus bekennen (7,13; 12,42; 19,38). Daneben hatte der Verfasser wohl auch Heidenchristen vor Augen, denen das Judentum fremd war, und denen er darum aramäische Ausdrücke (1,38.41.42; 9,7) sowie jüdisches Brauchtum (2,6; 4,9; 5,2f.; 6,4; 19,17; 20,16) erklären mußte. Insgesamt bestimmt aber jüdische Tradition und jüdisches Denken das Evangelium, wenngleich im Horizont des ausgehenden Jahrhunderts. Die Reden, die der »Jesus« dieses Evangelisten führt, haben die Ebene des historischen Jesus längst verlassen. Sie führen ihren Disput mit der zeitgenössischen jüdischen Umwelt von weitgehend eigenständig entwickelten Anschauungen über Jesus her.

6. Denkbar ist, daß die »hohe Christologie« der johanneischen Gemeinde, die von der Einheit Jesu mit dem Vater spricht, als Abfall vom Monotheismus verstanden wurde und damit jene Grenze überschritt, die jüdischen Glauben von heidnischem Glauben trennt. Während die synoptischen Evangelien die Geschichte Jesu als »Erfüllung der Schrift« verstehen, setzt der Johannesprolog im göttlichen Absolutum an und begründet

Der Jesus des Johannes erscheint vom Himmel her, redet lediglich in auf sich selbst bezogenen Begriffen, weiß, daß dies seine Hörer verwirrt, besteht jedoch darauf, sie sollten seine Behauptungen über sich selbst akzeptieren. Er ist der Sohn des Vaters, das Brot des Lebens, das Wasser des Lebens, der Weg, der zum Vater führt, und so weiter. Jenen, die »sehen«, wer er ist, insbesondere seinen Jüngern, wird gesagt: »Wer mich sieht, der sieht den Vater« (Joh 14,9). Deshalb war es nicht möglich, den Jesus bei Johannes einfach mit dem der Synoptiker zu verschmelzen, als hätten sie jeweils nur andere Merkmale derselben geschichtlichen Gestalt hervorgehoben. Der johanneische Jesus ist ein vollkommen anderes Wesen.

Burton L. Mack

ICH: Johannes, der gute Johannes, ... war nun (in seiner Gemeinde in Ephesus) alt geworden. Bald konnten ihn seine Jünger auch nicht einmal zur Kirche mehr tragen. Und doch versäumte Johannes auch keine Kollekte gern, ließ keine Kollekte zu Ende gehen ohne seine Anrede an die Gemeinde, welche ihr tägliches Brot lieber entbehrt hätte als diese Anrede.

ER: Die öfters nicht sehr studiert mag gewesen sein.

ICH: Lieben Sie das Studierte?

ER: Nachdem es ist.

ICH: Ganz gewiß war Johannis Anrede das nie. Denn sie kam immer ganz aus dem Herzen. Denn sie war immer einfältig und kürzer, bis er sie endlich gar auf die Worte einzog ...

ER: Auf welche?

ICH: Kinderchen, liebt euch!

ER: Wenig und gut.

ICH: Meinen Sie wirklich? Aber man wird des Guten und auch des Besten, wenn es täglich zu sein beginnt, so bald satt! In der ersten Kollekte, in welcher Johannes nicht mehr sagen konnte als »Kinderchen liebt euch!« gefiel dieses Kinderchen liebt euch! ungemein. Es gefiel auch noch in der zweiten, in der dritten, in der vierten Kollekte, denn es hieß, der alte schwache Mann kann nicht mehr sagen. Nur als der alte Mann auch dann und wann wieder gute, heitere Tage bekam und doch nicht mehr sagte ..., als man sah, daß er vorsätzlich nicht mehr sagen wollte: ward das Kinderchen liebt euch! so matt, so kahl, so nichtsbedeutend! Brüder und Jünger konnten es kaum ohne Ekel mehr anhören und erdreisteten sich endlich, den guten alten Mann zu fragen: Aber warum sagst du denn immer nur das nämliche?

ER: Und Johannes?

ICH: Und Johannes antwortete: Darum, weil es der Herr befohlen. Weil das allein, wenn es geschieht, genug, hinlänglich genug ist.

ER: Also das? Das ist Ihr Testament Johannis?

ICH: Ja!

ER: Gut, daß Sie es apokryphisch genannt haben!

ICH: Im Gegensatz des kanonischen Evangelii Johannis. Aber göttlich ist es mir denn doch.

Gotthold Ephraim Lessing

damit erstmals die vom Judentum unabhängige Autonomie des christlichen Glaubens. Insofern ist das Evangelium »ein Höhepunkt in der Entstehungsgeschichte der urchristlichen Religion. Hier organisiert sich diese neue Religion nicht nur faktisch um ihr christologisches Zentrum, sondern wird sich dessen auch bewußt« (Gerd Theißen). Dennoch verstand sich die johanneische Gemeinde nicht als abtrünnig. Sie praktizierte ihr Judentum mit großem Ernst weiter – »das Heil kommt aus den Juden« (4,21) – und glaubte sich als eigentlich gehorsam gegenüber Gottes Heilshandeln an seinem Volk. Zugleich ist es möglich, daß innerhalb der Gemeinde die Christologie kontrovers verhandelt wurde: Sollte es nicht hinreichend und angemessen sein, Jesus als einen von Gott gesandten Lehrer und Propheten zu achten (3,2), statt ihn extrem als Gottes Sohn und »vom Himmel herabgestiegenen« göttlichen Logos zu bekennen? 1 Joh 2,18-27 und 4,1-6 legen nahe, auch mit einer innerchristlichen Spaltung zu rechnen.

7. Das Johannesevangelium zeigt in seiner vorliegenden Fassung Spuren einer stufenweisen Entstehung, z. B. zwei Buchabschlüsse (20,30 f.; 21,24 f.) und zwei Abschiedsreden (13,1 ff.; 15,1 ff.). Immer werden Themen erneut aufgenommen, als müßte das bereits Gesagte noch einmal bedacht und ausgelegt werden. Dieser Befund hat zu unterschiedlichen Erklärungen geführt. Neben der These, daß der Autor selbst seinen Text neu aufgreife und weiterführe, werden verschiedene Autoren vermutet, die zwar derselben Tradition zugehören und die gleiche Sprache sprechen, aber doch nacheinander tätig waren. So hält man die Entstehung des Evangeliums in einem griechisch sprechenden judenchristlichen Milieu für möglich, das in einem ziemlich entlegenen Gebiet zu Hause gewesen sein soll. Nur unter diesen Bedingungen sei eine Sonderentwicklung vorstellbar, die von den übrigen Prozessen, die das Neue Testament abbildet, unberührt blieb und deren Profil die spätere Großkirche lange Zeit als fremd empfunden habe. Diese Spekulation verweist nach Transjordanien, speziell in die Landschaft nordöstlich des Sees Gennesaret. Dort wurde Griechisch gesprochen, wobei das Bergland weitgehende Abgeschiedenheit sicherte. Andere Überlegungen zielen auf Samaria. Da der Entstehungsprozeß des Evangeliums jedoch über zwei Stufen erfolgte und die Endgestalt die Kenntnis der synoptischen Evangelien vorauszusetzen scheint, stellt sich die Frage nach dem Abfassungsort wenigstens zweimal. So wird vermutet, die johanneische Gemeinde könnte nach ihrer Ausgliederung aus der Synagogengemeinde gezwungen worden sein – etwa wegen Störung des Landfriedens – ihre Heimat zu verlassen, vielleicht nur als Restgröße, die unter Verfolgung und Ausgrenzung nicht aufgab. Die spätere (»kirchlich« genannte) Redaktion des Evangeliums läßt auf den zusätzlichen Einfluß einer kleinasiatischen Gemeinde von Judenchristen schließen, zu welcher der johanneische Gemeindekern übersiedelte. Dort könnte der Endredaktor die synoptischen Evangelien kennengelernt haben, von denen ausgehend er das vorliegende Johannesevangelium noch einmal überarbeitete.

Der Prolog

1 Im Uranfang war Er, das Wort. Und Er,
das Wort, war bei Gott.
Und Gott war Er, das Wort.

2 Der war im Uranfang bei Gott.

3 Alles ist durch Ihn geworden, und ohne
Ihn geworden ist nicht eines. Was geworden,
4 war Leben in Ihm. Und das Leben war
das Licht der Menschen.

5 Und das Licht scheint in der Finsternis.
Und die Finsternis ergriff es nicht.
6 Ein Mensch ward – gesandt von Gott –
sein Name: Johannes.
7 Der kam zur Zeugenschaft,
um zu zeugen für das Licht, auf daß alle
glaubend würden durch ihn.
8 Nicht jener war das Licht, sondern:
zeugen sollte er für das Licht.

9 Er war das wahre Licht, das erleuchtet
jeden Menschen – kommend in die Welt.
10 In der Welt war Er, und die Welt ward
durch Ihn. Und die Welt erkannte Ihn
nicht.
11 In sein Eigentum kam Er, und die
Eigenen nahmen Ihn nicht auf.
12 Doch die Ihn angenommen,
ihnen hat Er Vollmacht gegeben, Kinder
Gottes zu werden – den an Seinen Namen
Glaubenden:
13 Die nicht aus dem Geblüt
und nicht aus Fleisches Willen und nicht
aus Mannes Willen, sondern aus Gott
sind gezeugt.
14 Und Er, das Wort, ward Fleisch, zeltend
unter uns. Und wir schauten seine Herrlichkeit, Herrlichkeit als des Einzigen vom
Vater her, voll Gnade und Wahrheit.

15 Johannes zeugt für ihn.
Und so schrie er auf und sagte:
Der wars, von dem ich gesprochen:
Der nach mir kommt, steht mir voran,
weil er eher war als ich.

16 Denn: Aus seiner Fülle nahmen wir
alle: Gnade um Gnade.

17 Denn: Das Gesetz ward durch Mose
gegeben, die Gnade und die Wahrheit
geschah durch Jesus den Messias.
18 Gott hat keiner je gesehen –
der einzige Sohn, der dem Herzen
des Vaters am nächsten ist:
Er hat berichtet.

Logos (griech. »Wort«), meint nicht
ein Wort »an sich«, sondern das ge-
schichtsbezogene und wirksame Wort,
das sich »ereignet« (Dtn 18,22; Jes
55,11). Während ein solches Wortver-
ständnis immer auf die Macht Jahwes
rückbezogen wird, nimmt es in den
späteren biblischen Schriften eine ei-
gentümliche Selbständigkeit an, etwa
Weish 18,15: »Da sprang dein allmäch-
tiges Wort vom Himmel, vom königlichen Thron herab als harter Krieger
mitten in das dem Verderben geweihte
Land.« In den synopt. Evangelien ist der
L. an die geschichtliche Person Jesu
gebunden. Sein Wort hat Autorität, es
ist heilend, stiftet aber auch Betroffenheit und fordert zur Entscheidung heraus. Im Joh-Prolog findet der L., in
Anknüpfung an die jüd. Weisheitstradition, seine Rückbindung in
die göttliche Welt. Dahinter stehen
Einflüsse griechischen Denkens, in dem
der L. als die göttliche Weltvernunft
verstanden wird. Der johanneische
L.begriff will Jesus als den Erfüller des
Lebens proklamieren, auf den sich alles
christliche Leben gründen muß.

Präexistenz, die transzendente, »ewige« Existenz eines »Wesens« vor seinem geschichtlichen Erscheinen bzw. Erkanntwerden. In der bibl. Tradition wird der »Weisheit« eine solche personifizierte Wirklichkeit zugesprochen und später in Verbindung damit auch von der »Tora« als einer bei Gott präexistenten Gestalt gesprochen. Ähnliches gilt für den Koran. Im Neuen Testament führt die Reflexion der Ostererfahrung dazu, die Erhöhung Christi (→ S. 455) als Rückkehr in die himmlische Welt zu deuten. – Auch dem Buddha werden, bevor er als der geschichtliche Siddhartha Gautama geboren wurde, frühere Existenzen zugeschrieben.

Obwohl die islamische Orthodoxie den Propheten Mohammed als einen geschichtlichen Menschen sieht und sich gegen überschwengliche mythische Beschreibungen abgrenzt, verehrt ihn die islamische Frömmigkeit als den Vollkommenen Menschen, »in dem die totale Theophanie des göttlichen Namens stattgefunden hat«, als das »eigentlich bewegende Weltprinzip«, als Prototyp des Universums, als präexistent und eine Art Logos: »Er ist die Bedeutung des Buchstabens ›Schöpfung der Welt und des Himmels‹; er ist die Feder des Schreibers, die das Entstehen des Geschaffenen geschrieben hat; die Pupille im Auge der Welt; der Meister, der das Siegel des Daseins geschmiedet hat ...; er ist der erste in der Ursache, der letzte im Dasein ...« Das heißt, Mohammed ist »wirklich Grund und Zweck der Schöpfung; es ist durch ihn, daß die Welt ins Dasein tritt, und durch ihn wird die Gnade Gottes vermittelt« (Annemarie Schimmel).

Wundersam ist des Freunds
    wirkliches Wesen,
Man kann ihn nicht nennen »Gott«,
    doch auch nicht »Geschöpf« –
Gleichend der Dämmerung,
    eint er die Nacht und den Tag.

*D*er Prolog des Johannesevangeliums gehört zu den dichtesten und zugleich schwierigsten Texten des Neuen Testaments. Alle Zeiten hat er zum Nachdenken über das »Wort vom Worte« herausgefordert. Seine Sprache ist nicht einfach zu erklären; sie erschließt sich schrittweise in der Lektüre des gesamten Evangeliums.

Das voranstehende Schriftbild verdeutlicht die Textbausteine des Prologs. Grundbestand ist ein Christus-Hymnus (linke Spalte), der seinen Ort in der Gemeindeliturgie gehabt haben kann. Wenn er dennoch weder Name noch Titel Jesu nennt, mag das an seiner kultischen Herkunft liegen, die hinreichende Eindeutigkeit sicherstellte. Um so verwunderlicher sind die Einschübe (in der rechten Spalte). Die Verse 6-8 und 15 sprechen von Johannes dem Täufer, V 17 überraschend von Mose. Der Prolog schließt V 18 mit einem Satz, der dem Verfasser besonders wichtig schien, da er ihn später noch zweimal wiederholt (5,37; 6,46; vgl. 1 Joh 4,12-20). Im Fluß des Prologs stören die Einschübe, weil sie die gedankliche und sprachliche Bewegung des Textes unterbrechen.

Der (in der linken Spalte wiedergegebene) Teil des Prologs ist jener Hymnus, auf den der Evangelist zurückgreifen konnte. Der tragende Begriff des Hymnus heißt »Logos«. Das hebräisch-jüdische Denken schreibt Gott zu, daß er »spricht« und durch sein Wort die Schöpfung begründet. Im Gang der Geschichte konkretisiert sich das »Wort Gottes« in geschichtlichen Ereignissen; dieser Denkansatz läßt auch die Inkarnation des göttlichen Wortes in einem bestimmten Menschen vorstellbar werden. Schon die jüdisch-hellenistische Weisheits-Literatur entwarf solche Denkmodelle, in denen sich die Weisheit (griech. *sophia*) mit dem Schöpfungshandeln Gottes verbindet (Spr 8,22-32; Ijob 38 f.). Sir 24,1-22 heißt es von der Weisheit, daß sie »hervorging aus dem Mund des Höchsten«:

> 8 Da gab der Schöpfer des Alls mir Befehl; er, der mich schuf, wußte für mein Zelt eine Ruhestätte. Er sprach: In Jakob sollst du wohnen, in Israel sollst du deinen Erbbesitz haben.
> 9 Vor der Zeit, am Anfang, hat er mich erschaffen, und bis in Ewigkeit vergehe ich nicht.
> 10 Ich tat vor ihm Dienst im heiligen Zelt und wurde dann auf dem Zion eingesetzt.
> 11 In der Stadt, die er ebenso liebt wie mich, fand ich Ruhe, Jerusalem wurde mein Machtbereich.
> 12 Ich faßte Wurzel bei einem ruhmreichen Volk, im Eigentum des Herrn, in seinem Erbbesitz.

Die so sprechende Weisheit wurde personifiziert verstanden. Das hellenistische Judentum identifizierte sie mit der Tora. Später wurde sie austauschbar mit dem Logos, so daß der Prolog bereits von der jüdisch-hellenistischen Weisheitstradition her verstanden werden kann.

Der Auftakt: »Im Anfang war das Wort ...« erinnert an Gen 1,1: »Im Anfang schuf Gott den Himmel und die Erde«. Der Hymnus setzt aber noch vor dieser Schöpfung an, in einem »vor-weltlichen« oder absoluten Anfang. Darin ist das Wort der »ewige Dialog« in Gott selbst. Erst V 3 und 4 handeln vom Verhältnis des Wortes zur Welt und zum Menschen. Nichts, was ist, existiert ohne den göttlichen Logos.

Erneut kann hier Gen 1 im Hintergrund gesehen werden; dort tritt die Schöpfung in allen ihren Dimensionen durch ein »Sprechen« Gottes ins Dasein. Deshalb läßt sich nach V 4 die Lebensfrage des Menschen auch nur vom göttlichen Logos her verstehen. Weil aber Leben »Licht« und Tod »Finsternis« ist, ist die Sinnfrage des Lebens von Anfang an positiv entschieden.

Der V 5 ist Einfügung des Evangelisten: »Und das Licht scheint in der Finsternis, jedoch die Finsternis ergriff es nicht.« Der Evangelist legt hier die kürzeste Fassung der Jesusgeschichte vor, und nimmt gleichzeitig vorweg, was die Verse 9 und 11 ausführlicher sagen. In den Versen 6-8 wird das Bild des Täufers knapp entworfen; die spätere Ausführung erfolgt 1,19-40; 3,22-30; 5,33-35: Demnach ist Johannes nicht der heilbringende Messias, aber von Gott gesandt, um für den Messias-Christus Zeuge zu sein.

In V 9 wird der Hymnus fortgesetzt; er schließt also an V 4 an. Der Logos wird mit dem Licht gleichgesetzt, obwohl die Jüdische Bibel eine solche Ineinssetzung Jahwes mit dem Licht meidet. Als kühnste Wendung begegnet: »Licht hüllst du um dich wie einen Mantel« (Ps 104,2). Erst 1 Joh 1,5 findet sich die Aussage »Gott ist Licht«. Hier aber nennt der Hymnus Gott das »wahre Licht«, vielleicht um sich von konkurrierenden Ansprüchen abzuheben. Er geht davon aus, daß jeder Mensch von diesem Licht erleuchtet wird. In einer anderen Metaphorik gesagt: Der Wein Gottes ist immer schon im Keller.

Im Fortgang erzählt der Hymnus das Heilsgeschehen in mythischer Verschlüsselung: Die Welt hat das Wort, als es in die Geschichte eintrat, nicht erkannt, sondern sich dagegen gesperrt. Dennoch kam der Logos in keinen wesensfremden Bereich, sondern in sein Eigentum. Dem Göttlichen steht nicht das Wesensfremde gegenüber, das ihn ablehnen muß. Um so unverständlicher, daß der Offenbarer trotzdem nicht aufgenommen, sondern abgewiesen wurde. Denen aber, die »an seinen Namen glauben«, wird die Gotteskindschaft zugesprochen. Dieser Zuspruch ist »Zeugung aus Gott«, doch keinem menschlichen Wollen verfügbar. In V 14 erreicht der Hymnus seinen Höhepunkt mit der Formulierung: »Und das Wort wurde Fleisch.« Damit ist kein punktuelles Ereignis gemeint, sondern die ganze Christusgeschichte zwischen »Ausgang und Heimkehr zum Vater«, »Abstieg und Aufstieg«.

Der Einschub V 15 nimmt noch einmal auf Johannes den Täufer Bezug: »Johannes zeugte von ihm und schrie ...« heißt es. Das laute Schreien versteht der Evangelist als das unüberhörbare Bekanntma-

So sehr der Johannes-Prolog die göttliche Herkunft Christi betont, so unmißverständlich stellt die Beschneidung klar: Hier ist ein Mensch im Fleische, das beschnitten werden kann. Noch konkreter: Es ist Menschwerdung in jüdischem Fleische. Die Christologie hat diese Tatsache bald verdrängt. Wird sie bedacht und ernst genommen, führt dies zur Korrektur einer einseitig hellenistisch geprägten Theologie.

Wort Gottes

Metaphern wie »Bote (Engel) Gottes« oder »Hand Gottes« werden gewählt, um die Unverfügbarkeit Gottes zu achten und ihn nicht unmittelbar in geschichtliche Vorgänge einzubeziehen. Ähnlich kann auch die Metapher »Wort Gottes« verstanden werden. Für Israel hat alles Geschehen Wortcharakter. Hinter dem deuteronomistischen Geschichtswerk steht die Überzeugung, daß Gott durch sein Wort die Geschichte lenkt. Was immer geschieht, läßt sich als Wort Gottes verstehen, sofern das Ereignis als unbedingt angehend verstanden wird, so daß der Mensch sich selbst verfehlen würde, wollte er dieses »Wort« in den Begegnungen und Vorgängen seines Lebens ignorieren.

In besonderer Weise sprechen Christen von Jesus als dem Wort Gottes. Die ihn kannten und von ihm berührt wurden, glaubten, in seiner Person Gottes unmittelbar inne geworden zu sein. Auch hier äußert sich der Glaube Israels, daß das Wort Gottes im Gang der Geschichte gesprochen wird.

Vom geschriebenen Wort der Bibel gilt nicht in derselben Unmittelbarkeit, daß es Wort Gottes sei, da die Schrift Erfahrung zweiter Instanz ist: die reflektierte Darstellung einer als Wort Gottes gedeuteten Geschichte. Wer diese Betroffenheit vergangener Generationen in ihrer tradierten Form unverändert repetieren will, entzieht dem Wort sein geschichtliches Wesen und mumifiziert es. Das Wort Gottes lediglich zu wiederholen »wie es in der Bibel steht«, verkennt, daß die Zeit das unverändert bleibende Wort verändert.

Midrasch (von hebr. *darasch*, »untersuchen«, »forschen«), die gesammelten erbaulichen Auslegungen der biblischen Bücher durch jüd. Schriftgelehrte seit dem 2. Jh. n. Chr.

---

chen der Offenbarung. Wenngleich Johannes im zeitlichen Sinne Jesus voranging, ist Jesus doch der Erste, weil er »schon immer« der »Präexistente« war. Die weiteren Zusätze V 17 und 18 sorgen sich um eine Verhältnisbestimmung Jesu zu Mose: Zwar beurteilt der Evangelist Mose nicht abwertend (vgl. 1,46; 3,14; 5,45-47; 7,19), doch schränkt er hier seine Bedeutung ein, weil das Gesetz sowenig wie das Manna in der Wüste (vgl. 6,32) bereits die wahre Heilsgabe ist. Diese ist als »Gnade und Wahrheit« erst durch Jesus zum Ereignis geworden.

Abschließend stellt V 18 die Bedeutung der Christusoffenbarung heraus: Keiner hat je Gott geschaut, weil dies unmöglich ist (vgl. 5,37; 6,46), da niemand Gott schaut und am Leben bleibt (Ex 33,18-23; → S. 117). Also liegt es alleine an Gott, sich seinerseits den Menschen zu erschließen – durch »seinen einzigen Sohn«, der »dem Herzen des Vaters am nächsten ist«. Nur dieser macht sichtbar, wer Gott für die Welt ist. Als der »Sohn« oder das »Wort« ist Christus die »geglückte Interpretation Gottes, die Übersetzung Gottes in den Bereich des Menschlichen« (Josef Blank). Das nachfolgende Evangelium entfaltet, was die gedrängte Sprache des Prologs proklamiert.

Die Hochzeit in Kana als Zeichen

¹ Und am dritten Tag fand zu Kana in Galiläa eine Hochzeit statt. ² Und die Mutter Jesu war dort. Aber auch Jesus und seine Jünger waren zur Hochzeit geladen. ³ Und da es an Wein mangelte, sagt die Mutter Jesu zu ihm: Keinen Wein haben sie. ⁴ Und Jesus sagt zu ihr: Was willst du von mir, Frau! Meine Stunde ist noch nicht gekommen. ⁵ Sagt seine Mutter zu den Dienern: Was er euch sagt, das tut. ⁶ Es waren aber dort wegen des Reinigungsbrauchs der Juden sechs steinerne Wasserkrüge aufgestellt; sie faßten je zwei bis drei Metreten. ⁷ Sagt Jesus zu ihnen: Füllt die Krüge mit Wasser. Und sie füllten sie bis oben. ⁸ Und er sagt zu ihnen: Schöpft jetzt und bringt dem Oberschenk. Sie brachten ihm also. ⁹ Wie aber der Oberschenk das zu Wein gewordene Wasser gekostet hatte und nicht wußte, woher es war – die Diener jedoch, die das Wasser geschöpft hatten, wußten es –, da ruft der Oberschenk den Bräutigam ¹⁰ und sagt zu ihm: Jedermann setzt zuerst den guten Wein vor, und wenn sie berauscht sind, den geringeren – du hast den guten Wein bis jetzt aufbewahrt.
¹¹ Dies wirkte Jesus – als Anfang der Zeichen – zu Kana in Galiläa. Und aufschien seine Herrlichkeit. Und seine Jünger glaubten an ihn.
¹² Danach stieg er nach Kafarnaum hinab – er und seine Mutter und seine Brüder und seine Jünger. Dort blieben sie einige Tage.

Joh 2,1-12

Mit der »Hochzeit zu Kana« eröffnet das Johannesevangelium das Wirken Jesu. Darum hat diese Erzählung programmatischen Charakter – ebenso wie die folgende Tempelszene. Das Weinwunder ist der »Anfang der Zeichen« (V 11). Insgesamt werden sieben

Johannes

solcher »Zeichen« geschildert: die Heilung des Sohnes eines königlichen Beamten (4,46-54); die Heilung des Gelähmten am Betesda-Teich (5,1-9); die wunderbare Speisung (6,1-15); der Seewandel (6,16-21); die Heilung des Blindgeborenen (9,1-41); die Auferweckung des Lazarus (11,1-44). Mit diesen »Zeichen« verbinden sich durchweg »Offenbarungsreden«, man kann sie auch als Katechesen ansehen.

Die Kennzeichnung der johanneischen Wundererzählungen als »Zeichen« geht auf den Evangelisten zurück. Während die Synoptiker Jesu Wunder mit *dynamis*, »Machttaten« umschreiben, spricht Johannes von *semeion*, »Zeichen«. Dieses griechische Wort läßt sich mit »Kennzeichen«, »Merkmal«, »Hinweis« wiedergeben; mit »Wunder« hat es ursprünglich nichts zu tun. Erst der jüdische Hintergrund klärt den neuen Sprachgebrauch: Weil Jesus für die johanneische Gemeinde der Messias ist, müssen die vom ihm erzählenden Wunder als Zeichen der messianischen Heilszeit gesehen und verstanden werden. Um das zu erreichen, verstärkt der Erzähler den Charakter des Wunderhaften über die bisherige Tradition hinaus: bei der Hochzeit zu Kana, indem Jesus einen ganzen Keller voll Wein stiftet; beim Sohn des Hofbeamten durch Fernheilung; am Teich Betesda durch die Heilung eines Mannes, der schon achtunddreißig Jahre krank ist, also faktisch als unheilbar gilt; beim Brotwunder ebenfalls durch gewaltige Fülle – zwölf volle Körbe bleiben noch übrig; beim Blinden im Blick auf eine Blindheit »von Geburt an«. Das alles übertrumpfende Zeichen ist schließlich die Auferweckung des Lazarus, das nicht zufällig die Reihe abschließt und den Todesbeschluß des Sanhedrin unmittelbar zur Folge hat.

Johannes will durch diese Hervorhebung der Wunder klarmachen, daß man sie gar nicht übersehen konnte. Sie sollten Jesus öffentlich bekannt machen, so daß man sich mit ihm auseinandersetzen mußte und in seinem Wirken Gott selbst am Werke sah. So bekennt Nikodemus: »Niemand vermag die Zeichen zu tun, die du tust, wenn Gott nicht mit ihm ist« (3,2). Gleichzeitig verstärkt Johannes den symbolischen Charakter seiner Erzählungen: das Brotwunder erweist Jesus als das »wahre Lebensbrot«, die Blindenheilung als das »Licht der Welt«, die Auferweckung des Lazarus als die »Auferweckung und das Leben«. In diesen Momenten gehen die Texte über ihre biblischen und synoptischen Vorlagen hinaus.

Die Erzählung von der »Hochzeit zu Kana« war ursprünglich eine »typische Wundergeschichte«, die erst durch Bearbeitung ihren johanneischen Charakter bekam. Die Ortsangabe verweist auf das heute nur noch in Ruinen erhaltene Khirbet Kana, 14 km nördlich von Nazaret gelegen. Da dieses Kana dreimal im Johannesevangelium erwähnt wird, ist es denkbar, daß sich in der johanneischen Tradition damit besondere Erinnerungen verknüpfen. Allerdings verbürgt die Realität des Ortes nicht die historische Faktizität der Wundererzählung.

Hochzeit zu Kana, Zillis, St. Martin, 12. Jh.

Die Brautleute waren arm, aber eine schöne Hochzeit wollten sie doch feiern und viele Menschen dazu einladen. Geteilte Freude ist doppelte Freude, dachten sie. Ihre Freude sollte ansteckend sein und allen Trübsinn überwinden. Darum baten sie ihre Gäste, jeder möge zum Fest einen Krug Wein mitbringen. Am Eingang würde ein großes Faß stehen, in das alle ihren Wein gießen könnten. So sollte einer die Gabe des anderen trinken, und alle sollten mit allen froh sein.

Das Fest begann. Es kamen viele Gäste, keiner war ausgeblieben, und alle schöpften aus dem großen Faß. Doch wie tief war das Erschrecken der Brautleute und ihrer Gäste, als sie merkten, daß in ihren Bechern nichts als Wasser war. Versteinert starrten sie sich an. Jeder von ihnen hatte gedacht: Den einen Krug Wasser, den ich in das Faß an der Tür gieße, wird niemand schmecken. Nun wußten sie, daß jeder gedacht hatte: Heute will ich auf Kosten anderer feiern.

Da erfaßte alle Gäste Unsicherheit und Scham. Als noch vor Mitternacht das Flötenspiel verstummte, gingen alle stumm nach Hause. Das Fest hatte nicht stattgefunden.

Chinesische Parabel

Wie in allen alten Kulturen zählte auch in der israelitischen und jüdischen Welt eine Hochzeit zu den großen Freudenfesten. Das Fest dauerte gewöhnlich acht Tage, während derer die Gäste kamen und gingen. Es stand allen offen, die mitfeiern wollten. Dabei wurde am Essen und Trinken nicht gespart – auch nicht am Wein. Um so peinlicher, wenn sich der Vorrat erschöpfte und den weiteren Verlauf der Hochzeit belastete. Hier ist es die »Mutter Jesu« – ihr Name bleibt ungenannt –, welche die Peinlichkeit bemerkt und ihren Sohn darauf hinweist: »Sie haben keinen Wein mehr!« Obwohl nicht gesagt, verband sich damit doch die Erwartung, von Jesus Hilfe zu erfahren. Dessen Antwort aber fällt schroff abweisend aus. Es wird übersetzt: »Was haben wir miteinander zu schaffen, Weib?« – »Was habe ich mit dir zu tun?« – »Was geht es dich an, Frau, was ich tue?« Die Anrede »Weib«, »Frau« gegenüber der eigenen Mutter ist auch zu Jesu Zeit »höchst ungewöhnlich, kühl und distanziert, wenn nicht verletzend« (Josef Blank). Die nachfolgende Bemerkung: »Meine Stunde ist noch nicht gekommen« unterstreicht diese Distanzierung.

Die »Stunde Jesu« hat im Johannesevangelium theologische Bedeutung. Es ist die »Stunde der Verherrlichung« in Passion und Auferstehung. Im hier vorliegenden Kontext wird die Zeit Jesu von anderen Zeitabhängigkeiten geschieden. Kein Mensch, auch keine Mutter, kann Jesus sagen, was er tun oder lassen soll. Allein der Wille Gottes bestimmt die »Stunde Jesu«. Und dessen Zeit kennt nur Jesus. Wenn die Mutter trotzdem sagt: »Tut alles, was er euch sagt«, scheint sie mit seiner Hilfe zu rechnen. Aber die Bemerkung ist mehrdeutig, denn auch der Evangelist meint, letztlich komme es darauf an, alles zu tun, »was Jesus sagt«.

Ab V 6 steuert die Erzählung auf das Wunder zu. Die sechs steinernen Wasserkrüge hatten ein beachtliches Fassungsvermögen. Jeder faßte 2 bis 3 Metreten; bei 39,39 Liter pro Metretes rechnet man für den Krug 100 Liter. Sechs Krüge fassen dann 6 Hektoliter. Die genannten Maße sollen die erstaunliche Weinmenge deutlich machen. Die Krüge ihrerseits waren Wasserbehälter entsprechend den Reinigungsvorschriften des jüdischen Ritualgesetzes. Wollte man das hier erzählte Weinwunder naiv historisch verstehen, ginge es nur um die Aufmerksamkeit, einer armen Hochzeitsgesellschaft das vorzeitige Festende zu ersparen, würde man den symbolischen Anspruch der Geschichte verkennen. Tatsächlich wird die messianische Heilszeit angesagt, mit der die jüdische Apokalyptik die Fülle aller Lebensgüter und zumal Fülle an Wein verbindet. Mit Jesus hat die Heilszeit begonnen!, lautet die Botschaft.

Parallelen dazu finden sich bei Mk 2,19, wo Jesus fragt: »Können die Gefährten des Bräutigams fasten, solange der Bräutigam bei ihnen ist?« Eine »neue Zeit« kündet auch das Wort Mk 2,22: »Niemand füllt neuen Wein in alte Schläuche ...« Ebenfalls können die vielen Gastmahlgleichnisse (→ S. 482 f.) als Hintergrund für die Demonstration der messianischen Heilszeit gesehen werden. Andere sehen hinter dem Weinwunder den antiken Dionysos-Mythos. Am Fest des Dionysos, dem Gott des Weines und der Fruchtbarkeit, das in der Nacht vom 5. zum 6. Januar gefeiert wurde, sollen die Talquellen auf den Inseln Andos und Teos alljährlich Wein statt Wasser gespendet haben und im Tempel zu Elis hätte man drei leere Krüge aufgestellt, die sich über Nacht mit Wein füllten. Diese griechische Tradition sei als Hintergrund des Weinwunders zu Kana zu verstehen.

Dennoch: die johanneische Erzählform scheint dem judenchristlichen Raum mehr verbunden zu sein, als daß sie den Dionysos-Mythos rezipiert hätte. Allerdings gibt es eine spätere Verbindung dorthin. In der Antiphon zum Magnificat am ältesten hellenistisch-christlichen Fest nichtjüdischer Tradition, dem Fest »Erscheinung des Herrn« (6. Januar) heißt es: »Wir begehen den durch drei Wunder ausgezeichneten Festtag. Heute führte der Stern die Weisen zur Krippe; heute wurde zur Hochzeit aus Wasser Wein; heute wollte Christus im Jordan getauft werden, damit er uns rette, Halleluja.« Das gemeinsame Datum macht eine Beziehung zwischen dem Weinwunder zu Kana und dem Weingott Dionysos unübersehbar, doch dürfte sie erst nachträglich geknüpft worden sein.

Die Versuche Hölderlins, Dionysos und Christus zusammenzubringen und auch Gegensatz wie Verbindung, die Friedrich Nietzsche zwischen beiden herstellte, haben demnach eine antike Basis, von der Hölderlin wie Nietzsche nichts wissen konnten. Ihre Texte artikulieren eine Sehnsucht nach Fülle und Erfüllung angesichts eines Christentums, das schon in früher Zeit Angst vor dem Dionysischen zeigte. Auch im Bild der Hochzeit zu Kana steckt ein Element Verschwendungssucht. Dem Christentum ist die Freude an Genuß und Gemeinsamkeit, erst recht an allem Ekstatischen, auf weite Strecken abhanden gekommen. Im Zeichen des Weinwunders Christologie und Glauben zu verstehen, geht über die Kirchenordnung hinaus.

Die Vertreibung der Händler aus dem Tempel

15 Und so kommen sie nach Jerusalem. Als er in das Heiligtum einzog, begann er die Händler und die Käufer im Heiligtum hinauszutreiben. Die Tische der Wechsler und die Stühle der Taubenhändler stieß er um.
16 Und er ließ nicht zu, daß jemand auch nur ein Gefäß durch das Heiligtum trug.

17 Dann lehrte er und sagte zu ihnen:
Ist nicht geschrieben:
Mein Haus soll ein Bethaus
für alle Völker gerufen werden.
Ihr aber habt es zu einer Räuberhöhle gemacht.

18 Die Hohenpriester und die Schriftgelehrten hörten davon und suchten, wie sie ihn zugrunde richten könnten. Denn sie fürchteten ihn, waren doch alle Leute bestürzt ob seiner Lehre.

13 Und das Pascha der Juden war nahe und Jesus stieg hinauf nach Jerusalem.
14 Und im Heiligtum fand er die Rinder- und Schaf- und Taubenhändler und die Münzentauscher, die dasaßen.
15 Und er machte aus Stricken eine Peitsche und trieb sie allsamt zum Heiligtum hinaus – auch die Schafe und Rinder. Er schüttete die Münzen der Wechsler aus und stieß die Tische um.
16 Und zu den Taubenhändlern sprach er: Schafft das weg von hier. Macht das Haus meines Vaters nicht zu einem Handelshaus.
17 Seine Jünger erinnerten sich, daß geschrieben ist: Der Eifer um dein Haus wird mich verzehren.
18 Die Juden hoben nun an und sprachen zu ihm: Welches Zeichen hast du uns vorzuweisen, daß du solches tun darfst?
19 Jesus hob an und sprach zu ihnen: Löst diesen Tempel auf und errichten werde ich ihn binnen drei Tagen.
20 Und die Juden sprachen:
In sechsundvierzig Jahren wurde dieser Tempel gebaut – und du willst ihn binnen drei Tagen errichten!

Brot ist der Erde Frucht
    doch ists vom Licht gesegnet,
Und vom donnernden Gott
    kommt die Freude des Weins ...

In seiner Hymne »Brot und Wein« bringt Hölderlin Dionysos mit Jesus, dem »Syrer«, zusammen, um beide Seiten, die christliche und die dionysische, zu verbrüdern:

Mit allen Himmlischen kommt
    als Fackelschwinger des Höchsten
Sohn, der Syrer, unter die Schatten herab.

Selige Weise sehn's; ein Lächeln aus
    der gefangenen
Seele leuchtet,
    dem Licht tauet ihr Auge noch auf.

Friedrich Hölderlin

Der Begriff »Gott«, erfunden
als Gegensatz-Begriff zum Leben ...
Der Begriff »Jenseits«, »wahre Welt«,
erfunden, um die einzige Welt zu
entwerten, die es gibt, – um kein Ziel,
keine Vernunft, keine Aufgabe für unsere
Erden-Realität übrigzubehalten?
Hat man mich verstanden? –
Dionysos gegen den Gekreuzigten ...

Friedrich Nietzsche

21 Jener aber redete vom Tempel seines Leibes.

22 Als er dann von den Toten auferweckt war, erinnerten sich seine Jünger, daß er das gesagt hatte. Und sie glaubten der Schrift und dem Wort, das Jesus gesprochen hatte.

| Mk 11,15-19 | Joh 2,13-22 |

Ich bin der Meinung, daß eine auf die symbolische Zerstörung des Tempels hinauslaufende Handlung und eine diesen Sinn der Handlung erklärende Rede dem historischen Jesus zugeschrieben werden können; daß aber die auf die tatsächliche Zerstörung des Tempels vorausweisenden Prophetenworte sowie Verweise auf die Auferstehung oder die Parusie Jesu spätere Erklärungen einer Handlung sind, die von Anfang an rätselhaft schien und noch rätselhafter scheinen mußte, als dann der Tempel tatsächlich zerstört wurde.

Weniger gewiß, als daß eine solche Handlung stattgefunden hat und ein solches Wort gesprochen worden ist, scheint mir jedoch die Annahme, daß diese Handlung und dieses Wort unmittelbar die Verhaftung und Hinrichtung zur Folge hatten.

John Dominic Crossan

Auch dieser Text hat programmatischen Charakter. Er intoniert die Jesus-Offenbarung als das Ende des israelitisch-jüdischen Tempelkults. Auf die Frage der Samariterin: »Wo muß man Gott anbeten, auf dem Berg Garizim oder im Jerusalemer Tempel?« antwortet der johanneische Jesus: »Glaube mir, Frau, es kommt die Stunde, wo man weder auf diesem Berg noch in Jerusalem den Vater anbeten wird ..., es kommt die Stunde und jetzt ist sie da, wo die wahren Frommen den Vater anbeten im Geist und in der Wahrheit; denn solcherart sind die Frommen, wie sie der Vater sucht« (vgl. 4,20-24). In den Kapiteln 7 bis 10 gewinnt die Auseinandersetzung mit der jüdischen Tempelfrömmigkeit dramatische Höhepunkte. Sie sind Ausdruck einer Problematik, die zu scharfen Auseinandersetzungen zwischen Juden und Christen geführt hatten und schließlich zum Ausschluß aus der Synagogengemeinde. Dabei nahmen die Christen den Untergang des Tempels im Jahre 70 n. Chr. als griffiges Argument für ihre Position in Anspruch, daß mit der Ablehnung von Person und Botschaft Jesu auch das Ende des Tempelkults gekommen sei. Mit dieser Linie konnten sie sogar traditionelle Denkweisen weiterführen (→ S. 347).

Das Johannesevangelium antwortet also ähnlich wie die drei synoptischen Evangelien auf die aktuelle christliche Konfliktlage. Die Gemeinde grenzte sich immer schroffer vom jüdischen Wurzelgrund ab und stand ihm schließlich nur noch feindlich gegenüber. Um so mehr bleibt die Frage, was denn die Position des historischen Jesus gegenüber dem Tempel gewesen sein könnte.

Zunächst ist der Ort des Textes im Johannesevangelium zu beachten. Während die Synoptiker davon sprechen, daß Jesus erst nach längerem Wirken in Galiläa zum Osterfest nach Jerusalem geht, rückt Johannes das Geschehen demonstrativ an den Anfang des öffentlichen Wirkens. Eine historische Wahrscheinlichkeit dafür gibt es nicht. Zwar wird der Auftakt mit dem Weinwunder in Kana gemacht, weit abgelegen in einem Provinznest und im Rahmen einer Familienfeier, doch gleich darauf betritt »Jesus« eine Bühne, wie sie zentraler und öffentlicher im ganzen Land nicht sein kann. Noch bevor ihn irgendwer kennt, inszeniert er eine Provokation im Tempel.

Schauplatz ist der »Vorhof der Heiden«, ein riesiger Platz von 450 x 300 m, doch unterschlagen Markus wie Johannes diese Abstufung und sprechen einfach vom »Tempel«. Im Vorhof war auch jener Kommerz untergebracht, der zum Funktionieren des Opferbetriebs im Tempel gehörte. Opferwein und Opfertiere wurden angeboten, Geldwechsler tauschten ausländische Währungen in Schekel, die Tempelwährung, um. Daß Jesus dieses riesige und belebte Areal, auf dem zwölfeinhalb Fußballfelder, 120 x 90 m, Platz fänden, »gesäubert« haben könnte, ist auszuschließen. Was etwa hier geschah,wurde dort schon nicht mehr wahrgenommen, weder gesehen noch gehört. Es ist davon auszugehen, daß die Überlieferung mit zunehmender Distanz zur jüdischen Welt das tatsächliche Geschehen immer größer gemacht hat. Eine Vertreibung sämtlicher Händler und Geldwechsler ist unvorstellbar. Vermutlich bestimmte nicht einmal eine symbolische Handlung, sondern ein tempelkritisches Wort das Ausgangsgeschehen.

Die markinische Interpretation arbeitet mit zwei Prophetensprüchen, die antithetisch miteinander verbunden sind. Das erste Zitat geht auf Jes 56,7 zurück: »Mein Haus soll ein Haus des Gebetes heißen für alle Völker.« Hier bezieht sich der Kontext auf die Zulassung von Fremden und »Verschnittenen«, während das Wort bei

El Greco (Dominikus Theotokopulos, 1541–1614), Tempelreinigung, 1610–14.

Markus eine universalistische Tendenz gewinnt: Alle Heidenvölker sollen Zugang zum Jahwe-Glauben, d. h. zum Tempel und seinem Gottesdienst erhalten. Dahinter steht bereits ein Konzept der christlichen Heidenmission.

Das zweite Zitat greift auf die Tempelrede Jer 7,11 zurück: »Ist denn in euren Augen dieses Haus, das meinen Namen trägt, für euch nur eine Räuberhöhle?« (→ S. 251). Während Jeremia in seiner äußerst scharfen Kritik dem Tempel Zerstörung und Untergang ankündigt, beschreibt Markus eher ein mäßigendes Verhalten Jesu, als habe dieser keine grundsätzliche, sondern nur eine Mißbrauch-Kritik vorgetragen. Angesichts der Torafrömmigkeit des historischen Jesus (→ S. 430 ff.) entbehrt es aber jeden Rückhalts zu sagen, Jesus habe für einen opferlosen Kult demonstriert. Jesus bejahte Tempel und Kult. Wenn er das im Vorhof etablierte Geschäftstreiben für den

Otto Pankok (1893–1966),
Die Austreibung der Händler, 1936.

Das Blatt gehört zu einer Holzschnitt-Folge, die 1936 im geistigen Widerstand gegen die nationalsozialistischen Umtriebe entstand. Man kann es in Spannung zu Pankoks Protestplakat gegen die Remilitarisierung der Bundesrepublik Deutschland »Jesus zerbricht das Gewehr« (→ S. 436) sehen. Zweifellos legitimieren die Evangelien beide Aspekte (vgl. S. 134).

Tempel als unwürdig empfand und dies vielleicht mit einer »prophetischen Zeichenhandlung« unterstrich, so entsprach solches Verhalten einem prophetisch-jüdischen Selbstverständnis. Aber eine »Tempelreinigung« hat alle Wahrscheinlichkeit gegen sich. Es ist auch nicht von einer tumultartigen Demonstration auszugehen, vielmehr von einer markinischen Übertreibung, die im Rahmen der späteren Distanz zu Tempel und Judentum ihren Impuls gewann.

Wie wandelt sich die Sache bei Johannes? Wenn er eingangs vom »Paschafest der Juden« (V 13) spricht, läßt er damit gleich seine Distanz zum Judentum und dessen Festen erkennen. Es ist anzunehmen, daß die Christengemeinde zu dieser Zeit schon ihr eigenes Osterfest beging. Zwar zieht Jesus zum Fest nach Jerusalem und sucht den Tempel auf, um ihn jedoch umgehend infrage zu stellen. Auch die nun folgende Handlung fällt entschieden dramatischer aus als bei Markus: Er macht sich aus Stricken eine Peitsche, um damit auf Händler und Wechsler einzuschlagen, stößt die Tische um, schüttet die Kassen mit dem Wechselgeld aus und treibt »alle«, Menschen und Vieh, vom Tempelplatz – ein skandalöser Tumult! »Macht das Haus meines Vaters nicht zu einem Handelshaus!« sagt er dabei, wobei in diesem »Haus meines Vaters« der johanneische Jesus sein besonderes Gottesverhältnis betont. Überdeutlich wird, daß mit der Vertreibung sämtlicher Opfertiere aus dem Tempelbezirk dem bisherigen Tempelkult überhaupt das Ende angesagt werden soll. Stimulanz dafür dürfte für »Jesus« und die spätere Gemeinde die Tradition der prophetisch-biblischen Kultkritik (→ S. 209; 228; 259) gewesen sein. Mit V 19 stellt sich »Jesus« selbst an die Stelle des Tempels. Im Gespräch mit der Samariterin wird sein Wort verallgemeinert. Es läßt den Streit hinter sich, ob in Jerusalem oder auf dem Garizim Gott angebetet werden soll, da wahre Anbetung in Zukunft »in Geist und Wahrheit« geschieht.

Was aber kann den bei Markus und Johannes geschilderten Vorgängen tatsächlich zugrunde liegen? Eine plausible historische Rekonstruktion der Ereignisse scheint die Annahme zu sein, daß Jesus in diesem Frühjahr zum erstenmal nach Jerusalem kam. Ist es nicht denkbar, daß er dort überwältigt wurde von der Realität des Tempels, den er bis dahin als repräsentativsten Ausdruck seines Glaubens gesehen hatte? Angesichts der massiv materiellen Vorgänge, die sich mit dem Verkauf von Opfertieren und deren Schlachtung verbanden, kann ihn die Entrüstung überwältigt haben, seine bis dahin im bäuerlichen Untergaliläa verkündete Reich-Gottes-Botschaft mit diesem Ausdruck der Religion nicht verbinden zu können. Wahrscheinlich bot dann jenes rätselhafte »Tempellogion« Jesu, das in unterschiedlichen Varianten existiert (Mk 13,1 f.; 14,58; Mt 26,61; Joh 2,19; Apg 6,14; ThEv 71), den Anstoß zum Konflikt. Dessen Kern könnte die Ankündigung eines neuen Tempels anstelle des bestehenden gewesen sein, wenngleich der herodianische Tempel immer noch Baustelle war. Dann zielte der mutmaßliche Sinn seiner Rede auf die anbrechende Gottesherrschaft, die ein neues, unmittelbares Gottesverhältnis bewirken werde, das eine andere Ordnung kultischer Verehrung begründe. Damit dürfte er das Selbstverständnis des sadduzäischen Priesteradels und dessen Ordnungsvorstellung verletzt haben, so daß sich dieser um seine Ausschaltung bemühte (Mk 11,18). Die stabile Kooperation zwischen dem ungewöhnlich lange amtierenden Hohenpriester Kajaphas (18–37 n. Chr.) und dem römischen Prokurator Pilatus (26–36) wird es leicht gemacht haben, die römische Verwaltung dafür als ausführendes Organ zu gewinnen.

Ich bin mir nicht sicher, ob arme galiläische Bauern zu allen großen Festen des Tempels nach Jerusalem reisen konnten. Ich halte es deshalb für sehr wohl möglich, daß Jesus nur ein einziges Mal nach Jerusalem kam und, nachdem er in Galiläa spirituellen und ökonomischen Egalitarismus gepredigt hatte, dort im Tempel als dem Sitz und Symbol des sowohl in religiöser als auch in politischer Hinsicht Nicht-Egalitären, des Patronalen und sogar der Unterdrückung von der Entrüstung hingerissen wurde. Mit der symbolischen Zerstörung des Tempels aktualisierte er nur, was er schon zuvor in seiner Predigt gelehrt, in seinen Heilungen bewirkt und in seiner Mission offener Tischgemeinschaft verwirklicht hatte ... Ich glaube, daß sie sich tatsächlich ereignet hat; und daß sie, wenn sie während des Paschafestes geschah, leicht zur Verhaftung und Hinrichtung hätte führen können.

John Dominic Crossan

Jesus und die Samariterin

Das Gespräch am Jakobsbrunnen

1 Als nun Jesus erfuhr, die Pharisäer hätten gehört, Jesus mache und taufe mehr Jünger als Johannes – 2 obschon Jesus selber nicht taufte, sondern seine Jünger –, 3 da verließ er Judäa und zog abermals nach Galiläa. 4 Er mußte aber durch Samaria hindurchziehen. 5 Er kommt also in eine Stadt Samarias, genannt Sychar, nahe dem Landstück, das Jakob seinem Sohn Josef gegeben. 6 Es war aber dort eine

Quelle Jakobs. Abgemüht von der Reise setzte sich Jesus also an der Quelle nieder. Es war um die sechste Stunde.

7 Kommt eine Frau aus Samaria, um Wasser zu schöpfen. Sagt Jesus zu ihr: Gib mir zu trinken. 8 Seine Jünger waren nämlich zur Stadt gegangen, um Zehr zu kaufen. 9 Sagt also die samaritische Frau zu ihm: Wie kannst du, ein Jude, von mir, einer samaritischen Frau, zu trinken begehren? – Juden verkehren nämlich nicht mit Samaritern. 10 Jesus hob an und sprach zu ihr: Wenn du die Gabe Gottes kenntest und wer es ist, der zu dir sagt: Gib mir zu trinken, so hättest du ihn gebeten, und er hätte dir lebendiges Wasser gegeben. 11 Sagt die Frau zu ihm: Herr, du hast keinen Eimer, und der Brunnen ist tief. Woher willst du also das lebendige Wasser haben? 12 Du bist doch nicht größer als unser Vater Jakob, der uns den Brunnen gegeben und selber aus ihm getrunken hat, samt seinen Söhnen und seinem Vieh. 13 Jesus hob an und sprach zu ihr: Jeder, der von diesem Wasser trinkt, wird abermals dürsten. 14 Wer aber von dem Wasser trinkt, das ich ihm gebe, der wird nicht dürsten – nicht auf Weltzeit hin. Vielmehr: Das Wasser, das ich ihm gebe, wird ihm zur Quelle eines Wassers, das sprudelt zu unendlichem Leben. 15 Sagt die Frau zu ihm: Herr, gib mir dieses Wasser, daß ich nicht mehr durstig werde und hierher zum Schöpfen kommen muß. 16 Sagt er zu ihr: Geh, ruf deinen Mann und komm wieder her. 17 Die Frau hob an und sprach zu ihm: Einen Mann habe ich nicht. Sagt Jesus zu ihr: Recht hast du gesprochen: Einen Mann habe ich nicht. 18 Fünf Männer hast du ja gehabt und jetzt hast du einen, der nicht dein Mann ist. Da hast du Wahres gesagt.

19 Sagt die Frau zu ihm: Herr, ich schaue: Du bist ein Prophet. 20 Unsere Väter haben auf diesem Berg sich tief verneigt. Doch ihr sagt, in Jerusalem sei der Ort, wo man sich tief verneigen müsse. 21 Sagt Jesus zu ihr: Glaube mir, Frau: Die Stunde kommt, da ihr euch weder auf diesem Berg noch in Jerusalem vor dem Vater tief verneigen werdet. 22 Ihr verneigt euch tief vor dem, den ihr nicht kennt, wir verneigen uns tief vor dem, den wir kennen. Gewiß: Die Rettung kommt aus den Juden. 23 Aber: Die Stunde kommt – und jetzt ist sie da –, wo jene, die sich wahrhaft tief verneigen, sich vor dem Vater in Geist und Wahrheit tief verneigen werden. Und solche sucht ja der Vater, daß sie sich tief vor ihm verneigen. 24 Geist ist Gott, und die sich tief verneigen vor ihm – in Geist und Wahrheit müssen sie sich tief verneigen. 25 Sagt die Frau zu ihm: Ich weiß: Der Gesalbte – der Messias genannte – kommt. Wenn er kommt, tut er uns alles kund. 26 Sagt Jesus zu ihr: Ich bin es – ich, der mit dir redet.

Die Aufnahme Jesu bei den Samaritern

27 Und darüber kamen seine Jünger. Und sie waren erstaunt, daß er mit einer Frau redete. Aber keiner sprach: Was suchst du?, oder: Was redest du da mit ihr? 28 Nun ließ die Frau ihren Krug und lief weg in die Stadt und sagt zu den Menschen: 29 Auf, seht einen Menschen, der zu mir über alles sprach, was ich getan habe. Ist der etwa der Messias? 30 Sie gingen aus der Stadt heraus und kamen zu ihm.

31 Inzwischen baten ihn die Jünger und sagten: Rabbi, iß! 32 Er aber

Joest von Kalkar (1460–1519), Christus und die Samariterin, Hauptaltar St. Nicolai, Kalkar, 1505–08.

sprach zu ihnen: Ich habe eine Speise zu essen, die ihr nicht kennt.
33 Sagten die Jünger zueinander: Ob ihm etwa einer zu essen brachte?
34 Sagt Jesus zu ihnen: Meine Speise ist, daß ich den Willen dessen tue,
der mich ausgeschickt hat, und sein Werk vollende. 35 Sagt nicht ihr
selber: Noch vier Monde, dann kommt die Ernte. Da! Ich sage euch:
Hebt eure Augen und schaut: Die Ländereien sind weiß zur Ernte.
36 Schon empfängt der Schnitter Lohn und sammelt Frucht zu unendlichem Leben, so daß der Sämann sich zugleich mit dem Schnitter
freut. 37 Ja, hierin ist das Sprichwort wahr: Einer ist der Sämann, ein
anderer der Schnitter. 38 Ich habe euch gesandt, zu ernten, um was
ihr euch nicht gemüht habt. Andere haben sich gemüht, und ihr seid
in ihre Mühe eingetreten.
39 Aus jener Stadt aber wurden viele von den Samaritern glaubend an
ihn – auf das Wort der Frau hin, die bezeugt hatte: Er hat zu mir über
alles gesprochen, was ich getan habe. 40 Als nun die Samariter zu ihm
kamen, baten sie ihn, daß er bei ihnen bleibe. Und er blieb dort zwei
Tage. 41 Und es wurden ihrer noch viel mehr glaubend – auf sein
Wort hin. 42 Und sie sagten zu der Frau: Nicht mehr auf deine Rede
hin glauben wir. Wir haben selber gehört und wissen: Der ist in Wahrheit der Retter der Welt.

Joh 4,1-42

Wie immer im Johannesevangelium sind die Pharisäer die eigentlichen Gegner Jesu. Seine Gemeinde erfährt sie als die Säulen des toratreuen Judentums nach der Zerstörung Jerusalems und
des Tempels. Sie müssen hier als »literarische Gegenspieler« verstanden werden. Diese Notiz in V 1 wie das ganze folgende Stück belegen
das theologische Interesse des ausgehenden Jahrhunderts. Auch die
Anrede Jesu als »Herr«, Kyrios, ist bereits christologische Hoheitsbe-
zeichnung. Mit der Lokalisierung des Gesprächs in Samaria kann
sich sogar ein aktuelles Missionsinteresse verbinden. Insgesamt bestimmt johanneisches Denken und Sprechen das Kapitel, ein dahinter stehender »historischer Ansatz« läßt sich nicht ausmachen, ist
aber auch nicht auszuschließen.

Sein Erfolg, der Jesus immer mehr Jünger zuführte, soll den Arg-
wohn der Pharisäer geweckt haben. Auch 11,47 und 12,19 sagen sie:
»Die ganze Welt läuft ihm nach.« Für »Jesus« Grund genug, ihnen
aus den Augen nach Galiläa zu gehen – auf kürzestem Weg über Sychar, dem alten Sichem und heutigen Nablus. Die weiteren Ortsbe-
stimmungen, zumal die Verbindung mit dem »Jakobsbrunnen«, dienen der Konkretion und geben dem Geschehen Tiefenbezüge.

Das sich nun am Brunnen entwickelnde Gespräch zwischen
Jesus und der samaritischen Frau kennzeichnet jene stilistischen
Merkmale, die alle johanneischen Dialoge aufweisen, und für die
gleich der Gesprächsbeginn ein Muster liefert: Jesus bittet die
Frau um Wasser, da sie selbst gerade Wasser schöpft. Die Frau erfüllt
Jesus diesen Wunsch, obwohl sie sich darüber wundert, daß ein jüdischer Mann sie unbekümmert anspricht, was ihr angesichts der
mißgünstigen Distanz zwischen Juden und Samaritern (→ S. 294)
erstaunlich scheint. Doch führt ihr Erstaunen sogleich über den

Wasser

Wasser, du hast weder Geschmack
noch Farbe noch Aroma. Man kann
dich nicht beschreiben. Man schmeckt
dich, ohne dich zu kennen. Es ist nicht
so, daß man dich zum Leben braucht:
Du selber bist das Leben! Du durch-
dringst uns als Labsal, dessen Köstlich-
keit keiner unserer Sinne auszudrücken
fähig ist. Durch dich kehren uns alle
Kräfte zurück, die wir schon verloren
gaben. Dank deiner Segnungen fließen
in uns wieder alle bereits versiegten
Quellen der Seele. Du bist der köstlich-
ste Besitz der Erde. Du bist auch der
empfindsamste, der rein dem Leib der
Erde entquillt ... Du schenkst uns ein
einfaches und großes Glück.

Antoine de Saint-Exupéry

Kyrios (griech. »Herr«). Entgegen der
vorherrschenden Überzeugung, daß
Jesus sich weder als K. betrachtete,
noch mit diesem Titel angesprochen
wurde, belegt die neuere Forschung
das Wort im jüdisch-aramäischen
Sprachgebrauch als verbreitet. Das
zwingt dazu, diese Anrede auf jüdisch-
aramäischem Hintergrund zu verstehen
und gegenüber dem späteren hellenistischen Gemeindegebrauch, der
die Gottesdienstsprache geprägt hat,
abzugrenzen.

511

Anlaß hinaus Jesus auf einer neuen Ebene nun nicht mehr von Trinkwasser, sondern von »lebendigem Wasser« spricht, das den Charakter der »Gabe Gottes« hat. Damit verschiebt sich das Gespräch von der realen in die symbolische Ebene, wenngleich die Frau auf ihrem Niveau bleibt. Zwar erfaßt sie einen höheren Anspruch Jesu: »Du bist doch nicht größer als unser Vater Jakob ...« (V 12), was der Autor dieses Dialogs natürlich bejaht. Das wie immer gesprächstechnisch bei Johannes verwendete »Mißverständnis« bietet ihm die Möglichkeit, das Symbol des »lebendigen Wassers« mehr zu verdeutlichen. Es ist von einer Art, die nie wieder dürsten läßt, ja, es wird sogar »zu einer Quelle, deren Wasser fortquillt zum ewigen Leben«. Während die Frau auf der Alltagsebene verharrt, spricht »Jesus« mythisch und entwirft eine Vision göttlichen Lebens, das aber schon hier den Menschen kräftigen und erfüllen kann. Davon zeigt sich die Frau zwar angerührt und bittet: »Herr, gib mir dieses Wasser«; sie möchte das Wunderwasser haben, um nicht mehr zum Brunnen gehen zu müssen.

Hier wird das Gespräch unterbrochen: »Geh, rufe deinen Mann und komm wieder her!« (V 16). Ihre Antwort gibt »Jesus« Gelegenheit, sein übernatürliches Wissen über die Menschen kundzutun, indem er ihre extreme Biographie erkennt, die schlechterdings nicht zu erraten ist. Doch auch die Frau erweist sich verstehensfähig. Sie erkennt, daß Jesus ein Prophet ist und stellt ihm darum eine Frage, die nur Propheten beantworten können: Ob der Ort der Anbetung Gottes, wie ihre Vorfahren sagen, auf dem Berge Garizim oder aber in Jerusalem sei, wie die Juden beanspruchen. In dieser Frage gibt sich die Frau als Gottsucherin zu erkennen. Jesus erklärt ihre Frage für überholt. Gottesverehrung ist nicht an einen Ort gebunden, weil wahre Anbetung »in Geist und Wahrheit« geschieht (V 21.23), was die Heiligtümer belanglos macht, jedenfalls relativiert, denn da Gott Geist ist, kann ihn nur anbeten, wer an diesem Geist teilhat. Die Kennzeichnung Gottes als Geist (griech. *pneuma*) meint keine Wesensaussage, sondern die Unverfügbarkeit und Lebendigkeit Gottes.

Erneut ist anschließend von »der Stunde« die Rede (V 21.23), jenem Zeitpunkt, der die endzeitliche Epoche eröffnet (→ S. 504), in der sich die Frage nach Kultorten überholt. Die Einschaltung V 22 läßt die jüdische Herkunft des Verfassers erkennen. Trotz seiner Polemik, die er gegen »die Juden« in seinem Evangelium vorträgt, bekennt er sich zum jüdischen Erbe, das in Jesus unwiderruflich besteht. V 23 führt das Gespräch weiter. Für die johanneische Gemeinde ist der von den Toten auferweckte, lebendige Jesus Christus an die Stelle des Tempels getreten, und darum sieht sich die christliche Gemeinde für ihre Gottesdienste auch nicht mehr an eine bestimmte Topographie für ihren Kult gebunden. Der wahre »Ort Gottes« ist nun die Gemeinde der Jesus-Jünger. Hinter dieser Sicht mag einerseits die Tradition des Synagogen-Gottesdienstes stehen, doch können auch »spiritualistische« Strömungen des hellenistischen Judentums beteiligt sein, was nicht zuletzt den großen Erfolg des Johannesevangeliums bei den griechisch-christlichen Intellektuellen erklärt.

V 27 bringt einen Szenenwechsel. Die Jünger Jesu haben Proviant besorgt und wundern sich, daß sich Jesus in aller Öffentlichkeit mit

Samaria hat im Johannesevangelium eine positive Bedeutung: »Während die ganze ›Welt‹ die Botschaft abzulehnen scheint, wird sie hier ausnahmsweise positiv aufgenommen. Die Geschichte von der samaritanischen Frau erzählt indirekt von der Gründung des samaritanischen Christentums. Daß Christus selbst ein ›Samariter‹ genannt wird (8,48), paßt ins Bild« (Gerd Theißen). Hinzu kommt die besondere Bedeutung, die im Johannesevangelium Philippus beigemessen wird. An ihn wenden sich die »Griechen« mit der Bitte, eine Begegnung mit Jesus zu vermitteln (Joh 12,20 ff.). Die Apostelgeschichte 8,4-13 stellt ihn als den großen Missionar in Samaria vor.

einer Frau unterhält, was gegen die »gute Sitte« verstößt. Dennoch stellen sie dazu keine mißbilligenden Fragen. Die Frau ihrerseits läßt den Wasserkrug stehen und eilt nun in die Stadt, ihre ungewöhnliche Erfahrung mitzuteilen: »Ist der etwa der Messias?« (V 29). Das anschließende Gespräch mit den Jüngern wiederholt in einer ähnlichen Metaphorik, was zuvor Thema zwischen Jesus und der Samariterin war. Sie sagen: »Rabbi, iß!« Er darauf: »Ich habe eine Speise zu essen, die ihr nicht kennt ...« – das typische »Mißverständnis«. Die erste »Erläuterung« Jesu bringt Anklänge an Mt 4,4: »Nicht vom Brot allein lebt der Mensch, sondern von jedem Wort, das aus dem Munde Gottes kommt« (vgl. Dtn 8,3). Dann geht der Text zu einem offenbar neuen Thema über, das den Jüngern dunkel bleibt, das aber christliche Leser deuten können: Die Wendung »vier Monate noch bis zur Ernte« meint, »den zweiten Schritt nicht vor dem ersten tun« oder anders gesagt: »Eile mit Weile«. Aussaat und Ernte fallen nicht zusammen, nie werden sich Sämann und Schnitter begegnen. Bei dem Geschehen jedoch, das Jesus meint, können sie sich begegnen. Die weißen Erntefelder (V 35) könnten auf die Samariter verweisen, die, der Botschaft der Frau folgend, schon zur Ernte kommen (V 30). In der erzählten Situation ist die Ernte noch ferne Zukunft, für die gegenwärtige Johannes-Gemeinde aber ist sie bereits da. Längst zeigt sich die samaritische – und darüber hinaus die heidnische – Welt für das Evangelium bereit. Die Zeit der Ernte steht also an, worüber sich Sämann und Schnitter, Jesus und die Jünger gemeinsam freuen sollen.

Jesus und die Ehebrecherin

A. Paul Weber (1893–1980), Die Sünderin, 1961.

7,53 Und jeder ging nach Hause. 8,1 Jesus aber ging auf den Ölberg. 2 Doch im Morgengrauen stellt sich Jesus abermals im Heiligtum ein. Und alles Volk lief zu ihm hin. Und er setzte sich und lehrte sie. 3 Und die Schriftgelehrten und die Pharisäer führen eine beim Ehebruch ertappte Frau herbei und stellen sie in die Mitte. 4 Und sie sagen zu ihm: Lehrer, diese Frau ist auf frischer Tat als Ehebrecherin ertappt worden. 5 Im Gesetz nun hat Mose uns Weisung gegeben, solche zu steinigen. Und du – was sagst du? 6 Das aber sagten sie, um ihn zu versuchen, auf daß sie gegen ihn zu klagen hätten. Jesus aber beugte sich nieder und schrieb mit dem Finger auf die Erde. 7 Doch als die dabei blieben zu fragen, beugte er sich hoch und sprach zu ihnen: Der von euch, der ohne Sünde ist, werfe als erster einen Stein auf sie. 8 Und abermals beugte er sich nieder und schrieb auf die Erde.

9 Als sie das jedoch gehört hatten, gingen sie hinaus, einer nach dem andern – von den Ältesten angefangen. Und er blieb – er allein und die Frau, die in der Mitte stand. 10 Da beugte Jesus sich hoch und sprach zu ihr: Frau, wo sind sie? Hat keiner dich verurteilt? 11 Sie aber sprach: Keiner, Herr! Da sprach Jesus: Auch ich verurteile dich nicht: Geh! Von jetzt an sündige nicht mehr.

Joh 7,53-8,11

Artikel 307: »Jeder volljährige Muslim, gleich welchen Geschlechts, der sich des Ehebruchs schuldig macht, wird öffentlich bestraft, ist er ledig, mit hundert Peitschenschlägen und einem Jahr Gefängnis ... Beim verheirateten oder geschiedenen Paar wird in jedem Fall die Todesstrafe durch Steinigung (*Radschum*) ausgesprochen. Ist die Frau schwanger, so wird die Steinigung oder Geißelung bis zur Niederkunft ausgesetzt.« (Um die Strafe, welche die Scharia auf Ehebruch setzt, ausführen zu dürfen, müssen vier unbescholtene Zeugen das Geschehen beobachtet haben – was ihren Vollzug äußerst erschwert.)

Für die Religionen der Welt ist Joh 8,3-12 ein aufregendes Paradigma: Ein Prophet, ein religiöser Mensch, und eine ehebrecherische Frau stehen sich gegenüber. Was wird geschehen? Wird der Mann die Autorität der Heiligen Schrift gegen die Frau in Anspruch nehmen? Ihr Moral predigen? Nichts davon. Jesus sagt nur zu der Frau: »So verurteile ich dich auch nicht. Geh und sündige von jetzt an nicht mehr!«

Dieses »So verurteile ich dich auch nicht« ist ein Lichtblick der Religionsgeschichte. Der Nachwelt ging und geht diese Akzeptanz zu weit. In den Kirchen tut man sich schwer, ebenso wie Jesus jene an ihren Tisch zu laden, die mit dem Gesetz kollidieren. Und auch dem Islam scheint es undenkbar, eine Gesetzlichkeit aufzugeben, die bereits siebenhundert Jahre vor seiner eigenen Geschichte für die Menschheit insgesamt überwunden wurde.

*D*ieses Stück gehört nicht zum ursprünglichen Bestand des Johannesevangeliums; in den wichtigsten alten Handschriften ist es noch nicht enthalten. Zwar besaß der Text wohl immer die Autorität einer authentischen Jesus-Geschichte, fand jedoch in keinem synoptischen Evangelium Aufnahme. Grund dafür ist der Vorgang, den sie erzählt. Die lange Heimatlosigkeit dieser Erinnerung spiegelt die Spannung zwischen der Jesusüberlieferung und den Interessen der Kirchendisziplin. Da die junge Kirche in der Behandlung von Ehescheidung, Ehebruch und sexueller Freizügigkeit zu Strenge neigte, empfand sie die Milde, mit der Jesus die Frau behandelte, als störend. Daß die Erzählung trotzdem ins Johannesevangelium aufgenommen wurde, ist ein Sieg der Jesustradition über die Kirchenordnung und zugleich ein Argument dafür, daß man die Überlieferung als authentisch betrachtete.

Die Situation wird im Tempel angesiedelt. Dort nimmt Jesus am frühen Morgen die zuvor dargestellte Lehrtätigkeit wieder auf. Das hinzuströmende Volk ist als Hintergrund der folgenden Szene unentbehrlich. Da bringen »die Schriftgelehrten und die Pharisäer« – eine Gruppierung, die das Johannesevangelium im Gegensatz zu den Synoptikern nicht kennt – eine Frau, die beim Ehebruch in flagranti ertappt worden war. Sie stellen die Frau »in die Mitte«. So wird sie zum dramatischen Zentrum der folgenden Inszenierung.

Zunächst wird der Tatbestand vorgetragen. Daran schließt sich eine Frage an, von der V 6 sagt, daß es eine »Fangfrage« gewesen sei: »Mose hat uns im Gesetz vorgeschrieben, solche Frauen zu steinigen. Und du – was sagst du?« Daß diese Frage Jesus zur Falle werden könnte, erinnert an die ähnliche Konstruktion anläßlich der Steuermünze, von der Mk 12,13-17 erzählt. Hier liegt aber kein Streitgespräch vor, auch kein juristischer Fall, sondern es geht um das Schicksal der beschämten Frau in der Mitte. Jesus läßt sich auf eine mögliche Alternative zum angesprochenen mosaischen Gesetz Dtn 22,22 ff. gar nicht erst ein, umgeht also die »Falle«, läßt die Fragensteller mitsamt der Frau scheinbar unbeachtet stehen, indem er sich bückt und mit dem Finger auf die Erde schreibt. Unter den vielen Deutungen, die diese Geste fand, erscheint die Bezugnahme auf Jer 17,13 hilfreich. Dort heißt es: »Jahwe, du Hoffnung Israels! Alle, die dich verlassen, werden zuschanden, die sich von dir abwenden, werden in den Staub geschrieben, denn sie haben Jahwe verlassen, den Quell lebendigen Wassers.« Dann wäre die Geste Jesu als Zeichenhandlung zu verstehen, als eine Erklärung, daß alle Menschen ohne Ausnahme vor Gott Sünder sind. Jedenfalls paßt diese Deutung widerspruchsfrei zum Fortgang der Handlung.

Dennoch scheinen die Ankläger die Geste nicht verstanden zu haben, denn sie fragen hartnäckig weiter (V 7). Da stellt ihnen Jesus eine souveräne und entwaffnende Gegenfrage, die im Nu die konstruierte Falle aufbricht: »Der von euch, der ohne Sünde ist, werfe als erster einen Stein auf sie.« Ein Satz, der bewußtseinsgeschichtlich zum Meilenstein wurde, wenngleich er im Denken der Völker und Religionen noch immer nicht eingeholt ist. Die Aufforderung, den ersten Stein zu werfen, spielt auf den Brauch an, daß bei Vollstreckung eines Todesurteils auf Steinigung die Zeugen den ersten Stein werfen sollten, um so die volle Verantwortung für die Hinrichtung zu übernehmen. »Wer will als Zeuge gegen diese Frau auftreten, wenn er das Zeugnis Gottes gegen sich selbst hat?« lautet also die Gegenfrage Jesu. Wenn Jesus sich an-

Max Beckmann (1884–1950), Christus und die Sünderin, 1917.

Gegenüber der Gestalt Jesu erscheint die kniende Sünderin von einer Kleinheit, die ihre Ausgeliefertheit und Hilflosigkeit deutlich macht. Vor der bedrohenden und höhnenden Männerhorde findet sie allein bei Jesus Schutz, der sich abwehrend und bergend vor sie stellt. In dieser Zuwendung ist die Frau so aufgehoben, daß sie ihre Umwelt ausschaltet und die Augen schließt. Ihre roten Haare, die nackten Brüste verlieren durch das verinnerlichte Vertrauen alle Bedeutung. Der Mann hinter ihr ist mit Kapuzenüberwurf, blutiger Schürze, gebogenem kurzen roten Säbel und Strumpfhosen wie ein Schlachter oder Henker gekleidet. Seine Körpersprache drückt Überheblichkeit und Spott aus: »Seht nur, dieses Flittchen!« Zugleich verurteilt er auch Jesus in dessen Solidarisierung mit der angeklagten Frau, ohne daß er diesem in seiner Integrität und Sicherheit etwas anhaben könnte. Der Gegensatz zwischen der ruhigen und ernsten Würde Jesu und der mit spitzem Zeigefinger verurteilenden Knechtsgestalt läßt den Spötter und mit ihm den übrigen Pöbel als dumm und verbohrt erscheinen.

schließend wieder bückt, um weiter auf die Erde zu schreiben, so sagt sein symbolisches Tun: Gott schreibt alle Menschen als Sünder in den Staub; bei ihm allein liegt das Gericht. In der synoptischen Tradition begegnen öfter solche knappen Jesusworte, die unerwartet eine Situation entscheiden. Auch wendet sein Wort das Blatt: »Einer nach dem anderen ging fort, zuerst die Ältesten«, womit diesmal nicht die Mitglieder des Hohen Rats gemeint sind, sondern die mit der längsten Lebensgeschichte; sie wissen am besten Bescheid über Verstrickungen und Schuld und haben dem Wort Jesu am wenigsten entgegenzusetzen. Allein die Frau und Jesus bleiben zurück. Noch immer steht die Frau als Angeklagte da, noch immer ist Jesus als ihr Richter herausgefordert. Aber auch er will nicht richten, sondern Künder der Güte und Barmherzigkeit Gottes sein: »Frau, wo sind sie? Hat keiner dich verurteilt?« – »Keiner, Herr.« – »Auch ich verurteile dich nicht: Geh! Von jetzt an sündige nicht mehr!«

Die Szene wird von einem außergewöhnlichen Feingefühl bestimmt. Dieser Jesus übergeht die Schuldfrage, versagt sich jede Rückfrage nach Umständen und Recht der Anklage; er untersucht nichts, er richtet nicht. Sein Wort befreit, schenkt neues Leben und neuen Mut, ohne zu billigen, was die Frau tat. Statt einen Weg zu beenden, wird ein neuer eröffnet.

Erweckungsgeschichten

Nach einiger Zeit erkrankte der Sohn der Witwe, der das Haus gehörte. Die Krankheit verschlimmerte sich so, daß zuletzt kein Atem mehr in ihm war. Da streckte sich Elija dreimal über den Knaben hin, rief zu Jahwe ... und Jahwe erhörte das Gebet Elijas. Das Leben kehrte in den Knaben zurück, und er lebte wieder auf (1 Kön 17,19 ff.).

Als Elischa in das Haus kam, lag das Kind tot auf seinem Bett. Er trat an das Bett und warf sich über das Kind; er legte seinen Mund auf dessen Mund, seine Augen auf dessen Augen, seine Hände auf dessen Hände. Als er sich so über das Kind hinstreckte, kam Wärme in dessen Leib. Nun rief Elischa seinen Diener Gehasi und befahl ihm, die Schunemiterin zu rufen. Er rief sie, und als sie kam, sagte der Gottesmann zu ihr: Nimm deinen Sohn! (2 Kön 4,32 ff.).

Die »zeichenhafte« Erweckung des Lazarus von den Toten

17 Als Jesus nun kam, fand er ihn seit vier Tagen schon im Grabe. 18 Betanien war aber nahe bei Jerusalem – etwa fünfzehn Stadien entfernt. 19 Viele von den Juden waren also zu Marta und Maria gekommen, um ihnen wegen des Bruders zuzusprechen. 20 Marta nun, wie sie hörte, daß Jesus kommt, ging ihm entgegen. Maria aber saß zu Hause. 21 Sprach nun Marta zu Jesus: Herr, wärst du hier gewesen – nicht gestorben wäre mein Bruder. 22 Doch auch jetzt weiß ich: Was alles du von Gott erbittest: Gott wird es dir geben. 23 Sagt Jesus zu ihr: Auferstehen wird dein Bruder. 24 Sagt Marta zu ihm: Ich weiß, daß er auferstehen wird – bei der Auferstehung am Letzten Tag. 25 Sprach Jesus zu ihr: Ich bin die Auferstehung und das Leben. Wer an mich glaubt: Auch wenn er stirbt – wird er leben. 26 Und jeder, der lebt und an mich glaubt, nimmermehr stirbt er – nicht auf Weltzeit hin! Glaubst du das? 27 Sagt sie zu ihm: Ja, Herr! Ich bin zum Glauben gekommen, daß du der Messias bist, der Sohn Gottes: Er, der in die Welt kommen soll.

28 Und als sie das gesagt hatte, ging sie und rief ihre Schwester Maria. Und heimlich sprach sie: Der Lehrer ist da und ruft dich. 29 Jene aber, als sie es hörte, richtete sich schnell auf und ging zu ihm. 30 Jesus war noch nicht ins Dorf gekommen, sondern noch am Ort, wo Marta ihm begegnet war. 31 Die Juden nun, die bei ihr im Hause waren und ihr zusprachen, hatten gesehen, daß Maria schnell aufgestanden und hinausgegangen war. Sie folgten ihr, wähnend, sie gehe zum Grab, um dort zu weinen.

32 Wie Maria nun dahin kam, wo Jesus war, sah sie ihn, fiel zu seinen Füßen nieder und sagte zu ihm: Herr, wärest du hier gewesen, so wäre mir der Bruder nicht gestorben. 33 Wie Jesus sie nun weinen sah, und wie auch die mit ihr gekommenen Juden weinten, fuhr er im Geist jäh auf und geriet durcheinander. 34 Und er sprach: Wo habt ihr ihn hingelegt? Sie sagen zu ihm: Herr, komm und sieh. 35 Jesus weinte. 36 Da sagten die Juden: Sieh, wie er ihm Freund war! 37 Einige von ihnen aber sprachen: Hat er, der des Blinden Augen geöffnet, nicht machen können, daß dieser nicht sterben mußte? 38 Abermals jäh auffahrend geht Jesus zum Grab. Es war eine Höhle und ein Stein lag darauf. 39 Sagt Jesus: Hebt den Stein weg! Sagt zu ihm Marta, die Schwester des Gestorbenen: Herr, er riecht schon; es ist ja der vierte Tag. 40 Sagt Jesus zu ihr: Habe ich zu dir denn nicht gesprochen, du werdest – wenn du glaubst – die Herrlichkeit Gottes sehen? 41 Hoben sie also den Stein weg. Jesus aber hob die Augen nach oben und sprach: Vater, ich danke dir, daß du mich erhört hast.

42 Ich wußte wohl, daß du mich allezeit erhörst. Aber um der Leute willen, die herumstehen, sprach ich es aus, damit sie glauben, daß du mich gesandt hast.

43 Und als er das gesprochen, rief er mit gewaltiger Stimme: Lazarus! Auf, heraus! 44 Heraus kam der Tote, mit Streifen an Füßen und Händen gebunden, und sein Gesicht mit einem Schweißtuch umwunden. Sagt Jesus zu ihnen: Macht ihn los, und laßt ihn gehen.

Joh 11,17-44

*H*ier geht die johanneische Erzählkunst wieder eigene Wege. Es ist zu erinnern, daß sie nicht auf der Ebene alltäglicher Verständigung angesiedelt ist, sondern sich gerne symbolischer und mythischer Ausdrucksweisen bedient und auch in Paradoxien denkt. Eine Historizität der erzählten Welt ist nicht zu unterstellen.

Erste Szene (1-16): Am Ostufer des Jordan. Dort erreicht Jesus die Nachricht von der Erkrankung des Lazarus. Der Name Lazarus, eine Spielform von Eleasar, wurde vielleicht durch Lk 16,19-31 angeregt, kann aber auch eine Bildung des Evangelisten sein. Dieser hat seinerseits Maria und Marta zu Schwestern des Lazarus erklärt. Die beiden Frauen werden in die Erzählung aufgenommen, weil sie zur Entfaltung des theologischen Gesprächs gebraucht werden. Schon die erste Reaktion Jesu auf die Nachricht von der Krankheit des Lazarus zeigt an, wo die Geschichte anzusiedeln ist: auf einer theologischen, keiner historischen Ebene. Normal menschlich geurteilt ist die Reaktion Jesu sehr befremdlich und eine Verweigerung des erwarteten Freundschaftsdienstes. Theologisch betrachtet, soll sie deutlich machen, daß Jesu Wirken Gottes Wirken ist, dem auch der Tod nicht widersteht. Die erzählte Welt entzieht sich also einer historischen Betrachtung und gewinnt symbolischen Charakter. Das absichtliche Verschieben des Aufbruchs (V 6) ist ein typisch johanneisches Stilmittel, um die Erzählung von der realen auf eine theologische Ebene zu verlagern.

Zweite Szene (17-27): Vor Betanien. Dem Erzähler steht das kleine Dorf Betanien vor Augen, nur 3 km östlich von Jerusalem. Der weite Weg vom Ostufer des Jordan bis hierhin findet keine Erwähnung, doch sind inzwischen vier Tage seit dem Tod des Lazarus vergangen. Diese Zeitangabe soll gegenüber den Erweckungsgeschichten bei den Synoptikern (vgl. Mk 5,21-43; Lk 7,11-17) eine bewußte Steigerung bringen. Der verbreiteten Vorstellung, die Seele eines Toten kehre noch drei Tage lang zum Grabe zurück, um sich erst danach endgültig vom toten Körper zu trennen, mußte der »vierte Tag«, zumal die Verwesung bereits eingesetzt hatte, den Tod als endgültig unumkehrbar belegen. So kommt Marta Jesus entgegen und beklagt das Zuspät. Dennoch fügt sie ein Wort großen Vertrauens an: »Aber auch jetzt weiß ich: Alles, worum du Gott bittest, wird Gott dir geben« (V 22). Dem begegnet der johanneische Jesus mit einer allgemeinen Glaubenshoffnung: »Dein Bruder wird auferstehen!«, worauf Marta mit katechismusartiger Formelhaftigkeit antwortet: »Ich weiß, daß er auferstehen wird bei der Auferstehung am Letzten Tag« (V 24). Daran knüpft »Jesus« eine feierliche Ich-bin-Aussage: »Ich bin die Auferstehung und das Leben; wer an mich glaubt, wird leben, auch wenn er stirbt, und jeder, der lebt und an mich glaubt, wird auf ewig nicht sterben« (V 25-26). Diese programmatische Aussage erklärt in Jesus bereits gegenwärtig, was allgemein erst vom Ende der Zeit erwartet wird. Damit verbindet sich der zweite Aspekt: Auch wenn der zeitliche Tod keinem erspart bleibt, erschließt der Glaube an Jesus doch unsterbliches Leben. Hinter dieser johanneischen Theologie mag der Gottesdienst seiner Gemeinde stehen, vielleicht sogar eine bestimmte Form der Osterfeier, in der die Gegenwart Christi und seines Geistes immer neu ergriffen wurde. Die Antwort Martas (V 27) faßt den christlichen Glauben, wie ihn der Evangelist versteht, in einer christologischen Bekenntnisformel zusammen. Die zweite Szene insgesamt ist eine erzählerisch-dialogisch entfaltete Katechese.

Als Jesus den Lärm bemerkte und hörte, wie die Leute laut weinten und jammerten, trat er ein und sagte zu ihnen: Warum schreit und weint ihr? Das Kind ist nicht gestorben, es schläft nur. Da lachten sie ihn aus. Er aber schickte alle hinaus und nahm außer seinen Begleitern nur die Eltern mit in den Raum, in dem das Kind lag. Er faßte das Kind an der Hand und sagte zu ihm: Talita kum!, das heißt übersetzt: Mädchen, ich sage dir, wach auf! Sofort stand das Mädchen auf und ging umher. Es war zwölf Jahre alt (Mk 5,38 ff.).

Als er in die Nähe des Stadttors kam, trug man gerade einen Toten heraus. Es war der einzige Sohn seiner Mutter, einer Witwe ...
Als der Herr die Frau sah, hatte er Mitleid mit ihr und sagte zu ihr: Weine nicht! Dann ging er zu der Bahre hin und faßte sie an. Die Träger blieben stehen, und er sagte: Junger Mann! Wach auf! Da richtete sich der Tote auf und begann zu reden. So gab er ihn seiner Mutter (Lk 7,12 ff.).

Nun kommen Sadduzäer zu ihm, die ja behaupten, es gebe keine Auferstehung. Und sie fragen ihn und sagen: Lehrer, Mose hat uns vorgeschrieben: Wenn einem der Bruder stirbt und läßt eine Frau zurück, hinterläßt aber kein Kind, so nehme dessen Bruder die Frau und lasse seinem Bruder einen Nachkommen entstehen. Es waren sieben Brüder: Der erste nahm eine Frau. Und als er starb, hinterließ er keinen Nachkommen. Und es nahm sie der zweite und starb, ohne einen Nachkommen zurückzulassen. Und der dritte ebenso. Und so hinterließen die sieben keinen Nachkommen. Zuallerletzt starb auch die Frau. Bei der Auferstehung – wenn sie auferstehen sollten – wessen Frau ist sie dann? Es hatten sie ja die sieben zur Frau. Jesus sagte zu ihnen: Irrt ihr nicht deshalb, weil ihr die Schriften nicht kennt und auch nicht die Kraft Gottes? Wenn sie nämlich von den Toten auferstehen, heiraten sie nicht und werden nicht geheiratet, sondern sind wie Engel in den Himmeln. Daß aber die Toten auferweckt werden – habt ihr darüber nicht gelesen im Buch des Mose, vom Dornbusch, wie Gott zu ihm sprach und sagte: Ich bin der Gott Abrahams und der Gott Isaaks und der Gott Jakobs? Kein Gott von Toten ist er, sondern von Lebenden. Gar sehr irrt ihr euch (Mk 12,18-27).

*Jan Vermeer van Delft (1632–1675),
Jesus bei Maria und Marta (Lk 10, 38-42),
um 1654.*

Drei Personen umgeben kreisförmig das
weißleuchtende Dreieck des Tischtuchs.
Nur die Hand Jesu besetzt diese Mitte und
ist in ihrer Gestik gewissermaßen Dreh-
punkt der Bildaussage. Jesus weist auf die

die vor ihm hockende Maria. In dieser
Haltung entspricht sie dem nachdenklichen Menschen, wie er so schon auf älteren Bildwerken begegnet. Ihr entgegengesetzt tritt Marta an den Tisch heran, um
aufzuwarten. Ihre Haltung ist geteilt: Sie
setzt den Brotkorb ab und wendet sich
gleichzeitig Jesus zu. Dabei entsteht der
einzige Blickkontakt im Bilde, ähnlich wie
im Text, in dem ebenfalls nur sie angesprochen wird: »Marta, Marta! Du sorgst
dich und regst dich über vieles auf; aber
man braucht nur eins. Maria hat den
guten Teil gewählt, der soll ihr nicht
genommen werden.« Was dieser gute Teil
ist, deutet die Hand Jesu an mit ihrem
Gestus zur kontemplativen Maria hin.
Sein Gesicht der bedienenden Marta
zugewandt, verweilt er in Sitzhaltung und
weisender Hand bei Maria, körpersprach-
lich zwischen beiden vermittelnd.

Dritte Szene (28-44): Am Grab des Lazarus. Die Erzählung wird wieder aufgenommen. Marta geht nach Hause und sagt ihrer Schwester: »Der Lehrer *(didaskalos)* ist da und läßt dich rufen.« Das rückt Maria in besonderer Weise auf die Seite Jesu, denn nur ihr gilt der weitere Gesprächswunsch. Daß Marta und Maria Jesus getrennt begegnen, könnte für das Geschehen bedeutungslos sein, wenn der Evangelist damit nicht wiederum ein theologisches Interesse verfolgte: Er verbindet mit beiden Frauen den Kontrast von Glauben und Unglauben. Entsprechend stilisiert er zwei Frauenprofile, die für bestimmte Haltungen stehen. Maria begegnet Jesus knie-fällig, sagt aber dasselbe wie ihre Schwester. So bringt auch sie nicht den vollen Glauben auf, doch ist ihr Zutrauen nicht geschwunden. Am Grabe angelangt, weint Jesus ebenfalls, was sowohl »den Juden« als auch den meisten Exegeten als Zeichen menschlicher Verbundenheit mit dem Toten gilt. Doch würde ihn solche Trauer mit der Trauergemeinde zusammenschließen. Eher handelt es sich um ein gewollt johanneisches Mißverständnis: die Nichtglaubenden verstehen nicht, daß die Trauer »Jesu« ihnen selbst gilt. Darum »erregt« oder »ergrimmt« der Unglaube der Menge Jesus. Als er am (Höhlen-)Grab Anweisung gibt, den Verschlußstein zu entfernen, wendet Marta ein, die Leiche »stinke« bereits – eine weitere Facette der Kontrastfolie für das folgende Geschehen. Mit V 40 bündelt der Evangelist noch einmal die schon entfalteten Motive, um dem Leser zu sagen, worum es geht. Dieser Intention dient auch das inszenierte »Gebet«, damit alle glauben sollen, daß Jesus der göttlich legitimierte »Gesandte« ist. Das laut gerufene »Lazarus, komm heraus!« entspricht der vorweg beschriebenen lebensspendenden Bedeutung Jesu: Lazarus kommt, noch umwickelt, wie man ihn ins Grab legte, aus der Höhle heraus. Mit der Weisung, die Binden zu lösen und »ihn weggehen« zu lassen, findet die Erweckungsgeschichte ihren typischen Abschluß.

Am weiteren Schicksal des Lazarus ist die Erzählung nicht interessiert, kann sie – recht verstanden – auch nicht sein, denn dieser Lazarus hat keine weitere Biographie. Wollte man die symbolische Erzählung real verstehen, hätte die Erweckung des Verstorbenen das Argument für den einzigartigen Rang Jesu sein können. Doch zeigt der ausbleibende Blick auf seine zu denkende neue Existenz, daß die symbolische Ebene nicht verlassen wird: Lazarus bleibt ohne individuelle Züge; von den Schwestern wird er nicht begrüßt, nicht nach Hause geleitet, mit keinem weiteren Interesse verfolgt. Von niemandem befragt, spricht er zu niemandem. Bis auf die redaktionelle Erinnerung 12,1.10.17 findet er im gesamten Neuen Testament keine Erwähnung. Das unterstreicht, wie sehr dieser Text in symbolischer Erzählweise Jesus als »die Auferstehung und das Leben« zeigen will, oder – im Sinne johanneischer Theologie gesprochen – in Form einer »zeichenhaften« Geschichte.

Die Fußwaschung

1 Vor dem Paschafest aber, da Jesus wußte, daß seine Stunde gekommen war, aus dieser Welt zum Vater hinüberzugehen, und da er die Seinen in der Welt liebte – wollte er sie bis zum Ende lieben. 2 Und als ein Mahl stattfand, und als der Teufel schon ins Herz gesetzt hatte, daß Judas, Sohn Simons Iskariot, ihn ausliefere – 3 er aber wußte, daß der Vater ihm alles in die Hände gegeben und daß er von Gott ausgegangen und zu Gott hingehe – 4 da richtet er sich vom Mahl auf und legt die Obergewänder ab. Er nahm ein Leintuch und gürtete es sich um. 5 Hierauf schüttet er Wasser in das Waschbecken; dann begann er die Füße der Jünger zu waschen und mit dem Leintuch zu trocknen, womit er umgürtet war. 6 Er kommt nun zu Simon Petrus. Der sagt zu ihm: Herr, du willst mir die Füße waschen? 7 Hob Jesus an und sprach zu ihm: Was ich tue, weißt du jetzt nicht; hernach aber wirst du es erkennen. 8 Sagt Petrus zu ihm: Nimmermehr darfst du mir die Füße waschen – nicht auf Weltzeit hin! Antwortete ihm Jesus: Wenn ich dich nicht wasche, hast du kein Teil an mir. 9 Sagt Simon Petrus zu ihm: Herr, nicht meine Füße nur, sondern auch die Hände und den Kopf! 10 Sagt Jesus zu ihm: Wer gebadet ist, braucht sich nicht waschen zu lassen, außer die Füße – nein, er ist ganz rein. Auch ihr seid rein, jedoch nicht alle. 11 Er kannte ja den, der ihn ausliefern würde. Deshalb sagte er: Nicht alle seid ihr rein.
12 Als er nun ihre Füße gewaschen, seine Obergewänder genommen und sich abermals niedergelassen hatte, sprach er zu ihnen: Erkennt ihr, was ich euch getan habe? 13 Ihr ruft mich »Lehrer« und »Herr«, und sagt es zu Recht. Ich bin es. 14 Wenn nun ich eure Füße gewaschen – ich: der Herr und Lehrer – so schuldet auch ihr, einander die Füße zu waschen. 15 Denn: Ein Beispiel habe ich euch gegeben, daß auch ihr tut, wie ich euch getan. 16 Wahr, ja wahr ists, ich sage euch: Kein Knecht ist größer als sein Herr, und kein Sendbote größer, als der ihn ausgeschickt. 17 Wenn ihr das wißt – selig seid ihr, wenn ihr es tut. 18 Nicht von euch allen rede ich. Ich weiß ja, welche ich auserwählt habe. Doch sollte die Schrift erfüllt werden: Der mein Brot zu sich nimmt, hebt seine Ferse wider mich. 19 Jetzt schon sage ich euch, ehe es geschieht, damit ihr glaubt, wenn es geschieht, daß ich es bin. 20 Wahr, ja wahr ists, ich sage euch: Wer den aufnimmt, den ich ausgeschickt – mich nimmt er auf. Wer aber mich aufnimmt, nimmt den auf, der mich ausgeschickt hat.

Joh 13,1-20

Jesus wäscht Petrus die Füße, Saint-Gilles, 12. Jh.

Mit dieser Erzählung, die ebenfalls symbolisch, nicht historisch zu verstehen ist, eröffnet das Johannesevangelium seine Leidensgeschichte. Sie entwirft ein bestimmtes Verständnis des Todes Jesu, wobei sie das Geschehen unter das Vorzeichen der »Stunde Jesu« (→ S. 504; 512) rückt. Die Bedeutung dieser »Stunde« bestimmt V 1 als »Hinübergehen aus dieser Welt zum Vater«, als »Liebe bis zum Ende« bzw. als »Liebe bis zur Vollendung«. Das »bis zum Ende« *(eis télos)* entspricht im Griechischen dem letzten Wort Jesu: »Es ist vollbracht« bzw. »Er ist ans Ziel angekommen«*(tetélestai)*. Johannes versteht den Tod Jesu am Kreuz, der seine Auferstehung einschließt –

In der Karwoche 1971 vollzog Joseph Beuys in Basel eine Fußwaschung an sieben Personen, über die er sich später in einem Gespräch mit Horst Schwebel äußerte:

Verstehen Sie die »Fußwaschung« anders als die Bibel?

Beuys: Diese Fußwaschung hat nicht die gleiche Bedeutung wie in der Bibel. Diese Fußwaschung ist ja etwas anderes als das, was bereits einmal dagewesen ist.

Worin unterscheidet sich Ihre Aktion von den Handlungsweisen anderer Menschen?

Beuys: Man muß schon bei der ganz normalen menschlichen Handlung beginnen. An einer bestimmten Stelle kann man die Handlung dann verschärfen, aus der gewöhnlichen, oft unbewußten Tätigkeit absondern.

Sie meinen also nicht, daß Sie einer toten Welt erst einen Sinn geben müßten, so daß Sinn überhaupt erst hergestellt wird oder während der Handlung erst entsteht?

Beuys: Ich meine, es ist alles da. Es ist entweder in der Wirklichkeit vorhanden, es ist wahr und damit wirklich, oder es ist nicht wahr und nicht da ...
Aber dieses Anknüpfen an das Traditionelle hat mich nicht befriedigt, ganz besonders nicht im Zusammenhang mit der Idee des Christlichen ... Erst einmal wird aufgeräumt. Es wird aufgeräumt mit einer bestimmten Sicht von Christentum, als handle es sich um ein wichtiges historisches Ereignis ..., als handle es sich bei diesem Christus um eine historische Figur. Mir ging es um die Wirklichkeit dieser Kraft, eine stetig anwesende, sich verstärkende Gegenwart. Darauf habe ich hingewiesen. Es handelt sich also nicht nur um ein historisches Ereignis, sondern es ist ein reales Ereignis. Und darüber angemessene Aussagen zu machen, ist ja bis heute kaum einer religiösen Institution gelungen, auch nicht dem Katholizismus.
Leider nicht.

als das Ereignis dieser »Stunde« – als Vollendung der Liebe Jesu zu den Seinen. Was er mit der Fußwaschung erzählerisch gestaltet, ist keine Anekdote, sondern die symbolische Verdichtung der vollendeten Liebe Jesu.

Das genannte Mahl will Johannes, im Gegensatz zu den Synoptikern, nicht als Paschamahl verstanden wissen. In seinem Verständnis ist Jesus das eigentliche Paschalamm (1,29), das in dem Augenblick stirbt, da im Tempel die Paschalämmer geschlachtet werden. Ebenso ist dieses Mahl kein »eucharistisches«, obwohl es das letzte im Jüngerkreis ist. Das Mahl selbst trägt hier keinen besonderen Akzent, es ist nur der Anlaß für die Fußwaschung und die sich anschließenden Gespräche. Als dunkler Hintergrund bleibt darin die Figur des Judas Iskariot (V 2.11.18), bis dieser V 21-30 direkt zum Thema wird. Die Leser kennen ihn bereits seit 6,64.70 f. und wissen, daß er längst plante, Jesus seinen Gegnern »auszuliefern« (11,57). Davon »weiß« auch der johanneische Jesus, weil es Gottes Heilsplan ist; als Gottes ausführendes Organ hat er diese Kenntnis seiner selbst. Sein Wissen bestimmt ihn auch im Vollzug der Fußwaschung, die er aus souveräner Freiheit gestaltet. Denn es ist Freiheit, Geringeren die niedrigsten Dienste zu leisten. Wenn man von Kaiser Caligula berichtet, er habe römische Senatoren bewußt gedemütigt, indem er sie zwang, ihm, dem Kaiser, die Füße zu waschen, so erscheint der umgekehrte Gestus hier bei Jesus.

Es ist einsichtig, daß Petrus das nicht verstehen kann. Das darüber geführte Gespräch bietet eine erste Deutung der Symbolhandlung (6-11), wobei der Evangelist erneut mit dem Stilmittel des »Mißverständnisses« (→ S. 495) arbeitet. Petrus hält Jesus für den »Heiligen Gottes« (6,69), und gerade deswegen scheint ihm dessen erniedrigendes Tun als ganz unpassend. Der Verweis auf »späteres« Verstehen setzt das österliche Umdenken voraus, das dem Leser bereits verfügbar ist: Mit Petrus muß er sich den Sklavendienst Jesu gefallen lassen, nämlich dessen Tod als Heilstod für sich selbst annehmen. Aber für Petrus bleibt die Symbolhandlung noch verschlüsselt.

Der V 10 erscheint verworren. Die plausibelste Lesart könnte diese sein: »Hat jemand im Badehaus gebadet, ist er am ganzen Körper rein und muß, nachdem er vom Bad ins Haus gegangen ist, nur noch die Füße waschen. Die Fußwaschung vollendet die Reinigung im Bad« (Ludger Schenke). Entsprechend wird der Tod Jesu 1 Joh 5,17 als vollständige Reinigung gedeutet: »Das Blut Jesu, seines Sohnes, macht uns von aller Sünde rein.« Johannes versteht Jesu Existenz und zumal seinen Tod als ein dienendes Dasein für andere. Sein Gottesverhältnis äußert sich im umfassenden »Dasein für andere«. Damit hat Johannes das Gottesverständnis, mit dem sich (auch heute noch) Vorstellungen von Herrschaft und Allmacht verbinden, ganz neu bestimmt, indem er deutlich macht, daß Gott dort ist, »wo die Güte ist und Liebe«, wie es in einem Canticum heißt. Dort werden Menschen für sich selbst und damit auch für andere frei. An dieser Stelle zeigt das Evangelium, daß sich aus diesem Verständnis Jesu eine Umkehrung der Werte ergibt, die – konsequent verfolgt – jeder Sklavenhaltergesellschaft und Herrschaft von Menschen über Menschen die religiöse Legitimation entzieht.

Die angefügte Jüngerbelehrung 12-30 mit locker aneinandergereihten Einzelworten zielt auf das Selbstverständnis der johanneischen Gemeinde. In allen geht es um die Norm: Im Namen Jesu füreinander da sein! Wenngleich es sich um fiktive Reden handelt, sind sie doch absolut normativ für alles, was »christlichen« und »kirchlichen« Anspruch erhebt. Das Beispiel Jesu ist das Grundgesetz der Kirche, dem keine andere Rechtsnorm vorgeordnet werden kann. Der Freiheitsraum, den dienende Liebe braucht und schafft, unterliegt keinem Rechtsbuch, keinem Amt und keiner Weisung. Als diese Jüngerbelehrung um die erste Jahrhundertwende geschrieben wurde, verstand sich die kleine Gemeinde noch als eine Gemeinschaft von Brüdern und Schwestern. Sie empfand die Geltung Jesu so stark, daß sich Herrschaftsverhältnisse nicht ausbilden konnten, zumal ihre Gemeinschaft überschaubar war. Als sich aber mit der Entwicklung zur Großkirche andere Strukturen ausbildeten und in den Vordergrund traten, ging auch das selbstkritische Bewußtsein verloren, daß mit wachsender Zahl und Geltung ursprüngliche Impulse und Möglichkeiten schwinden. Wenn in der Liturgie nur noch eine stilisierte Fußwaschung bleibt – hierarchisch in Anspruch genommen – kann sie mehr verdrängen, als daß sie in ihrer Symbolgestalt Herrschaft nachhaltig in Frage stellen würde.

Die Hinrichtung Jesu

16b Sie übernahmen also Jesus. 17 Und das Kreuz selber tragend zog er hinaus an die sogenannte Schädelstätte, hebräisch Golgota genannt. 18 Und dort kreuzigten sie ihn. Und mit ihm zwei andere, hüben und drüben, in der Mitte aber Jesus. 19 Pilatus schrieb aber auch einen Straftitel und setzte ihn auf das Kreuz. Da war geschrieben: Jesus der Nazoräer, der König der Juden. 20 Diesen Straftitel lasen nun viele von den Juden; denn nahe bei der Stadt war der Ort, wo Jesus gekreuzigt wurde. Und geschrieben war er hebräisch, lateinisch, griechisch. 21 Sagten nun die Hohenpriester der Juden zu Pilatus: Schreib nicht »Der König der Juden«, sondern »Der hat gesprochen: Ich bin der König der Juden«. 22 Antwortete Pilatus: Was ich geschrieben, habe ich geschrieben.
23 Als nun die Soldaten Jesus gekreuzigt hatten, nahmen sie seine Obergewänder und machten vier Teile – jedem Soldaten ein Teil – auch den Leibrock. Der Leibrock aber war nahtlos, von oben herunter ganz durchgewebt. 24 Sprachen sie also zueinander: Wir wollen ihn nicht zertrennen, sondern losen um ihn, wem er gehören soll. So sollte die Schrift erfüllt werden, die sagt: Sie verteilten meine Obergewänder unter sich und warfen das Los um mein Gewand. Das also taten die Soldaten.
25 Es standen aber beim Kreuz Jesu seine Mutter und die Schwester seiner Mutter, Maria die Frau des Klopas, und Maria aus Magdala. 26 Als nun Jesus die Mutter sieht und daneben stehen den Jünger, den er liebte, sagt er zur Mutter: Frau, sieh, dein Sohn! 27 Hierauf sagt er zum Jünger: Sieh, deine Mutter! Und von jener Stunde an nahm sie der Jünger zu sich.
28 Danach – obwohl Jesus wußte, daß alles schon ans Ziel gekommen war – sagt er, damit die Schrift vollkommen würde: Ich dürste.

Was den tatsächlichen Gang der Ereignisse der Passion betrifft, bin ich der Meinung, daß Jesus während des Paschafestes verhaftet wurde und daß seine nächsten Jünger sämtlich ihr Heil in der Flucht suchten. Daß es irgendwelche Beratungen zwischen Kajaphas und Pilatus über Jesus oder Verhöre des Angeklagten durch eine dieser hochgestellten Persönlichkeiten gegeben hätte, glaube ich nicht. Die Vertreter der Obrigkeit werden sich von vorneherein darin einig gewesen sein, daß im Fall irgendwelcher Unruhen während des Festes schnelles hartes Durchgreifen gegen die Unruhestifter geboten sei und daß es jedenfalls nicht schaden könne, gleich zu Anfang ein Exempel zu statuieren und einen Störer zu kreuzigen *pour décourager les autres*. Ich glaube nicht, daß die jüdische Polizei und das römische Militär sich wegen des Verfahrens mit einem galiläischen Bauern besondere Weisungen von hoch oben holen mußten. Sie werden schon gewußt haben, was zu tun war. Höchstwahrscheinlich war Jesu Kreuzigung für die ausführenden Organe eine reine Routinesache. Die Passionsgeschichte aber, die wir in den Evangelien haben, ist in die Geschichte überführte Prophezeiung, nicht auf Geschichte zurückgeführte Erinnerung.

John Dominic Crossan

²⁹ Ein Gefäß voll Essigwein stand da. Sie steckten nun einen Schwamm voll mit dem Essigwein auf einen Ysopstengel und brachten ihn an seinen Mund. ³⁰ Als Jesus nun den Essigwein genommen hatte, sprach er: Es ist ans Ziel gekommen! Dann neigte er den Kopf und übergab den Geist.

Joh 19,16b-30

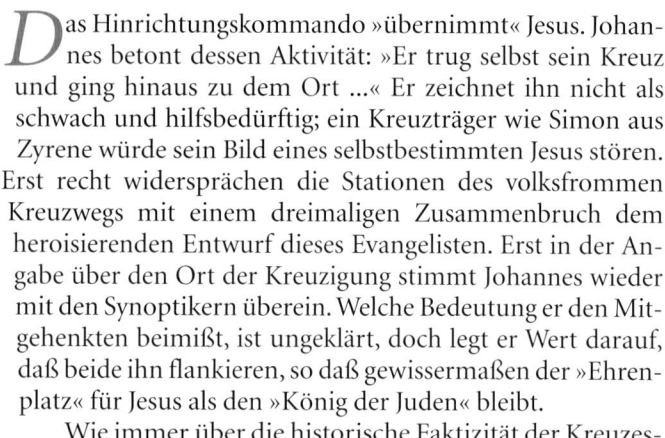

HAP Grieshaber (1909–1981), Kruzifix, 1941.

Das Hinrichtungskommando »übernimmt« Jesus. Johannes betont dessen Aktivität: »Er trug selbst sein Kreuz und ging hinaus zu dem Ort ...« Er zeichnet ihn nicht als schwach und hilfsbedürftig; ein Kreuzträger wie Simon aus Zyrene würde sein Bild eines selbstbestimmten Jesus stören. Erst recht widersprächen die Stationen des volksfrommen Kreuzwegs mit einem dreimaligen Zusammenbruch dem heroisierenden Entwurf dieses Evangelisten. Erst in der Angabe über den Ort der Kreuzigung stimmt Johannes wieder mit den Synoptikern überein. Welche Bedeutung er den Mitgehenkten beimißt, ist ungeklärt, doch legt er Wert darauf, daß beide ihn flankieren, so daß gewissermaßen der »Ehrenplatz« für Jesus als den »König der Juden« bleibt.

Wie immer über die historische Faktizität der Kreuzesinschrift zu urteilen ist (→ S. 452 f.), zweifellos hat ihr Johannes symbolische Bedeutung beigemessen. Schon in der Verhandlung vor Pilatus spielt das Königsmotiv eine große Rolle (18,33-39). Wenn in V 19 f. der Evangelist im Kern mit der synoptischen Tradition übereinstimmt, deutet er sie doch wieder auf eigene Weise. Wurde bei Markus noch eine *aitia*, d. h. »Schuld« oder »Ursache« des Todes Jesu eingetragen, so macht Johannes daraus einen »Titel« (griech. *titlos*), der in Hebräisch, Lateinisch und Griechisch, also in den Sprachen der Alten Welt, verkündet, daß Jesus als »König der Juden« verurteilt und hingerichtet wurde, und daß dies in einem tieferen Sinne, als Juden und Römer verstehen, der Wahrheit entspricht. Die Auffüllung dieser Proklamation in griechischer und lateinischer Sprache macht zugleich deutlich, daß nunmehr der jüdische Geltungsbereich Jesu überschritten ist. Erwies sich Pilatus vorher dem jüdischen Begehren gegenüber als nachgiebig (→ S. 405), so behauptet er nunmehr wieder seine Autonomie: Der römische Staat selbst erklärt vor der gesamten zivilisierten Welt den gekreuzigten Jesus zum »König der Juden«.

Auch das folgende Motiv der Kleiderverteilung stimmt mit der synoptischen Tradition überein, doch entwickelt es Johannes im Zusammenhang mit einem Vers aus Ps 22,19. So wie es dort zu lesen ist, verhalten sich auch die römischen Soldaten (V 24c), was zugleich nahelegt, daß Johannes auch den »nahtlosen Leibrock« aufgrund der Schriftstelle erfunden hat. Ob er ihn zugleich als Symbol verstanden hat, zumal als Hinweis auf die »Einheit der Kirche«, wie man die Reliquie in Trier deutet, steht dahin. Wichtiger ist dem Evangelisten, daß sich die Schrift zuverlässig erfüllt.

Hinsichtlich »der Frauen unter dem Kreuz« stimmen alle Evangelien überein, doch nicht in den Namenslisten. Hier gibt es als Konstante nur Maria aus Magdala. Matthäus übernimmt die Markusliste, Lukas verweist auf eine früher genannte Gruppe (8,1-3) und erwähnt »alle ihm Bekannten«, die von weitem die Kreuzigung verfolgten. Erst Johannes stellt »die Mutter Jesu« und den »Jünger, den Jesus liebte« (V 26) unter das Kreuz. Störende und unangenehme Züge eines schmerzvollen Todeskampfes unterdrückt er. Auch das Sterben Jesu soll Würde krönen.

Dann folgt jenes Testament Jesu (26-27), über das unendlich viel gerätselt wurde, und das in der Fülle seiner Interpretationen nur klarstellt, daß wir nicht wissen, wie Johannes diese Szene und ihre Symbolik verstanden hat. Dies gilt vor allem für die mariologischen Deutungen, die mit dieser Szene verknüpft werden. Das Johannesevangelium erwähnt die namenlos bleibende »Mutter Jesu« dreimal: bei der »Hochzeit zu Kana« (→ S. 502), in der Frage: »Ist dieser nicht der Sohn des Josef, dessen Vater und Mutter wir kennen?« (6,42) und in der vorliegenden Szene. Es ist zu vermuten, daß der Evangelist von den familiären Verhältnissen Jesu nichts Genaues wußte. Hinzu kommt die erstaunliche Distanz zwischen Jesus und seiner Mutter, wie sie sich in der barschen Frage: »Was haben wir miteinander zu schaffen, Weib?« ausdrückt. »Weib«, nicht Mutter! In 6,42 wird Jesus nur »der Sohn des Josef« genannt. Allein in der Szene unter dem Kreuz erscheint das Verhältnis positiver. Wenn hier der johanneische Jesus die Versorgung seiner Mutter regelt, was nach Ex 20,12 die Rechtspflicht eines Sohnes

Joseph Beuys (1921–1986), Kreuzigung, 1962–63.

war, so will Johannes erneut zeigen, mit welcher Überlegenheit und Würde selbst der Gekreuzigte noch Verantwortung für »die Seinen« wahrnimmt, aber gewiß treten Mutter und Jünger auch in eine symbolische Funktion. Sollten sie die »Gemeinde« vertreten, schließt der Auftrag, den anderen als »Mutter« und »Sohn« anzunehmen, das grundlegende »Liebet einander!« ein.

Nunmehr läuft die Schilderung des Todes auf die Betonung eines siegreichen Endes hinaus. Das theologische Stichwort dafür heißt »vollenden«, »vollbringen«, oder in der Übersetzung von Fridolin

Beuys war der Ansicht, daß über den traditionell »abbildenden Weg mit dieser Christusfigur das Christliche nicht (mehr) zu erreichen ist«. Er wollte einen neuen Ansatz und griff zu Materialien, von denen er glaubte, daß sie dem tatsächlichen Geschehen näher stehen. Es sind durchweg Abfallprodukte: Reststücke von benutzten Brettern und Kanthölzern, wie sie bei jedem Rohbau anfallen, zwei weißlich

Salvador Dalí (1904–1989) zugeschrieben,
Der Christus von Vallés, 1962.

bepinselte Flaschen, Draht, ein Stückchen
Schnur, ein Ende Elektrokabel, Nägel,
drei Schnipsel Zeitungspapier.

Am Kreuzesschaft schaut am oberen
Ende ein rostiger Nagel heraus. Daran ist
eine Schlaufe aus Kupferdraht befestigt; an
deren Ende hängt ein Faden mit einer
Nadel daran. Rätselhaft sind die beiden
Flaschen. Die traditionelle Kreuzigungs-
ikonographie läßt an Maria und Johannes
denken. Oder sollte auf die Schächer angespielt werden? Wenn die Flaschen schon
kein Etikett tragen oder sonst einen Hinweis
bieten, so helfen vielleicht die beiden Pa-
pierstücke weiter, die auf den Verschlüssen
liegen, während das dritte Papier die Stelle
des Titulus einnimmt. Es ist mit einem
dicken roten Kreuz gekennzeichnet, sei es
mit roter Farbe oder mit Blut. Es wurde auf
einen Zeitungstext gemalt, auf dem einzelne
Wörter zu entziffern sind: »Pfund«, »Eng-
land«, »Millionen«, »Reserven«, »Zunah-
me«. Offensichtlich ein Wirtschafts- oder
Finanzbericht.

Von den Papieren, die auf den Flaschen-
verschlüssen liegen, ist zu hören, daß sie
ebenfalls je ein rotes Kreuz tragen; auf dem
Zettel des rechten Flaschenkopfes sei zweimal das Wort »Schuld« zu lesen, der linke
Zettel aber bestehe aus einem Zeitungsaus-
schnitt mit einer Verlobungsanzeige. Mit
dieser Erkenntnis rücken die Flaschen aus
ihrer zwielichtigen Bedeutung. Es sind
Behälter für Blutkonserven, wie sie in den
sechziger Jahren verwendet wurden.

Die Rote-Kreuz-Zeichen und die Blut-
konserven verweisen auf Hilfe und Lebens-
rettung. Die Zeitungsschnipsel sprechen
von der Realität des Geldes, der Schuld und
der Liebe. Der Kreuzespfahl, sein Aufbau,
die Abfallmaterialien aus Holz, Nägel,
Draht, Schnur und Nadel erzählen von
Folter, Hinrichtung und Tod. Aus diesem
Assoziationsgefüge ist keine festschreibende
»Bedeutung« abzuleiten.
Die Herausforderung durch diese
»Kreuzigung« mit Schrottwert ist total:
eine Infragestellung all dessen, was Kirche,
Tradition und Kultur »gängiger Weise«
damit verbinden.

Stier: »ans Ziel kommen«. Vorher muß sich noch das Schriftwort bestätigen nach Ps 69,22: »Sie geben mir Galle zu essen und Essig zu
trinken für meinen Durst«. Dann stirbt Jesus als einer, der seinen Auftrag erfüllt hat, selbst noch mit letzten Anweisungen vom Kreuz herab, und sagt: »Es ist vollbracht!« So unterschreibt und besiegelt er sein
Lebenswerk.

Um die johanneische Handschrift in all dem zu erkennen, legt
sich ein Vergleich mit der synoptischen Tradition nahe. Markus und
Matthäus betonen das Grauenhafte des Todes Jesu: Kosmische Finsternis hüllt das Geschehen ein, Gottverlassenheit peinigt Jesus, der
mit einem »Schrei« stirbt (→ S. 408). Die nachfolgenden Zeichen wie
das Zerreißen des Tempelvorhangs hat Matthäus noch erweitert. –
Andere Wege geht Lukas. Er betont die Gottergebenheit bis zum
Ende, und so lautet sein letztes Wort hier: »Vater, in deine Hände
empfehle ich meinen Geist« (Lk 23,46). Vom elenden Sterben, das in
einem Schrei endet, über den Tod des Frommen und Gerechten, der
sich bis zuletzt der Sünder annimmt (Lk 23,43), ist bis zu Johannes
eine »Heroisierungstendenz« wahrnehmbar. Er schildert den Tod des
Offenbarers, der, dem Willen des Vaters gehorsam, seinen Auftrag
vollendet. Dazu paßt keine Gottverlassenheit mehr, und darum muß
dieser Tod bereits vom »Glanz der Vollendung« erfüllt sein.

Selig, die nicht sehen und doch glauben

Auch die johanneischen Ostererzählungen haben einen langen Traditionsweg hinter sich, der in seinen Anfängen und Entwicklungsschritten nicht mehr auszumachen und nachzuvollziehen ist. Der Verfasser des Evangeliums hat diese Erzählungen im Sinne seiner eigenen Theologie umgestaltet. Wie im gesamten Evangelium handelt es sich auch hier um »theologische Erzählungen« mit sparsamen historischen Anteilen. Die »Wahrheit« dieser Texte liegt auf einer geistlichen Ebene.

Unter den auftretenden Personen fällt in den beiden Schlußkapiteln besonders die Gestalt »des Jüngers, den Jesus lieb hatte« auf. Sie tritt deutlich in den Vordergrund (→ S. 494). Die Ostertradition des Johannesevangeliums kennt zwei unterschiedliche Stränge: In Kapitel 20 begegnet ausschließlich eine »Jerusalem-Tradition«, während in Kapitel 21 ebenso ausschließlich die »Galiläa-Ostertradition« dominiert. Wie bei Lukas (→ S. 489) ist auch hier die Jerusalem-Tradition sekundär; sie ist am »leeren Grab« festgemacht, mit dem Johannes nicht nur Maria aus Magdala, sondern auch die beiden Jünger verbindet, so daß sich daraus bereits die Lokalisierung ergeben muß. Demnach dürfte das Nachtragskapitel 21 (→ S. 529) die ältere Tradition enthalten, was deren spätere Bearbeitung und Ergänzung nicht ausschließt.

Der Zweifler Thomas

24 Thomas aber, einer der Zwölf – der »Zwilling« genannt – war nicht bei ihnen, als Jesus kam. 25 Nun sagten ihm die anderen Jünger: Wir haben den Herrn gesehen. Er aber sprach zu ihnen: Wenn ich nicht in seinen Händen das Abbild der Nägel sehe, meinen Finger in die Stelle der Nägel lege und meine Hand in seine Seite lege, glaube ich nie und nimmer. 26 Und nach acht Tagen – seine Jünger waren abermals drinnen, auch Thomas bei ihnen – kommt Jesus bei verriegelten Türen, trat in die Runde und sprach: Frieden euch! 27 Darauf sagt er zu Thomas: Führ deinen Finger hierher und sieh meine Hände. Und führ deine Hand her und leg sie in meine Seite. Und sei nicht ungläubig, sondern glaubend. 28 Hob Thomas an und sprach zu ihm: Mein Herr und mein Gott! 29 Sagt Jesus zu ihm: Weil du mich gesehen, bist du glaubend geworden. Selig, die nicht gesehen und doch geglaubt haben.

Joh 20,24-29

Bereits in seiner Erzählung von der Entdeckung des leeren Grabes hat Johannes deutlich gemacht, daß es für den Osterglauben an den lebendigen Christus Jesus nicht zwingend einer »Erscheinung« bedarf. Vielleicht hat er über die Erscheinungsgeschichten ähnlich gedacht wie über die Wunder: »Wenn ihr nicht Zeichen und Wunder seht, glaubt ihr nicht« (4,48). »Zeichen und Wunder« gelten ihm mehr als Zugeständnis an menschliche Engen und Schwächen; sie können in eine falsche Richtung führen, wenn man in ihnen das

Niemand kann dem andern Gott und sein Reich auf den Tisch legen, auch der Glaubende sich selbst nicht ... Der Glaubende wie der Ungläubige haben, jeder auf seine Weise, am Zweifel und am Glauben Anteil, wenn sie sich nicht vor sich selbst verbergen und vor der Wahrheit ihres Seins. Keiner kann dem Zweifel ganz, keiner kann dem Glauben ganz entrinnen; für den einen wird der Glaube *gegen* den Zweifel, für den andern *durch* den Zweifel und in der *Form* des Zweifels anwesend. Es ist die Grundgestalt menschlichen Geschicks, nur in dieser unbeendbaren Rivalität von Zweifel und Glaube, von Anfechtung und Gewißheit die Endgültigkeit seines Daseins finden zu dürfen. Vielleicht könnte so gerade der Zweifel, der den einen wie den anderen vor der Verschließung im bloß Eigenen bewahrt, zum Ort der Kommunikation werden. Er hindert beide daran, sich völlig in sich selbst zu runden, er bricht den Glaubenden auf den Zweifelnden und den Zweifelnden auf den Glaubenden hin auf, für den einen ist er seine Teilhabe am Geschick des Ungläubigen, für den andern die Form, wie der Glaube trotzdem eine Herausforderung an ihn bleibt.

Joseph Ratzinger

Ungewöhnliche und Mirakulöse sucht, statt sie in ihrem Zeichen- oder Symbolcharakter zu erkennen.

Andererseits verkennt Johannes nicht, daß im Zusammenhang mit der Rede von der Auferstehung Jesu auch der Zweifel seinen Ort hat. Schon vor ihm, bei den Synoptikern, begegnet solcher Zweifel. Matthäus bemerkt: »Als sie ihn sahen, fielen sie vor ihm nieder. Einige aber zweifelten« (28,17). Bei Lukas wird die Osterbotschaft der Frauen von den Jüngern »leeres Gerede« genannt, so daß sie »ihnen nicht glaubten« (24,10). Noch distanzierter fallen die Reaktionen Außenstehender in der Apostelgeschichte aus: Als Paulus in Athen von der Auferstehung der Toten sprach, »spotteten die einen«, während die anderen abwinkten: »Hierüber wollen wir dich ein andermal hören« (17,32). Zwar sind diese Äußerungen keine historischen Protokolle, aber doch Reflexe von Skepsis und Zweifel im Urchristentum. Sie wurden nicht ein für allemal abgewehrt, sondern überdauern bis zum heutigen Tag.

Caravaggio war der erste, den die Kritik als »Naturalist« verurteilte. Die Apostel, die Jesus anstarren, während einer von ihnen seinen Finger in dessen Seitenwunde steckt (was der Thomas des Evangeliums gerade nicht tut), brechen mit der ihnen bis dahin beigemessenen Würde. Hier sind sie nichts als Tagelöhner, die theologischen Spekulationen fernstehen und mit gerunzelter Stirn wie handgreiflicher Skepsis wissen wollen, auf welche Realebene sich ihr Glaube stützen kann. Was dem johanneischen Thomas als »Sehen« genügt, reicht diesen Männern keineswegs.

Michelangelo da Caravaggio (1573–1610), Der ungläubige Thomas, um 1602–03.

Aus der Sicht derer, die nicht zu den ersten Zeugen gehören, also der Sicht aller nachgeborenen Generationen, entwickelt Johannes die vorliegende Szene mit der paradigmatischen Figur des zweifelnden Thomas. Dessen »Zweifel« ist allerdings gegen Mißverständnis und kritisches Denken abzugrenzen. Die gelehrte und gepredigte Dogmatik als auch die in Bildern gemalte Osterbotschaft bedienen sich ja einer durchaus mißverständlichen und zugleich abgegriffenen Sprache, die fast schon eine engagierte Auseinandersetzung verhindert. Sehen wir im Tod eine Verneinung des Lebens, dann ist der Osterglaube das deutlichste Ja zum Leben und zum Sinn des Lebens. Paulus formuliert es so: »Treu ist Gott dafür, daß unser Wort nicht zugleich Ja und Nein ist. Der Sohn Gottes nämlich, Christus Jesus, den wir unter euch verkündet haben, ich selbst und Silvanus und Timotheus, er kam nicht als Ja und Nein zugleich, sondern in ihm ist das Ja gekommen. Denn so viele Verheißungen es gibt: in ihm sind sie zum Ja geworden, daher durch ihn auch das Amen zur Verherrlichung Gottes durch uns« (2 Kor 1,18-20). Fragt man, ob die Auferstehung Jesu stattgefunden habe, ja oder nein, so reduziert diese Fragestellung den aufgerissenen Horizont, wie ihn Paulus entwirft, auf den Spalt eines falsch verstandenen Faktums. Das christliche Osterzeugnis beglaubigt Jesus von Nazaret als lebendigen Zeugen eines Gottes, der die Menschen liebt. Um zu diesem Verständnis zu gelangen, kann auch der Zweifel ein Weg sein, die formelhaft erstarrte Interpretation von Ostern zu überwinden. Oft führt erst der Zweifel dazu, sich mit einer »Sache« auseinanderzusetzen, um sie anschließend »bezeugen« zu können. Das ist auch der Weg, den Thomas in dieser Geschichte geführt wird.

Der Name dieses Jüngers, wenngleich im Evangelium bereits dreimal erwähnt (11,16b; 14,5; 21,2), interessiert hier nicht als konkrete Gestalt, sondern als Prototyp eines Christen, der auf die Kunde anderer angewiesen ist. Er vertritt die Situation der johanneischen Gemeinde und die der nachfolgenden Christenheit.

Voraufgehend wird erzählt, daß »am Abend des ersten Tages der Woche die Jünger aus Furcht vor den Juden die Türen verschlossen hatten«, als Jesus in ihre Mitte trat (20,19-23). Bei dieser Begegnung war Thomas nicht anwesend. Nach weiteren acht Tagen ist der Jüngerkreis erneut beisammen, und diesmal ist auch Thomas dabei (V 26). Hier fällt die Regelmäßigkeit der Versammlung am »ersten Wochentag« auf. Der »Sonntag« hat also schon Tradition; an diesem Tag kommt die Gemeinde zum Gottesdienst zusammen. Johannes überträgt die in seiner Gemeinde gepflegte Praxis in seine Erzählung. Zugleich unterstellt er, daß die Gegenwart des auferstandenen Christus im Gottesdienst der Gemeinde erfahren werden kann.

Die Mitteilung, »den Herrn gesehen« zu haben, beantwortet Thomas mit Skepsis und dem Wunsch nach massiver Überprüfung: »Wenn ich nicht an seinen Händen das Abbild der Nägel sehe, meinen Finger in die Stelle der Nägel und meine Hand in seine Seite lege, glaube ich nie und nimmer« (V 24 f.). Ob dieses Motiv Anteil an der Entwicklung des modernen Bewußtseins hatte, wie spekuliert wurde, mag dahinstehen, jedenfalls wuchs sich der Zweifel später zum »methodischen Zweifel« aus, stützte sich Beweisführung immer mehr auf Empirie, so daß man von einem Wirklichkeitsverständnis sprechen kann, das sich handgreiflich und verfügend vergewissern will.

Erneut wiederholt sich nun der Vorgang der ersten Ostererscheinung: Jesus kommt bei verschlossenen Türen und spricht seinen Friedensgruß. Vielleicht war dies auch schon der Gruß, mit dem der Gottesdienst eröffnet wurde. Danach wird Thomas durch den Auf-

Glauben Sie fragte man mich
An ein Leben nach dem Tode
Und ich antwortete: ja
Aber dann wußte ich
Keine Auskunft zu geben
Wie das aussehen sollte
Wie ich selber
Aussehen sollte
Dort

Ich wußte nur eins
Keine Hierarchie
Von Heiligen auf goldenen Stühlen sitzend
Kein Niedersturz
Verdammter Seelen
Nur

Nur Liebe frei gewordne
Niemals aufgezehrte
Mich überflutend

Kein Schutzmantel starr aus Gold
Mit Edelsteinen besetzt
Ein spinnwebenleichtes Gewand
Ein Hauch
Mir um die Schultern
Liebkosung schöne Bewegung
Wie einst von tyrrhenischen Wellen
Wie von Worten die hin und her
Wortfetzen
Komm du komm

Schmerzweb mit Tränen besetzt
Berg-und-Tal-Fahrt
Und deine Hand
Wieder in meiner

So lagen wir lasest du vor
Schlief ich ein
Wachte auf
Schlief ein
Wache auf
Deine Stimme empfängt mich
Entläßt mich und immer
So fort

Mehr also, fragen die Frager
Erwarten Sie nicht nach dem Tode?
Und ich antworte
Weniger nicht

Marie Luise Kaschnitz

erstandenen aufgefordert: »Führ deinen Finger hierher und sieh meine Hände. Und führ deine Hand her und leg sie in meine Seite. Und sei nicht ungläubig, sondern glaubend« (V 27). Dem Leser oder Hörer dieser Erzählung wird eindrucksvoll gesagt, zwar könne der Auferstandene jederzeit einen »Realitätsbeweis« antreten, doch gehört es ebenso zur Struktur der Erzählung, daß Thomas sein Begehren nicht ausführt. Nun genügt es ihm wie den anderen Jüngern, Jesus zu »sehen«. Darüber wird es unwichtig, ihn anzufassen und seine Wunden zu untersuchen. So fährt Jesus auch fort: »Sei nicht ungläubig, sondern glaubend!« Statt sich handgreiflich zu vergewissern, antwortet Thomas mit Glauben. Glaube heißt hier, die Unverfügbarkeit des Auferstandenen zu akzeptieren. Thomas leistet diese Zustimmung und bekennt: »Mein Herr und mein Gott« (V 28).

Dieses Bekenntnis steht mit wohl erwogener Absicht am (ersten) Schluß des Johannesevangeliums und damit auch am Ende des Wegs, auf den der Evangelist seine Leser oder seine Gemeinde führt. Darum wählt er die beiden höchsten Würdebezeichnungen, die für Jesus im Neuen Testament denkbar sind: den Kyrios-Titel und die Gottesbezeichnung. Beide Prädikate wollen vor dem Hintergrund des gesamten Johannesevangeliums verstanden werden: Es schildert Jesus als den Offenbarer und Spender des ewigen Lebens, der ganz auf der Seite Gottes steht. Auch wenn die Formel hier Jesus als »Gott« bekennt, so setzt sie ihn doch nicht mit Gott gleich. Sie geht freilich von einer »Wesensähnlichkeit« aus, wie es bereits im Prolog formuliert wurde: »Im Anfang war Er, das Wort. Und Er, das Wort, war bei Gott, und Gott war Er, das Wort« (1,1). Der Auferstandene ist in jene göttliche Dimension eingegangen, aus der er auch gekommen ist. Daß gerade der Zweifler zum Schluß die höchste Steigerung des Christus-Bekenntnisses formuliert, gehört zur besonderen Pointe der Erzählung. So kann sie nun auch mit einer Seligpreisung schließen: »Spricht Jesus zu ihm: Weil du mich gesehen, bist du glaubend geworden. Selig, die nicht gesehen und doch geglaubt haben.«

Ernst Barlach (1870–1938),
Das Wiedersehen (Christus und Thomas),
1926.

Erster Epilog

30 Nun hat Jesus noch viele und andere Zeichen vor seinen Jüngern getan, die nicht in diesem Buche aufgeschrieben sind. 31 Diese aber sind aufgeschrieben, damit ihr glaubend bleibt, daß Jesus der Messias ist, der Sohn Gottes. Und damit ihr als Glaubende Leben habt in seinem Namen.

Joh 20,30-31

Mit diesen zwei Sätzen schloß einmal das Johannesevangelium ab. Der Verfasser erweckt den Eindruck, als habe er aus der Fülle an Jesus-Überlieferungen nur einen kleinen Teil aufgegriffen. Inwieweit er tatsächlich ein breiteres Quellenmaterial übergangen hat, läßt sich natürlich nicht ausmachen, vergleicht man das johanneische Sondergut aber mit der synoptischen Tradition, sieht es nicht so aus, als habe der Verfasser viel mehr als die aufgebotenen Zeugnisse verfügbar gehabt. Erst die apokryphe Evangelienliteratur des 2. Jahrhunderts enthält neue Themen und Stoffe. Doch spiegeln diese eine völlig veränderte Interessenlage, die kaum noch Glaubensqualität hat. Seine theologische Absicht formuliert der Evangelist im abschließenden Vers 31: Er versteht sein Evangelium als Glaubenszeugnis und faßt seine Theologie in dieser Formulierung in der bündigsten Weise zusammen.

Das Nachtragskapitel: Joh 21,1-25

Bereits die ältesten Handschriften des Johannesevangeliums enthalten diesen Nachtrag. Offensichtlich hat er bereits zum Evangelium gehört, als es publiziert wurde. Nach der ersten Schlußbemerkung ist eigentlich kein neuer erzählerischer Einsatz zu erwarten. Auch ist die zweite Schlußbemerkung (21,24-25) eine eher allgemeine Floskel, wenn gesagt wird, die ganze Welt könne die Bücher nicht fassen, wolle man alle Taten Jesu aufschreiben. Doch weckt das Schlußkapitel zwei Fragen: Erstens: Hat es der Evangelist selbst geschrieben oder ein anderer? Zweitens: Wer ist der »Lieblingsjünger«?

Unter den heutigen Exegeten ist die erste Frage umstritten. Viele schreiben das Nachtragskapitel einem Schülerkreis des Evangelisten zu, weil sonst doch wohl der Hauptverfasser seinen ursprünglichen Schluß versetzt oder abgeändert hätte. Auch die angehängte Galiläa-Tradition wird dafür geltend gemacht. In der Sache fällt auf, daß der neue Abschnitt vor allem das Verhältnis des Petrus und des Lieblingsjüngers thematisiert. Das läßt auf eine Zeit schließen, in der man begann, über die »apostolische Tradition« und ihre Bedingungen nachzudenken, um die eigene Position durch Rückführung auf eine anerkannte Autorität zu legitimieren. Dieses Verfahren begegnet in der gesamten späteren Briefliteratur: den deuteropaulinischen Briefen (→ S. 572 ff.), den Pastoralbriefen (→ S. 574 ff.), dem ersten und zweiten Petrusbrief (→ S. 581 f.). Es scheint, daß der Lieblingsjünger dem im Nachtragskapitel sprechenden »Herausgeber« des Johannesevangeliums als entscheidender Garant der authentisch-urchristlichen Jesusüberlieferung gegolten hat. Damit ist allerdings noch nicht entschieden, ob er eine historische oder eine fiktiv-symbolische Gestalt ist. Angesichts der Anonymität aller neutestamentlichen Schriften in der zweiten Hälfte des 1. Jahrhunderts müssen viele Fragen offen bleiben.

Apokryph (griech. »verborgen«, »geheim«), die nicht zum → Kanon zählenden Schriften des frühen Judentums und der frühchristlichen Kirche, deren Ursprung oft unbekannt ist und die keine allgemeine Anerkennung fanden wie die kanonischen Schriften. Die neutestamentlichen A.en erheben oft durch Titel oder Inhalt kanonischen Anspruch oder behaupten die Autorschaft eines Jesus-Jüngers. In dieser Linie sind sie Konkurrenztexte zu den Schriften des Neuen Testaments. Eine wissenschaftliche Ausgabe liegt in der Ausgabe von Wilhelm Schneemelcher vor: »Neutestamentliche Apokryphen in deutscher Übersetzung«.

Die Apostelgeschichte

Richard Seewald (1889–1976), Die Predigt des Petrus an Pfingsten.

D er Verfasser des Buches ist auch der des Lukasevangeliums. Durch den vorangestellten Prolog (1,1 ff.) gibt sich die Schrift als ein Doppelwerk zu erkennen, das die Fortentwicklung der Jesusbewegung schildern will. Thema ist die Ausbreitung des »Wortes Gottes«, von dem der Verfasser überzeugt ist, daß es »das Ende der Erde« erreichen wird.

Der Titel »Apostelgeschichte« ist ebenso wie deren lateinischer Name *Acta Apostolorum* (»Taten der Apostel«) irreführend. Abgesehen von einer Liste der elf Apostel in 1,13 begegnen nur noch Petrus (bis einschließlich Kap. 15), die Zebedäussöhne Jakobus und Johannes (12,2) und daneben noch Jakobus, der »Bruder des Herrn« (12,17; 15,13; 21,18). Im Zentrum der Darstellung steht anfangs Petrus, dann das missionarische Wirken des Paulus. Lukasevangelium und Apostelgeschichte nennen ihren Verfasser nicht; insofern sind beide Schriften anonym, doch stimmen sie in Wortschatz, Stil und Theologie überein. Seit dem Ende des 2. Jahrhunderts hat man Lukas, den Reisebegleiter des Paulus, als Autor angesehen, da Paulus einen solchen Mitarbeiter mehrfach nennt (Kol 4,14; 2 Tim 4,11; Phm 24). Die heutige Forschung schließt diese Identifikation aus, behält aber zur leichteren Verständigung den Namen Lukas als Verfasserbezeichnung bei. Der literarische Charakter der Schrift, wie auch deren Vorwort machen deutlich, daß dem Autor ein Geschichtswerk mit erbaulich werbender Zielsetzung vorschwebte.

Die unkritische Lektüre der »Apostelgeschichte« und deren irreführender Name haben seit jeher das allgemeine Verständnis der kirchlichen Anfänge bestimmt. Aus der idealisierten Zeichnung der Urkirche als einer einmütigen und geschlossenen Größe hat sich ein naives Verständnis der Anfänge entwickelt, etwa folgender Art: Es war Jesu »Plan«, die Kirche zu gründen; dazu hat er die Zwölf ordiniert und so die Kirche als Institution eingerichtet. Die Apostel setzten missionierend und taufend das Werk Jesu fort und kodifizierten ihre Botschaft im Neuen Testament als Heilige Schrift. Alle späteren Entwicklungen gründen auf diesem Fundament, von dem die Kirche in ihrer apostolischen Tradition nie abgewichen ist.

Tatsächlich waren die Anfänge viel komplizierter, auch kontrovers und lassen sich keineswegs unter das Urteil »ein Herz und eine Seele« stellen. Als die Apostelgeschichte gegen Ende des 1. Jahrhunderts geschrieben wurde, um damit – ähnlich wie bei den Evangelien – primär Intentionen der eigenen Zeit zu verfolgen, lagen die Verhältnisse und Ereignisse, die Konflikte und kontroversen Auffassungen, wie sie sich in den Paulusbriefen spiegeln, schon weit zurück. Angesichts der neuen, anders gewordenen Probleme waren sie »weithin überholt, erledigt und vergessen, vieles nur noch ungenau in Erinnerung, manches in der Überlieferung unterdrückt und das Verständnis der Heilsbotschaft, des christlichen Glaubens, der Kirche und ihres Verhältnisses zur Welt in vielerlei Hinsicht durch neue Fragen, Anschauungen und Aufgaben überwachsen« (Günther Bornkamm). Zwar verstand sich der Verfasser der Apostelgeschichte als »Historiker«, aber natürlich im Sinne des antiken Geschichtsverständnisses, von dem sich der heutige historische Sinn deutlich unterscheidet. Er hat ihm erreichbare Quellen aufgenommen und verknüpft, ohne sie derart kritisch zu prüfen, wie dies zur modernen

Geschichtswissenschaft gehört. Daß er die Paulusbriefe entweder nicht kannte oder aber völlig ignorierte, ist erstaunlich, da sein Buch ja sonst zentral dem Wirken des Paulus zugewandt ist. Die bloße Exaktheit historischer Fakten war dem Verfasser außerdem kein Anliegen, wenngleich die Verschiedenheit und Vielschichtigkeit seines Buches es nicht gestatten, pauschal über den Geschichtswert des Erzählten zu urteilen. Angaben über Personen, Orte und Reisen des Paulus verbinden sich mit überleitenden Zustandsschilderungen von Gemeinden, daneben stehen Berichte von Wundertaten und christliche Zeugnisse vor heidnischen Tribunalen; schließlich – ein Drittel des ganzen Buches ausmachend – sind insgesamt 24 Reden in die Komposition des Werkes eingebunden, die aber vom Verfasser der Apostelgeschichte ebenfalls nach Inhalt und Form gestaltet worden sind. Dabei zeigte er kein Interesse, diesen Reden ein individuelles Kolorit zu geben; ein Petrus spricht nicht anders als ein Paulus, aber der lehrende Paulus der Apostelgeschichte ist wahrhaftig ein anderer als der in seinen Briefen sprechende. In all diesen Arrangements erweist sich Lukas als »Historiker« seiner Zeit »und kann darum, so paradox es klingt, gerade hier am wenigsten als authentischer Zeuge, vielmehr nur als sekundärer Berichterstatter gelten« (Günther Bornkamm).

An einer Chronologie ist Lukas nicht interessiert, doch um so mehr an einer theologischen Deutung des erzählten Geschehens. Ein Vergleich mit dem, was die Paulusbriefe über ihren Schreiber verraten, erlaubt, die Unvollständigkeit der lukanischen Darstellung wahrzunehmen; neben Übereinstimmungen zeigen sich Widersprüche. Dennoch ist die Apostelgeschichte in mancher Hinsicht die einzige Quelle für die früheste Zeit des Christentums, für dessen Gemeindeleben und dessen Gruppierungen.

Das Pfingstereignis

1 Und als der Tag des Pfingstfestes vollends gekommen, waren alle gemeinsam am Ort. 2 Und es geschah: Plötzlich kam aus dem Himmel ein Brausen – wie von einherfahrendem gewaltigem Schnaufen. Und es füllte das ganze Haus, darin sie saßen. 3 Und sichtbar wurden ihnen – sich verteilend – Zungen wie von Feuer. Und die setzten sich auf jeden von ihnen. 4 Und voll heiligen Geistes wurden alle. Und ihre Zungen begannen anders zu reden – wie der Geist es ihnen kund gab.
5 In Jerusalem aber wohnten Juden, ehrfürchtige Männer aus allen Völkern unter dem Himmel. 6 Als laut ward dieses Rauschen, lief die Menge zusammen und ward verwirrt, da ein jeder sie reden hörte in seiner eigenen Sprache. 7 Sie waren außer sich und sagten staunend: Nein – da! Die hier reden – das sind allesamt Galiläer! 8 Und wieso hören wir jeder unsere Sprache, in der wir geboren sind? 9 Wir Parther und Meder und Elamiter und die Bewohner von Mesopotamien, Judäa und auch Kappadozien, Pontus und Asia, 10 von Phrygien und auch Pamphylien, Ägypten und den Gebieten Libyens gegen Zyrene hin und die zugewanderten Römer, 11 Juden und auch Proselyten, Kreter und Araber – wir hören sie wie mit

Pfingsten (griech. *pentekoste,* »fünzigster [Tag nach Ostern]«, hebr. *schawuot),* ursprünglich Fest der Erstlinge der Weizenernte. Obwohl der Tag als Wallfahrtsfest mit der Zerstörung des Tempels in Jerusalem hinfällig wurde, hat er bis heute seine Bedeutung bewahrt. In rabbinischer Zeit wurde das Fest historisiert: mit dem Naturaspekt als kanaanäischem Erbe verband sich die Erinnerung an die Offenbarung am Sinai und die Vergegenwärtigung der Erwählung Israels. – Über die geschichtlichen Hintergründe des christlichen Pfingstfestes erlaubt der stark legendarisch übermalte Pfingstbericht keine klare Erkenntnis. Es gibt aber auffällige Parallelen zwischen Apg 2,1-4 und der frührabbinischen Deutung, die ihrerseits davon spricht, daß Gott die Tora in allen »siebzig Sprachen« der Menschheit offenbart habe.

Proselyt (griech. »Hinzugekommener«), im Frühjudentum Bezeichnung eines Konvertiten, der durch Beschneidung und Annahme der Tora dem Judentum beitritt. Die Einstellung zu P.en war immer ambivalent: »Man stößt einen mit der Linken fort und holt ihn mit der Rechten heran«, hieß es. Jüdische P. werden als Pfingstzeugen und als Hörer des Paulus (Apg 13,43) genannt. Auch war Nikolaus, einer der sieben Diakone, »ein P. aus Antiochia« (Apg 6,5).

Glossolalie (von griech. *glossa,* »Sprache«), Bezeichnung für ekstatisches Reden, das als »Reden in fremden Sprachen« (Apg 2,4) verständlich, aber oft auch unverständlich ist (1 Kor 14,6-11.16). Paulus, der selbst die G. übte, läßt für den Gemeindegottesdienst nur zu, was alle verstehen können (1 Kor 14,18f.).

unseren Zungen von den großen Taten Gottes reden. [12] Sie waren alle außer sich und wußten nicht ein noch aus – sagte einer zum anderen: Was mag das sein? [13] Andere aber machten sich lustig und sagten: Von Süßwein sind sie vollgelaufen!

El Greco (Dominikus Theotokopulos, 1541–1614), Pfingsten, um 1600.

Apg 2,1-13

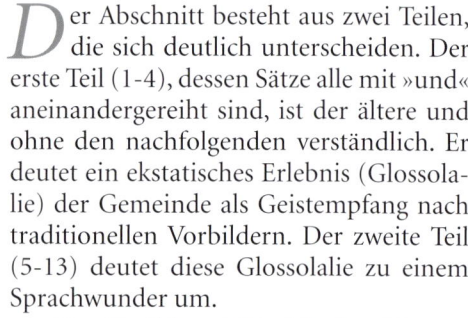

Der Abschnitt besteht aus zwei Teilen, die sich deutlich unterscheiden. Der erste Teil (1-4), dessen Sätze alle mit »und« aneinandergereiht sind, ist der ältere und ohne den nachfolgenden verständlich. Er deutet ein ekstatisches Erlebnis (Glossolalie) der Gemeinde als Geistempfang nach traditionellen Vorbildern. Der zweite Teil (5-13) deutet diese Glossolalie zu einem Sprachwunder um.

Der Erzähler stellt sich den Morgen des Pfingsttages vor (vgl. 12,15). »Alle«, die sich erneut »am selben Ort« versammeln, sind die 1,15-26 vorgestellte Schar »von ungefähr hundertzwanzig Leuten«, die nach dem Tod des Judas den Matthias in die Gruppe der Zwölf gewählt hatten, und deren Versammlungsort das »Obergemach« eines Hauses war (1,13). Es handelt sich also nicht nur um die »zwölf Apostel«, wie sie die Bildtradition zusammen mit Maria vorstellt.

Zum Ende seines Evangeliums (24,49) hatte Lukas »Jesus« ankündigen lassen: »Ich sende die Verheißung meines Vaters auf euch. Ihr aber sollt sitzen bleiben in der Stadt, bis ihr umhüllt werdet aus der Höhe mit Kraft.« Dieses Geschehen erfüllt sich nun »plötzlich aus dem Himmel kommend«. Zunächst wird es als Audition geschildert: Es entsteht ein »Rauschen«, wie ein gewaltiger Wind – ein Theophanie-Motiv, das bereits 1 Kön 19,11 (→ S. 198), auch Jes 66,15 begegnet. An die Audition schließt sich eine Vision, welche das hörbare Geschehen sichtbar macht.

Was die Erzählung meint, zeigen Vergleichstexte: Das Bild der Feuerzungen kennt schon Jes 5,24, doch orientieren sich die Verse 2-3 primär an den Sinai-Schilderungen (Ex 19,16-19; Dtn 4,11 ff.) und deren Weiterverarbeitung in der nichtbiblischen Literatur. Bei Josephus heißt es: »Die Simme Gottes drang von oben herab zu allen hin, so daß jeder die einzelnen Gebote Gottes, die Mose auf zwei Tafeln aufgeschrieben hat, deutlich vernehmen konnte« (Ant. III, 5,4). Bei Philo wird eine Stimme so vernommen, »daß die ganz entfernt Stehenden in gleicher Weise wie die Nächsten sie zu hören glaubten« (Decal 33), ja, vom Sinai ertönte ein Trompetenschall, »der bestimmt war, bis ans Ende der Welt zu dringen, damit auch die Nichtanwesenden und sozusagen am Weltende Wohnenden durch den Vorgang erschreckt und aufmerksam gemacht würden« (Spec Leg II, 189). Und die rabbinische Bibelauslegung stellt sich unter Dtn 33,2 nach Rabbi Jochanan (250–290) ein Sprachenwunder vor, sicherlich einer älteren Tradition folgend: »Die Stimme ging aus und teilte sich in 70 Stimmen nach den 70 Sprachen, damit alle Nationen sie vernehmen sollten. Jede Nation hörte die Stimme in der Sprache ihrer Nation.«

So wie das Sinai-Geschehen soll auch die Geistverleihung jene universale Ausrichtung finden, die dem lukanischen Konzept (→ S. 463) insgesamt zugrunde liegt. Die V 2-3 geschilderten Phänomene werden V 4 abschließend als Erfüllung mit dem Heiligen Geist gedeutet, die sich als ein Reden in unverständlichen Sprachen äußerte. Lukas, der vermutlich keine eigene Kenntnis glossolalischer Praktiken mehr hatte, deutete das Phänomen zu einem Reden in Fremdsprachen um. Dadurch gab er der Pfingstgeschichte, seiner theologischen Konzeption folgend, eine universale Prägung.

Ab V 5, mit dem eine neue Situationsangabe einsetzt, wird die Glossolalie als Sprachenwunder entfaltet. Als Hintergrund ist das jüdische Pfingstfest zu denken, das beliebteste Wallfahrtsfest, das Diasporajuden aus aller Welt nach Jerusalem führte. Hatte zunächst die Glossolalie die davon angelockten Menschen »verwirrt«, so begründet dies Lukas nun mit dem Sprachen- und Hörwunder, das er V 6b-11 einfügt: Obwohl alle gleichzeitig und durcheinander reden, hört sie jeder in seiner Muttersprache. Die Verwunderung darüber äußert sich im Chor. V 9-11a folgt eine Völkertafel, die Lukas in seinen redaktionellen Text einfügte. Die Liste wechselt zwischen Völker- und Ländernamen, wobei die ersten zwölf Namen dem vorlukanischen Bestand der Liste zugehören (von »Parther« bis »Libyen«); die nachfolgend genannten Römer, d. h. Diasporajuden aus Rom, sowie die (geborenen) Juden und die (zum Judentum übergetretenen) Proselyten, also Gruppierungen religiöser Unterscheidung, sind als lukanische Ergänzung anzusehen. Die vorlukanische Liste schloß mit der Nennung von »Kretern und Arabern«, wohl zu lesen als »Insel- und Festlandbewohner« oder auch als »Bewohner von West und Ost«. Die Herkunft dieser Völkertafel ist unbekannt. Die ersten drei Völkernamen spiegeln möglicherweise noch politische Verhältnisse der seleukidisch-hellenistischen Zeit.

Die vorlukanische Quelle der Tradition, die in V 12-13 wieder spricht, betont, daß »alle« außer sich gerieten, d. h., daß die Glossolalie sie verwirrte. Hier zeigt sich die nicht harmonisierte Differenz der Quellen: Während der Einschub 6b-11 betont, daß jeder die Reden in seiner Muttersprache hören konnte, sagt V 12, daß sie das Gehörte nicht verstanden hätten. Eine weitere Gruppe (V 13) quittiert das Geschehen mit Spott.

Insgesamt zeigt der lukanische Text eine Gestaltung, die von der erzählerischen Deutung des Pfingstfestes in der frühjüdischen Tradition beeinflußt ist. Das ursprünglich naturreligiöse kanaanäische »Fest der Erstlinge der Weizenernte« (Ex 23,16; 34,22) wurde zu dieser

Verstummen

Die Sprache, die einmal ausschwang,
*   Dich zu loben,*
Zieht sich zusammen, singt nicht mehr
In unserem Essigmund. Es ist schon viel,
Wenn wir die Dinge in Gewahrsam nehmen
Einsperren in Kästen aus Glas
*   wie Pfauenaugen*
Und sie betrachten am Feiertag.
Irgendwo anders hinter sieben Siegeln
Stehen Deine Psalmen neuerdings
*   aufgeschrieben.*
Landschaft aus Logarithmen, Wälder
*   voll Unbekannter,*
Wurzel der Schöpfung, Gleichung
*   Jüngster Tag. ...*

Mit denen, die Dich auf die alte Weise
Erkennen wollen, gehst Du unsanft um.
Vor Deinen Altären läßt Du
*   ihr Herz veröden,*
In Deinen schönen Tälern schlägst Du sie
Mit Blindheit. Denen, die Dich
*   zu loben versuchen,*
Spülst Du vor die Füße den
*   aufgetriebenen Leichnam.*
Denen, die anheben von Deiner Liebe
*   zu reden,*
kehrst Du das Wort im Mund um,
*   läßt sie heulen*
Wie Hunde in der Nacht.

Du willst vielleicht gar nicht,
*   daß von Dir die Rede sei.*
Einmal nährtest Du Dich von Fleisch
*   und Blut,*
Einmal vom Lobspruch. Einmal
*   vom Gesang*
Der Räder. Aber jetzt vom Schweigen.
Unsere blinden Augen sammelst Du ein
Und formst daraus den Mondsee
*   des Vergessens.*
Unsere gelähmten Zungen sind Dir lieber
Als die tanzenden Flammen
*   Deines Pfingstwunders,*
Sicherer wohnst Du als im Gotteshause
Im Liebesschatten der verzagten Stirn.

Marie Luise Kaschnitz

Jude, Hebräer, Abrahams-Sohn zu sein, war unter den Völkerschaften des Römischen Reiches nichts geringes. Man schätzt den jüdischen Anteil im Römischen Reich auf etwa 4,5 Millionen, sieben Prozent der Gesamtbevölkerung. Sie lebten vor allem in großen Städten wie Alexandria, Antiochia und Damaskus, waren aber auch in Kleinasien, Zypern, der Zyreneika stärker vertreten; letztlich reichte ihr Diasporagebiet über den gesamten Mittelmeerraum, Mesopotamien und in den weiteren Osten hinein, wie es die Völkertafel in der Pfingstgeschichte erkennen läßt. Die Juden besaßen weitgehende Privilegien und Gemeinschaftsrechte, die ihnen freie Religionsausübung, aber auch eigene Gemeindeorganisation, Vermögensverwaltung und Gerichtsbarkeit erlaubten. Die Freistellung vom Kaiserkult und in der Regel vom Militärdienst – allein schon wegen des strengen Sabbatgebots – fielen unter diese Vergünstigungen.

Dem starken jüdischen Zusammengehörigkeitsgefühl entsprach das Sendungsbewußtsein, als Israel zum »Licht der Heiden« bestimmt zu sein (Jes 42,6). Ein hochstehendes Bildungsniveau – mit ansehnlichem Literaturschaffen – unterbaute dieses Selbstbewußtsein, das Paulus in einer langen Aufreihung so zusammenfaßte: »Du nennst dich Jude und verläßt dich auf das Gesetz, du rühmst dich deines Gottes, kennst seinen Willen, und willst, aus dem Gesetz belehrt, beurteilen können, worauf es ankommt; du traust dir zu, Führer zu sein für Blinde, Licht für die in der Finsternis, Erzieher der Unverständigen, Lehrer der Unmündigen, einer, für den im Gesetz Erkenntnis und Wahrheit feste Gestalt besitzen ...« (Röm 2,17-20). Auch der hochgebildete Schriftsteller Philo von Alexandrien (um 20 v. – 45 n. Chr.) sprach davon, daß die Gesetze des jüdischen Volkes »alle anderen an sich heranziehen und sie aufmerken lassen: Barbaren, Griechen, Kontinentale und Inselbewohner, Völker des Ostens, des Westens, Europa, Asien, die ganze bewohnte Welt von einem Ende zum anderen«.

Diese Ausstrahlungskraft des jüdischen Volkes – auf die oft auch eine wütende Feindschaft antwortete – wird in einer Welt verständlich, in der ein Überangebot an zerklüfteten Göttermythen und -kulten herrschte, die letztlich dem großräumigen Denken der Zeit nicht mehr gerecht wurden. Religionskritik und eine Fülle neuer

Zeit mit der Erinnerung an die Sinai-Offenbarung verbunden und als »Fest der Erneuerung des Bundes« gefeiert. Die judenchristliche Tradition interpretierte diesen Rahmen neu, indem sie in ihrer Festlegende den Empfang der Geistesgabe an die Stelle der Sinai-Offenbarung rückte. Auch hier gab es eine Entwicklung: Die vorlukanische Überlieferung erzählte das »Pfingstwunder« als Ausbruch der Glossolalie in der Urgemeinde am Pfingstfest. Das war keine Verkündigung, sondern ein ekstatischer Lobpreis, den die Urgemeinde als Geisterfahrung deutete. Von glossolalischen Phänomenen ist auch »nach Pfingsten« immer wieder die Rede (vgl. Apg 10,46; 19,6; 1 Kor 12,10.28.30; 14,1-27). Erst durch die Umgestaltung der Ausgangstradition zu einem Sprachenwunder, wie sie Lukas vornahm, erhielt die Erzählung ihre universale und zugleich missionarische Ausrichtung.

Hellenisten und Hebräer. Die Wahl von sieben Helfern

[1] In diesen Tagen aber, da die Jünger sich mehrten, entstand Gemurr unter den Hellenisten gegen die Hebräer, ihre Witwen würden beim täglichen Dienst übersehen. [2] Beriefen also die Zwölf die Menge der Jünger und sprachen: Nicht wohlgefällig ist es, daß wir das Wort Gottes liegen lassen, um an den Tischen zu bedienen. [3] Doch seht euch um, Brüder, nach sieben Männern unter euch – mit gutem Zeugnis, voll Geist und Weisheit – die wir bestellen werden für das, was hier gebraucht wird. [4] Wir aber werden am Gebet und am Dienst des Wortes festhalten. [5] Und das Wort fand das Gefallen der ganzen Menge. Und sie erwählten Stephanus, einen Mann voll Glauben und heiligem Geist, ferner Philippus und Prochorus und Nikanor und Timon und Parmenas und Nikolaus, einen Proselyten aus Antiochia. [6] Die stellten sie vor die Apostel, und betend legten sie ihnen die Hände auf. [7] Und das Wort Gottes wuchs, und die Zahl der Jünger in Jerusalem mehrte sich überaus. Auch viele Leute von den Priestern wurden dem Glauben gehorsam.

Apg 6,1-7

D ie Zeit, in die wir hier zurückgeführt werden, dürften die frühen 30er Jahre sein, einige Forscher geben die Spanne zwischen 32 und 34 an. Wenn man, wie allgemein angenommen, mit dem Tod Jesu im Jahr 30 rechnet, so könnten etwa drei Jahre vergangen sein, in denen sich der Jüngerkreis Jesu in Jerusalem etablierte und langsam heranwuchs.

Nun wird uns gesagt, daß sich diese Urgemeinde, die Lukas wenig vorher seiner Leserschaft noch idealisierend als »ein Herz und eine Seele« vorstellte (4,32), in zwei Gruppierungen spaltete. Das Gegenüber von »Hellenisten« und »Hebräern« war allerdings keine Besonderheit der Jesusgemeinde, sondern ergab sich aus der Situation des zeitgenössischen Judentums.

Auch wenn die Jüngerschaft Jesu sich zunächst nur aus galiläischen Männern und Frauen zusammensetzte, kamen »nach Ostern«

neue Mitglieder hinzu, von denen ein Teil aus der hellenistischen Diaspora stammte. Lukas meint mit »Hellenisten« die griechisch sprechenden, mit »Hebräern« die aramäisch sprechenden Jesus-Jünger der Anfangsgemeinde. Zwischen beiden Gruppen entstanden oft wegen einer unterschiedlich strengen Beachtung der Tora Konflikte. Da Lukas vorweg seiner eigenen Gemeinde die Jerusalemer Urzelle in einer Herz und Seele verbindenden Eintracht vorgestellt hatte, spielt er hier den Konflikt herunter und begründet ihn vage mit dem Wachstum der Jüngerschaft (V 1). Offensichtlich hatte bereits eine Gruppenbildung eingesetzt, deren Motive und Konturen nicht mehr wahrnehmbar sind. Vielleicht war von den »Hellenisten« als den reicheren Mitgliedern der Anfangsgemeinde mehr in die gemeinsame Kasse eingezahlt worden, als deren Leute beim Verteilen der Unterhaltshilfen durch die hebräische Stammgruppe wieder herausbekamen, so daß sie darüber nun »murrten«. Doch dürfte hinter dem genannten Konflikt eine tiefer greifende Krise stecken, von der man sich in den 90er Jahren keine genaue Vorstellung mehr machen konnte.

Die genannten sieben Männer, die den diakonischen Dienst übernehmen sollen, tragen alle griechische Namen. Der an erster Stelle genannte Stephanus erscheint bald darauf aber keineswegs als eine Art Gemeindepfleger. Lukas läßt ihn eine ausgedehnte Anklagerede gegen das jüdische Volk halten und als Wortführer der Hellenisten auftreten. Doch vorerst kaschiert Lukas den überlieferten Streit, indem er am Bild einer einheitlichen Urgemeinde festhält. Dabei verfolgt er Tendenzen, die sich erst in späterer Zeit zu einer »Kirchenstruktur« hin entwickelten: Wenn zu lesen ist, daß sich bereits in der jüdischen Urzelle die »Apostel« den »Dienst am Wort« vorbehalten und den gewählten Gemeindepflegern »die Hände auflegen«, wird eine Struktur entworfen, die sich erst in späterer Zeit entfaltete. Die außerordentliche aktive Beteiligung von Frauen, wie sie aus den Paulus-Gemeinden der folgenden Jahrzehnte belegt ist (→ S. 574 f.), wird übergangen. Insofern entspricht die ausschließliche Erwähnung von Männern in der Anfangsgemeinde weniger den historischen Verhältnissen als einer Zurückdrängung der Frauen in den letzten Jahrzehnten des Jahrhunderts (→ S. 574-577).

Die Verhaftung des Stephanus

8 Stephanus aber, voll Gnade und Kraft, tat Wunderdinge und gewaltige Zeichen im Volk. 9 Doch auf standen einige der Leute aus der sogenannten Synagoge der Libertiner und Zyrener und Alexandriner und der Leute von Zilizien und Asia, um mit Stephanus zu streiten. 10 Und sie konnten der Weisheit und dem Geist seines Redens nicht widerstehen. 11 Dann unterschoben sie Männer, die sagten: Wir haben ihn Lästerworte gegen Mose und Gott sagen hören. 12 Und so verhetzten sie das Volk, die Ältesten und die Schriftgelehrten. Sie traten hin, packten und führten ihn zum Synedrium. 13 Und sie stellten Trugzeugen auf, die sagten: Dieser Mensch hört nicht auf, Worte zu sagen gegen diese heilige Stätte und das Gesetz. 14 Wir haben ihn sagen hören: Dieser Jesus, der Nazoräer, wird diese Stätte niederreißen

Heilsangebote reagierten auf die verworrene Situation – und ein jüdischer Monotheismus, der mit seiner Geschichte, seinem Ethos, der Strenge und weltweiten Einheitlichkeit seiner Gesetze werbende Kraft hatte. Überall gab es Synagogen als Zentren des Schriftstudiums. Die Bibel lag in griechischer Übersetzung vor. Griechisch war auch die Sprache des Diaspora-Judentums, das bei aller Absonderung Einfluß ausübte und zugleich hellenistischem Einfluß unterlag (→ S. 322 ff.).

Während unter der Makkabäerherrschaft und dem hasmonäischen Priesterhaus der hellenistische Einfluß bekämpft und zurückgedrängt worden war (→ S. 328 ff.), hatte sich eine Ablehnung alles Griechischen in Palästina entwickelt. Unter Herodes, dem letzten mächtigen (halb-) jüdischen Herrscher, dessen lange Regierungszeit (37 v. – 4. n. Chr.) die hellenistische Kultur voll rezipierte, entwickelte sich eine Verschmelzung jüdischer und hellenistischer Kultur, die dem Jüdischen das Vorrecht ließ, das Hellenistische aber nicht mehr ablehnte. Doch verlief dieser Prozeß unterschiedlich intensiv: im außerpalästinischen Judentum erfolgreicher und selbstverständlicher als im Heimatland. Besonders in Alexandria kam es zu einem Ausgleich zwischen Judentum und Griechentum.

Der Einfluß des Hellenismus betraf das jüdische Leben insgesamt. Der Philosoph Philo und der Historiker Josephus sprachen Griechisch zu ihren Landsleuten. Ihre Lebensgewohnheiten waren griechisch geprägt, was auf religiösem Gebiet, zumal in den Ländern der Diaspora zu vermischenden Anschauungen und Praktiken führte. Man versuchte Heiden den Monotheismus dadurch zugänglich zu machen, daß man sagte, »Ein Gott« bedeute »Höchster Gott«, und in Ägypten wurde unter diesem Titel sogar eine Synagoge eingeweiht. Für Philo und Josephus, die größten jüdischen Hellenisten, war die Vereinbarkeit und Verschmelzung von Hellenismus und Judentum Ziel ihres Bemühens. Andererseits machten die hellenistischen Juden so viel liberalen Einfluß in Jerusalem geltend, daß dies Spannungen mit den aramäisch sprechenden Juden auslöste. Dieser Spannung konnte auch die junge Jesusgemeinde nicht ausweichen, zumal sie sich ja noch nicht als eine vom Judentum abgehobene Größe verstand, sondern als eine unter anderen möglichen Richtungen des Judentums.

und die Bräuche umwandeln, die Mose uns überliefert hat. 15 Und sich ihm zuwendend sahen alle, die im Synedrium saßen, sein Gesicht wie eines Engels Angesicht.

Apg 6,8-15

Auch dieser Text verbindet in seiner Schichtung unterschiedliche Zeiten miteinander. Zunächst fällt eine Spannung zwischen dem Bild eines zum »Tischdienst« bestellten Gemeindepflegers und dem des Predigers auf, da sich ja doch – nach Lukas – die Apostel den »Dienst am Wort« vorbehielten (6,4). Statt dessen wird Stephanus als Mann der Öffentlichkeit vorgestellt, der »Wunderdinge und gewaltige Zeichen im Volk« wirkte und durch seine Lehrverkündigung Empörung in der hellenistischen Synagoge auslöste, zu der er selbst gehörte. Mit den »Libertinern« sind Nachfahren freigelassener Juden gemeint, die zuvor von Pompeius (106–48 v. Chr.) als Sklaven nach Rom verschleppt worden waren. Bei den weiter genannten Gruppen handelt es sich um jüdische Rückwanderer aus der Zyrenaika, aus Alexandria, Zilizien und Asien nach Jerusalem. Da es in Jerusalem wohl mehrere Synagogen gab (vgl. Apg 24,12), kann der Konflikt sowohl innerhalb einer Synagoge als auch zwischen zwei Synagogen entstanden sein. Der Vorwurf an Stephanus, »Mose und Gott gelästert« zu haben, könnte bereits auf Differenzen in der Beachtung der Tora verweisen. Lukas unterstellt den Gegnern des Stephanus Verleumdung und Anstiftung zur Denunziation, ein Aufwiegeln des Volkes unter Führung seiner »Ältesten und Schriftgelehrten«, die den Stephanus vor den Hohen Rat bringen. Insgesamt entwirft er eine Parallele zum Prozeß Jesu mit verleumderischer Anklage und falschen Zeugen, auf die Stephanus mit einer großen Anklagepredigt (7,1-53) wider das jüdische Volk antwortet, die insgesamt aber als ein theologischer Entwurf des Lukas verstanden werden muß:

Die Steinigung des Stephanus

54 Als sie das hörten, wußten sie in ihren Herzen nicht ein noch aus. Und sie knirschten mit den Zähnen wider ihn. 55 Voll heiligen Geistes aber, zum Himmel sich wendend, sah er Gottes Herrlichkeit und Jesus stehend zur Rechten Gottes. 56 Und er sprach: Da! Ich schaue die Himmel: durch und durch offen und den Menschensohn stehend zur Rechten Gottes. 57 Sie aber schrien mit gewaltiger Stimme, hielten sich die Ohren zu und stürmten einmütig auf ihn los. 58 Und sie trieben ihn aus der Stadt hinaus und steinigten ihn. Und die Zeugen hatten ihre Obergewänder zu Füßen eines jungen Mannes niedergelegt, der Saulus hieß. 59 Und so steinigten sie Stephanus, während er ausrief und sagte: Herr Jesus, nimm hin meinen Geist! 60 Und in die Knie sinkend schrie er mit gewaltiger Stimme: Herr, laß ihnen diese Sünde nicht stehen! Das sprach er und verschied. 8,1 Saulus aber war mit seiner Hinmordung einverstanden. Und es geschah: An jenem Tag kam eine große Hetzjagd über die Gemeinde in Jerusalem. Alle wurden

Stephanus (griech. »Kranz«), Sprecher des 7-Männer-Kollegiums der hellenistischen Gruppe in der Jerusalemer Urgemeinde (Apg 6,5 ff.). Seine entschiedene Tempel- und Torakritik führte zu großer Empörung und zu seiner Steinigung: Darüber hinaus leitete sie die Vertreibung der hellenistischen Gruppe aus Jerusalem ein (Apg 7), führte aber indirekt zur Gründung weiterer christlicher Gemeinden in der jüdischen Diaspora.

Steinigung, im alten Israel die sakrale Todesstrafe (Lev 24,10-16; Dtn 17,2-7). Der Verurteilte wurde von einem der Zeugen von einem Felsen hinabgestürzt; wenn dieser Sturz ihn nicht tötete, warf ihm der zweite Zeuge einen Stein auf das Herz, danach schloß sich bis zu seinem Tod das übrige Volk an. Auch begegnet die S. als Lynchjustiz (Apg 5,26; 7,58-60; 14,5.19; 2 Kor 11,25). – Josephus berichtet vom Verfahren des Hohenpriesters Ananus gegen den »Herrenbruder Jakobus« (→ S. 540 f.), das mit der Steinigung endete, aber sowohl von Juden als auch vom röm. Statthalter Albinus mißbilligt wurde.

Apostelgeschichte

über die Lande Judäas und Samariens hin versprengt – außer den Aposteln. ² Den Stephanus jedoch bestatteten ehrfürchtige Männer und hielten große Totenklage um ihn. ³ Saulus aber suchte die Gemeinde auszumerzen, indem er in die Häuser eindrang, Männer wie Frauen herausschleifte und in den Kerker auslieferte.

Apg 7,54-8,3

Steinigung des Stephanus, Müstair, 12. Jh.

Zahllose Altarbilder zeigen grausame Methoden der Folter und Hinrichtung. Es hat nicht den Anschein, als werde die je dargestellte Quälerei grundsätzlich kritisiert; die mittelalterliche Detailfreude in der Schilderung von Märtyrerlegenden scheint eher untergründigen Sadismus zu befriedigen, als Solidarität mit jenen zu stiften, die bis zum Tag Opfer inhumaner Gesinnung werden. Auch die allerorts anzutreffenden Kruzifixe haben ja keine Sensibilität für die stets neuen Kreuzigungen jedweder Art geschaffen. Ihre pure Historisierung schließt die notwendige Aktualisierung aus.

Die Reaktion auf die (fiktive) Rede des Stephanus ist Empörung. Die darauf folgende Behauptung des Stephanus, in einer Vision »den Menschensohn zur Rechtes Gottes« zu sehen, wird als Blasphemie interpretiert. Lukas kontrastiert das Gesicht des Geistträgers mit dem »Geschrei« einer dämonisierten Menge, die nun tumultartig Stephanus zur Stadt hinaustreibt, um ihn zu steinigen. Von einem Urteilsspruch des Hohen Rats ist keine Rede. Die Kapitalgerichtsbarkeit war dem Sanhedrin auch nicht gegeben. Außerdem hätte eine ganz andere Prozeßordnung befolgt werden müssen, die unerwähnt bleibt. Historisch geurteilt, handelte es sich um eine spontane und Lynchjustiz, die Lukas nachträglich übermalt und in eine offizielle Gerichtsverhandlung des Sanhedrin überführt hat, um den ersten Blutzeugen in eine Analogie zur Passion Jesu zu rücken.

Daß nach dem Tod des Stephanus eine Verfolgung über die Gemeinde hereinbrach und »alle« aus der Stadt aufs Land nach Judäa und Samaria vertrieben wurden – »mit Ausnahme der Apostel«

(8,1) –, soll wohl das Ausmaß der nun einsetzenden Verfolgung unterstreichen. Doch läßt sich sowohl aus 6,1-7 als auch aus 8,4 f. und 11,19 f. schließen, daß nur der griechisch sprechende, offensichtlich gesetzeskritische Gemeindeteil Jerusalem verlassen mußte, während ihr aramäisch sprechender Stamm davon unberührt blieb. Hier artikulierte sich offensichtlich zum ersten Mal eine Interpretation der Jesusnachfolge, die mit dem jüdischen Toraverständnis kollidierte, das die »Säulen« der Gemeinde (Gal 2,9) nicht in Frage stellten. Es wäre jedoch falsch, den Glauben an die Messianität Jesu als Verfolgungsgrund anzusehen. Mit derartigen Ansprüchen war das Judentum mehrfach konfrontiert, ohne daß dies zu einer Exkommunikation der jeweiligen Gruppierungen geführt hätte.

Aufweichungen und Infragestellungen der Tora waren es, die den jungen Paulus in die Gegnerschaft zur Jesusgemeinde führten. Gegen die Darstellung des Lukas, Paulus habe bereits in Jerusalem die Urgemeinde verfolgt, sprechen allerdings gewichtige Gründe. Zum einen lebte die Stammgemeinde in der überlieferten Toratreue, so daß sich ihr gegenüber weder ein Konfliktstoff und erst recht kein Verfolgungsgrund bot. Zum andern spricht gegen die Schilderung 8,1-3 Paulus selbst in seiner autobiographischen Notiz Gal 1,22, er sei den Gemeinden Judäas persönlich unbekannt gewesen, was ja doch wohl Jerusalem als Zentrum Judäas einbezieht (→ S. 551) und eine so dramatische Attacke gegen die Gemeinde ausschließt.

Die aus Jerusalem vertriebenen »Hellenisten« zerstreuten sich über das nichtjüdische Ausland und brachten das Evangelium erstmals zu den »Griechen« (11,20). Wir begegnen ihren Spuren erneut in der Gemeinde von Antiochia.

Die Entstehung einer christlichen Gemeinde in Antiochia

19 Diejenigen nun, die versprengt waren infolge der Drangsal, die wegen Stephanus entstanden, zogen bis hinüber nach Phönizien und Zypern und Antiochia. Sie sagten keinem das Wort, nur den Juden allein. 20 Einige von ihnen waren Männer aus Zypern und Zyrene, die, als sie nach Antiochia kamen, auch zu den Griechen redeten: Die Heilsbotschaft kündend von dem Herrn Jesus. 21 Und die Hand des Herrn war mit ihnen. Und eine große Anzahl wurde glaubend und wandte sich dem Herrn zu. 22 Das Hörensagen über sie kam der Gemeinde in Jerusalem zu Ohren. Da entsandten sie Barnabas nach Antiochia. 23 Als er eingetroffen war und die Gnade Gottes sah, freute er sich und ermutigte alle, nach der Vorbestimmung ihres Herzens beim Herrn zu bleiben. 24 Denn er war ein guter Mann und voll heiligen Geistes und Glaubens. So ward ziemlich viel Volk dem Herrn hinzugebracht. 25 Dann zog er aus nach Tarsus, um Saulus aufzusuchen. 26 Er fand ihn und brachte ihn nach Antiochia. Es geschah, daß sie sogar ein ganzes Jahr in der Gemeinde zusammenwirkten und ziemlich viel Volk lehrten und daß erstmals in Antiochia die Jünger als »Christen« bezeichnet wurden.

Apg 11,19-26

Jesus hatte das Reich Gottes angekündigt, und dafür ist die Kirche gekommen. Sie kam und erweiterte die Form des Evangeliums, die unmöglich erhalten werden konnte, wie sie war, seitdem Jesu Aufgabe mit dem Leiden abgeschlossen war. Wenn man das Prinzip aufstellt, daß alles nur in seinem ursprünglichen Zustand Existenzberechtigung hat, so gibt es keine Einrichtung auf der Erde und in der menschlichen Geschichte, deren Legitimität und Wert nicht bestritten werden könnte. Ein solches Prinzip läuft dem Gesetz des Lebens zuwider, welches eine Bewegung und ein beständiges Streben nach Anpassung an ewig wechselnde und neue Bedingungen ist. Das Christentum hat sich diesem Gesetz nicht entzogen, und es darf nicht getadelt werden, weil es sich ihm gefügt hat. Es konnte nicht anders handeln.

Alfred Loisy

*D*ie neuen Lebensbereiche der aus Jerusalem vertriebenen »Hellenisten« werden zunächst genannt: »Phönizien« meint den etwa 120 km langen Küstenstreifen des mittleren Syrien zwischen dem Berg Karmel im Süden und den Fluß Eleutheros im Norden. In diesem Bereich liegt auch Antiochia. Die Insel Zypern war seit 22 v. Chr. römische Provinz. Antiochia am Orontes war nach Rom und Alexandria mit einer halben Million Einwohnern die drittbedeutendste Großstadt im Römischen Reich und außerhalb Palästinas neben Alexandria eine Metropole jüdischen Lebens mit vermutlich mehreren Synagogen. Ein Teil der aus Jerusalem verjagten jüdischen Jesusanhänger verkündete hier »das Wort« ausschließlich an Juden, zumal es ja ein Wort aus jüdischem Kontext war. Die in Antiochia bereits traditionelle jüdische Mission unter der nichtjüdischen Bevölkerung dürfte den missionierenden Zugang zu »den Griechen« gebahnt haben. Damit vollzog sich also bereits vor Paulus der erste Überschritt aus dem jüdischen Rahmen in den nichtjüdisch-hellenistischen Bereich. Die als ungewöhnlich empfundene und wohl auch Befremden auslösende Nachricht vom Übertritt zahlreicher heidnischer Antiochener in die jüdische Jesusgemeinde kam bald der Jerusalemer Gemeinde »zu Ohren«, die den Barnabas als ihren Gesandten auf den Weg schickte, die dortigen Vorgänge zu untersuchen. Barnabas war vermutlich ein in Jerusalem ansässig gewordener Jude aus Zypern (4,36). Dieser kehrte jedoch nicht zur Berichterstattung nach Jerusalem zurück, sondern erfreute sich der Entwicklung in Antiochia und reiste nach Tarsus weiter, um Paulus aufzusuchen, den er nach dessen »Konversion« in Jerusalem bei der Gemeinde eingeführt hatte (9,27). Mit ihm kehrte er nach Antiochia zurück, und beide wirkten dort ein ganzes Jahr zusammen. Die öffentliche Aufmerksamkeit, welche die Vorgänge weckten, äußert sich in dem Namen »Christen«, der hier zum ersten Mal fällt. Die Jesusjünger werden sich diese Bezeichnung nicht selbst zugelegt haben, sie entspringt eher der Wahrnehmung, daß in dieser Gemeinde immerzu von »Christos«, dem »Gesalbten« oder »Messias«, gesprochen wurde.

Bis dahin war intern nur von »Jüngern« die Rede. Auch die Evangelien nennen rückblickend so die Jesusgemeinde: »Seinen Jüngern aber erklärte er alles, wenn er mit ihnen alleine war« (Mk 4,34). Nach Jesu Tod blieb es bei diesem Sprachgebrauch und selbst noch, als die Gemeinde wuchs, nahm »die Zahl der Jünger« zu (Apg 6,1). Man wurde also in der frühen Zeit »Jünger«, nicht »Christ«. In der Jüngerschaft nannte man sich untereinander »Bruder« und »Schwester«. Wenn aber Lukas in der Apostelgeschichte über fünfzigmal von den Jüngern Jesu als den »Brüdern« spricht, sind damit keineswegs nur Männer gemeint. Der vereinfachende, androzentrische Ausdruck schließt die zahlreich und aktiv beteiligten Frauen in der Gemeinde mit ein, um ihre Existenz zugleich zu verschweigen.

Antiochia, Hauptstadt der röm. Provinz Syrien, von König Seleukos I. (→ S. 318) um 300 erbaut und zu Ehren seines Vaters Antiochus benannt. Juden sollen sich dort schon zur Gründungszeit niedergelassen haben. Sie standen in der Gunst späterer Könige und erhielten möglicherweise die vollen Bürgerrechte. Auf die hellenisierten Kreise Palästinas übte die Stadt eine mächtige Anziehungskraft aus. Unter Antiochus IV. (→ S. 321) wurden die Juden auch hier stark bedrängt. Als ca. 145 v. Chr. die Stadtbevölkerung gegen König Demetrius II. revoltierte, sandte der hasmonäische Hohepriester ihm 3000 jüdische Krieger zu Hilfe, die den Aufstand niederkämpften. 63 v. Chr. wurde A. dem römischen Weltreich einverleibt. König Herodes d. Gr. stiftete der Stadt eine gedeckte Galerie entlang der Hauptstraße und mehrte auf diese Weise das jüdischen Ansehen. Auch nahm die Zahl der jüdischen Einwohner zu, vor allem durch Einwanderung und den Übertritt vieler Heiden. Die Organisation des jüdischen Lebens war ähnlich wie in → Alexandria geregelt: An der Spitze stand ein Hauptvorsteher (Ethnarch), dem »Älteste« zugeordnet waren. In späterer Zeit weckte das übermäßige Anwachsen der Juden und der zunehmende Einfluß ihrer Religion Gegenströmungen, die sich um die Mitte des 1. Jahrhunderts zu Haßausbrüchen steigerten. Titus, der A. im Spätherbst 70 nach der Zerstörung Jerusalems besuchte, verwarf den Antrag der Bürger von A., die Juden aus der Stadt zu vertreiben und ihnen ihre Bürgerrechte zu entziehen.

Jakobus »der Herrenbruder«. Unter den Mk 6,3 (Mt 13,55) genannten Brüdern Jesu (→ S. 381) steht J. an erster Stelle. Ohne namentliche Kennzeichnung ist von Brüdern Jesu auch Mk 3,31 (= Mt 12,46; Lk 8,19) und Joh 2,12; 7,3.5.10 die Rede. Die dort jeweils beschriebene Distanz zu Jesus gilt in der Intention der Evangelisten gewiß auch für J. Um so mehr verwundert dessen späterer Aufstieg in der Urgemeinde. Dafür kann seine familiäre Bindung an Jesus eine Erklärung sein, wahrscheinlich auch die individuelle Statur und die von Paulus erwähnte Vision des Auferstandenen (1 Kor 15,7). Auf dem Apostelkonvent (48/49) wird J. zusammen mit Petrus und Johannes zu den »Säulen« der Jerusalemer Gemeinde gerechnet. J. wird als toragehorsamer Judenchrist beschrieben, dem die Verkündung der Auflagen für die → Heidenchristen obliegt.

Über den Tod des J. berichtet Josephus: Der Hohepriester Ananus ließ ihn – da zwischen Festus und Albinus im Jahre 62 das Amt des röm. Prokurators gerade vakant war – zusammen mit anderen (vermutlich Christen) durch das Synedrium verurteilen und steinigen:

Die Hinrichtung des Jakobus

Bald darauf gelangte die Nachricht vom Tode des Festus nach Rom, und nun schickte der Caesar den Albinus als Landpfleger nach Judäa. Der König aber nahm das Amt des Hohenpriesters dem Joseph wieder ab und übertrug es dem Sohne des Ananus, der gleichfalls Ananus heißt ... Der junge Ananus ... gehörte zur Sekte der Sadduzäer, die ... im Gerichte härter und liebloser sind als alle anderen Juden. Zur Befriedigung dieser seiner Hartherzigkeit glaubte Ananus auch jetzt, da Festus gestorben, Albinus aber noch nicht angekommen war, eine günstige Gelegenheit gefunden zu haben. Er versammelte daher den Hohen Rat zum Gericht und stellte vor dasselbe den Bruder des Jesus, der Christus genannt wird, mit Namen Jakobus, sowie noch einige andere,

Die Streitfrage

1 Und da kamen einige von Judäa herab und lehrten die Brüder: Wenn ihr euch nicht nach dem Brauch des Mose beschneiden laßt, könnt ihr nicht gerettet werden. 2 Als aber Paulus und Barnabas in nicht geringen Aufruhr und Streiterei mit ihnen gerieten, verfügte man, Paulus und Barnabas und einige andere von ihnen sollten wegen dieser Diskussion zu den Aposteln und Ältesten nach Jerusalem hinaufsteigen. 3 So wurden sie denn von der Gemeinde verabschiedet, zogen durch Phönizien und Samarien – von der Bekehrung der Völker erzählend – und machten allen Brüdern große Freude. 4 In Jerusalem angekommen, wurden sie von der Gemeinde, den Aposteln und den Ältesten empfangen. Und sie taten kund, was alles Gott mit ihnen getan. 5 Aber einige von der Pharisäerpartei, die glaubend geworden, standen auf und sagten: Man muß sie beschneiden und sie anweisen, das Gesetz des Mose zu wahren.

Die Versammlung der Apostel und der Ältesten mit der Gemeinde

6 Versammelten sich also die Apostel und die Ältesten, um wegen dieses Wortes nachzusehen. 7 Als aber eine große Streiterei entstand, stand Petrus auf und sprach zu ihnen: Ihr Männer, Brüder! Ihr wißt, seit alten Tagen hat Gott unter euch die Wahl getroffen: Durch meinen Mund sollten die Völker das Wort der Heilsbotschaft hören und glaubend werden. 8 Und Gott – der Kenner der Herzen – gab Zeugnis: indem er ihnen den Heiligen Geist gab ebenso wie uns. 9 Und keinerlei Unterschied machte er zwischen uns und ihnen, nachdem er durch den Glauben ihre Herzen gereinigt hatte. 10 Nun also – was versucht ihr Gott, daß ihr ein Joch auf den Hals der Jünger legen wollt, das weder unsere Väter noch wir selbst stark waren zu tragen? 11 Nein – durch die Gnade des Herrn Jesus, so glauben wir, werden wir auf dieselbe Weise gerettet wie jene.

12 Da ward die ganze Menge still. Und sie hörten zu, wie Barnabas und Paulus berichteten, was alles an Zeichen und Wunderdingen Gott unter den Völkern durch sie getan. 13 Nachdem sie still geworden, hob Jakobus an und sagte: Ihr Männer, Brüder! Hört mich an: 14 Simon hat berichtet, wie Gott zuerst darauf gesehen hat, daß er aus den Völkern ein Volk für seinen Namen bekomme. 15 Und damit stimmen die Worte der Propheten überein, wie geschrieben ist: 16 Danach kehre ich zurück, und wieder erbaue ich Davids zerfallenes Zelt. Und seine Trümmer erbaue ich wieder, und wieder richte ich es auf: 17 Auf daß die übrigen Menschen den Herrn suchen, und alle Völker, über denen mein Name ausgerufen 18 – spricht der Herr, der dieses tut. Ihm ist es kund von Weltzeit her. 19 Darum spreche ich den Richtspruch: Man soll die nicht plagen, die sich von den Völkern her zu Gott hinwenden, 20 sondern ihnen vorschreiben, sich von den Befleckungen durch die Götzen und von Unzucht und von Ersticktem und von Blut zu enthalten. 21 Mose hat ja seit uralten Geschlechtern von Stadt zu Stadt seine Künder, da er in den Synagogen von Sabbat zu Sabbat vorgelesen wird.

Apostelgeschichte

Die Mitteilung der Beschlüsse an die Gemeinde von Antiochia

30 So wurden die Abgesandten Judas und Silas denn entlassen und kamen nach Antiochia hinab. Und da versammelten sie die Menge und übergaben den Brief. 31 Man las und freute sich der Ermutigung. 32 Und Judas und Silas, die selber Propheten waren, ermutigten die Brüder in langer Rede und stärkten sie. 33 Nachdem sie eine Zeit verbracht hatten, wurden sie mit dem Friedenswunsch von den Brüdern zu denen entlassen, die sie entsandt hatten. 34 Silas jedoch befand für gut, daselbst zu bleiben; nur Judas reiste ab. 35 Paulus aber und Barnabas hielten sich in Antiochia auf. Sie lehrten und verkündeten mit noch vielen anderen die Heilsbotschaft: das Wort des Herrn.

Apg 15,1-21. 30-35

Die Spannung zwischen liberalen Diasporajuden und den strengen torafrommen Juden Judäas wurde bereits auf dem Hintergrund des Streits zwischen »Hellenisten« und »Hebräern« in der Jerusalemer Urgemeinde deutlich. Er verschärfte sich, als sich hellenistische Heiden in Antiochia der Jesusbewegung anschlossen. Nichtjuden waren aufgenommen worden, ohne zum Judentum konvertiert zu sein! Sie hatten sich also nicht beschneiden lassen und sahen sich darum auch nicht dem jüdischen Ritualgesetz unterstellt. Wahrscheinlich hatte der Konflikt schon geraume Weile in der Gemeinde geschwelt, ohne daß er offen ausgetragen wurde. Nun kamen aber »einige Leute von Judäa«, die »Unruhe stifteten«, indem sie »die Brüder« in Antiochia belehrten, »gerettet werden« könne nur, wer sich nach dem Brauch des Mose, also der Tora, beschneiden lasse.

In dieser Frage ging es keineswegs um geringe Dinge. Für den torafrommen Juden war und ist die Beschneidung immer noch das Zeichen des Gottesbundes, das »Siegel der Erwählung«, das seit Abraham die Zugehörigkeit zum Gottesvolk ausdrückt. Über deren Notwendigkeit oder auch Läßlichkeit zu verhandeln, muß ähnlich indiskutabel erschienen sein, als wollte man heute in den christlichen Kirchen die Taufe zur Disposition stellen. Wegen der Grundsätzlichkeit des Problems wurde der Beschluß gefaßt, eine Delegation mit Paulus und Barnabas an der Spitze nach Jerusalem zu senden, um die Streitfrage dort zu klären. Um falsche Vorstellungen einer erst späteren Entwicklung zu vermeiden, sprechen wir hier nicht wie üblich von einem »Apostelkonzil«, sondern sagen »Apostelkonvent«. Lukas leistet einem tendenziell hierarchischen Denken bereits Vorschub, indem er die Jerusalemer Apostel und Gemeindeältesten als die maßgeblichen Autoritäten vorstellt und die Beschlüsse der Versammlung vorrangig in ihrem Namen an die Gemeinden richtet. Demgegenüber bleiben Paulus und Barnabas Randfiguren; sie werden nicht mit eigenen Reden eingeführt, sondern allein mit Berichten über göttliche Wunder zitiert, die unter den Heiden geschahen. Bezeichnend für diese lukanische Linie ist auch, daß nicht die antiochenische Gemeinde, sondern vor ihr bereits der Urapostel Petrus den entscheidenden Schritt zur Heidenmission getan haben soll, während Paulus den Petrus bis zu diesen Verhandlungen nur als Judenmissionar kennt. Hier betreibt Lukas bewußt eine andere »Strukturpolitik«, wie dies seine sorgfältige

die er der Gesetzesübertretung anklagte, und zur Steinigung führen ließ. Das aber erbitterte auch die eifrigsten Beobachter des Gesetzes, und sie schickten deshalb insgeheim Abgeordnete an den König mit der Bitte, den Ananus schriftlich aufzufordern, daß dieser sich in Zukunft ein ähnliches Vorgehen nicht mehr einfallen lasse, wie er auch jetzt durchaus im Unrecht gewesen sei. Einige von ihnen gingen sogar dem Albinus, der von Alexandrien kam, entgegen und stellten ihm vor, daß Ananus ohne seine Genehmigung den Hohen Rat gar nicht zum Gericht habe berufen dürfen. Diesen Ausführungen pflichtete Albinus bei und schrieb in höchstem Zorne an Ananus einen Brief, worin er ihm die gebührende Strafe androhte. Agrippa aber entsetzte ihn infolge dieses Vorfalls schon nach dreimonatlicher Amtsführung seiner Würde und ernannte Jesus, den Sohn des Damnaeus, zum Hohenpriester (Ant. XX, 9,1).

Dieser Ananus jun. war ein weiterer Sohn jenes mächtigen Hohenpriesters, den die Evangelien Hannas nennen (→ S. 396), des Schwiegervaters des Kajaphas und überdies Vater von fünf weiteren Hohenpriestern: eines Eleazar, Jonatan, Theophilus, Matthias und des hier anstehenden Ananus. Einer seiner Enkel soll im Jahre 65 ebenfalls dieses Amt innegehabt haben. Somit stellte die Familie über sechs Jahrzehnte hin immer wieder den Hohenpriester, insgesamt achtmal. Daß nun Ananus jun. nach nur drei Monaten Amtszeit wegen der Verurteilung des Jakobus abgesetzt wurde, erstaunt über die Maßen und ist mit seinem ungesetzlichen Urteil alleine nicht zu erklären. Das weckt Fragen: Josephus nennt in seinem Bericht die Beschwerdeführer »die eifrigsten Beobachter des Gesetzes«; vermutlich waren es Pharisäer. Betrachteten sie Jakobus als einen der ihren? Und seit wann lebte dieser in Jerusalem? Paulus ist ihm hier um das Jahr 38 begegnet. Wahrscheinlich hatte Jakobus in zentralen schriftgelehrten Kreisen Jerusalems einflußreiche Freunde, die zwar nicht das Komplott des Ananus verhindern konnten, dafür aber alles aufboten, diesen seines Amtes zu entheben. Angesichts der eben erst begonnenen Amtszeit und des politischen Gewichts der Hannas-Dynastie, ist hier nicht von »Unmut« in der Bevölkerung auszugehen, sondern von Aktivitäten auf höchster Ebene.

Spurenlegung bis zum Kapitel 15 deutlich macht: Demnach hat eine
Vision des Petrus die »Bekehrung der Heiden« initiiert (Kap. 10).
Die »Apostel und Brüder in Judäa« lobten nach der Berichterstattung des Petrus Gott dafür, daß er »auch den Heiden die Umkehr
zum Leben geschenkt hat« (11,18). Alle Details machen deutlich, wie
stark Lukas die Rolle der Jerusalemer Urapostel und Ältesten gegenüber den Antiochenern herausstellen will.

Dem Galaterbrief des Paulus (→ S. 550 ff.) sind diese Strukturen
nicht zu entnehmen. Dort zeigt sein Streit mit Petrus, wie klar er im
Verständnis seines Evangeliums die als falsch erkannte Linie des Petrus bekämpfte, um sich schließlich durchzusetzen: »Deshalb gaben
Jakobus, Kephas und Johannes, die als die ›Säulen‹ Ansehen ge-
nießen, mir und Barnabas die Hand zum Zeichen der Gemeinschaft:
Wir sollten zu den Heiden gehen, sie zu den Beschnittenen. Nur sollten wir an ihre Armen denken; und das zu tun, habe ich mich eifrig
bemüht« (Gal 2,9 f.). Paulus hat allerdings auf die Zustimmung der
»Angesehenen« zu seiner Form, das Evangelium zu verkündigen,
Wert gelegt: »Ich wollte sicher sein, daß ich nicht vergeblich laufe
oder gelaufen bin.« Er wäre aber zweifellos nicht dazu bereit gewesen, sich von seinem Verständnis der Zusammengehörigkeit von
Judenchristen und Heidenchristen etwas abhandeln zu lassen.

Eine Zustimmung in der Jerusalemer Versammmlung war dennoch nicht leicht zu erreichen. Es kam zu einem heftigen Disput mit den christlichen Pharisäern, welche die nicht zum Judentum übergetretenen Heidenchristen als unrein und darum auch nicht als »tischgemeinschaftsfähig« ansahen: »Man muß sie beschneiden und von ihnen fordern, am Gesetz des Mose festzuhalten« (V 5). Auch hier stellt Lukas den Petrus als den eigentlichen Meinungsführer heraus, der beansprucht, die Entscheidung sei längst gefallen, da »die Heiden durch meinen Mund das Wort des Evangeliums hören und zum Glauben gelangen sollen« (V 7). Wenn der lukanische Petrus anschließend argumentiert, Gott habe mit der Tora allen ein Joch auferlegt, »das weder unsere Väter noch wir tragen konnten«, so geschieht darin auch eine Nivellierung der Problematik, die dem Anspruch der jüdischen Gesetzestheologie nicht gerecht wird.

Nachdem Paulus und Barnabas in ihren Ausführungen bei Lukas nicht zu Wort kommen, kann nun der »Herrenbruder« Jakobus als Repräsentant der Jerusalemer Gemeinde seinen Lösungsvorschlag einbringen. Auch er redet nur die »Brüder« an (→ S. 539), führt dann einen »Schriftbeweis« mit einem Mischzitat, in dem vermutlich Sach 1,16, Jer 12,15 und Jes 45,21 f. vermengt sind, und stimmt schließlich dem Petrus zu, daß die Heiden nicht zuvor Juden werden müßten, um der Jesusgemeinde zugehören zu können. Als Bedingung nennt er vier Klauseln (V 20), die sich auf Lev 17-18 beziehen und Israeliten als auch den Fremden in ihrer Mitte zumuten, Götzenopferfleisch, Ersticktes, Blut und Unzucht zu lassen, um die Tischgemeinschaft mit allen zu ermöglichen. Unter »Unzucht« ist hier die Ehe zwischen nahen Verwandten zu verstehen, die für Juden als anstößig und verboten galt. Dieses sogenannte »Aposteldekret« mit den »Jakobusklauseln« erwähnt Paulus in seiner Darstellung des Geschehens nicht (→ S. 552). Ihm wurde nur aufgetragen, »der Armen zu gedenken« (V 10), doch muß sein Übergehen der Bestimmungen nicht sagen, daß er sie nicht kannte oder daß sie nicht im Verlauf des Jerusalemer Konvents vereinbart wurden.

Trotz dieser Übereinkunft ist davon auszugehen, daß die Jerusalemer dem paulinischen Evangelium nicht völlig und in allen Konsequenzen zustimmten. Es scheint, als habe die Freude darüber, »daß Gott den Heiden eine Tür zum Glauben geöffnet hatte« (14,27) die Einigung stärker begründet als eine theologische Argumentation aus der Schrift. Wenn Paulus später die Kirche als neue Schöpfung Gottes preist, in der nicht mehr Jude und Heide gilt und alle eins sind in Christus (Gal 3,28), darf man diese Sicht nicht auch ohne weiteres den Jerusalemern unterstellen. Zunächst blieb für die judenchristlichen Gemeinden und auch für die Predigt unter den Juden die bisher gültige jüdische Tradition in Kraft. Die Antiochener werden weder gewillt noch fähig gewesen sein, mehr zu erzwingen. Sie hatten ihr Ziel erreicht, das Evangelium von jüdischen Beschränkungen zu lösen. Dies galt zunächst für ihr eigenes Missionsfeld. Das Judenchristentum verharrte bis zur Zerstörung Jerusalems überwiegend in der alten Ordnung, doch war nunmehr prinzipiell das Verständnis von Gesetz, Heilsgeschichte und Gottesvolk durchbrochen und damit ein neuer Weg eröffnet.

Diesen Augenblick schildert das Gemälde: Der Astronom Bailly, der spätere Bürgermeister von Paris, spricht – auf dem Tisch stehend – den Schwur vor. Im Vordergrund umarmen sich der Ordensgeistliche Dom Gerle, der Weltgeistliche Abbé Gregoire und der evangelische Pfarrer Rabaut Saint-Etienne. Diese Versammlung, die eine weltgeschichtliche Weichenstellung bewirkte, rückt Jacques-Louis David in unübersehbare Analogie zum Pfingstgeschehen und dem Jerusalemer Apostelkonvent, wo es ebenfalls unter dem Wehen des Geistes zu einer neuen Gesellschaftsordnung kam, in der nicht mehr die alten Lager gelten und trennen sollten. Die stürmisch wehenden Vorhänge im Ballhaussaal und die innere Bewegung, die alle Anwesenden erfaßt, lassen das »geistgewirkte Geschehen« in einer tieferen Dimension erfassen.

Nachdem sich die Nationalversammlung konstituiert hatte, war eine ihrer ersten Signale die Erklärung der Menschenrechte im August 1789. Seit dem Kampf der Propheten Israels für soziale Gerechtigkeit und elementare Rechte wirtschaftlich Abhängiger hatte sich nichts wirklich Revolutionäres mehr ereignet. Nun promulgierte die Nationalversammlung unter nicht geringer Beteiligung des niederen Klerus die längst überfällige Erklärung: »Frei und gleich an Rechten werden die Menschen geboren und bleiben es ...«.

Im Fortgang der Apostelgeschichte ist von Petrus nicht mehr die Rede. Von jetzt an schildert Lukas nur noch die missionarischen Wege des Paulus. Der entzweit sich mit Barnabas über die Frage einer weiteren Begleitung (15,36-41) und begibt sich auf Missionsreise quer durch Kleinasien, nach Troas, Makedonien und Griechenland. Auf diesem Wege entstanden die Gemeinden in Galatien (rund um das heutige Ankara), Philippi, Thessalonich und Korinth. Die Reiserouten des Apostels sind hier nicht weiter zu verfolgen. Eine Skizze seines Denkens und Mühens vermittelt die Auswahl aus seinen Briefen (→ S. 546-571).

Nähere Klärung verdient noch das Konzept, das Paulus bei seiner Arbeit leitete. In Röm 15,19 sagt er: »So habe ich die Verkündigung von Christus vollendet von Jerusalem und rings im Umkreis bis Illyrikum.« Mit Illyrikum ist die im äußersten Nordwesten Griechenlands gelegene Landschaft gemeint, das heutige Dalmatien, dessen Küstenstraße über die Adria nach Brindisi führte und von dort über die Via Appia nach Rom. Im zitierten Satz verbindet Paulus Jerusalem mit der griechisch-römischen Welt; zugleich sagt er, er habe dort »die Verkündigung von Christus vollendet«, was doch nur als maßlose Übertreibung verstanden werden kann und Verwunderung verdient. Wo immer Paulus auf seinen Wanderwegen Halt machte und eine christliche Zelle gründete, kann es sich nur um winzige Inseln in der großen hellenistischen Welt gehandelt haben. Wenn er dennoch von der Vollendung seines missionarischen Auftrags spricht, steht dahinter eine Denkweise, die mit der christlichen Gemeinde die zu-

Petrus und Paulus, Relief, 4.–5. Jh.

gehörige Stadt und mit der Stadt die gesamte Landschaft verbindet: Philippi für Makedonien (Phil 4,15), Thessalonich für Makedonien und Achaia (1 Thess 1,7 f.) Korinth für Achaia (1 Kor 16,15; 2 Kor 1,1,) und Ephesus für Asia (Röm 16,5; 1 Kor 16,19; 2 Kor 1,8). Die Formulierung von Röm 15,19 erweist sich in diesem Kontext nicht als zufällig und unüberlegt, sondern gibt die Überzeugung wieder, daß das Evangelium, wenn es irgendwo verkündigt wird, selbst seinen weiteren Weg machen wird: von kleinen Gemeindekernen aus in die Stadt und von der Stadt ins umliegende Land, das von dorther durchdrungen wird; oder nach einer Metapher Adolf von Harnacks: daß »sich nach rechts und links von der flammenden Linie das Feuer selbst verbreiten wird«. Nur von diesem Verständnis her, das die Missionsarbeit des Paulus bestimmt, läßt sich erklären, warum er in kurzer Zeit so große Räume durchmessen konnte, so schnell gerade erst entstandene Gemeinden wieder verließ und weiterzog, ohne zu pflegen, zu stabilisieren und zu entfalten.

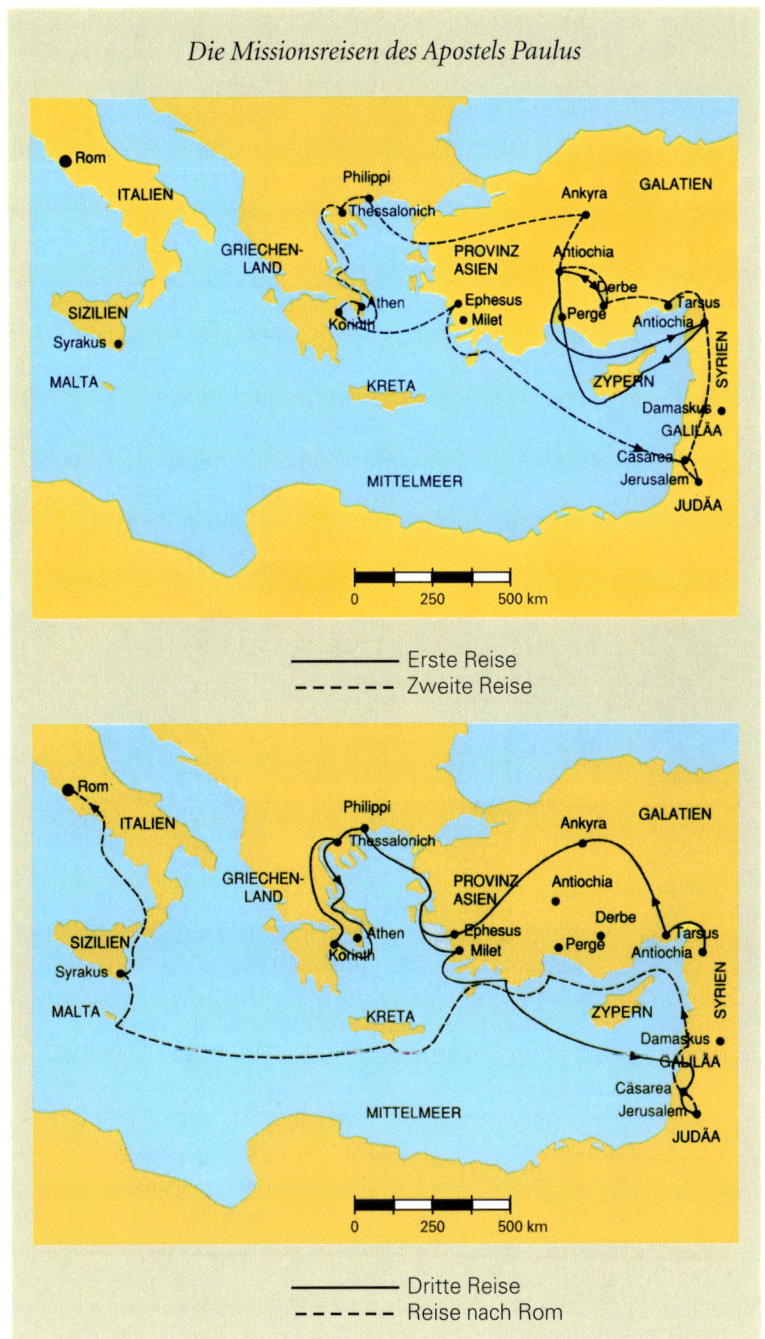

Die Missionsreisen des Apostels Paulus

Rom · ITALIEN · GRIECHEN-LAND · SIZILIEN · Syrakus · MALTA · KRETA · MITTELMEER · Philippi · Thessalonich · Athen · Korinth · Ephesus · Milet · PROVINZ ASIEN · Antiochia · Perge · Derbe · ZYPERN · Ankyra · GALATIEN · Tarsus · Antiochia · SYRIEN · Damaskus · GALILÄA · Cäsarea · Jerusalem · JUDÄA

0   250   500 km

——— Erste Reise
- - - - Zweite Reise

Rom · ITALIEN · GRIECHEN-LAND · SIZILIEN · Syrakus · MALTA · KRETA · MITTELMEER · Philippi · Thessalonich · Athen · Korinth · Ephesus · Milet · PROVINZ ASIEN · Antiochia · Perge · Derbe · ZYPERN · Ankyra · GALATIEN · Tarsus · Antiochia · SYRIEN · Damaskus · GALILÄA · Cäsarea · Jerusalem · JUDÄA

0   250   500 km

——— Dritte Reise
- - - - Reise nach Rom

Apostel (griech. »Gesandter«), in der Profansprache seltener und unspezifischer Begriff, in der Urkirche – von Jesus noch nicht gebraucht – zunächst Ausdruck für Wandercharismatiker (→ S. 440 f.). Bald setzte sich die Auffassung durch, die A. als Träger des für die Kirche grundlegenden Amtes zu verstehen.

Die für Lukas spezifische Konzeption von den (nur) »zwölf Aposteln« hat dieser nicht erfunden, sondern näherhin ausgearbeitet und für das allgemeine kirchliche Bewußtsein durchgesetzt. Allerdings identifiziert Lukas den Jüngerkreis mit den zwölf A.n, so daß daneben keine Jüngerschaft mehr vorkommt. Das ist eine bedenkliche Verengung, zumal sie die bedeutsame Präsenz der Frauen im Gefolge Jesu gänzlich ausklammert.

Paulus wie auch die ältere Tradition kannte noch keinen einheitlichen A.begriff. Paulus und Barnabas galten als antiochenische Gemeinde-A., das heißt als charismatische Missionare. Paulus selbst verband sein Apostolat mit der erfahrenen Berufung (→ S. 550). Obwohl er daraus den A.titel für sich stets in Anspruch nahm, enthält Lukas ihm diese Würde entsprechend seiner Konzeption vor. Da er nicht zu den »Zwölfen« zählen konnte, mußte Lukas für Paulus eine andere Form der Zuordnung wählen. Augenzeuge vermochte er nicht zu sein für das, »was Jesus von Anfang an gelehrt und getan hat« (Apg 1,1), wohl aber Auferstehungszeuge (Apg 22,14 f.18; 22,16). Somit will Lukas nicht die Autorität des Paulus mindern, wohl aber den A.titel beschränken.

Die Paulusbriefe

Im Gegensatz zu den Evangelien und der Apostelgeschichte, deren Autoren unbekannt sind, gewinnt nur Paulus biographische Klarheit. Seine Briefe sind authentische Zeugnisse seines Lebens und Denkens. Daneben überliefert Lukas viele Informationen über Paulus, doch scheint er keinen einzigen Paulusbrief gekannt zu haben, was bei seinem Interesse an diesem Mann verwunderlich ist, – oder auch Hinweis darauf, wie langsam sich die Kenntnis der Paulusbriefe verbreitete. Woher Lukas seine Informationen hat, sagt er nicht. Vielleicht kannte er von Paulus gegründete Gemeinden und erfuhr von ihnen Näheres. Wenngleich sein Geschichtswerk nicht frei von eigenen Konstrukten ist, enthält es gewiß auch zuverlässige Nachrichten über Paulus.

Paulus stammt aus Tarsus, wo er etwa zu Beginn oder wenige Jahre nach Beginn der christlichen Zeitrechnung geboren wurde. Tarsus war damals Hauptstadt der römischen Provinz Kilikien in Kleinasien, nicht weit vom Mittelmeer an einer Straße gelegen, die über hohe Pässe nach Syrien führt. Der heute unbedeutende Ort war damals eine große hellenistische Stadt und ein Zentrum griechischer Bildung.

Schon vor den Römern hatten die Juden in Tarsus Privilegien und Kooperationsrechte erhalten, die auch unter römischer Herrschaft bestätigt wurden. Sie genossen Kultfreiheit und durften sogar eine politische Organisation ihrer Gemeinden betreiben. Vom Kaiserkult waren sie befreit, in der Regel auch vom Militärdienst. Im Rahmen dieser Begünstigung hatten viele Juden das Bürgerrecht erworben. Paulus besaß es bereits von Geburt an.

Paulus stammte aus einer streng jüdischen Familie. Nach dem ersten König Israels hatte er den Namen Saul bekommen, wurde wahrscheinlich auch familienintern so genannt, doch öffentlich trat er selbst nur in der römischen Namensform als Paulus auf. Diesen Namenswechsel mit seiner Konversion zu erklären, ist eine verbreitete, aber falsche Ansicht. Selbst Apg 13,9 spricht lediglich von »Saulus, der auch Paulus heißt«. – Die griechischen Bildungskenntnisse, die Paulus in Kindheit und Jugend gewann, waren respektabel. Seine Briefe verraten Kenntnisse antiker Rhetorik und Stilformen hellenistischer Synagogenpredigt sowie Verständnis für Grundbegriffe der stoischen Philosophie. Er wuchs mit dem Text der griechischen Bibel (Septuaginta) auf; gleichzeitig war er ein Großstadtmensch, dem die Atmosphäre griechischer Städte vertraut war und nie zum Problem wurde.

Dennoch entfremdete diese Welt Paulus nicht seiner jüdischen Wurzel. »Ich wurde am achten Tag beschnitten, bin aus dem Volk Israel, vom Stamm Benjamin, ein Hebräer von Hebräern und lebte als Pharisäer nach dem Gesetz« (Phil 3,5). Die Schriftkenntnis seiner Briefe erwarb er in seinem pharisäischen Torastudium. Daneben erlernte Paulus den Beruf des Zeltmachers (Apg 18,3; 1 Thess 2,9), ein Handwerk, das ihm zu jeder Zeit wirtschaftliche Unabhängigkeit sicherte.

Lovis Corinth (1858–1925), Paulus, 1911.

Sein Benehmen war, wenn er wollte, äußerst gewinnend; seine Manieren vortrefflich. Trotz der Inkorrektheit seines Stils lassen seine Briefe den Mann von Geist erkennen, dem für seine schwungvollen Empfindungen die glücklichst gewählten Ausdrücke zu Gebote stehen. Nie entfaltete ein brieflicher Verkehr ausgesuchtere Artigkeiten, zartere Schattierungen, liebenswürdigere Bescheidenheit und Zurückhaltung. Ein oder zweimal wird man von seinem Spott verletzt. Aber welches Feuer! welche Fülle hinreißender Worte! welche Originalität! Man fühlt es heraus, sein Wesen mußte, wo nicht Leidenschaft ihn in Zorn und Wut versetzte, das eines feinsinnigen und übereifrigen Mannes sein.

Ernest Renan (1866)

Der hellenistische Kultureinfluß, der zu großzügigen Kontakten mit den heidnischen Zeitgenossen führte, blieb nicht wirkungslos im Diasporajudentum. Es entwickelte sich eine liberale Denkweise, die zu heftigen Spannungen mit den torafrommen Juden führte. Vielen galt die Lebenspraxis im hellenistischen Judentum als zu liberal. Damit standen sich zwei Richtungen gegenüber, die sich bis ins spätere Christentum fortsetzten. Um so unbeirrter blieb der Weg des jungen Paulus: »In der Treue zum jüdischen Gesetz übertraf ich die meisten Altersgenossen in meinem Volk, und mit dem größten Eifer setzte ich mich für die Überlieferung meiner Väter ein« (Gal 1,14). Der Angabe des Lukas, Paulus sei in Jerusalem als Schüler des berühmten Toralehrers Gamaliel ausgebildet worden, kann allerdings lukanischen Interessen entsprungen sein.

Dem Bericht Apg 6 vom Konflikt der »Hellenisten« und »Hebräer« (→ S. 534 ff.), der oberflächlich betrachtet nur ein Organisationsproblem zu berühren scheint, liegt in Wirklichkeit die religionsinterne Spannung des Judentums zugrunde. Denselben Hintergrund hat der eifernde Kampf des jungen Paulus gegen Gemeinden der hellenistischen Diaspora, die aus seiner Sicht ihren Toragehorsam dem Fraternisieren mit Nichtjuden opferten. Paulus bekämpfte also keine außerjüdische Entwicklung, sondern eine offensichtliche Verfallserscheinung im Judentum selbst. Daß die bekämpfte Richtung einen verstorbenen jüdischen Lehrer als Messias verehrte, war aber selbst für strenggläubige Juden kein Verfolgungsgrund und erst recht kein Anlaß zum Ausschluß aus der Synagogengemeinde. Darum ist es – entgegen der Apostelgeschichte – unwahrscheinlich, daß Paulus bereits in Jerusalem die Urgemeinde verfolgte, die ja an der Tora festhielt und keinen Anlaß bot, der Gesetzesuntreue angeklagt zu werden. Wenn Paulus Gal 1,22 sagt, er selbst sei den judenchristlichen Gemeinden Judäas, also vorab der in Jerusalem, unbekannt gewesen, entspricht dies den bekannten Verhältnissen in der Urgemeinde. Dann aber wird Paulus schwerlich, wie dies offensichtlich erst Lukas kombiniert hat, bei der Steinigung des Stephanus dabeigewesen sein.

Problematisch sind auch die Schilderungen der Apostelgeschichte über das Auftreten des Paulus in Damaskus. Daß er, mit Vollmachten des Hohenpriesters ausgestattet, dorthin zog, um die immer noch als Juden geltenden Jesusanhänger als Gefangene vor das Jerusalemer Tribunal zu schleppen, ist allein schon deswegen unhaltbar, weil der Hohe Rat eine solche Jurisdiktion – gar noch eine über die Grenzen Judäas hinaus – nie besessen hat. Allerdings sammelte sich in den Synagogengemeinden der Diasporajuden erheblicher Konfliktstoff an, weil sich hier vom Evangelium erfaßte Juden wie für die Tora eifernde Juden begegneten, die sich jede Grenzüberschreitung ins Heidentum hinein verwehrten.

Die »Bekehrung« des Paulus wird ebenfalls nicht dem dramatischen Muster entsprochen haben, das Lukas davon mit Himmelslicht, Sturz vom Pferd, Himmelsstimme und Erblindung entworfen hat. Doch vollzog Paulus einen Wandel, über den er selbst nur zurückhaltend spricht: »Was da Gewinne mir waren, das habe ich um des Messias willen für Einbuße gehalten. Ja wirklich: Ich halte alles für Einbuße aufgrund der überragenden Erkenntnisse des Messias, Jesus, meines Herrn. Um seinetwillen habe ich dies alles eingebüßt

Septuaginta (lat. »siebzig«), abgekürzt LXX, Bezeichnung für die älteste griechische Übersetzung der Jüdischen Bibel. Der Name verdankt sich der Sage, 70 (bzw. 72) Gelehrte (sechs aus jedem der zwölf Stämme Israels) seien von Ptolemäus II. von Jerusalem nach Alexandria berufen worden, um die Hebräische Bibel ins Griechische zu übertragen. Trotz getrennter Arbeit, sei ihre Übersetzung wörtlich identisch gewesen – was den göttlichen Beistand bestätige. Tatsächlich entstand die Übersetzung aus dem Bedürfnis der Juden in Ägypten, die das Hebräische verlernt hatten, die Bibel lesen zu können. Die geschaffene Leistung ist nicht einheitlich, die Kenntnis des Hebräischen wie Griechischen auf unterschiedlichem Niveau, auch Technik und Stil schwanken, von sinnlos wörtlicher Wiedergabe bis zu hochkünstlerischer Umschreibung. Die Übersetzung erfolgte auch nicht für alle Teile zur gleichen Zeit (vgl. das Vorwort zur griech. Übersetzung des Buches Jesus Sirach). Die S. war die erste Übersetzung eines großen Schriftwerkes in der Geschichte. Sie vermittelte die Bibel in die damalige Sprachwelt der Gebildeten und erhielt sie im Bewußtsein der Nachwelt, als mit Jerusalem auch die hebräische Tradition unterzugehen drohte.
Der Ausbreitung des Christentums hat die S. in besonderer Weise gedient. Die Autoren des NT kennen die Bibel wahrscheinlich nur in der S.-Version. Allein über diesen Weg hat das Christentum die Jüdische Bibel als die seine angenommen. Noch bis heute beeinflußt die S. moderne Bibelübersetzungen. Diese folgen ihr in der Wiedergabe des Gottesnamens Jahwe mit *kyrios*, »Herr«; auch ersetzte sie das hebräische Wort *nabi*, »Gerufener« durch das griechische »Prophet«, »Verkünder«, wobei es seitdem geblieben ist.

Gamaliel, jüdischer Toralehrer in der Tradition des Rabbi Hillel. Die Mischna erwähnt ihn siebenmal als einen Schriftgelehrten, der in Ehrfurcht, Reinheit und Enthaltsamkeit lebte. Er wird als ein Pharisäer geschildert, der sich weigerte, gegen Judenchristen feindlich aufzutreten (→ Apg 5,34 ff.).

Aretas IV., nabatäischer König (9 v. – 40 n. Chr.). Seine Tochter war die Frau des → Herodes Antipas, die dieser wegen der Herodias verstieß (Mk 6,17). Darüber kam es zum Krieg zwischen beiden, den Antipas verlor. Unter A. erreichte das Nabatäerreich seinen höchsten kulturellen und politischen Status.

Nabatäer, arabischer Stamm, der im 2. Jh. v. Chr. ein Königreich mit der Hauptstadt Petra (im heutigen Jordanien) gründete. Die anfänglich freundschaftlichen Beziehungen zu Jerusalem wandelten sich seit → Alexander Jannäus in kriegerische Auseinandersetzungen. Die nabatäische Kultur ist wegen ihrer zahlreichen Felsheiligtümer berühmt. Eine literarische Tradition hat sie nicht entwickelt.

Irenäus, Grieche aus Kleinasien, der um 177 Bischof von Lyon wurde.

und achte es für Mist, um nur ja den Messias zu gewinnen und in ihm mich zu finden. So habe ich nicht meine Gerechtigkeit – die aufgrund des Gesetzes – sondern die durch den Glauben an den Messias: Die Gerechtigkeit, die in Gott gründet durch den Glauben« (Phil 3,7-9).

Was Paulus hier bekennt, übergreift seine Erfahrung in Damaskus und gilt für sein weiteres Leben. Was hat ihn zu seiner Kehrtwende veranlaßt? In seinem ersten Brief an die Korinther schließt er sich der Reihe jener an, denen der Auferstandene erschien: »Als letztem von allen erschien er auch mir, dem Unerwarteten, der ›Mißgeburt‹. Denn ich bin der geringste von den Aposteln; ich bin nicht wert, Apostel genannt zu werden, weil ich die Kirche Gottes verfolgt habe. Doch durch Gottes Gnade bin ich, was ich bin, und sein gnädiges Handeln an mir ist nicht ohne Wirkung geblieben. Mehr als sie alle habe ich mich abgemüht – nicht ich, sondern die Gnade Gottes zusammen mit mir. Ob nun ich verkündige oder die anderen: das ist unsere Botschaft, und das ist der Glaube, den ihr angenommen habt« (1 Kor 15,8-11).

Möglicherweise hat die Auseinandersetzung mit jenen Glaubensgenossen, die er so entschieden bekämpfte, eine Ahnung vermittelt, wer der von ihm für einen Zerstörer der jüdischen Torafrömmigkeit gehaltene Jesus in Wahrheit war. Doch darüber schweigt er. Offensichtlich hat nicht ein langsamer Reifeprozeß, sondern eine ihn plötzlich überfallende Erfahrung die Wende herbeigeführt. Auszuschließen ist, daß Paulus die Fragwürdigkeit des jüdischen Gesetzes erkannt haben soll. Sein Berufungserlebnis traf einen stolzen Pharisäer, dessen Zugehörigkeitsgefühl zum jüdischen Volk ungebrochen blieb.

Zwischen seiner Berufung fern von Jerusalem, und seinem ersten Gespräch mit Petrus in Jerusalem liegen drei Jahre (Gal 1,18) und dann noch einmal 14 Jahre bis zum Apostelkonvent in Jerusalem. Demgegenüber stammen alle seine später geschriebenen Briefe aus einem Zeitraum von nur etwa fünf Jahren. Wir wissen also nur wenig von Paulus aus den vielen Jahren nach seiner Bekehrung. Immerhin erlauben die späteren Angaben, seiner Spur zu folgen: Zunächst verzichtete der neu Berufene auf jede Beratung mit den Jerusalemer Uraposteln und ging für zweieinhalb bis drei Jahre von Damaskus aus in die ostjordanische heidnische Landschaft mit hellenistischen Städten wie Petra, Gerasa und Philadelphia. In Petra war die Residenz des von Paulus 2 Kor 11,32 genannten Nabatäerkönigs Aretas IV. (9 v. Chr–40 n. Chr.). Wahrscheinlich verkündete Paulus hier bereits das Evangelium; falls es so war, hatte seine Arbeit keinen nennenswerten Erfolg, denn weder er noch die Apostelgeschichte berichten von einer Gemeindegründung. Vielleicht mußte er seine Arbeit auch wegen irgendwelcher Bedrohungen abbrechen und nach Damaskus zurückkehren, denn selbst dort stellte ihm noch ein Beauftragter des Nabatäerkönigs nach, so daß sich Paulus in einem Korb die Stadtmauer hinunterlassen mußte, um zu entkommen (2 Kor 11,32; Apg 2,23-25).

Erst zwei bis drei Jahre nach seiner Bekehrung ging Paulus nach Jerusalem, um Kephas kennenzulernen; er traf dort auch den »Herrenbruder Jakobus« (→ S. 540 f.), aber sonst keinen der Apostel. Von einer Begegnung mit der Gemeinde wird nichts gesagt, auch nichts vom Inhalt dieser Begegnung, doch gewiß wird man über das Verständnis des Evangeliums, das beide bewegte, gesprochen haben. Möglicherweise hat die vordem feindliche Beziehung auch Vorbehalte zurückgelassen, denn warum sonst blieb die Distanz zu den übrigen Aposteln bestehen? In der Folgezeit wirkte Paulus als Wanderprediger, lebte erneut in seiner Heimatstadt Tarsus, bis ihn Barnabas zur Mitarbeit nach Antiochia holte (→ S. 539).

In seinen Briefen begegnet uns Paulus als ein überaus lebendiger Mensch, der sehr spontan denkt und formuliert und darum oft alles andere als ausgewogene und widerspruchsfreie Gedanken vorträgt. Von keinem seiner Briefe läßt sich sagen, er sei aus distanzierter Haltung und wohlabgewogen geschrieben. Seine Auseinandersetzungen sind oft von heftigen Emotionen begleitet. Das spontan gesprochene Wort bestimmt auch seine Diktion. Wiederholte Umstellungen und Wortversetzungen verweisen auf die Schnelligkeit des Diktats und das »Ungestüm seines Geistes«, wie bereits Irenäus von Lyon beobachtete. Bisweilen überstürzen sich die Sätze, geraten aus der Konstruktion, bis hin zum Undeutlichen. Systematische Reflexion und konsequente Stimmigkeit ist Paulus fremd. Spricht er von Israel und vom Gesetz, kann dies mal zustimmend, mal verneinend ausfallen, kann er Urteile fällen, denen an anderer Stelle Einschränkungen oder gar Widersprüche entgegenstehen, so daß sich mit Paulus-Zitaten oft gegensätzliche Positionen bestreiten lassen.

Da es echte Briefe sind, die aus konkreten Anlässen geschrieben wurden, verbindet sich mit jedem Brief auch ein anderes Gemeindeprofil. Gemeinsam ist allen Gemeinden das städtische Milieu; ihre Mitglieder waren Bauern, Landsklaven, Tagelöhner ..., überwiegend kleine Leute. Durchweg entstanden die Gemeinden aus einem judenchristlichen Kern, zumal Paulus, wo immer er konnte, seine Mission im synagogalen Bereich begann. Selbst wenn sich paulinische Gemeinden überwiegend aus Heidenchristen zusammensetzten, waren Judenchristen doch immer dabei. Vermutlich hat ihnen Paulus zugemutet, die weitere Bildung des heidenchristlichen Glaubens zu durchdringen, nachdem er selbst das Fundament gelegt hatte. Offensichtlich sah Paulus seine Aufgabe darin, neue Menschen für das Evangelium zu gewinnen und diese dann den bereits bestehenden (Haus-)Gemeinden zuzuführen. Eine kontinuierliche Betreuung und Supervision der Gemeinden entsprach nicht seiner Vorstellung. Andererseits arbeitete er durchweg im Team, dem immer Frauen angehörten, die oft eine führende Aufgabe in der Gemeindeleitung übernahmen. Darum fanden auch Menschen Zugang zur Gemeinde, für die nicht Paulus, sondern mitarbeitende Frauen und Männer die Bezugspersonen waren. Da die beim Apostelkonvent durchgesetzte Entscheidung, Nichtjuden ohne den Weg über das Judentum in die Gemeinde aufzunehmen (→ S. 540 ff.), auch weiterhin judenchristliche Bedenken und Anfeindungen erfuhr, hatte sich Paulus oft mit Gegenmissionaren auseinanderzusetzen, die er dann mit Schimpf- und Drohworten attackierte, was die Konflikte nur aufheizen konnte. Im Umgang mit seinen Gegnern war er nicht zimperlich. Zusätzlich verschaffte ihm sein eigenes ungewöhnliches Temperament vermeidbare Konflikte und Feinde.

Es bleibt genug und übergenug an seiner Gestalt und Theologie dunkel und rätselhaft. Man mag dies oder das nennen und in den Vordergrund rücken: viele seiner traditions- und zeitbedingten Vorstellungen in seiner Lehre von Gesetz und Heil; die Befremdlichkeit seiner unerfüllt gebliebenen Naherwartung; sein oft in Abgründe vordringendes theologisches Denken; seine hier und da ans Artistische, um nicht zu sagen Abstruse grenzende Schriftauslegung (auch hier ist er freilich ein Sohn seiner Zeit).

Dazu die höchst unbequemen Züge seiner Menschlichkeit: die harte, jähe und unerbittliche Entschlossenheit seiner Entscheidungen; die Leidenschaft seiner Ausbrüche in seinen Briefen; die wahrscheinlich mehr als einmal ungerechte Beurteilung seiner Gegner; der Sturm seines Vorwärtsdrängens; die phantastisch anmutende Weite seiner Ziele und was dergleichen mehr ist. Größe und Grenze gerade dieses Apostels liegen wie nur je hart beieinander. Mit seinen Ecken und Kanten sprengt er Klischee und Rahmen jedes Heiligenbildes.

Günther Bornkamm

Seine ganze Denkweise lebte von der Bibel. Es war hier der selbige Widerspruch, der in seinem ganzen Wesen, in seiner eigentümlichen Persönlichkeit wohnte. Auch seine Persönlichkeit weist diesen Widerspruch auf, diese Gegensätzlichkeit, daß er auf der einen Seite festhält ... am Forschen in diesem Judentum und an der jüdischen Denkweise und der jüdischen Lehrart. Er hat so tief im Judentum gelebt, daß er seelisch und geistig niemals von ihm freigekommen ist. Ob er es wollte oder nicht, er hat sich immer wieder auf den jüdischen Pfaden des Suchens zurückgefunden. Der Jude, der er in der Tiefe seines Wesens durch sein ganzes Leben blieb, hat in seiner Seele stets mit dem Menschen des neuen Glaubens, der er geworden ist, gekämpft. Der Zwiespalt, der sich in seiner Predigt wie in seiner Persönlichkeit findet, erklärt sich hieraus.

Leo Baeck

Die Berufung zum Apostel

Paulus vor Damaskus,
Altarbild, Hildesheim, 1420.

Paulus wandte sich in seinem Galaterbrief an die Nachfahren keltischer Stämme, die etwa 300 Jahre früher in Kleinasien eingedrungen waren, sowie an später hinzugekommene Siedler der Landschaft Galatien. Er hatte hier überwiegend heidenchristliche Gemeinden gegründet (vgl. Apg 16,6; 18,23), doch hatten sich, nachdem er weitergezogen war, Judenchristen eingemischt und »Verwirrung« gestiftet (Gal 1,7; 5,10), indem sie die Annahme der Tora verlangten, zumal die Beschneidung, und dabei auch die Autorität des Paulus als Apostel bestritten: Er sei gar kein wirklicher Apostel (vgl. 1,1.12); außerdem suche er bei seiner Weise, das Evangelium zu verbreiten, den Beifall der Menschen (1,10) und in all dem fehle ihm nicht zuletzt die Zustimmung der »Angesehenen« in Jerusalem (2,2 ff.). Die Kritiker verstanden sich ebenso wie Paulus als Christen, sahen den Weg zum Christus Jesus aber an die Eingliederung in das auserwählte jüdische Volk gebunden. Paulus verteidigte sich und »sein« Evangelium gegen diese Störenfriede mit dem Brief an die galatische Gemeinde und argumentierte – persönlich angegriffen – dabei auch mit der eigenen Biographie:

Visionen werden in der künstlerischen Darstellung unterschiedlich gesehen. Auf der Darstellung der »Bekehrung des Paulus« (Altarbild aus dem Jahr 1420) wird Paulus vom Pferd geworfen, was das Pferd ebenso unvorbereitet trifft wie den Reiter. – Die »Vision des heiligen Augustinus« von Carpaccio beläßt den Heiligen in seinem regulären Alltag. Er wird als Gelehrter dargestellt, der von seinem Manuskript aufschaut und plötzlich eine Erleuchtung hat. – Demgegenüber zeigt die »Verzückung der heiligen Teresa von Avila« von Bernini visionäre Erfahrung in Trance. Während der Visionär überzeugt ist, das Geschaute spiele sich außerhalb seiner selbst ab, will die heutige Tiefenpsychologie in dem innerlich Wahrgenommenen eine symbolische (»bildsprachliche«) Gestaltung des Unbewußten erkennen.

Bote des Glaubens, den er einst zerstörte

10 Nun denn – überrede ich da Menschen oder Gott? Oder suche ich Menschen zu gefallen? Wenn ich noch Menschen gefallen wollte, des Messias Knecht wäre ich nicht. 11 Denn ich lasse euch wissen, Brüder: Das Evangelium, das ich als Heilsbotschaft verkünde – nicht von Menschenart ist sie. 12 Ich übernahm sie ja auch nicht von einem Menschen und habe sie nicht gelehrt bekommen, sondern durch eine Offenbarung Jesu des Messias bekam ich sie.

13 Ihr habt doch von meinem einstigen Lebenswandel im Judentum gehört: Daß ich die Kirche Gottes maßlos jagte und sie verwüstete 14 und im Judentum viele Altersgenossen in meinem Stammvolk überflügelte und darüber hinaus ein noch größerer Eiferer war für meiner Väter Überlieferungen.

15 Als es aber Gott gefiel, der mich ausgesondert vom Mutterleib und berufen hat durch seine Gnade: 16 Seinen Sohn in mir zu offenbaren, damit ich als Heilsbote unter den Völkern ihn verkünde – da ging ich sogleich nicht mit Fleisch und Blut zu Rate. 17 Auch ging ich nicht hinauf nach Jerusalem zu denen, die vor mir Apostel waren, sondern

ich ging weg nach Arabien und kehrte dann wieder nach Damaskus zurück.

¹⁸ Drei Jahre danach ging ich hinauf nach Jerusalem, um Kephas kennenzulernen, und ich verweilte bei ihm fünfzehn Tage. ¹⁹ Sonst bekam ich keinen der Apostel zu sehen nur Jakobus, den Bruder des Herrn. ²⁰ Was ich euch hier schreibe – da! Bei Gott, ich betrüge nicht. ²¹ Alsdann ging ich in die Gegenden von Syrien und Zilizien. ²² Doch unbekannt von Angesicht war ich den Gemeinden, die in Judäa in Eins mit dem Messias sind. ²³ Sie hörten nur: Der uns einstmals jagte – jetzt ist er Heilsbote des Glaubens, den er einst zerstörte. ²⁴ Und sie verherrlichten Gott um meinetwillen.

Gal 1,10-24

Vittore Carpaccio (um 1460–1525), Vision des hl. Augustinus, um 1500.

*P*aulus spricht nur selten von seiner Lebenswende und der für ihn damit verbundenen Berufung zum Apostel. Und wenn er es tut, so nicht mit einem biographischen Hinweis, sondern eingebunden in die Darstellung seines Evangeliums. Äußerst knapp und nur indirekt kommt er V 15-16 auf sein Bekehrungserlebnis zu sprechen. Dabei lehnt er sich an biblische Prophetenberufungen an. So heißt es Jer 1,5: »Noch ehe du aus dem Mutterschoß hervorkamst, habe ich dich geheiligt, zum Propheten für die Völker habe ich dich bestimmt«, und Jes 49,1 sagt der exilische Deuterojesaja: »Schon im Mutterleib hat mich Jahwe berufen; als ich noch im Schoß meiner Mutter war, hat er meinen Namen genannt« (→ S. 225; 249).

Mit der Ablehnung des torafreien Evangeliums, wie Paulus es vertrat, hatten seine Kritiker zugleich seine Legitimation in Frage gestellt. Niemand habe ihm zu seiner Mission die Vollmacht gegeben, es sei eigene Anmaßung, sich als Apostel auszugeben. Paulus reagiert auf diese Vorwürfe mit einem Gegenangriff, indem er die Wahrheit seines Evangeliums für die Heiden und die göttliche Berufung zu seiner Sendung zusammenfaßt als zwei Aspekte desselben Auftrags. Dabei legt er im Fortgang der Selbstverteidigung größten Wert auf seine Unabhängigkeit von anderen Autoritäten und behauptet die Göttlichkeit seiner Berufung und seines Evangeliums.

Gian Lorenzo Bernini (1598–1680), Verzückung der hl. Teresa von Avila, S. Maria della Vittoria, Rom, 1647–52.

Mit seinem Anspruch, von der Urgemeinde in Jerusalem unabhängig zu sein, begegnet Paulus der Kritik, die Urapostel hätten ihn eines Besseren belehrt, ohne daß er sich daran halte. Er betreibe seine Heidenmission zu Schleuderpreisen, und darum sei sein Evangelium ein Verrat am Erbe und Preisgabe der Wahrheit. Paulus antwortet darauf, keinerlei Beziehung zu Jerusalem gehabt zu haben, weder nach seiner Berufung zum Apostel noch in den etwa 17 folgenden Jahren, von einem kurzen Besuch bei Petrus drei Jahre nach seiner Damaskus-Erfahrung abgesehen. Er beansprucht für seine eigene Lehrautorität keine apostolische Vermittlung, sondern sieht sich unmittelbar göttlich legitimiert, wie er es gleich im ersten Satz seines Briefes zum Ausdruck bringt: »Paulus, Apostel, nicht von Menschen, auch nicht durch einen Menschen, sondern durch Jesus den Messias und Gott den Vater, der ihn erweckt hat von den Toten.« Zusätzlich widerlegt er seine Gegner, indem er auf die Anerkennung seiner Missionsarbeit durch den Apostelkonvent zu Jerusalem verweist:

Der Apostelkonvent in Jerusalem (etwa 48 n. Chr.) darf als das wichtigste Ereignis in der Geschichte der Urkirche bezeichnet werden. Paulus selbst (Gal 2,1-10) wie auch die Apostelgeschichte (Kap. 15) berichten eingehend über ihn und lassen, wenn auch auf verschiedene Weise, seine Bedeutung erkennen: der paulinische Bericht schon durch den breiten Raum, den er im Brief einnimmt, aber auch durch die spürbare innere Beteiligung, mit der der Apostel formuliert; der lukanische durch seine kunstvolle Gestaltung und durch seine Stellung im Ganzen der Apostelgeschichte. Der Bericht steht hier beherrschend in der Mitte des ganzen Buches und bildet, wie man treffend gesagt hat, gleichsam eine Wasserscheide: bis zum Konvent kreist alles um die Jerusalemer Gemeinde und ihre führenden Gestalten, vor allem Petrus; von da ab verschwinden sie aus dem Blickfeld, und die Geschichte des paulinischen Wirkens wird das eigentliche Thema.

Einen eigenen Quellenwert besitzt der Bericht der Apostelgeschichte jedoch nicht ... Er erweist sich inhaltlich als ein schriftstellerisches Produkt des Lukas, verfaßt in einer Zeit, in der die Kämpfe von einst längst beigelegt waren ... Die Zusammenkunft als eine machtvolle Demonstration der einen von Jerusalem aus gelenkten Gesamtkirche zu schildern, hat der Erzähler sich nicht entgehen lassen und seinen Bericht entsprechend seiner späteren idealen Konzeption von Kirche und Kirchengeschichte ausgestaltet.

Ein vollständiges, exaktes Protokoll ist allerdings auch von dem paulinischen Bericht von vorneherein nicht zu erwarten ... Auch wenn die Hauptsache sicher richtig getroffen ist und die angeführten Einzelheiten Glauben verdienen, ist der Bericht doch sichtlich für den späteren Anlaß zusammengedrängt, wird überdies von Paulus ständig aktualisiert ... Dennoch kann kein Zweifel sein, daß wir in Gal 2 einen authentischen Bericht über den Konvent, ja sogar die einzige historisch brauchbare Quelle vor uns haben.

Günther Bornkamm

Der Apostelkonvent in Jerusalem

1 Alsdann, vierzehn Jahre später, stieg ich abermals nach Jerusalem hinauf mit Barnabas; auch Titus nahm ich mit. 2 Einer Offenbarung folgend stieg ich also hinauf. Und da legte ich ihnen das Evangelium vor, das ich unter den Völkern verkünde – insbesondere aber den Angesehenen. Ich möchte ja nicht ins Leere laufen oder gar schon gelaufen sein. 3 Doch Titus, mein Begleiter – obschon Grieche – ward nicht genötigt, sich beschneiden zu lassen. 4 Der eingeschlichenen trügerischen Brüder wegen, die ja nur gekommen waren, um unsere Freiheit auszuforschen, die wir in Eins mit dem Messias Jesus haben, damit sie uns verknechten könnten – 5 so haben wir denen auch nicht für eine Stunde unterwürfig nachgegeben, damit die Wahrheit des Evangeliums bei euch erhalten bleibe. 6 Von seiten derer, die Angesehene sind – was für Leute das einmal waren, ist mir einerlei; Gott nimmt nicht das Gesicht des Menschen wahr – mir also haben die Angesehenen nichts auferlegt. 7 Nein, im Gegenteil! Sie sahen, daß ich mit dem Evangelium für die Unbeschnittenen betraut bin, wie Petrus mit der für die Beschnittenen. 8 Denn: Der bei Petrus auf die Sendung zu den Beschnittenen hingewirkt hat – hingewirkt hat er auch bei mir, und zwar auf die zu den Völkern. 9 Und da sie die Gnade erkannten, die mir gegeben, gaben Jakobus, Kephas und Johannes – die als Säulen Angesehenen – mir und Barnabas den Handschlag der Gemeinschaft darauf, daß wir zu den Völkern sollten, sie zu den Beschnittenen. 10 Nur an die Armen sollten wir uns erinnern; und gerade das zu tun, war ich bereit.

Gal 2,1-10

---

*I*m Streit, wie er in Antiochia ausbrach, zum Apostelkonvent führte und im Galaterbrief seine Fortsetzung findet, geht es letztlich um »nackte Männlichkeit«. Nirgendwo sonst wird so dicht über »Vorhaut« und »Beschneidung« gesprochen. Doch will Paulus einem »Evangelium für die Beschnittenen« ein »Evangelium für die Unbeschnittenen« entgegenstellen (V 7). Nachdem er sich 17 Jahre lang trotz seiner Berufungserfahrung zum Apostel an der Peripherie zurückgehalten hatte, stellte er sich nun kontrovers den Uraposteln in Jerusalem. Sein Hinweis auf die vermiedene Zwangsbeschneidung des Titus und die »eingeschlichenen Pseudobrüder« – Paulus ist um distanzierende Etiketten nie verlegen – läßt hinter glatten Worten dramatische Auseinandersetzungen um ein Konzept vermuten, das ein eklatantes Legitimitätsdefizit hatte. Doch kam es zu einer Art Pfingstwunder, indem die maßgeblichen Autoritäten dem Evangelium für die Unbeschnittenen den gleichen Rang einräumten wie dem bisherigen Evangelium für die Beschnittenen. Als Ausgleich verpflichtete sich Paulus zur materiellen Solidarität mit den »Armen« in Jerusalem. Damit wurde eine übergreifende Einheit in Verschiedenheit gewonnen, die Paulus den judaistischen Eiferern in Galatien nicht wieder opfern wollte: Wenn sich die Galater als Nichtjuden beschneiden ließen, statt ihre Andersheit anders und neu mit den Beschnittenen zu praktizieren, würden sie die veränderte messianische Wirklichkeit verleugnen. Paulus wertet das Zusammenkommen von zwei ethnisch, religiös und kulturell getrennten und oft verfeindeten Gruppierungen in einer hellenistischen Stadt als das hervorstechende Zeichen einer neuen Solidaritätspraxis. Im Fortgang seines Briefes rechtfertigt er diese neue Praxis und begründet theologisch, warum die Heidenchristen anders bleiben und doch zusammen mit Juden am gleichen Tisch Mahl halten dürfen, ohne daß die Judenchristen damit aus ihrem Judentum austreten müssen. Er entwirft eine »Gleichstellungs-Theologie«: »Es gibt nicht mehr Juden und Griechen, nicht Sklaven und Freie, nicht Mann und Frau« (3,28). Sie veranlaßt ihn aber nicht, die Situation der Frauen ebenso konsequent wie die religiöse Differenz aufzuarbeiten.

Man darf getrost die vielen vielleicht überraschend und paradox erscheinende Behauptung aussprechen, daß trotz der fast 2000 Jahre Abstand wir heute aller Wahrscheinlichkeit nach mehr über den geschichtlichen Jesus wissen, als Paulus von ihm wußte.

Günther Bornkamm

Die Christusbeziehung des Paulus

D ie beiden Korintherbriefe sind in ihrer überlieferten Form nur Teil einer umfassenderen Korrespondenz mit der zwischen 49 und 52 gegründeten Gemeinde (vgl. Apg 18,1-18). Der »zweite« Korintherbrief gilt in der Forschung als Sammlung von Brieffragmenten, die auf unterschiedliche Situationen Bezug nehmen. Eine Weile nach seinem Abschied von Korinth hat Paulus von Aktivitäten gehört, die gegen sein heidenchristliches Gemeindeverständnis gerichtet waren. In erster Reaktion antwortete er darauf mit einem Brief, der als Fragment wahrscheinlich 2,14-7,4 vorliegen könnte. Darin verteidigt er sein Apostelamt und polemisiert kräftig gegen die »Falschbrüder«, die seinem Verständnis zuwider agitieren – noch in der Zuversicht, die Gemeinde auf seiner Seite halten zu können. Doch schlug der Brief nicht wirklich durch, so daß er sich zu einem schnellen Zwischenbesuch in Korinth entschied. Statt einer Klärung verschärfte sich die Situation bis hin zur hellen Empörung gegen Paulus. Er mußte sich Beleidigungen und eine Schmähung seines Apostelanspruchs gefallen lassen. Hilflos kehrte er nach Ephesus zurück, um von dort »aus großer Drangsal und Angst des Herzens unter vielen Tränen« (2,4) einen weiteren Brief nach Korinth zu schreiben, dessen Bruchstücke ver-

Christusmonogramm im Siegerkranz, Darstellung auf dem Sarkophag der Domitilla, um 360.

mutlich in den Kapiteln 10-13 zu sehen sind. Er kämpft darin weiter gegen jene »Irrgeister«, denen die Gemeinde zu erliegen droht. Zur weiteren Vermittlung schickt er jetzt seinen Mitarbeiter Titus nach Korinth, dessen Rückkehr er kaum erwarten kann, so daß er ihm bis Makedonien entgegen reist, um möglichst früh zu erfahren, wie dessen Bemühungen ausgingen. Tatsächlich haben sein Brief und Titus' Vermittlung die Gemeinde zu Einsicht und Umkehr bewegt, was Paulus zu einem überschwenglichen Versöhnungsbrief anregt, der in großen Teilen 1,1-2,14 und 7,5-16 vorliegt und im Rückblick die Geschehnisse noch einmal aufgreift:

Beim Lesen des Zweiten
Paulusbriefes an die Korinther (3,2-3)

Du hast geschrieben: »Wir sind Sein Brief.«
Aber wer kann seine Botschaft noch lesen?
Wir sind zu lang unterwegs gewesen.
Als mit dem Blute die Zeichen verblichen,
haben wir selber gedeutet, gestrichen,
borgten zuletzt uns noch fremde Hand,
bis keiner den rechten Sinn mehr verstand.

Nun steht das Wort verstümmelt und schief:
unser Fleisch war ein brüchiges Siegel,
unser Geist nur ein blinder Spiegel,
und verraten brennt Korinth,
seit wir Bürger von Babel sind.

Christine Busta

Der gute Hirte, Marmorstatuette, erste
Hälfte des 4. Jh.s

5 Denn: Nicht uns selbst verkünden wir, sondern Jesus den Messias als Herrn – uns aber als eure Knechte um Jesu willen. 6 Der Gott nämlich, der gesprochen: Aus Finsternis erstrahlte Licht – erstrahlt ist er in unseren Herzen; auf daß aufleuchte die Erkenntnis der Herrlichkeit Gottes – im Angesicht Jesu des Messias.

7 Wir haben jedoch diesen Schatz in irdenen Gefäßen; Gottes ist also der Kraftüberschwang – nicht aus uns. 8 Allseits bedrängt – sind wir doch nicht geängstet; weglos – doch nicht ausweglos; 9 gejagt – doch nicht im Stich gelassen; niedergeworfen – gehen wir doch nicht zugrunde. 10 Allezeit tragen wir das Hinsterben Jesu am Leib umher, damit auch das Leben Jesu an unserem Leib offenbar werde. 11 Denn: Fortwährend werden wir, die Lebenden, dem Tod ausgeliefert – um Jesu willen – damit auch das Leben Jesu an unserem sterblichen Fleisch offenbar werde. 12 Daher wirkt der Tod in uns: in euch aber das Leben. 13 Wir haben denselben Geist des Glaubens, dem gemäß geschrieben ist: Geglaubt habe ich, darum habe ich geredet. Darum glauben auch wir; und darum reden wir.

14 Wir wissen, daß der Erwecker des Herrn Jesus auch uns mit Jesus erwecken und zusammen mit euch zu sich stellen wird. 15 All das um euretwillen, damit die Gnade – gemehrt durch die wachsende Schar – den Dank überquellen lasse zur Verherrlichung Gottes.

16 Deshalb erschlaffen wir nicht. Nein: Wird auch unser äußerer Mensch ins Verderben gehen, unser innerer erneuert sich Tag für Tag. 17 Denn das Leichtgewicht unserer augenblicklichen Drangsal erwirkt uns ein Schwergewicht unendlicher Herrlichkeit – in überquellendem Übermaß – 18 wenn wir nicht auf das achten, was man erblickt, sondern auf das, was man nicht erblickt. Denn: Das, was man erblickt, ist zeitverhaftet; das, was man nicht erblickt, ist unendlich.

2 Kor 4,5-18

Als »Knecht um Jesu willen« stellt sich Paulus der Gemeinde vor. Ähnlich formuliert er 1,24: »Nicht Herren wollen wir über euren Glauben sein, sondern Gehilfen eurer Freude.« Auch sonst begegnen in seinen Briefen solche Wendungen, die allerdings überraschen, wenn man daneben äußerst erregte Passagen findet, die keine Gelassenheit mehr kennen, sondern alle Register ziehen, vom tränenreichen Schmerz über Klage und Anklage, Zorn und Wut, Empörung und Ironie bis hin zu vernichtenden Urteilen über die Abtrünnigen. Anders als im Schwarz-Weiß-Kontrast vermag Paulus seine Gegner nicht zu sehen. Es gelingt ihm nicht, zwischen sich selbst und seiner Mission zu unterscheiden, darum bekämpft er seine Gegner wie persönliche Feinde, obwohl diese sich doch ebenso wie er selbst »Apostel und Diener Christi« nennen (11,23) oder sich als »Diener der Gerechtigkeit« ausgeben, was Paulus nur bewegt, sie als »Lügenapostel« zu beschimpfen (11,13).

Letztlich konnte Paulus den korinthischen »Überaposteln« ihre Ansprüche nicht bestreiten. Ebenso wie er waren auch sie »Hebräer« und »Israeliten«; ebenso durften sie sich »Apostel« nennen – ein zu dieser Zeit offener Begriff, der noch nicht, wie später bei Lukas und vereinzelt im Matthäusevangelium auf die »zwölf Apostel« reduziert war (→ S. 545). Doch unterschied sich Paulus von diesen Apostelkollegen zweifellos durch ein ganz anderes Christusverständnis, das in seiner Damaskus-Vision begründet war und zu seiner Lebenswende führte. Alles, was er an biblischem Wissen und religiöser Erfahrung bis dahin mitbrachte, wurde von hierher neu geordnet. Das macht vielleicht auch verständlich, warum sich Paulus für den historischen Jesus, der für ihn der Jesus »dem Fleische nach« war, nicht interessierte, so daß aus dieser Einstellung ein erzählendes Evangelium hätte nie entstehen können. Paulus verstand sein Berufungserlebnis als göttliche Selbstoffenbarung. Um sich als Wahrheitszeuge glaubhaft zu machen, empfahl er sich »vor Gott jedem Menschengewissen« (4,2) und machte sich zum »Mund Jesu«: »Den Messias vertreten wir als Gesandte, so als ermutige Gott durch uns. An des Messias Statt flehen wir: Laßt euch versöhnen mit Gott« (5,20).

Mehrfach gibt es in den Korintherbriefen Aufzählungen erlittener Schicksale und Taten, die den wahren Apostel ausweisen; so der obige Text (V 8 ff.), aber auch 11,23 ff. Dahinter steht eine literarische Form der Selbstempfehlung, in der sich »Gottesmänner« des zeitgenössischen Hellenismus gerne in ihren Vorzügen darstellten.

Paulus bedient sich dieser Präsentationsform jedoch in paradoxer Umkehr: Er rühmt sich seiner Leiden und seiner Schwachheit, in der sich die Kraft Christi vollende (12,9 f.): »In die Enge getrieben werden und doch noch Raum finden; weder aus noch ein wissen und dennoch nicht verzweifeln«; »gehetzt sein und doch nicht verlassen«, »niedergestreckt und doch nicht vernichtet«, »lebendig, um dem Tod ausgeliefert« zu sein – dies alles sind keine Ruhmestaten, sondern Bekundungen eigener Not und Schwäche, die aber »das Leben Jesu an unserem sterblichen Fleisch offenbar« machen (V 8-11). So will die ganze Existenz des Paulus den Tod und die Auferstehung Christi vergegenwärtigen: »Deshalb erschlaffen wir nicht. Nein: Wird auch unser äußerer Mensch ins Verderben gehen, unser innerer erneuert sich Tag für Tag ... Denn: Das, was man erblickt, ist zeitverhaftet, das, was man nicht erblickt, ist unendlich« (V 16-18).

Die Narrenrede

16 Abermals sage ich: Keiner halte mich für einen Narren. Wenn aber doch, so nehmt mich wenigstens als Narren an, auf daß auch ich mich ein klein wenig rühmen mag. 17 Was ich da sage, sage ich nicht im Sinne des Herrn, sondern in Narrheit, in eben dem Vorhaben, dessen man sich rühmt. 18 Da sich viele nach fleischbestimmter Art rühmen, will auch ich mich rühmen. 19 Gern ertragt ihr ja die Unverständigen – und ihr seid doch so verständige Leute. 20 Ihr ertragt es, wenn einer euch knechtet, euch auffrißt, euch einsteckt, sich überhebt, euch ins Gesicht schlägt. 21 Zu meiner Schande sage ich es: dazu waren wir zu schwach! Wenn es aber einer wagt – wie in Narrheit rede ich – dann wage auch ich es: 22 Hebräer sind sie? Ich auch! Israeliten sind sie? Ich auch! Nachkomme Abrahams sind sie? Ich auch!

Mir erscheint die Trennung des Jesus vom Christus wie ein unerlaubter Trick, mit dem man dem Menschgewordenen seine Göttlichkeit nimmt und damit auch allen Menschen, die noch auf ihre Menschwerdung warten ... Ich kann das Menschliche vom Göttlichen sowenig trennen wie Form vom Inhalt; wie das, was »gemeint« ist, von dem, wie sich dieses »Gemeinte« ausdrückt ... An der Gegenwart des Mensch gewordenen werde ich nie zweifeln. Aber Jesus allein? Das ist mir zu vage, zu sentimental, zu storyhaft, zu sehr eine »rührende Geschichte«. Die »offiziellen« Christen haben alles, was menschlich sein könnte, zu einem zynischen Schwindel gemacht. Ich kann das nicht anders als gesellschaftlich-politisch sehen.

Heinrich Böll

Roland Peter Litzenburger (1917-1987),
Christus der Narr – König der Juden, 1973.

Der christliche Narr

Die frühen Christen wußten, daß sie »Narren in Christo« waren, behaupteten aber zugleich, daß die Narrheit Gottes weiser sei als die Weisheit der Menschen. Christus muß für sie selbst so etwas wie ein heiliger Narr gewesen sein.

Darüber hinaus gibt es selbst im biblischen Bild Christi Züge, die ohne weiteres auf Symbole des Clowns hinweisen. Gleich dem Hofnarren spottet Christus jeder Sitte, und verachtet er gekrönte Häupter. Gleich einem wandernden Troubadour hat er keinen Ort, sein Haupt hinzulegen ... Wie ein Bänkelsänger besucht er Banketts und Parties.

Zum Schluß wird er von seinen Gegnern in die Spottkarikatur königlicher Gewänder gekleidet. Unter Gekicher und Gespött wird er gekreuzigt, zu seinen Häupten ein Zeichen, das seinen lachhaften Anspruch deutlich macht.

Der frühesten Periode christlicher Geschichte scheint das Symbol von Christus dem Clown im Innersten berechtigt. Es konnte sich jedoch nicht durchsetzen, als sich das Selbstverständnis der Kirche vom Lächerlichen zum Sublimen bewegte. Welchen Raum hat die Karikatur noch, wenn die königlichen Gewänder der Kirche ernst genommen werden? Wenn ihre Kronen und Szepter aus echtem Gold hergestellt werden, statt aus Dornen und Holz? Eine Kirche, die Macht faktisch ausübt und herrscht, hat kaum die Fähigkeit zu Karikatur und Ironie. So verschwand das Bild von Christus dem Clown mit wenigen Ausnahmen fast für alle Jahrhunderte des Christentums – jedenfalls offiziell.

23 Des Messias Diener sind sie? Übertöricht rede ich: Ich noch mehr! Ich überbiete sie an Mühen um vieles, an Einkerkerungen um vieles, an Prügeln weit mehr, an Todesgefahren um viele Male. 24 Von Juden bekam ich fünfmal die vierzig weniger einen; 25 dreimal bin ich mit Stöcken geschlagen, einmal gesteinigt worden; dreimal hatte ich Schiffbruch, eine Nacht und einen Tag trieb ich über der Tiefe dahin. 26 Ich war oftmals auf Reisen: Gefahren von Flüssen; Gefahren von Räubern, Gefahren vom eigenen Volk, Gefahren von fremden Völkern; Gefahren in der Stadt, Gefahren in der Einöde, Gefahren im Meer; Gefahren unter trügerischen Brüdern; 27 in Mühe und in Strapazen, in schlaflosen Nächten oft; in Hunger und Durst, bei Fasten oftmals, in Kälte und Blöße. 28 Was außerdem dazukommt: der Aufruhr bei mir Tag um Tag, die Sorge um alle Gemeinden. 29 Wer ist schwach, ohne daß ich schwach bin? Wer nimmt Ärgernis, ohne daß ich feuerrot werde?

30 Muß dennoch gerühmt sein: So will ich mich meiner Schwachheit rühmen. 31 Der Gott und Vater des Herrn Jesus – gepriesen ist er auf Weltzeiten hin – er weiß, daß ich nicht betrüge.

32 In Damaskus hielt der Stammesbefehlshaber des Königs Aretas die Damaszenerstadt bewacht, um mich zu verhaften. 33 Ich wurde also durch ein Fenster in einem Korb die Mauer entlang heruntergelassen und entrann seinen Händen.

12,1 Gerühmt muß sein ! Es trägt zwar nichts bei – ich will aber doch auf Erscheinungen und Offenbarungen des Herrn eingehen. 2 Ich weiß um einen Menschen in Eins mit dem Messias: Vor vierzehn Jahren wurde er, ob im Leib, ich weiß nicht; ob außerhalb des Leibes, ich weiß nicht – Gott weiß es – entrafft wurde dieser bis zum dritten Himmel. 3 Und ich weiß, daß dieser Mensch, ob mit Leib, ob ohne den Leib, ich weiß nicht – Gott weiß es – 4 entrafft wurde er in das Paradies, und unsagbares Sagen bekam er zu hören, was zu sagen einem Menschen nicht verstattet ist. 5 Für diesen werde ich mich rühmen; für mich selbst aber werde ich mich nicht rühmen – es sei denn ob meiner Schwachheiten. 6 Denn: Werde ich je mich rühmen wollen, so werde ich mich nicht zum Unverständigen machen; ich werde ja die Wahrheit sagen. Ich erspare es mir aber; nicht daß mir einer mehr zurechnet, als was er bei mir erblickt oder aus mir heraushört. 7 Auch für das Übermaß der Offenbarungen – eben darum – wurde mir, damit ich mich nicht überhebe, ein Spieß ins Fleisch gegeben, ein Bote des Satans, der mich mit Fäusten schlagen soll, damit ich mich nicht überhebe. 8 Seinetwegen – daß er ablasse von mir – habe ich den Herrn 9 dreimal ermutigt. Und er hat mir gesagt: Du hast genug an meiner Gnade; denn die Kraft kommt in Schwachheit zum Ziel. Aufs Freudigste werde ich mich also meiner Schwachheit rühmen, damit die Kraft des Messias sich auf mir niederlasse. 10 Deswegen habe ich Gefallen an Schwachheiten, Demütigungen, Nöten, Hetzjagden und Ängsten – um des Messias willen. Denn bin ich schwach: Gerade dann bin ich voll Kraft.

11 Ein Narr bin ich geworden; ihr seid es, die mich dazu gezwungen haben. Von euch hätte ich herausgestellt werden müssen. Denn nichts mangelt mir im Vergleich zu diesen Überaposteln – auch wenn ich nichts bin. 12 Die Zeichen des Apostels jedenfalls wurden unter euch

mit aller Geduld erwirkt: durch Zeichen sowohl, als auch durch Wunderdinge und Krafttaten. [13] Was ist es denn, worin ihr den anderen Gemeinden gegenüber schlecht weggekommen seid, außer daß ich selbst euch nicht geschröpft habe? Schenkt mir Gnade in diesem Unrecht.

2 Kor 11,16-12,13

Die Flucht des Paulus aus Damaskus (Apg 9, 24) in einem Fresko aus dem 9. Jahrhundert in der Kirche S. Prokulus in Naturns bei Meran.

Auch die »Narrenrede« bewegt sich in paradoxen Formulierungen, die religiöser Rede eigen ist, wenn sie die Ebene des bürgerlich Selbstverständlichen übersteigt. In diesem Selbstbekenntnis stellt sich die »Mißgeburt« unter den Aposteln (1 Kor 15,8) als vielfach überfordert vor, wenngleich er stolz anschließen kann: »Aber durch Gottes Gnade bin ich, was ich bin, und seine Gnade an mir ist nicht vergeblich gewesen« (1 Kor 15,10). Anderenorts beschreibt sich Paulus als ein von Krankheit geschlagener Mann, »dem ein Spieß ins Fleisch gegeben wurde, ein Bote des Satans, der mich mit Fäusten schlagen soll, damit ich mich nicht überhebe« (2 Kor 12,7). Versuche, diese Krankheit zu bestimmen, müssen schon deshalb mißlingen, weil Paulus metaphorisch spricht und zudem die verbreitete antike Vorstellung erkennen läßt, daß Krankheiten von dämonischen Mächten bewirkt werden. Was dieser strapazierte Mann an physischer und auch psychischer Belastbarkeit erkennen läßt, was er an Gefahren, Reisewegen, Abenteuern, Verfolgungen und Ängsten auf sich nimmt, übersteigt heute unser Vorstellungsvermögen.

Auch wenn Paulus autobiographisch seine eigene Geschichte ins Spiel bringt, geht es ihm darum, die Adressaten auf seine Seite zu bringen, für seine Sache einzunehmen. Die Zustimmung, die er anstrebt, ist durchweg umfassend und erlaubt keine Vorbehalte. Selbst wenn er, wie den Galatern abgerungen, in Spannung zueinander stehende Gruppierungen an einen gemeinsamen Tisch bringt, ohne sie damit gleichstellen zu wollen, hat er insgesamt doch eine Einheit vor Augen, die wenig Abweichung und Widerspruch verträgt. Auch seine »Einheit in Christus« tendiert letztlich zur Nivellierung von Unterschieden. Sie ist christlich und männlich und zwingt »Hebräer« wie auch Frauen, ihre Vorbehalte zugunsten des größeren Ganzen aufzugeben. Diese Tendenz hat sich der weiteren christlichen Entwicklung als Grundstruktur immer tiefer vermittelt.

Erst heute, in unserer säkularen, nachchristlichen Zeit, vermag sie sich wieder zu zeigen. Eine schwache, ja lächerliche Kirche, irgendwie merkwürdig über Kreuz mit den herrschenden Voraussetzungen ihrer Zeit, lernt aufs neue den harlekinesken Christus schätzen. Sein Pathos, seine Schwachheit, seine Ironie – das alles gewinnt heute wieder einen merkwürdigen Sinn.

Harvey Cox

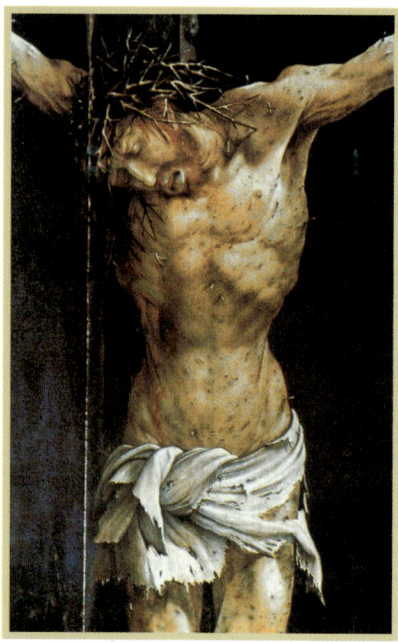

Das Christusbild

Die Evangelien schweigen über die äußere Gestalt Jesu. Ihre Verfasser hätten auch keine Beschreibung seines Aussehens geben können. Die frühesten darstellenden Hinweise auf Jesus begnügen sich mit Symbolen und Geheimzeichen und verzichten auf jede Menschengestalt. Üblich werden auch die beiden griechischen Anfangsbuchstaben von Christos, das Chi (X) und das Rho (P) (→ S. 553). Zugleich beginnt man, sich über ein Bildnis Jesu Gedanken zu machen. Das führte zu der Legende von auf übernatürliche Weise entstandenen Bildern wie dem Abdruck des Gesichtes Jesu auf dem Schweißtuch der Veronika.

Aus der anfänglichen Tarnungssymbolik entwickeln sich die ersten Christusdarstellungen in antiker Formensprache. Da die hellenistische Welt die Vorstellung des Göttlichen mit Schönheit und ewiger Jugend verbindet, werden Darstellungen des Apollo oder Orpheus auch zu Vorbildern der ersten Christusbildnisse: Bartlose, heldische Jünglinge, oft knabenhaft, mit gelocktem Haar, bekleidet mit kurzem griechischem Chiton oder der römischen Tunika, vorzugsweise verkörpert im Motiv des Guten Hirten (→ S. 554).

Seit dem 4. Jahrhundert löst sich das Christusbild von den antiken Vorbildern. Die Heiligkeit der Person unterstreicht jetzt der Nimbus, das Auge wird größer, der Blick ernster, das lang herabfallende, mittig gescheitelte Haar setzt sich durch. Nachdem dann das Konzil von Nicäa 325 die »Wesensähnlichkeit« des Sohnes mit dem Vater lehrte, kommt langsam ein strengerer und schließlich autoritativer Christustyp nach vorne, jetzt fast immer bärtig, da der Bart als Attribut von Hoheit und Würde gilt. Das führt zum Typ des Pantokrators (griech. »der Allesbeherrschende«) in dem sich zugleich die kaiserliche Herrschaft überhöht (1; vgl. S. 118). Gegenüber diesem Bild bleiben Darstellungen aus der Passion seltene Randerscheinungen.

Auch die romanische Kunst betont in ihren Christusbildern den unnahbaren Gebieter, in formelhafte Monumentalität übersetzt.

Das krasse Gegenteil dazu realisiert die Gotik mit ihrer Vermenschlichung und Verinnerlichung des Christusbildes. An die Stelle des Weltenherrschers tritt der Erlöser; die Maiestas Domini weicht der geschundenen Kreatur.

Dabei wird der Christustyp immer stärker individualisiert, zunehmend der Brutalität folternder Kriegsknechte ausgeliefert, um schließlich bei Bosch, Altdorfer und Grünewald aller Erhabenheit entkleidet, nur noch ein von Wunden und Schmerzen entstellter Menschenleib zu sein (2).

Den grausamen Realismus des Nordens versucht die Renaissancekunst des Südens dem wiederentdeckten antiken Schönheitsempfinden erneut unterzuordnen: Vorstufe zu einem festen Kanon, der Schönheit mit Güte und Hoheit verbindet. Nach dem historischen Jesus fragt zwischendurch nur Rembrandt, der einen Mensch unter Menschen zeigt, äußerlich unscheinbar, nach dem Vorbild von Juden, wie sie der Maler täglich vor Augen hatte (3). Die Barockmalerei bringt keine religiöse Vertiefung. Viele Themen erschöpfen sich. Die Christusgestalt bleibt in Konventionen gefangen. Auch bei den Nazarenern gewinnt das Christusbild keine neuen Züge, sondern verweilt bei einer glatten akademischen Malerei, die mehr historisiert, als daß sie die Kraft hätte, das biblische Geschehen geistig zu durchdringen.

Kraftvoller setzt das 20. Jahrhundert ein, etwa mit Lovis Corinths »Ecce homo« (→ S. 401). Während die traditionell dominierenden Themen der Geburt und der Auferstehung ganz zurückbleiben, ist die Kunst des letzten Jahrhunderts noch einmal unübersehbar von Passion und Kreuzestod Jesu bestimmt, weil sich darin das Elend der eigenen Welt bricht. Hier begegnet das Christusbild als Charakterisierung des Menschen der eigenen Zeit.

Dem Ikonenantlitz der Ostkirche, das den Wandel der Zeit an sich vorübergehen läßt, begegnet heute auf der westlichen Seite ein Gesicht, das im Gang der Geschichte alle möglichen menschlichen Grundzüge annehmen kann. Hier überlagern und durchdringen sich Heiliges und Profanes, Statik und Dynamik, und so sehr dies einander ausschließende Gegensätze zu sein scheinen, verbinden sie sich doch unlösbar in der Geschichte des Christusbildes. In Jawlenskys meditativen »Heilandsgesichtern« kommen östliche und westliche Traditionen zusammen: Sie inszenieren Metamorphosen, in denen sich das Gesicht in einem äußersten Grad von Abstraktion mit dem Kreuz verbindet – Angebot an Betrachter, jenseits des kirchlich standardisierten Kults einen neuen meditativen Zugang zu finden (4). Ebenso kommen die Bildübermalungen Arnulf Rainers aus einer kontemplativen Dimension. Er distanziert sich von der Tradition, ohne sie dabei zu verlieren (5).

(1) Christus als Pantokrator, Klosterkirche Daphni bei Athen, um 1100. (2) Matthias Grünewald (1480–1528), Die Kreuzigung Jesu (Ausschnitt), Isenheimer Altar, 1515. (3) Rembrandt Harmensz van Rijn (1606–1669), Christus. (4) Alexej Jawlensky (1864–1941), Heilandsgesicht: Die heilige Stunde – Letztes Schauen, 1919. (5) Arnulf Rainer (geb. 1929), Christusbild, 1981–83.

»... am dritten Tag – gemäß den Schriften«

Der »dritte Tag« ist eine mehrdeutige Metapher. »Ein Hungriger, der drei Tage lang ohne Speise und Trank durch die Wüste irrt, verbringt eine lange Zeit der Not. Wenn ein Schwerkranker am dritten Tag wieder in den Tempel gehen kann, ist dies eine erstaunlich kurze Zeit. Wenn Josef und Maria den Zwölfjährigen drei Tage lang in Jerusalem suchen müssen, bedeutet dies für sorgende Eltern eine unheimlich lange Zeit. Wenn Jesus sagt, daß er den Tempel in drei Tagen wieder aufbaue, dann ist diese fast unverständliche Aussage Ausdruck eines ganz außerordentlichen Werkes« (Karl Lehmann). Die Bibel kennt viele solcher Wendungen mehr: Abraham und Isaak gehen drei Tage zum Berg Morija (Gen 22,4). Mose und das Volk warten »drei Tage«, bis Jahwe die Worte der Weisung gibt (Ex 19,11.16). Vor allem aber erzählt die Jonageschichte von den »drei Tagen im Bauch des Fisches« (2,1). Im Anschluß daran sagt Mt 12,40: »Wie Jona drei Tage und drei Nächte im Bauch des Fisches war, so wird auch der Menschensohn drei Tage und Nächte im Innern der Erde sein.«

Weil die Bibel den »dritten Tag« so deutlich herausstellt, entstand im Judentum die Redewendung: »Niemals läßt Gott die Gerechten länger als drei Tage in Not«. Zur Zeit Jesu gehörte diese Redeweise vermutlich zur Deutung der Geschichten von Abraham, Isaak und Jona. Auf diesem Hintergrund ist auch die Wendung »auferweckt am dritten Tag *gemäß den Schriften*« zu verstehen. Was für die großen Gestalten der Glaubensgeschichte Israels galt, sollte sich auch im Schicksal Jesu erfüllen. Die »drei Tage« meinen also keine Kalenderzeit und lassen sich auch nicht auf Wochentage übertragen: »Die Auferstehung Christi ist nicht ein anderes Ereignis *nach* Jesu Tod, sondern die ›Erscheinung‹ dessen, was *im* Tode Jesu geschehen ist« (Karl Rahner).

Paulus' Zeugnis von der Auferweckung Christi

1 Ich mache euch, Brüder, das Evangelium bewußt, das ich euch als Heilsbote verkündet, das ihr auch übernommen habt, in dem ihr auch feststeht, 2 und durch das ihr gerettet werdet: Mit welchem Wort habe ich euch die Heilsbotschaft verkündet – wenn ihr noch daran festhaltet? Es sei denn, ihr wäret unbedacht glaubend geworden! 3 Überliefert habe ich euch vor allem, was auch ich empfangen habe:

Der Messias starb für unsere Sünden 4 – gemäß den Schriften.
Und: Begraben ward er.
Und: Auferweckt worden ist er am dritten Tag 5 – gemäß den Schriften.
Und: Zu schauen gab er sich Kephas, dann den Zwölf.

6 Daraufhin gab er sich zu schauen über fünfhundert Brüdern auf einmal, von denen die meisten bis jetzt übrigblieben – einige sind entschlafen. 7 Daraufhin gab er sich zu schauen Jakobus, dann sämtlichen Aposteln. 8 Zuletzt von allen – als der Fehlgeburt gewissermaßen – gab er sich zu schauen auch mir. 9 Bin ich doch der geringste der Apostel, der ich ja nicht genug bin, Apostel zu heißen, weil ich die Kirche Gottes gejagt habe. 10 Durch Gottes Gnade aber bin ich, was ich bin. Und seine Gnade, die er mir zugewandt, ging nicht ins Leere. Nein: Mehr als alle habe ich mich gemüht – nicht ich freilich: sondern die Gnade Gottes zusammen mit mir. 11 Ob nun ich, ob jene – so verkünden wir. Und so seid ihr glaubend geworden.

1 Kor 15,1-11

D as mit »Auferweckung« gemeinte Geschehen kennt keine Augenzeugen. Es begegnet in einer Sprachgestalt, die von geschichtlich bedingten Vorstellungen und Denkformen abhängig ist. Darum muß dieses Geschehen in seiner Sprachwerdung durchschaut werden, weil es nur so unter heutigen Bedingungen erneut zur Sprache gebracht und weiter bedacht werden kann. Die Wiederholung der alten Formel allein führt in die Erstarrung.

Die in V 3b-5 zitierte Glaubensformel wird meistens als das älteste Zeugnis der Auferweckung Jesu angesehen, doch stehen dahinter bereits Überlegungen, in deren Verlauf mehrere Aspekte kombiniert wurden. Die älteste Gestalt der Formel ist eingliedrig und begegnet anderenorts bei Paulus. Sie lautet: »Gott, der ihn/Jesus von den Toten erweckte« (Röm 4,24; 2 Kor 4,14; Gal 1,1). Hier ist Gott das Subjekt des Handelns an Jesus. Die Formel sagt noch keine christologische Bedeutung an. Im Kontext der jüdischen Zeitvorstellungen wird die Erweckung als Wiederbelebung des ganzen Menschen aus einem schattenhaften Dasein im Totenreich verstanden. Die spätere Frage nach dem »leeren Grab« ist noch kein Thema. Daß der Gott Israels sich als der Gott Jesu erwiesen hat, ist die zentrale Aussage. Diese Osterbotschaft ist ein Gottesbekenntnis.

Die anfangs streng theologische Formel bekommt in der weiteren Entwicklung eine christologische Fassung, die in den Dienst der Glaubensverkündigung und Taufdeutung tritt. So verbindet sich die Auferweckungsaussage in V 3-5 mit der Sühnetodformel, um den Tod

Jesu als heilsbedeutsam anzusagen (V 3). Der Tod wird durch das Begräbnis (V 4) bekräftigt, die Auferweckungsaussage durch Erscheinungsaussagen (V 5) abgesichert. Aus der biblischen Tradition kommt das Motiv des dritten Tages hinzu.

Die Verse 5-8 sind das älteste Zeugnis für die Erscheinungen Jesu. Hier spricht Paulus aus eigener (Visions-)Erfahrung, gleichsam als »Augenzeuge« und bekundet zugleich den Überzeugungsstand der Gemeinde in den vierziger Jahren. Die Erscheinungen vor Petrus und den Zwölfen gehören zur Formel. Demgegenüber sind die Angaben V 6a (Erscheinung vor den fünfhundert) und V 7 (Jakobus und alle Apostel) vorpaulinische Erweiterungen, die Paulus in V 6 erläutert und V 8 um die eigene Vision ergänzt. Die knappe Ausdrucksweise begnügt sich mit der Tatsache der Erscheinungen, ohne ihre Erfahrungsform und die damit verbundenen Umstände zu erwähnen. Auch wird nichts über den Ort der Erscheinungen gesagt, etwa ob diese in Galiläa oder Jerusalem erfolgten. Die Erscheinungen werden mit einem Verb verknüpft, das sich übersetzen läßt mit »er wurde gesehen« oder auch: »er wurde (durch Gott) sichtbar gemacht«, oder: »er ließ sich sehen«. Die benutzte griechische Wendung greift auf den Sprachgebrauch der Septuaginta (→ S. 547) zurück, die ebenso das Erscheinen Jahwes oder seines Engels vor den Vätern oder vor Mose beschreibt. Damit rücken die Ostererscheinungen in einen theologischen Deutungsrahmen, der das »visuelle« Moment sowohl einschließen wie entbehrlich machen kann. Die Formel selbst läßt nicht erkennen, wie der »Erscheinende« gedacht werden soll.

An anderen Stellen spricht Paulus etwas genauer über seine Ostererfahrung. 1 Kor 9,1 fragt er: »Habe ich nicht Jesus, unseren Herrn, gesehen?« Phil 3,8.10 meint er mit »Sehen« einen die gesamte Existenz umgreifenden Erkenntnisvorgang. 2 Kor 4,6 spricht er vom »Aufleuchten Christi in unseren Herzen«. Offenbar meint dieses »Sehen« keinen Vorgang äußerer Wahrnehmung, wie ihn ein Fotoapparat erfaßt, sondern einen geistig-existentiellen Vorgang, der die ganze Person ergreift. Dem entspricht die Beschreibung der Ostererfahrung in Gal 1,12.15 f. als »Enthüllung« (griech. *apokalypsis*), die auch visionäre Erfahrungen – »ob im Leibe, ich weiß es nicht; ob außerhalb des Leibes, ich weiß es nicht« (2 Kor 12,2 f.) – einschließen kann.

Im Streit mit seinen judaistischen Gegnern beruft sich Paulus auf die Ebenbürtigkeit seines Apostelamtes gegenüber den Uraposteln. Wenn er diese Gleichstellung mit der eigenen apokalyptischen Erfahrung begründet, liegt es nahe, daß Paulus darin den Erfahrungen der Urapostel nicht nachstehen will, diese also auch eine *apokalypsis*, »Enthüllung«, beansprucht haben. Das läßt auf Bedingungen schließen, »unter denen im apokalyptisch geprägten Milieu Palästinas derartige Erfahrungen gemacht, in ihrer Bedeutung erkannt und anderen vermittelt werden konnten« (Paul Hoffmann). Damit legt es sich nahe, die Ostererfahrung in Analogie zu den visionären Erlebnissen jüdischer Apokalyptiker zu begreifen (→ S. 341 ff.).

Eine weitere Hintergrundfolie kann in der merkwürdigen Rezeptionsgeschichte der »Bindung Isaaks« (→ Gen 22; S. 88 ff.) gesehen werden. Während der Jahrhunderte, in denen die Bücher der Jüdischen Bibel nacheinander entstanden, scheint diese Geschichte geschlummert zu haben. Sie wurde nirgendwo aufgegriffen, rückte aber

Des Paulus Begegnung mit dem auferstandenen Jesus fand zweifellos in Trance statt. Man erinnere sich aber ..., daß solche Bewußtseinszustände weder neue Informationen zugänglich machen noch Voraussetzungen des Glaubens schaffen, daß aber das schon Vorhandene durch sie Bestätigung und Verstärkung erfährt – oder auch eine Umwertung ... Ich glaube deshalb nicht, daß die von Paulus ekstatisch erlebte Begegnung mit dem auferstandenen Jesus als charakteristisches Erlebnis der frühen Christenheit nach der Kreuzigung verallgemeinert werden kann. Paulus legt in 1 Korinther 15,1-11 Wert darauf, daß seine Erfahrung dem, was die vor ihm berufenen Apostel erfuhren, gleichwertig ist. Aber Gleichwertigkeit bedingt nicht Gleichartigkeit. Allen wurde Jesus offenbart, aber nicht auf die gleiche Weise. Denn man denke an Jesu bäuerliche Jünger in Galiläa, die das Leben führten, in das Jesus sie geführt hatte, und dabei den Widerstand und sogar den Spott und Hohn erfuhren, die zu erwarten er sie gelehrt hatte. Erfuhren sie seine andauernde Gegenwart in Ekstase oder nicht doch vielleicht mehr auf dem Boden der Tatsachen? Oder man denke an die gelehrten Exegeten, die wahrscheinlich in Jerusalem in der Heiligen Schrift Bestätigung für ihren Glauben suchten, daß der Gekreuzigte trotz des schimpflichen Todes, den man ihn hatte sterben lassen, der Erwählte Gottes war. Exegese wird nicht in Trance betrieben. Wir sollten also vielleicht Trance, Lebensweise und Exegese auseinanderhalten als verschiedene Möglichkeiten der Glaubensvergewisserung für verschiedene Jünger und Gruppen von Nachfolgern Jesu während der Jahre nach der Kreuzigung.

John Dominic Crossan

Das Osterbild

»Die Auferstehung Christi ist nicht ein anderes Ereignis nach Jesu Tod, sondern die ›Erscheinung‹ dessen, was im Tode Jesu geschehen ist«, lehrt die Theologie (Karl Rahner). Ein solch transzendenter Vorgang läßt sich nicht gegenständlich fassen, also auch nicht »malen«. Was als »Auferstehung« in einem Bild erscheint, kann nur als Symbol angemessen verstanden werden.

Bis zum Hochmittelalter wird die sinnliche Unzugänglichkeit des Osterglaubens respektiert. Es gibt keine Darstellung »der Auferstehung«. Die frühe Ikonographie beschränkt sich auf Symbole, die beispielsweise Kreuz oder Christusmonogramm im Lorbeerkranz zeigen (→ S. 553). Häufiger ist – vor allem im Westen – das Motiv der Frauen am Grabe, während die Ostkirche die mythische Befreiungsfahrt Christi ins Totenreich (Anastasis) als ihr eigentliches Osterbild kennt. Ein Bildtypus, der vom Wort »Auferstehung« ausgehend einen im Grab sich aufrichtenden Christus vorstellt, bleibt zwölfhundert Jahren christlicher Zeitrechnung unbekannt. Auch wenn man fortwährend von »Auferweckung« oder »Auferstehung« sprach, entzogen sich diese Begriffe einer bildlichen Fixierung. Der ikonographische Befund widerspricht der Ansicht, es habe schon immer ein Vorstellungsbild von »Auferstehung« gegeben, das nur darauf wartete, vor Augen gemalt zu werden.

Das Motiv der Frauen am leeren Grab stützt sich auf die synoptische Tradition, wobei die sachliche Differenz der Evangelien einer großen Variantenfülle Spielraum läßt. Die Abbildung (1) entstammt der Reichenauer Schule um das Jahr 1000. Eine innere Gliederung leistet die Grabarchitektur im Fond, deren Mittelpfeiler die Szene in zwei Räume teilt. Den rechten Teil füllt der majestätische Engel, der auf dem querliegenden Sarkophagdeckel sitzt. Der Blick des Betrachters geht in das Innere des Sarkophags; nur das Leichentuch ist zu sehen, kunstvoll verknotet: ein offenbar unlösbares Geheimnis. Mit seiner Rechten wendet sich der Engel den zwei schüchternen Frauen am linken Bildrand zu. Da sie ihre Bildhälfte nicht ausfüllen, entsteht ein freier Raum, den nur die Gestik des Engels und die Stellung seines rechten Beines überbrückt, zugleich aber auch Distanz und Spannung andeutend. Ein Begreifen des Vorgangs kommt nicht zum Ausdruck.

Zur gleichen Zeit, da man beginnt, das bis dahin unverfügbare Gottesbild zu vermenschlichen (→ S. 118 f.), und die konsekrierte Hostie in einem dafür erfundenem Schaugefäß dem Auge nun fixierbar wird (→ S. 393), richtet sich der Wunsch nach solch problematischer Anschaulichkeit auch auf das Osterbild. Erstmals ist jetzt »der Auferstandene« zu sehen, wie er aus dem Grabe steigt, zunächst in liturgischen Büchern,

dann auch in den Glasmalereien der Fenster und schließlich als Tafelbild. Zwar beschränken sich die Darstellungen anfangs noch auf eine lapidare Knappheit: unten im Vordergrund zwei schlafende Wächter, der offene Sarkophag, Christus mit der Kreuzfahne in der Hand, wie er gerade über die Sarkophagwand steigt. Doch während die um 1260 in einem Kölner Evangeliar entstandene Buchmalerei mit ihrem Goldgrund das Ganze einer transzendenten Sphäre zuordnet (2), wird in den nachfolgenden Generationen die Szene immer massiver historisiert und in geschichtliche Verhältnisse zurückgeholt, bis schließlich um 1424 die Tafel des Meisters Francke das Geschehen gänzlich seiner Unverfügbarkeit beraubt: Weil das Gedränge vor dem Sarkophag offenbar nicht zum Übersteigen einlädt, verläßt der »Auferstehende« die Szene nach hinten, hat aber erkennbar alle Mühe, die hohe Wand zu überwinden. Mit Hand und stützendem Fahnenschaft muß er seine Balance wahren. Der Vorgang erlaubt keine symbolische Deutung mehr, sondern läßt an heimliche Flucht denken. Niemand aus der schlafenden Gesellschaft soll aufwachen. Es scheint sich mehr um ein Entkommen zu handeln, als daß noch von Auferstehung gesprochen werden könnte (3).

Ganz anders die Ostertafel des Isenheimer Altars von Matthias Grünewald von 1515. Hier wird Auferstehung als Himmelfahrt verstanden. Mit einem herrlichen Schwung und unerhört leichter Gestik entschwebt der Auferstehende in die Glorie des göttlichen Lichtes. Eine Sonnenvision in der Sternennacht! Im riesigen Kreisnimbus wird Christus Licht und beginnt sich darin gewissermaßen zu entmaterialisieren. Während unten die explosive Bewegung noch nicht zu Ende kommt, herrscht im Rund der Aureole vollkommene Ruhe und Ausgleich (4).

Es mußten weitere vierhundert Jahre vergehen – angefüllt mit rundum veräußerlichten Osterbildern, so daß sich die große Kunst von diesem Thema nach der Barockzeit verabschiedete – bis Alfred Manessier den Versuch Grünewalds, das Unanschauliche darzustellen, zu Ende führte (1949). Er schafft ein explodierendes Lichtphänomen, aus dem letzte Reste von Dunkelheit und Schwere herausgeschleudert werden. Auferstehung ist hier wie der Aufgang einer Supernova. Jede materielle Gegenständlichkeit entfällt. Der Verzicht, in falschen Kategorien zu illustrieren, widerstrebt fundamentalistischer Vergewisserung und bewahrt so das Mysterium (5).

(1) Der Engel der Auferstehung, Reichenauer Perikopenbuch, um 1000. (2) Auferstehung Christi, Evangeliar aus Groß St. Martin, Köln, um 1250. (3) Meister Francke (1380–1430), Auferstehung Christi, Thomasaltar, um 1424. (4) Matthias Grünewald (1480–1528), Auferstehung Christi, Isenheimer Altar, 1515. (5) Alfred Manessier (1911–1993), Auferstehung, 1949.

zur Zeit der römischen Besetzung aktuell ins Bewußtsein. Doch während in Gen 22 die Glaubenshaltung Abrahams im Vordergrund steht, betont die Rezeption jetzt die Rolle Isaaks: seine Bereitschaft, sich freiwillig – gar noch mit Eifer – auf den Altar zu werfen. »Die Opferung, zu der er seine fröhliche Zustimmung gab, wurde im Widerspruch zum biblischen Bericht so dargestellt, als ob sie wirklich auf irgendeine Weise stattgefunden habe, ... wobei Isaak zu Asche reduziert und dann durch die Kraft Gottes, der Herr über Leben und Tod ist, zum Leben auferweckt worden sei« (Jon Levenson). Just in der Zeit, in der es darum ging, den Tod Jesu zu verstehen und zu deuten, waren jüdische Exegeten damit befaßt, die »Bindung Isaaks« zu transformieren und als dessen Selbstopfer auszulegen. So läßt sich verstehen, wie sich die Geschichte Jesu auf dem Hintergrund der Geschichte von Isaak, dem »geliebten Sohn« (22,2), auswirkte. Das paulinische »gemäß der Schrift« erkannte in Isaak einen Vorgänger Jesu, der als Märtyrer dazu beitrug, Versöhnung und Erlösung zu bringen, wobei die Hinrichtung Jesu in ihrer zeitlichen Nähe zum Paschafest die Deutung als Opferlamm verstärken konnte.

Diese Sicht Jesu in der Rolle Isaaks führte dazu, Gott mit der Rolle Abrahams zu verbinden. Gott ist es, der seinen geliebten Sohn opfert. Und genau jenen Schluß zieht auch Paulus: »Seinen eigenen Sohn hat er nicht verschont, sondern ihn für uns alle in den Tod gegeben« (Röm 8,32). Während jedoch das nichtchristliche Judentum darauf verzichtete, das Verhalten Abrahams mit dem Gottes gleichzusetzen, wagten es jene Juden, die Jesus für den Messias und Sohn Gottes hielten, die Parallele auszuziehen. Dieses Motiv dürfte ihnen geholfen haben, die »rettende Interpretation der Kreuzigung Jesu und der merkwürdigen Osterereignisse« hervorzubringen, was zu der Folgerung führt, »daß das frühe, vorpaulinische Evangelium aus der zeitgenössischen jüdischen Exegese der ›Bindung Isaaks‹ herausgewachsen ist« (Paul M. van Buren).

Das Gesetz

23 Doch bevor der Glaube kam, waren wir unter dem Gesetz in Haft gehalten – eingeschlossen bis zum Glauben, der sich enthüllen sollte. 24 Somit ist das Gesetz unser Schulmeister gewesen bis zum Messias, damit wir aufgrund von Glauben gerecht gemacht würden. 25 Nachdem aber der Glaube gekommen, sind wir nicht mehr unter einem Schulmeister. 26 Denn: Allsamt seid ihr Söhne Gottes durch den Glauben in Eins mit dem Messias Jesus. 27 Denn alle, die ihr in den Messias hineingetauft wurdet – den Messias habt ihr angezogen. 28 Da gibt es keinen Juden noch Griechen, da gibt es keinen Sklaven noch Freien, da gibt es kein Männliches und Weibliches. Denn alle seid ihr Einer – im Messias Jesus. 29 Wenn ihr aber dem Messias gehört, so seid ihr Abrahams Nachkommen – Erben gemäß der Verheißung.

Gal 3,25-29

*D*er Neutestamentler Ulrich Luz meint, »daß Matthäus und Paulus, wenn sie sich gekannt, sich gewiß nicht geliebt hätten«. Für Matthäus repräsentierte Jesus das wahre Israel, indem er Gesetz und Propheten erfüllte. Der Streit mit anderen jüdischen Gruppen, vor allen mit den Pharisäern, drehte sich in seinem Evangelium nicht um das Gesetz, sondern um das wahre Israel. Die matthäische Gemeinde sah sich gegenüber Israel nicht als eine neue Größe, sondern als die Fortdauer des ungebrochenen, wahren Israel. Demgegenüber war für Paulus die Kirche »Leib Christi«, der Juden und Heiden umfaßt – eine Größe, die sich in diesem Gegenüber mit der Sicht des Matthäus nicht verbinden läßt. Selbst eine Generation nach Paulus sah Matthäus immer noch keinen Bruch zwischen jüdischem und christlichem Glauben und keinen Widerspruch zwischen Gesetz und Evangelium; ihm ging es sogar um die Beachtung der kleinen Tora-Vorschriften (→ S. 430). Wie versteht sich da der Kampf des Paulus gegen die »Judaisten« von Galatien Ende der 40er Jahre (→ S. 552), die mit der Heidenmission zumindest einen teilweisen Tora-Gehorsam forderten?

Als »der klassische Kirchenvater der protestantischen Großkirchen« (Luz), steht Paulus für die schroffe Gegensätzlichkeit von Gesetz und Evangelium. Geläufig ist seitdem eine Polemik, die das Judentum als Gesetzesreligion abstuft, oder aber der Vorwurf, Paulus habe bewußt die jüdische Sicht von Gesetz und Erlösung verzerrt. Das Problem entstand durch die Identifikation Martin Luthers mit Paulus: Luther glaubte seine spätmittelalterliche Sündenangst und Gewissensqual bei Paulus wiedererkennen zu können. Dadurch verengte er sein Paulus-Verständnis auf die Frage nach dem Heil des einzelnen, während Paulus, der ein robustes Gewissen hatte, von dieser Selbstbezogenheit unbetroffen war und statt dessen fortwährend über das Heil der Heiden nachdachte. Die über ein halbes Jahrtausend während Fehldeutung nahm also an, Paulus habe denselben Protest gegen das pharisäische Judentum vorgetragen, wie dies Luther gegen die vorreformatorische Kirche tat. Auf diese Weise wurde dem Judentum des 1. Jahrhunderts ein legalistisches Lehrsystem unterstellt, in dem das Heil durch das Verdienst guter Werke erworben werde, ohne daß der freien Vergebung und Gnade Gottes noch Raum bliebe. Das so entstandene Zerrbild eines rabbinischen Judentums bot den Briefen des Paulus einen übergrellen Hintergrund.

Die Gesetzespolemik, die wir nichtsdestoweniger bei Paulus finden, drängt zu einem geschichtlichen Rückblick. In der nachexilischen Zeit hatte die Religion Israels ihre Identität durch deutliche Abgrenzungsversuche gegenüber benachbarten Völkern unternommen (→ S. 292 ff.). Während der makkabäischen Krise verstärkte sich dieser Trend; dabei ging es präzise um die Identität Israels als Bundesvolk und Volk des Gesetzes (1 Makk 1,57; 2,27. 50; 2 Makk 1,2-4; 2,21 f.; 5,15; 13,14). In diesem Prozeß wurde der »Eifer für das Gesetz« zur Parole des nationalen Widerstandes. Die Verbindung von Erwählung, Bund und Gesetz entwickelte sich zu einem fundamentalen Thema des jüdischen Selbstverständnisses, wie dies das Buch Jesus Sirach (17,11-17; 24,23; 28,7; 39,8; 44,19 f.; u. ö.) und andere zeitgenössische Schriften illustrieren. Das Gesetz galt seitdem als grundlegender Maßstab für Israels Besonderheit als dem von Gott erwählten Volk. Es wurde zum Identitätskennzeichen, das Israel von den umgebenden Völkern unterschied. Das Bestreben, innerhalb des Gesetzes zu leben und sich da

Als die hellenistische Kultur die Identität Israels zu ersticken drohte (→. S. 321 ff.), gewannen drei gesetzliche Momente erhöhte Bedeutung: Beschneidung, Speisegesetze und Sabbat. Sie sicherten dem Judentum Eigenart und Überleben. Dieses Bewußtsein spiegelt sich in dem pseudepigraphischen Aristeasbrief um 100 v. Chr.:

Indem der Gesetzgeber ... alles dies in seiner Weisheit erwog, umgab er uns mit einem undurchdringlichen Gehege und mit ehernen Mauern, damit wir mit keinem der anderen Völker irgendeine Gemeinschaft pflegten ... Damit wir nun nicht durch Gemeinschaft mit anderen uns befleckten und durch Verkehr mit Schlechten verdorben würden, umhegte er uns auf allen Seiten mit Reinheitsgesetzen, in Speise, Trank, Berührung, in dem, was wir hören und sehen.

Ähnlich äußert sich der jüdische Philosoph Philo (um 20 v. – 45 n. Chr.) in Alexandrien, daß sich Israel »mit anderen Völkern nicht vermische, weil es von der Vätersitte nicht abweichen will«.

Paulus polemisiert im Römerbrief gegen dieses Gesetzesverständnis, durch das sich Juden scharf von Nichtjuden scheiden, weil er darin das Zentrum nationalen Eifers sah.

Gespräch mit Luther

»Bist du ein Gläubiger, hast du den Glauben?«

»Ja, ich bin ein Gläubiger.«

»Wie«, antwortet Luther, »ich habe doch nichts an dir bemerkt und habe doch auf dein Leben geachtet, und du weißt, der Glaube ist ein unruhig Ding. Wozu hat dich der Glaube, von dem du sagst, daß du ihn hast, durch seine Unruhe bewegt, wo hast du für die Wahrheit gezeugt, und wo gegen die Unwahrheit, welche Opfer hast du gebracht, was hast du an Verfolgung für dein Christentum gelitten; und zu Hause, im häuslichen Leben, wo war eine Selbstverleugnung und Entsagung zu merken?«

»Ja, aber lieber Luther, ich kann dir versichern, ich habe den Glauben.«

»Versichern, versichern, was ist das für eine Rede? Wo es sich darum handelt, den Glauben zu haben, ist keine Versicherung nötig, wenn man ihn hat (denn der Glaube ist ein unruhig Ding, das merkt man gleich); und keine Versicherung kann helfen, wenn man ihn nicht hat.«

»Ja, aber glaube mir doch, ich kann dir so feierlich wie möglich versichern ...«

»Ach, höre auf mit deinem Geschwätz, was kann deine Versicherung helfen!«

»Ja, aber wenn du auch nur eine meiner Schriften lesen wolltest, so würdest du sehen, wie ich den Glauben schildern kann, dadurch weiß ich doch, daß ich ihn haben muß!«

»Ich glaube, der Mensch ist verrückt! Wenn es so ist, daß du den Glauben schildern kannst, dann beweist das bloß, daß du ein Dichter bist, und wenn du es gut machst, daß du ein guter Dichter bist, aber nichts weniger, als daß du ein Gläubiger bist. Vielleicht kannst du auch weinen, wenn du den Glauben schilderst, das bewiese dann, daß du ein guter Schauspieler bist.«

Sören Kierkegaard

durch von den politischen und sozialen Überfremdungen der hellenistischen Epoche abzugrenzen, wurde zum vorherrschenden Interesse. Möglicherweise bestätigt dies auch der Name Pharisäer, der vermutlich »Abgesonderte« bedeutet.

Besonderes Gewicht in diesem Abgrenzungsbemühen gewannen seit der makkabäischen Zeit drei spezifische Unterscheidungsmerkmale: Beschneidung, Speisegesetze und der Sabbat. Im 1. Jahrhundert sah man darin bereits spezifisch jüdische Charakteristika, die auch von Nichtjuden anerkannt wurden; dem jüdischen Selbstverständnis galten sie als Kriterium der eigenen Bundestreue.

In diesem Kontext muß auch der Anschluß von Nichtjuden an die Gruppierungen christlicher Juden gesehen werden und die Auseinandersetzung des Paulus mit der Tora. Das Gesetz markierte die Trennung von Juden und Nichtjuden. Dem typisch frommen Juden war es die Quelle seines ethnischen Stolzes (Röm 2,17-23), die Beschneidung das Kennzeichen privilegierter Besonderheit (Röm 2,25-29). Paulus warnt davor, allein in diesen »Werken der Tora« den Status als Bundesvolk zu sehen und damit einen exklusiven nationalen Eifer zu verbinden. Für ihn ist die Tora kein Heilsweg schlechthin, sondern ein Ausdruck des Bundes infolge der gnadenhaften Erwählung Gottes. Diese Sicht »entlutherisiert« das bisherige Paulusbild, und erlaubt nicht länger, Paulus als Kritiker eines legalistischen und werkgerechten Judentums zu sehen.

Das Gesetzesverständnis des Paulus ist also nicht einfach negativ. Aber Paulus ist ein impulsiver Denker. Er formuliert oft radikal, um einen Gedanken, der ihn erfüllt, pointiert zur Geltung zu bringen. Das führt ihn dann zu so gegensätzlichen Aussagen wie Gal 3,10: »Alle die sich auf Gesetzeswerke stellen, unter Fluch sind sie gestellt«, und Römer 7,12: »Das Gesetz an sich ist heilig, und die Weisung ist heilig und gerecht und gut.« Die christliche Tradition, zumal die reformatorische Linie, hat diese schwierige Balance zugunsten einer negativen Wertung des Gesetzes aufgegeben und damit den Graben zwischen Christen und Juden vertieft. Wenn Paulus sagt: »daß er das Gesetz, die Weisung zum Leben, als eine Weisung zum Tod erfahren mußte« (Röm 7,10), scheint er jüdischen Boden verlassen zu haben. Denn während für Juden die Tora ein Anlaß zur Freude und Richtschnur des Lebens ist, unterstellt Paulus sie hier dem Tod. Auch ist die Gegensätzlichkeit, die er zwischen dem »Glauben an Christus« und den »Werken des Gesetzes« besonders im Galaterbrief aufbaut, für jüdisches Denken kaum nachvollziehbar. Daneben aber bleiben die besser abgewogenen Aussagen des Römerbriefs. Hier finden nicht nur die »Werke des Gesetzes«, sondern auch die »Täter des Gesetzes« (2,13) Anerkennung. Hier kann Paulus auch gut jüdisch vom »Gesetz des Glaubens« (3,28) sprechen, vom »Gesetz des Lebensgeistes« (8,2) und von einer Erfüllung des Gesetzes in der Liebe (13,8-10). Diese Perspektive beglaubigt seine Versicherung: »Setzen wir nun durch den Glauben das Gesetz außer Kraft? Im Gegenteil, wir richten das Gesetz auf« (3,31).

In all dem ging es Paulus um das Recht der Heiden. Er wollte sie als Vollmitglieder des Gottesvolkes anerkannt sehen, ohne daß sie unter die ausschließenden Toragebote wie Beschneidung und Speisegebote gestellt wurden. Nach Gal 3,24 f. »ist das Gesetz unser Schulmeister gewesen bis zum Messias ... Nachdem aber der Glaube gekommen, sind wir nicht mehr unter einem Schulmeister«. Demnach richtet sich die Tora allein an Israel, um das jüdische Volk bis zum Kommen des Messias zu »bewahren«. Würden allein die Werke der Tora zum Heil führen, müßte dies alle Nichtjuden von vorneherein ausschließen.

Insgesamt bleibt der Eindruck, »daß der Apostel mit dem Thema Gesetz nicht völlig fertig wurde, was für einen ehemaligen Juden und Pharisäer nicht verwunderlich ist« (Franz Mußner). Durch ihn – und Luthers Umakzentuierung – hat das Wort »Gesetz« im kirchlichen Bereich eine derart negative Wertung bekommen, daß es zum Gegenbegriff für »Evangelium« wurde und zur Hintergrundfolie für die Darstellung des christlich Neuen gegenüber dem jüdisch Alten. Bereits die Übersetzung des hebräischen »tora« durch das griechische »nomos« und das deutsche »Gesetz« ist mit Bedeutungsverschiebungen verbunden. Nomos wie Gesetz akzentuieren eine autoritative Regelung mit kultisch-politischem Charakter. Das Judentum aber sieht die Tora nicht als Sammlung von Einzelbestimmungen, sondern primär als die umfassende und gnadenhafte Offenbarung der göttlichen Weisung gegenüber dem Volk Israel, auf die Israel seinerseits mit »Freude an der Tora« antwortet: »Ja, deine Weisungen sind meine Lust, sie sind meine Ratgeber« (Ps 119,24). »Wie hab ich dein Gesetz so lieb, den ganzen Tag hab ichs im Sinn« (Ps 119,97). Und Dtn 6,20 ff. heißt es: »Und wenn dein Sohn dich fragt: Was sollen die Verordnungen, die Satzungen und die Rechte, die Jahwe, unser Gott, geboten hat, so sollst du zu deinem Sohn sagen: Wir waren Sklaven des Pharao in Ägypten. Da führte uns Jahwe heraus mit starker Hand ...« Nicht der Dekalog ist die Tora, sondern das gesamte Erzählwerk des Pentateuch, das Jahwe als den Gott der Freiheit bekennt.

Freiheit oder Knechtschaft – eine folgenschwere Alternative

21 Sagt mir, die ihr unter dem Gesetz sein wollt: Hört ihr denn das Gesetz nicht? 22 Es ist ja geschrieben: Abraham bekam zwei Söhne, einen von der Magd und einen von der Freien. 23 Doch ist der von der Magd kraft des Fleisches gezeugt, der von der Freien aber dank der Verheißung. 24 Damit ist noch anderes gesagt: Diese beiden nämlich sind zwei Bünde. Der eine vom Berg Sinai her zu Knechtschaft gebärend: das ist Hagar, 25 denn Hagar heißt in Arabien der Berg Sinai. Sie entspricht dem jetzigen Jerusalem – denn es ist geknechtet samt seinen Kindern. 26 Das obere Jerusalem aber ist frei; und das ist unsere Mutter. 27 Es ist ja geschrieben: Sei fröhlich, du Unfruchtbare, die du nicht gebierst. Aufjauchze und schrei, die du nicht in Wehen gebierst: Denn mehr Kinder hat die Einsame, als jene, die den Mann besitzt. 28 Ihr aber, Brüder, wie Isaak seid ihr Verheißungskinder. 29 Aber wie damals der kraft Fleisches Gezeugte hinter dem kraft Geistes Gezeugten herjagte, so ist es auch jetzt. 30 Was aber sagt die Schrift? Wirf die Magd und ihren Sohn hinaus. Denn niemals darf der Sohn der Magd mit dem Sohn der Freien erben. 31 Deshalb, Brüder, sind wir nicht Kinder einer Magd, sondern der Freien.

Gal 4,21-31

Unter den Schülern des Paulus gab es in den nachfolgenden Generationen viele, die keinerlei Verbindung mit dem Judentum mehr hatten, »weder im Blut noch in der Seele« (Leo Baeck), und sich von der allegorischen Exegese, wie sie Paulus in Gal 4,21-31 vorgelegt hatte, anstiften ließen, diese nun frontal gegen das Judentum zu wenden. Dies geschah erstmals im Barnabasbrief, um 130 geschrieben, mit dem die »geistige Enteignung Israels« im großen Stil einsetzte:

Jedes Wort im Alten Testament wird zu einer christlichen Bedeutung hingeführt, mit dem Ergebnis, daß das Buch in seinem wahren Sinn nur noch dem Christentum zugehören kann, ganz so, wie ja überhaupt die Kirche das wahre Israel, der wahre Same Abrahams sein sollte. Ein buchstäbliches und wörtliches Verständnis des Alten Testaments ist in seinen Augen ein verdammenswerter jüdischer Irrtum, das Werk des Satans. So wurde das Alte Testament ein ausschließlich Paulinisches Buch; das allein, was rein christlich ist, ist biblisch. Im Ergebnis hatte diese Methode noch den weiteren Vorteil, daß das Christentum seine eigene frühe Geschichte erhielt und seine Anfänge bis zu den Tagen der Schöpfung der Welt zurückgeführt waren.

Leo Baeck

Barnabasbrief, Schreiben an heidenchristl. Gemeinden in Ägypten, Syrien und Kleinasien, das als pseudepigraphischer Text dem judenchristl. Mitarbeiter des Paulus (Apg 4,36 f.; 9,27; 11,22-26; 12,25; 13,1-15,39) unterstellt wurde. Der B. warnt dramatisch vor einem Rückfall in das Judentum, bedient sich heftiger antijüd. Polemik, spricht den Juden jedes tiefere Verständnis für ihre Bibel ab und wertet diese als authentischen Erweis für die Wahrheit des christl. Glaubens mittels allegorischer Interpretation.

Ecclesia und Synagoge, Straßburger Münster, um 1230.

Beide Gestalten entstammen dem Ideal der ritterlichen Frau, doch verrät der Dialog zwischen Körper und Gewand ihre Verschiedenheit. Die Ecclesia steht sicherer; ist reifer, vollendeter, aber auch langweiliger; die Synagoge jugendlicher, vitaler, anmutiger, mehr Fleisch und Blut. Die Sympathie des Meisters gehörte offenbar ihr.

Die Verurteilung des jüdischen »Gesetzes« aufgrund der Rechtfertigung des Menschen aus Gnade und Glauben an den in Christus handelnden Gott verband die reformatorische Theologie mit der Folgerung, das Judentum sei, jedenfalls theologisch, für alle Zeiten »abgetan«. Im Sinne der göttlichen Heilsordnung sei es – unbeschadet seiner kulturellen oder politischen Leistungen – irrelevant geworden, nämlich schlechthin vergangen. In diesem Verständnis lautet das Urteil eines Neutestamentlers, de facto habe Paulus die Geschichte Israels »radikal entheiligt und paganisiert«.

Es geht in der Sara-Hagar-Allegorie um Identitätswechsel und Rollentausch, dabei wird wie bei den anderen Brüderpaaren der Genesis – Kain und Abel, Esau und Jakob – der Zweitgeborene dem ersten vorgeordnet. Erstgeburtsrecht und herrschende Strukturen werden außer Kraft gesetzt, und der »Kleine« tritt an die Stelle des »Großen«. Indem Paulus diese Polarität aufgreift, will er das Selbstverständnis eines sich exklusiv verstehenden Judentums unterlaufen, das aus seinem Überlegenheitsgefühl heraus seine Heidenmission als Verrat am Jüdischen bekämpft. Dabei besetzt er die biblischen Positionen auf eine verrückte Weise falsch herum: die Nachkommen Abrahams und Saras, das Bundesvolk Gottes, werden mit Versklavung, Verstoßung, Nicht-Israel und Arabien verbunden, während die von den Kelten abstammenden Galater zu Saras Kindern und Abrahams Erben ernannt werden. So sehr Paulus damit eine ethnische Grenzen überschreitende Vergemeinschaftung im Blick hatte, so sehr hat sein Muster des Rollentausches im Fortgang der Geschichte zur geistigen Enteignung Israels beigetragen.

Tatsächlich entwickelte sich eine fatale antijüdische Wirkungsgeschichte. Schon zwischen 114 und 140 entstand mit dem Barnabasbrief das erste Zeugnis einer bewußt diffamierenden Polemik, mit der die geistige Enteignung Israels eingeleitet wurde. Im Modell des Paulus, der die Sklavin Hagar mit Israel identifiziert (V 24) und »die Freie« mit der Kirche, fand diese allegorische Typologie nun ihre Fortsetzung: »Wir wollen sehen, ob dieses Volk Erbe ist oder das erste, und ob der Bund für uns da ist oder für jene. Höret also, was die Schrift über das Volk sagt: ›Isaak betete für sein Weib Rebekka, weil sie unfruchtbar war; und sie empfing.‹ Sodann: ›Und Rebekka ging hinaus, um Jahwe zu fragen, und es sprach Jahwe zu ihr: Zwei Stämme sind in deinem Leibe und zwei Völker in deinem Mutterschoße, und ein Volk wird das andere überholen, und das ältere muß dem jüngeren dienen‹ (Gen 25,21-23). Ihr müßt achtgeben, wer Isaak ist, wer Rebekka, und auf wen hingewiesen wird, daß dieses Volk größer sein werde als jenes« (Barnabasbrief 13,1-3).

So betrieb der Barnabasbrief seine Polemik des Neuen gegen das Alte, die Entrechtung und Enterbung des Judentums durch die Kirche. Was in den späteren Jahrhunderten hierauf folgte, war die Wirkungsgeschichte dieser Lektion, der Beweis, wie konsequent und gründlich die Christenheit die theologische Zurücksetzung Israels auch wirtschaftlich, sozial und politisch zu realisieren vermochte.

Israel – die bleibende Wurzel

*D*ie theologisch betriebene Enterbung Israels erfolgt auch heute noch durch allegorische Schriftauslegung. Da die Bibel immerfort von Israel, vom Volke Jahwes, von Gottes Erwählung, von Jerusalem und seinem Heiligtum spricht, hat die christliche Allegorie die authentische Wortbedeutung mit einem unterschobenen Sinn unterlaufen: alles, was in den biblischen Schriften auf Israel hinweist, wird auf die Kirche bezogen. Damit geschieht etwas Ungeheuerliches: Das biblische Wort wird von der Geschichte Israels gelöst und auf eine neue Bedeutungsebene projiziert. Dies geschieht vorrangig in der Gebetssprache und der Metaphorik der Kirchenlieder. So heißt es in einem Adventslied: »O komm, o komm, Immanuel; nach dir sehnt sich dein Israel. Freu dich, freu dich, o Israel! Bald kommt, bald kommt Immanuel.« Israel und alles, was Israel-Bezug hat, wird hier von der Kirche in Anspruch genommen. Auch die biblischen Namen Kain und Abel, Esau und Jakob, Hagar und Sara vertreten hinfort Synagoge und Kirche, wobei die unterlegene Gestalt die Synagoge verkörpern soll, während bereits aus der Tiefe der Zeit heraus die Kirche ihren Vorentwurf in den überlegenen Gestalten findet.

Wenn auch Paulus durch sein oft unsystematisches und pointiertes Reden einseitige theologische Positionen rechtfertigen half, ohne daß sich für ihn, den Juden, damit eine antijüdische Tendenz verband, so kritisiert und korrigiert er mit dem folgenden Text doch eine insgesamt schiefe christliche Traditionslinie, deren Eigengesetzlichkeit er nicht voraussahen konnte:

Israel und die Kirche

¹³ Euch aber, den Völkern, sage ich: »Insofern ich Apostel der Völker bin, bringe ich mein Amt zu Ehren.« ¹⁴ Könnte ich doch die von meinem Volk zum Eifer stacheln und einige von ihnen retten. ¹⁵ Denn: Ist ihre Verwerfung Weltversöhnung, was ist dann ihre Annahme anderes, als Leben aus den Toten? ¹⁶ Wenn aber das Erstlingsbrot heilig ist, so auch der ganze Teig; und ist die Wurzel heilig, so auch die Zweige.
¹⁷ Wenn aber einige Zweige ausgebrochen wurden, du aber, der du vom Wildölbaum stammst, eingepfropft und Mitteilhaber wurdest an der Wurzel, am Fett des Ölbaums, ¹⁸ so triumphiere nicht über die Zweige. Triumphierst du aber, sollst du wissen: nicht du trägst die Wurzel, sondern die Wurzel dich. ¹⁹ Du wirst nun sagen: »Die Zweige wurden doch weggebrochen, damit ich eingepfropft werde.«
²⁰ Richtig! Des Unglaubens wegen wurden sie ausgebrochen, du aber stehst aufgrund des Glaubens. Sei daher nicht stolz, sondern – fürchte!
²¹ Denn: Hat Gott die naturwüchsigen Zweige nicht geschont, so wird er auch deiner nicht schonen. ²² Sieh an Gottes Güte und Strenge. Strenge gegen die Gefallenen, Gottes Güte aber gegen dich, wenn du in seiner Güte bleibst – sonst wirst auch du ausgeschnitten. ²³ Jene dagegen, wenn sie nicht im Unglauben verharren, werden eingepfropft. Gott ist ja kraftvoll, sie wieder einzupfropfen. ²⁴ Denn, wurdest du aus dem naturwüchsigen Wildölbaum ausgeschnitten

Als Ecclesia und Synagoge in der christlichen Kunst auftraten, war die Augenbinde für die Synagoge längst gewebt:
»Mit großem Freimut treten wir auf, nicht wie Mose, der eine Hülle auf sein Gesicht legte ... Bis zum heutigen Tag liegt diese Hülle ..., sooft Mose vorgelesen wird, auf ihren Herzen ...« (2 Kor 3,12-18).

und – entgegen dem Ursprung – einem Edelölbaum eingepfropft, wieviel eher werden sie, als die naturwüchsigen, ihrem ureigenen Ölbaum wieder eingepfropft werden.

Röm 11,13-24

Entjudaisierung

In der frühen Geschichte der christlichen Kirche wurden die Differenzen zum Judentum bewußt betont; die Kirche wollte ihr Selbstverständnis nicht von der ungeheuren Verpflichtung dem Judentum gegenüber gewinnen, sondern aus dem Gegensatz zum Judentum. Mit dem Aufkommen des Christentums und seiner Ausbreitung in der griechisch-römischen Welt bemächtigten sich die Heidenchristen der Bewegung und leiteten einen kontinuierlichen Prozeß der Anpassung an den Geist eben jener Welt ein. Das Ergebnis war eine bewußte oder unbewußte Entjudaisierung des Christentums, die das Denken der Kirche und ihr inneres Leben ebenso beeinflußte wie ihr Verhältnis zur gegenwärtigen und vergangenen Realität Israel, das Vater und Mutter zugleich für die Christenheit ihrem eigentlichen Wesen nach ist ... Der neue Bund wurde nicht als neue Phase der Offenbarung gesehen, sondern als Aufhebung und Ersatz des alten; das theologische Denken formte seine Begriffe in Antithese zum Judentum.

Abraham Joshua Heschel

Die jüdische Religion ist für uns nicht etwas »Äußerliches«, sondern gehört in gewisser Weise zum »Inneren« unserer Religion. Zu ihr haben wir somit Beziehungen wie zu keiner anderen Religion. Ihr seid unsere bevorzugten Brüder und, so könnte man gewissermaßen sagen, unsere älteren Brüder.

Johannes Paul II. zu den Juden von Rom beim ersten Besuch eines Papstes in einer Synagoge am 13. 4. 1986

Paulus rückt die Meinung zurecht, die Kirche könnte an die Stelle Israels treten. Was als Judentum die christliche Geschichte begleitet, ist immer noch Israel. Alles, was die Bibel über Israel sagt, steht in der Kontinuität dieses Volkes. Die Kirche ist nicht an die Stelle des Gottesvolkes Israel getreten, vielmehr nur »Mitinhaberin an der Wurzel« (V 17). Die Enterbung Israels, wie sie seit dem 2. Jahrhundert die christliche Theologie beschäftigt, ist nicht Theologie, kein Wort von Gott her, sondern Ausdruck eigener Interessengebundenheit.

Wenn Paulus Israel als das bleibende Volk lehrt und die »Weltkirche« als auf den Stamm dieses Volkes aufgepfropft sieht, stellt sich die Frage, wie sich diese Kirche »Volk Gottes« nennen kann, ohne Israel Platz und Titel streitig zu machen. Traditionell wird die Enteignung Israels mit der Betonung des ganz Neuen betrieben, das mit Jesus begonnen haben soll. Dann heißt es, Jesus selbst gehöre »mit seinem Wort und mit seinem Werk nicht mehr zur Geschichte Israels« (Martin Noth). Aber ein solches Denken verdrängt die jüdische Herkunft Jesu und spricht ihn mit allem, was er war und tat, seinem eigenen Volk ab – eine Form der Enteignung, die in Theologie und Liturgie immer noch betrieben wird.

Im Neuen Testament findet sich der Begriff »Volk Gottes« nirgendwo auf die Kirche bezogen, wohl aber begegnet die Rede vom »neuen Bund«. So versteht sich Paulus als »Diener des neuen Bundes« (2 Kor 3,6). Dessen Gegenbegriff ist »Gesetz«. Wer auf diese Diktion zurückgreift, muß achtgeben, damit dem traditionell distanzierenden Denken nicht anheimzufallen. Die Bibel spricht von verschiedenen Bünden: dem mit Noach, mit Abraham, mit Mose, mit David. Jeder Bund macht gegenüber den älteren Neues geltend, ohne die früheren Bundesschlüsse ungültig werden zu lassen. So stellt sich Paulus im vorliegenden Text der Frage, wie sich das »Neue« zum »Alten« verhält. Zur Erläuterung benutzt er eine Metaphorik, die im Mittelmeerraum jeder versteht, da dort bis zum Tage immer noch Ölbäume durch das Einpfropfen neuer Zweige »veredelt« werden. Zum benutzten Wortfeld gehören die Begriffe: Ölbaum, Edelölbaum, Wildölbaum, Wurzel, Fett, Zweige, tragen, ausbrechen, aushauen, einpfropfen. Überraschender Weise ist nicht vom »Stamm« die Rede. Das mag sich aus dem hebräischen Denken erklären, das die Wurzel als die eigentlich tragende und drängende Kraft des Baumes versteht und den Stamm als zugehörig mitdenkt. Vielleicht ist auch die Anschauung beteiligt, daß Bäume oft bis auf einen Meter über dem Boden abgeschnitten werden, um dem Stumpf neue Zweige aufzupfropfen. Das von Paulus benutzte Bild stellt Israel als tragende Wurzel vor, als einen Edelölbaum, dem der Wildölbaumzweig »Kirche« aufgepfropft worden ist. Er sieht demnach die Kirche in ihrem Leben, ihrer Wachstumskraft und Vitalität von Israel getragen.

Paulusbriefe

Aus der Konsequenz, daß die Heidenkirche zur »Mitteilhaberin an der Wurzel, am Fett des Ölbaumes« geworden ist (V 17), gibt Paulus den heidenchristlichen Gemeinden zwei Mahnungen: Erstens: »Triumphiere nicht über die Zweige!« (V 18a). Zweitens: »Denke nicht hoch hinaus, sondern fürchte« (V 20b). Ein heidenchristliches Rühmen und sich Erheben über die Zweige des Ölbaumes wird als gänzlich verfehlt bezeichnet, weil die Teilhabe der Heidenchristen am Edelölbaum reines Gnadengeschenk Gottes ist, der auch die Heidenvölker nicht vom messianischen Heil ausschließen will.

Ölbäume in Israel.

Da Gott Israel einst erwählte und diese Erwählung bestehen bleibt, bedeutet die Mitteilhaberschaft der Heiden(christen) auch deren gnadenhafte Teilhabe an der Erwählung Israels. Einerlei ob die Juden gegenüber der Christusbotschaft »verstockt« bleiben oder nicht, an ihrer primären Erwählung läßt Paulus keinen Zweifel. Wenn er die »Fettigkeit« des Edelölbaumes betont, mag ihm die Segensfülle vor Augen stehen, die Israel von Gott empfangen hat, das geistliche Erbe, das Israel anvertraut ist und von dessen Substanz die Christen leben. Diese Wurzel gibt dem »Edelölbaum« weiterhin Kraft und Leben und nährt die neuen Zweige. Doch sollen sie eingedenk bleiben, daß Gott sie ebenso wieder ausschneiden kann, wie er Israel in seiner Geschichte zurückschnitt.

Die theologische Konsequenz dieser Verhältnisbestimmung von Israel und Kirche ist – trotz Römerbrief – an der Kirche und ihrer theologischen Selbstinterpretation über die Zeiten vorbeigegangen. Inzwischen ist es vorstellbar geworden, daß manche christlichen Zweige aus dem Edelölbaum wieder »ausgehauen« werden, weil deren »Rühmen« alles Maß überschritt. Erst wenn der Jude Jesus den Völkern verkündet wird, so daß sie darin die Aktualität Israels unter den Heiden erkennen, könnte die Mitteilhaberschaft der Kirche an der Wurzel des fetten Ölbaumes ihr angemessenes Maß finden. Das schließt ein, das Selbstverständnis von Kirche nie ohne das Verhältnis zu Israel zu bestimmen, im Grunde »von der Wurzel her« die Theologie neu anzusetzen.

Wir erkennen nun, daß viele Jahrhunderte der Blindheit unsere Augen bedeckt haben, so daß wir die Schönheit Deines auserwählten Volkes nicht mehr sehen und in seinem Gesicht die Züge unseres erstgeborenen Bruders wiedererkennen.
Wir erkennen, daß das Kainszeichen auf unserer Stirn steht. Jahrhundertelang hat Abel darniedergelegen in Blut und Tränen, weil wir Deine Liebe vergaßen.
Vergib uns den Fluch, den wir zu Unrecht aussprachen über den Namen Deiner Juden. Vergib uns, daß wir Dich in ihrem Fleisch zum zweiten Mal kreuzigten ...

Gebet Papst Johannes' XXIII.

Unechte Paulusbriefe

Pseudepigraphen, Schriften, die einen fremden Verfassernamen beanspruchen. Das erste pseudepigraphische Dokument des frühen Christentums ist der Kolosserbrief. Unter den weiteren Schriften, die sich als Paulusbriefe ausgeben und somit eine überhöhte Autorität in Anspruch nehmen, ist zwischen P. und »Fälschung« zu unterscheiden: Soweit sich in einer Schrift das respektierte Lehrer-Schüler-Verhältnis ausdrückt, wie dies für Kol und Eph gelten kann, läßt sich legitim von P. sprechen. Von »Fälschung« ist zu sprechen, wenn sich der anonyme Verfasser die Autorschaft des Paulus gewissermaßen von »von außen« aneignet.

Das Neue Testament enthält dreizehn dem Paulus zugeschriebene Briefe. Von diesen sind sieben in ihrer Echtheit unumstritten. In ihrer geschichtlichen Reihenfolge sind es: Der 1. Thessalonicherbrief, der Galaterbrief, die beiden Korintherbriefe, der Römerbrief, der Philemonbrief und der Philipperbrief. Die restlichen sieben Briefe sind späteren Datums. Während der Kolosser- und Epheserbrief noch einem unmittelbaren Paulusschüler zugeschrieben werden, der unter dem Namen seines Mentors pseudepigraphisch schrieb, stehen der 2. Thessalonicherbrief und die Pastoralbriefe in einem weitaus größeren Abstand zu Paulus, so daß diese Texte bereits als »Fälschungen« betrachtet werden können: »Die literarische Tarnkappe ist nicht eine ohne weiteres akzeptable, beliebte Selbstverständlichkeit gewesen, aber auch nicht generell die verwerfliche moralische Entgleisung nach modernen Begriffen ... Daß der Zweck dem namenfälschenden Verfasser sein Mittel heiligte, ist als Vermutung bzw. Feststellung noch nicht aufschlußreich genug, insofern die antike Kritik solche ›Großzügigkeit‹ ja bereits ablehnte« (Norbert Brox).

Der Kolosserbrief

Der Kolosserbrief gibt vor, von Paulus im Gefängnis verfaßt worden zu sein. Sprache und Inhalt schließen dessen Autorschaft jedoch aus. Auch ist die Gemeinde in Kolossä, einer Kleinstadt im Hinterland Kleinasiens, eher fiktiv angesprochen, denn der Brief hat einen letztlich unbestimmten Adressatenkreis. Vielleicht stand hinter dem Kolosserbrief der Gedanke, auszudrücken, was Paulus, würde er noch leben, neu gegründeten Gemeinden sagen könnte. Die kosmische Christologie führt jedoch über Paulus ebenso hinaus wie auch das innere Bild der Gemeinden. Die genannten Namen – mit Ausnahme von 4,15 – erwecken den Eindruck, als hätten die Gemeinden nur aus Männern bestanden. Auch die »Haustafel« 3,18-4,1 – darunter ist die Ansprache der verschiedenen zu einem antiken »Haus« gehörenden Gruppen gemeint – weist auf eine Verfestigung patriarchaler Ordnungen hin; an diesen in den weiteren Pseudepigraphen fortgeführten Schemata läßt sich die bewußt gesteuerte Unterordnung von Frauen, Mädchen und Sklavinnen unter eine sich deutlich herausbildende Männerhierarchie ablesen.

Der Epheserbrief

Der Epheserbrief will ebenfalls von Paulus im Gefängnis geschrieben worden sein, führt aber in seinem Kirchenverständnis über Paulus hinaus. Auch fehlt ihm der Bezug auf eine konkrete Gemeindesituation. Wahrscheinlich war der Brief ursprünglich eine Art Rundschreiben für einen größeren Adressatenkreis. Diese Umstände und die zum Teil wörtliche Abhängigkeit vom Kolosserbrief lassen an eine Entstehung gegen Ende des 1. Jahrhunderts denken. Der Brief thematisiert die innere Einheit der Gemeinde und Fragen der Lebensführung, die sich von der nichtchristlichen Umwelt positiv abheben soll. Offensichtlich sieht der Verfasser die angesprochenen Gemeinden in Gefahr, sich im Streit zwischen Judenchristen und Heidenchristen aufzureiben und in ihrem Ethos »lau« zu werden. In einer erneuten »Haustafel« (5,21-6,9) entwirft er eine Familienordnung, welche die patriarchale Tradition dogmatisch unterbaut.

Die Verbürgerlichung der Gemeinden

21 Unterwerft euch einander in der Furcht des Messias: 22 Die Frauen ihren eigenen Männern wie dem Herrn. 23 Denn der Mann ist das Haupt der Frau, wie der Messias das Haupt der Kirche ist, er – der Retter des Leibes. 24 Aber wie die Kirche sich dem Messias unterwirft, so auch die Frauen den Männern – in allem. 25 Ihr Männer, liebt die Frauen, wie der Messias die Kirche geliebt und sich für sie hingegeben hat, 26 daß er sie heilige, nachdem er sie durch das Wasserbad im Wort gereinigt. 27 So will er selber sich die Kirche voll Herrlichkeit hinstellen, ohne Schmutz oder Runzel oder dergleichen, damit sie vielmehr heilig sei und makellos. 28 Solcherweise schulden die Männer, ihre Frauen zu lieben – wie ihren eigenen Leib. Wer seine Frau liebt, liebt sich selbst. 29 Denn niemand hat jemals sein eigen Fleisch gehaßt, sondern er nährt und pflegt es, wie auch der Messias die Kirche. 30 Denn: Glieder sind wir seines Leibes. 31 Deswegen wird der Mensch Vater und Mutter verlassen und an seiner Frau haften, und es werden die zwei zu einem Menschen. 32 Dieses Geheimnis ist gewaltig – ich sage das: im Bezug auf den Messias und die Kirche. 33 Jedenfalls – auch ihr, jeder einzelne, liebe seine Frau wie sich selbst. Die Frau aber – sie fürchte den Mann.

Eph 5,21-33

Und Jesus? Oft kommt mir so vor, als sei der Befreier ein Gefangener seiner Kirche, von seinen Gläubigen aus der Welt, aus dem Jetzt und Hier herausgehimmelt, als habe die Stiftung den Stifter, die Stellvertretung den Vertretenen geschluckt ...

Fridolin Stier

*Vincent van Gogh (1853–1890),
Die Kirche, 1882.*

Frauen im frühen Christentum

Historische Informationen über die Beteiligung von Frauen in der frühesten christlichen Bewegung haben das 1. Jh. nicht überlebt. Keine einzige Frau wird unter den ursprünglichen Aposteln, auch nicht im Kreis der Jerusalemer oder Antiochener Hellenisten erwähnt. Hauptfigur aller Missionierung ist Paulus; Frauen treten nur als Helferinnen oder Gegnerinnen seiner Mission auf.

Dennoch lassen die gelegentlichen paulinischen Hinweise erkennen, daß sich Frauen ebenso wie Männer als Missionarinnen und Leiterinnen engagierten. Es gab sie bereits vor Paulus und unabhängig von ihm, wenn auch der androzentrische Sprachgebrauch sie immer nur den »Brüdern« subsumiert. Die vorhandenen Erwähnungen sind die Spitze eines Eisbergs, dessen erheblich größerer Teil unter die Grenzlinie des öffentlichen Bewußtseins verdrängt wurde. Paulus läßt erkennen, daß Frauen auf gleicher Basis mit ihm zusammengearbeitet haben; Phil 4,2-3 stellt er fest, daß Euodia und Syntyche Seite an Seite mit ihm kämpften. Röm 16, 1 ff.

Anders als der Kolosserbrief beginnt diese Ermahnung mit der Aufforderung zu gegenseitiger Unterordnung, was eine partnerschaftliche Ordnung andeuten könnte. Die anschließende Ehebelehrung fordert von den Frauen jedoch, sich den Männern unterzuordnen »wie dem Herrn (Christus)«. Im Griechischen ist das Verb »sich unterordnen« ein Ordnungsbegriff; er zielt hier auf die Anerkennung der bestehenden patriarchalischen Verhältnisse. Hinter dieser die gesamte antike Gesellschaftsstruktur bestimmenden männlichen Dominanz (vgl. 1 Kor 11,3-12) steht zunächst im jüdisch-christlichen Raum die damalige Auslegung von Gen 2,18-24: Da die Frau erst nach dem Mann, aus ihm und seinetwegen geschaffen sei, sei er auch in allem der Frau übergeordnet. Dieser Hintergrund wird nun christologisch überhöht. Die Überordnung des Mannes soll aus der Beziehung Christi zu seiner Kirche verstanden und akzeptiert werden. Zwar resultiert aus diesem Mysterium die Pflicht der Männer, ihre eigenen Frauen zu lieben, »wie Christus die Kirche geliebt und sich für sie hingegeben hat« (V 25). In den abschließenden Versen 31 und 32 setzt sich gegenüber der Mahnung, demnach die Frauen zu lieben »wie ihren eigenen Leib«, aber erneut das überordnende Denken durch. Gen 2,24 wird auf Christus und die Kirche hin beansprucht. Das »tiefe Geheimnis«, in der Christus-Kirche-Beziehung ein Abbild der »ersten Ehe« zu erkennen, führt zu der Mahnung an die Eheleute, dieses Urbild in ihrer Verbindung sichtbar zu machen. V 33 bringt die Lektion noch einmal auf den Punkt: Der Mann soll seine Frau lieben, »die Frau aber – sie fürchte den Mann«. Mit diesem überraschenden Verb wird eine sich unterordnende Haltung verlangt, wie Untergeordnete den ihnen Vorgeordneten begegnen.

Die Ehelektion des Epheserbriefes hat eine bis zum Tag andauernde Wirkungsgeschichte. Man sagt traditionell, daß sie der ehelichen Beziehung von Mann und Frau eine geistliche Vertiefung gegeben habe. Eine solche Spiritualisierung hebt allerdings nicht die Akzentuierung auf, daß der Mann »Haupt« der Frau sein soll. Die Liebe Christi beendet das Machtgefälle in diesem Ehemodell nicht, sondern transzendiert und rechtfertigt es, indem die frauliche Unterordnung mit einer Grundsätzlichkeit gefordert wird, die in ihrer dogmatischen Legitimation nicht mehr diskutabel ist. Das hat das hierarchische Ehemodell religiös sanktioniert und hält es – auch in der kirchlichen Ämterstruktur – weiterhin wirksam.

Die Pastoralbriefe

Unter Pastoralbriefen (von lat. *pastor*, »Hirt«, also »Hirtenbriefe«) werden der 1. und 2. Timotheusbrief sowie der Titusbrief verstanden. Es handelt sich um Schriften, welche die Autorschaft des Paulus für sich in Anspruch nehmen und vorgeben, an dessen Schüler und Mitarbeiter geschrieben worden zu sein. Für 1 Tim wird eine Reise des

Paulus durch Makedonien vorausgesetzt, für 2 Tim dessen Gefangenschaft in Rom, so daß sich dieser Brief gewissermaßen als Testament des Paulus gibt. Das Schreiben an Titus unterstellt, daß der Mitarbeiter des Paulus, der einst zur antiochenischen Delegation nach Jerusalem gehörte (→ S. 552 f.) und am dortigen Apostelkonvent teilnahm, später auf Kreta als Gemeindeleiter gewirkt hat. Gegen die Echtheit dieser Briefe sprechen mehrere Gründe: Die Ausgangspositionen lassen sich nicht mit der Biographie des Paulus vereinbaren; die vorausgesetzte Kirchenorganisation hat sich gegenüber der Pauluszeit erheblich verändert; auch unterscheiden sich die Briefe nach Sprache und Stil deutlich von den Paulusbriefen; deren Theologie begegnet nur in verflachter Gestalt. Eingestreute persönliche Mitteilungen heben diese Bedenken

nicht auf; sie sind Mittel literarischer Fiktion. Gegenüber wirklichen Pseudepigraphen muß hier bereits von »Fälschungen« gesprochen werden. Es ist von einer Entstehungszeit der Briefe zwischen 100 und 150 auszugehen.

Die Pastoralbriefe sind Anweisungen für Gemeindeleiter. Dabei wird die Kirche unter das Leitbild des antiken *oikos* (»Haus«) gestellt, die für die damalige Gesellschaft zentrale Sozial- und Wirtschaftsgemeinschaft. Der *oikos* ist hierarchisch strukturiert. Er untersteht einem Hausherrn, der alle zugehörigen Mitglieder – Ehefrau, Kinder, Sklaven und Sklavinnen – unter seiner Weisungsgewalt hat. Entsprechend wird die Gemeinde als »Haus Gottes«, *oikos theou*, verstanden (1 Tim 3,15). Wie die Zugehörigen sich zu verhalten haben, wird zunächst für den gottesdienstlichen Bereich gesagt (2,1-15) und in zwei »Amtsspiegeln« für Bischofsamt (3,1-7) und Diakonat (3,8-13) ausgeführt. Im zweiten Teil (5,1-6,2) werden Anweisungen gegeben für den Umgang mit verschiedenen Gruppierungen in der Gemeinde: älteren und jüngeren Männern, Frauen, Witwen, Sklaven.

Wenn 1 Tim 2,1 f. ermutigt wird, »zu flehen, beten, bitten, danken für alle Menschen, für Könige und alle Hochgestellten, damit wir ein stilles und ruhiges Leben führen können in aller Frömmigkeit und Würde«, zeigen sich bereits etablierte Verhältnisse an. Zwar soll »für alle Menschen« gebetet werden, doch wird die Obrigkeit besonders hervorgehoben.

wird »Phoebe, unsere Schwester, herausgestellt« die »ein Dienstamt für die Gemeinde in Kenchreä hat«; des weiteren wird Priska als Arbeitskollegin genannt (1 Kor 16,19; Apg 18,2.18.26) und Röm 16,7 Junia, zusammen mit Andronikus als »herausragend unter den Aposteln«. Weil ihre Zugehörigkeit zum Kreis der Apostel der späteren kirchlichen Denkweise gleich unvorstellbar wurde, deutete man ihren Namen in der weiteren Überlieferung gegen alle philologische Wahrscheinlichkeit zum Männernamen »Junias« um. Es scheint Regel gewesen zu sein, nicht als Einzelkämpfer, sondern paarweise zu missionieren. »Haben wir nicht Vollmacht, eine Schwester als Frau mitzuführen wie die übrigen Apostel und die Brüder des Herrn und Kephas?« fragt Paulus Röm 9,5. Das erlaubt den Schluß, in den je namentlich genannten Frauen keine Ausnahmen zu sehen.

»Zwar finden sich in der Apostelgeschichte und den Paulusbriefen nur gelegentliche Bemerkungen, die uns einen flüchtigen Blick auf die Führungsfunktionen von Frauen in der christlichen Bewegung gewähren. Doch dasselbe gilt für die Führungsfunktionen von Männern. Wir können die These aufstellen, daß eine Missionarin um so geringere Chancen hatte, geschichtlich in Erinnerung gehalten zu werden, je unabhängiger sie von der paulinischen Mission war, da nur die Paulusbriefe das Schweigen über die allerersten Anfänge der christlichen Missionsbewegung brechen. Jedoch lassen uns unsere Quellen noch erkennen, daß diese Bewegung nicht wie der griechisch-patriarchale Haushalt strukturiert war und noch keinen Liebespatriarchalismus vertrat im Gegensatz zur späteren Kirche, die sich an die Strukturen der Gesellschaft anpaßte« (Elisabeth Schüssler-Fiorenza).

Es gibt einen tiefen Ekel vor der in den Kirchen selbstverständlichen Männerherrschaft, die gerade die sensibelsten und wachsten Frauen heute im Christentum heimatlos macht. Es gibt eine alte und längst nicht überwundene Tradition von Verachtung der Frauen, Trivialisierung ihrer Fragen, ja Frauenhaß, die, von fadenscheinigsten theologischen Vorwänden genährt, auch unterhalb scheinbarer Liberalität weiter wuchert. Gespeist wird der Ekel zugleich durch die Verehrung der männlichen Werte, die Anbetung der Macht um jeden Preis, die selbst Gott nur als Repräsentanten schlechthinniger Macht denken kann ... Der Auszug aus dem christlichen Glauben in die postchristliche Existenz hinein ist heute eine Option bewußter Frauen.

Dorothee Sölle

Mumienporträts, 2. Jh. n. Chr.

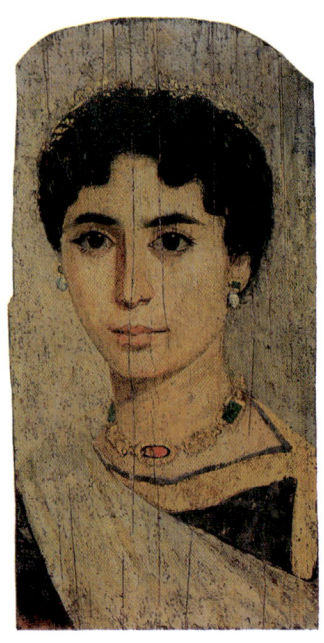

Frauen, deren Kleidung, Haartracht und Schmuck dem Verfasser des Timotheusbriefs Sorgen bereitet, zeigen diese zeitgenössischen Porträts, die Verstorbenen ins Grab beigegeben wurden. Etwa 500 solcher Bildnisse sind erhalten, Männer, Frauen und Kinder meist levantinischen Typs; daß es sich um individuelle Porträts handelt, gilt als sicher.

Rollenverteilung im Gottesdienst. Männer und Frauen

8 Ich will nun, daß die Männer beten allerorten, heilige Hände erhebend, ohne Zorn und Bedenken. 9 Desgleichen die Frauen; sie sollen in schmuckem Anstand, mit Sinn für Scham und Maß, sich schmücken, nicht mit Haargeflechten und Gold oder Perlen oder kostspieligem Gewand, 10 sondern – wie es Frauen ziemt, die sich der Gottesfurcht versprochen – durch gute Werke. 11 Die Frau soll in Ruhe lernen, in aller Unterordnung. 12 Zu lehren aber gestatte ich der Frau nicht. Auch nicht, sich über den Mann zu erheben – sie hat sich ruhig zu verhalten. 13 Denn: Adam wurde zuerst geschaffen, danach Eva. 14 Und Adam wurde nicht getäuscht, die Frau aber ließ sich täuschen und hat den Fehltritt getan. 15 Doch durch das Kindergebären wird sie gerettet, wenn sie bleibt in Glaube, Liebe und Heiligung – mit Maß.

1 Tim 2,8-15

Den Männern gilt nur ein Satz: Sie sollen »allerorten beten«. Wesentlich umfangreicher sind die Anweisungen für das gottesdienstliche Verhalten der Frauen. Zunächst werden sie angewiesen, ohne aufwendige Kleidung und kostbaren Schmuck zum Gottesdienst zu kommen. Diese »Schmuckpolemik« ist eine bei antiken Philosophen verbreitete Kritik, der Tugendbegriffe wie Schamhaftigkeit, Zurückhaltung und Ehrbarkeit zugrunde liegen, die jedoch, sobald sie speziell auf Frauen ausgerichtet sind, deren erotische Ausstrahlung zu domestizieren versuchen. Die zweite Ermahnung (V 11 f.) ist ein Lehrverbot: Frauen dürfen nicht lehren; dies würde mit einem Herrschen über Männer verbunden sein, was mit einer pseudobiblischen Begründung grundsätzlich ausgeschlossen wird.

Die Zurückdrängung der Frauen aus kirchlichen Leitungsfunktionen beginnt mit dem ausgehenden 1. Jahrhundert. Allerdings lesen wir schon 1 Kor 14,33b-36: »Die Frauen sollen in den Gemeindeversammlungen schweigen; denn es ist ihnen nicht gestattet zu reden. Nein: Unterwerfen sollen sie sich – wie auch das Gesetz sagt. Wenn sie aber etwas lernen wollen, sollen sie zu Hause ihre eigenen Männer fragen. Denn schlecht steht es einer Frau an, in der Gemeinde zu reden. Oder ist von euch das Wort ausgegangen? Oder: Bei euch allein eingekehrt?«

Diese Passage gilt als fremder Einschub in den Paulusbrief. Sie hat eine breite frauenfeindliche Spur in der Christentumsgeschichte zurückgelassen, so daß die Hauptaussage sogar in ihrer lateinischen Übersetzung sprichwörtlich wurde: *mulier taceat in ecclesia*. Mit der Wirklichkeit der ersten christlichen Jahrzehnte ist dieses Schweigegebot nicht in Einklang zu bringen. Nachweislich auch nicht mit der Praxis des Apostels Paulus. Bis in die Wortwahl hinein ist es verwandt mit den frauenfeindlichen Ausführungen von 1 Tim 2,8-15, die die Frauen zur Unterordnung anweisen und ihnen das Lehren verbieten.

Die Interpolation im 1. Korintherbrief schafft eine Parallele von »öffentlich« und »privat« zu »männlich« und »weiblich«. In 1 Tim wird das Gegensatzpaar von »Lehren – Lernen« zu »Herrschaft – Unterordnung« in Beziehung gesetzt. Der Verfasser will die »gesunde Lehre« dadurch stützen, daß allein männliche Lehrer zugelassen werden. Von den Frauen fordert er auch nicht primär »Schweigen« sondern »Ruhe«. Dies mildert allerdings die Anweisung im Korintherbrief nicht. Es ist ebenfalls ein Lehrverbot für Frauen, das im eigenständigen theologischen Denken ein ungehöriges Rollenverhalten sieht und als Herrschaftsanmaßung zurückweist.

Der letzte Teil der Frauenanweisung (V 13 f.) nimmt – ähnlich wie im Epheserbrief – die frühjüdische Auslegung von Gen 2 und 3 auf: Da die Frau erst nach dem Mann, aus ihm und seinetwegen geschaffen sei, sei sie auch in allem dem Mann unterlegen und ihm nachgeordnet. Dadurch gewinnt die Argumentation einen biblischen Hintergrund, der die handfesten männlichen Interessen theologisch legitimieren und einer Infragestellung entziehen soll. Allerdings läßt der Nachdruck, der dieser androzentrischen Ordnung hier gegeben wird, darauf schließen, daß eine andere Praxis (noch) bestand. Man muß kein Lehrverbot für Frauen verfolgen, wenn es nicht Frauen im Lehramt gab und neue Frauen hinein wollten. Insofern sind die Pastoralbriefe in ihren Bemühungen, die Frauen aus der Öffentlichkeit auszuschließen und auf das Haus zurückzudrängen, ein Beleg für eine in der frühen Kirche einmal anders bestandene Praxis.

Der »Bischof«

1 Zu trauen ist dem Wort: Wer nach dem Vorsteheramt trachtet, verlangt nach einer guten Tätigkeit. 2 Es muß also der Vorsteher unbescholten sein, der Mann nur einer Frau, nüchtern, maßvoll, ordentlich, gastfreundlich, lehrtüchtig; 3 kein Trinker, kein Raufbold, sondern freundlich; kein Kampfhahn, kein Geldscheffler; 4 seines eigenen Hauses guter Vorstand, der die Kinder mit aller Würde fügsam hält. 5 Wer dem eigenen Haus nicht vorzustehen weiß, wie sollte der für die Gemeinde Gottes sorgen? 6 Kein Neugetaufter sei er, daß er sich nicht einnebeln lasse und ins Gericht des Teufels falle. 7 Er muß aber auch ein gutes Zeugnis von denen draußen haben, daß er nicht der Verfluchung verfalle und Teufels Schlinge.

1 Tim 3,1-7

Bischof (griech. *episkopos*, »Vorsteher«). Zur Zeit der Pastoralbriefe galt der episkopos noch nicht als »Hirt«; sein Amt unterschied sich kaum von dem eines »Ältesten«. Dennoch läßt sich bereits der Wunsch nach einer Kirchenordnung und die Festlegung der Pflichten eines Vorstehers erkennen. Im Verlauf der weiteren christlichen Geschichte wurde der griechische Begriff für Vorsteher ins Vulgärlateinische (ebiscopus) übertragen, dann ins Altsächsische (biskop), bis schließlich Bischof daraus wurde.

Im Jahre 96 schrieb Clemens, Vorsteher der Gemeinde in Rom, einen Brief an die Christen in Korinth. Spätere Autoren zählen ihn, nach Linus und Anakletos, zum »dritten Bischof von Rom«. Irgendeine »Auflehnung« beunruhigte Clemens, darum mahnt er, daß jeder wieder die »Stelle« einnehme, die ihm zukomme, im Namen von »Frieden und Eintracht«, die für die »Festigkeit« des Ganzen unentbehrlich sind. So kommt es, daß 70 Jahre nach dem Auftreten des galiläischen Verkünders des Reiches Gottes nun von Rom ein Ordnungsruf ergeht, der seine Ausrichtung von einer bei Christen noch wenig geschätzten Einrichtung bezog:

»Schauen wollen wir auf die Soldaten, die unter unsern Führern kämpfen, wie sie wohlgeordnet, geziemend und gehorsam die Befehle vollziehen. Nicht alle sind Tribunen, oder Oberste, oder Hauptleute, oder Führer von Abteilungen usw., sondern jeder erfüllt auf seinem richtigen Posten die Anordnungen des Kaisers und der Führer. Die Großen können nicht sein ohne die Kleinen und die Kleinen nicht ohne die Großen ...«
Dann folgt die Fabel von den Organen und Gliedern des menschlichen Körpers, für den es »eines einmütigen Gehorsams bedarf zum Wohle des ganzen Körpers« – ein stets neu bemühtes Gleichnis, das zumal jene in die Pflicht nehmen will, die den Mechanismus von Unterwerfung und Ausbeutung in Frage stellen. So »unterstütze der Reiche den Armen, der Arme aber danke Gott dafür, daß er jenem gegeben, wodurch seinem Mangel abgeholfen werde«. So verwundert auch der Ratschlag an die Frauen nicht, »alles in einem tadellosen, heiligen und reinen Gewissen zu tun und die Männer in der richtigen Weise zu lieben ..., in den Schranken der Unterwürfigkeit sich zu halten und das Hauswesen würdevoll zu besorgen und sich in jeglicher Hinsicht verständig zu benehmen.«

Was die Pastoralbriefe bereits deutlich machen, bringt der 1. Clemensbrief auf den Punkt: Das Christentum begann, in den Kategorien des Römischen Reiches zu denken und sich »die Stiefel von Imperialismus und Zentralismus anzuziehen« (Michel Clévenot). Der diese Ordnungen bedrohende Egalitarismus wurde aufgegeben, den Jesus als Wanderprediger und in seinen offenen Tischgemeinschaften gelebt hatte.

Hier werden nicht Arbeitsbereiche beschrieben, sondern Amtsvoraussetzungen, die jedoch keine spezifischen Qualifikationen fordern, sondern allgemeine Tugenden, die den guten Ruf des Amtsträgers in der Öffentlichkeit sichern sollen. Dieser »Amtsspiegel« ist an der nichtchristlichen Umwelt orientiert und macht zugleich deutlich, daß ethisches Verhalten kein christliches Proprium ist. Allerdings scheint das Urteil der Außenwelt für den Amtsträger heilsbedeutsam zu sein: Wenn die Amtsführung des Bischofs Mißbilligungen und Schmähungen in seiner Umwelt hervorruft, ist er damit in Gefahr, »der Verfluchung und der Schlinge des Teufels zu verfallen« (V 7). Natürlich handelt es sich bei dem 3,1 genannten *episkopos* nicht um den »Bischof« im heutigen Verständnis. Das Wort mit »Vorsteher-« oder »Übersichtsamt« zu übersetzen, trifft die Situation genauer.

In die allgemeine Qualifikationsbeschreibung werden an einigen Stellen spezifische Anforderungen eingetragen. So soll der Bischof didaktische Fähigkeiten haben: er muß »lehrtüchtig« sein (V 2). Tit 1,9 ergänzt, daß er sich »an das der Lehre gemäße Wort« zu halten habe, also über die »richtige Theologie« verfügen muß. Hinzu kommen Kriterien aus dem Ehe- und Familienleben: Er soll »Mann nur einer Frau« sein (V 2.12), was die einmalige Ehe zur Norm erklärt. Schließlich wird die Fähigkeit, dem eigenen Haus vorzustehen, zum Maßstab für das Gemeindeamt erhoben. Damit wird das hierarchische *oikos*-Modell der antiken Gesellschaft auf die christliche Gemeinschaft als Institution übertragen.

Diakone und Diakoninnen

8 Die mit dem Dienstamt desgleichen: Würdig seien sie, nicht doppelzüngig, keine großen Weintrinker, keine gemeinen Profitmacher, 9 das Geheimnis des Glaubens innehabend mit reinem Gewissen. 10 Auch sie sollen zuvor geprüft werden; erst dann sollen sie ihr Dienstamt antreten, wenn sie unanklagbar sind. 11 Die Frauen desgleichen: Würdig seien sie, nicht verleumderisch, nüchtern, treu in allem. 12 Die mit dem Dienstamt seien Männer, die nur eine Frau haben, den Kindern gut vorstehend und dem eigenen Haus. 13 Denn: Die des Dienstamts gut gewaltet, machen sich einen guten Rang und viel Freimut zu eigen im Glauben an den Messias Jesus.

1 Tim 3,8-13

In die Anweisungen für Inhaber des Dienstamtes werden V 11 auch die Frauen einbezogen. Die exegetische Tradition hat unter ihnen meistens die Ehefrauen der Diakone verstanden, doch macht der Text diese Einschränkung nicht. Eher ist zu fragen, ob bereits die Verse 8-10, wenngleich sie nur die männliche Form nennen, nicht Frauen einschließend zu verstehen sind. So ist Röm 16,1 *diakonos* der Titel einer Frau, während die weibliche Form der Amtsbezeichnung als *diakonissa* erst seit dem 4. Jahrhundert begegnet. Dann nennen die V 8-10 zunächst die Bestimmungen für beide Geschlechter, wie es die obige Übersetzung unterstreicht, um erst ab V 11 für Männer und Frauen zu spezifizieren. Dennoch ist deutlich, daß der Briefverfasser sein eigentliches Interesse den Männern im Amte zuwendet. Auch hier bindet er ihre Amtskompetenz an die Fähigkeit, die Rolle des Hausherren ausfüllen zu können (V 12); damit bleiben von dieser Beurteilung und Wertschätzung Frauen ausgeschlossen.

Sklavinnen und Sklaven

1 Soviele auch als Sklaven unterm Joch sind, sie sollen ihre eigenen Gebieter für aller Ehre wert halten, damit der Name Gottes und die Lehre nicht gelästert werden. 2 Die aber glaubende Gebieter haben, sollen sie nicht geringer schätzen darum, daß sie Brüder sind, sondern erst recht Sklaven sein – gerade weil es Glaubende sind und Geliebte, die den guten Dienst entgegennehmen.

1 Tim 6,1-2

Während im Kolosser- und Epheserbrief auch die Hausherren ermahnt werden, beschränken sich die Pastoralbriefe allein auf die Ermahnung der Untergebenen. Sie machen sich die Perspektive der Herrschenden zu eigen und betreiben im Blick auf Sklavinnen und Sklaven eine beschwichtigende Politik. Zwar ist den Verfassern bewußt, daß es in der christlichen Gemeinde nur Brüder und Schwestern geben soll. Auch dürften ihnen Erwartungen von Sklaven bekannt sein, von christlichen Herren freigelassen zu werden, denn schon Paulus hatte gelehrt, daß es in der Gemeinde weder »Sklaven noch Freie« geben solle, weil jetzt alle eins seien im Messias Jesus (Gal 3,28) und »mit dem einen Geist durchtränkt« (1 Kor 12,13). Aber gerade die umgekehrte Konsequenz schärfen jetzt die Pastoralbriefe ein: Eben weil die Herren auch Christen sind, sollen die Sklaven jetzt ihren Gebietern um so williger unter ihrem Joch dienen, »damit der Name Gottes und die Lehre nicht gelästert werden«. Da ist von der Befreiungsbotschaft des Exodus-Gottes keine Rede mehr. Wer Sklave ist, soll es jetzt erst recht sein. Während Paulus sich noch für den entlaufenen Onesimus einsetzte und zu dessen Freilassung anbot, dafür mit eigenen Mitteln finanziell einzustehen (Phlm 18), scheint 1 Tim 6,2 zwar sprachlich auf Phlm 16 zurückzugreifen, aber dessen Intention umzudrehen, indem er den Sklaven die Argumentationsbasis für ihr Freiheitsstreben theologisch entzieht. In der Annahme, einen Paulusbrief vor sich zu haben, argumentierte der Bischof und Theologe Bossuet noch im 17. Jahrhundert, den Sklavenzustand zu verurteilen, »hieße den Heiligen Geist verurteilen, der den Sklaven, durch den Mund des Heiligen Paulus gebietet, in ihrem Stand zu verharren, und die Herren nicht zwingt, sie freizulassen.«

Die römische Wandmalerei aus dem 1. Jh. n. Chr. zeigt den Beginn eines Gastmahls.

Die meisten Teilnehmer liegen schon auf den Speisesofas und werden mit Getränken bedient; ein gerade angekommener Gast sitzt noch, ein Sklave zieht ihm die Schuhe aus.

Die sich verzweigende Christenheit:
Irrlehrer und Häresien

Ob man jemals befugt gewesen nach eignem gutdüncken und interesse, eine gewisse anzahl theologischer sätze zu formiren, dazu etliche sprüche aus der Bibel als den beweiß zu setzen, so dann dieselben für fundamental-artickel und den unfehlbaren grund des glaubens auszugeben, und sich selbst also in auslegung der H. Schrifft zu einem unbestechlichen richter, hingegen alle, so damit als menschlichen aufsätzen nicht zufrieden, zu kätzern zu machen und zu verbannen?

Gottfried Arnold

Mit dem Ursprung der christlichen Geschichte verbindet sich keine spannungsfreie und gleichförmige Entwicklung. Die Trennung des Judenchristentums vom Judentum verknüpfte sich mit wechselseitigen Feindbildprojektionen. Die sich neu bildenden hellenistischen Gemeinden führten zum Erlöschen des judenchristlichen Anteils in der frühen Kirche bei Globalisierung des Heidenchristentums. Die Verzweigung in der griechisch-römischen Welt förderte zugleich beträchtliche Unterschiede in der Ausprägung des christlichen Selbstverständnisses und Glaubens. Die Schriften, die noch im ersten Jahrhundert entstanden, spiegeln diese Vielfalt. Insofern enthält das Neue Testament bereits in der Sammlung seiner Schriften Dispositionen, die sich nicht auf einen Nenner bringen lassen.

Bereits die vier Evangelien bieten unterschiedliche Deutungen Jesu, deren Ansätze nicht einfach harmonisierbar sind. Obwohl ihre Entstehungsjahre nicht sehr weit auseinanderliegen, setzt doch jedes Evangelium anders an und kritisiert zugleich unbefangen die früheren. Zudem ist das Neue Testament in gewissem Sinn eine Zufallssammlung, die nur Bruchteile des in der Urchristenheit geführten Gesprächs bewahrt. Nicht zuletzt ist zu fragen, ob die älteste Christenheit Jesus, bzw. die Überlieferung von ihm, in allem richtig aufgenommen und weitergegeben hat.

Trotzdem verstand sich das Christentum von frühauf als feststehende Lehre (Röm 6,17; 16,17; Phil 4,9), aus deren Entfaltung sich allerdings ständige Polarisierungen und Konflikte ergaben. So finden sich die ersten Ansätze zur Ketzerproblematik bereits im Neuen Testament. Zwar hat die Häresie hier noch keinen zentralen Stellenwert, doch durchzieht ihre Spur bereits die letzten Jahrzehnte der neutestamentlichen Schriften. Ermahnte Jesus noch, »nicht siebenmal, sondern siebenundsiebzigmal« zu verzeihen, also immer wieder (Mt 18,22), findet sich Mt 18,15-17 die Weiterverarbeitung dieser Ermahnung bereits institutionalisiert. Mahnte Paulus, einen fehlenden Mitbruder »im Geist der Sanftmut wieder auf den rechten Weg zu bringen« (Gal 6,1), fordert er ein andermal dazu auf, den Übeltäter fortzuschaffen (1 Kor 5,13). An den Rändern der apostolischen Zeit aber melden sich bereits Parolen, einen ketzerischen Menschen, einerlei, ob er ethische oder doktrinäre Probleme stellt, zu meiden, ihn nicht einmal zu grüßen oder aus der Gemeinde auszustoßen. Etwa:

REFORM. KIRCHE
LUTHER. KIRCHE
ALTKATH. KIRCHE
RÖM. KATH. KIRCHE
RUMÄNISCH ORTHODOXE
SERBISCH ORTHODOXE
BULGARISCH ORTHODOXE
GRIECHISCH ORTHODOXE
RUSSISCH ORTHODOXE
ORIENTAL. NATIONAL. KIRCHEN
ANGLIKAN. KIRCHE
METHODISTEN
BAPTISTEN
KONGREGATIONALISTEN
1871
SEIT 1520
1054

Katholische Briefe

1 Tim 6,2b-5: ²ᵇ Das lehre und dazu ermutige. ³ Wer abweichend lehrt, nicht beipflichtet den gesunden Worten unseres Herrn Jesus des Messias und der der Frömmigkeit gemäßen Lehre, ⁴ ist eingenebelt. Er versteht nichts, sondern ist süchtig nach Streitereien und Wortkämpfen, dem Ursprung von Neid, Streitsucht, Lästerungen, bösen Verdächtigungen, ⁵ dauerndem Gezänk von Menschen, deren Denkvermögen verdorben, der Wahrheit verlustig gegangen – die meinen, Frömmigkeit bringe Gewinn.

2 Joh 10f.: ¹⁰ Wenn einer zu euch kommt und nicht diese Lehre bringt, so nehmt ihn nicht ins Haus und sagt ihm den Gruß nicht. ¹¹ Denn wer ihm den Gruß sagt, wird Teilhaber an seinen Werken, den bösen.

Jud 3-4. 10-13: ³ Geliebte, mit aller Bereitwilligkeit war ich daran, euch über das zu schreiben, was unsere gemeinsame Rettung betrifft. Nun aber sehe ich mich genötigt, euch eine Ermutigung zu schreiben – euch aufzufordern zum Kampf für den Glauben, der den Heiligen ein für allemal überliefert ist. ⁴ Denn es haben sich gewisse Menschen eingeschlichen, die längst für dies Gericht vorgemerkt sind: Gottlose, die unseres Gottes Gnadengabe in Ausschweifung verkehrt und unseren alleinigen Gebieter und Herrn, Jesus den Messias, verleugnen.

¹⁰ Die aber lästern alles, was sie nicht kennen; an dem aber, was sie naturhaft, wie die unvernünftigen Lebewesen verstehen, werden sie verderben. ¹¹ Weh ihnen, sie sind den Weg Kains gegangen, haben sich dem Irrwahn des Bileam um Lohnes willen hingegeben, und sie werden durch die Anfechtung des Korach zugrunde gerichtet. ¹² Das sind die schamlos schmutzigen Schmarotzer bei euren Liebesmählern, die sich selbst auf die Weide führen; wasserlose Wolken, von Winden dahingetrieben; spätherbstlich fruchtlose Bäume, zweimal abgestorben, entwurzelt. ¹³ Sie sind wilde, von ihrer Schande aufschäumende Wogen des Meeres, Sterne des Irrwahns; die dunkelste Finsternis ist ihnen aufbewahrt – auf Weltzeit hin.

2 Petr 2,12-22: ¹² Diese aber – die wie unvernünftige Lebewesen von Natur aus geboren werden zum Gefangensein und zum Verderben – sie lästern über Dinge, die sie nicht kennen. Sie werden verderben, wie jene verderben werden. ¹³ Und sie werden Unrecht erlangen als Lohn des Unrechts. Für Freude halten sie die Tagesschwelgerei; schmutzig und schändlich wie sie sind, schwelgen sie in ihrer Blenderei, wenn sie bei euch schmarotzen. ¹⁴ Augen haben sie voll von Ehebrecherei und suchen unaufhörlich Sünde. Sie verführen ungefestigtes Leben; das Herz haben sie in der Gier geübt – Kinder des Fluches. ¹⁵ Da sie den geraden Weg verließen, sind sie in die Irre gegangen: Sie folgten dem Weg Bileams, Bosors Sohn, der den Lohn des Unrechts liebte. ¹⁶ Der aber hat Zurechtweisung wegen eigener Gesetzlosigkeit erhalten: Ein stummes Lasttier, das sich in menschlicher Stimme äußerte, verhinderte des Propheten Torheit. ¹⁷ Solche sind wasserlose Quellen und Wol-

---

Jedesmal ist die Häresie ein Zeichen, daß die herrschende Religion dem metaphysischen Bedürfnis, das sie einst geschaffen, nicht mehr genau entspricht.

Jacob Burckhardt

Angemessene Dogmen sehen ihr Thema aus großer Entfernung, sie weisen auf das Geheimnis Gottes hin, aber sie beschreiben es nicht. Was sie tun können, ist, den Weg des Denkens anzuzeigen, nicht aber das Ende des Denkens. Wenn Dogmen nicht bescheidene Wegweiser sind, dann sind sie Hindernisse. Sie dürfen nur andeuten, nicht aber informieren und beschreiben. Buchstäblich genommen werden sie entweder platt, eng und schal, oder sie sind bauchrednerische Mythen ... Ehrlicherweise muß man zugeben, daß Wahrheit, Sinn und Freude in dem zu finden sind, was sich nicht in Worte fassen und endgültig formulieren läßt ... Die unaufgebbare Funktion der Dogmen ist, daß sie es möglich machen, uns über sie zu erheben. Die Zeit ist reif, um durch den Boden der Theologie zur Tiefentheologie durchzubrechen.

Abraham Joshua Heschel

Bileam, sagenhafte Gestalt, von der Num 22-24 erzählt: Der Moabiterkönig Balak beauftragte B., Israel zu verfluchen. Auf dem Weg, den Auftrag zu verhandeln, verweigerte sein Esel ein Weitergehen. Schließlich ging das Tier, das den verwehrenden Engel vor sich sah, während B. dafür blind blieb, unter seinem Reiter in die Knie. B. verfluchte den Esel – bis dieser zu sprechen begann. Nun sah auch B. den Engel und folgte endlich der Anweisung, Israel nicht zu fluchen.

Korach, Levit und Anführer einer Revolte gegen Mose während der Wüstenwanderung (Num 16): Die Erde öffnete sich und verschlang die »Rotte K.« mitsamt ihren Familien und allen, die dem Aufbegehren zugestimmt hatten. K. galt als Ahnherr einer Sängergilde am Jerusalemer Tempel. Wahrscheinlich spiegelt die Erzählung Auseinandersetzungen zwischen der Tempelpriesterschaft und den Korachiten, in denen diese unterlagen.

Wenn er wiederkäme – der russische Dichter Fjodor M. Dostojewskij hat diese Vision in einer grausigen Szene ausgemalt: Wenn Jesus beispielsweise nach Sevilla ins 16. Jahrhundert gekommen wäre, wo gerade am Tage zuvor in Gegenwart des Königs, des Hofes, der Ritter, der Kardinäle und der schönsten Hofdamen der Kardinal-Großinquisitor »fast ein ganzes Hundert Ketzer auf einmal hat ›zur größeren Ehre Gottes‹ verbrennen lassen«:

Er ist leise und unauffällig erschienen, doch alle – das ist seltsam – erkennen Ihn. Das Volk strebt mit unbezwinglicher Macht zu Ihm hin, es umringt Ihn, sammelt sich um Ihn und folgt Ihm nach ... und gerade in diesem Augenblick geht über den Platz, an der Kathedrale vorbei, der Kardinal-Großinquisitor selbst. Er ist ein Greis von fast neunzig Jahren, groß und aufrecht, mit vertrocknetem Gesicht und eingesunkenen Augen. Er streckt den Finger aus und befiehlt den Wächtern, Ihn zu ergreifen. Und so groß ist seine Macht, so gut abgerichtet, so unterwürfig und ihm ängstlich gehorsam das Volk, daß die Menge sofort vor den Wächtern auseinanderweicht; diese legen in der Grabesstille, die jäh eingetreten ist, Hand an Ihn und führen Ihn ab. Die Wache bringt den Gefangenen in einen engen und düsteren, gewölbten Kerker in dem alten Bau des Heiligen Tribunals und schließt Ihn dort ein. Der Tag vergeht.

Verbrennung des Jan Hus, aus der Konzilschronik des Ulrich von Richental, 15. Jh.

Jan Hus (geb. um 1370) bekämpfte die Verweltlichung der Kirche, kritisierte Papsttum, Ablaß, Mönchtum und Heiligenverehrung und forderte die Erneuerung der Kirche nach dem Vorbild der Urkirche. Trotz versprochenen freien Geleits wurde er auf dem Konzil zu Konstanz zum Ketzer verurteilt und am 6. Juli 1415 auf dem Scheiterhaufen verbrannt.

ken, vom Wirbelwind getrieben – die dunkelste Finsternis ist ihnen aufbewahrt. [18] Sie äußern Hochtrabendes und Nichtiges, verführen mit fleischlichen Begierden durch Ausschweifungen die wenigen, die vor denen fliehen, die im Irrwahn wandeln. [19] Sie verheißen ihnen Freiheit, obwohl sie selbst der Verderbtheit Knechte sind – denn wovon einer sich besiegen läßt, dessen Knecht ist er. [20] Wenn sie nämlich den Befleckungen der Welt entfliehen durch die Erkenntnis unseres Herrn und Retters Jesus des Messias – und in sie dann wieder verstrickt – sich besiegen lassen, so wird bei ihnen das Letzte schlimmer sein als das Erste. [21] Denn es wäre besser für sie, den Weg der Gerechtheit nicht erkannt zu haben, als – nachdem sie ihn erkannten – sich von der ihnen überlieferten heiligen Weisung abzuwenden. [22] Für sie paßt das wahre Sprichwort: Der Hund wendet sich zu seinem Gekotze zurück. Und: Die gewaschene Sau suhlt sich im Schlamm.

Verbrennung des Savonarola und seiner Ordensbrüder auf der Piazza della Signoria am 23. Mai 1498, Darstellung aus Savonarolas Kloster San Marco in Florenz.

Girolamo Savonarola (geb. 1452), Dominikanermönch, kritisierte in scharfen Buß-predigten die sittliche Verkommenheit der Renaissance-Kirche und betrachtete als deren Ausgeburt Papst Alexander VI. Anfang 1498 wurde Savonarola als Häretiker verhaftet, durch die Folter zu (widerrufenen) Geständnissen erpreßt und am 23. Mai zusammen mit zwei weiteren Ordensbrüdern vor dem Palazzo Vecchio in Florenz erhängt und verbrannt.

Je später ein Text entsteht, desto affektgeladener ist seine Sprache, wie dies insbesondere die Schimpfmetaphern für die Abweichler verraten: Unzüchtiger, Verführer, Antichrist, Schandfleck, unvernünftiges Tier, Gottloser, wasserlose Wolke, unfruchtbarer Baum, Irrlicht, Nebelwolke, Hund, Schwein. Sobald der angegriffene Mensch in die Perspektive dieser herabsetzenden und ausschließenden Worte gerät, schwindet die Möglichkeit, sich mit ihm noch offen auseinandersetzen zu können und ihn neu in die Gemeinschaft zu integrieren.

Seit der Wende zum 2. Jahrhundert ist das Christentum »intensiv und nahezu ununterbrochen mit dem Problem der Häresie als abweichender heilloser Irrlehre befaßt gewesen. Doktrinäre Konflikte waren so langwierig bzw. folgten in derartiger Dichte aufeinander, daß ein Dauerklima der Abwehrhaltung entstand. Polemik und Häresiologie wurden zu Attitüden und charakteristischen Hauptthemen der christlichen Theologie, und diese ist ihrerseits darüber in beträchtlichem Umfang Kontroverstheologie geworden« (Norbert Brox).

Da öffnet sich plötzlich im tiefen Dunkel die eiserne Tür des Kerkers, und herein kommt langsam, eine Leuchte in der Hand, der greise Groß-inquisitor selbst. Er ist allein, hinter ihm schließt sich sofort die Tür. Er bleibt am Eingang stehen und blickt lange, eine Minute oder zwei, Ihm ins Gesicht. Endlich tritt er leise näher, stellt die Leuchte auf den Tisch und sagt zu Ihm: »Bist Du es? Du?« Doch noch bevor er eine Antwort erhält, fügt er rasch hinzu: »Antworte nicht, schweige. Was könntest Du auch sagen? Ich weiß nur zu gut, was Du sagen würdest. Auch hast Du gar kein Recht, dem etwas hinzuzufügen, was Du schon früher gesagt hast. Warum bist Du gekommen, uns zu stören? Denn Du bist gekommen, uns zu stören, und Du weißt das selbst. Weißt Du aber, was morgen geschehen wird? Ich weiß nicht, wer Du bist, und will auch gar nicht wissen, ob Du es wirklich bist oder nur Sein Ebenbild, doch morgen werde ich Dich richten und als den schlimmsten aller Ketzer auf dem Scheiterhaufen verbrennen lassen, und dasselbe Volk, das heute Deine Füße geküßt hat, wird morgen auf einen Wink von mir herbeistürzen, um Kohlen auf Deinen Scheiterhaufen zu schaufeln. Weißt Du das? Ja, vielleicht weißt Du es«, fügte er in tiefem Nachdenken hinzu, ohne auch nur für eine Sekunde seinen Gefangenen aus dem Auge zu lassen.

Die Apokalypse zeigt uns, wogegen wir uns auf unnatürliche Weise sträuben. Wir sträuben uns gegen unsere Bindung mit dem Kosmos, mit der Welt, mit der Menschheit, mit dem Volk und mit der Familie. All diese Verbindungen trifft in der Apokalypse der Bannfluch, und so werden sie zum Fluch für uns ... Vielleicht haben wir den Selbstmord gewählt. Schön und gut. Auch die Apokalypse hat den Selbstmord gewählt, mit darauf folgender Selbstverherrlichung.

Die Apokalypse zeigt uns aber, gerade durch ihren Widerstand dagegen, die Dinge, die das menschliche Herz insgeheim ersehnt. An genau der gleichen Verzückung, mit der die Apokalypse die Sonne und die Sterne zerstört, die Welt mit allen Königen und Herrschern, allen Scharlach und Purpur und Zimt, allen Huren und schließlich allen Menschen, die kein »Siegel« tragen, können wir erkennen, wie tief sich die Apokalyptiker nach der Sonne, den Sternen, der Erde und den Wassern der Erde sehnen, nach Vornehmheit und Herrschaft und Macht, nach Scharlach und Gold und Pracht, nach leidenschaftlicher Liebe und Gleichklang mit den Menschen, ganz unabhängig von der Geschichte mit dem Siegel. Was der Mensch am leidenschaftlichsten ersehnt, ist seine lebendige Ganzheit und sein lebendiger Einklang, nicht die isolierte Rettung seiner »Seele«. Der Mensch möchte zuerst und zuvörderst seine körperliche Erfüllung, weil er jetzt, nur dieses eine Mal, in Fleisch und Kraft ist. Für den Menschen ist es das große Wunder, lebendig zu sein. Denn für den Menschen, genau wie für Blume, Tier und Vogel, ist es der größte Triumph, höchste Lebendigkeit zu erlangen, das vollkommene Leben. Was immer die Ungeborenen und die Toten auch wissen mögen, sie kennen nicht die Schönheit und das Wunder, im Fleische lebendig zu sein. Die Toten mögen sich ums Jenseits kümmern. Aber das großartige hier und jetzt des Lebens im Fleische gehört uns, uns alleine, und das nur für eine gewisse Zeit. Wir sollten vor Verzückung tanzen, da wir lebendig und im Fleische sind und Teil des lebendigen und leibhaftigen Kosmos ...

David Herbert Lawrence

Die Offenbarung des Johannes

Der Verfasser nennt sich selbst Johannes (1,1 u. ö.), was die alte Kirche irrtümlich bewogen hat, in ihm den Apostel Johannes zu sehen. Doch scheint der Autor keine geborgte Autorität, sondern nur die eigene prophetische Berufung zu beanspruchen. Es gibt auch keine Gemeinsamkeit mit dem Johannesevangelium, denn Sprache und Theologie beider Schriften unterscheiden sich deutlich. Es handelt sich also um einen sonst unbekannten Autor, der den geläufigen Namen Johannes trug. Die Forschung erkennt in ihm nach Gedankenwelt und Diktion einen Judenchristen, der offensichtlich kein Gemeindeamt ausübte, sondern als Wanderprophet wirkte. Vermutlich zeigte er deswegen auch kein Interesse an amtlicher Hierarchie; seine Gemeindevorstellungen sind eher geschwisterlich-egalitär geprägt. Ob sein Wirkungskreis mit den sieben Gemeinden, an die er seine Botschaft richtet (Kap. 2-3), vollständig umschrieben ist, muß offenbleiben, zumal die Siebenzahl auch symbolisch für die Gesamtheit der christlichen Gemeinden stehen kann.

Das Buch entstand auf der Insel Patmos, einer kleinen und armseligen Ägäisinsel, die in der römischen Kaiserzeit als Verbannungsort diente. Die 1,9 vom Autor genannte Bedrängnis als auch der weitere Sprachgebrauch lassen vermuten, daß der Verfasser ebenfalls zu den Verbannten zählte. Üblicherweise kamen Exilierte aus der Oberschicht; mit einfachen Menschen ging man durchweg härter um. Das auf Patmos entstandene Buch ist ein in verschlüsselter Symbolsprache geschriebenes Stück Untergrundliteratur, wahrscheinlich aus der zweiten Hälfte der Regierungszeit des römischen Kaisers Domitian (81–96), in der viele Christen in eine Verfolgungssituation gerieten. Das Buch nennt sich »Apokalypsis Jesu Christi«, eine durch Jesus geschenkte Enthüllung der Pläne Gottes, und legitimiert sich durch die 1,9-20 geschilderte Berufungsvision. Die literarische Gestaltung dieser Vision erlaubt keinen Rückgriff auf den Vorgang selbst.

Nach einer Botschaft an sieben kleinasiatische Gemeinden, die offensichtlich Kompromisse mit ihrer religiösen Umwelt schlossen – was der Verfasser kritisiert – wird der Hauptteil (4-22) mit einer Thronsaalvision eröffnet (4-5), vergleichbar der Schilderung Jes 6 (→ S. 225). Hier wird Christus im Symbol des Lammes zum Vermittler der Offenbarung, weil nur er würdig ist, die sieben Siegel des Buches mit dem göttlichen Heilsplan zu lösen. Darauf folgt dreimal ein Siebener-Schema (5,1-8,1: Sieben Siegel; 8,2 ff.: Sieben Posaunen; 15-16: Sieben Schalen des Zorns), wobei die Siebenzahl sich stets auf eine Gesamtheit bezieht. Während es durchweg Schreckensvisionen sind, die hier ausgebreitet werden, zeigen Passagen wie 6,9-11 und 7,4-17, daß der Verfasser sich nicht auf Gerichtsankündigungen beschränkt, sondern den standhaft bleibenden Christen Trost und Rettung zuspricht. Dieser Intention folgt vor allem der Abschluß des Buches mit seiner Vision eines »neuen Himmels und einer neuen Erde« (21,1-22,5).

Im gesamten Buch ist die Bilderwelt der Jüdischen Bibel präsent. Besonderen Einfluß haben Ez 1 und Dan 7 (→ S. 268ff.; 340 ff.) ausgeübt. Das Buch teilt seine Symbole mit anderen Schriften der frühjüdischen Apokalyptik, was auf eine allen gemeinsame Gedanken- und Vorstellungswelt verweist. Auch die Adressaten der Schrift dürften mit deren apokalyptischer Metaphorik vertraut gewesen sein.

Den zeitgeschichtlichen Hintergrund der Offenbarung des Johannes bestimmt die Spannung zwischen den (juden-)christlichen Gemeinden und der hellenistisch-römischen Welt, zumal dem praktizierten Kaiserkult. Während in den Passionserzählungen der Evangelien, insbesondere im vielleicht kurz zuvor geschriebenen Lukasevangelium ein möglichst entspanntes Verhältnis zum römischen Staat angestrebt wird, kennzeichnet die Offenbarung des Johannes eine extrem negative Einstellung zum römischen Imperium. Das mag seinen ersten Grund in der Repression haben, die sich unter Domitian entwickelte, der sich als erster Kaiser *dominus et deus*, »Herr und Gott« nennen ließ und damit den schon seit Augustus praktizierten Kaiserkult intensivierte. Nach der Niederschlagung eines Aufstandes im Jahr 89 nahmen unter einem immer mißtrauischer werdenden Domitian Majestätsprozesse und Hinrichtungen zu, die offensichtlich jedoch nur das Königshaus und den Senat betrafen. Belege für eine offizielle Christenverfolgung liegen nicht vor. Insofern müssen es die zugenommenen Vorwürfe christlicher Illoyalität gegenüber dem Staat gewesen sein und damit verbundene örtliche Repressionen, die Johannes so stark beschäftigten. Angesichts ihrer kosmischen Visionen voller Schrecken, Gewalt und Leichen ist die Johannesoffenbarung im Blick auf die tatsächlichen Verhältnisse zur Zeit der Jahrhundertwende zweifellos als Überreaktion anzusehen.

Ein ausgewachsener Herrscherkult war seit jeher der hellenistischen Welt vertraut. Bereits Alexander der Große wurde als Zeus dargestellt, so daß der Osten anders als Rom über viele Generationen eingeübt war, »mit Ehrungen, wie sie für die olympischen Götter üblich sind« (Philo), umzugehen. Mit dem Prinzipat des Augustus entwickelte sich der Herrscherkult auch im Westen. Auf der um 10 n. Chr. entstandenen Gemma Augustea ließ sich der Kaiser in der Rolle des Jupiter darstellen, was zwar nicht zu einer simplen Gleichsetzung mit dem höchsten Gott führte – diesen Anspruch erhob auch Augustus selbst nicht –, aber die Welt der Untertanen feierte ihren Herrscher zunehmend mehr im Bild des Göttervaters. Bald gab es in jeder Stadt Tempel und Bildstöcke *(aediculae)*, in denen der *genius* des Kaisers und letztlich dieser selbst kultisch verehrt wurde.

Staatsmythos und Religion durchdrangen sich wechselseitig und bildeten ein System, das sich in festen Bildformeln und rituellen Ab-

Gemma Augustea, um 10 n. Chr.

Seit Alexander dem Großen hatte die hellenistische Welt die großen Herrscher in Zeusgestalt dargestellt. Unter Kaiser Augustus fand diese Bildsprache auch in den Staatsmythos Eingang.

Augustus thront als Jupiter neben Roma. Die Jupiterchiffre wurde zwar nicht von Augustus selbst benutzt, sondern von seinen Untertanen. Ihnen galt sie als Bild seiner Herrschaft: allumfassend, gerecht und endgültig, wie die des Göttervaters. Augustus vertritt die Götter auf Erden. In seiner Rechten hält er den Augurstab als Zeichen der militärischen Obergewalt. Die jungen Prinzen vor ihm führen die Kriege unter seinem Oberbefehl. Augustus schaut auf Tiberius, der unter seinen Auspizien gesiegt hat. Neben der Göttin Roma steht der junge Germanicus. Auf alle überträgt sich die Sieghaftigkeit des Augustus wie eine selbstverständliche Kraft. Bewundernd blickt Roma deswegen auf ihn, nicht auf die jungen Sieger. Alles, was hier geschieht, vollzieht sich mit der Gesetzmäßigkeit von Sternenbewegungen. – Im unteren Teil römische Soldaten mit unterworfenen Barbaren.

Ich will mich des Solotanzes auf einer Stecknadelspitze enthalten, wozu ohnehin nur die Engel befähigt sind. Statt dessen will ich mich an die Ursprungsbedeutung des Wortes Apokalypse halten. Gemeint ist ja »Offenbarung«. Den Bedeutungswandel zu Katastrophe, zu Weltuntergang hat das Wort erst später erfahren. Freilich kann ich nicht von göttlicher Offenbarung sprechen wie Johannes, dem Gott selbst den Text seiner Vision in die Feder diktiert hat. Gott ist verstummt, wie wir wissen, und hat sich von uns abgewandt, da wir es unternommen haben, uns an seine Stelle zu setzen. Und wir haben es geschafft. Die von uns erzeugten Wunder sind erstaunlicher als die einst von ihm verursachten. Ja, sie sind gar keine Wunder mehr, sondern nur noch gelungene Problemlösungen im Reich der Naturwissenschaften. Die Wiedererweckung der Toten findet längst auf den Intensivstationen unserer Kliniken statt. Und Blinde sehen und Lahme gehen zu machen, erreicht die mit der Medizintechnik verbündete Chirurgie am laufenden Band. Wir erheben uns in die immer leerer werdenden Himmel. Wir psychiatrieren von Dämonen Besessene. Purgatorium und Inferno stellen wir mittels Atomkraft her. Und wenn wir wollten, so könnten wir mit einem Knopfdruck die ganze Schöpfung verschwinden lassen, und zwar in weniger als sieben Tagen oder sieben Stunden. Nichts ist uns unmöglich, oder doch fast nichts. Wir sollten uns da nicht für gottgleich halten?

Günter Kunert

läufen verdichtete. In der Folgezeit fielen die neuen Kaiserheiligtümer oft größer und monumentaler aus als die der alten Götter. Sie lagen im Zentrum der Städte und verknüpften sich mit dem kulturellen und politischen Leben. Dabei konnten sich die Städte des Ostens über Symbolik und Feierpraxis des Herrscherkultes leichter mit der Monarchie identifizieren als mit dem Beamtenapparat der Republik, weil ihnen bereits seit Jahrhunderten die Verbindung von Macht und Götterkult vertraut war. Anders war es für die Juden. Sie hatten sich schon unter den Seleukiden von der hellenistischen Praxis, ihre Herrscher zu verehren, heftig distanziert (→ S. 321 ff.). Zur Zeit Jesu nahmen die römischen Präfekten – Pilatus ausgenommen – überwiegend Rücksicht auf die jüdische Ablehnung von Bildern und Symbolen, denen Reverenz zu erweisen war. Eine Krise löste der Anspruch des Caligula aus, als Zeus gefeiert zu werden. Die Planung, seine Kultstatue im Tempel zu Jerusalem aufzustellen, wurde nur durch Caligulas gewaltsamen Tod verhindert; mit Sicherheit wären sonst jüdische Aufstände die Folge gewesen. Auch Kaiser Nero (54-68) inszenierte sich als kosmischer Pantokrator und Sonnengott. Seine Linie setzten Vespasian (69-79) und noch entschiedener Domitian fort. In Rom ließ er sich auf einem Obelisken (heute auf der Piazza Navona) gemäß pharaonischer Tradition als »vollkommener Gott« und »Erbe des Vaters der Götter, der das Land mit seiner Nahrung füllt« verehren.

Die besonders intensive Entfaltung des Kaiserkultes in den Städten Kleinasiens erfolgte nicht zentral gesteuert, sondern aus dem Wetteifer der Städte und der lokalen Eliten, die dadurch ihre Verbindung zum Kaiserhaus stärken und sich selbst profilieren wollten. Die Offenbarung des Johannes beschreibt 13,11-15 die Gesamtheit dieser Propagandisten und Funktionäre des Kaiserkultes im Bild eines (zweiten) satanischen Tieres, »das die Erde und ihre Bewohner dazu brachte, sich tief vor dem ersten Tier zu verneigen«: »Und in die Irre führt es die auf der Erde Wohnenden durch die Zeichen, die ihm gegeben wurden, auf daß es sie tue vor dem Tier. Und es sagt den auf der Erde Wohnenden: dem Tier ein Bild zu machen – ihm, das des Schwertes Wunde trägt und lebendig ward. Und es ward ihm gegeben: dem Bild des Tieres Geist zu geben, so daß gar zum Reden kam das Bild des Tieres; und zu machen, daß alle, die vor dem Bild des Tieres sich nicht tief verneigten, getötet wurden« (vgl. Dan 3,5 f.).

Zwar war der Kaiserkult kein Ausdruck eines religiösen und persönlichen Glaubens, sondern eine politische Ideologie mit öffentlicher kultischer Inszenierung, aber gerade wegen dieser öffentlichen Inszenierung wurde er für Juden und Christen zum Konflikt. Ihr strikter und bilderfeindlicher Monotheismus machte sie zu der einzigen Gruppe im Römischen Reich, die den Kaiserkult ablehnte und dadurch ins gesellschaftliche Abseits geriet. Man unterstellte, es an Loyalität gegenüber Kaiser und Staat fehlen zu lassen und den gesellschaftlichen Konsens überhaupt in Frage zu stellen. Letztlich entwickelte sich eine Unterdrückungssituation, die auch zu wirtschaftlicher Benachteiligung führte: »Kaufen oder verkaufen konnte nur, wer das Kennzeichen trug: den Namen des Tieres oder die Zahl seines Namens (13,17).«

Vor diesem Hintergrund charakterisiert die Offenbarung des Johannes den Kaiser als Antichrist:

Die Anbetung des Tieres

1 Und ich sah: Aus dem Meer ein Tier aufsteigen: Es hatte zehn Hörner und sieben Köpfe, und auf seinen Hörnern zehn Diademe, und auf seinen Köpfen Lästernamen. 2 Und das Tier, das ich sah, war einem Panther gleich; seine Füße wie die eines Bären; sein Rachen wie eines Löwen Rachen. Und der Drache gab ihm seine Kraft, seinen Thron und gewaltige Vollmacht. 3 Und einer seiner Köpfe: wie geschlachtet zum Tod – doch seine Todeswunde ward heil gemacht. Und es staunte die ganze Erde hinter dem Tier her. 4 Und sie neigten sich tief vor dem Drachen, weil er dem Tier die Vollmacht gegeben. Und sie neigten sich tief vor dem Tier und sagten: Wer ist dem Tier gleich? Und: Wer kann Krieg führen mit ihm? 5 Und es ward ihm gegeben: ein Mund, Gewaltiges zu sprechen und Lästersprüche. Und es ward ihm gegeben: Vollmacht, so zu tun – zweiundvierzig Monde. 6 Und es tat seinen Mund auf zu Lästersprüchen gegen Gott, zu lästern seinen Namen, sein Zelt und die im Himmel Zeltenden. 7 Und es ward ihm gegeben: Krieg zu führen mit den Heiligen und sie zu besiegen. Und es ward ihm gegeben: Vollmacht über jeden Stamm und Volk und Sprache und Volksgemeinschaft. 8 Und tief verneigen werden sich vor ihm alle Erdbewohner, je wessen Name nicht geschrieben steht im Lebensbuch des Lammes – des seit Urbeginn der Welt geschlachteten. 9 Wer ein Ohr hat, höre: 10 Soll einer ins Gefängnis – gehe er ins Gefängnis. Soll einer mit dem Schwert getötet werden – werde er mit dem Schwert getötet. Hier gelten das Ausharren und der Glaube der Heiligen.

Offb 13,1-10

Karl Rössing (1897–1987), Holzstich zu Offb 13, 1-2, 1948.

Daneben erscheint Rom als die »Hure Babylon«. Mit dem Bild der Frau nimmt Johannes die übliche Metaphorik auf, nach der Städte grammatikalisch weiblichen Geschlechts waren, was aber keinen Rückschluß auf das Frauenbild des Verfassers erlaubt:

Die Hure Babylon

1 Und es kam einer der sieben Engel, die die sieben Schalen haben. Und er redete mit mir und sagte: Komm her! Ich will dir zeigen das Gericht über die große Hure, die an vielen Wassern sitzt. 2 Mit ihr

Das Ende der Welt

ist ausmalbar geworden
Insofern nicht länger malbar

Das Ende der Welt
ist nicht mehr zu diskutieren
sondern zu verhindern

Notfalls, wie
in unserem Fall, mit Gottes
sprich: unserer! Hilfe

Jürgen Rennert

Erntedanktag in den USA

Im dritten Jahr der Massenmorde
die Lucas und Konsorten
gegen die Armen in Guatemala begingen
wurde ich vom Geist in die Wüste geführt.

Und am Vorabend des Erntedanktages
hatte ich eine Vision von Babylon:
Die Stadt erhob sich stolz
über einer riesigen Wolke,
von schmutzigem Qualm,
der den Fahrzeugen, den Maschinen
und Hochöfen entstieg.

Es schien, als ob das ganze Petroleum
der von den Herren des Kapitals
geschändeten Erde
verbrenne und langsam aufsteige
und dabei unsere Gesichter verhüllen würde,
vor der Sonne der Gerechtigkeit
und vor Gott selber ...

Jeden Tag luden falsche Propheten
die Einwohner der schändlichen Stadt ein,
sich vor den Götzenbildern
des Bauches
des Geldes
und des Todes niederzuwerfen.
Götzendiener aller Völker
bekehrten sich zum American Way of Life ...

Der Geist sagte mir:
»Im Fluß des Todes
fließt all das Blut der vielen Völker,
die erbarmungslos geopfert
und tausendfach von ihrem Land
vertrieben wurden.« ...

Dreieinhalb Tage wurde meine Seele
gefoltert,
und eine große Mattigkeit legte sich mir
auf die Brust.
Wie tief mich das Leiden meines Volkes
schmerzte!
Da warf ich mich weinend nieder
und schrie: »Herr, was können wir tun? ...
Komm, Herr, ich will mit meinen
Brüdern sterben!«
Von allen Kräften verlassen,
erwartete ich die Antwort.
Nach einem großen Schweigen
und in tiefer Dunkelheit
sprach der, welcher den Thron besteigt,
um die Völker zu richten,
mit leisem Raunen
im Innersten meines Herzens:

Sie müssen vor ihrem Götzendienst –
zur Zeit und zur Unzeit – gewarnt werden,
zwinge sie, die Wahrheit zu hören;
das, was den Menschen unmöglich ist,
ist möglich bei Gott.

Julia Esquivél

hurten die Könige der Erde; und die Bewohner der Erde sind berauscht worden vom Wein ihrer Hurerei. 3 Und er führte mich in die Ödnis – in Eins mit dem Geist. Und ich sah eine Frau, sitzend auf einem scharlachroten Tier. Es war voll Lästernamen und hatte sieben Köpfe und zehn Hörner. 4 Die Frau war gewandet mit Purpur und Scharlach; goldgeschmückt mit Gold und wertvollem Stein und Perlen. In ihrer Hand hatte sie einen goldenen Becher, voll Abscheulichkeiten und Unreinheiten ihrer Hurerei. 5 Und auf ihrer Stirn ein Name geschrieben: Geheimnis – Babylon, die Große, die Mutter der Huren und der Abscheulichkeiten der Erde. 6 Und ich sah die Frau berauscht vom Blut der Heiligen und vom Blut der Zeugen Jesu. Als ich sie sah, staunte ich in großem Staunen. 7 Und der Engel sprach zu mir: Was staunst du? Ich will dir sagen das Geheimnis der Frau und des Tieres, von dem sie getragen wird – das die sieben Köpfe und die zehn Hörner hat. 8 Das Tier, das du gesehen hast – es war und ist nicht mehr. Es wird heraufsteigen aus dem Abgrund, und es geht in den Untergang. Und die Bewohner der Erde, deren Name seit Urbeginn der Welt im Buch des Lebens nicht geschrieben sind, werden staunen, wenn sie auf das Tier blicken: Denn es war, und es ist nicht, und es wird dasein.

18 Und die Frau, die du gesehen hast: Das ist die Stadt, die Große, die Königtum hat über die Könige der Erde.

Offb 17,1-8.18

Der Würde und Heiligkeit des Lammes wird die Abscheulichkeit des Tieres gewissermaßen parodierend gegenübergestellt. Der totalitäre Herrscher mit dem Maul eines Löwen und den Tatzen eines Bären (13,2) tritt als satanisches Pendant zum Lamme auf. Die mehrfache Erwähnung der heilenden Todeswunde dürfte auf die damals kursierende Legende von der Wiederkunft des Nero anspielen. Kaiser Domitian, der ja in der herrschaftsideologischen Linie Neros stand, wird als der Nero redivivus und zugleich als Ausgeburt widergöttlicher Staatsmacht gezeichnet.

In dieser Krisensituation will die Offenbarung des Johannes den bedrängten Christen Trost und Mut zusprechen. Die parodierende und drastische Beschreibung der römischen Staatsmacht soll ihnen helfen, den täglich demonstrierten Reichtum und Glanz, die je und je erlebte Machtfülle als eine Hülle wahrzunehmen, hinter der sich widergöttliche Zerstörungskraft verbirgt. Insofern bietet das Buch eine politische Theologie in antiker Fasssung, wenngleich es über die Zeiten hin als Ansage endzeitlicher Katastrophen stets mißdeutet wurde und wird. Die offene Symbolik erlaubt den Phantasien jeder Zeit Ansatzmöglichkeiten zu ausschweifenden Projektionen. Fundamentalistischen Sekten diente und dient es für immer neue Weltuntergangsspekulationen, wobei sie die zeitgeschichtliche Gebundenheit der Schrift völlig ignorieren. In der Tat stellte die Offenbarung des Johannes die damals herrschenden Verhältnisse auf den Kopf und begegnete der römischen Machtfülle mit einem Gegenmythos, dessen Kraft auch heute noch wirksam werden kann.

Andererseits ist zu fragen, ob die Offenbarung des Johannes der Gefahr entging, die kritisierten Strukturen spiegelbildlich zu wieder-

Karl Rössing (1897–1987), Holzstich zu
Offb 16, 17-21, 1948.

holen, statt sie zu überwinden. Wenn Johannes in dem gotteslästerli-
chen Tier den Kaiser verhöhnt und die Rom repräsentierende Hure
Babylon in seinen gnadenlosen Vernichtungsträumen dem Höllen-
schlund widmet (Kap. 18), lassen sich diese Gerichtsvisionen nicht aus
dem Erbe Jesu ableiten. Von gleicher Problematik sind die parallelen
Strukturanalogien der göttlichen und der satanischen Mächte, hinter
denen die jesuanische Einstellung zu Gegnern und Feinden ebenfalls
nicht mehr zu erkennen ist. Zwar will das Buch den von einer übermächtigen Staats- und Gesellschaftsherrschaft Gedemütigten helfen,
nicht zu verzagen, unterliegt aber darin krass einem undifferenzierten
Feindschema. Im heutigen Umgang mit der Offenbarung des Johannes müßte es gelingen, das kritische Potential dieser politischen Theologie zu wahren, bzw. in zeitgerechte Formen zu übertragen, ohne
durch Verteufelung des Gegners Wahrheit und Liebe preiszugeben. –
Eine aktuelle Auslegung der Johannesoffenbarung kann sich nicht
damit begnügen, sie in ihrem historischen Kontext zu erhellen. Das
Gedicht von Julia Esquivél »Erntedanktag in den USA« zeigt, wie sich
die alte Visionswelt in ein neues Engagement übersetzen läßt.

»Schluß«, sagt die Rättin.
»Euch gab es mal. Gewesen seid ihr,
erinnert als Wahn. Nie werdet ihr
wieder Daten setzen. Alle Perspektiven gelöscht. Ausgeschissen habt
ihr. Und zwar restlos. Wurde auch
Zeit.«

Günter Grass

Der neue Himmel und die neue Erde

¹ Und ich sah einen neuen Himmel und eine neue Erde. Denn der erste Himmel und die erste Erde sind vergangen. Auch das Meer ist nicht mehr. ² Und die Heilige Stadt, ein neues Jerusalem, sah ich niederfahren aus dem Himmel von Gott her: wie eine Braut gerüstet, geschmückt für ihren Mann. ³ Und ich hörte eine gewaltige Stimme vom Thron her sagen:
Da! Das Zelt Gottes bei den Menschen: Ja, zelten wird er bei ihnen. Und sie werden seine Völkergruppen sein. Und er, Gott, wird bei ihnen sein – ihr Gott. ⁴ Und abwischen wird er jede Träne von ihren Augen. Und der Tod wird nicht mehr sein, und Leid und Wehschrei und Not werden nicht mehr sein. Denn das Erste ist vergangen.
⁵ Und es sprach, der auf dem Thron sitzt: Da! Neu mache ich alles. Und er sagt: Schreib! Denn vertrauenswert und wahrhaftig sind diese Worte. ⁶ Und er sprach zu mir: Sie sind geworden. Ich bin das Alpha und das Omega, der Uranfang und das Ziel. Ich: der aus dem Lebenswasser-Quell dem Dürstenden gibt – umsonst. ⁷ Wer siegt, wird dieses erben: Und ich werde Gott ihm sein, und er mir Sohn. ⁸ Aber die Feigen und Ungläubigen und die Verächter und Mörder und die Hurer und Zauberer und die Götzendiener und all die Betrüger – ihr Teil ist im See, der in Feuer und Schwefel brennt: Das ist der Tod, der zweite.

Offb 21,1-8

Der »erste« Himmel und die »erste« Erde, die Welt der Gewalttätigkeit und des Leidens, gehören der Vergangenheit an. Die neue Wirklichkeit wird von der Gegenwart Gottes bei den Menschen bestimmt. Das chaotische Meer, dem das satanische Tier entstieg, gibt es nicht mehr. Als Gegenbild zur gottlosen Stadt »Babylon« senkt sich das »neue Jerusalem« vom Himmel herab und nimmt den Platz des im Jahre 70 zerstörten Jerusalem ein. Diese neue Stadt erscheint als Frauengestalt, geschmückt wie eine Braut, um im Festgewand ihrer Hochzeit entgegenzusehen.

Anders als Paulus, der davon sprach, daß am Letzten Tag die Christus zugehörigen Überlebenden »auf den Wolken des Himmels in die Luft entrückt werden, dem Herrn entgegen« (1 Thess 4,17), bleibt hier das Geschehen auf der Erde und soll nun zum »Himmel auf Erden« werden. Diese Vorstellung ist Jes 65,17 und 66,22 entnommen, aber begegnet auch in bibelfernen Kulturen. So bildet der Tipiring der Osage-Indianer vom Volk der Sioux stets einen kosmischen Ring, dessen nördliche Hälfte den Himmel, die südliche die Erde vertritt. Ihre Bewohner vertraten gemeinsam als Himmelsleute und Erdleute verantwortlich das Universum. Ein Himmelsmann konnte nur eine Erdfrau heiraten, ein Erdmann nur eine Himmelsfrau. Jede Ehe war eine Verbindung von Himmel und Erde, ein Abbild der kosmischen Einheit spannungsreicher Polarität. Dieses Modell universaler Ganzheit wiederholte sich im osagischen Welthaus in vielen weiteren Lebensäußerungen.

Der Himmel auf Erden war dem indianischen Welthaus als Anspruch und Maßstab eingestiftet, wenngleich er de facto seltenen

Glücksmomenten vorbehalten blieb. Solange die Welt vom Streben nach Besitz und Macht beherrscht wird, leiden alle unter korrumpierten Verhältnissen. Der Schrei nach Gerechtigkeit und Gericht aber will mehr als Überwindung von Unrecht und Gewalt, nämlich umfassendes Heil, das Schmerz und Leid, Hunger und Krankheit, Unfreiheit und Lüge gegen Leben, Liebe und Freude tauscht. Diese »neue Welt« sieht der Visionär nicht als Insel inmitten überdauernder Chaosmächte, sondern als Heilwerden der Schöpfung insgesamt.

Zu seinem visionären Bild nimmt gegen Ende des Buches Gott selbst das Wort, um es zu bestätigen. Indem er die neue Erde mit der eigenen befreienden Gegenwart gleichsetzt, die Immanuel »Gott mit uns« heißt, setzt er die Vision in Kraft.

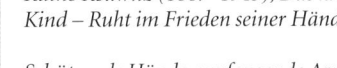

Käthe Kollwitz (1867–1945), Das kranke Kind – Ruht im Frieden seiner Hände.

Schützende Hände, umfangende Arme sind ein gart-Symbol (→ S. 53 ff.). Den Wunsch, in den Armen eines anderen aufgehoben zu sein, träumt jeder Mensch – zeitlebens und über den Tod hinaus, wie es das Grabrelief der Käthe Kollwitz zeigt. Der von ihr gegebene Titel »Ruht im Frieden seiner Hände« deutet den Tod als Aufnahme in die Hut Gottes. Seine Arme entsprechen der Umfriedung des Paradiesgartens und den bergenden Mauern des Neuen Jerusalem ... Bilder, Metaphern, Symbole ... »Wir sehen jetzt durch einen trüben Spiegel, in einem dunklen Wort ...« (1 Kor 13,12).

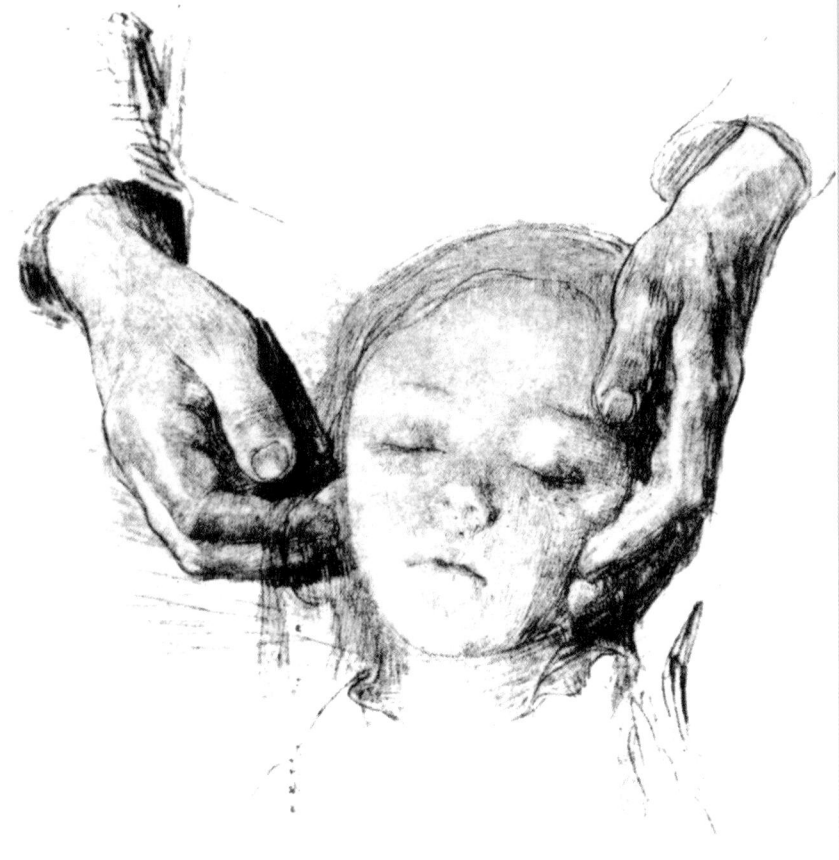

Die Zukunft bauen, heißt die Gegenwart bauen. Es heißt, ein Verlangen erzeugen, das dem Heute gilt. Das dem Heute angehört und auf die Zukunft gerichtet ist. Und nicht eine Wirklichkeit von Handlungen, denen nur für das Morgen ein Sinn innewohnt. Denn wenn sich dein Organismus von der Gegenwart losreißt, so stirbt er ... Und eine rauhe Ebene kannst du in eine Zedernpflanzung verwandeln. Aber es kommt darauf an, daß du keine Zedern konstruierst, sondern Samenkörner aussäst. Und immer wird das Samenkorn selber oder was aus dem Samenkorn entsteht, im Gleichgewicht mit der Gegenwart sein.

Antoine de Saint-Exupéry

⁹ Da kam einer von sieben Engeln, welche die sieben Schalen haben, die voll sind der sieben letzten Plagen. Und er redete mit mir, sagte: Komm her! Ich zeige dir die Braut, die Frau des Lammes. ¹⁰ Und hinweg trug er mich im Geist – auf einen Berg, groß und hoch. Und er zeigte mir die Heilige Stadt: Jerusalem, niederfahrend aus dem Himmel – von Gott her. ¹¹ Sie hatte die Herrlichkeit Gottes: ihr Lichtglanz gleich wertvollstem Stein, wie Jaspisstein kristallen strahlend. ¹² Eine Mauer hat sie, groß und hoch. Zwölf Tore hat sie, und auf den Toren zwölf Engel und Namen geschrieben darauf – das sind die Namen der zwölf Stämme der Israelsöhne: ¹³ Gen Aufgang drei Tore, gen Mitternacht drei Tore, gen Mittag drei Tore, gen Untergang drei Tore. ¹⁴ Und die Mauer der Stadt hat zwölf Grundsteine: darauf die zwölf Namen der zwölf Apostel des Lammes. ¹⁵ Und der mit mir redete, hatte ein Maß – ein goldenes Rohr, daß er messe die Stadt und ihre Tore und ihre Mauer. ¹⁶ Und die Stadt ist als Viereck angelegt, ihre Länge so groß wie die Breite. Und er maß die Stadt mit dem Rohr: zwölftausend Stadien. Ihre Länge und Breite und Höhe sind gleich. ¹⁷ Und er maß ihre Mauer: einhundertvierundvierzig Ellen nach Menschenmaß – das ist auch das des Engels. ¹⁸ Der Unterbau ihrer Mauer ist Jaspis; die Stadt: lauteres Gold – gleich lauterem Glas. ¹⁹ Die Grundsteine der Mauer um die Stadt sind mit allerlei wertvollem Stein geschmückt: der erste Grundstein ein Jaspis; der zweite ein Saphir; der dritte ein Chalzedon; der vierte ein Smaragd; ²⁰ der fünfte ein Sardonyx; der sechste ein Sardion; der siebte ein Chrysolith; der achte ein Beryll; der neunte ein Topas; der zehnte ein Chrysopras; der elfte ein Hyazinth; der zwölfte ein Amethyst. ²¹ Und die zwölf Tore: zwölf Perlen; ein jedes der Tore war je aus einer Perle. Und die Straße der Stadt: lauteres Gold – wie durchscheinend Glas.

²² Und einen Tempel sah ich nicht in ihr. Denn der Herr, Gott, der Allumwaltende, ist ihr Tempel – und das Lamm. ²³ Und die Stadt braucht nicht die Sonne und nicht den Mond, daß sie ihr scheinen. Denn die Herrlichkeit des Herrn hat sie erleuchtet. Und ihre Lampe ist das Lamm. ²⁴ Und die Völker gehen den Weg in ihrem Licht. Und die Könige der Erde tragen ihre Herrlichkeit zu ihr. ²⁵ Und ihre Tore werden nimmermehr geschlossen am Tag – Nacht aber wird es dort nicht geben. ²⁶ Und sie tragen die Herrlichkeit und den Preis der Völker zu ihr. ²⁷ Und nimmermehr kommt in sie hinein irgend Gemeines, noch wer Abscheuliches tut und Trug. Nur die eingeschrieben sind im Lebensbuch des Lammes.

²²,¹ Und er zeigte mir einen Fluß voll Wasser des Lebens. Der – klar wie Kristall – brach hervor aus Gottes und des Lammes Thron. ² In der Mitte, zwischen ihrer Straße und dem Fluß, herüben und drüben: Das Holz des Lebens, das zwölfmal Früchte trägt: Mond für Mond seine Frucht abgibt. Und die Blätter des Holzes sind zur Heilung der Völker. ³ Und einen Fluch wird es nicht mehr geben. Und der Thron Gottes und des Lammes wird in ihr stehen. Und seine Knechte werden ihm Dienst tun. ⁴ Und sie werden sein Angesicht sehen. Und auf ihrer Stirn ist sein Name. ⁵ Und Nacht wird es nicht mehr geben. Und sie brauchen weder Licht einer Lampe, noch Licht der Sonne. Denn der Herr, Gott, wird über ihnen leuchten. Und sie werden König sein für immer.

Offb 21,9-22,5

*E*in zweites Mal wird angesetzt, um das »neue Jerusalem« zu beschreiben – im Rückgriff auf ein Kosmogramm, wie es sich bereits mit dem Paradies verband. Wenn nun der Garten durch eine Stadt ersetzt wird, handelt es sich doch beidemale um einen »umgürteten« Raum, wie er als »*gart*« vor Augen steht (→ S. 53 ff.). Zunächst wird die Stadt in ihrer Mandala-Struktur als universales Bild der Welt beschrieben. Mit je drei Toren ist sie auf die vier Weltrichtungen hin ausgelegt. Die Maße von zwölftausend Stadien für Länge, Breite und Höhe geben ihr die Gestalt eines ungeheuren Würfels. Die zwölf Tore mit den zwölf Engeln verweisen wie die zwölf Grundsteine und die zwölf Perlen nicht alleine auf die »zwölf Apostel des Lammes«, sondern auch auf die zwölf Tierkreiszeichen als kosmische Dimension dieser symbolischen »Stadt«. Ihre Straße (22,2) entspricht der Milchstraße am Himmelsgewölbe – der visionäre Entwurf eines neuen Universums in den Mustern mythischer und zugleich prophetischer Tradition, die außer Gen 2 schon bei Ezechiel (vgl. Kap. 40; 43; 47; 48,30 ff.) begegnet. Daneben hat Johannes Material aus Jes 54,11-17; 61,1-22 und 62,1-12 übernommen und zugleich die Bandbreite apokalyptischer Traditionen über das neue Jerusalem eingearbeitet.

Die Beschreibung der Stadt als quadratisch muß nicht auf Herodots Angabe über Babylon beruhen. Von Rom wird ebenso als der *Roma quadrata* gesprochen. Der Begriff führt in die Irre, wenn man ihn mit »viereckig« übersetzt, und erhält erst »viergeteilt« Sinn. Er verbindet mit den vier Weltrichtungen, die sich im *mundus*, dem Nabel der Welt, treffen. Die Wortverwandtschaft von *urbs* (Stadt) und *orbis* (Erdkreis) verdeutlicht das Weltbild des quadrierten Rom.

Im Unterschied zu Ezechiel und anderen apokalyptischen Vorgaben geht es bei Johannes jedoch nicht mehr um den Tempel, sondern um die Stadt insgesamt, deren Zentrum der »Thron Gottes und des Lammes« ist. Da die Stadt aber als perfekter Kubus beschrieben wird, ist sie gewissermaßen identisch mit dem Tempel (vgl. 21,3), möglicherweise gar das gigantisch gesteigerte Allerheiligste (→ *debir*; S. 175). Während der Hohepriester nur einmal im Jahr das Allerheiligste betreten durfte (1 Kön 6,20), werden die Bewohner der Stadt immerfort in der Gegenwart Gottes sein.

Deutlich werden Stadt und Stadtmauer unterschieden. Zwar hat die Stadt universalen Charakter, wohingegen die Stadtmauer auf jüdisch-christliche Fundamente gründet, denn in den zwölf Toren sind die zwölf Namen der Stämme Israels eingemeißelt, die 7,1-8 genannt wurden, während die Grundsteine der Mauern die Namen der zwölf Apostel Christi tragen. So umschließt die Mauer nun eine universale Vielfalt, verbleibt jedoch in symbolischer Analogie zu jenem *gart* des Paradieses, mit dem die biblische Menschheitsgeschichte begann und deren »mitlaufender Anfang« hier nun mündet. Die Stämme Israels und das der Tradition Israels verbundene Christentum umschließen miteinander das Leben des kosmischen Jerusalem.

Die Unterscheidung von Mauer und Stadt erlaubt es, die Diskrepanz der angegebenen Maße zu würdigen. Die Stadt wird als ein Kubus von 3 x 12.000 Stadien beschrieben. Bei einem durchschnittlich unterstellten Maß von 185 m pro Stadie hat die visionäre Stadt ein Ausmaß von 2.220 km in Länge, Breite und Höhe. Demgegenüber fällt die Mauer (bei 144 x 45,8 cm pro Elle) mit 66 Metern überra-

Auf Grund welcher Bedürfnisse sind die Riesen-Epen der jüdischen und christlichen Bibel entstanden? Welche Seiten unseres Wesens liegen brach, wenn keine mythische Phantasie uns mehr ticken macht, wenn Geheimnisse, Magie und alles Heilige total aus unserem Leben verschwinden?

Theologie sieht sich mit der bloßen Tatsache konfrontiert, daß Religion auch da, wo sie noch tröstet, keine Zukunft mehr entwirft. Sogar Israel, sichtbarer Ort der jüdischen Gemeinschaft, scheint aufgehört zu haben, an ein »Leben im Aufschub« (Gershom Scholem), an eine messianische Erfüllung irgendwann zu glauben. Die Probleme der Menschheit gestatten kein Leben im Aufschub und in der Vorläufigkeit. Es gibt, wie zu Zeiten des jüdischen Königs Hiskija, nur noch und nur wieder ein einziges und ungeteiltes Leben, keinen neuen Himmel und keine neue Erde.

Rudolf Augstein

Meine Phantasie malt mir vor Augen, wie ich eine Halle betrete und hohe Decken und schöne Kronleuchter vorfinde. In der Mitte steht ein breiter Tisch, auf dem die Bibel liegt. Wir alle sind dort, gehen umher, sitzen an dem Tisch und reden darüber, was wir mit diesem Buch machen sollen. Es gelten einige Regeln. Jede und jeder wurden eingeladen. Christen wurden zwar nicht ausgeschlossen, sind aber nicht die Verantwortlichen. Wir alle sind anwesend, und unser ganzes Wissen und Können ist gleichfalls gegenwärtig. Religionshistoriker, Kulturanthropologen und Politikwissenschaftler sind da, aber auch Politiker, Vorstandsvorsitzende und Diplomaten. Die ethnischen Gemeinschaften von Los Angeles sind alle gut vertreten, ebenso Frauen, die Unterprivilegierten, Behinderten und all jene ohne Stimme, die erst kürzlich das Wort ergriffen haben. Kaufleute sind dort, Arbeiter und die Flugzeugpiloten. Jeder erhält die Gelegenheit, zu reden und Fragen zu stellen. Niemand hat ein Monopol auf die Aussagen der Bibel. Wir pfeifen, sobald jemand zu schmollen oder zu predigen beginnt. Wir versuchen herauszufinden, weshalb wir die Bibel für so wichtig halten, ob ihr diese Bedeutung zukommt, wie sie unsere Kultur beeinflußt hat, wie wir über die Geschichte denken, ob wir am »Schluß« lachen oder weinen sollen, wie sehr oder wie wenig sie unserer gegenwärtigen Situation entspricht und ob die Geschichte – unter Bewahrung unserer Vision einer gerechten, überlebensfähigen, fröhlichen und multikulturellen Welt – neu gedeutet werden sollte. Wäre das nicht etwas?

Burton L. Mack

schend niedrig aus, wobei nicht gesagt wird, ob sich dieses Maß auf Umfang oder Höhe beziehen soll. Das offensichtliche Unverhältnis zeigt, daß entweder die Relation nicht reflektiert wurde oder daß die universale Errettung der Welt die Größenverhältnisse Israels und der christlichen Gemeinden weit übersteigt. Am Glanz des himmlischen Jerusalem werden alle teilhaben, deren Namen im Buch des Lebens entsprechend ihren Werken eingetragen sind.

Während der Baum des Lebens und das Wasser des Lebens die Mitte des Paradiesgartens bildeten, verbinden sich nun »ein Fluß voll Wasser des Lebens« sowie das »Holz des Lebens« mit dem »Thron Gottes« im Zentrum der Stadt (22,1-3). Diese Mitte war Gen 2 der unverfügbare Ort, hier wird sie zum eigentlichen Ort Gottes. Jetzt ist Gott der Grund und die Mitte, das Alpha und Omega, Lebensquell und Lebensziel allen Seins. Doch fehlen die alten Symbole der Transzendenz nicht. Das endzeitliche Paradies wird erfüllt vom Wasser des Lebens, »klar wie Kristall«; der Baum des Lebens trägt das ganze Jahr hindurch Früchte, die niemandem mehr vorbehalten sind, und sogar die Blätter des Baumes dienen »zur Heilung der Völker«. So sind Himmel und Erde eins geworden, Natur und Kultur versöhnt, die Menschen leben in einer herrschaftsfreien Welt im Angesichte Gottes. Sie tragen seinen Namen auf ihrer Stirn, und Gott erleuchtet sie in all ihrem Tun.

In die Symbolik dieser künftigen Gottesstadt sind nicht allein biblische Traditionslinien eingebunden, sondern auch hellenistische Vorstellungen einer idealen Stadt, die den Glanz von Babylon und Rom übertreffen. Das Wasser des Lebens strömt hindurch, auf breiter Straße entfaltet sich festliches Leben. Da es keinen Tempel mehr gibt, ist der Raum insgesamt Ort des Gottesdienstes, ohne daß sich noch profan und sakral, diesseits und jenseits unterscheiden lassen. Die Völker sind miteinander vereint, das Heil aller ist gesichert.

Nicht mehr wird man von Gewalttat hören in deinem Land, von Verwüstung und Zerstörung in deinen Grenzen. Deine Mauern wirst du Rettung nennen und deine Tore Ruhm.

Bei Tag wird die Sonne nicht mehr dein Licht sein und der Schein des Mondes dir nicht mehr leuchten; sondern Jahwe wird dein Licht sein für immer, dein Gott, dein strahlender Glanz.

Deine Sonne geht nicht mehr unter, dein Mond verliert nicht seinen Schein; denn Jahwe wird dein Licht sein für immer. Und die Tage deiner Trauer haben ein Ende.

Und alle in deinem Volk sollen Gerechte sein, sie werden für immer das Land besitzen als Sproß der Pflanzungen Jahwes, ein Werk seiner Hände, ihm zum Preis.

Der Kleinste wird zu einer Tausendschaft, der Geringste zu einem starken Volk. Ich, Jahwe, führe es herbei, sobald die Zeit reif ist. (Jes 60,18-22)

Robert Delaunay (1885–1941),
Formes Circulaires, Soleil, Lune
(Soleil et Lune, Simultané n° 2), 1913
(Simultankontraste – Sonne, Mond).

Verzeichnis der Lexikonartikel

Verzeichnis der thematischen Artikel

Autorenverzeichnis

16 Kurt Marti, Das gesellige Buch, aus: ders., Werkauswahl in 5 Bänden. aus: Namenszug mit Mond. Gedichte, © 1996 Verlag Nagel & Kimche AG, Zürich.

17 Abraham Joshua Heschel, Jüdischer Gottesbegriff und Erneuerung des Christentums, in: Fritz A. Rothschild (Hg.), Christentum aus jüdischer Sicht, Institut Kirche und Judentum, Berlin/Düsseldorf 1998, 322.

31 Jan Assmann, Herrschaft und Heil. © 2000 Carl Hanser Verlag, München - Wien.

47 Günter Grass, Gleisdreieck, in: ders., Gedichte und Kurzprosa. Werkausgabe Bd. 1, © Steidl Verlag, Göttingen 1997.

51 Kurt Marti, Werkauswahl in fünf Bänden, Aus: Namenszug mit Mond. Gedichte, © 1996 Verlag Nagel & Kimche AG, Zürich.

55 f. Knud Rasmussen, Die Seele des Wals und das brennende Herz, in: Die Gaben des Adlers. Eskimoische Märchen aus Alaska, übersetzt u. bearb. v. Aenne Schmücker, Verlag Kurt Schütte, Frankfurt a. M. o. J., 187-190.

60 Elias Canetti, Schriftsteller, in: ders., Gesammelte Werke Band 3, Masse und Macht, © 1994 Carl Hanser Verlag, München - Wien.

67 Hilde Domin, Bitte, aus: dies., Gesammelte Gedichte, © S. Fischer Verlag GmbH, Frankfurt am Main 1987.

68 Fridolin Stier, Vielleicht ist irgendwo Tag, Herder/Spektrum Bd. 4234, Verlag Herder, Freiburg 3. Auflage 1997, S. 352.

69 George Steiner, Errata. Bilanz eines Lebens, aus dem Englischen von Martin Pfeiffer, © 1999 Carl Hanser Verlag, München - Wien.

70 George Steiner, a. a. O., 105.

78 Gerda Lerner, Männer und Frauen, in: dies., Die Entstehung des Patriarchats, Campus Verlag, Frankfurt a. M./New York 1991, 30-32.

81 Gerda Lerner, a. a. O., 273;283.

88 -91 Erich Auerbach, Der biblische Gott und die Götter Homers, in: ders., Mimesis. Dargestellte Wirklichkeit in der abendländischen Literatur, Francke Verlag, Tübingen/Basel 1994, 10 ff.

93 George Steiner, a. a. O., 71.

97 Auch ein Jakobskampf, nach Zvi Kolitz, Jossel Rackower spricht zu Gott, in: D. Sölle/W. Fietkau/A. Juhre/K. Marti (Hg.), Almanach 2 für Literatur und Theologie, Peter Hammer Verlag, Wuppertal 1968.

98 Nelly Sachs, Fahrt ins Staublose, © Suhrkamp Verlag, Frankfurt a. M. 1961, 90 f.

100 Ivan Goll, Gedichte, Nymphenburger Verlagsbuchhandlung, München 1976, 122.

102 Martin Buber, Originalquelle unbekannt.

106 Fridolin Stier, a. a. O., 300.

109 Erik Hornung, Hungerstreik, in: ders., Tal der Könige, Artemis & Winkler Verlag, Düsseldorf/Zürich 1985, 76.

114 Egon Friedell, Kulturgeschichte Ägyptens und des Alten Orients, C. H. Beck Verlag, München 1974, 368.

115 George Steiner, a. a. O., 80.

116 f. Fridolin Stier, Ein Verhör, in: ders., Vielleicht ist irgendwo Tag, a. a. O., 185 ff.

122 Jan Assmann, a. a. O.

126 Egon Friedell, a. a. O., 418.

128 Egon Friedell, a. a. O., 32.

134 Sergio Quinzio, Die jüdischen Wurzeln der Moderne, aus dem Italienischen v. Martina Kempter, Campus Verlag, Frankfurt a. M./New York o. J.

135 Erich Fried, Weltfremd, in: ders., Lebensschatten, Verlag Klaus Wagenbach, Berlin 1981.

156 Stefan Heym, Ansprache König Davids an sein versammeltes Heer in Vorbereitung des Angriffs auf die Feste Zion, in: ders., Der König David Bericht, © Wilhelm Goldmann Verlag München in der Verlagsgruppe Random House GmbH, 1972.

162 162 Stefan Heym, Gärende Unruhe, a. a. O., 213.

165 Stefan Heym, Geschichte schreiben die Sieger, a. a. O.

177 Jeshajahu Leibowitz/Michael - Gespräche über Gott und die Welt, hg. v. Michael Shasar, Alibaba Verlag, Frankfurt a. M. 1990, 149-151.

181 Ernst Bloch, Freiheit und Ordnung. Abriß der Sozialutopien, © Suhrkamp Verlag, Frankfurt a. M. 1986, 37 f.

196 Mythos und Gegenmythos, nach Walter F. Otto, Die Wirklichkeit der Götter, © 1963 by Rowohlt Taschenbuch Verlag GmbH, Reinbek.

198 198 Fridolin Stier, Der verwechselbare Gott, in: ders., Vielleicht ist irgendwo Tag, a. a. O., 199 f.

205 Jeshajahu Leibowitz, Die meisten Worte der Propheten sind nicht eingetreten!, a. a. O., 141.

221 Hartmut Schmökel, Kulturgeschichte des Alten Orient, Kröners Taschenausgabe, Band 298, S. 127, Alfred Kröner Verlag, Stuttgart.

232 Günter Kunert, Über einige Davongekommene, in: Günter Betz, Politische Gedichte, Verlag J. Pfeifer, München 1970, 7. © beim Autor.

233 Ernst Bloch, Freiheit und Ordnung, © Suhrkamp Verlag, Frankfurt a. M. 1986, 37 f.

234 f. Ernst Bloch, a. a. O., 37 f.

241 Jan Assmann, a. a. O., 245.

243 Erich Fried, Befreiung von der Flucht, © Claassen Verlag

250 Martin Buber, Stechbremsen, in: ders., Der Jude und sein Judentum, © Gütersloher Verlagsgesellschaft, Gütersloh.

252 Günter Grass, Prophetenkost, in: ders., Gedichte und Kurzprosa. Werkausgabe Bd.1, © Steidl Verlag, Göttingen 1997.

263 Paul Celan, Bremer Ansprache, in: ders., Gesammelte Werke, hg. v. Beda Allemann und Stefan Reichert, Suhrkamp Verlag, Frankfurt a. M. 1983.

272 f. Moische Schulstein, Warschau, zit. n. Die jüdische Welt von gestern, hg. u. übers. v. Rachel Salamander, Verlag Christian Brandstätter, Wien 1954, 308f.

281 Alfred Döblin, Reise in Polen, Walter Verlag, Düsseldorf/Zürich 1968.

284 Jörg Steiner, Wahrheit, aus: ders., Wer tanzt schon zur Musik von Schostakowitsch? © Suhrkamp Verlag, Frankfurt a. M. 2000

290 Joseph Roth, Juden auf Wanderschaft, © 1976, 1985 by Verlag Kiepenheuer & Witsch, Köln und Verlag Albert de Lange, Amsterdam.

295 Erich Fried, Anleitung zur Milde, aus: Einbruch der Wirklichkeit, Verlag Kurt Wagenbach, Berlin 1991.

299 Fridolin Stier, Vielleicht ist irgendwo Tag, a. a. O., 381.

304 Günter Eich, Träume, aus: ders., Gesammelte Werke, Band 1, © Suhrkamp Verlag, Frankfurt a. M. 1973.

306 Jeshajahu Leibowitz, a. a. O., 136. Jeshajahu Leibowitz, a. a. O., 124.

308 Kurt Marti, Werkauswahl in fünf Bänden, Aus: Namenszug mit Mond. Gedichte, © 1996 Verlag Nagel & Kimche AG, Zürich. 311 Jack Miles, Gott. Eine Biographie, aus dem Englischen von

311 Martin Pfeiffer, © 1996 Carl Hanser Verlag, München - Wien.

312 Jack Miles, Gott. Eine Biographie, aus dem Englischen von Martin Pfeiffer, © 1996 Carl Hanser Verlag, München - Wien.

312 Paul Celan, Psalm, in: ders., Gedichte in 2 Bänden, Bd.1, Suhrkamp Verlag, Frankfurt a. M. 1975, 225.

328 Leo Baeck, Das Wesen des Judentums, © Gütersloher Verlagshaus, Gütersloh.

337 Günter Grass, Hundejahre. Werkausgabe Bd. 5, © Steidl Verlag, Göttingen 1997.

340 f. Gerschom Scholem, Prophetie und Apokalyptik, in: ders., Über einige Grundbegriffe des Judentums, Surkamp, Frankfurt a. M. 1970, 126; 128; 133.

343 f. Abraham Joshua Heschel, in: Rothschild, a. a. O., 345f; 347 f.

350 Abraham Joshua Heschel, in: Rothschild, a. a. O., 316, 315.

350 Fridolin Stier, Vielleicht ist irgendwo Tag, a. a. O., 72.

352 John Dominic Crossan, Wer tötete Jesus? Die Ursprünge des christlichen Antisemitismus in den Evangelien, C. H. Beck Verlag, München 1999, 262.

353 Geza Vermes, Jesus der Jude. Ein Historiker liest die Evangelien, Neukirchener Verlag, Neukirchen-Vluyn 1993, 274 f.

355 Leo Baeck, in: Fritz A. Rothschild (Hg.), Christentum aus jüdischer Sicht, Institut Kirche und Judentum, Berlin/Düsseldorf 1998, 38.

382 © beim Autor.

383 © beim Autor.

385 Nach Wilhelm Willms.

386 f. Nikos Kazantzakis, Rechenschaft vor El Greco, © 1967 by F.A. Herbig Verlagsbuchhandlung GmbH, München.

389 John Dominic Crossan, Wer tötete Jesus?, a. a. O., 25 f.

390 -391 Michael Brömse, Dreizehn bei Tisch. Das Abendmahl des Leonardo da Vinci, aus: Religion heute 1 (1990), 58, © beim Autor.

394 Fridolin Stier, Vielleicht ist irgendwo Tag, a. a. O., 377.

397 John Dominic Crossan, Wer tötete Jesus?, a. a. O., 95 f.

400 Rudolf Augstein, Fragen, in: ders., Jesus Menschensohn, © 1999 Hoffmann und Campe Verlag, Hamburg.

409 Paul Celan, Tenebrae, in: ders., Gedichte, Bd. 1, Suhrkamp Verlag, Frankfurt a. M. 1967.

412 John Dominic Crossan, Jesus. Ein revolutionäres Leben, C. H. Beck Verlag, München 1996, 241.

414 Fridolin Stier, Vielleicht ist irgendwo Tag, a. a. O., 63.

414 Fridolin Stier, Vielleicht ist irgendwo Tag, a. a. O., 63.

415 Burton L. Mack, Wer schrieb das Neue Testament? Die Erfindung des christlichen Mythos, übers. v. Christian Wiese, C. H. Beck Verlag, München 2000, 222.

417 Fridolin Stier, Vielleicht ist irgendwo Tag, a. a. O., 269 f.

427 Will Herberg, in: Fritz A. Rothschild (Hg.), Christentum aus jüdischer Sicht, Institut Kirche und Judentum, Berlin/Düsseldorf 1998, 269.

430 Geza Vermes, a. a. O., 259 f.

434 Quelle unbekannt.

435 Alexander Solschenizyn, Die Reden der großen Menschenfreunde, aus: ders., Der Archipel Gulag, Band III, © 1976 alle deutschsprachigen Rechte by Scherz Verlag, Bern, München, Wien.

447 Pnina Navè Levinson, Einblicke in das Judentum, © 1991 by Bonifatius GmbH Druck·Buch·Verlag Paderborn.

448 Martin Buber, Zwei Glaubensweisen, Gütersloher Verlagshaus, Gütersloh.

451 Fridolin Stier, Vielleicht ist irgendwo Tag, a. a. O., 62 f.

462 Burton L. Mack, a.a.O., 232.

464 Burton L. Mack, a.a.O., 234.

468 Bertolt Brecht, aus: Werke. Große kommentierte Berliner und Frankfurter Ausgabe, Band 13, © Suhrkamp Verlag, Frankfurt 199367, 112.

474 John Dominic Crossan, Der historische Jesus, C. H. Beck Verlag, München 1994, 451 f.

476 Quelle unbekannt.

478 Nikos Kazantzakis, a. a. O., 312.

482 John Dominic Crossan, Jesus, a. a. O., 97 ff.

489 John Dominic Crossan, Wer tötete Jesus? a. a. O., 262.

490 Paul Celan, Zum Storchen in: ders., Gesammelte Werke, hg. v. Beda Allemann und Stefan Reichert, Suhrkamp Verlag, Frankfurt a. M. 1992.

497 Burton L. Mack, a. a. O., 239.

506 John Dominic Crossan, Jesus, a. a. O., 475 f.

509 John Dominic Crossan, Jesus, a. a. O., 476 f.

517 Jeshajahu Leibowitz, a. a. O., 147 f.

521 John Dominic Crossan, Jesus, a. a. O., 198.

524 John Dominic Crossan, Jesus, a. a. O., 191.

525 Joseph Ratzinger, Einführung in das Christentum, Kösel Verlag, München 1968/2000.

527 Marie Luise Kaschnitz, Ein Leben nach dem Tode, aus: dies., Gesammelte Werke, Bd.1: Kein Zauberspruch, © Insel Verlag, Frankfurt a. M. 1972.

533 Marie Luise Kaschnitz, zit. n. Kurt Marti (Hg.), Stimmen vor Tag. Anthologie moderner religiöser Lyrik, © Insel Verlag, Frankfurt a.M. 1965, 68 f.

Abbildungsverzeichnis

Verzeichnis der Karten

Zeichnungen / Karten: Annemarie und
Josef Schelbert, Olten.